金融市场从业人员
能力建设丛书

现代金融市场
理论与实务
（上册）

MODERN FINANCIAL MARKETS
Theory and Practice

中国银行间市场交易商协会
教材编写组 / 编

北京大学出版社
PEKING UNIVERSITY PRESS

图书在版编目（CIP）数据

现代金融市场：理论与实务：全2册 / 中国银行间市场交易商协会教材编写组编. —北京：北京大学出版社，2019.1
（金融市场从业人员能力建设丛书）
ISBN 978-7-301-30014-5

Ⅰ. ①现… Ⅱ. ①中… Ⅲ. ①金融市场—中国—岗位培训—教材 Ⅳ. ①F832.5

中国版本图书馆CIP数据核字(2018)第244240号

书　　名	现代金融市场：理论与实务（上下册） XIANDAI JINRONG SHICHANG：LILUN YU SHIWU（SHANG XIA CE）
著作责任者	中国银行间市场交易商协会教材编写组 编
责任编辑	孙　昕　张　燕
标准书号	ISBN 978-7-301-30014-5
出版发行	北京大学出版社
地　　址	北京市海淀区成府路205号　100871
网　　址	http://www.pup.cn
微信公众号	北京大学经管书苑（pupembook）
电子信箱	em@pup.cn　QQ：552063295
新浪微博	@北京大学出版社　@北京大学出版社经管图书
电　　话	邮购部010-62752015　发行部010-62750672　编辑部010-62752926
印 刷 者	北京市科星印刷有限责任公司
经 销 者	新华书店
	730毫米×1020毫米　16开　44.5印张　1025千字 2019年1月第1版　2020年4月第2次印刷
定　　价	136.00元（全2册）

未经许可，不得以任何方式复制或抄袭本书之部分或全部内容。
版权所有，侵权必究
举报电话：010-62752024　电子信箱：fd@pup.pku.edu.cn
图书如有印装质量问题，请与出版部联系，电话：010-62756370

丛书序言

"金融是现代经济的核心。"随着我国经济发展步入新时代,金融业发展也进入快车道,金融市场规模持续扩大,在解决不平衡不充分发展问题中发挥的作用更加突显。市场越是发展,创新速度越快,越需要一大批掌握现代金融知识、具有高度责任感并熟悉中国金融市场的高素质从业人员。"问渠那得清如许,为有源头活水来。"只有不断培养造就更多的高素质从业人员,才能给金融市场发展注入源源不竭的活力和动力。

何为高素质的金融从业者?当以"德才兼备"为先,以"德"为基础,以"才"为支撑,通过职业操守培训立德,通过能力建设培训增才,造就一支"德才兼备"的从业者队伍,形成"千帆竞技,人才辈出"的局面,为金融市场大发展提供有力支撑。多年来,我们致力于从业者的能力建设,不仅开展金融市场相关产品和知识培训,而且加强全方位、多领域、深层次的金融创新,得到了业界的积极响应和良好反馈。

针对金融市场人才评价体系和知识标准尚不完善的情况,我们组织专门力量,以从业人员所需专业知识和执业技能为出发点,编写了这套能力建设教材,一则作为我们能力建设培训和从业人员水平测试参考用书,二来为市场提供一套系统金融读本,供广大金融市场从业者提升从业能力之用。该丛书以从业者为中心搭建理论框架,全面覆盖整个金融市场,紧扣国内金融市场发展脉搏,充分反映市场最新发展,在保证教材质量和权威性的前提下,兼顾可读性和可操作性,从而为广大金融从业人员呈现一套全面准确、简明易懂、新颖实用的优秀教材。

在丛书的出版过程中,各会员单位和金融机构积极参与,给予了大力支持,在此表示衷心感谢!希望这套丛书能为培养现代化金融人才、全面提升金融市场从业人员能力建设水平作出贡献,也诚挚期待各位读者对丛书提出宝贵的意见建议,让我们携起手来共同打造一套金融市场能力建设的经典之作!让我们不忘初心,继续前进,为金融市场发展而拼搏奋斗、砥砺前行!

中国银行间市场交易商协会培训专家委员会
二〇一八年十月

《现代金融市场：理论与实务》
编 写 组

主 编

  杨 农

编写组成员（按姓氏笔画排序）

  王 莹 王焕舟 邓海清 卢超群 史进峰

  任 达 刘 琰 刘洋文 许余吉 李 萌

  李文浩 杨金舟 佟 珺 张慧卉 陈 锐

  陈 蓉 陈俊君 孟宪康 洪 鋆 高龑翔

  雷电发 颜 欢

目录

>>>>>> 上 册 <<<<<<

第1章 金融市场基础 ······ 1
 开篇导读 ······ 1
 1.1 金融市场概述 ······ 2
 1.2 金融市场的产生和发展 ······ 6
 1.3 金融市场的经济功能 ······ 14
 1.4 金融市场的划分 ······ 17
 1.5 金融市场的发展趋势 ······ 21

第2章 利 率 ······ 33
 开篇导读 ······ 33
 2.1 利息与利率的概念 ······ 34
 2.2 利率的分类与计算 ······ 37
 2.3 利率的期限结构和风险结构 ······ 46
 2.4 利率决定理论 ······ 52
 2.5 利率的影响与作用 ······ 57
 2.6 我国的利率改革与利率市场化 ······ 58

第3章 汇 率 ······ 65
 开篇导读 ······ 65
 3.1 外汇与汇率的概念 ······ 66
 3.2 汇率制度分类 ······ 69
 3.3 汇率的分类与计算 ······ 74
 3.4 汇率的影响因素 ······ 81
 3.5 汇率决定理论 ······ 83
 3.6 汇率的影响与作用 ······ 89
 3.7 我国的汇率改革与人民币国际化 ······ 91

第 4 章 货币市场 · · · · · · 99
开篇导读 · · · · · · 99
4.1 货币市场概述 · · · · · · 100
4.2 同业拆借市场 · · · · · · 106
4.3 债券回购市场 · · · · · · 122
4.4 货币市场基金 · · · · · · 132

第 5 章 债券市场 · · · · · · 141
开篇导读 · · · · · · 141
5.1 债券市场概述 · · · · · · 142
5.2 我国债券市场分类及特征 · · · · · · 156
5.3 主要产品及特征 · · · · · · 170

第 6 章 票据市场 · · · · · · 184
开篇导读 · · · · · · 184
6.1 票据市场概述 · · · · · · 185
6.2 票据市场的由来与发展 · · · · · · 188
6.3 我国票据市场的交易要素 · · · · · · 190
6.4 我国票据市场的制度建设和基础设施 · · · · · · 193

第 7 章 外汇市场 · · · · · · 202
开篇导读 · · · · · · 202
7.1 外汇市场概述 · · · · · · 203
7.2 外汇市场组织与运作 · · · · · · 209
7.3 我国银行间外汇市场 · · · · · · 223

第 8 章 股票市场 · · · · · · 231
开篇导读 · · · · · · 232
8.1 股票及股票市场 · · · · · · 232
8.2 我国股票市场运行机制 · · · · · · 244
8.3 我国股票的发行市场——一级市场 · · · · · · 249
8.4 我国股票的流通市场——二级市场 · · · · · · 251

第 9 章 衍生产品 · · · · · · 266
开篇导读 · · · · · · 266

9.1	衍生产品概述	267
9.2	远期与期货	280
9.3	互换合约	290
9.4	期权合约	297
9.5	衍生产品定价与运用	306

第 10 章　金融指数　315

开篇导读　315
10.1　股票市场指数　316
10.2　债券市场指数　330
10.3　商品及原油指数　333
10.4　汇率市场指数　344

>>>>>> 下 册 <<<<<<

第 11 章　中央银行和货币政策　357

开篇导读　358
11.1　中央银行的发展和基本职能　358
11.2　中央银行的资产业务和负债业务　364
11.3　货币政策目标　375
11.4　货币政策工具　382
11.5　全球金融危机后货币政策发展的新趋势　394

第 12 章　金融市场基础设施　402

开篇导读　402
12.1　金融市场基础设施概述　403
12.2　银行间市场基础设施　413
12.3　自律管理组织　430

第 13 章　金融中介机构　440

开篇导读　440
13.1　商业银行　441
13.2　证券公司　459
13.3　保险类机构　470

13.4	证券投资基金	492
13.5	信托公司	501
13.6	其他金融机构	513

第 14 章　金融市场中介服务机构　　529

开篇导读　　529
- 14.1　评级公司　　530
- 14.2　担保公司　　543
- 14.3　会计师事务所　　555
- 14.4　律师事务所　　562

第 15 章　金融监管　　569

开篇导读　　569
- 15.1　国际金融监管治理框架　　571
- 15.2　我国金融监管现状与发展　　591
- 15.3　国内金融监管发展趋势　　611

第 16 章　风险管理　　625

开篇导读　　625
- 16.1　金融风险管理概述　　626
- 16.2　市场风险管理　　639
- 16.3　信用风险管理　　650
- 16.4　操作风险管理　　665
- 16.5　我国金融风险及其管理现状　　672
- 附录 16-1　流动性风险管理　　684
- 附录 16-2　金融风险计量模型　　690

部分思考练习题答案　　698

第1章
金融市场基础*

任　达（天津大学管理与经济学部金融系）

> **学习目标**
>
> 通过本章学习，读者应做到：
> ◎ 掌握金融市场的定义；
> ◎ 了解金融市场有哪些参与者；
> ◎ 理解金融市场在整个经济系统中的地位；
> ◎ 了解金融市场的产生和发展；
> ◎ 了解金融市场的经济功能；
> ◎ 掌握金融市场的划分；
> ◎ 了解金融市场的发展趋势；
> ◎ 了解我国金融市场的发展情况。

■ 开篇导读

舒适达公司打算生产一批次刚刚发明的、具有重大科研突破意义的智能清洁机器人，但是公司没有足够的资金将此发明投入生产。与此同时，史密斯公司该季度业绩良好，有大量的盈余资金正准备投资，如果舒适达公司与史密斯公司达成合作，史密斯公司就

---

* 本章由王焕舟、高龚翔（国泰君安证券股份有限公司）审校。

会为舒适达公司提供资金，这是意义非凡的，因为对于整个智能机器人行业，无疑是看到了成功的曙光。这样一来，舒适达公司和史密斯公司都会受益。史密斯公司通过投资成长型企业收获了超额投资收益，舒适达公司因为创新性产品而发家致富，而消费者则可以享受更加便利的高科技人工智能产品。

金融市场（债券市场和股票市场等）以及金融中介机构（银行、证券公司、保险公司、基金公司等）的基本功能就是通过将资金从盈余者手中转移到短缺者手中，将舒适达和史密斯这样的公司联系在一起。再如，当苹果公司推出全新的个人笔记本电脑时，就需要从市场上借入资金，以便将新产品推向市场。类似地，当政府需要修路或者建设其他基础设施时，单纯的财政收入可能无法满足其资金需求，此时就需要借助金融市场和金融机构进行融资。

金融市场是市场经济条件下诸多要素市场的核心和枢纽，是金融机构进行资金融通、配置金融资源的场所。如果把整个经济社会比作人的身体，那么金融市场就是把血液输往全身各处的血管组织，将整个身体连接起来。通过本章学习，我们可以掌握金融市场的概况，对有关金融市场构成的基本要素和类型、金融市场在日常经济生活中扮演的核心作用和未来发展趋势有初步的了解和整体的感知，为今后各章的学习奠定基础。

1.1 金融市场概述

在介绍金融市场之前，我们有必要先了解一下经济学上是如何定义市场的。萨缪尔森等（1999）提到，在经济学中，市场是指买者和卖者相互作用并共同决定商品或劳务价格和交易数量的机制。

金融市场是指交易标的为金融资产的市场。金融市场上的买卖双方互相作用决定了金融资产的价格，这就是所谓的金融市场的价格发现机制。

1.1.1 金融市场的定义

从不同的角度和层面来理解，金融市场有不同的定义。有人认为，金融市场可以被理解为资金供应者与资金需求者从事资金融通活动的场所，由于资金融通是通过金融资产进行的，所以金融市场又可定义为以金融资产为交易对象的资金供应者和资金需求者相互汇合，依照竞价原则共同决定价格（利率或收益率），最终完成资金交易的场所。随着科技的不断进步，金融市场由单一的、以证券交易所为代表的有形市场逐步发展成通过电话、传真、互联网等方式进行交易的无形市场，金融市场的定义也随之扩展为以金融资产为交易对象而形成的供求关系及其机制的总和，或是各种金融交易的总和。这一定义包括三层含义：首先，金融市场是金融资产进行交易的一个有形或无形的场所；其次，金融市场反映了金融资产的供应者和需求者之间的供求关系；最后，金融市场包含了金融资产交易过程中所产生的运行机制，其中最主要的是价格（包括利率、汇率及各种证券价格）机制。正如有学者提到的，金融市场是货币资金融通的市场，在金融市场上交易的对象是同质的货币资金；金融市场的参与者是货币资金的供应者和需求者，他们通过金融资产的交易实现资金的融通；金融资产的交易过程就是它的定价过程，金融资产的价格则反映了货币资金需求者的融资成本和货币供应者的投资收益，所以金融资产的定价过程也是金融市场上收益和风险的分配过程，这是金融市场运行的核心机制。

1.1.2 金融市场的参与者

1.1.2.1 家庭和个人

家庭和个人主要是作为金融市场的资金供应者。家庭是社会财富的最终所有者，也是金融市场的重要参与者之一。大多数家庭的工资性收入一部分拿来消费，剩下的部分用来储蓄。大多数家庭以储蓄存款的方式参与金融市场。我国的储蓄率居世界领先水平，这些储蓄存款汇成金融市场的一股巨流。此外，个人通过购买证券、基金等方式向金融市场输出资金。当然，家庭有时候也需要从金融市场融资。因此，家庭需要进行以下四项基本金融决策：

储蓄决策：决定当期消费比例和储蓄比例，同时还要考虑是否需要融资。

投资决策：将用于储蓄的资产在各种金融工具之间进行分配，构建风险尽可能小、期望收益尽可能大的投资组合。

融资决策：如果家庭需要进行融资，那么就要在各种融资方案之间进行比较选择，以最低的成本获取资金。

风险管理决策：综合考虑工资性收入、金融资产未来现金流和负债支出的不确定性，减少家庭所面临的风险和不确定性。

1.1.2.2 企业

工商企业是金融市场运行的基础。与家庭不同，企业除了进行投资决策外，常常还需要进行融资决策，从企业的创立到流动资金的获取、企业规模扩大都涉及融资决策问题。企业需要一笔资金，采取哪种方式可以降低融资成本、增大股东财富？是向银行借款，还是发行债券或股票，或是使用公司的留存收益？这还要考虑企业的组织形式、资金的用途、金融市场的状况等许多问题。例如，个体企业扩大再生产规模通常是靠留存收益，很少会对外进行股权性融资，而股份有限公司新项目的资金来源则通常是配股或增发新股。如果金融市场不景气，公司还可以用可转换债的方式先募集一部分资金，待股市上升时再进行股权性融资，以期最大化股东财富。现代金融学有一个分支专门研究企业的投融资决策问题，称为公司金融。

1.1.2.3 金融机构

金融机构是金融市场的主导力量，它既是资金的供应者，也是资金的需求者。作为资金的供应者，它通过发放贷款、拆放、贴现、抵押、买进债券等方式，向市场输出资金；作为资金的需求者，它通过吸收存款、再贴现、拆借等方式，将资金最大限度地集中到自己手里。金融机构还提供金融工具，如支票、汇票、存单、保单等，向金融市场提供资金交易的工具，在提供金融工具的同时，金融机构也就为自身筹集了资金。此外，金融机构还充当了资金交易的媒介，办理金融批发业务，如对信贷资金的批发，对股票、债券的承销等。金融机构参与金融市场交易的目的是多种多样的，如赚取资金借贷利差、金融交易佣金、交易工具买卖价差，也可以进行投机、套利、避险等。

常见的金融中介机构有银行、证券公司、基金管理公司、保险公司、信托公司、资产管理公司、典当行、担保公司、风险投资公司、投资咨询公司等，我们将在后面的章节进行更详细的介绍。

1.1.2.4 非法人产品

非法人产品是金融市场的新兴力量。随着人们生活水平的提高，越来越多的人产生了投资理财的需求，以银行理财、券商资管、保险资管、期货资管、公募基金、私募基金等为代表的非法人产品规模发展迅速。截至2017年12月31日，非法人产品的金融资产规模达到120万亿元（包含银行通道业务）、80.7万亿元（不包含银行通道业务），分别占中国全市场金融资产规模的32.25%、21.69%，仅次于银行业总资产。

1.1.2.5 以市场参与者角色出现的政府

在凯恩斯主义和新古典综合派等政府干预经济思想的影响下，各国政府逐渐放弃了"守夜人"的身份，积极参与金融市场和经济运行。政府参与金融市场的主要目的是通过金融市场帮助其实现货币政策和财政政策等主要的宏观经济政策目标。

例如，中央银行传统的货币政策工具——公开市场操作，就是中央银行通过在国债市场上买入或卖出现存的国债，以调整货币供应量，从而达到保障经济稳定运行的目的。

政府部门作为金融市场的资金需求者，通过发行国家债券，以金融工具的发行人身份出现，通过金融市场为其财政政策或产业政策融资，弥补赤字或扩大建设规模；作为资金供给者，它将自己所拥有的财政性存款和外汇储备汇集到金融市场，成为金融机构的重要资金来源。

1.1.3 金融市场的地位

金融市场的参与者、金融市场的交易标的（金融资产）和金融市场共同组成了社会经济系统中的金融系统部分。斯蒂格利茨（2000）曾讲过，金融市场是现代经济的一个中心部分，由此可见金融市场在整个金融系统的核心作用，其地位主要表现在以下几个方面。

金融市场为市场参与者提供在时间和空间上转移资源的场所。在时间上转移资源是指经济体可以将暂不消费的资源通过金融资产的形式保值增值，留待今后消费；或者经济体要提前消费或投资于某种实物资产，可以先通过金融市场借取资金，并承诺将未来的部分或全部收入支付给投资者。

金融市场为市场参与者提供便利的支付结算工具。在古代，从事异地贸易的商人常常需要携带大量黄金,这样既不方便又不安全。现代金融系统为我们提供了便利的支付结算手段——从事国际贸易的企业通过银行来进行国际汇款,企业之间以转账支票的形式支付货款,消费者使用银行卡购物消费等。我们每天都享受着现代金融市场为我们提供的便捷的支付结算金融服务。

金融市场为市场参与者提供风险管理手段。我们每天都生活在一个不确定的环境中,而金融市场为我们提供了许多对冲风险的手段。比如,为保证在职者不论是否失业,收入和生活水平都不会出现太大波动的失业保险;为保证企业对冲到未来比例价格波动和其他不确定性的金融期货或期权合约等。这些都是金融市场为市场参与者控制风险提供的风险管理手段。

金融市场为社会经济体提供有用信息。每天,我们都可以从各种渠道获取到许多金融数据,如银行每天公布的存款利率、报纸上每天提供的股票价格数据和国债交易价格数据。这些数据不仅对打算投资于金融市场的投资者有意义,对于其他经济参与者在进行经济决策时也是重要的参考信息。

1.1.4 中国金融市场体系概述

发达国家的市场经济较为开放,为适应高度发达的体制要求,发达国家建立了规模庞大、分工细致、较为成熟的金融体系。由于各国经济背景与发展过程不同,每个国家的金融体系具体设置形式不尽相同。在资源配置中,有些国家的金融市场所起作用超过银行,有些国家的银行则在资源配置中作用更重要。据此,往往又将金融体系分为两大类:市场主导型金融体系,如美国、英国;银行主导型金融体系,比如德国、日本。

再来看看中国金融市场体系。改革开放以前,中国金融市场体系发展欠缺,金融机构结构单一,没有真正意义上的中央银行,金融法制建设不健全,金融调控手段僵化。改革开放以后,中央银行开始真正行使中央银行的功能,金融机构不断创新,金融市场体系逐渐健全。随着经济、金融体制改革的深化,基本形成了一个初具规模、分工明确的金融市场体系;金融法律框架基本形成,金融调控体系日趋成熟。

随着社会主义市场经济体制和新的金融体系的建立,中国金融市场从无到有,在不断探索中发展,目前已形成包括货币市场、资本市场、外汇市场等在内的金融市场体系。

货币市场。中国货币市场包括同业拆借市场、票据市场和回购协议市场。同业拆借市场建立于20世纪80年代初,90年代进入快速发展阶段,1995年交易量突破万亿大关,1996年1月3日,全国统一的同业拆借市场启动,银行间拆借活动均在中国外汇交易中心暨全国银行间同业拆借中心的电子交易平台上进行,标志着中国同业拆借市场进入了全新的阶段;全国银行间同业拆借市场2016年达到95.9万亿元,2017年累计交易量达78.98万亿元。中国的商业票据业务起步于20世纪80年代初,1994年中国人民银行大力推广使用商业汇票,票据市场开始以较快速度发展。2017年,企业累计签发商业汇票17万亿元,同比下降6.1%。回购协议市场于20世纪90年代初形成后,规模逐渐扩大,目前银行间市场有质押式回购和买断式回购两个品种,交易所则主要是国债逆回购。2017年,全国银行间市场债券质押式回购交易量达到588.26万亿元,买断式回购成交量达到28.11万亿元。

资本市场。中国已形成了以债券和股票为主体、多种证券形式并存，包括证券交易所、证券交易中心、法人股票交易网络、市场中介机构和监管机构在内的交易体系和监管体系初步健全的全国性资本市场。1981年恢复发行国库券以后，就形成了国债发行市场；1988年4月21日起在哈尔滨、上海、沈阳、武汉、深圳、广州、重庆等七大城市建立了政府债券流通市场；1991年起，全国地市级以上城市都建立了政府债券流通市场；2017年，国债发行额4.01万亿元。从1984年开始发行企业债券起，企业债券市场也在以不断增加的速度发展，2017年企业发行债券1.687万亿元（包括企业债券、公司债券、非公开发行公司债券、可交换债券、可转换债券）。1984年11月14日，上海飞乐音响股份有限公司开始向社会发行不偿还股票，这是中国改革开放以后第一张真正意义上的股票；1986年9月26日，"飞乐音响"与"延中实业"两支股票率先在中国工商银行上海信托公司静安证券部柜台交易；之后，中国股票市场不断发展。截至2017年，境内上市公司数（A股、B股）共有3 485家，其中境内上市外资股（B股）100家；境外上市公司数（H股）229家；股票总发行股本53 747亿股；股票市价总值567 086亿元；证券投资基金支数2 723支，交易所上市证券投资基金成交金额4 481.63亿元。

外汇市场。外汇市场是金融市场的重要组成部分，是充分利用国内、国际两个市场和资源，实现外汇资源有效配置，提高汇率形成的市场化程度，促进国际收支平衡的重要手段。1994年年初，中国建立了全国统一的银行间外汇市场，实现了官方汇率与调剂市场汇率的并轨，建立了以市场供求为基础的、单一的、有管理的浮动汇率制度。外汇市场实现了一次跨越式发展，统一的银行间外汇市场在市场结构、组织形式、交易方式、汇率形成机制以及央行调控等方面，都取得了相当大的进步。

1.2 金融市场的产生和发展

要想真正了解金融，对金融市场有一个更深入的认识和更全面的感知，我们就需要了解金融市场的发展历史。著名经济学大师约瑟夫·熊彼特（Joseph Schumpeter）曾经说过："如果一个人不掌握一定的历史事实，也不具备适当的历史感或所谓历史经验，他就不可能指望理解任何时代的经济现象。"也就是说，如果一个人不了解金融史，他就不能对当今经济社会中的金融现象做出正确清晰的认识和分析。在本节中，我们将通过了解几个金融强国的金融发展历史，学习到整个世界金融市场的产生和发展过程。

1.2.1 最早的"海上马车夫"——荷兰

如果问你，世界上最早出现银行的是哪个国家，你可能会认为最早涉足银行业的大概是荷兰人。其实不然，最先发展金融行业的实际上是我们熟知的"威尼斯商人"，也就是意大利人。但为什么荷兰以金融市场开拓者的身份登上历史舞台了呢？实际上，15世纪银行业的发展受到很多体制上的阻碍，这种阻碍使得银行并没有极大地改变人们的生活，而正是荷兰人，对银行进行了一系列创新活动，赋予银行全新职能，使银行作为信用中介活跃在人们的生活中。除此之外，荷兰政府和立法机构也付出大量努力，通过立法来保证银行交易的自由，大大刺激了国内银行业的发展。于是，银行业在荷兰逐渐兴盛并走向繁荣。其中最负盛名的就是阿姆斯特丹银行，它创造了"银行票据"来吸收金属货币存款，以国家信用为担保，同时还留存有保证金来应付所有可能出现的危机。于是，人们可以无后顾之忧地用银行票据来进行商业贸易并且可以随时兑换成货币，极大地繁荣了荷兰的贸易往来。除此之外，阿姆斯特丹银行的建立还对国际贸易的发展功不可没。由于荷兰商业繁荣经历长达一个多世纪的发展，出现了大量剩余资金，欧洲各地的商人都向荷兰阿姆斯特丹银行贷款。可以说，荷兰人是现代银行制度的鼻祖，他们通过对银行制度进行一系列的改革，给国家和商人们都带来了爆炸性的财富。

除此之外，提到荷兰你应该也能想到世界上第一家"上市"公司"荷兰东印度公司"。荷兰股份制有限公司的出现，是商品经济不断发展壮大的必然结果。1602年，联省议会在原有14家贸易商的基础上批准成立荷兰东印度公司，1621年成立西印度公司，负责对美洲的商品和奴隶贸易。自此，个人不再是商业风险承担者，风险承担者有了一个新的概念——法人，贸易商作为股东只担负投资风险，并且只承担有限责任。荷兰东印度公司面向所有市民公开发行股票，持股者有商人、水手、技工甚至还有市长的女仆，通过这种全新的融资方式，荷兰的经济再一次极大地繁荣，股票交易所也应运而生。

原本由于新航路的开辟，世界各国的经济联系日益紧密，欧洲各殖民主义国家通过对外扩张来发展国家内部资本主义经济，派生出一批又一批等待开发"新大陆"的冒险家，人们的视野越来越开阔，野心越来越膨胀，整个社会都处于一种投机与冒险的社会氛围中，企图通过冒险来达到一夜暴富。随着公司股票的大量出现，人们对股票市场的制度改革要求也就越来越高，很多人希望能够将投入的资本抽回，或者通过股票转让的方式获得所需的资金。为了解决广大股民所面临的困境，1613年，荷兰创立了阿姆斯特丹证券交易所，交易所的成立标志着现代金融市场的正式形成。该交易所不仅交易数额十分巨大，而且具有公开性、流动性和投机性的特点。交易方式也多种多样，除了能够满足广大股民买卖股票的需求，还给了许多投机商通过卖空买空达到一夜暴富的机会。随着证券市场的发展，阿姆斯特丹成为欧洲的金融中心，荷兰东印度公司的股票成为股票市场上的大热门，到了17世纪初，阿姆斯特丹出现了正式的股票交易所。通过证券市场，荷兰政府和商人获取了大量的股息收入，有效地促进了荷兰经济的发展。

但是经济极大繁荣的背后往往蕴藏着风险和危机，荷兰人以冒险著称，以投机盛名，在人们追求利益的本性和光鲜的金融扩张背后，往往隐藏着最可怕的泡沫。比如，郁金香泡沫，史上最早的金融危机，就是在繁荣的背后慢慢滋长的。17世纪，郁金香在荷兰是一种稀有植物，被贵妇佩戴在晚礼服上。1635年，一枝上好的郁金香花茎，可以换到一辆上好的马车和几匹马。在那个时代的荷兰乃至欧洲其他国家，佩戴郁金香绝对是身份与地位的象征。荷兰人素来以精明的商业头脑著称，郁金香的巨大利润很快就吸引了众人眼球，人们开始倒买倒卖郁金香球茎。1636年，郁金香在阿姆斯特丹及鹿特丹证券交易所上市，给普通人投资机会，在轰轰烈烈的全民郁金香活动中，荷兰人创造了"期货选择权"，推出了交易杠杆，允许买空卖空，"看多""看空""看跌"等名词都是在那个时候由荷兰人创造出来的。故事的开始非常离谱，甚至在我们后人看来极尽癫狂。1635—1636年，荷兰郁金香合同价格的上涨幅度是5900%。很多时候，故事的开头，不一定等同于故事的结尾。到1636年时，郁金香的价格已经涨到骇人听闻的程度，一种叫奥古斯特的名贵品种，当时每株价格足以换取阿姆斯特丹运河边上的一栋豪宅。直到1637年2月4日，危机的魔爪不期而至，郁金香的价格跌至最高位的0.005%。郁金香价格的暴涨，没有理由；同样，暴跌也不会有理由。

后来荷兰的经济优势逐渐减弱，衰退也是全方位的，无论是在海上运输业还是在进出口贸易以及金融业等领域，其衰退的速度都是十分惊人的。在海上运输业方面受到了来自英国、法国、瑞典等国家的强烈竞争；在进出口贸易方面，由于欧洲各国逐渐采取了降低关税的方法来发展本国对外贸易，荷兰原有的优势逐渐衰弱；在金融领域的衰退更加明显，由于英格兰银行逐渐出现在大量欧洲商人的眼中，阿姆斯特丹昔日的繁荣也再难寻其踪影，再加上很多放债集团的债务放出去之后难以回收，这一切导致了荷兰在短时间内所创造的金融大帝国迅速土崩瓦解，经济全方位衰退。

1.2.2 "日不落"帝国——英国的崛起

19世纪中期的工业革命大大增强了英国的经济实力，随着经济实力的攀升，英国也进一步扩张其海外贸易，尤其是在击败荷兰舰队之后，英国海外殖民地的扩张更是达到了巅峰状态，殖民地遍布全球。像荷兰一样，随着经济实力的迅速发展壮大，英国国内剩余资本也供不应求，一些资本家迫切要求进行海外投资。在这种背景之下，截至第一次世界大战前夕，英国的海外投资额已经高达几十亿英镑，英镑对于国际贸易的重要性也愈发突出，全世界近40%的国际贸易结算是通过英镑来完成的，英镑迅速取代黄金，成为一种重要的国际货币。随着英镑在世界货币体系中地位的确定，英国逐渐取代荷兰，成为国际金融领域的龙头老大，而伦敦则取代阿姆斯特丹，成为当时世界上最大的金融中心，于是伦敦金融城也成为伦敦城的"城中之城"。

伦敦金融城面积十分狭小，大约只有2.6平方公里，但是每天在这块狭小的地盘上工作的人员数量有近50万人，其重要性丝毫不亚于一块很大的殖民地。许多相互关联的诸如银行、保险、航运、黄金、大宗物资等类的产业聚集于此，各式各样的经纪人或代理人混迹其间，构成了一个被今天的人们广为称道的金融大市场。一定程度上可以说，伦敦金融城是英国经济发展的指向标，英国之所以能称霸世界，与这座伦敦金融城是分不开的。实际上，从罗马时代以来，伦敦金融城一直是英国经济活动的中心，这是英国其他任何一座大城市所无法比拟的。

英国是在葡萄牙、西班牙和荷兰衰落之后崛起的殖民大帝国。促进英国经济发展的原因有很多，其中有两个最为重要，一个是工业革命，另一个是以伦敦为代表的金融业的发展。伦敦世界金融中心地位的最终确立实际上经历了两个阶段。第一个阶段是18世纪的大商业时期。早在18世纪初期，伦敦便主导着英国的对外经济贸易。这一时期，伦敦的资本家们迫切地需要辅助性的金融服务，比如，为了促进货物的销售和传播，他们需要进行拍卖活动，因此需要一些专门从事拍卖业的专业性拍卖公司；为了防止自己的船舶和货物在运输途中遭受不必要的损失,他们需要一些能够替他们承担风险的专业性保险公司。随着对外贸易的不断发展,这些专业性公司先后出现于伦敦这座繁华的大都市。解决这些问题后,随之而来的是资金问题。为了进一步扩大对外贸易,这些资本家们必须进行巨额的融资,这为伦敦的发展带来了一个新的机遇,票据贴现体系和银行体系随之建立起来。票据贴现体系在伦敦的建立,大大提高了票据作为一种信贷方式的吸引力,更为重要的是,这种票据贴现体系与阿姆斯特丹的票据贴现体系不同,它没有固定的数额限制,这为伦敦迅速取代阿姆斯特丹成为世界金融中心奠定了坚实的基础。到了18世纪,建立于1694年的英格兰银行逐渐修改了其职能,将它的主要职能由原来的主要向政府提供贷款转变为为其持股人盈利,通过这种方式,英格兰银行吸引了世界上各个国家的商人,这为它取代荷兰阿姆斯特丹成为世界金融中心创造了便利的条件。

第二个阶段是19世纪,伦敦逐渐占据了国际主导地位。18世纪末期,伦敦已经拥有了多家较为发达的金融机构,成为世界上主要的金融中心。英国的对外国际贸易飞速增长,伦敦在国际贸易中起到的重要作用也越来越明显。到了19世纪,伦敦已经不再单纯地为国际商业贸易提供金融服务,它将眼光逐渐放到了世界货币市场上来。伦敦不仅逐步成为一个国际性的货币市场,吸引了世界各国的短期投资,而且发展成为一个长期资本市场,并通过这个长期市场为世界其他地方的工业化提供绝大部分资金贷款,这直接导致了伦敦成为世界金融中心。19世纪伦敦之所以能在国际贸易当中占据主导地位,一方面是由于英国贸易和海外投资的特殊结构,另外一方面也归功于它本身的金融技巧。随着海上霸权的确立以及海外殖民地的扩张,英国逐渐发展成为主要的贸易国家,伦敦剩余资本的投向也随着对外贸易的不断扩大而发生重大变化。起初,伦敦的货币首先供给英国国内的对外贸易;随着英国对外贸易的不断扩大,伦敦剩余资本逐渐流向了世界上其他与英国有贸易往来的国家;最后,随着英国对外贸易的进一步扩张,伦敦剩余资本逐渐流向那些与英国贸易无关的领域。随着这种投资流向的变化,伦敦金融城的金融服务业不断得到发展,这种金融服务业的技巧与经验逐渐被世界上其他国家所借鉴和吸收,在世界范围内传播开来。经过18世纪的大商业阶段之后,伦敦逐渐在19世纪取代阿姆斯特丹,成为当时的世界金融中心。伦敦成为世界金融中心的发展轨迹表明,金融业的发展与国家的经济实力息息相关,两者成比例平行发展。

值得一提的是,英国的迅速崛起,与工业革命为英国带来的巨大发展机遇密不可分。工业革命使英国的工业产品数量遥遥领先于世界其他国家和地区,而且还使英国从废墟中迅速复兴。据史料记载[①],1760—1830年这70年间,欧洲工业生产的增长主要就是英国工业生产的增长;1769年以前英国在世界工业生产中的份额只有1.9%,而到了1830年前后,其所占比重已经上升到了19.5%。在短短的几十年时间之内获得如此巨大的发展,不能不说是一个奇迹。更为不可思议的是,仅占世界人口2%的英国,其现代工业生产能力却相当于世界工业生产潜力的40%,在欧洲工业生产潜力中的比例更高,这些为英

---

① 杨洪富、石作富:"论大英帝国的兴起与整体世界的形成",《重庆文理学院学报》,2006年第5卷第1期。

国成为世界工厂创造了必不可少的条件。除此之外，英国在生铁技术、棉纺织生产以及机器制造业方面将欧洲其他国家远远地抛在身后。

盛极必衰，这是世界大国经济发展的一条规律，很多国力达到巅峰状态后的国家都无法逃脱这一宿命。昔日强大的葡萄牙、西班牙以及后来的荷兰，历经一个多世纪的发展，终于达到了顶峰，但是巅峰状态只能维持短短的几十年，留给后人无限唏嘘。英国的发展规律与荷兰等国家有所不同，但是在从海外殖民地掠夺大量黄金白银以及原材料来供应本国工业发展的这一点上，两者是相似的。这就给英国走向衰落埋下了隐患。一旦殖民地或国际社会发生动乱，或者其他后起之秀与英国展开竞争，都会将这个老牌的殖民帝国推向绝境。事实上，英国经济实力的衰退正建立在这种后起之秀的竞争和国际动乱之上，主要体现在工业垄断地位的丧失，国际分工、世界市场和国际贸易方面垄断地位的丧失以及资本输出、国际金融和国际航运方面所面临的激烈竞争。这种衰退并非是一种偶然，而是一个必然的结局。大体而言，英国经济实力的衰退大概有两个方面的原因。第一，在后起之秀的强劲发展势头之下，英国无力再与其展开竞争。1870—1913年短短的四十几年时间内，英国的增长速度与新兴资本主义国家相比有明显的差距：美国工业增长了八倍，德国增长了五倍，而英国只增长了一倍多，英国的发展速度逐渐缓慢下来。到了1913年，英国工业发展缓慢的势头变得更加明显。就主要工业品产量而言，英国所生产的煤只有美国的56%，铁只占到美国同年产量的33%，棉花消费量也只有美国的70%，汽车产量仅占美国年产量的7%。第二，两次世界大战给英国国内经济的发展带来了致命打击。在第一次世界大战之前，与美国、德国等新兴资本主义国家相比，尽管英国的经济开始出现相对衰落的迹象，但是这种迹象并不十分明显。真正使英国和美国、德国等国家拉开差距的是两次世界大战，尤其是在第二次世界大战之后，英国彻底退出了世界霸主的历史舞台。表面上看来，英国是第一次世界大战的胜利国，但是这种胜利也付出了十分惨重的代价。据史料记载，英国在第一次世界大战中所投入的兵力达950万人次，伤亡80万人，军费开支100亿英镑，国民财富损失了近1/3。开支巨大造成了财政赤字剧增，为了填补亏空，政府便只好依靠不兑换货币制，宣布废止金本位制度，发行大量的纸币英镑，企图借助这种措施来帮助政府渡过危机。但是这种措施带来了一个巨大的后果：英镑贬值。英国刚从战争的灾难中解脱出来，又一场货币危机使得英国经济雪上加霜。紧接着，英国又陷入了第二次世界大战的泥沼，这次大战给英国经济带来致命一击。到了1940年，英国海外所有的黄金储备几乎全部用来偿还美国的贷款，至此，英国在经济上实际已经破产。因此，第二次世界大战也正式宣告了英国殖民地帝国走向衰败。英国独一无二的霸主地位由美国主导的世界历史格局所取代。

但是，伦敦并非从此一蹶不振，而是很快找到了巩固与发展自己的一个极好机会，这就是建立与发展欧洲美元市场。诚然，假若没有战后美国大量输出资本，特别在帮助欧洲复兴的过程中使欧洲各国积累起数额可观的美元，假若没有第二次世界大战后欧洲各国普遍从战争废墟上复兴起来，增加了对美元的需求，假若没有欧洲各国在20世纪50年代相继放松并且逐步取消外汇管制，欧洲美元市场是不可能在1957年开张的。由于英国伦敦金融市场是一个历史悠久、声名远扬、实力雄厚的国际金融市场，拥有高度集中数量的金融机构、举世闻名的英格兰银行,和跻身于世界最大银行之列的劳埃德(Lloyds)、巴克莱(Barclays)、米特兰(Midland)、国民西敏寺(NatWest)四大清算银行;除此之外,伦敦金融市场管理科学、经验丰富,整个金融体系通过分支机构、附属机构遍及全球,并且不断受到英国历届政府的支持与推进,因此欧洲美元市场诞生于英国伦敦而非其他欧洲国家。

到1982年年底,外国银行在伦敦开设的分支机构达449家,世界上100家大银行中已有94家在伦敦设立分支机构,"伦敦城"的地位又大大加强,重新成为世界上最重要的金融中心之一,至今仍是与纽约金融市场并列的重要的国际金融市场。

1.2.3 新"世界霸主"——美国

美国是两次世界大战的最大受益者。英国在第二次世界大战结束之后,退出了世界霸主的地位,美国逐渐崛起,成为主宰世界的新的霸主。

美国之所以逐渐走向繁荣富强,不仅得益于其在两次世界大战的受益,也得益于它在其他方面潜藏的经济实力。首先,第二次世界大战后美国境内跨国公司的发展,对美国的经济发展起到了至关重要的促进作用。在其他传统西方大国普遍衰落之际,美国利用其相对强大的经济和政治优势,开始在世界范围内推行强权主义政策,企图借此来掌握世界经济的领导权。由于有了政府的大力支持,美国的垄断企业便可以自由地向海外扩张,通过直接投资的方式来扩大并保持在世界市场上的绝对份额,以便赢得高额利润。随着国内垄断企业对外投资的不断深入,一些现代跨国公司便随之建立起来。这些跨国公司拥有巨额的资本和广泛的经营范围,它们可以从这些直接或者间接的投资中获取巨大的利益,从而为美国资本主义经济的进一步发展积累巨额的财富。再者,美国是个十分注重科技创新的国家,尤其是在第二次世界大战之后,科技在美国经济发展中的作用日渐明显。第三次科技革命在第二次世界大战之后爆发。这场以原子能的利用、电子计算机和空间技术的发展和运用为主的第三次科技革命是先从美国国内开始然后再遍及到全球的,因此,美国理所当然是这场科技革命最大的赢家。据资料显示,在第三次科技革命中,美国一共取得了65项具有突破性的发明创造,这些发明创造推动了美国的石油化工、航空、原子能、电子、天然气等新兴产业的发展。据美国劳工部统计局的统计,1948年,美国航空和宇航工业销售额仅有10亿美元,但是到了1968年,这两个工业的销售额便达到了300多亿美元;到了1969年,美国所生产的计算机占到世界计算机产量总和的70%;在其他诸如机械化、电气化、农业部门等领域也取得了一定程度的发展。美国这种将知识和经济紧密结合起来推动科技进步的发展模式,不仅使其不会在日益激烈的国际竞争中被淘汰出局,而且使美国始终占据着优势地位。

美元在美国走向世界的道路上扮演着极其重要的角色。有一些专家评价美元在国际事务中的作用时认为,美国之所以能称霸世界,是以美元在国际货币体系中的作用为基础的,美国基本上是利用美元的国际地位,来解决全球霸权的经济负担。

美元发展的第一个阶段是从1900年至第一次世界大战开始。在这一阶段,美国正式通过金本位法案,美元向世界迈开了第一步。虽然美国经济在这一时期获得了飞速发展，就国民生产总值而言已经超过了老牌国家英国，成为世界上第一号经济强国，但由于英国历经一个多世纪的发展已经积累了雄厚的工业基础，再加上有着广阔的海外殖民地为依靠，对外贸易仍然稳居世界第一，因此当时就算美元的影响力很大，也无法撼动以英镑为主导的世界货币体系。

第二阶段是从1914年第一次世界大战爆发到1945年第二次世界大战结束，这段时间美元进一步扩大了其在世界范围内的影响力。美国本土远离战场，而且美国在战争中采取了一种比较缓和的方式，因此其经济并没有受到破坏，反而从出售军火中大发横财。到了20世纪四五十年代，美国抢占了英国绝大多数的海外贸易据点，对外贸易占到世界的1/3以上，黄金储备也占到了世界黄金储备总量的3/4，这为美国经济的发展带来了极大的便利。在这基础上，美国政府又采取了许多遏制英镑的措施，以便提升美元在国际上的地位，使得英镑在世界货币体系中的霸主地位处于垮台边缘。从此，世界货币史上出现了一个新的体系——以美元为中心的布雷顿森林体系（Bretton Woods System）。

布雷顿森林体系的建立，是美元称霸世界的标志，也是以美元为中心的世界货币体系瓦解的开始。之所以说布雷顿森林体系的建立是美元称霸世界的标志，是因为这个体系是随着美国经济实力的逐渐强大，美元国际地位的不断提高而建立起来的，其主要目标便是最终确立美元在世界货币体系中的霸主地位。之所以说布雷顿森林体系是以美元为中心的世界性货币体系瓦解的开始，是因为这个体系要得以正常运转，需要有严格的条件：其一是美国在国际贸易中必须保持顺差，美元的利率必须稳定；其二是美国国内必须拥有充足的黄金储备，美元兑换黄金的价格必须固定；其三是黄金的价格不能波动太大，必须维持在一定的水平。这三个条件当中有任何一个得不到满足，布雷顿森林体系便会发生动摇甚至崩溃。随着世界上其他资本主义国家的迅速崛起，美国要想维持这三个条件实际上是很难的，因此，以美元为中心的世界货币体系建立之初，便意味着瓦解之路的开始。

第二次世界大战刚刚结束后不久，由于西方国家经济普遍遭受到战争的摧残，因此，迅速恢复国内经济成为西方国家的首要任务。为了刺激国内经济的复苏，西方国家从美国购进了大量的商品和劳务，在与美国的贸易当中逆差十分明显，这种情况为美国维持布雷顿森林体系创造了良好的外部环境。随着各国对外贸易的进一步发展，在世界范围内便掀起了一股购买美元的热潮，由于供不应求，出现了"美元荒"的局面。这种局面保持了美国国际收支的顺差、美元利率的稳定，同时也增加了美国的黄金储备，维持了美元对黄金的可兑换性，这就满足了布雷顿森林体系赖以存在和发展的三个基本条件。因此，20世纪50年代前半期是以美元为首的世界性货币体系得以进一步发展的一个时期。

但是在20世纪50年代后期，美苏争霸的局面达到了高潮，美国为了维持在争霸中的优势地位，扩大了海外军费开支以及资本输出的数量，这导致其国际收支逐步演变成为慢性赤字，黄金储备也迅速减少，这严重削弱了美国的经济实力，国内经济停滞不前。而西方其他资本主义国家，经济在20世纪50年代后期得以恢复，有些国家的经济实力甚至可以匹敌美国，美国的地位受到了严重挑战，先前在金融市场上抢购美元之风已经被抢购黄金之风所取代。由于在市场上一路走俏，黄金的价格一路上涨到41美元/盎司。

黄金与美元这种兑换差距的进一步扩大,意味着美元在国际市场上间接贬值,第一次美元危机爆发。为了稳固美元在国际交易中的地位,美国政府采取了一系列诸如成立"十国集团""黄金总库""借款总安排"等类似的措施,这些措施的出台,并没有遏制国际金融市场上抢购黄金的势头。随着黄金抢购的进一步发展,到了1963年,国际市场上黄金价格上涨到了70美元/盎司,意味着美元在国际市场上的间接贬值幅度进一步扩大,第二次美元危机爆发。在两次美元危机的打击下,美国政府再也无法维持自由市场的黄金官价,被迫宣布自由黄金市场与官方黄金交割脱钩。这也表明,以美元为中心的世界性货币体系实际上已经处于崩溃边缘。到了20世纪70年代,随着日本和德国经济的崛起,国际金融市场也随之发生了微妙的变化。在这种情况下,西方国家为了本国的经济利益,采取了浮动汇率制,先前那种与美元挂钩的固定汇率制被扔进了历史的垃圾桶里,这使美国在世界上推行政治和经济霸权主义政策遭受挫折。

美国经济霸权的丧失,是其他国家经济开始恢复和发展的情况下的一种必然的结果,尤其是西方发达资本主义国家,一旦其经济从困境中解脱出来,不会再满足于在经济上做美国的附庸,而是寻求经济独立,与美国抗衡。到了20世纪60年代,由于西欧经济逐渐从以往那种停滞的状态之中解脱出来并迅速得到恢复和发展,国家积累了大量的美元,它们在资金上对美国的依赖程度也逐渐降低。第二次世界大战初期,世界政治环境恶劣,西欧国家把美国看作国内经济恢复和发展的保障。但是到了20世纪70年代,美国经济霸权衰退现象变得更加明显。一方面,美国陷入越南战争的泥潭中无法自拔,国内联邦财政赤字迅速扩大,贸易逆差也随之扩大,严重削弱了美国的国际经济地位。另一方面,20世纪70年代,日本和东亚一些发展中国家迅速调整国内的经济结构,积极参与国际竞争,国内经济获得快速发展,使得美国经济霸权雪上加霜。20世纪80年代,日本和东亚一些发展中国家的经济得到进一步的发展,而美国的财政状况恶化,被迫四处举债,成为当时世界上最大的债务国,经济霸权受到严重挑战。为了缓解这种财政恶化的局面,美国政府采取了一系列措施,削减国家财政支出。这种财政政策在一定程度上缓解了矛盾和财政危机,但是却使美国的对外军事行动受到了制约。尽管美国经济霸权地位衰退,以美元为中心的世界货币体系瓦解,但是美国依然是世界上头号经济强国,美元依旧在国际贸易中占据着统治地位。因此,美元的动荡必将会给世界上其他国家的经济带来负面影响。但是随着世界上其他经济体的进一步发展,美国经济的持续性不稳定和周期性发生的金融危机,使美国经济霸权进一步衰落。

【拓展阅读1-1】
我国金融市场体系的基本形成

我国金融市场从20世纪80年代起步,经过20多年的发展,形成了一个初具规模、层次清楚、分工明确的金融市场体系。从市场类别看,由同业拆借市场、回购市场和票据市场等组成的货币市场,由债券市场和股票市场等组成的资本市场,以及外汇市场、黄金市场、期货市场、保险市场等均已建立并形成一定规模。从市场层次看,以银行间市场为主体的场外市场与以交易所市场为主体的场内市场相互补充,共同发展。

我国金融市场的发展是从1984年同业拆借市场开始的。1996年1月,全国统一的同业拆借市场形成,1997年6月,依托同业拆借市场的债券回购业务获准开展,它们与票据市场一起构成我国的货币市场,成为金融机构管理流动性的主要场所和中央银行公开市场操作的重要平台。

1990年12月和1991年7月,上海证券交易所和深圳证券交易所先后成立,标志着我国股票市场正式形成。1997年6月,银行间债券市场成立,并与交易所债券市场和银行柜台债券市场共同构成了我国的债券市场。目前,我国初步形成了以债券和股票等证券产品为主体、场外市场与交易所市场并存的资本市场。

1994年4月,全国统一的银行间外汇市场建立,并逐渐形成以境内金融机构进行外汇交易为主要市场、商业银行柜台交易为补充的黄金市场架构。我国商品期货市场起步于20世纪90年代初,目前已经形成了以上海、大连和郑州3家期货交易所为核心的市场架构,市场功能逐渐显现。自1980年恢复国内保险业务以来,我国保险业取得快速发展,已经形成了多种保险机构并存、中外资保险公司竞争的保险市场体系。

资料来源:中国人民银行金融市场司、中国人民银行上海总部金融市场管理部,《2005中国金融市场发展报告》,中国金融出版社,2006。

1.3 金融市场的经济功能

金融市场是资金融通机制的核心,在优化资源配置、提供风险管理、减少交易成本等方面极大地便利了我们的经济生活。在本节中,我们将研究金融市场具有哪些主要的经济功能。

1.3.1 聚敛功能

所谓金融市场的聚敛功能是指金融场所具有的资金集合的功能,即金融市场通过创造多种金融工具并为之提供良好的流动性,将众多零星、小额资金集合起来以形成大额资金,再以资本的形式投入到社会再生产的过程中。这样既可以满足资金供求双方对不同期限、收益和风险的要求,也为资金供应者提供了合适的投资手段。

由于经济系统中各部门之间及各部门内部在资金收入和支出的时间上并不总是同步的,所以存在着收大于支的资金盈余部门和收不抵支的资金缺口部门。盈余部门暂时闲置的资金一般是用于预防意外的急需,或为将来的某项大额投资或消费而进行的积累,这些暂时闲置的资金在使用之前有通过投资谋求保值增值的需要。同样,对于资金缺口部门来说,往往要为进行某项经济活动或满足某些迫切需求而寻求更多的资金来源。对于资金不足的单位来说,若不能及时弥补资金缺口,则会影响到生产经营活动的运行;对于盈余单位来说,其闲置的资金是相对有限的,而且从整个社会来看,这些闲置资金也显得比较零散，难以满足社会经济发展的要求。金融市场就是通过提供一种渠道，将各经济部门暂时闲置的、相对有限的、相对零散的资金汇聚起来，使之能够满足大规模投资特别是企业为发展生产和政府部门为进行大规模基础设施建设和公共支出的要求。在这里，金融市场实际上起着资金"蓄水池"的作用。

金融市场之所以具有资金的聚敛功能，除了因为它是创造金融资产、促进资金加速流动的场所之外，还因为其自身具有成本优势、信息优势和创新机制：首先，金融市场能够通过提供专业化的服务，在提供便利的同时降低交易成本；其次，金融市场的信息披露制度和专业化的管理体制强化了融资者的信息披露，改善了信息条件，从而更容易取得交易者的信任；最后，金融市场的创新机制激励专业机构提供多样化的、风险与收益相匹配的金融工具，以满足资金供应者和需求者的要求。

1.3.2 配置功能

金融市场的配置功能主要表现为对资源、资金的配置和财富、风险的再分配。由于多种原因，盈余单位并不能将其多余资金进行最有利的运用，若不加控制，整个社会的经济效率将会大大降低。借助市场机制将资源从经济效率低的地区或部门转移到利用效率高的地区和部门，以实现社会资源的合理配置和有效利用，这是市场体系最重要的经济功能，而货币资金总是流向最有发展潜力、能为投资者带来最大收益的地区、行业和企业，所以资源配置优化的实现是以货币资金的有效配置为前提的。在金融市场中，投资者可以通过交易中所公开的信息及价格波动所反映的信息来判断整体经济运行的态势和企业、行业的发展前景，从而决定其资金和其他经济资源的投向。这样，借助金融市场的市场机制有效地配置货币资金，将资源从低效率利用的部门转移到高效率的部门，将资金在盈余部门和短缺部门之间进行再分配和调剂，使社会的经济资源最有效地应用在效率最高或效用最大的地方，才能实现有限资源的优化配置和合理利用。

此外，金融市场的配置功能还表现为对财富和风险的再分配。财富是各经济单位拥有的全部资产的总价值，被金融市场上的金融机构、政府、企业、个人所共同持有。当市场上各种金融资产的价格发生波动时，各个市场参与者对于财富的持有量也会发生变化：若金融资产价格上升，相应金融资产持有者的财富增加；反之，若金融资产的价格下降，则其持有者的财富将相应减少。这样，社会财富就通过金融市场价格的波动实现财富的再分配。

在现代经济活动中，风险是无时不在、无处不在的，经济主体在市场经济中时刻面临着价格风险、通货膨胀风险、利率风险、汇率风险、经营风险、财务风险、政治风险、自然灾害风险等各种各样的风险。人们无法避免或消灭风险这种客观存在的现象，但由于金融市场有对风险进行分散转移的功能，金融市场的参与者可以利用金融市场来分散和降低风险。投资组合分散了投资于单一金融资产所面临的非系统风险，而远期、期货、期权、互换等合约则成为各类经济主体进行风险管理的重要工具。

由于市场参与者对风险的厌恶程度不尽相同，不同风险偏好的人通过买卖金融工具也可以实现风险的再分配。风险厌恶程度高的人将高风险的金融产品卖给对风险厌恶程度低的人，反之亦然，这样就实现了金融风险的再分配。在此需要强调的是，金融市场发挥风险的分散、转移功能是指通过金融资产的交易，将市场某个局部的风险转移到别处，而不是指从总体上消除了风险。同时，这个功能的发挥程度还取决于市场的效率。

1.3.3 经济调节功能

金融市场的经济调节功能主要是指其对宏观经济的调节作用，它不仅表现在对经济发展的规模、速度以及经济结构布局的影响上，还表现在对社会经济效率的促进上。金融市场是现代政府实施货币政策、财政政策等宏观经济政策的重要场所，它不仅为货币政策工具的实施提供了市场条件，还为货币政策的传递提供了市场机制，而发行国债和调节国债发行结构等则是实施财政政策的重要手段。

金融市场可以对宏观经济具有直接的调节作用。金融市场有其特有的引导资本形成并优化资源配置的机制。在金融资产的融资过程中，投资者对不同金融工具进行认购，实际上就是对投融资方向进行选择。为了获得高额的投资回报，投资者会审慎选择投资对象，通常总是会将资金投向效益高、具有发展前景的部门或行业，这样就影响微观经济部门，进而促进资源的合理配置、产业结构的优化升级，形成了影响宏观经济活动的一种有效的自发调节机制。

金融市场还可以对宏观经济活动起到间接调节的作用，即金融市场的存在和发展为政府实施对宏观经济活动的间接调控创造了条件。政府对宏观经济的间接调控主要是通过货币政策和财政政策来实现的，而金融市场的存在和发展，则为货币政策和财政政策的实施提供了重要的渠道。货币政策是调节宏观经济活动的重要宏观经济政策，它的实施以金融市场的存在、金融部门及企业成为金融市场的主体为前提。金融市场既提供货币政策操作的场所，也提供实施货币政策的决策信息。此外，财政政策的实施也越来越离不开金融市场，政府通过国债的公开发行及运用等方式对各经济主体的行为加以引导和调节，并为中央银行提供开展公开市场操作的手段，由此对宏观经济活动产生着巨大的影响。

1.3.4 综合反映功能

市场是信息的主要来源之一，金融市场更是为所有市场参与者提供了大量的信息，由于金融市场与整个国民经济的关系极为密切，所以金融市场常被看作国民经济运行的"晴雨表"，是反映国民经济运行状况的信号系统。

金融市场是反映微观经济运行状况的指示器。人们可以随时通过证券交易所这个有形的市场了解到各种上市证券的交易行情，并据以判断投资机会，所以金融市场大部分证券价格的涨跌，可以反映出证券发行企业的发展前景、经营管理状况和投资者对企业发展的预期态度，由此可以推断出相关行业的发展前景甚至是整个经济的运行情况。

金融市场还是反映宏观经济运行状况的重要窗口。由于金融市场的交易直接和间接地反映了国家货币供应量的变动，金融市场上的变化全面地反映了国民经济各部门、企业的状况，因此金融市场所反馈的宏观经济运行方面的信息为国家正确制定、实施和调整宏观经济调控政策、及时解决经济发展过程中显露的问题、形成合理的国民经济结构提供了客观依据。而利率、汇率、基础货币和货币供应量、金融资产的发行量和交易量、金融资产的价格水平和价格指数等金融指标同样能够反映出一国宏观经济运行和相关行业、企业的基本状况，甚至比很多实物指标更公开、更灵敏、更有代表性和更有全局意义。正因为如此，各国政府、金融机构、企业、居民及国际金融机构都高度关注金融指标的变化，并以此观测出宏观经济运行状况。

1.4 金融市场的划分

从不同的角度来看，我们会专注于金融市场的某一特性，因此我们可以用多种方式来概括金融市场的类别，从而将金融市场划分为不同的子市场，这些子市场综合在一起形成了金融市场体系。金融市场是一个大系统，包含着许多具体的、相互独立又相互联系的市场，可以用不同标准来划分。了解一国金融市场的结构体系，对于判断该国金融体系的发展情况，完善对该国金融体系的管理，都具有重要意义。

1.4.1 按标的物划分

标的物即为金融交易的对象，按照对象可以把金融市场分为货币市场、资本市场、外汇市场和黄金市场。

货币市场又称短期金融市场或短期资金市场，是以短期金融工具作为媒介，期限在一年以内（包括一年）的货币资金融通的市场，它流动性强的特点可以满足交易者对金融工具的流动性需求。货币市场融通的资金，大多用于工商企业、政府等需求者的短期周转资金，是典型的以机构投资人（institutional investor）为主的融资市场。由于货币市场资金活动的主要目的和内容是保持金融资产的流动性，为个人、工商企业、金融机构以及政府调剂短期资金的余缺，因此，货币市场上的金融工具主要是一些偿还期较短、流动性或变现能力较高、风险性较小的金融工具，以满足资金供求双方对短期资金融通的需求。

货币市场通常没有正式的组织和确定的交易场所，通常通过网络进行交易，特别是二级市场的交易几乎都是通过电信方式联系或电子平台完成的。市场上的巨额交易量使得货币市场区别于其他市场而具有批发市场的特征。同时，货币市场还具有非人为性和竞争性的特点，任何人都可以进入市场并进行交易，不存在固定的顾客关系，因此，货币市场是一个公开市场。

货币市场通常由同业拆借市场、短期信贷市场、短期证券市场和贴现市场组成。现在，货币市场一般指国库券、商业票据、银行承兑票据、可转让定期存单、回购协议、联邦基金等短期信用工具进行买卖交易的市场。按照金融产品的不同，货币市场还可以细分为国债市场、票据贴现市场、银行间承兑市场、短期债券市场、大面额可转让存单市场、回购协议市场等。

资本市场又称为长期金融市场或长期资金市场，是以长期金融工具为媒介，进行期限在一年以上的货币资金融通的市场。一般来说，资本市场由银行中长期存贷款市场和长期证券市场两部分组成，在长期借贷市场中主要是银行对个人提供的消费信贷，而在长期证券市场中主要是股票市场、长期债券市场、基金市场等，其中长期信贷市场属于间接融资市场。资本市场融通的资金大多用于厂商扩大生产规模再生产，而政府则利用资本市场保持财政收支平衡和实现宏观经济政策调控目标。这类市场资金活动的主要目的和内容是为了投资、提高经济效益和获得盈利，充当资本市场金融工具的是一些偿还期长、变现能力较强的金融资产，特点是流动性较小而风险也低，市场参与者一般注重的是其安全性和盈利性。

资本市场提供了一种使资本从剩余部门转向不足部门的机制，满足了供求双方对中长期资金融通的需求，优化了资源配置，并为已经发行的证券提供了流动性充分的二级市场，保证了发行市场活动的顺利进行。资本市场作为金融市场的核心市场，承担着将社会闲散资金转化为生产性投资资金的职责，从而保证了微观经济主体规模的不断扩大和宏观经济的持续发展。

外汇市场是指用外币或以外币表示的支付凭证进行买卖的市场，以外汇作为交易的标的物，有狭义和广义两层含义。狭义的外汇市场指的是各个银行间的外汇交易市场，包括在同一市场内银行间的外汇交易业务、中央银行与外汇银行间以及各国外汇银行间的外汇交易活动，通常又称批发外汇市场（wholesale market）；而广义的外汇市场是指由各国中央银行、外汇银行、外汇经纪人以及客户组成的外汇买卖、经营活动的总和，包括上述批发市场和银行与客户（企业、个人）之间买卖外汇的零售市场（retail market）。外汇市场的主要功能是进行国际结算与支付、清偿国际债务债权、调剂国际资金短缺、实现国际资本流动以及规避汇率波动风险，其中交易的也是各种短期金融工具，但与货币市场不同的是，外汇市场上是不同种货币计值的票据之间的转换，并且一国政府只能干预或管制本国的货币。随着国际经济联系日益密切，外汇市场已是金融市场不可或缺的重要组成部分。

黄金市场是指专门集中进行黄金买卖的交易市场。由于黄金目前仍然是一种重要的国际储备资产，而且具有较强的保值功能，所以仍将黄金市场视作金融市场的组成部分。它的主要参与者有出售黄金的企业和个人、需要黄金作为原料的工商企业、各国的外汇银行和中央银行、为保值和投机而进行黄金买卖的个人和机构以及一些国际金融机构。黄金交易分为现货交易和期货交易，它既是调节国际储备的重要手段，也是居民调整个人财富储藏形式的一种方式。随着时代的发展，各国货币已与黄金脱钩，黄金非货币化的趋势越来越明显，黄金市场的重要性远不如从前，但黄金仍是重要的国际储备工具之一，在国际结算中占据着重要的地位，因此，黄金市场仍被视为金融市场的组成部分。

1.4.2 按中介特征划分

按中介特征可将金融市场分为直接融资市场和间接融资市场。直接融资市场是指资金需求者直接获得资金盈余单位融资的市场。间接融资市场则是指资金需求者与资金供应者之间通过银行等金融中介机构进行资金融通的市场。

直接融资市场和间接融资市场的根本区别不在于是否有中介机构的介入，而是在于中介机构在融资过程中起到的作用和特征差异。直接金融市场上的融资活动也有中介机构介入，只是这类中介机构不是作为资金中介，而仅仅是作为信息中介和服务中介为实际的资金需求者和供应者提供信息和服务，它不需要发行以自己作为债务人的金融工具。典型的直接融资是通过发行股票、债券等有价证券实现的融资；典型的间接融资是通过银行存贷款活动实现的融资。与两种融资形式相对应的金融产品被分别称为直接融资工具和间接融资工具。

1.4.3 按交易场所划分

按照有无固定交易场所可以将金融市场划分为有形交易市场和无形交易市场。有形市场是指有固定交易场所的市场，如证券交易所等。这种市场通常只限于会员进场进行交易，非会员必须委托会员才能进行交易。无形市场是指通过现代化的通信工具而形成的一种金融交易网络。它没有固定的集中场所，也没有固定的交易时间，只是一种无形的网络，所以称之为"无形市场"。在现实生活中，大部分金融资产的交易是在无形市场上进行的。无形的金融交易场所形式灵活，如利用网络、电脑、电传、电话等设施通过经纪人进行的资金融通活动，这种形式可以跨越不同的城市和国家。

1.4.4 按金融资产的发行与流通特征划分

按金融交易的性质与层次，金融市场可以看作由一级市场（primary market）与二级市场（secondary market）构成。

一级市场又称证券的发行市场，是指证券发行者（政府、企业以及金融机构）和证券购买者（投资者）之间的资金交易活动所形成的市场，又称"初级市场"。通过一级市场，证券发行人（即筹资人）将证券转到投资人，资金则从投资人转到发行人，这样发行人通过发售证券将投资人的资金集中，用于生产投资，实现了储蓄向投资的转化。在一级市场上，企业、政府、金融机构等资金需求者通过公开发行股票、债券、商业票据等金融资产募集到所需要的货币资金，投资者通过认购这些金融资产与发行人建立股权债权关系，并在承担风险的同时取得合理的收益；借助金融资产的发行，集中社会闲散的货币资金，转化为对实体经济的投资，加快社会经济的发展。一级市场证券发行的数量和价格直接决定筹资者筹资的规模。一级市场是二级市场的前提和基础。

二级市场是指已发行的证券在不同的投资者之间进行买卖所形成的市场，又称"次级市场"或"流通市场"。二级市场又可分为场内市场（即证券交易所）和场外市场（或店头市场）。其中，证券交易所是最主要的证券交易场所。近年来为扶植高成长的科技创新型中小企业的发展，各国纷纷推出创业板市场，其或有证券交易所组织，成为附属型创业板市场，或成为独立型创业板市场。在二级市场上销售证券的收入属于出售证券的投资人，而不属于发行该证券的公司。

1.4.5 按交割方式划分

按金融交易的交割时间划分,金融市场可以看作由现货交易市场与期货交易市场构成。

现货市场是指市场上的买卖双方成交后须在若干个交易日内办理交割的金融交易市场,即买者付出现款,收进证券或票据;卖者交付证券或票据,收进现款,钱货两清。这种交易一般在成交后的1—3个交易日内付款交割,有的限定当日成交、当日交割。因此,现货市场有时也被称为即期交易市场。现货市场是指通过包括现金交易、固定方式交易和保证金交易三类方式进行证券或票据买卖的市场。现金交易是指成交日和交割日在同一天发生的证券买卖,固定方式交易则是指成交日和交割日之间相隔很短几个交易日的交易,这种间隔一般在七天以内。保证金交易也称垫头交易,它是投资者在资金不足、又想获得较多投资收益时,采取交付一定比例的现金、其余资金由经纪人贷款垫付买进证券的一种交易方式。目前现货市场上的大部分交易均为固定方式交易。

期货市场是指交易双方达成协议后不是立即进行交割,而是在一个较长时间后进行交割的场所。在期货市场上,成交与交割是分离的,交割是在成交日之后合约所规定的日期如几周、几个月后进行。由于交割要按成交时的协议价格进行,所以期货价格的升或降就可能使交易者获得利润或蒙受损失。在市场上,较多采用期货交易形式的主要是证券、外汇、黄金等市场。现在,金融期货交易的形式越来越多,其交易量已大大超过现货交易的数量。

一般来说,投资者投资于现货市场,是为了追求证券的正常收入;而投资于期货市场,则往往是试图在市场价格变化的预期中谋取价格差异,从中获得额外收入。

1.4.6 按金融交易的地域划分

按照金融交易的地域划分,金融市场可看作由国内金融市场与国际金融市场组成。

国内金融市场是指金融工具交易的作用范围仅限于一国之内的市场,交易活动在一国范围内不受任何地区限制,是一个国家内部主要以本国货币表示的金融交易市场。国内金融市场反映的是以本币计价的货币资金的供应和需求,是本国内的资金供应者和需求者都可以参与进行融资活动的场所。按作用范围不同,国内金融市场又可分为全国性金融市场、区域性金融市场和地方性金融市场。

在国内金融市场上,双方当事人均为本国的自然人与法人,以及合法享受国民待遇的外国自然人与法人,交易活动发生在本国居民之间,不涉及其他国家的居民。

国际金融市场是指进行各种国际金融业务活动的场所,其中金融资产的交易是跨越国际的借贷活动、国际债券的发行与交易以及黄金外汇买卖等各种国际金融业务的场所,有时又称传统的国际金融市场,范围覆盖国际货币市场、资本市场、外汇市场以及衍生市场等。广义的国际金融市场则除了从事传统的国际金融业务活动,还包括非居民间从事的国际金融交易活动,即境外货币市场或离岸金融市场。所谓离岸金融市场,通常是指在某一货币发行国境外从事该种货币融通的市场。该市场与市场所在国的国内金融体系相分离，货币资金流动一般是利用各国国内金融市场相分离的独立市场进行的，交易的货币也不是市场所在国发行的货币。离岸市场以非居民为交易对象，资金来自所在国的非居民或国外的外币资金，既不受所使用货币发行国政府法令的管制，又不受市场所在国法令管制，并可享受税收方面的优惠待遇。离岸市场只存在于某一城市或地区而不存在于一个固定的交易场所，由所在地的金融机构参与金融资产的国际性交易而形成。

国际金融市场是随着国际经济发展的需要，在国内金融市场的基础上发展起来的。因此，国内金融市场是国际金融市场形成的基础，而国际金融市场是国内金融市场的延伸和扩展，是国内金融市场发展到一定阶段的产物，是与实物资产的国际转移、金融业发展资本的国际流动及现代电子信息技术的进步等相辅相成的。

1.5 金融市场的发展趋势

随着各国金融市场的全面开放，金融市场的国际化程度日益提高，国际金融市场演变成了一个全球性的金融市场。国际经济互补的现象越来越正常和普遍，世界各国的经济联系和交流也越来越密切，彼此的经济依赖程度越来越高。纵观近年来国际市场的发展状况，我们可以看到金融市场正向金融全球化、金融自由化、金融工程化和资产证券化的方向发展。同时，金融创新的进一步发展也对金融监管体系提出了更高的要求。在本节中，我们将简单介绍国际金融市场的发展趋势并探讨金融市场的发展对各国政府和整个金融体系的挑战。

1.5.1 金融全球化

20世纪80年代以来，伴随着发达国家金融创新的发展和金融管制的放松，以及发展中国家不断加入到全球的金融整合中，金融全球化成了一种趋势。对于金融全球化的定义，许多主流经济文献的一种说法是，金融全球化是指发展中国家资本账户的开放和向全球金融市场的整合，进而资本跨国境无障碍流动的过程。其中最为流行的定义是，金融全球化是全球金融活动和风险发生机制联系日益紧密的一个过程。对于金融全球化的度量指标大体而言有两种角度：一种是理论上的度量，主要关注的是国家资本账户的开放程度；另一种是实际上的度量，主要关注的是实际中跨国资本流动的流量或存量的多少，以及它们占该国GDP的比例。这种流量又可以分为资产和负债的毛量与净量，或者进行其他细分。

金融全球化是金融自由化和放宽金融管制的必然结果。它由美国为首的发达国家所主导，由跨国金融机构担任运行主角，其发展建立在各类金融市场融合的基础上，并紧密依托于多种科技化的创新。今后的国际金融体系将进一步自由化，金融市场一体化进程加快，跨国金融机构业务综合化、网络化，金融业的竞争更趋激烈，威胁金融稳定和金融安全的阴影依然在全球徘徊。金融全球化主要有以下几个特点：第一，发达国家及跨国金融机构在金融全球化进程中处于主导地位。发达国家金融资本雄厚，金融体系成熟；调控手段完备，基础服务设施完善；以发达国家为基地的跨国金融机构规模庞大，金融创新层出不穷；与之对应，全球金融规则也主要来自发达国家，这些规则总体上有利于其金融资本在全球范围内实现利益最大化。第二，信息技术的发展，为金融全球化提供了技术通道。当代发达的电子计算机技术为全球性金融活动提供了前所未有的便利。特别是随着互联网技术的日益成熟、电子货币的普及，网络银行和网上交易将突破国界在全球铺开，全球金融市场越来越被连接成为一个整体，金融市场的同质性进一步提高。第三，由于金融创新的进一步加深，为了适应新技术条件下竞争的需要，同时也为规避限制性法规和风险，从20世纪六七十年代开始，在发达国家率先出现了金融创新活动。这既包括制度的创新，又包括工具的创新，例如信用制度的创新、股权衍生工具的创新等。在金融创新的推动下，一方面融资证券化趋势大大加强，另一方面也带来了新的金融风险和不确定性。第四，金融资本规模不断扩大，短期游资与长期资本并存。在金融全球化进程中，随着参与全球化的金融主体越来越多，全球金融资本不断扩大。在这其中，既有长期投资的资本，也有短期投机的资本。目前，在全球市场中出入的国际投机资本大约有7.2万亿美元，相当于全球每年GDP总和的20%。应该说，长期资本的投入有利于一国经济的稳定和发展，而短期游资的逐利和投机，则易引发一国的金融动荡。

金融全球化对各国经济和金融的影响，是一把双刃剑，同时具有正负两种效用，尤其是对于发展中国家。其正效应体现为：第一，金融全球化有利于发展中国家从国际市场引入外资。发展中国家由于自身发展比较落后，通常都面临资金短缺的问题，随着金融全球化的发展，会有相当一部分来自发达国家的剩余资本流入国际市场，流向发展中国家和地区，在一定程度上可以弥补发展中国家经济发展的资金缺口，并带动技术的扩散和人力资源的交流。第二，金融全球化有助于发展中国家学习发达国家金融运作的先进经验，提高自身的金融效率。由于市场经济建立较早，发达国家的金融体系较为完善，金融风险控制机制严密，这给发展中国家提供了很好的借鉴学习的机会；同时，金融全球化还提高了国内外金融业间的竞争程度，迫使发展中国家进行金融创新以减少交易成本，提高运作效率。

金融全球化对发展中国家的负效应主要表现在：第一，金融全球化使发展中国家民族金融业的生存面临巨大压力。发展中国家参与金融全球化，符合其自身长远利益，但是，由于其金融业处于弱势地位，抵御金融风险的能力还较差，如果外国金融机构大规模进入，势必给其民族金融业造成巨大的生存压力，金融体系遭受冲击将是不可避免的。第二，金融全球化使得国际游资制造的风险加大。金融全球化虽然有利于资本在国际自由流动，但是，出于逐利动机，国际游资会利用发展中国家利率和汇率管制开放后产生的金融产品的价格波动，大量涌入发展中国家进行套利和套汇，加之目前国际上尚未对投机资本进行必要的约束机制，若有风吹草动，国际游资就会从所在国大量撤走，从而引发严重的金融动荡。第三，金融全球化加剧了发展中国家经济泡沫化的程度。在过去20年中，发展中国家从国际市场筹集到的大笔资金被过度投入股市和楼市进行炒作，同时，国际投机资本也乘虚而入，在巨量资金的支撑下，证券、房地产市场逐渐脱离了经济发展的基本面开始飙升，并逐步演变为泡沫经济。第四，金融全球化给发展中国家的金融监管和调控带来严峻挑战，金融全球化意味着金融资本在全球范围内自由流动与获利，出于获利的需要，国际上许多金融资源被无序、过度开发，金融投机性凸显，加之现代金融交易工具发展迅速，极短时间内即可完成巨额资金的交易与转移，其去向不确定性很大。

在对金融全球化对发展中国家一般性的理解框架的基础上，我们进一步深入分析中国金融业在金融全球化时代所面临的特殊问题，主要集中在三个方面：第一，金融业整体缺乏竞争力。从银行业来看，资产质量恶化，资本严重不足，收益水平不高，资产质量也不高，这使得中国的银行竞争力普遍不高。从非银行金融机构看，证券业的规模较小，实力不强。众所周知的是，证券业展开竞争和抗御风险是要以必要的规模和实力作为保证的，目前，证券经营机构和国内其他金融机构相比规模普遍偏小，更不用说与世界主要金融中心的证券经营机构例如投资银行的发展程度相对比了，如果大型投资银行大举进军中国资本市场，以国内现有证券经营机构的实力，是根本无法与其抗衡的，所面临的巨大压力可想而知。第二，金融创新缺乏。与发达国家的金融市场相比，中国的金融创新还很落后，主要问题是金融过于依赖政府。中国的金融机构还不是真正的企业，金融创新主要还依靠政府和金融主管当局，表现为一个自上而下的强制过程。除此之外，在有限的金融创新中，各个领域的发展失衡，例如金融工具、产品、服务的创新步履缓慢，在业务创新中，负债类业务多于资产类业务，在资产类业务中，真正能够保证收益、转移风险的金融创新寥寥无几，显然这降低了金融资源的效率，削弱了国内金融机构的创新竞争力。第三，中国金融业的监管存在突出问题，如何解决内部激励与约束机制的问题是国内金融机构面临的最主要问题。

在认清国内金融市场在金融全球化进程中所处的劣势地位和自身不足之后，就应当对症加药，培育真正的市场主体和竞争体制，形成与开放环境相适应的竞争能力；加快金融创新；加强对金融业合理的综合监管，将内部约束与外部约束有机地统一起来。

1.5.2 金融自由化

金融自由化即金融管制自由化，是"金融抑制"的对立，主要是指金融当局通过金融改革，放松或解除金融市场的各种管制措施，从而为金融市场交易提供一个更为宽松自由的管理环境，主要包括利率自由化、汇率自由化、金融机构和业务自由化、金融市场自由化和资本流动自由化等。金融自由化理论主张改革金融制度，改革政府对金融的过度干预，放松对金融机构和金融市场的限制，增强国内金融市场的筹资功能以改变对外资的过度依赖，放松对利率和汇率的管制使之市场化，从而使利率能反映资金供求，汇率能反映外汇供求，促进国内储蓄率的提高，让供求关系决定利率和汇率水平，使金融资产实际收益率上升，金融机构间竞争加剧、金融技术改进。当金融机构在金融市场中积累起更多的经验和信息时，储蓄的规模和期限将变长，金融结构将合理化，金融效率将进一步得到提高，最终达到抑制通货膨胀、刺激经济增长的目的。

金融自由化的提出是依据罗纳德·麦金农（Ronald Mckinnon）和爱德华·肖（Edward Shaw）在1973年提出的著名的金融抑制和金融深化的概念和理论体系为基础的，金融自由化和金融发展从那以后成了发展经济学的重要领域。自20世纪80年代以来，发达国家和新兴市场国家因循金融深化理论的思路，先后进行了金融自由化的改革，形成了一场全球性的影响深远的金融制度变迁。

　　金融自由化的提出一方面来自各国间金融管制的不平衡性，在国际银行业务全球化、金融市场一体化的趋势推动下，必然会促使各工业化国家尤其是金融实力较雄厚的国家，更积极地开放本国金融市场，消除金融管制的不平衡性，争取管制方式和程度的一致性，否则，管制过严的国家必然要丧失竞争能力和市场份额，即使原来处于国际金融中心地位的国家也会因此而受到削弱。这是金融管制自由化的主要因素之一。另一方面来自国内金融领域内金融管制的不平衡性，由于金融管制当局对国内各金融机构的管制存在诸多的不平衡，导致了各金融机构之间的不公平竞争，尤其是在金融创新盛行的年份，受到管制过严的银行部门必然处于不利的地位，要么发生资金"脱媒"现象，要么银行机构也从事金融创新活动。同时由于逐渐开放了国内市场，对外管制的壁垒日益减少，外国金融机构的进入给国内金融机构形成了竞争压力，也促使金融管制当局推进国内金融管制自由化。

　　金融管制自由化与20世纪70年代初期以来世界经济尤其是西方国家经济发展特征有着密切联系。第二次世界大战后，西方国家推行凯恩斯主义的经济政策，导致20世纪70年代"滞胀"局面的出现。严重的通货膨胀不仅导致了金融产品创新，而且迫使金融管制当局在既成事实面前不得不放松金融管制，尤其是对存款机构的存款利率管制。也正是由于管制过严会使得银行业的效率受到损害，竞争机制受到抑制，而且对经济的稳定增长产生不利影响，凯恩斯主义在西方失宠后，新自由主义的经济思潮泛起，强调减少政府的干预，扩大市场机制作用。

　　金融自由化对金融发展的影响是双重性的。积极影响主要体现在：第一，通过储蓄效应，可以增加社会的资金量。在金融自由化中，储蓄利率的上升，储蓄者资产选择范围的增加，人们储蓄倾向的增加会使得国内私人储蓄对收入的比例趋于上升。金融自由化还会影响国外部门的储蓄，汇率扭曲的纠正会使得在国际资本市场上进行融资更为容易，同时使得资金外逃，资金流入可能增加，增加社会资金量。第二，通过投资效应提高了金融资源的配置效率。在金融自由化的进程中，利率作为资金的价格引导着资源的配置，储蓄者的资产选择范围扩大以后，各种投资竞相争夺储蓄的支配权，从而为优化储蓄的分配提供了重要的保证；相反，在一个金融压制经济中，储蓄要么只能由储蓄者本人投资，要么是通过一个不受相对价格制约的狭窄通道流入企业，特别是国有企业，金融资源的使用效率大大降低。第三，通过稳定效应，还有利于中央银行货币政策的实施。有序的金融自由化有利于就业率的提升和国民产出的稳健增长，有助于减少经济波动。采取适宜的金融自由化政策，国内储蓄流量和国际收支状况都可以得到改善，同时金融自由化带来的储蓄的增加可以减少对通货膨胀和以通货膨胀税平衡财政预算的依赖，从而使稳定的货币政策成为可能。第四，通过市场效应可以提高金融业的效率。金融自由化推动金融全球化进程，实现货币与资本市场的无边界扩张，由于不同金融机构间业务范围的扩大和相互渗透，竞争将越来越激烈，这也促进了金融市场资源的合理配置，缩短了金融活动时间，降低了交易成本，提高了金融效率；同时，金融自由化进程客观上使金融信息传递更加快速有效，对保持宏观金融环境的稳定和整个金融体系的有序运行起到了很大作用，有利于金融效率的提高。第五，通过金融价格效应，推动金融业的发展。

在金融自由化的进程中，金融信息更具有公开性，能够更好地反映市场供求关系，形成更为有效的价格体系，也减少了产品间、银行间的资金流动障碍，从而使资源配置更接近最优化。

消极影响主要体现在四个方面。第一，过度的金融自由化会弱化中央银行的货币政策效应。这与之前的积极影响并不矛盾。金融自由化发展虽然促使国际金融市场相互联系，形成一个统一的全球性市场，但金融一体化也会削弱各国货币政策的自主性，这是因为"溢出效应"和"溢入效应"，使得国内货币政策往往也难以达到预期效果。第二，国家利率政策的调控作用可能会减弱。金融自由化的一个重要内容就是价格自由化，主要就是放弃利率管制，推行利率市场化，有利于资源的优化配置。但是利率市场化所带来的资源配置的提高是在完全市场条件下即信息对称条件下实现的。在信息不对称的现实市场条件下，则造成处于信息优势的借款人可以获取机会利益。一些新兴产业在发展初期阶段，利润低、风险大，借款人往往不愿对其投资，利率对产业发展的导向作用减弱。第三，金融自由化不利于金融体系的稳定，反而会增大金融风险。在不完全信息条件下，金融自由化导致的自由竞争有可能会导致非常严重的市场失灵。当一个新兴产业出现时，人们不能很好地判断它的发展空间和前景，在一种金融创新产品出现之后人们也难以应用。新兴产业与新金融工具生命力的不确定性、金融机构对新领域介入程度的不确定性，都直接影响到金融体系的运行稳定。同时，放开利率、汇率，放松金融管制，使金融资产流动性更强，金融交易规模更大，这就极大地刺激了短期资本的投机，导致金融市场风险加大，对金融体系的稳定产生不利影响，甚至诱发金融危机。第四，金融自由化加大市场主体参与金融交易的难度。当金融自由化促使大量创新和复杂的金融工具和交易技术出现时，实际上剥夺了市场主体的选择权利，大部分客户会更多地依靠银行进行交易，从而提高了金融垄断地位，导致金融市场更加模糊；又由于金融市场趋利性提高，客户信心只能维系在银行交易上，一旦金融机构从事高风险业务，客户对金融体系的心理预期迅速膨胀，既希望金融机构获得高利润，又希望降低风险成本，而一旦金融市场发生危机而震落，就很容易引起市场恐慌。

1.5.3 金融工程化

所谓金融工程是指将工程思维引入金融领域，综合采用各种工程技术手段方法（主要有数学建模、数值计算、网络图解、仿真模拟等）设计、开发新型金融产品，创造性地解决金融问题。它不仅包括金融产品设计，还包括金融产品定价、交易策略设计、金融风险管理等各个方面。美国金融学家约翰·芬尼迪（John Finnerty）提出的定义是：金融工程包括创新性金融工具与金融手段的设计、开发与实施，以及对金融问题给予创造性的解决方案。

金融的永恒主题是安全、流动和获利，凡是介入金融活动的经济市场主体追求的目标不外乎这三个。而这三个目标往往是相互矛盾、顾此失彼的，特别是风险与获利，但它们之间又不是完全的"鱼和熊掌不可兼得"，绝对的相互排斥，而是通过适当的组合管理技术，可以在一定程度上得以兼顾。追求这三个目标是一个无止境的过程，提高管理技术和艺术也是一个无止境的过程，金融工程化即金融工程阶段是这个过程中的一个重要里程碑。

金融工程化的动力来自20世纪70年代以来社会经济制度的变革和电子技术的进步。20世纪70年代以来国际金融领域内社会经济制度的最大变革就是布雷顿森林体系的崩溃。汇率的浮动化使国际贸易和国际投资活动的风险大大加剧，工商企业不仅要应付经营上的风险，还要面对汇率波动的风险。为保证国际贸易和国际投资的稳定，各国货币当局力图通过货币政策控制汇率的波动幅度，其中最常用的方法就是改变贴现率。这样汇率的波动就传导到了利率上。20世纪70年代的另外一个重大的冲击是石油提价引起的基础商品价格的剧烈变动。这些变化共同形成了对风险管理技术的需求。

在过去的30年间，金融环境发生了变化，但是如果没有相应的技术进步，金融方面的演变将是不可能的。今天的金融市场日益依赖于信息的全球传播速度、交易商迅速交流的能力和个人电脑及复杂分析软件的出现。金融工程采用图解、数值计算和仿真技术等工程手段来研究问题，金融工程的研究直接且紧密地联系着金融市场的实际。大部分真正有意义的金融工程研究必须有计算机技术的支持。图解法需要计算机制表和作图软件的辅助，数值计算和仿真则需要很强的运算能力，经常用到百万甚至是上亿次的计算，没有计算机的高速运算和设计，这些技术将失去意义。电信网络的发展能够实现及时的数据传送，全球范围的交易在这样的条件下成为可能。许多古老的交易手段和思想在新的技术进步下改头换面，在新的条件下显示出更大的活力。比如，利用股票现货市场与股指期货之间的价格不均衡性来获利的计算机程序交易，其基本套利策略本身是十分陈旧的，这种策略被应用于农作物交易已经有一个多世纪了，但是将该策略扩展到股票现货与股指期货上则要求复杂的数学建模、高速运算以及电子证券交易等条件才能实现。

金融工程化的趋势为人们创造性地解决金融风险提供了空间，它是市场追求效率的结果，具体表现为几个方面。首先，金融工程化鼓励了竞争，促进了金融机构提高自身竞争力，提高了金融机构的效率。一方面在资产收益性、流动性、风险性基础上不断创新金融工具，另一方面也促使金融机构不断运用现代技术和先进通信技术，建立高效的运行机制，提高金融信息管理系统的技术水平。通过金融工程开发的金融产品，获取新的收益来源，使得金融机构的持续增长、持续发展成为可能。比如，西方商业银行的表外业务收入已占其总收入的40%—60%，可见金融工程对金融机构业务拓展和创新起到了积极的作用。其次，金融工程提高了金融市场的效率，它极大地丰富了金融市场的交易规模，通过金融工程开发的金融工具以高度流动性为基本特征，在合同性质、期限、支付要求、市场化能力、收益、规避风险等方面各具特点，加快了国际金融市场的一体化进程，促进了金融市场的活跃与发展。高效率的金融市场应该为绝大多数理性投资者提供能够方便构建被他们自认为有效投资组合的机会。金融工程丰富了投资者的选择，同时，金融工程提高了投融资便利程度。利用金融工程设计开发出的金融市场组织形式、资金流通网络和支付清算系统等，能够从技术上和物质条件上满足市场要求，特别是近年来无纸化交易与远程终端联网交易方式加快了资金流通速度，节约了交易时间和费用，使投融资活动更加方便快捷，金融市场的效率大幅度提高。最后，金融工程提高了金融宏观调控的效率，也综合运用多种金融工具和金融手段创造性地解决众多经济金融问题，实现风险管理。金融工程为政府金融监管部门规范、监管金融市场和金融机构提供了技术上的支持，也为新型金融监管体系、调控机制的构建提供了有力支持。因此，运用金融工程方法可以增强金融市场的完备性，提高金融市场效率，切实创造新价值，最终提高社会福利水平。

当然值得注意的是，金融工程化的趋势的确为人们创造性地解决金融风险提供了空间，但是金融工程同时也是一把双刃剑：1997年东南亚金融危机中，投机者利用金融工程的手段设计精巧的套利和投机策略，从而直接导致这一地区金融、经济的动荡；2007年美国次贷危机的爆发最初也源于金融创新产品的滥用，原本应当实现风险转移和分散的金融工具却因信息不对称的问题野蛮生长，事实上造成了巨大的风险，同时次贷危机也是2008年蔓延至世界范围的金融危机的直接导火索。所以，为了克服金融工程化运用的消极因素，关键要加强监管力度，并且要利用金融工程化来加强监管的效率和质量。

1.5.4 资产证券化

资产证券化是通过发行证券出售资产的一种融资方式。在这种融资方式下，融资的基础不是融资者自身的信用，而是融资者所拥有的资产。这种融资也不是简单地出售资产取得价款，或简单地通过发行证券来筹集资金，而是把出售资产与发行证券结合起来：以资产未来的现金流来偿付证券的本息。这样看来，资产证券化一个最不可或缺的要素就是现金流，从理论上说，任何能够产生现金流的资产都有被证券化的可能；相反，不能够产生现金流的资产就无法被证券化。现实中，被证券化的资产往往是缺乏流动性的资产，通过证券化可以把流动性低的资产转化为流动性高的资产。从资产证券化的可操作性来说，最容易被证券化的资产是住房抵押贷款，资产证券化起源于美国，就是从住房抵押贷款证券（mortgage-backed securitization，MBS）成功起步的。

进而，将MBS领域内发展起来的金融技术应用到其他资产上，就产生了其他资产证券化（asset-backed securitization，ABS）。ABS的被证券化资产从汽车消费贷款到信用卡的应收款，再到不动产抵押贷款、银行中长期贷款、银行不良资产等，越来越多的资产被包含在资产证券化的进程中。

1.5.4.1 资产证券化的特征

资产证券化的特征主要有如下几个方面：

1. 资产证券化是资产支持融资。在银行贷款、发行证券等传统融资方式下，融资者是以其整体信用作为融资基础。而资产支持证券的偿付来源主要是基础资产所产生的现金流，与发起人的信用没有直接整体关系。当构造出一个资产证券化交易时，由于资产的原始权益人（发起人）将资产转移给特殊目的载体（special purpose vehicle，SPV）并实现真实出售，所以基础资产与发起人之间实现了破产隔离，融资仅以基础资产为支持，而与发起人的其他资产负债无关。投资者在投资时，不需要对发起人的整体信用水平进行判断，只要判断基础资产的质量就可以了。

2. 资产证券化是结构性融资。主要体现在：第一，设立资产证券化的专门机构

SPV。SPV 是以资产证券化为目的而特别组建的独立法律主体,可以采取信托、公司或者有限合伙的形式。SPV 被称为是没有破产风险的实体。第二,"真实出售"的资产转移。基础资产从发起人转移给 SPV 是结构性重组中非常重要的一个环节,资产转移的一个关键是,这种转移必须是真实出售。资产转移的目的是实现基础资产与发起人之间的资产隔离,即发起人的债权人在发起人破产时对基础资产没有追索权。第三,对基础资产的现金流进行重组。基础资产的现金流重组,可以分为支付型重组和过手型重组两种。两者的区别在于:支付型重组对基础资产产生的现金流进行重新安排和分配以设计出风险、收益和期限等不同的证券;而过手型重组则没有进行这样的处理。

3. 资产证券化是表外融资。在资产证券化融资过程中,资产转移而取得的收入,列入资产负债表的左边——"资产"栏目中。而由于真实出售的资产转移实现了破产隔离,相应地,基础资产从发起人的资产负债表的左边——"资产"栏目中剔除。这既不同于向银行贷款、发行债券等债权性融资,相应增加资产负债表的右上角——"负债"栏目;也不同于通过发行股票等股权性融资,相应增加资产负债表的右下角——"所有者权益"栏目。由此可见,资产证券化是表外融资,不会增加融资人资产负债表的规模。

1.5.4.2 资产证券化的好处

资产证券化自 20 世纪 70 年代在美国问世以来,获得了迅猛发展。从某种意义上说,资产证券化已经成为当今全球金融发展的潮流之一。它能够得以迅猛发展的原因很大一部分来自资产证券化能够为各方带来的好处。

首先,从发起人的角度看:

1. 增强资产的流动性,提高资本使用效率。资产的流动性是指资产变现的能力,我们知道货币是流动性最高的资产,而贷款、应收款则是流动性较低的资产。资产证券化的最基本功能就是增强资产的流动性。发起人通过资产证券化将流动性低的资产转移给 SPV 并获得对价,从而使得流动性较低的资产转换成具有较高流动性的现金,从而提供了一条新的解决流动性不足的渠道。

资产流动性的提高,意味着资本利用效率的提高。资产证券化作为一种表外融资方式,在不增加负债的前提下,使得发起人获得了资金,促进了资金的周转,从而提高了资本的利用效率。

2. 提升资产负债管理能力,优化财务状况。资产证券化对发起人资产负债管理的提升作用体现在它可以解决资产和负债的不匹配性。以银行为例,银行资产和负债的不匹配性主要体现在两个方面:一是流动性和期限的不匹配;二是利率的不匹配。银行资产负债的流动性和期限不匹配,主要是因为银行的资产主要是中长期等流动性较低的资产,而负债主要是活期存款等期限短、流动性较强的负债,因而两者不能很好地匹配起来。如果发生挤兑等特殊情况,银行就无法支付,此时就会发生流动性危机。而资产证券化可以将长期的、流动性差的贷款转化为流动性高的现金,从而解决流动性和期限匹配上的问题。同时,如果银行的贷款为长期固定利率,而存款为短期变动利率,则银行将承受利率风险。每当短期利率相对于长期利率升高时,银行所赚取的利差将会受到损害而导致亏损。通过资产证券化,银行的贷款就会大大减少,从而降低了在利率上升时被迫以高利率负债支持低利率资产的风险。

由于证券化采用了表外融资的处理方法，发起人将被证券化资产转移到资产负债表外，从而达到改善资产负债表结构、优化财务状况的目的。这一点对于银行等金融机构尤其具有意义。自1988年以来，巴塞尔委员会（The Basel Committee）关于银行监管的准则已被越来越多的国家和地区的金融管理当局所接受，银行等金融机构的资本充足状况成为各国和地区金融监管的焦点，银行为达到资本充足率要求不得不保有与其所持资产相对应的资本。如果银行开展资产证券化交易，不但可以提前收回现金，从而可相应缩减负债，而且由于将基础资产转移到表外，银行可以释放相应的资本——资产证券化的这种双重释放功能是其越来越受到银行青睐的主要原因。此外，资产证券化还可以使公司把未来服务费收入流提前兑现为现期盈利，如果不进行证券化，通常这种收入要在贷款的整个期限才能逐步实现。

3. 实现低成本融资。传统的融资方式是以融资方的整体信用为支持的，而资产证券化是一种资产支持证券，其融资基础是基础资产，投资者只需要考虑基础资产的质量就行。资产证券化可以通过破产隔离机制的设计，再辅助以信用增级等手段，使得发行证券的信用级别独立于融资方的信用级别，大大提高证券的信用级别。也就是说，即使发起人的信用级别不高，资产证券化后的证券也可以有比较高的信用级别。信用级别的提高必然使得投资者要求的回报率降低，所以融资成本就降低了。

另外，由于资产证券化可以使得证券的信用级别高于发起人的整体信用级别，原来可能因为信用级别不够而无法融资的融资人也可以获得融资的机会，这就使其融资渠道得到了拓宽。信用增级通常还会带来一个差额收益，这个收益一般都是属发起人所得，这对发起人来说，是一个很大的吸引。

4. 增加收入来源。在资产证券化中，服务商通常由发起人担任，使得发起人可以通过收付款服务等途径收取报酬，增加新的收入来源。

其次，从投资者的角度来看：

1. 提供了多样化的投资种类。资产证券化产品根据投资者对风险、收益和期限等的不同偏好，对基础的现金流进行了重组，使本金与利息的偿付机制发生变化，以满足多种投资者的需求。具体而言，资产证券化交易中的资产支持证券一般不是一个品种，而是对现金流的重新分割和组合，设计出具有不同档级的证券。不同档级的证券具有不同的优次偿付次序，以"熨平"现金流的波动。这就为投资者提供了风险和收益多样化的产品品种，为各种类型投资者分散风险，提高收益。同时，对特定领域的资产进行证券化，其产品的标准化设计为投资者提供了进入该投资领域的可能性。

2. 提供更多的合规投资。由于组成资产池的大多是优质资产，且有完善的信用增级，因此所发行证券的风险通常很小（多数能获得AA以上的评级），而收益却相对比较高，并且在二级市场上具有较高的流动性。资产支持证券可以为那些在投资品种上受到诸多限制的机构投资者（如养老基金、保险公司、货币市场基金）提供新的投资品，成为它们投资组合中的合规投资。

3. 降低资本要求，扩大投资规模。一般而言，资产支持证券化的产品的风险权重比基础资产本身的风险权重低很多，比如，美国住房抵押贷款的风险权重高达50%，而由联邦国民住房贷款协会发行的以住房抵押贷款为支持的过手证券的风险权重却只有20%，金融机构持有这类投资工具可以大大节省为满足资本充足率要求所需要的资本金，从而可以扩大投资规模，提高资本收益率。我们可以看一个保险公司的例子：当一家保险公司购入一笔不动产，按照美国有关法规的规定，它必须保持相当于投资额3%的资本金来支持这笔投资；但如果保险公司购入一笔信用等级不低于BBB级的抵押证券，则在相同的支持基础资产的资本金数额下可以支持10倍于非证券的不动产。

最后，从金融市场和整个经济体的角度看：

资产证券化能够让整个金融市场乃至整个经济体的资本实现更有效、更优化的配置。资本的优化配置包括几个方面：一是让资本的需求者在尽可能短的时间内花费尽可能少的成本寻找到资本，让供给者在短时间内供给资本并获得尽可能高的收益；二是让这个过程有效地进行；三是让这个过程能够持续地进行。资产证券化很好地满足了资本优化配置的三个方面要求。

1. 提供新的投融资途径。资产证券化是一种金融创新产品，通过这种新的金融安排，为资金的供需双方建立了新的沟通桥梁，提供了新的选择。对资金的供需双方和整个金融市场和经济体而言，这无疑是一种帕累托改进。

2. 提高资本配置的有效性。资本优化配置的一层含义就是能够在整个经济体范围内实现资源的优化配置，很难想象一个缺乏流动性的金融资产能够在大范围内实现优化配置。资产证券化通过自身独特的流动性设计和标准化证券产品设计，使得市场流动性增强，资金来源大大拓展。一个集中表现是资产证券化能为社会的各种需求提供源源不断的贷款资金：不论是住房抵押贷款、汽车贷款还是信用卡的借款人，都希望能够获得充裕而低利率的贷款，以维持其消费理财的需要，资产证券化正是解决资金来源不足的最好方式。资产证券化后，发起人可以将其债券出售换取现金，并以新取得的现金从事新的业务，如此周而复始，金融机构能不断有资金提供贷款。因此通过证券化，可以缩短资金周转周期，提高资金的利用效率。

除了提高流动性，资产证券化的另一个优点是促使金融市场的各个参与主体专业化分工，各参与主体根据自身比较优势各司其职。以银行贷款资产证券化为例，传统金融体制下，商业银行、储蓄机构等向社会公众吸取存款并发放贷款，承担贷款的管理和服务工作。但是在当今融资渠道多样化，银行与其他金融机构界限日益模糊的经济背景下，银行的比较优势不再是来自通过持有非流动性的贷款为经济提供流动性，而是来自对那些无法在公开市场有效传播的有关借款人信息的收集、分析和持续跟踪。因此通过资产证券化，银行收集借款人信息、评估借款人发放贷款，但是银行并不长期持有而是适时出售，此外管理持有贷款组合的受托人。组合证券的承销人、担保人、评级人，贷款抵押的评估人等也都在资金的专业领域实现专业化分工，这样资产证券化就可以在较传统融资方式下取得更为有效的资源配置效率。

3. 提高金融系统的安全性。通过资产证券化，能够把压积在银行体系的房地产贷款、不良资产等风险合理配置给社会中各个层次的投资者，可以有效地避免诸如经济周期性波动等风险。

此外，资产证券化的流动性设计解决了金融机构流动性风险问题。由于金融机构将流动性差的资产证券化，这些金融机构可以很容易地变现资产，在面临挤兑或者经营不善时，金融机构可以维持需要的流动性。整个金融系统的安全性有了保障，提供高效优化配置资本的安排也就能够持续不断地进行了。

但是，尽管资产证券化有种种积极的特征和意义，不可否认的是，2008年金融危机还是让我们看到了信息不对称造成的道德风险等问题。虽然在某种意义上，资产证券化提高了资产的流动性，分散了风险，但在大量不良资产出现的时候，资产证券化的进一步加深和传播实际上扩大了危机的扩散范围，让许多普通老百姓深受其害。所以尽管许多金融手段和工具在一方面维持了整个金融系统的稳定性和安全性，同时还扩展了许多融资手段，有利于货币资金的优化配置，但在另一方面，激励金融创新的过程实际上对金融监管体系的进一步完善提出了更高的要求。

本章小结

1. 金融市场是货币资金融通的市场，在金融市场上交易的对象是同质的货币资金；金融市场的参与者是货币资金的供应者或需求者，他们通过金融资产的交易实现资金的融通。

2. 金融市场的参与者包括家庭和个人、企业、金融机构、非法人产品和以市场参与者角色出现的政府。

3. 现代金融市场在宏观经济中的主要作用包括资源配置、风险管理、聚集资金、细分股份、提供信息、处理激励和减少交易成本。

4. 从不同的角度，可以将整个金融市场划分为不同的子市场，而每个子市场往往又同时具备多方面市场属性，因此根据不同角度划分所得的金融市场的子市场间存在着相当程度的相互交叉。

5. 随着各国金融市场的全面开放和金融创新进程的不断推进，纵观近年来国际市场的发展状况，金融市场正向金融全球化、金融自由化、金融工程化和资产证券化的方向发展。

6. 金融全球化指发展中国家资本账户的开放和向全球金融市场的整合，进而资本跨国境无障碍流动的过程。也可以理解为金融全球化是全球金融活动和风险发生机制联系日益紧密的一个过程。

7. 金融自由化主要是指金融当局通过金融改革，放松或解除金融市场的各种管制措施，从而为金融市场交易提供一个更为宽松自由的管理环境，主要包括利率自由化、汇率自由化、金融机构和业务自由化、金融市场自由化和资本流动自由化等。

8. 金融工程是指将工程思维引入金融领域，综合采用各种工程技术手段方法（主要有数学建模、数值计算、网络图解、仿真模拟等）设计、开发新型的金融产品，创造性地解决金融问题。它不仅包括金融产品设计，还包括金融产品定价、交易策略设计、金融风险管理等各个方面。

9. 资产证券化是通过发行证券出售资产的一种融资方式。融资的基础是融资者所拥有的资产，以资产未来的现金流来偿付证券的本息。

本章重要术语

金融市场　价格发现机制　市场参与者　中国金融市场体系　货币市场　资本市场　外汇市场　发展阶段　金融全球化　金融自由化　金融工程化　资产证券化

思考练习题

1. 中国的金融市场与西方主要国家的主要区别在哪里?
2. 请简述世界几个重要金融中心的产生和发展历程。
3. 为什么需要金融市场?金融市场的存在起到什么样的积极作用?
4. 你可以从哪几个方面来划分金融市场的类别?
5. 请举例说明一个资产证券化的实例?
6. 在过去的十年中,有哪些金融创新影响了你的个人生活?这些创新使你的生活得到改善还是恶化?以何种方式对你产生影响?

参考文献及进一步阅读建议

[1]〔美〕保罗·萨缪尔森、威廉·诺德豪斯:《宏观经济学》(第十六版),华夏出版社,1999。

[2]〔美〕保罗·萨缪尔森、威廉·诺德豪斯:《经济学》(第18版),萧琛译,人民邮电出版社,2008。

[3] 曹凤岐、贾春新:《金融市场与金融机构》,北京大学出版社,2002。

[4] 陈雨露、杨栋:《世界是部金融史》,北京联合出版社,2013。

[5]〔美〕弗兰克·J.法伯兹、弗朗哥·莫迪里阿尼、迈克尔·G.费里:《金融市场与机构通论》(第二版),康卫华译,东北财经大学出版社,2000。

[6]〔美〕弗兰克·J.法博齐、弗朗哥·莫迪利亚尼:《资本市场机构与工具》(第四版),汪涛译,中国人民大学出版社,2002。

[7]〔美〕弗雷德里克·S.米什金、斯坦利·G.埃金斯:《金融机构与金融市场》(第8版),杜惠芬译,中国人民大学出版社,2014。

[8]〔美〕弗雷德里克·S.米什金:《货币金融学》,中国人民大学出版社,1998。

[9] 高嵩、魏恩道、刘勇:《资本证券化理论与案例》,中国发展出版社,2007。

[10] 何国华、韩国文、宋晓燕:《金融市场学》。武汉大学出版社,2003。

[11] 胡媛成:《货币银行学》,中国财政经济出版社,2011。

[12] 黄达:《金融学》,中国人民大学出版社,2003。

[13] 霍雯雯:《金融市场学教程》,上海财经大学出版社,2005。

[14] 沈悦:《金融自由化与金融开放》,经济科学出版社,2004。

[15]〔美〕斯蒂格利茨:《经济学(上册)》,中国人民大学出版社,2000。

[16] 王凤京:"金融自由化及其相关理论综述",《当代财经》,2007年第6期。

[17] 张维:《金融机构与金融市场》,科学出版社,2008。

[18] 张亦春、郑振龙:《金融市场学》(第二版),高等教育出版社,2003。

相关网络链接

新华网:http://news.xinhuanet.com
中国证监会:http://www.csrc.gov.cn
上海证券交易所:http://www.sse.com.cn

第 2 章
利　率*

陈俊君（中国银行间市场交易商协会）

学习目标

通过本章学习，读者应做到：
◎ 了解利息与利率的基本概念
◎ 了解信用工具分类
◎ 熟悉常见的利率类型
◎ 掌握利率的常用计算方法
◎ 熟悉利率的期限结构和风险结构
◎ 掌握经典的利率决定理论
◎ 了解利率的影响与作用
◎ 了解我国的利率改革与利率市场化

■ 开篇导读

第一章中，我们浏览了金融市场的概貌，初步了解了金融市场的基本概念、发展历程及其在经济生活中扮演的重要角色，并对金融市场的未来演进趋势进行了展望。开始

---

* 本章由孟宪康、杨金舟（中国工商银行）审校。

本章之前，让我们先来看一个故事：五四运动那年，鲁迅在北京买房，买的是一处四合院，前后三进，房子二十多间，总价3 500块大洋。除了这笔房款，鲁迅还得付给房产中介173块大洋的佣金，办房产证时又要缴给政府180块大洋的契税和印花税，另外为了安装自来水，还得向自来水公司缴纳初装费115块大洋。房款、佣金、税费、自来水初装费，几项开销加一块儿，差不多4 000块大洋了。此时鲁迅刚上班（之前"辫子军"进京，鲁迅曾从教育部辞职，把工作丢了），没那么多积蓄，把绍兴老家的祖宅卖了还没凑够，只好去银行贷了一笔500块大洋的短期贷款，为期3个月，月息"一分三厘"。一分三厘就是1.3%，折成年息是15.6%，现在去银行办按揭，5年以上贷款的基准利率也只有4.9%，而鲁迅短短3个月的贷款，年息竟然超过15%，利息实在是高。借人本钱，还人利息，人们似乎早已习以为常，古时行商便有"一本万利"之说。近代章太炎在日本东京对中国留学生的演讲中，也用本钱和利息来比喻读书和治学："大概看前人已成的书，仿佛是借钱一样，借了来，会做买卖，赢得许多利息，本钱虽要还债主，赢利是自己所有。若不会做买卖，把借来的钱，死屯在窖子里头，后来钱还是要还债主，自己却没有一点盈余，那么就算求了一千年的学，施了一千年的教，一千年后的见解，还是和一千年前一样，终究是向别人借来的，何曾有一分自己的呢？"那么利息是怎么来的，其本质又是什么？

同利息相关、同样为人们熟知的一个概念是利率，同业拆借利率、存贷款利率……现代金融市场上，各式各样的利率已然成为重要的价格指标[1]，人们通过分析其影响和决定因素来把握市场脉动。过去数百年间，一代又一代的经济学家和市场从业人员围绕利率进行探讨，提出了各式各样的理论和分析方法，试图揭开面纱，厘清本质。然而，时至今日，利率的面纱仍未完全揭开，其谜团依然困扰着经济学界和金融实务界，激励着人们在理论和实践创新的道路上不断前行。本章首先探讨利息的起源和本质，随后介绍利率的概念、分类、计算、决定理论和经济作用，并把落脚点放在中国利率市场化改革的相关理论和实践，以期为读者提供有益启示。

2.1 利息与利率的概念

现代经济中，人们对利息的概念并不陌生。一个人去银行存款，到期取出，就会得到相应的利息。金融财经媒体几乎每天都有涉及利率的报道，但利息的起源和本质是什么，一直是个众说纷纭的话题。下面我们就利息起源的已有线索进行梳理，介绍探索利息本质的几种主要理论，并对利率的现代理解做简要阐释。

2.1.1 利息的起源

在漫漫历史长河中，借贷出现早于工业、银行业和铸币业，甚至可能比最原始的货

---

[1] 另一类重要价格指标是汇率，我们将在第3章中进行介绍。

币形式还要早。原始借贷可能只是将种子借给亲属或邻居，借贷期到收割季结束为止，也有可能是牲畜、工具等的借贷。物资之间的这种转让如果没有偿还要求，就称为馈赠；如果有偿还要求，就称为借贷；如果偿还要求的数量超过了当时的借贷额，则称为含息借贷。公元前5000年左右的中东，人们就将枣、橄榄、无花果或谷物种子借给农奴、贫农或侍从，并要求以实物形式从其收获中加量偿还。公元前3000年前后的苏美尔文献披露了人们按数量借贷粮食、按重量借贷金属的原始借贷活动，这些借贷也带有利息。

考古发现，不同古文明的各类法典之中也存在利息方面的规定。大约公元前1800年，古巴比伦的《汉谟拉比法典》规定了债权、债务人之间的关系，分别明确了谷物贷款和银子贷款的法定利率上限；公元前600年前后，古希腊的《索伦法典》取消了对利率的所有限制，但禁止个人举债；公元前450年罗马人的《十二铜表法》则将贷款利息限制为每年不超过8.333%，高于法定上限的利息将被处以4倍损害赔偿。最早时期大部分的法规都禁止信贷滥用或禁止信贷。犹太人不允许贷款含息；伊朗人认为贷款收息令人蒙羞；印度严厉斥责高利贷，并设置利率上限。尽管如此，以不动产或典当物为基础的贷款在《圣经》《阿维斯陀古经》和《吠陀经》中都有提及。

中世纪的法规常常可见对高利贷的限制。公元800年左右的《查理曼法典》禁止向任何人发放高利贷，高利贷被定义为："索取超过给予"。13世纪意大利神学家和经院哲学家托马斯·阿奎那（Thomas Aguinas）认为，从任何人那里取得高利都是彻底的邪恶。拉丁语高利贷（usura）一词原指对任何东西的使用，后指对所借资本的使用，因此，高利贷指的是使用货币支付的价格。拉丁语利息的动词（intereo）是损失的意思，而其名词（interisse）演变成了现代术语利息（interest），因此利息不是利润而是损失，常常是贷款偿还延迟时的补偿或罚金。高利贷的罪孽和寻求合法例外的冲动引发了中世纪1千多年间神学与法学界的激辩。宗教改革以后，欧洲收取利息合法化，信贷和利息逐渐成为现代经济不可或缺的组成部分。

2.1.2 利息的本质

关于利息本质的讨论，最早可追溯到古希腊时期。柏拉图在其《理想国》和《法律论》中主张禁止放款收息，因为担心会养成利己和贪欲之心；亚里士多德也认为高利贷不以买卖为基础，有违自然之道。也有人持不同观点，如托马斯·阿奎那认为出借货币要冒丧失本金的风险，而利息是对损失或潜在损失的补偿。总体而言，直到17世纪以前，对利息问题的讨论较为肤浅，大部分学者倾向于反对利息的存在，对利息问题的探讨也以神学观点和方法为主。17世纪中叶古典经济学派兴起以来，许多经济学家对利息理论进行了系统阐述，发表了各自的观点。下面我们选择西方古典学派和近现代学者较有代表性的观点进行简介。

2.1.2.1 西方古典经济学派的利息理论

资本租金说。达德利·诺思（Dudley North）提出资本租金说，认为利息类似地租：

出租土地获取地租，出租货币获取利息。有人拥有资本但不愿或不能从事贸易，而想从事贸易的人手中又缺乏资本，这种资本的余缺使资本所有者能够出借资金并收取利息，所以利息是资本的租金。

利息报酬说。威廉·配第（William Petty）和约翰·洛克（John Locke）先后提出利息报酬说，但侧重点有所不同。配第认为利息是因暂时放弃货币使用权而获得的报酬，是贷款人对自己的不便而索取的补偿。洛克则从风险角度出发，认为利息是贷款人因承担风险而获得的报酬，其高低与其所承担的风险大小相适应。

利息源于利润说。约瑟夫·马西（Joseph Massie）提出利息源于利润说，认为贷款人贷出的是货币或资本生产利润的能力，因此，贷款人获得的利息直接来自利润，是利润的一部分。

利息剩余价值说。亚当·斯密（Adam Smith）是古典政治经济学的集大成者，他认为利息有双重来源，一是生产型借贷中，利息来自利润；二是消费型借贷中，利息来自地租等其他收入。

利息剥削说。马克思关于利息本质分析的线索也来自英国古典经济学，认为利息来自剩余价值。马克思指出，在典型的资本主义社会中，利息体现了从事产业经营的资本家（职能资本家）与贷放货币资本的资本家（借贷资本家）共同占有及瓜分剩余价值的关系。利息是职能资本家让渡给借贷资本家的那部分剩余价值，体现的是全体资本家共同剥削雇佣工人的关系，因此被称为剥削说。

2.1.2.2 近现代西方学者的利息理论

利息节欲说。纳索·威廉·西尼尔（Nassu William Senior）在《政治经济学大纲》（*Outline of the Science of Politic Economy*）中提出利息的节欲说。西尼尔认为，商品价值由生产成本决定，而生产成本由生产必需的劳动和资本构成。劳动是工人放弃安逸与休息所做的牺牲，以工资为报酬；资本是资本家为累积资本节制当前消费所做的牺牲，以利润为报酬。因此，作为利润中的一部分的利息，是资本家节欲的结果。

利息时差说。奥地利经济学家欧根·庞巴维克（Eugen Bohn-Bawerk）发展了节欲说，提出了利息的时差说。庞巴维克认为利息来自人们对不同时期消费商品的不同评价而产生的价值差异，即时差价值。一般人对现在得到的物品的评价要高于未来的相同物品。在借贷中，让渡现在物品的消费需要未来物品的超额补偿，这一补偿就是利息。因此，利息是对时差价值的补偿。

边际生产力说。美国经济学家约翰·克拉克（John Clark）提出利息的边际生产力说。克拉克认为，保持劳动量不变而增加资本，每增加一单位资本所带来的产量依次递减，最后增加一单位资本所带来的产量就是决定利息水平高低的"资本边际生产力"。

人性不耐说。美国经济学家欧文·费雪（Irving Fisher）在其著作《利息理论》（*The Theory of Interest*）中从心理学角度出发，提出利息的人性不耐说。费雪认为人性偏好现时财富，不耐心等待未来。人们目光短浅、意志薄弱，认为生命短促、充满不确定性，执着当下、不愿为未来未雨绸缪等都倾向于增加人性不耐；相反，远见、自制、深切关注家属幸福等则倾向于减少人性不耐。人性不耐的程度决定了资金的时间偏好，程度高倾向于借债，程度低倾向于放款，由此决定了利息水平。因此，利息是人性不耐的指标。

流动性偏好说。英国经济学家约翰·梅纳德·凯恩斯（John Maynard Keynes）在其著作《就业、利息和货币通论》（*The General Theory of Employment, Interest and Money*）中提出流动性偏好说。凯恩斯对收入进行了两类区分，一是消费和储蓄的区分，二是储蓄内部持有现金和持有生息债券的区分。现金不能带来收入，但具有高度流动性；生息债券要持有者暂时放弃货币使用权，但可以为持有者带来利息。由于持有现金和持有生息债券互为替代关系，所以利息是放弃流动性的报酬。

2.1.3 利率的概念

关于利息的本质尽管还有很多争议，但利率的概念相对还是容易理解的。简单地说，"利率是一项经过承诺的收益率"（博迪等，2010）；更为准确的是《新帕尔格雷夫经济学大辞典》给出的定义："单位时间内付出的利息数量作为资金金额的一个分数"。一般地，利率是指"借贷内所形成的利息额与所贷资金额的比率"（黄达，2005），有时也称为利息率、回报率或报酬率。

通常可以从三个角度来看待利率。一是投资的角度。利率可以看成是接受投资所要求的回报率。二是贴现的角度。金融学认为货币要考虑时间价值（TVM），即"今天所持货币（1美元、1欧元或是1日元）比未来预期所获得的相同数量更有价值的事实"（博迪等，2010）。利率可以看成是将未来货币折算为当前货币时使用的比率，即贴现率。三是机会成本的角度。利率反映投资者因让渡资本使用权而索要的补偿，包含对机会成本的补偿和对风险水平的补偿（即风险溢价，又称风险报酬或风险酬金）。接下来我们讨论常见利率类型及其基本计算方式。

2.2 利率的分类与计算

2.2.1 常见的利率类型

1. 年利率、月利率与日利率

按计算利率的期限单位，利率可分为年利率、月利率、日利率，分别以年、月、日为单位计算利息。日利率多见于金融机构之间的拆借，习惯称为"拆息"或"日拆"。三种利率在实际经济生活中都很常见，一般折算成年率进行标示以具备可比性。

我国的传统习惯是不论年率、月率、日率都以"厘"为单位，但不同的"厘"之间差异巨大。年息以百分之几计算，如年息1厘是1%；月息以千分之几计算，如月息1厘是0.1%；日息以万分之几计算，如日息1厘是0.01%。我国民间也常用"分"作为利率单位，分习惯按月计算，是厘的10倍，如1分息是指月息1%。

2. 名义利率与实际利率

按是否考虑物价变动，利率可分为名义利率和实际利率。名义利率不考虑货币购买力变化；实际利率将物价变动因素剔除，因而是货币购买力不变条件下的利率。根据物价水平预期变化进行调整的利率称为事前实际利率；根据物价水平实际变化进行调整的利率称为事后实际利率。

与名义利率相比，实际利率剔除了通货膨胀的影响，能够更准确地反映借贷的真实成本和收益。实际利率越高，贷出资金的动力越强，借入资金的动力越弱。

3. 固定利率与浮动利率

按借贷期内是否调整，利率可分为固定利率与浮动利率。固定利率是借贷期内不做调整的利率，浮动利率是借贷期内随市场利率变化定期调整的利率。浮动利率可以减少借贷双方承担的利率风险，但手续相对繁杂，计算依据多样而费用成本较高。目前我国人民币信贷业务大量采用浮动利率计息。

4. 短期利率与长期利率

按信用行为期限长短，利率可分为短期利率与长期利率。信用行为在一年以内（含一年）的利率称为短期利率；信用行为在一年以上的利率称为长期利率。一般而言，由于信用条件不同，不同种类信用行为对应的短期利率和长期利率不能简单对比。就同类信用行为而言，期限越长，风险越大，利率中风险溢价的成分越高，利率也越高；但现实中也会出现长短期利率倒挂，即长期利率低于短期利率的情况。

5. 即期利率与远期利率

按计息日起点的不同，利率可分为即期利率与远期利率。即期利率是以当前时刻为起点的利率；远期利率是指从未来某一时点开始借款的利率。远期利率通常不等于未来实际出现的即期利率。

6. 一般利率与优惠利率

按是否带有优惠条件，利率可分为一般利率和优惠利率。银行优惠利率是指低于一般贷款利率的利率，一般提供给具有良好信誉、经营业绩和发展前景的借款人，也可能和国家产业政策相联系，如我国于20世纪80年代中期开始实行的贴息贷款。在国际金融领域，外汇贷款利率的优惠与否以伦敦同业拆借市场的利率为衡量基准，低于这一利率的可以称为优惠利率。

7. 官定利率、公定利率与市场利率

按是否能按市场机制自由变动，利率可分为官定利率、公定利率和市场利率。官定利率也称官方利率或法定利率，是由政府金融管理部门如中央银行确定的利率，是国家为实现调控目标而实施的政策手段。公定利率由非政府部门民间金融组织如银行公会确定，属于行业自律性质，目的是维护公平竞争。市场利率是由市场资金供求关系决定、随其变化而变动的利率。发达市场经济国家通常以市场利率为主，官定利率与公定利率规定利率上下限，对市场利率进行调整。历史上，我国的存贷款利率，尤其是存款利率以官定为主，即由中国人民银行制定、报国务院批准后执行。随着利率改革的深化和利率市场化的推进，我国正逐步建立由市场供求决定金融机构存贷款利率水平的利率形成机制，中央银行调控和引导市场利率，使市场机制在金融资源配置中发挥主导作用。

2.2.2 利率的计算

2.2.2.1 单利与复利

单利和复利是最常见的两种利息计算方式，用到的三个基本变量是本金、利率和期限（计息次数）。

1. 单利计息

单利计息是指不论期限长短均按原始本金计息，不把已取得的利息作为本金的增量重复计算。如果本金用PV、单利用i_s、期限用N来表示，那么利息I、本金与利息之和（本利和）FV可以用公式表示为：

$$I = PV \times i_s \times N \quad (2.1)$$

$$FV = PV \times (1 + i_s \times N) \quad (2.2)$$

例2.1（整存整取）：储户在某银行存放一笔为期3年、年利率为4%、金额为10万元的款项，按单利计息，则该储户到期获得的利息I、本利和FV分别为：

$$I = PV \times i_s \times N = 10 \times 4\% \times 3 = 1.2（万元）$$

$$FV = PV \times (1 + i_s \times N) = 10 \times (1 + 4\% \times 3) = 11.2（万元）$$

2. 复利计息

复利计息是指把已取得的利息计入本金，以原始本金与累积利息之和作为每一期计算利息的本金基础，也就是俗称的"利滚利"。如果本金用PV、复利用i_c、期限用N来表示，那么利息I、本金与利息之和（本利和）FV可以用公式表示为：

$$I = PV \times [(1 + i_c)^N - 1] \quad (2.3)$$

$$FV = PV \times (1 + i_c)^N \quad (2.4)$$

例2.2（按年复利）：在例2.1中，如果按复利计息，其他条件保持不变，那么储户到期获得的利息I、本利和FV分别为：

$$I = PV \times [(1 + i_c)^N - 1] = 10 \times [(1 + 4\%)^3 - 1] = 1.25（万元）$$

$$FV = PV \times (1 + i_c)^N = 10 \times (1 + 4\%)^3 = 11.25（万元）$$

2.2.2.2 现值与终值

"今天的1元不等于明天的1元"，所谓现值，是指一定数量的未来资金折合成现在资金的价值，俗称本金，通常用PV示；所谓终值，是指现在一定数量资金在未来某一时点上的价值，又称未来值或本利和，通常用FV表示。已知终值求现值的过程，称为贴现（或折现）；贴现使用的利率，称为贴现率（或折现率），通常用i表示，则单利现值和复利现值的计算公式分别为：

$$FV = \frac{FV}{(1+i_s \times N)} \quad (2.5)$$

$$PV = \frac{FV}{(1+i_c)^N} \quad (2.6)$$

假定年利率为10%，现在把1元钱贷放出去，1年后将变成1×（1+10%）=1.1元，我们将1.1元称为现在1元钱的未来值（或终值）；反之，1年后的1元钱实际上只相当于现在的1/（1+10%）=0.91元，我们将0.91元称为未来1元钱的现值。

现值和终值为不同时期的资金提供了相互比较的基础，是现代金融学中的重要基本概念。

2.2.2.3 一般复利与连续复利

从复利计算公式可以看出，计息期限（次数）N 在其中扮演了重要角色，我们可以用年率、月率、日率计息，甚至是更小的单位如时、分、秒，但实践中通常还是采用年率形式，这就涉及复利次数的计算。

例2.3（半年复利）：在例2.2中，如果每半年计息1次，其他条件保持不变，那么半年利率为4%/2=2%，3年共计息3×2=6次，储户存款的终值为：

$$FV = PV \times \left(1+\frac{i_c}{2}\right)^{2N} = 10 \times \left(1+\frac{4\%}{2}\right)^{2\times 3} = 11.26 > 11.25（万元）$$

例2.4（按季复利）：在例2.3中，如果每季度计息1次，其他条件保持不变，那么季利率为4%/4=1%，3年共计息3×4=12次，储户存款的终值为：

$$FV = PV \times \left(1+\frac{i_c}{4}\right)^{4N} = 10 \times \left(1+\frac{4\%}{4}\right)^{4\times 3} = 11.268 > 11.26（万元）$$

例2.5（按月复利）：在例2.4中，如果每月计息1次，其他条件保持不变，那么月利率为4%/12=0.33%，3年共计息3×12=36次，储户存款的终值为：

$$FV = PV \times \left(1+\frac{i_c}{12}\right)^{12N} = 10 \times \left(1+\frac{4\%}{12}\right)^{12\times 3} = 11.273 > 11.268（万元）$$

显然，随着复利次数的增加，终值也在变大。一般地，如果每年计息 m 次，终值就是：

$$FV = PV \times \left(1+\frac{i_c}{m}\right)^{mN} \quad (2.7)$$

此时 m 为有限值，i_c 称为一般复利。金融市场中，常把折算以后的实际年率称为有效年率（EAR），其计算公式为 $EAR = \left(1+\frac{i_c}{m}\right)^m - 1$。当 m 趋向于无穷大时，i_c 就变成了时间无限分割时的复利利率，即连续复利：

$$FV = \lim_{m \to +\infty} PV \times \left(1+\frac{i_c}{m}\right)^{mN} = PV \times e^{i_c N} \quad (2.8)$$

连续复利有效年率的计算公式为 $EAR = e^{i_c} - 1$。

例 2.6（连续复利）：在例 2.5 中，如果连续复利，其他条件保持不变，储户存款的终值为：

$$FV = PV \times e^{i_c N} = 10 \times e^{4\% \times 3} = 11.275（万元）$$

连续复利具有可加性等良好性质，广泛应用于金融建模中。

2.2.2.4 到期收益率与其他收益率

1. 到期收益率

到期收益率是使某种金融工具未来现金流的现值总和与其今天的价格相等的利率水平。理论上，金融资产的现值（今天的价值）等于其未来所有现金流的现值之和。以 PV 表示金融资产的现值，CF_t 表示第 t 期现金流，n 为时期数，i 为到期收益率，则到期收益率可通过以下关系式反求：

$$PV = \frac{CF_1}{1+i} + \frac{CF_2}{(1+i)^2} + \cdots + \frac{CF_n}{(1+i)^n} = \sum_{t=1}^{n} \frac{CF_t}{(1+i)^t} \quad (2.9)$$

从式（2.9）中可以看出，在现金流和到期期限保持不变的情况下，资产现值和到期收益率呈反向变动关系。我们以普通贷款、分期偿还贷款、贴现债券及附息债券这四类常见的信贷市场工具为例，说明到期收益率的计算方式。

例 2.6（普通贷款[①]）：企业向银行贷款 100 万元，1 年后归还本金并额外支付 12 万元利息，那么这笔贷款的现值为 100 万元，1 年后的现金流为 $100+12=112$ 万元，根据到期收益率定义我们有 $100 = \frac{112}{1+i}$，由此计算出 $i = 12\%$。

例 2.7（分期偿还贷款[②]）：某人向银行贷款 100 万元购置新房，每年还款 1 次，还款金额固定为 10 万元，20 年还清，那么到期收益率（银行贷款利率）满足 $100 = \frac{10}{1+i} + \frac{10}{(1+i)^2} + \cdots + \frac{10}{(1+i)^{20}}$，使用试错法或金融计算器可以很容易地计算出 $i = 7.75\%$。

例 2.8（贴现债券[③]）：某人购买 1 年期国债，1 年后将收到 1 000 元面值，如果现在购买价格为 920 元，年中不付息，令该价格等于 1 年后所得 1 000 元的现值我们有 $920 = \frac{1\,000}{1+i}$，由此计算出到期收益率 $i = 8.70\%$。

例 2.9（附息债券[④]）：投资者以 900 元购入息票利率为 10%、面值为 1 000 元、到期年限为 8 年、每年付息 1 次的附息债券，那么每年固定支付的票息（C）为 $1\,000 \times 10\% =$

[①] 普通贷款是指贷出方向借入方提供一定量的资金，在约定的到期日由借入方连本带利归还。
[②] 分期偿还贷款是指在贷款期中定期（如每年、每季、每月等）偿付相同金额的现金流（包含本金和利息在内）。
[③] 贴现债券是指以低于面值的价格发行，期间不付息，到期支付面值的债券。
[④] 附息债券是指定期按票息利率支付固定利息（票息），并在到期日支付面值的债券。永续债券是附息债券的一种特殊形式，定期按息票利率支付票息，但没有到期日，也不偿还本金。

100 元，到期支付面值 1 000 元，则到期收益率 i 满足：

$$900 = \frac{100}{1+i} + \frac{100}{(1+i)^2} + \cdots + \frac{100}{(1+i)^7} + \frac{1\,100}{(1+i)^8}$$

利用金融计算器可以计算出 $i = 12.01\%$。

如果投资者以 900 元购入息票利率为 10%、每年付息 1 次的永续债券，那么到期收益率 i 满足：

$$P = \lim_{n \to +\infty} \sum_{t=1}^{n} \frac{CF_t}{(1+i)^t} = C \lim_{n \to +\infty} \sum_{t=1}^{n} \frac{1}{(1+i)^t} = C \lim_{n \to +\infty} \frac{\frac{1}{1+i}\left(\frac{1}{(1+i)^n}\right)}{1 - \frac{1}{1+i}} = \frac{\frac{1}{1+i}}{1 - \frac{1}{1+i}} = \frac{C}{i} \quad (2.10)$$

由此解出到期收益率 $i = \frac{C}{P} = \frac{100}{900} = 11.11\%$。

2. 其他收益率

除到期收益率之外，金融市场也采用其他一些利率指标，常见的如当期收益率、持有期收益率（回报率）、债券等值收益率、银行贴现收益率、货币市场收益率等。

3. 当期收益率

当期收益率（i_c）是以年利息除以债券价格计算的收益率，计算公式为 $i_c = \frac{C}{P}$，其中 C 为年利息，P 为债券价格。当期收益率没有到期收益率精确，但计算相对简单，故为金融市场所采用。

4. 持有期收益率（回报率）

到期收益率基于投资者持有债券到期的假设，如果投资者选择在到期前出售债券，它就不能准确衡量投资者持有期间的回报率。债券到期前，利率波动会导致债券价格变动，此时出售债券会获得资本利得或承担资本损失。所以持有期收益率（HPY_t）或回报率（HPR_t）的计算公式为：

$$HPY_t = HPR_t = \frac{C + P_t - P_{t-1}}{P_{t-1}}$$

其中，C 为年利息，P_t、P_{t-1} 分别为第 t、$t-1$ 期的债券价格。实际投资中一般将其折算为有效年率（EAY），转换公式为：

$$EAY = (1 + HPY)^{\frac{365}{t}} - 1$$

其中，t 为持有期。这里的 EAY 和一般复利中介绍的有效年率是同一个概念。

5. 债券等值收益率

如果债券计息周期并非 1 年（例如每半年或每季度计息 1 次），那么计算出来的到期收益率是半年收益率或季度收益率，一般用简单乘除法转换为年收益率使其具有可比性，这种计算方法称为等值基准方法，由此得到的年收益率称为债券等值收益率（或债券等价收益率，BEY）。例 2.9 中如果债券每半年计息 1 次，其他条件保持不变，则每半年支付的票息为 $1\,000 \times 10\% \times 0.5 = 50$ 元，到期收益率满足：

$$900 = \frac{50}{1+i} + \frac{50}{(1+i)^2} + \cdots + \frac{50}{(1+i)^{15}} + \frac{1\,050}{(1+i)^{16}}$$

用金融计算器计算出 $i=5.99\%$。注意到这是半年到期收益率，简单乘以 2 得到债券等值收益率 $\text{BEY}=5.99\%\times 2=11.98\%$。

在投资收益率计算中，另一种常用方法是有效基准方法，即将持有期收益率转换为有效年率来衡量投资收益率。例 2.9 中，有效年率 $\text{EAY}=(1+5.99\%)^2-1=12.34\%$。

6. 银行贴现收益率

贴现证券报价时通常不报价格，而报某种贴现率，方便投资者迅速知道其投资收益率。这种贴现率称为银行贴现收益率（i_{BD}），其计算公式为：

$$i_{BD}=\frac{F-P}{F}\times\frac{360}{t}$$

其中，P 为债券价格，F 为债券面值，t 为持有到期时间，360 是指 1 年按 360 天计算。

7. 货币市场收益率

银行贴现收益率以面值为基准计算，但投资者最初付出的实际价格低于面值，这一指标无法反映真正的投资收益率，所以引入货币市场收益率（i_{MM}），其计算公式为：

$$i_{MM}=\frac{F-P}{P}\times\frac{360}{t}$$

就收益率的年化而言，一般复利情况下的年化 1 年以 365 天计算，如有效年率；单利情况下的年化 1 年以 360 天计算，如银行贴现收益率（i_{BD}）、货币市场收益率（i_{MM}）等。

2.2.2.5　名义利率与实际利率

我们在 2.2.1 中对名义利率和实际利率进行了区分，指出实际利率能够更为准确地反映借贷的真实成本和收益。接下来我们考察实际利率的计算方法。

由于实际利率衡量的是实物借贷成本，所以我们从实际商品前后变化的角度进行分析。假设有 1 单位商品和服务，期初价格为 P_0，期末价格为 P_1，名义利率为 i，实际利率为 r，通胀率为 π。一方面，如果起初将商品和服务换成货币用于贷款，期末收回的本息和为 $P_0(1+i)$，按期末价格买回这一揽子商品和服务得到 $\frac{P_0(1+i)}{P_1}$ 个单位；另一方面，如果期初直接以商品和服务放贷，期末收回的本息和为 $1+r$ 个单位，根据二者之间的等价关系我们有 $\frac{P_0(1+i)}{P_1}=1+r$，注意到通胀率 π 满足 $\frac{P_1}{P_0}=1+\pi$，则有 $1+i=(1+r)(1+\pi)$，由此解得实际利率：

$$r=\frac{1+i}{1+\pi}-1 \tag{2.11}$$

或者将式（2.11）整理为 $i=r+\pi+r\times\pi$，由于 $r\times\pi$ 较小，我们将其忽略不计，于是有 $i=r+\pi$。由于决策时投资者并不知道通胀水平，我们用预期通胀率 π^e 代替实际通胀率 π，则有 $i=r+\pi^e$，即名义利率等于实际利率与预期通胀率之和，这就是著名的费雪方程式。

此外，如果考虑税收因素（所得税率为t），则税后实际利率$r_t = i(1-t) - \pi^e$。

2.2.2.6 基准利率、浮动利率与逆浮动利率

1. 基准利率

我们在2.2.1中对固定利率和浮动利率进行了区分。浮动利率一般与某一基准利率挂钩，在此基础上按风险溢价水平的高低上下浮动。所谓基准利率是指在众多利率中起决定作用的利率，其变动会导致其他利率的变动，其趋势决定了市场利率的变化趋势。

基准利率一般是风险相对较小、市场基准性较好、便于中央银行操作、政策传导效果较好的货币市场利率，以同业拆借利率和回购利率为主。其中，以同业拆借利率为基准的国家和地区有英国（伦敦同业拆借利率，Libor）、美国（联邦基金利率，FFR）、日本（东京同业拆借利率，Tibor）、欧盟（欧元同业拆借利率，Euribor）等；以回购利率为基准的国家和地区有德国（1周和2周回购利率）、法国（1周回购利率）、西班牙（10天回购利率）等。中国以中国人民银行规定的存贷款利率为基准利率。具体而言，一般民众以银行1年期定期存款利率为基准，银行则以隔夜拆借利率为基准。

2. 浮动利率

一般而言，浮动利率=基准利率+风险溢价水平。例如，某浮动利率债券按月支付利息，其利率由下式确定：利率=1个月Libor+1.5%，如果第1个月1个月Libor为2.5%，则债券该月利率为4%；如果第2个月1个月Libor为3.5%，则债券该月利率变为5%。

有时浮动利率也可以是基准利率的某一个倍数，再加上风险溢价水平，从而产生了杠杆化的浮动利率，即利率=k×基准利率+风险溢价水平。上例中，如果利率的确定公式为利率=1.2×1个月Libor+1.5%，其他条件保持不变，则债券2个月的利率分别为4.5%和5.7%。

3. 逆浮动利率

浮动利率在一个最低利率的基础上加上基准利率，逆浮动利率则在一个最高利率的基础上减去基准利率，即利率=固定值-1个月Libor。浮动利率随基准利率的变动正向变动，逆浮动利率随基准利率的变动逆向变动。上例中，如果利率的确定公式为利率=10%-1个月Libor，其他条件保持不变，则债券两个月的利率分别为7.5%和6.5%。

有时逆浮动利率也可以是固定值减去基准利率的某一个倍数，从而产生杠杆化的逆浮动利率，即利率=固定值-k×基准利率。上例中，如果利率的确定公式为利率=10%-1.2×1个月Libor，其他条件保持不变，则债券2个月的利率分别为7%和5.8%。

逆浮动利率的风险比浮动利率高得多。对于逆浮动利率债券而言，市场利率下降，一方面未来现金流现值增加，债券价格上升；另一方面债券票息增加，债券价格进一步上升。反之，当市场利率下降时，债券价格下降的幅度更大。也就是说，与浮动利率相反，逆浮动利率放大了利率风险，这一风险方面的特殊性使其可以用来平衡债券组合的整体风险。

2.2.2.7 即期利率与远期利率

我们在2.2.1中对即期利率和远期利率进行了区分，接下来考察即期利率和远期利

率的计算方式。

假设有1笔为期2年的贷款，有两个方案可以选择：一是以 S_2 的即期利率放贷2年，到期收回 $(1+S_2)^2$；二是签订一笔短期借贷合同，约定资金在1年后以 $f_{1,2}$ 的远期利率贷出，2年后归还，第1年这笔资金可以 S_1 的即期利率放贷，1年后贷出时的本金为 $1+S_1$，2年后收回 $(1+S_1)(1+f_{1,2})$。签订合同时贷出方希望 $(1+S_1)(1+f_{1,2}) \geq (1+S_2)^2$，借入方希望 $(1+S_1)(1+f_{1,2}) \leq (1+S_2)^2$，所以我们有 $(1+S_1)(1+f_{1,2}) = (1+S_2)^2$。例如，如果1年期和2年期贷款的即期利率分别为8%和12%，则从第1年至第2年的远期利率 $f_{1,2} = \dfrac{(1+12\%)^2}{(1+10\%)} - 1 = 14.04\%$。

一般地，第 $t-1$ 期、第 t 期的即期利率与从第 $t-1$ 期至第 t 期的远期利率 $f_{t-1,t-2}$ 之间的关系为：

$$(1+S_{t-1})^{t-1}(1+f_{t-1,t}) = (1+S_t)^t \tag{2.12}$$

【拓展阅读2-1】

久期与利率风险

人们在现实中发现，当利率变动时，到期期限较长的债券，价格波动较大。为度量这种利率变动导致债券价格波动的风险，美国国民经济研究局的一名研究员弗雷德里克·麦考利（Frederic Macaulay）提出了久期的概念。久期反映利率变动导致债券价格变动的百分比，用公式来表示就是：

$$\text{Dur} = \frac{1}{P} \times \frac{dP}{di} = \frac{1}{\sum_{t=1}^{n} \dfrac{\text{CF}_t}{(1+i)^t}} \times \left(\sum_{t=1}^{n} \dfrac{\text{CF}_t}{(1+i)^t} \right)' = -\frac{1}{1+i} \times \frac{\sum_{t=1}^{n} t \times \dfrac{\text{CF}_t}{(1+i)^t}}{\sum_{t=1}^{n} \dfrac{\text{CF}_t}{(1+i)^t}} \tag{2.13}$$

其中，$\dfrac{\sum_{t=1}^{n} t \times \dfrac{\text{CF}_t}{(1+i)^t}}{\sum_{t=1}^{n} \dfrac{\text{CF}_t}{(1+i)^t}}$ 为麦考利久期（MacDur），它是一系列现金支付期限的加权平均值，也就是平均到期期限。负号表示债券价格变化和利率变动呈负相关关系。在其他条件不变的情况下，债券到期期限越长，其久期越大，利率风险也就越高。在麦考利久期基础上调整而来的久期称为修正久期（ModDur），则上述公式为 $\text{ModDur} = \dfrac{1}{1+i} \text{MacDur}$。当利率发生微小变动时，所引起债券价格变动的百分比近似为 $\%\Delta P = -\text{ModDur} \times \Delta i$。

例如，某基金经理持有一种10年期、每年付息一次、利率为10%的附息债券，当前利率水平为10%，如果利率水平提高至11%，那么利用金融计算器可以方便地算出该债券的麦考利久期 MacDur=6.76年，则修正久期 $\text{ModDur} = \dfrac{6.76}{1+10\%} \approx 6.15$，加上利率变动 $\Delta i = 11\% - 10\% = 1\%$，由此得出债券价格变化幅度为 $\%\Delta P = -6.15 \times 1\% = -6.15\%$，即价格下跌 6.15%。

有兴趣的读者可自行推导债券久期的两个其他性质：一是当其他条件相同时，利率提高，附息债券的久期将会下降；二是当其他条件相同时，债券的息票率越高，久期越短。此外，当利率变动幅度较大时，用久期计算的债券价格变动不够精确，可以用凸性加以调整。感兴趣的读者可进一步阅读相关书目（见章后参考文献）。

2.3 利率的期限结构和风险结构

从上文的分析可以看出，现实中的利率千差万别。到期期限、违约风险、流动性、税收等因素不同的债券之间的利率往往也是不同。因此进一步分析利率的结构是有必要的。

2.3.1 利率的期限结构

利率的期限结构是指利率与金融资产到期期限之间的关系，是某一时点上因期限差异产生的不同利率组合。

图 2-1 是中债国债到期收益率曲线。从图中可以看出，债券利率大体随到期期限的增加而增加，也就是说，长期利率高于短期利率，收益率曲线向右上方倾斜，一般情况下的收益率曲线是这样的。但也可能出现如图 2-2 和图 2-3 所示的"反常"现象，此时收益率曲线相对平缓或向下倾斜，长期利率等于或低于短期利率。

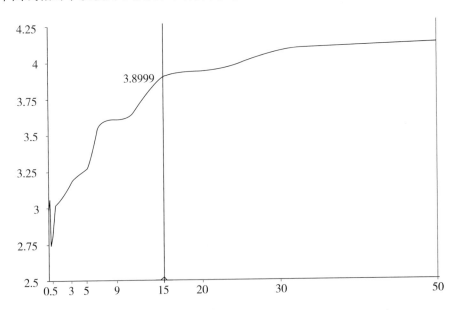

图 2-1　中债国债到期收益率曲线（2015 年 1 月 28 日）

资料来源：中国债券信息网。

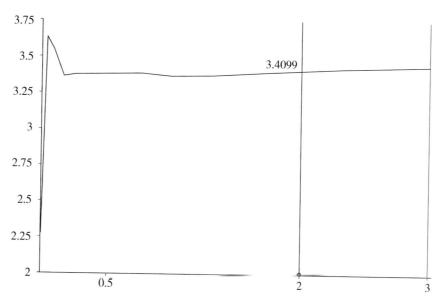

图 2-2 中债央行票据到期收益率曲线(2015 年 1 月 28 日)

资料来源:中国债券信息网。

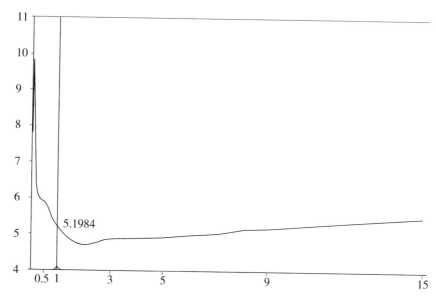

图 2-3 中债中短期票据(AAA)到期收益率曲线(2013 年 6 月 21 日)

资料来源:中国债券信息网。

为了解释利率的期限结构,经济学家提出了一些理论,典型的有预期理论、市场分割理论、流动性偏好理论三种。

2.3.1.1 预期理论

预期理论又叫无偏预期理论,认为任何债券的利率都与短期利率的预期利率有关。预期理论有两个主要假设:一是投资者风险中性,也就是说投资者不会偏好某一特定期限的债券，只持有预期收益率高的债券；二是远期利率是未来利率的完美预期，也就是说债券未来价格和投资期间的收益率是确定的，不同期限债券可完全替代。仿照即期利率与远期利率关系相关讨论，假设远期利率（$f_{t-1,t}$）是未来即期利率的预期（S^e_{t-1}），对于$t=2$我们有$(1+S_1)(1+S^e_1)=(1+S_2)^2$，展开整理得$S_1+S^e_1+S_1 \times S^e_1 = 2S_2 + S_2^2$，由于$S_1 \times S^e_1$、$S_2^2$较小，可忽略不计，则有$S_2 = \dfrac{S_1+S^e_1}{2}$。同理，对于$t=3$，$(1+S_3)^3=(1+S_2)^2 \times (1+S^e_2) = (1+S_1)(1+S^e_1)(1+S^e_2)$，展开后忽略二次及以上项，则有$S_3 = \dfrac{S_1+S^e_1+S^e_2}{3}$。一般地，对于$t=n$，我们有：

$$S_n = \frac{S_1 + S^e_1 + S^e_2 + \cdots + S^e_{n-1}}{n} \tag{2.14}$$

由此可见，长期利率等于即期短期利率和未来短期利率预期的均值。因此，如果预期未来短期利率上升，那么长期利率将高于现时的短期利率，收益率曲线向上倾斜；如果预期未来短期利率不变或下降，就会出现收益率曲线相对平缓或向下倾斜的"反常"现象。

然而，预期理论无法解释现实中收益率曲线一般都向上倾斜这一"正常"现象。按照预期理论，收益率曲线一般都向上倾斜意味着人们总是预期未来短期利率上升，这和现实情况是有矛盾的。显然，预期理论对利率期限结构的解释并不完美，经济学家又开始寻找其他理论，市场分割理论就是其中之一。

2.3.1.2 市场分割理论

市场分割理论认为，不同到期期限债券的市场是完全分割和独立的，利率水平由各自市场的供求状况决定。市场分割理论也有两个主要假设，一是投资者并非风险中性，对特定期限的债券有明确的偏好，尽管产生偏好的原因不尽相同，但正是这些偏好形成了不同期限的债券市场；二是不同期限的债券难以相互替代，因此一种期限债券的利率与其他债券的预期回报率无关，不受其影响。这同预期理论的前提假设恰恰相反。

资金借入者会在需要资金时到适当的市场上去发行与其需求期限相匹配的债券，资金贷出者会根据资金闲置情况购入与其期限匹配的债券，由此形成了不同期限债券市场上独立的供求状况，进而形成独立的均衡价格，也就是利率。如果投资者更偏好短期债券，则相对长期债券市场而言，短期债券市场资金供大于求，利率相对较低，收益率曲线向上倾斜；反之，如果投资者更偏好长期债券，收益率曲线向下倾斜。在现实经济中，由于人们更偏好期限较短、风险较小的债券，短期利率一般较低，由此导致收益率曲线通常向上倾斜。

然而，市场分割理论认为短期利率与长期利率无关，因此无法解释不同期限利率之间的同向波动现象。另外，随着金融管制的放松，金融机构跨市场从事的活动越来越多，市场分割理论的现实意义变得越来越小了。

2.3.1.3 流动性偏好理论

流动性偏好理论认为，长期债券的利率等于到期前短期利率预期的平均值，加上受供求影响的流动性溢价。流动性偏好理论的主要假设，一是投资者对特定期限债券的确是有一定风险偏好的，他们更偏好短期债券；二是不同期限债券之间具有一定的替代性。也就是说，流动性偏好理论在接受预期收益率影响收益率曲线这一观点的基础上，考虑了相对风险程度对收益率曲线的影响，因而是对预期理论和市场分割理论的修正与融合。

短期债券的流动性高于长期债券，其价格波动的风险比长期债券也要来的小。由于大多数投资者都是风险厌恶者，对短期债券更为偏好，所以只在对短期利率预期均值给予风险补偿之后才愿意持有长期债券。也就是说，为了鼓励长期债券投资，必须支付流动性补偿，用公式可以表示为：

$$S_n = \frac{S_1 + S_1^e + S_2^e + \cdots + S_{n-1}^e}{n} + l_n \qquad (2.15)$$

其中 l_n 为 n 年期债券的流动性溢价。这一理论既能解释不同期限利率之间同向波动的现象，也能解释收益率曲线通常向上倾斜的现象。和预期理论相比，如果预期未来短期利率上升，加入流动性溢价会使收益率曲线更为陡峭；预期未来短期利率下降，加入流动性溢价则会使收益率曲线较为平缓，这更好地解释了收益率曲线的形状。

然而，现实经济中投资者并不总是偏好期限较短的债券，他们可能对收益期限与资金持有期限的匹配度更为关注，例如像养老基金这样的特殊投资者可能更偏好长期债券。

综上所述，在讨论利率期限结构时，上述三个理论都有一定的说服力，但都不能完美地解释收益率曲线的形状。因此，我们在利用这些理论进行分析的时候，要从实际出发，充分考虑理论假设的合理性，以取得更为可信的结果。

2.3.2 利率的风险结构

上文考察了不同到期期限债券利率不同的原因，在现实经济中我们发现，到期期限相同的债券，其利率也不尽相同。所谓利率的风险结构，是指相同期限的不同金融资产利率的关系，它反映的是金融资产的风险和其他因素对其收益率的影响。一般来说，利率和风险呈正向相关关系，也就是说，风险越大，利率越高；风险越小，利率越低。接下来，我们分析风险结构的三个主要因素，即违约风险、流动性、税收及费用。

2.3.2.1 违约风险

违约风险又叫信用风险，指债券发行人不能或不愿按事前约定支付利息或偿付本金的风险。由于违约风险的存在，人们在购买债券时要求补偿，构成了风险溢价。一般地，我们把没有违约风险的债券称为无风险债券，把有风险债券和无风险债券之间的利差称为风险溢价。通常来说，违约风险越高，投资者要求的风险溢价就越多，相应的利率水平也就越高。

各种债券都存在违约风险，但在程度上是有差别的。一般来说，人们认为中央政府发行的债券是没有违约风险的，因为它们总是可以通过增加税收或发行货币来偿还债务。地方政府债券因其偿还来源不同，违约风险也有所不同。例如，地方政府发行的一般责任债券以本地税收为偿还来源，违约风险较低；地方政府发行的收益债券以特定项目产生的收益或现金流为偿还来源，违约风险较高。与政府信用类债券相比，金融机构信用类债券和公司信用类债券的违约风险相对较高，其中公司信用类债券的违约风险通常又高于金融机构信用类债券。

债券及其发行机构违约可能性大小的相关信息由信用评级机构提供。信用评级越高，违约风险越低。表2-1是国际三大评级公司穆迪、标准普尔和惠誉国际关于债券级别的标准。通常认为，级别在Baa（或BBB）及以上的债券违约风险较低，是投资级债券；级别在Baa（或BBB）以下的债券违约风险较高，是垃圾债券。

表2-1 国际三大评级公司设定的信用级别标准

穆迪	标准普尔	惠誉国际	说明
投资级别——高信用级别			
Aaa	AAA	AAA	金边债券，安全性最高
Aa1	AA+	AA+	高级别，信用佳
Aa2	AA	AA	
Aa3	AA−	AA−	
A1	A+	A+	中高级别
A2	A	A	
A3	A−	A−	
Baa1	BBB+	BBB+	中下级别
Baa2	BBB	BBB	
Baa3	BBB−	BBB−	
投机级别——低信用级别			
Ba1	BB+	BB+	低级别，投机性
Ba2	BB	BB	
Ba3	BB−	BB−	
B1	B	B+	高投机性
B2	B	B	
B3		B−	
高度投机级别——风险极高或处于违约中			
Caa	CCC+	CCC+	风险很高，处境困难
	CCC	CCC	
Ca	CC	CC	投机性非常高，很容易违约
C	C	C	投机性极度高
	CI		收益债券停止支付利息
	D	DDD	已处于违约中
		DD	
		D	

2.3.2.2 流动性

除违约风险不同之外,相同期限的不同债券在市场上的变现能力也不尽相同,这就是流动性差异。所谓流动性,是指资产在需要时快速、低成本变现的能力。在其他条件不变的情况下,流动性越强,资产就越受欢迎,对该资产的需求就越大。如图2-4所示,期初A、B两种债券到期收益率相等。假设债券A的交易活跃度上升,需求从D_{0A}增加到D_{1A},债券A价格上升,到期收益率从y_0下降到y_{1A};债券B的交易活跃度下降,需求从D_{0B}减少到D_{1B},债券B价格下降,到期收益率从y_0上升到y_{1B},由于二者流动性变化形成的到期收益率之差$y_{1B}-y_{1A}$即为流动性溢价,它反映了流动性的大小。

流动性大小有多种衡量方式,常见的有价格法(如做市商买卖价差)、交易量法(如成交率、换手率)、价量结合法(如价格冲击模型、流动性比率)、时间法(如执行时间、交易频率)等。以价差法和换手率为例,做市商买卖价差越小,换手率越高,说明流动性越大;而买卖价差大、换手率低则说明流动性较差。

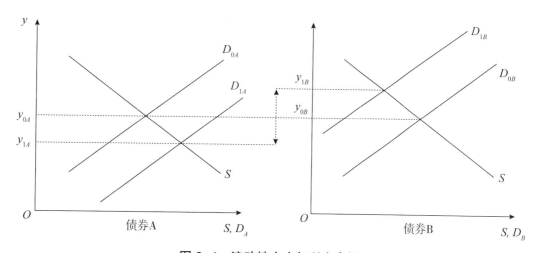

图 2-4 流动性大小与利率高低

流动性大小受多种因素影响,如债券发行规模、债券自身特点、债券交易场所能够吸引的投资者数量等。以国债为例,一方面国债发行量大、发行周期固定且规律性强,能够满足大多数投资者的需求,因此投资者众多,流动性强;另一方面国债做市商往往拥有雄厚的实力和良好的声誉,覆盖面广,服务柜台分布密集,其强大的做市能力为国债的流动性提供了有力支持。

2.3.2.3 税收及费用

投资者进行债券投资时真正关注的是债券的税后收益,也就是实际取得的收益。在我国,国债和地方政府债券利息免征企业所得税和个人所得税。如果你是个人投资者,你把储蓄投资于某种面值和售价均为1 000元,票息为70元的国债,则该债券税后收益率=税前收益率=7%。如果你改投某种公司债券,面值和售价也是1 000元,票息为100元,假设你是处于45%所得税税率的纳税阶层,那么每获得1元额外收入都要缴纳0.45元所得税,即边际税率=45%,则该债券税后收益率=税前收益率×(1-边际税率)

=10%×(1-45%)=5.5%。尽管国债的税前利率（7%）低于公司债券（10%），但税后你能从国债中获得更多收益（7% > 5.5%）。在违约风险和流动性风险相等的前提下，要想提高公司债券对投资者的吸引力，就要提高该债券的税前利率。也就是说，如果利息收入的税收待遇因债券种类的不同而存在差异，那么这种差异会反映到税前利率中。从上例中可以看出，利息收入的税率越高，其利率也应当越高；反之，利息收入的税率越低，利率就越低。同等条件下，免税债券的利率一般低于应税债券。

除税收以外，债券发行的其他费用（如管理费用）并不相同，也会反映到债券利率中。一般来说，管理费用越高，债券利率也越高，以弥补这部分费用差额。

相同期限不同债券之间的利率差异除了违约风险、流动性、税收及费用因素以外，还与其他一些因素有关，如可赎回条款、可转换条款等。可赎回条款赋予债券发行人在到期日前购回债券的权利，该条款会降低债券的价格，提高债券的收益率；可转换条款赋予债券持有人按预先确定的比例将债券转换为普通股的权利，该条款会提高债券的价格，降低债券的收益率。尽管影响因素众多，习惯上我们仍将利率之间的这种差异关系称为利率的风险结构。

2.4 利率决定理论

尽管现实中的利率纷繁复杂，经济学家们还是试图剥丝抽茧，从中发现利率的决定机制。按照时间先后顺序，目前流传较广的利率决定理论主要有古典学派的储蓄投资理论、凯恩斯学派的流动性偏好理论、新古典学派的可贷资金理论、利率决定的宏观模型（IS-LM模型）以及理性预期理论等。

2.4.1 古典学派的储蓄投资理论

古典学派认为，投资是资本的需求，储蓄是资本的供给，利率是资本的价格。因此当资本供求平衡时，利率达到均衡水平。依据萨伊定律和货币数量论，自由竞争能够自发调整工资和价格，实现并保持经济的充分就业状态。在此背景下，投资与储蓄都是实际利率的函数，两者共同决定了均衡利率。

就投资而言，投资主要由资本的边际收益和实际利率决定，其中资本的边际收益代表投资收益，实际利率代表投资成本。一方面，当资本的边际收益高于实际利率（即投资收益大于投资成本）时，企业会因有利可图增加投资；另一方面，资本的边际收益随资本投入量的增加而减少，因此当资本的边际收益等于实际利率时，企业利润达到最大。实际利率越高，企业利润最大时的投资数量越少，因此投资是实际利率的减函数，曲线向下倾斜（见图2-5）。

就储蓄而言，储蓄主要由消费的时间偏好决定。在既定收入的条件下，人们在当期消费和未来消费（当期储蓄）之间进行权衡，舍弃当期消费需要利息的补偿。实际利率越高，意味着放弃当期消费获得的利息补偿越多，储蓄也就越多，因此储蓄是实际利率的增函数，曲线向上倾斜（见图2-5）。

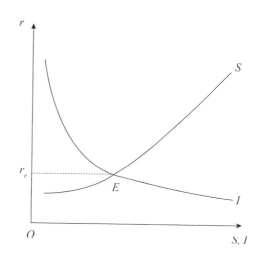

图2-5　古典学派的储蓄投资理论

当投资等于储蓄时，利率达到均衡水平。图2-5中均衡点为E，由此决定的均衡利率为r_e。在古典学派看来，投资和储蓄都由自然资源、技术条件、资本与劳动供给等真实因素决定，因此利率也不受货币因素的影响，因此古典学派的储蓄投资理论也被称为实际利率理论或真实利率理论。

2.4.2　凯恩斯学派的流动性偏好理论

凯恩斯学派认为古典学派的储蓄投资理论强调实物因素对利率的决定作用，忽视了货币的影响。该学派完全不考虑实物因素的影响，认为市场均衡利率由货币供求关系决定。

就货币需求而言，凯恩斯学派认为货币需求取决于人们的流动性偏好，而利率是其衡量指标。所谓流动性偏好，是指人们持有货币以获得流动性的意愿强弱。人们偏好流动性主要有三个动机：一是交易动机（transactions-motive），即需要现金进行个人或业务的当前交易；二是谨慎动机（precautionary-motive），即渴望保障全部资源的一部分在未来的现金价值；三是投机动机（speculative-motive），即相信自己对未来的判断比市场上一般人高明，想由此从中获利（凯恩斯，2012）。其中，交易动机、谨慎动机带来的货币需求和利率无关，是收入y的增函数，记为$M_1(y)$；投机动机带来的货币需求和利率有关，由于提高利率会增加持有货币进行投机的机会成本，所以是利率r的减函数，记为$M_2(r)$。货币需求$M_d=M_1(y)+M_2(y)$（见图2-6）。

就货币供给而言，凯恩斯学派认为货币供给是外生变量，通常是政府货币当局控制的一个常量。因此，货币供给曲线M_s与横轴垂直。货币供求平衡时有$M_s=M_d$，由此决定均衡利率水平r_e（图2-6中的E点）。流动性偏好理论的一个极端情形是流动性陷阱，即当利率下降到一定水平时（图2-6中的r_0），人们预期利率只会上升不会下降，因此只持有货币，货币需求无限大（货币需求曲线尾端变为水平线）。此时无论货币供给如何增加，利率都不会再下降。

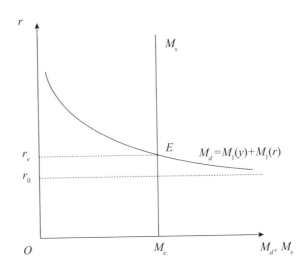

图 2-6 凯恩斯学派的流动性偏好理论

2.4.3 新古典学派的可贷资金理论

可贷资金理论由英国的丹尼斯·罗伯逊（Dennis Robertson）提出，之后得到瑞典的贝蒂尔·俄林（Bertil Ohlin）等人支持，主要代表是剑桥学派和瑞典学派。可贷资金理论既肯定了储蓄和投资对利率的决定作用，又肯定了货币因素对利率的影响，对上述两种理论进行了吸收、融合与发展。

可贷资金理论认为利率由可供贷放的资金供求关系决定。可贷资金需求包括投资和货币窖藏两部分，前者是主要部分，与利率负相关；后者是储蓄者未用于贷放、保留在手中的现金，是家庭、企业、政府等的货币需求增量。由于利率代表窖藏的机会成本，因此货币窖藏与利率之间也是负相关关系。这样，可贷资金需求 D_L= 投资（I）+ 货币需求增量（ΔM_d），是利率的减函数（见图 2-7）。

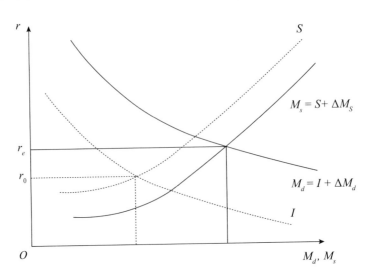

图 2-7 新古典学派的可贷资金理论

可贷资金供给包括储蓄和货币供给增量两部分，前者是家庭、企业和政府的实际储蓄，是主要部分，与利率正相关。关于货币供给增量，有两种不同看法，一说来自银行体系的信用创造，也是利率的增函数；另一说是货币当局调节货币流通的工具，是关于利率的外生变量，与利率无关。这样，可贷资金供给 S_L=储蓄(S)+货币供给增量(ΔM_S)，是利率的增函数（见图2-7）。

可贷资金理论认为，投资与储蓄决定自然利率 r_0（即图2-7中虚线的交点），此时 $I=S$；可贷资金供求决定均衡利率 r_e（即图2-7中实线的交点）。将图2-7中的实线与虚线相比较，可以得出新古典可贷资金理论与古典储蓄投资理论决定的均衡利率水平 r_e 和 r_0 之间的区别。

2.4.4 利率决定的宏观模型（IS-LM模型）

为克服新古典学派可贷资金理论无法兼顾商品市场和货币市场各自均衡的缺陷，约翰·希克斯（John Hicks）和阿尔文·汉森（Alvin Hansen）提出了利率决定的IS-LM模型，尝试从一般均衡的角度进行分析。IS-LM模型引入收入因素，分析了收入和利率之间相互决定的情况。

首先讨论商品市场利率决定收入的情况。如图2-8所示，第一象限表示利率和收入之间的关系；第二象限表示利率和投资之间的关系；第三象限表示投资和储蓄之间的关系；第四象限表示收入和储蓄之间的关系。投资是利率的减函数（第二象限），记为

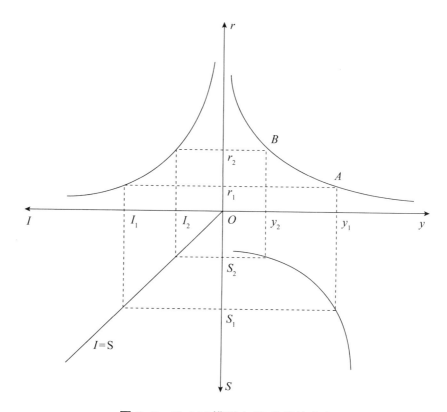

图2-8　IS-LM模型中IS曲线的决定

$I=I(r)$;储蓄是收入的增函数(第四象限),记为 $S=S(y)$;商品市场均衡时储蓄和投资相等(第三象限),$S(y)=I(r)$,由此得到收入和利率之间的关系(第一象限),$y=S^{-1} \cdot I(r)=y(r)$,其中 y 是 r 的减函数。由此得到向下倾斜的 IS 曲线,它是商品市场均衡时利率与收入的组合,当利率上升($r_1 \uparrow \to r_2$)时,投资下降($I_1 \downarrow \to I_2$),储蓄下降($S_1 \downarrow \to S_2$),则收入下降($y_1 \downarrow \to y_2$);反之则反是。这是商品市场利率决定收入的情况。

其次讨论货币市场收入决定利率的情况。如图 2-9 所示,第一象限表示收入和利率之间的关系;第二象限表示利率和货币投机需求之间的关系;第三象限表示货币投机需求和货币交易需求、货币谨慎需求之间的关系;第四象限表示收入和货币交易需求、货币谨慎需求之间的关系。根据流动性偏好理论,货币投机需求是利率的减函数(第二象限),记为 $M_2=M_2(r)$;货币交易需求、货币谨慎需求是收入的增函数(第四象限),记为 $M_1=M_1(y)$;货币市场均衡时货币供给和货币需求相等(第三象限),$M_s=M_d=M_1+M_2$;由于 M_s 由货币当局控制,是一个常数,记为 $\overline{M}$,故有 $\overline{M}=M_1(y)+M_2(r)$,由此得到利率和收入之间的关系(第一象限),$y=M_1^{-1}(\overline{M}-M_2(r))$,其中 y 是 r 的增函数。由此得到向上倾斜的 LM 曲线,它是货币市场均衡时利率与收入的组合,当收入下降($y_1 \downarrow \to y_2$)时,货币交易需求、货币谨慎需求下降($M_{11} \downarrow \to M_{12}$),在货币供给不变的条件下,货币投机需求增加($M_{21} \uparrow \to M_{22}$),由此带来利率的下降($r_1 \downarrow \to r_2$);反之则反是。这是货币市场收入决定利率的情况。

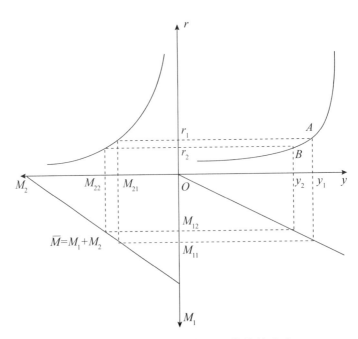

图 2-9 IS-LM 模型中 LM 曲线的决定

最后考虑商品市场和货币市场同时均衡的情况。如图 2-10 所示,把 IS 曲线和 LM 曲线放到同一个相同的坐标系中,其交点(r_e, y_e)即为均衡时的利率和收入水平。由于利率和收入相互决定,偏离均衡时会引起自发调整,回归均衡。

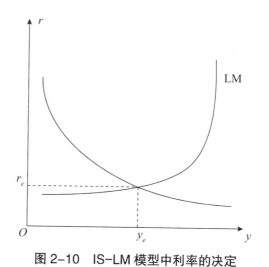

图 2-10　IS-LM 模型中利率的决定

IS-LM 模型较好地解决了古典学派和凯恩斯学派利率决定理论的缺陷，但本身还存在不少弱点，例如未考虑不确定性和宏观经济的潜在不稳定性、具有静态同步均衡模型的所有缺陷、缺乏微观基础、流量与存量相混杂、未对引起曲线移动的名义冲击和实际冲击进行区分、未考虑信息的不完全、货币当局控制货币供给的假设过于僵化、未能较好地融入预期等。现代经济学家如理性预期学派等又发展出其他模型来解释利率的形成，关于这一问题的讨论一直延续至今。

2.5　利率的影响与作用

在市场经济条件下，利率在经济运行中有着广泛运用，发挥着重要影响和作用。从微观角度看，利率对个人和家庭的储蓄—消费决策、对企业的投资—经营决策具有直接影响；从宏观角度看，利率对市场总需求与总供给、货币需求与货币供给、国际资本流动等都具有杠杆和调节作用。

1. 利率对个人、家庭储蓄—消费决策的影响

个人和家庭具有不同的时间偏好，通过收入的跨期分配实现自身效用的最大化。一部分收入用于消费，一部分收入投资于不同期限的金融资产，而金融资产的收益率和利率密切相关。在其他条件不变的情况下，调整利率可以引导人们选择不同的金融资产，从而影响个人和家庭的储蓄—消费决策。

2. 利率对企业投资—经营决策的影响

企业经营、投资既可以利用自有资金，也可以进行负债经营，而利率直接影响企业的负债成本。由于利息始终是利润的抵减因素，企业必须加强自身经营管理，加速资金周转，减少借款金额，通过提高资金使用效率来减少利息支付。在其他条件不变的情况下，调整利率可以引导企业调整杠杆规模，从而影响企业的投资——经营决策。

3. 利率对市场总需求与总供给的调节

利率对市场总需求和总供给的调节，一是累积生产资金，二是调节经济结构。累计生产资金方面,由于资金短缺和资金富余同时存在,通过利率可以吸引闲置资金投入生产,满足经济发展需要。调节经济结构方面,可以通过差别利率和优惠利率来实现资源的倾斜配置。对于国家急需发展的产业或项目,给予低利率支持;对于产能过剩等国家限制发展的产业和项目,则可用高利率加以限制。

4. 利率对货币需求与货币供给的调节

利率对货币供需的调节,一是调节信用规模,二是调节物价水平。调节信用规模方面,商业银行贷款利率、贴现率等影响客户获得的信用规模,贷款利率、贴现率下降有助于扩大信用规模。中央银行通过设定存款准备金率、再贴现率等手段影响商业银行和其他金融机构的信用规模,存款准备金率和再贴现率下降有助于扩大信用规模;反之有助于缩减信用规模。此外,中央银行进入公开市场买卖证券也会影响基准利率,从而对市场流动性造成影响。调节物价水平方面,提高利率能够降低货币需求,收缩信贷规模,促使物价回归稳定。

5. 利率对国际资本流动的调节

利率可以引导国际资本流动,平衡一国国际收支。如果一国国内经济发展态势良好但国际收支出现严重逆差,将本国利率调至高于他国利率水平可以吸引国外短期资金流入,抑制本国资金流出。如果国内经济衰退与国际收支逆差并存,可以调整利率结构,通过降低长期利率以鼓励投资,刺激经济复苏;通过提高短期利率以吸引外国资金流入、抑制本国资金流出,从而改善国际收支平衡。

2.6 我国的利率改革与利率市场化

前面5节讨论的是关于利率的一般情况,本节讨论我国利率制度改革和利率市场化问题。一般来说,利率制度包括自由利率、管制利率和调控利率三种。一国利率制度的选择同其社会经济制度和市场化程度等密切相关。我国改革之前的利率制度是管制利率。为满足市场经济的发展需要,我国开始放松利率管制,但时至今日仍未实现完全的市场化。因此,我国利率制度改革问题主要是利率市场化的问题。

2.6.1 改革之前的利率制度和利率市场化的提出

我国改革之前实行的是高度集中的计划经济体制,与之相适应,我国利率实行严格的计划管理制度(1953—1978年)。这一时期的利率具有以下几个特点:一是只有银行利率,没有其他形式的利率,实际是一种单一利率制度;二是档次少,仅有四种存款利率和四种贷款利率[①];三是水平低,存款利率大多在2%—4%,贷款利率大多在2.16%—7.2%;四是存贷款利率之间的结构不合理。

---

① 四种存款利率分别为活期储蓄存款利率、一年期储蓄存款利率、企业活期存款利率和企业一年期存款利率;四种贷款利率分别为工业流动资金贷款利率、商业流动资金贷款利率、农业生产费用贷款利率和固定资产贷款利率。

当时，利率制定权在国务院，利率管理权虽然集中在中国人民银行总行，但对利率的重大调整须报国务院批准，各级分行和各专业银行都无权变动利率。这种高度管制的利率制度有利于支持国家产业政策，但不能因地制宜、及时灵活地确定合理的利率水平，因此是一种僵化的利率管理制度。

随着市场经济的发展，以调整利率水平、改善利率结构、改革利率管理体制为主要内容的利率市场化改革开始迈出步伐。所谓利率市场化改革，是指政府逐步放松对利率的直接管制，让市场供求在利率水平决定中发挥主导作用，形成一个以国家间接调控为指导、中央银行基准利率为参照、货币市场利率为中介、金融机构存贷款利率由市场供求决定的多元化利率体系和利率形成机制。

党和国家非常重视我国利率市场化改革。1993年党的十四大《关于金融体制改革的决定》中提出，我国利率改革的长远目标是：建立以市场资金供求为基础，以中央银行基准利率为调控核心，由市场资金供求决定各种利率水平的市场利率体系的市场利率管理体系。党的十四届三中全会《中共中央关于建立社会主义市场经济体制若干问题的决定》中提出，中央银行按照资金供求状况及时调整基准利率，并允许商业银行存贷款利率在规定幅度内自由浮动。

2.6.2 我国利率市场化改革进程

利率市场化改革有狭义和广义之分，狭义利率市场化改革是指利率管理体制和形成机制改革，广义利率市场化改革还包括调整不合理的利率水平和利率结构。按照广义和狭义的区分，我国利率市场化改革进程可以划分为两个阶段：1979—1995年，主要是提高利率水平和调整不合理的利率结构；1996年后，主要是进行利率管理体制和机制的改革，使利率成为资源配置和宏观调控的重要手段。

我国广义利率市场化改革始于1979年，是从提高利率水平和调整利率结构开始的。1979—1989年，政府连续7次调高存贷款利率，一年期储蓄存款由改革前的3.24%调高到1985年的6.84%[①]，利率逐步回归合理水平。1988年和1993年两次推行保值储蓄，名义利率大大提高，但在物价水平普遍上涨的背景下，实际利率也并没有升高多少；到1995年年底，存贷款利率各达几十个种类和档次，不同种类和档次之间的利差也逐步扩大。利率期限和种类的不断丰富，为我国利率制度的深化改革奠定了基础。

我国狭义利率市场化改革于1996年正式启动。1996年1月3日，我国建立并启动了全国统一的同业拆借市场，从6月1日起取消了原来按同档次再贷款利率加2.88个百分点确定同业拆借利率最高限的规定，实行由拆借双方根据市场供求状况自主确定拆借利率水平，由此实现了同业拆借利率的完全市场化，标志着我国推进利率市场化改革的开端。

我国利率市场化改革的进程是金融机构定价自主权不断扩大的过程。1996年以来，我国先后放开了同业拆借、债券回购、转贴现、国债和政策性金融债发行等利率；多次

---

① 周荣芳："关于我国利率市场化改革的思考"，《中国金融》，2001年第5期。

扩大贷款利率浮动幅度和范围,提高贷款利率市场化程度;积极探索存款利率市场化改革,批准银行开办协议存款业务,利率由双方协商确定;推行农村信用社利率市场化改革试点,为农村利率市场化改革积累经验;改革境内外利率管理体制,放开外币贷款利率和大额外币存款利率,并统一境内中外资金融机构的外币存贷款利率管理政策;运用公开市场业务操作引导货币市场利率走势等。2003年,党的十六大报告提出要"稳步推进利率市场化改革,优化金融资源配置"。党的第十六届三中全会《中共中央关于完善社会主义市场经济体制若干问题的决定》中进一步明确"稳步推进利率市场化,建立健全由市场供求决定的利率形成机制,中央银行通过运用货币政策工具引导市场利率"。我国利率市场化改革从此进入稳步推进的快车道。我国利率市场化改革的详细进程如表 2-2 所示。

表 2-2 我国利率市场化进程

时　间	利率市场化措施
1996 年 6 月	放开银行间同业拆借利率
1997 年 6 月	放开银行间债券回购利率和现券交易利率
1998 年 3 月	改革再贴现利率及贴现利率生成机制
1998 年 9 月	放开政策性银行发行金融债券的利率
1998 年 10 月	扩大了金融机构对小企业贷款利率的最高上浮幅度,由 10% 扩大到 20%;扩大了农村信用社贷款利率的最高上浮幅度,由 40% 扩大到 50%
1999 年 4 月	允许县以下金融机构贷款利率最高可上浮 30%
1999 年 10 月	国债发行采用市场招标形式,实现国债发行利率的市场化;将对小企业贷款利率最高可上浮 30% 的规定扩大到所有中型企业
1999 年 10 月	对保险公司 3 000 万元以上、5 年期以上的大额定期存款,由保险公司与商业银行双方协商利率
2000 年 9 月	对 300 万美元以上的大额外币存款,由金融机构与客户协商确定利率,并报中央银行备案
2002 年 3 月	在全国 8 个县农村信用社进行利率市场化改革试点,贷款利率浮动幅度由 50% 扩大到 100%,存款利率最高可上浮 50%;统一外币利率管理政策,将境内外资金融机构对境内中国居民的小额外币存款纳入中国人民银行小额外币存款利率管理范围,实现中外资金融机构在外币利率政策上的公平待遇
2002 年 9 月	温州利率改革开始实施
2003 年 7 月	放开英镑、瑞士法郎和加拿大元的外币小额存款利率管理,由商业银行自主确定
2003 年 11 月	对美元、日元、港币、欧元小额存款利率实行上限管理,由商业银行在不超过上限的前提下自主确定
2003 年 12 月	从 2004 年 1 月 1 日起,扩大金融机构贷款利率浮动区间,不再根据企业所有制性质、规模分别确定贷款利率浮动区间
2004 年 10 月	上调金融机构贷款利率,同时放开金融机构贷款利率上限、存款利率下限
2005 年 3 月	放开金融机构同业存款利率,修改和完善人民币存贷款计息和结息规则,允许金融机构自行确定除活期和定期整存整取存款外的其他存款种类的计息和结息规则
2006 年 1 月	对商业银行、政策性银行和非银行金融机构实行再贷款浮息制度
2007 年 1 月	中国货币市场基准利率 Shibor 正式投入运行

（续表）

时　间	利率市场化措施
2008年10月	商业性个人住房贷款利率下限扩大到基准利率的0.7倍
2012年6月	将金融机构存款利率浮动区间的上限调整为基准利率的1.1倍，将金融机构贷款利率浮动区间的下限调整为基准利率的0.8倍
2012年7月	下调金融机构人民币存贷款基准利率，同时将金融机构贷款利率浮动区间的下限调整为基准利率的0.7倍
2013年7月	全面放开金融机构贷款利率管制，取消金融机构贷款利率0.7倍的下限，由金融机构根据商业原则自主确定贷款利率水平；取消票据贴现利率管制，改变贴现利率在再贴现利率基础上加点确定的方式，由金融机构自主确定；对农村信用社贷款利率不再设立上限
2014年11月	下调金融机构人民币贷款和存款基准利率。将金融机构存款利率浮动区间的上限由存款基准利率的1.1倍调整为1.2倍；其他各档次贷款和存款基准利率相应调整，并对基准利率期限档次做适当简并
2015年3月	存款利率浮动区间扩大至基准利率1.3倍
2015年5月	存款利率浮动区间扩大至基准利率1.5倍
2015年10月	对商业银行和农村合作金融机构等不再设置存款利率浮动上限

资料来源：根据中国人民银行网站"利率市场化介绍"、历年《中国货币政策执行报告》及相关政策文件整理。

2.6.3　利率管制基本放开与未来改革方向[①]

2015年，我国金融机构的资产方完全实现市场化定价，负债方的市场化定价程度也已达到90%以上，中国人民银行仅对活期存款和一年以内（含一年）定期存款利率保留基准利率1.5倍的上限管理，距离放开利率管制只剩一步之遥。彼时，放开利率管制的宏观条件和市场条件都已成熟。

宏观方面，我国经济处在新旧产业和发展动能转换接续关键期，为了更充分地发挥市场优化资源配置的决定性作用，推动经济增长方式转变，需要加快推进利率市场化改革。同时，近年来科技进步、互联网发展及其与金融的不断融合，一些创新型的金融理财产品迅速发展，对存款的分流作用日益明显，存款利率管制的效果趋于弱化，对加快推进利率市场化改革提出了迫切要求。此外，国际国内实践都表明，存款利率市场化改革最好在物价下行、降息周期中进行，这样存贷款定价不易因放松管制而显著上升。我国物价涨幅持续处于低位，市场利率呈下行趋势，也为放开存款利率上限提供了较好的外部环境和时间窗口。

市场方面，我国金融机构的自主定价能力已显著提升，存款定价行为总体较为理性，已形成分层有序、差异化竞争的存款定价格局。主要商业银行对放开存款利率上限已有充分预期并做了大量准备工作，"靴子"落地有利于进一步稳定预期。此外，大额存单

[①] 《央行有关负责人就降息降准以及放开存款利率上限答记者问》《央行有关负责人就降息降准以及放开存款利率上限进一步答记者问》，中国人民银行，2015年10月26日。

和同业存单发行交易有序推进，市场利率定价自律机制不断健全，存款保险制度顺利推出，也为放开存款利率上限奠定了坚实基础。

在此背景下，中国人民银行结合货币政策调整，对商业银行、农村合作金融机构、村镇银行、财务公司等金融机构不再设置存款利率浮动上限。这标志着我国利率管制基本放开，金融市场主体可按照市场化原则自主协商确定各类金融产品定价。

利率管制的基本放开，对优化资源配置具有重大意义。在利率市场化条件下，利率的价格杠杆功能将进一步增强，推动金融资源向真正有资金需求和发展前景的行业、企业配置，有利于发挥市场在资源配置中的决定性作用。特别是在当前我国经济处在新旧产业和发展动能转换接续的关键期，放开利率管制可为金融机构按照市场化原则筛选支持的行业、企业提供更大空间，有利于稳增长、调结构、惠民生，促进实现经济健康可持续发展。

利率管制的基本放开，为推动金融机构转型发展注入新的动力。随着存款利率上限的放开，金融机构在利率受保护情况下"规模即效益"的传统经营模式将不可持续，有利于推动金融机构树立起"以利润为中心"的经营理念，加快转变经营模式，完善定价机制，提高自主定价能力，实现差异化、多元化、持续化经营，切实提升金融服务水平。

利率管制的基本放开，为货币政策调控框架转型创造了条件。随着金融创新的发展，作为中介目标的货币总量与经济增长、物价等最终目标之间的相关性也有所降低。利率市场化有利于促使利率真正反映市场供求情况，为央行利率调控提供重要参考，从而有利于货币政策调控方式由数量型为主向价格型为主转变。从国际经验看，强化价格调控是提高宏观调控效率的必然选择，而放开利率管制是实现这一转变的根本前提。

同时，也应该看到，放开存款利率上限后，我国的利率市场化开启了新的阶段，核心就是要建立健全与市场相适应的利率形成和调控机制，提高央行调控市场利率的有效性。在此过程中，中国人民银行的利率调控将更加倚重市场化的货币政策工具和传导机制。具体而言，就是要构建和完善央行政策利率体系，以此引导和调控整个市场利率。同时，加快培育市场基准利率和收益率曲线，使各种金融产品都有其市场定价基准，在基准利率上形成差异化的利率定价。以此为基础，进一步理顺从央行政策利率到各类市场基准利率，从货币市场到债券市场再到信贷市场，进而向其他市场利率乃至实体经济的传导渠道，形成一个以市场为主体、央行为主导、各类金融市场为主线、辐射整个金融市场的利率形成、传导和调控机制，使市场机制在利率形成和资源配置中真正发挥决定性作用。

放开存款利率上限后，中国人民银行仍将在一段时期内继续公布存贷款基准利率，作为金融机构利率定价的重要参考，并为进一步完善利率调控框架提供一个过渡期。待市场化的利率形成、传导和调控机制建立健全后，将不再公布存贷款基准利率，这将是一个水到渠成的过程。同时，中国人民银行还将通过发挥好市场利率定价自律机制的作用、进一步完善宏观审慎管理、督促金融机构提高自主定价能力等方式，引导金融机构科学合理定价，维护公平有序的市场竞争秩序。

本章小结

1. 利息起源于生产型借贷，具有悠久的历史。对利息本质的讨论形成了资本租金说、报酬说、源于利润说、剩余价值说、剥削说、节欲说、时差说、边际生产力说、人性不耐说、流动性偏好说等利息理论。

2. 利率是借贷期满所形成的利息额与所贷出的本金额的比率，通常依附于一种或多种信用工具。信用工具包含票据、债券、股票等类型，具有偿还性、流动性、安全性、收益性等特点。按不同划分方式，利率可分为名义利率与实际利率、固定利率与浮动利率、短期利率与长期利率等多种类型。不同利率的计算方式有所不同。

3. 利率的期限结构是利率与金融资产到期期限之间的关系，其解释理论有预期理论、市场分割理论、流动性偏好理论等。利率的风险结构是相同期限的金融资产与不同利率水平之间的关系，其影响因素主要有违约风险、流动性、税收及费用等。

4. 利率决定理论主要有古典学派的储蓄投资理论、凯恩斯学派的流动性偏好理论、新古典学派的可贷资金理论、利率决定的宏观经济模型（IS-LM模型）以及理性预期理论等。

5. 利率对个人和家庭的储蓄—消费决策、对企业的投资—经营决策具有直接影响；对市场总需求与总供给、货币需求与货币供给、国际资本流动等具有杠杆和调节作用。

本章重要术语

利息　利率　单利　复利　现值　终值　到期收益率　利率期限结构　利率风险结构　古典学派的储蓄投资理论　凯恩斯学派的流动性偏好理论　新古典学派的可贷资金理论　IS-LM模型　利率市场化

思考练习题

1. 比较关于利息本质的各种说法，谈谈你的思考。
2. 查阅我国金融市场计息方式，举例说明哪些是单利，哪些是复利，并思考其成因。
3. 查看我国近几年宏观经济政策，利用相关理论分析其对金融市场利率水平的影响。
4. 分析我国利率市场化进程中遇到的阻碍因素，思考背后的利益驱动机制，并提出解决方案。
5. 某交通企业发行了一种永续年金债券，用于维护高速公路的砖石，债券面值为 1 000 元，每年年末付息 110 元，如果年收益率为 15%，则该债券售价为多少？
6. 有一笔贷款金额为 75 万元的 30 年期抵押贷款，每月末等额偿还 4 258.4 元，那么该笔贷款的年利率是多少？
7. 利用期限结构相关理论解释收益率曲线的形状差异。
8. 用 IS-LM 模型解释政府支出减少、同时货币供应量增加所带来的利率变动。

参考文献及进一步阅读建议

[1] 曹凤岐、贾春新：《金融市场与金融机构》（第二版），北京大学出版社，2014。

[2] 邓海清："央行为何敢啃利率市场化最后的硬骨头？"，《21世纪经济报道》，2018年4月17日。

[3] 〔美〕弗兰克·J.法博齐、弗兰科·莫迪利亚尼、弗兰克·J.琼斯：《金融市场与金融机构基础》（第4版），孔爱国、胡畏、张湄等译，机械工业出版社，2014。

[4] 〔美〕弗雷德里克·S.米什金、斯坦利·G.埃金斯：《金融市场与金融机构》（第7版），杜惠芬译，中国人民大学出版社，2014。

[5] 〔美〕弗雷德里克·S.米什金：《货币金融学》（第九版），郑艳文、荆国勇译，中国人民大学出版社，2011。

[6] 胡庆康：《现代货币银行学教程》（第五版），复旦大学出版社，2014。

[7] 黄达：《黄达书集》（第五卷），中国金融出版社，中国人民大学出版社，2005。

[8] 黄达：《金融学》（第三版），中国人民大学出版社，2012。

[9] 李心丹：《金融市场与金融机构》，中国人民大学出版社，2013。

[10] 刘逖："如何衡量流动性：理论与文献综述"，上海证券交易所，2009。

[11] 〔美〕欧文·费雪：《利息理论》，陈彪如译，上海人民出版社，1959。

[12] 谭莹："西方利率理论与中国利率市场化"，华南师范大学硕士论文，2002。

[13] 万荟："推进中国利率市场化研究"，吉林大学硕士论文，2013。

[14] 王广谦、郭田勇：《中国经济改革30年——金融改革卷》，重庆大学出版社，2008。

[15] 吴璟桉："中国利率市场化改革的路径选择逻辑"，复旦大学博士论文，2004。

[16] 吴敬琏：《当代中国经济改革教程》，上海远东出版社，2010。

[17] 〔美〕悉尼·霍默、理查德·西勒：《利率史》（第四版），肖新明、曹建海译，中信出版社，2010。

[18] 谢仍明："中国利率市场化研究"，中国社会科学院博士论文，2014。

[19] 徐风："鲁迅的银行放贷，三个月利息超15%"，《中国经济周刊》，2014年10月6日。

[20] 徐强："读书的利息"，《芳草（经典阅读）》，2012年第9期。

[21] 〔英〕亚当·斯密：《国民财富的性质和原因的研究》，杨敬年译，陕西人民出版社，2001。

[22] 姚长辉、吕随启：《货币银行学》（第四版），北京大学出版社，2012。

[23] 姚振磊："利率理论回顾及我国转归经济中的利率体制变迁"，郑州大学硕士论文，2002。

[24] 〔英〕约翰·梅纳德·凯恩斯：《就业、利息和货币通论》，金碚、张世贤译，经济管理出版社，2012。

[25] 〔英〕约翰·伊特韦尔、默里·米尔盖特、彼得·纽曼：《新帕尔格雷夫经济学大辞典》（第二卷：E—J），经济科学出版社，1996。

[26] 张东奎："东亚经济体利率市场化研究"，吉林大学博士论文，2012。

[27] 张维：《金融机构与金融市场》，科学出版社，2008。

[28] 周荣芳："关于我国利率市场化改革的思考"，《中国金融》，2001年第5期。

[29] 〔美〕兹维·博迪、罗伯特·C.莫顿、戴维·L.克利顿：《金融学》（第二版），曹辉、曹音译，中国人民大学出版社，2010。

[30] 〔美〕兹维·博迪、罗伯特·C.莫顿：《金融学》，伊志宏、金李等译，中国人民大学出版社，2000。

第 3 章
汇　率[*]

陈俊君（中国银行间市场交易商协会）

> **学习目标**
>
> 通过本章学习，读者应做到：
> ◎ 了解外汇与汇率的基本概念
> ◎ 了解汇率制度分类
> ◎ 熟悉常见的汇率类型
> ◎ 掌握汇率的常用计算方法
> ◎ 熟悉影响汇率的主要因素
> ◎ 掌握经典的汇率决定理论
> ◎ 了解汇率的影响与作用
> ◎ 了解我国的汇率改革与人民币国际化

■ 开篇导读

2016年10月22日，特朗普在富有象征意义的盖茨堡演讲中表示，如果当选总统，将会把中国列为"汇率操纵国"。实际上，早在竞选初期，特朗普就曾指责中国为提高出口竞争力主动引导人民币贬值，抢走了美国制造业工人的工作。特朗普声称要对中国

---

[*] 本章由孟宪康、杨金舟（中国工商银行）审校。

进口商品征收45%的惩罚性关税，以保护美国制造业、维护美国人就业。但从美国法律和中国汇率看，特朗普并不能找到将中国列入"汇率操纵国"的理由。美国认定一国是否为"汇率操纵国"，依据的是2015年《贸易便利化和贸易执行法》中设定的三大标准：一是被审查国对美国拥有超过200亿美元的贸易顺差；二是被审查国经常账户顺差占其GDP的比重超过3%；三是被审查国在12个月内累计外汇净交易额（也就是为阻止本币升值净买入的外汇头寸）超过其GDP的2%。只有三条标准同时具备，被审查国才会被认定为"汇率操纵国"。但据美国商务部统计数据，2017年中国对美贸易顺差3 752亿美元，以13万亿美元GDP规模计算，顺差占GDP比重只有2.9%；2017年，中国在外汇市场买入1 200亿美元，占比不到1%。此外，2017年人民币对美元大涨6.3%，2018年第一季度再升3.7%，分别打破近十年年度升值与季度升值纪录；若再拉长一点时间看，2015年"811汇改"以来，人民币实际累计升幅近20%，可以非常清楚地看出根本不存在低估之嫌。这样，以美国三大标准来看，中国仅符合一条，无怪乎美国财政部在日前公布的半年度汇率政策报告中认为，中国没有操纵汇率以获取不公平贸易优势。美国财政部在中美贸易摩擦正处升级的关口释放出如此温和的态度，其中的意味耐人寻味。既然汇率未被"操纵"，那由什么决定，受何影响？汇率在经济生活中又发挥着什么作用，产生着何种影响？本章从外汇和汇率相关概念着手，介绍汇率的主要类型、计算方法、影响因素、决定理论和经济作用，并以专栏形式介绍中国汇率改革和人民币国际化相关实践。阅读本章的过程中，读者应把握现有汇率决定理论的可取之处与不足，并思考人民币汇率的形成机制。

3.1　外汇与汇率的概念

发行货币是一国国家主权的一部分，全球大部分国家都有自己的货币，例如美国是美元（USD），英国是英镑（GBP），日本是日元（JPY），中国是人民币（CNY）。当然也有一些例外，比如随着欧洲一体化进程的发展，欧盟国家统一使用欧元；一些小国出于流通、成本等考虑而使用国际货币，如许多太平洋岛国以美元为货币；还有一些国家或地区由于政治或其他原因出现多种货币并存的局面。目前全球共有200种以上的货币。随着对外经济交往的不断发展，国与国之间的贸易关系引起不同货币的相互交换。当一国居民购买外国的商品、劳务或金融资产时，通常要把本国货币兑换成外国货币，这里就涉及兑换比率的问题，也就是汇率问题。因此，本节考察外汇和汇率相关基本概念。

3.1.1　外汇的概念

通俗地说，对于任一国家和地区的居民，相对本国和地区货币，外国和地区货币被称为外汇。这种解释很容易让人们头脑里浮现出外国钞票和硬币的形象。但外汇又不仅仅包括外国和地区的钞票和硬币，银行的外币存款、以外币履行支付义务的票据、以外币标示的有价证券等也是外汇，而且是外汇存在的主要形态。一般地，外汇是指外国和地区货币或以外国和地区货币表示的、能用来清算国际收支差额的资产。

然而，并不是所有的外国货币都能成为外汇。一种外币要成为外汇必须满足三个前提条件：一是自由兑换性，即可以自由地兑换为本币；二是普遍接受性，即在各国和地区经济往来中被普遍接受和使用；三是可偿性，即可以保证得到偿付。

根据以上三条标准，《中华人民共和国外汇管理条例》规定，外汇是指下列以外币表示的可以用作国际清偿的支付手段和资产：（1）外币现钞，包括纸币、铸币；（2）外币支付凭证或者支付工具，包括票据、银行存款凭证、银行卡等；（3）外币有价证券，包括债券、股票等；（4）特别提款权；（5）其他外汇资产。

3.1.2 汇率的概念

3.1.2.1 汇率的概念

我们经常在各种地方看到外汇牌价，例如机场、车站、港口、银行、酒店、商场以及互联网站等。表3-1是中国银行2018年4月27日的外汇牌价，反映的是每100外币与人民币之间的兑换比率。

表3-1 2018年4月27日中国银行外汇牌价表（100外币兑人民币）

货币名称	现汇买入价	现钞买入价	现汇卖出价	现钞卖出价	中行折算价
阿联酋迪拉姆		166.35		178.41	172.22
澳大利亚元	476.50	461.70	480.01	481.06	479.06
巴西里亚尔		174.89		191.29	181.62
加拿大元	490.12	474.64	493.73	494.81	492.85
瑞士法郎	637.61	617.94	642.09	643.69	643.72
丹麦克朗	102.46	99.30	103.28	103.49	103.35
欧元	763.98	740.24	769.61	771.14	769.85
英镑	878.08	850.80	884.55	886.48	881.60
港币	80.53	79.89	80.85	80.85	80.65
印尼卢比		0.0440		0.0472	0.0454
印度卢比		8.9096		10.047	9.4561
日元	5.7748	5.5954	5.8173	5.8173	5.7823
韩国元	0.5857	0.5652	0.5905	0.6119	0.5852
澳门元	78.33	75.70	78.64	81.16	78.38
马来西亚林吉特	164.75		165.91		161.83
挪威克朗	78.89	76.46	79.53	79.69	79.42
新西兰元	445.16	431.42	448.28	453.78	447.58
菲律宾比索	12.12	11.75	12.22	12.79	12.11
卢布	10.05	9.43	10.13	10.51	10.14

（续表）

货币名称	现汇买入价	现钞买入价	现汇卖出价	现钞卖出价	中行折算价
沙特里亚尔		164.15		172.69	168.68
瑞典克朗	72.79	70.54	73.37	73.52	73.93
新加坡元	475.03	460.37	478.37	479.56	476.37
泰国铢	19.96	19.34	20.12	20.74	20.06
土耳其里拉	154.89	147.30	156.13	163.72	154.98
新台币		20.60		22.21	21.30
美元	632.01	626.87	634.69	634.69	632.83
南非兰特	50.90	46.99	51.24	55.15	50.83

资料来源：中国银行网站。

如果你想去夏威夷度假，那就需要把人民币兑换成美元，今天去中国银行拿钞票兑换的话，中国银行会按照美元的现钞卖出价（表3-1倒数第二行倒数第二格）为你兑换，也就是说，每634.69元人民币可以兑换100美元。反过来，如果你从国外旅行归来，想把多余美元兑换成人民币，那么银行会按现钞买入价（表3-1倒数第二行倒数第四格）为你兑换，每100美元可以兑换626.87元人民币。卖出价和买入价之间的价差为银行所赚取。从外汇牌价表中我们可以很容易地知道不同货币之间的兑换比率，也就是日常所说的汇率。

所谓汇率，是指两种不同货币之间的折算比率，也就是以一种货币表示的另一种货币的相对价格。

3.1.2.2 直接标价法与间接标价法

汇率的表达方式通常有直接标价法和间接标价法两种。直接标价法以一定数量的外国货币为基准（如1或表3-1中的100），用相当于多少本国货币来表示。例如，2018年4月27日中国外汇交易中心挂出的人民币汇率中间价为美元/人民币=6.3393，意思是1美元兑6.3393元人民币，采用的就是直接标价法。间接标价法以一定数量的本国货币为基准，用相当于多少外国货币来表示。在上例中，以间接标价法来表示人民币/美元=0.1577，即1人民币兑0.1577美元，是直接标价法下汇率的倒数。目前，世界上大多数国家采用直接标价法；英美两国由于历史原因采用间接标价法；国际各大金融中心多采用美元标价法，即以一定数量的美元为基准，用相当于多少其他货币来表示，这是由美元的国际货币地位决定的。

3.1.2.3 升值与贬值

汇率和币值密切相关。币值即货币的价值，是货币购买商品的能力。一国货币购买外国商品的能力提高称为升值；反之则称为贬值。在直接标价法下，汇率的数值越大，意味着1单位外国货币可以兑换的本国货币越多，在其他条件不变的情况下，能够购买的本国商品就越多，外币升值，本币贬值。相反，在间接标价法下，汇率的数值越大，意味着 1 单位本国货币可以兑换更多的外国货币，本币升值，外币贬值。在人们的日常使用中，有时也用汇率的上升或下降、上浮或下浮来表示货币币值的变动，直接标价法和间接标价法下的差异如表 3-2 所示。

表 3-2 直接标价法与间接标价法的比较

标价方法	直接标价法	间接标价法
汇率上升（上浮）	外币升值，本币贬值	外币贬值，本币升值
汇率下降（下浮）	外币贬值，本币升值	外币升值，本币贬值

3.2 汇率制度分类

汇率制度也称汇率安排，是指一国和地区货币当局对本国和地区汇率变动所做的一系列规定和安排。具体而言，汇率制度选择涉及的内容主要是：汇率水平是固定还是浮动，抑或介于两者之间？如果固定，本国货币与什么保持固定比率？是黄金还是美元，抑或其他货币或货币组合？从历史发展过程来看，现代汇率制度主要经历了国际金本位制、固定汇率制、浮动汇率制三个阶段，每一阶段均有其自身的特点。此外，各国根据自身实际做出了形形色色的汇率安排，除上述三种类型外，还有爬行钉住制、汇率目标区制、货币局制等，接下来我们将一一加以介绍。

3.2.1 国际金本位制

1816 年至第二次世界大战爆发是国际金本位时期，其间出现过金币、金块及金汇兑三种本位制度。

金币本位制。金币本位制又称古典的或纯粹的金本位制，金币作为货币金属，可以自由铸造、自由熔化、自由兑换、自由输入与输出。实行金本位制的国家之间，其汇率是根据两国货币的黄金含量计算的，称为金平价；当市场汇率偏离金平价并达到黄金输入输出点时，黄金就会在国与国之间自由流动，从而稳定汇率，有利于国际贸易的顺利展开。英国最早于 1816 年 5 月实行金币本位制，到 20 世纪初，西方主要国家大多实行了金币本位制。但由于各国经济发展不平衡、黄金供不应求等原因，第一次世界大战之后，金币本位制基本不复存在。

金块本位制。金块本位制又称金条本位制，纸币或银行券作为流通货币，不再能够自由兑换黄金。黄金由政府集中存储，居民可在本位币含金量达到一定数额后兑换金块，这一数额通常较大，普通人难以企及。英国、法国、荷兰、比利时等国在 1924—1928 年实行了金块本位制。

金汇兑本位制。金汇兑本位制仍以纸币或银行券作为流通货币，不能兑换黄金，但可换取外汇。本国中央银行将外汇和黄金存于其他实行金本位制的国家，允许以外汇间接兑换黄金；本国央行规定两国货币的法定兑换比率，通过固定价格买卖外汇以稳定汇率。无论是金块本位还是金汇兑本位都没有金币的流通,从而失去了自动调节流通所需货币量的机制,1929—1933年西方经济危机之后,尤其是第二次世界大战爆发后,金本位制逐渐崩溃、消亡,在不兑现的信用货币制度下,汇率制度也发生了相应的变化。

3.2.2 固定汇率制

两次世界大战期间,国际货币制度陷入动荡和混乱的境地。一些国家为了自身利益实行以邻为壑的货币贬值、外汇管制等政策,严重破坏了国与国之间的正常贸易和货币金融关系。这一切让人们对金本位制下稳定的货币金融关系心生向往,希望重建统一的国际货币体系,实现有效的国际经济合作。1944年7月,联合国44个成员在美国新罕布什尔州的布雷顿森林召开联合国货币金融会议,签订了《国际货币基金协定》等协定,由此建立了布雷顿森林体系。

布雷顿森林体系确定了以黄金为基础,以美元为国际主要储备货币的"双挂钩"制度,即美元直接与黄金挂钩,其他国家货币与美元挂钩,并可按35美元1盎司的价格向美国兑换黄金。在汇率形成机制方面,布雷顿森林体系实行固定汇率制。国际货币基金组织(IMF)规定,成员方货币含金量一经确定,不得随意变动[1]。成员方有义务使汇率始终保持在法定汇率和金价±1%的波动范围内,仅当国际收支发生根本性不平衡时才能升值或贬值。

由此可见,所谓固定汇率制,其实是一种政府用行政或法律手段选择基本参照物,确定、公布并维持本国货币与该参照物之间固定比价(法定汇率)的汇率制度。在不兑现的信用货币制度下,充当参照物的可以是某一种或某一组外国货币,例如在布雷顿森林体系下是美元[2]。由于这种制度下的固定汇率并非一成不变,因此也被称为可调整的钉住汇率制度。

布雷顿森林体系的"双挂钩"制度保证了第二次世界大战后较长时期内国际货币制度的稳定,促进了国际经济的恢复和增长。然而,这一制度的根本缺陷在于美元的"少荒多灾":世界经济增长需要作为国际支付手段和储备货币的美元供给随之增长,但黄金产量和储备量增长相对滞后,美元同黄金的兑换性难以为继。美国经济学家罗伯特·特里芬(Robert Triffin)在其《黄金与美元危机——自由兑换的未来》(*Gold and The Dollar Crisis: The Future of Convertbility*)一书中指出,美元在海外的沉淀让美国长期贸易逆差;美元币值稳定与坚挺又要求美国长期贸易顺差,这就是所谓的"特里芬两难"。20世纪60年代,美元危机多次爆发;1971年7月第七次美元危机爆发,美国政府宣布美元停止兑换黄金;12月签署"史密森协定"(Smithsonian Agreement),美元对黄金贬值,美元对黄金挂钩的体系名存实亡;1973年,西欧共同市场6国在巴黎达成协议,联邦德

---

[1] 金平价的变动需经IMF同意。
[2] 本质上,国际金本位制也是固定汇率制度,其参照物是黄金;而且由于金平价始终不变,因此是真正的固定汇率制度。然而,由于历史发展、汇率形成与变动机制差异等原因,通常将金本位制单独加以考虑,因此我们将固定汇率制的讨论限定在不兑现的信用货币制度下。

国、法国等国对美元实行联合浮动①，英国、意大利、爱尔兰等国实行单独浮动。至此，固定汇率制崩溃，世界进入浮动汇率时代。

3.2.3 浮动汇率制

布雷顿森林体系崩溃后，各国纷纷探索建立新的国际货币体系。1976年1月，IMF理事会国际货币制度临时委员会在牙买加首都金斯敦达成"牙买加协议"，正式确认了浮动汇率制的合法性，承认固定汇率制与浮动汇率制并存的局面，成员方可自由选择汇率制度。同时，协议做出逐步使黄金退出国际货币舞台的决定，废止黄金条款，取消黄金官价，成员方央行可按市价自由进行黄金交易。"牙买加协定"确立的国际货币体系被称为牙买加体系，它以浮动汇率为基础，固定汇率与浮动汇率并存，汇率安排更为多样化。

所谓浮动汇率制，是指汇率水平完全由外汇市场供求决定，政府不加干预的汇率制度。其中，政府不加任何干预、完全自由浮动的汇率称为清洁浮动；政府干预和指导程度较高的汇率称为肮脏浮动，又称管理浮动汇率。

固定汇率与浮动汇率各有利弊，曾引起理论与政策界的广泛讨论（感兴趣的读者可参考章后所附参考文献）。一般而言，发达工业国家多采用浮动汇率制度，如单独浮动或联合浮动，有的也钉住自选的货币篮子。对发展中国家而言，单独浮动的很少，大多是钉住某种国际货币或货币篮子。20世纪70年代以后，汇率制度出现了形形色色的演变。自2009年起，IMF根据修订的方法报告各国汇率安排信息，从固定到浮动将实际汇率安排分为3大类10小类（见表3-3）。我们选择其中较有代表性的货币局制、爬行钉住和汇率目标区制度进行介绍。

表3-3 IMF对汇率制度的分类

汇率制度大类	汇率制度小类
硬钉住	没有独立法币的汇率制
	货币局制
软钉住	传统的钉住安排
	规定波动幅度的钉住汇率
	爬行钉住制
	稳定性安排
	类似爬行安排
浮动制度	浮动
	其他管理安排
	自由浮动

---

① 即成员方之间实行固定汇率，波动幅度不得超过上下限，而对成员方之外的其他货币，汇率自由浮动。

3.2.4 其他汇率制度

3.2.4.1 货币局制

货币局是指在法律中明确规定并对本国和地区货币发行进行限制以保证本国和地区货币与某一外国和地区货币之间维持固定兑换比率的汇率制度。该制度通常要求货币发行以一定（通常是100%）的外国和地区货币为准备金，并在货币流通中始终满足这一要求。货币局是硬钉住的一种，是固定汇率制的一种极端形式，本国和地区不仅在汇率上同外币挂钩，而且放弃了货币发行方面的主导权，此时，货币当局不再被称为中央银行，而被称为货币局。

中国香港地区实行的联系汇率制就是一种货币局制度。1983年，为摆脱港元危机，恢复港元信用，香港政府决定放弃港元完全自由浮动的汇率制度，转而实行联系汇率制。香港政府要求汇丰、渣打等发钞行增发港币时必须按1美元兑7.8港币的固定汇率向外汇基金缴纳等值美元，换取港币的债务证明书，作为发钞的法定准备金；回笼港币时，外汇基金按同样汇率向发钞行赎回负债证明书，发钞行也按同样汇率接受其他持牌银行交回的港币现钞。这样，港币发行获得了100%美元外汇准备金的支持，对稳定中国香港经济、增强市场信心起到了积极作用。但是，联系汇率制削弱了货币政策调节本地经济和国际收支的能力，其去留因而成为备受争议的问题。

3.2.4.2 爬行钉住制

爬行钉住制是指汇率钉住某一货币或货币篮子，可以经常小幅调整的汇率制度。爬行钉住是软钉住的一种，也属于固定汇率制范畴。它与传统的钉住安排的区别在于：传统的钉住安排，其汇率调整一般是偶然的、幅度较大，这与爬行钉住恰恰相反。爬行钉住兼具传统钉住的稳定性和浮动汇率的灵活性，但也具有预见性差、易受投机冲击等缺点。历史上，智利（1965—1970，1973—1979）、韩国（1968—1972）、秘鲁（1976—1977，1978—1984）等国采用过这一制度，但为数不多。

3.2.4.3 汇率目标区制

汇率目标区制是指政府设定本国货币对其他货币的中心汇率，并规定汇率上下浮动限度（如±10%）的汇率制度。汇率目标区属于浮动汇率下的其他管理安排，同管理浮动汇率主要有两点不同：一是当局对汇率波动区间的限制较为明确；二是当局对汇率变动更为关注，必要时采取各种措施将汇率波动限定在目标区内。和可调整的钉住汇率制度相比，汇率目标区允许的波动范围更大。

汇率目标区可分为宽松目标区和严格目标区两类。前者目标区域保密、范围较大、上下限经常调整，政府维持目标区的义务较小；后者目标区域公开、范围较小、上下限极少变动，政府维持目标区的义务较大。

汇率目标区下汇率的变动主要取决于政府的可信度。如果政府承诺可信，市场汇率离开中心汇率一定程度后会自发向中心趋近，如同情侣短暂分离后期待重聚，因此称为

"蜜月效应";如果政府承诺不可信,政府维持和市场投机两股力量的角逐会加剧汇率波动并导致中心汇率的崩溃,恰如情侣发现根本不合、无意婚姻延续,因此称为"离婚效应"。汇率目标区的这种双重特征成为理论与政策研讨的热门话题。

【拓展阅读 3-1】

浮动汇率、美元本位的内在机制和全球金融资本主义

浮动汇率下,美元是最重要的国家储备货币、贸易结算货币、金融交易和结算货币,是当代世界真正的本位货币、"硬通货"。如果说金本位制时代人们主要关心货币相对黄金的价值,那么美元本位制下人们主要关心货币相对美元的变化。美元本位有以下十大机制:

一是近乎无限制发行美元以购买全球资源和商品;二是向全世界征收通胀税,以美元贬值方式间接"赖债";三是以美元信用购买各国产业和企业;四是投资其他国家的高收益资产,却限制外国资本到美国控制企业和进行外商直接投资;五是操纵美元与其他货币之汇率以赚取利差收益;六是借助庞大美元债券市场的规模效应和锁定效应吞噬外国政府累积的外汇储备;七是美元资产大部分存于美资银行,外汇储备及其投资多委托联储托管,大幅增强对美国的依赖,确保"金融相互毁灭机制"(monetary mutual assured destruction,M-MAD);八是美国以自己的货币借债,不存在货币错配,危机期间可任意发行美元救市;九是美元是国际贸易最主要结算货币,企业不必承担汇率风险;十是美元霸权地位确保美国完全掌控对国际金融规则的话语权和制定权(包括对世界银行和国际货币基金组织的绝对控制权)。概括起来,美元本位就是五大手段:发行钞票、制造通胀、创造信用、操纵汇率、掌控国际货币体系话语权。

法国著名经济学家、戴高乐的经济顾问雅克·鲁夫(Jacques Rueff,1896—1976)在1961年就对美元本位提出尖锐批评:"当代国际货币体系已经沦落为小孩子的过家家游戏。欧洲各国辛辛苦苦赚回美元和英镑,然后又毫无代价地拱手返还给发行这些货币的国家,就好像小孩子们玩游戏一样,赢家同意将赚回的筹码奉还输家,游戏却继续进行。"戴高乐将军1965年则对美元本位批评道:"美国享受着美元所创造的超级特权(exorbitant privileges)和不流眼泪的赤字,她用一钱不值的废纸去掠夺其他民族的资源和工厂"(向松祚,2016)。

美元本位为美国带来巨额收益。以2001—2006年(美元相对世界主要货币大幅贬值时期,也是压迫人民币升值最激烈时期)为例,该时期美国累计对外借债3.209万亿美元,然而净负债竟然减少1990亿美元,等于美国净赚3.408万亿美元,其中仅汇率贬值一项就赚了8920亿美元,资产—负债收益差距赚1.694万亿美元,其他手段赚8220亿美元。3.408万亿美元相当于美国6年国防军事开支综合,甚至可以认为,美元本位创造的超级利益意味着世界各国为美国庞大的军事开支"买单"。

浮动汇率和美元本位开启了人类经济新格局——"全球金融资本主义"。概括来说,有以下十个主要特征:一是全球货币体系是一个完全"无锚"的信用货币体系,货币供应量没有任何现实可靠的约束机制;二是全球经济的主要调节机制是"无序"的国际资金流动和浮动汇率;三是全球经济一体化主要是金融市场的一体化和资金的自由流动,贸易和服务次之,人员又次之,因

此是跛脚的、失衡的；四是金融市场日益脱离实体经济，成为一个自我循环、自我膨胀的虚拟经济体系，其规模和增速远超实体经济；五是虚拟经济恶性膨胀导致利率、汇率、股价等金融市场价格主导实体经济的价格体系和投资决策，虚拟经济和实体经济的关系完全颠倒；六是脱实向虚使全球金融资本主义形成"三个两极分化"的体系——虚拟经济和实体经济两极分化、信用分配两极分化、实质收入和财富两极分化，由此造成当代人类经济体系最深刻的社会矛盾和冲突；七是虚拟经济和实体经济关系倒置，使得"货币是一层面纱""货币长期中性""实体经济决定金融体系"等传统教科书式货币、汇率理论基本或完全失效；八是浮动汇率、美元本位和虚拟经济恶性膨胀是过去四十多年来全球金融危机频发的根本原因，是全球经济失衡的总根源；九是实体经济投资增速大大放缓，导致劳动生产力增速放缓或下降，工人收入长期停滞甚至下降，这是美国"特朗普现象"和英国"脱欧"的内在根本原因，全球化导致的工作机会转移反居其次；十是虚拟经济恶性膨胀形成巨大的"流动性池子"，货币政策传导机制发生重大变化，货币政策基本或完全失效，流动性过剩、资产泡沫和实体经济萎靡并行不悖。

资料来源：向松祚，"国际货币体系的崩溃和人类经济新格局——人民币汇率贬值预期引发的深度思考"，《IMI研究动态》，2016年第48期。

3.3 汇率的分类与计算

3.3.1 常见的汇率类型

汇率种类繁多，根据不同的标准可以将汇率分为多种类型，如按买卖对象的不同分为同业汇率（银行同业之间的批发价）和商人汇率（银行与客户之间的零售价）；按开收市时间的不同分为开盘汇率和收盘汇率等。我们选择常见的种类加以介绍。

3.3.1.1 基本汇率与套算汇率

按确定方式不同，汇率可分为基本汇率和套算汇率。假设有甲、乙、丙三种货币，如果先计算出甲乙、乙丙之间的汇率，再套算出甲丙之间的汇率，则称甲乙之间的汇率为基本汇率，甲丙之间的汇率为套算汇率。套算汇率也称交叉汇率。

一般而言，各国会把本国货币与国际贸易或国际收支中使用较多、在外汇储备中占比较大、自由兑换性较强、汇率行情较为稳定、事实上为各国普遍接受的货币之间的汇率作为基本汇率，本国货币与其他货币之间的汇率根据基本汇率套算。目前，我国人民币对欧元、英镑、澳大利亚元、加拿大元等汇率根据人民币对美元汇率与国际外汇市场欧元、英镑、澳大利亚元、加拿大元等对美元汇率套算确定，因此，人民币对美元的汇率为基本汇率，人民币对欧元、英镑等的汇率为套算汇率。

3.3.1.2 单一汇率与复汇率

同一个国家或同一种货币，按其汇率种类的多少可分为单一汇率和复汇率。单一汇率是指一个国家或一种货币只有一种汇率，由市场机制形成，适用于所有国际经济交往，通常被发达市场经济国家采用。复汇率也称多重汇率，是指一个国家或一种货币存在两种或两种以上汇率，由外汇管理当局制定，适用于不同的国际经济活动。

复汇率按其适用对象可分为经常账户汇率（贸易及非贸易汇率）和资本账户汇率（金融汇率），前者相对稳定；后者听由市场供求决定，政府较少加以干预。复汇率按其表现形式又可分为公开复汇率和隐蔽复汇率，前者经由官方文件明确，后者通过其他政策体现。隐蔽复汇率的例子如：对出口商品按类别给予不同的财政补贴（或税收减免），对进口商品按类别课以不同的税收，由此形成不同的实际汇率；在不同种类进出口商品价格之后附加不同的折算系数，由此形成所谓的影子汇率；在官方汇率与市场汇率并存的条件下，对不同企业或不同出口商品实行不同的收汇留成比率，并允许企业按市场汇率将留成外汇兑换成本国货币等。

我国曾长期实行复汇率制，以体现区别对待不同国际经贸活动的政策意图，但复汇率扭曲了汇率形成机制，干扰了企业之间的公平竞争，而且容易引发他国的非议和报复，从而影响了国际经济交往的正常开展。

3.3.1.3 官方汇率、市场汇率与黑市汇率

按外汇管制松紧程度，汇率可分为官方汇率和市场汇率。官方汇率又称法定汇率，是由一国货币当局规定或公布的汇率。市场汇率是在外汇买卖中自发形成、由外汇市场供求关系决定的汇率。全面彻底的外汇管制下只有官方汇率，全面放开时只有市场汇率，部分管制、部分放开则会出现官方汇率与市场汇率并存的局面。我国1994年汇率改革之前，就曾出现过官方汇率为主、外汇调剂市场为辅的局面。

黑市汇率是在外汇黑市上买卖外汇的汇率。无论外汇管制是松是紧，外汇黑市都是存在的。一方面，管制严厉会催生黑市，一些外汇持有者希望以高于官方汇率的汇价出售外汇，另一些不能以官方汇率取得外汇或取得量不够的外汇需求者愿意以高于官方汇率的价格购买外汇，由此产生了外汇的地下交易。另一方面，外汇市场完全放开的条件下也会有黑市存在，例如洗钱过程中的外汇交易也是不能公开的。黑市汇率在近几十年的转轨经济体中扮演了重要角色，在官方汇率严重脱离经济实际的情况下，黑市汇率常在调节外汇交易方面占据主导地位。

3.3.1.4 实际汇率与有效汇率

1. 实际汇率

实际汇率是相对于名义汇率而言的，如果说名义汇率是两国货币之间的兑换比率，那么实际汇率就是两国商品实际价格之间的比率，也就是两国货币实际币值的对比。由于实际价格的衡量有很多方式，实际汇率也有多种表达形式，如外部实际汇率、内部实际汇率、包含财政补贴或税收减免的实际汇率、包含劳动生产率对比的实际汇率等。

外部实际汇率。外部实际汇率是指单位外国商品相当于多少本国商品,其公式为:

$$R = \frac{eP_f}{P_d}$$

其中,R 为实际汇率,e 为直接标价法下的名义汇率;P_f 为外国商品的价格水平;P_d 为本国商品的价格水平。R 值上升,意味着 1 单位外国商品所能换取的本国商品数量增加,外币实际升值,本币实际贬值;反之则反是。外部实际汇率主要用于双边经贸关系研究。

内部实际汇率。内部实际汇率是指单位本国可贸易品相当于多少本国非可贸易品,其公式为:

$$R = \frac{P_T}{P_N}$$

其中,R 为实际汇率,P_T 为本国可贸易品价格,P_N 为本国非可贸易品价格。对于小国经济而言,其在国际市场上没有定价权,因而可贸易品价格由国际市场价格和名义汇率决定(eP_f),非可贸易品价格由国内市场决定(P_d)。如果做一替换,则与外部实际汇率公式保持一致。内部实际汇率主要用于小国内部产业结构和国际分工问题研究。

包含财政补贴或税收减免的实际汇率。在隐蔽复汇率相关介绍中我们谈到,财政补贴或税收减免会使实际汇率发生变化,用公式可表示为:实际汇率 = 名义汇率 ± 财政补贴或税收减免。这种实际汇率常用于倾销(反倾销)调查等研究中。

包含劳动生产率对比的实际汇率。这一汇率表示单位外国劳动相当于多少本国劳动。用 w_f、w_d 分别表示外国和本国单位劳动的工资,o_f、o_d 分别表示外国和本国单位劳动的产出,则外国和本国单位劳动的价格分别为 $\frac{w_f}{o_f}$、$\frac{w_d}{o_d}$,如果直接标价法下的名义汇率为 e,则实际汇率 $R = \frac{\left(\frac{w_f}{o_f}\right)}{\left(\frac{w_d}{o_d}\right)} e \frac{w_f}{w_d} \frac{o_d}{o_f}$。当物价由成本决定,成本中又只包含工资时,包含劳动生产率对比的实际汇率就和外部实际汇率保持一致。这种实际汇率主要用来研究本国出口品的竞争力和实体经济。

【拓展阅读 3-2】

巴拉萨 – 萨缪尔森效应

巴拉萨 – 萨缪尔森效应理论认为,一国经济的高速增长会伴随本币实际汇率的升值。具体而言,一国可贸易品部门与非可贸易品部门具有不同的生产率,经济增速较快的国家其可贸易部门具有相对较高的生产率,工人按劳所得,工资随生产率的提高而上涨。劳动力的自由流动又使得非可贸易品部门的工资随之上涨，但其生产率并无提高。假定价格等于边际成本，非可贸易品价格相对可贸易品价格上升。假设可贸易品在国际上经过充分竞争，价格一致，那么经济增速较快的国家在固定汇率下表现为总体物价水平相对外国上涨，浮动汇率制下表现为名义汇率升值，这都将使实际汇率升值。

巴拉萨－萨缪尔森效应理论假定资本在各国、各部门间自由流动，劳动力在一国国内自由流动。这一假定并不完全符合我国现实情况。一方面，我国现阶段存在资本管制，国内价格和资源调整较为缓慢，这影响了巴拉萨－萨缪尔森效应的传导机制；另一方面，我国劳动力受教育水平不均衡、行业保护及信息不对称等原因影响，自由流动受到限制，这影响了两部门间的工资及价格调整。此外，我国具有二元经济结构的特殊国情，即可贸易品部门和非可贸易品部门的发展差距较大，主要表现为大量农村剩余劳动力的转移。但是，我国经济趋势长期向好，在我国逐步成为世界制造业中心的过程中，可贸易品部门的劳动生产率相对国内非可贸易品部门和国外可贸易品部门将快速增长，人口结构及劳动力供求关系变动将使工资增速进一步提升，人民币实际汇率必然存在升值压力，这在本质上符合巴拉萨－萨缪尔森效应理论。为缓解人民币实际汇率升值压力，使其回归均衡水平，可将提高劳动生产率作为影响汇率变动的基础变量，同时将名义汇率、工资及物价水平、国际收支变动、体制转型、宏观经济周期、外部危机冲击等因素相结合加以综合考虑。

资料来源：魏忠全、程鹏，"巴拉萨－萨缪尔森效应的启示"，《金融时报》，2014年11月17日。

2. 有效汇率

同实际汇率有些关联的是有效汇率。一国货币和他国货币之间具有不同的汇率，对一种货币升值也可能同时对另一种货币贬值。为考察某种货币的总体波动幅度及其在国际金融和贸易领域的总体地位，20世纪70年代末以后人们开始使用加权平均汇率，即所谓的有效汇率。有效汇率有形形色色的权数，IMF定期公布的有效汇率指数中，权数有贸易比重、消费物价、批发物价、劳动力成本等，其中贸易比重权数使用较多，其公式为：

$$R_i = \sum_{j=1}^{N} \left(e_{ij} \times \frac{T_{ij}}{T_i} \right)$$

其中，R_i为i国货币的有效汇率，e_{ij}为直接标价法下j国货币对i国货币的汇率，T_{ij}为i国与j国的贸易额，T_i为i国的对外贸易总额。有效汇率上升，本币总体贬值；有效汇率下降，本币总体升值。此外，有效汇率既可以对名义汇率加权，也可以对实际汇率加权，分别得到名义有效汇率和实际有效汇率。

3.3.1.5 买入汇率、卖出汇率、中间汇率与现钞汇率

按银行买卖外汇价格，汇率可分为买入汇率、卖出汇率和中间汇率。买入汇率是银行向客户或同业购入外汇时使用的汇率。例如，表3-1中美元对人民币的现汇买入价为

632.01，意思是银行购入 100 美元，愿意支付 632.01 元人民币。卖出汇率是银行向客户或同业卖出外汇时使用的汇率。例如，表 3-1 中美元对人民币的现汇卖出价为 634.69，意思是银行卖出 100 美元，需要客户支付 634.69 元人民币。

中间汇率又称外汇买卖中间价，是买入汇率和卖出汇率的算术平均数。中间汇率常用来衡量汇率变动的幅度或预测汇率变动趋势。例如，中国人民银行授权外汇交易中心每日公布银行间外汇市场美元、欧元、日元、港币、英镑、澳大利亚元、新西兰元、新加坡元、加拿大元对人民币以及人民币对马来西亚林吉特、俄罗斯卢布汇率等的中间价。

现钞汇率是银行收兑外币现钞时使用的汇率。由于外币现钞的运输、保管等会产生费用，银行的现钞买入价一般会低于现汇买入价，但现钞卖出价和现汇卖出价相同。例如，表 3-1 中美元对人民币的现钞买入价（626.87）<现汇买入价（632.01），而现钞卖出价（634.69）=现汇卖出价（634.69）。此外，表 3-1 中还有一个中行折算价（632.83），它是中行平衡外汇买卖盈亏后折算出的基准价，对一般客户不适用。

3.3.1.6 票汇汇率、信汇汇率与电汇汇率

按银行付汇方式，汇率可分为票汇汇率、信汇汇率和电汇汇率。

票汇汇率是指经营外汇业务的本国银行，在卖出外汇后，开立一张由其国外分支机构或代理行付款的汇票交给收款人，由其自带或寄往国外取款时采用的汇率。票汇又分为短期票汇和长期票汇，由于银行在长期票汇中能够更长时间地占用客户资金，其汇率一般低于短期票汇。

信汇汇率是指经营外汇业务的本国银行，在卖出外汇后，开具付款委托书，用信函方式通过邮局通知国外分支机构或代理行付款时采用的汇率。

电汇汇率是指经营外汇业务的本国银行，在卖出外汇后，立即以电报委托其海外分支机构或代理行付款时采用的汇率。电汇汇率一般是外汇市场的基准汇率，其他汇率在其基础上计算。

3.3.1.7 即期汇率与远期汇率

按外汇交易时间，汇率可分为即期汇率和远期汇率。即期汇率又称现货汇率，是目前市场上两种货币的比价。实际上，即期交易的交割期为交易后的两个营业日，相应的，即期汇率指的也就是外汇买卖成交后，在两个营业日内办理交割时使用的汇率。远期汇率用于外汇远期交易和期货交易，是买卖双方当前协议约定，在将来某一时刻（如 1 个月后、3 个月后或 6 个月后）交割外汇时所用的两种货币比价。在协议规定的交割日期，双方按协议价格进行交割，不受当时外汇市场行情的影响。

在外汇交易中还经常遇到升水、贴水和平价的概念。所谓升水是指远期汇率高于即期汇率；贴水是指远期汇率低于即期汇率；平价则指远期汇率等于即期汇率。升贴水的幅度，也就是远期汇率与即期汇率之差，称为远期差价或掉期率，通常以点数（BP，万分之一，0.0001）来表示。

3.3.2 汇率的计算

汇率种类繁多，报价方式也存在较大差异，因此计算公式较为复杂。由于目前查询报价时很容易找到计算工具，这里只对汇率计算的基本方法做简单介绍。

3.3.2.1 套算汇率的计算

1. 按中间汇率套算

例如，外汇交易中心 2015 年 1 月 21 日报出的美元（USD）对人民币（CNY）、人民币对林吉特（MYR）汇率中间价为：USD/CNY=6.1268；CNY/MYR=0.58720。那么美元和林吉特之间的套算汇率为：

$$USD/MYR = (USD/CNY) \times (CNY/MYR) = 6.1268 \times 0.58720 = 3.59766$$

也就是说，1 美元能够兑换 3.59766 林吉特。

2. 交叉相除法

这种方法适用于一边是相同货币的汇率。例如，外汇交易中心 2015 年 1 月 21 日报出的人民币对林吉特和卢布（RUB）的外汇即期买/卖报价为：CNY/MYR=0.57244/0.58320；CNY/RUB=10.4114/10.5568。那么可以用交叉相除法计算林吉特和卢布之间的套算汇率。

如果一家银行要以林吉特换卢布，也就是卖出林吉特、买入卢布，这家银行可用人民币为中间货币来套算二者之间的汇率，过程是：卖出林吉特→买入人民币→卖出人民币→买入卢布。卖出 1 林吉特可以得到 1/0.57244 人民币，卖出 1/0.57244 人民币又可以得到（1/0.57244）×10.5568 卢布，即林吉特的卖出价或卢布的买入价为：1MYR=18.4418RUB 或 1RUB=0.0542MYR。

如果一家银行要以卢布换林吉特，也就是卖出卢布、买入林吉特，这家银行同样可以用人民币为中间货币来套算二者之间的汇率，过程是：卖出卢布→买入人民币→卖出人民币→买入林吉特。卖出 1 卢布可以得到 1/10.4114 人民币，卖出 1/10.4114 人民币又可以得到（1/10.4114）×0.58320 林吉特，即卢布的卖出价或林吉特的买入价为：1RUB=0.0560MYR 或 1MYR=17.8522RUB。

综上所述，套算汇率可表示为：

$$MYR/RUB = 17.8522/18.4418$$
$$RUB/MYR = 0.0542/0.0560$$

总结套算规则，如表 3-4 所示。

表 3-4 交叉相除法

CNY/MYR	=	0.57244	/	0.58320
CNY/RUB	=	10.4114	/	10.5568

3. 同边相乘法

这种方法适用于一边货币不同的汇率。例如,外汇交易中心2015年1月21日报出的欧元(EUR)对人民币、人民币对林吉特的外汇即期买/卖报价为:EUR/CNY=7.1873/7.1893;CNY/MYR=0.57244/0.58320。那么可以用同边相乘法计算欧元和林吉特之间的套算汇率。

如果一家银行要以欧元换林吉特,即卖出欧元、买入林吉特,这家银行可用人民币为中间货币来套算二者之间的汇率,过程是:卖出欧元→买入人民币→卖出人民币→买入林吉特。卖出1欧元可以得到7.1893人民币,卖出7.1893人民币可以得到0.58320林吉特,即欧元的卖出价或林吉特的买入价为:1EUR=4.1928MYR或1MYR=0.2385EUR。

如果一家银行要以林吉特换欧元,即卖出林吉特、买入欧元,这家银行同样可用人民币为中间货币来套算二者之间的汇率,过程是:卖出林吉特→买入人民币→卖出人民币→买入欧元。卖出1林吉特可以得到1/0.57244人民币,卖出1/0.57244人民币可以得到(1/0.57244)→(1/7.1873)欧元,即林吉特的卖出价或欧元的买入价为:1MYR=0.2431EUR或1EUR=4.1143MYR。

综上所述,套算规则可表示为:

$$EUR/MYR = 4.1143/4.1928$$
$$MYR/EUR = 0.2385/0.2431$$

总结套算规则,如表3-5所示。

表3-5 同边相乘法

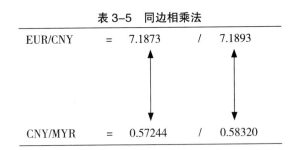

3.3.2.2 升(贴)水率和远期汇率的计算

从3.3.1中我们知道,远期差价通常以点数表示。例如,2015年1月22日外汇交易中心美元对人民币即期和3个月期远掉(远期掉期)报价分别为USD/CNY=6.2092/6.2100,USD/CNY=602.0/605.0,那么美元对人民币买卖价格远期分别升水602点和605点,也就是0.0602和0.0605。在直接标价法下,远期汇率等于即期汇率加上升水(或减去贴水);在间接标价法下,远期汇率等于即期汇率减去升水(或加上贴水)。例中,由于美元对人民币即期汇率采用的是直接标价法,所以3个月期远期汇率可用下式计算:

		USD/CNY	=	6.2092	/	6.2100
+)				0.0602	/	0.0605
		USD/CNY	=	6.2694	/	6.2705

即美元对人民币 3 个月期远期汇率为 USD/CNY=6.2694/6.2705。

为便于比较，远期升（贴）水通常换算成以百分比表示的年率为：

$$远期升（贴）水年率 = \frac{远期升（贴）水点数}{即期汇率} \times \frac{12}{远期合约期限} \times 100\% \qquad (3.1)$$

那么上例中美元对人民币买卖汇价 3 个月的升水年率分别为 $\frac{0.0602}{6.2092} \times \frac{12}{3} \times 100\% = 3.88\%$ 和 $\frac{0.0605}{6.2100} \times \frac{12}{3} \times 100\% = 3.90\%$。

3.4 汇率的影响因素

汇率作为货币价格的表现形式，每天都有波动（见图 3-1）。影响汇率变动的因素，既有经济方面的，也有政治、社会、心理等方面的，本节对此进行简要分析。

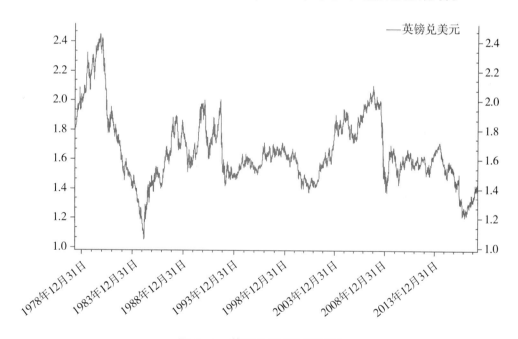

图 3-1　英镑兑美元汇率波动

资料来源：Wind 资讯。

经济增长。经济增长是影响汇率的基本因素。一方面，从长期来看，经济增长往往意味着劳动生产率的提高、生产成本的降低和产品国际竞争力的增强，刺激出口增加外汇供给，推动本币升值。另一方面，经济增长会导致收入增加，总需求增加，总需求中国内总供给中无法满足的部分转向国外，引起进口增长，促使本币贬值。由此来看，经济增长对汇率的影响是复杂的，需要视具体情况进行分析。

国际收支。国际收支是影响汇率的直接因素。所谓国际收支，是指一国对外经济活动中发生的收入和支出，其差额需用各国普遍接受的外汇结算。理论上，收入大于支出为顺差，此时外汇供大于求，本币升值；收入小于支出为逆差，此时外汇供不应求，本币贬值。然而，国际收支对汇率的影响要看顺差或逆差的性质。短期小规模国际收支差额容易为相对通胀率和利率变动、外汇干预、国际资金流动等因素抵消；长期大规模国际收支差额则会导致汇率变动。

通胀水平差异。作为货币的对外价值，汇率的基础是货币的对内价值，也就是货币的实际购买能力。一国通胀水平高，货币的实际购买能力就弱，该国货币倾向于贬值；反之则趋于升值。需要注意的是，自纸币在世界范围内取代金属铸币流通后，几乎所有国家都曾面临通货膨胀问题，因此考察通胀对汇率的影响时不仅要考虑本国，而且要和其他国家做比较，也就是要考虑相对通胀率。一般来说，相对通胀率持续走高的国家，其货币的国内购买力下降较快，本国货币相对外国货币贬值。这一过程需要相对较长的一段时间。

利率水平差异。利率对汇率的影响主要通过对套利资本流动的影响来实现。本国利率较高，一方面会吸引外国资金流入，外币持有者愿意兑换本币以获取较高收益，外汇市场上本国货币需求增加；另一方面也会减少本国资金流出，本币持有者不愿意将本币兑换成外币，外汇市场上本国货币供给减少。这样就推动了本币的升值和外币的贬值。与通胀水平的考察相仿，考虑利率水平时也要考虑相对利率；与经济增长、国际收支、通胀水平等因素不同，利率在很大程度上属于政策工具范畴，对短期汇率影响较大，对长期汇率影响有限。

国际储备与外汇干预。所谓外汇干预，是指一国政府或货币当局通过国际储备或外汇平准基金干预外汇市场，通过直接或间接买卖外汇来影响供求，改变汇率。其中，国际储备尤其是外汇储备反映了干预市场、稳定货币能力的强弱。一国国际储备增加，能够增强外汇市场对本国货币的信心，有助于本币升值；反之则会带来本币贬值的压力。

心理预期。从心理角度看，人们的主观评价与预期对汇率具有影响。单就经济方面而言，预期包括对国际收支状况、相对通胀和利率水平以及汇率本身的预期等。如果主观评价较高，未来预期较好，那么货币会相对坚挺；反之则会疲软。评价和预期受某些信号影响，所以有意无意地发出一些对冲信号有时可以改变评价和预期的方向。

投机与资本流动。随着金融衍生工具的发展，大量国际游资在外汇市场投机。投机导致资本在不同国家之间流动，引起外汇供求变化，使汇率发生波动。资本的大量流入会使本币需求增加，本币升值；资本大量流出则会造成外汇短缺，本币贬值。金融衍生工具一定程度上放大了资本流动的效果。

政治、社会及偶然因素。政治方面的因素如国际争端、政权交替、政局动荡、军事冲突等；社会方面的因素如习俗、罢工、骚乱等；偶然因素如台风、地震、洪水等自然灾害，甚至只是一个谣言，也会引起汇率的变动。

需要指出的是，上述因素对汇率的影响，只有在"其他条件保持不变"的前提下才能显现。而且，以上列举的并非影响汇率的全部因素，其对汇率的影响也不是孤立的、绝对的，可能会在不同方向上对汇率造成影响，由此增加了汇率分析的复杂程度。

【拓展阅读 3-3】

英国"脱欧"不确定性对英镑汇率的影响

英国"脱欧"的不确定性不仅给英国经济与金融，而且给全球经济，特别是金融市场带来动荡。每一次英国"脱欧"的消息出台，都会引起市场焦虑情绪的攀升和英镑汇率的波动。甚至可以说，英国"脱欧"将英镑置于全球风险最大的资产行列。

2015 年 11 月卡梅伦宣布英国"脱欧"公投立法以来，英镑贸易加权汇率下跌，英镑看跌期权买量大增，英镑兑美元波动率也创新高。2016 年 6 月，随着脱欧公投的临近，英镑兑美元汇率呈现大起大落态势。先是 6 月 1—3 日"脱欧"（45%）对"留欧"（41%）的民调结果冲击市场持有英镑信心，英镑兑主要外币全部走跌，6 月 6 日，英镑兑美元跌至 1.4389。随后，在英国留欧阵营活跃情绪的影响下，6 月 14 日，英镑兑美元汇率从 1.4 关口升至 1.4747。6 月 16 日英国留欧派议员遇刺身亡，英镑兑美元汇率触及 3 月以来的新低 1.4010，但短短五天后便涨至 1.4781。紧接着，英国博彩公司于 6 月 22 日发布最新赌注称英国留欧概率高达 78%，留欧情绪再次推高，市场避险情绪缓解，英镑兑美元汇率大涨，创年内新高 1.4849。不过，6 月 23 日脱欧公投开始后不久，英镑兑美元汇率发生逆转，短线跳水约 60 点，最低至 1.4743；6 月 24 日，公投正式结果公布之前，盘中汇率一度下跌 11% 至 1.3305，创 1985 年以来最大跌幅。当英国脱欧支持率 51.89%、留欧支持率 48.11% 的结果公布后，当天北京时间 19 点，英镑兑美元汇率报 1.3686，跌幅 8.75%。

"脱欧"导致英国股市大震，比 1987 年 10 月 19 日股灾影响更大，《泰晤士报》称，"脱欧"后不到一刻钟，英镑狂跌导致英国 GDP 从世界第五位跌至第六位。"脱欧"对全球股市的影响堪比 2008 年国际金融危机，对汇率、原油、黄金等市场也造成了一系列连锁反应。

资料来源：周丽华，"英国'脱欧'不确定性对英镑汇率的影响分析"，《市场周刊》（理论研究），2016 年第 10 期。

3.5 汇率决定理论

在汇率制度相关章节中，我们介绍了金本位制以及货币与黄金挂钩的固定汇率制的瓦解原因和过程。在不兑现的信用货币制度下，汇率水平的决定不再具有公认的标尺。为此，经济学家提出了纸币流通条件下的多种汇率决定理论，具有代表性的有购买力平价说、利率平价说、国际收支说、资产市场分析法、宏观均衡分析法、外汇市场微观结构分析法、心理预期说等。我们将逐一加以介绍。

3.5.1 购买力平价说

购买力平价说最早可追溯到16世纪,瑞典经济学家古斯塔夫·卡塞尔（Gustav Cassel）在1922年出版的《1914年以后的货币与外汇》（*Money and Foreign Exchange after 1914*）一书中首次对其进行系统阐述。购买力平价说认为,货币的价值在于其购买力,两国货币的交换实质上是两国货币购买力的交换,因此不同货币之间的兑换率(汇率)取决于其购买力之比；由于购买力是物价水平的倒数,所以汇率取决于物价水平之比。

3.5.1.1 购买力平价的基础——一价定律

假设存在这样一种可贸易品,它在不同国家是同质的,能够自由移动、自由交易,其价格按市场供求灵活调整,没有黏性。不考虑运输成本,如果该商品在两国之间的价格存在差异,套利者就可以低价买入、高价卖出以获得差价。持续买入拉高价格,持续卖出压低价格,最终使套利空间消失,该商品在两国之间的价格（用同种货币衡量）达到一致水平。这种一致称为"一价定律",用公式可以表示为 $P_d^i = eP_f^i$,其中 e 是直接标价法下的汇率,P_d^i、P_f^i 分别为本国和外国可贸易品 i 的价格。

3.5.1.2 绝对购买力平价

假设一价定律对任一可贸易品成立,且各种可贸易品在两国物价指数编制中所占权重相等,则有 $P_d = \sum_{i=1}^{n} a^i P_d^i = e\sum_{i=1}^{n} a^i P_f^i = eP_f$,其中 a^i 为可贸易品 i 在物价指数中的权重,P_d、P_f 分别为本国和外国的一般物价水平。由此得到绝对购买力平价的一般形式为:

$$e = \frac{P_d}{P_f} \tag{3.2}$$

绝对购买力平价意味着汇率取决于一般物价水平之比,也就是货币购买力之比。

3.5.1.3 相对购买力平价

实际中,各国经济状况在不断发生变化,其货币购买力也会发生相对改变,相对购买力平价就是要使汇率反映这种变化。用上下标 0、t 分别表示基期和当期,则相对购买力平价的公式为:

$$\frac{e_t}{e_0} = \frac{\frac{P_d^t}{P_f^t}}{\frac{P_d^0}{P_f^0}} = \frac{\frac{P_d^t}{P_d^0}}{\frac{P_f^t}{P_f^0}} = \frac{PI_d}{PI_f}, \quad 即: e_t = \frac{PI_d}{PI_f} \times e_0 \tag{3.3}$$

其中,PI_d、PI_f 分别为本国和外国当期物价水平。相对购买力平价针对跨期分析,突破了无交易成本和可贸易品权重相等的假定,实用性大为提高。

3.5.1.4 对购买力平价说的评价

购买力平价说较少得到经验数据的支持,这是因为该理论本身还存在一定的缺陷。一是物价指数的选择具有多种可能,何者最为恰当一直悬而未决;二是理论前提假设未必成立,如不可贸易品未必满足一价定律、商品未必同质、价格存在黏性等;三是理论只考虑经常账户,未考虑资本与金融账户;四是把汇率变动视为货币现象而忽略了实际因素[①]变动的影响。尽管如此,购买力平价说仍然具有深远的影响,被广泛用于汇率水平的中长期分析和政策研究中。

3.5.2 利率平价说

利率平价说可以追溯到19世纪后期,1923年凯恩斯首次系统提出决定远期汇率的利率平价理论,1931年英国经济学家保罗·艾因齐格(Paul Einzig)在其《远期外汇理论》(*The Theory of Forward Exchanges*)一书中进一步阐述了远期差价与利率之间的关系。利率平价说可分为套补利率平价与非套补利率平价。与购买力平价说相比,利率平价说较多用于短期分析(两者之间的关系如表3-6所示)。

表3-6 购买力平价说与利率平价说之间的关系

中长期:	货币供求关系	→	购买力(商品价格)	→	汇率
短期:	货币供求关系	→	利率(资产价格)	→	汇率

3.5.2.1 套补利率平价

假定资金可在国际自由流动,无成本、无限制。有一笔自由支配的资金要进行1年期投资,可以选择投资于本国金融市场或外国金融市场。假设本国和外国金融市场1年期投资收益率分别为 i_d、i_f,直接标价法下即期汇率和1年后的远期汇率分别为 e、f。如果投资本国金融市场,1单位本币到期收回 $1+i_d$;如果投资外国金融市场,需要先将本币兑换成外币 $\left(\dfrac{1}{e}\right)$,再将所获外币进行为期一年的投资 $\left(\dfrac{1}{e}(1+i_f)\right)$,最后将外币兑换回本币 $\left(\dfrac{f}{e}(1+i_f)\right)$。当投资本国和外国的收益不等时,会自发产生套利行为,直到二者相等,市场达到均衡,此时有 $1+i_d=\dfrac{f}{e}(1+i_f)$。记外币即期汇率与远期汇率之间的升(贴)水率为 ρ,则有 $\rho=\dfrac{f-e}{e}=\dfrac{f}{e}-1=\dfrac{1+i_d}{1+i_f}-1=\dfrac{i_d-i_f}{1+i_f}$,即 $\rho+\rho\times i_f=i_d-i_f$。由于 $\rho\times i_f$ 较小可忽略不计,因此有 $\rho=i_d-i_f$。这是套补利率平价的一般形式,其经济含义为外币汇率的远期升(贴)

---

① 实际因素主要包括生产率、消费偏好、自然禀赋和经济禀赋、经济政策、贸易管制等。

水率等于两国利率之差。

3.5.2.2 非套补利率平价

套补利率平价假定投资者进行远期交易以规避风险，如果凭借对未来汇率的预期计算收益而非进行远期交易，那么就承担了一定的汇率风险，由此得到的利率平价称为非套补利率平价。在其他条件不变的情况下，假设预期1年后的远期汇率为 Ef，外币汇率的预期远期升（贴）水率为 $E\rho$，类似地我们有：$1+i_d = \dfrac{Ef}{e}(1+i_f)$，$E\rho = i_d - i_f$。后者是非套补利率平价的一般形式，其经济含义为外币汇率的预期远期升（贴）水率等于两国利率之差。此外，从公式中可以看出，如果本国货币当局提高利率，在未来汇率预期不变的条件下，本币即期汇率升值。

3.5.2.3 对利率平价说的评价

第一，利率平价说并非独立的汇率决定理论，它更多地描绘的是利率和汇率之间的相互关系，因此常用于其他汇率决定理论中。第二，利率与汇率之间迅速及时的联动关系为货币当局调节外汇市场提供了依据和途径。第三，由于现实外汇市场上资金流动迅速而频繁，利率平价，尤其是套补利率平价的前提始终能够较好地成立，因此形成了良好的分析基础。

3.5.3 国际收支说

国际收支说最早可追溯到14世纪。1861年，英国经济学家乔治·戈申（George Goschen）提出国际借贷说，认为外汇供求由进入支付阶段的国际收支引起，如果外汇收入大于外汇支出，那么外汇供给大于外汇需求，外币贬值，本币升值；反之则反是。这一理论指出了国际收支和外汇供求之间的关系，但并没有分析国际收支的影响因素。凯恩斯及其追随者们分析了国际收支的影响因素及其对汇率的作用，美国学者维克托·阿尔盖（Victor Argy）将此系统地总结为国际收支说。

3.5.3.1 国际收支说的原理

在政府不干预外汇市场、汇率自由浮动的前提下，假设国际收支仅包括经常账户和资本与金融账户，其中经常账户仅含有贸易账户，资本与金融账户不含储备资产。

贸易账户主要由商品与劳务的进出口决定。其中，出口和进口分别取决于外国国民收入 Y_f 和本国国民收入 Y_d，以及两国相对价格之比 $\dfrac{eP_f}{P_d}$（e 为直接标价法下的汇率）。

资本与金融账户满足非套补利率平价，主要由本国利率 i_d、外国利率 i_f、外币汇率的预期远期升（贴）水率 $E\rho = \dfrac{Ef-e}{e}$ 决定。

当经常账户的顺（逆）差等于资本与金融账户的流出（入）时，国际收支达到均衡状态，由此决定均衡汇率水平：$e=f(Y_d, Y_f, P_d, P_f, i_d, i_f, Ef)$，即为国际收支说下汇率的决定公式。

3.5.3.2 汇率的影响因素

在其他条件保持不变的前提下，上述公式中各变量变动会带来汇率的变动。

国民收入。本国收入增加，进口增加，经常账户恶化，外汇需求上升，本币贬值；外国收入增加，出口增加，经常账户改善，外汇供给增加，本币升值。

物价水平。本国物价上升，本国产品竞争力下降，经常账户恶化，本币贬值；外国物价上升，本国产品竞争力上升，经常账户改善，本币升值。

利率水平。本国利率提高，吸引资金流入，本币升值；外国利率提高，诱使资金流出，本币贬值。

预期远期汇率。预期本币未来贬值，资本当期流出以避免未来的汇率损失，本币即期贬值。

综上所述，汇率和各变量之间的关系可总结为：$e=f(\overset{+}{Y_d}, \overset{-}{Y_f}, \overset{+}{P_d}, \overset{-}{P_f}, \overset{-}{i_d}, \overset{+}{i_f}, \overset{+}{Ef})$，其中，$e$ 为直接标价法下的汇率，+ 表示 e 的数值随之正向变动，− 表示 e 的数值随之反向变动。

3.5.3.3 对国际收支说的评价

国际收支说是凯恩斯主义在浮动汇率制下的理论，能够较为有效地分析短期汇率水平及其变动，但对长期汇率的变化没有提供令人信服的解释，例如无法解释第二次世界大战后德国和日本国民收入增长迅速、同时货币长期坚挺的原因。

3.5.4 资产市场分析法

20 世纪 70 年代以后，国际资本流动迅速发展，对汇率产生了重大影响。西方学者开始将汇率看成一种资产价格，提出了汇率决定的资产市场分析法。这其中有美国经济学家 J. 弗伦克尔（J.Frenkel）和 J. 比尔森（J. Bilson）提出的弹性价格货币分析法、鲁迪格·多恩布什（Rudiger Dornbusch）提出的黏性价格货币分析法、W. 布朗森（W. Branson）提出的资产组合分析法等。

3.5.4.1 弹性价格货币分析法

弹性价格货币分析法假定货币供给是货币当局控制的外生变量，货币需求是收入和利率的稳定函数，购买力平价成立。假设货币供给变动只会带来价格的同比例变动，不会影响利率和产出；货币需求函数为半对数形式 $M=PY^\alpha e^{-\beta i}$，其中，e 为自然对数的底，M 为货币需求，P 为物价，Y 为产出，i 为利率，则本国和外国货币市场的均衡条件分别为 $M_d=P_d Y_d^\alpha e^{-\beta i_d}$，$M_f=P_f Y_f^\alpha e^{-\beta i_f}$，$E=\dfrac{P_d}{P_f}$，其中，下标 d、f 分别表示本国和外国，M_d、M_f 分别为本国和外国的货币数量，E 为购买力平价成立时的汇率。对上述三式取自然对数，并用小写字母表示（利率除外），则有：

$$\begin{cases} p_d = m_d - ay_d + \beta i_d \\ p_f = m_f - ay_f + \beta i_f \\ e = p_d - p_f \end{cases}$$

整理得：$e = (m_d - m_f) - \alpha(y_d - y_f) + \beta(i_d - i_f)$，即为弹性价格货币分析法的基本模型，其经济含义为直接标价法下的汇率水平由本国和外国货币供给、实际国民收入、利率变动的差额决定。当本国货币供给相对外国减少、实际国民收入相对外国增加或者利率相对外国降低时，本币升值；反之，本币贬值。

弹性价格货币分析法在分析汇率变动的长期趋势方面具有一定帮助，但其成立的前提条件如货币需求函数稳定、购买力平价成立、价格水平具有充分弹性等较受争议。有研究者引入短期商品价格变动的黏性，发展出黏性价格货币分析法。

3.5.4.2 黏性价格货币分析法

黏性价格货币分析法又称"超调模型"，认为资本市场价格不具黏性，而商品市场价格具有黏性，这就使购买力平价在短期内不能成立，经济存在由短期失衡向长期均衡过渡的过程。如果本国货币供给突然增加，商品市场上由于价格黏性，物价水平保持不变；资本市场上没有价格黏性，利率下降，资金外流，本币贬值。但伴随物价的逐步上涨，实际货币供给逐渐下降，利率回升，资本回流，本币升值。也就是说，货币供给的增加导致本币经历先贬值后升值的过程。

超调模型在现代汇率理论中占据重要地位。模型不仅首次涉及汇率的动态调整问题，开创了汇率研究的崭新领域——汇率动态学，而且具有鲜明的政策含义，为政府干预资金流动和汇率水平提供了理论依据。但超调模型也有一些缺陷，如作为存量理论忽略了对国际收支流量的分析、实证检验困难等，因此更多用于解释某些经济现象以及说明汇率长期变动趋势等方面。

3.5.4.3 资产组合分析法

货币分析法中隐含着本币资产和外币资产可以完全替代的假设，资产组合分析法否定了这一假设，认为二者不可完全替代，应在两个独立的市场上加以考察。资产组合分析法将本国居民持有的总财富分为本国货币、本国债券和外币资产三种形式，居民根据风险收益偏好确定自己的资产组合。不同资产之间的相互替换引起外汇供求变化，从而引起汇率的变化。

短期来看，首先，在不同资产相互替换的过程中，保持其他条件不变，本国货币供给的增加使居民用新增货币的一部分购买本国债券和外币资产，从而导致国内利率的下降和外汇汇率的上升，二者呈反向变动。其次，金融市场渠道对汇率的影响比相对物价的影响迅速得多，短期汇率由资产选择决定。最后，经常账户盈余导致外币资产存量增加，外币贬值，本币升值。长期来看，经常账户盈余导致的本币升值是一个动态调整过程，直到经常账户收支相抵，外币资产停止增加，本币不再升值为止。这样就实现了汇率的长期均衡。

资产组合分析法将经常账户这一流量因素纳入存量分析，同时考察了货币当局行为对汇率的影响，具有较好的理论包容性和政策指导意义，为政府干预外汇市场提供了全新的依据。然而，这一方法并未对流量因素本身做全面分析，也未考虑资本与金融账户的资金流动，因此仍然具有不足。

3.5.5 其他分析法

随着浮动汇率制在世界范围内的广泛使用，外汇市场汇率波动加剧，这种易变性常常难以由传统汇率理论解释。经济学家又从其他角度出发，提出了新的汇率理论，如宏观均衡分析法、外汇市场微观结构分析法、心理预期说等。

宏观均衡分析法研究使本国经济实现内外均衡的汇率水平，其代表人物是威廉姆森（Williamson）。1983年，威廉姆森提出基本要素均衡汇率理论，将均衡汇率定义为与宏观经济均衡相一致的实际有效汇率，通过对比，可以判断一国实际有效汇率偏离均衡汇率的程度。其后又出现了许多均衡汇率计算方法，如均衡实际汇率、自然均衡汇率、国际收支均衡汇率等。

传统汇率决定理论认为汇率由外汇市场供求决定，但不考虑外汇交易达成的条件、方式、路径等。外汇市场微观结构分析法研究特定制度和条件下各类交易者尤其是做市商的行为，以此解释汇率形成机制，代表人物有 Hans Stoll、Thomas Ho、Albert Kyle、M. O'Hara 等，典型模型有存货模型、信息模型等。此外，由汇兑心理说[①]演变而来的心理预期说强调心理预期对汇率的重大影响，在解释外汇投机、资本外逃、国际储备下降及外债累积对未来汇率的影响等方面具有一定的说服力。受篇幅限制，这里不再一一加以介绍，感兴趣的读者可进一步阅读相关文献。

3.6 汇率的影响与作用

汇率变动对经济生活的方方面面都会产生影响，本节主要探讨汇率变动对国际收支、物价水平、经济增长等三个主要方面的影响。

3.6.1 汇率变动对国际收支的影响

3.6.1.1 对贸易收支的影响

理论上，本币贬值一方面使出口同样数量的商品所得外汇能够换回更多本国货币，出口获利增加，提高商品出口的积极性；另一方面使出口商能以更低的价格出口商品，

---

① 法国经济学家A. 阿夫达里昂（A. Aftalion）于1927年提出汇兑心理说，认为人们的主观欲望如支付、投资、投机等决定了其对外币价值的判断，进而影响供求、决定汇率。

增强出口商品的国际竞争力,盈利水平提高。因此,本币贬值有利于出口扩张。与此同时,贬值使进口同样数量商品所需外汇增加,即进口价格上涨,从而抑制了进口需求。所以,理论上本币贬值能够促进出口,抑制进口,有利于贸易收支改善。但现实情况并非如此,许多国家货币贬值以后贸易收支非但没有改善,反而恶化,其中的主要原因在于进出口弹性的影响。

当出口商品的需求弹性较小或无弹性时,本币贬值导致的出口商品价格变动不会对出口需求造成明显影响。当出口商品的需求弹性较大,但供给弹性较小或无弹性时,生产能力无力扩张以满足出口需求,本币贬值对出口的促进作用也会受到影响。因此,本币贬值对出口的促进作用要以出口的需求和供给弹性较大为前提。类似地,进口商品的供需弹性越大,本币贬值对进口的抑制作用越大。弹性理论表明,在进出口商品供给弹性趋于无穷大、本币贬值前贸易收支基本平衡的条件下,当进出口商品需求弹性之和的绝对值大于1时,本币贬值能改善一国的贸易收支。这就是所谓的马歇尔-勒纳条件(Marshall-Lerner Condition)。

在实际经济生活中,汇率变动对贸易收支的影响要经过一段时滞才能反映。在贬值以后的一段时期内,一方面,贬值前已签订的贸易协议仍按原定价格和数量执行,进口(以外币定价)折成的本币支付增加,出口(以本币定价)折成的外币收入减少,贸易收支恶化;另一方面,即便是贬值后签订的贸易协议,出口供给仍受认识、决策、资源、生产等影响而无法扩张,进口商则可能认为当前贬值是未来贬值的先兆而增加进口,贸易收支进一步恶化。经过一段时期调整,出口得到扩大,进口受到抑制,国际收支才得以改善。贬值造成国际收支短期恶化、中长期改善的现象就是所谓的 J 曲线效应(见图3-2)。

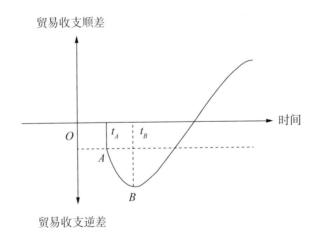

图3-2 J 曲线效应

3.6.1.2 对资本与金融收支的影响

汇率变动对资本与金融收支的影响主要通过两条途径:一是实物资本途径,本币贬值使相同数量的外国资本能换取更多的本国生产要素,长期资本流入;二是金融途径,在本国经济基本面没有发生变化的情况下,本币贬值使外国投资者产生了汇率回归原有水平的预期,因此会在贬值后买入本国金融资产,并在升值后卖出获利,短期资本流入。

因此，本币贬值会导致资本流入；反之，本币升值会导致资本流出。

3.6.2 汇率变动对物价水平的影响

汇率变动通过生产成本机制、工资机制、货币供给机制以及收入机制等影响物价水平。一般来说，任何较大幅度的本币贬值，都会推动本国物价水平不同程度的上涨。

生产成本机制。当进口商品是本国产成品的重要原料或中间品时，本币贬值导致的进口商品价格上升会导致本国商品价格上涨。

工资机制。当进口商品是本国最终消费品时，本币贬值导致的进口商品价格上升会推动生活费用的上涨。工资收入者要求更高的名义工资以抵消实际生活水平的降低，更高的名义工资又会进一步推动生产成本和生活费用的上涨，如此循环，最终导致一般物价水平的上升。

货币供给机制。本币贬值后，政府在相同数量外汇结汇方面将被迫支出更多本国货币，导致本国货币供给增加，物价水平上涨。

收入机制。如果本国对进口商品、外国对本国出口商品的需求弹性较小，那么本币贬值不能减少进口总量、增加出口总量，贸易收支恶化，物价水平上涨。

3.6.3 汇率变动对经济增长的影响

一般而言，本币贬值导致出口增加，出口增加带动就业和投资的增加，因此会带动经济增长。但出口带动经济增长受到诸多因素的影响。

在国内存在闲置资源和富余劳动力的情况下，出口增加能对其加以有效利用，从而推动经济增长。在国内处于充分就业、资源得以充分利用的情况下，出口增加引致的过度需求只会造成物价上涨，对经济的长期增长不利。

进出口结构也会对经济增长造成影响。就出口结构而言，出口商品中工业制成品比重大有利于经济增长；原材料、初级产品比重大且国内供应紧张，出口增长对经济的带动作用不大。就进口结构而言，如果进口商品属于国内亟须的投资品，那么进口增加等同于投资增加，有利于经济增长；如果进口商品属于消费品，尤其是高档奢侈品，那么进口增加等同于消费增加，对经济增长的作用不大。

3.7　我国的汇率改革与人民币国际化

汇率形成机制是一国外汇管理体制乃至整个经济体制的重要组成部分，在经济生活中扮演着重要角色。人民币汇率形成机制改革经历了四个标志性阶段，分别为计划经济时期的汇率决定、1981—1993 年汇率双轨制、1994 年汇率并轨、2005 年和 2015 年汇率机制改革。与这四个阶段相伴的是我国外汇市场发展的逐步深化和人民币国际化进程的稳步推进。

3.7.1 计划经济时期的汇率决定

计划经济时期,进出口贸易主要受国家计划调节,外汇集中在国家手中,不允许人民币与外汇自由兑换,国家通过计划手段确定汇率水平。

1953年之前国民经济恢复时期,对外贸易中私营出口占绝大比重。为鼓励出口贸易,人民币汇率的确定让私营出口商收汇折算人民币时有所盈利。为此采用"物价对比法",即以出口商品理论比价加一定利润为基础,参照进口商品理论比价和侨汇购买力比价确定汇率水平。[①]

1953年以后国家进入高度集中的计划管理时期,对外贸易由国营贸易公司统一经营,盈亏由对外贸易部同财政部统一结算,这时汇率更多作为外贸经营的一种内部核算手段。直到70年代初,人民币汇率很少调整。1973年以后,浮动汇率制度开始在世界范围内流行,制定人民币汇率的原则也作了相应调整,改为"一篮子货币"计算法,即选取与我国贸易相关的若干种可兑换货币,根据重要程度和政策导向确定不同权重,加权计算出人民币汇率。

1973—1980年,美元对人民币汇率由2.2673降至1.5,人民币大幅升值,外汇收支恶化。在此背景下,我国推出双重汇率,在维持非贸易结算人民币官方汇率的同时,对贸易结算的人民币汇率进行贬值,由此进入汇率双轨制时期。

3.7.2 1981—1993年汇率双轨制

1979年8月,国务院颁发了《关于大力发展对外贸易增加外汇收入若干问题的规定》,决定自1981年1月1日起除继续保留人民币公开牌价,适用于非贸易收支外,另行规定一种适用于进出口贸易结算和外贸单位经济效益核算的汇率,称为贸易外汇内部结算价格(简称内部结算价)。内部结算价由平均出口换汇成本加10%的利润换算而成。最初美元对人民币的官方汇率为1.5,而内部结算价为2.8,实际对人民币实行了贬值,贸易盈余大量增加。1981—1984年,我国逐步下调官方汇率,到1984年年底,官方汇率和内部结算价已非常接近。1985年1月1日,我国正式取消内部结算价,重新实行单一汇率,美元对人民币汇率统一为2.8。

同年,为鼓励出口,国家提高外汇留成比例,采取按出口商品收汇金额比例留成的办法。外汇留成比例的提高,增加了贸易企业对外汇调剂市场的需求,外汇调剂市场汇率日益成为补偿出口亏损、促进出口增长的重要手段。这样就出现了官方汇率和外汇调剂汇率并存的新双轨汇率制度。

作为特定历史条件下计划汇率向市场汇率过渡的形式,汇率双轨制的存在具有一定的必然性。但随着改革的深入和开放的加快,汇率双轨制的存在造成了人民币两种对外价格和核算标准,不利于外汇资源的有效配置,阻碍了市场经济的进一步发展,汇率改

[①] 出口商品理论比价=出口商品人民币成本/出口商品美元销售价格(FOB),进口商品理论比价=进口商品国内市场人民币销售价格/进口商品美元价格(CIF),侨汇购买力比价=国内侨眷日用品生活费(人民币金额)/华侨日用品生活费(港币金额)。

革势在必行。

3.7.3　1994年汇率并轨

1993年11月14日十四届三中全会通过了《中共中央关于建立社会主义市场经济体制若干问题的决定》，提出要"改革外汇管理体制，建立以市场为基础的有管理的浮动汇率制度和统一规范的外汇市场，逐步使人民币成为可兑换的货币"。随后，国务院发出加快外汇管理体制改革的通知，中国人民银行公布《关于进一步改革外汇管理体制的公告》，决定从1994年1月1日起对外汇管理体制进行进一步改革。一是人民币官方汇率与外汇调剂汇率并轨，美元对人民币汇率由1993年12月31日的5.80上调至1994年1月1日的8.70。二是实行单一的、有管理的浮动汇率制，取消外汇留成与上缴，建立银行结、售汇制度，取消国内企业的外汇调剂业务，建立统一的银行间外汇市场并以其汇率作为中国人民银行公布人民币汇率的基础。1994—2005年，人民币汇率基本稳定，IMF对人民币汇率制度的划分也从"管理浮动制"转为"钉住单一货币的固定汇率制"。

3.7.4　2005年与2015年汇率机制改革

1997年，为应对东南亚金融危机，我国政府采取了人民币事实上钉住美元的汇率制度。危机结束后，我国并未改变人民币事实上钉住美元的状况，贸易顺差逐年增加，贸易摩擦逐渐加剧；外汇储备持续增多，国际资本市场对人民币升值的预期不断增强，投资资本加速流入。在此背景下，2005年7月21日，中国人民银行发布《关于完善人民币汇率形成机制改革的公告》，提出要"建立健全以市场供求为基础的、有管理的浮动汇率制度"，具体内容包括：

一是实行以市场供求为基础、参考一篮子货币进行调节、有管理的浮动汇率制度，人民币不再钉住单一美元；二是央行每日公布银行间外汇市场人民币汇率收盘价，作为下一个工作日的中间价格；三是将美元对人民币交易价格调整为8.11，作为次日的中间价；五是规定了人民币交易价的浮动区间，并表示将适时进行调整。同时，中国人民银行负责根据国内外经济金融形势，以市场为基础，参考篮子货币汇率变动，对人民币汇率进行管理和调节，维护人民币汇率的正常浮动，保持人民币汇率在合理、均衡水平上的基本稳定，促进国际收支基本平衡，维护宏观经济和金融市场的稳定。

2005年的汇率机制改革，有利于贯彻以内需为主的经济可持续发展战略，优化资源配置；有利于增强货币政策的独立性，提高金融调控的主动性和有效性；有利于保持进出口基本平衡，改善贸易条件；有利于保持物价稳定，降低企业成本；有利于促使企业转变经营机制，增强自主创新能力，加快转变外贸增长方式，提高国际竞争力和抗风险能力；有利于优化利用外资结构，提高利用外资质量；有利于充分利用"两种资源"和"两个市场"，提高对外开放的水平。汇改后，人民币汇率稳步升值，2005年年底达到8.07，最高升至6.1附近的水平（见图3-3）。

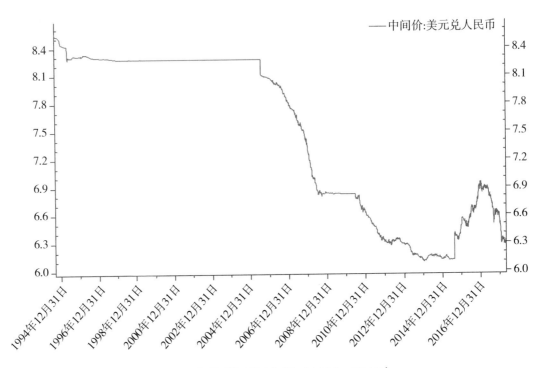

图 3-3　人民币汇率中间价（1994—2018）

资料来源：Wind 资讯。

2015 年 8 月 11 日，中国人民银行完善人民币兑美元汇率中间价报价机制，以增强人民币兑美元汇率中间价的市场化程度和基准性，做市商在每日银行间外汇市场开盘前，参考上日银行间外汇市场收盘汇率，综合考虑外汇供求情况以及国际主要货币汇率变化向外汇交易中心提供中间价报价。"8·11 汇改"后，人民币兑美元汇率出现小幅贬值，9 月末，人民币对美元汇率中间价 6.3613 元，较 6 月末贬值 2 477 个基点，贬值幅度 4.05%。2016 年年初，中国人民银行推出"收盘价 + 一篮子货币汇率变化"的新人民币对美元汇率中间价形成机制；在此基础上，中国人民银行于 2017 年 5 月组织各报价行在报价模型中增加"逆周期因子"，以对冲外汇市场的顺周期性，防范可能出现的"羊群效应"。随着中国经济保持平稳较快增长，人民币汇率预期趋于分化，企业结汇意愿增强，跨境资本流动和外汇市场供求趋于平衡，此前外汇市场上存在的顺周期贬值预期已大幅收敛（见图 3-3）。

3.7.5　人民币国际化进程

人民币国际化是指人民币国际化能够跨越国界，在境外流通，成为国际上普遍认可的计价、结算及储备货币的过程。随着中国经济实力的增强、经常账户的可自由兑换以及资本账户管制的逐步放松，人民币跨境使用范围逐渐扩大，推进人民币国际化的现实条件已经具备。

随着中国香港和中国澳门的回归，人民币在港澳地区的流动规模逐步扩大。中国香港作为国际金融中心与自由港口，推动了人民币在东亚周边国家的流通进程。在中国与周边国家和地区的边境贸易中，人民币已被广泛接受为支付和结算货币，境外流量和存量都已经达到相当的规模。

2003年3月，国家外汇管理局发布《关于境内机构对外贸易中以人民币作为计价货币有关问题的通知》，明确境内机构签订进出口合同时可采用人民币作为计价货币，反映出中国政府开始有意识地推进人民币国际化。2004年1月18日、9月8日、12月29日，中国银联开通人民币银联卡在中国香港、中国澳门地区以及韩国、泰国和新加坡的受理业务，标志着人民币国际化迈出了重要一步。

2005年以后，人民币国际化稳步推进。2007年6月，首支人民币债券登陆中国香港地区，多家内地银行发行的债券总额超过200亿元人民币。2008年7月，中国人民银行新设汇率司，"根据人民币国际化的进程发展人民币市场"。同年，国务院决定将对广东和长江三角洲地区与中国港澳地区、广西和云南与东南亚国家联盟的货物贸易进行人民币结算试点；此外，中国已与包括蒙古、越南、缅甸等在内的周边八国签订了自主选择双边货币结算协议，人民币区域化进程大幅加快。2008—2009年，中国先后与韩国、马来西亚、白俄罗斯、印度尼西亚、阿根廷等国签署双边货币互换协议。2009年7月，中国人民银行、财政部等六部委发布《跨境贸易人民币结算试点管理办法》，中国跨境贸易人民币结算试点正式启动；到2011年，境内结算地扩至全国，境外结算地扩至所有国家和地区。2012年11月，中国和南非之间的贸易直接将兰特兑换成人民币结算。2013年10月，国务院副总理马凯与英国财政大臣奥斯本在第五次中英经济财金对话上表示同意人民币与英镑直接交易。

2015年1月，中国人民银行召开跨境人民币业务暨有关监测分析工作会议，表示要积极对接"一带一路"等国家战略实施，不断拓展跨境人民币业务发展空间，深化货币合作，积极有序推进人民币国际化。这是中国央行首次正式明确"人民币国际化"提法，人民币国际化步入快车道。2015年11月30日，国际货币基金组织执董会决定将人民币纳入特别提款权（SDR）货币篮子，SDR货币篮子相应扩大至美元、欧元、人民币、日元、英镑5种货币，人民币在SDR货币篮子中的权重为10.92%，美元、欧元、日元和英镑的权重分别为41.73%、30.93%、8.33%和8.09%。IMF总裁克里斯蒂娜·拉加德（Chrisine Lagarde）表示，这是中国经济融入全球金融体系的一个重要里程碑，是对中国当局过去多年来在改革其货币和金融体系方面取得成就的认可，中国在这一领域的持续推进和深化将推动建立一个更加充满活力的国际货币和金融体系，又会支持中国和全球经济的发展和稳定。2016年8月，全球首支以SDR计价、人民币结算的债券（"木兰债"）由世界银行（国际复兴开发银行）在我国银行间债券市场成功发行，合计额度20亿SDR。2016年10月1日，人民币正式纳入SDR货币篮子。

2017年，人民币已成为全球第五大支付货币、连续七年为中国第二大国际收付货币。截至2017年年末，境外主体持有境内人民币股票、债券、贷款以及存款等金融资产金额合计4.29万亿元，同比增长41.3%。人民币合格境外机构投资者（RQFII）总额度1.74万亿元，备案或申请额度6 050亿元。熊猫债累计注册额度5 007亿元，累计发行2 203亿元，新发行719亿元。据不完全统计，离岸市场人民币存款余额超过1.1万亿元，人民币债券余额 2 524 亿元，新发行人民币债券 419 亿元。据 IMF 统计，官方外汇储备币种构成（COFER）报送国持有的人民币储备规模为 1 226 亿美元，占比 1.23%，在单独列出的币种中位列第八位。已有 60 多个境外央行或货币当局将人民币纳入外汇储备，清算安排覆盖 23 个国家和地区，遍布东南亚、欧洲、美洲、大洋洲和非洲。

本章小结

1. 外汇是外国货币或以外国货币表示的、能用来清算国际收支差额的资产。一种外币要成为外汇需要具有自由兑换性、普遍接受性和可偿性。

2. 汇率是两种不同货币之间的折算比率，其表达方式通常有直接标价法和间接标价法两种。汇率制度的发展经历了国际金本位制、固定汇率制、浮动汇率制三个阶段。根据不同标准，汇率可以分为基本汇率与套算汇率、单一汇率与复汇率、实际汇率与有效汇率等多种类型。不同汇率的计算方式有所不同。

3. 影响汇率变动的因素，包括经济增长、国际收支、通胀水平差异、利率水平差异、国际储备与外汇干预、心理预期、投机与资本流动以及政治、社会与偶然因素等。

4. 较有代表性的汇率决定理论有购买力平价说、利率平价说、国际收支说、资产市场分析法、宏观均衡分析法、外汇市场微观结构分析法以及心理预期说等。

5. 汇率变动对国际收支、物价水平、经济增长等具有影响。

本章重要术语

外汇　汇率　直接标价法　间接标价法　汇率制度　套算汇率　复汇率　实际汇率　有效汇率　升贴水　购买力平价说　利率平价说　国际收支说　资产市场分析法　宏观均衡分析法　外汇市场微观结构分析法　心理预期说　人民币国际化

思考练习题

1. 查阅相关文献，比较固定汇率制和浮动汇率制的优缺点，据此分析我国现行汇率制度的利弊。

2. 查找主要发达国家常见商品价格，自行设计商品篮子并计算各国货币与人民币之间的购买力平价，思考其与汇率偏离的原因。

3. 试用本章介绍的汇率决定理论分析人民币汇率变动。哪种理论能够较好地解释人民币汇率的变动。

4. 思考人民币国际化对未来国际货币体系演进产生的影响。

5. 某一中国投资者以 987.65 美元的价格购买了美国 91 天短期国债，利率为 1.8%，当时美元兑人民币汇率为 6.73。如果到期时美元对人民币汇率为 6.25，那么该投资者持有国债的持有期收益率为多少？（假设 1 年按 365 天计算）

6. 如果当期美元兑英镑汇率为 1 美元兑换 0.56 英镑，美国物价水平下降了 6%，英国物价水平上升了 18%，如果购买力平价理论成立，那么美元兑英镑汇率变动了多少?

7. 解释一价定律及其成立条件。

8. 利用套补利率平价证明远期汇率和利率之间的关系。

9. 分别用国际收支说和弹性价格货币分析法解释本国国民收入上升对本国汇率的影响,并说明结论相反的原因。

参考文献及进一步阅读建议

[1] 曹凤岐、贾春新:《金融市场与金融机构》(第二版),北京大学出版社,2014。

[2] 陈小蕴:"固定汇率制与浮动汇率制——从金融危机看汇率制度对新兴市场国家经济的影响",《中国外汇管理》,1998年第4期。

[3] 褚华:"人民币国际化研究",复旦大学博士论文,2009。

[4] 冯跃:"固定汇率、浮动汇率下中国经济政策——人民币升值对我国进出口贸易的影响分析",《经济问题》,2012年第9期。

[5] 〔美〕弗兰克·J. 法博齐、弗兰科·莫迪利亚尼、弗兰克·J. 琼斯:《金融市场与金融机构基础》(第4版),孔爱国、胡畏、张湄等译。机械工业出版社,2014。

[6] 弗雷德里克·S. 米什金、斯坦利·G. 埃金斯:《金融市场与金融机构》(第7版),杜惠芬译,中国人民大学出版社,2014。

[7] 〔美〕弗雷德里克·S. 米什金:《货币金融学》(第九版),郑艳文、荆国勇译,中国人民大学出版社,2011。

[8] 姜波克:《国际金融新编》(第五版),复旦大学出版社,2014。

[9] 李建国:"人民币国际化制约因素及推进措施",东北师范大学博士论文,2014。

[10] 李心丹:《金融市场与金融机构》,中国人民大学出版社,2013。

[11] 娄季芳:"国际比较视角下的人民币国际化研究",中共中央党校论文,2012。

[12] 马正兵:"固定汇率制与浮动汇率制的福利比较及启示",《价格月刊》,2009年第5期。

[13] 潘泽清:"'汇率操纵国'问题分析",《中国金融》,2017年第2期。

[14] 曲冠青:"英镑汇率在脱欧公投后的走势分析",《时代金融》,2016年第7期。

[15] 孙华妤:"固定汇率制度与浮动汇率制度下经济的自动稳定性",《国际贸易问题》,2005年第8期。

[16] 孙佚:"汇率理论演变与趋向研究",复旦大学博士论文,2005。

[17] 王广谦、郭田勇:《中国经济改革30年——金融改革卷》,重庆大学出版社,2008。

[18] 魏忠全、程鹏:"巴拉萨-萨缪尔森效应的启示",《金融时报》,2014年11月17日。

[19] 吴敬琏:《当代中国经济改革教程》,上海远东出版社,2010。

[20] 向松祚:"国际货币体系的崩溃和人类经济新格局——人民币汇率贬值预期引发的深度思考",《IMI研究动态》,2016年第48期。

[21] 徐新华:"人民币国际化研究:理论与实证",复旦大学博士论文,2006。

[22] 余永定、肖立晟:"完成'811汇改':人民币汇率形成机制改革方向分析",《国际经济评论》,2017年第1期。

[23] 张锐:"美国不认定中国为汇率操纵国的表与里",《证券时报》,2018年4月17日。

[24] 张维:《金融机构与金融市场》,科学出

版社，2008。

［25］中国人民银行：《2016年人民币国际化报告》，中国金融出版社，2016。

［26］中国人民银行：《2017年人民币国际化报告》，中国金融出版社，2017。

［27］中国人民银行货币政策分析小组："中国货币政策执行报告"，中国人民银行，2015—2017。

［28］周丽华："英国'脱欧'不确定性对英镑汇率的影响分析"，《市场周刊》（理论研究），2016年第10期。

［29］〔美〕兹维·博迪、罗伯特·C.莫顿：《金融学》，伊志宏、金李等译，中国人民大学出版社，2000。

第 4 章
货币市场*

陈俊君（中国银行间市场交易商协会）

学习目标

通过本章学习，读者应做到：
◎ 了解货币市场的概念、特征与功能
◎ 熟悉货币市场的参与主体与交易工具
◎ 了解货币市场及其子市场的形成与发展
◎ 掌握我国同业拆借市场的参与主体、产品结构、市场运行及交易流程
◎ 了解 Shibor 与同业拆借市场利率体系
◎ 熟悉我国同业拆借市场的监管框架与管理政策
◎ 掌握我国债券回购市场的参与主体、产品结构、运行机制与交易风险
◎ 了解《中国银行间市场债券回购主协议》相关内容
◎ 了解货币市场基金和大额可转让定期存单

■ 开篇导读

2013年7月8日，《南方都市报》一篇"交易员讲述钱荒惊情20日：世界都找不到钱，头发急白了"的报道描绘了抢夺资金的疯狂一幕："6月20日的昆明，听说一家农商行

---
* 本章由张慧卉（中国银行间市场交易商协会）审校。

尚有资金时,几家大型银行一同赶到抢夺资金,通过现场竞价的方式,最终以月息17%的高价抢下一笔资金。这是流动性紧张('钱荒')中最典型的一幕。"当日,货币市场资金局面空前紧张,银行间隔夜拆放利率和回购利率均超过13%,隔夜回购利率最高成交利率达到30%,7天回购最高利率达到28%,均创出历史最高点。一时间,货币市场、同业拆借、回购等金融领域的专业术语成为寻常百姓的街头热议话题。

什么是货币市场?它有哪些参与主体和交易工具?在我国的发展现状和前景如何?这些问题构成了本章的主要内容。本章从梳理货币市场相关概念着手,首先对货币市场进行概述,接着对发展相对成熟、规模相对较大的两个子市场——同业拆借市场和债券回购市场进行介绍,最后以专栏形式介绍相对较新、发展较快的货币市场基金和大额可转让定期存单。通过本章学习,读者应掌握货币市场及其子市场的定义、构成、特征、功能、参与主体、交易工具以及交易原理和交易方式,并对我国货币市场的发展问题有所了解。

■ 4.1 货币市场概述

□ 4.1.1 货币市场的界定

人们通常以交易工具的期限长短来区分货币市场和资本市场,期限在1年或1年以内的称为货币市场,期限在1年以上的称为资本市场。例如,李心丹(2013)将货币市场定义为"期限在一年或一年以内、以短期金融产品为媒介进行资金融通和借贷的市场,是一年期及一年期以内的短期金融产品交易所形成的供求关系及其运行机制的总和。"

随着金融工具的创新发展,短期资金和长期资金能够实现大规模快速转化,货币市场和资本市场的期限边界日益模糊,考虑二者区别时不仅应关注期限,而且要关注功能。货币市场的功能侧重于弥补头寸和流动性不足,而资本市场侧重将储蓄转化为投资,支持实体经济发展。从这一角度出发,货币市场又可定义为"连接短期货币资金供给与货币资金需求,并以弥补头寸不足和流动性不足为主要目的,以短期信用工具为交易对象完成短期货币资金融通,求得短期货币资金市场供求均衡的市场。"(杜莉,1999)

货币市场有狭义和广义之分。狭义货币市场由同业拆借市场、债券回购市场、短期债券市场、票据市场、外汇市场等子市场以及货币市场基金、大额可转让定期存单等货币市场工具构成;广义货币市场还包括银行短期信贷市场。本章在狭义范畴内对货币市场进行探讨,其中短期债券市场、票据市场和外汇市场分别在第5—7章讨论。

□ 4.1.2 货币市场的产生

货币市场的产生,是货币收支的不平衡导致的。货币收支的短暂性不同步或持续性失衡造成了现金的短缺或剩余,现金短缺者在金融市场上寻找短期资金来源,现金持有者则寻求短期投资机会,一方面获取利息,另一方面在需要现金时又可在几乎没有损失的情况下以相对低廉的成本迅速变现，由此形成了调剂货币余缺的市场。需要指出的是，货币市场并不对货币进行交易，在货币市场上交易的都是期限较短、流动性较强的证券。

西方发达国家货币市场的起源与发展模式可以分为两类：一类以英国和美国为代表，其货币市场起源于商品贸易领域的短期资金需求，通常认为最早出现的是英国19世纪的票据贴现市场，然后才逐步出现同业拆借市场和其他票券市场；另一类以德国、法国、日本为代表，其发展晚于英美两国，主要是出于商业银行流动性管理和实施货币政策的考虑，政府在其中发挥了导向性作用。

4.1.3 货币市场的特征

相较其他类型的金融市场，货币市场主要具有以下三方面特征。

第一，货币市场上的金融工具具有期限短、流动性强、风险小、收益低的特点。首先，货币市场金融工具一般在1年或1年以下，最短隔夜，期限风险较小；其次，货币市场金融工具通常由高信誉的大机构发行，违约风险较小；最后，货币市场大多存在发达的二级市场，信息流动迅速，参与者众多，市场容量巨大，交易活跃且持续，投资者可以进行迅速快捷的买卖交易，甚至可以在未到期时以贴现等方式兑现，流动性风险较小。也正是由于货币市场期限短、流动性强、风险小，货币市场金融工具的收益率相应较低。

第二，货币市场是一个无形市场。货币市场没有固定、集中的交易场所，市场参与者通过遍及全国和全球的计算机网络、电话等通信工具安排交易。例如，我国同业拆借市场在全国统一的同业拆借网络中进行。

第三，货币市场是一个大宗买卖的批发市场。货币市场的大多数交易在机构之间进行，资金数额较大，动辄成百上千万规模。这种巨额交易有效地降低了交易费用，但也使个人投资者难以直接参与货币市场交易，他们可以通过购买货币市场基金等方式间接参与货币市场。

4.1.4 货币市场的功能

货币市场的功能可以从微观和宏观两个层面进行分析。

微观层面，调剂头寸、融通资金是货币市场的基本功能。短期临时性资金需求是微观主体最基本、最经常的资金需求，货币市场通过提供利率、期限、交易方式各异的金融工具实现资金余缺调剂，满足微观主体的短期资金需求。另外，货币市场有利于提高微观主体的经营管理效率。例如，商业银行可以通过同业拆借市场和短期债券市场调节准备金余缺，而无须为应付客户提现保有大量超额准备金；又如，只有业绩和信誉良好的企业签发的票据才会在发行、承兑、贴现各环节得到投资者的接受和认可，这会产生融资成本和流动性方面的差异，由此激励企业提高经营管理水平。

宏观层面，货币市场在货币政策传导过程中发挥了基础性作用。中央银行有公开市场操作、存款准备金、再贴现三大一般性货币政策工具，其中，短期债券市场工具是中央银行公开市场操作的主要手段，同业拆借市场利率和商业银行存款准备金规模是传导存款准备金率变动的主要途径，票据市场则为再贴现率的调整提供了传导载体。由此可见，货币市场是货币政策传导的重要渠道。

4.1.5 货币市场参与主体

货币市场参与主体众多，包括金融机构、中央银行、政府部门、企业、个人以及各类中介机构等。以英美两国为例，其货币市场参与主体如表4-1所示。

4.1.5.1 货币市场交易主体

银行类金融机构。商业银行等银行类金融机构在货币市场上频繁交易，是最重要的交易主体，其市场参与目的主要是管理流动性头寸。商业银行持有超额储备过少会面临因偿债能力不足而遭受处罚的风险，持有超额储备过多又会影响收益水平，因此通过同业拆借、票据、短期债券等市场调整并保持合理的头寸规模。

非银行金融机构。保险公司及各类养老和投资基金拥有大量个人长期资金，希望在风险可控的情况下尽可能获得高于银行存款的收益，因此就需要构建包含不同风险资产的投资组合。他们参与货币市场的主要目的是选择流动性强、风险低的金融工具作为投资组合的一部分，看中的并不仅仅是货币市场工具本身的收益。

中央银行。中央银行依托货币市场，运用各种政策工具调控宏观经济，其参与目的并不是为了营利。中央银行的公开市场操作对货币市场上各种信用工具的价格和收益率造成直接或间接影响；中央银行对再贴现率的调整，既直接影响了商业银行的融资成本、改变了其可贷资金规模，同时也起到了传递政策意图的告示作用；此外，央行票据等信用工具的发行与回购也发挥了投放或回收流动性的效果，配合了政策效果的实现。

政府部门。政府在货币市场的活动主要集中在发行市场，其参与目的是筹措资金弥补赤字，因此是货币市场中的资金需求者。政府债券发行管理的一个基本原则是确保发行顺利和成本最低，而货币市场利率相对稳定，有助于降低发行成本，因而成为政府筹措短期资金的重要场所。

企业与个人。企业在生产经营过程中会形成一定数量的短期资金，为避免资金闲置，企业可将资金投放于流动性强、收益高于银行存款的货币市场工具，提高头寸管理效率。因此，企业通常是货币市场的资金供给者。个人的情况比较特殊，由于货币市场是资金的批发市场，个人不能直接投资，他们主要通过购买货币市场基金将闲置资金间接投资到货币市场上。需要注意的是，一般情况下企业与个人投资者都不直接参与货币市场交易，而是委托有交易资格的金融中介机构进行交易。

4.1.5.2 货币市场中介机构

货币市场做市商。做市商是这样一个群体，他们持续不断地进行买卖双向报价，投资者被动接受报价，做出买卖选择。做市商报出价格后，就有义务接受投资者按此价格提出的买卖要求，因此做市商往往由具有雄厚资金实力的机构担当，他们手中持有充足的货币市场工具。做市商的存在，有利于增强市场流动性、提高交易活跃度、平抑市投机，对于货币市场的发展具有重要作用。

货币经纪公司。货币市场通常有两种达成交易的方式：一是直接交易，即交易双方通过各自电子通信系统表达交易意向并询价达成交易；二是通过货币经纪公司牵线搭桥完成交易，货币经纪公司从中收取经纪费用或赚取买卖价差。货币经纪公司凭借其信息优势成为各交易主体间的连接枢纽，有助于缩短寻找交易对手的时间成本，提高了货币市场的运行效率。

表 4-1 英美两国货币市场交易主体

国家	交易主体
英国	贴现市场：英格兰银行、贴现公司、清算银行、商人银行、证券经纪商、承兑行等 平行货币市场：贴现公司、贴现经纪人、清算银行、二级银行（商人银行、海外银行等）、地方政府、金融行、房屋互助协会、工商企业、货币经纪人等
美国	美联储、各地区联邦储备银行、商业银行、互助储蓄银行、储蓄协会、外国银行分行、证券交易商、财政部、联邦政府与地方政府、政府其他有关机构、工商企业、非金融公司、居民个人和外国居民等

资料来源：曹煦（2002）。

4.1.6 货币市场交易工具

货币市场交易工具是货币市场的交易标的。发达的货币市场上有丰富的交易工具（见表 4-2，英美两国货币市场交易工具），每种工具的发行人、购买者、期限和流动性又有各自的特点以满足市场参与者的不同需求（见表 4-3，美国货币市场交易工具比较）。

表 4-2 英美两国货币市场交易工具

国家	交易工具
英国	贴现市场：国库券、商业票据等 平行货币市场：地方政府债券、银行间存款、债券、存单、欧洲货币等
美国	国债、联邦基金、回购协议、可转让存单、商业票据、银行承兑汇票、欧洲美元存款等

资料来源：曹煦（2002）。

表 4-3 美国货币市场交易工具比较

工具	发行人	购买者	到期期限	二级市场
国债	美国联邦政府	消费者和公司	4周，13周，26周	很好
联邦基金	银行	银行	1—7天	无
回购协议	工商企业和银行	工商企业和银行	1—15天	不错
可转让存单	大型货币中心银行	工商企业	14—120天	不错
商业票据	金融公司和工商企业	工商企业	1—270天	很差
银行承兑汇票	银行	工商企业	30—180天	不错
欧洲美元存款	非美国银行	工商企业、政府和银行	1天—1年	很差

资料来源：米什金和埃金斯（2014）。

在我国，货币市场工具主要有同业拆借、回购协议、短期国债、央行票据、商业票据、短期融资券、外汇、货币市场基金、大额可转让定期存单等。

同业拆借。同业拆借是商业银行等金融机构以无担保信用方式进行的短期融资交易，所融资金主要用于弥补短期资金不足、票据清算差额以及解决临时性资金短缺需要。在我国，金融机构进入同业拆借市场需经中国人民银行批准，并通过全国统一的同业拆借网络进行交易，每笔最低拆借金额为人民币10万元，最小拆借金额变动为人民币1万元，日计数基准为实际天数/360，期限从隔夜到1年不等。在短期融资方式中，同业拆借效率最高。

回购协议。回购协议一般是指证券持有人（卖方）在卖出证券给证券购买人（买方）时，买卖双方约定在将来某一日期以约定的价格，由卖方向买方买回相等数量的同品种证券所签署的协议。按标的证券所有权是否转移，回购协议可分为质押式和买断式两种类型。本质上，回购协议是一种以证券为抵押物的抵押贷款，风险比无担保信用拆借低，利率也相应较低。在我国，货币市场回购协议的标的主体以短期国债和商业票据为主。

短期国债。短期国债也称国库券，是财政部代表中央政府发行的、期限在1年及1年以内的短期债务凭证，其发行目的主要是弥补当期财政赤字和偿还到期政府债务。我国短期国债发行面值为100元，产品期限有3个月、6个月、9个月、12个月四个品种，主要发行场所为银行间债券市场和交易所市场。

央行票据。央行票据即中央银行票据、央票，是我国中央银行为调节基础货币在银行间市场向金融机构发行的票据，是货币政策日常操作的重要工具之一。我国央行票据发行面值为100元，产品期限有3个月、6个月、1年、3年四个品种，其中1年期央行票据占据主要地位。央行票据有市场发行和定向发行两种发行方式，前者面向不确定的投资者采取价格招标或利率招标的方式发行；后者根据调控需要，针对特定银行发行。

商业票据。商业票据即通常所称的票据，是出票人依法签发的、由自己或指示他人无条件支付一定金额给收款人或持票人的有价证券，以支付金钱为目的，可以替代现金流通。商业票据可以分为汇票、支票和本票三类。

短期融资券。短期融资券是企业依照《银行间债券市场非金融企业债务融资工具管理办法》的条件和程序在银行间债券市场发行和交易并约定在一定期限内还本付息的有价证券，是企业筹措短期（1年以内）资金的直接融资方式。短期融资券的发行面值为100元，期限有3个月、6个月、9个月、12个月等，其中期限在270天以内的称为超短期融资券。本质上，短期融资券属于融资性无担保商业本票，但未使用"票据"的名称，一是因为我国《票据法》采用真实票据理论，要求票据的签发、取得和转让具有真实交易关系和债权债务关系；二是因为法律限定本票出票人只能是银行，未给融资性商业本票留下空间。短期融资券与欧美发达国家发行的商业票据性质相同。

外汇。外汇市场交易工具包括即期交易工具和衍生品交易，本质上交易的也是各种短期金融资产，只是以不同的货币标值。在我国，现有标的产品包括人民币外汇即期、人民币外汇远期、人民币外汇掉期、人民币外汇货币掉期、人民币外汇期权、外币对即期远期和掉期、外币拆借。

货币市场基金。货币市场基金也称货币市场共同基金、货币市场互助基金，聚集广大个体投资者的小额资金来投资于货币市场证券，并将投资收益分享给个体投资者。由于货币市场是大额批发市场，个体投资者一般无法直接投资，货币市场基金的出现满足了他们的投资需求。

大额可转让定期存单。大额可转让定期存单是一种固定面额、固定期限、可以流通转让、自由买卖的大额存款定期储蓄凭证。我国20世纪80年代引入大额可转让定期存单，发行单位限于国内各类商业银行，发行对象为城乡居民个人和企事业单位，但始终没有形成上规模的流通市场，并于1997年因种种原因被叫停。2013年12月，中国人民银行为推进存款利率市场化改革发布《同业存单管理暂行办法》，允许金融机构在银行间市场发行大额可转让同业存单，标志着这一业务的重启。

4.1.7 我国货币市场的发展

我国货币市场起步于改革开放，经历了从无到有，从不规范到逐步健全制度、规范完善的过程。1979年7月，我国建立票据承兑贴现市场，其后各专业银行先后开办商业票据贴现业务。1982年，同城票据承兑贴现业务首先在上海试点；1985年，中国人民银行允许开展银行间转贴现业务；1986年，中国人民银行开办再贴现业务并允许入市转让，标志着票据市场基本形成。1981年起财政部恢复发行国债；1987年，企业债券交易市场放开；1988年，国库券交易市场放开；其后，银行间拆借市场、债券回购市场以及银行票据贴现市场等逐步出现，发展迅速。

但总的来看，20世纪80年代货币市场发展秩序较为混乱。由于市场准入规定不明确，或有据不依，管理不严，一些不具资格的投资者也得以进入该市场。例如，许多工商企业进入同业拆借市场，使之变成银行体系之外的另一个信贷市场，造成期限过长、利率过高等问题，使同业拆借市场失去了本来的意义。1996年，16家商业银行总行之间形成统一的拆借市场，同时地方性金融机构在中国人民银行地方分行设立的区域性融资中心调剂短期资金余缺。但因准入把关不严、管理混乱，违约事件频发，区域融资中心被迫关闭，同业拆借逐步集中到全国统一的同业拆借市场网络中进行。1997年，中国人民银行建立银行间债券市场，由全国银行间同业拆借中心提供技术支持、中央国债登记结算公司提供登记托管服务，以机构投资者为主要参与者。

1998年以后，货币市场步入稳步快速发展阶段，产品创新不断推出。2002年，中国人民银行开始发行央行票据；2004年，在质押式回购基础上推出债券买断式回购；2005年，推出短期融资券。此外，金融衍生品市场也得以进一步发展，人民币利率互换交易和远期利率协议业务等相继推出。与此同时，货币市场参与主体不断丰富。以同业拆借市场为例，目前已包括商业银行、证券公司、财务公司、城商行、农联社、信托公司等多种类型机构投资者，并培育了诸如货币市场基金此类的投资工具和交易主体。

总体而言，我国货币市场经过三十多年探索取得了长足的发展，初步形成了包括同业拆借市场、票据市场等在内的多元化子市场体系，市场基础设施和法律监管体系日臻完善，交易规模不断扩大，产品种类不断增加，投资主体类型也得到了丰富。然而，从整个货币市场运作的有效性、产品种类规模、交易活跃程度及市场稳定性等方面来看，我国货币市场与西方发达市场经济国家还存在差距，在一定程度上仍制约着中央银行货币政策效果的实现，这些问题均有待在市场的进一步发展中加以解决。

4.2 同业拆借市场

同业拆借市场是金融机构之间以货币借贷方式进行的无担保短期资金融通活动所形成的市场。改革开放以来的三十余年间，我国同业拆借市场取得了长足发展，业已成为金融机构流动性调节的重要场所和货币政策传导的重要渠道。

4.2.1 国际同业拆借市场的形成与发展

同业拆借市场最早出现于19世纪，当时英美两国实行单一银行制，银行规模较小且缺乏分支机构，流动性管理存在困难。由于经济欠发达地区银行的多余资金难以找到放贷出路，而经济发达地区银行难以吸收足额存款以满足庞大的贷款需求，银行之间相互拆借资金的短期市场应运而生。一方面，欠发达地区银行与发达地区银行签订代理银行协议，并在对方存入存款，这笔存款既用于双方债权债务清算，也用于发达地区银行放贷；另一方面，当欠发达地区银行偶尔出现贷款需求上升时，也会向发达地区代理银行借款以满足客户需求。尽管这种形式的同业拆借规模较小、频率不高，但却促进了以伦敦、纽约等地为中心的全国性同业拆借市场的发展，弥补了单一银行制的不足。19世纪末，英国开始放松金融管制，大规模城市银行兼并浪潮出现，单一银行制逐渐为分行制取代，不同银行之间的同业拆借转化成了同一银行不同分支机构之间的拆借。此时的美国仍实行严格的单一银行制，不同商业银行之间的同业拆借仍是流动性管理的重要手段。

同业拆借市场的真正发展同存款准备金制度的实施密不可分。按照美国《1913年联邦储备法》规定，加入联邦储备银行的会员银行，必须按存款数额的一定比例向联邦储备银行缴纳法定存款准备金，否则将受到严厉处罚。这就为商业银行流动性管理带来了更大的挑战。为应对准备金不足或超额情况的发生，1921年在美国纽约形成了以调剂联邦储备银行会员银行的准备金头寸为内容的联邦基金市场。20世纪30年代大萧条之后，各国普遍强化了中央银行的作用，相继引入法定存款准备金制度作为控制商业银行信用规模的手段，同业拆借市场也因此得到了快速发展。

当今主要发达国家和地区的同业拆借市场较之形成之初，无论在交易主客体、交易方式还是与央行货币政策操作的关联程度方面都发生了深刻变化，既形成了一定的共性，也存在着不少的差异（见表4-4）。拆借交易不仅由银行之间拓展到银行与其他非金融机构之间，拆借目的也由补足存款准备、轧平票据交换头寸、应对临时性资金短缺扩展到调整资产负债结构、保持资产流动性等方面。同业拆借市场已成为银行实施资产负债管理的有效途径。

表4-4 主要发达国家或地区同业拆借市场对比

国家/地区	交易主体	交易客体	交易方式	央行货币政策操作
美国	商业银行、互助储蓄银行、储蓄协会、外国银行分行、证券商、联邦政府	隔夜拆借占绝大多数	经纪人交易（最多）；代理行交易；直接交易	制定利率目标区，通过公开市场操作影响利率
欧洲	在欧元区货币市场上成交量大、交易活跃的银行	银行间短期存款、隔夜无担保拆借	直接交易	把欧元同业利率和隔夜拆借平均指数作为宏观调控的关键指标
英国	清算银行、商人银行、贴现行、金融行、海外银行、国际金融机构、部分非金融机构	主要是3个月内短期融资，隔夜拆借占多数	主要通过经纪人交易，极少直接交易	不直接影响利率，但对贴现市场进行干预，通过金融机构的市场行为来间接影响同业拆借利率
日本	都市银行、地方银行、相互银行、保险银行、短资公司	无抵押短期拆借占多数	主要通过短资公司交易，引入直接交易原则	通过短资公司进行公开市场操作，影响同业拆借利率，进行间接调控

资料来源：根据张自力和林力（2010）改编。

4.2.2 我国同业拆借市场的发展与现状

我国同业拆借市场起步于1984年，至今大致经历五个发展阶段：一是1993年以前资金市场、融资工具等多渠道融资阶段；二是1993—1995年的单一融资中心阶段；三是1996—2006年全国统一同业拆借市场形成发展阶段；四是2007—2015年全国银行间同业拆借市场稳步发展阶段；五是2016年以来开放高效的市场化发展阶段。

4.2.2.1 多渠道融资阶段（1984—1992）

中华人民共和国成立到1984年以前，我国实行的是高度集中统一的信贷资金管理体制，银行间的资金余缺不能自由横向融通，只能通过行政手段纵向调剂。1984年，中国人民银行开始独立行使中央银行职能，初步形成由中央银行领导、以专业银行为主体、其他金融机构并存的金融机构体系。1984年10月，中国人民银行确立了"统一计划，划分资金，实贷实存，相互融通"的信贷资金管理体制，明确"相互融通"就是资金的横向调剂，主要是各地区、各银行之间相互拆借资金。

1986年1月，国家经济体制改革委员会（国家体改委）、中国人民银行在广州联合召开五城市金融体制改革试点座谈会，将银行同业拆借列为金融体制改革重要试点内容；同月，国务院颁布《中华人民共和国银行管理暂行条例》，明确规定专业银行的资金可以相互拆借，为拆借市场的发展提供了法规依据。同业拆借业务在全国各地迅速开展，当年就建立了以广州、重庆、武汉、沈阳、成都等城市为中心的有形拆借市场。截至1987年6月，除西藏以外，全国各省份均建立了不同形式的同业拆借市场，初步形成一个以大中城市为依托的多层次同业拆借网络。1988年，中国人民银行批准成立海南融资公司、大同融资公司、广州融资公司等市场中介组织，从而形成了由中国人民银行、专业银行、金融机构等组成的多渠道拆借市场体系。

然而，在市场快速发展过程中，一些金融机构超过承受能力大量拆入资金，到期无法清偿回收，市场秩序出现严重混乱。为了引导市场发展，1990年3月，中国人民银行颁布《同业拆借管理试行办法》，首次对拆借业务和拆借比例做出规范，同时明确在经济比较发达、融资量比较大的城市，可以在原有资金市场的基础上重新组建金融市场，设立会员基金，为金融机构代理跨地区同业拆借业务。至此，一个以金融市场、资金市场、融资公司为表现形式的多渠道同业拆借市场融资框架基本形成。

4.2.2.2 融资中心单一融资阶段（1993—1995）

1992年下半年以后，随着股票、房地产市场非法集资风险的蔓延，拆借市场再次陷入混乱。有些金融机构假借拆借形式挪用信贷资金炒股票、炒房地产或绕开贷款限额对企业发放贷款；也有一些金融机构违反同业拆借利率与期限管理相关规定，擅自提高拆借利率并延长拆借期限；还有一些非金融机构违反"非金融机构不能参与同业拆借活动"的规定，假借拆借之名而行挤占挪用信贷资金扩大固定资产投资规模之实；此外，滥设同业拆借中介机构的问题也再度抬头。违规现象愈演愈烈，部分金融机构甚至出现支付困难，严重危及了金融秩序的稳定。在这种情况下，中国人民银行先后下发《关于进一步加强对同业拆借管理的通知》和《关于进一步整顿和规范同业资金拆借秩序的通知》，采取坚决措施，整顿同业拆借市场。中共中央、国务院6月24日下发《关于当前经济情况和加强宏观调控的意见》，要求尽快建立全国统一的、有序的同业拆借市场，使资金拆借纳入规范化的轨道。

在市场组织架构上，撤销省及以下金融机构违规办理的有形拆借市场机构，各省成立一家由中国人民银行牵头的融资中心，执行中国人民银行的宏观金融政策，调剂本地区各金融机构之间的资金余缺。在省以下部分中心城市或远离省会的边远城市设立融资中心办事处，办理本地区资金拆借，要求所有跨地区、跨系统资金拆借必须通过融资中心办理。

1995年9月，中国人民银行根据党的十四届五中全会关于"要培育和规范要素市场，包括同业拆借市场的培育和规范"的精神，撤销商业银行组建的资金市场中介机构，保留中国人民银行融资中心，并强调所有同业拆借业务必须经过融资中心办理，纠正同业拆借中介机构重复建设的现象，同业拆借市场单一融资中心融资渠道形成。

4.2.2.3 全国统一同业拆借市场形成发展阶段（1996—2006）

经过治理整顿，当时我国同业拆借市场的混乱局面得到根本改善，交易量迅速放大，交易行为得以规范，运行效率大为提高。但此时市场分割严重，跨省拆借较少，这不仅使各地市场利率差异极大，无法形成全国统一的拆借市场利率，而且也使监管变得愈加困难。1995年，中国人民银行决定参考意大利屏幕市场模式建立一个全国联网的拆借网络系统，以形成全国统一的同业拆借市场。为此，中国人民银行撤销商业银行组建的融资中心、资金市场和各类中介组织共50余家，保留中国人民银行牵头设立的融资中心43家。

1996年1月3日，全国统一的同业拆借网络市场并开始运行。该网络市场由同业中心电子网络组成的同业拆借交易一级网络和各省、自治区、直辖市人民银行融资中心组织的二级网络组成。一级网络上的交易主体是各商业银行总行、全国性金融信托投资公司以及35家各省级人民银行融资中心，二级网络交易主体是经过总行授权的商业银行分行、经营规范的金融信托、租赁公司、财务公司、保险公司。一级网络成员通过同业中心交易系统计算机网络进行交易；二级网络成员由融资中心通过电话或计算机联网就地交易，其余部分由融资中心在一级网络上解决。两级网络同时运作，相互平衡，形成全国统一的同业拆借运行系统。

但由于融资中心成立时承接了1993年以前的资金市场逾期资金，还有一些非银行金融机构（如信托公司、财务公司、租赁公司等）盲目扩张规模，把拆借资金作为长期投资的资金来源，导致融资中心的拆出资金不能及时收回，形成大量债权债务。自1997年第四季度起，中国人民银行采取措施清收融资中心的逾期资金，随后对完成清收工作的融资中心予以撤销。这样，同业拆借二级网络逐渐淡出，拆借主要通过同业中心一级网络办理。

1998年年初，中国人民银行停止融资中心的自营拆借业务，严控拆借市场风险。其后，中国人民银行逐步放松准入条件，增加市场成员（见表4-5），市场迈入稳步发展阶段。

表4-5　同业拆借市场参与主体引入政策

时间	准则	主要内容
1998年4月	《关于商业银行授权分行进入全国同业拆借市场有关问题的通知》	允许商业银行分支机构在总行的授权下进入同业拆借市场
1998年5月	《关于批准部分外资银行加入全国同业拆借市场的通知》	允许9家外资银行进入市场
1998年10月	《关于保险公司加入全国同业拆借市场有关问题的通知》	允许保险公司进入市场
1999年1月	《关于批准部分农村信用社联社加入全国同业拆借市场的通知》	允许部分农村信用社加入全国同业拆借市场
1999年10月	《证券公司进入银行间同业市场管理规定》《基金管理公司进入银行间同业市场管理规定》	允许部分证券公司和基金公司进入市场
2000年6月	《财务公司进入全国银行间同业拆借市场和债券市场管理规定》	允许部分财务公司进入市场
2006年7月	《中国人民银行关于货币经纪公司进入银行间市场有关事项的通知》	允许部分货币经纪公司进入市场

资料来源：中国人民银行相关资料。

4.2.2.4　市场稳步发展阶段（2007—2015）

2007年，中国人民银行颁布《同业拆借管理办法》，按照"循序渐进、适时调整、有放有收、强化监督"的方针，在保持同业拆借管理政策连续性和稳定性的基础上，逐步放宽了市场管制，批准经过改制的外资法人银行、信托公司、金融资产管理公司、金融租赁公司、汽车金融公司、保险公司、保险资产管理公司成为同业拆借市场成员；强化信息披露管理等市场化管理手段，同时加强对市场的监督检查，以促进市场的健康发展。《同业拆借管理办法》全面调整了同业拆借市场的准入管理、期限管理、限额管理、备案管理、透明度管理、监督管理权限等规定，在放松准入管理、期限管理、限额管理的同时，加强透明度管理、事后监督检查等市场化管理措施，逐步实现管理手段的市场化转型。

这是1996年全国银行间同业拆借市场建立以来一次重要的管理政策调整，对同业拆借市场的发展起到了明显的促进作用。2007年，同业拆借交易量首次突破10万亿元，日均交易量由2006年不足100亿元增长到超过400亿元，市场规模实现了一年翻两番以上的跨越式增长。

4.2.2.5 2016年以来开放高效的市场化发展阶段

随着市场的发展和主体的成熟，中国人民银行逐步减少事前的行政管理手段，将市场能够决定的交给市场，将监管重点放在维护并优化市场环境上，以促进市场的升级发展。2016年3月，中国人民银行总行印发《关于贯彻落实〈国务院关于取消13项国务院部门行政许可事项的决定〉的通知》，停止"金融机构进入全国银行间同业拆借市场审批"。一方面，简化金融机构入市流程，缩短联网办理时间，便利金融机构，提升其入市热情，提高了同业拆借市场效率；另一方面，进一步加强信息披露规范和履约信息管理，强化同业拆借市场透明度和信用环境建设，推动市场长期健康发展，同业拆借市场市场化进程不断深化。截至2017年年底，全国银行间同业拆借市场共有联网成员超过1 900家，涵盖8类银行类金融机构和10类非银行金融机构；2017年同业拆借市场累计成交79万亿元（见图4-1）。

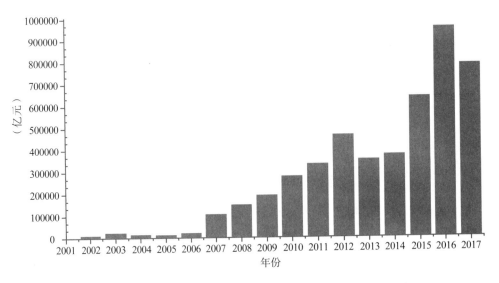

图4-1　全国银行间同业拆借市场交易量（2002—2017）

资料来源：Wind资讯。

4.2.3 我国同业拆借市场的组织与运行

4.2.3.1 参与主体

同业拆借市场是金融机构融通短期资金的场所,其主要参与者是银行类金融机构、非银行金融机构以及货币经纪公司等中介机构。根据《同业拆借管理办法》第二章第六条,下列金融机构可以向中国人民银行申请进入同业拆借市场:(1)政策性银行;(2)中资商业银行;(3)外商独资银行、中外合资银行;(4)城市信用合作社;(5)农村信用合作社县级联合社;(6)企业集团财务公司;(7)信托公司;(8)金融资产管理公司;(9)金融租赁公司;(10)汽车金融公司;(11)证券公司;(12)保险公司;(13)保险资产管理公司;(14)中资商业银行(不包括城市商业银行、农村商业银行和农村合作银行)授权的一级分支机构;(15)外国银行分行;(16)中国人民银行确定的其他机构。目前,我国同业拆借市场成员共有1 924家(见表4-6)。

表4-6 全国银行间同业拆借市场成员构成(截至2018年4月2日)

单位:家

机构性质	成员数	机构性质	成员数
大型商业银行	20	股份制商业银行	41
城市商业银行	133	政策性银行	3
外资银行	108	农村商业银行和合作银行	778
农村信用联社	322	信托投资公司	65
金融租赁公司	45	财务公司	218
保险公司	42	证券公司	101
资产管理公司	4	汽车金融公司	20
保险公司的资产管理公司	4	民营银行	4
境外人民币清算行	9	消费金融公司	5
其他	2		

注:以上统计不包括:已经退市的市场成员;已经申请加入银行间市场但还未完成联网手续的市场成员。

资料来源:中国货币网。

银行类金融机构。商业银行尤其是大型商业银行是同业拆借市场的主要资金需求者和供给者。由于同业拆借是无担保资金融通行为,市场交易量大,信誉要求高,而大型商业银行实力雄厚,更容易进行资金融通。当商业银行的现金储备不足以缴存法定存款准备金或应付流动性需要时,它可以通过同业拆借市场拆入短期资金;反之,当其现金储备较多时,则可以拆出资金以获取一定的收益。

非银行金融机构。证券公司、保险公司、信托公司、企业集团财务公司等非银行金融机构也把同业拆借市场作为短期资金运用的经常性场所，根据自身的流动性状况拆入或拆出资金。由于非银行金融机构实力相对较小，经营较为谨慎，它们往往保持较为宽松的资金头寸，更多担任资金供给者的角色。

中介机构。同业拆借市场中的交易既可以直接联系成交，也可以通过中介机构进行。中介机构通过给拆借双方充当交易媒介、撮合交易以获取一定的佣金。同业拆借市场的中介大致可以分为两类：一类是专门从事中介业务的专业机构，如货币经纪公司等；另一类是非专门从事中介业务的兼营机构，如大型商业银行等。

中央银行与金融监管机构。同业拆借市场是中央银行货币政策传导中的重要一环，同时由于其在货币市场中的基础性地位，成为金融监管机构的重要监管对象。在我国，《同业拆借管理办法》第一章第四条规定，中国人民银行依法对同业拆借市场进行监督管理。金融机构进入同业拆借市场必须经中国人民银行批准，从事同业拆借交易接受中国人民银行的监督和检查。除功能监管外，中国证监会、银保监会等金融监管机构也在各自的职责范围内实施机构监管。

4.2.3.2 产品结构

同业拆借期限从隔夜到1年不等，不同类型金融机构的最长拆入期限要求也有所不同。目前，上海银行间同业拆放利率（Shanghai Interbank Offered Rate，Shibor）对社会公布的标准期限包括隔夜、1周、2周、1个月、3个月、6个月、9个月、1年等8个品种，其余非标准期限品种Shibor值根据相邻两个标准期限的Shibor线性插值计算得出。从2017年实际成交额来看，7天以内交易占了全部同业拆借交易的绝大部分：隔夜拆借占86%以上，包括隔夜拆借在内的7天以内交易占96%以上（见图4-2）。

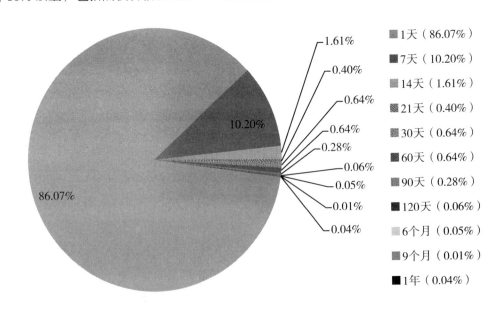

图4-2 全国银行间同业拆借交易构成（2017）

资料来源：Wind 资讯。

4.2.3.3 市场运行

在我国，同业拆借交易必须在全国统一的同业拆借网络中进行，这一网络包括全国银行间同业拆借中心的电子交易系统、中国人民银行分支机构的拆借备案系统以及中国人民银行认可的其他交易系统。其交易方式可分为网上交易和网下交易，前者通过全国银行间同业拆借中心提供的计算机交易服务平台进行；后者是非拆借中心成员之间以手工合同方式进行交易，须报当地人民银行备案。交易运行的原则为以询价方式进行，自主谈判、逐笔成交。

以银行为例，同业拆借业务的岗位设置、拆入拆出流程分别如图4-3至图4-7所示。

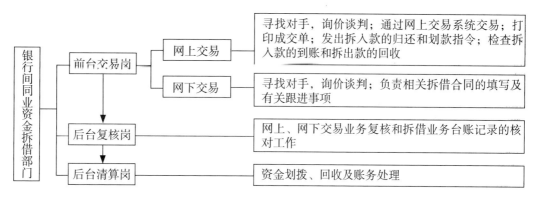

图4-3　同业拆借业务岗位设置

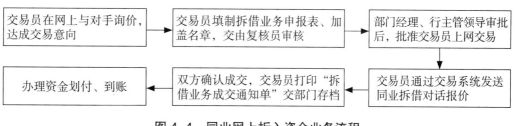

图4-4　同业网上拆入资金业务流程

图4-5　同业网下拆入资金业务流程

图4-6　同业网上拆出资金业务流程

图 4-7　同业网下拆出资金业务流程

4.2.3.4　交易流程

1. 报价、询价和成交流程

在全国银行间同业拆借中心的电子交易系统中，同业拆借交易有公开报价、对话报价、小额报价等三种报价方式。前两者为询价交易方式，后者可通过点击确认、单向撮合成交。

公开报价。公开报价是指电子交易系统开市后，交易员通过交易系统把本方拆借交易的意向向市场发布以寻找交易对象的过程。它是交易员为引导对手方询价而向其他成员所做的报价。公开报价要素包括拆借方向、拆借期限、拆借利率、拆借金额、成交日、起息日、还款日、实际占款天数、交易品种等。公开报价不能直接成交，必须将其转化为对话报价并经双方交谈后才能成交。

对话报价。对话报价是询价交易方式下交易对手双方"讨价还价"的过程，是交易过程中向特定交易成员的交易员所做的报价。由于拆借利率由市场决定，交易员完全有可能通过"讨价还价"以低利率拆入资金、高利率拆出资金。发送对话报价是"讨价还价"的开始。对话报价要素比公开报价多了到期还款金额、清算账户、对手方、对手方交易员等 4 个要素。对话报价交谈最多只能进行 8 个轮次，超过 8 轮次后该报价自动转为非活动报价，交易双方需重新开始另一个对话过程。交谈过程中只要拥有交谈权的一方同意对方报价，即可确认成交。

小额报价。小额报价是为提高交易效率而采用的一次报价、规定交易数量范围和对手方范围单向撮合的交易方式。如果满足交易数量和交易对手的要求，其他交易成员可以直接通过点击成交，无须经过询价过程。小额报价要素和对话报价基本相同，只是少了对手方和对手方交易员两项。小额报价一经报出不能修改，对未成交部分可予以撤销。进行小额报价时必须先设置单笔成交金额的上限和下限、对手方范围。单笔成交金额上下限的设置限定了对手方应答小额报价时点击成交的单笔最高和最低成交金额。对手方范围限定了哪些交易员可看到小额报价并点击成交。若不设对手方范围，则发出的小额报价的是无效的，即市场上没有人可看到报价方所发出的报价。小额报价点击确认成交，即报价发出后，在报价方所指定的对手范围内，对方只需填入本方成交数量、选择本方清算账户即可直接确认成交，无须与报价方进行交谈。小额报价成交时不仅受单笔成交上下限的限制，还受市场限额、成员间授信和交易员限额的限制，只有都满足了以上限制才能成交。成交后，系统自动将成交金额自报价方的原报价量中扣减。若应答方所填入的成交金额超过剩余量，则按剩余量成交。

三种报价方式的交易流程如图 4-8 所示。

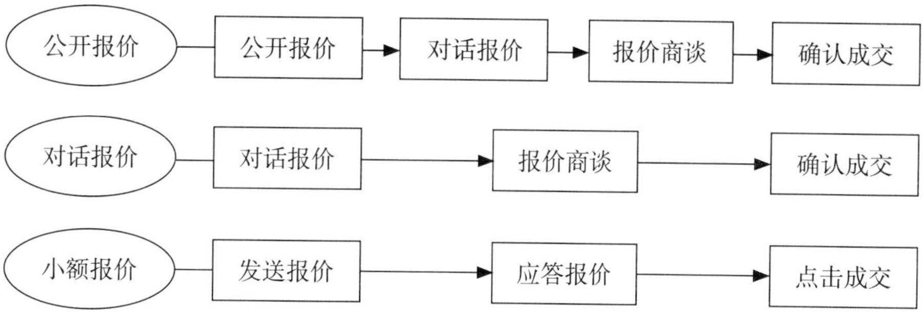

```
公开报价 → 公开报价 → 对话报价 → 报价商谈 → 确认成交

对话报价 → 对话报价 → 报价商谈 → 确认成交

小额报价 → 发送报价 → 应答报价 → 点击成交
```

图 4-8 同业拆借三种报价方式交易流程

2. 交易后的资金清算

全国银行间同业拆借市场的资金清算按双边逐笔全额直接清算、自担风险的原则办理，即交易成员按成交通知单所载内容在规定起息日向交易对手方逐笔全额办理资金清算，由此产生的风险由交易成员自行承担。

交易对手之间人民币资金清算通过中国人民银行大额支付系统或商业银行账户办理。交易成员在办理资金清算时需遵守以下规定：交易成员的资金清算必须通过其在中国人民银行或商业银行开立的账户划转，不得收付现金；交易成员必须按成交通知单上注明的清算速度向其交易对手方划付资金。

【案例分析 4-1】

同业拆借成交通知单填写示例

2018 年 2 月 27 日，A 银行与 B 银行经过商谈达成协议，以 4.80% 的同业拆借利率融入 6 000 万元资金 7 天并在网上确认成交。具体资料：A 银行（开户行：A 银行，行号：678910，账号：6543210987）；B 银行（开户行：B 银行，行号：9876541230，账号：87651234）。作为 B 银行同业拆借部门交易员，填制银行间信用拆借拆出成交单如下：

银行间信用拆借拆出成交通知单

成交日期：2018-02-27①　　　成交编号：I201802270007　　　交易员：XXX

拆出方	B 银行		
拆入方	A 银行		
拆出金额（万元）②	6000	成交利率（%）	4.80
拆借期限（天）③	7	手续费（元）	
起息日④	2018-02-27	收款日⑤	2018-03-06
应收利息（元）⑥	56000.00	到期收款金额（元）	60056000.00
拆出方户名	B 银行		
拆出方开户行	B 银行（行号：9876541230）		

(续表)

拆出方账号	87651234
拆入方户名	A 银行
拆入方开户行	A 银行（行号：678910）
拆入方账号	6543210987

成交序号：I0007

注：① 成交日期是拆借双方订立同业拆借合同的日期。
② 同业拆借交易单位为万元，拆借金额最低为 10 万元；资金清算单位为元，保留 2 位小数。
③ 拆借期限是起息日至收款日的实际天数，以天为单位，含起息日，不含收款日。
④ 起息日是资金拆出方根据合同将资金划至拆入方指定账户的日期。
⑤ 收款日是资金拆入方根据合同将资金划至拆出方指定账户的日期。
⑥ 拆借利率以年利率表示，计算计息的基础天数为 360 天。因此，应收利息 = 拆借金额 × 拆借利率 × 拆借期限 /360=60000000×4.8%×7/360=56000（元）。

【拓展阅读 4-1】

Shibor 与同业拆借市场利率体系

我国利率市场化改革起步于货币市场的同业拆借利率。1996 年 5 月，中国人民银行发布《关于取消同业拆借利率上限管理的通知》，决定从 1996 年 6 月 1 日起放开拆借利率，并开始定期公布银行间拆借市场利率，逐步形成由市场供求决定的、统一的同业拆借利率（Chibor）。

2007 年 1 月，中国人民银行借鉴伦敦、欧洲、中国香港、新加坡、东京银行间同业拆借利率[①]的发展经验，推出了上海银行间同业拆放利率。Shibor 以位于上海的全国银行间同业拆借中心为技术平台计算、发布并命名，是由信用等级较高的银行组成报价团自主报出的人民币同业拆出利率计算确定的算术平均利率，是单利、无担保、批发性利率。目前，对社会公布的 Shibor 品种代码按期限长短排列为 O/N、1W、2W、1M、3M、6M、9M、1Y（O/N 代表隔夜，W 代表周，M 代表月，Y 代表年）。

Shibor 报价银行团现由 18 家商业银行组成，报价银行是公开市场一级交易商或外汇市场做市商，在中国货币市场上人民币交易相对活跃、信息披露比较充分的银行[②]。中国人民银行成立 Shibor 工作小组，依据《上海银行间同业拆放利率（Shibor）实施准则》确定和调整报价银行团成员、监督和管理 Shibor 运行、规范报价行与指定发布人行为。全国银行间同业拆借中心受权 Shibor 的报价计算和信息发布。每个交易日根据各报价行的报价[③]，剔除最高、最低各 4 家报价，对其余报价进行算术平均计算后，得出每一期限品种的 Shibor，并于当天上午 9:30 对外发布。以 2017 年 10

---

① 依次为 Libor、Euribor、Hibor、Sibor 和 Tibor。
② 18 家报价银行分别为中国工商银行、中国农业银行、中国银行、中国建设银行、交通银行、招商银行、中信银行、光大银行、兴业银行、浦发银行、北京银行、上海银行、汇丰中国、民生银行、华夏银行、广发银行、邮储银行、国家开发银行。
③ 以年利率（%，实际拆借期限/360，T+0）对各期限品种报价，保留 4 位小数。

月 12 日—2018 年 4 月 3 日为例,各期限品种 Shibor 历史走势如图 4-9 所示。

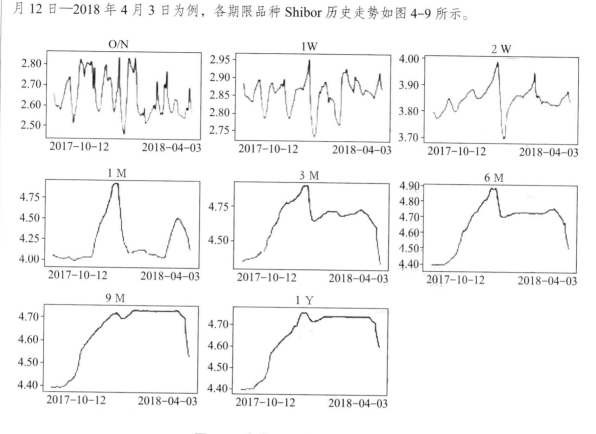

图 4-9　各期限品种 Shibor 历史走势

资料来源:上海银行间同业拆放利率网站。

Shibor 的推出为货币市场产品定价提供了参考依据,其作为基准利率的意义逐步得到市场认可,债券、票据、利率互换、同业存款交易等产品都以 Shibor 为基准利率或定价的重要参考因素。

债券方面,Shibor 推出当年,国家开发银行、中国农业发展行等金融机构纷纷发行以 Shibor 为基准的浮息债品种,主要付息基准为 1 周和 3 个月 Shibor 两种。以企业债为代表的固息债发行也建立了以 Shibor 加固定利差的定价方式,其中企业债发行绝大部分采用 1 年 Shibor 加利差的方式定价。

票据和利率互换方面,2007 年 7 月,全国银行间同业拆借中心推出以 Shibor 为基准的票据转贴现、票据回购和利率互换报价,同时公布《票据和利率互换 Shibor 基准报价操作指引》,报价机构以 3 个月 Shibor 为基准利率进行票据转贴现双边报价;以隔夜 Shibor、1 周 Shibor 和 3 个月 Shibor 为基准报出 0.5 年、1—10 年整数期限 11 个期限共 33 个品种的双边报价。

同业存款交易方面,通常也采用 Shibor 加减点的方式,具体有两种情况:一种是全部使用相同期限的 Shibor 作为基准,如 1 个月定期存款使用 Shibor 1M;另一种是 3 个月(含)以内的定期存款使用 Shibor 3M 作为基准,3 个月以上的使用相同期限的 Shibor 作为基准。

4.2.4 我国同业拆借市场的监督与管理

4.2.4.1 监管框架

1. 中国人民银行总行（总部）的监管职责

根据《中国人民银行法》规定，中国人民银行履行监督管理银行间同业拆借市场的职责。中国人民银行总行（或授权上海总部）履行的具体职责包括：（1）颁布同业拆借市场管理办法和其他有关政策法规，负责对同业拆借市场进行全面管理。（2）对交易成员的交易行为进行监督和规范，如对具有法人资格的交易成员核定信用拆借的限额。（3）将同业拆借交易行为纳入对金融机构的监控、考察、检查的体系，如拆借资金比例纳入对商业银行资产负债比例管理的监管体系，评估金融机构的状况以及是否遵守有关法规，负责对辖区内同业拆借交易成员的内控，采取非现场监督、现场检查，以及违规处罚（包括市场退出）等措施。（4）通过同业拆借中心提供的信息，对交易成员披露的有关统计指标进行监督，确保其与上报中国人民银行的监管、统计指标的一致性。（5）授权中介机构发布市场相关信息。

2. 中国人民银行分支行的监管职责

（1）监督辖内交易双方均为同业拆借市场交易成员的金融机构必须通过同业拆借系统进行拆借交易。（2）对辖内非银行金融机构以外的其他市场成员进行的拆借交易进行备案管理。（3）对所有辖内金融机构的信用拆借额度进行监管。（4）汇总统计辖内金融机构同业拆借有关交易数据，报中国人民银行总行，并抄送同业拆借中心。（5）定期向中国人民银行总行报告当地同业拆借活动情况。

在同业拆借交易的事后监督检查方面，中国人民银行分支机构的职责主要包括：一是由中国人民银行省一级分支机构负责拟定辖区同业拆借备案管理实施办法；二是同业拆借现场检查的决定权在省一级分支机构以上；三是中国人民银行分支机构执行同业拆借现场检查时，应遵守中国人民银行有关监督检查程序的统一规定；四是按照权力和责任对等的原则，规定了"中国人民银行及其分支机构从事同业拆借市场监督管理的行为依法接受监督并承担法律责任"。

3. 全国银行间同业拆借中心的监控职责

全国银行间同业拆借中心作为市场基础设施，其主要职责侧重于监测同业拆借市场活动，组织金融机构披露信息，协助中国人民银行和金融机构管控风险，保证市场正常有序运行。上述职责主要体现在：（1）通过推进完善同业拆借交易和信息服务电子网络，为中国人民银行监督防范市场风险提供便利。（2）对各金融机构的市场参与权限进行事前控制，从技术上协助中国人民银行监管，防止金融机构超权限的交易行为。技术控制主要包括在系统上设置信用拆借期限、限额等。（3）提供信息服务，根据中国人民银行相关规定制定同业拆借市场交易和信息披露操作规则，组织市场成员披露信息。（4）对市场运行和异常情况进行监测，建立风险指标体系，及时反馈监管部门，为中国人民银行的监管和金融机构防范风险提供预警信息服务。（5）定期向中国人民银行报告同业拆借市场情况，提供有关统计数据。（6）分中心与中国人民银行分支行内有关处室保持联系，协助中国人民银行对当地金融机构进行监管。

4.2.4.2 管理政策

同业拆借是无担保条件下资金和信用的直接交换，是处于社会信用最高层次的金融机构之间融通资金的特有方式。正是因为这一特殊性，同业拆借在具有高效性的同时也具有风险性。因此，中央银行对同业拆借市场管理的出发点是控制市场整体风险，在保证拆借效率的同时尽可能减少风险。1996 年全国银行间同业拆借市场建立之时，受当时金融机构内控制度不健全、清理整顿任务复杂紧迫等历史因素影响，同业拆借管理政策的基本取向是从严从紧，以保证市场安全性为首要目标。随着金融市场基础设施和金融机构内控制度的逐步完善，同业拆借管理政策也有必要调整以适应市场发展需要。2007 年，中国人民银行对同业拆借市场管理政策进行了重大调整，形成了以准入管理、限额管理、期限管理、备案管理和信息披露管理为基础，加强事后监督检查的市场化管理框架，逐步实现了管理手段的市场化转型。

1. 准入管理

同业拆借只在金融机构之间进行，其本质是资金的短期借贷。但和贷款不同的是，同业拆借不像发放贷款那样审查，通常也不限制资金用途，但对资信有一定要求，这与同业拆借的高信用等级密不可分。因此，各国对同业拆借资格往往有严格限定。在美国，只有在联邦储备银行开立准备金账户的商业银行才能参与联邦基金市场（即同业拆借市场）。我国也规定：从事同业拆借交易接受中国人民银行的监督和检查。

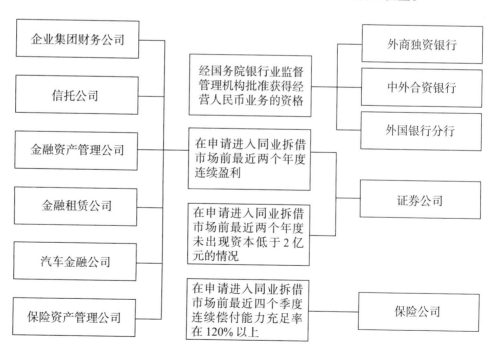

图 4-10　特定类型金融机构同业拆借市场入市条件

在准入管理方面，中国人民银行先后公布了银行与非银行金融机构的市场准入规则。2007 年颁布的《同业拆借管理办法》扩大了同业拆借市场参与主体范围，规定 16 类金融机构可以申请进入同业拆借市场。这一范围涵盖了所有银行类金融机构和绝大部分非银行金融机构,包括信托公司、金融资产管理公司、金融租赁公司、汽车金融公司、保险公司、保险资产管理公司等。除拥有健全的同业拆借交易组织机构、风险管理制度和内部控制制度等共性准入条件外,特定类型金融机构进入同业拆借市场还需满足其他条件,如图4-10所示。

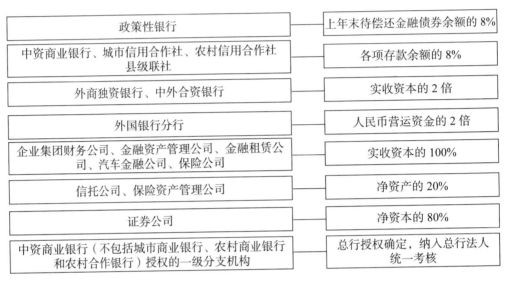

图 4-11 各类金融机构拆借限额

2. 限额管理

中国人民银行对金融机构拆借实行限额管理,主要目的在于防范过度拆借带来的风险,这也是吸取1993年以前"乱拆借"的教训。《同业拆借管理办法》考虑了不同类型金融机构的特点,在统一市场规则的前提下,按照分类管理方法选择各类金融机构的限额核定基数和核定比例。各类金融机构的拆借限额核定为8档,如图4-11所示。

3. 期限管理

同业拆借期限管理的目的是防止短期资金长期占用,同时也是同业拆借短期资金融通的性质使然。1984年以来,我国同业拆借市场出现了几次大的风险暴露,究其原因,主要也是金融机构将拆入的短期资金用于房地产等长期项目上,由此造成风险积聚。有鉴于此,中国人民银行对拆借期限进行了严格管理,重点是控制拆入期限,并规定拆出期限不得超过拆入的最长期限且到期后不得展期,以此控制拆出期限。目前,《同业拆借管理办法》把对金融机构的期限管理分为3档,如图4-12所示。

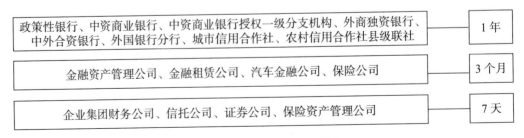

图 4-12 各类金融机构拆借期限

4. 备案管理

中国人民银行要求金融机构进行同业拆借备案，目的在于及时完整地了解拆借市场总体交易情况，监控金融机构的拆借风险，对拆借市场的突发事件及时做出回应。我国同业拆借市场的备案管理经历了以下几个发展阶段：

1996年以前，金融机构拆借必须通过融资中心办理，融资中心通过中介鉴证和自营两种方式实现金融机构间的拆借交易，实际上承担了备案功能。1996年全国银行间同业拆借中心成立后，其成员的同业拆借交易主要通过拆借中心的电子交易系统办理，系统本身实际上起到了备案作用。未使用电子交易系统的金融机构必须通过融资中心的鉴证业务来办理拆借。融资中心停止自营业务后，中国人民银行规定，由中国人民银行分支行指定的融资中心或中国人民银行分支行货币信贷部门办理备案业务。

1999年年初，中国人民银行规定农村信用社及其他非全国银行间同业拆借市场成员的金融机构进行同业拆借，必须在所在地人民银行分支行货币信贷部门备案，各分行汇总辖内金融机构有关数据后上报总行。因此，同业拆借市场的交易网络就包括全国银行间同业拆借中心的电子交易系统和中国人民银行分支机构的拆借备案系统。

2007年，中国人民银行在《同业拆借管理办法》中进一步明确，政策性银行和非银行金融机构必须通过全国银行间同业拆借中心的电子交易系统进行交易；商业银行及其授权一级分支机构、农村信用合作联社（农联社）、城市信用合作社（城信社）、农村商业银行和农村合作银行等可以通过中国人民银行分支机构的拆借备案系统进行交易，应按中国人民银行当地分支机构的规定办理备案手续。

目前，商业银行的拆借交易基本以电子交易系统为主，通过拆借备案系统进行交易的主要是农联社等农村金融机构，交易比例较低。

5. 信息披露管理

加强同业拆借市场的透明度管理是提高市场约束的有效手段。中国人民银行于2002年开始在同业拆借市场进行统一信息披露规范试点工作；2003年以来先后发布《关于统一同业拆借市场中证券公司信息披露规范的通知》《统一同业拆借市场中企业集团财务公司信息披露规范的有关事宜公告》等文件，进一步规范了同业拆借市场的信息披露操作程序。《同业拆借管理办法》将信息披露的义务、基本原则、披露平台、披露责任等管理措施进行了明确，信息披露制度现已成为市场参与者判断信用风险的重要信息来源。

【拓展阅读 4-2】

全国银行间同业拆借市场准入管理改革

2016年2月23日，国务院印发《关于取消13项国务院部门行政许可事项的决定》，取消金融机构进入全国银行间同业拆借市场审批。为贯彻落实简政放权、推进行政审批制度改革，3月10日，中国人民银行总行印发《关于贯彻落实〈国务院关于取消13项国务院部门行政许可事项的决定〉的通知》，停止"金融机构进入全国银行间同业拆借市场审批"。

行政许可取消后，金融机构进入全国银行间同业拆借市场不再需要经过行政审批。中国人民银行根据《中华人民共和国中国人民银行法》，监督管理银行间同业拆借市场；全国银行间同业拆借中心提供同业拆借交易联网、交易登记、信息披露管理平台建设等服务；金融机构按照《同业拆借管理办法》规定，合规开展同业拆借业务。

提高入市效率。经中国人民银行同意，全国银行间同业拆借中心发布《同业拆借市场业务操作细则》。符合《同业拆借管理办法》规定条件的金融机构可直接至全国银行间同业拆借中心办理联网，办理时限缩短至5个工作日，金融机构联网后即可开展同业拆借交易。

便利额度调整。同业拆借交易期限、限额管理方式从原先由中国人民银行核定改为由全国银行间同业拆借中心按照《同业拆借管理办法》规定，依据金融机构财务信息计算设置。金融机构可结合自身需求，向全国银行间同业拆借中心出具财务信息变更依据予以调整。

加强信息披露。为加强市场透明度建设，《同业拆借市场业务操作细则》明确了各类金融机构在全国银行间同业拆借市场中的信息披露要求。全国银行间同业拆借中心提供平台和监测服务，中国人民银行对金融机构信息披露情况进行监督管理。

强化履约管理。金融机构应当确保交易信息真实、有效，交易达成后应当按约定履行交易。若出现未按约定履行交易的情形，交易双方应当在结算日次一工作日向全国银行间同业拆借中心提交书面报备，以便于监管机构及时防范和化解市场风险。

总之，同业拆借行政许可的取消，提高了同业拆借市场准入效率，便利了金融机构，提升其参与市场热情，是货币市场改革开放的重要举措，也是行政体制改革的一项成功尝试。下一步，中国人民银行将继续推进简政放权、放管结合、优化服务，推动市场自律机制和透明度建设，完善定价形成机制，激发同业拆借市场活力，建立并完善事中事后监督管理机制，推动市场平稳发展，切实防范市场风险。

资料来源：中国人民银行相关资料。

4.3 债券回购市场

4.3.1 国际债券回购市场的发展与概况

4.3.1.1 国际债券回购市场的发展

回购交易最早出现在20世纪早期，最近半个多世纪以来发展迅速，极大地推动了欧美债券市场的发展。根据国际清算银行（Bank for International Settlements，BIS）对全球数十个国家和地区[①]回购市场的调查，美国联邦储备银行（美联储）在1918年首次进

---

① 包括比利时、加拿大、法国、德国、意大利、日本、荷兰、美国、英国、瑞士等。

行回购交易，加拿大央行在 1953 年开始使用回购，意大利等其他国家大多在 70 年代前后引入回购，不过英国回购市场在 1992 年欧洲汇率体制危机后才开始发展起来，初期仅限金边债券做市商参与，1996 年开始允许所有市场参与者进行回购交易；日本和瑞士则分别在 1997 年和 1998 年开始使用回购。

美国回购市场历史最为悠久，也最具有代表性。1918 年，美国联邦储备银行首次进行回购交易。20 世纪 90 年代，随着债券发行规模的增长，美国回购市场发展迅猛，成为全球最大的回购市场，其交易量占全球市场近一半。2008 年，美国回购交易一级交易商的日均交易存量超过了 6.3 万亿美元（见图 4-13），其中隔夜回购占大多数。美国回购市场同样是创新源泉，标的债券种类现已扩展到 ABS、MBS 和高收益债券。

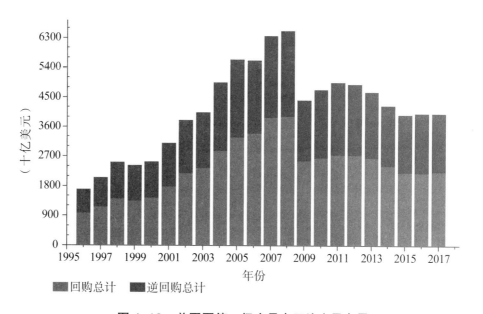

图 4-13 美国国债一级交易商日均交易存量

资料来源：Wind 资讯。

4.3.1.2 国际债券回购市场概况

国际上的债券回购主要是买断式回购，即债券所有权等法律权利均从正回购方转移至逆回购方，它又可以分为典型回购和购入/售回交易（buy/sell-back）两种形式。这两种回购形式原本在合同形式、保证金调整、违约处理等方面存在较大差异，但随着 2000 年公共证券协会（PSA）和国际证券市场协会（ISMA）通用基本回购协议的重新修订，两种回购形式日趋相同。目前，大多数国家都以 PSA/ISMA 协议为基础推出适合本国市场的回购协议。

西方发达国家回购市场一般具有以下特征：一是交易主体广泛，中央银行、商业银行、非银行金融机构、地方政府、大企业等均可参与其中；二是可用于回购的证券种类很多，政府债券最为常见，金融债券、公司债券甚至股票均可用于回购；三是回购市场多为无形市场，交易双方通过电话等渠道直接磋商成交，或是通过经纪人成交；四是回购期限一般较短，有隔夜、定期和不定期三种类型[①]，并以隔夜为主。

4.3.2 我国债券回购市场的发展与现状

我国债券回购市场作为短期金融产品交易市场，与同业拆借市场、票据市场等构成了我国货币市场的基本组成部分。自1991年诞生以来，先后经历交易所国债回购市场产生、银行间国债回购市场形成、场内外国债回购市场统一、国债回购市场制度改革四个阶段。

4.3.2.1 交易所国债回购市场产生阶段

我国国债回购交易始于1991年，当时上海证券交易所（上交所）和全国证券交易自动报价系统（STAQ系统）成立不久，跨地区、有组织、规范化的国债交易刚刚起步。为活跃国债交易，引导短期资金流动，为证券市场提供一种新的投融资方式，STAQ系统于1991年7月宣布试办国债回购交易，带动国债交易逐步走出低迷。1993年12月，上海证券交易所发布《关于国债交易专场回购业务的通知》，正式开办了以国债为主要品种的回购交易业务。1994年10月，深圳证券交易所（深交所）也推出了此项业务。自此，国债回购市场得到难以在传统金融市场体系中取得资金的那些市场参与者的认同，资金充裕的国有商业银行也意识到这是一条可以获取较高收益的投资途径，积极参与市场交易，市场规模快速扩张。

国债回购市场快速发展的同时也出现了混乱现象，如抵押品不足，买空卖空现象严重；回购期限过长，债务拖欠严重；利率越炒越高等。1995年8月以后，政府有关部门注意到国债回购市场违规行为对金融市场的严重扰乱，连续发出《关于重申对进一步规范证券回购业务有关问题的通知》《关于认真清偿证券回购到期债务的通知》，对国债回购市场进行清理整顿，之后国债回购业务主要集中在上海证券交易所进行。1996年，仅上海证券交易所国债回购成交额就达到12 439.16亿元，而同期该所股票交易量为9 114.84亿元，国债现券成交量为4 962.38亿元，全国银行间同业拆借总额为5 871.58亿元。国债回购市场成为我国资金市场中发展最快、规模最大的一个市场。

4.3.2.2 银行间国债回购市场形成阶段

1997年6月6日，出于维护银行资金安全性等考虑，中国人民银行发布《关于禁止银行资金违规流入股票市场的通知》，要求商业银行停止在上海、深圳证券交易所及各地证券交易中心的债券回购和现券买卖业务。同月16日，全国银行间债券市场正式启动，商业银行债券交易必须在全国统一同业拆借网络中心处理，并在中央国债登记结算公司开立债券集中托管账户。由此，我国形成了平行的两个国债回购市场：交易所的场内交易市场和银行间的场外交易市场。

---

① 期限只有1天的称为隔夜回购协议（overnight repo）；期限长于1天的称为定期回购协议（term repo）；连续自动生效，直至一方终止协议（无须通知对方）的称为不定期回购协议（open repo）。

4.3.2.3 场内外国债回购市场统一阶段

1999年,国家在坚持银证分离的前提下,逐步打通两个国债回购市场的资金沟通渠道。首先是允许作为交易所国债回购市场成员的保险基金加入银行间国债回购市场,实现了两个市场之间的资金沟通。随后,中国人民银行发布《证券公司进入银行间同业市场管理规定》,批准符合条件的券商成为全国银行间同业市场成员,进行同业拆借和国债回购业务。部分资信较好的券商和证券投资基金加入银行间国债回购市场,进一步增加了两个市场的共同参与者,使资金沟通渠道变得更为畅通。

4.3.2.4 国债回购制度改革阶段

随着我国国债回购市场的发展,违法违规行为日益增加,挪用客户国债现券和回购放大到期欠款量等问题令投资者遭受巨大损失,造成大量金融风险,严重影响了国债回购市场的正常发展。2003年年底,中国证监会责成证券交易所对现有国债回购制度进行调查与改进。2004年2月25日,中国证券登记结算公司下发国债回购自查令,摸底发现违规回购规模高达1000亿元。同年4月债券市场再次大跌后,中国证券登记结算公司发出了关于加强债券回购结算风险管理的紧急通知。

2006年2月,上海证券交易所发布《上海证券交易所债券交易实施细则》,中国证券登记结算公司发布《债券登记、托管与结算业务实施细则》,证券业协会发布《债券质押式回购委托协议指引》,改变了长期以来交易所市场依托业务通知规范债券交易、结算行为的局面,从机制上防范了风险券商挪用客户国债回购融资的违规操作。

国债回购制度改革按照稳妥有序、分步实施、新老划断的原则,在保证市场稳定的前提下分步推出新回购、逐步压缩老回购,最终实现顺利转轨。上海证券交易所市场老国债质押式回购所有品种于2007年6月12日终止交易,余额全部到期并正常完成交收。至此,历经14年运行的老国债回购业务压缩完毕,新国债质押式回购业务运行平稳,国债回购制度改革顺利完成。

我国债券回购市场自1991年开办以来,经过二十余年发展,市场规模增长迅速,成交总金额已远远超过现券交易额。截至2018年4月8日,全市场债券回购交易总额达3 713.27万亿元,占现券与回购交易总额超过83%,其中银行间债券回购市场2 793.48万亿元,占回购市场的75.23%,居于主导地位(见表4-7)。从银行间债券回购市场构成来看,质押式回购占了绝大部分,历年占市场交易总额的比重均在94%以上(见图4-14)。买断式回购于2004年正式推出,经过一段时期发展,交易金额有所增加,市场份额也有所提高。2017年,买断式回购交易额为28.76万亿元,较2005年增长130倍,市场份额也由2005年的1.38%提高到2017年的4.66%。

表4-7 现券与回购成交统计(截至2018年4月8日)

交易市场	现券交易		回购交易	
	总金额(亿元)	比重(%)	总金额(亿元)	比重(%)
银行间债券市场	7301777.02	98.00	27934758.32	75.23

（续表）

交易市场	现券交易		回购交易	
	总金额（亿元）	比重(%)	总金额（亿元）	比重(%)
上海证券交易所	119736.56	1.61	8613347.12	23.20
深圳证券交易所	29329.01	0.39	584599.89	1.57
合计	7450842.59	100.00	37132705.34	100.00

资料来源：Wind 资讯。

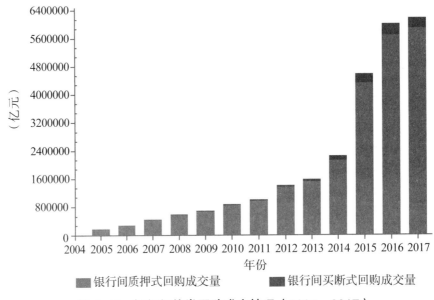

图 4-14　银行间债券回购成交情况（2005—2017）

资料来源：Wind 资讯。

4.3.3　我国债券回购市场的组织与运行

4.3.3.1　参与主体

就银行间债券回购市场而言，《全国银行间债券市场债券交易管理办法》规定，全国银行间债券市场参与者包括商业银行及其授权分支机构、非银行金融机构和非金融机构、经批准经营人民币业务的外国银行分行等，上述机构进入全国银行间债券市场，应签署债券回购主协议。由此规定了质押式回购的市场参与者。《全国银行间债券市场债券买断式回购业务管理规定》则规定买断式回购的市场参与者与质押式回购相同。

就交易所债券回购市场而言，《关于上海证券交易所国债买断式回购参与主体认定的通知》对证券公司类会员和拥有上证所债券专用席位的机构参与买断式回购市场应当符合的条件进行了明确；《上海证券交易所债券质押式协议回购交易暂行办法》则要求投资者参与质押式协议回购前签署上海证券交易所债券质押式协议回购交易主协议并报备。《深圳证券交易所交易规则》也要求会员与参与债券质押式回购①交易的投资者签订债券回购委托协议，并设立标准券明细账。

债券回购市场自成立以来，参与主体日益丰富，已从成立之初的16家商业银行增加到包括银行、保险、证券、信托、基金等金融机构和部分非金融机构投资者在内的数千家机构。

4.3.3.2 产品结构

目前，我国债券回购市场由银行间债券回购市场和上海、深圳证券交易所市场组成，相应的产品结构也有所不同。就券种而言，全国银行间同业拆借中心的证券回购券种主要是国债、融资券和特种金融债券；上海、深圳证券交易所的回购券种主要是国债和企业债。

就期限品种而言，在银行间债券回购市场上，质押式回购的期限为1天到365天，交易系统按1天、7天、14天、21天、1个月、2个月、3个月、4个月、6个月、9个月、1年共11个品种统计公布成交量和成交价；买断式回购的期限为1天到91天，交易系统按1天、7天、14天、21天、1个月、2个月、3个月共7个品种统计公布成交量和成交价。在交易所市场上，上海证券交易所国债回购交易设1天、2天、3天、4天、7天、14天、28天、91天和182天等回购期限，企业债券回购交易设1天、3天和7天等回购期限②；深圳证券交易所债券回购品种按期限可分为1天、2天、3天、4天、7天、14天、28天、91天和182天③。需要指出的是，银行间债券市场采用询价交易，债券回购期限由交易双方协商确定1天到1年间的任意天数；交易所债券市场采用撮合交易，债券回购期限是标准化的。

4.3.3.3 市场运行

债券回购涉及两方，正回购方以券融资（卖出回购），逆回购方以资融券（买入返售）。以券融资即债券持有人将手中的债券作为抵押品，以一定利率取得资金使用权；以资融券即资金拥有人将手中资金以一定的利率借给债券持有人，得到债券抵押权，并在回购期满获得相应利息收入。

按标的债券所有权是否发生转移，债券回购可以分为质押式和买断式两种类型。在质押式回购中，债券所有权并未真正让渡，只是由交易清算机构作质押冻结处理并退出二级市场；回购期间，逆回购方没有对质押债券实施转卖、再回购等处置的权利；回购期满、还本付息以后，质押冻结债券解冻，重新进入二级市场流通。在买断式回购中，逆回购方拥有证券的完整所有权和处置权，在回购到期前可用于现券或回购交易，只需在回购到期时按约定价格将等量同种债券返售给正回购方即可。按照回购中债券和资金处置方式的不同，买断式回购又可分为所有权转移和使用权转移两种类型（见图4-15）。同质押式回购相比，买断式回购在保留融资功能的同时兼具了融券功能，在一定程度上

---

① 深交所目前不接受买断式回购。
② 《上海证券交易所债券交易实施细则》第三章第十九条。
③ 《深圳证券交易所债券交易实施细则》第四章第二十八条。

弥补了债券市场长期缺乏做空机制的不足，也加大了债券市场的流动性。

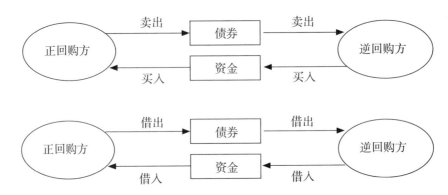

图 4-15 所有权转移（上）和使用权转移（下）的买断式回购

我们以全国银行间债券回购市场为例，介绍现行债券回购业务的操作要求和业务流程。就操作要求而言，第一，回购交易报价与同业拆借类似，也分为公开报价、对话报价、小额报价三种方式。第二，交易双方根据交易凭证（成交通知单）办理资金清算与债权结算，要素包括成交日期、编号、交易员代码、交易双方名称及交易方向、债券种类、回购利率、期限、券面总额、折算比例、对手方人民币资金账户名、开户行及债券托管账号等（质押式正回购成交通知单参考文本如表 4-8 所示）。第三，交易双方需签署《中国银行间市场债券回购交易主协议》。第四，债券结算与资金清算由双方自行商定采用"T+0"或"T+1"。第五，交割方式有见券付款、见款付券和券款对付三种形式。以正回购方为例，回购交易业务流程如图 4-16 所示。

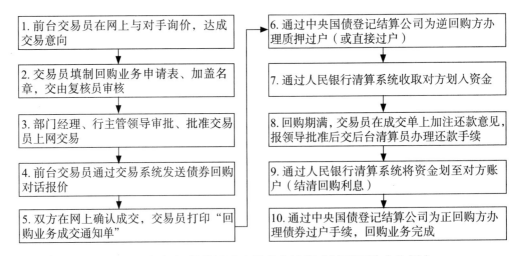

图 4-16 银行间债券回购交易业务流程（以正回购方为例）

表 4-8 银行间质押式正回购成交通知单（参考文本）

成交日期：2017-12-23　　　　成交编号：R2017122300022　　　　交易员：XXX

正回购方	A 银行
逆回购方	B 银行

(续表)

回购利率（%）	1.1160	回购期限（天）	7
券面总额（万元）	20000	成交总金额（元）	200000000.00
到期还款总额（元）	200042805.48	手续费	
首次结算方式	券款对付	到期结算方式	券款对付
首次交割日	2017-12-23	到期交割日	2017-12-30
正回购方户名	A银行		
正回购方开户行	A银行（行号：689870）		
正回购方账号	283798283798		
正回购方债券托管账号	A192878		
逆回购方户名	B银行		
逆回购方开户行	B银行（行号：0768307683）		
逆回购方账号	7876728		
逆回购方债券托管账号	B17287		
债券名称	债券代码	债券面额（万元）	折算比例（%）	成交金额（万元）
09国开	11090211	20000	100.00	200000000.00
成交序号：R00029				

注：① 折算比例是交易双方为防止因交易债券的市场价格波动造成损失，根据市场行情在双方商议下确定的一定债券面额规模下的融资比例；② 回购利率计息的年基础天数为365天，而非同业拆借、现券买卖的360天；③ 首次交割日与到期交割日遇节假日顺延至下一交易日。

资料来源：改编自张自力（2010），第104—105页。

4.3.3.4 交易风险

就正回购方和逆回购方在债券回购交易中面临的风险而言，质押式回购与买断式回购有所区别，如表4-9和表4-10所示。

表4-9 正回购方风险分析

	质押式回购	买断式回购	风险比较
逆回购方破产或申请破产	逆回购方清算组可决定解除或继续履约，如决定履约则无保证金风险。如决定解除回购合同，则正回购方仍可凭借对保证金的所有权对其进行追讨，但需经过若干程序，耗费一定时间，有一定的保证金流动性风险	（1）如果是所有权转移，则正回购方损失债券的保证金部分；（2）如果是使用权转移，若逆回购方清算组决定解除回购合同，则正回购方借出债券的保证金部分只能作为破产债权去追偿，因而存在保证金损失的风险和流动性风险	质押式回购比买断式回购风险略小
逆回购方陷入经济纠纷案	逆回购方对回购项下的债券无所有权，法院不能冻结该债券，正回购方无风险	（1）如果是所有权转移，回购项下的债券已属于逆回购方，有可能被法院冻结。正回购方存在追偿保证金的困难，存在保证金的流动性风险；（2）如果是使用权转移，回购项下的债券不属于逆回购方，不会被法院冻结	质押式回购无风险，买断式回购存在保证金的流动性风险

(续表)

	质押式回购	买断式回购	风险比较
回购到期，逆回购方违约不贩售债券	正回购方无法及时收回出质的债券，只能依回购协议商定的方式处理纠纷，存在出质债券的保证金部分的流动性风险	无论在回购协议中规定所有权转移还是使用权转移，正回购方都无法及时买回债券，只能依回购协议商定的方式处理纠纷，存在保证金难以追偿的风险	质押式回购与买断式回购风险基本相同

表 4-10 逆回购方风险分析

	质押式回购	买断式回购	风险比较
正回购方破产或申请破产	逆回购方无权自行处置质押债券，须经债权人大会确认有担保债权后向清算组追偿所融出的资金，追偿难度和耗费时间不确定，存在本金的流动性风险	（1）在所有权转移的买断式回购中，逆回购方有权处置回购项下的债券，无流动性风险和保证金损失风险；（2）在使用权转移的买断式回购中，逆回购方无权处置回购项下的债券，存在流动性风险和保证金损失风险	第（1）种情况下，质押式回购比买断式回购风险大；第（2）种情况下，二者相同
正回购方陷入经济纠纷案	正回购方所出质的债券存在被法院冻结的可能性，逆回购方可能无法行使质押权，存在较大的本金流动性风险	（1）在所有权转移的买断式回购中，不存在债券被法院冻结的问题；（2）在使用权转移的买断式回购中，存在债券被法院冻结的问题	第（1）种情况下，质押式回购比买断式回购风险大；第（2）种情况下，二者相同
回购到期，正回购方违约不回购债券	逆回购方无权自行处置质押债券，须与正回购方协商后处置或经仲裁机关、法院判决后才能处置，本金流动性风险较大	（1）在所有权转移的买断式回购中，逆回购方可立即卖掉回购项下债券，无流动性风险；（2）在使用权转移的买断式回购中，逆回购方存在流动性风险	第（1）种情况下，质押式回购比买断式回购风险大；第（2）种情况下，二者相同

资料来源：李心丹（2013），第 141 页。

【拓展阅读 4-3】

中国银行间市场债券回购交易主协议

2013 年 1 月 21 日，按照中国人民银行公告（〔2012〕第 17 号）有关要求，中国银行间市场交易商协会对外发布了《中国银行间市场债券回购交易主协议（2013 年版）》（以下简称《主协议》）文本，标志着中国银行间债券回购市场的"中国标准"就此诞生。

作为债券回购市场初期颁布的基础性法律文本，2000 年发布的《全国银行间债券市场债券质押式回购主协议》和 2004 年发布的《全国银行间债券市场债券买断式回购主协议》在规范推动市场发展过程中发挥了重要的作用。但近年来，随着债券市场容量的扩大，发行主体、投资主体不断增加，债券市场价格波动的风险、交易对手的风险，发债主体违约的风险日益显现。原有主协议由于发布较早，难以满足现阶段市场参与者投资经营和风险管理的需要。同时，由于法律环境的变化，原有主协议内容已不完全契合现行法律法规，两份文本的结构框架也增加了交易的复杂度，不便于业务开展。在此背景下，交易商协会在原有两份主协议基础上组织制定并推出了《主协议》文本。

与原有的两份主协议相比，新版《主协议》在保留原有文本优点的基础上，合理借鉴国内外经验，在《主协议》文本的框架结构、核心机制安排、风险事件处理和签署方式等方面做了细致考虑和充分论证。

一是在框架结构设计上，《主协议》采用"通用条款+特别条款"的结构，由通用条款约定质押式、买断式等回购交易的共性内容，由特别条款约定个性内容，实现了一份协议的文本结构安排，降低了交易协商和文本管理成本，同时为未来回购交易机制创新预留了空间。

二是在核心机制安排上，《主协议》通过引入回购债券盯市调整机制，丰富了市场参与者的风险管理手段；通过实现质押债券替换机制安排，为交易双方主动管理自身债券头寸和资金使用效率提供了重要手段，释放了回购债券流动性；通过建立买断式回购单一协议和终止净额等机制，可集中管理对手方的信用风险。

三是在风险事件认定处理上，详细约定了违约、终止等事件的认定标准、处理流程及补偿金额，为市场参与者开展回购交易提供了明确的制度依据，保障了双方的合法权益。

四是在签署方式安排上，采取"多边+双边"的签署方式。《主协议》由市场成员多边签署生效，补充协议由签署机构视需要进行双边签署，签署方式兼顾了便捷性和灵活性，既保障回购市场的高效平稳过渡，又体现风险管理的个性化交易需求。

《主协议》文本是债券回购市场运行的基础性制度安排，是回购市场发展重要的制度创新，对整个债券市场的规范健康有序发展具有里程碑意义。一是树立了债券回购市场的"中国标准"，提升了中国金融市场标准制定方面的话语权。《主协议》总结了中国债券回购市场多年发展实践，借鉴了国际相关经验，形成了既有中国特色又兼具国际接轨的制度安排，为回购业务的开展提供了统一规范的行为标准，为中资机构参与国际市场奠定了规则上的对话基础。二是增强了债券市场价格发现功能，助推利率市场化进程。《主协议》突破了原有的制度瓶颈，促进了市场流动性的改善，增强了价格发现功能，进一步提高了债券回购利率的准确性和影响力，为市场化利率定价提供了重要基准。三是构建了科学的风险防范体系，维护金融稳定。《主协议》通过细化风险事件判断标准、明确处理流程，引入单一协议、终止净额等机制，进一步完善了回购市场风险管理制度，有效防范单个主体交易风险在整个金融市场内蔓延，降低了发生区域性、系统性风险的概率。四是提高了金融机构的竞争力，深化了金融市场改革。《主协议》进一步完善了债券回购交易机制，丰富了市场参与者的交易方式和交易策略，为金融机构改善业务结构、转变盈利模式提供了重要的市场基础，为金融机构通过市场配置资源、服务客户提供了有效的市场平台，将进一步促进我国金融机构竞争力的提升，深化金融体制改革的进程。

资料来源：高国华，"银行间债券回购市场进入'新标准化'时代——《中国银行间市场债券回购交易主协议（2013年版）》发布"，《金融时报》，2013年1月22日。

4.4 货币市场基金

4.4.1 国际货币市场基金的产生与发展

货币市场基金最早出现在美国。1929 年大萧条之后,美联储颁布了一系列金融管理条例且按字母顺序排序,其中对存款利率上限进行管制的条例刚好是第 Q 项,因此被称为 Q 条例,其目的是限制商业银行的恶性竞争。20 世纪六七十年代,美国经济滞胀严重,为了调节经济、恢复市场信心,美国政府于 1970 年取消了 Q 条例中关于 10 万美元以上存款利率最高上限的规定。各商业银行和储蓄机构为争取大储户争相提高大额存款利率,但中小储户从中享受不到任何好处。1971 年,华尔街两位证券商布鲁斯·本特和亨利·布朗创立货币市场互助基金(money market mutual fund,MMMF),通过集合小储户零散资金的方式进入金融市场,以期获得与大储户相同的利息收入。

货币市场基金的出现极大地改变了当时金融市场的状况。一方面,中小投资者的零散资金通过货币市场基金间接进入货币市场,分享短期国债、商业票据、银行承兑汇票、大额可转让定期存单等货币市场工具的收益,为中小投资者获得高于 Q 条例的收益打开了通道;另一方面,货币市场基金属于信托业务,不受 Q 条例关于利率上限的约束,可以按照基金运营效益提供收益。货币市场基金以其灵活性、安全性和兼具投资储蓄双重特点而受到市场追捧,其规模由 1977 年的不足 40 亿美元激增至 1982 年的 2 300 多亿美元,超过了股票和债券共同基金,21 世纪以后更是一度超过居民储蓄存款的规模。

欧洲地区货币市场基金的发展,在很大程度上依赖海外投资基金的参与,特别是美国、澳大利亚的投资者及离岸基金的积极参与。目前,欧洲货币市场基金的规模仅次于美国,成为全球第二大货币市场基金市场,其中占主要地位的是法国、卢森堡、意大利、西班牙和德国,而法国货币市场基金资产总额更是占据了欧洲货币市场基金的半壁江山。

4.4.2 我国货币市场基金的发展与现状

与欧美发达国家相比,我国的货币市场基金起步较晚,还属于新兴事物。2003 年 3 月,南京市商业银行与江苏省内其他商业银行共同发起成立银行间债券市场资金联合投资项目,运作资金 3.8 亿元,年收益率 3.5%;其后,南京、杭州、大连、贵阳、武汉、深圳 6 市商业银行共同发起成立银行间债券市场资金联合投资项目,运作资金 8 亿元,年收益率 2.88%。这两支"准货币市场基金"的成立可以视为我国货币市场基金的萌芽。

同期,国内几家基金公司也在酝酿向市场推出货币市场基金。2003 年 3 月,招商基金试图将货币市场基金藏在其安泰系列基金之下上市,但意外没有获得批准。随后的大半年时间,招商、华安、博时 3 家基金管理公司对其产品内容进行了修改,12 月 9 日,中国证监会下达批文,同意货币市场基金入市。但受当时政策限制,3 家基金管理公司都回避了国际通行的"货币市场基金"这一称谓,而冠以"现金基金"的名称,因而依然被认为是"准货币市场基金"。华安现金富利投资基金、招商现金增值基金、博时现金收益基金相继于 12 月 14、15、16 日向公众发售,长信、泰信、华夏、南方等基金管理公司也陆续推出了自己的准货币市场基金品种。

2004 年 8 月,中国证监会和中国人民银行联合发布《货币市场基金管理暂行规定》,对名称、投资品种和剩余期限等进行了规范。随后,诺安基金管理公司推出诺安货币市场基金,标志着我国货币市场基金的正式诞生。紧接着,银河、海富通基金管理公司也分别推出了银河银富货币市场基金和海富通货币市场基金。

2005 年,中国证监会密集发布《货币市场基金信息披露特别规定》《关于货币市场基金投资等相关问题的通知》《关于进一步拓宽货币市场基金投资范围有关问题征求意见的通知》《关于货币市场投资短期融资券有关问题的通知》关于货币市场基金投资银行存款有关问题的通知》等一系列规章制度,初步奠定了货币市场基金的运行框架,使其投资运作更为法制化、规范化,更好地保护了基金份额持有人的合法权益。货币市场基金进入第一个扩张期。

此后,货币市场基金几涨几落,和股票型基金呈现此消彼长关系:2007 年,A 股快速上涨,股票型基金扩张较快,货币市场基金占比回落;2008 年年末,金融危机导致 A 股大幅下跌,股票型基金收缩,货币市场基金进入第二个扩张期;2009 年,流动性极度宽松,货币市场基金收益率下降,规模萎缩;2011 年,央行收缩流动性,城投债务等资产大幅贬值,货币市场基金面临危机,中国证监会放开货币市场基金投资协议存款;2012 年以来,在中国证监会政策红利和互联网技术渗透双方面作用下,货币基金迎来第三个扩张期,规模由 2012 年年初的 3 000 亿元扩张至 2018 年 2 月末的 7.8 万亿元,占各类公募基金总规模的 60% 以上,对我国货币市场的影响与日俱增。

我国货币市场基金的诞生与发展,一方面丰富了货币市场投资产品,增强了货币市场的基础,有利于货币政策信号的传递,确保了货币政策乃至宏观金融调控措施的顺利实施;另一方面也促进了货币市场与资本市场的沟通,提高了我国金融市场的整体效率。2015 年,中国证监会《货币市场基金监督管理办法》出炉,标志着我国货币市场基金进入规范发展的新时期。

4.4.3 我国货币市场基金的运作方式

我国货币市场基金的募集、运作及相关活动需遵守《证券投资基金法》《证券投资基金运作管理办法》《基金管理公司进入银行间同业市场管理规定》等法律法规。根据《货币市场基金监督管理办法》,我国货币市场基金是指仅投资于货币市场工具,每个交易日可办理基金份额申购、赎回的基金。因此,我国货币市场基金是开放式基金[①]。此外,在名称中使用"货币""现金""流动"等类似字样的基金,视为货币市场基金。

---

① 开放式基金是指基金份额总额不固定,基金份额可以在基金合同约定的时间和场所申购或者赎回的基金;封闭式基金是指基金份额总额在基金合同期限内固定不变,基金份额持有人不得申请赎回的基金。

4.4.3.1 参与主体

我国货币市场基金参与主体包括基金管理人、基金持有人、基金托管人、监管机构及行业协会等。基金管理人是指由商业银行、证券公司、信托投资公司或其他机构等发起,凭借专门知识与经验,按照基金契约规定运动基金资产投资并管理基金资产,并使基金持有人获取尽可能多收益的独立法人机构,在我国通常称为基金管理公司。基金持有人即基金投资者,是持有基金单位或基金股份的自然人和法人,是基金受益凭证的持有者。为了保证基金资产的安全,基金按照资产管理和保管分开的原则进行运作,并由专门的基金托管人保管基金资产。因此,基金托管人是投资者权益代表,是基金资产的名义持有人或管理机构,通常由有实力的商业银行或信托投资公司担任。基金行业法律法规、自律规则的制定和实施由中国证监会和基金业协会负责,货币市场相关业务则接受中国人民银行监督管理。参与主体之间的关系如图4-17所示。

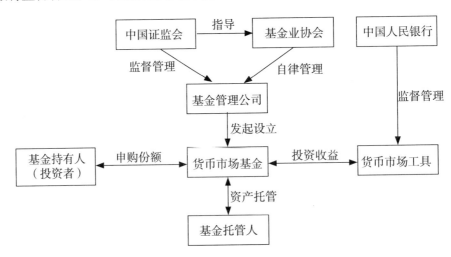

图4-17 货币市场基金参与主体

4.4.3.2 投资范围与期限

我国货币市场基金可投资于现金、期限在1年以内(含1年)的银行存款、债券回购、中央银行票据、同业存单、剩余期限在397天以内(含397天)的债券、非金融企业债务融资工具、资产支持证券,以及中国证监会、中国人民银行认可的其他具有良好流动性的货币市场工具;不得投资于股票、可转换债券、可交换债券、以定期存款利率为基准利率的浮动利率债券(已进入最后1个利率调整期的除外)、信用等级在AA+以下的债券与非金融企业债务融资工具,以及中国证监会、中国人民银行禁止投资的其他金融工具。此外,货币市场基金投资组合的平均剩余期限不得超过120天,平均剩余存续期不得超过240天。

4.4.3.3 投资比例要求

我国对货币市场基金投资金融工具的比例要求如表4-11所示。

表 4-11 我国对货币市场基金投资金融工具的比例要求

			（合计）占基金资产净值的比例
1	同一机构发行的债券、非金融企业债务融资工具及其作为原始权益人的资产支持证券（国债、中央银行票据、政策性金融债除外）	≤	10%
2	投资于有固定期限银行存款的比例（有存款期限，根据协议可提前支取且没有利息损失的银行存款除外）	≤	30%
3	投资于具有基金托管人资格的同一商业银行的银行存款、同业存单	≤	20%
4	投资于不具有基金托管人资格的同一商业银行的银行存款、同业存单	≤	5%
5	现金、国债、中央银行票据、政策性金融债	≥	5%
6	现金、国债、中央银行票据、政策性金融债以及 5 个交易日内到期的其他金融工具	≥	10%
7	到期日在 10 个交易日以上的逆回购、银行定期存款等流动性受限资产投资	≤	30%
8	债券正回购的资金余额（发生巨额赎回、连续三个交易日累计赎回 20% 以上或者连续五个交易日累计赎回 30% 以上的情形除外）	≤	20%

资料来源：中国证监会。

【案例分析 4-2】

余额宝的兴起及其运作模式分析

2013 年 6 月 13 日，第三方支付平台支付宝公司推出一项余额增值服务——余额宝。通过余额宝，用户不仅能够获得较高收益，还能随时消费支付和转出。余额宝推出后受到热捧，其规模不到半年便突破 1 000 亿元，2014 年年末更是达到 5 789 亿元（见图 4-18）。对普通居民而言，余额宝较存款更具吸引力，一时间银行惊呼"狼来了"！其实余额宝的背后是天弘基金的增利宝产品，将资金转入余额宝也就意味着购买了天弘基金的理财产品，余额宝只是蒙于其上的一层面纱。

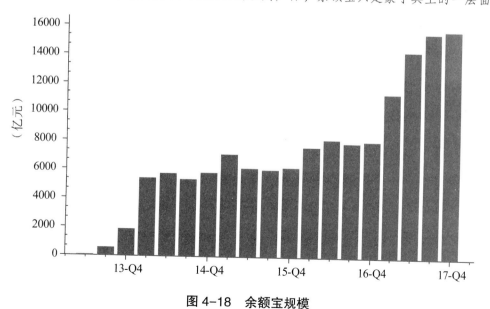

图 4-18 余额宝规模

资料来源：Wind 资讯。

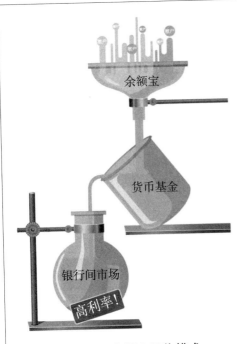

余额宝的运作模式如下：第一，用户登录支付宝，同意天弘基金的协议，将资金转入余额宝内，与此同时也就购买了一定份额的增利宝产品。资金转入余额宝分两种方式进行：一种是"T+1"模式，即工作日（T）15点之前转入的金额将在第二个工作日（T+1）由基金管理公司确定份额，计算收益；另一种是"T+2"模式，即工作日（T）15点之后转入的金额延迟1天，将在第三个工作日（T+2）确定份额，计算收益。此外，转入资金并无数额限制，最低1元计息，上不封顶。第二，转入资金将会交予中信银行托管以起到资金防火墙作用，防止基金公司擅自挪用客户资产。第三，天弘基金用该资金购买货币市场工具，其中90%以上资金投资于银行协议存款。银行协议存款是机构利用资金规模优势与银行签订的存款协议，其利率一般高于银行活期存款。第四，这些货币市场工具到期会产生一定的收益，扣除相关费用即为最终收益。相关费用包括支付宝作为交易支付结算平台直接向基金管理公司收取的销售服务费（0.25%）、基金公司管理费（0.3%）以及托管银行托管费（0.08%），当然这些费用最终也会转嫁到用户头上。第五，用户如果选择转出资金或使用余额宝内的资金购物，则相当于赎回货币基金。整个流程就同支付宝充值、提现或购物支付一样简单。因此，究其本质而言，余额宝就是一种货币基金（见图4-19）。

图 4-19 余额宝运作模式

资料来源：搜狐财经。

本章小结

1. 货币市场一般是指期限在一年或一年以内、以短期金融产品为媒介进行资金融通和借贷的市场，它以弥补头寸不足和流动性不足为主要目的。我国货币市场参与主体包括金融机构、中央银行、政府部门、企业、个人以及各类中介机构等；交易工具主要有同业拆借、回购协议、短期国债、央行票据、商业票据、短期融资券、外汇、货币市场基金、大额可转让定期存单等。

2. 货币市场具有三方面特征：（1）期限短、流动性强、风险小、收益低；（2）是无形市场；（3）是大宗买卖的批发市场。货币市场在微观层面的基本功能是调剂头寸、融通资金，宏观层面则在货币政策传导过程中发挥了基础性作用。

3. 我国同业拆借市场是金融机构融通短期资金的场所，其主要参与者是银行类金融机构、非银行金融机构以及货币经纪公司等中介机构，期限从隔夜到1年不等。拆借交易必须在全国统一的网络中进行，运行原则为以询价方式进行，自主谈判、逐笔成交，报价方式有公开报价、对话报价、小额报价三种方式，资金清算按双边逐笔全额直接清算、自担风险的原则办理。我国同业拆借市场的监督管理由中国人民银行及其授权机构负责，现已形成以准入管理、期限管理、限额管理、透明度管理为基础，加强事后监督检查的市场化管理框架。

4.上海银行间同业拆放利率（Shibor）是由信用等级较高的银行组成报价团自主报出的人民币同业拆出利率计算确定的算术平均利率，是单利、无担保、批发性利率。

5.我国债券回购市场由银行间债券回购市场和上海、深圳证券交易所市场组成，前者的回购券种主要是国债、融资券和特种金融债券，后者的回购券种主要是国债和企业债。债券回购涉及两方，正回购方以券融资（卖出回购），逆回购方以资融券（买入返售）。按标的债券所有权是否发生转移，债券回购可以分为质押式和买断式两种类型。回购交易双方需签署《中国银行间市场债券回购交易主协议》。

6.我国货币市场基金是指仅投资于货币市场工具，每个交易日可办理基金份额申购、赎回的基金，属于开放式基金。我国货币市场基金参与主体包括基金管理人、基金持有人、基金托管人、监管机构及行业协会等。货币市场基金的投资范围、期限与投资比例均需满足一定的要求。

本章重要术语

货币市场　资本市场　做市商　货币经纪公司　短期国债　央行票据　商业票据　短期融资券　回购　同业拆借　外汇　货币市场基金　上海银行间同业拆放利率（Shibor）　公开报价　对话报价　小额报价　交易所回购市场　银行间回购市场　以券融资　以资融券　质押式回购　买断式回购　回购主协议　基金管理人　基金持有人　基金托管人。

思考练习题

1.查阅相关文献，比较欧美日等主要发达国家货币市场异同。

2.我国货币市场和发达国家相比，存在哪些优点和不足。

3.思考并阐释货币市场和中央银行货币政策之间的关系。

4.比较分析各货币市场工具参与主体、期限、收益及流动性方面的特点。

5.汇集梳理我国货币市场各子市场相关法律法规。

6.分析我国同业拆借市场发展过程中存在的问题及其背后原因，思考对未来拆借市场规范发展的启示。

7.比较质押式回购和买断式回购各自的优缺点和风险。

8.思考互联网金融对货币市场基金的影响，分析可能存在的风险并提出应对措施。

9.2017年12月2日，甲银行与乙银行经过商谈达成协议，甲银行以2%的同业拆借利率融入7 500万元资金20天并在网上确认成交。假设你作为乙银行同业拆借部门前台复核员，请核实拆借成交单中的要素是否正确，并签署复核意见。具体资料：甲银行（开户行：甲银行，行号：67623873，账号：120198283798）；乙银行（开户行：乙银行，行号：0303049949，账号：20394858）。

银行间信用拆借拆出成交通知单

成交日期：2017-12-02　　　成交编号：I201712020006　　　交易员：XXX

拆出方	甲银行		
拆入方	乙银行		
拆出金额（万元）	7500	成交利率（%）	2.00
拆借期限（天）	20	手续费（元）	
起息日	2017-12-02	收款日	2017-12-22
应收利息（元）	82191.78	到期收款金额（元）	75082191.78
拆出方户名	甲银行		
拆出方开户行	甲银行（行号：67623873）		
拆出方账号	120198283798		
拆入方户名	乙银行		
拆入方开户行	乙银行（行号：0303049949）		
拆入方账号	20394858		

成交序号：I0006

复核员复核意见：

10. 请根据相关数据参数计算同业拆借到期收款金额，并填入下表。

拆入/拆出金额（万元）	商定利率（%）	拆借期限（天）	到期收款金额（元）
5000	3.60	1	
4800	4.90	7	
6400	5.30	14	
3500	5.10	21	
8800	5.25	30	
7210	5.50	60	
2700	5.10	90	

11. 比较银行间债券回购市场和上海、深圳证券交易所回购市场产品的结构差异。
12. 假设某一回购协议中，借款者抵押证券的定价为5 000元，回购期限为7天，回购利率为6%，请问借款者的利息为多少？
13. 简述货币市场基金的运作原理。
14. 叙述我国货币市场基金的投资范围与期限要求。

参考文献及进一步阅读建议

[1] 巴曙松："货币市场基金与利率市场化——从国际比较看当前中国货币市场基金争议"，《中国金融》，2014年第3期。

[2] 曹煦："货币市场比较研究"，东北财经大学博士学位论文，2002。

[3] 曾丽琼："我国货币市场基金发展模式研

究",复旦大学硕士学位论文,2009。
[4] 陈乐怡:"国际外汇市场的最新发展及启示",《新金融》,2006年第1期。
[5] 陈小五:"中国外汇市场的培育与管理",复旦大学博士学位论文,2004。
[6] 邓雄:"美国货币市场基金发展及商业银行应对的经验和启示",《金融发展研究》,2014年第11期。
[7] 杜莉:《中国货币市场及其发展》,经济科学出版社,1999。
[8] 〔美〕弗兰克·J.法伯兹、〔美〕斯蒂文·V.曼恩、〔英〕莫拉德·乔德里:《全球货币市场》,孟昊、郭红译,东北财经大学出版社,2011。
[9] 〔美〕弗兰克·J.法博齐、弗兰科·莫迪利亚尼、弗兰克·J.琼斯:《金融市场与金融机构基础》(第4版),孔爱国、胡畏、张湄等译,机械工业出版社,2014。
[10] 〔美〕弗雷德里克·S.米什金、斯坦利·G.埃金斯:《金融市场与金融机构》(第7版),杜惠芬译,中国人民大学出版社,2014。
[11] 付强:"我国货币市场发展问题研究",吉林大学硕士学位论文,2006。
[12] 高国华:"银行间债券回购市场进入'新标准化'时代——中国银行间市场债券回购交易主协议(2013年版)发布",《金融时报》,2013年1月22日。
[13] 耿明英:"国际外汇市场现状及趋势浅析",《对外经贸实务》,2003年第5期。
[14] 顾成军:"我国同业拆借市场发展问题分析",《财政金融》,2004年第2期。
[15] 胡俊华:"货币市场基金对货币政策影响",《华商》,2008年第9期。
[16] 乐晓棠:"中国国债回购市场发展问题研究",东北财经大学硕士学位论文,2004。
[17] 李晶晶:"我国货币市场发展的国际经验分析与借鉴",对外经济贸易大学硕士学位论文,2003。
[18] 李心丹:《金融市场与金融机构》,中国人民大学出版社,2013。
[19] 刘顿:"我国国债回购市场的现状研究",《金融经济》,2012年第3期。
[20] 刘西刚:"欧美货币市场建设对中国的借鉴与启示",吉林大学硕士学位论文,2007。
[21] 马庆魁:"我国货币市场利率期限结构及其与宏观经济关联性研究",吉林大学博士学位论文,2009。
[22] 毛文:"我国货币市场基准利率的选择研究",南京大学硕士学位论文,2012。
[23] 裴平:"当代国际外汇市场的重要变化",《国际金融研究》,1996年第4期。
[24] 沈炳熙:"货币市场交易方式和中介机构",《财贸经济》,1999年第10期。
[25] 沈毅:"我国货币市场基金产生、发展与前景",《现代信息经济》,2014年第5期。
[26] 史健忠:"货币市场基金理论与实务",上海外国语大学硕士学位论文,2006。
[27] 孙超:"货币市场基金发展与金融改革——来自美国的启示",《债券》,2013年第12期。
[28] 王广谦、郭田勇:《中国经济改革30年——金融改革卷》,重庆大学出版社,2008。
[29] 吴敬琏:《当代中国经济改革教程》,上海远东出版社,2010。
[30] 席德应:《商业银行机构金融业务》,中国金融出版社,2010。
[31] 谢多、曹子娟:《银行间市场综合知识读本》,中国金融出版社,2014。
[32] 辛佩:"我国货币市场产生、发展与问题研究",《东南传播》,2007年第5期。
[33] 闫双娥:"中国银行间债券回购市场存在问题及对策",《时代金融》,2013年第4期。
[34] 杨巍、朱正元:"货币市场中的回购协议及其借鉴",《银行与企业》,1996年

第 10 期。

[35] 姚平、曹晓飞、胡维静："关于同业拆借市场发展与监管的思考"，《金融纵横》，2014 第 3 期。

[36] 张邦利："完善中国货币市场的基本思路"，中共中央党校硕士学位论文，2002。

[37] 张丽娟："我国银行间货币市场利率研究"，复旦大学博士学位论文，2007。

[38] 张维：《金融机构与金融市场》，科学出版社，2008。

[39] 张自力、林力：《中国货币市场运作导论》，经济科学出版社，2010。

[40] 张自力：《中国货币市场运作实验》，经济科学出版社，2010。

[41] 赵荣祥："信用制度下的票据市场研究"，中共中央党校博士学位论文，2002。

[42] 赵晓芳："证券回购市场及其在我国的发展"，《西北民族学院学报》，1997 年第 4 期。

[43] 赵旭、薛雨薇："规范发展同业拆借市场浅析"，《企业改革与管理》，2015 年第 1 期。

[44] 郑利："中美货币市场基金比较研究"，天津财经大学硕士学位论文，2006。

[45] 中国人民银行上海分行金融研究处课题组："中国货币市场基金发展前景研究"，《上海金融》，2004 年第 7 期。

[46] 朱琰等："中国货币市场基金高速发展面临监管挑战"，《上海证券报》，2014 年 3 月 7 日。

[47] 朱英博："货币市场基金对我国金融市场的影响"，《财经界》（学术版），2014 年第 12 期。

第 5 章
债券市场*

佟　珺（中国外汇交易中心）

学习目标

通过本章学习，读者应做到：
◎ 债券市场的交易产品、交易场所、参与者的构成
◎ 债券市场的基本分类与特征
◎ 国际债券市场的发展概貌
◎ 我国债券市场的发展历程与现状
◎ 债券品种的详细分类与特征

■ 开篇导读

　　如果一家企业需要用钱，它可以怎么办？你首先想到的也许是银行贷款、股权融资和发行债券。的确，这也是常见的融资方式。企业在不同情境下的融资方式选择，让·梯若尔（Jean Tirole）在《公司金融理论》（*The Theory of Coporate Finance*）一书中曾经有过详细讨论。

　　2016 年 1 月，衡阳市交通建设投资有限公司成功发行了 14 亿元企业债，这也是全

---

* 本章由孟宪康、杨金周（中国工商银行）审校。

国首批停车场专项债券。专项债发行用于3个项目，包括衡阳市中心城区公共立体停车库，投资9.3亿元，债券募集资金5.5亿元；衡阳市船山公路与蒸湘路交叉口地下商城及停车场建设项目，投资3.6亿元，债券募集资金2亿元；衡阳市五星老年公寓建设项目，投资11.5亿元，债券募集资金6.5亿元。项目累计投资24.4亿元，其中债券募集资金14亿元，发行票面利率为4.28%，成本明显低于银行贷款。

发债融资的主体并不限于企业，一国政府、政府机构、地方政府及公共机构、金融机构、企业等均可以作为发行主体。债券就是这些发债主体向社会借债筹措资金时，向投资者发行、承诺按照一定利率和一定日期支付利息、并按照约定条件偿还本金的债权债务凭证。债券购买人与债券发行人之间是一种债权债务关系，债券发行人是债务人，投资人（债券购买人）是债权人。

债券种类多样。按照发行主体可以划分为国债、地方政府债、金融机构债、企业债等；按照付息方式可以划分为附息债券（包括固定利率债券和浮动利率债券）、零息债券和贴现债券。例如，"15附息国债22"就是财政部2015年发行的记账式附息（二十二期）国债，"17光大集团MTN001"则是光大集团2017年发行的第一期中期票据。

债券市场是债券发行和交易的场所，是金融市场重要的组成部分，也是一国中央银行货币政策传导的重要载体。债券市场的健康发展，有利于稳定整个金融体系、降低金融风险，有利于丰富投资者的投资渠道和风险规避手段，也有助于金融市场基准利率的形成。

对于我国个人投资者来说，主要接触的是交易所债券市场和银行的柜台市场，但事实上还有一个规模更大的市场，就是只有机构投资者参与的银行间市场。前面提到的"15附息国债22"，既可以在银行柜台交易，也可以在上海和深圳证券交易所以及银行间市场交易。那么，为什么会有不同的交易场所？这些不同的市场在产品、参与者、交易制度以及监管等方面有何不同？这些市场上交易的都有哪些产品？学过本章，你将能够回答这些问题。

5.1 债券市场概述

5.1.1 债券市场的构成要素

5.1.1.1 交易品种

作为债市交易标的的债券，有许多品种，债券品种不同，则发行机构、投资主体、交易市场等也有区别。因此，了解不同的债券品种及相关市场情况，是进一步研究债券市场的基础。

债券的分类有多种划分标准，例如发行主体、担保情况、付息方式、募集方式、债券形态等。但一般来说，发行主体对于债券性质和定价等产生的影响最为重要，所以通常从大类来看，按照发行主体信用等级的不同，我们将债券划分为利率债和信用债两大类。

利率债的发行人为国家或信用等级与国家相当的机构，因而债券信用风险极低，收益率中枢变动主要受利率变动的影响（流动性、税收、久期等因素也有影响，但不是划分利率债和信用债的基础），因此称为利率债，具体品种包括国债、地方政府债、央行票据、政策性银行债等。

信用债，即发行人没有国家信用背书，发行人信用情况是影响债券收益率的重要因素，因而称为信用债，具体品种包括企业债、公司债、中期票据、短期融资券等。

除了利率债与信用债之外，目前市场上还存在一些具有固定收益性质的产品，比如资产支持证券、可转债、Coco债等，这些产品规模不大，但发展较快，由于具有一定债券性质，也受到债市投资者的关注。

关于债券市场具体的产品情况，我们将在本章的5.3节详细讲述。

5.1.1.2 交易场所

债券的交易场所包括场内和场外两种。所谓场内方式，即交易所交易，所有的供求方集中在交易所进行竞价交易；而场外方式，则是指在交易所之外的交易，包括通过柜台、口头协商、电话、邮件、传真或者经纪人达成的交易，其组织方式相对较为松散。

无论是从国际债券市场的发展历程还是我国债券市场的情况来看，场外交易都是债券市场最主要的交易方式。在我国，场内交易场所包括上海证券交易所和深圳证券交易所，场外交易场所包括由全国银行间同业拆借中心组织的银行间市场以及柜台交易。不同的交易场所，所交易的债券既有分别又有重合，我们将在5.2节详细叙述。

5.1.1.3 投资者构成

债券市场的投资者，主要分为机构投资者和个人投资者两大类，其中机构投资者可以分为金融机构与非金融机构，金融机构又可以再细分为银行类金融机构与基金、保险等非银行类金融机构。做这样的划分，主要是因为机构投资者是债券市场的主要力量，而在许多国家的债券市场上，商业银行又是机构投资者中的主导力量。

我国债券市场以机构投资者为主，包括国有商业银行、股份制商业银行、城市商业银行、保险公司、基金管理公司等。相较其他国家，个人投资者所持有的债券比例较低，结构较为单一。2017年我国国债个人投资者持有量仅为3.68亿元，比例几乎可以忽略不计，而银行持有国债达67%。同时，机构投资者虽多但比例不均等，据Wind资讯统计，截至2017年12月底，我国债券市场上，商业银行持债占比达到55%（67%的国债、33%的中期票据都为银行体系所持有），基金持有26%，保险机构持有3%，证券公司持有1%，其他投资者（包括特殊结算成员、信用社、非金融机构以及境外机构等）合计持有15%。另外，我国国债国际化程度较低，持有人多为国内机构，2017年国内机构持有国债比例高达95%。

相比较而言，其他国家的国债则拥有更多的境外持有人，能够在全球市场进行流通。且国外的债券投资主体更加多元化，他们大多为公众投资人服务，能够实现市场风险分散化。

美国政府鼓励个人投资者购买国债、市政债以及高信用等级、安全性很高的公司类债券，而非高风险的股票或者低信用等级的债券投资。美国债券市场上，个人投资者在一级市场上可以通过国债直销系统直接购买新发行的国债，也可以通过各种基金、选择债券经纪公司等方式参与债券市场。政府向个人投资者提供了真正无障碍的债券购买渠道，比如投资者可在美国财政部开立账户，通过国债直接购买系统购买所有新发行的国库券、中期国债和长期国债、多种储蓄国债以及通胀保护债券（TIPS），且无须支付佣金；美国政府也从税收优惠方面支持和鼓励个人投资者购买市政债，使得市政债不但绝对回报率相对较高，且相对其他债券经风险和税收调整后的收益更具吸引力。同时，美国公司债持有人结构相当多元化，商业银行并不是公司债券的主要投资者，根据证券与金融市场协会（SIFMA）网站数据显示，商业银行公司债持有比例仅为8%，而各类基金、债券经纪公司、保险公司、境外合格投资者是公司债券市场的主要投资者，其合计持有比例高达90%。

5.1.1.4 交易制度

债券交易制度是债券市场的管理机构和自律组织为了将潜在债券供求转化为现实交易而对交易者、交易指令、交易信息以及交易费用等进行的规定，其核心是有利于发现市场价格的交易规则的总和。我们通常提到的债市交易制度，例如拍卖制度、做市商制度、指令驱动以及报价驱动制度等，是按照不同角度进行的分类，事实上，任何一个市场都是多种制度形式的优化组合。

从国际债券市场的发展经验来看，债券交易绝大部分在场外市场进行，而在场外市场中做市商制度是核心的交易制度，发挥着活跃市场、稳定市场的重要作用。

做市商制度是指，在债券市场上具备一定实力和信誉的债券经营法人，不断向交易者报出某些特定债券的买入价和卖出价，并在所报价位上接受投资者买卖的要求，保证及时成交。通过做市商连续不断的买卖报价以及与投资者的交易，市场流动性得以增强，投资者需求得到满足。也正是因此，做市商制度有着良好的市场基础，为许多成熟的债券市场广泛采用。做市商制度公开、有序、竞争性的报价驱动机制是保障债券交易效率、提高市场流动性和稳定市场运行的有效手段，是场外债券市场有效运行的重要基础性制度之一。

我国银行间债券市场于2001年开始实施做市商制度，目前仍处于逐步完善和成熟的过程。中国人民银行于2007年1月11日发布了《全国银行间债券市场做市商管理规定》，这一规定降低了做市商准入标准，加大对做市商的政策支持力度，使更多数量的不同类型金融机构有机会参与银行间债券市场的做市业务。

5.1.1.5 结算与托管制度

债券交易的整个流程，包括交易前准备、交易、交易确认以及清算、结算等环节，其中交易确认、清算、结算等步骤也统称为交易后处理。在整个流程中，不可避免地要涉及债券的托管。各国债券市场发展程度不同，结算与托管制度也不尽相同。

美国的债券托管结算体系由交易后处理一体化的全美证券托管清算公司（DTCC）负责。在20世纪70年代，为了解决分散托管和清算带来的低效率问题，全美证券托管公司（DTC）与全美证券清算公司（NSCC）分别于1973年、1976年成立并投入运行，集中负责股票和债券的托管清算。随着市场的发展，NSCC又成立了国际证券、政府证券、抵押证券、新兴市场证券等清算公司，初步形成了统一托管、分市场清算的模式。1999年，DTC与NSCC合并成立全美证券托管清算公司。2002年，另外三家专业清算公司——政府证券清算公司（GSCC）、抵押证券清算公司（MBSCC）与新兴市场证券清算公司（EMCC）正式成为DTCC的子公司。至此，DTCC既具有证券托管清算职能，又具有融资融券等信用服务职能，形成了统一清算、集中托管的债券托管体制。

日本债券托管结算系统可分为公司债券结算系统和国债结算系统两部分。前者由东京证券交易所（TSE）和日本证券存管中心（JASDEC）构成，国债结算服务则由日本银行（BOJ）金融网络系统来提供。日本证券同业公会、东京证券交易所、大阪证券交易所及其他证券交易所又于2002年7月设立了统一的清算机构——日本证券清算与托管公司（JSCC）。

英国债券市场的托管结算系统分为公司债券结算系统和国债结算系统两大部分。除此之外，还存在专业的货币市场结算系统。1996年，英格兰银行的电子结算系统CREST正式投入运营。CREST系统是当时全球最先进的电子化实时清算系统，能对证券和资金同时进行持续实时全额结算，主要功能是为英国和爱尔兰的公司证券提供先进、高效和低成本的结算服务。1999年，CREST系统将英国中央国债结算处（CGO）和中央货币市场结算处（CMO）合并，此后，CREST系统负责提供股票、公司债券、政府债券以及货币市场工具的整合结算业务，英国债券市场的结算系统迈上了一体化的道路。

我国债券市场则根据不同的交易场所有着不同的结算机构。全国银行间债券市场和商业银行柜台交易市场的登记结算机构为中央国债登记结算有限责任公司和银行间市场清算所股份有限公司，交易所债券市场的登记结算机构为中国证券登记结算有限责任公司。

5.1.1.6 监管体系

各国债券监管体系和监管框架并不一致，总体来说通常包括政府监管和自律性组织两种。

美国对债券市场实施政府监管的主体是证券交易委员会（SEC）。证券交易委员会拥有制定规则、执行法律和裁决争议三项权利，可以在法定的权限范围内，对美国债券市场进行全方位的监管。美国债券自律机构包括交易所（如纽约证券交易所）、金融业监管局（FINRA[①]）、市政债券法制委员会（MSRB）等。SEC授权交易所对场内债券交易进行监管，授权FINRA和MSRB对场外债券交易进行监管。由于90%以上的债券

---

① FINRA是美国最大的独立证券业自律监管机构，由美国证券交易商协会（NASD）与纽约证券交易所的会员监管、执行和仲裁三个部门于2007年合并而成。此前，NASD是民间唯一在美国证券交易委员会登记注册的非营利组织和场外交易市场的自律组织。

交易发生在场外，且FINRA与纽约证券交易所、NASDAQ交易所等交易所签订监管协议，因此FINRA等机构是债券交易的实质监管者。FINRA的监管主体是美国所有从事公开证券业务的证券商，包括证券经纪商、自营商、地方债券经纪商或自营商、政府债券经纪商或自营商。FINRA在债券方面的监管职责主要体现在公司债，包括公司债交易、销售、公司债自营商和经纪商等方面所有自律规则的制定和执行。MSRB于1975年由美国国会批准设立，接受SEC的监督，是市政债券的行业自律组织（专职市政债券），对从事市政债券承销、交易、销售等业务的证券公司和银行制定监管规则。不同于FINRA的是，MSRB不具执行权，不负责监管规则的执行情况。此外，银行等机构的债券发行与交易行为由货币监理署（OCC）等负责；各州政府对市政债和仅在本州发行的债券具有管理权。

日本债券市场监管由证券交易监管委员会负责，包括市场运行监测、金融机构监管、民政罚款调查、披露文件和金融诈骗调查等。日本债券市场的行业自律管理职能主要由日本证券业协会（JSDA）承担，是唯一依照日本《证券和交易法》由首相授权设立的社团法人，法律和监管部门赋予其相当大的自律管理权。该协会的会员包括所有在日本注册的证券公司和其他金融机构。

英国债券市场的监管，既是英国金融监管的一部分，也是欧洲债券市场监管的一部分。英国债券市场的政府监管包括三个层次：一是欧盟委员会中的证券监管委员会，它通过立法对所辖各国债券发行的条件和程序做出规定。二是金融服务管理局（FSA），它是英国债券市场的直接监管当局。这层监管表现为各国根据欧盟统一法令进行实际操作。第三层次的监管来自英国债券行业的行业协会，即在债券二级市场上由各类行业协会进行自律监管。英国债券市场上的各种协会达几十个，其中发挥重要作用的有国际资本市场协会等五个协会。

我国债券市场监管主体主要分为政府机构和自律性组织。政府机构主要有中国人民银行、中国证监会、财政部、国家发改委、中国银保监会等，自律组织主要有中国银行间市场交易商协会、中国证券业协会、中央国债登记结算有限责任公司、上海交易所、深圳交易所等。由于历史发展原因，我国的债券市场按照市场的不同，监管对象也不尽相同。银行间债券市场由中国人民银行进行全面监管；交易所债券市场由中国证监会进行全面监管；商业银行柜台市场由中国人民银行进行全面监管。按照债券类别不同，监管对象也不同。国债由国务院批准，由财政部监管；地方政府债券由国务院批准额度；金融债券、短期融资券均由中国人民银行监管；企业债、公司债、中期票据虽然具有相同属性，但由于我国债券发展的特殊历史，分别由国家发改委、中国证监会、中国人民银行监管。

5.1.2 债券市场的分类与特征

债券市场是发行和买卖债券的场所，债券市场是金融市场的一个重要组成部分。根据不同的分类标准，债券市场可以分为不同的类别。

5.1.2.1 一级市场与二级市场

根据债券的运行过程和市场的基本功能，可将债券市场分为发行市场和流通市场。债券发行市场又称一级市场，是发行单位出售新债券的市场。发行市场的作用是将政府、金融机构以及工商企业等为筹集资金向社会发行的债券，分散发行到投资者的手中。债券流通市场又称二级市场，指以发行债券买卖转让的市场，债券一经认购，即确立了一定期限的债权债务关系，但通过债券流通市场，投资者可以转让债权，把债券变现。

债券发行市场和流通市场相辅相成，是相互依存的整体。发行市场是整个债券市场的源头，是债券流通市场的前提和基础。发达的流通市场是发行市场的重要支撑，流通市场的发达是发行市场扩大的必要条件。

债券一级市场的参与者主要包括发行者、认购者和委托承销机构。只要具备发行资格，不管是国家、政府机构和金融机构，还是公司、企业和其他法人，都可以通过发行债券来融资。认购者即投资人，主要有社会公众团体、企事业法人、证券经营机构、非营利性机构、外国企事业机构和个人。委托承销机构就是代发行人办理债券发行和销售业务的中介人，主要有投资银行、证券公司、商业银行和信托投资公司等。

债券的发行方式通常有公募发行、私募发行和承购包销三种。以国债发行为例，按是否有金融中介机构参与出售的标准来看，有直接发行与间接发行之分，其中间接发行又包括代销、承购包销、公开招标发行和拍卖发行四种方式。

直接发行，一般指作为发行主体的财政部直接将国债券定向发行给特定的机构投资者，也称定向私募发行。财政部每次国债发行额较大，如美国每星期仅中长期国债就发行 100 亿美元，我国每次发行的国债至少也达上百亿元人民币，但仅靠发行主体直接推销巨额国债有一定难度，因此使用该种发行方式较为少见。

代销方式，指由国债发行主体委托代销者代为向社会出售债券，可以充分利用代销者的网点，但代销者只是按预定的发行条件，于约定日期内代为推销，代销期终止，若有未销出余额，全部退给发行主体，代销者不承担任何风险与责任。因此，代销方式也有不如人意的地方，例如不能保证按当时的供求情况形成合理的发行条件、推销效率不高、由于预约推销期限制导致发行期较长等。所以，代销发行仅适用于证券市场不发达、金融市场秩序不良、机构投资者缺乏承销条件和积极性的情况。

承购包销发行，指大宗机构投资者组成承购包销团，按一定条件向财政部承购包销国债，并由其负责在市场上转售，任何未能售出的余额均由承销者包购。这种发行方式的特征是：（1）承购包销的初衷是要求承销者向社会再出售，发行条件的确定，由作为发行体的财政部与承销团达成协议，一切承购手续完成后，国债方能与投资者见面，因而承销者是作为发行主体与投资者间的媒介而存在的；（2）承购包销是用经济手段发行国债的标志，并可用招标方式决定发行条件，是国债发行转向市场化的一种形式。

公开招标发行，指作为国债发行体的财政部直接向大宗机构投资者招标，投资者中标认购后，没有再向社会销售的义务，因而中标者即为国债认购者，当然中标者也可以按一定价格向社会再行出售。相对承购包销发行方式，公开招标发行不仅实现了发行者与投资者的直接见面，减少了中间环节，而且使竞争和其他市场机制通过投资者对发行条件的自主选择投标而得以充分体现，有利于形成公平合理的发行条件，也有利于缩短发行期限，提高市场效率，降低发行体的发行成本，是国债发行方式市场化的进一步加深。

5.1.2.2 场内市场和场外市场

这是在二级市场内部根据市场组织形式的划分。

场内交易市场是在证券交易所内买卖债券所形成的市场。证券交易所是专门进行证券买卖的场所，如我国的上海证券交易所和深圳证券交易所。这种市场组织形式的主要特征就是竞价交易、采用标准化合约。交易所作为债券交易的组织者，本身不参加证券的买卖和价格的决定，只是为债券买卖双方创造条件，提供服务。

场外交易市场是在证券交易所以外进行交易的市场，包括银行间市场和柜台市场。许多证券经营机构都设有专门的证券柜台，通过柜台进行债券买卖。在柜台交易市场中，证券经营机构既是交易的组织者，又是交易的参与者。银行间市场是场外交易市场的重要组成部分，既包括通过场外电子交易平台达成交易的市场，也包括一些机构投资者通过电话、电脑等通信手段形成的市场等。目前，我国债券流通市场由三部分组成，即沪深证券交易所市场、银行间交易市场和银行柜台交易市场。

5.1.2.3 国内市场和国际市场

根据债券发行地点的不同，债券市场可以划分为国内债券市场和国际债券市场。国内债券市场的发行者和发行地点同属一个国家，而国际债券市场的发行者和发行地点不属于同一个国家。

这里有必要澄清与国际市场概念相关的几种债券类别：

外国债券是指某一国家借款人在本国以外的某一国家发行以该国货币为面值的债券。它的特点是债券发行人属于一个国家，债券的面值货币和发行市场分别属于另一个国家。

欧洲债券是指借款人在本国境外市场发行的、不以发行市场所在国货币为面值的国际债券。它的特点是债券发行者、债券发行地点和债券面值所使用的货币可以分别属于不同的国家。

离岸债券是指借款人在本国境外市场发行的、以本国货币为面值的债券。它的特点是债券发行人和债券面值所使用的货币属于同一个国家，发行市场为另一个国家。

5.1.3 国际债券市场概貌

虽然全球并不存在一个统一的国际债券市场，但各国债券市场之间的联系日益紧密。20世纪80年代以来，随着工业国家金融管制逐步放松，金融资本在国际范围内的流通日益加快。这一方面给了各国投资者更多的投资机会，另一方面也加剧了债券价格的波动性。从目前的全球债券市场看，债券交易主要集中在场外市场进行，债券市场交易量最大的国家主要有美国、日本和英国；从债券市场存量来看，目前规模最大的债券国内市场分别在美国、日本和中国。

5.1.3.1 全球主要债券市场基本情况

美国有着全球最大的债券市场，债券品种发展也较为成熟。美国证券业及金融市场协会（SIFMA）数据显示，截至 2017 年年末，美国债券市场规模达到 41.0 万亿美元，这一规模是美国股市的 1.3 倍，几乎是日本、中国和欧洲等五大国外股市规模之和的两倍。美国债券市场种类丰富，按发行主体可分为国债、市政债券、抵押支持债券和资产支持债券、公司债券、联邦机构债券、货币市场工具等。根据 2013 年 3 月的数据，美国市政债券的占比为 10%，公司债占比 24%，抵押支持债券占比为 21%，资产支持债券占比为 4%，货币市场工具占比为 6%，国债占比为 29%，联邦机构债券占比为 6%。

日本债券市场的规模小于美国，但也超过我国，是亚洲最大的债券市场。日本债券市场以债券交易商为主导，信托银行和投资信托机构是重要的交易主体。日本的债券市场主要是由政府债券（JGB）、短期贴现国债（TB）、金融债券、公共债券、非居民债券以及企业债组成。但日本政府一直侧重通过政策鼓励政府债券市场发展，政府债券在日本债券市场中始终占据着主导地位。2010 年日本政府债券占整个债券余额的 77%，整个债券市场发展严重失衡。

英国是欧洲第一大债券市场，也是品种较全、监管较为规范的市场。债券通过交易所挂牌发行，一般由银行及其他金融机构承销。债券交易几乎全部在场外市场进行，一对一询价是其主要的交易方式。

据国际清算银行统计，截至 2017 年年底，美国债券市场（包括国内和国际市场）存量占全球债券市场存量的 30.3%，日本占到全球债券市场存量的 10.6%，英国和欧洲大概占全球债券市场存量的 9.0%，中国占 9.0%。但我国债券市场发展快速，且增速还在上升，截至 2017 年年末，我国债券余额已超 75 万亿元，成为美国、日本之后债券存量第三大的市场。在各国产品对比中，日本和英国的国债产品占比均多于半数，而我国与美国较为相近，在 30% 以下。

由于各国人口数及经济发展规模不同，可以以债券市场规模占 GDP 的比率作为衡量跨国债券市场规模及活跃度的指标。日本债券市场规模占 GDP 的比例最高，超过 250%，美国也在 200% 左右，而我国的债券市场规模占 GDP 的 90%（2017 年年末）。因此，不论从债券融资占比，还是债券融资规模来看，中国债券市场发展空间依然很大。

5.1.3.2 债券市场在发达金融市场体系中的重要性

发达国家债券市场规模不断扩大。整体而言，发达国家债券市场的绝对规模保持着快速发展。据 BIS 最新统计，截至 2017 年末，美国和日本的债券未清偿余额在全球排名第一、二，分别为 41.0 万亿美元和 25.4 万亿美元。

债券市场是金融市场的主要融资渠道。债券作为一种直接融资方式，具有其自身的特点与相对优势。与银行贷款间接融资方式相比，债券具有融资的社会化程度、市场效率、透明度及市场流动性更高的特征；与股票市场股权融资相比，债券的相对优势表现在收益相对稳定、投资风险较小等特征。

正是由于债券市场的上述特征，发达国家的债券市场规模往往超过贷款规模和股票市场 IPO 规模。据美国联邦存款保险公司和彭博的数据，2017 年，美国股票市场市值约为 31.5 万亿美元，为同期债券市场规模的 76.9%；美国银行业贷款总额为 7.4 万亿美元，仅为同期债券市场规模的 29.5%。同时，受发达的债券市场融资功能影响，美国的非政府融资主体在债券市场中占据着重要地位，据 BIS 统计，截至 2017 年年末，金融债券和公司债券占美国国内债券市场的比例合计达到 54.9%。

债券市场为金融市场提供价格基准。债券市场具有价格发现功能，可为金融市场提供利率的定价基准。债券市场上形成的无风险利率——国债利率的期限结构是金融市场各种金融产品的定价基准。同时，债券市场的收益率由市场预期、资金面充裕程度以及债券的供给和需求等因素共同决定，这也反映了金融市场上的一般投资收益或融资成本水平。

发达的债券市场是实施公开市场操作的基础。债券市场是宏观调控的市场基础。债券市场是货币市场与实体经济之间的桥梁，是传导货币政策的重要工具。中央银行通过买卖债券进行公开市场操作，达到扩张或收缩基础货币的目的。同时，中央银行的公开市场操作影响债券市场收益率，进而影响到企业的投资决策。

近些年来，伴随着发达国家债券市场的快速发展，公开市场业务操作在世界各国央行货币政策操作实践中取得了很大的发展，成为各国中央银行货币政策操作的主要工具。各国根据各自不同的金融制度、金融市场发展情况以及货币政策传导机制等因素，选择了适合本国国情的公开市场业务操作制度框架。就发达国家的经验看，英国的准备金制度是每日考核方式，所以公开市场业务每天操作三次或四次；美国采取平均余额的准备金考核办法，则并非每日操作，而是择机进场。在操作频率上，各国既有固定时间交易，也有临时性入场；在招标方式上，英、美等国都是不公布招标数量，以保证交易的实现，英格兰银行则根据情况会限制每家机构的投标量；在工具选择上，日本银行选择很多种类的证券作为操作工具，并大量发行中央银行债券，美国联邦储备银行的公开市场操作则以政府债务为主，欧洲央行保留发行央行债券的权利，充分体现交易工具的灵活性；在信息披露上，既体现增加央行货币政策的透明度，同时也从交易实现和减少对市场的影响出发，对于一些信息不予公布；在交易对手上，美联储选择银行和证券公司，欧洲央行全部选择银行，日本银行则在不同的交易中选择不同的交易对手。

5.1.3.3 发达国家债券市场基本架构

中央银行的重要作用。中央银行在发达国家债券市场监管中发挥着重要作用。

在发达国家中，通常都有一个或多个国内机构监管债券市场。中央银行往往对债券一级市场的规范有直接的责任，如日本债券市场中，日本大藏省宣布预定将要发行的日本国债，日本银行则负责国债发行的整体运作，即发行、登记、利息支付与赎回。

债券二级市场的规范则通常由多家政府机构共同承担，中央银行同样发挥着重要的监管职责。例如美国债券市场，虽然官方监管机构是美国证券交易委员会，但美联储作为 1992 年成立的政府债券监管办公室的成员，对政府债券现货市场、回购市场与衍生产品市场负有监管职责。纽约联邦储备银行具体负责国债市场的日常监控工作，对一级交易商的相关资格及义务进行了规定，并且每天对一级交易商的资金、债券头寸及市场交易行为进行实时跟踪。同时，为促进一级交易商更好地发挥做市功能，纽约联邦储备银行每天面向一级交易商进行证券借贷招标，为其提供融券便利。在英国，金融服务管理局是英国债券市场的直接监管当局，同时，英格兰银行也参与债券市场的管理，主要负责监测债券市场，收集债券市场的信息。

发达国家债券市场交易形式。纵观发达国家债券市场，其具有下述共同特征：

第一，发达国家债券市场以场外市场为主。债券自身属性及债券投资者结构决定了场外市场就是债券的主要流通场所。美国债券场外交易的总量远远超过所有交易所的交易总和，其中几乎所有的国债、政府机构债券、抵押债券交易集中于场外市场；德国大约80%的政府债券、50%的地方债券和90%的银行债券的交易通过场外电话询价进行交易；日本场外债券交易量占债券交易总量的90%以上。

第二，电子化交易发展迅速。以信息技术为支撑的现代场外市场有效地解决了信息不畅的问题，提高了价格信息传输和交易执行的效率，极大地降低了市场运行的成本。根据债券市场协会的调查，美国81%的债券交易是由电子交易系统完成的。场外市场上，电子交易平台的成交量增长迅猛，已经成为提供债券市场流动性及交易资讯的重要管道。

第三，做市商制度是债券市场中最重要的制度之一，且往往与政府债券发行的承销商制度及公开市场一级交易商制度相结合，为维持和提高市场流动性发挥了关键作用。美国早在1960年就引入了做市商制度，英国、法国等发达国家也在20世纪80年代引入了做市商制度。在日本债券市场中，根据日本证券业协会的统计，债券交易商是主要的交易主体，债券做市商占到了日本债券成交的一半以上。

从各国经验来看，做市商制度虽然是一种二级市场上的交易制度，但往往与政府债券发行的承销商（或一级交易商）制度结合在一起。在国债发行时，承销商获得一定的优先权，如债券承销和配售便利等，同时承担一定的义务，其中最主要的义务就是要在二级市场上做市，为市场提供流动性，做市成为承销商的一项主要义务。从表现形式上看，做市商与承销商的身份出现了重合。如美国就是由一级交易商承担做市商功能，同时一些欲申请为一级交易商的机构也在开展做市业务，一级交易商资格则由纽约联储银行确定。承销商制度与做市商制度的结合，极大地提高了承销商在二级市场进行做市的积极性，从而有效地提高了市场流动性。

在有的国家做市商制度还与央行的公开市场一级交易商制度结合起来。一级交易商既可以由财政部也可以由中央银行指定。前者的代表有韩国、法国、丹麦等，后者的代表有美国、印度等。由央行指定的一级交易商往往在央行的公开市场操作中取得一定的特权，由此，做市商制度又与央行的公开市场操作密切联系。公开市场操作与做市商制度的结合，使公开市场操作与二级市场能够更好地衔接，中央银行的货币政策意图能够迅速、准确地传递到二级市场，从而提高了央行的操作效率，也有利于货币政策传导。

第四，根据参与者不同，场外债券市场往往可分为两个层次，即交易商间的批发市场及交易商和客户间的零售市场。交易商间市场的主要参与者是众多的做市商和一般交易商，在这个市场中，做市商、一般交易商之间可以直接进行询价交易，也可以通过交易商间的经纪商进行交易。交易商与客户市场的主要参与者是终端投资者，在该市场中，终端投资者主要与做市商、一般交易商进行交易，由做市商、一般交易商对债券进行买卖报价，最终投资者是债券价格的接受者。

例如在美国，ICAP Broker Tec 和 eSpeed 系统是美国债券市场上比较有代表性的交易商间电子交易系统，TradeWeb 则是交易商对客户的有代表性的交易系统。美国场外债券市场上的经纪商主要都是交易商间经纪商，共有六大交易商间经纪商，分别为 Cantor Fitzgerald Securities、Garban LLC、Hilliard Farber、Intercapital 政府证券公司、Liberty Brokerage Inc. 及 Tullett & Tokyo 证券公司。1991 年，四家交易商间经纪商联合市场主要交易商共同创立了实时信息发布和报价系统 GOVPX，市场主要报价都通过 GOVPX 实时发布，这使美国债券市场的透明度进一步大大提高。

发达国家债券市交易后处理体系。目前，发达国家场外债券市场的电子交易平台往往通过 STP 部件的开发使其后台支持系统同样也能够支持清算、交割跟踪和报告交易细节的整个过程；并且和外部清算组织联网。系统的报告和记录体系可以跟踪和记录一个交易所有的支付和委托细节，并根据一定的规则保存记录。系统的直通式服务贯穿整个交易过程。

发达国家场外债券市场的清算往往采用中央对手方多边净额清算模式。清算流程一般均包括交易录入、匹配、合约替代、净额清算和结算交割等步骤。

在场外债券交易的典型的业务流程中，市场参与者可以通过电子交易平台将指令上传至交易确认平台，也可自行将交易要素上传至交易确认平台，由专门的匹配系统对每一笔交易进行匹配、确认。之后由该系统将清算指令发往清算所进行清算，清算所代替每一市场参与者的交易对手方成为中央对手方。清算所对每个市场参与者的所有交易行为进行收、付义务轧差，形成一个资金的净余额以及每种债券同一交割日的净余额。最后，清算所根据计算出的余额向支付系统和债券托管机构发出簿记指令。

5.1.4　我国债券市场概貌

1981 年 7 月，国务院决定恢复发行国债，开启了改革开放后我国债券市场的发展进程。经过三十余年的发展，我国债券品种日益丰富，参与范围不断扩大，市场功能逐渐完善。从 20 世纪 80 年代的国债和企业债券市场，已逐渐发展成为现在由政府、企业、国内外机构、个人等多方参与，银行间市场、交易所市场多层次交易的多功能、大范围债券市场。在政府融资、货币市场调控、解决金融机构资产负债期限匹配问题、企业流动资金筹集、项目融资、盘活非流动性资产等方面发挥了积极作用。

目前我国债券市场已经建立了完善的市场架构，在拓展市场规模和深度方面也取得了长足的发展。目前，我国债券种类包括国债、地方政府债券、央行票据、政策性金融债、普通金融债、次级债、企业债、短期融资券、中期票据、资产支持证券、混合资本债、集合票据、国际开发机构债、超短期融资券等众多品种。随着债券交易品种日渐丰富，市场规模日益扩大，债券市场制度建设逐步完善，已经初步建立了较为完整的债券市场发行、交易机制。

我国债券发行市场主体从早期的财政部和政策性金融机构已经扩展到包括政府、中央银行、企业、证券公司、商业银行、非银行金融机构以及合格国际机构等在内的几乎所有类型市场主体。债券发行方式主要包括招标发行和簿记建档两种,随着债券发行业务市场化程度的提高,招标发行已经成为债券发行的主流模式。

在债券交易方面,按照交易场所划分的方法,我国已经形成了以场外交易市场为主、场内交易市场为辅的基本格局。建立于1997年的银行间债券市场作为机构间债券交易的场外市场,主要通过电子交易平台为机构间的大宗交易提供服务。近三十年来,我国债券市场发展的主要成绩可以概括如下:

5.1.4.1 债券市场规模不断扩大,层次明晰

第一,我国债券市场规模逐年扩大。1997年我国债券市场发行量仅为0.4万亿元,2017年我国债券市场的发行量已高达40.8万亿元,二十年来的年均增速约为26%;债券市场交易量从1997年的1.7万亿元增加到2017年的108.4万亿元,年均增速约为23%;债券托管量从1997年年末的0.5万亿元,增加到2017年年末的约80万亿元,年均增速约为29%。

第二,我国债券市场层次明晰。经过多年发展,我国债券市场形成了"以银行间债券市场为主,交易所市场、柜台市场为辅"的基本格局。根据表5-1,从存量规模来看,2012—2017年,银行间市场债券托管量占我国债券市场托管总量的比例基本保持在94%以上,银行间市场是居于优势支配地位的。

表5-1 我国债券各市场托管量

年份	银行间市场		交易所市场		柜台市场	
	托管量(亿元)	占比(%)	托管量(亿元)	占比(%)	托管量(亿元)	占比(%)
2012	246942.6	97.0	4602.6	1.8	3071.5	1.2
2013	272235.5	95.2	8855.8	3.1	4892.3	1.7
2014	323847.8	94.4	13215.3	3.9	5936.1	1.7
2015	432469.7	95.3	14517.9	3.2	6640.8	1.5
2016	556415.0	95.7	18121.8	3.1	6858.4	1.2
2017	645975.0	96.1	18618.1	2.8	7305.1	1.1

资料来源:中国债券信息网,http://www.chinabond.com.cn/。

5.1.4.2 债券种类不断丰富

1997—2004年,我国债券市场的债券品种较为单一,从1997年仅有国债和企业债,到1998年推出政策性金融债,再到2003年发行央行票据,尽管种类上在不断增加,但无论从规模还是债券品种数量上都显得较为落后。从2004年开始,我国债券市场驶入快车道,产品创新增速、产品种类增多、规模也急速扩张。特别是作为债券市场主体的银行间市场,其产品创新更为活跃。

由于银行间市场近年来实现了快速发展,吸引了越来越多的发行人和投资者参与。在这种情况下,固定收益市场创新活跃的特性得以很好地展现出来。从近年来银行间市场的创新来看,先后推出了短期融资券、超短期融资券、中期票据、资产支持票据、非

公开定向工具、集合票据、信用风险缓释工具等。而交易所市场受制于市场规模和参与群体等固有问题,产品创新较为有限,即便有产品推出,发展速度也不快,并未得到市场的广泛认同。

5.1.4.3 债券市场工具逐渐多元化

1997—2004年,我国债券市场工具从交易所市场的现券买卖和质押式回购到银行间市场的债券买断式回购,尽管有了新的突破,但对多元化的市场需求仍显吃力。2004年以后,为满足市场参与主体的多元化需求,进一步增强市场交易活跃程度,丰富债券市场避险工具,银行间债券市场先后推出了债券远期交易、人民币利率互换、远期利率协议等衍生产品品种以及债券借贷工具,这些交易工具的不断丰富,对帮助投资者规避债券市场风险,提高市场流动性,促进价格发现功能的实现发挥了积极作用。

5.1.4.4 我国债券市场参与主体日趋多元化

第一,市场投资主体逐渐丰富,机构投资者表现活跃。除银行业金融机构和保险、财务、基金公司等非银行金融机构以外,信托产品、企业年金和众多证券投资基金等也作为机构投资者参与到债券市场,债券市场的影响力与日俱增。

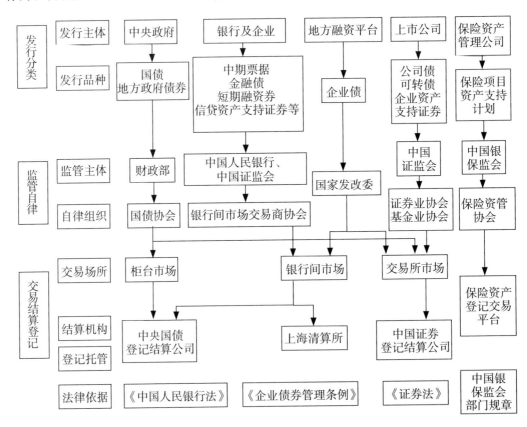

图 5-1 中国债券市场架构

资料来源:根据市场情况与公开资料绘制。

第二，银行间市场的债券发行主体，从原来的财政部扩展到国有商业银行和政策性银行，再到股份制及城市商业银行、国际开发机构和证券公司等。截至2017年年末，银行间债券市场参与主体已由最初的16家商业银行扩展到18 681家各类参与者，其中境内法人类参与机构2 665家，境内非法人机构15 458家。从持有者结构上看，到2017年年末，商业银行持债比率为66.6%，非银行金融机构持债比率为9.0%，其他投资者持债占比共为24.4%。

5.1.4.5 债券市场对外开放稳步推进

近年来，我国债券市场对外开放稳步推进，在"走出去"和"引进来"方面取得了显著进展。

"走出去"方面：2007年中国人民银行与国家发改委共同发布了《境内金融机构赴香港特别行政区发行人民币债券暂行管理办法》，允许符合条件的境内金融机构赴港发行人民币债券。十年来，已有十余家境内金融机构法人赴港发行人民币债券。2013年以来，中国工商银行、国家开发银行、中国建设银行又先后赴伦敦试点发行人民币债券65亿元，中国银行、中国农业银行等也先后在境外发行外币二级资本债券、绿色债券。此外，2009—2016年财政部在香港和伦敦发行人民币国债共计1 670亿元。

"引进来"方面：一是境外机构在银行间债券市场发行债券稳步推进。2005年，中国人民银行与财政部等部门共同发布了《国际开发机构人民币债券发行管理暂行办法》，允许国际开发机构在境内发行人民币债券，国际金融公司和亚洲开发银行率先在银行间债券市场发行40亿元人民币债券。2013年，境外非金融企业在境内债券市场筹集人民币资金的渠道建立，境外非金融企业在银行间市场交易商协会注册后即可在银行间市场发行熊猫债。2015年9月，香港上海汇丰银行有限公司和中国银行（香港）有限公司，作为国际性商业银行首次获准在银行间债券市场发行人民币债券，成为继国际开发机构和境外非金融企业之后银行间债券市场的又一类发行主体。此后，加拿大不列颠哥伦比亚省、韩国、波兰政府等也获准在银行间债券市场发行人民币债券。截至2016年年末，我国债券市场境外发债主体已包括境外非金融企业、金融机构、国际开发机构以及外国政府等，累计发行631亿元人民币熊猫债。此外，2016年8月，世界银行（国际复兴开发银行）在银行间债券市场成功发行第一期特别提款权（SDR）计价债券。SDR计价债券的推出，有利于丰富我国债券市场交易品种，促进我国债券市场的开放与发展，也是扩大SDR使用的标志性事件，对于增强国际货币体系的稳定性和韧性具有积极意义。

二是银行间债券市场对境外机构投资者扩大开放。自2010年以来，经中国人民银行批准，符合条件的境外央行或货币当局、主权财富基金、国际金融组织、人民币境外清算行和参加行、境外保险机构、RQFII和QFII先后进入银行间债券市场。2015年6月，已进入银行间债券市场的境外人民币业务清算行和参加行获准开展债券回购业务。2015年7月，境外央行类机构（境外中央银行或货币当局、主权财富基金、国际金融组织）投资银行间债券市场的业务范围明确可扩展至债券现券、债券回购、债券借贷、债券远期以及利率互换、远期利率协议等交易。2016年2月以来，中国人民银行公告〔2016〕3号及相关配套政策发布，境外投资主体范围进一步扩大至境外依法注册成立的各类金融机构及其发行的投资产品，以及养老基金等中长期机构投资者。截至 2017 年年末，已有 865 家境外机构进入银行间债券市场，较上年年末增加 458 家。2017 年 3 月，国际三大债券指数供应商之一的彭博公司新推出两支包含中国债券市场的综合债券指数，2018 年 3 月，彭博宣布将逐步把以人民币计价的债券纳入彭博巴克莱全球综合指数，这将有利于吸引更多境外资金投资中国债券市场。

5.2 我国债券市场分类及特征

我国债券的交易市场分为场外市场和场内市场。场外市场包括银行间市场和银行柜台市场，场内市场包括上海证券交易所和深圳证券交易所。银行间债券市场的主要参与者是我国的各类机构投资者，属于大宗交易市场（批发市场），一般由交易双方协商交易价格。银行柜台交易市场（俗称 OTC 市场）的主要参与者是个人和部分机构投资者。交易所市场则为投资者提供线上交易在深交所和上交所上市的各类债券品种。其中，上交所交易的债券总额占到了场内交易市场总量的 90% 以上，是国内最为主要的场内交易市场。

5.2.1 我国债券市场格局的形成与发展

5.2.1.1 我国债券市场的发展阶段

根据历史上我国债券市场规模结构变化和主要券种发行情况，我国债券市场发展可以分为以下几个阶段：

传统阶段（1950—1958）：中华人民共和国成立初期，为了支持经济恢复和建设，我国发行过"人民胜利折实公债"和"国家经济建设公债"，1958 年后发行被终止。

萌芽阶段（1981—1987）：1958—1980 年，我国未发行任何债券。改革开放后，1981 年，财政部正式发行国债，主要采取行政摊派方式。20 世纪 80 年代初，一些企业自发向社会或内部集资，类似债权融资，形成信用债的雏形。1985 年，银行和非银金融机构开始发行金融债券。

起步阶段（1987—1993）：1987 年，《企业债券管理暂行条例》颁布，企业债开始发展。1988 年，我国尝试通过商业银行和邮政储蓄的柜台销售方式发行实物国债，同年，财政部批准在全国 61 个城市进行国债流通转让的试点，场外交易市场初步形成。1990 年 12 月，上海证券交易所成立，国债开始在交易所交易，形成场内交易市场。1993 年，由于企业债扩张带来一些潜在的金融风险，《企业债券管理条例》发布，企业债发行受限，进入规范发展阶段。

完善阶段（1994—2004）：1994 年 4 月，国家开发银行第一次发行政策性银行债。1995 年，国债招标发行试点成功，国债发行利率开始实行市场化，这标志着我国债券发行的市场化正式开始。1996 年，政府决定选择有条件的公司进行可转换债券的试点，可转债市场开始发展。1997年6月，中国人民银行发文通知商业银行全部退出上海和深圳交易所的债券市场，将其所持有的国债、融资券和政策性金融债统一托管于中央国债登记结算公司，并进行债券回购和现券买卖，全国银行间债券市场启动。2002年，在吸取中央银行融资券成功经验的基础上，央行推出了央行票据，央票成为货币政策的重要工具之一。2004年，兴业银行首次发行金融次级债，为商业银行补充附属资本增加了渠道。

扩张阶段（2005年至今）：2005年4月，《信贷资产证券化试点管理办法》颁布，标志资产证券化正式进入中国的资本市场；同年5月，短期融资券试水，并且在发审上实行注册制，这为企业债券的市场化发行奠定了基础，也是信用债市场开始加速的起点。2007年10月，第一支公司债面世交易所市场。2008年4月，中期票据问世，实行注册制，在期限上丰富了企业债券品种。2009年4月，由财政部代发的第一支地方政府债问世，填补了我国地方债的空白，同年11月，我国第一支中小非金融企业集合票据发行成功，进一步完整了企业债券品种。2010年，交易商协会发布《银行间债券市场非金融企业超短期融资券业务规程（试行）》，推出超短期融资债券。2011—2012年，由于金融危机而暂停的各资产证券化试点陆续重启。2015年1月，《公司债券发行与交易管理办法》发布，公司债发行主体由上市公司扩大至所有公司制法人（除地方融资平台），公司债发行爆发式增长，同年，由于地方政府债务置换开展，地方政府债也大幅增加。2016年推出特别提款权债券，世界银行和渣打银行先后在银行间债券市场成功发行总计6亿SDR债券，对于扩大SDR使用、促进人民币国际化和我国金融市场对外开放具有重要意义，也有利于增强国际货币体系的稳定性和韧性。

5.2.1.2 我国场内与场外市场的主要区别

目前，我国的债券市场由银行间债券市场、交易所债券市场和银行柜台债券市场三个部分组成，其中银行间债券市场和银行柜台市场属于场外市场，交易所债券市场属于场内市场。这三个市场各有侧重点，交易的债券品种、交易机制和投资者类型以及市场监管部门均有所不同。

银行柜台债券市场的参与主体为在商业银行开户的个人和企业投资者。目前，投资者通过银行柜台债券市场可以投资的债券品种有储蓄式国债、凭证式国债、记账式国债和政策性金融债，其中储蓄式国债和凭证式国债不能流通转让，其实际投资主体为中老年个人投资者，而记账式国债和政策性金融债银行柜台交易的推出可以更好地满足广大的个人、企业等投资人的债券投资需求。记账式国债柜台交易的方式为现券交易。

交易所债券市场是我国债券场内交易的场所，目前上海证券交易所和深圳证券交易所均有债券交易业务。沪深交易所债券交易的参与主体为在交易所开立证券账户的非银行投资者，实际交易主体为证券公司、保险公司。2010年10月，中国证监会、中国人民银行、中国银监会联合发布《关于上市商业银行在证券交易所参与债券交易试点有关问题的通知》，这是针对2008年年底，国务院办公厅发布《关于当前金融促进经济发展的若干意见》中"推进上市商业银行进入交易所债券市场试点"的实质性措施，这意味着，商业银行将有限地参与交易所债券市场。

近些年，随着银行间债券市场规模的急剧扩张，其在我国债券市场的份额和影响力不断扩大。1997年年底，银行间债券市场的债券托管量仅725亿元，2017年年底银行间债券托管量已达到64.6万亿元，占整个债券市场的96%；从二级市场交易量来看，2017年银行间债券市场的现券交易量为102.8万亿元。银行间债券市场已经逐步确立了其在我国债券市场中的主导地位。

交易所市场与银行间市场债市是相对分割的。两个市场在交易主体、投资品种、交易方式甚至监管主体上都有很大差异。

第一，两个市场交易主体不同。银行间市场的交易主体包括各类银行、非银行金融机构。虽然近几年保险、券商、基金投资规模有所加大，但商业银行仍是银行间债券市场最大的投资主体。交易所市场的投资者包括非银行金融机构、非金融机构和个人投资者。商业银行不能进入交易所市场进行债券交易，虽然这一规定后来有所松动，部分上市银行获得了交易所市场的许可证，但由于交易所市场本身的容量有限，商业银行仍将重心放在银行间市场。以券商、基金等交易型机构为主的市场参与者模式导致交易所市场的活跃程度受股票市场的影响远大于银行间市场，尤其在股市呈现单边下跌的情况下，避险资金进入交易所债市意愿更高，也就形成了人们通常所说的股债"跷跷板"效应。

第二，两个市场的投资品种差异较大。交易所市场品种相对较少，而银行间市场除了国债、企业债，同时还有政策性金融债、央行票据、短期融资券、中期票据等长短期不同的投资品种。其中，企业债由国家发改委负责审批，短期融资券和中期票据由银行间市场交易商协会负责审批注册；公司债则由中国证监会负责审批，在交易所挂牌交易。需要指出的是，由于市场特性的差异，银行间和交易所两个债券市场的债券价格存在利差。截至2017年年末，从发行情况来看，银行间市场、银行柜台市场、交易所市场所经营的主要债券业务品种如表5-2所示：

表 5-2　我国债券各市场主要交易券种

银行间市场		银行柜台市场	交易所市场
中央国债登记结算有限责任公司	上海清算所	中央国债登记结算有限责任公司	中国证券登记结算有限责任公司
政府债券	短期融资券	记账式国债	国债
政策性银行债	超短期融资券	国家开发银行债券	地方债
政府支持机构债券	中期票据		政策性金融债
商业银行债券	区域集优中小企业集合票据		企业债
资本工具	非公开定向债务融资工具		公司债
非银行金融机构债券	金融企业短期融资券		可转债
企业债	非金融企业资产支持票据		中小企业私募债等
资产支持证券等	信贷资产支持证券		
	资产管理公司金融债		
	同业存单		
	政府支持机构债券等		

注：其中，短期融资券和中期票据分别在2011年9月和2013年6月由中债登转移至上海清算所进行登记托管结算业务。

第三，两个市场的交易方式不同。银行间市场采用国际债市主流的询价方式进行报价，更适宜大宗交易，而交易所市场采用与股市相同的集中撮合方式报价，实行净额结算，更适合中小投资者。集中撮合报价方式的缺点在于缺乏价格维护机制，买卖指令不均衡与大宗交易指令都会放大价格的波动区间，造成交易价格的非理性变动。

第四，两个市场的托管和结算制度不同。为明晰债权债务人关系、保障投资人权益，我国先后成立了中央国债登记结算有限责任公司（以下简称"中债登"）、中国证券登记结算有限责任公司（以下简称"中证登"）、上海清算所（以下简称"上清所"），对不同的债券市场分别实施集中统一的证券登记、托管、结算制度。中债登与上清所共同负责银行间债券市场债券品种的发行、托管与结算业务。此外，中债登也是商业银行柜台市场的债券业务的一级托管人和交易所托管的国债的总托管人。中证登则承接了原来隶属于上海和深圳证券交易所的全部登记结算业务，施行"中央登记、二级托管"的制度。

第五，两个市场的监管主体不同。交易所债市由中国证监会监管，而银行间市场由中国人民银行进行监管，这种不同的行政监管主体也体现了两个市场的分割状况。

5.2.2 我国的场内债券市场

我国的场内债券市场也即交易所债券市场，是依托上海、深圳证券交易所和中国金融期货交易所的交易系统，以及中国证券登记结算公司的清算系统，以金融机构和个人投资者为交易主体的场内市场。1990年左右，上海、深圳证券交易所陆续设立，交易所债券市场逐步形成并不断发展壮大。

2017年从发行额看，交易所债券市场筹资额7.8万亿元，本金兑付额3.3万亿元，净筹资额4.7万亿元；从交易额看，现券交易额5.5万亿元，回购交易额260.2万亿元，国债期货交易额14.09万亿元；从托管面值看，中证登托管额为5.38万亿元；从主要券种持有主体看，保险公司、商业银行、证券公司在交易所市场的持债规模分别为1.51万亿元、31.63万亿元、0.35万亿元；从托管品种看，国债、公司债、企业债占据主导地位，中小企业私募债规模较小；从评级上看，绝大部分交易所债券为AA级以上。

从全国债券市场大格局看，交易所债券市场呈现了一些不均衡的发展特征：

一是交易所市场自身发展不均衡。2017年，上交所现券成交额、回购成交额分别为4.44万亿元、242.90万亿元，而深交所现券成交额、回购成交额分别为1.07万亿元、17.31万亿元，深交所债券规模与上交所债券规模存在明显差距。

二是交易所债券市场与银行间债券市场发展不均衡，银行间市场成为全国债券市场的主要市场。2017年银行间债券市场现券成交102.80万亿元，债券回购（包括质押式回购和买断式回购）成交616.4万亿元，是交易所现券和回购成交量总和的近3倍；银行间债券市场托管量为27.22万亿元，是交易所托管量（3.38万亿元）的12倍。

三是直接融资和间接融资的不均衡。2017年，全社会融资规模增量累计19.44万亿元，以交易所和银行间市场发行的企业债券和股票为代表的直接融资规模占比仅为10%，而以银行贷款为代表的间接融资规模占比为90%，后者是前者的9倍。

2014年以来，由于一些规则调整，交易所债市发展速度加快。2015年1月，中国证监会发布《公司债券发行与交易管理办法》，主要内容包括：发行主体从上市公司扩大至符合条件的所有公司制法人；简化审核流程，实行大、小公募和私募债券的分类管理；私募债券实行事后备案和负面清单管理；强化承销商、评级机构、会计师、评估机构等中介机构职责；加强事中事后监管，加强投资者保护。具体来说，公司债券发行主体拓宽至所有公司制法人，公募债分为面向公众投资者的"大公募"及仅面向合格投资者的"小公募"，其中合格投资者包括金融机构、金融机构发行的理财产品、净资产不低于人民币1 000万元的企事业法人和合伙企业、QFII和RQFII、社保年金、金融资产不低于人民币300万元的个人投资者以及中国证监会认可的其他合格投资者。私募债券的备案机构改为证券业协会，具体由证券业协会下设的中证报价系统承办，面向合格机构投资者公开发行的公司债券预审权下放至沪深交易所。之后交易所公司债市场规模迅速增长，交易所公司债供给大幅放量，成为信用债市场主要的增量供给来源。

5.2.3 我国的场外债券市场

我国债券市场已经形成了以场外市场为主、场内市场为辅，银行间债券市场和交易所债券市场分工合作、相互补充、互通互联的市场体系。我国场外债券市场包括银行间债券市场和商业银行柜台市场，其中前者居于绝对主导地位，是机构投资者之间的大宗交易市场。银行间债券市场的交易产品包括现券买卖和债券借贷两种类型，其中现券买卖交易量占整个银行间债市成交量的98%以上。

近年来，作为场外市场的银行间债券市场已经形成以询价交易方式为主，点击成交交易方式为辅的交易模式，市场体系日益成型，市场创新不断涌现，投资者类型日趋多元化，制度框架逐步完善，市场规模和深度均取得了重大发展。

5.2.3.1 场外市场发展概貌

市场规模持续壮大。截至2017年年底，我国银行间市场的债券托管量已近65万亿元，在全球债券市场中位列第三，仅次于美国和日本之后，在亚洲仅次于日本，规模远超中国香港、新加坡市场。2016年，银行间现券买卖交易量达到127.1万亿元，同比增长46.5%，占债券市场现券买卖总交易量的99%以上。2017年交易量也超过100万亿元，归功于银行间债券市场交易量的迅速增长，我国债券市场交易量也超过了作为亚太区主要金融市场的中国香港和新加坡。

债券种类不断丰富。目前我国债券种类包括国债、地方政府债、央行票据、政策性金融债、普通金融债、次级债、企业债、短期融资券、中期票据、资产支持证券、混合资本债、集合票据、国际开发机构债、超短期融资券等众多品种。2017年，从成交券种来看，成交占比前三位的券种分别为同业存单、政策性金融债和国债，占比分别为36.1%、32.5%和12.8%。

市场创新不断涌现。2010年年底以来，银行间市场相继推出超短期融资券、非公开定向债务融资工具等新型投资工具，为丰富企业直接债务融资渠道、提高企业流动性管理水平提供了更为丰富的手段。截至 2012 年 10 月底，超短期融资券在银行间市场托管量达到 3 161 亿元，累计成交 1.6 万亿元。2012 年第三季度，资产支持票据业务正式开闸，信贷资产证券化业务重启，银行间债券市场创新取得进一步突破。截至 10 月底，资产支持票据共发行 13 支、累计 55 亿元；国开行、交行等机构已发行信贷资产支持证券超过 100 亿元。

投资者结构日益完善。截至 2017 年年底，银行间债券市场各类交易成员有 2 万多家，类型涵盖商业银行及其授权分行、信托投资公司、企业集团财务公司、金融租赁公司、农村信用社、城市信用社、证券公司、保险公司、外资金融机构、基金管理公司及其管理的各类基金和特定资产管理组合、保险产品和信托公司设立的信托专用债券账户以及境外机构等。目前，城市商业银行、证券公司和股份制商业银行是银行间债市最活跃的投资者，其交易量分别占到银行间市场总成交量的 29%、21% 和 17%。

市场开放程度逐渐扩大。为配合跨境贸易人民币结算试点，拓宽人民币回流渠道，银行间债券市场逐步向境外机构开放。自 2010 年 8 月起，在境外三类机构和合格境外投资者框架下，境外央行、港澳清算行、境外参加行、RQFII、QFII、国际金融机构、境外保险机构等多种类型的境外机构陆续进入银行间债券市场。2015 年 7 月，境外央行、国际金融组织、主权财富基金投资范围扩展至债券回购，进入银行间市场由审批制改为备案制，并可自主决定投资规模。2016 年 2 月，银行间债券市场投资主体进一步扩大至境外依法注册成立的各类金融机构及其发行的投资产品，以及养老基金等中长期机构投资者。2017 年 7 月，债券通（"北向通"）开通，为境外投资者进入银行间债市提供了便捷的参与通道。

5.2.3.2 场外债券市场的发展创新

1. 制度创新

一是推动建立并不断完善自律管理机制，促进市场平稳健康发展。

党的十六大以来，党中央、国务院多次要求"转变政府经济管理职能，深化行政审批制度改革，切实把政府经济管理职能转到主要为市场主体服务和创造良好发展环境上来"。2007 年 5 月，《国务院办公厅关于加快推进行业协会商会改革和发展的若干意见》发布，强调加强市场自律，指出"行政执法与行业自律相结合，是完善市场监管体制的重要内容"。在相关政策文件的指导下，为了进一步促进银行间债券市场平稳健康发展，充分激发市场活力，以更好地服务于实体经济发展，2007 年 9 月，中国人民银行推动成立了主要由机构投资者组成的自律组织——银行间市场交易商协会（以下简称"交易商协会"），将进行自律管理、开展市场创新、服务市场成员等事宜交由交易商协会负责。

交易商协会成立以来，银行间市场自律管理机制不断完善，事前、事中、事后管理等多个方面的自律管理手段逐步形成，覆盖会员管理、债务融资、市场交易等环节的自律规则逐步推出，政府行政监管、行业自律管理、市场中介机构一线监测有机结合的银行间债券市场监管体系基本形成。同时，以自律管理为基础，不断推进银行间公司信用类债券市场的产品创新和机制创新。

二是有序推进并不断完善发行注册制,促进公司信用类债券市场稳步发展。

2007年以来,按照政府管理方式转变的要求,根据市场发展的需要,中国人民银行基于市场化原则,积极推动交易商协会建立以发行人信息披露为核心、以中介机构尽职履责为基础、以投资者风险自担为前提、以协会注册评议为程序、以市场自律管理为保障的发行注册管理制度,将企业能不能发债、能发多少债、什么价格发债、什么时间发债等事项都交由市场决定,有效避免了过去信用类债券市场"一管就死、一放就乱"的困境。在坚持注册制理念、市场化运作前提下,债务融资工具市场逐步构建起以公开发行和定向发行双轨发行制度为基础、以规则指引文件和具体工作机制为支撑、以信息系统建设为保障,层次丰富、权责清晰、流程规范、运作有效的注册发行工作制度体系。随着市场规模的增长、发行主体的扩大、产品类型的丰富,按照"简化、优化、强化、细化"的原则,发行注册制度不断优化,公开发行方面引入"分层分类"机制,定向发行方面引入专项机构投资人制度,从"机制流程、信息披露、管理方式"三个方面不断丰富注册制的内涵和外延,深化"事前、事中、事后管理相结合"的自律管理方式。

发行注册制的实施,激发了债券市场发展活力,提高了企业融资便利度,降低了企业融资成本,促进了直接融资市场的发展,债券市场服务实体经济发展的效果更加显著。2016年,公司信用类债券发行8.2万亿元,同比增长16.5%;截至2016年年末,公司信用类债券余额为16.5万亿元,位居全球第二。

三是建立健全市场利率定价自律机制,稳步推进产品创新。

2013年,中国人民银行从放松利率管制、加强机制建设和推动产品创新等多个层面加快推进利率市场化改革,利率定价自律机制作为重要举措之一于9月正式推出。市场利率定价自律机制是由金融机构组成的市场定价自律和协调机制,旨在符合国家有关利率管理规定的前提下,对金融机构自主确定的货币市场、信贷市场等金融市场利率进行自律管理,维护市场正当竞争秩序,促进市场规范健康发展。自律机制下设合格审慎及综合实力评估、贷款基础利率、同业存款、上海银行间同业拆借利率等四个专门工作小组。2013年9月以来,利率定价自律机制不断健全,成员单位有序扩容,在此基础上,同业存单等产品创新稳步推进,市场规模快速增长。2017年,同业存单发行20.2万亿元,占银行间债券市场发行总量的49.5%;同业存单成交37.1万亿元,占银行间债券市场成交总额的36.1%。

四是推出并不断完善结算代理制度,丰富市场参与主体类型。

银行间债券市场发展初期,参与主体主要局限于大中型商业银行,这对于市场的长远发展无益。为扩大投资者范围,优化投资者结构,中国人民银行于2000年推出结算代理制度,并在此后逐渐扩大委托人对象范围和结算代理人队伍,同时不断加强结算代理业务管理,为构建多层次债券市场奠定了坚实基础。结算代理制度是银行间债券市场的特有制度安排,结算代理人为经中国人民银行批准、代理其他参与者办理债券交易、结算等业务的金融机构,截至2017年2月末,银行间债券市场共有48家结算代理人。经过十几年的发展与完善,结算代理制度成为境内中小机构投资者和境外机构参与银行间债券市场的主渠道,既很好地弥补了非金融机构、小型金融机构等中小投资者在专业能力、资金实力、信息渠道等方面的劣势,有效地扩充了投资者队伍,丰富了市场层次;

又帮助境外机构克服了对境内市场不熟悉，以及在语言、信息、运作效率等方面存在的障碍，促进了债券市场对外开放；还肩负着落实监管要求，及时掌握委托人动态，并对其进行真实性审核、额度监控、提示风险的责任，成为市场监管的有力抓手。

五是推出并不断完善做市商制度，充分发挥做市功能。

做市商制度作为场外市场的重要基础性制度，在银行间债券市场的蓬勃发展过程中发挥了非常重要的作用。做市商为经中国人民银行批准在银行间市场开展做市业务，即在银行间市场按照有关要求连续报出做市券种的现券买、卖双边价格，并按其报价与其他投资者达成交易，承担维持市场流动性义务并享有相应权利的金融机构。在债券一级市场存量规模迅速扩大而二级市场流动性仍处较低水平的背景下，2007年我国银行间债券市场正式推出做市商制度。但做市商制度的应用最早可追溯到2001年的双边报价商制度，当时中国人民银行发布《中国人民银行关于规范和支持银行间债券市场双边报价业务有关问题的通知》，并批准9家商业银行为双边报价商，此后几年内，这一制度在引导市场理性报价、提高市场流动性等方面发挥了积极作用。做市商制度正式建立后，相关部委、市场自律组织和市场中介机构逐步完善对于做市商行为规范的系列制度安排，促进做市商更好地开展做市业务，充分发挥做市功能。交易商协会于2008年颁布了做市商评价指标体系，该举措敦促做市商由满足最低要求的自发报价向竞争性的主动报价积极转变；财政部于2011年发布公告，就新发关键期限国债做市有关事宜提出了要求；全国银行间同业拆借中心于2014年发布尝试做市业务规程，规范尝试做市机构尝试做市行为，进一步完善了做市商制度。近年来，做市商制度在提高债券市场流动性、促进价格发现、维护市场稳定、降低发行人筹资成本等方面都发挥了重要作用。截至2017年2月末，银行间债券市场共有30家做市商和50家尝试做市机构。

六是推出债券回购交易主协议，促进市场规范健康发展。

在银行间债券回购市场发展初期，中国人民银行发布了两个基础性法律文本，分别为2000年的《全国银行间债券市场债券质押式回购主协议》和2004年的《全国银行间债券市场债券买断式回购主协议》，这对于当时市场的规范发展发挥了重要作用。随着市场规模的增长，参与者范围的扩大，法律环境的变化，以及债券市场流动性风险、对手方风险、信用违约风险等日益显现，上述协议已很难满足市场参与者投资经营与风险管理的需要。

按照"总结过去、立足现在、着眼长远"的原则，借鉴国际经验，中国人民银行指导交易商协会于2013年推出了《中国银行间市场债券回购交易主协议（2013年版）》（以下简称《主协议》）。《主协议》文本兼顾实用和创新，充分体现"延续性、适用性、前瞻性"的特点。在框架结构设计上，采用"通用条款+特别条款"的结构；在核心机制安排上，引入回购债券盯市调整机制，实现质押债券替换，建立买断式回购单一协议和终止净额等机制；在风险事件认定处理上，详细约定违约、终止等事件的认定标准、处理流程及补偿金额；在签署方式安排上，《主协议》由市场成员多边签署生效，补充协议由签署机构视需要进行双边签署。《主协议》是我国债券回购市场发展的重要制度创新，对于债券市场的规范健康发展具有里程碑意义，可以增强债券市场价格发现功能，进一步提高债券回购利率的准确性和影响力；有利于构建债券回购市场科学的风险防范体系，维护金融稳定；进一步完善了债券回购交易机制，丰富了市场参与者的交易方式和交易策略。

2. 产品创新

债券品种创新，究其目的是满足不同类型市场参与主体的投融资需求。中国债券市场的参与主体大致可分为政府机构、金融机构、非金融企业和境外机构等四大类，为满足不同市场参与主体日益丰富多样的需求，2000年以来我国债券市场产品创新不断推进，交易工具序列齐全，基础设施安全高效，已经具备相当的市场深度和广度。截至2017年年末，中国债券市场余额达到79.4万亿元，位居全球第三、亚洲第二，公司信用类债券余额为18.3万亿元，位居全球第二、亚洲第一。

一是创新发展公司信用类债券，满足非金融企业融资需求。

长期以来，我国直接融资市场发展不足，非金融企业的资金需求基本依赖银行体系。以2001年为例，全年新增人民币贷款1.3万亿元，当年新发行企业债仅为5支合计129亿元，债券融资作为企业资金来源渠道的功能基本可以忽略。这种状况不仅导致风险大量集聚于银行体系，不利于金融体系的稳定发展，而且间接融资的低效率也使得部分非金融企业尤其是中小企业的资金需求无法得到满足，不利于经济发展。

为促进直接融资市场发展，拓宽企业融资渠道，在中国人民银行的积极推动下，银行间市场有序推进债券品种创新，促进债券市场更好地服务于实体经济发展。2005年，中国人民银行抓住机遇，将短期融资券引入银行间市场；此后，于2008年推出中期票据，2009年推出集合票据，2010年推出超短期融资券，2011年推出中小企业区域集优票据和非公开定向债务融资工具。目前，产品体系已基本搭建完成，从产品期限看，覆盖从超短期融资券到永续债券；从募集方式看，涵盖公募发行和私募发行；从融资主体看，可以为单体融资也可以为集合融资；从产品结构看，包括普通债券、结构化债券等。非金融企业债务融资工具的不断创新，改变了企业单纯依赖银行贷款的融资状况，降低了全社会的融资成本。以2016年为例，全年人民币贷款新增12.65万亿元，当年各类企业信用债新发行额达到5.7万亿元，债券融资的比重大幅上升。

2000—2016年，银行间债券市场累计发行企业信用类债券30万亿元，其中，超短期融资券7.7万亿元，短期融资券7.5万亿元，中期票据7万亿元，非公开定向债务融资工具3.6万亿元，企业债4.1万亿元等。公司信用类债券的发行量，超过了国债、政策性金融债等的发行量，在债券市场发行总量中的份额超过20%。

二是创新发展金融债券，满足金融机构融资需求。

21世纪初，我国商业银行普遍面临资本充足率不足、资产负债管理能力较弱这两大难题。2000年年末，四大国有商业银行的平均资本充足率仅为4.6%。2002年年末，四大国有商业银行的平均资本充足率为6%，除了中国银行的资本充足率为8.2%以外，其余三家银行的资本充足率均低于巴塞尔协定8%的监管标准。商业银行资本充足率不足的主要原因是，当时商业银行在资产规模快速增长的同时，资本扩张渠道极为有限。在亚洲金融危机以后，我国采取扩大内需的政策，依靠投资来拉动经济增长。但是，我国的资本市场还不发达，直接融资的限制还很多，债券市场规模很小，主要的直接融资市场股票市场也一直处于低迷状态，融资能力不强，银行贷款自然成为实体经济主要的融资渠道，这直接推动了银行资产规模的快速增长。当时，商业银行的资本补充渠道最主要还是依靠自身留存利润，商业银行由于历史包袱及体制缺陷等原因，中间业务所占比重很少，经营管理模式不成熟、效率低、盈利能力差、利润有限，而且大量放贷导致不良贷款率较高、利润大部分要用来冲抵不良资产，可以用于补充资本金的利润有限，这些因素导致商业银行的资本充足率难以达到8%的国际标准。

为拓宽商业银行等各类金融机构的资本筹集渠道，提升金融机构的竞争力与抗风险能力，推动金融行业的改革与发展，中国人民银行会同有关部门，先后于2003年推出次级债券，2004年推出证券公司短期融资券，2005年允许商业银行和企业集团财务公司发行金融债券，2006年推出商业银行混合资本债券，2009年允许金融租赁公司和汽车金融公司发行金融债券，2013年创新发展同业存单等替代性金融产品。

2000—2016年，银行间债券市场累计发行金融债券27.1万亿元，其中，政策性金融债22万亿元，商业银行债1.1万亿元，商业银行次级债2万亿元，证券公司短期融资券1.2万亿元等。此外，同业存单累计发行19.3万亿元。

三是创新发展境外机构境内发行债券，不断推进债券市场对外开放。

2005年10月，中国人民银行会同财政部等四部委联合发布《国际开发机构人民币债券发行管理暂行办法》，当年，国际金融公司和亚洲开发银行分别在我国银行间债券市场首次发行人民币债券11.3亿元和10亿元。在积极引入国际开发机构境内发债的同时，逐步探索引入境外非金融机构境内发债。2014年3月，戴姆勒股份公司首期5亿元定向债务融资工具成功簿记建档，成为首个在我国市场发行人民币债券的境外非金融企业。2015年12月，韩国政府发行30亿元人民币债券，成为首支在我国市场成功发行的外国政府人民币主权债券。境外主体境内发债是我国债券市场对外开放的重要举措，标志着我国债券市场正式建立起境外金融机构、非金融企业等主体的境内融资渠道，有力支持了人民币国际化的进程。为配合人民币加入SDR，2016年8月，首支SDR计价债券由世界银行发行，发行规模为5亿SDR，结算货币为人民币。

截至2016年年末，我国债券市场境外发债主体已包括境外非金融企业、金融机构、国际开发机构以及外国政府等，累计发行631亿元人民币熊猫债券。

四是创新发展政府类债券，配合宏观经济政策实施。

长期以来，我国地方政府部门投资需求旺盛，财政收支不平衡问题持续且日益加剧，债务融资需求不断增长。2008年年底，为应对国际金融危机，国务院推出4万亿元投资计划，其中中央安排资金1.18万亿元，其余由地方政府配套解决。与此同时，国务院通过特别批准的方式，在2009年政府工作报告中首次提出安排发行地方政府债券2 000亿元，以缓解4万亿元投资计划中地方政府的配套资金压力，地方政府债券就此正式推出。随后，地方政府债券的相关配套规则有序推出并不断健全，发行主体逐步扩大，发行机制逐步完善，地方政府债券逐步成为地方政府资金来源的重要渠道，有效降低了地方政府的债务融资成本，有利于解决地方政府债务的期限错配问题。截至2016年年末，地方政府债券累计发行11.5万亿元。

2002年以来，我国持续"双顺差"，外汇占款不断增加导致国内货币供给不断增长，货币供给长期处于过剩状态，相当长一段时间内货币政策的重要任务之一就是对冲外汇占款。当时市场上最适合进行公开市场操作的有价证券为国债,但是国债市场规模不够大,可交易国债数量较少且期限结构不合理。由于持续进行正回购,到2002年年末,央行持有的国债余额仅为先前的1/4,继续进行正回购操作的空间已经不大。为有效对冲外汇占款,中国人民银行推出了央行票据,将其作为主要的对冲工具,效果显著,同时也成为二级市场上最为活跃的交易品种之一。2002年9月24日,央行将2002年6月25日至9月24日开展的公开市场业务操作中91天、182天、364天的未到期正回购品种转换为相同期限的央行票据,合计转换成为央行票据19支、规模1 937.5亿元。2003年4月22日,中国人民银行正式通过公开市场操作发行50亿元、期限6个月的央行票据,此后在公开市场连续滚动发行3个月、6个月及1年期央行票据。2004年12月9日,央行开始发行3年期央行票据,为央行票据的最长期限。近年来,随着我国外汇收支情况的变化以及市场环境的变化,央行票据已经逐步停止发行。截至2016年年末,央行票据累计发行27.2万亿元。

五是创新发展绿色债券,促进转变经济发展方式。

在全球面临严峻环境资源挑战的背景下,责任投资理念的影响日渐广泛。中国正在面临工业化进程开始以来空前的环境和资源压力,迫切需要转变经济发展方式,绿色投资领域发展潜力巨大。2015年9月,中共中央、国务院发布的《生态文明体制改革总体方案》,首次明确提出建立绿色金融体系战略,并将发展绿色债券市场作为其中一项重要内容;2016年杭州二十国集团领导人峰会上,绿色金融作为议题之一被首次讨论;国民经济和社会发展十三五规划中也首次加入"加强生态文明建设"的目标。

为加快推动经济结构转型升级和经济发展方式转变,实现绿色发展、循环发展和低碳发展,中国人民银行在绿色金融领域推出了一系列政策举措与制度建设。2014年4月,中国人民银行研究局牵头的绿色金融工作小组发表了《构建中国绿色金融体系》的报告,提出了构建包括绿色信贷、绿色债券、绿色股票指数等市场和工具在内的绿色金融体系。2015年12月,中国人民银行发布关于发行绿色金融债券有关事宜的公告,明确了对金融企业发行绿色债券的审批程序、对资金用途的监管等相关事宜。

2016年是我国绿色债券市场元年,各类绿色债券品种创新推出。浦发银行1月发行国内首单绿色金融债券,协和风电3月发行首单绿色债务融资工具,北汽股份4月发行首单绿色企业债,浙江嘉化能源化工6月发行首单绿色公司债,启迪科技6月注册发行首支绿色非公开定向债务融资工具等。截至2016年年末,国内累计发行83支绿色债券,规模为2 095亿元。

六是创新发展利率衍生品,不断完善风险管理工具。

近年来,我国利率市场化进程稳步推进,货币市场、债券市场等利率水平已经完全实现了市场化。随着市场规模的增长,参与主体的扩大,交易策略的丰富,以及各类市场环境的变化,市场化利率的波动需要相应的利率衍生产品提供风险管理与风险对冲工具。与此同时,我国现代金融体系的发展,也需要完善的利率衍生品市场作为重要组成部分。

在中国人民银行的积极推动下,我国银行间市场在基础产品不断丰富的同时,充分借鉴国际场外金融衍生产品市场发展的经验教训,积极探索、创新发展与我国金融市场风险分担机制相匹配的场外利率衍生产品市场。2005年5月推出债券远期，2006年推出人民币利率互换交易试点，2007年推出远期利率协议等利率衍生产品，2008年全面开展人民币利率互换业务，2014年11月推出标准利率衍生产品等。经过多年发展，利率衍生品市场产品序列不断完善，参与者类型不断丰富，交易机制不断优化，为市场提供了有效的风险管理和对冲工具。2016年，利率衍生品市场成交额为9.9万亿元，交易量较2008年市场发展初期增长了约10倍。

3. 交易工具与交易方式创新

一是不断丰富交易工具序列，有效满足各类交易目的。

1997年银行间债券市场初建时，仅有现券买卖这种单一交易工具，随着市场的快速发展，参与者对做空机制的需求越来越迫切，债券借贷这一创新交易工具应运而生。债券借贷是国际债券市场广泛使用的重要交易工具之一，指债券融入方以一定数量债券为质物，从债券融出方借入标的债券，同时约定在未来某一日期归还所借入标的债券，并由债券融出方返还相应质物的债券融通行为。债券借贷主要采取询价交易方式，期限最长为365天，标的债券应为融出方自有的、可以在全国银行间债券市场交易流通的债券，质押债券应为融入方在托管机构托管的自有债券，允许使用单个或多个质押债券。债券借贷交易的推出，满足了市场参与者对于提高做市商做市能力、降低结算风险、投资策略多元化以及增加债券投资盈利渠道等方面的需求，有利于提高市场的流动性和有效性，促进市场平稳运行。2006年11月推出以来，债券借贷业务运行平稳，尤其是2013年以来，成交逐步活跃，2014年、2015年和2016年成交量分别为0.4万亿元、1.1万亿元和1.7万亿元，同比增速达到507%、178%和51%，成交期限集中在短期，以1个月以内期限为主，占比约为70%。

为进一步完善债券发行定价机制，打通债券一二级市场，中国人民银行于2014年出台预发行业务管理办法，成为银行间债券市场又一重要交易工具创新。债券预发行是指，投资者以即将发行的债券为标的进行的债券买卖行为，标的债券包括但不限于国债，且须符合一定条件，投资者范围、报价成交基本规范等均与现券买卖相关规定一致。预发行实质上类似债券远期交易，各类机构依据对未来利率走势的预期进行交易，可以最大程度压缩一二级市场无风险套利空间，有助于为即将发行的债券提供合理稳定的价格预期，促使一级市场投标者理性投标，提高债券发行定价的透明度和竞争性，完善债券收益率曲线。作为一种新型交易工具，预发行也可以为投资者带来新的投资机会，有利于提升债券市场流动性。首笔债券预发行业务于2016年12月正式落地，标的券种为10年期和5年期国开行金融债，市场机构积极参与，首批交易达成30余笔。

二是交易方式逐步丰富，有效满足各类交易需求。

一般而言，场外市场基本遵循双边授信—报价成交—风险管理—交易后处理的交易流程，在一般流程统一的基础上，市场组织者可根据不同产品的特点采用相应的交易方式，并对相关流程进行调整。由于债券产品具有结构差异明显、产品要素难以固定、较难标准化的特点，而且债券交易需求多样化，这就决定了银行间债券市场以询价交易方式为主。在此交易方式下，交易双方通过电子交易平台自行商定交易要素，通过投资者之间一对一谈判、协商或者通过做市商、经纪商询价来达成交易，这是场外市场传统交易方式(声讯经纪等)在交易系统上的电子化实现,既秉承了传统场外交易的个性化特点,又充分体现了传统场外交易不具备的信息交换快速、准确,信息发布便捷、广泛的优势。

随着场外与场内市场界限的日渐模糊,各种交易方式也相互融合,银行间债券市场先后创新推出了点击成交、请求报价、匿名点击成交等交易方式,成为询价交易方式的有力补充。目前,银行间债券市场已经形成了以询价交易为主,点击成交、请求报价以及匿名点击交易方式为辅的格局,有力促进了市场的发展和活跃度的提高。

点击成交方式是指报价方发送点击成交报价,受价方点击报价、填写交易量后直接成交的交易方式,本质上是对询价交易的简化。点击成交流程仅包括报价方发送点击报价和受价方点击确认成交两个环节,报价一经点击即成交,具有成交速度快、交易确定性强的优点。

请求报价方式是指市场参与者向做市机构发起只含量、不含价的报价邀请,做市机构据以报出可成交价格,市场参与者选择做市机构报价确认成交的交易方式。在此交易方式下,系统按照价格优先、时间优先的原则对做市机构回复报价自动排序,市场参与者可同时选择多个对手方报价确认成交。请求报价流程包括报价方发送请求报价、受价方回复请求、报价方选择成交三个环节,做市商在期间扮演了核心角色。目前,通过请求报价方式达成的交易占现券交易总量的比重接近20%。

匿名点击交易方式即 X-trade,是指交易双方提交匿名的限价订单,系统根据授信情况按照价格优先、时间优先的原则自动匹配成交的交易方式。匿名点击流程包括交易双方提交订单、匹配成交或交易一方提交订单、另一方点击成交两个环节。X-trade 创造性地发展了传统的场外交易方式,其事前授信额度控制缓解了参与者风险管理的压力,降低了操作风险;其匿名可成交报价机制保护了报价方的身份信息,保证了市场交易效率和透明度;其业务流程兼容,不增加市场会员的交易成本,交易系统、成交数据流、交易确认、清算路径等都和原来保持一致。X 系列在现券市场的运用即 X-bond 业务,其定位于做市机构、活跃机构等交易商之间;参与机构匿名报价,报价基于双边授信自动匹配成交,未匹配报价可供其他参与机构点击成交;展示市场的逐笔成交信息,优先展示活跃债券报价成交行情,提高现券市场价格透明度和基准性。X-Bond 于 2016 年 9 月推出,截至 2016 年年底,X-Bond 参与机构 139 家;X-Bond 报价 8 288 笔,成交 755 笔,成交券面总额为 845 亿元。

4.结算与清算机制创新

一是全面实现券款对付结算机制,结算效率和安全性显著提升。

2004 年,中央国债登记结算有限责任公司中央债券综合系统与央行大额支付系统联网,成为支付系统的特许参与者,在此基础上实现了银行间债券市场的券款对付结算。券款对付结算是指在结算日债券交割与资金支付同步进行并互为约束条件的一种结算方式,在此方式下,债券和资金的转移过程基本是同步的、可控的,结算效率和安全性显著提升。券款对付结算方式首先在商业银行之间运用;2008 年,中国人民银行发布公告,对非银行机构券款对付结算的具体路径和相关制度做了安排,并在总结商业银行券款对付结算实践经验的基础上,对银行间债券市场的券款对付结算进行了全面规范。银行间债券市场全面实现券款对付,极大地提高了结算效率、降低了结算风险,为我国债券市场的高效、安全运作提供了可靠技术支撑。

2013年，为进一步提高效率、防范风险，推动银行间债券市场健康规范发展，中国人民银行发布公告，全国银行间债券市场参与者进行债券交易，应当采用券款对付结算方式办理债券结算和资金结算。中央国债登记结算有限责任公司和银行间市场清算所股份有限公司应当通过自身债券业务系统和中国人民银行大额支付系统之间的连接，为市场参与者提供券款对付结算服务。在券款对付结算中，资金清算的账户安排有两种，已在支付系统开立清算账户的市场参与者通过其在支付系统的清算账户办理券款对付的资金结算；未在支付系统开立清算账户的市场参与者应当委托债券登记托管结算机构代理券款对付的资金结算。

目前，个别业务可以采用券款对付以外的结算方式，主要是境内美元债的交易结算。其他结算方式包括：纯券过户，指交易结算双方只要求托管机构办理债券交割，款项结算自行办理；见券付款，指在结算日收券方通过债券中央债券簿记系统得知付券方有履行义务所需的足额债券，即向对方划付款项并予以确认，然后通知托管机构办理债券结算的方式；见款付券，指付券方确定收到收券方应付款项后予以确认，要求托管机构办理债券交割的结算方式。

二是逐步推出中央对手方清算业务，提高市场效率，有效降低风险。

2008年国际金融危机之后，国际社会在总结经验的基础上，对建立场外集中清算制度安排、降低对手方风险并实施有效监管达成了普遍共识，2009年二十国集团领导人匹兹堡峰会明确提出标准化的场外衍生品合约应当通过中央对手方进行集中清算。顺应国际金融监管改革发展方向，结合我国实际，中国人民银行于2009年推动成立了上海清算所，为银行间市场债券、利率、汇率等相关产品提供中央对手方集中清算服务。中央对手方清算，是指专业清算机构通过将自身介入到一个或多个金融市场的交易之中，成为所有买方的卖方和所有卖方的买方，担保已经达成交易的最终履行。中央对手方机构，不仅集中提供清算服务，同时通过完整高效的风险管理体系，集中管理清算风险，保证清算结果的最终执行。

近年来，中央对手方清算业务稳步推进，业务规则不断完善，产品覆盖范围逐步扩大。目前，银行间市场已经推出了针对债券市场现券交易、质押式回购和买断式回购的净额清算业务和代理清算业务。净额清算业务是指市场参与者达成的债券交易由上海清算所进行集中清算、并作为中央对手方，按照多边净额方式轧差后计算各会员的资金或债券的收付情况，并且保证资金结算和债券结算的顺利完成。净额清算业务的推出，可以提高债券交易的资金使用效率，降低系统性风险；有效解决银行间市场交易对手授信尤其是中小机构交易对手范围有限等问题；服务盘活机构信用债资产，提升债券市场流动性和活跃度；大幅降低交易后清算结算的操作风险和工作量，提升结算安全和效率。通过代理清算机制，实现了交易对手方风险的全市场分层管理，符合银行间市场参与者数量众多、个体风控水平差异较大的现实，有效拓展了参与者范围，有利于广大参与者共同分享净额清算提高效率、节省成本等优势。

此外，针对利率互换、标准债券远期等在内的集中清算业务和代理清算业务也已经推出。衍生品集中清算是指上海清算所对市场参与者达成的交易进行合约替代，成为中央对手方，按照多边净额方式计算利息净额，完成资金结算。集中清算业务的推出，能够防范对手方风险、管理合约存续期的市场风险、控制结算风险，更好地促进衍生品市场发展。

5.3 主要产品及特征

我国债券市场自 20 世纪 80 年代恢复以来，不断发展壮大，截至 2017 年年末，债券存量已近 80 万亿元。可交易品种包括国债、地方政府债券、央行票据、政策性金融债、普通金融债、次级债、企业债、短期融资券、中期票据、资产支持证券、混合资本债、集合票据、国际开发机构债、超短期融资券等众多品种。本节将按照 5.1 节中按发行主体的分类，对我国债券市场的主要交易券种分门别类进行介绍。

5.3.1 利率债

利率债主要包括国债、地方政府债、政策性银行债、央行票据几个品种，由于发行人是政府或与政府信用等级相当的机构，因而利率债是一类风险较低的债券。其中，国债和地方政府债由财政部监管，而政策性银行债、央行票据由中国人民银行监管。2013 年 12 月至今，央行票据都没有再发行。

5.3.1.1 国债

国债是中央政府为筹集财政资金而发行的一种政府债券。由于国债以国家信用为基础发行，风险较小，因此也被称为"金边债券"。发行国债筹集的资金，一般用于平衡财政收支、进行公共基础设施建设等。

国债的发行历史基本上也引领了我国债券市场的发展历史。债券场外市场、交易所市场、银行间市场、跨市场以及市场化发行的出现，都是以国债在这些市场上发行或流通为标志。在早期阶段，国债是我国债券市场上最主要的品种，在后期也是市场上占据一定规模的品种之一，截至 2017 年年末，我国国债存量为 12.90 万亿元。

从国债存量期限情况来看，品种逐渐丰富，目前占比均匀。恢复发行国债之初多为 5—9 年的中长期国债，1994 年财政部首次发行了半年和 1 年的短期国债，1996 年推出了 3 个月的国债，还首次发行了按年付息的 7 年期和 10 年期附息国债，实现了国债期限品种多样化。目前来看，在中央结算公司托管的国债期限分布较为均匀，占比相对较大的是 3 年期品种和 7 年期品种，分别为 25% 和 21%。从国债交易方式来看，银行间市场上以质押式回购为主，交易量达托管量的 1.6 倍。国债在场内场外市场均有发行交易，其中只有传统储蓄国债和凭证式国债在商业银行柜台市场发行。2016 年 6 月，在银行间市场的质押式回购交易量达 16 万亿元，现券交易量仅 1 万亿元，买断式回购更少。国债回购交易量是当月国债托管量的 1.6 倍，可以看出国债流动性较佳。

国债的投资者以商业银行为主。2016 年 6 月底，商业银行持有 66.21% 的国债，在商业银行中,全国性商业银行投资占比最大。商业银行投资国债的原因在于,银行的存贷业务存在期限错配,一般通过投资债券和同业业务进行调节,在投资债券方面,国债这类利率债的风险权重为0,而信用债为100%,去除资本金占用后,二者收益率相当,甚至国债收益率更高,除此之外,国债的风险较低、流动性较好,因此在配置上是较优选择。

5.3.1.2 地方政府债

地方政府债,是地方政府发行的债券,也被称为"市政债券",发行债券的资金一般用于地方性公共基础设施的建设。地方政府债券通常按照资金的用途和偿还资金的来源分为一般责任债券(普通债券)和专项债券(收益债券)。收益债券是发行债券收入用于某一市政工程建设,如高速公路、桥梁、水电系统等。我国地方政府债经历了禁止发行、代发代还、自发代还和自发自还几个阶段。

中华人民共和国成立初期,一些地方政府为了筹集资金修路建桥,曾经发行过地方债券,直到1993年,发行地方政府债的行为被国务院制止了,原因是"怀疑地方政府承付的兑现能力"。1995年起实施的《中华人民共和国预算法》明确规定,地方政府不得发行地方政府债券。2009年4月,为应对金融危机、刺激经济发展,由财政部代理发行的2 000亿元地方债券问世。2011年,《2011年地方政府自行发债试点办法》出台,上海、浙江、广东、深圳开展地方政府自行发债试点,由财政部代办还本付息。2013年,又新增了江苏和山东两个自行发债试点。2014年,《2014年地方政府债券自发自还试点办法》颁布,经国务院批准,上海、浙江、广东、深圳、江苏、山东、北京、江西、宁夏、青海10个省份试点地方政府债券自发自还,并引入市场信用评级,意味着地方债发行朝着市场化路径迈出了实质性步伐。截至2017年年末,我国地方政府债存量为14.74万亿元。

从地方政府债发行量来看,规模由限额决定。因为处于起步期,2009年试点开始后的三年,每年发行量均为2 000亿元,2012年开始缓慢提升,2014年发行量为4 000亿元(财政部代发地方政府债券2 908亿元、地方政府自行发债1 092亿元)。2015年由于地方政府债务置换,发行量大幅扩大,达3.8万亿元,其中不仅有地方政府债自发自还6 000亿元,更多的是源于地方政府债务置换,基于2014年年底存量债务甄别结果置换债供给达3.2万亿元。

从地方政府债存量期限情况来看,5年期占比最大,1年期以下的地方政府债较少,暂时没有10年期以上的品种,其余3年期、5年期、7年期和10年期占比均在20%以上,其中5年期占比最大,达30%。该比例与政策规定有关,如《2014年地方政府债券自发自还试点办法》中提到,"2014年政府债券期限为5年、7年和10年,结构比例为4∶3∶3"。

从地方政府债交易方式来看,同样以质押式回购为主。地方债可以在银行间市场和交易所交易。2016年6月,在银行间市场的质押式回购交易量为1万亿元,占当月地方债托管量的12.33%。

从地方政府债的投资者结构来看,商业银行是地方政府债最主要的投资者,地方政府会以财政存款吸引商业银行来进行配置。

5.3.1.3 政策性银行债

政策性银行债，也称政策性金融债，是我国政策性银行（国家开发银行、中国农业发展银行、中国进出口银行）为筹集信贷资金而发行的债券。在政策性银行债的发行说明书中，也会提到"出现头寸短缺时，中国人民银行将通过再贷款等方式提供资金支持"，说明政策性银行债具有央行信用支撑，同样是风险极低的债券。

1994年4月，国家开发银行首次发行政策性银行债，发行方式为派购发行，而市场化发行由国家开发银行于1998年9月推出。1999年，中国进出口银行尝试市场化发行。2004年，中国农业发展银行开始发行政策性银行债券。

从政策性银行债发行量来看，结构上国开债占比最大，总量上在各类债券中规模最大。2004年以前，仅有国家开发银行和中国进出口银行两家发行政策性银行债，其中以国家开发银行为主，占比在90%左右，近年来进出口银行和农业发展银行的规模也不断增加，国开债占比逐年下降，但仍在40%以上。2011年起，政策性银行债发行总规模超过国债，截至2017年年末，我国政策性银行债存量为13.45万亿元。

从政策性银行债存量期限情况来看，以中期为主。其中3年期占比最大，达28%，5年期次之，达24%。

从政策性银行债交易情况来看，方式以质押式回购为主，交易比例为各类债券中最高。政策性银行债主要在银行间市场发行，2016年6月，在银行间市场的质押式回购、现券交易和买断式回购交易量为23.33万亿元、5.11万亿元和0.88万亿元，分别占当月政策性银行债托管量的196.03%、42.94%和7.36%，交易比例均高于其他券种。

从政策性银行债的投资者结构来看，商业银行是最大需求者，基金占比在扩大。2016年6月底，商业银行占比为68.24%，近五年平均占比为70%，其原理与国债类似，政策性银行债风险低、流动性高，风险权重为0，虽收益率高于国债，但考虑税收因素（国债无论持有至到期还是进行买卖交易，都免交增值税和所得税，而政策性银行债仅免交利息的增值税）后，同期限的政策性银行债收益率与国债接近。基金的投资占比在近几年也位居第二，且有增加的趋势，原因在于证券投资基金享有免税优惠，因此，国债相对政策性银行债也就没有优势了，在需要配置低风险利率债的情况下，基金公司会优先选择收益率较高的政策性银行债。

5.3.1.4 央行票据

央行票据是中国人民银行在银行间市场发行的短期债券，期限为3个月到3年。其发行目的是调节商业银行的超额准备金，主要针对外汇储备增加而导致的基础货币过快增长，是中国人民银行调节基础货币的货币政策工具之一。央行票据在20世纪90年代就开始被作为货币政策工具使用；2004年，3年期的央行票据首次发行；2005年，中国人民银行公布了央行票据发行时间表，确定了央行票据在公开市场操作中的地位。后来，由于一、二级市场收益率倒挂，央行发行成本过高，2011年1年期央票停止发行，由于货币政策转向、央行放开对长期流动性的锁定等原因；2013年3个月期和3年期央票陆续停止发行，2013年12月以来，没有新的央行票据发行。

5.3.2 信用债

信用债是指政府之外的主体发行的、约定了确定的本息偿付现金流的债券，具体包括企业债、公司债、短期融资券、超短期融资券、中期票据等，表5-3给出了主要的几种信用债对比。

表5-3 信用债主要品种比较

	企业债	公司债	超短融（SCP）	短融（CP）	中期票据（MTN）	非公开定向债务融资工具（PPN）
发行主体	具有法人资格的企业	所有公司制法人	非金融企业			
成立期限	3年	3年	无限制			
盈利能力	连续3年持续盈利，且近3个会计年的年均可分配利润能覆盖企业债1年的利息	近3年无债务违约或延迟支付本息，近3个会计年度实现的年均可分配利润不少于债券1年利息1.5倍	无明确财务指标要求，但原则上要有最近1年经审计的非模拟财报，以及近3年经审计的财报			1年经审计的财务报告及母公司会计报表
发行规模	净资产的40%					无限制，原则上不超过净资产的100%
监管审批	中央企业直接向国家发展和改革委员会申报，地方企业经省级发展改革部门转报后，再报国家发展和改革委员会进行核准	中国证监会核准	银行间市场交易商协会（注册制）			
交易场所	银行间上市，或银行间和交易所同时上市	沪深交易所市场、股交所	银行间市场			在签署定向发行协议的投资者之间转让
期限	1年以上，多为3—10年	1年以上，3—10年为主，10年以上较少	9个月以内	1年以内	1年以上，3—5年为主，7—15年相对较少	无明确规定，目前以5年内品种为主
评级要求	主体AA-以下的，需提供担保	债券信用评级达到AAA级	主体AA以上	无要求，对于评级较低的企业，建议由专业担保公司进行增信		

（续表）

	企业债	公司债	超短融（SCP）	短融（CP）	中期票据（MTN）	非公开定向债务融资工具（PPN）
资金用途	用于项目支持；闲置债券资金可用于保本投资、补充营运资金等；允许按程序变更用途	由公司根据经营需要确定	符合国家法律法规及政策要求的流动资金需要，不得用于长期投资	无明确要求，原则上与生产经营相关，可用于置换贷款、补充流动资金、项目投资及兼并收购等；各类募集资金投向无比例限制		
审批效率	3—12月	3个月以内	2周内	2—3个月		2个月左右
相关文件	《企业债券管理条例》《关于进一步推进企业债券市场化方向改革有关工作的意见》	《公司债券发行与交易管理办法》	《银行间债券市场非金融企业超短期融资券业务规程（试行）》	《短期融资券管理办法》	《银行间债券市场非金融企业债务融资工具管理办法》	《银行间债券市场非金融企业债务融资工具非公开定向发行规则》

5.3.2.1 企业债

企业债指的是具有法人资格的企业发行的债券，发行主体多为国企，多为非上市公司。

企业债的发展，经历了扩张、调整和再次发展几个阶段。我国企业债的出现始于20世纪80年代企业对内或对外集资的行为，1987年，《企业债券管理暂行条例》颁布实施，对企业债实行集中管理分级审批，自此企业债开始第一次扩张。20世纪90年代初，由于经济过热，债券融资需求增加，企业债发行有失控风险，对才起步的企业债管理形成了冲击，1993年8月，《企业债券管理条例》出台，企业债发行受限，进入规范发展阶段。1998年，央行提出了调整企业债管理制度的建议并得到国务院同意，企业债开始了再次的发展。2011年，国务院对《企业债券管理条例》进行了修订。2015年10月，国家发改委出台《关于进一步推进企业债券市场化方向改革有关工作的意见》，简化了审批流程。截至2017年年末，我国企业债存量为3.57万亿元。企业债跨市场交易较多，大多在银行间市场和上交所市场交易。企业债可以在单个市场上市交易，也可以跨市场上市交易，根据最新数据估算，所有企业债中跨市场交易的占比达80%以上。在不考虑重复统计的情况下，约55%的企业债在银行间市场交易，44%在上交所交易。

根据发行主体是否属于城投平台类公司，企业债可以细分为城投债和产业债。1998年企业债开始再次发展，初期由于对发行规模要求较高，发行主体集中在大型央企，在发展过程中发行主体虽然也有所扩张，但还是以国企为主。根据发行企业隶属关系分类，企业债基本分为中央企业债券和地方企业债券两类，前者的发行人为隶属于中央政府的重点企业（主要在电力、化工、有色金属、铁路、能源、交通、重点原材料等产业），后者的发行人为隶属于地方政府的工商企业及金融性质投资公司。

随着 2008 年以来地方政府投融资平台的扩张，由地方城投平台发行的企业债被称为城投债，债券融资主要投向地方基础设施建设，其余的企业债所融资金主要投向各个产业生产活动，因此称为产业债。2014 年 9 月，《国务院关于加强地方政府性债务管理的意见》颁布，明确指出不允许政府直接、间接形式为融资平台公司提供担保，城投债的性质逐渐发生变化。城投债发行主体中，东部省份平台余额较多，北部省份较少。江苏、浙江、湖南和山东占比均在 5% 以上，江苏占比最大，达 14.21%；而低于 1% 的有甘肃、吉林、海南、宁夏和青海。

产业债发行主体中，公用事业、综合、采掘和交运产业占比较大。企业债发行主体评级情况来看，AA 级居多，评级为 AA 的发行人占比将近一半。

从企业债存量期限情况来看，以 3 年、5 年和 7 年期为主，占比分别为 22%、37% 和 27%。

从企业债交易情况来看，方式以质押式回购为主，现券交易和买断式回购交易比例相对较高。企业债在银行间市场和交易所市场都可以交易。2016 年 6 月，企业债在银行间市场的质押式回购、现券交易和买断式回购交易量分别占当月托管量的 63.56%、17.09% 和 12.55%，同样以质押式回购为主，交割比例虽然不及国债和政策性银行债，但在现券交易和买断式回购交易方面，交割比例大于除政策性银行债之外的其他券种。

从企业债的投资者结构来看，基金是最大需求者，基金和交易所占比在增加，而商业银行和保险公司这类配置型投资者的占比下降。2016 年 6 月底，基金、商业银行和交易所企业债托管量占比分别为 46.75%、26.72% 和 17.22%。基金偏好的主要原因是企业债收益率较高。

5.3.2.2 公司债

公司债指的是有限责任公司和股份有限公司发行的债券。公司债根据其发行对象的不同，可以分为公募公司债和私募公司债，而公募债又分为大公募和小公募。大公募公司债面向公众投资者，而小公募和私募公司债仅面向合格投资者。

2007 年 8 月，中国证监会发布了《公司债券发行试点办法》，规范管理公司债的发行。后来，为适应债券市场改革发展的新形势，中国证监会对《公司债券发行试点办法》进行了修订，2015 年 1 月，《公司债券发行与交易管理办法》发布，公司债发行主体由上市公司扩大至所有公司制法人（除地方融资平台），公开发行采用核准制，非公开发行实行备案制，发行条件放宽，发行量从之前的千亿级规模跃至万亿规模。截至 2017 年年末，我国公司债存量为 3.98 万亿元。

从发行主体来看，以地方国有企业、非上市公司为主。按公司性质来划分，公司债的发行人以地方国有企业为主，占比达一半以上，以上市与否来划分，则以非上市公司为主，占比达 80%。

从行业角度来看，金融和工业两个行业的公司债无论数量还是规模都非常大，加起来占总体的 2/3，其次占比较大的行业是材料、可选消费和公用事业。

从发行主体评级情况来看，公司债的发行主体以 AA- 及以上的居多，高评级主体发行的公司债虽然数量占比不大，但规模居前。根据发债规模不得超过净资产 40% 的要求，可以推测高评级主体多为资产规模较大的公司。

从交易场所来看，大多交易都在沪深交易所。数量上，沪深交易所占比达2/3，其中深圳交易所占比较大；规模上，沪深交易所占比超过98%，其中上海交易所占比75%。私募公司债则主要在地方股交所交易。从各市场债券数量和规模占比的区别，同样可以看出，在上交所交易的公司债单支规模较大，而在深交所和地方股权交易所交易的单支规模相对较小。

5.3.2.3 非金融企业债务融资工具：短期融资券和中期票据

短期融资券（包括一般短期融资券和超短期融资债券，分别简称为短融和超短融）和中期票据（简称为中票）都是具有法人资格的非金融企业在银行间债券市场发行并约定在一定期限内还本付息的债务融资工具。广义基金和商业银行是它们最主要的投资者。短融的期限为1年以内（其中超短融为270天以内），中票期限为1年以上，3—5年为主，7—15年的相对较少。

短融和中票在推出的最初几年发行量都逐年上升，在后期趋于稳定。2005年起推出的一般短期融资券近几年年均发行量在9 000亿元左右；2008年推出的中票发行量还在逐渐提升，2010年推出的超短期融资债券在2014年发行规模就已超过一般短期融资券和中票。截至2017年年末，我国短融（包含一般短期融资券和超短期融资债券）和中票的存量分别为1.51万亿元和4.73万亿元。

5.3.3 其他品种

5.3.3.1 资产支持证券

资产证券化是指发起人将未来能产生现金流的存量资产组合，出售给一个特殊目的载体，实施一定的信用增级后，由SPV向投资人发行以该资产组合本身为支付保证和信用基础的证券，将缺乏流动性的金融资产变成具有流通性的金融产品。

一个资产证券化项目下，一般分为优先A、优先B和次级证券，优先级约定固定利率或浮动利率，次级不约定收益率。若项目收益高于预期，支付优先级本息后的收益归属于次级持有者。发生加速清偿事由后，所有收到的现金将先用于支付交易税费、优先A档证券的利息和本金，然后再支付优先B档证券的利息和本金，最后余下的部分支付给次级档证券的持有者。对于优先级的资产支持证券，收益基本能够得到保证，收益及期限可以确定，因此相当于固定收益产品。

我国在20世纪末开始对资产证券化业务（包括房地产资产证券化、出口应收款证券化和不良资产证券化）的探索。2005年开始进行资产证券化业务试点；2008年由于国际金融危机影响而暂停；2011—2012年，各资产证券化试点才陆续重启；2013年3月，证监会发布《证券公司资产证券化业务管理规定》，降低了证券公司从事资产证券化业务的准入门槛，提高资产证券化设立与审核效率；同年12月，中国人民银行和中国银监会发布《关于规范信贷资产证券化发起机构风险自留比例的文件》，降低风险自留要求，监管有所放开。2014年年底，中国证监会颁布《证券公司及基金管理公司子公司资产证券化业务管理规定》等规定，将资产证券化业务开展主体范围和基础资产范围扩大，并取消行政审批；中国银监会发布《关于信贷资产证券化备案登记工作流程的通知》发布，信贷资产证券化业务将由审批制改为业务备案制。随着经济的需求、制度的完善和监管的放松，资产证券化发展扩大，由试点逐渐走向常规。截至2017年年末，我国资产支持证券存量为8 720.83亿元。

资产证券化一般分为由中国银保监会主管的信贷资产证券化ABS、由中国证监会主管的券商专项资产证券化ABS和由交易商协会主管的资产支持票据ABN。资产证券化发展先有信贷资产证券化试点，在制度和监管方面相对成熟，无论从发行额还是发行支数来看，规模较大，发展迅速；券商专项资产证券化试点起步稍晚于信贷资产证券化，规模不大，扩张速度也远不及信贷资产证券化；而ABN开始于2012年，规模更小。ABN推出伊始，由于其资产并不出表，没有明确的风险隔离，并不是严格意义上的资产证券化；2016年交易商协会对《非金融企业资产支持票据指引》进行修订，实现了资产出表等功能。

信贷资产证券化的发起人以商业银行为主，基础资产为银行债权，而券商专项资产证券化和资产支持票据的基础资产为企业债权。

细分来看，信贷资产证券化的基础资产中，以企业贷款为主，占比达60%，其次是个人住房抵押贷款和汽车贷款。券商资管计划的基础资产中，租赁租金占比较大，约为1/3，其次较多的还有基础设施收费、应收账款和信托受益权。

从期限情况来看，信贷资产证券化以中长期为主，而券商专项资产证券化的平均期限相对短一些。具体的期限情况取决于基础资产的性质。

从交易情况来看，目前资产支持证券交易活跃性较低。信贷资产支持证券在银行间市场交易，券商专项资产支持证券主要在交易所交易，都可用于质押式回购。目前来看，相较于其他固定收益产品，资产支持证券流动性不高。

从上清所托管的投资者结构来看，信贷资产支持证券的持有机构主要是商业银行和广义基金（上清所统计口径中的非法人机构基本指的是广义基金）。商业银行的持有占比在减小，广义基金的持有占比在扩大，现在已经超过一半，可见随着资产证券化管理的不断完善，市场上其他投资机构对其关注度和认可度正逐渐提高。

5.3.3.2 可转债

可转债指的是在一定条件下可以转换为发债公司股票的债券，本质上相当于债券和期权的组合。

1992年，我国第一支可转债——宝安转债发行，后转股失败。1996年，政府决定选择有条件的公司进行可转换债券的试点，可转债市场才真正开始发展。1997年，《可转换公司债券管理暂行办法》颁布，规定发行可转债的公司需最近3年资产利润率平均在10%以上，能源、原材料和基础设施类公司可以略低但不得低于7%，门槛较高，抑制了可转债市场规模的扩大。2001年4月，中国证监会发布《上市公司发行可转换公司债券实施办法》，规范了可转换债券的管理，进一步促进了可转债的发展，但在发行人要求方面依旧维持之前的标准。这两个办法均在2006年被废止。2010年后,可转债市场规模有一定扩大,主要原因是金融行业和能源行业的单支可转债发行规模较大。根据目前中国证监会公布的"上市公司发行可转换为股票的公司债券核准",对于发行可转债的主体,盈利方面要求主板公司最近3个会计年度加权平均净资产收益率平均不低于6%,创业板公司则没有这个要求,门槛较过去有所放低,但除此之外还有其他方面的要求,可转债的规模难以明显扩大。

可转债发行规模和存量规模均不大,但近年来热度较高。从1998年的南化转债和丝绸转债上市以来,市场上发行规模有上升趋势,发行规模最大的2017年,发行额度为947.1亿元。截至2017年年末,市场上共有57支可转债,总额为1198.18亿元。

由于整体规模较小,对于期限和发行人情况的分析,均采用历史总数据。发行人行业来看,数量上材料和工业行业发行较多,规模上金融行业占比较大。期限上来看,以6年期居多。根据中国证监会最新规定,主板(含中小企业板)可转换公司债券的期限最短为1年,最长为6年,创业板可转换公司债券的期限最短为1年。过去发行的以5年期为主,现在发行的以6年期居多。

从投资者结构来看,债权集中度较高,以基金和国有商业银行为主。2015年债权集中度有所提高,比例接近一半,持有人中多为基金,其次工、农、中、建、交几大国有商业银行持有份额也较多。

5.3.3.3 同业存单

同业存单是由银行业存款类金融机构法人(包括政策性银行、商业银行、农村合作金融机构以及中国人民银行认可的其他金融机构)在全国银行间市场上发行的记账式定期存款凭证,相当于可交易的同业存款,其投资和交易主体为全国银行间同业拆借市场成员、基金管理公司及基金类产品,以金融机构为主,其中绝大多数为商业银行。

同业存单的发行利率、发行价格等以市场化方式确定。其中,固定利率存单期限原则上不超过1年,为1个月、3个月、6个月、9个月和1年,参考同期限上海银行间同业拆借利率定价。浮动利率存单以上海银行间同业拆借利率为浮动利率基准计息,期限原则上在1年以上,包括1年、2年和3年。

公开发行的同业存单可以进行交易流通,并可以作为回购交易的标的物。定向发行的同业存单只能在该支同业存单初始投资人范围内流通转让。同业存单二级市场交易通过同业拆借中心的电子交易系统进行。同时,同业存单可提供做市服务。

2013年年底,为规范同业存单业务,拓展银行业存款类金融机构的融资渠道,促进货币市场发展,中国人民银行制定了《同业存单管理暂行办法》。随着利率市场化的推进,同业存单有利于银行降低负债成本、进行主动负债管理,倍受银行青睐。2015年,同业存单发行机构和发行规模快速增加,2016年和2017年继续大幅增长,2017年,同业存单发行20.2万亿元,年末余额8万亿元。并且,同业存单交易量也迅速增长,已经成为银行间现券市场成交规模较大的券种,2017年全年成交37.1万亿元,占现券市场成交量的36.1%。

【拓展阅读 5-1】

地方债发行

我国原有的预算法原则上禁止地方政府发债，仅在国务院批准的情况下可有例外。但自 2009 年开始，国务院出台了应对次贷危机的经济刺激政策，为了支持地方政府投资，决定由财政部代办地方政府债券发行，并由财政部代办债券的偿还。2011 年，国务院批准地方政府自行安排地方债的发行，但依然由财政部代办债券的偿还。2014 年，国务院批准地方债"自发自还"，由地方政府自行安排发行与偿还。地方债发行的市场化特征逐步加强，地方政府的偿债责任进一步加大。

可以说，在新预算法实施以前，自 2009 年开始，虽然我国地方债经历了"财政部代发""自发代还"与"自发自还"几个阶段，但三种发行方式是交叉重合的，财政部代发一直是我国地方债的主要发行方式。

2014 年 8 月末，全国人大常委会审议通过《预算法修正案》，明确允许省级地方政府在国务院规定的限额内通过发行地方政府债券筹集部分必须建设资金，地方政府发债的法律限制解除。2014 年 9 月 21 日，国务院下发的《关于加强地方政府性债务管理的意见》提出，为了降低地方政府存量债务的利息负担，允许各地区发行地方政府债券来置换到期的存量债务。2015 年年初，新预算法正式实施，我国选择了债务置换路径，地方债发行额度爆发式增长。

2015 年 5 月，财政部、中国人民银行、中国银监会联合发文（财库〔2015〕102 号），对地方债发行具体方式、发行时间、发行价格，以及抵押品资格等问题进行了规定。主要内容包括：一是采用定向承销方式发行地方债，丰富地方债发行方式。地方财政部门与相关各方，包括中国人民银行分支结构、银监局等密切配合与特定债权人充分协商，采用薄计建档方式向债权人发行地方债。该方式高效、便捷，有利于地方债务置换的顺利开展。二是规定了第一批债务置换完成时间为 8 月底。要求地方政府在 2015 年 8 月 31 日前完成第一批债务置换的额度定向承销发行工作。三是将地方政府债全面纳入抵押品管理框架。允许将地方债纳入中央国库地方国库现金管理抵押品范围，纳入中国人民银行常备借贷便利（SLF）、中期借贷便利（MLF）和抵押补充贷款（PSL）的抵押品范围，以及纳入商业银行贷款的抵（质）押品范围，可按规定在交易场所开展回购交易。四是地方债发行价格下限为同期限国债收益率，上限为同期限国债收益率上浮 30%。

2015 年以来，31 个省级政府和 5 个计划单列市开始自发自还地方债券。截至 2016 年年末，地方政府债共发行 2 194 支，占全部债券发行支数的 4.71%；发行额共计 9.88 万亿元，占全部债券发行面额的 16.59%。其中 2015 年发行 1 035 支、3.84 万亿元，置换债券 3.2 万亿元，新增债券 0.6 万亿元；2016 年发行 1 159 支、6.05 万亿元，置换债 4.87 万亿元，新增债券 1.17 万亿元。两年的置换债占比都在 80% 左右。至此，地方存量债尚余 6.3 万亿元有待完成置换。

从发行类别来看，2016 年全年发行一般债券 33.53 万亿元，占发行总额的 58.5%。从区域来看，江苏、山东、浙江、广东和湖南发债规模在 31 个发行地方债的省（直辖市、自治区）中位列前五。

尽管地方债发行量迅猛增长，但该市场尚处于前期发展阶段，在发行利率、评级结果的参考价值、投资者结构以及对发行人和中介机构监管等方面仍然存在一些问题。例如，政府议价阻碍发行定价市场化、地方债的天量发行和批量置换影响商业银行的投资结构、一级市场发行利率偏低导致二级市场交易不活跃,以及债券收益率无法体现地区差异等。

未来,地方债市场还有望在细化发行机制、培育稳定的投资者、鼓励针对其做市、提高作为质押品的适用范围以及提高质押率等方面进一步优化和规范。

【拓展阅读 5-2】

绿色金融[①]

绿色金融(Green Finance)是指支持环境改善与应对气候变化的金融活动。构建绿色金融体系,是指通过贷款、私募投资、发行债券和股票、保险、碳金融等金融产品和服务将社会资金引导到环保、节能、清洁能源、清洁交通、清洁建筑等绿色产业发展中的一系列政策和制度安排。建立绿色金融体系的主要目的是提高绿色项目的投资回报率和融资的可获得性,同时抑制对污染性项目的投资。绿色金融的工具主要包括绿色信贷、绿色证券、绿色产业基金和绿色保险等。

在发达国家,与绿色金融相关的制度安排和绿色金融产品发展已有几十年的历史。中国的绿色金融业务在近十年获得初步发展,一些绿色信贷、绿色保险、绿色证券等政策相继出台。比如,2007年7月,环保部、中国人民银行、中国银监会三部门联合发布了《关于落实环境保护政策法规防范信贷风险的意见》,它标志着中国绿色信贷制度的正式建立。2012年2月,中国银监会发布了《绿色信贷指引》,对银行业金融机构开展绿色信贷、大力促进节能减排和环境保护提出了明确要求。

2015年下半年以来,中国绿色金融蓬勃发展。2015年9月,在中共中央、国务院印发的《生态文明体制改革总体方案》中,首次明确了建立中国绿色金融体系的顶层设计。2016年3月,全国"两会"通过的《"十三五"规划纲要》明确提出要"建立绿色金融体系,发展绿色信贷、绿色债券,设立绿色发展基金"。构建绿色金融体系已经上升为国家战略。2015年12月,在中国的倡议和推动下,G20绿色金融研究小组成立,开始研究如何通过绿色金融调动更多资源推动全球经济的绿色转型、如何加强绿色金融的国际合作等问题。

随着相关制度的日趋完善,绿色信贷与证券呈现快速发展态势。2015年12月22日,中国人民银行发布第39号公告,在银行间债券市场推出绿色金融债券,为金融机构通过债券市场筹集资金支持绿色产业项目创新了筹资渠道。同日,中国金融学会绿色金融专业委员会发布了《绿色债券支持项目目录》,旨在为发行人提供绿色项目界定标准。2016年3月,上海证交所发布了《关于开展绿色公司债试点的通知》,设立了绿色公司债券申报受理及审核的绿色通道,并对绿色公司债券进行统一标识。2015年10月8日,上海证券交易所和中证指数有限公司发布了上证180碳效率指数,这是中国首个考虑碳效率的指数,该指数用碳强度来界定企业的绿色程度。截至2015年年末,绿色信贷余额达到7.01万亿元,比2014年年末增长了16.4%。2016年第一季度,发行绿色债券约500亿元,接近同期全球绿色债券发行总量的50%。截至2015年10月,中证指数公司编制的绿色环保类指数有16个,占其编制的A股市场指数总数(约800个)的2%。

[①] 引自中国人民银行《2016年第四季度货币政策执行报告》。

与此同时，一些投资机构与地方政府也开始通过建立绿色产业基金来支持绿色金融发展。2015年3月8日，绿色丝绸之路股权投资基金在北京正式启动，基金首期募资300亿元。2016年1月13日，内蒙古自治区政府设立了内蒙古环保基金，预计基金投资规模可达200亿元。浙江、广东等地方政府也设立了地方产业投资基金，为节能环保企业提供融资。除此以外，还有一些上市公司宣布设立环保并购基金。截至2015年10月，基金管理机构设立的以环保为主题的基金有32支，其中，指数型基金15支，主动管理型基金17支。

绿色保险理念也在不断普及。中国的绿色保险主要是指环境污染责任保险。2015年修订实施的《中华人民共和国环境保护法》明确提出鼓励投保环境污染责任保险。2007—2015年第三季度，全国投保环境污染责任保险的企业累计超过4.5万家次，保险公司提供的风险保障金累计超过1 000亿元。

未来几年，绿色金融发展将迎来新的机遇期，重点是要通过贴息、担保等方式推动绿色信贷，建立绿色产业基金，进一步发展绿色债券市场，创新绿色股票指数和相关的投资产品，在环境高风险领域建立强制环境责任保险制度，积极发展碳排放权期货交易和各类碳金融产品，支持有条件的地方开展绿色金融试点，继续推动绿色金融领域的国际合作。

本章小结

1. 债券是一国政府、政府机构、地方政府及公共机构、金融机构、企业等发行主体向社会借债筹措资金时，向投资者发行、承诺按照一定利率和一定日期支付利息并按照约定条件偿还本金的债权债务凭证。

2. 债券有多种划分标准，例如发行主体、担保情况、付息方式、募集方式、债券形态等。最常见的是按照发行主体的信用等级不同，将债券划分为利率债和信用债两大类。

3. 利率债通常包括国债、地方政府债、政策性银行债和央行票据等；信用债通常包括企业债、公司债、中期票据、短期融资券、超短期融资券等；此外，还有资产支持证券、可转债、同业存单等一些创新品种。

4. 债券交易场所包括场内和场外市场。场内市场即交易所，所有的供求方集中在交易所进行竞价交易；交易所之外的交易，包括通过柜台、口头协商、电话、邮件、传真或者经纪人达成的交易，均属于场外市场。

5. 从全球债券市场看，债券交易主要是集中在场外市场进行。债券市场交易量最大的国家主要有美国、日本和英国；从债券市场存量来看，目前规模最大的债券国内市场分别在美国、日本和中国。

6. 我国的债券市场由银行间债券市场、交易所债券市场和银行柜台债券市场三个部分组成，其中银行间债券市场和银行柜台市场属于场外市场，交易所债券市场属于场内市场。银行间市场居于主导地位。

7. 目前我国债券市场上交易的债券种类包括国债、地方政府债、央行票据、政策性金融债、普通金融债、次级债、企业债、短期融资券、中期票据、资产支持证券、混合资本债、集合票据、国际开发机构债、超短期融资券等众多品种。

8.银行间债券市场目前有现券交易和债券借贷两种交易，其中前者交易量占98%（2018年4月数据）。现券交易的成交券种中，政策性金融债、同业存单和国债是成交占比最大的品种。

本章重要术语

场内市场　场外市场　做市商　结算　托管　未平仓余额/未清偿余额　利率债　信用债　国债　地方政府债　政策性银行债　央行票据　企业债　公司债　短期融资券　中期票据　资产支持证券　可转债　同业存单　绿色金融

思考练习题

1. 试评论以下说法：
（1）企业债和公司债是一回事，只不过由于在不同的市场交易，才有不同的命名。
（2）我国债券二级市场的券种结构，和同属亚洲的日本债券市场较为相似，都是以国债为主，国债交易占整个交易的80%以上，也正是因此，我们还有必要大力发展信用债市场。
（3）我国银行间债券市场利率从一开始就是市场化利率，而市场化利率的波动需要相应的利率衍生产品提供风险管理与风险对冲工具，债券远期、利率互换、远期利率协议、信用违约互换等产品为对冲利率风险提供了解决工具。

2. 不定项选择题：
（1）以下全部属于信用债的是（　　）
　　A.政策性金融债，公司债
　　B.央行票据，企业债
　　C.地方政府债，中期票据
　　D.短期融资券，商业银行混合资本债
（2）债券市场按照交易场所可以分为（　　）
　　A.一级市场和二级市场
　　B.场内市场和场外市场
　　C.公募市场和私募市场
　　D.发行市场和交易市场
（3）下列关于地方政府债券的说法当中正确的是（　　）
　　A.地方政府债券通常可以分为一般债券和普通债券
　　B.收入债券是指地方政府为缓解资金紧张或解决临时经费不足而发行的债券
　　C.普通债券是指为筹集资金建设某项具体工程而发行的债券
　　D.地方政府债券简称"地方债券"，也可以称为"地方公债"或"市政债券"
（4）以下哪些机构属于银行间本币市场债券登记托管机构？（　　）
　　A.中国人民银行
　　B.中央国债登记结算有限责任公司
　　C.中国证券登记结算有限责任公司
　　D.银行间市场清算所股份有限公司

3. 请简述做市商制度。
4. 我国债券市场上都有哪些类型的投资人？
5. 请比较：我国债券场内市场与场外市场主要有哪些方面的区别？
6. 请比较：我国与美国债券市场有哪些异同？

参考文献及进一步阅读建议

[1] 董德志：《投资交易笔记》（续），经济科学出版社，2016。
[2] 董德志：《投资交易笔记》，经济科学出版社，2011。
[3] 姜晓波、孙樱桐："中美债券市场比较研究"，中国外汇交易中心工作论文，2016。
[4] 李云丽：《中国债券发行理论与操作实务》，法律出版社，2009。
[5] 庞红学、金永军、刘源："美国债券市场监管体系研究及启示"，《上海金融》，2013年第9期。
[6] 沈炳熙、曹媛媛：《中国债券市场30年改革与发展》，北京大学出版社，2014。
[7] 张洪梅："我国债券市场的发展历程"，《辽宁经济》，2010年第1期。
[8] 张晓春等："债券分类解读"，国联证券报告，2016年8月。
[9] Fabozzi, F. J., *Bond Markets, Analysis and Strategies (8th edition)*. Prentice Hall, 2012.

相关网络链接

中国货币网：http://www.chinamoney.com.cn
中国债券信息网：http://www.chinabond.com.cn
上海清算所：http://www.shclearing.com
美国证券和交易委员会：https://www.sec.gov
日本证券业协会：http://www.jsda.or.jp
国际清算银行：http://www.bis.org
证券业与金融市场协会：http://www.sifma.org
国际证监会组织：http://www.iosco.org

第6章
票据市场*

王 莹（中国人民银行上海总部）

学习目标

通过本章学习，读者应做到：
◎ 掌握票据的定义和分类
◎ 熟悉票据行为和特征
◎ 了解票据市场功能
◎ 了解票据市场由来和发展历程
◎ 掌握我国票据市场参与主体、主要产品和交易方式
◎ 了解票据市场利率形成机制变革
◎ 熟悉票据市场基础设施
◎ 掌握当前票据交易管理办法的主要内容

■ 开篇导读

甲公司最近要扩大生产规模，需要从乙厂家购入一批生产设备，谈判下来总价要1 000万元，而且要3个月之后才能交货。甲公司目前账上没有这么多现金，也不愿意

---

* 本章由史进峰（瑞信方正证券有限责任公司）审校。

提前这么久就付全款，而乙厂家要生产这批设备又必须要有付款保证。这时就可以借助票据这一金融工具来帮助双方达成交易。如果甲公司和乙厂家是多年的合作伙伴，乙厂家信任甲公司，就可以由甲公司签发3个月之后支付1 000万元的商业承兑汇票，乙厂家接受票据并开始投入生产。如果乙厂家觉得甲公司的商业承兑汇票并不保险，不愿意接受，那么甲公司还可以去寻求商业银行的帮助，申请开立一张银行承兑汇票，由商业银行保证在约定日期支付这些款项。一般来说，商业银行的信用比较高，企业往往都会接受银行承兑汇票。这样，这笔生意就达成了。

很多企业在生产经营中会遇到需要远期付款的情况，票据可以帮助债务人达成远期付款，减少对营运资金的占用，降低财务成本；可以帮助债权人获得一个付款的保障，债权人可以将票据持有到期，在急需用钱时也能通过票据的转让、贴现等方式获得现金。而提供服务的商业银行则可以赚取手续费等收入。

票据的签发和交易构成了票据市场，票据市场与实体经济紧密相连，为企业短期资金融通提供了重要支持。通过本章的学习，我们可以了解票据的分类和功能，票据市场的运行，我国票据市场的形成和发展，未来又将呈何种趋势。

6.1 票据市场概述

票据市场是短期资金融通的重要场所，是在商品交易和资金往来过程中产生的以商业汇票发行、担保、承兑、贴现、转贴现、再贴现来实现短期资金融通的市场，是直接联系产业资本和金融资本的枢纽。在我国，票据已成为企业支付和融资的重要工具，票据市场经过三十多年的实践探索，已经成为我国金融市场体系的重要组成部分，为实体经济发展和中央银行金融调控提供了有力基础支撑。

6.1.1 票据的定义和分类

票据是指出票人依法签发的，约定自己或委托付款人在见票时或指定的日期向收款人或持票人无条件支付一定金额并可以流通转让的有价证券。第一，票据是一种有价证券，具有一定的票面金额，表示对财产的所有权和债权，谁拥有了票据，谁就有权凭票据取得其上面规定的金额。票据权利的产生、转移和行使均以它的存在为前提。第二，票据是出票人做出的到期向持票人支付一定金额的承诺。出票人开具票据，他就必须履行到期支付票面所载金额的义务，只有他支付了金额才能解除他承担的义务。第三，票据出票人做出的承诺是无条件的，即出票人履行付款义务不能以某一事件的发生或某一行为的出现为先决条件，一旦开出票据，必须到期支付款项。

根据《票据法》规定，我国的票据有汇票、本票和支票。汇票是指银行汇票、商业汇票，其中商业汇票又根据承兑人的不同划分为银行承兑汇票和商业承兑汇票；本票是指银行本票，并未涉及商业本票。

银行承兑汇票。企业是银行承兑汇票的签发人，银行是银行承兑汇票的承兑人。企业在经营过程中因支付及融资的需求,签发了远期支付票据,该票据经银行审查同意承兑后,银行承兑汇票就产生了。

银行承兑汇票因为有银行信誉保证,其信用性、流通性和灵活性高于商业承兑汇票,等同于银行票券,故在市场中受到认可而成为重要的支付、流通工具。

商业承兑汇票。企业是商业承兑汇票的签发人,也是商业承兑汇票的承兑人。由于我国商业信用基础还比较薄弱,信用体制不健全,故商业承兑汇票流通不畅,市场规模较小,仍处在发展中。能在市场流通的商业承兑汇票必须是经商业银行授信的商业承兑汇票可贴现的企业,数量不多,一般要求是 AAA 级以上的大型企业。

银行汇票。银行是银行汇票的签发人,也是银行汇票的承兑人,因此具备信用高、使用灵活等特点,成为异地结算的主要方式。由于存款人必须提前全额存入款项后,银行才会签发票据,且收款人能立即获取现款,获取现款金额与票据记载金额一致,因此并不具备融资功能和买卖价值,只能作为支付手段存在。

本票。银行是银行本票的签发人,也是银行本票的兑付人,因此具备信用高、使用方便等特点而成为企业的、个人的支付手段,但只能在同一票据交换地区使用。

银行本票与银行汇票同样是立即可获取现款票据,且获得现款金额与票面记载一致,因此也不具买卖价值,只是作为一种支付手段。

我国《票据法》规定本票是指银行本票,并没有商业本票,一般的企业单位是不能签发本票的。

支票。企业或个人是支票的签发人,银行或其他法定金融机构是支票的兑付人。支票是目前同城交易的主要结算方式,也是目前我国签发最广泛的票据。由于签发人必须在银行或法定金融机构处有足额的存款才能签发支票,且收款人获得现款金额与票面金额一致,因此不具融资功能,也不具买卖空间。

综上所述,由于银行汇票、银行本票和支票仅是一种支付手段,不具融资功能,也就不具备买卖的意义。因此,我们通常所讲的票据市场是指票据交易和资金往来过程中产生的以商业汇票的签发、承兑、贴现、转贴现、再贴现来实现短期资金融通的市场。

6.1.2 票据行为和特征

票据行为是引起票据权利义务发生的法律行为,包括出票承兑、保证、付款、追索。

出票。出票是指票据的出票人按照《票据法》规定的记载事项和方式做成票据并交付收款人的一种行为。出票是最基本的票据行为,票据的权利义务由此而产生,是其他票据行为产生的前提。

票据背书。票据背书是指持票人为了转让票据权利或者为了将票据权利授予他人行使,在票据的背面或粘单上记载法律要求的事项并签章,然后把票据交付给被背书人的票据行为。背书必须具有连续性,从出票时的收款人开始到最后的被背书人,在票据背书形式上要相互连接而无间断,即转让票据的背书人与受让票据的被背书人在票据上的签章依次前后衔接。只有背书连续,才能证明最终持票人享有票据权利。但票面上载明"不得转让"的票据不能进行背书转让。

承兑。承兑是汇票特有的行为，是指汇票的付款人在汇票上记载一定的事项，以表示其愿意支付汇票金额的票据行为。受出票人委托的付款人在承兑之前并不是汇票债务人，只有经过承兑才对待票人承担付款责任。

票据保证。票据保证是指为了保证特定债务人债务的履行，票据债务人以外的第三人以负担同一票据义务为目的而产生的一种票据行为。保证人与被保证人负同一责任，被保证人承担多少债务，保证人也必须承担与其相同数量的责任，持票人可以不分先后地向保证人或被保证人行使票据上的权利。

付款。付款是付款人依据票据而对持票人支付票据金额，以消灭票据关系的行为。付款人在付款时，应按照《票据法》的规定履行审查义务，这种审查只限于形式上的审查，如查看票据的格式是否正确，应记载的事项是否齐全，背书是否连续等。持票人受领票据金额后，应当履行在票据上签收并将票据交还付款人的义务。付款人依法付款后，票据关系消灭。

追索。追索是指持票人不获承兑或不获付款时，可以向其前手，包括出票人、背书人、承兑人和保证人请求偿还票据金额、利息及有关费用。设立追索权制度，对切实保障持票人的权利非常必要。

票据行为具有以下特征：

一是要式性。各种票据行为都是严格的要式行为，即法律对每种行为的程序和方式都做了规定。如果违反了法律规定，将会导致票据行为的无效或对票据权利产生影响。

二是无因性。票据行为只要符合法律规定的形式要件就发生效力，不受原因关系或资金关系的影响。比如《票据法》规定付款人对汇票进行承兑后，就负有到期日无条件支付汇票金额的责任，无论他与出票人有无资金关系，或出票人是否在到期日将款项划入银行账户，都不影响承兑行为的效力，付款人不得以资金关系为借口，拒绝向持票人付款。这种规定体现的就是票据行为的无因性。

三是文义性。票据上的所有权利义务关系均以票据上的文字记载为依据。不能以票据上记载事项以外的事实或证据来改变票据上记载的内容。这样做是为了保证流通信用和交易安全，保护流通过程中合法持票人的权利。

四是独立性。票据上有多个票据行为时，各个行为都独立发生效力，互不影响。如果其中一个行为无效，并不影响其他行为的有效性。

6.1.3 票据市场的功能

票据市场是货币市场重要的组成部分，在国民经济发展中发挥着重要的功能和作用。

一是票据市场的发展有利于央行货币政策的传导。公开市场操作、存款准备金利率和再贴现利率是传统货币政策的三大主要手段，其中，由于票据市场是货币市场直接作用于实体经济的市场，并且门槛较低、参与者广泛，使得再贴现利率具有区别于公开市场操作和存款准备金利率的独有优势，即中央银行调整再贴现利率可以更直接、更深入地影响经济实体的活动，达到货币政策目的。此外，再贴现利率还可以引导公众预期，差异化的再贴现利率还可以与国家产业政策、区域政策相配合，体现国家对于重点扶持的产业和区域的倾斜。

二是票据市场的发展有利于健全货币市场体系建设。货币市场主要包括同业拆借市场、债券回购市场和票据市场，同业拆借市场以信用为基础，是无抵押的交易市场；债券回购市场的债券标的更多地以政府信用和准政府信用为主；票据市场的发展有利于满足不同类型、多元化投资者的需要，有利于多层次金融市场尤其是货币市场体系的完善。

三是票据市场的发展有利于深化利率市场化水平。票据是高度利率市场化的产品，票据市场的发展有助于市场参与者提高市场化利率定价水平，增强利率敏感性。我国利率市场化起步于货币市场，当前管制利率虽然已经放开，但从基准利率有效性、利率曲线建设和市场主体定价能力等方面看，实际上的利率市场化水平还有待提高。发展票据市场，有利于提升微观主体利率市场化水平，丰富市场信用层次，深化经济体系利率市场化水平。

四是票据市场的发展有利于支持实体经济发展。票据具有门槛低、成本低的特点，是企业尤其是中小企业的重要融资渠道。票据的低风险特征及衍生存款功能，使许多股份制商业银行主动给中小企业签发银行承兑汇票，中小企业也因此获得了一个相对便利的短期融资平台。尤其是对于中小企业来说，与商业银行贷款相比，获得银行签发承兑汇票更便利，而票据贴现利率往往低于银行贷款利率，在获得资金的同时也降低了成本。

6.2 票据市场的由来与发展

6.2.1 票据市场的由来

票据作为支付和流通的手段，已有数百年的历史，并且伴随贸易活动的繁荣而不断发展。12世纪的意大利，率先产生了"兑换证书"和"付款委托书"，主要出于贸易需要，用于异地付款，以减少货币在途风险。兑换证书和付款委托书被认为是现代本票和汇票的起源。至于现代票据制度，则形成于近代资本主义商品经济发达以后。

随着票据的发展，除了满足货币安全、减少贸易对方信用风险的需要外，在发达国家，票据还主要承担了短期融资工具的功能。目前，在美国，票据市场工具主要包含商业票据和银行承兑汇票，其中前者占据主要地位。商业票据是美国金融市场上最为重要的直接融资方式之一。在美国，发行商业票据必须进行评级，同时可以寻求第三方担保，或发行资产支持票据，使得中小企业也可以通过票据融资。票据的发行者包括金融公司、企业和银行控股公司，票据的投资者则包括银行、非金融企业、投资公司、中央和地方政府、私人养老基金、公益基金、个人等。在欧洲，票据市场交易工具包括欧洲短期票据、欧洲商业票据、欧洲中期票据，以及依托票据工具推出的融资便利。英国票据市场有优良商业票据、银行承兑汇票、一般商业票据、其他票据等。与美国、欧洲一样，英国票据市场也突出了融资功能。我国台湾地区票据市场以商业本票为主，并通过票券金融公司的商业本票保证制度使得中小企业成为融资主体。日本与我国大陆地区情况相似，其票据市场是金融机构之间通过买卖票据相互融通中期资金的市场，是银行间同业拆借市场的延伸，其交易工具是具备真实贸易背景的票据，包括本票和汇票。相比于欧洲和美国，日本票据市场工具种类较少，缺乏融资性票据。

6.2.2 我国票据市场的发展

我国票据市场起步早于债券市场，经过三十多年的实践探索，已经成为我国金融市场体系的重要组成部分，为实体经济发展和中央银行金融调控提供了有力的基础支撑。从票据市场的发展路径来看，大体经历了三个阶段：

6.2.2.1 推广使用阶段

20世纪70年代末，我国开始出现票据业务。中国人民银行批准部分企业签发商业承兑票据，至1981年，第一次完成商业承兑汇票和银行承兑汇票的贴现业务，这是我国票据市场的开端。20世纪80年代，为了防止企业间赊销、相互拖欠，中国人民银行正式推广和支持商业汇票的承兑和贴现，但不得流通转让。票据的推广使用适应了当时企业资金融通流转渠道缺乏、企业间信用机制相对落后的实际。但当时我国正处在计划经济向市场经济转型的过渡期，经济运行仍大量存在计划经济的特征，经济总量小、市场机制弱、票据市场不成规模。1988年，中国人民银行改革了银行结算制度，取消了银行签发汇票必须确定收款人和兑付行的限制，允许一次背书转让，试办银行本票等。1994年中国人民银行会同有关部门提出在煤炭、电力、冶金、化工、铁路等五种行业和棉花、烟叶、生猪、食糖等四种农副产品的购销环节推广使用商业汇票，开办票据承兑授信和贴现，并安排100亿元专项再贴现资金。这是中国人民银行首次将再贴现政策作为货币政策工具加以运用，实施金融宏观调控。

6.2.2.2 制度建设阶段

1995年《中华人民共和国票据法》正式颁布实施，对有效规范票据行为、保证票据的正常使用和流通起到了重要作用，票据业务的重要性得到提升，中国的票据市场逐渐扩大，交易规模逐年增加。1997年中国人民银行相继发布《商业汇票承兑、贴现与再贴现管理暂行办法》《票据管理实施办法》《支付结算管理办法》《电子商业汇票业务管理办法》《关于加强商业汇票管理促进商业汇票发展的通知》等一系列规章，加强了对商业汇票业务的宏观管理和制度建设。1998年中国人民银行三次下调贴现和再贴现利率，票据市场的价格形成机制得以完善。1999年中国人民银行发文改革了再贴现率与贴现率的确定方式，扩大了贴现率的浮动幅度。

6.2.2.3 快速发展阶段

2000年以后，我国票据市场进入了快速发展期。首先是在2000年，中国人民银行出台降低再贴现利率等优惠政策措施，批准工商银行在上海成立了票据专营机构，并在北京、天津、广州、西安等地建立了多个分部，为活跃票据市场奠定了基础。其后，

2001年中国人民银行发文明确票据贴现不属于贷款，再次强化了增值税发票作为真实贸易背景票据判别标准的权威性。这一阶段，票据市场融资规模和交易规模不断扩大，参与主体不断丰富、交易日益活跃，对实体经济的支持显著。

一是票据融资上升，支持实体经济增长。2017年年末，全国金融机构票据融资余额为3.9万亿元，在各项贷款中的比重达到3.2%，票据融资的低成本、低资本约束、低风险特性越来越受到企业和商业的认可。从企业结构看，由中小企业签发的银行承兑汇票占比不断上升，2017年达到2/3，极大地缓解了中小微企业融资难、融资贵问题，成为中小企业融资重要渠道。

二是票据交易活跃，体现货币市场交易工具作用。2001—2017年，商业汇票累计贴现量从1.76万亿元增长到40.3万亿元，增长了23倍。其中，2015年商业汇票贴现量达102.1万亿元。票据贴现量占货币市场交易总量（包括同业拆借、债券回购和票据贴现）的比重从2011年的16%提高至2015年的28%，2017年下降至5.48%。成为重要的货币市场工具，为金融机构调节短期流动性提供了重要支持。

三是电子化程度不断提高。2011—2017年，电子票据累计承兑金额由5 369亿元增加到13.02万亿元，累计贴现金额从1 716亿元增加到6.95万亿元，累计转贴现金额由2 151亿元增加到44.48万亿元，交易量迅速扩大，表明电子票据的普及性不断加强，流动性提升。从电子票据业务量占全部票据业务量的比重来看，电子票据承兑金额占全部票据的比重从2011年的3.6%上升到2017年的77%，电子票据贴现和转贴现规模占比从2011年的1.2%上升到2017年的九成以上。可见，与纸质票据相比，电子票据的高效、便捷、安全等优势凸显，金融机构发展电子票据业务的意愿增强。除了商业电子汇票系统外，一些金融机构也开发了系统内的纸票电子化系统和交易平台，实现了系统内部票据交易的电子化和网络化。

6.3 我国票据市场的交易要素

6.3.1 票据市场的参与主体

自20世纪80年代初我国票据市场起步以来，票据市场主体对票据支付结算和信用功能逐步认识和接受，市场主体范围不断扩大。1999年以前，票据市场主体基本局限于国有独资商业银行、少数大型企业及企业集团。在中国人民银行有关政策措施的引导下，商业汇票的推广使用范围逐步扩大，外资银行、财务公司、城市商业银行、城市信用社、农村信用社逐步加入票据市场，市场主体类型丰富，众多的中小金融机构和中小企业逐步成为票据市场的重要参与者，在经济发达地区已逐步形成区域性票据市场。其中，中小股份制商业银行、城市商业银行票据业务发展速度远远高于四大商业银行。2017年，股份制商业银行累计承兑商业汇票规模市场占比为44.7%，大型商业银行、城市商业银行、农村金融机构市场占比分别为19.88%、23.29%和3.67%；股份制商业银行累计贴现规模市场占比为32.66%，大型商业银行、城市商业银行、农村金融机构市场占比分别为27.41%、17.28%和16.79%。票据融资规模也在民营经济和中小企业比较集中的地区，票据已经成为重要的、不可替代的信用工具和融资手段。票据市场主体多元化格局基本形成。

2016年，中国人民银行发布第29号公告，为规范票据市场发展，制定并公布《票据交易管理办法》，这是当前票据市场最重要的政策改革和制度依据。在管理办法中，中国人民银行对票据市场参与者进行了定义，规定参与票据市场交易的主体包括法人类参与者和非法人类参与者，其中法人类参与者指金融机构法人，包括政策性银行、商业银行及其授权的分支机构，农村信用社、企业集团财务公司、信托公司、证券公司、基金管理公司、期货公司、保险公司等经金融监督管理部门许可的金融机构；非法人类参与者指金融机构等作为资产管理人，在依法合规的前提下，接受客户的委托或者授权，按照与客户约定的投资计划和方式开展资产管理业务所设立的各类投资产品，包括证券投资基金、资产管理计划、银行理财产品、信托计划、保险产品、住房公积金、社会保障基金、企业年金、养老基金等。

管理办法还明确了市场参与者的条件。对于法人类参与者来说，一是依法合规设立；二是已制定票据业务内部管理制度和操作规程，具有健全的公司治理结构和完善的内部控制、风险管理机制；三是有熟悉票据市场和专门从事票据交易的人员；四是具备相应的风险识别和承担能力，知悉并承担票据投资风险，以及中国人民银行要求的其他条件。对于非法人类参与者来说，一是产品设立符合相关法律法规和监管规定，并已依法在相关金融监督管理部门获得批准或者完成备案；二是产品已委托具有托管资格的金融机构（以下简称托管人）进行独立托管，托管人对委托人资金实行分账管理、单独核算；三是产品管理人具有相关金融监督管理部门批准的资产管理业务资格。

管理办法将非法人类机构引入票据市场，进一步丰富了票据市场投资者类型，促进了票据市场主体进一步多元化。当前非法人类机构已经成为债券市场重要的投资力量，随着非法人类机构获得票据市场投资资格，将为票据市场带来差异化投资需求，进一步活跃市场交易，扩大市场影响力。

6.3.2 票据市场的交易方式

银行间票据市场票据的交易方式包括贴现（业内称为直贴）、转贴现、回购和再贴现。贴现主要是发生于银行与企业之间，转贴现、回购发生于金融机构之间，再贴现则发生于金融机构和央行之间。票据二级市场上，交易方式主要是指转贴现和回购。

贴现是指持票人在承兑汇票到期日前，向贴现银行背书转让，贴现行扣除贴现利息后向其提前支付票款的行为。这是商业银行买进承兑汇票的过程，承兑汇票一经贴现，即进入银行间二级交易市场流通买卖。

承兑汇票转贴现是指贴现银行将其持有的已贴现的尚未到期的承兑汇票转让给其他银行的融资行为。转出行将汇票转让给转入行，转入行从汇票金额中扣除贴现利息后，将汇票金额的其余金额支付给汇票转出行。

转贴现按交易方向不同分为转贴现买入和转贴现卖出两种。转贴现买入指其他银行持其已贴现的未到期承兑汇票向本行贴现，转贴现卖出是指本行持已贴现的未到期承兑汇票向他行贴现。

转贴现按交易方式不同分为买断式转贴现和回购式转贴现两种。买断式转贴现指转出行将其持有的已贴现但尚未到期的承兑汇票转出后，票据权利人即改变为票据转入银行。回购式转贴现指转出行将其持有的已贴现的但尚未到期的承兑汇票以不改变票据权利人的方式暂时转出，由转出行在双方约定的票据回购日购回汇票。

回购属于转贴现的一种形式，指票据回购正回购方将其持有的已经贴现的票据以不改变票据权利人的方式向票据回购逆回购方申请贴现，逆回购方按票面金额以双方商定的回购期限和价格扣除回购利息后向正回购方给付资金，回购到期后正回购方按票面金额向逆回购方购回票据的融资行为。票据回购实质上是以票据为质押的短期融资行为。

再贴现是中央银行通过买进商业银行持有的已贴现但尚未到期的商业汇票，向商业银行提供融资支持的行为。

6.3.3 我国票据市场利率形成机制变革

从 20 世纪 80 年代票据交易起步到 1998 年，我国商业汇票的贴现率和再贴现率分别与贷款利率和再贷款利率实行挂钩制，要求前者在后两者的基础上下浮 5%—10%。但随着票据交易的逐渐活跃，这一利率决定机制与市场实际供需情况出现了较大的脱节，于是在 1998 年 3 月，中国人民银行改革了贴现率和再贴现率的决定方式，将其与贷款利率和再贷款利率脱钩，再贴现率成为货币政策基准利率之一，根据市场情况和宏观调控需要决定，贴现率在再贴现率基础上加固定百分点浮动。1998 年 12 月，中国人民银行再次改革贴现利率形成机制，以再贴现利率为下限加点确定，扩大贴现利率的浮动区间，允许商业银行在不超过同期贷款利率上限范围内确定贴现率。在当时通货紧缩的背景下，这一措施有利于维护有序竞争的利率秩序，也保证了商业银行的利润空间，对于发挥再贴现利率的基准作用，畅通再贴现利率传导机制也起到了积极作用。此后，贴现利率市场化程度显著提高，也带动了贴现、转贴现交易的活跃和市场规模的扩大。

随着市场环境的变化和进一步的发展，贴现利率与再贴现率相关性下降，一度出现背离。央行连续降息，市场资金面宽松，票据交易利率大幅下降，曾在单个季度内转贴现跌幅超过 50%，在此期间，部分商业银行贴现利率报价远低于央行的再贴现利率。而在 2011 年，央行实施稳健的货币政策，票据市场利率连续震荡攀升，并于 10 月贴现利率达到 13% 的历史少见的高位，远高于再贴现利率和一年期贷款利率水平。究其原因，再贴现利率作为基准利率，其决定取决于货币政策目标、货币市场流动性格局等多种因素，但实践中与票据市场供求关系联动性不强，以再贴现率加点决定贴现利率的方式不再适应市场需求，需要进一步改革。

2007 年，央行推出上海银行间市场同业拆放利率 Shibor，为票据贴现利率定价提供了新的市场化基准。同年 7 月，全国银行间同业拆借中心发布了《关于开展以 Shibor 为基准的票据业务、利率互换报价的通知》，开发了以 Shibor 为基准的票据转贴现、票据回购和利率互换报价信息发布界面,并正式运行,由报价机构每日对规范品种进行报价,为市场交易提供定价基准。2008年1月11日,时任中国人民银行副行长易纲在"2008年Shibor工作会议"上讲话指出:"随着利率市场化的不断推进,定价必将是商业银行资源投入的一个主要方面,Shibor必须要成为一个公认、权威的利率基准,来替代中央银行设定的存贷款利率,利率市场化从贴现利率与Shibor挂钩开始打开一个突破口,对将来存贷款利率市场化的影响是非常深刻的,可以为以后的存贷款利率改革提供经验。"此后,商业银行开始推动以Shibor定价为基准的票据利率定价,扩大Shibor定价票据交易范围,提升价格敏感性和精细化程度,创新业务种类,推动业务发展。

票据市场因其特殊性呈现两大特点:一是货币市场属性,票据融资产品流动性强、期限短,与货币市场主要工具价格变动相关性强;二是信贷产品的特点,票据业务纳入信贷统计口径。因此,票据业务的定价在货币市场主要工具定价与信贷产品定价间波动。与普通贷款比,票据定价不受商业银行基准利率的限制,在主要商业银行均开始参照Shibor进行票据贴现、回购等业务定价后,票据交易利率市场化程度更高;与同业拆借、回购等其他货币市场工具相比,票据定价除受资金成本影响,还易受信贷规模调控的影响。

以Shibor作为基准改进票据贴现利率定价具有重要意义,对票据市场乃至货币市场的发展起到极大的示范效应和促进作用。一是为培育Shibor的基准地位提供了条件,票据市场快速增长的业务量为Shibor发展提供广阔的空间;二是为下一步存贷款等其他产品完全实现利率市场化奠定良好的基础;三是有助于促进金融市场间的有效联系,并增强货币政策效果。在票据市场采用Shibor为基准利率后,银行间货币、债券市场、票据市场、短期信贷市场之间有了共同的定价基准,并在各子市场间建立了利率信号传导的途径。央行通过公开市场操作,影响Shibor报价利率,从而影响包括货币市场、债券市场、票据市场的各类型交易利率,并通过票据贴现利率间接传导影响短期信贷市场的定价,短期信贷市场的定价和中长期信贷市场定价会根据具体的情况产生一定的相互影响。在有了共同的利率政策传导途径后,更有利于增强央行利率货币政策工具的运用效果。

6.4 我国票据市场的制度建设和基础设施

商业汇票是典型的场外市场业务,以在企业之间背书转让和银行柜台交易(贴现、转贴现、再贴现)为主,受地域和金融机构内部流转的限制,市场和信息分割明显,长期存在交易规则、交易标准不统一的问题,透明度较低、交易成本高。在制度建设和基础设施建设方面,中国人民银行不断推动市场向标准化方向发展。

6.4.1 商业承兑汇票转贴现标准合同文本建设

2007年11月,上海市票据业务联席会议29家成员单位正式签署并约定使用银行承兑汇票转贴现标准合同文本。2008年11月,在长三角地区票据联席会议上,江苏、浙江和上海三地62家金融机构正式签署备忘录,约定使用商业承兑汇票转贴现标准合同文本。标准合同文本按照转贴现标的的不同，分为银行承兑汇票转贴现标准合同文本和商业承兑汇票转贴现标准合同文本两类。两类标准合同文本又按照转贴现的具体方式不同分别包括两个文本，即针对买断式转贴现业务的转贴现合同和针对回购式转贴现业务的回购合同。每个标准合同文本均含 9 项条款，对票据交易双方的权利义务进行了相应规范。由此形成了一套适用于金融机构商业承兑汇票转贴现交易的系统的、完整的、标准的交易合同文本体系。

银行承兑汇票转贴现标准合同文本和商业承兑汇票转贴现标准合同文本的推出，对票据市场进一步规范发展发挥了重要作用。首先，这一举措顺应了市场发展的需要，提高了票据交易的标准化程度，进一步提高了票据市场交易效率，有利于充分发挥票据市场的功能，支持实体经济发展。其次，进一步健全了票据市场的制度体系和基础设施，完善了票据市场交易规则，使票据市场制度体系更加完备，规范了票据业务的开展，有利于防范票据市场风险。最后，此举有力地推动了上海以及长江三角洲地区票据流通市场的快速发展，强化了长江三角洲地区票据市场在全国的辐射作用，有利于上海国际金融中心建设。随着票据业务的扩大，该标准合同文本的使用范围突破了长江三角洲地区，延伸至全国，从而提升了整个票据市场的运行效率，使票据市场的投融资功能更好发挥。

6.4.2 建立运行中国票据报价系统

2003 年，中国人民银行批复全国银行间同业拆借中心建立"中国票据报价系统"，即中国票据网，为金融机构之间的转贴现和回购业务提供报价、报价查询等信息服务，并为金融机构从事票据业务提供票据论坛、政策法规查询等便利，为中国人民银行了解市场、实施宏观调控提供各类参考。近年，票据网会员增长迅速。

2009 年 10 月 23 日，为了更加全面地反映长三角地区票据市场利率走势，为金融机构科学、合理定价提供参考依据，促进票据市场的健康发展，中国票据网正式发布全国首个区域性商业汇票贴现价格指数——长三角票据贴现价格指数。

长三角票据贴现价格指数是反映长三角地区票据贴现市场一定时期内平均价格水平和总体变化趋势的票据专业指数。该指数由长三角区域内（江苏、浙江和上海）票据贴现业务量较大，且交易活跃的 30 家商业银行提供报告期内商业汇票贴现业务的加权平均利率，经中国人民银行上海总部汇总后，交由联席会议秘书长单位编制完成，每两周发布一次。

6.4.3 组织建设电子商业汇票系统

2009 年 10 月 28 日，在中国人民银行的发力推动下，电子商业汇票交易系统顺利建成并上线运行，这是我国票据市场创新发展和基础设施建设取得的一项重大成就，标志着我国票据市场迈入了电子商业汇票交易时期。

电子商业汇票系统是依托网络和计算机技术，接收、登记、存储、转发电子商业汇票数据电文，提供与电子商业汇票货币给付、资金清算行为相关服务，并提供纸质商业汇票登记查询和商业汇票公开报价服务的综合性业务处理平台。该系统支持金融机构一点或多点接入。企业通过其开户金融机构即可办理电子商业汇票业务。电子商业汇票系统有三大功能，一是电子商业汇票业务处理功能，二是纸质商业汇票登记查询功能，三是商业汇票转贴现公开报价功能。在系统上线初期，开通了前两项功能。为实现电子商业汇票业务的实时处理，首批接入电子商业汇票系统的银行、财务公司也开发了其内部的电子票据系统，并通过与中国人民银行电子商业汇票系统的直接连接，实现电子商业汇票的签发、承兑、转让等。

电子商业汇票主要创新表现在四方面：一是以现代科学技术革新了商业汇票的操作模式，充分运用了现代科学技术成果，以数据电文取代了纸质凭证、以电子签名取代了实体签章，全面革新商业汇票业务的运作模式，使票据业务从传统的、手工的操作模式转换为利用计算机和网络技术实现其签发、流转和结清的现代化操作模式。二是将财务公司定位为票据市场的直接参与者，在电子商业汇票系统的配套制度中，首度将财务公司承兑的汇票纳入银行承兑汇票进行管理。在电子商业汇票系统中，财务公司也可直接接入系统办理业务。此举提高了财务公司参与票据市场建设、提供电子商业汇票业务服务的积极性，有利于扩大票据市场交易主体，进一步活跃票据市场。三是将电子商业汇票的最长付款期限从6个月延长至1年，纸质商业汇票的最长付款期限为6个月，而电子商业汇票的最长付款期限为1年，这对吸引企业选择电子商业汇票作为支付和融资工具、金融机构深度开发票据业务、促进一年期以内各档期票据市场利率的形成、增加票据市场交易的品种等都具有深远的意义。四是明确了贴现、转贴现、再贴现以及赎回的操作方式，在《电子商业汇票业务管理办法》中，对电子商业汇票贴现、转贴现、再贴现的定义及其交易方式进行了明确界定，既对票据交易产品和方式进行了标准化，又具有灵活性和可扩展性。同时，为了消除票据交易的风险，在票据融资交易和票据结清业务中，引入了票款对付（DVP）的结算方式，通过电子商业汇票系统与大额支付系统的实时连接，在票据权利转让完成的同时实现资金交割，既提高了交易效率，又消除了票据交易中可能存在的信用风险和流动性风险。

电子商业汇票系统的建成运行，是中国人民银行组织建设运行的又一重要跨行支付清算系统，是我国金融信息化、电子化进程中的又一个重要里程碑，标志着我国商业票据业务进入电子化时代。电子商业汇票系统的建成，对降低票据业务风险和成本、促进全国统一的票据市场的形成，丰富支付结算工具、便利中小企业融资、促进经济发展具有重要意义。一是有利于杜绝纸质票据操作弊端，防范票据业务风险，纸质票据的操作风险是目前票据业务经营中的主要风险之一。电子商业汇票系统建成运行后，通过统一的技术标准和采用可靠的电子签名，克服了纸质票据书写、签章不规范、理解各异而带来的纠纷和兑付风险，同时能够较好地避免遗失、损坏和遭偷窃风险，杜绝伪造、变造和克隆票据。二是有利于提高票据交易效率，促进全国统一票据市场的形成。电子商业汇票的出票、承兑、背书、贴现、转贴现、再贴现、质押、保证、追索等全部票据行为均通过电子商业汇票系统完成，而且电子商业汇票系统支持在线交割贴现、转贴现、再贴现和票据结清的票款，相对目前纸质票据交易要多次审验、查询照票、长途奔袭交付、另行付款而言，不仅节省了人力成本，而且大大缩短了交易时间，足不出户就能完成票据在全国范围内的交易和流转，使票据交易过程更为灵活、方便、经济、高效。随着电子票据市场容量的扩大，票据交易产品的标准化、票据交易信息的公开透明，都将推动统一的全国性票据市场的逐步形成。三是有利于强化企业信用，促进商业承兑汇票发展。我国商业汇票业务虽然发展较快，但主要是银行承兑汇票发展快，商业承兑汇票的发展远远落后于银行承兑汇票，难以满足经济发展的需要。究其原因，主要是企业信用不足，要靠银行信用来保证。电子商业汇票系统可全面记录企业的票据行为，形成企业的支付信用记录。合规使用票据，按时兑付票据的企业，将形成良好的信用记录，其签发、承兑的票据，将会被更多的客户接受。因此，电子汇票系统的使用有利于推动商业信用的发展，从而促进商业承兑汇票的发展，扩大企业融资渠道。四是有利于推动短期资金利率市场化，为宏观经济决策提供准确依据。电子商业汇票将付款期由纸质票据最长6个月延长为最长1年，将对市场利率的形成产生重大影响。其交易运作将大大丰富票据市场3个月至1年期限的交易品种，有利于1年内各档期完全市场化利率的生成，为完善Shibor报价体系、形成完整的市场收益率曲线提供重要的交易数据支持。

6.4.4 上海票据交易所的诞生

伴随金融业务的创新发展，电子化、透明化的方向已经成为共识，为推动票据市场进一步规范有序发展，按照国务院的决策部署，中国人民银行加强票据市场顶层设计，推动建设上海票据交易所（以下简称"上海票交所"），夯实票据市场基础设施，提高市场运行效率，强化市场风险防控，完善票据市场制度。2016年12月8日，上海票交所正式开业运营，全国统一的票据交易平台正式建立，标志着全国统一、信息透明、以电子化方式进行业务处理的现代票据市场框架初步建立。

上海票据交易所打造了集票据交易、登记托管、清算结算、信息服务多功能的全国统一票据交易平台，为市场主体提供票据交易、即时行情公布、登记托管、清算结算及信息查询等服务。上海票据交易所的建成，重新构造了现有票据市场格局，深刻影响着金融机构和企业票据业务经营管理模式，也将对票据市场健康发展产生深远影响。

一是有利于规范票据市场业务，防范风险。通过制度统一、规则统一、标准统一和平台统一，消除了信息壁垒和地域限制，有效地提升了市场信息和业务行为的透明度，提高了票据流转效率，同时有效抑制票据业务中的不规范行为，有助于风险防控。

二是有利于增强票据市场对实体经济的支持作用。全国统一的票据交易平台不仅将有效缩减交易中间环节，提高交易效率，而且有助于缩短融资链条，降低企业在票据签发、贴现时的成本和难度，有利于激发市场活力，推动票据业务创新，促进货币市场和资本市场协调发展，为票据一级市场扩容提供空间。

三是有利于更好地服务于货币政策和宏观调控。建设全国统一的票据交易平台，有助于中央银行加强宏观审慎管理，优化货币政策传导机制，增强金融服务实体经济的能力，促进中央银行票据管理职责的具体落实，维护金融安全。

四是有利于票据市场制度建设。通过一系列的机制设计增强票据信用，可进一步消除信息不对称，有效降低票据业务各环节中潜在的操作风险、道德风险、信用风险，降低票据市场整体风险。

五是有利于推动票据业务规范创新。票据市场的标准化发展，将促使商业银行向信息集中、资源集中、操作集中、运营集中和更加专业化的经营管理体制转变，专注于发展适应现代企业资金融通与管理和监管要求的票据创新产品，规范有序发展票据投资业务、票据资产证券化业务、票据资管业务等创新业务。

截至2017年年末，上海票交所整体发展情况良好，票据交易系统运行平稳，各项工作有序推进，已基本完成了系统推广上线，圆满完成了中国电子商业汇票系统大额可转让存单的迁移，分步推进了纸电票业务融合，顺利完成了再贴现业务系统建设，加快推进了直连接口项目建设。同时，在中国人民银行的指导和支持下，按照《票据交易管理办法》，制订了一系列自律规范，有效地推动了我国票据市场制度体系不断健全，保障了票据业务的有序开展。

伴随着票据市场的活跃和发展，实体经济将在降低融资成本、提高资金使用效率方面得到更大的支持。

6.4.5 我国票据市场的主要法规

一是《中华人民共和国票据法》。该法于1995年12月7日首次颁布，2004年8月28日根据第十届全国人民代表大会常务委员会第十一次会议《关于修改〈中华人民共和国票据法〉的决定》进行了重新修正。这是我国历史上第一部有关票据方面的法律。作为我国民商事法律体系中一部极为重要的法律，它的制定和实施对确立票据法律关系，规范票据行为，保障票据当事人的合法权益，促进票据活动的健康发展，维护市场信誉和社会经济秩序，促进市场经济的发展，具有重要的意义。

《票据法》核心内容是规范汇票、本票、支票三种票据的票据行为，分别各用一章加以规范，特别是对汇票的出票、背书、承兑、保证、付款、追索权分别在章下列节加以规范。《票据法》保护票据当事人的合法权益，它强调保护善意持票人的权利，规定债务人到期无条件承担票据义务，限制票据当事人的无理抗辩，并且对违反票据法行为不承担票据义务的人，规定了明确的法律责任；从而为票据当事人行使票据权利，履行票据义务，解决票据纠纷提供了有效的法律依据。

二是《商业汇票承兑、贴现与再贴现管理暂行办法》，颁布于1997年5月22日，实施于1997年5月22日。该办法在《票据法》的框架下，进一步规范了商业汇票承兑、贴现与再贴现业务的操作。其中主要对申请承兑的出票人、申请贴现的持票人、承兑人、贴现人及再贴现对象的资质做出了明确规定，并对承兑、贴现和再贴现业务操作流程和提交的资料做出了详细说明。同时指出贴现人应将贴现、转贴现纳入其信贷总量，视同贷款，在存贷比例内考核。

三是《票据管理实施办法》，颁布于1997年8月21日，实施于1997年10月1日。该办法对《票据法》相关条款和特定术语做了进一步阐释和说明，例如对《票据法》所说的保证人、本名、代理付款人等术语做出了明确指向。该办法还明确规定了银行汇票、银行本票、商业汇票和支票的出票人资质及签章要求，并对签发空头支票和金融机构工作人员玩忽职守等违规情况做出了相应的法律约束。

《票据管理实施办法》与《商业汇票承兑、贴现与再贴现管理暂行办法》重要区别在于两者侧重点不同，后者侧重于承兑、贴现和再贴现过程中具体的业务操作要求，而前者则侧重于对《票据法》相关条款和特定术语的阐述，但对贴现和再贴现的操作要求并未过多涉及。

四是《支付结算管理办法》，该办法颁布于1997年9月19日，实施于1997年12月1日。该办法是对银行支付结算行为的规范，以保障支付结算活动中当事人的合法权益。该办法中单列一章对票据的签发、背书、付款、拒付、遗失等情况下的支付结算做出了非常详尽的规定，明确了票据拒付、遗失情况下，各票据相关当事人应采取的措施、承担的义务和被保护的权利。

五是《电子商业汇票业务管理办法》，颁布于2009年10月16日，实施于2009年10月16日。该办法正式确立了我国电子商业汇票的地位，弥补了我国电子商业汇票业务管理的空白，是对我国《票据法》的有效补充。本办法对电子商业汇票的运行系统，以及商业汇票的出票、承兑、背书、保证、提示付款和追索等电子化业务操作均做出了详细的规定，尤其是电子签名的出台更是顺应市场所趋。

六是《关于规范和促进电子商业汇票业务发展的通知》（以下简称《通知》）和《票据交易管理办法》（以下简称《办法》），发布于2016年9月7日。

《通知》明确自2017年1月1日起，单张出票金额在300万以上的商业汇票必须全部通过电票系统办理；自2018年1月1日起，原则上单张出票金额在100万以上的商业汇票必须全部通过电票办理，并对电票贴现、转贴现的交易流程进行简化。《办法》则为上海票据交易所的运行提供制度基础，明确了上海票据交易所在中国人民银行监督管理下发挥票据交易、登记托管、清算结算和信息服务四大功能，对票据交易规则、票据市场的参与者、基础设施、信息电子化、票据登记与托管、交易结算与到期处理等一系列事项进行明确和规范。

2016年票据市场法规的出台极大地推进了票据市场的制度建设。一是放宽贴现环节贸易的背景审查。《通知》和《办法》分别放松了对电票和纸票的贸易背景审查，规定了在贴现环节不再需要企业提供贸易合同和发票。这一规定是票据市场制度的重要突破，极大地简化企业的贴现流程，提升企业贴现的积极性，实现票据市场供给端的开源扩容。二是市场参与主体更加多元化。传统的票据市场交易主体较为单一，仅为银行、信托、财务公司等金融机构，当市场流动性宽松或趋紧的时候，各参与方的业务需求方向一致，票据交易的同质性、同向性问题严重，容易导致单边市场强势、价格波动剧烈等情况。新规明确向其他金融机构开放电票转贴现市场，其他作为银行间市场交易主体的非银金融机构可以通过银行业金融机构代理加入电票系统；《办法》则明确了在票据交易所模式下，非银行金融机构以及非法人产品可以作为参与主体加入票据交易。多元化的参与主体拆除了票据市场与其他金融市场之间的藩篱，彻底打通了票据资产和其他资产的流通渠道，有利于建立多层次的市场结构，提升市场活跃度，缓和由于市场同质性引起的票据价格剧烈波动。三是转贴现交易更趋便利。此前无论是纸质票据还是电子票据，都要采用线下签订合同的交易模式，而《通知》明确了电票转贴现交易无须线下签订合同；

《办法》规定票据交易将采取线上签订主协议的方式，这将极大地简化交易流程，提高二级市场交易的活跃度。

6.4.6 大额可转让存单市场

大额可转让存单是商业银行发行的一种金融产品，是一定数额款项存放在该银行的证明，具有固定面额，可转让流通。大额可转让存单市场就是以经营定期存款单为主的市场，主要参与者为货币市场基金、商业银行、政府和其他非金融机构。

从形式上看，银行发行的大额可转让存单是一种存款凭证，但具有不同于普通定期存款单的特点。主要表现在以下方面：（1）不记名。普通定期存款单都是记名的，而大额可转让存单不记名。（2）可转让。普通定期存款单一般都要求由存款人到期提取存款本息，不能进行转让，而大额可转让存单可以在货币市场上自由转让、流通。（3）金额大且固定。普通定期存款单的最低存款数额一般不受限制，并且金额不固定，可大可小，有整有零，而大额可转让存单一般都有较高的金额起点，并且都是固定的整数。（4）期限短。普通定期存款单的期限可长可短，由存款人自由选择，而大额可转让存单的期限在一年以内。（5）利率较高。大额可转让存单的利率由发行银行根据市场利率水平和银行本身的信用确定，一般都高于相同期限的普通定期存款利率。

大额可转让存单市场具有以下几个主要特征：（1）利率趋于浮动化。20世纪60年代初，大额可转让存单主要以固定利率发行，存单上注明特定的利率，并在指定的到期日支付。进入20世纪70年代后，随着市场利率波动的加剧，发行者开始增加浮动利率大额可转让存单的发行。（2）收益与风险紧密相连。大额可转让存单虽由银行发行，但是也存在一定的信用风险和市场风险。信用风险主要来自大额可转让存单到期时而其发行银行无法偿付本息。市场风险主要是在持有者急需资金时却无法在二级市场上将大额可转让存单立即转让或不能以合理的价格转让。由于大额可转让存单的风险要高于国库券，甚至要高于同期的普通定期存款，所以其利率通常也要高于同期的国库券和普通定期存款。

大额可转让存单最早出现在美国。进入20世纪60年代以后，美国市场利率上涨，大公司财务主管为了增加临时闲置资金的收益，纷纷将其投资于国库券、商业票据等安全且能带来收入的货币市场工具，银行存款流失严重。为了吸引短期资金，花旗银行于1961年发行第一笔大额可转让存单，客户可以购买3个月或更长期限的大额可转让存单，并随时在市场上出售变现，这样就以实际上的短期存款取得按长期存款利率计算的利息收入。但受Q条例限制，银行不能对大额可转让存单支付较高的市场利率。作为应对，银行开始提供海外存单业务，以此规避Q条例的管制。1970年，美国国会修正了Q条例，取消了对超过10万美元存单的利率上限，大额可转让存单迅速推广开来。到1972年为止，大额可转让存单在银行存款总额中所占比重约为40%；目前仅次于国债，是第二大受欢迎的货币市场工具。

在金融市场发达的国家，大额可转让存单市场已成为货币市场的重要组成部分。对于银行来说，发行大额可转让存单无疑是一种极好的筹资办法，它可以使银行获得稳定的资金来源,同时也为银行提高流动性管理能力提供了一种有效手段,银行可以通过主动发行大额可转让存单来增加负债,以满足扩大资产业务的需要。对于投资者来说,由于大额可转让存单都是由银行发行的,信用较高,且到期前可以转让变现,有较高的利息收入,故投资于大额可转让存单可使投资者获得一种流动性强、收益性高的金融资产。此外,大额可转让存单市场的存在对于中央银行的信用调节也具有积极意义,中央银行可通过调整基准利率以影响市场利率水平,由此影响大额可转让存单的利率,并进而影响大额可转让存单的发行量,从而达到间接调控银行信用创造的目的。

我国银行大额可转让存单业务的发展经历了曲折的历程。早在1986年,交通银行就引进和发行了大额可转让存单;1987年,中国银行和中国工商银行相继发行。当时大额可转让存单兼具活期存款的流动性(可流通转让)和定期存款的盈利性(利率较同期存款上浮10%),因而深受市场欢迎。但由于缺乏全国统一的管理办法,大额可转让存单在期限、面额、利率、计息、转让等方面的制度建设一度出现混乱。为此,中国人民银行于1989年发布《大额可转让定期存单管理办法》。但出于对高息揽存的担心,1990年中国人民银行通知规定,向企事业单位发行的大额可转让定期存单利率与同期存款利率持平,向个人发行的大额可转让定期存单利率比同期存款上浮5%,由此导致利率优势尽失,市场发展陷入停滞状态。1996年,中国人民银行对《大额可转让定期存单管理办法》进行了修改,对发行审批、发行面额、发行期限、发行利率和发行方式进行了进一步明确。然而,由于缺乏统一的交易市场,而且出现了很多问题,尤其是盗开和伪造存单进行诈骗等犯罪活动十分猖獗,中国人民银行于1997年暂停审批发行申请。大额可转让定期存单再次淡出市场。

2015年,中国人民银行发布《大额存单管理暂行办法》,规范大额存单业务在中国的发展。大额存单的推出,有利于有序扩大负债产品市场化定价范围,健全市场化利率形成机制;也有利于进一步锻炼金融机构的自主定价能力,培育企业、个人等零售市场参与者的市场化定价理念,为继续推进存款利率市场化进行有益探索并积累宝贵经验。同时,通过规范化、市场化的大额存单逐步替代理财等高利率负债产品,对于促进降低社会融资成本也具有积极意义。

《大额存单管理暂行办法》明确了:(1)大额存单的发行主体为银行业存款类金融机构,包括商业银行、政策性银行、农村合作金融机构以及中国人民银行认可的其他金融机构等。(2)大额存单的投资人包括个人、非金融企业、机关团体等非金融机构投资人;鉴于保险公司、社保基金在商业银行的存款具有一般存款属性,且需缴纳准备金,这两类机构也可以投资大额存单。(3)大额存单发行采用电子化的方式,既可以在发行人的营业网点、电子银行发行,也可以在第三方平台以及经中国人民银行认可的其他渠道发行。在此基础上,中国人民银行还授权全国银行间同业拆借中心为大额存单业务提供第三方发行、交易和信息披露平台,进一步丰富大额存单发行交易渠道。具体采取何种方式发行,由发行人根据自身业务特点、经营管理要求并结合市场状况自主确定。(4)大额存单发行利率以市场化方式确定。固定利率存单采用票面年化收益率的形式计息,浮动利率存单以上海银行间同业拆借利率为浮动利率基准计息。(5)大额存单可以转让、提前支取和赎回。大额存单转让可以通过第三方平台开展,转让范围限于非金融机构投资人及人民银行认可的其他机构；通过发行人营业网点、电子银行等自有渠道发行的大额存单，可以根据发行条款通过自有渠道办理提前支取和赎回。此外，大额存单还可以用于办理质押。

2017 年金融机构陆续发行大额存单 2.3 万期，发行总量为 6.2 万亿元，同比增加 9 343 亿元。大额存单发行的有序推进，进一步扩大了金融机构负债产品市场化定价范围，有利于培养金融机构的自主定价能力，健全市场化利率形成和传导机制。

■ 本章重要术语

票据市场　银行汇票　商业汇票　商业承兑汇票　银行承兑汇票　出票背书　承兑付款　追索转让　无因性　文义性　贴现　转贴现　再贴现　回购

思考练习题

1. 查阅相关文献，比较中国票据市场与美国、欧洲票据市场的不同。
2. 分析票据市场电子化趋势的动因。
3. 阐释票据市场功能以及在货币政策传导中的作用。
4. 比较票据市场主要交易工具及特点。
5. 说明大额可转让定期存单的特点及其与一般存单的区别。
6. 通过对票据市场发展历程的总结分析，为票据市场未来发展提供政策建议。

参考文献及进一步阅读建议

［1］曾涛："中国票据市场制度约束与制度创新研究"，湖南大学博士学位论文，2010。

［2］上海票据交易所：《中国票据市场：历史回顾与未来展望》，中国金融出版社，2018。

［3］中国人民银行货币政策分析小组：《中国货币政策执行报告》，中国金融出版社，2001—2016。

［4］中国人民银行上海总部编写组：《中国金融市场发展报告》，中国金融出版社，2008—2017。

［5］钟俊：《中国票据市场：制度与逻辑》。中国金融出版社，2016。

相关网络链接

中国外汇交易中心：http://www.chinamoney.com.cn/

上海银行间同业拆放利率：http://www.shibor.org/

上海票据交易所：http://www.shcpe.com.cn/

第 7 章
外汇市场*

雷电发（中国外汇交易中心）

学习目标

通过本章学习，读者应做到：
◎ 熟悉国际外汇市场的基本情况和改革动向
◎ 了解外汇市场的基本结构、市场组织运作
◎ 掌握我国外汇市场的沿革、重大改革、发展方向

■ 开篇导读

外汇市场的历史并不久远，是诸多金融要素市场中比较年轻的市场，现代意义上的外汇市场交易是伴随着 20 世纪 70 年代浮动汇率制度逐渐为多数国家所采用而产生的。在传统的固定汇率制度下，没有汇率波动风险，也就谈不上真正意义上外汇交易市场存在的基础。外汇市场具有很强的专业性，并不为普通老百姓熟知，不过，外汇市场与大家的现实联系十分密切。例如，王先生打算给孩子安排毕业出国旅行，今天去银行兑换美元现钞时发现银行提供的价格是 6.75，而他昨天注意到的价格是 6.85，银行工作人员告诉他今天换汇比昨天合算。为什么这个汇率的数字越低反而越合算？为什么这个汇率

---

* 本章由陈锐（成都银行）审校。

数字是经常变动的？是怎么变动的？为什么变动？数字背后的逻辑是什么？外汇市场的一些基本概念和组织运作，能为你释惑。

7.1 外汇市场概述

7.1.1 发展概况

国际外汇市场是一个分散在全球的 OTC 市场，由于时差的存在，不同国家和地区的外汇市场交易时段首尾相连，形成了全天 24 小时连续交易的市场。

20 世纪八九十年代以来，国际外汇市场发展较快。总体来看，各国 / 地区的 OTC 外汇市场以电子交易平台为主，辅以声讯经纪等其他多种交易方式。市场产品基本涵盖了即期、远期、掉期、货币掉期和期权等，其中即期和掉期产品占比较高，货币掉期则相对较低。市场参与者以银行等大型金融机构为主，对冲基金、养老基金等非银行金融机构在外汇市场上的份额也不断提升。交易币种集中在美元、欧元、日元、英镑、瑞士法郎、加拿大元和澳元等发达经济体货币。世界上主要外汇交易市场主要集中在欧美及亚太两大地区。近年来，随着人民币国际化的不断推进，人民币在全球外汇市场的份额也在不断提升，在国际清算银行最新的（2016 年度）全球外汇市场调查中成为交易第八活跃的货币。

7.1.2 货币与产品

7.1.2.1 外汇市场的主要交易货币

外汇交易是两个不同货币之间的兑换买卖，是双方按约定的价格和金额买入一种货币并且卖出另一种货币的行为。典型的外汇交易必然包含两个不同的货币。人们熟悉的美元、欧元、日元、人民币等，都是国际外汇市场上重要的交易货币。基于惯例和市场便利，每种货币都有三位英文的简称代码，如美元 USD、欧元 EUR、日元 JPY、英镑 GBP、人民币 CNY、澳元 AUD 等。多数国家和地区货币在国际外汇市场上流通和交易，但客观上，各个货币的市场活跃度是不同的，美元、欧元等少数货币成为国际外汇交易市场上最主要的交易币种。BIS 的调查统计数据，从交易量序列位次的角度能为我们提供一个全球概览。

表 7-1 全球 OTC 外汇市场主要货币交易位次

货币代码	2001 年	2004 年	2007 年	2010 年	2013 年	2016 年
USD	1	1	1	1	1	1
EUR	2	2	2	2	2	2

(续表)

货币代码	2001年	2004年	2007年	2010年	2013年	2016年
JPY	3	3	3	3	3	3
GBP	4	4	4	4	4	4
AUD	7	6	6	5	5	5
CAD	6	7	7	7	7	6
CHF	5	5	5	6	6	7
CNY	35	29	20	17	9	8
SEK	8	8	9	9	11	9
MXN	14	12	12	14	8	10
NZD	16	13	11	10	10	11
SGD	12	14	13	12	15	12
HKD	9	9	8	8	13	13
NOK	10	10	10	13	14	14
KRW	15	11	14	11	17	15
TRY	30	28	26	19	16	16
INR	21	20	19	15	20	17
RUB	19	17	18	16	12	18
BRL	17	21	21	21	19	19
ZAR	13	16	15	20	18	20
DKK	11	15	16	22	21	21
PLN	18	19	17	18	22	22
TWD	20	18	22	23	23	23
THB	24	22	25	26	27	24
MYR	26	30	28	25	25	25
HUF	33	23	23	24	24	26
CZK	22	24	24	27	26	27
ILS	25	26	27	31	29	28
SAR	27	32	32	34	34	29
CLP	23	25	30	29	28	30
IDR	28	27	29	30	30	31
COP	31	33	33	32	33	32
PHP	29	31	31	28	31	33
RON	37	40	34	33	32	34
PEN	32	35	36	36	35	35

资料来源：国际清算银行。

7.1.2.2 外汇市场的基础交易产品

产品是外汇交易的基本载体和标的。与其他金融要素市场类似，外汇市场基础交易产品主要包括即期、远期、掉期、货币掉期、期权以及期货等。本书第 9.1 节对前述多数产品均有一般性的详细描述，本节仅做简要阐释。

外汇即期交易（FX spot），是交易双方以约定的外汇币种、金额、汇率，通常在成交日后第二个营业日交割的外汇交易。在不同的汇率机制和外汇管理制度下，外汇即期交易的具体实现方式和市场化程度存在差异。

外汇远期交易（FX forward），是交易双方以约定的币种、金额、汇率，在约定的未来某一日期（非即期起息日）交割的外汇交易。外汇远期交易中通常包含远期点、远期全价等具体要素。远期点（forward point），是用于确定远期汇率和即期汇率之差的基点数，一般由即期汇率、货币对中两种货币的利差和远期期限等因素决定，远期点可以为正也可以为负。远期全价（forward all-in rate），是交易双方约定的在远期起息日基准货币交换非基准货币的价格。基于交割方式的不同，外汇远期中有一类较为特殊的交易类型，无本金交割远期交易（non-deliverable forward，NDF），是交易双方在起息日根据约定的汇率与定价日即期汇率轧差交割，并使用特定货币清算的远期交易。NDF 交易多存在于市场化有限的货币交易中。

外汇掉期交易（FX swap），是交易双方约定在一前一后两个不同的起息日进行方向相反的两次货币交换。在第一次货币交换中，一方按照约定的汇率用货币 A 交换货币 B；在第二次货币交换中，该方再按照另一约定的汇率用货币 B 交换货币 A。外汇掉期交易通常包含近端汇率、远端汇率、掉期点等基础要素。近端汇率（near-leg exchange rate）是交易双方约定的第一次交割货币所适用的汇率。远端汇率（far-leg exchange rate）是交易双方约定的第二次交割货币所适用的汇率。掉期点（swap point）是用于确定远端汇率与近端汇率之差的基点数，掉期点可以为正也可以为负。

货币掉期交易（CCS），是在约定期限内交换约定数量两种货币本金，同时定期交换两种货币利息的交易。本金交换的形式包括：（1）在协议生效日双方按约定汇率交换两种货币的本金，在协议终止日双方再以相同的汇率、相同金额进行一次本金的反向交换；（2）在协议生效日和终止日均不实际交换两种货币的本金交换形式；（3）在协议生效日或终止日仅进行一次两种货币的本金交换；（4）主管部门规定的其他形式。利息交换指交易双方定期向对方支付以换入货币计算的利息金额，交易双方可以按照固定利率计算利息，也可以按照浮动利率计算利息。

外汇期权交易（FX option），是交易双方以约定汇率，在约定的未来某一日期（非即期起息日）进行不同货币之间交易的权利。期权买方以支付期权费的方式拥有权利；期权卖方收取期权费，并在买方选择行权时履行义务。

外汇期货交易（FX future），是交易双方在约定的日期，按照已经确定的汇率，用一种货币买卖一定数量的另一种货币的交易行为。与其他期货类似，外汇期货是在交易所中进行交易的标准化合约。

此外，在典型的基础外汇产品之外，外汇市场上还存在单一货币的外汇交易，比如外币拆借交易（foreign currency lending，FCL），为解决外币资金余缺而进行的短期外币资金融通行为，如外币利率即期及衍生品交易等。在不同的市场管理方式下，此类外币货币市场交易，有的也归入外汇市场范畴。

7.1.3 市场特征

7.1.3.1 国际外汇市场的产品结构基本保持稳定

根据国际清算银行2016年全球央行外汇市场调查的数据，2016年4月外汇交易市场日均成交5.1万亿美元，较2013年4月日均5.4万亿美元的交易量小幅下降。在这一过程中，国际外汇市场的产品结构基本保持稳定。

2016年，外汇掉期进一步巩固了国际外汇市场最活跃交易工具的地位，日均成交2.4万亿美元，占外汇市场总份额的47%，与2013年相比提高了5个百分点；市场占比第二位的是即期交易，日均成交1.7万亿美元，市场份额为33%，与2013年相比下降了5个百分点；外汇远期和货币掉期保持增长态势，期权则略微有所下降，但这三类衍生品的整体市场份额大约为20%，与2013年基本保持一致。

在交易币种中，美元仍占绝对的主导地位。按双边统计，美元2016年的市场份额相对2013年上升了1个百分点至88%[①]，但相对最高点90%（2001年）已有所下降。2016年在非美货币中，英镑和人民币的市场份额分别为13%和4%，较2013年有显著提升。但自欧债危机蔓延以来，欧元、瑞郎等传统货币市场份额开始出现缓慢下降，从2010年到2016年其市场份额分别下降了8个和2个百分点。与之形成对比的是新兴市场货币的持续崛起。在2016年全球外汇市场交易额排名前20的货币中，新兴市场国家的货币占6席，而2007年仅有4席。人民币交易额在过去几年增长迅猛，2016年的市场份额超过4%，较2013年的2.2%几乎翻倍，成为第八大交易货币。此外，根据环球银行金融电信协会（SWIFT）公布的数据显示，人民币在国际支付货币中排名也由2012年1月的第20位迅速上升至2016年10月的第6位，最高曾于2015年8月排名第四。

从地域分布看，全球外汇交易呈现出更加集中化的趋势（见表7-2）。2016年，英国、美国、新加坡、中国香港和日本仍是世界前5大外汇交易中心，交易份额高达77%，较2013年的75%提高了2个百分点。英国依然是外汇交易最活跃的国家，市场份额为37.1%，但较三年前减少了3.7%；美国排名第二，市场份额为19.4%，较2013年小幅增长；三大亚洲金融中心（新加坡、中国香港和东京）的交易活跃度有较大提高，合计市场份额为21%，较2013年大幅提高了6%。

---

① 外汇交易以货币对的形式发生，一个货币对的交易量会计入两个币种中，因此所有货币的市场份额加总为200%。

表 7-2　外汇交易的地域分布

国家/地区	成交量（十亿美元）	占比（%）	占比变化（%）	排名
英国	2426	37.1	-3.7	1
美国	1272	19.4	0.5	2
新加坡	517	7.9	2.2	3
中国香港	437	6.7	2.6	4
日本	399	6.1	0.5	5

资料来源：BIS 三年央行外汇市场调查。

7.1.3.2　市场保持多元化的均衡发展

国际外汇市场在产品结构、交易模式、参与者等多个维度的发展都说明这个市场继续保持着平稳均衡发展的势头。多年来，国际外汇市场的产品和币种结构比较稳定，即期与衍生品的大体比例、美元的主体地位等基本特性都没有发生太大变化。国际外汇市场有着丰富的交易模式，传统的直接交易虽然仍占有相当比重，但声讯经纪以及单交易商平台、多交易商平台、交易商间平台等电子方式的重要性不断上升，而这些电子平台中又蕴含着匿名报价、请求报价（RFQ）等多类型细化的交易模式，为参与者提供了多样化的交易选择。国际外汇市场参与者的多元化特征也日益明显，传统的交易商、经纪商仍在市场中发挥重要作用，同时，自动化交易者、对冲基金、资产管理机构等相对新兴机构开始成为国际外汇市场中重要的交易群体，对这个市场的发展产生着深刻影响。

7.1.3.3　向有组织市场形态演变

传统的外汇市场是典型分散的场外市场。尽管外汇市场不是 2008 年全球金融危机后金融市场改革中的重点，但其也与其他金融市场一起呈现出向有组织市场演化的趋势，表现为更多外汇产品在场外平台或交易所以电子化方式开展交易，具有标准化属性和流动性的衍生品纳入中央对手方清算，多种类型的外汇衍生品交易数据需要及时提交给交易报告库等。

我国外汇市场近二十年来的发展形态与这种思路不谋而合。金融交易的技术进步、行业自发或有意的标准化努力以及监管要求，为国际外汇市场继续这种转变提供了牢固的基础。

【拓展阅读 7-1】

国际外汇市场监管改革

2008 年全球金融危机以来，为增强金融体系稳健性，全球主要经济体出台了一系列监管改革，总的监管趋势日趋严格。如 2009 年 G20 峰会共识、美国的《多德·弗兰克法》案（Dodd-Frank

Act)、英国的《2012年金融服务法案》、欧洲的金融工具市场指引 II（MiFID II）和欧洲市场基础设施监管规则（EMIR）。尽管部分改革举措的实施一再推迟，但总体上已对并将继续对包括外汇市场在内的金融市场产生结构性影响。从目前看，监管层面的主要举措和变化体现在以下方面：

标准化衡量

传统场外工具的资产类别众多，个性化程度较高并且规模庞大，既难以在受监管的平台上执行交易，也难以简单归入交易报告库进行分析预警。因此，对场外衍生品的适度标准化是金融市场改革的内容之一，也是推进其他改革的先决条件。标准化衡量主要包括两个层面。一是场外衍生品合约的标准化，指产品要素定义和条款等法律层面的一致性，如在合约规模、利息、付款日期、期限等方面保持一致。二是交易操作流程的一致性和交易后流程实现直通式处理，如交易发起、更改、确认、清算等流程按照相对统一的方式执行，交易后流程具有较高的操作效率和自动化程度。

标准化衡量的实际进展已间接体现在交易行为的一些变化上。例如，金融稳定理事会的报告（FSB，2013）显示，三年来全球主要交易商在利率、证券和外汇产品中以电子化方式执行交易的比例明显上升，利率和信用产品交易近乎全部实现电子化，这从一个侧面说明场外产品标准化正在实质性推进。

有组织交易平台

将场外市场交易尽可能归拢到受监管的有组织交易平台，是2008年全球金融危机以来发达经济体在国际金融市场改革上的一个突出特点，分别体现在美国的《多德·弗兰克法案》和欧洲的金融市场工具指引 II 中。国际证监会组织（IOSCO）在2011年2月明确了有组织交易平台（organized platform）这个概念，并赋予其诸多原则性的功能特征，如组织交易平台具有明确的市场准入标准、较高的交易前中后信息透明度、明确的交易规则、一定的平台操作弹性和效率、相应的监测和有组织的治理结构等。透明度和可监管性是有组织交易平台的内在核心原则。

在美国，金融市场上有组织交易平台可分为两类，一类是指定合约市场（designated contract markets，DCM），即芝加哥商品交易所（CME）、纽约证券交易所（NYSE）这样的交易所，另一类是互换执行设施（swap execution facilities，SEF）。这两类市场组织都受美国商品期货交易委员会（CFTC）的监管，而SEF是2008年危机后市场改革中提出的概念。CFTC为SEF设定了15条核心原则和其他要求，核心目标是为场外交易带来更高的交易前透明度，促使更多场外交易在受监管的交易系统或平台上进行。需要注意的是，SEF并不是只针对掉期（swap），多德弗兰克法案立法要求所有适合清算要求的场外衍生品都通过SEF执行交易。不过，有组织交易平台的实施重点在于庞大的场外利率衍生品和危机中饱受争议的信用衍生品。在外汇市场上，很多产品本身的透明度已经较高，交易效率较高并且期限不长，因此美国财政部2012年11月规定，仅外汇期货、货币掉期和无本金交割外汇远期（NDF）产品的交易需归入有组织交易平台，外汇即期、远期、掉期以及流动性较差的奇异期权等得以豁免。

在监管当局与业界三年的讨价还价后，SEF在2013年10月正式推出。至2017年11月已有彭博、路透、ICAP等28家机构或平台在CFTC注册成为SEF，未来这一数字预计还会进一步增加。

欧洲也在推动将具有标准化属性和充分流动性的衍生品交易转移到有组织交易平台上。在欧洲，有组织交易平台可分为受监管市场（regulated market，RM）、多边交易设施（multilateral trading facility，MTF）、系统化内部撮合商（systematic internaliser，SI）和新创设的有组织交易设施（organized trading facility，OTF）这四类，其中OTF涵盖了前三者以外的所有类型，包括经纪平台、交易商间平台等。相比美国新设的SEF，OTF涵盖范围更广，不仅囊括证券、商品等各类产品，还包括多种交易执行方式，因此市场争议较大。目前，ICAP、Prebon、Eurex、GFI、TradeWeb和另类交易平台（如BATS、Chi-X）等平台已在欧洲注册成为有组织交易平台中的多边交易设施。

交易报告库

交易报告库（trade repository，TR）是集中收集、存储和发布市场交易记录的电子数据库，主要功能是对场外市场交易进行记录，但也可以拓展提供事件处理、对交易后业务支持等服务。交易报告库既有助于推动业务处理标准化，提高交易数据存储质量和可用性，也有助于提高市场透明度，保护投资者权益，还可以为监管机构评估市场风险和系统风险提供支持，对维护金融体系稳定具有重要意义。

根据金融稳定委员会（FSB）的数据，截至2017年6月末，在24个FSB会员国（地区）中，已建成交易报告库的国家（地区）有19个。其中正式运营的交易报告库22家，准交易报告库12家。美国、欧洲都有正式运营的交易报告库，金砖五国中，俄罗斯、印度和巴西均已运营正式的交易报告库。

目前，美国DTCC、ICE和CME等机构获准开展交易报告库业务，其中DTCC还与SWIFT联手开发外汇交易报告库。在美国的场外外汇市场上，除外汇即期以外，外汇远期（包括NDF）、掉期和期权交易数据均需提交给交易报告库。

在欧洲，交易报告库受欧洲市场基础设施条例（EMIR）监管。截至2017年6月，经ESMA批准的交易报告库有彭博资讯（BTRL）、纽约存管信托清算公司（DTCC）、UnaVista、CME交易报告库、ICE trade vault europe和REGIS-TR。

在其他地区，中国香港在2010年宣布建立交易报告库，即金管局储存库。报告时限为交易后的第二个交易日（T+2），报告内容既包括港元交易，也包括中国香港地区的人民币交易数据，纳入交易报告库的产品对象初期主要为利率互换和无本金交割外汇远期。经过几年的过渡安排，2017年，中国香港地区的交易报告制度已覆盖五类资产（利率、汇率、证券、信用和商品）的OTC衍生品交易。澳大利亚当局则修订了相关法律支持交易报告制度，还明确规定了需向该国交易报告库报告场外衍生品交易的机构主体、产品范围、报告时限、要素等。韩国、巴西、印度等新兴经济体的交易报告库也已开始运作。中国外汇交易中心被FSB认定为准交易报告库。

7.2 外汇市场组织与运作

7.2.1 国际外汇市场的参与者结构

外汇市场是诸多金融市场中比较年轻的市场，现代意义上的外汇市场交易是伴随着20世纪70年代浮动汇率制度逐渐为多数国家所采用而产生的。在传统的固定汇率制度下,实际上没有汇率波动风险,也就没有外汇交易市场存在的基础。40多年来,全球外汇市场快速发展,不仅体现在交易规模的增长、市场流动性的增强,也体现在外汇市场参与者和结构的演进。

与股票市场等金融交易市场不同,外汇市场传统意义上被认为具有明显的层次结构。最上层的就是批发外汇市场,或者说银行间外汇市场。这个层次的外汇市场主要由大型商业银行、投资银行等交易商组成,因此银行间外汇市场很大程度上也叫作交易商间外汇市场(interdealer market)。银行间外汇市场中的交易频繁,交易规模很大,买卖价差很小,通常一两个汇率基点,甚至一个基点以下,并且交易方式灵活,交易双方谈判的空间和灵活性较高,双边的授信关系和额度设置是银行间外汇市场参与者之间完成交易的基本保障。据估计[①],全球外汇市场上有超过2 000家大型机构参与其中,其中承担做市功能的机构大约只有100多家,更核心的外汇机构只是这百余家做市商中的少数,这些机构既是全球外汇市场的流动性提供者,也是最主要的市场参与者,向其他机构和零售客户提供外汇服务,更多的则是相互之间即在银行间外汇市场开展交易。零售外汇市场是另一个层次。这是由银行等大型交易商与终端客户之间构成的零售市场,客户可以是贸易企业、用汇个人以及专门的外汇机构。一定意义上,零售外汇市场是整个外汇市场的存在基础,也直接体现着金融交易与实体经济的联系。银行间外汇市场与零售外汇市场的划分,在汇率管制国家比较明显,机构间市场和零售市场都有相对清晰的准入条件,比如我国。但在汇率自由化的国家和地区,外汇交易的管制较少,就很难准确界定银行间市场和零售市场。

随着金融技术进步、金融自由化等多种因素的推动,外汇市场近二十年来发生了很大变化。国际外汇市场的参与者已经从原有的大型交易商为主、传统的声讯交易方式为主,转变为包括高频交易者、对冲基金、主经纪商等专业机构在内的多类型参与者,声讯经纪与单银行平台、多银行平台等多层次电子方式并存的市场结构。外汇市场参与者自身的商业模式也在不断演进,大型交易商普遍作为外汇市场的卖方机构存在,既参与多银行平台、交易商间平台,也在自身的单银行平台上提供流动性,在发挥做市功能的同时,还嵌套主经纪等复杂业务。高频机构、对冲基金等普遍作为外汇市场的买方机构存在,借助日益多样化、扁平化的参与渠道与卖方机构联系,则在很大程度上改变着外汇市场的深度和功能。

7.2.1.1 交易商与经纪商

1. 交易商

传统意义上,银行是外汇市场的主要参与者,尤其是商业银行。在20世纪,商业银行在外汇市场中的作用非常突出,是外汇市场的主导者,六七成以上的外汇交易都是商业银行贡献的。美国在1998年参加国际清算银行全球外汇调查的数据显示,当时的93家交易商中有82家是商业银行,可见当时商业银行在外汇市场中的地位。后来投资银行以及保险机构也成为外汇交易市场上的活跃角色,与商业银行共同提供流动性,扩

---

① 纽约联储根据国际清算银行的外汇调查数据估计。

大了做市商群体，即交易商（dealer）。外汇市场上的交易商并不是特指哪几种类型的金融机构，而是功能上的界定，即在事实上承担做市商职能的活跃机构。可以认为交易商是外汇市场的核心参与者，市场估计，无论是美国还是英国等发达市场上，排名前十的外汇交易机构的市场份额能达到50%左右，显示这些市场上交易商具有类似寡头垄断的市场实力。

2. 经纪商

与交易商经常同时出现的另一类机构是经纪商。很大程度上，交易商—经纪商（dealer-broker，D-B）市场就指代了批发外汇市场或者说专业外汇市场。虽然经纪商自身并不进行交易，但其作为外汇交易专业化中介也对外汇市场产生了重要影响。经纪商既包括声讯经纪商，也包括电子经纪商。借助经纪商的成交在全球外汇市场中约占37%。[①] 经纪商甚至一度是外汇市场上最主要的交易渠道。外汇经纪本身是一个高度竞争的行业，不仅是各经纪商之间存在直接竞争，经纪商与电子交易平台等其他渠道之间也存在激烈竞争。根据纽约联储的数据统计，20世纪80年代美国外汇市场上约一半的交易是借助经纪商完成的，不过这个份额持续下降，到21世纪初已下滑至不足30%，主要原因是电子交易（经纪）平台的兴起。即使在经纪行业内，1992年以前，还是声讯经纪一统天下的时代，此后电子经纪方兴未艾，迅速超越声讯经纪，成为经纪行业中的主要业务方式。

3. 主经纪商

理解主经纪商，就是要理解主经纪业务（prime brokerage）。主经纪是外汇市场这种场外模式下授信交易中的重要创新，是指客户借助主经纪商的身份和资信从事交易，从而获得较自身资质更好的流动性优势和服务便利，主经纪商对客户的交易进行确认、清算、抵押品管理、监控及相关管理，承担类似中央清算对手方的作用。主经纪业务涉及客户、主经纪商、交易商之间较为复杂和专业的法律关系，比如主经纪协议、过户协议等。主经纪业务还可以延伸出二级主经纪业务（prime of prime），与主经纪商建立授信关系的机构，可以向其下游机构延伸主经纪业务，下游机构往往是更小的、达不到主经纪商授信资质的机构。也就是说，下游机构以主经纪商的直接客户为中间商，与主经纪商建立间接的授信关系，仍然能够使用主经纪业务。

主经纪业务最早产生于证券市场，外汇市场上的主经纪业务大约产生于20世纪90年代后期，在对冲基金等新型参与者大量进入外汇市场，以及汇率的资产属性得以确立后，外汇主经纪业务得到快速发展。一般认为，对冲基金、高频交易者、传统的资产管理机构以及区域性金融机构是主经纪业务的主要使用者。而诸如高盛、摩根士丹利、瑞银、德意志银行等全球外汇市场中的大型交易商，则是重要的主经纪商。调查显示，1997年全球外汇市场上使用主经纪业务的机构不足10家，到2005年已有450—600家机构使用了外汇主经纪业务，主经纪至少已成为20家交易商的核心外汇业务。根据Hennessee公司的年度调查数据，前十大主经纪商在1999年的市场份额为70%，在2003年则达到了83%。不仅外汇市场的主要参与者交易商纷纷提供主经纪业务，包括EBS、FXall等

---

① 根据2016年国际清算银行的全球外汇市场调查数据，剩下的63%的交易是经由第三方完成的。

在内的外汇交易平台，也都提供了主经纪的功能。

7.2.1.2 新兴专业机构

外汇市场在20世纪90年代以后快速发展，价差越来越窄，新兴市场货币的外汇交易也具有了相当的流动性，外汇市场发生了显著变化。一方面，资本市场长时间的走弱低迷，刺激了投资者向波动相对温和的外汇市场转移；伴随着国际贸易和资本流动的发展以及长时期宽松的货币环境，奠定了全球外汇市场发展的较好条件。同时，欧元面世，欧元汇率市场的深度和流动性吸引了很多大机构的参与。另一方面，外汇市场的专业化程度越来越高。单银行平台、多银行平台等电子撮合成交（ECN）交易方式为外汇市场提供了更高的技术手段。自营交易者、对冲基金在外汇市场上逐渐发展为专业群体。欧洲汇率机制（ERM）危机、墨西哥金融危机、俄罗斯债务危机等陆续出现进一步刺激了专业投资群体的发展。90年代后期，套利交易（carry trade）、程式交易（program trade）开始流行，专业投资机构运作的货币资产规模膨胀迅速，多种因素推动了外汇市场专业机构的壮大。

1. 算法交易与高频交易机构

算法交易（algorithmic trading）属于自动化交易的一个分支。算法交易可细分为两类，一类是算法执行，另一类是算法决策。算法执行是指交易的指令仍然由交易员下达，但交易的执行由算法程序去完成，比如在大额交易中，可由既定的算法将大额交易自动拆分为若干小额交易去询价实现交易，更高级的算法执行则是植入交易量和时间权重等更深层次的交易逻辑。算法决策则是指交易的指令是基于预设的算法策略模型，一旦市场价格、市场关联性、经济事件等触发算法逻辑，模型自动生成交易决策并执行交易。外汇市场上的算法交易产生于21世纪初，算法交易最初产生于股票市场，不过，外汇市场的高度流动性和深度以及庞大的参与者群体、便利的市场接入，很快吸引了算法交易的进入。2004年是外汇市场上算法交易的一个重要节点。全球外汇市场主要的电子交易平台EBS发布了EBS Spot Ai，向银行用户开放了自动化交易接口，并于2005年向对冲基金以及其他机构投资者开放交易接口。自动化的算法交易迅速成为外汇市场的重要参与力量，EBS平台上的算法交易在2004年还只占到2%的份额，到2010年这一比例已上升到45%。算法交易在场内外汇市场也方兴未艾，CME早在2002年向算法交易机构开放了其交易接口。据估计，外汇即期市场上约1/4[①]的交易可归入算法交易的贡献。

高频交易（high-frequency trading，HFT）是算法交易的一种。高频交易是基于某种交易策略，由计算机以极高频率自动关注相关信息并发出交易指令和完成交易。高频交易的显著特点是交易速度。单笔交易的规模往往不大，但是交易的频率很高，交易执行的时间以毫秒计，头寸持仓的时间很短，往往头寸的风险暴露时间不超过5秒，更多时候甚至不超过1秒，累计交易的总量很大。因此，外汇高频交易存在于流动性较高的发达经济体货币，而且以外汇现货市场为主，新兴货币往往不能满足高频交易的时限要求。

---

① BIS三年一度的全球外汇市场调查期间，FXC公司估计北美外汇市场23.8%的交易为算法交易，FXJSC公司估计英国外汇市场29.2%的交易为算法交易。

对速度和时间的苛求，使得高频交易机构往往将其交易设施在物理上尽可能地与电子交易平台的服务器接近。但是，高频交易对于速度的追求也是有止境的，目前外汇市场上高频交易的时滞已低于1毫秒，与之形成对照的是，外汇主流交易商的交易时滞在10—30毫秒。有市场人士认为高频交易对速度的进一步追求可能意义不大，将丧失性价比。

外汇市场上的高频交易者往往是独立的、以自有账户交易的专业化机构，并且外汇高频交易领域的寡头垄断特征较为显著，少数机构即是这个领域的主力，集中在纽约、伦敦和新加坡，这是由于绝大多数的外汇交易平台主机位于上述三个区域。高频交易基本依附于机构间市场，与EBS、Reuters这样的电子经纪平台和Currenex、Hotspot FX、FXall这样的多交易商平台以及CME这样的交易所连接。诸如Currenex交易平台甚至内置了算法交易的功能，以提高对用户的吸引力。实际上，在交易过程中，高频交易机构往往并不现身，而是借助主经纪业务，以主经纪商的名义从事交易。尽管部分外汇交易商也开展高频交易，但并不意味着交易商也认同高频交易的这一发展方向，而更多的是借助高频交易保持和推动其技术进步。

高频交易或者说算法交易对于外汇市场而言仍然是一个较为新鲜和正在演化的现象，但已经对外汇市场的结构和功能产生了显著影响。一方面，高频交易倒逼外汇市场的交易商纷纷升级电子交易系统的性能，缩短交易时滞，客观上推动了金融交易技术的进步。另一方面，高频交易对市场流动性的掠夺也引发了人工交易者的争议，尤其是高频交易在其他市场上导致局部市场崩溃，遭到了经纪商相当程度的抵制，也引发了强化对高频交易监管的呼声。再则，高频交易机构自身也在进化。随着市场竞争的加剧，传统的、以在不同交易平台之间寻求价差的算法盈利模式正趋于消失，很多算法交易机构（比如Getco、Jump Trading、RGM Advisors等）凭借丰富的算法经验和市场实力，逐渐成为市场流动性的提供者，承担着事实上的做市商功能。

2. 对冲基金

对冲基金（hedge fund）的本意是利用期货、期权等金融衍生产品以及对相关联的不同资产进行风险对冲，在一定程度上规避和化解投资风险。在20世纪80年代以后，随着金融自由化的发展，金融工具日趋成熟和多样化，对冲基金进入了快速发展的阶段。经过几十年的演变，对冲基金很大程度上已失去了最初的风险对冲内涵，成为一种新的投资模式的代名词。尤其是20世纪90年代中期以来，以量子基金、老虎基金为代表的对冲基金以大资金运作和凶悍的投资风格，在狙击英镑、墨西哥比索、泰铢等货币战争中显赫一时，其实力甚至超过一国货币当局。同时也引发了对冲基金存在的市场效率、福利和道德争议。

实际上，对冲基金作为一种高度专业化的私募投资机构，以养老基金、保险公司、私人银行等专业机构和高净值人士为主要投资人，投资标的从股票、债券、商品、货币、指数、宏观经济等无所不包，但特定的对冲基金都有自己特定的投资领域，比如FX Concepts就是以外汇市场为专业领域的比较著名的对冲基金。而且对冲基金并不如常人想象的那样激进使用高杠杆，其对金融衍生品的使用很大程度上仅仅是为了套期保值，而非赌博式的投机。但是，对冲基金都是由资深投资人管理，的确运用各种金融工具管理风险，降低各类资产之间的相关性，而且基金管理人自身往往也是出资人。

对冲基金行业并不十分透明，属于私募性质。2007年的调查数据显示，对冲基金的行业规模大体在1.5万亿美元左右，而且21世纪以来年均25%的速度增长，全球有大约9 500支对冲基金。花旗银行的估测数据显示，2013年专注于外汇市场的对冲基金（currency hedge fund）规模在300亿—350亿美元，相对2008年的高点450亿—500亿美元的峰值规模有明显下降。虽然外汇对冲基金的静态规模并不大，但是由于其高度专业化的运作，加上其他类型的对冲基金资产配置的国际化，因此对冲基金整体在外汇市场中的份量比单纯的外汇对冲基金要大得多。

3. 资产管理机构

典型的投资管理机构是代理客户账户（比如养老基金、捐赠基金等）进行投资，这类机构往往持有大量的跨国资产组合，无论是投资、头寸调整以及盈亏实现，都需要考虑汇率变动的因素，因而对外汇市场较为倚重。

货币管理外包（currency overlay[①]）是参与外汇市场的资产管理机构的重要细分业务模式，是指客户因持有外币资产或负债，比如养老基金、捐赠基金、保险公司等持有相当份额的国际投资，对汇率风险比较敏感，由专业机构为客户的汇率风险敞口进行套保。也就是说，货币管理外包机构所管理的只是客户既有资产组合中的汇率风险，而不是该资产组合。货币管理外包通常分为被动型和主动型两类，被动型货币管理外包仅仅保障客户的汇率资产安全保值，成本不高，简单的汇率远期操作即可实现；主动型货币管理外包则要为客户在汇率波动中创造额外价值。实际运作中，多数货币管理外包都是主动型，在套保之余还持有动态投机头寸。因此，货币管理外包与外汇市场上的对冲基金在运作目标上比较接近，都在对汇率的方向判断和波动中赚取风险收益。

4. 专业机构改变外汇市场结构

专业机构在外汇市场的兴起挤占了传统交易商的市场，交易商间外汇市场[②]在整个外汇市场中的地位呈现持续下降（见图17-1）。根据国际清算银行（2016年）的数据统计，交易商间外汇市场的成交规模约占整个外汇市场规模的42%，这一比例呈现持续下降的趋势，与1998年相比，交易商间市场的份额下降了21个百分点，彼时高达63%。而交易商以外的其他类型金融机构在外汇市场上的作用不断增强，包括小型银行及券商、共同基金、养老基金、对冲基金等非传统机构的外汇交易活跃程度不断增强，尤其是技术进步，电子化交易方式在外汇市场的应用提高了交易的便利性，单银行交易平台、ECN以及包括高频交易在内的算法交易驱动全球外汇市场规模快速增长，对冲基金以及主经纪商在内的专业机构改变着外汇市场的结构，外汇终端客户与外汇批发市场之间的边界趋于消失，外汇市场的层次性正在越来越模糊，外汇市场与实体经济的必然联系似乎有所下降。BIS估计，至少1/4左右的外汇现货交易是自动化交易者所为，这类交易没有实体经济需求的直接支撑。也就是说，外汇交易的投机性客观上在显著增强。甚至有机构估计，外汇市场上70%—90%的交易都是没有实体经济需求的。

---

① 有的地方也叫作"外汇重置"。
② 或者说银行间市场。

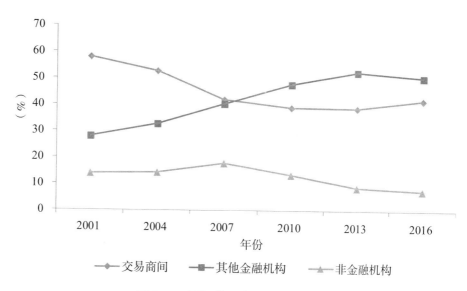

图 7-1 国际外汇市场参与者结构

注：按照交易单边划分。
资料来源：BIS。

7.2.1.3 企业与零售外汇参与者

传统上，企业和零售参与者与银行产生外汇交易联系。这类非金融客户的货币买卖活动是外汇市场供需的重要组成部分，也是外汇市场实际需求的体现。与银行和投机机构相比，一般认为企业在外汇市场的参与较浅，企业的外汇交易对于外汇市场价格的影响通常较小。但是，企业的贸易与资金流向是汇率长期走向的重要影响因素，比如跨国企业的大额外汇买卖需求经常会对汇率走势产生作用。随着金融技术尤其是单银行平台的发展，对于客户的覆盖和服务越来越完善，企业和零售客户在外汇市场中与交易商之间的联系渠道增多，不再必然扮演终端客户的角色。不过，非金融客户虽然伴随着全球外汇市场成长，但始终只占据一至两成的市场份额。

外汇市场上参与者交易动机的不同，决定了外汇市场并不是一个强势有效的市场。尽管全球外汇市场已经是日均交易超过 5 万亿美元、总体上流动性上佳的市场，但是因为有上述不同动机参与者的存在，全球外汇市场并不是一个完全有效的市场，部分参与者在外汇市场中并不以盈利为目的。比如，央行往往是基于宏观目标干预汇市，被动型投资者则是根据外币资产配置要求买卖外汇，很多零售客户则是基于诸如旅游、留学等实际需要进行外汇兑换，也不是以盈利为目的。正因为外汇市场的不完全有效，这就为很多专业机构在外汇交易中盈利创造了机会。

【拓展阅读 7-2】

中央银行与外汇市场

各国中央银行或货币当局都不同程度地参与外汇市场，是外汇市场上的特殊参与者。中央银行出于管理货币供给、汇率利率水平乃至通货膨胀水平的需要，正式或者非正式地干预外汇市场。央行干预外汇市场的短期效果普遍比较显著，一方面央行以外汇储备为后盾，拥有其他参与者难以匹敌的市场实力；另一方面央行宏观金融管理的特殊地位参与市场，其行为对其他参与者具有指引性。中央银行和货币当局对外汇市场的干预方式和框架，很大程度上与其汇率制度的类型有关，比如采用钉住汇率制度，那么央行干预外汇市场的方式和空间就比较有限；在浮动汇率制度下，央行干预外汇市场的时机、程度以及方式就显得多种多样。但是央行参与外汇市场的动机与其他参与者完全不同，这是影响外汇市场有效性的因素之一。自 2008 年全球金融危机以来，发达国家央行纷纷推出超宽松的货币政策，以及巴西、韩国等新兴市场国家央行的干预，加上美联储等退出宽松的不确定性，很多机构抱怨央行的这些举措严重干扰了外汇市场走向和预期判断。

2008 年全球金融危机以来，央行的职能不断扩大。一方面，多国央行为应对本次危机而采取了直接向金融体系注入流动性、量化宽松等一系列非常规的救助措施，这促使宏观当局反思和扩大央行的目标与职能，包括将央行政策目标从单一关注物价稳定扩大为兼顾金融体系稳定，在制定和执行货币政策的同时监管和评估金融体系的发展及风险，更加关注市场流动性和主要经济体央行间的合作协调等。另一方面，构建宏观审慎政策框架是危机后金融主管部门改革的主要趋势，主要包括对系统性重要金融机构的识别与监管、资本要求和前面提到的有组织交易平台、场外市场集中清算等。在此背景下，各国央行的职能边界普遍扩大，在保持物价稳定的传统职责外，还在宏观审慎和维护金融体系稳健性方面被赋予更大责任。

美国多德弗兰克法案明确了美联储在金融稳定中的职责和核心地位，赋予其"系统风险监管者"的正式职责和维护金融稳定的广泛权力。根据这一法案，美联储全面负责系统性风险的评估和监测，对金融机构的监管权限也从商业银行延伸至所有具有系统重要性的机构，有权对支付清算体系进行监管，有权直接从被监管机构获取信息，有权在紧急情况下将最后贷款人职能运用于非存款类金融机构等。

在欧洲，欧盟赋予了欧洲中央银行（ECB）在宏观审慎监管中的领导作用，并设立欧洲系统性风险理事会，识别金融稳定面临的潜在风险，提前发布风险预警，提出风险处置方案。由于该理事会的成员为欧盟各成员国的央行行长和欧洲中央银行行长，实际强化中央银行的金融监管职能。英国则在 2010 年 6 月将金融服务委员会合并到英格兰银行，并拆分原有的金融服务管理局，将其审慎监管权赋予英格兰银行。

新兴市场国家也加强了央行职能，如墨西哥建立了央行等部门组成的该国金融稳定理事会，中国也建立了央行牵头、中国银保监会、中国证监会和国家外汇管理局参加的金融监管协调部级联席会议制度等。

7.2.2 场外市场的交易模式与平台

场外市场的交易实现方式,除了较为古老但仍然重要的直接交易以外,大体上还可分为两类,一类是声讯经纪,另一类是电子交易。声讯经纪是场外市场上传统的、具有较长历史的方式,既包括早期并延续至今的电话方式,也包括后来基于互联网的信息传送方式(见图7-2)。声讯经纪是场外市场上具有很大市场份额的交易模式之一。以外汇市场为例,根据国际清算银行的调查数据[①]计算,全球外汇交易中借助声讯经纪方式完成的约占16%。传统意义上的声讯经纪仍然占有很重要的市场地位,不过正在经历转型。ICAP等以声讯经纪起家的场外中介机构纷纷开展并购活动,向电子交易系统业务领域拓展。电子交易方式主要体现为单银行平台、多银行平台、交易商间平台这样几种形式,电子交易平台已成为场外市场的主流交易方式,全球外汇市场中超过四成的交易是以电子方式完成的。而且,金融危机后的G20市场改革也为电子交易平台扩大在场外市场的份额提供了催化,越来越多的场外衍生品交易将逐步在电子平台等有组织的市场载体中实现,将有更多的场外衍生品实现交易执行的电子化乃至自动化。

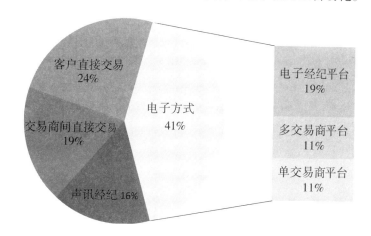

图7-2 全球外汇市场的交易实现方式

资料来源:2010年BIS全球外汇市场调查。

场外电子交易市场目前主要是报价驱动型市场。也就是说,由交易商(做市商)向市场提供公开的买卖双向报价,对手方据此与交易商双边议定成交价。通常,交易商的报价是指引性的,最终的成交价是基于对手方资信、当时市场行情等因素双方商议的结果。报价驱动型市场结构比较复杂,甚至于说是非常离散,任何两个市场参与者之间都可以产生交易联系,是一种基于双边的、相对松散的市场结构。与报价驱动型市场相对应的是指令驱动型市场,后者通常也意味着匿名交易。不过,报价驱动型和指令驱动型两类交易模式正在不断渗透融合。技术进步推动电子交易在外汇、股票以及国债交易市场的应用,很多场外衍生品也大量应用电子交易,引发市场结构变革,有些甚至已经采用指令驱动模式。两类市场驱动在不同类型的场外交易平台上有各自的应用,报价驱动

---

① 详见2010年BIS全球外汇市场调查。

主要应用于单交易商模式和多交易商询价方式模式，指令驱动主要应用于交易商间限价指令模式。

7.2.2.1 单交易商平台

单交易商平台（single-dealer platforms, SDPs）是单个交易商自有的、向其客户提供的电子交易系统，其基本模式是：该交易商在自有平台上向其客户展示多个标准期限上可交易的买卖实价（firm price），客户既可以选择标准化的点击成交（click to trade），也可以采用个性化的询价方式（request for quote, RFQ）。单交易商平台属于报价驱动型的一种，同时该交易商也可以向特定客户提供非公开的、个性化的报价。

单交易商平台的运营商即交易商对于客户具有主动的选择权，客户经该平台也就只能唯一获取该交易商的报价信息（当然，客户可以同时使用多个单交易商平台以获得最优价格）。从这个意义上讲，单交易商平台与声讯经纪类似，交易双方是双边协议关系，不涉及市场的其他参与者以及第三方机构。在欧美的监管改革中，现行的单交易商平台不再适用于交易标准化的场外衍生产品，市场参与者很可能将转向多交易商平台。

单交易商平台的功能最初主要集中在报价和交易的执行，后来向多用途发展，提供交易前的分析、交易执行以及交易清算、交易报告等多重功能，甚至于单交易商平台也开始拥有类似 Facebook 和 YouTube 等的大众化应用界面和用户体验。同时，单交易商平台往往覆盖多种资产，集外汇产品、利率产品、信用产品、证券产品、贵金属产品的交易功能于一身，是泛金融产品一站式交易的综合体。

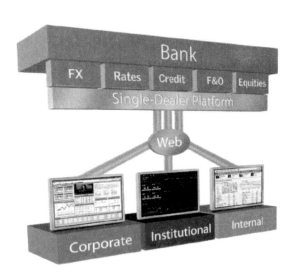

图 7-3　单交易商平台结构

主流的单交易商平台有德意志银行的 Autobahn、巴克莱银行的 Barx、摩根士丹利的 Matrix、苏格兰皇家银行的 Marketplace、花旗银行的 Velocity。就外汇领域而言，单交易商平台体现出全球市场的寡头垄断格局。根据 2012 年 Euromoney 的调查显示，前十大银行的单交易商平台合计份额超过 80%，德意志、巴克莱和瑞银三大平台的份额为 37%。德意志银行自 1996 年开始运营的 Autobahn 平台是业界翘楚，连续七年位居业界首位，Autobahn 最新的市场份额为 14.6%。在我国，工行、建行等各家银行的网银平台，也属单交易商平台，支持从外汇、黄金到理财产品、固定收益产品等多类型金融资产的交易。

7.2.2.2 多交易商平台

1. 多交易商询价模式

与单交易商平台相似，多交易商询价模式（multi-dealer RFQ）也是报价驱动型的一种。在形式上，客户同样可以获得各个标准期限上的报价信息，区别只是在于这些报价信息不是来自单一的交易商，而是来自多个交易商。客户既可以向多个交易商同时发出询价信息以获得最优价格，也可以向单一交易商询价，这样可以保护客户交易意图的私密性，从而更像是扩大化的单交易商平台。从用户体验的角度而言，多交易商平台（multi-dealer platforms，MDPs）与用户同时使用多个单交易商平台具有很大的相似性。

但是，多交易商平台与单交易商平台的重要区别在于，前者基本专注于单一或少数类型资产的交易，比如汇率产品、利率产品、信用产品中的一类；后者只有一个交易商，但覆盖多种资产交易。

2. 多交易商限价指令簿模式

多交易商限价指令簿模式（multi-dealer LOB）下各个交易商可以提供多个标准期限上的买卖限价（实价）指令，形成限价指令簿，客户选择合适的价格成交。整个限价指令簿的深度是公开可见的，不仅是最优买卖报价可见，其他非最优价格也是公开的，价格及交易商的名称均发布。

英格兰银行的研究[①]显示，多交易商限价指令簿模式在场外衍生品市场还处在早期发展过程中，其本质上属于指令驱动型，但又区别于交易所市场上的中央限价指令簿模式。

主流的多交易商平台有 FXall、FX Connect、MarketAxess、TradeWeb、MTS、Bloomberg 等。根据 2012 年 Euromoney 的调查显示（见表 7-3），在外汇领域中，路透旗下的 FXall 是多交易商平台中的佼佼者，占有 28.6% 的市场份额，道富旗下的 FX Connect 则占有 18.7% 的份额，位居第二。

表 7-3 外汇市场中的多交易商平台

2011 年位次	多交易商平台	市场份额（%）	2010 年位次
1	FXall	28.58	1
2	Reuters Dealing 3000	21.27	2
3	Bloomberg FXGo	12.45	6
4	FX Connect	10.87	4
5	360T Systems	10.48	5
6	Currenex	8.33	3

---

① Bank of England, "Research and Analysis OTC Derivatives Markets: Trading Models and Liquidity", *Bank of England Quarterly Bulletin*, 2011, Q4.

(续表)

2011年位次	多交易商平台	市场份额（%）	2010年位次
7	HotspotFXi	3.45	8
8	Integral-FX Inside	2.05	7

资料来源：Euromoney（2012）。

7.2.2.3 交易商间限价指令簿模式

在交易商间市场或者说银行间市场，经纪商运营的限价指令簿模式已经产生多年。交易商向经纪商运营的限价指令簿提供报价指令，或者经由声讯成交，或者经由该指令簿成交。国际市场上，小规模的、标准化的交易商间交易经由限价指令簿执行的规模越来越大，而大额的、个性化的交易仍然经由声讯方式执行。

交易商间限价指令簿模式（inter-dealer LOB），是指交易商在多个标准期限上提供限价指令格式的持续报价，形成集中的指令簿。该模式下，整个指令簿的深度也是公开可见的，即使是未成交的限价指令也可见。一旦有指令成交，成交价格向所有的交易商发布，但成交规模非公开。与前述多交易商限价指令簿模式不同，限价指令是匿名发布的，而且由于是交易商间市场，没有普通客户的参与，交易商既是价格的发布者，也可以是其他价格的接受者。

EBS和汤森路透推出的Reuters Dealing 3000 Matching（Reuters Matching）是外汇市场上为数不多的场外限价指令簿模式（limit order book），二者都是以外汇即期见长的电子交易平台，但也都支持外汇远期的匿名交易。业界通常认为，EBS在美元、欧元、日元、瑞士法郎等主流外汇币种之间的交易上具有优势，Reuters Matching则在其他发达国际货币以及新兴货币上具有很好的流动性；EBS也是外汇即期市场中首个向暗池、算法等自动化交易开放API接口的平台，据称EBS中60%的交易份额来自自动化交易的贡献。

场外市场上近些年兴起的暗池交易，很大程度上就是交易商间限价指令簿模式的延伸变种案例。之所以是变种，是因为交易商间限价指令簿模式的市场深度是可见的，而暗池模式的指令簿深度不可见，除此以外，二者其他的区别不显著。暗池交易（dark pools，black pools）主要体现为不透明的交易模式，只面向特定的小群体提供匿名交易服务，交易价格、交易量、交易双方这些成交的结果都是不公开的，交易的透明度很低，因此被称为暗池交易。暗池交易的主要参与对象是进行大宗交易的机构投资者，可以将其理解为重要客户的私人交易场所。大额交易如果在传统透明市场上进行，可能会对市场价格产生显著影响，但若通过暗池进行，买卖信息不为公众所知，不会引发市场震动，投资者的获利概率也提高了。此外，暗池交易运营商收取的交易费用也比传统交易所低，这些都是暗池交易的优势。暗池交易迎合了市场上一些特别交易的需要，部分填补了传统金融中介市场的空白，因此，在出现不到十年的时间里，暗池交易迅速崛起，已经成为美国和欧洲金融市场上的重要交易平台，并蚕食着传统金融中介的市场份额。

暗池交易平台并非是一种独立功能的电子交易平台，其产生是基于市场流动性的分割和电子交易技术的进步。市场中存在多个交易平台，流动性相对分散，使得暗池交易利用先进的电子技术与多个平台连接，借助全球市场的流动性、私密化达成交易提供了可能。表7-4简单介绍了场外市场交易模式的对比情况。

表7-4 场外市场交易模式对比

单交易商模式	
点击成交	用户在电子平台上直接以单交易商发布的价格执行交易
RFQ	用户在电子平台上向单交易商就特定的交易发出询价
多交易商模式	
限价指令簿	电子平台展示买方和卖方的限价指令——只有交易商有权发布限价指令
RFQ	用户可借助电子平台同时向多个交易商发出询价
交易商间限价指令簿模式	
	银行间经纪商运营的限价指令交易模式，匿名交易，仅限于机构间，无终端客户参与

【拓展阅读7-3】

国际外汇市场程序化交易的发展

外汇市场的程序化交易最早出现于21世纪初，部分活跃于证券市场的对冲基金开始将其算法模型引入到外汇交易中。类似于股票交易上的程序化算法，外汇市场的程序化交易也可以划分为算法执行和算法决策两大类。由于外汇市场流动性充裕、参与者数量众多且平台准入门槛较为宽松，通过"低延迟模型"的高频算法，利用不同交易平台上价格更新速度的差异进行套利的做法一度非常活跃。在此背景下，越来越多高频交易者不断升级其算法速度，并通过缩短主机的地理位置与交易平台服务器的距离来获取时间优势。随着高频交易者的大量涌入，简单通过快速交易进行套利的空间逐渐下降。高频交易公司开始转而为市场提供流动性，而不再仅利用快速成交进行短期套利。

自外汇市场引入程序化交易以来，业务规模经历了持续快速增长，近几年发展势头趋于平缓。尽管现有的外汇市场统计研究并无法准确获知程序化交易的规模，但结合程序化交易产品、地理位置和执行方式等特征，推测2010年全球约25%的即期交易通过程序化算法自动达成。而EBS、汤森路透等交易商间电子平台上程序化交易表现更为突出。以EBS为例，2004年程序化自动交易在EBS平台上的占比仅为2%，随后一路快速增长，2007年为28%、2010年为45%、2013年为68%，2016年维持在70%左右，业务趋于饱和。

从参与主体来看，外汇市场上程序化交易的参与者类型丰富，包括大型交易商、终端客户和对冲基金等非银行机构。大型交易商主要利用算法交易进行头寸平补和风险对冲，以高效的自动化手段实现头寸管理。终端客户主要是利用算法交易寻找市场最优价格，降低市场波动造成的影响。

对冲基金等非银行金融机构则是利用高频交易中复杂的算法策略和极快的执行速度在市场中进行套利。程序化交易的发展也催生了一批新兴非银行机构，利用大数据分析和先进的算法优势逐步成为外汇市场的流动性提供商。如成立于2015年的XTX，经过短短两年时间的发展，已跃居全球第四大外汇市场参与者，市场份额约为7.6%，并多次被Euromoney和Financial News等机构评选为最佳非银行做市商等。

从交易平台上看，提供程序化交易的平台主要有交易商间电子经纪平台（例如EBS和汤森路透）、多银行平台（例如Currenex、FXall、HotspotFX等）和交易所（例如CME）。交易商间电子经纪平台适合规模较大、发展较为成熟的机构，该类公司可满足平台对最小交易量等方面的门槛限制，同时可使用自行开发和管理的内部算法模型，能更好地实现对程序化交易的风险控制。多银行平台以其灵活性和低门槛吸引了大量的中小型参与机构，一是该类平台提供内嵌的算法交易功能（例如Currenex），可降低参与者自行开发的成本，为刚成立的高频交易机构提供便利；二是该类平台的最小交易量和交易控制要求较低，可满足中小型机构的交易灵活性需求。CME于2002年引入算法交易自动化接口服务，主要应用于外汇期货和期权交易。自程序化交易推出以来，CME的外汇交易量持续增长，已逐步接近EBS平台的交易规模。

程序化交易的应用对外汇市场产生了深刻影响。其一表现为对传统做市业务的影响，电子交易平台的普及以及程序化交易的兴起正在逐渐改变外汇市场格局，新兴技术助力非银行机构在传统的做市和流动性提供领域获得一席之地。但程序化交易在为市场带来流动性的同时，也对传统做市业务产生了一定冲击：一是程序化交易影响订单簿深度和报价质量。程序化交易者的订单数量较小、报价有效时间较短，导致市场上的订单簿深度不足，容易造成大订单无法成交或成交点差大幅拉宽的情形。二是程序化交易倒逼传统做市商收缩公开交易。程序化交易者利用其速度优势可提前根据做市商的订单方向等做出交易决策，对做市商造成了一定的利益损害。为应对该种冲击，做市商采取应对措施以减少交易目的暴露，如将大型订单转到声讯或单银行平台、内化客户交易需求以减少头寸暴露等。其二表现为对价格发现功能的影响，程序化交易对外汇市场价格发现功能的正面影响主要体现在以下几方面：一是程序化交易者可快速捕捉到不同平台的价差，并通过套利行为盘活分割市场的流动性；二是通过高频交易不断压缩市场报价点差，提高价格有效性；三是通过程序化算法提高报价精度，如EBS于2011年引入主要货币对报价到第五位小数点。但与此同时，程序化交易特别是高频交易对市场的报价质量也产生了不利影响。高频交易者通常利用速度优势（通常以毫秒计算）大量报价，但由于其价格有效时间通常较短，并非所有报价都反映真实的交易意向（quote stuffing），可能会产生价格信号噪音、影响市场正常交易等。此外，程序化交易的报价可能同时出现在多个交易平台，造成流动性假象。其三表现为对市场秩序的影响，由于程序化算法可利用速度优势快速报价和交易，交易者可能通过程序化算法操纵市场，影响市场正常秩序，如报出市场最优价并快速撤销、报出多个偏离市场的价格扰乱行情等。另外，程序化交易容易引发"羊群行为"，当市场某个参考指标发生大幅变动时，基于该指标的算法程序会引起市场同方向的高频交易，对市场价格和流动性产生剧烈影响。当然，对程序化交易行为的监管也在从程序化机构自身、经纪商、交易平台以及市场自律等多个维度实施。

7.3 我国银行间外汇市场

7.3.1 我国银行间外汇市场基本情况与发展

我国在 1994 年进行了外汇体制重大改革，取消外汇留成、上缴和额度管理，实行结售汇制度，并建立全国统一的银行间外汇市场。

随着 2005 年 7 月汇改后人民币汇率波动幅度增大，为满足企业和金融机构管理汇率风险的要求，银行间外汇市场于 2005 年 8 月推出远期交易，2006 年 4 月推出掉期交易，2007 年 8 月推出货币掉期交易，2011 年 4 月推出期权交易。目前，银行间汇率衍生品市场已成为我国机构投资者重要的金融衍生产品市场，也是境内品种最丰富、交易最活跃、交易量最大的衍生品市场。

7.3.1.1 银行间外汇市场现状

1. 市场总体规模

近年来，银行间外汇市场交易规模持续增长。"十二五"期间，银行间外汇市场成交量平稳增长。2011 年，市场交易量同比增长 27%。2012 年，受对外经济增速下降和市场价格大幅波动等多重因素的影响，市场交易量增长有所放缓，为 8%。2013 年银行间外汇市场成交量增长恢复到 25%；2014 年增速为 17%；2015 年累计成交 14 万亿美元，同比大幅增长 54%。整个"十二五"期间，银行间外汇市场成交 42 万亿美元，较"十一五"期间增长 201%。2016 年和 2017 年，银行间外汇市场成交分别为 17 万亿美元和 27 万亿美元，分别增长 24% 和 58%。

2. 市场会员

银行间外汇市场会员涵盖境内主要商业银行、政策性银行、财务公司等，也涵盖部分境外金融机构。截至 2017 年年底，银行间人民币外汇市场有即期会员 645 家、远期会员 194 家、掉期会员 192 家、货币掉期会员 163 家、期权会员 116 家。从会员性质看，银行为 484 家，非银行类金融机构 78 家，境外机构 81 家，非金融企业 2 家。此外，外币和外币拆借市场分别有 175 家会员和 469 家会员。

3. 交易产品

银行间外汇市场提供即期、远期、掉期、货币掉期、期权等较为完备的基础类场外交易产品。截至 2017 年年底，银行间外汇市场提供人民币对 27 个外币的即期交易，人民币对 24 个外币的远期、掉期交易，人民币对 5 个外币的货币掉期和期权交易。此外，还提供 9 组外币对的即期、远期和掉期交易，以及 7 个外币的外币拆借交易，并与上海黄金交易所合作推出银行间黄金询价即期、远期和掉期交易。

4. 做市商制度

银行间外汇市场以做市商交易机制为主。截至 2017 年年底，银行间外汇市场共有人民币外汇即期做市商32家、尝试做市机构2家、远掉做市商26家、尝试做市机构7家、外币对做市商15家。做市商是银行间外汇市场上的主导力量，在市场交易中的成交占比在80%以上，提供买卖双边流动性，发挥重要作用。在主管部门的整体部署下，外汇市场做市商制度不断完善，有效地提高了市场流动性，增强了市场价格发现能力。

5. 中间价与汇率波幅管理

人民币汇率实行以市场供求为基础、参考一篮子货币的有管理的浮动汇率制度，中间价和汇率波幅管理在人民币汇率形成机制中扮演着重要的角色。近年来，中国人民银行一直致力于完善人民币汇率中间价形成机制。2015年以来，进一步强化了以市场供求为基础、参考一篮子货币进行调节的人民币兑美元汇率中间价形成机制。2015年8月11日，强调人民币兑美元汇率中间价报价要参考上日收盘汇率，以反映市场供求变化。2015年12月11日，中国外汇交易中心发布人民币汇率指数，强调要加大参考一篮子货币的力度，以更好地保持人民币对一篮子货币汇率基本稳定。基于这一原则，目前已经初步形成了"收盘汇率＋一篮子货币汇率变化"的人民币兑美元汇率中间价形成机制。人民币对各币种的交易价在中间价上下一定幅度内浮动。目前，人民币对美元汇率交易价波幅为2%，人民币对其他货币交易价波幅为3%—10%。

7.3.1.2 近期发展

1. 衍生品市场发展迅速

随着人民币汇率双向浮动弹性的增强，境内经济主体利用汇率衍生品管理汇率风险的需求显著增加，促进了银行间外汇衍生品市场的快速发展。2014年人民币外汇衍生品成交近5万亿美元，市场份额首次超过即期。2015年人民币外汇衍生品市场继续保持快速增长态势，全年成交近9万亿美元，同比大幅增长86%，占同期人民币外汇市场成交总量的64%。2016年和2017年衍生品成交占比进一步升至65%和68%。

为满足市场需求，2015年2月，银行间外汇市场推出标准化人民币外汇掉期产品（C-Swap），2016年5月推出标准化人民币外汇远期产品（C-Forward）。标准化人民币外汇产品推出后市场成交活跃，显著提高了市场流动性。2015年，C-Swap成交量在外汇掉期市场占比近40%，C-Forward自上线以来的交易量在外汇远期市场占比更是接近八成。

2. 市场对内对外开放步伐加快

在对内开放方面，2015年1月，嘉实基金和国泰君安证券公司取得银行间外汇市场会员资格，证券基金类公司首度进入银行间外汇市场。在对外开放方面，2015年11月首批7家境外央行类机构进入银行间外汇市场，2016年5月首批6家人民币购售业务境外参加行进入银行间外汇市场。同时，为便利境外机构交易，自2016年1月起延长外汇交易时间至北京时间23:30，覆盖欧洲交易时段。截止到2017年年底，已有33家境外央行类机构、20家境外清算行和28家人民币购售业务境外参加行成为银行间外汇市场会员，市场国际化水平显著提升。

3. 推出多个货币的直接交易或区域交易

自2010年以来，银行间外汇市场先后推出人民币对多种货币的直接交易和区域交易。

直接交易推出后，相关市场流动性提高，交易活跃程度显著上升，2009—2015年人民币对直接和区域交易币种即期交易量年均增长率达62%，占同期人民币外汇即期交易总量的比重由0.4%大幅升至5%。近两年货币直接交易总体保持稳定。直接交易和区域交易的发展对于人民币与外币交易多元化、提高人民币国际地位、降低经济主体汇兑成本具有重要的意义。

4. 人民币汇率基准体系不断完善

2015年8月起，中国货币网每日公布12个时点的参考汇率。2015年12月，交易中心对外发布人民币汇率指数，包括CFETS人民币汇率指数、参考BIS货币篮子计算和参考SDR货币篮子计算的人民币汇率指数。上述基准指标的发布，完善了境内人民币汇率基准指标体系，便利市场参与主体全面准确衡量人民币汇率水平和市场供求情况，也提高了境内银行间外汇市场在人民币相关产品上的定价话语权。

5. 市场自律体系建设成效显著

2014年9月，银行间外汇市场成立职业操守和市场惯例专业委员会，发布了指引和工作章程，推进市场自律体系建设规范化。2016年6月，全国外汇市场自律机制成立，有利于维护市场正当竞争秩序，促进外汇市场有序运作和健康发展。

6. 交易系统推出外币拆借交易

2015年4月13日，银行间外汇交易系统推出美元、欧元和港元的外币拆借交易，交易主体涵盖银行、证券公司、金融租赁公司、财务公司、信托公司和保险公司等多种类型机构。外币拆借交易的推出有利于满足境内金融机构融资需求，形成境内统一的外币拆借利率曲线。

7.3.2 境内外市场发展对比

7.3.2.1 境内外汇市场产品序列与国外基本一致

经过多年的发展，国内外汇市场持续引入各类新工具，目前，已初步形成较为完备的基础类场外外汇工具体系。目前国内外汇市场交易品种包括即期、远期、掉期、货币掉期和期权等，除缺少外汇期货产品以外，境内银行间外汇市场与国际外汇市场在产品序列上基本一致。随着人民币汇率双向浮动弹性的增强，境内经济主体利用汇率衍生品管理汇率风险的需求显著增加，促进了银行间外汇衍生品市场的快速发展。2014年人民币外汇衍生品成交近5万亿美元，市场份额首次超过即期。2015年人民币外汇衍生品市场继续保持快速增长态势，全年成交近9万亿美元，同比大幅增长86%，占同期人民币外汇市场成交总量的64%。2016年也基本维持在这一比例。2017年人民币外汇衍生品成交近15万亿美元，市场占比进一步提升至68%。汇率衍生品市场已成为我国机构投资者重要的金融衍生产品市场，也是境内品种最丰富、交易最活跃、交易量最大的衍生品市场。

7.3.2.2 践行危机后全球交易模式与衍生品标准化趋势

国际外汇市场电子交易平台主要提供订单驱动（order-driven model，ODM）和报价驱动（quote-driven model，QDM）两种交易模式。在市场流动性较高的产品中，订单驱动的撮合交易在成交效率和价格透明度等方面具有明显优势，已逐步成为国际外汇市场上的主要交易模式。加上在本轮金融危机后，对场外衍生品的适度标准化已成为未来外汇市场发展的总体趋势之一。相对于报价驱动来说，订单驱动更适用于标准化程度较高、流动性较好的产品。因此，为充分发挥电子交易平台在标准化产品上的优势、提高市场交易效率，银行间外汇市场于2015年和2016年相继推出了基于双边授信、自动匹配（点击成交）的标准化人民币外汇掉期交易和标准化人民币外汇远期交易，进一步丰富了国内银行间外汇市场的交易模式。

7.3.2.3 境内外汇市场在多层面已提前实践危机后全球监管改革

在本轮金融危机后，各国普遍开始推动市场监管方式改革。国际市场监管的新要求推动场外衍生品交易、交易后处理和清算等方面逐步转向有组织的交易平台。而国内外汇市场在交易和交易后处理等监管领域的发展思路和措施在一定程度上已经提前实践了危机后全球的监管改革。

首先，我国外汇市场的日常监管主要由国家外汇管理局负责，主要通过即期结售汇头寸、远掉期结售汇头寸、远掉期未到期头寸及期权Delta头寸等综合头寸管理。国家外汇管理局通过银行上报的结售汇头寸数据，可及时掌握衍生品供求、存量、期限结构等关键信息。

其次，境内外汇市场是集中、统一的市场。境内银行间外汇市场从成立之初便采用集中管理方式，中国外汇交易中心为银行间外汇市场提供统一的电子交易平台，是我国境内唯一的人民币外汇电子交易平台。相比之下，境外外汇市场则是典型的场外市场，呈现出分散的"有市无场"特征，不存在统一的交易场所。本轮金融危机后，各国普遍开始推动市场监管方式改革，要求推动场外衍生品交易逐步转向有组织的交易平台，国际外汇市场呈现出与境内市场一致的交易集中化发展趋势。

再次，境内银行间外汇市场已建立了某种程度上的交易报告制度。外汇交易中心负责采集我国场外衍生品交易数据，承担了交易报告库建设的大量工作，是我国银行间市场事实上的交易报告库。通过对比国内外交易报告库发展情况后发现，外汇交易中心的交易报告库不仅包含衍生品信息，还包括现货信息，这与国外交易报告库只涵盖衍生品数据相比是一大进步。同时，我国银行间市场由于起步较晚，电子化集中交易程度较高，一开始便具有较规范的机构分类、产品分类和交易分类方法。

最后，外汇交易中心自2011年逐步建立银行间外汇市场交易确认平台，业务范围稳步扩大，从外汇询价（包括即期、远期、掉期交易）扩大到外汇期权等衍生品交易。这对于推动外汇市场发展，提升金融市场效率和防范市场整体风险有重要意义。

尽管境内银行间外汇市场近年来发展迅速，在许多方面已与国际外汇市场发展水平相当，甚至具有一定的先进性，但在市场深度、产品和参与者多元化等方面仍然存在着不足。

首先，实需管理原则一定程度上限制了境内外汇市场多元化发展。目前，境内外汇市场是以实需为基础的有管理的市场，境内企业或个人仅可开展基于真实贸易投资背景的外汇买卖，商业银行根据客盘平盘需求和自身买卖需求在银行间市场集中交易。境内银行间外汇市场从一开始的组织外汇指定银行相互调剂余缺发展至今，在广度、深度和流动性等方面有了显著提升，并已逐步实现从头寸平盘到价格发现的功能转变，但与国际市场上无实需要求的多元化发展仍存在差距。

其次，境内外汇市场参与主体类型较为单一。在基于实需的背景下，我国银行间外汇市场的会员以商业银行为主，非银行金融机构和非金融企业占比相对较小。这在一定程度上使得国内外汇交易的交易方向趋同，从而降低了外汇衍生品资产配置需求。随着境内银行间外汇市场对内对外开放步伐的加快，市场会员的种类和数量也在增加，目前已有少量券商、基金等非银行金融机构以及非金融企业成为银行间外汇市场会员，此外还有包括境外央行类机构、境外清算行和境外参加行在内的境外主体进入境内银行间外汇市场。但是，与由实体企业和外资银行、对冲基金等金融机构组成的国际市场相比，国内外汇市场的境外参与者数量仍然相对较少、类型相对单一，市场流动性也主要由境内中资大行提供。

最后，境内银行间外汇市场产品序列仍有待完善。相较国际市场而言，国内外汇市场仍然缺少外汇期货工具。标准化、流动性高的外汇期货是市场工具体系中的重要组成部分，是外汇市场上价格发现、风险管理的有效手段，也是重要的基础性资源，因此有必要适时推出此类工具创新。

我国在1994年进行了外汇体制重大改革，取消外汇留成、上缴和额度管理，实行结售汇制度，并建立全国统一的银行间外汇市场。

随着2005年7月汇改后人民币汇率波动幅度增大，为满足企业和金融机构管理汇率风险的要求，银行间外汇市场于2005年8月推出远期交易，2006年4月推出掉期交易，2007年8月推出货币掉期交易，2011年4月推出期权交易。目前，银行间汇率衍生品市场已成为我国机构投资者重要的金融衍生产品市场，也是境内品种最丰富、交易最活跃、交易量最大的衍生品市场。

中国境内银行间外汇市场发展至今，广度、深度和流动性等方面均有了显著提升。与国际外汇市场相比，尽管目前境内市场多元化程度仍然有所欠缺，但是外汇交易工具与境内市场基本一致，市场对于交易和交易后处理等监管也提前实践了危机后的全球监管改革，另外境内外汇市场还积极践行国际市场交易模式和衍生品标准化的最新趋势，在创新中确保了境内银行间外汇市场的稳健发展。

7.3.3 银行间外汇市场的发展方向

随着我国经济结构转型、金融体制改革、人民币国际化推进等重大基础环境的改革深化，银行间外汇市场将围绕进一步完善人民币汇率市场化形成机制，加大市场决定汇率的力度，增强人民币汇率双向浮动弹性，保持人民币汇率在合理、均衡水平上基本稳定的总体要求，加快外汇市场发展，扩大市场开放，引入更多的合格参与者，提供完善的汇率风险管理工具，推进人民币对其他货币直接交易市场发展；同时推进服务创新，提升服务水平，完善市场基准序列，不断升级交易平台，巩固和提升自身核心竞争力和市场地位。

具体而言，下一步银行间外汇市场重点发展方向包括：

强化市场基础设施建设。在充分把握国际金融市场发展趋势的基础上，加紧建设新一代的集交易、信息和监管等于一身的综合服务系统，提高交易平台的竞争力，为银行间市场发展、货币政策操作和传导提供技术保障，满足市场不同层次需求。

积极开展新产品研发和机制创新。继续把握市场需求，以风险可控为原则，在充分总结标准化外汇产品等创新产品经验的基础上，稳妥开展新产品的研发，完善标准化外汇产品序列，探索推出人民币外汇期货、以人民币指数为标的的外汇衍生品等新产品的可能性，提高市场价格发现功能，增强境内银行间外汇市场在人民币相关产品中的定价话语权。

进一步扩大外汇市场主体及其类型。继续推动非银行金融机构和非金融企业的入市，丰富会员类型，并研究在银行间外汇市场引入代理交易模式，扩展市场服务范围，进一步满足不同市场主体的交易和对冲需求。

完善外汇市场基准体系。借助报价团等制度，促进境内美元拆借曲线等基准指标的形成和发育，提高相关基准数据在市场定价和产品创新中的使用率，提升我国外汇市场在人民币产品定价中的影响力。

提升市场开放度和国际化水平。扩大市场开放度，加大"走出去"和"引进来"的力度，继续做好境外机构入市工作，并积极开拓海外市场，加强境外宣传和推广，建立和维护境外投资者客户关系，提高境内银行间外汇市场的国际竞争力。

大力提升市场服务水平。继续强化市场服务意识，完善并充分依托专业管理机制，准确把握市场动向和客户需求，加强重点客户营销，切实提升服务水平。同时在完善交易相关功能的基础上，积极探索在信息发布、交易后处理等方面的服务功能，为市场成员提供包括技术、资讯、培训等增值服务在内的一站式交易金融服务，便利投资者交易与风险管理，促进市场发展。

提高风险防范和保障市场平稳运行的能力。借鉴风险管理的国际经验，建立符合我国市场特点，覆盖前、中、后台的全面风险管理体系，进一步强化风险防范意识，提高风险管理水平，增强防范和化解市场风险的能力。同时，还将继续发挥集中交易在市场监管方面的优势，加强交易报告库建设，为监管部门及时提供市场监测信息，提高市场监管的时效性，有效提升市场透明度，防范市场风险。

着力培育外汇市场人才。交易员队伍的壮大是银行间外汇市场近几年发展的重要成果和宝贵财富，也是未来市场发展的基础。银行间外汇市场将在现有交易员入市培训的基础上，拓展培训的深度，利用国内外多方资源，开展较高层次的、符合国际行业规范的交易策略、交易管理、交易操守培训，开拓银行间外汇市场交易员的交易视野和思路，提升其专业水平，为市场长期发展积淀资源。

本章小结

1. 国际外汇市场是一个分散在全球的 OTC 市场。目前来看,国际外汇市场的产品结构比较稳定、市场结构比较多元,市场形态正在发生变革。

2. 国际外汇市场的参与者多元,组织形态和分工比较复杂和专业,专业投资者正在对市场结构变化产生持续和深刻的作用。

3. 我国外汇市场的演变发展较快,人民币汇率形成机制改革历经多个阶段,相伴我国外汇市场发展的逐步深化和人民币国际化进程的稳步推进。外汇市场相关机制改革和市场建设较快推进,我国外汇市场既具有国际共性,也具有中国特色。

本章重要术语

OTC 市场　有组织交易平台　交易报告库　交易商间外汇市场　单交易商平台　多交易商平台　程序化交易　人民币汇率形成机制　人民币国际化

思考练习题

1. 试讨论外汇的主要属性是一种资产还是一种兑换关系。
2. 请谈谈你对国际外汇市场的认识和理解。
3. 请阐述国际外汇市场的组织方式和发展特点。
4. 请简述 21 世纪以来人民币汇率形成机制改革相关情况和市场发展。
5. 简议你对我国外汇市场与国际市场的对比和发展方向的看法。

参考文献及进一步阅读建议

[1] 姜波克:《国际金融新编》,复旦大学出版社,2012。

[2] 孙国峰:《第一排:中国金融改革的近距离思考》,中国金融出版社,2012。

[3] 汪小亚、杨金梅:《中国银行间市场的发展路径》,中国金融出版社,2013。

[4] Auboin, M., "Use of Currency in International Trade: Any Changes in the Picture?", WTO, 2012.

[5] BIS Market Committee, "High-Frequency Trading in the Foreign Exchange Market", BIS, 2011.

[6] Euromoney, "Euromoney's 2012 FX Survey Results", 2012.

[7] Financial Stability Board, "OTC Derivatives Market Reforms Sixth Progress Report on Implementation", FSB, 2013.

[8] Foreign Exchange Committee, "Guidelines for Foreign Exchange Trading Activities", NYFED, 2010.

相关网络链接

中国外汇交易中心：http://www.chinamoney.com.cn
国际清算银行：http://www.bis.org

纽约联邦储备银行：https://www.newyorkfed.org
英格兰银行：http://www.bankofengland.co.uk

第 8 章
股票市场*

任　达（天津大学管理与经济学部金融系）

学习目标

通过本章学习，读者应做到：
◎ 股票的概念、性质和特征
◎ 股票的分类
◎ 我国股票的类型
◎ 股票市场的概念和基本功能
◎ 股票市场的分类
◎ 股票市场的交易体系
◎ 我国股票市场的概况及发展历程
◎ 我国股票的发行市场
◎ 我国股票的流通市场
◎ 我国股票市场的微观结构

---

* 本章由刘琰（中国普惠金融研究院）审校。

开篇导读

他是创下奇迹的人，股神沃伦·巴菲特（Warren Buffett）。

11岁时，他与姐姐一起购买股票，他们买了3股"股票"，每股38美元。他满怀信心。然而，该股不断下跌，姐姐不断埋怨他选错了股。庆幸的是，该股价格很快反弹，上涨到每股40美元，巴菲特沉不住气了，将股票全部出手，赚了6美元。正当他得意的时候，该股价格狂升。这是他第一次涉足股市，赚得不多。进入高中，巴菲特一边学习，一边炒股，兴趣越来越浓。21岁时，巴菲特在股市获利达9800美元，这笔钱是他日后赚钱的"种子"，是致富的孵化器。

1965年，通过反复调查比较后，巴菲特力排众议，以合作的方式购下伯克希尔·哈撒韦公司（Berkshire Hathaway Incorporation），并出任董事长兼总经理。巴菲特做出了人生中最重要的选择，他有了自己的立足之本。后来人们看到伯克希尔公司的市值不断上涨，股票从无人问津的12美元一直攀升到20美元、40美元、80美元，直至成为纽约证券交易所最昂贵的股票。朋友们也惊奇地注意到巴菲特的财富如神话般地增长，巴菲特成为纽约靠投资证券致富的新贵族。

2003年《财富》杂志资料显示，沃伦·巴菲特个人资产达280亿美元，是世界前十位亿万富翁之一。

当然投资就会有失误，1993年，巴菲特用换股的形式，用价值4.33亿美元的伯克希尔A类股买下了Dexter Shoes公司。用巴菲特自己的话说，这家公司有持久的竞争优势。这家公司由犹太人创立，最初是几家鞋商的代工厂，后来将产品线铺入全国各大城市后通过开办工厂店，不仅将工厂中的B级品拿出来出售，还及时清掉库存，迅速占领低端市场，这给Dexter带来了近10年的快速增长。在20世纪90年代，工厂折扣店已经遍布全国80%的销售网点。然而好景不长，Dexter的成本优势很快被竞争者超越，当年的4.33亿美元血本无归，并直接造成了35亿美元的亏损。而如果这些股票还留在伯克希尔账上的话，这些股票的价值在2008年已经达到了2200亿美元。

股票市场的神奇远不是你我所能想象，也蕴含一定的规律和道理。正如股神巴菲特所说："价格是你所付出去的，价值是你所得到的，评估一家企业的价值部分是艺术部分是科学。"

8.1 股票及股票市场

8.1.1 股票的概念

股票是投资者向股份有限公司投资入股提供资金的权益合同凭证。每股股票都代表股东对企业拥有一个基本单位的所有权，这种所有权是一种综合权利，如取得股息和红利、参与公司的重大决策等。股票可以作为流通交易对象进行买卖或抵押，是金融市场上主要的长期信用工具之一。

票面价值又称"股票票值"或者"票面价格"，是股份公司在所发行的股票票面上标明的票面金额，用来表明每一张股票所包含的资本数额。当股票进入流通市场后，股票的票面价值与股票的价格就没有什么关系了，无论价格如何变化，票面价值都不变。

账面价值又称"股票净值"或"每股净资产"，是每股股票所代表的实际资产的价值，是股票投资分析的重要指标。以公司净资产减去优先股账面价值后，除以发行在外的普通股票的股数，即每股账面价值。

8.1.2 股票的性质与特征

1. 参与性

股票的持有者就是股份有限公司的股东，股东有权出席股东大会、选举公司董事会、通过投票的方式参与公司的重大决策。股东参与公司决策的权利大小取决于持有股份的多少。实际上，只有股东持有的股票达到一定数量，才能真正影响公司的经营决策。

2. 不可返还性

股票是一种无期限的法律凭证，投资股票后，任何投资者都不能向公司要求退还股本。因为股权反映的不是债权债务关系，而是所有权关系。但投资者可以在二级市场上出售给其他投资者以撤回资金，这种行为只是投资者之间的股权转让，并不减少公司的资本。

3. 流通性

股票的流通性是指股票在不同投资者之间的可交易性。在金融市场中，其持有者可以将股票按照股票的市场价格转让给第三者，也可以进行抵押融资。

流通性通常以可流通的股票数量、股票成交量以及股价对交易量的敏感程度来衡量。可流通股数越多，成交量越大，价格对成交量越不敏感（价格不会随着成交量一同变化），股票的流通性就越好，反之就越差。股票的流通，使投资者可以在市场时卖出所持有的股票，以取得现金。通过股票的流通和股价的变动，可以看出人们对于相关行业和上市公司发展前景及盈利潜力的判断。那些在流通市场上吸引大量消费者、股价不断上涨的行业和公司，可以通过增发股票，不断吸收大量资本进入生产经营活动，进而收到优化资源配置的效果（吴晓求，2009）。

4. 收益性

股票的收益性主要表现在所有股票的持有人都可按照股份有限公司的章程从公司领取股息和红利，获取投资的经济利益。除此之外，股票的收益性还表现在投资者可以通过低价买入和高价卖出股票赚取利润差。在通货膨胀时，股票价格会随着公司原有资产重置价格的上升而上涨，从而实现资产保值增值。

5. 风险性

由于股票的价格受到公司经营状况、经济周期、金融政策、政府财政及国际形势等多方面因素的影响，其波动具有很大的不确定性。在公司经营不善甚至破产的情况下，股票持有者往往不能获得预期的回报或者造成资本金的损失，也会因系统风险等，使二级市场的投机者因波动而造成投资损失。

8.1.3 股票的分类

8.1.3.1 按股东权利划分

1. 普通股

普通股指的是在公司的经营管理和盈利及财产的分配上享有普通权利的股份，代表满足所有债权偿付要求及优先股东的收益权与求偿权后对企业盈利和剩余财产的索取权。普通股是构成公司资本的最基础、最重要的部分。普通股也是风险最大的股票，其股利分配的多少不固定；且随着公司经营状况波动，每股净资产也会发生变动。

普通股股东享有如下权利：

（1）经营决策投票权。普通股股东有权参与股东大会，并且可以享有建议权、表决权和选举权，也可以委托其他人代为行使股东权利。

（2）公司利润分配权。普通股股东有权从公司利润中分配得到股息。普通股股息是不确定的，由公司盈利状况及其分配政策决定。普通股股东需在优先股股东分配之后再从公司的净利润中分取红利。

（3）优先认股权。公司在增发新股时会给予普通股股东优先认股权。普通股股东有权按其持股比例，以低于市价的某一价格优先购买一定数量的新发行股票，从而保持其对企业所有权的原有比例。股东若不愿意购进新股，也可以以一定的价格转让优先认股权。

（4）剩余资产分配权。当公司破产或清算时，公司资产满足了债权人的清偿权以及优先股股东剩余财产分配权后，对普通股股东进行公司剩余财产的分配。

2. 优先股

优先股实质上是一种混合型证券，它兼有普通股和债券的某些特点。同债券一样，优先股有固定的股息率，不随公司业绩好坏而波动，可以优先于普通股领取股息。公司破产或清算时，优先股股东对公司剩余财产有先于普通股股东的要求权，但必须排在债权人之后。同股票一样，优先股代表了公司的所有权。但优先股一般不参加公司的红利分配。通常情况下，持股人也不拥有表决权，对公司的经营决策不起实际作用。但是在一些国家，当公司决定连续几年不分配股利时，优先股股东可以进入股东大会来表述他们的意见，维护他们自己的权利。另外，优先股股东一般没有优先认股权。

在优先股的主要分类有以下几种：

（1）累积优先股和非累积优先股。累积优先股是指在某个营业年度内，如果公司所获的盈利不足以分派规定的股利，日后优先股的股东对往年未给付的股息，有权要求如数补给。而非累积优先股的股东在盈利不足以按规定的股利分配时，也不能要求公司在以后的年度中予以补发。

（2）参与优先股与非参与优先股。当企业利润增大，除享受既定比率的利息外，还可以跟普通股共同参与利润分配的优先股，称为"参与优先股"。除了既定股息外，不再参与利润分配的优先股，称为"非参与优先股"。

（3）可转换优先股与不可转换优先股。可转换的优先股是指允许优先股持有人在特定条件下把优先股转换成为一定数额的普通股。否则，就是不可转换优先股。

（4）可收回优先股与不可收回优先股。可收回优先股是指允许发行该类股票的公司，按原来的价格再加上若干补偿金将已发生的优先股收回。当该公司认为能够以较低股利的股票来代替已发生的优先股时，就往往行使这种权利。反之，就是不可收回的优先股。

3. 后配股

后配股是指在红利及剩余财产分配时比普通股处于劣势的股票，一般是在普通股分配之后，对剩余利益进行再分配。如果公司的盈利巨大，后配股的发行数量又很有限，则购买后配股的股东可以取得很高的收益。发行后配股，一般所筹措的资金不能立即产生收益，投资者的范围又受限制，因此利用率不高。一般在以下几种情况下会发行后配股：其一，公司为筹措扩充设备资金而发行新股票时，为了不减少对旧股的分红，在新设备正式投用前，将新股票作后配股发行；其二，企业兼并时，为调整合并比例，向被兼并企业的股东交付一部分后配股；其三，在有政府投资的公司里，私人持有的股票股息达到一定水平之前，把政府持有的股票作为后配股。

表 8-1 优先股与债券的区别

	优先股	债券
持有人身份	公司股东，优先股股东在优先股股息上没有法律约束力，若公司无力派发股息，不可以此理由提出法律控诉，但有权派代表加入董事会，以协助改善财务状况	公司债权人，故债权人在债券利息上具有法律权利，若公司无力派发利息，可以此理由提出法律控诉
回报	稳定，回报率较高	固定，回报率较低
风险	低	更低
公司破产	求偿权在债券之后	优先求偿权
到期日	无到期日	有到期日

8.1.3.2 按股票的收益水平和风险特征划分

按股票的收益水平和风险特征分类，可把股票分为蓝筹股、成长股、收入股和投机股等。

蓝筹股是指长期稳定增长、信誉卓越、资金雄厚的大型传统工业股及金融股，在其所属行业内具有支配性地位。蓝筹股要求有较为稳定的现金股利政策，因此对公司现金流管理有较高的要求。"蓝筹"一词源于西方赌场，在西方赌场中，有三种颜色的筹码，其中蓝色筹码最为值钱，红色筹码次之，白色筹码最差。

成长股是指一些正处于高速发展阶段的公司发行的股票。公司发行股票时规模并不大，但他们管理良好、利润丰厚，产品在市场上有较强的竞争力。因此他们的销售额和利润额持续增长，而且其速度快于整个国家和本行业的增长。优秀的成长性企业一般具有如下特征：成长股公司的利润应在每个经济周期的高涨期间都达到新的高峰，而且一次比一次高；产品开发与市场开发的能力强；在行业内始终处于领先地位，具很强的综合、核心竞争力；拥有优秀的管理班子。成长型公司的资金，多用于建造厂房、添置设备、增加雇员、加强科研、将经营利润投资于公司的未来发展，但往往派发很少的股息。投资者坚信它的市场价格能随着公司的发展壮大不断提高，尽可能长时间地持有以期股价上升获得丰厚的利润。

收入股是指在当前能够支付较高收益的股票，经营良好的收入股又称绩优股。发行收入股的企业一般处于成熟阶段，需新的投资项目，且具有较好的盈利能力。但也可能是由于发行公司经营状况不甚健康导致的，公司不思扩展，大量分配盈利或可能从事某种非法活动以获得大量收入，因此选择此类股票时必须注意。

投机股是指那些价格波动大，变化快的股票。发行投机股的公司一般从事开发性或冒险性的行业，盈利情况极不稳定且未来收入难以确定，适于偏好高风险的投资者。

超跌股是指股价脱离大市做深度下调的股票。股价超跌有两种类型：一种是个股本身基本因素变化所导致的超跌，如利润完成情况太差等；另一种是技术性的超跌，即大市下行时，其跌得更深更快，或新股上市时机不利，或价格定位太低等。

8.1.3.3 我国股票的类型

（1）按投资主体来分，我国上市公司中的股票可以被分为国家股、法人股、社会公众股和公司职工股等。

国家股又称国有股是指有权代表国家投资的部门或机构以国有资产向公司投资形成的股份，包括公司现有国有资产折算成的股份。在我国大部分股份制企业中，国家股在公司股权中占有较大的比重。国家股股权可以转让，但转让应符合国家的有关规定。

法人股是指企业法人或具有法人资格的事业单位和社会团体以其依法可支配的资产，向股份有限公司非上市流通股权部分投资所形成的股份。如果该法人是国有企业、事业及其他单位，那么该法人股为国有法人股，股权属于国家；如果是非国有法人资产投资于上市公司形成的股份则为社会法人股。目前，在我国上市公司的股权结构中，法人股平均占20%左右。

社会公众股又称个人股，是指我国因境内个人和机构，以其合法财产投资公司可上市流通的股权部分所形成的股份。我国投资者通过3 000多万股东账户在股票市场买卖的股票都是社会公众股。根据我国《公司法》规定，单个自然人持股数不得超过该公司股份的5%；公司申请股票上市的条件为向社会公开发行的股份达到公司股份总数的25%以上（股本总额超过人民币4亿元的公司向社会公开发行股份的比例可降低到10%以上）。

公司职工股是本公司职工在公司公开向社会发行股票时按发行价格所认购的股份。我国《股票发行和交易管理暂行条例》规定，公司职工股的股本数额不得超过拟向社会公众发行股本总额的10%。公司职工股在本公司股票上市6个月后即可安排上市流通。

区别于公司职工股，内部职工股是完全不同的概念。在我国进行股份制试点初期，出现了一批不向社会公开发行股票，只对法人和公司内部职工募集股份的股份有限公被称为定向募集公司，内部职工作为投资者所持有的公司发行的股份被称为内部职工股。1993年，国务院正式规定停止内部职工股的审批和发行。

我国国有股和法人股目前还不能上市交易。除少量公司职工股、内部职工股流通受一定限制外，绝大部分的社会公众股都可以上市流通交易。国家股东和法人股东要转让股权，可以在法律许可的范围内，经主管部门批准，与合格的机构投资者签订转让协议一次性完成大宗股权的转移。

（2）按是否可以在二级市场上流通，我国上市公司的股票一般分为流通股和非流通股两大类。在2005年5月启动的股权分置改革之前，国有股和法人股都不允许在二级市场上公开交易，为非流通股票。经过近两年的时间，股权分置改革基本完成，非流通股逐渐转化成为流通股，我国股市逐渐进入全流通时代。

流通股。流通股是指上市公司股份中，可以在交易所流通的股份。其概念是对证券市场而言的，是指在上海证券交易所、深圳证券交易所及北京两个法人股系统——全国证券自动报价系统（STAQ）与金融市场报价、信息和交易系统（NET）上流通的股票。在可流通的股票中，按市场属性的不同可分为A股、B股、法人股和境外上市股。

A股股票的正式名称是人民币普通股票。它是指由我国境内的公司发行，已在或获准在上海证券交易所、深圳证券交易所流通的，以人民币计价，供境内机构、组织或个人（不含港、澳、台投资者）以人民币认购和交易的普通股股票。这种股票按规定只能由我国大陆地区居民或法人购买，所以我国大陆地区股民通常所言的股票一般都是指A股股票。社会公众股和职工内部股两类同属于此类。我国A股股票市场经过十几年的快速发展，已经初具规模。

B股的正式名称是人民币特种股票，它是以人民币标明面值，以外币认购和买卖，在境内（上海、深圳）证券交易所上市交易的。它的投资人限于外国的自然人、法人和其他组织，中国香港、中国澳门、中国台湾的自然人、法人和其他组织，定居在国外的中国公民以及中国证监会规定的其他投资人。现阶段B股的投资人，主要是上述几类中的机构投资者。B股公司的注册地和上市地都在境内，只不过投资者在境外或在中国香港、中国澳门及中国台湾。

法人股股票是指在北京的STAQ和NET两个证券交易系统内上市挂牌的股票。之所以称为法人股，是因为在这两个系统内流通的股票只能由法人参与认购及交易，而自然人是不能在这两个系统内买卖股票的。

境外上市股票是指境内公司发行的以人民币标明面值，在境外发行并上市供境外投资者用外币认购的股票，这些企业生产、经营等核心业务和注册地均在中国内部。在香港证券交易所流通的股票为H股；在新加坡交易所上市的股票为S股；在纽约证券交易系统流通的股票为N股，但在实践当中，大多数外国公司（即非美国公司）都采用存托凭证（ADR，是一种以证书形式发行的可转让证券，通常代表一家外国公司的已发行股票）形式而非普通股的方式进入美国市场。

非流通股。在上市公司的股票中，非流通股股票主要是指暂时不能上市流通的国家股和法人股，其中国家股是在股份公司改制时由国有资产折成的股份，而法人股一部分是成立股份公司之初由公司的发起人出资认购的股份，另一部分是在股份有限公司向社会公开募集股份时专门向其他法人机构募集而成的。这一部分股票未上市流通的原因一是国家股的代表人尚未确定，其上市转让难以操作；二是在发行股票时，部分法人股的募集和社会公众股条件有所不同；三是国家股和法人股在上市公司的总股本中所占比例高达 2/3，其上市流通会对现在的二级市场形成较大的冲击。

然而，流通股与非流通股的区分是动态变化的。随着我国股权分置改革的深入、股市的成熟和发展，曾经的非流通股将逐步转化为可流通股，最终进入沪深股市的二级流通市场（张维，2008）。

（3）其他分类方式。股票还有如下的其他分类方法：

记名股票与无记名股票。这种分类是按照是否记载股东姓名来进行划分。记名股票是早期资本市场的产物，如需转让，必须经公司办理过户手续。无记名股票转让时，通过交付即可生效。由于记名股票转让手续烦琐，所以很少发行。目前市场上流通的均为不记名股票。

有票面值股票与无票面值股票。该分类方式是按照是否记明每股金额来进行划分。有票面值股票是在股票上记载每股的金额。无票面值股票只是记明股票和公司资本总额，或每股占公司资本总额的比例。无面值股票在多数国家被禁止，仅在美国比较流行。

单一股票与复数股票。该分类方式是按照每支股票表示的份数来进行划分。单一股票指每张股票表示一股，复数股票是指每张股票表示数股。

表决权股票和无表决权股票。股票也可按照其持有者有无表决权进行划分。普通股票持有者都有表决权，优先股票在某些方面享有特别利益的持有者，在表决权上常受到限制。无表决权的股东，不能参与公司决策。

8.1.4 股票市场

8.1.4.1 股票市场的概念及分类

1. 股票市场的概念

股票市场是股票发行和流通的场所。在良好的股票市场中，市场参与者能够方便、及时地获得关于市场过去和目前的交易价格、交易数额等方面的准确信息，交易者能够按照某一已知价格迅速买卖股票，若没有新信息的公布，则此价格不会同以前的交易价格相差太大。

2. 股票市场的分类

股票市场主要分为一级（初级）市场、二级（次级）市场、三级市场（third market）、四级市场（fourth market）。

一级（初级）市场指股票的发行市场，它一方面为资本的需求者提供筹资渠道，另一方面为资本的供应者创造了投资机会。

二级（次级）市场指已发行的股票流通的市场。流通市场一方面为股票持有者提供随时变现的机会，另一方面又为新的投资者提供投资机会。二级股票市场通常可分为几个主要部分：全国性的股票交易所（如纽约股票交易所 NYSE、东京股票交易所 TSE 等）、区域性股票交易市场（如芝加哥、圣弗兰西斯科等地的股票交易所）、场外交易市场（over the counter market，OTC）又称店头市场或柜台市场。二级市场中的场外交易是针对没有在任何有组织的交易所挂牌上市（listed）的股票的交易。

三级市场是指在场外市场上从事上市股票交易的市场。

四级市场是指投资者不经过证券商直接进行交易的股票市场，一般在大的机构投资者之间进行，通过电子计算机网络相联系。

8.1.4.2 股票市场的基本功能

股票市场对国民经济影响巨大，主要是因为其具备以下几个主要功能：

1. 融资功能

筹集资金是股票市场的首要功能。上市公司将股票委托给证券承销商，证券承销商再在股票市场上发行给投资者。随着股票的发行，把社会上大量闲散资金集中起来，形成巨额的、可供长期使用的资本，用于支持社会化大生产和大规模经营，开辟了直接融资的途径。直接融资对企业有以下好处：第一，所筹资金具有高度的稳定性和长期性。股东一旦入股，就不能要求退股。在企业经营状况不佳时，企业可以减少分红或不分红，从而不增加企业的负担。第二，筹资成本低，而且可以连续筹资。第三，面对众多的个人投资者和机构投资者，发行人可以筹集到巨额资金。

2. 优化资源配置功能

在股票市场上，投资者通过及时披露的各种信息，选择成长性好、盈利潜力大的股票进行投资，而抛弃业绩滑坡、收益差的股票。效益好的公司可以更加便利地实现股票发行，为其吸引优秀人才、开发高新技术产品、扩大再生产等提供良好的资金来源。利用市场的力量，促使社会物质资源向最佳投资场所配置、集中。

3. 分散风险功能

从资金需求者的角度分析，他们通过发行股票进行融资的同时还将其经营风险部分转移给投资者，实现了风险的社会化。从投资者的角度来看，他们可以根据个人承担风险的程度进行买卖多种股票或建立投资组合来转移和分散其风险。另外，由于股票市场的高变现性和高流通性，使实业投资风险分散，长期风险短期化、集中风险分散化，从而使投资者敢于把闲置的资金投入股票市场，将其转化为生产资金。这样既可以使社会最大限度地利用了分散的闲置资金，又可促进个人资产的保值及增值。

4. 信息反馈功能

在理论上，股票市场的价格变动反映了企业的经营业绩及未来发展趋势，同时也反映了宏观经济运行的态势。股票市场的变化与整个市场经济的发展是密切相关的，可以通过股票市场来预测市场经济的变化。在开放的经济中，投资者还可以通过股价判断国际经济的动态。

5. 监督并约束企业功能

首先，企业要成为上市公司，就必须先改制为股份有限公司，适当分离企业的所有权和经营权，使公司的体制得到规范。其次，由于上市公司的资本来自众多股东，公司必须履行信息披露义务，这就使企业时时处在各方面的监督之中。最后，股票的价格是发行股票企业经营管理、经济效益等各方面情况的反映。投资者通过购买或抛售某企业的股票，来表达自己对企业经营管理决策方面工作的认可或反对，从而促使经营管理良好的企业股票价格上升，经营管理较差的企业股票价格下降。股票价格过低的企业通常会被实力雄厚的企业收购，撤换其管理层。因此，股票市场起着淘汰较差企业的功能。

8.1.4.3 股票市场的主要参与者

1. 佣金经纪人

佣金经纪人（commission brokers）是经纪公司的工作人员。这种经纪人接受客户委托在交易所中代客户买卖股票，买卖股票的盈亏都由客户自负，经纪人所在的公司只向客户收取固定的佣金费用。

2. 交易厅经纪人

交易厅经纪人（floor brokers）一般不属于任何经纪公司。这种经纪人专门接受经纪人的委托代为买卖证券从中收取佣金，在交易量达到顶峰时分担正常经纪人的工作，配合正常的经纪人，以防止交易积压。

3. 专营商

专营商（specialists）称交易商、造市商（market maker）。他们可以从事两种工作：一是充当某些股票的交易商，自负盈亏地买卖股票；二是充当经纪公司角色，主持交易活动，发布有效的报价。专营商的主要工作是确保自己负责的股票交易的公平和有秩序进行，没有欺诈行为，没有蓄意操纵价格行为，确保自己负责的股票交易市场是连续市场。如果某个其他交易所成员接到了一项限价指令：按每股40美元的价格买入300股某股票，而该股票现行市价为每股47美元。显然，市场上不会有客户或经纪商愿意按此价格卖出，该限价指令不能马上被执行，则该交易所成员可以将这项指令转到专营商的账户上，这一账户被称为限价交易指令簿或专营商簿（specialist's book），专营商接受的止损交易指令和止损限价交易指令也放在此账簿中以留待他日执行。若日后该限价交易指令被执行，则专营商因充当其他交易所成员的经纪商，可以特定的成员收取一定的佣金。

4. 场内（大厅）交易商

场内（大厅）交易商（floor traders）又称注册竞争造市商（registered competitive market-maker）、竞争交易商（competitive traders）、注册交易商（registered traders），是交易所内只能自负盈亏进行股票买卖、不能接受客户指令的会员。他们可能会听命于交易所的官员，对某支股票报价或提出要价以减少价差或增加市场的深度（张维，2008）。

8.1.4.4 股票市场的交易规则

1. 股票市场的交易体系

股票市场主要有两种交易体系（trading system）：任何一个交易所可使用其中任意一种或两种。一种体系是纯粹的拍卖（auction）市场体系，即对于某支股票，买卖双方向某个中立机构出价，中心机构的经纪人（broker）将价格一致的买卖双方相互匹配从而实现买卖。在这样的市场中，股票的买卖双方向经纪人下达交易指令即可。另一种交易体系是交易商市场体系。这里每个交易商自负盈亏，从股票买卖者手中买入或卖出股票。这样的市场中，股票的买卖者必须亲自同交易商联系接洽。

2. 股票市场中的交易

尽管两个投资者可直接进行交易，但一般讲，股票买卖都需要有经纪人、交易商和交易市场来提供服务。某个投资者要在交易所买卖股票，先去证券公司的经纪人那里开立一个户头，存入一定金额的存款，用来从事股票的买卖。之后，投资者所要做的事只是向经纪人下达具体的交易指令（order specification），所有的股票交易盈亏都将反映在开立的账户中。交易指令中必须包括公司名称、买入还是卖出、交易数量、交易指令的有效时间、交易指令的种类。

3. 买入还是卖出

交易指令要指明是买入还是卖出股票。如果是卖出，还必须注明是多头（也叫买空）还是空头（也叫卖空）。所谓多头是指在行情看涨时先买进而后再卖出股票；空头是指因预见行情下跌而预先卖出手中并没拥有的股票。卖空交易运用非常广泛。

现金账户（cash account）。如果客户想买卖股票，必须在经纪人处开立账户。现金账户就如同在经纪人处的一个普通的存款账户。客户可以用该账户上的资金来进行股票的买卖，但客户购买股票的价值不能超过其账户上的存款余额。

保证金账户（margin account）。除现金账户外，客户还可以在经纪人处开立保证金账户。此账户允许客户进行保证金购买和卖空。

保证金购买。客户交纳一定现金或有价证券做抵押后，就可用自己交纳的资金和经纪人的贷款购买股票。购买股票后，股票所有权不归投资者所有，而是归经纪人拥有，以作为给投资者提供贷款的抵押。但是这部分股票的收益权等归投资者拥有。购买股票时，投资者应自己支付的购买价格的最小比例，称为初始保证金要求（initial margin requirement）。投资者保证金账户上的实际保证金比例不得低于某个规定的比例，这一比例称为维持保证金。如果股票价格变动使得投资者保证金账户上的实际保证金低于维持保证金比例，则经纪人就会通知投资者追加保证金。这时，投资者有两个选择：在账户中存入现金或证券，直到实际保证金达到初始保证金比例；或者出售部分股票，以此项收入偿还经纪人的贷款。美国联邦储备银行规定的初始保证金比例是 50%，交易所规定的初始保证金比例比联邦储备银行规定的要高，而经纪公司规定的比交易所的还要高。假设经纪人初始保证金比例要求是 60%，维持保证金要求是 30%。保证金交易采取盯市操作（marking to market），即每日结算投资者账户中实际保证金的做法。

卖空。卖空交易也是保证金账户交易的一种，其运作规则同保证金购买相同。只是此时投资者下达的指令是卖出指令而非买入指令。投资者卖出的是他并没拥有的股票，投资者得到股票出售收入的所有权，但并不能提取这部分收入。卖空交易与保证金购买相同，也要遵守初始保证金、维持保证金、追加保证金、盯市操作要求；当投资者账户中的资金超过初始保证金时，投资者可以提现。卖空交易同保证金购买不同的是：卖空交易中，经纪人向投资者贷出的不是现金而是股票，所以，投资者出售股票的收入，而非股票，要用做投资者归还股票的抵押。因为所借证券尚未归还经纪人之前卖空收入不得从账户中批示，所以"保证金账户余额 = 初始保证金 + 卖空收入"。

4. 买卖数量

整批（round lot）交易。证券以市场最普遍的交易单位进行交易。对于一般的股票，100股算做一个交易单位，称为一个整批。对于某些优先股或不景气的股票，一个整批或一个交易单位也可能是10股。

零股（odd lot）交易。若投资者买卖的股票不足一个成交单位时，就称为零股交易。投资者进行零股交易时支付经纪商的手续费高于整批交易的手续费。

大宗交易（block transactions）。若交易的股票股数在1万股以上，或市值在20万美元以上，就称为大宗股票交易。对于纽约股票交易所，大宗股票交易额占股票交易所总成交额的近一半。

8.1.4.5　交易指令的有效时间

当日交易指令（day orders）即投资者指示，该指令只在当日有效。若当日营业结束时该指令还未能被执行，则该指令必须注销。

开口交易指令（open orders）即撤销前有效交易指令（good-till-canceled orders，GTC）。这种指令在成交前可在专营商的账户上保留6个月，这期间若未被投资者撤销，该指令都一直有效。但在交易指令成交之前经纪人会定期向客户发送通知，让客户了解自己的开口交易指令并确认其是否继续有效。

立即执行否则撤销交易指令（fill-or-kill orders）。若投资者下达的是这种交易指令，经纪人必须马上执行，否则自动作废。

自主交易指令（discretionary orders）是指投资者允许经纪人决定交易指令中的全部内容或部分内容的指令。

8.1.4.6　交易指令的类型

市价交易指令（market orders）。市价交易指令是最常见的一种交易指令。这种指令指示经纪人马上尽最大努力，按当前尽可能低的价格买入规定数量的股票或按尽可能高的价格卖出规定数量的股票。这种交易指令肯定会在当日被执行。

限价交易指令（limit orders）。限价交易指令是要求经纪人在投资者限定的价格上或下限内成交的交易指令。如果是买入指令，则投资者规定的价格限度就是上限，经纪人只能以此价格或更低的价格买入规定数量的股票；如果是卖出指令，则投资者规定的价格就是下限，经纪人只能以此价格或更高的价格卖出规定数量的股票。

止损交易指令（stop orders）。在市场价格上升或下降到投资者规定的止损价格时，该指令自动成为市价交易指令。它是投资者避免自己损失进一步扩大或保证自己一定利润的一种交易指令。如果是卖出指令，则止损价格一定低于下指令时的市价；如果是买入指令，则止损价格一定高于下指令时的市价。这种交易指令不一定会被马上执行。若当日未被执行，这种指令就被放入专营商簿中，日后再找机会执行。这种指令的一种风险是，在价格变化迅速时，实际成交价可能同止损价格相差很远。

止损限价交易指令（stop limit orders）。投资者规定两个价格，一个是止损价，一个是限价，在市场价格上升或下降到投资者规定的止损价格时，该指令自动成为限价交易指令。它是为了弥补止损交易指令执行价格不确定的不足而出现的。它同止损交易指令的区别在于,止损交易指令是一种有条件的市价交易指令,而止损限价交易指令是一种有条件的限价交易指令。

【拓展阅读 8-1】

世界著名的股票指数

道·琼斯指数。该指数是世界上历史最悠久的股价指数,于 1884 年由《华尔街日报》的出版者道·琼斯公司创始人查理斯·道开始编制,以纽约证交所上市的若干种代表性股票作为样本。现在的道·琼斯指数以 1928 年 10 月 1 日为基期(因该日收盘道·琼斯股价平均指数恰好约为 100 美元),并令基期指数为 100。

道·琼斯指数包括五组分类指数:(1)30 种工业股价平均数,是最著名、最有影响的股价指数;(2)20 种交易运输业股价平均数;(3)15 种公用事业股价平均数;(4)包括以上 65 种股票的综合股价平均数;(5)包括 700 支各类股票的公正市价指数。道·琼斯指数的编制方法采用平均数法。

$$道\cdot 琼斯股价平均数 = \frac{报告期股票价格平均数}{基期股票价格平均数}$$

$$股票价格平均数 = \frac{总价格}{总股数}$$

标准普尔股票价格指数。标准普尔公司最早于 1923 年开始出版股票价格指数。当时的指数是根据 223 种股票编制的,共 26 组指数。到 1957 年,该种指数的股票数目增加到 500 种,分 95 组不同的指数。但最为投资者熟悉的主要有四种指数,即标准普尔工业指数、标准普尔铁路指数、标准普尔公用事业指数和标准普尔 500 种股票综合指数。标准普尔 500 种股票综合指数最初是根据 425 种工业股票、15 种铁路股票和 60 种公用事业股票编制的。从 1976 年 7 月 1 日开始,改为根据 400 种工业股票、20 种运输业股票和 40 种金融业股票编制。标准普尔公司采用基期加权综合指标数法(base weighted aggregative method)计算股票价格指数,即以基期(1941—1943 年)等于 10 的平均值的相对数表示,计算公式为:

$$指数 = \frac{本期股票组市场价值}{(1941—1943 年)基期股票组市场价值} \times 10$$

其中,市场价值 = 股票平均市价 × 发行股份数。

纽约证券交易所指数。纽约证券交易所于 1966 年根据挂牌上市的 1 500 家公司的股票,建立了纽约证券交易所普通股票指数,即现今的综合指数。此外,纽约证券交易所还公布四个分组指数,即工业、运输业、公用事业和金融业股票指数。纽约证券交易所指数计算方法与标准普尔股票价格指数相同，只是纽约证券交易所指数计算中采用的基期是 1965 年 12 月 31 日，基期指数为 50。

全国证券交易商协会自动报价指数（NASDAQ）。该指数包括 3 000 多家场外交易公司股票，共有 7 种指数，即综合指数、工业指数、银行业指数、保险业指数、其他金融业指数、运输业指数和公用事业指数。该指数计算方法近似于纽约证券交易所指数和标准普尔指数，不同的是 NASDAQ 的基期是 1971 年 2 月 5 日，基期指数为 100。

上证指数。该指数由上海证券交易所编制，于 1991 年 7 月 15 日公开发布，基期定为 1990 年 12 月 19 日，以点为单位，基期为 100 点。

上证指数以全部上市公司股票为采样股，以报告期发行股数为权数加权综合。

$$报告期指数 = \frac{报告期采样组的市价总值}{基期采样股的市价总值} \times 100$$

其中，市价总值是市价与发行股数的乘积，基日采样股市价总值亦称除数。

香港恒生指数。该指数是中国香港股市历史最久的一种股价指数，由香港恒生银行于 1969 年 11 月 24 日公布使用。现行恒生指数以 1996 年 7 月 31 日为基期，根据各行业在港上市股票中的 33 种具有代表性的股票价格加权计算编制而成。恒生指数是目前中国香港股票市场最具权威性和代表性的股票价格指数。

沪深 300 指数。该指数是沪深证券交易所于 2005 年 4 月 8 日联合发布的反映 A 股市场整体走势的指数。沪深 300 指数是以 2004 年 12 月 31 日为基期，基点为 1 000 点，其计算是以调整股本为权重，采用派许加权综合价格指数公式进行计算。由于沪深 300 指数覆盖了沪深两个证券市场，具有很好的总体市场代表性，因此在中国股指期货标的指数选择上呼声最高，已经成为中国股指期货的标的物。

8.2 我国股票市场运行机制

8.2.1 我国股票市场概况

我国证券市场是改革开放的产物，证券市场很大程度上推动了经济的增长，为企业提供了融资来源。沪深两地证券交易所的成立标志着我国证券市场的正式形成。上海证券交易所于 1990 年 11 月 20 日正式宣告成立，并于同年 12 月 19 日正式营业。深圳证券交易所与 1989 年 11 月 15 日开始筹建，1990 年 12 月 1 日试运作，次年 7 月 3 日正式成立。经过近 30 年跌宕起伏的发展，我国的股票市场已成为初具规模的新兴市场。1990 年，深圳、上海两市市价总值仅 30.91 亿元。截至 2017 年 1 月，两市总计有上市公司 3 105 家，市价总值达到 517 112.71 亿元，是 1990 年的 16 730 倍，其中流通市值 399 912.44 亿元，股票成交额达到 64 030.81 亿元，从表 8-2 可以看出中国股票市场近年来的发展。

表 8-2　深圳、上海两市股票市价总值与流通市值

年份	市价总值（亿元）	流通市值（亿元）
1992	1048.13	
1993	3531.01	
1994	3690.62	964.82
1995	3473.00	937.94
1996	9842.37	2867.03
1997	17529.23	5204.43
1998	19505.64	5745.59
1999	26471.17	8213.97
2000	48090.94	18087.52
2001	43522.90	14463.17
2002	38329.13	12484.56
2003	42457.71	13178.52
2004	37055.57	34877.62
2005	32430.28	10630.52
2006	89403.90	25003.64
2007	327140.89	93064.35
2008	121366.44	45213.90
2009	243939.12	151258.65
2010	265422.59	193110.41
2011	214758.10	164921.30
2012	230357.62	181658.26
2013	239077.19	199579.54
2014	372546.96	315624.31
2015	531304.20	417925.40
2016	508245.11	393266.27
2017	567475.37	449105.31
2018（1月）	585188.02	470843.16

资料来源：中国证券监督管理委员会，http://www.csrc.gov.cn。

在电子化交易方面，年轻的中国证券交易市场走在了前面。自 1998 年以来，中国证券市场便实现了投资者、券商、证券交易所、证券登记公司、银行、上市公司之间的认购、委托、报单、撮合、行情、成交回报、交割、清算、结算联网全部自动交易。目前，沪深交易所已建立起了全自动的电子交易系统，所有上市交易证券的买卖均须通过电脑主机进行公开申报竞价，由价格优先、时间优先的原则自动撮合成交，其先进性不逊色于发达市场。

8.2.2 我国股票市场发展历程

8.2.2.1 我国股票市场的起步期（1981—1991）

在这一阶段，我国的资本市场开始萌芽。我国一些经济发达的城市陆续开始有企业以发行股票的方式筹集资金。1984 年 11 月 18 日，飞乐音响作为我国第一个公开发行的股票，向社会发行 1 万股（每股票面 50 元），在海外引起比国内更大的反响，被认为是我国改革开放的一个信号。这段时间发行的股票很多带有债券性质，大部分具有比银行利率高得多的利率，并有还本的固定期限。这表明，股票在进入计划经济的圈子里时，基本的功能就是融资，而没有其他功能。由于信托业务得到恢复，证券的发行可以通过信托进行，因此形成了非银行金融机构打破银行一统天下的局面。股票的发行流通由信托公司和银行作为兼营业务，出现了少量柜台交易网点。

1986 年 9 月 26 日，我国第一个证券交易柜台——静安证券业务部开张，标志着中华人民共和国从此有了股票交易。1990 年 11 月 26 日，经国务院授权，由中国人民银行批准建立的上海证券交易所正式成立，这是中华人民共和国成立以来内地第一家证券交易所。1987—1991 年，我国股票市场的发行和交易规模都在逐年增加，形成了一定的市场基础。随着国有企业股份制改造，股票发行有所增长，到 1991 年，我国累计发行股票 75.42 亿元。证券交易开始活跃，股票的品种增加。上市公司的数量从 5、6 家增加到 26 家，其中包括 11 家 B 股公司。更重要的是，我国股票市场的中介组织得到发展：兼营证券业务的信托公司增加；专业化的证券公司出现；伴随 1988 年国债流通市场的出现，财政部门的国债服务部后来改造成财政证券公司；特别是大型有组织的交易市场开始建设，形成了 1990 年 11 月的上海证券交易所和 1991 年 4 月的深圳证券交易所，并在其间开通了 STAQ 系统。

这一期间主要的市场特点为：一级市场得到有限度的拓展，二级市场交易逐步活跃，股票品种开始增加，中介组织发展迅速。

8.2.2.2 我国股票市场的成长与调整期（1992—1995）

1992—1993 年，股票市场发展迅猛。1992 年两个证券交易所的上市股票 A 股数量为 50 支（比 1991 年增加 35 支），B 股数量为 18 支（比 1991 年增长 7 支）；1993 年则增加到 237 支，总市值比 1992 年增加 6 倍多（股票支数增加 28 倍）。

发行交易的扩张，使市场中介机构得到不断的发展，1994 年 3 月已经有全国性的证券公司 91 家。深沪证券交易所也随之发展。

编制和发布了各种股票指数，如"中华股价指数""新华股价指数""道中指数"等的出现。新闻传媒对于行情的报道和分析、国际电信网络的建立、专业证券杂志的创办等，为投资人提供了前所未有的信息服务。与此同时，相应的律师事务所、会计师事务所、证券评级机构等逐步诞生和扩张。

股票分析和交易方式开始改进。1993年各地普遍采用了规定时间内无限量发售认购申请表的做法。1994年，股份有限公司的新股发行采取了交易所竞价发行方式。现代技术使交易方式也有所改变：电话委托、无纸化交易等。股票交易的登记、结算、过户开始走向专业化运作。

个人投资者队伍扩大。企业开始试图通过股市进行兼并收购。在放开法人机构入市限制之后，1993年9月以后不到一年的时间内，上海证券市场的机构投资者已有2 500多家。1993年9月深圳保安集团收购上海延中实业股票（即所谓的"宝延事件"），是中国企业通过股市收购的首例尝试；1993年11月深圳万科购买上海申华实业股份，首创企业通过市场联合的先例；1993年12月深圳投资管理公司与平安保险的股权转让协议，开始了国有股份的流通尝试。尽管这里有些有违规行为，但对于探索在二级市场上进行产权资源重组是有意义的。

股票市场政策和管理开始建立，除了一些地方性的政策，全国统一的政策有所出台。如1993年的股票发行与交易管理暂行规定、上市公司信息披露细则、上市公司送配股的规定、定向募集公司职工内部持股的管理规定、《公司法》等。这一时期是证券市场法治建设最集中的时期。与此同时，管理机构的建设也有大的动作。1992年国务院证券委和中国证监会成立，同时中国人民银行建立证券管理办公室，股票的发行和股份制改造由国家体制改革委员会管理为主。

8.2.2.3　我国股票市场发展的新阶段（1996—2005）

我国股市在经历了4—5年的"试验"以后，终于在1996年被定位为"社会主义经济的重要组成部分"。除了融资功能之外，我国股市在这个阶段上出现了资源配置功能。1996年股市出现了一系列的企业兼并和重组活动。沪市1996年发生近50起资产重组案，涉及70余家企业。更多的是上市公司对非上市公司的兼并和收购，这使我国的企业开始认识到外部交易战略在企业发展中的作用。

此阶段上市公司和投资者的素质都有提高。上市公司在自身管理上和发展战略上都有长足的进步，1996年上市公司的每股收益在0.4元以上，市场绩优股明显增加。机构投资者理念发生积极变化，重视上市公司业绩和成长性的长期投资意识逐步确立。越来越多的投资者通过学习理性判断投资前景。

这一阶段在股市的管理上也有进展，商业银行法出台，将银行信贷资金挡在股市之外，为减少炒作风险创造了条件；《交易所管理办法》加强了交易所的一线监管力度，向地方监管机构的授权形成了中央为主、地方为辅的全国体系；《券商自营管理办法》对券商的自营和代理业务进行了分离，意在减少券商违规行为；中国证监会出台了新股发行方法、上市公司信息披露规定等文件，试图对上市公司的运作进行规范。1999年7

月1日,《中华人民共和国证券法》正式实施,标志着集中统一的监管体制建立,也标志着我国证券市场法制化建设步入新阶段。

2002年11月8日,QFII制度正式实施,使我国在货币没有实现完全可自由兑换、资本项目尚未开放的情况下,有限度地引进外资、开放资本市场,标志着我国证券市场发展过程当中一个新篇章的开始。国内的公司将会更容易地获得国际资本,国际投资者将会发挥作用,帮助国内公司以有效的方式进入到国际市场。在国际资本不断流入我国证券市场的过程中,不论是国内还是国际资本都能获得好处。

8.2.2.4　我国股票市场的全流通时代(2005年至今)

2005年开始的股权分置改革标志着我国资本市场特别是股票市场正进入一个新的发展阶段,已经走过十余年艰辛历程的我国股票市场进入了一个重要的发展转折期,迎来历史上最为深刻的制度性变革。在此阶段,随着我国资本市场改革开放不断向纵深推进,我国先后进行了股权分置改革、提高上市公司质量、实施证券公司综合治理、大力发展机构投资者、加快产品和制度创新、成立金融期货交易所、实行业务综合化经营试点、健全资本市场法制等方面的改革工作,适时推出了合格境外机构投资者QFII、合格境内机构投资者QDII制度等。这些改革措施取得了明显成效,资本市场基础性制度建设得到加强,市场功能进一步完善,长期制约我国资本市场发展的重大历史遗留问题逐步得到化解。资本市场健康发展的新机制正在形成,金融市场巨大发展的潜力逐步显现。

股权分置是指A股市场的上市公司股份按能否在证券交易所上市交易被区分为非流通股和流通股,这是我国经济体制转轨过程中形成的特殊问题。股权分置扭曲资本市场定价机制,制约资源配置功能的有效发挥;公司股价难以对大股东、管理层形成市场化的激励和约束,公司治理缺乏共同的利益基础;资本流动存在非流通股协议转让和流通股竞价交易两种价格,资本运营缺乏市场化操作基础。股权分置改革就是为非流通股可上市交易做出的制度安排,着力解决影响市场长期发展的基础性问题,推进资本市场的改革开放和稳定发展。从操作上讲,上市公司非流通股股东依据现行法律、法规和股权分置改革的管理办法,广泛征求A股市场相关流通股股东意见,协商确定切合本公司实际情况的股权分置改革方案,参照股东大会的程序,由A股市场相关股东召开会议分类表决,非流通股股东与流通股股东之间以对价方式平衡股东利益。

随着股权分置改革的推进,市场的制度化建设随之发展,市场监管也在探索中前进。股权分置改革完成后,上市公司大股东利益系于二级市场股价,通过整体上市、资产重组、不良贷款清欠等多种资本运作方式形成资产注入,大大改善了上市公司质量。而股权激励等措施的实施,使得股东、管理人利益一致,从而进一步提升了上市公司竞争力。随着监管水平的不断提升,投资者保护到位,投资人信心也进一步增强。这些市场治理结构的改善,使股市面临着越来越好的内部环境。

8.3 我国股票的发行市场——一级市场

8.3.1 一级市场概况

一级市场,又称初级市场,是指通过发行新的股票筹集资本的市场。可细分为首次发行市场和增发市场。首次发行是指证券第一次面向公众出售,增发是指已上市证券的再次增加发行。一级市场主要是由股票发行人、股票投资者和证券中介机构三者构成。

一级市场的功能包括:为资金需求者提供筹措资金的渠道;为资金供应者提供投资机会,实现储蓄向投资的转化;形成资金流动的收益导向机制,促进资源配置的不断优化。

8.3.2 我国股票公开发行的条件

1. 股票经中国证监会核准已公开发行;
2. 公司股本总额不少于人民币 3 000 万元;
3. 公开发行的股份达到公司股份总额的 25% 以上,公司股本总额超过人民币 4 亿元的,公司发行股份的总额的比例为 10%。
4. 公司在 3 年内无重大违法行为,财务会计报告无虚假记载。

8.3.3 股票发行的程序和推荐核准程序

8.3.3.1 发行前的准备

自 2004 年 2 月 1 日起,为规范证券发行上市行为、提高上市公司质量和证券经营机构执业水平、保护投资者的合法权益、促进证券市场健康发展,我国对股份有限公司首次公开发行股票和上市公司发行新股、可转换公司债券采用证券发行上市保荐制度。保荐人(券商)负责发行人的上市推荐和辅导,调查发行人基本情况、发行企业的业务与技术、同业竞争与关联交易、高管人员、组织结构与内部控制、财务与会计、业务发展目标、募集资金流向、风险等其他重要事项,核实发行文件与上市文件中所载资料是否真实、准确、完整,协助发行人建立严格的信息披露制度,并承担风险防范责任。

上市公司准备增发新股时,董事会应先做出决议,决议包括本次增发股票的发行方案、本次募集资金使用的可行性报告、前次募集资金使用的报告以及其他必须明确的事项。然后提请股东大会批准,股东大会就本次发行证券的种类和数量、发行方式、发行对象及向原股东配售的安排、定价方式或价格区间、募集资金用途、决议的有效期、对董事会办理本次发行具体事宜的授权以及其他必须明确的事项进行逐项表决,必须经出席会议的股东所持表决权的 2/3 以上通过。股东大会批准后，由保荐人保荐，编制股票发行申请书，向中国证监会申报。

8.3.3.2 发行的申请阶段

公开发行股票需要证券管理机构的批准。保荐人报送的发行申请文件应包括：招股说明书与发行公告、发行人关于本次发行的文件、会计师关于本次发行的文件、发行人律师关于本次发行的文件、发行人的设立文件、关于本次发行募集资金运用的文件、与财务会计资料相关的其他文件、其他文件等。

8.3.3.3 发行的核准制

核准制，即所谓的实质管理，是指法律规定证券发行的实质条件，发行人在准备发行证券时，须充分公开企业的真实情况并将证明其具备实质条件的文件向核准机构申报，经核准机构审核确认发行申请人具备了法律和核准机构规定的实质条件，发行人才可以公开发行证券，核准机构有权否决不符合规定的证券发行申请。

我国的股票发行长期以来实行行政审批制，在 1999 年 7 月 1 日颁布的《证券法》规定：从 2001 年 4 月 1 日起，我国股票发行实行新的核准制度。根据《中国证监会股票发行核准程序》，其核准程序如下：

1. 受理申请文件

发行人按照中国证监会颁布的《公司公开发行股票申请文件标准格式》制作申请文件，经省级人民政府或国务院有关部门同意后，由主承销商推荐并向中国证监会申报。中国证监会收到申请文件后在 5 个工作日内做出是否受理的决定。未按规定要求制作申请文件的，不予受理。同意受理的，根据国家有关规定收取审核费人民币 3 万元。为不断提高股票发行工作水平，主承销商在报送申请文件前，应对发行人辅导一年，并出具承诺函。在辅导期间，主承销商应对发行人的董事、监事和高级管理人员进行《公司法》、《证券法》等法律法规考试。

2. 初审

中国证监会受理申请文件后，对发行人申请文件的合规性进行初审，并在 30 日内将初审意见函告发行人及其主承销商。主承销商自收到初审意见之日起 10 日内将补充完善的申请文件报至中国证监会。中国证监会在初审过程中，将就发行人投资项目是否符合国家产业政策征求国家发展计划委员会和国家经济贸易委员会的意见，两委自收到文件后在 15 个工作日内，将有关意见函告中国证监会。

3. 发行审核委员会审核

中国证监会对初审意见补充完善的申请文件进一步审核，并在受理申请文件后 60 日内，将初审报告和申请文件提交发行审核委员会审核。发行审核委员会按照国务院批准的工作程序开展审核工作。委员会进行充分讨论后，以投票方式对股票发行申请进行表决，提出审核意见。

4. 核准发行

依据发行审核委员会的审核意见，中国证监会对发行人的发行申请做出核准或不予核准的决定。予以核准的，出具核准公开发行的文件。不予核准的，出具书面意见，说明不予核准的理由。中国证监会自受理申请文件到做出决定的期限为 3 个月。

5. 复议

发行申请未被核准的企业，接到中国证监会书面决定之日起 60 日内，可提出复议申请。中国证监会收到复议申请后 60 日内，对复议申请做出决定。

8.4 我国股票的流通市场——二级市场

8.4.1 二级市场概况

8.4.1.1 二级市场的概念

二级市场又称证券的流通市场或次级市场，是指证券投资者转让、买卖已发行、上市的证券的交易场所。组织完善、经营有方、服务良好的二级市场将一级市场上所发行的证券快速有效地分配与转让，使其流通到其他更需要、更适当的投资者手中，并为证券的变现提供现实的可能。

8.4.1.2 二级市场的功能

二级市场的发展使证券市场的融资功能、投资增值功能、资源优化配置功能得到更好的发挥；降低了投资者的交易成本；使风险更加分散化；增加了证券市场的流动性、安全性。

8.4.1.3 二级市场与一级市场的联系

一级市场发行的证券的种类、数量与方式决定着二级市场的规模、结构和流通速度。相应地，二级市场作为证券买卖的场所，对一级市场也起着积极的推动作用，二级市场上的证券供求状况与价格水平等都有力地影响着一级市场上证券的发行。

8.4.2 交易场所

在我国，股票的流通市场一般是指在证券交易所（上海证券交易所和深圳证券交易所）上市的社会公众股（A 股和 B 股）的交易，即场内交易。但近年来，随着股票市场的发展，场外交易也有一定的发展（见表 8-1）。

8.4.2.1 场内交易市场

1. 场内交易市场概述

证券交易所是依据国家有关法律，经政府主管机关批准设立的集中进行证券交易的有形场所，包括上海证券交易所和深圳证券交易所。这两个交易所都是按照国际通行的会员制方式组成，是非营利性的事业单位。其业务范围包括提供证券集中交易的场所、组织并管理上市证券、提供发布证券交易即时行情、办理上市证券的清算与交割、办理中国人民银行许可或委托的其他业务。

2. 场内交易市场的发展

中国内地对人民币普通股（A股）的交易对象并没有严格的限制和资格审查，但境内上市外资股（B股）的交易对象限定为中国香港地区、中国澳门地区、中国台湾地区的法人和自然人，外国法人和自然人、主管部门批准的其他境外法人和自然人，在2001年2月以后，允许中国内地的个人投资者进入B股市场，但机构投资者依然在禁止范围之内。深圳证券交易所B股以港元报价，并以港元结算；上海证券交易所B股以美元报价，并以美元结算。

2002年2月26日，深圳证券交易所开始引进大宗交易制度，也就是说当深圳证券交易所市场进行的证券单笔买卖委托达到交易所规定的限额时，可以进行大宗交易。现根据深圳证券交易所相关细则及公司经纪业务服务平台设计，规定大宗交易制度适用于在深圳证券交易所上市的A股、B股、基金、债券（债券回购除外）的交易。例如，A股单笔交易申报数量不低于50万股或交易金额不低于300万元人民币。买卖双方就价格和数量达成一致后通过同一证券商席位以大宗交易申报的形式在交易日14点55分前输入交易系统，由交易系统确认后成交。交易价格由买卖双方在当日已成交的最高价和最低价之间确定，当日无成交的，以前收盘价为交易价。大宗交易不纳入指数计算，大宗交易的成交价不作为该证券当日的收盘价，大宗交易成交量在收盘后计入该证券的成交总量。深圳证券交易所大宗交易已实现由分支机构通过经纪业务服务平台相关菜单向深圳证券交易所进行直接申报。每笔大宗交易的证券名称、成交量、成交价、证券商席位名称以及买卖双方的姓名或名称将以公开信息披露的形式向市场公告。

2004年5月17日，中国证监会正式宣布深圳证券交易所中小企业板获准设立。"中小企业板"是深圳证券交易所为了鼓励自主创新而专门设置的中小型公司聚集板块。板块内的公司普遍具有收入增长快、盈利能力强、科技含量高并且股票流动性好，交易活跃等特点。中小企业板块是深圳证券交易所主板市场的一个组成部分。其股票不全流通，分为流通股和非流通股，其中流通盘较小，为3000万—5000万股。在深圳证券交易所于2004年5月20日公布的《中小企业板块交易特别规定》中指出，在交易制度方面，中小企业板块股票的开盘集合竞价，以开放式集合竞价的方式进行，从而提高市场透明度，遏制市场操纵行为，而主板市场目前是封闭式集合竞价；中小企业板块股票采用集合竞价的方式确定收盘价，而主板市场采用的是一定时间内成交量加权平均的方式。中小企业板块的设立是我国证券市场一种结构性的变革，是建设创业板市场的第一步棋，其影响不可能是短期的，它的推出对我国证券市场发展具有深远的意义。

2012年4月20日深圳证券交易所正式发布《深圳证券交易所创业板股票上市规则》，并于5月1日起正式实施，并将创业板退市制度方案内容落实到上市规则中。创业板又称二板市场即第二股票交易市场，是与主板市场不同的一类证券市场，是专为暂时无法在主板上市的创业型企业、高科技产业企业等需要进行融资和发展的企业提供融资途径和成长空间的证券交易市场，是对主板市场的重要补充，同时也是中国调整产业结构、推进经济改革的重要手段。创业板市场的风险要比主板市场高得多，当然，回报可能也会大得多。除上市首日交易风险控制制度外，创业板交易制度与主板保持一致，仍适用现有的《交易规则》。创业板市场满足了自主创新的融资需要，通过多层次资本市场的建设，建立起风险共担、收益共享的直接融资机制，从而形成适应高新技术企业发展的投融资体系。另外创业板市场还为自主创新提供了激励机制和优胜劣汰机制，提高了社会整体的创新效率。

8.4.2.2 场外交易市场

1. 场外交易市场概述

场外交易市场又称柜台交易市场或店头市场，是指在证券交易所外进行证券买卖的市场，是证券交易所的必要补充。和交易所市场不同，它没有固定的场所，没有规定的成员资格，没有严格可控的规则制度，没有规定的交易产品和限制，主要是交易对手通过私下协商进行的一对一的交易。

场外交易市场具有三个特点：一是交易品种多，上市不上市的股票都可在此进行交易；二是证券不挂牌，按自由协商的价格交易，交易手续简单方便；三是交易时间、地点灵活分散。因此，场外交易市场为投资者提供了许多便利。

场外交易市场是我国多层次资本市场体系的重要组成部分，主要具备以下功能：

拓宽融资渠道，改善中小企业融资环境。不同融资渠道的资金具有不同的性质和相互匹配关系，优化融资结构对于促进企业发展、保持稳定的资金供给至关重要。中小企业尤其是民营企业难以满足现有资本市场约束条件，很难获得持续稳定的资金供给。场外交易市场的建设和发展拓展了资本市场积聚和配置资源的范围，为中小企业提供了与其风险状况相匹配的融资工具。

为不能在证券交易所上市交易的证券提供流通转让的场所。在多层次资本市场体系中，证券交易所市场上市标准较高，部分公司很难达到这一标准，但是公司股份天然具有流动的特性，存在转让的要求，场外交易市场为其提供了流通转让的场所，也为投资者提供了兑现及投资的机会。

提供风险分层的金融资产管理渠道。资本市场是风险投资市场，不同投资人具有不同的风险偏好。建立多层次资本市场体系，发展场外交易市场能够增加不同风险等级的产品供给、提供必要的风险管理工具以及风险的分层管理体系，为不同风险偏好的投资者提供更多不同风险等级的产品，满足投资者对金融资产管理渠道多样化的要求。

2. 我国的场外交易市场

我国的场外市场主要起源于金融市场报价、信息和交易系统与全国证券自动报价系统。

金融市场报价、信息和交易系统于1993年4月由中国人民银行总行牵头，几家银行和证券交易中介机构共同发起建立。该报价系统是经营证券交易和资金拆借业务的金融机构，以计算机网络为依托，各种通信手段相结合，为证券市场提供证券的集中交易及报价、清算、交割、登记、托管、咨询等服务。报价系统的会员之间进行直接交易和自动清算和交割。

全国自动报价系统于1992年7月形成，是由中国证券市场研究中心（SEEC）的前身"证券交易所研究设计办公室"的9家全国性的非金融机构发起和集资成立，具有法人资格且能出示有效证明的非营利性、民间性、会员制境内事业单位和社会团体。它是依托计算机网络从事证券交易的综合性场外交易市场。通过计算机通信网络，连接国内证券交易活跃的大中城市，为会员公司提供有价证券的买卖价格信息和交易、清算等方面的服务，使分布在各地的证券经营机构相互之间高效、安全地开展业务。STAQ系统的主要功能是即时报价、辅助交易、信息分析和统一清算等。

1999年国庆节前夕，两个系统挂牌公司停止交易，柜台交易市场被禁止。直到2001年5月，中国证券业协会发布《证券公司代办股份转让服务业务试点办法》，选择部分证券公司试点开展原NET、STAQ系统挂牌公司里通股份的转让业务，股票的柜台交易在中国又开始了新的发展。此后，从证券交易所退市的股票，也进入这一代办系统进行转让，俗称三板。

表8-3 场内交易与场外交易的区别

	场内交易	场外交易
交易场所	有形且相对局限	无形且相对无限
交易机制	集中竞价的方式	做市商制度或一对一协商交易制度
交易股票	依法获准上市的股票	上市公司和非上市公司股票均可
交易时间	相对固定	相对自由分散
交易成本	股票成交价格包含佣金等费用，因而成本较高	股票价格一般按净价交易，因而成本较低
交易参加者	必须办理一定的手续，如开户及在账户中存入一定的交易保证金等	参加者并不受此限制

8.4.3 我国股票市场的微观结构

股票市场的微观结构（market microstructure），是指证券交易价格形成与发现的过程与运作机制。股票市场的交易机制不仅直接影响撮合的效率，也通过对定价、价格波动和透明度等的作用间接影响股票市场的流动性。一个完善合理的股票市场微观结构有利于加速价格发现，增加市场流动性，降低投资者的交易成本，抑制过度波动，从而提高股市的资源配置效率。

8.4.3.1 我国股市交易制度的价格形成机制

股市交易制度按价格形成机制的不同，可分为报价驱动系统（也称为做市商系统，quote driven system）和指令驱动系统（也称为竞价系统，order driven system）两种形式。报价驱动系统是由具备一定实力和信誉的经营法人充当做市商，以其自有资金和股票向投资者提供连续有效的买入和卖出报价以及自愿承担的交易数量，从而维持市场的流动性。与之相比，指令驱动系统是通过计算机对投资者的买卖指令进行直接撮合与成交，没有专门的市场流动性提供者，买卖订单是推动市场运作和价格形成的动力。一直以来，我国股市采用的都是指令驱动竞价方式，投资者将委托买卖价格报给证券公司，证券公司将信息经由委托系统汇总到交易系统，进行清算、结算。

8.4.3.2 我国股市交易制度的交易执行方式

交易制度按交易执行方式的不同，又可分为连续交易系统（continuous trading system）和定期交易系统（periodic trading system）。在连续交易系统中，投资者的指令提交后会立刻被执行，因此在不同价位上可能产生一系列双边买卖。而定期交易系统又称集合竞价系统，投资者的指令被收集储存后，留待某预定时刻再通过计算机统一执行，因此在同一价位上可能发生一系列多边买卖。目前，我国证交所的 A、B 股市场开盘价都通过集合竞价方式产生，即每日开市前 15 分钟（9:15—9:25），证交所的系统只接受委托，而不逐一处理；然后按照使成交量最大的原则，形成开盘价。开市后（9:30—11:30 及 13:00—13:00）使用指令驱动系统对每一笔委托进行处理，通过计算机主机撮合实行连续交易；收盘价则按该股票最后一笔交易前一分钟所有成交数量进行加权平均来确定。采用这种方式，券商执行委托指令比较容易，成交迅速且成交率高；但投资者只有在委托执行后才知道实际执行价格。尽管券商有义务以最赢利的价格为投资者买卖股票，但成交价格有时会不尽如人意。定期交易系统的特点是批量指令可以提供价格的稳定性及指令执行和结算的成本相对比较低。

8.4.3.3 我国股市交易的委托方式

按照委托时价格形式的不同，股票委托交易方式有三种：市价委托、限价委托和停止损失委托。

市价委托是最普通、最容易执行的一种委托指令，是指投资者对委托券商成交的股票价格没有限制条件，只要求委托券商按交易市场当前的市价成交就可以。采用市价委托策略买卖证券的好处在于它能保证即时成交，市价委托就是按照场内挂出的买入或卖出价格进行交易，不限制交易价格，这样就可以确保即时成交。另外市价委托成交的把握性大，只要没有意外情况发生一般都能得到执行。在市况极具追涨和杀跌价值时特别有用，但有时风险也会加大。市价委托只适用于连续竞价期间申报，不适用于集合竞价。市价委托适用于有涨跌停价格的证券交易。

限价委托是指投资者对于委托券商的买卖委托中设有低于市场价格的买进价格，或高于市场价格的卖出价格之指示。当市场价格达到其设定的价格时即成交。委托券商只能在投资者委托的价格限制内进行交易。如果市场价格不符合投资者的要求，委托券商则需耐心等待。该交易方式能使投资者取得期望价格，因此有利于投资者谋求最大利益。但是，限价委托也有缺陷，当限价与市场价格出现偏离时，容易导致无法成交的结果。即使限价与市场价格持平，但如果同时有市价委托出现，则市价委托就会优先成交，从而降低成交率。所以采用限价委托策略最要紧的是合理确定好限定价格。一般来讲，委托的价格是以现行市场为基础并根据市场短期走势来灵活加以固定。为了维持交易系统的简单性，防止交易错误，促成投资者实现预期投资计划，目前我国的上海证券交易所和深圳证券交易所都采取了限价委托方式。

停止损失委托又称停止委托，在金融投资市场中，为了减少可能的损失或保护其未实现的利益，看涨时以比目前市场较高的价格买进，或看跌时以比目前市场较低的价格卖出的委托，以期损失达到最小或保护其利益。停止损失委托是一种比较保守的委托策略，它比较适合于那些为避免风险而不计较利润多少的投资者。停止损失委托可以分为停止损失买入委托与停止损失卖出委托，前者是投资者要求证券商以高于现行市价的价格买进某种一定数量证券的委托，而后者则是要求证券商以低于现行市价的价格卖出某种一定数量证券的委托。停止损失委托指令的作用主要表现在两个方面：一是保障客户的既得利益。投资者为了保住已经取得的账面收益可以用停止损失卖出指令锁定价格，避免失去账面收益；二是限制客户遭受更大损失。当投资者预计行情将要变化，但又担心判断失误时可以委托证券商以某一价格买入证券，同时发出比买入价格略低的停止卖出委托，或者以某一价格卖出证券同时发出比卖出价格略高的停止损失买入委托从而限制损失。停止损失委托一般是投资者判断证券行情将有巨大变动时才采用的，而且大多时候与市价委托或限价委托配合使用，以达到保障投资者的既得利益和有效地防止可能出现的损失。停止损失委托策略的缺陷是当投资者的指令价格与市场的已成交价格过于接近时，若市场稍有变化，停止损失委托即可生效。但生效后若市场又恢复到原来状态时则加大了投资者重新进入市场的成本。另外，当市场暴跌时，委托券商很可能无法为其客户按指定价格成交，以至于实际的成交价格大大低于其指定价格。

8.4.4 证券交易程序

1. 开户

投资者欲进行证券交易，首先要开设证券账户和资金账户。证券账户用来记载投资者所持有的证券种类、数量和相应的变动情况，资金账户则用来记载和反映投资者买卖证券的货币收付和结存数额。例如，某投资者买入甲股票 1 000 股，包括股票价格和交易税费的总额用为 10 000 元，则投资者的证券账户上就会增加甲股票 1 000 股，资金账户上就会减少 10 000 元。

2. 交易委托

在证券交易市场，投资者买卖证券是不能直接进入交易所办理的，而必须通过证券交易所的会员来进行，换而言之，投资者需要通过经纪商的代理才能在证券交易所买卖证券。在这种情况下，投资者向经纪商下达买进或卖出证券的指令，称为"委托"。开户后，投资者就可以在证券营业部办理证券委托买卖。我国的证券交易所采用限价委托的方式来执行委托指令。

3. 竞价成交

竞价成交按照一定的竞争规则进行，其核心内容是价格优先、时间优先原则。价格优先原则是在买进证券时，较高的买进价格申报优先于较低的买进价格申报；卖出证券时，较低的卖出价格申报优先于较高的卖出价格申报。时间优先原则要求当存在若干相同价格申报时,应当由最早提出该价格申报的一方成交。即同价位申报,按照申报时序决定优先顺序。我国证券交易所有两种竞价方式,即在每日开盘前采用集合竞价方式,在开盘后的交易时间里采用连续竞价方式。

4. 清算交割

清算交割是指证券买卖双方在证券交易所进行证券买卖成交以后,通过证券交易所将证券商之间的证券买卖数量和金额分别予以轧抵,其差额由证券商确认后,在事先约定的时间内进行证券和价款的收付了结行为。它反映了投资者证券买卖的最终结果,是维护证券买卖双方正当权益,确保证券交易顺利进行的必要手段。清算交割一般分两部分,一部分指证券商与交易所之间的清算交割,另一部分指证券商与投资者之间的清算交割,双方在规定的时间内进行价款与证券的交收确认的过程,即买入方付出价款得到证券,卖出方付出证券获得价款。目前,我国上海、深圳的证券交易所均以例行日交割为主要形式,A股股票、基金、债券及其回购,实行T+1交割制度,即在委托买卖的次日进行交割,投资者委托买卖证券成交与否应以第二天的交割单为准,当日的成交回报仅作为参考。B股股票实行T+3交割制度,即在委托买卖后的第四个交易日进行交割。证券如未成交,则不能办理交割手续。

【拓展阅读 8-2】

首次公开募股

一、IPO 概述

首次公开募股(initial public offerings,IPO):是指一家股份有限公司第一次将它的股份向公众出售。对于企业而言,进行IPO上市不仅可以使企业获取稳定的长期资金来源,扩充资本实力,而且有助于改善法人治理结构,促进经营的规范化,从而使公司的综合实力有质的飞跃;对于股东而言,IPO上市能够充分利用资本市场的广阔平台,为原有股东带来巨额投资回报。

二、IPO 流程

我国企业上市流程大致可分为四个阶段:

(一)改制阶段

(1)成立改制小组,由公司各部门主要负责人牵头。券商和其他中介机构向发行人提交审慎调查提纲,由企业根据提纲的要求提供文件资料,确定改制方案。

(2)发行人与券商将召集所有中介机构参加的分工协调会,由券商主持,就发行上市的重大问题,如股份公司设立方案、资产重组方案、股本结构、财务审计、资产评估、土地评估、盈利预测等事项进行讨论。

(3)各中介机构按照上述时间表开展工作,主要包括对初步方案进一步分析、财务审计、资产评估及各种法律文件的起草工作。取得国有资产管理部门对资产评估结果确认及资产折股方案的确认,土地管理部门对土地评估结果的确认。

（4）企业筹建工作基本完成后，向市体制改革委员会办公室（体改办）提出正式申请设立股份有限公司，主要包括：公司设立申请书；主管部门同意公司设立意见书；企业名称预核准通知书；发起人协议书；公司章程；公司改制可行性研究报告；资金运作可行性研究报告；资产评估报告；资产评估确认书；土地使用权评估报告书；国有土地使用权评估确认书；发起人货币出资验资证明；固定资产立项批准书；三年财务审计及未来一年业绩预测报告。

（5）工商行政管理机关批准股份公司成立，颁发营业执照在创立大会召开后30天内，公司组织向省级工商行政管理局报送省级政府或中央主管部门批准设立股份公司的文件、公司章程、验资证明等文件，申请设立登记。工商局在30日内做出决定，获得营业执照。

（二）辅导阶段

在取得营业执照之后，股份公司依法成立，按照中国证监会的有关规定，拟公开发行股票的股份有限公司在向中国证监会提出股票发行申请前，均须由具有主承销资格的证券公司进行辅导，辅导期限一年。辅导有效期为三年。即本次辅导期满后三年内，拟发行公司可以向承销机构提出股票发行上市申请；超过三年，则须按本办法规定的程序和要求重新聘请辅导机构进行辅导。

（1）辅导内容主要包括以下方面：股份有限公司设立及其历次演变的合法性、有效性；股份有限公司人事、财务、资产及供、产、销系统独立完整性；对公司董事、监事、高级管理人员及持有5%以上（含5%）股份的股东（或其法人代表）进行《公司法》《证券法》等有关法律法规的培训；建立健全股东大会、董事会、监事会等组织机构，并实现规范运作；依照股份公司会计制度建立健全公司财务会计制度；建立健全公司决策制度和内部控制制度，实现有效运作；建立健全符合上市公司要求的信息披露制度；规范股份公司和控股股东及其他关联方的关系；公司董事、监事、高级管理人员及持有5%以上（含5%）股份的股东持股变动情况是否合规。

（2）辅导工作开始前十个工作日内，辅导机构应当向派出机构提交下材料：辅导机构及辅导人员的资格证明文件（复印件）；辅导协议；辅导计划；拟发行公司基本情况资料表；最近两年经审计的财务报告（资产负债表、损益表、现金流量表等）。

（三）申报材料制作及申报阶段

1. 申报材料制作和上报

股份公司成立运行一年后，经中国证监会地方派出机构验收符合条件的，可以制作正式申报材料。申报材料由主承销商与各中介机构分工制作，然后由主承销商汇总并出具推荐函，最后由主承销商完成内核后并将申报材料报送中国证监会审核。会计师事务所的审计报告、评估机构的资产评估报告、律师出具的法律意见书将为招股说明书有关内容提供法律及专业依据。

2. 初审

中国证监会收到申请文件后在5个工作日内做出是否受理的决定。未按规定要求制作申请文件的，不予受理。同意受理的，根据国家有关规定收取审核费人民币3万元。中国证监会受理申请文件后，对发行人申请文件的合规性进行初审，在30日内将初审意见函告发行人及其主承销商。主承销商自收到初审意见之日10日内将补充完善的申请文件报至中国证监会。中国证监会在初审过程中，将就发行人投资项目是否符合国家产业政策征求国家发展计划委员会和国家经济贸易委员会意见，两委自收到文件后在15个工作日内，将有关意见函告中国证监会。

3. 发行审核委员会审核

中国证监会对按初审意见补充完善的申请文件进一步审核,并在受理申请文件后60日内,将初审报告和申请文件提交发行审核委员会审核。

4. 核准发行

依据发行审核委员会的审核意见,中国证监会对发行人的发行申请做出核准或不予核准的决定。予以核准的,出具核准公开发行的文件。不予核准的,出具书面意见,说明不予核准的理由。中国证监会自受理申请文件到做出决定的期限为3个月发行申请未被核准的企业,接到中国证监会书面决定之日起60日内,可提出复议申请。中国证监会收到复议申请后60日内,对复议申请做出决定。

5. 股票发行及上市阶段

(1) 股票发行申请经发行审核委员会核准后,取得中国证监会同意发行的批文。

(2) 刊登招股说明书,通过媒体进行巡回路演,按照发行方案发行股票。

刊登上市公告书,在交易所安排下完成挂牌上市交易。

三、估值模型

就估值模型而言,不同的行业属性、成长性、财务特性决定了上市公司适用不同的估值模型。较为常用的估值方式可以分为两大类:收益现值法与类比法。

收益折现法,就是通过合理的方式估计出上市公司未来的经营状况,并选择恰当的贴现率与贴现模型,以确定上市公司价值。收益现值法对企业资产进行评估的实质是将资产未来收益转换成资产现值,而将其现值作为待评估资产的重估价值。其基本理论公式可表述为:资产的重估价值=该资产预期各年收益折成现值之和,如最常用的股利折现模型(DDM)、现金流贴现(DCF)模型等都是建立在这一理论之下。

类比法,就是通过选择同类上市公司的一些比率,如最常用的市盈率($\frac{股价}{每股收益}$,即 $\frac{P}{E}$)、市净率($\frac{股价}{每股净资产}$,即 $\frac{P}{B}$),再结合新上市公司的财务指标如每股收益、每股净资产来确定上市公司价值,一般都采用预测的指标。市盈率法的适用具有许多局限性,例如要求上市公司经营业绩要稳定,不能出现亏损等。而市净率法则过分依赖公司账面价值而不是最新的市场价值,因此对于那些流动资产比例高的公司如银行、保险公司比较适用此方法。除上述指标,还可以通过 $\frac{市值}{销售收入}$($\frac{P}{S}$)、$\frac{市值}{现金流}$($\frac{P}{C}$)等指标来进行估值。

通过估值模型,可以合理地估计公司的理论价值,但是要最终确定发行价格,还需要选择合理的发行方式,以充分发现市场需求,常用的发行方式包括累计投标方式、固定价格方式、竞价方式。一般竞价方式更常见于债券发行,这里不做赘述。累计投标是目前国际上最常用的新股发行方式之一,是指发行人通过询价机制确定发行价格,并自主分配股份。所谓"询价机制",是指主承销商先确定新股发行价格区间,召开路演推介会,根据需求量和需求价格信息对发行价格反复修正,并最终确定发行价格的过程。询价过程只是投资者的意向表示,一般不代表最终的购买承诺。

我国主板和创业板IPO差异对比可参考下表:

	主板	创业板
主体资格	发行人是依法设立的股份有限公司	发行人是依法设立的股份有限公司
营业纪录	持续经营3年以上,有限责任公司变更为股份有限公司可以从有限责任公司成立之日起计算	持续经营3年以上,有限责任公司变更为股份有限公司可以从有限责任公司成立之日起计算
盈利业绩	最近3个会计年度利润均为正数,且累积超过人民币3 000万元,净利润以扣除非经常性损益前后较低者为计算依据; 最近3个会计年度经营活动产生的现金流量净额累积超过人民币5 000万元,或者最近3个会计年度营业收入累计超过人民币3亿元; 最近一期末不存在未弥补亏损	最近2个会计年度净利润均为正数且累积超过1 000万元,且持续增长,或者最近一年盈利且净利润不少于500万元,收入不少于5 000万元,营收增长不低于30%。净利润以扣除非经常性损益前后孰低者为计算依据
资产规模	最近一期末无形资产占净资产的比例不高于20%	最近一期末净资产不少于2 000万元,且不存在未弥补亏损
股本规模	发行前股本总额不少于人民币3 000万元	发行后股本总额不少于人民币3 000万元
主营业务	最近3年主营业务没有发生重大变化	最近2年主营业务没有发生重大变化
董事高管	最近3年内没有发生重大变化	最近2年内没有发生重大变化
实际控制人	最近3年内实际控制人没有发生变更	最近2年内实际控制人没有发生变更
同业竞争	不存在同业竞争	与控股股东、实际控制人及其他企业不存在同业竞争
关联交易	关联交易价格公允,不存在通过关联交易操纵利润的情形	关联交易要规范,不得有严重影响公司独立性或显失公允的关联交易
成长创新能力	无	发行人具有较高的成长性和较强的核心竞争力,有一定的自主创新能力,在科技、制度、管理创新等方面具有较强的竞争优势
募投项目	用于主营业务	用于主营业务的扩大生产规模,开发新产品或新业务等,筹集资金数额和投资项目应当与发行人现有生产经营规模和管理能力相适应
限制行为	最近一个会计年度的净利润不应主要来自合并财务报表以外的投资收益	公司资产不应主要为现金、短期投资或长期投资
守法经营	近36个月内无重大违法行为	近36个月内无重大违法行为
中国证监会发行审核委员会(发审委)	有25名成员组成	不少于35人,原则上不能兼任主板发审委
咨询委员会	无	35人,交易所聘任
初审征求意见	征求省级人民政府、国家发改委意见	无

【拓展阅读 8-3】

沪港通

一、沪港通概述

（一）沪港通的概念

沪港通是指上海证券交易所和香港联合交易所允许两地投资者通过当地证券公司（或经纪商）买卖规定范围内的对方交易所上市的股票，是沪港股票市场交易互联互通机制。于 2014 年 4 月 10 日由中国证券监督管理委员会、香港证券及期货事务监察委员会发布联合公告。

（二）交易时间

沪港通交易时间须满足同时开市且能满足结算条件。其交易日必须安排在两地交易所的"共同交易日"，任何一方休市都导致沪港通无法交易。所谓"满足结算安排"，以沪股通为例，如果香港市场下一交易日休市导致无法完成结算时，则当日的沪股通交易也将停止。两地交易所一般在开通之前或下一个交易年度开始之前协商制定交易历，双方的证券交易服务公司将及时向市场公布交易日、交易时间安排，开户券商也会在交易系统中提供相应的提示。

（三）沪港通的特点

沪港通具备以下特点：交易总量过境，实现最佳价格发现；结算净额过境，实现最小跨境流动；人民币境外换汇，实现全程回流；结算交收全程封闭，实现风险全面控制；本地原则为主，主场规则优先；实行初期额度管控，引导市场过渡节奏。

二、沪港通流程

沪港通包括港股通和沪股通两部分：沪股通是指投资者委托香港经纪商，经由香港联合交易所设立的证券交易服务公司，向上海证券交易所进行申报（买卖盘传递），买卖规定范围内上海证券交易所上市的股票；港股通，是指投资者委托内地证券公司，经由上海证券交易所设立的证券交易服务公司，向香港联合交易所进行申报（买卖盘传递），买卖规定范围内的香港联合交易所上市的股票。

三、沪港通的交易制度

（一）交易制度

项目	沪股通	港股通
交易限制	无门槛限制	证券账户和资金账户的余额合计必须不低于 50 万元人民币，且融资融券交易融入的资金和证券不在计算范围内
交易方式	禁止"暗盘交易"	
委托/申报上限	实行额度控制。如果总额度或每日额度使用完毕，将拒绝或停止买单申报	
委托/申报类型	只接受限价申报	在开市前时段只允许输入竞价限价盘，不允许输入竞价盘，连续交易时段只允许以增强限价盘进行买卖
大宗交易	不允许大宗交易	
日内回转交易	不允许回转交易	允许回转交易

(续表)

项目	沪股通	港股通
指定交易	不实行指定交易制度	实现全面指定交易制度
第三方存管	不实行第三方存管制度	与A股相同，实行客户交易结算资金第三方存管制度
交易币种	以人民币报价，以人民币交收	以港币报价，以人民币交收
交易单位	买卖申报数量单位为每手100股	每手所包含的股票数量由发行公司自行决定，如每手500股、1 000股或2 000股不等
涨跌幅机制	大部分情况下风险警示股票和未完成股权分置改革的股票涨跌幅为5%，其他大部分股票和基金的涨跌幅为10%	不存在涨跌幅限制

（二）补充交易机制

1. 价格最小变动单位

沪港股票价格最小变动单位存在差异。沪股（A股）价格最小变动单位固定为0.01元人民币，而港股价格最小变动单位取决于该股票的价格，具体如下表所示：

证券价格（元/每股）	最低上落价位
0.01 — 0.25	0.001
0.25 — 0.50	0.005
0.50 — 10.00	0.01
10.00 — 20.00	0.02
20.00 — 100.00	0.05
100.00 — 200.00	0.1
200.00 — 500.00	0.2
500.00 — 1000.00	0.5
1000.00 — 2000.00	1.000
2000.00 — 5000.00	2.000
5000.00 — 9995.00	5.000

2. 有效申报价格

沪股存在价格涨跌幅限制，超过价格涨跌幅限制的申报为无效申报。沪股还实行涨跌停板制度，如果盘中成交价格触及涨跌停板，那么当日该股票交易即停止。港股只存在价格申报限制，但不存在涨跌停板制度。

3. 碎股买卖

两市碎股买卖存在差异。沪市交易规则规定，卖出股票、基金、权证时，余额不足100股（份）的部分，应当一次性申报卖出。因此，沪市在撮合系统中允许零股卖出。港市交易规则规定，碎股买卖盘须以指定的操作程序输入自动对盘系统，交易系统有专页显示所有没完成的碎股买卖盘。

4. 交易费率

两市交易费制度存在差异。除少数缴费项目的费率差别外，还有部分缴费项目的收费方式存在差别：

佣金：沪市固定，港市协商。

沪市 A 股交易佣金为固定费率，港股交易佣金可由经纪与客户协商确定。

印花税：沪市单向，港市双向。

两市印花税税率相同，为成交金额的 0.1%，但是沪股为单向收费，港股为双向收费。

过户费：沪市固定比率，港市固定金额。

沪股按照成交数量的固定比率收取，港股则按照固定金额收取。

红利税：沪市"5、10、20"，港市"0 或 10"。

沪股的红利税根据持股时间长短为 5%、10% 和 20%，而香港市场中本地企业派发股息不收取红利税，内地企业派发红利时按 10% 征税。

5. 交易时间

对于交易日的规定，沪股和港股都规定法定节假日除外，但是内地和香港的节假日存在差异，导致沪股和港股的交易日存在差异。港交所网站列有假期表，上交所会在节假期前夕发布休市公告。

港股在圣诞前夕、新年前夕及农历新年前夕，将没有延续早市及午市交易。要是当天没有早市交易，当天也不会有延续早市交易。而沪股在节假日前早市和午市都有交易。

港股在遇有台风及黑色暴雨警告讯号时有特殊的交易安排。根据警告讯号发布和取消时间，港股相应设定了取消和恢复交易的时间。而沪股只规定"交易时间内因故停市，交易时间不做顺延"，没有因为天气原因而做出对于交易时间的特殊规定。

此外，上交所和港交所在开盘前集合竞价时段的交易安排也存在区别。具体比较如下表所示。

沪股（9:15—9:30）		港股（9:00—9:30）	
9:15 — 9:20	可以接受和撤销买卖盘申报	9:00 — 9:15	输入买卖盘时段：只可输入竞价盘和竞价限时盘，买卖盘可以修改或取消，可输入开始前交易
9:20 — 9:25	可以接受申报，但不可以撤销申报	9:15 — 9:20	对盘前时段：只可输入竞价盘，买卖盘不得修改或取消，可输入开市前交易
9:25 — 9:30	暂停	9:20 — 9:28	对盘时段：不得输入、更改或取消买卖盘，不得输入开始前交易
		9:28 — 9:30	暂停时段：一切终端机系统活动暂停，直至早上交易时段开始

本章小结

1. 股票是投资者向股份有限公司投资入股提供资金的权益合同凭证。股票具备参与性、不可返还性、流通性、收益性以及风险性。

2. 股票按股东权利划分可分为普通股、优先股以及后配股。按股票的收益水平和风险特征划分可分为蓝筹股、成长股、收入股、投机股和超跌股。

3. 股票市场是股票发行和流通的场所。股票市场主要分为一级（初级）市场、二级（次级）市场、三级市场、四级市场。

4. 股票市场的功能包括融资功能、优化资源配置功能、分散风险功能、信息反馈功能、监督并约束企业功能。

5. 股票市场的主要参与者包括佣金经纪人、交易厅经纪人、专营商（或称交易商或造市商）、场内交易商。

6. 股票的交易指令要明确是买入还是卖出股票。如果是卖出，还须注明是多头（也叫买空）还是空头（也叫卖空）。

7. 交易指令可分为市价交易指令、限价交易指令、止损交易指令以及止损现价交易指令。

8. 股票的一级市场，又称初级市场，是指通过发行新的股票筹集资本的市场。可细分为首次发行市场和增发市场。首次发行是指证券第一次面向公众出售，增发是指已上市证券的再次增加发行。

9. 股票的二级市场，又称证券的流通市场或次级市场，是指证券投资者转让、买卖以发行、上市的证券的交易场所。

10. 一级市场发行的证券的种类、数量与方式决定着二级市场的规模、结构和流通速度。相应地，二级市场作为证券买卖的场所，对一级市场也起着积极的推动作用，二级市场上的证券供求状况与价格水平等都有利地影响着一级市场上证券的发行。

11. 股票交易场所可以分为场内市场和场外市场。

12. 场内交易市场是指在证券交易所进行交易的市场。证券交易所是依据国家有关法律，经政府主管机关批准设立的集中进行证券交易的有形场所，包括上海证券交易所和深圳证券交易所。

13. 创业板又称二板市场或第二股票交易市场，是与主板市场不同的一种证券市场，专为暂时无法在主板上市的创业型企业、高科技产业等需要进行融资和发展的企业提供融资途径和成长空间的交易市场，是对主板市场的重要补充。

14. 场外交易市场又称柜台交易市场或店头市场，是指在证券交易所外进行证券买卖的市场，是证券交易所的必要补充。和交易所市场完全不同，它没有固定的场所，没有规定的成员资格，没有严格可控的规则制度，没有规定的交易产品和限制，主要是交易对手通过私下协商进行的一对一的交易。

本章重要术语

股票　票面价值　账面价值　股票市场　买空/卖空　现金账户　保证金账户　初始保证金要求　维持保证金　首次发行　一级市场　二级市场　场内市场　创业板　场外市场

思考练习题

1. 相对于优先股股东,普通股股东享有哪些权利?
2. 优先股与债券的区别体现在哪些方面?
3. 场外交易市场对我国资本市场的重要意义是什么?
4. 我国场内交易与场外交易有哪些区别?

参考文献及进一步阅读建议

［1］吴晓求:《证券投资学》,中国人民大学出版社,2009。
［2］谢百三:《证券投资学》,清华大学出版社,2006。
［3］张维:《金融机构与金融市场》,科学出版社,2008。

相关网络链接

中国证监会:http://www.csrc.gov.cn
上海证券交易所:http://www.sse.com.cn
深圳证券交易所:http://www.szse.cn

第 9 章
衍生产品*

陈 蓉（厦门大学财务学系）

学习目标

通过本章学习，读者应做到：
◎ 深入理解衍生产品的本质特征、主要分类、基本功能与风险所在
◎ 掌握远期、期货、互换和期权的基本特征和市场运作机制
◎ 理解相对定价法、无套利定价原理
◎ 理解衍生产品的三大运用：套期保值、套利、投机
◎ 了解全球与我国衍生产品市场的发展现状

■ 开篇导读

作为金融市场的重要组成部分，全球衍生产品市场已有数十年的历史，但在业外甚至很多业内人士眼里它仍然披着一层神秘的面纱。我们先用一个简单的例子帮助理解衍生产品的本质。2017 年 2 月 10 日，在上海期货交易所（以下简称"上期所"）交易的 2017 年 6 月到期的黄金期货合约（代码 AU1706）最高价为 278.85 元，这意味着当天有两个交易者通过上期所撮合成交，约定在 2017 年 6 月 15 日按每克 278.85 元的价格交割

---

* 本章由王焕舟、颜欢（国泰君安证券股份有限公司）审校。

一定数量的黄金。如果 2017 年 6 月 15 日的黄金实际价格高于 278.85 元,买方盈利卖方亏损;反之则卖方盈利买方亏损。显然,在上述例子中,黄金期货合约交易双方的未来回报依赖于到期时的黄金价格,因而黄金期货是黄金的衍生产品,而黄金则是该合约的标的资产。

9.1 衍生产品概述

9.1.1 衍生产品的定义与分类

从上面的例子出发,读者可以轻松理解衍生产品(derivatives)的枯燥定义。衍生产品,也称衍生工具,是一种金融合约,其未来回报和价值取决于一项或多项标的资产的价值。通俗地说,就是今天签订关于未来的合约,约定好交割时间、交割价格、盈亏计算方法、交易数量和交割方式等要素,到期按此执行。由于各项交易条款都已事先确定,根据未来真实市场状况(主要是标的价格)的变化,交易双方在衍生产品合约上就会出现盈利和亏损。

按交易场所不同,衍生产品可分为交易所产品和场外交易产品;按标的资产不同,可分为股票(股票指数)、利率、汇率、大宗商品、信用等衍生产品;按合约形式[①]不同,可分为远期(forwards)/期货(futures)、互换(swaps)和期权(options)等。简单地说,远期和期货都是合约双方约定在未来某一确定时刻按约定价格买卖一定数量的某种标的金融资产的合约,但远期在场外市场交易,更具个性化特征,而期货在交易所交易,标准化程度高。互换合约则是交易各方按照约定条件在未来交换(一系列)现金流的合约,何时交换、交换何标的、如何交换均由签约各方自行约定,因此也属于 OTC 产品。事实上,互换可以视为一系列远期合约的组合。而与前三种衍生产品到期时必须履约不同,期权是一种关于未来履约权利的合约。在支付期权费之后,期权的买方(多头)在未来有权决定是否履约;而在收取期权费后,期权卖方(空头)就转让了合约所规定的权利,只剩下配合买方行权的义务。期权既可以在交易所交易,也可以在 OTC 市场交易。

事实上,全球市场上衍生产品的数量之多难以计数,品种之丰富不胜枚举,难以进行全面统计与完全描述。很多创新性衍生产品是为了在特定的市场状况下满足投资者特定的风险收益需求而设计的。但无论如何变换,组合多么复杂,这些产品都是由基础金融资产和上述 4 种衍生产品组合而来,其基本构成元素始终是现货、远期、期货、互换和期权。

---

① 合约形式指交易方式和盈亏计算方式。

9.1.2 衍生产品的本质透析

仔细观察引导案例和衍生产品的定义，很多人可能会提出疑问：衍生产品看起来像是交易双方的一场零和博弈（Zero-Sum Games），它和赌博有何区别呢？而且，由于衍生产品是一种关于未来的虚拟合约，往往具有高杠杆特征。这些基本特征加上媒体上大幅报道的衍生产品巨亏案例往往加重了人们对衍生产品的疑虑。因此，在进一步学习衍生产品的相关知识之前，我们需要对衍生产品的本质特征加以了解。若对这些特征认识不透彻，很容易造成误解。

9.1.2.1 零和博弈

表面上看，衍生产品在交易方式上和赌博十分相似，都是零和博弈，最后的盈亏取决于谁猜对了结果。但衍生产品与纯粹赌博在本质上是不同的。衍生产品以具有实际经济意义的资产或变量为标的，与已经客观存在的风险挂钩，如利率风险、汇率风险、股市风险、信用风险和商品价格风险等，从而具有风险管理的重要功能。例如，无论世上有否小麦期货，农场主们都客观面临着小麦价格涨跌的风险；有了小麦期货之后，农场主们可以事先锁定未来小麦的卖价，从而大大降低小麦未来价格下跌的风险。纯粹的赌博则不具备风险管理功能，只能给赌博双方和社会带来额外的风险。因此，各国政府均对赌博持禁止或限制的态度，却鼓励衍生产品的合理发展。如果仅仅看到衍生产品零和博弈的特征就简单将其与赌博混为一谈，是对衍生产品的重大误解。具备风险管理等社会经济功能是衍生产品最重要，也是其区别于赌博的一个根本特征。

9.1.2.2 契约性、虚拟性与未来性

从前文可以看出，衍生产品是关于未来的合约。习惯于实物交易的人很容易将衍生产品的这种虚拟性与"泡沫"等同起来。但契约性和虚拟性并非衍生产品独有，所有的金融产品，无论是实物货币、纸币、银行存贷款、股票、债券还是衍生产品，其本质都是契约，具有一定的虚拟性。虚拟性并不意味着就是无根的"泡沫"，就像股票因其对应的公司所有权而具有价值，衍生产品则因其对应着未来的交易权而具有价值。互联网可谓虚拟性产品的典型代表，但谁都不能否认只要运用得当，就能给人类社会带来巨大的正面效应。衍生产品与其他金融产品的主要差异在于未来性，其约定的是未来的交易，因而能发挥防范未来风险的独特功能。

9.1.2.3 高杠杆性

衍生产品是关于未来交易的合约，所以无须支付全额价款，只需交纳一定比例的保证金作为履约担保，或支付较少的期权费以获取未来的权利。这使得衍生产品自然具有了以小博大的高杠杆特征。人们很容易将衍生产品的这一特性简单地与高风险相联系，认为这是衍生产品的缺点。这种看法是片面的。一方面，高杠杆并不必然意味着高风险，使用者在了解杠杆率的基础上完全可以通过调整买卖的规模来控制风险；另一方面，高杠杆也意味着较高的资金使用效率，交易者无须动用全额资金，大大降低了交易的成本。

这就如同根据杠杆原理制造的机械力大无穷,但这并不意味着无法控制,只是操作人员需要经过训练才能上岗,并要时刻接受合理的监管。

9.1.2.4 衍生性

作为由标的资产衍生而来的产品,各种衍生产品价格与其标的资产价格之间必然存在着一定的相对关系,这使得衍生产品与现货在很多情况下能够相互替代。许多企业在用期货代替现货进行套期保值时,常常可以直观体会到这一特点。事实上,由于衍生产品具有占用资金少、交易费用低、多空皆可的优势,它们已经被广泛用于替代现货资产。

总之,衍生产品具有许多不同于现货的鲜明特征。一味认定衍生产品就是脱离实际经济需求的赌博,显然是错误的。我们需要深入客观地思考和体会衍生产品的意义、价值和不足,了解如何趋利避害。

9.1.3 衍生产品的功能与风险

9.1.3.1 衍生产品的功能

客观分析,衍生产品的主要功能有:

1. 风险管理

衍生产品是风险管理的利器。作为标的资产的衍生工具,到期时衍生产品价格与其标的资产价格之间存在着事先约定的确定性关系,这使得到期前衍生产品与其标的资产价格之间也存在着某种相对关系(可能是线性或非线性)。这意味着,如果在现货市场上有一定的风险暴露,就可以运用衍生产品的相反头寸对冲这一风险,达到以丰补歉的套期保值效果。例如,在利率上升期,债券基金经理、贷款人等都会遭受损失,但如果事先卖出国债期货,国债期货空头会盈利,就可以对冲损失。又如,若预期股市下行,股票基金经理可以事先买入股指看跌期权,在股市下跌时看跌期权行权,所获收益可对冲原组合的亏损,在股市上涨时看跌期权可弃权,虽然损失了期权费,但获得了股市上涨给原组合带来的收益。从宏观层面看,若微观市场主体均善于运用衍生产品分散和转移风险,将风险合理分散或转移至愿意并有能力承担风险的人手中,不仅可降低经济的系统性风险,还可在风险真实发生时,大大减弱其带来的不良后果,减少经济和社会损失。

衍生产品天然为风险管理而生。在没有衍生产品时,通过交易现货也可以规避风险。例如在预期股市上行时,预先买入现货股票,可以防范股市上涨带来的风险。但用现货对冲风险往往操作难度大且成本很高。而衍生产品在风险管理上具有不可替代的地位:首先,衍生产品既可做多也可做空,对冲现货价格波动风险特别便利;其次,衍生产品交易时往往只需缴纳一定比例的保证金或少量的期权费,交易费用也往往较现货低得多,在风险管理上具有明显的低成本优势;再次,衍生产品事先约定未来交易条款,在风险管理上具有更高的准确性和时效性;最后,场内衍生产品还可轻松实现加仓、减仓与平仓,风险管理灵活性更高。这些都是现货等其他资产无法做到的。

中国的市场经济和金融市场经过几十年的发展，已经到了迫切需要风险管理工具和衍生产品的阶段。衍生产品对中国经济与金融的进一步健康高效发展具有前所未有的重要意义。20 世纪 70 年代，国际衍生产品市场的诞生正是源于布雷顿森林体系解体所带来的利率、汇率和资产价格波动和风险管理需求。21 世纪的今天，中国经济也发展到了这一阶段，利率和汇率市场化的步伐在稳步推进，这意味着经济主体的风险管理需求日益迫切，客观上呼唤风险管理工具的出现与发展。

2. 价格发现与信息揭示

衍生产品价格通常能比现货价格更快地反映市场信息，因而具有价格发现与信息揭示的功能。但特别需要澄清的一个误解是，衍生产品的"价格发现"并不是人们通常误以为的"发现未来价格"，而是"发现当前的价格"。也就是说，衍生产品能比现货价格更快地通过价格涨跌对当前的最新信息做出反应。但无论在理论上还是在实践中，都没有证据表明衍生产品能实现对未来价格的无偏预期。

为何发现的不是未来价格而是当前价格？这是因为，作为现货的衍生，在一个套利和交易限制比较少的市场上，衍生产品价格必须与当前的现货价格保持某种确定性的相对关系，否则会产生套利的机会。例如远期（期货）价格一定是现货价格加上合约期限内的无风险持有现货的成本（包括资金成本、储存成本、红利等）。衍生产品价格是现货价格加上一定的相对调整，其反映的必然也是当前的最新信息。

虽然价格的变动都是反映当前信息，但衍生产品的反应往往更为迅速到位，从而使得衍生产品具有了"发现当前价格"的信息功能。这是因为衍生产品具有可做多做空、高杠杆、交易费用低等特性，交易者一旦获得信息，往往倾向于在衍生产品市场上而不是现货市场上交易，从而使得衍生产品往往能比现货更快地反映新信息。这就是衍生产品的价格发现、价格引导功能或"定价权"功能。在全球市场上，任何资产只要存在交易活跃的衍生产品，几乎都能验证衍生产品具备发现当前价格的功能。

世界各国市场参与者与监管者对衍生产品所具有的这一信息功能越来越重视，并逐渐加以利用。经济与金融主体经常需要对未来进行预测，并依此决策。传统的做法是运用统计和计量方法对历史数据进行外推预测，效果往往不尽如人意。而金融资产价格是所有市场参与者信息、经验、判断和审慎决策的综合结果，是全市场整体信念的综合体现，本身就蕴含着重要的预测和决策信息。衍生产品的价格发现功能使其在揭示这些信息方面具有其他方法和其他资产难以企及的优势，其隐含的信息具有即时性、前瞻性、真实性等优点。近年来国际金融市场和国外监管机构大量运用衍生产品所隐含的期望信息和风险信息进行辅助决策，发现效果良好。例如，股指期权所隐含的恐慌指数 VIX 和"黑天鹅指数"SKEW 已经成为市场情绪的风向标；评级公司从信用违约互换（CDS）中提取隐含违约概率，以改进传统评级方法。从 2003 年起，VIX 指数已被美国财政部列为观察金融市场压力的 6 大指标之一；在 2008 年次贷危机中，国际货币基金组织等机构的危机分析报告中也大量使用衍生产品隐含信息来辅助判断市场和经济走向。

3. 提高资源配置效率

由于衍生产品具有风险管理功能和信息揭示功能，若运用得当，将对提高投融资效率、促进全社会资源合理配置具有重要的促进作用。中国金融业发展至今，一个日益明显的事实是：若不对风险加以合理的分散、对冲和管理，仅就投融资谈投融资，效率将越来越低，发展瓶颈将越来越明显。可以想象，在市场化国际化的背景下，一个无法合理分散转移风险的企业，无论用行政命令还是用其他手段，本质上都是难以从市场化的金融机构获得融资的；而一旦企业能够通过衍生产品合理分散和转移风险，其融资将会是水到渠成的事情。从宏观层面来说，当衍生产品得到合理的发展和运用，风险资源将能在整个经济体系中被合理配置，使风险规避者因转让风险而提升效用，而各类有雄厚资本实力和较高风险管理能力的投资者因承担风险而创造出更大的价值，这也是帕累托优化的过程。再加上衍生产品的信息揭示功能有助于改善投资者的预测和决策，整体经济效率必然大大提升。

9.1.3.2 衍生产品的风险

水能载舟，亦能覆舟。由于衍生产品的零和博弈特征、虚拟性和高杠杆性，如果监管和运用不当，可能不仅无法发挥风险管理、信息揭示和效率提升的功能，反而会带来更大的风险。

我们先分析运用不当的情形。市场主体对衍生产品的运用无非三种目的：套期保值（hedging）、套利（arbitrage）和投机（speculation）。简单地说，套期保值就是用衍生产品来对冲已有的风险，进行风险管理；套利就是利用标的资产和衍生产品价格之间定价相对不合理的机会，买低卖高获取价差；投机就是基于对未来的判断进行交易，判断对则盈利判断错则亏损。[①]

首先，如果一个市场上的衍生产品交易者都在进行投机，衍生产品市场将退化为一个赌场，会为整个市场和经济带来更大的风险。一个有实体企业参与进行套期保值和对冲风险的衍生产品市场才是有价值的。其次，对于实体企业而言，如果不运用衍生产品对冲已有的风险，而是利用衍生产品进行过度投机，一旦判断失误，衍生产品的高杠杆特征可能为整个企业带来无法承受的风险。细读国内众多企业衍生产品巨亏的案例，就会发现无一不是实体企业不做套保却进行过度投机导致的。最后，尽管如此，投机并非一无是处，事实上，完全没有投机的衍生产品市场是没有流动性的，套期保值功能也无法发挥。一个运行合理的衍生产品市场上，主要的投机者应该是专业的投资机构，因为投资机构的核心业务本就是基于预期进行投资，其经营目的与投机行为的目的一致；专业则意味着有合理和必要的风控措施。但即使是专业投资机构，若进行过度衍生产品投机，也会引发风险。

再看监管不当的情形。从前述分析中可以看到，如果一个衍生产品市场的监管者没有鼓励套期保值交易，而是放纵过度投机，必然导致衍生产品风险的累积乃至爆发。那么是不是监管者只要鼓励套期保值，大力限制投机和套利，就是正确的监管态度呢？完全不是。实际上，正如我们将在本章最后一节详细分析的，套利者能够推动标的资产价格与其衍生产品价格向合理的相对关系转变，套期保值才能得以进行；有一定的投机交

---

① 我们将在本章最后一节详细介绍这三种基本原理的运用。

易，衍生产品市场才有流动性，套期保值交易才能随时根据需要进行。这两者都是一个健康发展的衍生产品市场不可或缺的。因此，一个过度限制投机的监管政策，或是一个中断正常套利机制、使得价格无法回归合理的监管政策，都是衍生产品发挥正面作用的障碍，反而会给市场和经济带来风险。

总之，客观地说，既不能认为衍生产品是洪水猛兽，也不能认为其是万能的。衍生产品为市场提供了良好的风险管理工具、更丰富的投资选择和更灵活的风险收益回报。衍生产品是利是弊，最终取决于使用者和监管者是否真的理解衍生产品的本质特征，是否能够趋利避害合理作为，而与工具本身无关。从全球来看，发达国家和主要发展中国家均已有相当发达的衍生产品市场。中国经济发展至今，无论是从自身经济转型和风险管理的需求来说，还是从外部环境来说，衍生产品的发展都是大势所趋。我们所应做的，就是深刻理解衍生产品的本质特征和主要功能，合理运用，使衍生产品在中国经济转型中发挥积极的作用。

9.1.4 衍生产品的发展现状：国际市场与中国市场

由于衍生产品对国民经济和金融市场意义重大，自 20 世纪 70 年代兴起以来，衍生产品市场发展迅速，目前在全球金融体系和经济中具有举足轻重的地位。

下面，我们分别介绍国际与中国衍生产品市场的发展状况。

9.1.4.1 国际衍生产品市场发展现状

经过数十年的发展，全球衍生产品市场已经相当发达。我们选择四个角度，来帮助读者了解其发展状况。

1. 国际衍生产品市场的总体发展

相较于其他金融市场，衍生产品市场还相当年轻。它诞生于 20 世纪 70 年代，在 90 年代全球金融市场化和国际化浪潮的推动下进入蓬勃发展阶段。根据国际清算银行的统计数据，1998 年 6 月，全球场外衍生产品的未平仓合约本金约为 72 万亿美元，2017 年 12 月达到了 532 万亿美元，增长约 7.4 倍。图 9-1 展示了 1998 年 6 月至 2017 年 12 月，每半年末全球 OTC 衍生产品的未平仓名义本金额[1]。如图所示，全球衍生产品市场的快速增长主要发生在 2008 年之前。在 2008 年次贷危机之后，场内外衍生产品市场都进入了发展平台期，监管层和市场参与者都在反思如何更正确地运用衍生产品为金融和经济服务，如何趋利避害，约束人性的贪婪与滥用，更好地发挥衍生产品的正面作用。

---

[1] 未平仓合约金额是某一时点未到期和未平仓的衍生产品合约名义金额的加总。

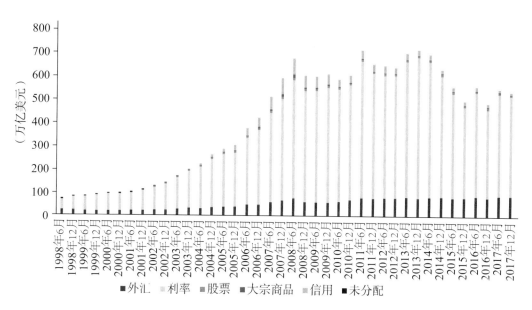

图 9-1 全球OTC衍生产品未平仓名义本金额（1998—2017）
资料来源：国际清算银行。

2. 国际衍生产品市场的基本结构

根据本章第一节介绍的衍生产品分类来观察国际衍生产品市场，可以发现，场外衍生产品市场的交易量远大于交易所市场；以金融资产为标的的衍生产品交易量远超其他标的的衍生产品；在场外市场中，又以互换品种交易最为活跃。

尽管整体发展趋势相似，全球OTC衍生产品市场的未平仓合约金额远超交易所市场，据不完全统计，前者平均至少为后者的5倍以上。这是正常的现象。普通投资者一般只能参与标准化的交易所市场，而OTC市场专门为大中型专业机构服务。由于本身相对复杂，且主要用于专业性的风险管理，衍生产品的主要交易者理论上也应主要为大中型的专业机构。

从标的来看，在全球的衍生产品市场中，以金融资产为标的的衍生产品毫无疑义地占据了主体地位。以美国期货业协会（the Futures Industry Association，FIA）公布的2017年全球交易所衍生产品交易合同量[①]为例，其中个股和股指衍生产品最大，分别占18.9%和29.8%，再加上分别占比为15.7%、11.8%和1.1%的利率、外汇和贵金属衍生产品，金融衍生产品交易合同量累计占比达77.4%，而非金融衍生产品（包括能源、农产品和非贵金属）则只占总量的22.6%。

在全球OTC衍生产品市场上，金融衍生产品同样占据主导地位。从图9-1可以看到，利率、汇率、股票和CDS等金融类衍生产品在全球OTC衍生产品中是占有绝对优势的，其中尤以利率产品为最。在这20年中，利率、汇率、股票和CDS等金融类衍生产品最低占比为86.35%，最高占比为99.72%；其中利率衍生产品最低占比就达到58.74%，最高占比为82.29%。

---

① 交易合同量是指一段时间内成交的合同总数。

从合约形式来看,OTC市场中的衍生产品合约则主要包括远期、互换和期权,如图9-2所示,按未平仓名义本金额从大到小排序,依次为互换、远期和期权。其中,互换大多时候占OTC衍生产品市场的70%左右,而利率互换又是互换产品中市场份额最大的品种,占OTC衍生产品市场的60%左右。全球交易所市场中的衍生产品合约种类主要为期货和期权,根据FIA的数据,两者从交易合同量上看,差异不大。

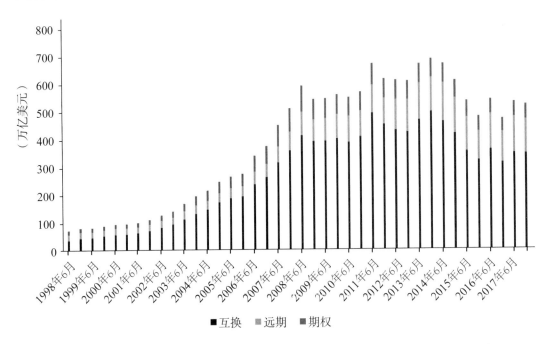

图9-2　全球OTC衍生产品市场不同合约未平仓名义本金额(1998—2017)

资料来源:国际清算银行。

3. 衍生产品在全球金融市场中的地位

提起"金融市场",很多人的第一反应就是"股票市场"。事实上,在发达的金融市场上,衍生产品市场的总量超过其他产品。一国金融的发达程度与衍生产品市场的发展程度成正比。下面以美国、新加坡、印度三个具有不同金融发达程度的国家为例说明这一点。出于数据可得性和阐述简洁性的考虑,我们仅对比了这三个国家从1998年到2013年每隔3年的股票、债券以及场外衍生产品年度总交易金额,如图9-3所示。

在图9-3中,每组数据从上到下均依次为该国该年的OTC衍生产品、债券和股票交易金额。对比这三国的市场变迁,可以揭示出很有意思的结论。

首先,在美国,次贷危机之后衍生产品成为交易金额最大的市场。尽管在历史上,债券的年交易金额曾经高于衍生产品交易金额;但近年来,衍生产品的交易规模超过了债券,更远高于股票,如2013年美国场外衍生产品年交易额达到约318万亿美元,是股票年交易额的13倍、债券年交易额的1.4倍。很多未深入了解次贷危机的人往往有一种先入为主的印象,认为此次危机是金融衍生产品导致的,衍生产品是金融危机的罪魁祸首。实质上,2008年次贷危机本质上是由贪婪人性驱动的借贷泡沫的崩溃危机,与大多数衍生产品并无直接关系。因此次贷危机之后规模相对下降最明显的是债券市场而非衍生产品市场。

其次，金融越发达的国家，其衍生产品市场越繁盛。作为世界金融中心的美国，其股票与债券等基础资产的年交易金额远超其他国家，衍生产品的总交易额也遥遥领先于其他国家。根据图 9-3 的数据，美国的场外衍生产品年交易额平均是新加坡的 4.5 倍、印度的 149 倍。而以金融为主要产业的新加坡，尽管其场外衍生产品年度交易金额平均只有美国的 22%，但衍生产品的年交易额在本国金融市场中占有极高的份额；印度金融市场的发达程度逊于美国与新加坡，与之呼应的是其场外衍生产品的年交易额平均约为新加坡的 1/10 和美国的 1/100。

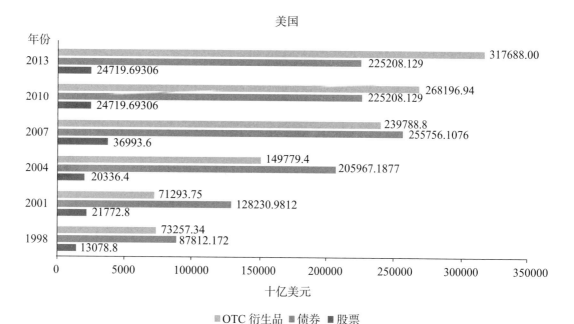

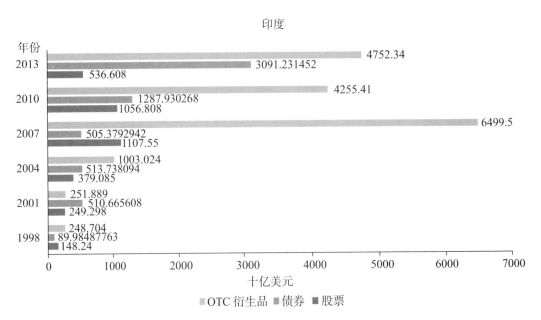

图 9-3　美国、新加坡、印度三国股票、债券与场外衍生产品交易金额（1998—2013）
资料来源：各国中央银行、CEIC 数据库、BIS 等。

因此，在现代金融体系中，金融衍生产品有着十分重要的市场地位。总体而言，金融发达程度越高的国家，金融衍生产品的交易规模也越大。金融衍生产品市场的发达程度，在一定程度上代表了该国的金融市场发达程度。

4. 衍生产品市场发展状况与经济发展阶段的关系

从全球衍生产品的地区与国家分布来看，相当明显地呈现出衍生产品市场与经济发达程度的正向关系：

从地区分布来看，经济最发达的北美和欧洲也是衍生产品最发达、交易规模最大的地区。图 9-4 显示了 2008—2017 年，全球各地区场内衍生产品的交易合同量所占的市场份额。可以看出，在交易所市场上，欧美国家的交易合同量所占的市场份额始终保持在 50% 以上，最高可达 64%。OTC 市场上欧美的市场份额更高，仅英国和美国的年度交易额就长期保持在 50% 以上，例如 2013 年英美两国在场外衍生产品市场上的份额为 63%。

从国家和地区分布来看，一国和地区的经济发达程度与衍生产品市场的发展程度也基本成正比。以衍生产品市场发展程度划分，全球各国和地区大体可分为三个梯队：

第一梯队是美国、英国、德国、法国、日本等国，既是经济发达国家，也是衍生产品市场发展最成熟的国家。其衍生产品交易起步早、交易规模巨大、交投活跃、交易品种丰富、创新能力强，是全球衍生产品交易和创新的主战场和风向标，例如，美国和英国分别是全球交易所衍生产品和 OTC 衍生产品交易量最大的国家；又如，近年来增长迅速的创新型衍生产品——信用衍生产品和波动率衍生产品都是在美国市场上诞生的。

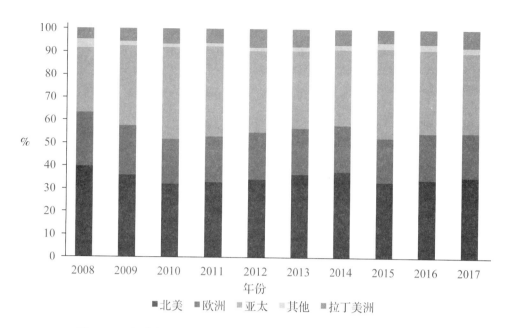

图 9-4　全球各地区交易所衍生产品交易合同数（2008—2017）

资料来源：美国期货业协会。

第二梯队是新加坡、韩国等国家和中国香港、中国台湾等地区，其衍生产品市场与其经济一样，呈现出开放、活跃、比较发达的特征，衍生产品种类也比较丰富，金融创新能够在一定程度上与第一梯队保持一致，逐渐发展为新型的地区和全球金融中心。

第三梯队则是以中国、俄罗斯、巴西、印度、南非等金砖五国为代表的国家，其衍生产品市场与其经济类似，起步较晚，发达程度不足，交易品种相对单一，但这些国家在发展过程中开始面临着越来越多的经济和金融风险，无论是套期保值还是投机套利都存在巨大的市场需求，因此具有非常可观的增长潜力。以 2017 年全球交易所衍生产品成交量为例，中国的三大商品期货交易所囊括了全球金属期货和期权合约的前 5 名，俄罗斯莫斯科交易所的布伦特原油期货在全球能源期货和期权合约中排名第 1，印度国家证券交易所的银行精选指数期权在全球股票指数期货和期权合约中排名第 1，巴西证券期货交易所的 1 天期银行间存款期货在全球利率期货和期权合约中排名第 3，在全球外汇期货和期权合约中，俄罗斯莫斯科交易所的美元兑卢布期货排名第 1。

9.1.4.2　中国衍生产品市场发展现状

中国的衍生产品交易始于 20 世纪 90 年代初，至今已有 20 多年的历史。下面分别介绍中国交易所和 OTC 衍生产品市场的发展状况。①

---

① 需要说明的是，在离岸和境外市场上，也有基于中国资产的衍生产品，包括全球多个国家交易所推出的基于人民币、中国公司股票指数等资产的期货和期权，如新加坡交易所的富时中国A50指数期货，以及离岸OTC市场上的人民币衍生产品和人民币利率衍生产品等。但由于数据难以采集，此处仅介绍中国在岸市场上的衍生产品发。

截至 2017 年年底，中国的交易所衍生产品包括在上海、大连、郑州三大商品期货交易所（大商所）交易的 52 种商品期货、在中金所交易的 3 种股指期货（沪深 300、上证 50 和中证 500）和 2 种国债期货（5 年期和 10 年期）以及在上海证券交易所交易的上证 50ETF 期权，涵盖农业、金属、能源、化工和金融等国民经济的主要领域。从图 9-5 可以看到，中国期货市场的大幅增长是在 2008 年之后开始的，整个期货市场的年成交金额从 2008 年的 36 万亿元增长至 2015 年年底的 554 万亿元，增长了约 15 倍。但受到 2015 年股市波动以及相应限制措施的影响，2016 年中国期货市场的成交金额突降至 196 万亿元。2015 年 2 月上市的上证 50ETF 期权在 2015 年、2016 年与 2017 年三年的成交金额分别为 0.59 万亿元、1.77 万亿元和 4.85 万亿元，也呈现出良好的发展势头。

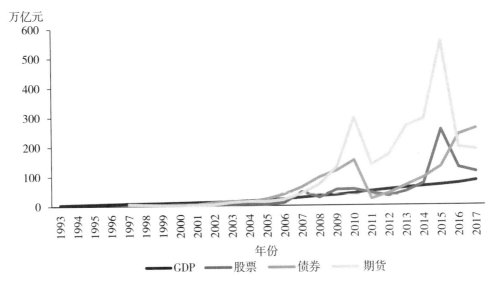

图 9-5　中国期货市场的发展历史（1993—2016）

资料来源：中国期货业协会、国家统计局等。

从横向比较来看，中国期货市场在全球地位已得到很大的提升，已由成立之初的单一商品逐步发展成为综合性、具有全球影响力的区域性交易中心。根据 FIA 的统计，2017 年中国的上期所、大商所、郑州商品交易所（郑商所）、上期所和中金所的成交量分列全球第 9 名、第 10 名、第 13 名和第 31 名，金属期货期权成交排名前 5 名品种均为中国的期货品种。

图 9-6 展示了中国三类期货品种在 2011—2017 年的成交金额。可以看出，2010 年才上市的股指期货后来居上，展示了巨大的市场潜力，但其也是受到 2015 年股市波动和限制措施影响最大的期货品种。

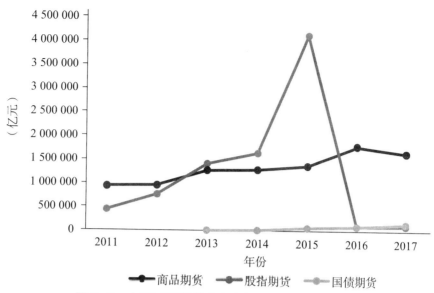

图 9-6 中国三类期货成交金额历史走势（2011-2017）

资料来源：中国期货业协会。

中国的 OTC 衍生产品可分为两类：一类是在银行间市场交易的外汇、利率和信用衍生产品，包括外汇远期、外汇掉期、货币互换、外汇期权、利率互换、远期利率协议、远期债券交易、信用违约互换等。这个市场建立于 2006 年衍生产品，具有巨大的发展潜力。从图 9-7 可以看到，在银行间衍生产品市场上，利率互换和人民币外汇远掉期分别在利率和外汇衍生产品中占据绝对优势。中国银行间市场上的信用衍生产品则起步于 2010 年，但一直交易清淡。2016 年 9 月新增两类信用风险缓释工具衍生产品［CDS 和信用联结票据（CLN）］后，中国信用衍生产品与国际惯例和市场需求衔接更为紧密，为市场的进一步发展奠定了重要的基础。①

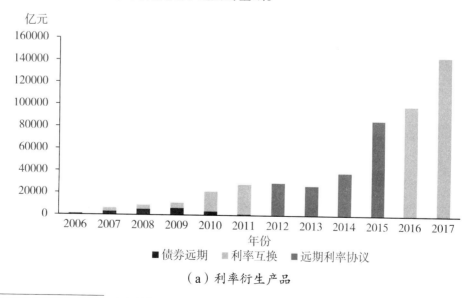

（a）利率衍生产品

---

① 关于利率互换和信用衍生产品衍生产品市场的发展状况，我们将在本章第三节详细了解互换之后再加以介绍。

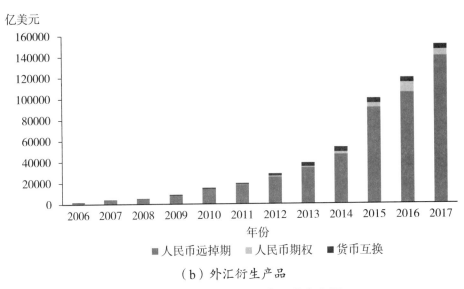

(b) 外汇衍生产品

图 9-7　中国银行间衍生产品成交金额

资料来源：中国货币网。

中国的另一类 OTC 衍生产品是由中国证监会主导的、以 2014 年证券期货场外衍生产品交易主协议和后续配套文件为基础开展的基于权益资产和商品的场外互换和期权交易。根据中证机构间报价系统股份有限公司披露的数据，2017 年 OTC 市场累计完成衍生产品签约 33 972 笔，对应名义本金 7 489 亿元。

9.2　远期与期货

9.2.1　远期与远期市场

9.2.1.1　远期的定义

远期是指 OTC 市场上的交易双方约定在未来的某一时间，按约定的价格买卖一定数量的某种资产的合约。未来买入标的物的一方称为多头（long position），卖方则称为空头（short position）。合约中规定的未来买卖价格称为交割价格（delivery price）。

由于未来一定按交割价格进行交易，远期合约并不能保证其投资者未来一定盈利，但投资者可以通过远期合约提前确定的未来买卖价格，多头可锁定未来买价，空头则锁定未来卖价，从而消除价格风险。图 9-8 描述了远期多头和空头的到期盈亏状况，K 为交割价格。可以看出，如果到期标的价格高于 K，则远期多头盈利而空头亏损，标的价格与交割价格之差即为每笔盈亏，体现在图中分别为 45 度线和 135 度线。反之，如果到期标的价格低于 K，远期多头就亏损，空头就会盈利。

值得强调的是，由于到期时才进行交割，只要约定合理的价格，在签订合约时，远期合约的买卖双方无须交纳价款。这意味着只要双方同意，无须成本就可建立远期合约的多头或空头头寸。通常将远期这样的合约视为零成本合约。当然，由于担心对方违约，双方通常要支付保证金。

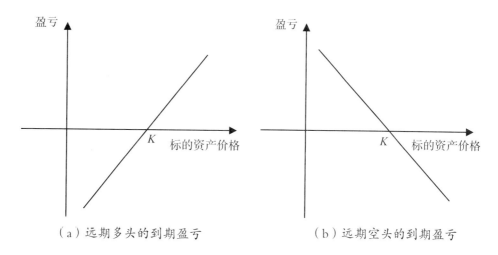

图 9-8　远期头寸的到期盈亏

9.2.1.2　远期市场的交易机制

远期合约是为了规避未来现货交易风险的需要而产生的。相对原始社会自给自足的状态，现货交易是人类的一大进步。但其最大缺点在于无法提前规避价格风险。如果在播种时就能确定农作物收割时卖出的价格，农场主就可安心致力于农作物的生产了。远期合约正是适应这种需要而产生的。与之相同，现代以金融和其他资产为标的的远期合约也是为了方便规避各种资产价格风险而产生和发展起来的。

远期市场的交易机制具有两大特征：分散的场外交易和非标准化合约。远期合约不在交易所交易，而是金融机构之间或金融机构与客户之间通过谈判后签署和流通。随着技术手段的发展，现代远期交易已经形成了一个巨大的世界范围内的场外市场。相应地，远期的另一个重要特点就是非标准化。在签署远期合约之前，双方可以就所有合约细节进行谈判，以便尽量满足双方的需要。

远期的上述两个特点有利有弊。从缺点来说，首先，远期合约交易没有固定集中的场所和信息披露交换机制，信息交流和传递较慢；其次，非标准化的合约条款导致远期合约的流动性较差；最后，由于缺乏统一集中和强有力的对手方风险管理机制，主要靠合约双方自身的信用，因而远期合约的违约风险相对较高。但作为非标准化的场外合约，远期的优势在于灵活性和隐蔽性，可以根据需求量身打造，且交易信息无须对外披露，特别符合机构投资者的需求。随着通信技术和互联网的发展，远期市场的信息劣势明显改善。2008年次贷危机之后中央清算机构在全球市场的兴起，也为改善远期等OTC产品的对手方风险提供了新的解决方向。

9.2.1.3　主要的远期合约品种

根据标的资产不同，远期合约包括远期外汇协议、远期利率协议和远期股票合约等。

下面介绍最为常见的远期外汇协议和远期利率协议。

1. 远期外汇协议

远期外汇协议（forward exchange agreements，FXAs）是指双方约定在将来某一时间按约定的汇率买卖一定金额某种货币的合约。对于一些受到管制的货币，其远期外汇合约无法用该货币交割，到期时只能用某种国际货币（如美元）结算盈亏。这种合约称为"不可交割远期"（non-deliverable forwards，NDF）。相应地，符合监管规定，到期可以进行本金交割的远期外汇协议常被称为"可交割远期"（deliverable forwards，DF）。另外，尽管远期合约可以根据交易双方需求量身打造，但在长期交易中，市场多会遵循一定的交易惯例，如常规的到期期限等。拓展阅读9-1中列出了人民币兑美元远期外汇协议的常见到期期限。

【拓展阅读 9-1】

人民币兑美元远期外汇协议

表 9-1　人民币兑美元远期价格（2016 年 9 月 9 日）

	CNY	CNH	NDF
即期	6.6780	6.6945	6.6780
ON	6.6765	6.6897	
TN	6.6777	6.6932	
1周	6.6803	6.7023	6.6830
1个月	6.6875	6.7160	6.7000
2个月	6.6959	6.7305	6.7190
3个月	6.7025	6.7430	6.7390
6个月	6.7200	6.7805	6.7850
9个月	6.7343	6.8190	6.8270
1年	6.7510	6.8545	6.8670
2年	6.8580	7.0105	7.0100

资料来源：Wind 资讯。

从表 9-1 中，我们可以看到，市场主要关注的人民币兑美元远期汇率有三类：CNY 是在中国外汇管理局监管下，主要通过中国境内的外汇交易中心进行的外汇交易，也被称为"在岸市场"；CNH 则是在离岸市场上基于离岸人民币形成的外汇交易。由于到期时都可以进行本金交割，CNY 和 CNH 都属于可交割远期。但离岸与在岸市场之间是相对分离的，CNY 和 CNH 两个市场的即期和远期汇率有所不同，反映了两个市场的外汇供需存在差异。人民币兑美元的 NDF 市场也属于离岸市场，兴起于 1996 年前后。与 2010 年前后发展起来的 CNH 市场不同，NDF 是游离于监管之外的外汇市场，无法进行本金的交割，其标的是在岸市场上的 CNY 现货汇率。

表 9-1 还显示了人民币兑美元远期交易中的常见期限。其中 ON（over-night）是隔夜交易，当天起息次日交割；TN（tom-next）是次日交易，次日起息第三日交割；SN（spot-next）则是即期起息即期的次日交割，即期的天数随币种而不一样，多数为 2 天。1 周以上的远期期限均为即期起息。

与远期外汇协议密切相关的一个金融产品是外汇掉期（foreign exchange swaps）。假设 2016 年 9 月 9 日某企业和银行签订一份 6 个月期的合约，约定当天向银行以 6.6780 的即期汇率买入 1 000 万美元，同时约定 6 个月后以 6.7200 的远期汇率将 1 000 万美元卖回，这就是一份外汇掉期合约。可以看出，外汇掉期合约并非一个独立产品，而是由一个即期合约和一个远期合约构成的交易组合。由于大量远期外汇协议都是以外汇掉期的形式签订的，在 BIS 的统计中，远期外汇协议和外汇掉期计入同一类别，都属于外汇远期。

2. 远期利率协议

远期利率协议（forward rate agreements，FRAs）是买卖双方同意从未来某一商定的时刻开始，在某一特定时期内按协议利率借贷一笔数额确定、以特定货币表示的名义本金的协议。合约中最重要的条款要素为协议利率，称为远期利率，即从现在时刻来看将来一定期限的利率。例如 14 远期利率，即表示 1 个月之后开始的期限 3 个月的远期利率。拓展阅读 9-2 给出了一个例子。

【拓展阅读 9-2】

远期利率协议

2012 年 3 月 15 日，A 企业根据投资项目进度，预计将在 6 个月后向银行贷款人民币 1 000 万元，贷款期为半年，但担心 6 个月后利率上升提高融资成本，即与银行商议，双方同意 6 个月后 A 企业按年利率 6.2%（一年计两次复利）向银行贷入半年 1 000 万元贷款。这就是远期利率协议。

2012 年 9 月 15 日 FRA 到期时，市场实际半年期贷款利率为 6.48%。这时 A 企业有两个选择：

（1）直接执行 FRA，以 6.2% 向银行贷入半年期 1 000 万元 $\times \dfrac{6.48\% - 6.2\%}{2} \times \dfrac{1}{1 + 6.48\%/2} = 1.356$ 万元贷款，比市场利率节省万元的利息支出。

（2）对 FRA 进行现金结算，由于市场利率上升，银行支付给 A 企业，同时 A 企业直接到市场上以即期利率 6.48% 借入 1 000 万元的贷款，等价于按 6.2% 贷款。

假设 2012 年 9 月 15 日 FRA 到期时，市场实际半年期贷款利率下跌至 6%。这时 A 企业在 FRA 中损失而银行盈利，A 企业的具体盈亏金额为 $1\,000$ 万元 $\times \dfrac{6\% - 6.2\%}{2} \times \dfrac{1}{1 + 6.48\%/2} = -0.9709$ 万元。但无论如何，A 企业的真实贷款利率锁定为 6.2%。

从拓展阅读9-2中可以看出，通过事先约定利率，借款人可以规避利率上升的风险，贷款人则可以规避利率下跌的风险。无论未来利率升跌，FRAs将实际贷款利率锁定为协议利率。

在现实生活中，拓展阅读9-2中的第二种选择，即对FRAs进行现金结算是常见的做法，即协议双方不真实交换本金，只是在结算日根据协议利率和参考利率的市场实际值之间的差额以及名义本金额，由交易一方付给另一方结算金。这种现金结算制度既实现了对利率风险的规避，又大大提高了便利性和灵活性，使得那些要管理利率风险但不需要真实借贷的投资者也可以使用FRAs。因此FRAs中的本金通常被称为"名义本金"。

值得注意的是，FRAs的多方为利息支付者，即名义借款人，其目的主要是规避利率上升的风险。相应地，FRAs的空方则是利息获得者，即名义贷款人，其目的主要是规避利率下降的风险。因此，若担心利率上升，应建立FRAs的多头头寸；担心利率下跌，则应建立空头头寸。

9.2.2 期货与期货市场

9.2.2.1 期货的定义

期货是在交易所交易的标准化远期合约。从本质上说，期货与远期相同，都是在当前时刻约定未来的各交易要素，也是典型的零成本合约。因此图9-8同样可以描述期货多头与空头的损益状况。期货的投资者未来也未必一定盈利，但是可以对冲未来的风险。

期货与远期的主要区别就在于交易机制的差异。下面对此加以介绍。

9.2.2.2 期货市场的交易机制

期货的基本特征是标准化和交易所集中交易，这两个特征及其相关的一些交易机制，是期货有别于远期的地方。

1. 集中交易与统一清算

期货市场的第一个特征是在有组织的交易所内集中交易，交易所和清算机构充当所有期货买方和卖方的对手方，匹配买卖双方撮合成交，并进行集中清算，交易双方并不直接接触。例如，中国的正规期货交易必须在上海、大连、郑州三大商品期货交易所和中金所集中进行。这种交易方式克服了传统远期交易信息不充分和违约风险较大的缺陷，在很大程度上提高了市场流动性和交易效率，降低了违约风险。

2. 标准化的期货合约条款

期货与远期的第二个不同在于交易所通常规定了期货的基本条款。通常期货的合约规模、到期时间、最小价格波动值、每日价格波动限制与交易中止规则、交割条款等都是标准化的，在合约上有明确规定，无须双方再商定。因此，交易双方只需要选择适合的期货合约，确定交易合约份数，并按交易所竞价或做市商报价确定的成交价格交易。这种高度标准化的设计大大提高了交易效率和流动性，促进了期货交易的发展。

3. 保证金和每日盯市结算

期货与远期的第三点不同是期货交易实行严格的保证金（margin）和每日盯市结算制度。不同交易所、经纪公司、期货品种甚至同一品种的不同时期，保证金要求都可能不同，但原理都是一样的。

要参与期货交易，买卖双方都必须在经纪公司开立专门的保证金账户，并存入一定数量的保证金（初始保证金）。在每天期货交易结束后，交易所与清算机构都要按照每日确定的结算价格①计算每个交易者的浮动盈亏，并相应调整其保证金账户，将浮动盈亏结转为当天的真实盈亏。这就是所谓的每日盯市结算。

在盯市结算完成以后，如果交易者保证金账户的余额超过规定的水平②，交易者可随时取现或开新仓，但保证金账户中的余额不得低于规定的水平。当余额低于规定水平时，经纪公司就会通知交易者限期补足到要求水平，否则就会强制平仓。这一要求补充保证金的行为称为保证金追加通知（margin call）。

保证金和每日盯市结算制度的本质是将对手方违约的风险分解到每个交易日，并执行严格无负债的运行机制，实际上这一制度贯穿交易者—经纪公司—非清算会员—清算会员—清算机构整个链条，从根本上防止违约。

4. 期货头寸的开立与结清

有两种开立期货头寸的方式：买入建仓和卖出建仓，分别成为期货的多头和空头。结清期货头寸的方式则主要包括到期交割或现金结算、平仓。

到期交割或现金结算。交易者若持有期货头寸到期，就必须按合约规定进行实际交割或现金结算。一般来说，这种方式较少使用，因为交割通常要在特定时间按特定方式和规定流程进行，费时费力。但交割的存在保证了期货价格和标的价格之间的内在联系，其重要性不容忽视。正是因为有最后交割的可能性，随着期货交割月份的逼近，期货价格才会收敛于标的价格；临近交割时刻，期货价格应该等于或接近于标的价格，否则就提供了无风险套利机会。

平仓。平仓就是在最后交易日之前通过反向对冲交易来提前结清期货头寸，包括两种方式：卖出平仓，即期货多头将原来买进的期货合约卖掉，这是与买入建仓相对应的；买入平仓，即期货空头将原来卖出的期货合约重新买回，这是与卖出建仓相对应的。平仓的方式比实物交割要省事和灵活，因此大多期货交易都是通过平仓来结清头寸的。

值得一提的是，像期货这样实施保证金交易制度的市场，都应实行 T+0 交易制度。因为资产价格的波动可能导致交易者的保证金不足，必须赋予交易者足够高的平仓自由度，才能降低违约风险。

9.2.2.3 主要的期货合约品种

根据标的资产不同，常见的期货可以分为大宗商品期货、股票指数期货、利率期货

---

① 期货的每日结算价格可能是期货收盘价、当天的加权平均价或最后几秒钟的平均价，由交易所事先确定计算方法。
② 这一规定的水平由交易所和经纪公司确定。

和外汇期货等,其中最复杂的是利率期货。利率期货是指以利率或利率敏感证券为标的资产的期货合约。根据标的利率期限的长短,又可分为短、中、长期利率期货。我们介绍两类最为典型的利率期货:芝加哥商品交易所的欧洲美元期货和中金所的中期和长期国债期货。

1. 欧洲美元期货

在 CME 交易的欧洲美元期货(Eurodollar futures)是短期利率期货中交易最活跃的品种,其标的是自期货到期日起 3 个月期的欧洲美元定期存款,每份合约名义本金为 100 万美元。所谓"欧洲美元",是指存放于美国以外银行的不受美国政府法令限制的美元存款,其利率就是 Libor 美元利率。换言之,交易双方约定的是期货到期时 3 个月期的 Libor 美元利率,因此属于短期利率期货。期货合约本身的期限可以很长,包括长达 10 年的 3 月季度循环月份与非 3 月循环中离当前最近的 4 个序列月份,总共有 44 个到期期限可供交易。

在欧洲美元期货合约中比较容易造成困扰的是其报价及相应的结算机制。欧洲美元期货的价格(名为"IMM 指数")并非约定的期货利率,是根据"100 - 年化期货利率 × 100"计算得到。例如,价格 98 对应着 2% 的年化利率(计息惯例与 Libor 相同)。由于 IMM 指数与利率反向变动,规避利率上升风险应成为欧洲美元期货合约的空头,而规避利率下跌则应成为合约多头。

因此,在对欧洲美元期货进行结算时,关键在于计算 IMM 指数变动量(或期货利率变动量)。可以看到,期货利率变动 0.01%,意味着 IMM 指数变动 0.01,一份合约价值变动为:

$$100\text{ 万美元} \times 0.01\% \times \frac{1}{4} = 25\text{ 美元}$$

2. 中金所的国债期货

2013 年 9 月 6 日,暌违 18 年的中国国债期货(treasury bond futures)在中金所再次上市。与 1995 年的旧版国债期货合约不同,为防止现货体量太小易被操纵的现象重演,新版的中期(5 年期)国债期货合约在借鉴国际经验的基础上,将标的资产(即"可交割债券")设定为"期货合约到期月首日剩余期限为 4—7 年的记账式附息国债"(2015 年后改为 4—5.25 年)。2015 年 3 月 20 日,长期(10 年期)国债期货上市交易,也采用类似的合约设计,可交割券的剩余期限为 6.5—10.25 年。这大大增加了可交割债券数量和面值总量,加大了操纵现货的难度,有利于国债期货的平稳运行。

当然,这一设计也增加了合约的复杂度。由于可交割券不止一种,各债券的息票率和期限不同,为体现可比性,中金所引入了标准券和转换因子(conversion factor)。国债期货采用标准券净价报价,其他可交割券均以交易所公布的转换因子进行转换。最终交割时,由期货空方决定选择交割债券。尽管通过转换因子可以对不同的可交割券进行尽量公平的转换,但由于未来不确定性的存在,转换后仍然不可避免地存在交割某支债券比其他债券更加合算的情形,对空方最合算的债券就被称为"最合算可交割券"(the cheapest to deliver,也称 CTD 券)。而期货空方被赋予的这种权利就被称为"择券期权"

或"质量期权"①。

为了更清晰地说明国债期货,下面以 5 年期国债期货为例,对相关概念进行更加详细的介绍。

表 9-2 给出了中金所 5 年期国债期货合约的主要条款。与现货一样,国债期货也是净价报价,最终到期时全价结算②。

表 9-2 中金所 5 年期国债期货合约表

合约标的	面值为 100 万元人民币、票面利率为 3% 的名义中期国债
可交割国债	合约到期月份首日剩余期限为 4—5.25 年的记账式附息国债
报价方式	百元净价报价
最小变动价位	0.005 元
合约月份	最近的三个季月
交易时间	09:15—11:30,13:00—15:15
最后交易日交易时间	09:15—11:30
每日价格最大波动限制	上一交易日结算价的 ±1.2%
最低交易保证金	合约价值的 1%
最后交易日	合约到期月份的第二个星期五
最后交割日	最后交易日后的第三个交易日
交割方式	实物交割
交易代码	TF
上市交易所	中国金融期货交易所

资料来源:中国金融期货交易所。

交割券、标准券与转换因子

如前所述,为防止现货体量太小导致期货被操纵,中金所规定,对于 5 年期国债期货,空方可以选择在合约到期月份首日剩余期限为 4—5.25 年的任何记账式附息国债用于交割。当一个国债期货合约上市时,市场上现存的债券有哪些满足可交割条件显然是已知的,因此中金所会统一公布可交割券的名单。在国债期货的期限内,可交割券的数量不会减少,但可能因为财政部发行新的满足交割条件的券而增加,中金所会在这些券上市交易日(含)之前公告将其纳入可交割券范围。

引入多种可交割券之后,由于各债券的息票率和期限各有不同,为具可比性,交易所引入了标准券和转换因子的概念。所谓标准券是一种虚拟的国债,其息票率为 3%③(一年计一次复利),面值为 100 万元,在交割月首日的剩余期限为 5 年整。如果按 3% 的年

---

① 2015年7月1日起,中金所还进一步赋予期货空方"择时期权",进入交割月后由期货空方决定哪天交割。但理论和实证研究表明,择时期权的影响相对很小。
② 国债期货只在到期交割时才涉及全价交收,在到期之前的交易报价和每日盯市结算中使用的都是净价。
③ 根据市场利率的变化,中金所会对标准券的息票率进行调整并公布,目前息票率为3%。

化到期收益率计算，该标准券在期货交割月首日的全价和净价都会等于面值，使得它便于作为真实可交割券的衡量标准。在此基础上，同样用3%的年化到期收益率计算所有可交割券在交割月首日的净价。如果A债券的计算结果为105，则意味着在同样的定价参数下，交割时刻债券A的报价等于标准券的1.05倍，从而其转换因子就等于1.05；如果债券B的计算结果为98.6，其转换因子就等于0.986。这样就在不同交割券之间建立起了一致的转换体系，可交割券的期货报价均按其对应的转换因子折算成标准券的期货报价。人们平时在市场上看到的国债期货价格就是其标准券的期货报价。

确切地说，中金所5年期国债期货可交割券的转换因子等于面值1元该券未来所有现金流按3%的年到期收益率[①]贴现到交割月首日的价值，再扣掉该债券应计利息后的余额，也就是说，转换因子是针对净价进行的。在计算转换因子时，债券的剩余期限只取1个月的整数倍，多余的天数舍掉。拓展阅读9-3有助于更好地理解可交割券和转换因子的基本原理。

【拓展阅读 9-3】
5年期国债期货可交割券和转换因子的确定

银行间市场代码为150011.IB的2015年记账式附息国债到期日为2020年5月28日，息票利率为3.1%，一年支付一次利息，它是否属于5年期国债期货合约TF1512和TF1603的可交割券？如果是，其转换因子分别为多少？

TF1512和TF1603合约的到期月首日分别为2015年12月1日与2016年3月1日。在这两天，国债150011的剩余期限分别为4年5个月又28天和4年2个月又28天，因此是这两个合约的可交割券。

中金所规定计算转换因子时取整数月份，因此2015年12月距离下一个付息月（2016年5月）还有5个月。根据转换因子的定义，我们首先将150011.IB每1元面值的未来现金流用3%贴现至2015年12月，然后将其减去2015年12月的近似应计利息（按7个月计），就得到150011.IB债券在国债期货合约TF1512中的转换因子为

$$\sum_{i=0}^{4} \frac{0.031}{(1+3\%)^{i+\frac{5}{12}}} + \frac{1}{(1+3\%)^{4\frac{5}{12}}} - 0.031 \times \frac{7}{12} \approx 1.0040$$

类似地，150011.IB债券在TF1603中的转换因子为

$$\sum_{i=0}^{4} \frac{0.031}{(1+3\%)^{i+\frac{2}{12}}} + \frac{1}{(1+3\%)^{4\frac{2}{12}}} - 0.031 \times \frac{10}{12} \approx 1.0038$$

[①] 财政部发行的中期国债有的一年付息一次，有的一年付息两次，如果一年计息一次的到期收益率为3%，对应等价的一年计息两次的到期收益率应该略低于3%，但中金所并未对此进行区分，统一采用3%的年化到期收益率，这成为转换因子误差的一个来源，但其引起的误差很小。

从上述计算过程可以看出，因为计算的基准时间不同，同一个债券对于不同国债期货合约的转换因子是不同的；但对于给定的国债期货合约，由于哪些券是可交割券是已知的，交割月首日的时间是确定的，贴现率3%也是确定的，因此其可交割券的转换因子就是确定不变的。平时我们并不需要自行计算转换因子，在公布可交割券时，中金所会同时公布其转换因子。

国债期货交割的现金。转换因子在国债期货中发挥着非常重要的作用。它可以用来计算国债期货交割时空方应收到的现金，其公式为[①]：

$$\text{国债期货空方收到的现金} = \text{期货交割结算价} \times \text{交割券转换因子} + \text{交割券配对缴款日应计利息} \qquad (9.1)$$

确定交割最合算的债券（交割最便宜券）

从理论上说，理想的转换因子应该是可交割券在交割月首日的真实净价与标准券真实净价之比，才能保证转换之后所有可交割券之间完全等价，但从拓展阅读9-3可以看出，转换因子计算过程中存在着如下不足：（1）由于事先我们无法预知真实贴现率，计算转换因子时所有债券使用了同一个贴现率3%，必然存在误差；（2）在计算转换因子时，简化地使用了整数月份；（3）一年支付一次利息和一年支付两次利息的债券都简化地使用3%的贴现率，未对不同计息频率进行转换。

很显然，第一个因素是导致转换因子不精确的主要原因，后两个因素的影响很小。但由于第一个因素是因为人类无法预知未来而导致的，因而转换因子的不精确可以说是无法避免的。因此，转换因子的这些不足天然导致不同可交割券之间的转换并不完美公平，必然会出现相对合算和不合算的债券。

那么相应的问题是，交割时如何在数十个可能的可交割券中进行选择？买卖双方的合算与不合算显然是刚好相反的。由于债券市场的流动性较差，期货空方在现货市场上买券进行期货交割的难度较大，因而在国债期货合约中相对处于劣势。基于这一现象，我国与国际市场一致，都规定在交割时由期货空方决定用哪种券进行交割。这就是空方获得的"择券期权"。

由于拥有择券期权，在到期交割时，国债期货空方必然会选择对其来说交割最合算的债券，就是交割成本最低（交割收益最大）的债券。其中交割成本用公式表达为：

$$\begin{aligned}\text{交割成本} &= \text{交割券现券报价} + \text{应计利息} - (\text{期货结算价} \times \text{交割券转换因子} + \text{应计利息}) \\ &= \text{交割券现券报价} - \text{期货结算价} \times \text{交割券转换因子}\end{aligned} \qquad (9.2)$$

只要对所有可交割券计算式（9.2），具有最小交割成本的债券将是期货空方选择用于交割的债券，就是CTD券。

式（9.2）的计算并不复杂，但问题在于，只有到交割时我们才能获知现券报价和期货结算价。这意味着在国债期货到期交割前，哪种券是真正的CTD券，是无法预知的。

[①] 篇幅所限，此处不再给出计算案例。感兴趣的读者可参考郑振龙、陈蓉，《金融工程》（第四版）。

我们只能退而求其次,根据当时的信息条件判断哪种券未来最可能成为 CTD 券;也就是说,在国债期货到期交割前,我们只能确定"准 CTD 券"。情况变化,准 CTD 券也可能随之改变。

在"准 CTD 券"的判断上,最常用的规则是:具有最高"隐含回购利率"(implied repo rate,IRR)的券就是当时条件下的"准 CTD 券"。如果期货剩余期限内没有遇到债券付息日,时刻 t 债券 i 的 $IRR_{i,t}$ 被定义为

$$IRR_{i,t} = \frac{t \text{ 时刻债券 } i \text{ 对应的期货全价} - t \text{ 时刻债券 } i \text{ 现货全价}}{t \text{ 时刻债券 } i \text{ 现货全价}} \times \frac{365}{T-t} \quad (9.3)$$

可以看出,对期货空方来说,$IRR_{i,t}$ 实际上是一种"持有到期策略"的年化收益率:在 t 时刻购买 1 单位可交割券 i,同时卖空对应数量的国债期货,然后将债券 i 持有到期货到期 T 时刻进行交割,到期卖价已锁定为 t 时刻的期货价格。债券 i 在 t 时刻的 IRR 最大意味着其年化收益率最大,从而是 t 时刻条件信息下的最合算债券。

从上述分析也可以看出,如果 $IRR_{i,t}$ 高于 t 时刻交易者的资金成本,理论上就存在套利机会:借钱买入现券,卖出期货,锁定收益率为 $IRR_{i,t}$,而资金成本相对较低,可以获得套利利润。因此在无套利情况下,$IRR_{i,t}$ 应等于 t 时刻的资金成本。由于金融机构的短期资金成本多为回购利率,IRR(隐含回购利率)因此而得名。

如果就此来看,以 IRR 作为 t 时刻信息条件下判断"准 CTD 券"的标准,似乎是合理的。然而,现实并不这么简单。在很多情况下,可交割券在期货剩余期限内都会遇上付息日,这时 IRR 的公式需要加入支付的利息。在有付息的情况下,由于存在再投资问题,IRR 不再是"准 CTD 券"的精确指标,而只是近似指标。[①] 事实上,在现实市场中,除了这些指标,由于中国债券市场的流动性不是很好,特别是较早发行的旧券成交量极小,市场通常会结合流动性和债券可得性等市场状况确定"准 CTD 券",以此作为定价的基准。

9.3 互换合约

互换是交易各方按照商定条件,在约定的时间内交换一系列现金流的合约。远期合约可以被看作仅交换一次现金流的互换,多次交换的互换合约则可以看作一系列远期的组合。由于计算或确定现金流的方法很多,互换的种类也就很多。其中最主要的是利率互换(interest rate swap,IRS)、货币互换(currency swap)、总收益互换(total return swap,TRS)和信用违约互换。

9.3.1 互换产品

[①] 相关分析比较复杂,本书就不再详述。感兴趣的读者可参见陈蓉、葛骏,"谁是国债期货的CTD券?",《中国期货》,2015年第2期。该文深入分析了国债期货"准CTD券"的两大判断准则:IRR最大和择券期权价值最小,并对其进行了改进。

9.3.1.1 利率互换

利率互换是指双方同意在未来的一定期限内根据同种货币的相同名义本金交换现金流,其中一方的现金流根据事先选定的某一浮动利率计算,而另一方的现金流则根据固定利率计算。从期限来看,国际上的 IRS 期限可从 1 年以下到长达 50 年。中国的人民币 IRS 期限则一般在 5 年以下。拓展阅读 9-4 是一个 1 年期的 IRS。其中,约定未来支付固定利率的一方是 IRS 的多头、未来支付浮动利率的一方则为 IRS 的空头。IRS 中的固定利率被称为"互换利率"(swap rate)。

【拓展阅读 9-4】

中国银行间首笔基于 Shibor 的标准利率互换

2007 年 1 月 22 日,花旗银行宣布与兴业银行于 1 月 18 日完成了中国银行间第一笔基于上海银行间同业拆放利率(Shibor)的标准利率互换。公开披露的信息表明这是一个 1 年期的合同,交换约定如图 9-9 所示。

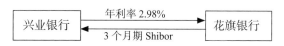

图 9-9 利率互换流程

可以看出,此 IRS 的基本设计是:从 2007 年 1 月 18 日起的 1 年内,花旗银行与兴业银行在每 3 个月计息期开始时就按照最新 3 个月期的 Shibor 确定当期的浮动利率,计息期末双方根据名义本金交换利息净额,兴业银行按年利率 2.98% 定期支付固定利息,收到按 3 个月期 Shibor 计算的浮动利息,因而是该笔 IRS 的多头;花旗银行则正好相反,是 IRS 的空头。

利率互换是利率风险管理的利器,我们因为通过 IRS 合约可以实现固息债务和浮息债务的互换。因此,在升息期,一个有着浮息债务的企业可以通过 IRS 多头将浮息债务快速转化为固息债务,规避利率上升带来的风险;反之亦然。

9.3.1.2 货币互换

货币互换是在未来约定期限内将一种货币的本金和固定利息与另一货币的等价本金和固定利息进行交换。拓展阅读 9-5[①] 给出了一个货币互换的案例。

[①] 该案例引自 Chance, D. M., *An Introduction to Derivatives and Risk Management*, Thomson Learning, 2003。

【拓展阅读 9-5】

货币互换

雷斯顿科技公司（Reston Technology）是成立于美国弗吉尼亚州科技开发区的一家互联网公司，由于计划到欧洲拓展业务，该公司需要借入 1 000 万欧元，当时汇率是 0.9804 美元/欧元。雷斯顿公司因此借入 2 年期的 980.4 万美元借款，利率为 6.5%，并需要将其转换为欧元。但由于其业务拓展所产生的现金流是欧元现金流，它希望用欧元支付利息，因此雷斯顿公司转向其开户行的一家分支机构——全球互换公司进行货币互换交易。图 9-10 是该笔货币互换的主要流程。

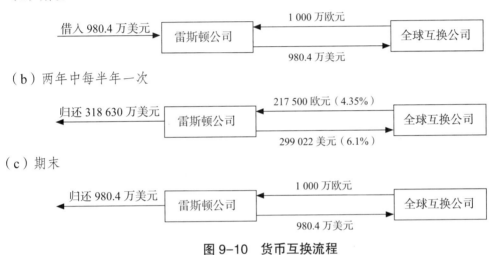

图 9-10 货币互换流程

可以看到，雷斯顿公司通过货币互换将其原先的美元借款转换成了欧元借款。在美国市场上，它按照 6.5% 的利率支付利息；同时在货币互换中，收到 6.1% 的美元利息，支付 4.35% 的欧元利息。如果假设汇率不变的话，其每年的利息水平大约为 4.35% +（6.5% − 6.1%）= 4.75%。

对比图 9-9 和图 9-10 可以看到，在利率互换中通常无须交换本金，只需定期交换利息差额；而在货币互换中，期初和期末须按照约定的汇率交换不同货币的本金，期间还需定期交换不同货币的利息。实际上，货币互换可以近似地理解为市场价值相等的"背对背贷款"，即交易双方交换不同币种的贷款，交易者在获得某种货币债权的同时，承担另一种货币的债务。

货币互换是汇率风险管理的有效工具。例如，在预期本币贬值时，一个有着外币债务的企业可以通过货币互换将其置换为本币债务，从而规避本币贬值的风险。

9.3.1.3 总收益互换

总收益互换是在未来约定期限内将一种或一篮子资产的总收益（包括现金流与资本

利得或损失）与等值浮动利率债券的利息（加或减利差）进行交换，其现金流如图9-11所示。TRS的一个重要特征是合约双方并不转让资产的实际所有权，只转让收益权。

图 9-11　总收益互换现金流示意图

TRS由总收益端和融资端组成。总收益端的资产可以是单一股票、指数、公司债、抵押贷款、市政债券、不动产、可转债、资产抵押证券、大宗商品、农产品、贵金属等。总收益端的一方称为总收益支付方，或者TRS卖方。融资端的一方称为总收益接受方，或者TRS买方。

TRS的优势在于可以低成本高效率地进入或做多（总收益接受方）、退出或做空（总收益支付方）某个市场，它可以节省交易费用、减少税收、提高杠杆和规避监管。以2015年中国的融资融券为例。通过券商进行融资融券的成本很高，融资成本高达8.5%左右，融券成本更高达10.5%左右甚至一券难求。如果通过TRS，则可大大节省客户的融资融券费用。对融资买入股票的客户来说，他本来需要支付融资利率（8.5%左右）、买入股票的佣金、未来卖出股票的佣金和印花税等。而通过TRS（图9-12中的融资方），客户只要支付浮动利率（当时的Shibor大约3%左右）加息差，最多再加上他缴纳给金融机构的保证金所需要的利息，就可实现同样的效果。而对于融券卖出股票的客户来说，他本来需要支付融券费用（10.5%左右）、卖出股票的佣金和印花税以及未来买回股票的佣金。而通过TRS（图9-12中的融券方），客户只需承担保证金利息就可实现同样的效果，不但没有任何支出，还可能收到浮动利息。对于金融机构来说，利用TRS来开展融资融券业务，只要向两边客户收取保证金防范信用风险，就可以在不承担风险和资本金要求的情况下赚取息差，是真正意义上的中间业务。

图 9-12　通过总收益互换实现融资融券

可以看到，如果运用得当，总收益互换对于降低整个市场和社会的交易、摩擦成本及提高效率，是大有裨益的。

9.3.1.4　信用违约互换

信用违约互换是目前运用最为广泛的信用衍生产品之一。CDS买方定期向CDS卖方支付一定费用，一旦出现事先约定的信用事件，CDS买方将有权从卖方手中获得补偿，合约终止。信用事件一般包括支付违约、破产和债务重组，也可以包括债务加速到期或债务潜在加速到期等。该补偿可以用现金支付（面值减去公平回收价值），也可以是实物交割（以面值交换基础资产）。如果信用事件并未发生，则互换到期自动失效。整个过程如图9-13所示，可以看作CDS的买方支付保费后，将基础资产的信用风险转移给CDS的卖方，相当于购入了一份信用保险。

图9-13 信用违约互换示意

CDS出现后，缓解了金融机构业务操作中面临的专业化与分散化矛盾。原先为了防止信用风险过于集中，银行只能向众多企业贷款。有了CDS后，银行就可以集中贷款给少数企业，再购买这些企业的CDS转移信用风险，同时卖出其他企业的CDS来承担新的信用风险。这样可以在分散信用风险的同时集中精力管理少数贷款，节约贷款成本，又可以体现专业化的好处。

随着市场的发展，从CDS衍生出了其他信用衍生产品，如篮子CDS（basket CDS）、信用违约互换期权（credit default swaption）、信用联结票据和合成型CDO（synthetic CDO）等。篮子CDS就是以一篮子多个参考实体为标的的CDS，任何一家参考实体违约时均提供违约赔偿。信用违约互换期权是以预先约定的行权价购买或出售CDS的权利。信用联结票据首先是一种债务融资工具，但区别在于CLN持有人承担的风险不是发行人的风险，而是CLN所挂钩标的的信用风险。CLN的发行人是CDS买方，投资人则是CDS卖方，因而可以视为现金债券和CDS的结合。当CLN所挂钩的标的是经由资产证券化构造出来的"担保债务凭证"（collateralized debt obligations，CDOs）[①]时，就是所谓的合成型CDO。此外，基于CDS还诞生了CDS指数，是一种跟踪多个基础CDS的平均CDS利差、按一定标准编制的指数。

除了从CDS拓展而来的信用产品，其他信用衍生产品还有总收益互换和信用利差期权等。当总收益互换的资产是某种信用资产时，总收益互换就属于信用衍生产品，因为它在不交易该资产的情况下，实现了信用风险和市场风险的同时转移。信用利差期权则是以某债权的信用利差为标的的期权合约。可以看到，在信用衍生产品中，尽管也有期权等产品形式，但主要还是采取互换形式。

除了上述4种主要的互换产品之外，在市场上还有交叉货币利率互换、基点互换、商品互换、股票互换等品种，在具体合约设计上也颇多创新，如增长型互换、减少型互换、滑道型互换、可延长互换、可赎回互换、零息互换、后期确定互换、差额互换等，基于一般互换还进一步衍生出了远期互换和互换期权等，此处就不再赘述。

---

① 简单地说，CDO就是以具有稳定未来现金流的资产为抵押发行的证券，此类资产证券化过程一般包含着比较复杂的结构化设计。

9.3.2 互换市场

9.3.2.1 互换市场的发展

从本章第一节，我们已经了解全球OTC衍生产品的交易规模要远高于交易所，而在OTC衍生产品中，互换产品的交易规模占比高达70%左右。互换市场自20世纪七八十年代诞生以来发展十分迅速，全球利率互换和货币互换名义本金额从1987年年底的8 656亿美元猛增到2017年12月底的344万亿美元，这三十年期间增长了约397倍，其中利率互换名义本金额就高达约334万亿美元。利率互换是所有互换乃至所有衍生产品中交易量最大的一个品种，市场影响力巨大。

CDS交易最早由J.P.摩根于1994年发明，1999年国际掉期与衍生品协会（ISDA）推出了标准化的CDS合约，大大推动了这一市场的发展。到2007年年底，根据BIS的统计数据，全球CDS市场的名义本金达58万亿美元。但随之而来的次贷危机使该市场大幅萎缩，到2017年12月，CDS市场的名义本金减少至大约9 354万亿美元。

图9-14给出了2017年12月底全球OTC市场各类衍生产品未平仓合约名义本金的占比数据。可以看到，利率衍生产品尤其是利率互换的市场地位十分重要。

图9-14　全球OTC市场各类衍生产品未平仓名义本金占比（2017年12月）

资料来源：http://www.bis.org。

在中国的银行间市场上有利率互换、货币互换、总收益互换和信用违约互换等互换类产品。目前交易量最大的是2006年开始试点、2008年正式启动的利率互换。2006年，银行间市场的人民币利率互换成交名义本金为355.7亿元；2016年成交14.3万亿元，增长了402倍。与规模增长相伴的是交易品种的日渐丰富。在浮动利率基准方面，从2006年只有7天国债回购利率和1年期定期存款利率这两种基准利率，到目前已涵盖银行间7天回购定盘利率（FR007）、Shibor O/N、Shibor 1W、Shibor 3M、定期存款利率、当日贷款基础利率[①]、10年期国债收益率、10年期国开债收益率、10年期国开债收益率与国债收益率之差、3年期中短期票据收益率与3年期国开债收益率之差等多种基准利率，其中最活跃的是以FR007和Shibor利率为浮动基准的利率互换，2017年成交名义本金额占比分别达79.1%和20.1%。合约期限也得以拓展，但其中仍以1年及1年期以下交易最为活跃，2017年成交名义本金额占总量的77.8%。

截至目前，中国市场上的货币互换、总收益互换和CDS交易仍相对较少。货币互换较多在银行及其客户之间进行，用于对冲汇率风险；总收益互换则较多地被证券公司等用于设计和开发一些新产品和新业务；CDS在中国的发展则经历了两个阶段。2010年10月，中国银行间市场交易商协会启动中国版的信用风险缓释工具，包括信用风险缓释合约（credit risk mitigation agreement，CRMA）和信用风险缓释凭证（credit risk mitigation warrant，CRMW）。但由于中国金融市场所处的历史发展阶段和产品结构等原因，交易较为清淡。2016年9月23日，中国银行间市场交易商协会在之前基础上，新增信用违约互换和信用联结票据两类信用风险缓释工具，在整体的产品设计上取得了重大进展，从单一债务扩展到对参考实体的债务族进行保护，并与商业银行等金融机构的监管法规要求进行了有效衔接；在具体交易要素设计上借鉴了国际通行标准，并根据中国实际情况进行了调整，采用了一系列的标准化安排；在风险管理上，对市场参与者适当性、杠杆比例也进行了明确约束。2016年11月1日，首批CDS交易落地。中国工商银行、中国农业银行、中国银行、中国建设银行、交通银行五大行和民生银行、兴业银行、浙商银行、上海银行、中债信用增进等10家机构开展了15笔CDS交易，名义本金总计3亿元，交易参考实体涉及石油天然气、电力等行业，交易期限1—2年不等。中国的CDS市场开始进入新的发展阶段。

9.3.2.2 互换市场机制

互换在风险管理、降低交易成本、规避管制和创新产品等方面的作用和监管层的包容态度都有效地促进了国际互换市场的迅速发展。此外，互换市场的做市商制度和标准化机制设计也发挥了重要作用。下面对此略加介绍。

1. 做市商制度

互换属于OTC产品，早期的金融机构通常在互换交易中充当经纪人赚取佣金，但在短时间内找到完全匹配的交易对手往往相当困难。因此许多金融机构开始作为做市商参与交易，同时报出其作为互换多空头所愿意支付和接受的价格，被称为互换交易商或互换银行（swap bank）。利率互换市场的做市商制度尤其发达，原因在于：第一，利率互换的同质性较强，比较容易形成标准化的交易和报价；第二，美元的固定收益证券现货和衍生产品市场都非常发达，利率互换做市商可以很容易地进行利率风险的对冲。

做市商为互换市场提供了流动性，成为其发展的重要推动力量。从另一个角度来看，

[①] 贷款基础利率（loan prime rate，LPR）是国内商业银行对其最优质客户执行的贷款利率，其他贷款利率可在此基础上加减点生成。LPR报价银行团现由9家商业银行组成。每个交易日根据各报价行的报价，剔除最高、最低各1家报价，对其余报价进行加权平均计算后，得出贷款基础利率报价平均利率，由全国银行间同业拆借中心于11:30对外发布，目前仅有1年期限。

从经纪到做市的转变也反映了互换市场的变迁。在互换市场早期,强调的是经纪商对互换交易的安排和匹配,而不是去承担交易风险;做市商制度建立以后,金融机构通过承担和管理风险为市场提供流动性。相应地,互换产品也从个性化的公司财务管理工具转变为金融市场中的一种大宗批发交易。

2. 产品标准化

与做市商制度发展密切相关的是互换市场的标准化进程。OTC产品的重要特征之一就是产品的非标准化,但互换中包含的多个现金流交换使得非标准化协议的协商和制订相当复杂费时。1985年,一些银行成立了ISDA并主持制订了互换交易的行业标准、协议范本和定义文件等。在开展场外衍生产品交易之前,交易双方就主文部分签署主协议,对基本条款达成一致,明确交易可能涉及的所有定义和双方的权利义务。主协议签署后,每次交易只需对价格、数量等具体条款进行谈判并签订协议附件和交易确认书即可。

这种标准化设计降低了市场参与者的风险,减少了交易所需的时间与成本,大大提高了市场运作的效率。例如,利率互换本来需要同时报出浮动利率和固定利率,并约定一系列合约细节。但实际中同种货币的利率互换报价通常都基于特定的浮动利率,在天数计算、支付频率、营业日准则、结算方式、头寸结清方式等方面都有成形的市场惯例和操作流程。浮动利率达成一致之后,报价和交易就只需针对特定期限与特定支付频率的固定利率一方进行,提高了市场效率。

9.4 期权合约

9.4.1 期权定义

期权是买卖未来权利的合约,赋予其多头在规定期限内按双方约定的价格(行权价)购买或出售一定数量某种标的资产的权利。权利的买方和拥有者是期权多头,权利的卖方和义务方则是期权空头。期权多头为获得这一权利向期权空头支付的价款就是期权价格,也称期权费(premium)。

按多头的权利划分,期权可分为看涨期权(call)和看跌期权(put)。赋予期权多头购买标的资产权利的合约,就是看涨期权,也称"认购期权"或"买权";而赋予期权多头出售标的资产权利的合约就是看跌期权,也称"认沽期权"或"卖权"。

按多头行权时限划分,期权可分为欧式期权(European options)和美式期权(American options)。欧式期权的多方只能在期权到期日行权,而美式期权允许多方在期权到期前的任何时间执行期权。中国的上证50ETF期权只有到期才能行权,属于典型的欧式期权。

按标的资产划分,期权可分为股票期权、股指期权、利率期权、货币期权(或称外汇期权)、信用期权、商品期权等,在这些期权当中,标的资产经常不是现货,而被设计为期货期权和互换期权等。

9.4.2 期权的到期回报与盈亏分析

期权要比远期、期货和互换复杂，接下来我们运用图表和公式来分析期权到期时多空双方的回报（payoff）与盈亏（gain or loss）分布。这两个概念的区别在于回报未考虑期权费，而盈亏则考虑了期权费。

9.4.2.1 看涨期权的到期回报与盈亏分布

以一个行权价为 40 的看涨期权为例。由于看涨多头方有权利按 40 买入，如果未来价格上涨，看涨多头就会行权买入标的；如果价格下跌，看涨多头可弃权，其回报可描述为"涨多少赚多少，跌了不用赔"。相应的回报线就表现为在行权价右侧，从行权价开始向右上方 45 度延伸，在行权价左侧则为零水平线。考虑期权费之后，看涨多头的盈亏线就是回报线平行下移，下移幅度就是期权费，如图 9-15（a）所示。由于期权合约是零和游戏，多空双方的回报盈亏刚好相反。看涨期权空头的回报和盈亏分布就如图 9-15（b）所示。双方的盈亏平衡点都等于行权价加上期权费。

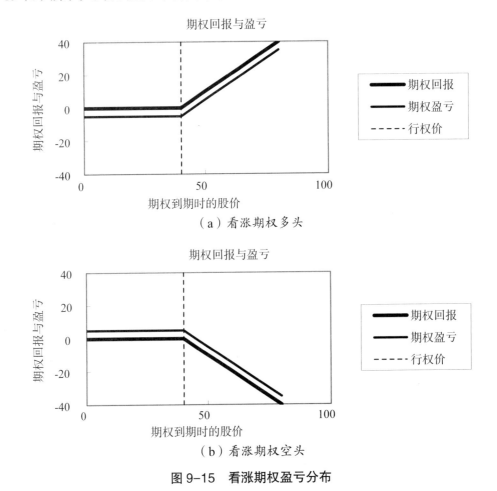

（a）看涨期权多头

（b）看涨期权空头

图 9-15　看涨期权盈亏分布

可以看到，看涨期权多头的亏损风险是有限的，其最大亏损限度是期权费，而其盈利可能却是无限的。相反，看涨期权空头的亏损可能是无限的，而盈利是有限的，其最大盈利限度是期权费。期权多头以较低的期权费为代价换取较大盈利的可能性，如同买了一个保险，这也是期权费在英文中与保险费同一单词的主要原因。而期权空头则为了赚取期权费冒着亏损甚至巨额亏损的风险。

9.4.2.2 看跌期权的到期回报与盈亏分布

看跌期权与看涨期权正好左右对称。以一个行权价为40的看跌期权为例。由于有权利按40卖出，如果未来价格下跌，看跌多头就会行权卖出标的；如果价格上涨，看跌多头可弃权，其回报可描述为"跌多少赚多少，涨了不用赔"。相应的回报线就表现为在行权价左侧，从行权价开始向左上方135度延伸，在行权价右侧则为零水平线。考虑期权费之后，看涨多头的盈亏线比回报线平行下移期权费的幅度，如图9-16（a）所示。看跌空头的回报盈亏刚好相反，如图9-16（b）所示。双方的盈亏平衡点都等于行权价减去期权费。

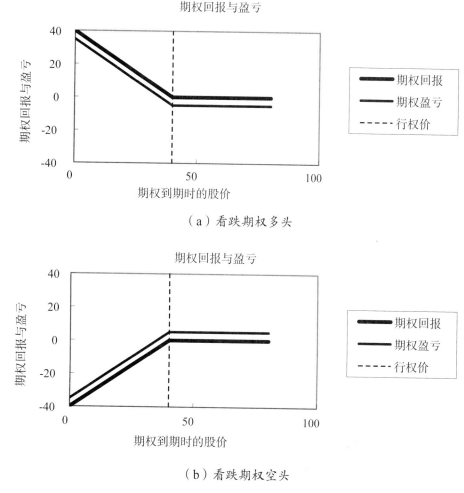

（a）看跌期权多头

（b）看跌期权空头

图9-16　看跌期权盈亏分布

可以看到，看跌期权多头的亏损风险是有限的，其最大亏损是期权费，而最大盈利是行权价减去期权费，此时标的资产的市价为零。相反，看跌期权空头最大盈利是期权费，最大亏损是行权价减去期权费。

9.4.2.3 期权到期回报与盈亏公式

除了回报与盈亏分布图，我们还可以用公式来描述期权到期的回报与盈亏状况。表 9-3 给出了欧式期权到期回报与盈亏的计算公式。其中 S_T 为到期标的价格，X 为期权行权价，c 与 p 分别是欧式看涨期权与欧式看跌期权价格。

表 9-3　欧式期权多空到期时的回报与盈亏公式

头寸	到期回报公式	到期盈亏公式
看涨多头	$\max(S_T-X,0)$	$\max(S_T-X,0)-c$
看涨空头	$-\max(S_T-X,0)$ 或 $\min(X-S_T,0)$	$-\max(S_T-X,0)+c$ 或 $\min(X-S_T,0)+c$
看跌多头	$\max(X-S_T,0)$	$\max(X-S_T,0)-p$
看跌空头	$-\max(X-S_T,0)$ 或 $\min(S_T-X,0)$	$-\max(X-S_T,0)+p$ 或 $\min(S_T-X,0)+p$

在了解期权到期盈亏之后，初学者往往会产生一个困惑：期权多头以较小的期权价格为代价换来了较大盈利的可能性，而期权空头则为了赚取期权费而冒着大量亏损的风险，这两者之间是否不公平？谁愿意充当期权的空头呢？事实上，图 9-15 和图 9-16 仅给出了到期盈亏的分布，却并没有刻画对应的概率。注意多空双方的盈亏平衡点是从行权价往右（看涨期权）或往左（看跌期权）移动达到的，移动幅度显然决定了最终多空双方的盈亏金额和盈亏概率。而这移动幅度正是多空双方基于自身对未来价格概率分布的判断博弈形成的期权费。只要市场交易是公平透明的，盈亏平衡点对应的盈亏概率和分布都将会是大体公平的。从历史平均而言，期权空头"大概率赚小钱（期权费）、小概率亏大钱"；而期权多头则在大多数时候净付出期权费，少部分时候获得大幅盈利，长期而言期权买卖双方之间并不存在明显的不公平。

对期权回报盈亏分布与计算的上述深刻理解和认知是非常重要的，它们描述了期权的本质特征。在现代金融与经济中，很多期权以复合的或是复杂不易辨别的产品形式存在，如内嵌期权和实物期权。对此类产品进行解构、分析和管理的第一步就是根据这些产品的回报判断其是否属于期权，期权的标的资产、执行价格、到期期限等要素如何。

9.4.3　期权价格的基本特性

上述到期回报和盈亏仅仅描述了期权到期时刻的状况，然而大多时候我们所面对的，是期权尚未到期的情形。在到期之前，由于存在不确定性，期权价格（期权费）的确定要复杂得多，而且会随着市场状况不断变化。下面我们对期权价格的基本特性加以分析。

9.4.3.1 内在价值与时间价值

为了更好地理解期权价格，人们通常将期权价格分解为两部分：内在价值（intrinsic value）与时间价值（time value）。简略理解，内在价值反映的是如果标的资产价格不再发生变化，该期权价值多少；而期权价格与内在价值之差就是时间价值，反映了期权剩余期限内的可能变化带来的价值。

以一个1年后到期、行权价为55元的欧式期权为例。假设当前现货价格为60元，如果剩余期限内现货价格不再变化，显然该期权多头未来有权利以55元买入一个价值60元的资产，其内在价值约为5元，如果当时期权市价为10.5元，则其时间价值就为5.5元。如果这是一个看跌期权且期权市价为1.8元，如果剩余期限内现货价格不再变化，该期权的权利是以55元卖出一个价值60元的资产，期权多头显然会弃权，因此其内在价值为0，则其时间价值就为1.8元。

深入考虑，可以发现上述算法忽略了一个重要的问题。欧式期权只有到期才能行权，精确的内在价值计算应该考虑行权价所对应的无风险利息。如果当时的1年期无风险利率（一年计一次复利）为10%，上述看涨期权的内在价值和时间价值就分别为

$60-\dfrac{55}{1+10\%}=10$元和0.5元，看跌期权的内在价值和时间价值则仍然为0和1.8元。

在内在价值和时间价值的快速计算中，人们常采用第一种粗糙的算法；但在更为专业的分析和重要计算中，通常使用后一种相对精确的计算方法。[①] 表9-4列出了欧式期权内在价值的两类计算公式，其中 S_t 为当前 t 时刻的标的价格，I_t 是标的资产在期权剩余期限内的红利在 t 时刻的无风险现值。如果无红利，则 $I_t = 0$。

表9-4 欧式期权的内在价值

分类	不考虑利息	考虑利息
看涨期权	$\max(S_t - I_t - X, 0)$	$\max(S_t - I_t - X\text{现值}, 0)$
看跌期权	$\max(X - (S_t - I_t), 0)$	$\max(X\text{现值} - (S_t - I_t), 0)$

在了解内在价值与时间价值的计算之后，要深入理解期权价格，需要对期权的时间价值做更深入的分析。尽管期权时间价值是由期权价格扣减内在价值得来，但事实上它才真正蕴含了期权的本质特征。

与货币时间价值表示"资金暂时让渡所带来的价值"不同，期权的时间价值是指在期权尚未到期时，标的资产价格的波动为期权持有者带来收益的可能性所隐含的价值。以前述看跌期权为例，其内在价值为0，但在到期之前，标的价格如果跌到行权价55元以下，看跌多头就能获利；当然如果未跌到55元以下，看跌多头就会弃权，无论标的涨到多少，多方都不会遭受更多损失。正是因为期权能给投资者带来这种不对称的盈亏可能，投资者愿意多付1.8元购买此看跌期权。类似地，前述看涨期权的5.5元时间

[①] 美式期权内在价值的精确算法更为复杂，具体可参见郑振龙、陈蓉，《金融工程》（第四版），第10章。

价值是对标的进一步上涨可能给其多头带来收益，但价格下跌多头亏损有限这一特征的反映。

因此，期权的时间价值就是基于期权多头权利义务不对称这一特性，在期权到期前，标的资产价格的变化可能给期权多头带来的收益的一种反映。

在其他条件相同时，一般情况下，期权剩余期限越长，期权时间价值越大，对美式期权来说尤其如此。这就是为什么我们称之为"期权的时间价值"。

在其他条件相同时，标的价格变化越大，期权的时间价值就越大。我们一般用标的资产价格的波动率来描述价格的变化。因此有时期权的时间价值也称为"期权的波动价值"。

另一个不易被发现的关系是期权内在价值与时间价值之间的相关性。图 9-17 描述了这样一个事实：期权的时间价值受内在价值的影响，在期权平值点①上时间价值达到最大，并随期权实值量和虚值量增加而递减。②

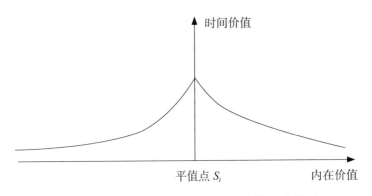

图 9-17　期权时间价值与内在价值的理论关系

9.4.3.2　实值、虚值与平值期权

与期权内在价值紧密联系的几个概念是期权的"平值点"以及相应的实值期权（in the money，ITM）、平值期权（at the money，ATM）与虚值期权（out of the money，OTM）。所谓平值点就是使得期权内在价值由正变化到 0 的标的价格临界值，实值期权就是内在价值大于 0 的期权，那些从当前价格来判断未来不会行权从而内在价值为 0 的就是虚值期权。表 9-5 归纳了不同类型期权的实值虚值区间和平值点。如果标的资产在期权剩余期限内不支付红利，表中的 $I_t = 0$。

还有一个相关概念是期权的在值程度（moneyness）。以欧式期权为例，其在值程度多表示为 $\ln \dfrac{X}{\text{平值点}}$，显然其值域范围为 $(-\infty, +\infty)$，平值期权的在值程度为 0。

---

① 接下来我们将介绍平值、实值和虚值的概念。
② 这里的时间价值由考虑利息后的精确算法计算而得。这一性质的证明比较复杂，感兴趣的读者可参见郑振龙、陈蓉，《金融工程》（第四版），第 10 章。

表 9-5 欧式实值、平值与虚值期权

分类		实值期权	平值期权	虚值期权
看涨期权	不考虑利息	$S_t > X + I_t$	$S_t = X + I_t$	$S_t < X + I_t$
	考虑利息	$S_t > X$ 现值 $+ I_t$	$S_t = X$ 现值 $+ I_t$	$S_t < X$ 现值 $+ I_t$
看跌期权	无收益	$S_t < X + I_t$	$S_t = X + I_t$	$S_t > X + I_t$
	有收益	$S_t < X$ 现值 $+ I_t$	$S_t = X$ 现值 $+ I_t$	$S_t > X$ 现值 $+ I_t$

9.4.3.3 期权价格的影响因素

期权价格的影响因素主要有 6 个,它们通过影响期权的内在价值和时间价值来影响期权价格。

1. 标的价格与行权价

由于看涨期权在行权时,其回报等于标的资产当时的市价与行权价之差。因此,标的价格越高、行权价越低,看涨期权价格越高;而对于看跌期权而言,由于行权回报等于行权价与标的资产市价之差,因此,标的价格越低、行权价越高,看跌期权价格就越高。

2. 期权的剩余期限

一般而言,期权剩余期限越长,期权多头所拥有的权利越多,期权价格越高。对于可以随时行权的美式期权更是如此。但对欧式期权而言,由于它只能在期末行权,剩余期限长的期权不一定比剩余期限短的期权有更好的行权机会,有时期限短的欧式期权可能更有价值。

3. 标的资产价格的波动率

简单地说,标的资产价格的波动率(volatility)是衡量标的资产未来价格变动不确定性的指标。波动率对期权价格的影响,是通过对时间价值的影响而实现的。波动率越大,期权到期时标的价格涨跌达到实值的可能性越大,而如果出现不利变化,期权多头亏损有限。因此,对所有期权来说,其时间价值以及整个期权价格都随着标的价格波动率的同向变化。在所有金融产品中,由于只有期权多头到期时能在不利的情况下弃权,因此也只有期权会受到波动率的直接影响。

值得注意的是,与其他因素不同,在期权定价时,标的资产价格在期权剩余期限内的波动率是无法观测的。在期权定价时,人们只能近似估计波动率。一种方法是利用标的资产价格的历史数据来推断未来波动率,求得的波动率被称为"历史波动率"(history volatility);另一种方法是利用市场上已经成交的期权价格,反过来利用期权定价模型倒推出市场价格中的"隐含波动率"(implied volatility),它反映了市场对未来波动率的判断。

4. 无风险利率

在其他条件不变时,无风险利率越高,标的资产的预期收益率也越高;贴现率较高,未来同样现金流的现值就较低。这两种效应都将降低看跌期权的价值。但对看涨期权来说,前者将使期权价格上升,而后者将使期权价格下降。在大多情况下,由于前者效应大于后者,因此无风险利率越高,看涨期权的价格通常也越高。

5. 标的资产的红利

派发红利时，标的资产价格显然会降低。在大多期权市场上，分红时通常不调整期权行权价。因此在期权有效期内，标的资产派发红利将使看涨期权价格下降，而使看跌期权价格上升。但在一些期权市场上（如上证 50ETF 期权）实行红利保护机制，当标的资产在期权有效期内派发红利时，相应调降行权价，同时增加每份合约的标的资产数量，以保证分红不影响每份期权合约的总价值，这时红利对期权价格就没有影响。

表 9-6 对上述影响因素做了一个基本总结。

表 9-6 影响期权价格的主要因素

变量 \ 期权类型	欧式看涨	欧式看跌	美式看涨	美式看跌
标的资产市场价格	+	−	+	−
期权行权价	−	+	−	+
期权剩余期限	?	?	+	+
标的资产价格波动率	+	+	+	+
无风险利率	+	−	+	−
红利	−	+	−	+

注："+"表示正向的影响，"−"表示反向的影响，"?"则表示影响方向不一定。最后一栏红利的影响针对无红利保护的期权合约。

9.4.3.4 期权价格的上下限

在分析了期权的内在价值、时间价值和影响因素之后，下面进一步讨论期权价格的上下限，找到期权价值应落入的合理区间。

1. 期权价格的上限

在任何情况下，看涨期权价值都不应超过标的资产的价格。因为投资者买入看涨期权，就是为了获取未来以行权价买入标的资产的权利，如果这个权利本身的价格高于标的资产当前市价，投资者不如直接买入标的资产本身。在可以套利时，套利者会通过买入标的资产并卖出期权来获取无风险利润，使期权价格回到合理区间。因此，对于美式和欧式期权来说，标的资产当前价格 S_t 都是看涨期权价格的上限。

由于美式看跌期权多头行权的最高回报为行权价 X，投资者一定不会花费高于 X 的价格去购入一个卖出标的资只能获得收入 X 的美式看跌期权，因此美式看跌期权价格的上限为行权价 X 本身。由于欧式看跌期权只能在到期日 T 时刻执行，因此，欧式看跌期权价格不能高于 X 的现值。

2. 期权价格的下限

从直观上看，由于期权价格由内在价值和时间价值两部分组成，如果以表 9-4 中考虑了利息的精确方法来计算内在价值，则剩下的时间价值部分一定大于 0，因为其完全反映了期权到期前，标的价格有利变化期权多头可获益、不利变化可以弃权的好处。由于时间价值一定大于 0，因此期权价格的下限就是其用精确方法计算的内在价值[①]。

9.4.3.5 欧式看涨期权与看跌期权平价关系

在期权市场上，最重要和最常见的一个相对关系就是欧式看涨与看跌期权之间的平价关系（put-call parity，PCP）。要推导这一平价关系，需要用到无套利的思想。其基本思路为：构建两种投资组合，若其终值一样，则其现值一定相等。否则就可以进行套利，卖出现值较高的投资组合，买入现值较低的投资组合，并持有到期末，套利者就可赚取无风险收益。众多套利者这样做的结果，将使较高现值的组合价格下降，而较低现值的组合价格上升，直至套利机会消失，此时两种组合的现值相等。

假设期权标的在期权存续期内不产生红利[②]，构建以下两个组合：

组合 A：一份欧式看涨期权（价格为 c_t）加上一笔金额为 X 现值的现金。

组合 B：一份有效期、行权价与看涨期权相同的欧式看跌期权（价格为 p_t）加上一单位标的资产（价格为 S_t）。

在期权到期时，两个组合的价值均为 $\max(S_T, X)$。由于欧式期权不能提前行权，因此两组合在时刻 t 必须具有相等的价值，即：

$$c_t + X \text{ 现值} = p_t + S_t。 \tag{9.4}$$

这就是无红利资产欧式看涨与看跌期权之间的平价关系。它表明欧式看涨期权的价值可根据相同行权价和到期日的欧式看跌期权的价值推导出来，反之亦然。如果式（9.4）不成立，则存在无风险套利机会。套利活动将最终促使式（9.4）成立。

9.4.4 期权市场的运行机制

与期货不同，期权既在标准化集中化的交易所，也在各种场外市场交易。在市场机制上，期权与其他衍生产品基本类似，但在以下三个方面值得加以了解。

1. 行权价格的设定

对于给定标的资产的期货和远期来说，一个未来到期期限只对应着一个合约。但对于期权来说，在同一个到期期限下，设定多少个不同的行权价格，就有多少个期权合约。

在交易所市场上，期权合约中的行权价格是由交易所事先确定的。一般来说，当交易所准备上市某期权合约时，将首先根据该合约标的资产的最近收盘价，依据一定的原则确定一个中心行权价，然后再设定该中心价格的上下各若干间距（intervals）的行权价。因此，在期权合约规格中，交易所通常只规定行权价的间距。

例如，上交所规定，每个上证 50ETF 期权合约每天最少要有 5 个行权价格，其中最接近市价的就是平值合约，外加两个实值和虚值合约。行权价间距为：3 元或以下为 0.05

[①] 在不考虑利息的粗糙算法下，期权的时间价值不一定大于0，内在价值也不再是期权价值的下限。详细分析可参见郑振龙、陈蓉，《金融工程》（第四版），第10章。

[②] 有红利的情形可以简单拓展得到类似的平价关系，此处就不再赘述。

元，3元至5元（含）为0.1元，5元至10元（含）为0.25元……如果上证50ETF价格变化到超过了最高和最低行权价，就会在下一个交易日加挂新的行权价，从而在同一到期日下增加新的期权合约。

2. 做市商制度

从上述行权价的设定可以看到，由于在每个到期日下都有多个行权价，再加上不同的到期期限以及看涨看跌期权的区别，对于同一个标的资产，每天都会有多个可交易的期权合约。例如每天在芝加哥期权交易所交易的S&P500指数期权合约常常多达2 000多个。这样显然无法保证每个期权合约都具有足够的流动性。为了使得交易者可以随时找到交易对手，世界上几乎所有的期权市场都引入做市商制度，以保证期权市场的流动性。

3. 保证金制度

在期货和远期市场上，买卖双方都有亏损的可能性，因而都需要缴纳初始保证金（特别是在期货市场上），随着衍生产品价格波动，有时还需追加保证金以防范违约风险。但期权的多方却无须交纳保证金，因为其亏损不会超过已支付的期权费；期权空方由于可能出现亏损，则要交纳保证金，在需要时还要追加保证金，否则就会被强制平仓。

9.4.5 期权与权证的区别与联系

在众多金融产品中，期权和权证（warrants）是最容易混淆的两种产品。与期权类似，权证也赋予其购买者在未来约定时间，按约定价格（行权价）向其发行人买入或卖出一定数量标的资产的权利。未来有利可图，权证持有者就可行权，不合算时同样可弃权。

权证与期权的最大区别在于以下两点[①]：

（1）有否发行环节。在进入交易市场之前，权证是由特定发行人发行的；而期权无须经过发行环节，只要买卖双方同意，就可直接成交；

（2）数量是否有限。由于先发行才能进入交易，在发行后，权证的流通数量是固定的。而期权没有发行环节，只要有人愿买愿卖，就可以成交，因此其数量在理论上是无限的。

从上述特征可以看到，期权因其数量无限，是比权证更好的防市场操纵产品。

9.5 衍生产品定价与运用

在了解衍生产品的定义和特征之后，我们对衍生产品定价和运用的基本原理加以简要介绍。

---

① 权证还有多种分类，此处篇幅所限不再赘述。感兴趣的读者可参见郑振龙、陈蓉，《金融工程》（第四版），第9章。

9.5.1 衍生产品定价的基本原理

衍生产品定价常常需要涉及较为复杂的模型和推导。篇幅所限，此处我们仅介绍衍生产品定价的基本原理。

9.5.1.1 衍生产品的价值与价格

衍生产品的价值是指衍生产品合约对交易双方来说值多少。一些衍生产品合约是零成本合约。例如，一份远期/期货/互换合约[1]只要是公平的，它对交易双方的价值就应该都为0，因此远期/期货/互换合约在本质上都是零成本合约，理论上交易者可以不花任何成本获得这三种衍生产品合约的头寸（通常要交保证金）。另一些衍生产品合约则不是零成本合约，例如信用违约互换和期权合约。期权多头所支付的成本（期权费）就是期权合约的价值；CDS多头支付的保险费就是保险合约的价值。

衍生产品中有好几个不同的价格概念。远期/期货/互换合约中双方约定的价格叫作"交割价格"，而使得合约价值为0（公平合约）的交割价格被称为"远期价格"/"期货价格"/"互换价格"。在签约时，只要合约是公平的，约定的"交割价格"就等于"远期价格"/"期货价格"/"互换价格"。合约签订以后，交割价格已经确定，随着市场状况的变化，合约价值通常不再为0，交易双方开始出现盈亏，此时远期、期货或互换价格就不再等于交割价格。期权合约和CDS则不一样。这两者的合约价值经常也被叫作价格，例如期权费、期权价值和期权价格就是同一个概念。对于期权合约来说，合约中还有一个"行权价格"的概念。

9.5.1.2 相对定价法与无套利定价原理

在为股票、债券等基础证券定价时，常用的方法是运用恰当的贴现率将这些证券的未来现金流贴现加总为现值。这就是"现金流贴现法"，又称"绝对定价法"。绝对定价法的优点是比较直观，便于理解，是所有证券普遍适用的定价方法。但它有两个缺点：一是证券未来的现金流往往难以确定；二是恰当的贴现率难以确定，它既取决于证券风险的大小，也取决于人们的风险偏好，而后者很难衡量。这就使得在理论上成立的绝对定价法常常难以应用。

与基础证券不同，由于衍生产品的标的资产通常是在市场上交易的资产，其价格可以随时在市场上观测到，衍生产品定价常用的是基于给定标的资产价格的相对定价法，运用的是无套利定价原理。[2]

相对定价法的基本思想是利用标的资产价格与衍生产品价格之间的内在相对关系，基于标的资产价格求出衍生产品价格。该方法并不关心标的资产绝对价格的确定，而是将其假定为外生给定的，然后运用无套利定价原理为衍生产品定价。

无套利原理阐述如下。由于衍生产品和其标的资产之间经由合约约定了明确的相互

---

[1] 除了信用违约互换之外。
[2] 从理论上说，股票和债券等基础证券也可以视为公司资产的衍生产品衍生产品，理论上也可以应用相对定价法。但由于公司资产没有随时可观测的市场价格，实际中不具有可操作性。

关系。在可以自由套利的市场中，每个时刻这两者的价格也必然存在着相对的数量关系。如果市场价格对合理价格的偏离超过了相应成本，市场投资者就可以通过标的资产和衍生产品之间的买卖进行套利，买入相对定价过低的资产，卖出相对定价过高的资产。市场价格必然由于套利行为做出相应的调整，回到合理的无套利均衡价格，套利者即可因此获利。在市场价格回到均衡状态之后，就不再存在套利机会，就形成无套利条件下的合理价格。这就是套利行为和相应的无套利定价原理。

以远期定价为例。合理的远期价格 F_t 的定价公式为：

$$t\text{ 时刻远期价格} = t\text{ 时刻现货价格} + \text{持有成本} \qquad (9.5)$$

式中持有成本（carry cost）是 t 时刻来看远期合约剩余期限内的现货持有成本，其基本构成为：

$$\text{持有成本} = \text{保存成本} + \text{无风险利息成本}^{①} - \text{标的资产在剩余期限内提供的收益}$$

无风险利息之所以成为现货的持有成本，是因为持有现货就意味着无法将其出售变现，从而产生了机会成本。

式（9.5）说明，远期价格与现货价格的差异等于剩余期间持有现货的成本。只要不满足这一关系，就可以进行套利，套利的结果将使得价格收敛于无套利均衡价格。下面我们用拓展阅读 9-6 来帮助理解。

【拓展阅读 9-6】

黄金远期价格

假设当前黄金现货价格为每克 300 元，一年期无风险利率为 5%（1 年计 1 次复利），如果不考虑存储成本和黄金借入成本，一年期的黄金远期价格应为多少？

根据式（9.5），一年期黄金远期价格应为现货价格加上一年期无风险利息，即：

$$300 \text{ 元} \times (1+5\%) = 315 \text{ 元}$$

如果一年期黄金远期的市场价格不等于 315 元，我们立即可进行套利。假设市场远期价格等于 350 元，则可以借入一年期的贷款 300 元，购买黄金现货，同时按市场价 350 元卖出一年期黄金远期。一年后远期到期交割，将手中的现货黄金交割后可得 350 元，其中 315 元用于偿还一年期贷款，可获得无风险无成本利润 35 元。反之，若市场远期价格为 305 元，可以借入一克黄金，按现货价格 300 元出售，获得的现金立刻投资于无风险资产，投资期一年；同时按 305 元签订远期多头。一年后远期到期交割，支付 305 元可获得一克黄金用于偿还借来的黄金，同时在无风险投资上将获得终值 315 元，因此将获得无风险无成本利润 10 元。

在现实生活中，上述交易都需要费用。显然，套利净利润等于上述毛利润减去套利费用。如

---

① 可以看出，持有成本的组成都是确定性的，所以只能使用无风险利息成本。

果费用高于套利毛利润，就不会出现套利行为。假设远期价格偏高时的费用为 a 元，远期价格偏低时的费用为 b 元（此时的套利因为需要借入黄金，套利费用通常更高），则在考虑了费用以后，无套利的远期价格区间为 $[315+a, 315-b]$。

无套利定价原理是衍生产品定价的基本思想和重要方法，也是金融学区别于经济学"供给需求分析"的一个重要特征。只要是衍生产品，只要可以进行自由套利，都可以运用上述无套利原理进行相对定价[①]。相对定价法的优点主要有二：一是在定价公式中没有风险偏好等主观的变量，易于实现；二是它非常贴近市场。在用绝对定价法为证券定价时，投资者即使发现市场价格与理论价格不符，也往往无能为力。而在用相对定价法为衍生产品定价时，投资者一旦发现市场价格与理论价格不符，往往意味着无风险套利机会就在眼前。

9.5.2 衍生产品在金融与经济中的运用

衍生产品在现实市场中最常见的运用方式主要有三种：套期保值（hedging）、套利（arbitrage）和投机（speculation）。如果参与者在现货市场已有头寸和风险，其目的是通过衍生产品头寸进行风险转移和管理，就属于套期保值者；如果参与者认为标的资产现货价格与其衍生产品价格之间存在不合理的相对关系，同时交易现货与衍生产品，以获取无风险或低风险的套利收益，就属于套利者；如果参与者既没有套期保值的需要，也并非发现现货与衍生产品价格之间的不合理相对关系进行套利，而是进入衍生产品市场根据自己的预期进行操作，承担风险获取收益，在市场变动与预期一致时获利，不一致时亏损，就属于投机者。除了套期保值、套利和投机，衍生产品在实务中还常常被嵌入各种交易策略、金融产品和金融解决方案，配置出市场主体所需要的风险收益组合，解决市场主体的金融和经济需求，但从其交易目的来看，仍可以划分为套期保值、套利和投机。

9.5.2.1 运用衍生产品进行套期保值

套期保值是现代社会和经济的客观需求，是衍生产品市场产生与发展的原动力，最初的衍生产品就是在套期保值和风险管理的需求推动下发展起来的。例如，一个担心股指下跌的基金经理可以通过卖出股指期货对冲大盘下跌的系统性影响；一个担心美元贬值的出口企业可以通过卖出远期美元来锁定未来的汇率；在升息期，一个有着浮息债务的企业可以通过利率互换将浮息债务低成本地转化为固息债务，规避利率上升带来的风险；一个担心秋收后小麦价格下跌的农户可以购入小麦的看跌期权，规避下跌风险的同时保留上涨空间。诸如此类的衍生产品套期保值应用不胜枚举。

[①] 包括期权定价中的风险中性定价，其本质是在无套利原理的基础上得到的一种快捷定价方法。

衍生产品的存在，使得那些无力和不愿承担风险的市场主体可以通过衍生产品将风险转移到那些有能力和愿意承担风险的市场主体身上，从而实现风险的重新配置。只要配置得当，这对于一个社会的平稳发展显然是非常有意义的。如果没有衍生产品，就将使得那些无力和不愿承担风险的市场主体或者被迫面临风险的冲击，或者被迫在现货市场上做出相应的反应。例如，如果无法通过卖出股指期货进行套期保值操作，一个担心大盘下跌又不愿承担风险的基金经理只能选择在现货市场上卖出股票，从而对现货市场形成冲击，在恐慌的情况下，甚至可能导致踩踏。

有一种典型的误解认为衍生产品只是帮助套期保值者将自己的风险转移给交易对手，整个社会的总风险并没有下降，因而对社会并无贡献。事实并非如此。

第一，如果交易双方都是套期保值者，衍生产品的交易能够降低风险。例如，农民担心小麦价格下跌而卖出小麦期货锁定卖价，面包商则担心小麦价格上涨，通过买入小麦期货锁定未来买价。他们显然都是套期保值者，但风险的方向正好相反。他们之间的小麦期货交易显然降低了整个社会的总风险。

第二，即使交易双方不是套期保值者，只要整个市场没有投机过度，衍生产品也将起到两个重要作用：分散风险和转移风险。即使风险总量并未减少，但由于风险通过衍生产品转移到了那些有能力和愿意承担风险的交易者手中，在风险配置得当的情况下，风险真实发生时对整个社会的震动显然就会小得多。以期权空头为例。在国际市场上，期权空头大多由专业机构担任。他们在卖出期权、为对手方承担保险功能之后，通常要到相应的现货和期货市场上进行动态的风险对冲，将整体风险分解为小的风险分散到市场上去，转移至那些有能力和愿意承担风险的交易者，专业机构从中获取风险配置的中介收入。这个过程如果能够有效进行，整个社会的风险承受能力就能大大增强，衍生产品的正面功能就能很好地发挥。

尽管套期保值是衍生产品的核心功能，套利和投机也是衍生产品市场不可或缺的一部分。事实上，如果套利和投机无法合理进行，市场主体是无法运用衍生产品进行合理套期保值的，衍生产品的风险管理功能也无法发挥。下面我们分别阐述套利和投机的基本原理。

9.5.2.2 运用衍生产品进行套利

如果初期投入为0，而未来的投资收益大等于0，且大于0的概率为正，就意味着市场上存在套利机会。如本节定价部分所述，在衍生产品市场上，由于标的资产与其各种衍生产品价格之间存在着理论上的合理关系，套利机会来自它们之间的相对价格不合理，套利者可以通过买入相对定价偏低、卖出定价偏高的产品获利。

尽管出发点是自身获利，套利者对社会和市场的贡献和意义却是极为重要的。套利行为如果能够顺利实施，就能够推动市场价格向合理的相对关系转变，对提高市场效率具有不可替代的基础性作用。拓展阅读9-7以股指期货为例，介绍了衍生产品套利的基本原理及其对市场效率和衍生产品套期保值功能的影响。

【拓展阅读 9-7】

股指期货套利

假设当前某股指为 3 000 点，3 个月期的无风险利率为 4%（3 个月计一次复利），如果剩余期限为 3 个月的对应股指期货价格为 3 010 点，而且在剩余期限内没有红利，请问是否存在套利机会？应如何进行套利？

根据持有成本模型，在没有红利的情况下，如果不考虑交易费用，3 个月期对应股指期货的合理价格应为 $\left[3\,000\times\left(1+\dfrac{4\%}{4}\right)=3\,030\right]$ 点，即等于现货价格加上无风险利息。相比较而言，现实的股指期货价格显然太低，套利者应买入股指期货，同时借入该股票指数对应的股票组合在 3 000 点的点位卖出（即融券做空），并将所获资金进行无风险投资。

套利效果如何呢？根据合约规定，到期时股指期货点位必须等于最后的股指现货点位。这意味着如果该套利组合持有到期，无论最后点位多高，套利者均能获利 20 点。因为若以 S_T 表示到期时的现货价格（也是到期期货价格），套利者在期货市场和现货融券做空上的损益分别为 $S_T-3\,010$ 和 $3\,000-S_T$，两者加总将损失 10 点，但由于融券做空所获资金的无风险投资到期一定可获利 30 点，套利者的总盈利将锁定为 20 点。

在现实中，只要可以进行自由套利，通常不需要等到到期。因为所有人进行类似操作的结果就是股指现货和期货的相对价差会迅速回复到 30 点的均衡状态。这一状态可能是股指期货价格上升，可能是现货价格下跌。但无论是哪一种状态，买入期货卖出现货的投资者都可以获利，提前实现套利盈利。

套利的结果到底是会引起股指期货上升还是现货下跌呢？这显然并不取决于套利者，也不只受期货价格的影响，根本上要取决于市场基本面和投资者情绪。如果市场基本面良好，市场情绪乐观，通常是股指期货价格上升；而如果市场基本面出现负面消息，市场情绪悲观，就会出现现货价格下跌。也就是说，期货市场不可能成为决定价格涨跌的原因，基本面和市场情绪才是驱动现货和期货价格涨跌和绝对价格水平的根本因素。

进一步看，如果套利过程需要 8 点的交易费用（此处假设向上向下套利费用相等），就意味着套利行为无法驱动期货和现货市场的相对价差收敛至合理的 30 点，市场价差将会在 22—38 点波动。因为在这个区间内，在扣除交易费用之后，套利者无利可图，不会出现套利行为。市场均衡价格从一个点（30）扩大为一个区间（22—38），意味着市场的波动和不确定性更大，而稳定性和效率相应下降。显然，交易费用越高，套利限制越多，套利空间越小，市场的波动和不确定性越大，越不利于市场的稳定发展。

再进一步看，如果不允许融券做空，上述套利完全无法进行，这意味着期货和现货之间不存在一个均衡价差区间，实际上将大大增加市场的波动和不确定性。如果市场悲观情绪严重，又无法进行上述套利，上述股指期货价格偏低的现象将无法收敛，甚至出现期货价格持续低于现货价格的情形（称为"期货贴水"）。这一方面会反过来进一步加重悲观情绪的负面影响，另一方面期货的套期保值功能也无法发挥，因为对冲下跌风险需要卖出股指期货，如果期货贴水严重，期货价格严重低于现货价格，卖出股指期货不如直接卖出现货，这样股指期货对冲的功能将丧失，而现货市场则容易出现踩踏现象。

9.5.2.3 运用衍生产品进行投机

运用衍生产品进行投机，就是通过交易衍生产品来实现自己对未来涨跌和波动的预期，预期正确则获利，错误则损失。例如，买入看跌期权，未来如果标的价格下跌，波动变大，投资者就可获利；买入利率互换，未来市场利率下降，投资者就会面临损失。

投机行为显然是市场波动和风险的重要来源。但投机并非一无是处。第一，如果没有投机，衍生产品市场就会缺乏流动性，相应的套利和套保无法顺利实施，衍生产品的正面功能也就无法发挥；第二，现货实际上也是投机工具的一种，从投机的角度来看，衍生产品是现货投机的替代工具，其主要特点在于方向灵活（可做多做空）、交易费用低廉和高杠杆。如果衍生产品投机过度，肯定会带来风险的放大和市场波动。但投机过度的根本症结显然在于人，而非金融产品本身。

总之，尽管套期保值才是衍生产品市场产生和发展的原动力，但套利保证了价格体系的相对合理，使得套期保值能以合理的价格进行。适度的投机则为套期保值者和套利者提供了市场流动性。因此，在一个完善的市场上，这三类投资者显然都是不可或缺的。衍生产品市场健康发展的关键，在于深入认识衍生产品本质后的合理的监管和引导。

本章小结

1. 衍生产品是未来回报和价值取决于标的资产价值的金融合约，主要可分为远期/期货、互换和期权。

2. 尽管都是零和博弈，衍生产品和赌博的最大区别在于，衍生产品都是针对客观存在的风险开发的产品，具有风险管理的重要功能，运用得当就能发挥正面作用。

3. 衍生产品的主要功能有风险管理、价格发现与信息揭示、提高资源配置效率。

4. 远期和期货都是指交易双方约定在未来的某一时间，按约定的价格买卖一定数量的某种资产的合约，都是零成本合约。远期是在OTC市场上交易的个性化合约，期货则在交易所标准化交易，并实施严格的保证金和每日盯市结算制度。

5. 为防止现货体量太小易被操纵，国债期货的标的资产设计为多个可交割券，统一以虚拟标准券报价交易。真实可交割券与标准券价格通过交易所公布的转换因子进行转换。到期时期货空方有权决定何时选择何券交割，对空方最有利的债券被称为"最合算可交割券"。

6. 互换是交易各方按照商定条件，在约定的时间内交换一系列现金流的合约，常见互换包括利率互换、货币互换、总收益互换和信用违约互换等。

7. 期权是赋予其多头在规定期限内按双方约定的行权价购买或出售一定数量某种标的资产的权利的合约。

8. 按多头的权利划分，期权可分为看涨期权和看跌期权；按多头行权时限划分，期权可分为欧式期权和美式期权。

9. 期权价格可分解为内在价值和时间价值。根据内在价值的状况，期权又可分为实值、虚值和平值期权。

10. 标的价格、行权价、剩余期限、标的价格波动率、无风险利率和红利是影响期权价格的六大因素。
11. 无红利欧式看涨与看跌期权之间的平价关系是：$c_t + X$ 现值 $= p_t + S_t$。
12. 权证与期权的最大区别在于有否发行环节和数量是否有限。
13. 衍生产品定价常用的是相对定价法，运用的是无套利定价原理。
14. 衍生产品的运用方式主要有三种：套期保值、套利、投机，三者缺一不可。

本章重要术语

衍生产品　远期　期货　互换　期权　场外衍生产品　零和博弈　多头　空头　交割价格　远期外汇协议　不可交割远期　可交割远期　外汇掉期　远期利率协议　保证金　每日盯市结算　欧洲美元期货　国债期货　标准券　转换因子　最合算可交割券　隐含回购利率　利率互换　货币互换　总收益互换　信用违约互换　信用联结票据　看涨期权　看跌期权　欧式期权　美式期权　回报　盈亏　内在价值　时间价值　实值期权　平值期权　虚值期权　在值程度　历史波动率　隐含波动率　欧式看涨看跌平价　权证　相对定价法　无套利定价原理　持有成本　套期保值　套利　投机

思考练习题

1. 试讨论以下观点：
   （a）衍生产品是完全虚拟的产品，因而对实体经济没有意义。
   （b）套利就是投机倒把，对社会有害，应加以禁止。
   （c）遏制了衍生产品市场的投机，市场就健康了，就能发挥衍生产品的风险管理功能。
2. 请列举并讨论衍生产品运用不当的一个现实案例。
3. 如果市场存在期货等衍生产品，在市场暴跌时禁止做空，可能引发什么样的后果？
4. 投资人甲签订了一份远期外汇合约，投资人乙签订外汇期货合约，两份合约均规定在3个月后以14万美元买入10万欧元。当前欧元汇率为1.40。如果在合约期的前两个月欧元巨幅贬值，然后在第三个月回升，最终以1.43的价格收盘，两者的财务状况有何区别？如果在合约期的前两个月欧元升值，然后在第三个月暴跌，最终以1.33的价格收盘，两者的财务状况又会有何区别？
5. 假设某公司有一笔5年期的美元负债，如果判断美元相对于人民币会走强，该公司可以用什么方法对冲汇率风险？
6. "期权交易有很高的杠杆，因此征收越高的保证金，期权交易的风险越低。"试评论这一观点。
7. 某投资者在买进一份欧式看涨期权的同时卖出一份标的资产、期限和行权价格都相同的看跌期权，请描述该投资者的状况，并讨论相关金融产品之间的关系。（提示：用PCP平价原理）
8. 假设你是一家负债率很高的公司的唯一股东。该公司的所有债务在1年后到期。如果到时公司的价值高于债务，你将偿还债务。否则的话，你将宣布破产并让债权人接管公司。
   （a）请将你的股权表示为公司价值的期权；
   （b）请将债权人的债权表示为公司价值的期权；
   （c）你有什么办法来提高股权的价值？
9. 简述相对定价法和无套利定价法为衍生产品定价的基本原理。

参考文献及进一步阅读建议

[1] 陈蓉、郑振龙：《固定收益证券》，北京大学出版社，2011。

[2] 郑振龙、陈蓉：《金融工程》（第四版），高等教育出版社，2016。

[3] Hull, J. C., *Options, Futures and other Derivative Securities, 9th Edition*. Prentice Hall Inc., 2015.

[4] Neftci, S. N., *Principles of Financial Engineering*. China Machine Press, 2004.

[5] Wilmott, P., *Paul Wilmott on Quantitative Finance*. Wiley & Sons Ltd., 2006.

相关网络链接

国际清算银行：http://www.bis.org
美国期货业协会：http://www.fia.org
ISDA：http://www.isda.org/
中国期货业协会：http://www.cftc.gov
中国货币网：http://www.chinamoney.com.cn/
芝加哥商品交易所：www.cmegroup.com/
芝加哥期权交易所：http://www.cboe.com
中国金融期货交易所：http://www.cffex.com.cn/
上海期货交易所：http://www.shfe.com.cn/
大连商品交易所：http://www.dce.com.cn
郑州商品交易所：http://www.czce.com.cn

第 10 章
金融指数*

邓海清（蚂蚁金服研究院）

学习目标

通过本章学习，读者应做到：
◎ 了解金融市场的 4 个细分市场：股票市场、债券市场、商品及原油市场、外汇市场
◎ 掌握沪深 300 指数的编写规则、成分股特点及历史走势
◎ 掌握标普 500 指数的编写规则、成分股特点及历史走势
◎ 掌握中债债券指数的相关指标及基本应用
◎ 掌握上期所商品指数的构成及意义
◎ 掌握国际原油指数的两大指标、历史走势及影响因素
◎ 掌握美元指数的货币组成、计算方法、历史走势及影响因素
◎ 掌握人民币汇率指数的概念、意义及发展历程

■ 开篇导读

1929 年的秋天，在一片乐观的投资氛围中，一个毫不起眼的投资顾问巴布森开始大唱悲调，而此前持续了数年的轰轰烈烈的牛市突然改变了方向。9 月 5 日，市场开始下跌，

---
* 本章由刘琰（中国普惠金融研究院）审校。

10月29日,道·琼斯指数一泻千里,跌幅达22%,创下了单日跌幅最大百分比,到1932年,道·琼斯指数较1929年的历史最高点下降了89%。

1929年股灾之后,美国进入了长达四年的经济衰退,这一次空前绝后的衰退,造就了"大萧条"这样一个专用名词,特指这一段历史时期。

5 000家银行在大萧条的头三年倒闭,吞掉了几百万人的存款。全国个人收入总额从1929年的859亿美元下降到1933年的470亿美元,几乎腰斩。与此同时,工业生产下降了46%,退回到1913年前的水平。几乎每天都有工厂倒闭,平均每个星期有10万工人失业。

不难发现,"股市"对经济的影响之大,对人们的生活影响之深。时代发展至今,越来越多的居民持有股票资产作为财富配置的重要方式,这都使我们不得不去密切关注股市的走势,那么,这便离不开用"股票指数"来直观描绘股市。

同样,除了投资者和政府尤为关心的股票市场之外,还存在着债券市场、商品市场、原油市场以及外汇市场等。企业通过债券市场判断未来债券融资需求,企业关心商品市场、原油市场对成本的影响,出口商和消费者关注外汇市场对自身的决策的影响,这一切都离不开对这些金融市场的描述,或者说是通过构建金融市场指数来让人能够进行量化分析。

因此,本章对股票市场、债券市场、商品及原油市场、外汇市场相关金融指数的编写规则、历史走势、基本应用、影响因素等进行介绍,以便更好地描述整个金融市场体系的日常运行,方便对金融市场进行监控和分析。

金融市场的发展对于经济的正常运行与发展至关重要,金融市场作为资金融通的中介,在整个社会融资体系中有着重要的作用。为了更好地描述整个金融市场体系的日常运行,方便对金融市场进行相关的监控和分析,在不同的金融市场建立相应的金融指数是有必要的,以便反映出复杂金融体系在时间和空间方面的变动方向和变动程度。总体上,金融指数在经济金融运行及监测中起着重要的作用。

本章主要描述四类主要的金融市场指数,分别是股票市场指数、债券市场指数、商品及原油指数、外汇市场指数,具体包括7大金融市场指数:沪深300指数、标普500指数、中债债券指数、上海期货交易所(上期所)商品指数、国际原油指数、美元指数、人民币汇率指数。

10.1 股票市场指数

股票价格指数,是由证券交易所或金融服务机构编制的表明股票行市变动的一种供参考的指示数字。对于具体某一种股票的价格变化,投资者容易了解,但对于多种股票的价格变化,要逐一了解,既不容易,也不胜其烦。

为了适应这种情况和需要,一些金融服务机构就利用自己的业务知识和熟悉市场的优势,编制出股票价格指数,公开发布,作为市场价格变动的指标。投资者据此就可以检验自己投资的效果，并用以预测股票市场的动向。

本部分中，我们挑选中国的沪深300指数，以及美国的标普500指数进行简要分析。

10.1.1 沪深300指数

沪深300指数是由沪深A股中最具代表性的300支规模大、流动性好的股票组成，于2005年4月8日正式发布，以综合反映沪深A股市场的整体表现。沪深300指数的诞生，意味着中国证券市场创立10多年来第一次有了反映整个A股市场全貌的指数。

沪深300指数由中证指数有限公司编制，其主要目的是反映中国证券市场的股票价格变动，能够作为投资业绩的评价标准，为指数化投资和指数衍生产品的创新提供基础条件，对期货衍生品市场的发展也有着重要意义。

10.1.1.1 沪深300指数介绍

1991年上证、深证综合指数诞生，1992年上证A股、B股指数陆续推出，1995—2004年，深、沪两市又陆续推出了深证成指、上证180指数（前身为上证30指数）、深证100指数、巨潮100指数、上证50指数等多种指数，中国股市指数体系在沪、深两个交易所的推动下有了较大突破和进展，以成分股为样本的指数开发使中国指数市场出现了真正风格化、投资型的指数产品。在当今世界主要发达国家股市中，被投资者广泛接受的、能代表市场变化的指数基本上都是成分股指数。但业内专家道富投资指出，中国现有的指数体系，尚不足以满足市场的投资需求，市场迫切需要一些覆盖沪、深两市的指数产品。现在市场中的股票指数，无论是综合指数，还是成分股指数，只是分别表征了两个市场各自的行情走势，都不具有反映沪、深两个市场整体走势的能力。沪、深300指数则是反映沪深两个市场整体走势的"晴雨表"。指数样本选自沪、深两个证券市场，覆盖了大部分流通市值。成分股为市场中市场代表性好，流动性高，交易活跃的主流投资股票，能够反映市场主流投资的收益情况。

与市场中其他跨市场指数相比，沪、深证券交易所在指数编制和发布方面拥有丰富的历史经验，于20个世纪90年代初就推出了国内市场上最早的指数。沪深300指数是在进一步借鉴国际指数编制技术的基础上形成的结果。并且，沪、深证券交易所拥有关于上市公司及市场交易主体第一手的监管信息，在样本选取上充分利用这些信息，严格筛选股票，能够最大限度上降低样本股票的风险。另外，沪深300指数通过沪、深两个证券交易所的卫星行情系统进行实时发布，这是交易所以外的其他指数编制机构无法获得的技术条件。此外，交易所积极支持利用沪深300指数进行的指数产品创新，以形成在交易所上市交易的创新产品。

10.1.1.2 沪深300指数成分股的特点

沪深300指数是第一支获得上海和深圳两家交易所合法授权发布的跨市场指数。自2005年4月8日正式推出以来，沪深300指数以规模和流动性作为选样的两个根本标准，并赋予流动性更大的权重，反映的是流动性强和规模较大的蓝筹企业股价的综合变动，是 A 股市场基础指数的代表。

1. 成分股公司多为实体经济骨干企业，市值大、抗操纵性强、波动率低

沪深 300 指数成分股公司是伴随中国改革开放历程，经过多年发展壮大起来的一批最具实力的上市公司。它们所在的行业都是国民经济支柱产业，为经济发展做出了很大贡献。以沪深 300 指数 2017 年 12 月 31 日的数据为例进行分析，发现沪深 300 指数总市值为 35 万亿元，市值较大，个股平均市值为 1 189 亿元，说明沪深 300 指数是大市值股票的指数。从行业权重来看，沪深 300 指数里面金融板块占比最大，达到 34%，其中非银金融（证券和保险）和银行板块占比均达到 17%。简单来说，如果某天金融板块表现不错，会对当天沪深 300 指数贡献较大。

在沪深 300 指数成分股中，以中国工商银行、中国农业银行、中国银行、中国建设银行为代表的中资银行位列全球银行业前十名。目前国内银行的盈利能力高于海外银行，但估值大幅低于海外银行。保险业成分股中，中国平安保险集团市值位列全球保险公司前三名，营收水平进入前五名。而相比海外成熟的海外市场，中国保险行业仍处于快速发展期，从 2017 年中报数据中的营业收入同比增长率来看，中国平安保险集团的增长超过 20%。

此外，沪深 300 指数还涵盖了基础建设、汽车、能源、消费品、电力等行业中的龙头公司。2017 年市值统计表明，沪深 300 指数的所有成分股公司市值均超百亿元，其中 500 亿元以上市值的公司过半，更包括了 73 家千亿元市值的公司。从业绩上来看，沪深 300 指数成分股中，292 家第三季度报告实现盈利，归属母公司净利润超过一亿元的也达到了 286 家。

2. 沪深 300 指数成分股业绩稳定、风险较低，估值具有优势

沪深 300 指数成分股公司中，大多来自传统行业、周期行业、成熟行业，业务发展已经进入成熟期，业绩相对稳定。2017 年，沪深 300 指数涨幅近 22%，创业指数下跌 10.67%，沪深 300 指数表现明显良好。

在沪深 300 指数成分股中，涨幅超过 10% 的股票有 36 支，涨幅居前的有申通快递、赣锋锂业、三花控股等 5 支股票、涨幅均超过 17%。分行业看，食品饮料、建筑材料及轻工业制造业平均涨幅位居 28 个行业中的前三名，分别上涨 11.8%、11.08% 和 10.67%。与此同时，家用电器、休闲服务及农林牧渔行业平均涨幅也居前。

3. 沪深 300 指数分红相对稳定，股息率较高

股息率是衡量市场回报率的重要指标。中国上市公司因分红很少而一直饱受诟病。据 Wind 资讯的统计，过去二十多年以来股市累计实现融资 5.25 万亿元，但分红累计仅为 3.37 万亿元。

近年来，上市公司分红情况有所改善，主要指数的股息率均有所提高。相比较而言，上证 50 指数和沪深 300 指数自 2010 年以来股息率在主要指数中表现最好，且一直保持上升趋势。截至 2018 年 4 月 30 日，沪深 300 指数近 12 月股息率为 2.20%，高于上证综合指数和中证 500 指数等主要指数。相比较而言，中小公司多在成长期内，分红很少，股息率远低于同期 1 年期银行存款利率。

虽然中国股市主要指数的股息率近期有所提高，但中国指数中最高股息率仅为 1 年期存款利率的 1 倍左右，而同期市场实际利率水平更高。相比之下，美国市场主要指数中最高的股息率是 1 年期存款利率 3 倍左右。

4. 沪深 300 指数周期性行业占比较高，企业增长能力有限

通过指数行业权重分析（见图 10-1），不难看出沪深 300 指数周期性行业所占比例较高。截至 2017 年 3 月，沪深 300 指数权重最大的 3 个行业是金融地产、工业和可选消费，权重分别为 39.2%、16.5% 和 11.6%。权重最小的 3 个行业是电信业务、能源和公用事业，权重分别为 1.6%、2.5% 和 2.7%。前十大权重股中除格力电器、美的集团、贵州茅台外其余全是金融、地产等企业（见表 10-1）。这些周期性行业不是中国产业政策重点支持的行业，很难直接反映经济未来发展方向，也无法享受中国经济转型带来的制度性红利，

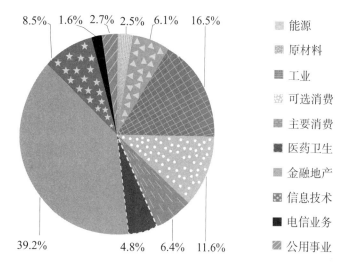

图 10-1　沪深 300 指数行业权重分布

资料来源：中证指数官网。

表 10-1　沪深 300 指数十大权重股

代码	名称	行业	上市交易所	自由流通调整市值（亿元）	权重（%）
601318	中国平安	金融地产	上海	4009	4.16
601166	兴业银行	金融地产	上海	2162	2.25
600016	民生银行	金融地产	上海	2005	2.08
600036	招商银行	金融地产	上海	1977	2.05
600519	贵州茅台	主要消费	上海	1941	2.02
601328	交通银行	金融地产	上海	1712	1.78
000651	格力电器	可选消费	深圳	1526	1.58
000333	美的集团	可选消费	深圳	1498	1.56
000002	万科 A	金融地产	深圳	1401	1.46
600000	浦发银行	金融地产	上海	1384	1.44

资料来源：中证指数官网。

因而在宏观经济调结构的大背景下，代表大市值周期性股票的沪深 300 指数的市场表现不尽如人意也在情理之中。

5. 沪深 300 成分股代表了机构投资取向

如前所述，沪深 300 成分股由于其良好的基本面情况，受到了市场的广泛关注，同时也代表了市场中主流机构的投资取向。根据 Wind 资讯中于主要研究机构对上市公司评级的统计，300 支样本股中，有 290 余支获得了主要机构的投资评级，占比高达 97%，而全部 A 股中仅有 64% 的股票获得了机构的评级。从评级结果看，沪深 300 指数成分中，有 1 家以上主要机构给予买入评级的样本股共计 222 支，而有 1 家以上主要机构给予增持评级的样本股共有 263 支，获增持以上评级的股票比例达到 55%，全市场中只有 36% 的股票的综合评级在增持以上。这表明，沪深 300 成分股受到市场高度的关注，并且其投资价值也受到了市场的广泛认可。从机构投资的实际运作中，也可以看到这种特征，以 2007 年第一季度基金季报为例，其共计 373 支重仓股中，有 186 支是沪深 300 指数成分股，占整个重仓股的 50%，其持股总市值占其重仓股总市值的 52.72%。这体现了沪深 300 指数已经成为机构投资取向的一个标杆。

综上所述，从基本面来看，沪深 300 指数成分股在两年的运行中体现了较好的盈利性、成长性和分红收益能力，同时，相对于市场平均水平，其估值优势也较为明显，已经逐渐成为机构投资者乃至整个市场的投资取向标杆。那么，就股指期货而言，沪深 300 指数有利于得到更多机构的关注，从而更有利于形成以机构投资者为主的投资者结构。

10.1.1.3 沪深 300 指数的编写规则

沪深 300 指数的编制目标是反映中国证券市场股票价格变动的概貌和运行状况，并能够作为投资业绩的评价标准，为指数化投资及指数衍生产品创新提供基础条件。

指数成分股的选样空间：（1）上市交易时间超过一个季度；（2）非 ST、*ST 股票，非暂停上市股票；（3）公司经营状况良好，最近一年无重大违法违规事件、财务报告无重大问题；（4）股票价格无明显的异常波动或市场操纵；（5）剔除其他经专家认定不能进入指数的股票；（6）选样标准为选取规模大、流动性好的股票作为样本股。

选样方法为先计算样本空间股票在最近一年（新股为上市以来）的日均总市值、日均流通市值、日均流通股份数、日均成交金额和日均成交股份数 5 个指标，再将上述指标的比重按 2∶2∶2∶2∶1 进行加权平均，然后将计算结果从高到低排序，选取排名在前 300 位的股票。

沪深 300 指数在编制方面主要采用了分级靠档技术和缓冲区技术。分级靠档技术的采用可以使在样本公司股本发生微小变动时保持用于指数计算的样本公司股本数的稳定，可以降低股本变动频繁带来的跟踪投资成本，便于投资者进行跟踪投资。缓冲区技术的采用使每次指数样本定期调整的幅度得到一定程度的控制，使指数能够保持良好的连续性。样本股调整幅度的降低可以降低投资者跟踪投资指数的成本。

沪深 300 指数以调整股本为权重。中证指数有限公司在计算沪深 300 指数调整股本时，采用分级靠档的方法，即根据自由流通股本所占 A 股总股本的比例（即自由流通比例）赋予 A 股总股本一定的加权比例，从而得到相对稳定的调整股本，以确保计算指数的股本保持相对稳定。

$$自由流动比例 = 自由流通量 / A 股总股本$$
$$调整股本数 = A 股总股本 \times 加权比例$$

沪深 300 指数样本的加权比例按照 10-2 表确定：

表 10-2　沪深 300 指数分级靠档表

自由流通比例（%）	加权比例（%）
≤ 15	上调至最接近的整数值
(15, 20]	20
(20, 30]	30
(30, 40]	40
(40, 50]	50
(50, 60]	60
(60, 70]	70
(70, 80]	80
> 80	100

资料来源：Wind 资讯。

例如，某股票流通股比例（流通股本 / 总股本）为 7%，低于 10%，则采用流通股本为权数；某股票流通比例为 35%，落在区间 (30, 40]，对应的加权比例为 40%，则将总股本的 40% 作为权数。

沪深 300 指数以 2004 年 12 月 31 日为基日。计算公式为：

$$报告期指数 = 报告期成分股的调整市值 / 基日成分股的调整市值 \times 1000$$

其中，调整市值 $= \sum ($市价 $\times$ 调整股本数$)$。

指数成分股原则上每半年调整一次，一般为 1 月初和 7 月初实施调整，调整方案提前两周公布。近一次财务报告亏损的股票原则上不进入新选样本，除非这支股票影响指数的代表性。在调整时采用了缓冲区技术，这样既保证了样本定期调整的幅度，提高样本股的稳定性，也增强了调整的可预期性和指数管理的透明度。样本股的稳定性强，可以提高被复制的准确度，增强可操作性。沪深 300 指数规定，综合排名在 240 名内的新样本优先进入，排名在 360 名之前的老样本优先保留。当样本股公司退市时，自退市日起，该股从指数样本中剔除，而由过去近一次指数定期调整时的候选样本中排名最高的尚未调入指数的股票替代。

10.1.1.4 简析沪深 300 指数的历史走势

沪深 300 指数作为最早的跨市场综合行情的指数，能较好地展现两个市场的综合表现。

我们根据 2002 年 1 月 4 日起至今的沪深 300、上证指数、深证成指的收盘价，分别以各自于 2002 年 1 月 4 日的收盘价作为基点，基数为 1 000 作为新指数，进行折线图对比（见图 10-2）。沪深 300 指数综合了上海交易所和深圳交易所两个市场的综合行情，因此沪深 300 指数走势与上证指数和深证成指的走势基本吻合，且趋势居于两个指数走势之间。

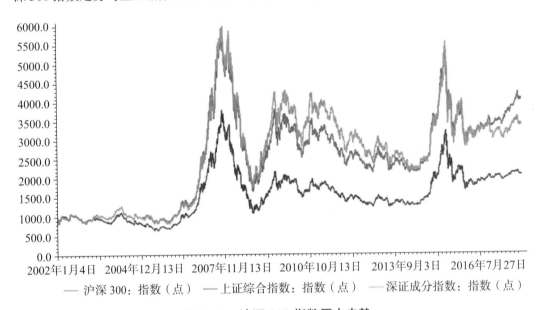

图 10-2 沪深 300 指数历史走势

资料来源：Wind 资讯。

截至 2017 年 3 月，沪深 300 指数成分股的权重分布为上海交易所股票占比为 68.8%，深圳交易所股票占比为 31.2%（见图 10-3），因此上海交易所市场行情展示所占比重高

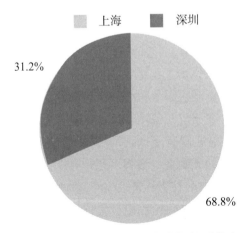

图 10-3 沪深 300 指数成分股权重分布

资料来源：Wind 资讯。

于深市行情，沪深 300 指数较深证成指而言，波动性更小，更趋于稳定，上涨下跌幅度均小于深证成指；但沪深 300 指数也继承了深证成指 30% 的市场特性，相对上证指数而言，波动性更高，上涨下跌幅度略高于上证指数。因此，沪深 300 指数能够较好地展示两个市场的综合行情，在涨幅、趋势上都是综合了两个市场的综合体现。

2018 年沪深 300 指数表现不佳，2018 年年初至 10 月的收益率为 -18.41%。2014 年由于处于大牛市，所以行情表现最好，收益率达到 51.66%。2017 年表现同样较好，收益率为 21.78%。

波动率体现了股票市场的风险程度，波动率是对未来股票价格走势不确定性的一种度量方式，因此波动率可以体现一个指数对于市场的把控和预测能力。沪深 300 指数的 1 年年化波动率为 12.11%、3 年年化波动率为 27.39%、5 年年化波动率为 24.81%。

10.1.1.5　沪深 300 指数的相关指数期货品种介绍

沪深 300 指数是由上海和深圳证券市场中选取 300 支 A 股作为样本编制而成的成分股指数。沪深 300 指数样本覆盖了沪深市场六成左右的市值，具有良好的市场代表性。沪深 300 指数是沪深证券交易所第一次联合发布的反映 A 股市场整体走势的指数。它的推出，丰富了市场现有的指数体系，增加了一项用于观察市场走势的指标，有利于投资者全面把握市场运行状况，也进一步为指数投资产品的创新和发展提供了基础条件。

沪深 300 股指期货以沪深 300 指数为合约标的，以指数点为报价单位，合约乘数为每点 300 元，交易代码为 IF，分别为当月、下月、及随后两个季。中国金融期货交易所从 2016 年 1 月 1 日起调整股指期货开收市时间，即股指期货的集合竞价时间从每个交易日的 9:25 开始，较现在的 9:15 推后 10 分钟，收盘时间提前 15 分钟至 15:00，调整股指期货合约交易时间主要目的是与现货股票市场保持一致。这一调整将影响沪深 300 指数、中证 500 和上证 50 股指期货。交易时间为上午 9:30—11:30，下午 13:00—15:00，这种交易时间的安排，有利于股指期货实现价格发现的功能，方便投资者根据现货股票资产及价格情况调整套保策略，有效控制风险。

此外，与商品期货相比，股指期货增加了市价指令。市价指令要求尽可能以市场最优价格成交，是国外交易所普遍采用的交易指令。根据有关安排，交易所和期货公司还将陆续推出止损指令等，不断丰富指令类型。

沪深 300 指数期货采用现金交割，交割结算价采用到期日最后两小时所有指数点位算术平均价。在特殊情况下，交易所还有权调整计算方法，以更加有效地防范市场操纵风险。最后结算价的确定方法能有效地确保股指期现价格在最后交易时刻收敛趋同。之所以采用此办法的原因可归纳为：第一，这是金融—价率的内在必然要求。第二，能防止期现价差的长时间非理性偏移，有效控制非理性炒作与市场操纵。这是因为，非理性炒作或市场操纵一旦导致股指期现价差非理性偏移，针对此价差的套利盘就会出现，而最后结算价则能确保此套利盘实现套利。此种最后结算价的确定方法对套保盘也具有同样的意义。

根据有关规定，股指期货投资者必须通过期货公司进行交易，为了控制风险，期货公司会在交易所收取 8% 的保证金的基础上，加收一定比例的保证金，一般会达到

12%。经过一段时间试探性交易以后，期货公司才可能逐渐降低保证金的收取比例。

沪深 300 指数与上证综合指数的相关性在 97% 以上，总市值覆盖率约 70%，流通市值覆盖率约 59%。由于市值覆盖率高，代表性强，沪深 300 指数得到市场高度认同。同时，其前 10 大成分股累计权重约为 19%，前 20 大成分股累计权重约为 28%。高市场覆盖率与成分股权重分散的特点决定了该指数具有较好的抗操纵性，是目前沪深股市最适合作股指期货标的的指数。

股指期货的推出，将使沪深 300 指数的成分股更受市场关注，其战略作用也将得到提升。特别是成分股中超大蓝筹股的战略性作用将会更强，进而将带来相应的市场溢价。当前国内股市对银行板块的争夺就体现了这一意义。

10.1.2 标普 500 指数

10.1.2.1 标普 500 指数的定义与描述

标普 500 指数，英文简写为 S&P500 Index，是记录美国 500 家上市公司的股票指数。由标准普尔公司创建并维护。标普 500 指数覆盖的所有公司，都是在美国主要交易所，如纽约证券交易所、纳斯达克（NASDAQ）交易的上市公司。与道·琼斯指数相比，标普 500 指数包含的公司更多，因此风险更为分散，能够反映更广泛的市场变化。

标准普尔作为金融投资界的公认标准，提供被广泛认可的信用评级、独立分析研究、投资咨询等服务。标准普尔已成为一个世界级的资讯品牌与权威的国际分析机构，该公司同时为世界各地超过 220 000 家证券及基金进行信用评级。标准普尔在资本市场上发挥了举足轻重的作用。自 1860 年成立以来，标准普尔就一直在建立市场透明度方面扮演着重要的角色，欧洲的投资者对于自己在美国新发展的基础设施投资的资产需要更多的了解，公司的始创人普尔先生顺应有关需求开始提供金融信息，因此标准普尔指数也应运而生。标准普尔提供的多元化金融服务中，标普 500 指数已经分别成全球股市表现和美国投资组合指数的基准。

标普 500 指数是历史最为悠久的市值加权指数。标普 500 指数的基础早在 1923 年就已开始酝酿。1957 年，标普 500 日综合股价指数推出，成分股内的 500 支股票包括 425 家工业公司、15 家铁路公司和 60 家公用事业公司。截至今日，该指数的历史超过 50 年。

标普 500 指数如今被普遍视为美国股市的最为重要的指标之一。目前全球超过 4 万亿美元的资产以其作为基准，其中跟踪它的指数化资产总计超过 1 万亿美元。该指数成分股为美国领先行业的 500 家领先公司，覆盖市值约为美国股市总市值的 75%。

标普 500 指数与其他指数相比，有独特的优势，使之成为衡量美国股市的一个最为重要的指标之一。标普 500 指数以 1941—1943 年为基数，用每种股票的价格乘以已发行的数量的总和为分子，以基期的股价乘以股票发行数量的总和为分母相除后的百分数来表示。由于该指数是根据纽约证券交易所上市股票的绝大多数普通股票的价格计算而得，能够灵活地对认购新股权、股份分红和股票分割等引起的价格变动做出调节，指数数值较精确,并且具有很好的连续性,所以往往比道·琼斯指数具有更好的代表性。

10.1.2.2 标普500指数的编写规则

标普500指数是由标准普尔公司1957年开始编制的。最初的成分股由425种工业股票、15种铁路股票和60种公用事业股票组成。从1976年7月1日开始,其成分股改由400种工业股票、20种运输业股票、40种公用事业股票和40种金融业股票组成。标准普尔公司股票价格指数以1941—1943年抽样股票的平均市价为基期,以上市股票数为权数,按基期进行加权计算,其基点数为10。以目前的股票市场价格乘以股票市场上发行的股票数量为分子,用基期的股票市场价格乘以基期股票数为分母,相除之数再乘以10就是股票价格指数。

标普500指数成分股的纳入标准包括7个重点要素,分别为:(1)所在地。每支成分股公司必须为美国公司,判定因素包括公司业务所在地、公司结构、会计标准与上市交易所。(2)市值。每家公司在进入指数时市值最低为30亿美元。标准普尔随时对市值最低值要求进行评估,确保与市场状况一致。(3)公共流通股。公共流通股至少占公司总股本的50%。(4)财务状况:公司连续四个季度财务报表利润为正数;(5)适当的流动性。年度成交额与市值之比须不低于0.3。(6)行业代表性。根据市场普遍接受的全球行业分类系统(GICS),行业平衡通常根据美国股市整体的行业状况进行维护。(7)公司类型。只有营运公司或房地产信托基金能够成为成分股。封闭式基金、控股公司、合伙企业及投资信托不得成为成分股。

标准普尔指数委员会负责维护标普500指数。该委员会由标准普尔的经济学家和指数分析师组成,定期召开会议。标准普尔指数委员会根据一整套公开原则对该指数进行维护。指数成分股的增减原则以保留500支成分股为前提,维持一增一减。增加个股的考量原则有六项:(1)市值。由于标普500指数为市值加权型指数,因此个别公司在其产业领域的市值大小成为考量的第一要素,市值代表了上市公司的规模体量,市值越大,企业价值越高,对标普500指数的影响越大。(2)产业。考量产业是否在美国的经济体系中占有重要的地位,比如20世纪初铁路股票,50年代美国铝工业股票,60年代美国电子工业股票、半导体股票等,80年代的生物制药股票,90年代的网络、高科技股票等,上述时期的相关主题的上市公司更易入选标普500指数,它们代表了美国产业的历史变迁和起伏跌宕。(3)流通市值与总市值占比。分析股票在外的流通程度,避免遭少数团体操控,流通市值占比较高的公司市场流动性好,交投活跃,相反,流通市值占比较低的公司筹码大多集中于大股东,股票流动性较差,交易量萎靡。(4)交易。分析个股每日、月、年的交易流动性,及股票的正常效率化。(5)基本分析。追踪公司的财务及营运状况,以维持指数的稳定度,并将变动减至最小。(6)新兴产业。若有新的产业不在原本的分类中,但其条件符合以上5项标准,则可考虑加入。

减少成分股考量因素有四项:(1)合并。公司合并后,被合并的公司自然排除指数外。(2)破产。公司宣告破产。(3)转型。公司转型在原来的产业分类上失去意义。(4)不具代表性。被其他同产业公司取代。

10.1.2.3 标普 500 指数的成分股特点

标普 500 指数被广泛地用作美国股票市场的测度;该指数覆盖美国经济中主要行业的 500 家代表性上市公司,集中在市场的大盘股,占美国股票市场总市值的 75%。截至 2012 年 3 月 30 日,标普 500 指数样本股共覆盖美股 10 个行业的 500 家代表性公司。如表 10-3 所示,其中信息技术行业所占比重最高,为 20.50%;其次是金融和医疗保健行业,分别为 14.90% 和 11.40%,占比较少的三个行业分别为公用事业行业、原材料行业、电信行业,其比重分别为 3.40%、3.50%、2.80%;其他行业均占 10% 左右的权重,分别为必选消费品行业、能源行业、可选消费品行业和工业。

表 10-3 标普 500 指数样本股行业分布

行业	信息技术	金融	医疗保健	必选消费品	能源
权重(%)	20.50	14.90	11.40	10.80	11.20
行业	可选消费品	工业	公用事业	原材料	电信
权重(%)	10.90	10.60	3.40	3.50	2.80

资料来源:Wind 资讯。

另外,从股票所在交易市场划分,如表 10-4 所示,在纽约证券交易所上市的股票共 427 支,占标普 500 指数的 85.40%;在 NASDAQ 交易所上市的股票共 71 支,权重占比 14.20%;在美国证券交易所上市的股票仅有 2 支,NASDAQ 占标普 500 指数 0.40%。

表 10-4 标普 500 指数样本股交易所分布

市场	公司数量(家)	权重(%)
NYSE	427	85.40
NASDAQ	71	14.20
AMEX	2	0.40

资料来源:Wind 资讯。

可以看出,标普 500 指数的样本股涉及各行各业以及各个交易所均有覆盖,且会根据市场的重点转移而调整相关行业所占权重值,这也使得标普 500 指数成为能很好地反映美国股票市场的指数之一。

【拓展阅读 10-1】

标普 500 指数的历史走势

我们对标普 500 指数的历史走势进行分析,以分析其在投资组合的性能上的优劣,我们将对上证指数和标普 500 指数进行对比,选取 2007 年 10 月到 2017 年 12 月的数据,以累计收益率为对比对象,对两种指数进行对比,具体如图 10-4 所示。

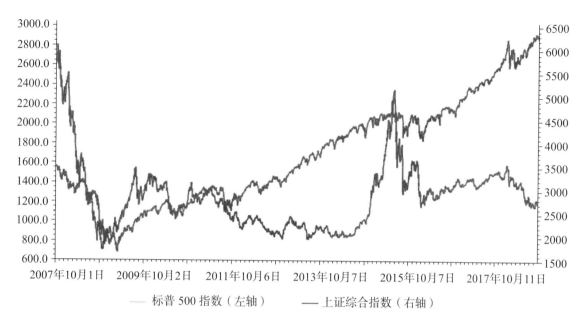

图 10-4　标普 500 指数、上证综指历史走势

资料来源:Wind 资讯。

图中,深色线为标普 500 指数,浅色线为上证指数,我们可以看出,自金融危机以后,标准普尔指数的累计收益率一直高于上证指数,且累计收益率差额越拉越大,可见在 2008 年金融危机后,标普 500 指数的累计收益率增速远好于上证指数的收益率,且表现良好。当然这也跟两个市场的市场特点不同,以及两个市场的相通性没有那么紧密有关,这里只能表明在应对危机后,标普 500 指数的收益更为稳定,且表现良好。

进一步的,我们还需要分析标普 500 指数和其他两大美国指数相比,其走势如何,以对标普 500 指数在其市场上的表现做一个分析和研究。我们选取 2007 年 10 月到 2017 年 12 月的数据进行指数增长的分析,以 2012 年 6 月 12 号为基期,结果如图 10-5 所示。

图 10-5 画出了标普 500 指数、纳斯达克综合指数、道·琼斯工业平均指数的收益指数数据,由图中曲线走势可以看出,纳斯达克综合指数表现最好,标普 500 指数居中,道·琼斯工业平均指数最弱,但我们也可以看出,纳斯达克综合指数的增长率要高于标普 500 指数和道·琼斯工业平均指数,而标普 500 指数的增速与道·琼斯工业平均指数基本持平,但在 2012—2013 年发,标普 500 指数的表现好于道·琼斯工业平均指数,所以才产生了两者间的差额。因此我们可以得出的结论是,标普 500 指数的表现略好于道·琼斯工业平均指数,但在 2007 年 10 月到 2017 年 12 月期间表现略差于纳斯达克综合指数。

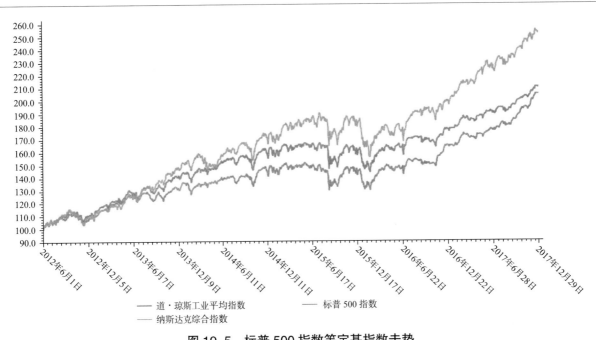

图 10-5　标普 500 指数等定基指数走势

资料来源：Wind 资讯。

我们再从波动率角度对标普 500 指数进行分析，我们同样用标普 500 指数和其他两大美国指数相比，以对标普 500 指数在其市场上表现的稳定性做一个分析和研究。我们选取 2007 年 12 月到 2017 年 12 月的数据进行指数增长的分析，以 2012 年 6 月 12 号为基期，结果如图 10-6 所示：

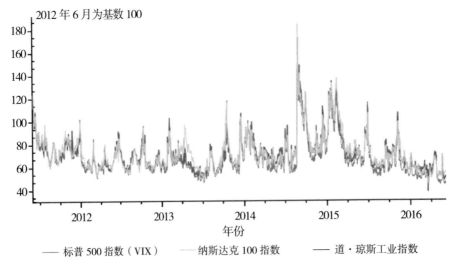

图 10-6　标普 500 指数、纳斯达克 100 指数、道·琼斯工业指数的波动率指数

资料来源：Wind 资讯。

图 10-6 画出了标普 500 指数、纳斯达克 100 指数、道·琼斯工业指数的波动率指数数据，由图中曲线走势可以看出，在标普 500 指数、纳斯达克 100 指数、道·琼斯工业指数的曲线中，标普

> 500指数的曲线一直保持位于另外两条曲线的下侧，纳斯达克100指数的曲线居中，而道·琼斯工业指数的曲线位于最上方。这说明，从稳定性的角度来看，标普500指数的波动率最小，因而最稳定，而纳斯达克100的稳定性虽然劣于标普500指数，但却好于道·琼斯工业指数。
>
> 从累计收益率、指数趋势、波动率的角度进行分析，可以得出的结论是标普500指数虽然指数增长不是最高的，但在三大股指中也处于中等水平，然而其稳定性是三大股指中最高的，因此无论从市场参考或者股指期货投资的角度来说，标普500指数都是一个具有很高可参考性的指数。

10.1.2.4 标普500指数的相关影响因素

标普500指数由于成分股众多，影响的因素自然也不少，不过主要因素仍是以宏观因素为主的因素，如经济形势、通货膨胀、政治政策等，同时也有个股大幅波动导致的对于指数的影响。

具体的影响有：（1）经济增长。经济增长对于标普500指数十分重要，因为标普500指数所涵盖的公司范围广，且都为大市值的公司，占美国股票市场总市值的75%以上，因此经济大环境对于标普500指数的影响非常大。标普500指数的强弱，主要是依靠成分公司的获利愿景而定，整体来看一个国家的经济若是成长，上市公司的获利自然较佳，在整体获利提升下，市场也会随之上扬，进而反映在标普500指数上；而在经济衰退当中，即使一些企业仍然能够获利成长，但整体而言，平均获利率将会下降，会不利于标普500指数的表现。因此，股市可视为一个国家的经济窗口，相对比较下有成长空间，就会吸引国际资金的投入，进而产生股市大涨局面；但是，如果经济出现不确定性，股市会面临较大的冲击。（2）通货膨胀。通货膨胀会侵蚀名义收益率，因此很多国家央行将对抗通膨视为首要任务。当通胀上扬时，央行通常以调高利率，紧缩银根来应对，而此会使企业调度成本增加，获利相对降低，再加上资金回流金融体系，使得股市动能减少，因此对标普500指数的表现有抑制的效果。反之，通货紧缩时，央行会降低利率以释出资金，无形中促进消费，带动厂商扩大生产，当然会得股市表现较佳。但是强力资金的释出需要时间来发酵，所以股市的反应时间往往不会立即显现。（3）政治因素。政治因素并不仅限国内，在现今国际大环境下，一个区域的动乱，往往不只影响区域内的国家，而是整个世界。如中东情势紧张，带动油价的不稳定，使得各国经济皆产生负面的影响等。另外因为国际资金反应的效率化，使得一个国家的利空，有时也会成为另一国家的利多。再如，政府措施，如美国减税、中国开放股市等，这些都会引起美国股票市场波动，进而影响标普500指数。

10.1.2.5 标普500指数的相关指数期货品种介绍

标普500指数是全球范围内主流的指数基金标的。相比道·琼斯工业平均指数，标普500指数具有较多优势：跟踪资产规模庞大，全球超过3.5万亿美元资产以标普500指数为业绩基准；1.3万亿美元资产以它作为标的指数；市值规模大，标普500指数的市值是道·琼斯工业平均指数的3倍；交易活跃，流动性好，日均成分股交易量是道·琼斯工业平均指数的5倍；衍生产品丰富，基于标普500指数期货产品的日均成交量是道·琼斯工业平均指数的13倍；跟踪标普500指数的指数基金规模巨大，2010年年末数据显示，全球追踪标普500指数这单一指数的资金量达到13 183.43亿美元，相当于当年美国GDP总量的9%。

标普500指数的股指期货交易品种有两个，一个是标普500指数，另一个是迷你普尔500指数，英文称为mini S&P 500（EP）。标普500指数和迷你普尔500指数的交易场所都是芝加哥商业交易所，交割方式都是按最终结算价格以现金结算，此最终结算价由合约月份的第三个星期五的S&P500股票价格指数的构成股票市场开盘价所决定。合约月份为3月、6月、9月、12月。在合约价值方面，标普500指数的合约价值为250美元乘以标准普尔500股票价格指数，而迷你普尔500指数的合约价值为50美元乘以标准普尔500股票价格指数。标普500指数最小变动单位为0.1个指数点，约25美元，而迷你普尔500指数的最小变动单位为0.25个指数点，约12.5美元。

同时，标准普尔500还应用于期权合约、共同基金和交易型开放式指数基金、结构性产品。（1）期权合约。基于标普500指数的期权合约目前在芝加哥期权交易所(CBOE)进行交易。2008年，基于标普500指数的期权合约在交易所的成交量为1.8亿张，另外基于标普500指数的CBOE波动率指数的期权合约成交量为2 500万张。（2）共同基金和交易型开放式指数基金。基于该指数的基金向散户和机构投资者提供指数联结回报。在发展迅速的ETF领域，基于标普500指数的基金占所有美国股市ETF资产的比例超过40%。（3）结构性产品。标普500指数被广泛用于大量指数联结结构性产品和年金产品的基础指数。

10.2 债券市场指数

债券指数是反映债券市场价格总体走势的指标体系。和股票指数一样，债券指数是一个比值，其数值反映了当前市场的平均价格相对于基期市场平均价格的位置。

债券指数的发展已有二十余年，但债券指数化发展仍方兴未艾，并且还在不断地发展研究之中。与股票指数类似，债券指数是表征债券市场整体情况的一个指标，通过选取具有代表性的一组债券，将它们的价格进行加权平均，通过一定的计算得到。

一般的债券指数包括净价指数、全价指数和财富指数。其中，净价指数以债券净价为计算基础，不考虑应计利息和利息再投资，这类指数适用于表现市场走势情况，是观测市场、挖掘投资机会的工具；全价指数以债券全价为基础，包含应计利息，但不考虑利息再投资，这类指数主要用于债券和现金投资分开的业绩考核；财富指数是以债券全价计算的指数值，同时考虑了利息再投资因素，根据不同的再投资行为的设定，存在不同的财富指数计算模型，这类指数在市场上应用最广泛，可作为被动型投资组合的跟踪标，也可作为主动型投资组合的业绩比较基准。

在国际债券市场上，债券指数种类多样，发布机构众多，也相对比较完善。有影响力的指数有美林债券指数系列、雷曼兄弟债券指数系列、MSCI 债券指数系列、标准普尔债券指数系列、摩根大通债券指数系列以及 iBoxx 债券指数系列等。这些专业机构不仅编制并发布反映某国国内债券市场的指数，而且编制并发布反映某一区域（如欧元区）或全球债券市场的指数。

在中国债券市场上，应用较广的为境内机构编制的债券指数，如中央国债登记结算有限责任公司（以下简称"中央结算公司"）编制的中债指数，以及中证指数公司编制的中证/上证指数。

10.2.1 国内债券指数基本情况介绍

中国自 1981 年恢复国债发行以来，债券市场发展迅速，交易品种日益丰富，目前已形成以银行间市场为主、交易所市场和商业银行柜台市场为辅的多层次的市场流通体系。随着债券市场的飞速发展，中国从 2000 年左右开始陆续有机构编制并发布债券指数。据粗略统计，目前中国市场上对外发布各类债券指数的机构不下 10 家，其中比较有代表性的指数有中国外汇交易中心（以下简称"交易中心"）的银行间债券指数系列、中央国债登记结算有限公司的中债债券指数系列、中证指数公司的中证债券指数系列、新华富时债券指数系列、新华巴克莱资本中国债券指数系列、中信标普债券指数系列、中国银行债券指数系列等。

10.2.2 中债指数的发展概况

2002 年，中央结算公司推出中国第一批 12 支债券指数，包括中债—总指数、中债—国债总指数等，着重描摹利率类债券的价格走势。2006 年以后，随着信用债市场的发展，中债指数进一步推出了反映信用类债券价格的信用类债券指数，代表性指数有中债—企业债总指数、中债—高信用等级债券指数等。2012 年起，随着国内被动型债券投资趋势化浪潮的到来，中央结算公司陆续推出了多支可投资性的债券指数，这批新的指数不但可用于表征市场的变化情况，而且具有更强的标的指数特征，其中以中债—新综合指数、中债—信用债总指数、中债—新中期票据总指数、中债—5 年期金融债指数以及中债—5 年期国债指数为标的的境内/外基金已经在市场上公开发行。

中债指数在十余年的完善和成长中，已逐渐形成了一个指标丰富、覆盖面广的指数产品体系。其中，按不同的样本券选取方法，可分为中债总指数族、中债成分指数族、中债持仓指数族、中债定制指数族四大系列。

1. 中债总指数族

中债总指数族的编制目的是反映债券全市场或某一类债券的整体价格走势情况，一般是以债券的待偿期、发行人类型、流通场所类型、债券付息方式及信用评级等单一或多个要素下的债券为样本空间。

2. 中债成分指数族

中债成分指数是通过科学客观的方法挑选出具有代表性的样本债券来反映债券市场

全部或某类债券价格的走势特征，与总指数族不同，成分指数的样本券数量需事先确定。

3. 中债持仓指数族

中债持仓指数是以托管在中央结算公司的各机构成员债券账户为单位，以各账户中全部债券基础上剔除美元债和资产支持证券后的债券为集合，每日自动生成的指数。该类指数仅供开户成员内部业绩评估、风险控制使用，不对外公布。

4. 中债定制指数族

中债定制指数是根据客户定制的样本规则挑选样本债券编制生成的指数，定制指数可以充分满足客户个性化的指数需求。

10.2.3 中债指数的相关指标及取价原则

1. 按待偿期分段的子指数

总指数、成分指数、定制指数中的每一支指数包括指数总值及待偿期分段子指数。待偿期分段子指数是将该指数中样本券按待偿期的不同而细分为1年以下、1—3年、3—5年、5—7年、7—10年、10年以上6个区间段。

2. 其他相关指标

除计算财富、全价、净价指标值及分段指标值外，每支指数还包括14个相关指标，即平均市值法久期、平均现金流法久期、平均市值法凸性、平均现金流法凸性、平均基点价值、平均现金流法到期收益率、平均市值法到期收益率、平均待偿期、平均派息率、指数总市值、财富指数涨跌幅、全价指数涨跌幅、净价指数涨跌幅、现券结算量。

3. 一般取价原则

中债指数取价按以下规则进行：以中债估值为参考，优先选取合理的最优双边报价中间价，若无则取合理的银行间市场加权平均结算价或交易所市场收盘价，再无则直接采用中债估值价格。

10.2.4 中债指数的基本应用

1. 主动型投资的业绩比较基准

如何衡量和评价主动型债券投资组合的业绩？如何通过相对收益更精确地评估投资收益？债券指数提供了一个简单的数量工具。债券指数的市场认可度和使用范围也成为评价债券指数的重要指标。自2002年开始发布以来，中债指数的应用范围不断扩大，全国社保基金理事会、商业银行、保险机构、证券公司等越来越多地使用中债指数作为业绩考核的基准。截至2013年12月底，除股票型基金外，以中债指数作为业绩比较基准的基金数量比例已高达47.9%，位居第一，尤其是在债券型基金中，以中债指数作为业绩比较基准的基金的市场占有率已达65%，并逐年稳定上升。

2. 被动型基金的投资标的

债券指数的另一类重要应用是作为被动型基金的投资标的：基金经理通过筛选、复制、跟踪债券指数组合中的样本券，拟合债券指数的风险收益特征。这类基金具有透明度高、管理费率低、受主观因素影响小等特点。

2011 年之前，境内的债券指数基金尚处于个别探索阶段。2012 年起，中央结算公司根据市场需求研发、推出多支债券投资标的指数，并进一步丰富财富指数算法，更加贴近基金投资行为。标的指数的丰富和发展为债券指数基金的发展和创新提供了多样化的基础工具。目前，通过中国证监会审批的以中债指数为标的的债券指数基金已达 8 支，已在市场上公开发行的有 4 支。另外，2016 年 2 月，与中债—5 年期国债指数挂钩的南方东英中国 5 年期国债 ETF 也在港交所挂牌上市。

10.3 商品及原油指数

国际商品指数不但在商品期货市场、证券市场领域具有强大的影响力，同时，商品指数走势和宏观经济的走势具有高度的相关性，能为宏观经济调控提供预警信号。从这个角度看，商品指数的走势成为宏观经济走向的一个缩影，了解商品指数对于分析宏观经济则显得较为重要。同时，石油作为现代工业生产的血液，国际原油与全球经济关系紧密，因此，了解国际原油相关的指标同样显得很有必要。

本部分主要选取了中国的上期所商品指数，以及国际原油指标中的 WTI 原油指数、布伦特指数进行分析。

10.3.1 上期所商品指数

商品指数是依据市场上基本的经济敏感商品价格而编制的一种期货价格指数。商品指数不但在商品期货市场、证券市场领域具有强大的影响力，也可为宏观经济调控提供预警信号。

商品期货指数作为一种重要的领先经济指标，也正是中国经济景气预测领域所急需的工具。随着中国商品期货品种的日益丰富和完善，商品期货指数更能客观、全面、真实地反映商品期货市场的总体状况，并且连续地描述商品市场的历史，成为一个重要的宏观经济指标。

近年来，随着商品市场的发展，出现了以上期所有色金属指数等为代表的一系列商品指数体系。国务院发布的《关于进一步促进资本市场健康发展的若干意见》（简称"新国九条"）也进一步明确了发展商品指数的战略意义，推出商品指数市场的时机已经成熟。

10.3.1.1 商品指数的功能和作用

商品价格指数反映一段时间内市场上商品的总体价格水平，与 CPI、PPI 等经济指标较为贴近，是宏观经济的缩影。而商品指数标的可以是现货商品，也可以是商品期货，二者的功能和作用相差无几，原因在于期货是从现货市场基础上发展和衍生出来的。商品指数的功能和作用主要体现在以下几个方面：

1. 商品指数对宏观经济起到预警作用

商品指数对宏观经济起到预警作用，特别是对通货膨胀的预警能较为准确和及时地反映市场行情的变化。中国历史上屡次较为严重通胀时期，都表现为大宗商品价格凶猛上涨，由此国家可以通过加息等手段来对通货膨胀进行合理的调控，达到国民经济健康发展的目的。从历史上看，2004年、2007年和2010年三次较为严重的通货膨胀都伴随着伦敦金属交易所（London Metal Exchange, LME）基本金属价格的大幅上涨。

2. 商品指数产品可以实现指数化投资，丰富资产配置工具

从国际商品指数投资的方式来看，商品指数投资主要有商品指数期货及期权、商品指数互换、商品指数基金、商品指数ETFs等。

商品指数期货：是指在期货交易所上市交易的以商品指数为标的的期货品种，是一种新兴的衍生品，是进行指数化投资的场内衍生工具，其同质性和标准化程度较高，既有商品期货特征，又有金融期货的特征。目前，在交易所上市交易的综合性商品指数期货有美国商品调查局（CRB）指数期货、标普高盛商品指数期货和道·琼斯–UBS商品指数期货等，分类商品指数期货有道·琼斯–UBS农产品指数期货等。

商品指数期权：期权购买者通过支付一笔期权费给期权出售方，换取在未来某个时间以某种价格买进或卖出某种基于商品指数的标的物的权利。商品指数期权根据不同的标准有不同的分类，目前主要的分类标准有买卖方向、执行特性、有无上限和标的指数。

商品指数互换：指互换当事人约定在未来某一时期内相互交换以商品指数为标的的现金流量。由于互换协议的独特性，两个特定当事人达成互换协议很困难，通常需要互换交易商作为中介。互换交易商主要由银行和其他大型金融机构组成，它们是连通OTC市场和期货市场的桥梁。

商品指数基金：以市场中某一商品指数为基准，通过复制的方法建立一揽子商品组合，采用买入并持有的交易策略，跟踪指数变化的投资基金，为机构投资者提供投资大宗商品的低成本策略。

商品指数ETFs：通过跟踪商品指数，以期获得与基准指数相近的收益率，并通过ETF一级市场和二级市场的套利交易机制消除净值与市值误差。ETFs由于门槛较低，买卖容易，更受散户投资者欢迎。

商品指数ETNs：即交易所交易票据，是由银行或金融机构发行的一种无担保的票据，由发行机构承诺在票据期满时向投资者按一定金额偿付，偿付金额与特定的指数表现挂钩。与ETFs一样，投资者可以在交易所买卖ETNs，也可以做空ETNs。但ETFs和ETNs本质上是不同的。ETFs对应的是资产，持有人在清盘时可以按照资产净值得到偿付，而ETNs对应的只是一份发行商无担保的承诺，其偿付安全性完全取决于发行商的信用。相比ETFs，ETNs的好处在于没有跟踪误差，能准确地反映跟踪指数的涨跌。另一个好处是税收方面的优势，ETNs只有在期满时才一次性偿付，所以一般不需支付分红所得。

3. 满足实体经济需求，为实体经济提供更好的服务

对于金属企业来说，上期有色金属指数期货合约的推出，使企业的套期保值工具有机会实现多样化的选择，当然品种的权重管理可能需要更好的精细化。如对于金属贸易企业来说，通过其对基础金属现货的优势，可以利用个别金属期货合约进行保值，也可以针对一揽子的现货以上期有色金属指数期货合约进行保值，另外通过基础品种期货合约和上期有色金属指数期货合约也可以进行组合优化。

例如，某企业持有一定数量的铜与锌的库存，原先可以卖出对应的铜及锌的期货进行保值操作，以后也可以通过卖出一定量的指数期货合约与买入一定量的铝及铅的期货合约来组合完成。同时如果价格出现偏差，现货贸易企业也会获得更多主动性市场套利的机会，既可以完成市场的纠偏，也可以获得额外的收益。

4. 帮助分散债券、股票等投资的风险

由于商品与相关板块的股票价格走势高度相关，商品往往是宏观对冲的重要工具。耶鲁国际金融研究中心曾对1959年7月—2004年12月的商品期货投资进行了详尽的实证分析，形成了一份名为"商品期货45年——现实与幻想"的研究报告。报告表明，投资商品期货的收益率与投资标普500股票指数的收益率非常相近，而在衡量投资风险的波动率指标上，商品期货甚至低于股票。另外，商品指数和债券收益率在同一方向波动，因此商品也可以作为债券投资的风险对冲标的。而商品指数是采集一揽子商品价格编制而成的，因此具备低波动率、低成本的优势。

5. 对抗通货膨胀

以商品指数基金为例，商品指数基金不采用卖空策略，也不使用资金杠杆，即按照期货合约的名义价值构建期货合约投资组合。由于不参与实物交割，商品指数基金通常不会买入临近到期月份的合约。因此，商品指数基金的投资收益主要来源于商品价格上涨。

10.3.1.2 企业运用商品指数进行风险管理

根据风险管理的职能，企业风险可分为经营风险、管理风险、财务风险和法律风险。中国内部审计协会颁布的《风险管理审计准则》将风险分为外部风险和内部风险。外部风险，包括法律风险、政治风险和经济风险。内部风险，包括战略风险、财务风险、经营风险等。内部风险源自企业自身的经营业务，包括企业战略的制定、财务的运行和经营活动的各方面。与外部风险相比，内部风险一般更容易识别和管理，并可以通过一定的手段来降低和控制。可以通过金融衍生品进行管理和转嫁的风险包括原材料价格、销售利润、融资需求、外汇风险和财务风险。

1. 锁定原材料价格

以有色金属指数为例，涉及有色金属业务的企业可以通过有色金属指数期货来实现锁定原材料价格。主要模式是，通过在期货市场上买入有色金属指数期货，买入的数量根据企业本身对原材料需求和相关品种在有色金属指数中的权重而进行调整。有色金属指数期货的优劣势，如表10-5所示。

表10-5 有色金属指数期货优劣势

	优 势	劣 势
有色金属指数期货	相对于单一有色金属期货，成本较低；波动率相对较低；现金交割；解决了频繁展期的问题	在锁定成本的同时也放弃了价格下跌带来的现货收益

较之单一金属价格合约产品，金属价格指数产品因其多品种化，可以更好地体现金属市场整体的价格变化趋势，同时组合性产品的波动率也会相对降低，使得对价格走势的研判更趋理性客观，有助于企业更好地洞察市场，为生产经营的决策提供参考。

由于有色金属指数期货套期保值、锁定原材料价格与单一有色金属期货类似，所以相关的模式不再详细深入。有色金属期货的优势和劣势（如表10-6所示）。

为了解决期货线性风险收益的对冲关系，企业可以通过有色金属指数期权或者有色金属指数期货期权来锁定原材料成本。通过支付一定的权利金，可以买入交易所挂牌交易的有色金属指数期权或有色金属指数期货期权，也可以向相关金融机构买入场外的有色金属指数期权或者有色金属指数期货期权。当然，在价格强烈看涨的情况下，企业也可以通过场内市场卖出有色金属指数看跌期权，获得权利金来降低企业采购原材料的成本。

表10-6 有色金属指数期权优势和劣势

	优 势	劣 势
有色金属指数期权	可以在锁定成本的同时，不放弃价格带来的收益	权利金有时候过高
	买入看涨期权不需要交纳保证金，节约了大量的资金成本	场外期权面临信用风险

此外，企业也可以买入有色金属指数 ETF 产品获得的收益，然后通过这些收益来对冲有色金属价格上涨带来的成本增长的损失。目前国内尚没有上市有色金属 ETF，但是可以参照股指 ETF 或黄金 ETF 模式来操作。

2. 稳定销售利润

锁定原材料和稳定销售利润属于上下游企业一体两面的事情，因此主要参照生产企业锁定原材料成本的方式，在有色金属指数期货、期权两个工具上进行相关方向操作，就可以实现稳定销售利润的目的。即企业可以在期货市场上卖出有色金属指数期货，在期权市场上买入有色金属指数看跌期权，或卖出有色金属指数期货看涨期权。

作为商品指数互换一个重要功能就是获得固定收益，企业可以与证券公司、投行等金融机构签订互换协议，从而实现将浮动收益转向固定收益的交易活动。

例如某铜冶炼厂具有大宗商品风险敞口，由于目前价格卖出并不划算，但又希望锁定目前的价位。为了实现这一目标，该企业与证券公司订立大宗商品指数收益互换交易协议，互换交易的名义本金为1亿元，互换期限为半年。半年后，实际价格涨跌损益均由证券公司享有，客户收取固定的互换收入。

3. 便利融资

在国内市场企业获得的融资方式有银行贷款、民间借贷、发行债券和 IPO。对于大多数中小企业而言融资难、融资贵的问题是最主要的问题。这里企业可以通过仓单融资，并通过对产品运用有色金属指数期货或者有色金属指数期权进行保值的方式获得银行授信。

在未来金融创新加快之后，企业也可以向包括证券公司、投行购买以有色金属指数为标的的结构化产品，或者商品指数 ETF 产品，并由此向银行进行抵押实现融资。

总之，指数化投资是金融市场未来的主流趋势，商品指数这个金融衍生品工具在企业风险管理方面将发挥越来越重要的作用，而场外市场的发展已经为包括证券公司、期货公司等金融机构设计商品指数场外期权、互换等方面提供了基础。另外，《公开募集证券投资基金运作指引第1号——商品期货交易型开放式基金指引》也给未来中国商品指数ETF发展提供了政策依据，实体企业将从商品指数等衍生品中获得越来越多的帮助。

10.3.1.3 上期所商品指数构成

上海期货交易所商品期货价格指数系列由综合指数、板块指数、单商品指数三大类共同组成，每个大类包括期货价格指数和超额收益指数，共30条指数组成。其中，板块指数包括工业金属、贵金属、能源化工；单商品指数包括铜、铝、锌、铅、锡、镍、螺纹钢、热轧卷板、黄金、石油沥青、天然橡胶。这些指数与前期发布的上期有色金属指数、上期白银期货价格指数和上期白银超额收益指数一起构成完整的上期商品指数系列。

上期所于2012年12月发布了上期有色金属期货价格指数，以反映国内有色金属市场的整体运行情况。2016年1月，上期所对外发布上期白银期货价格指数和上期白银超额收益指数，用以反映白银产业的整体价格变化状况，并可作为基金投资业绩的评价标准。

为全面推进商品期货基金的发展，满足市场指数化投资的需求，上期所现已经完成了上期商品指数系列的研发工作。

2016年12月13日发布的指数共8条，分别为上期工业金属期货价格指数（INCI）、上期工业金属超额收益指数（INEI）、上期铜期货价格指数（CUCI）、上期铜超额收益指数（CUEI）、上期贵金属期货价格指数（PMCI）、上期贵金属超额收益指数（PMEI）、上期黄金期货价格指数（AUCI）、上期黄金超额收益指数（AUEI）。下一步，上期所将根据市场需求和运行情况择机对外发布其他指数。

10.3.1.4 上期所商品指数的意义

2014年5月9日，国务院发布了《关于进一步促进资本市场健康发展的若干意见》，要求"发展商品指数等交易工具、增强期货市场服务实体经济的能力"；以及2014年12月中国证监会公布的《公开募集证券投资基金运作指引1号——商品期货交易型开放式基金指引》，不仅为中国商品指数化投资指明了发展方向，还标志着商品指数的发展，使商品指数有望成为中国金融市场重要的创新型交易工具。

上期商品指数系列的发布，有助于构成较为完整的商品指数框架，全面、分层次、多角度地反映商品市场情况。此外，通过商品指数带动商品类基金产品的发展，吸引机构投资者有序参与到国内期货市场，一方面有利于提升期货市场效能，改善期货市场投资者结构，拓展期货市场服务国民经济的深度和广度，为金融机构提供更多的投资标的选择；另一方面能够夯实期货市场产品创新的基础，有利于打造国际定价中心，丰富投资者的选择，为其系统性风险度量和规避提供更多的工具。

10.3.1.5 上期所商品指数系列的编制原则及核心要素

上期商品指数系列采用标尺性、可投资性、多样性三大编制原则设计。在指数的设计过程中充分考虑了品种的流动性、连续性、抗操纵性等特点。流动性是指较大规模的投资不至于引起商品指数值的较大变化,从而尽量减少商品指数投资的交易成本。连续性是指商品指数既能反映市场变化,又能保持与历史数据的可比性。抗操纵性原则要求设计指数不易被人为操纵,保证指数数据能够反映客观情况。

本次发布的上期商品指数核心要素包括以下4个方面:

一是品种的选择:选取流动性较好的3个大类、12个期货品种(工业金属类:铜、铝、铅、锌、锡、镍、螺纹钢、热轧卷板;贵金属类:黄金、白银;能化类:天然橡胶、石油沥青)。

二是权重设计:各品种基于过去3年平均月度持仓金额计算权重,并且采用二级架构对权重进行限制保证各板块和品种之间的多样性。板块权重的上限为65%,单品种权重的上限为35%、下限为2%。

三是合约选择及展期安排:提前1年公布指定合约对照表的形式作为指数主力合约滚动的标准。一般情况,合约对照表的主力合约依据过去3年对应月份持仓量最大的合约来确定。指数各品种在每月第10个自然日(含当日,遇法定假日时顺延至假日后的第一个交易日)及之后4个交易日(共5个交易日),按每日20%的比例进行展期(新旧合约切换)。

四是指数计算及调整:指数采用加权算术平均法。2002年1月7日为基期,1 000点为基点,同时计算价格指数、超额收益指数。每年年度权重调整是基于截至当年6月30日的过去3年的数据计算权重相关参数,并在参数公布(7月)后的下一月份(8月)展期窗口完成权重调整。对于新品种上市,需稳定运行3个月后,就可以考虑按照规则将其纳入指数,纳入结果公布后的下一月份展期窗口完成调整。

10.3.1.6 国外商品指数类基金的发展情况

大宗商品和其他的资产类别相关性比较低,能够很好地实现资产配置的多元化,同时,与通货膨胀的相关性比较高,能够很好地规避通货膨胀的风险。根据美国市场经验,美国的商品市场总规模在过去十几年内经历了一个快速发展的过程,从2000年的60亿美元,迅速扩张到2013年的4 000多亿美元。

国际上商品的投资通常是以指数化形式参与,指数化投资公开透明的特点受到广大投资者的认可。在美国,标普—高盛商品和道·琼斯—瑞银商品指数系列的发展最为成熟,跟踪指数的管理资金总规模大约2 000亿美元。因此,以商品指数为重要投资载体的商品指数化投资模式,是未来中国商品期货市场发展的必经之路。但在国内市场,目前商品指数及指数化投资的发展尚处于起步阶段,未来会有很大发展空间。

10.3.1.7 上期所商品指数的风险控制

为了进一步推进商品指数类基金等产品的开发和上市工作,更科学地引入机构投资者参与到国内的商品期货市场,上期所本着"平稳起步、长远发展"的原则,多角度地分析了各类期货品种的市场风险和容量情况,制定了相应的风险评估措施。在市场发展的初期,上期所鼓励市场机构尝试开发市场风险集中度较低的品种,并且从全局的角度把握各基金产品的开发节奏;同时也鼓励各类大中小型基金公司共同参与,增加市场机构的多样性；上期所在产品申请的过程中会优先考虑发展市场容量较大、套保客户占比较高、国际联动性较强的品种。

此外，上期所还规范了商品期货交易型开放式基金产品开发服务工作，实现创新业务有序规范发展，根据《公开募集证券投资基金运作指引1号——商品期货交易型开放式基金指引》制定了"商品期货交易型开放式基金产品开发同意函操作流程"，规范上期所上市品种为投资标的的基金产品开发服务工作。在基金产品上市后，上期所也持续跟踪基金产品的投资运作、市场运行情况并针对基金产品可能给标的商品期货市场带来的影响进行分析监测，加强风险预研、预判、维护市场稳定。

10.3.2 国际原油指数

10.3.2.1 国际原油指数简况

国际原油指数根据世界原油交易产生。世界原油交易形成北美、欧洲、亚洲三大市场，各个市场有价格指标原油，分别是WTI原油、北海布伦特（Brent）原油、中东产迪拜原油。其中品质最好的是WTI原油的期货价格，WTI指美国西得克萨斯轻质原油（West Texas Intermediate Crude Oil, WTI），是北美地区较为通用的一类原油期货价格。

在国际原油期货的定价权方面，世界三大价格基准分别如下：

（1）所有在美国生产或销往美国的原油，在计价时都以轻质低硫的WTI作为基准。该原油期货合约具有良好的流动性及很高的价格透明度，是世界原油市场上的三大基准价格之一。由于美国在全球的军事以及经济能力，WTI原油已经成为全球原油定价的基准。

（2）西北欧、北海、地中海、非洲以及也门等国家和地区，均以布伦特原油为基准，由于这一期货合约满足了石油工业的需求，被认为是"高度灵活的规避风险及进行交易的工具"，也跻身于国际原油价格的三大基准，布伦特原油也是一类被使用得较为频繁的原油价格。

（3）中东各大产油国生产的或从中东销售往亚洲的原油，其作价的基准油是阿联酋的高硫"迪拜"（Dubai）原油。这就是欧佩克（OPEC，石油输出国组织）油价，它往往可以反映亚洲对原油的需求状况。其现货主要在新加坡和东京交易，期货交易量则很小。

10.3.2.2 原油价格指数：WTI原油指数、布伦特指数

1. WTI原油指数

美国西德克萨斯轻质原油，是北美地区较为通用的一类原油。由于美国在全球的军事以及经济能力，WTI原油已经成为全球原油定价的基准。而为统一国内原油定价体系，美国以纽约商品交易所（The New Yourk Mercantile Exchange, NYMEX）上市的WTI原油合约为定价基准。原油连同美元以及粮食是美国影响和控制着全球经济以及金融市场的三大主要手段。

WTI 原油是国际上影响力较大的基准原油，此外还有欧洲的布伦特原油，而决定布伦特原油价格的同样也是在洲际交易所（Intercontinental Exchange, ICE）上市的布伦特原油合约。布伦特原油多数时间内跟随 WTI 原油走势，少数时间出现背离或影响 WTI 油价。除此之外，还有 Dubai 的 Oman 原油、亚洲 Tapis、非洲 Bonny 原油，都是地区性基准原油，但因影响力较小，且多数时间跟随 WTI 和布伦特原油走势，故而较少作为参考。

因为美国这个超级原油买家的实力，加上纽约商品所本身的影响力，以 WTI 为基准油的原油期货交易，就成为全球商品期货品种中成交量的龙头。通常来看，该原油期货合约具有良好的流动性及很高的价格透明度，是世界原油市场上的三大基准价格之一，公众和媒体平时谈到油价突破多少美元时，主要就是指这一价格。

表 10-7　WTI 原油信息表

合约标志	CL
期货场所	纽约商品交易所
交易时间	周日—周五 18:00—次日 17:15（纽约时间）
合约单位	1 000 桶（一标准手）
报价方法	美元/桶
最小变动价位	0.01 美元/桶
交易点差	0.05 美元
保证金	1 000 美元（100 倍杠杆）

此外，美国政府通过多种方式控制 WTI 原油期货合约价格，包括美国能源部（Department of Energy, DOE）、能源信息署（Energy Information Administration, EIA）每周三的定期能源数据，以及商品期货交易委员会（Commodity Futures Trading Commission, CFTC）的每周持仓报告等。而从 2008 年开始，WTI 价格与现货市场出现了多次明显背离，引起了国际原油现货商的不满，并威胁要抛弃 WTI 定价。沙特阿拉伯在 2009 年年底提出要放弃 WTI 定价，改为 OPEC 一揽子油价。然而，就短期来看，WTI 同美元一样，虽然饱受争议，支配地位却依旧不可撼动。

2. 布伦特原油指数

布伦特原油是产于北海的轻质低硫原油，同样是基准品质，被广泛交易，有别于纽约商品交易所轻质低硫原油。布伦特原油日产量约 500 000 桶，产地为舍得兰群岛的 Sullom Voe，主要在北欧加工提炼，也有小部分在美国东海岸以及地中海地区加工，这些生产商大部分仍是以非标准化的现货方式交易。

为了提高布伦特原油和 WTI 原油差价交易有效性、流动性和实现成本控制，NYMEX 将布伦特原油期货交易的公开报价设定在都柏林的交易大厅，其余时间在 NYMEX ACCESS 电子系统平台上交易。公开叫价时间为都柏林时间上午 10 点至下午 7:30，NYMEX ACCESS 系统电子交易时间为都柏林时间下午 8:15 至上午 9:30。

在提高布伦特原油期货合约实用性的同时，交易所推出了自动报价、价格报告以及布伦特原油与 WTI 原油差价的交易平台，对 NYMEX 的布伦特原油以及轻质低硫原油分别进行清算，这是市场的一个重要发展，因为通过该平台可以完成两个不同市场的套利交易，使之逐步成为一个价格透明、竞争交易、操作简单的流动性市场。

布伦特原油期货合约采用现金结算方式，以 ISISLOR、Argus 以及路透在都柏林的公开叫价平台收集的市场数据作为指数。布伦特原油期货交易由交易所专门的清算机构负责清算，确保了资金的安全，其中立性、流动性以及市场透明度成为 NYMEX 的特点。

10.3.2.3 国际原油价格的影响因素

在国际市场上，影响世界原油波动的因素有多种。石油是一种战略资源，近年来受供需、经济状况、石油储备、美元指数，以及地缘政治等因素的影响。

1. 供需因素的影响

从经济学的方面来说，供求对价格起决定性的作用，而且原油是一种国际性的商品，在这些方面供给和需求直接影响了价格的高低。同时，原油是作为一种国际性的商品而存在的，所以在很多的方面都是具有一定特性，并且也有很多因素对原油的供给量产生影响，比如贸易、经济的发展情况、政治等因素。所以随着市场经济的快速发展，供给和需求也会在一定程度上受到影响，随着需求量的增多和减少，价格也会随之波动。如果需求量增加，那么对应的价格就会降低；需求量减少，对应的价格也会上升。

现如今市场经济的快速发展，供给可能会维持短期的需求，且需求变化也不会太大，所以石油价格变动的主要原因是因为宏观经济的增长。随着时间的增长，石油的价格也会越来越贵，一定程度上增加原油的需求量。这些因素会导致石油的价格上升。

2. 经济状况的影响

现如今世界经济的发展非常迅速，每个国家的生产总值不断增加，随之而来的就是石油需求量的增加，可是石油的形成时间是非常长的，短期的供给呈现出刚性的特点。并且，人们的收入在一定程度上也会受到国民收入的影响，会在很多方面产生影响，比如汽车、家用电器等需求方面。同时，随着中国的快速发展，很多方面的商品和服务需求量也随之增加，对能源的需求也会也来越多。因为经济的快速发展，通货膨胀是在所难免的，所需要的原油量也会随之增加，随之而来的就是石油价格的不断增加。

3. 石油储备的影响

要想形成石油，地质条件的影响是非常重要的。未来社会的发展可能会需要更多的石油，所以人们要想更好地规避石油危机就必须要把石油储备作为前提来考虑，因为在发展的过程中石油地供应不足可能会导致石油的价格不断上升。通过研究我们也不难发现，美国原油储备如果不断上升，那么北美西得克萨斯的油价就会不断下调。

4. 美元指数的影响

第二次世界大战之后布雷顿森林体系建立，国际美元与石油均与黄金挂钩，形成了美元对价石油的价格体系。因此，石油价格的高低在很大程度上会受到美元的影响，并且非常紧密地联系在一起。另外，人们的心理预期也对石油价格的影响是非常大的，在较短的时间里价格波动也是比较大的。2007 年，美元贬值，导致了石油价格的增加。同时，因为原油商品在一定程度上具有保值功能，所以当美元贬值波动比较大的时候，随之而来的就是石油价格的不断上升。

5. 地缘政治的影响

在历史上每一次石油价格大幅波动的背后,都能看到政治因素的影子。1973年爆发的第四次中东战争及石油禁运,导致了第一次石油危机。1979年伊朗伊斯兰革命,造成伊朗石油大幅减产。"9·11"之后美国发起了反恐战争,带来了中东地区的动荡和石油供给波动。20世纪70年代至今,国际石油市场呈现出石油输出组织和非石油输出组织,石油生产国、石油消费国及石油公司相互制约的格局。这使得政治经济因素在石油价格波动中扮演了重要角色。

【拓展阅读 10-2】

国际原油价格的历史走势

自1970年以来,国际原油价格波动,大体上经历了五个不同的历史阶段:一是20世纪70年代,两次石油危机驱动油价持续暴涨;二是1983—2003年年初,油价低位徘徊;三是2003—2008年,第三次石油危机;四是2009—2014年,全球经济复苏带动原油走高;五是2014—2017年,全球经济减速,原油价格回跳。

1. 20 世纪 70 年代,两次石油危机驱动油价持续暴涨

1970年,沙特原油官方价格为1.8美元/桶;1974年,爆发了世界范围内的第一次石油危机,导致石油价格快速攀升,原油价格首次突破10美元/桶;1979年,爆发了第二次石油危机,原油价格首次突破20美元/桶;1981年年初,国际原油价格最高达到39美元/桶;随后,国际油价逐波滑落,从此展开了一轮长达20年的油价稳定期(见图10-7)。

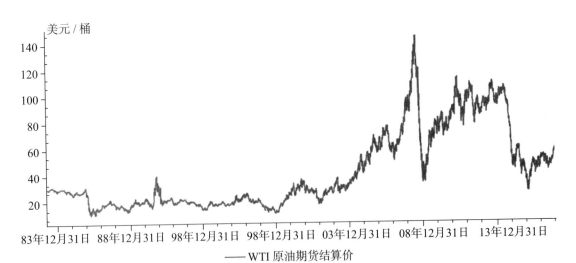

图 10-7 1983 年以来国际原油价格走势

资料来源:Wind 资讯。

2. 1983—2003 年年初，油价低位徘徊

1986 年，国际原油价格曾一度跌落至 10 美元/桶上方；

1986 年初—1999 年年初，国际原油价格基本上稳定在 20 美元/桶之下运行，只是在 1990 年 9、10 月间，油价出现过瞬间暴涨，并首次突破 40 美元/桶，但两个月后很快又滑落至 20 美元/桶之下；

1998 年年底—1999 年年初，国际原油价格曾一度跌至 10 美元/桶以下；

2000 年，国际原油价格短时间内冲至 30 美元/桶上方，但很快又跌落至 20 美元/桶之下。

3. 2003—2008 年，第三次石油危机时期

第一、二次石油危机后，国际原油价格波动经历了长达 20 年的稳定期。20 年后，国际原油价格再次步入一个全新的快速上升通道，第三次石油危机终于爆发：

2004 年 9 月，受伊拉克战争影响，国际原油价格再次突破 40 美元/桶，之后继续上涨，并首次突破 50 美元；

2005 年 8 月，墨西哥遭遇"卡特里"飓风，国际原油价格首次突破 70 美元/桶；

2008 年国际原油价格出现大幅飙升，7 月 14 日纽约商品交易所原油期货价格创出 147.27 美元/桶的历史高点；

2009 年，受金融危机冲击国际油价出现大幅回落，1 月 21 日纽约商品交易所原油期货价格跌至 33.20 美元，为 2004 年 4 月以来新低。

4. 2009—2014 年，全球经济复苏带动原油走高

2011 年国际原油价格震荡整理，先抑后扬。纽约市场原油价格全年累计上涨 8%，收于 98.83 美元/桶。布伦特原油价格全年累计上涨 13%，收于 107.38 美元/桶；

2011 年 4 月 29 日，纽约商品交易所原油期货价格升至 114.83 美元/桶，为近三年来高位；

2013 年两市油价波幅继续收窄，但呈现略微分化走势，纽约油价全年上涨 7%，布伦特油价则小幅下跌 0.3%。

5. 2014 年至今，全球经济减速、原油价格回跳

2014 年下半年开始，油价自高位转头跳水，市场为之大跌眼镜，7-12 月半年的时间，长达 3 年多的高油价盛世灰飞烟灭；

2015 年，油价再度跌回 50—70 美元的区间，10 年前的油价水平再现。

2014—2017 年原油价格回落，主要在于：一是 2014 年 6—9 月，供应充裕、需求疲软，引发多头仓皇逃离、交易商看空情绪不断增强；二是 2014 年 10 月至 2015 年 1 月，沙特及 OPEC 坚持不减产的立场；三是美元强势上扬，"牛市"特征显现（美联储于 2014 年 10 月结束 QE，2015 年欧元区 QE 启动）；四是全球经济减速，中欧均复苏缓慢，美国经济独木难支。

10.3.2.4 国际原油的重要性

原油作为对全球经济影响最大的商品，不仅在全球现货交易中占有相当重要的作用，同时也与世界各国的政治、经济、金融密切相关。除了反映原油自身的供需情况之外，世界原油价格对宏观经济反应灵敏，与债券、股票、外汇市场联系紧密。各类投资者如养老基金、股权财富基金等都积极参与原油市场的交易，将其作为投资组合的重要部分。

石油作为现代工业生产的血液，国际原油与全球经济关系紧密，当全球经济持续繁荣，原油的需求量就会增加，反之就会减少。

国际油价波动对全球经济的影响主要从两个方面看：一方面，从积极面看，国际油价下降首先会降低能源成本，促进制造业复苏与发展，从而有利于全球经济复苏进程。同时，低油价会刺激全球原油市场需求增加，尤其是中国、印度等发展中国家，对于原油的需求和储备增加，有利于经济增长。另一方面，从消极面看，短期内国际油价急剧下降会使全球市场对未来一段时期的经济增长预期和市场需求预期下降，从而不利于经济复苏进程。例如在全球石油期货交易市场，看空原油导致的全球金融市场的预期降低会直接影响全球未来的经济增长预期，而对未来全球经济走势预期变差会引发各国产业界对未来增长信心不足，进而削减投资，减缓经济复苏进程。

目前，国际原油价格连续暴跌的主要原因是市场持续处于严重的供过于求状态，以及有关全球经济增长前景暗淡的预期导致了需求不振。随着经济全球化的迅猛发展，生产国际化进一步加强，各国商品及服务贸易、资本和技术在世界性生产消费和投资领域扩散、实现世界范围内的流动和配置，使世界各国形成日益密切的相互联系和相互依存的关系。关注世界整体经济的运行情况已成为一国发展中不可忽视的重要问题。

10.4 汇率市场指数

国际上因贸易、投资、旅游等经济往来，总不免产生货币收支关系，需要发生本国货币与外国货币的兑换问题，从而出现了外汇市场。一国货币汇率的计价方式，主要分为有效汇率和双边汇率两种。

有效汇率是一种以某个变量为权重计算的加权平均汇率指数，它指报告期一国货币对各个样本国货币的汇率以选定的变量为权数计算出的与基期汇率之比的加权平均汇率之和。双边汇率是指用另一种单一国外货币表示的通货的国际价格，双边汇率指数反映的是两国货币汇率水平变动情况。

本部分中，我们主要选取了两个有效汇率指标，分别是衡量美元走势的美元指数，以及衡量人民币强弱的人民币汇率指数。

10.4.1 美元指数

美元指数与 CRB 指数、道·琼斯指数，被合称为反映美国乃至全球市场风向标的三大指数。其中，美元指数是反映美元在外汇市场上整体强弱的指标。由于在国际市场中，几乎所有的大宗商品都以美元计价，因而，美元的走强或走弱本身就是影响国际商品价格的一个重要源头或因素，从而，商品期货的投资者无不对美元指数关注有加。

本节对美元指数的来历、构成及计算进行了详细介绍，除此之外，还对美元指数的历史走势、影响因素及意义做出了总结。

10.4.1.1 美元指数的产生背景

1944年，经过激烈的争论后，英美两国达成共识，美国于当年5月邀请参加筹建联合国的44国政府代表在美国布雷顿森林举行会议，签订"布雷顿森林协定"，建立了金本位制崩溃后的第二个国际货币体系——布雷顿森林体系。这一体系的核心是"双挂钩"制度，即美元与黄金挂钩、各国货币与美元挂钩，美元处于中心地位，起世界货币的作用，而美国则承担以官价兑换黄金的义务，这实际是一种新的金汇兑本位制。在布雷顿货币体制中，黄金在流通和国际储备方面的作用都有所降低，而美元成为这一体系中的主角。但因为黄金是稳定这一货币体系的最后屏障，所以黄金的价格及流动仍受到较严格的控制，各国禁止居民自由买卖黄金，这导致市场机制难以有效地发挥作用。

布雷顿森林体系是否能顺利运转与美元的信誉和地位密切相关。到20世纪六七十年代，美国深陷越南战争的泥潭，财政赤字巨大，国际收支恶化，美元的信誉受到极大的冲击，爆发了多次美元危机。大量资本出逃，各国纷纷抛售自己手中的美元，抢购黄金，使美国黄金储备急剧减少，伦敦金价暴涨。

20世纪60年代后期，美国进一步扩大了侵越战争，国际收支进一步恶化，美元危机再度爆发。美国再也没有维持黄金官价的能力，经与黄金总库成员协商后，宣布不再按每盎司35美元官价向市场供应黄金，市场金价自由浮动，但各国政府或中央银行仍按官价结算，从此开始了市价和官价并存的黄金双价制阶段。但双价制也仅维持了3年的时间。欧洲国家采取了"请君入瓮"的策略，既然美国拒不提高黄金价格，让美元贬值，它们就以手中的美元兑换美国的储备黄金。

当1971年8月传出法国等西欧国家要以美元大量兑换黄金的消息后，美国于1971年8月15日不得不宣布停止履行对外国政府或中央银行以美元向美国兑换黄金的义务。1971年12月以"史密森协定"为标志，美元对黄金贬值，同时美联储拒绝向国外中央银行出售黄金。至此，美元与黄金挂钩的体制名存实亡。1973年3月因美元贬值，再次引发了欧洲抛售美元、抢购黄金的风潮。西欧和日本外汇市场不得不关闭了17天。经过磋商，最后达成协议，西方国家放弃固定汇率制，实行浮动汇率制。至此，布雷顿森林体系完全崩溃。

布雷顿森林体系崩溃后，浮动汇率制取代了固定汇率制。从此，外汇市场发展成为全球最大而且最活跃的金融市场，也是当今世界上流动性最强的市场。美元是当今所有货币中最强的强势货币，各国的外汇储备中最主要的外汇是美元，在国际市场上，绝大多数商品是以美元标价的。因此，美元的动向和涨跌是所有交易者最关心的事项。这时就需要一个反映美元在外汇市场上整体强弱的指标，即美元指数。

美元指数并非来自芝加哥期货交易所（CBOT）或是芝加哥商品交易所，而是出自纽约棉花交易所（NYCE）。纽约棉花交易所建立于1870年，初期由一群棉花商人及中介商组成，是纽约最古老的商品交易所，也是全球最重要的棉花期货与期权交易所。在1985年，纽约棉花交易所成立了金融部门，正式进军全球金融商品市场，首先推出的便是美元指数期货。1986年，又推出了美元指数期货期权。尽管比外汇期货晚出现13年，但由于迎合了市场需要，获得了成功，并使美元指数成为市场人士十分关注的一个重要经济指标。

10.4.1.2 美元指数的发布机构

美元指数最初由纽约棉花交易所发布。1998 年，纽约棉花交易所和咖啡糖可可交易所（Coffee Sugar and Cocoa Exchange，CSCE）合并成立纽约期货交易所（The New York Board of Trade，NYBOT）。2006 年 9 月，纽约期货交易所并入美国洲际交易所，成为其下属的一个部门。美元指数期货在美国洲际交易所交易。该交易所负责发布美元指数及美指期货价格的实时数据。

美元指数的实时数据（即 ICE 美元指数期货所对应的现货价格）由路透社根据构成美元指数的各成分货币的即时汇率每隔约 15 秒更新一次。计算时使用路透社统计的该货币的最高买入价和卖出价的平均值。计算结果传给美国洲际交易所，再由交易所分发给各数据提供商。

10.4.1.3 美元指数的计算方法

美元指数 (US Dollar Index) 是综合反映美元在国际外汇市场汇率情况的指标，用来衡量美元对一揽子货币的汇率变化程度。它通过计算美元和对选定的一揽子货币的综合变化率来衡量美元的强弱程度，从而间接反映美国的出口竞争能力和进口成本的变动情况。如果美元指数下跌，说明美元对其他的主要货币贬值。

1. 美元指数的货币组成

美元指数期货的计算原则是以全球各主要国家与美国之间的贸易结算量为基础，以加权的方式计算出美元的整体强弱程度，以 100 为强弱分界线。在 1991 年 1 月 1 日欧元推出后，这个期货合约的标的物进行了调整，从 10 个国家减少为 6 个国家，欧元也一跃成为最重要的、权重最大的货币，其所占权重达到了 57.6%，因此，欧元的波动对于美元指数的强弱影响最大。其中，币别指数权重为欧元 57.6%、日元 13.6%、英镑 11.9%、加拿大元 9.1%、瑞典克朗 4.2%、瑞士法郎 3.6%。

2. 美元指数的基期和基数

1973 年 3 月被选作参照点是因为当时是外汇市场转折的历史性时刻。从那时起主要的贸易国容许本国货币自由地与另一国货币进行浮动报价。该协定是在华盛顿的史密斯索尼安学院达成的，象征着自由贸易理论家的胜利。史密斯索尼安协议代替了大约 25 年前的在新汉普郡（New Hampshire）布雷顿森林达成的并不成功的固定汇率体制。

当前的 USDX 水准反映了美元相对于 1973 年基准点的平均值。到目前为止，美元指数曾高涨过 165 个点，也低至过 80 点以下。该变化特性被广泛地在数量和变化率上同期货股票指数做比较。

3. 美元指数的计算方法

美元指数 US Dollar Index 的计算方法为：

$$USDX_t = 50.143 \times (EUR_t)^{-0.576} \times (JPY_t)^{-0.136} \times (GBP_t)^{-0.119} \times (CAD_t)^{-0.091} \times (SEK_t)^{-0.042} \times (CHF_t)^{-0.036},$$

其中，$USDX_t$ 是美元指数在时间 t 的水平，EUR_t 是欧元在时间 t 的即时汇率，同样，其他 5 个按顺序分别是每日元、英镑、加元、瑞典克朗和瑞士法郎在时间 t 的美元即时汇率。注意，这里的报价方式是每单位外币折合若干美元，如果报价方式采用单位美元折合若干外币，则应该将汇率上方幂指数的"–"改成"+"。

17 个（12 个欧元国家加上 5 个以 USDX 标示本国货币的国家）同美国构成主要国际贸易的国家，拥有发展良好的外汇交易市场，市场参与者可以自由决定报价。另外，很多没有包括在 USDX 中的货币，通过与被包括在 USDX 中货币的相互关系来报价。USDX 是每周 7 天，每天 24 小时不间断换算。

USDX 中使用的外币和权重与美国联邦储备局的美元交易加权指数一样。因为 USDX 只是以外汇报价指标为基础，所以它可能由于使用不同的数据来源而有所不同。USDX 是参照 1973 年 3 月 6 种货币对美元汇率变化的几何平均加权值来计算的。USDX 以 100.00 为基准来衡量其价值。105.50 的报价是指从 1973 年 3 月以来，其价值上升了 5.50%。

【拓展阅读 10-3】

美元指数历史走势

1973 年 3 月至今，美元指数经历了 6 次大的波动。在 1980 年 8 月之前，美元指数有 7 年时间处于下跌盘整期，接着迎来了一波 84.08% 幅度的上涨行情，之后美元指数开始了历时 10 年的下跌之路，于 1995 年 5 月才开始反弹，至 2001 年 6 月，美元指数一直振荡上升，之后继续下跌，2014 年 7 月后重新开始上升期。

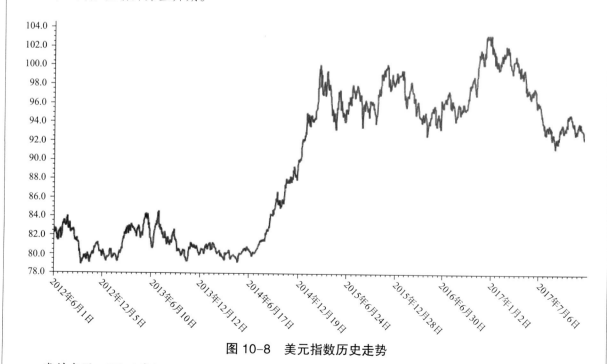

图 10-8　美元指数历史走势

资料来源：Wind 资讯。

1. 20 世纪 70 年代经济滞胀所引发的美元持续走贬时期

1973 年 3 月至 1980 年 7 月，美元指数下跌 15.36%。1973 年 3 月至 1980 年 7 月，美元指数经历了 7 年 4 个月的下跌盘整期。下跌盘整的主要原因是，20 世纪 70 年代，西欧、日本经济发展，美国在 1971 年近 100 年来第一次出现贸易赤字，金额达到 13.02 亿美元，商品的大量涌入使得美国的贸易逆差扩大，黄金储备日益减少，美国再也无法按固定价格兑换黄金，再加上 1973 年爆发的石油危机，不得不宣布美元贬值，布雷顿森林体系正式崩溃，世界处于实际滞胀阶段。

2. 20 世纪 80 年代上半叶，利率飙升带动美元大幅上涨时期

1980 年 8 月至 1985 年 2 月，美元指数上涨 84.08%。从 1979 年 8 月起，美国联邦基金将基准利率调高至 11%，之后陆续提高，到 1981 年 7 月达到 22.36%。高利率吸引了大量外资进入美国，与此同时，里根总统实行减税政策，紧缩的货币政策和积极的财政政策促使美国经济强劲增长。受到美元升值的吸引，大量资金流出拉美国家，导致拉美债务危机产生。

3. 20 世纪 80 年代下半叶，"双赤字"拖累美元大幅贬值时期

1985 年 3 月至 1995 年 4 月，美元指数下跌 48.43%。1985 年 3 月至 1987 年 11 月，巨额的"双赤字"导致美日德法英五国签署"广场协议"，要求日元和欧系货币要相对于美元升值，美联储的抛售加剧了美元进一步的贬值。日元的升值加上日本政府宽松的货币政策，导致大量的热钱涌进股市和房市，资产泡沫非常严重，日本政府认识到问题的严重性后于 1989 年实行紧缩政策，泡沫破灭，市场崩盘，日本经济走向长期衰落之路。而欧盟由于汇率联动机制漏洞，索罗斯等人做空当时弱势的英镑，直接导致英镑退出欧洲货币体系。

1987 年 12 月至 1995 年 4 月，美元指数经历了 7 年 4 个月的盘整，指数波动区间为 78.33—105.61。美联储在这个阶段实行了两次加息政策，美元指数弱势振荡。

4. 20 世纪 90 年代克林顿任内美元走强时期

1995 年 5 月至 2001 年 6 月，美元指数上涨 43.86%。在这次上涨行情中，美国经常账户赤字仍旧增加，财政赤字在克林顿时期得到有效改善。美国互联网经济出现泡沫，股市出现大行情，6 次加息动作，无一不吸引全球资金的流入。在这个阶段，随着美国进入加息周期，大部分国家也跟随实行加息政策，美国全球影响力越来越大，而大量资金的逃离引发了亚洲金融危机。

5. 2001 年互联网泡沫破灭后的弱势美元时期

2001 年 7 月至 2014 年 7 月，美元指数下跌 32.00%。2001 年 7 月至 2004 年 12 月，互联网泡沫破灭后，美国实行减息政策。"9·11"事件发生后，13 次减息政策使得联邦基金利率达到近半个世纪以来的最低水平，由于资金成本过于低廉，房市信贷规模急剧扩张。

而在 2005 年 1 月至 2014 年 7 月，美国开展加息周期，虽然这个举措缓解了美元指数进一步的下跌，但是导致了房市资产泡沫破灭，次贷危机爆发，为全球经济带来了一场范围更广泛的金融危机。2008—2009 年，美国启动 QE 量化宽松政策引发大宗商品价格暴涨。

6. 2011 年后美国经济复苏的强势美元时期

2011 年 8 月至今，美元指数上涨 34.24%。这一轮的上涨主要是美国经济向好、贸易赤字收窄和加息预期的作用。实际上，美国实施量化宽松多年，长期宽松的货币政策并不利于经济的健康发展，反而滋生过多的资产泡沫。为了抑制金融泡沫，让实体经济更快复苏，美联储抓住此次机会将美国带入加息周期，推动美元指数走强。

10.4.1.4 美元指数的影响因素

作为国际主要货币，美元的汇率走势对全球经济具有重要影响，而美元指数则是反映美元强弱程度的重要指标。本小节概括了影响美元指数的 6 个主要因素，即美国联邦基金利率、经济增长状况、财政赤字、通货膨胀、欧元汇率及避险需求。

1. 美国联邦基金利率

在一般情况下，美国利率下跌，美元的走势就疲软；美国利率上升，美元走势偏好。从美国国库券（特别是长期国库券）的价格变化动向，可以探寻出美国利率的动向，因而可以对预测美元走势有所帮助。如果投资者认为美国通货膨胀受到控制，那么在现有国库利息收益的吸引下，尤其是短期国库券，便会受到投资者青睐，债券价格上扬。反之，如果投资者认为通货膨胀将会加剧或恶化，那么利率就可能上升以抑制通货膨胀，债券的价格便会下跌。

2. 经济增长状况

经济增长良好的话，能吸引国际资金流入美国，并且获得不错的投资收益，金融市场对美元的需求就会增强，促使美元相对于其他货币升值，美元指数得以上升。数据分析显示，当美国 GDP 增长良好的时候，表明经济状况很好，此时的美元指数都是上涨。

第一次经济繁荣发生在 1983—1985 年，当时里根政府奉行供给学派的经济理念，其间美国 GDP 年均增长率为 5.37%，这段时间是美元指数的上涨期。第二次繁荣发生在 1991—1999 年，当时互联网经济正繁荣发展，美国经济持续增长 120 多个月，GDP 年均增速为 3.84%，而 CPI 同比均值仅为 2.81%，在这段时间里，美元二次走强。

3. 财政赤字

美国财政赤字是从 2008 年开始大幅攀升的，主要是受到次贷危机的影响。但 2010 年后财政赤字很快就下降了。美元指数上涨阶段，通常财政赤字都很小。通常而言，财政赤字通过三条线来影响美元指数。第一，财政赤字往往会导致通货膨胀，由于货币发行泛滥，美元供给增加，导致商品价格水平提高，相对于其他货币，美元贬值。第二，财政赤字易导致经常项目赤字。在国内供给无法满足需求的情况下，势必增加对外国商品与劳务的购买，这将扩大经常项目赤字。第三，政府要想减少财政赤字，会借助增加税收、借债和发行货币等方式，可是这些方式都会使美元指数下降：加税会增加投资成本，限制了国际资本的流入；借债轻则财政赤字缺口加大，重则产生财务危机；发行货币的结果则往往是通货膨胀。

4. 通货膨胀

在其他情况不变的前提下，通货膨胀相当于本币供给增加，单位货币所包含的价值量就会相对减少，本币需求减少，外币需求增加，于是本币就相对于外币贬值了。也就是说，不管美国实行宽松的货币政策还是积极的财政政策，只要美元相对于 6 种货币尤其是对占有 57.6% 权重的欧元而言，发生通货膨胀了，美元指数应该会有所下降，反之亦然。

当美欧之间的 CPI 差相对上升时，美元指数相对下降；当美欧之间的 CPI 差相对下降时，美元指数相对上升。如果只跟自身比较的话，也可以看出，美国 CPI 走强的同时美元指数走弱，而 CPI 走弱的同时美元指数走强。可以看出，"通货膨胀上升 – 货币对内贬值 – 货币对外贬值"这一链条在理论与实证两方面相互印证。

5. 欧元汇率

美元指数根本上来讲还是一系列汇率的一个加权指数，所以最终还是反映到美国与其他主要贸易货币兑换的强弱上。在美元指数构成的一揽子货币上，欧元是权重最重的一个货币。欧元走势自然也成为美元指数的重要影响因素。

6. 避险需求

1980—1985 年美元指数走强，美联储大幅提高基准利率来对抗石油危机造成的通胀，高利率促使美元快速升值，但却引来了拉美危机，而拉美危机的发生又引起人们的恐慌情绪，将美元作为避险资产，使美元得以进一步升值。在美元指数于 1995 年 5 月至 2001 年 6 月的上涨行情中，发生了亚洲金融危机和欧洲的科索沃战争，同样促使国际资金回流美国，直至互联网泡沫破灭后才逃离。

在 2008 年席卷全球的次贷危机和 2009 年的欧债危机发生时，美元同样作为避险资产持有，在这两段时间美元指数有小幅上升。从拉美危机、亚洲金融危机、科索沃战争、全球次贷危机到欧债危机，美元总是作为全球优质的避险品种来持有，这一特点是由美国的经济政治地位所决定的，这也导致了每当发生局部危机的时候，美元指数总会有所上涨。

10.4.1.5 美元指数的意义

作为指数产品，美元指数能够比其他外汇产品更有效地反映趋势。通过计算美元与选定的一揽子货币的综合变化率可以综合反映美元在国际外汇市场的变动情况。这是因为尽管某一国家的巨大变化能够影响某个币种，但是对于美元指数的影响就没有那么大，指数的均化计算方法使得只有广泛的价格变化才会影响指数。

同时，美元作为国际结算货币，美元的走势会对国际贸易产生巨大影响。在美元指数期货推出前，人们无法准确判断美元整体趋势并以此进行交易，美元指数期货的出现使需要进行汇率风险避险的跨国公司可以通过购买美元指数期货来对冲汇率风险，机构投资者也可以通过美元指数期货进行交易投资。美元指数的出现，使得投资者可以低成本有效地防范汇率风险。

此外，美元指数实质上已经成为国际资本流动和全球经济走势的风向标。作为世界本位货币，国际贸易、大宗商品期货（如原油、铁矿石等）大多以美元计价。在世界主要资本市场上，美元的走弱还是走强都会产生举足轻重的影响。如美元指数走高的情况下，黄金期货的价格就会降低，而当美元指数下滑的时候，黄金期货的价格就会上扬。

10.4.2 人民币汇率指数

10.4.2.1 人民币汇率指数介绍

2015 年 12 月 11 日，中国外汇交易中心在中国货币网正式发布 CFETS 人民币汇率指数，对推动社会观察人民币汇率视角的转变具有重要意义。CFETS 人民币汇率指数参考 CFETS 货币篮子，具体包括中国外汇交易中心挂牌的各人民币对外汇交易币种，主要包括美元、日元、欧元等 13 种样本货币，样本货币权重采用考虑转口贸易因素的贸易权重法计算而得。样本货币取价是当日人民币外汇汇率中间价和交易参考价，指数基期是 2014 年 12 月 31 日，基期指数是 100 点，指数计算方法是几何平均法。

10.4.2.2 人民币汇率指数推出的意义

中国外汇交易中心定期公布 CFETS 人民币汇率指数，对推动社会观察人民币汇率视角的转变具有重要意义，有助于引导市场改变过去主要关注人民币对美元双边汇率的习惯，逐渐把参考一篮子货币计算的有效汇率作为人民币汇率水平的主要参照系，有利于保持人民币汇率在合理均衡水平上的基本稳定。

10.4.2.3 人民币汇率指数的发展历程

中国外汇交易中心于 2015 年 12 月 11 日正式发布 CFETS 人民币汇率指数。该指数是中国人民银行第一个承认的带有准官方性质的人民币有效汇率指数。CFETS 人民币汇率运行至今已经超过两年，期间又经历人民币汇率的跌宕起伏，有必要结合国际金融形势对其与人民币对美元双边汇率一起进行梳理，以切实、全面地理解人民币汇率的运行情况。

1. 2016 年人民币参考有效汇率调节得到快速强化

2016 年，人民币对美元双边汇率逐渐贬值，市场化波动进一步加剧。2016 年 12 月 30 日，人民币对美元汇率中间价为 6.9370 元 / 美元，较 2015 年年末贬值 6.39%。其中，1—4 月，人民币对美元汇率基本稳定在 6.5 元 / 美元左右，总体还略有升值；5—6 月跟随主要货币对美元走低，贬值约 2.6%；第三季度重新维稳；第四季度随着美元指数走升进行了又一轮贬值，贬幅约 3.7%，贬值速度（年化 14.1%）创 1994 年以来新高。反观 CFETS 人民币汇率指数，从 2015 年年末的 100.93 到 2016 年年底的 94.83，2016 年整体贬值 6.05%，贬值幅度略小于人民币对美元双边汇率，但贬值路径与双边汇率大相径庭：上半年 CFETS 人民币汇率指数平稳有序贬值，累计贬值 5.86%；下半年则基本保持稳定，后两个月在对美元汇率快速贬值时还略有回升。

从整体稳定性来看，2016 年人民币汇率参考一篮子货币（有效汇率）的调节得到快速强化，人民币对美元双边汇率的波动性越来越大，有效汇率的稳定性越来越高。这与中国人民银行公布人民币汇率形成机制改革的步骤相一致：2015 年 12 月 11 日，中国外汇交易中心公布了 CFETS 人民币汇率指数，强调加大参考一篮子货币的力度，从而保持人民币对一篮子货币的汇率基本稳定；2016 年 2 月，中国人民银行进一步明确了人民币对美元中间价，初步形成了"前一天收盘汇率 + 一篮子货币汇率变化"的人民币对美元汇率中间价形成机制。为保持人民币对一篮子货币汇率稳定，人民币对美元汇率走势受到美元指数变动的影响较大：当美元指数走强时，人民币对美元中间价趋于贬值；当美元指数走弱时，人民币对美元中间价维持平稳。人民币对美元走势表现出趋势性的贬值过程（见图 10-9）。

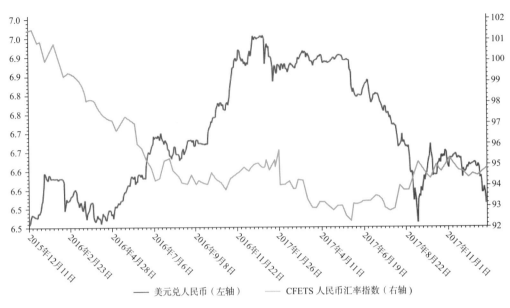

图 10-9　人民币兑美元汇率走势

资料来源：Wind 资讯。

2. 增强参考一篮子货币调节有助于汇改的预期引导

从 2005 年汇改起至今，人民币汇率形成机制改革始终在坚定不移地往前推进，汇率自由浮动仍然是最终方向。但在资本项目尚未完全实现可兑换、宏观审慎管理机制仍在健全、外汇市场定价机制仍需完善、金融机构市场化程度尚需进一步提高、微观机构汇率承受力仍有待进一步增强的情况下，人民币继续实行有管理的浮动汇率制度仍是目前的最优选择，操之过急难免出现俄罗斯、韩国等国汇改历史上曾经出现的"折返"情况。在有管理浮动的大框架下，不断调整人民币汇率的"锚"从美元向有效汇率（一篮子货币）过渡，是汇率反映对外经济结构变化的内在要求，也是货币当局不断提高人民币汇率市场化程度、培育市场主体承受力的主动尝试。

从中国人民银行推进人民币汇率形成机制改革的步骤看，人民币参考一篮子货币调节（保持人民币有效汇率更稳定）的程度越来越明显。2005 年 7 月 21 日，中国人民银行正式宣布开始实行以市场供求为基础、参考一篮子货币进行调节、有管理的浮动汇率制度，但当时人民币对美元汇率波幅只有 0.3%，在国际货币汇率大幅波动下，限制了维持篮子货币稳定的能力。2007 年 5 月 21 日，银行间市场人民币对美元汇率的日波幅从 ±0.3% 扩大到 ±0.5%，这是自 1994 年以来对人民币对美元汇价波幅的首次调整。BIS 计算的名义有效汇率[①]日均波幅由之前的 0.169% 下降到之后（截至 2008 年 6 月末人民币对美元重新保持稳定）的 0.167%。2012 年 4 月 16 日，银行间市场人民币对美元汇率的日波幅从 ±0.5% 扩大到 ±1%，汇率波幅限制基本上不再是人民币汇率路径的硬约束，BIS 计算的有效汇率日均波幅由 2010 年 7 月（重启汇改）至 2012 年 4 月的 0.220% 下

---

① CFETS人民币汇率指数最早始于2014年12月31日，为比较该段时间人民币有效汇率波幅变化，此处使用BIS公布的广义人民币名义有效汇率指数日度数据。

降到 2012 年 4 月至 2015 年年末的 0.183%。2016 年，中国人民银行进一步明确了人民币对美元中间价，初步形成了"前一天收盘汇率＋一篮子货币汇率变化"的人民币对美元汇率中间价形成机制。中国外汇交易中心计算的有效汇率日均波幅由 2015 年的 0.231%下降到 2016 年的 0.112%。

表 10-8　CFETS 人民币汇率指数货币篮子及权重调整

单位：%

货币	代码	旧权重	新权重	权重变化
美元	USD	26.40	22.4	-4.00
欧元	EUR	21.39	16.34	-5.05
日元	JPY	14.68	11.53	-3.15
港币	HKD	6.55	4.28	2.27
英镑	GBP	3.86	3.16	-0.70
澳元	AUD	6.27	4.40	1.87
新西兰元	NZD	0.65	0.44	-0.21
新加坡元	SCD	3.82	3.21	-0.61
瑞士法郎	CHF	1.51	1.71	0.20
加拿大元	CAD	2.53	2.15	-0.38
马来西亚林吉特	MYH	4.67	3.75	-0.92
俄罗斯卢布	RLB	4.36	2.63	-1.73
泰铢	THB	3.33	2.91	-0.42
南非兰特	ZAR		1.78	1.78
韩元	KHW		10.77	10.77
阿联酋迪拜姆	AED		1.87	1.87
沙特里亚尔	SAR		1.99	1.99
匈牙利福林	HJF		0.31	0.31
波兰兹罗提	PLN		0.66	0.66
丹麦克朗	DKK		0.40	0.40
瑞典克朗	SEK		0.52	0.52
挪威克朗	NOK		0.27	0.27
土耳其里拉	TRY		0.83	0.83
墨西哥比索	MXN		1.69	1.69

资料来源：中国外汇交易中心。

2016 年年初，中国人民银行研究局首席经济学家马骏就人民币汇率形成机制问题接受了《人民日报》、新华社和《金融时报》的采访，他明确表示：加大参考一篮子货币的力度，即保持一篮子汇率的基本稳定，是在可预见的未来人民币汇率形成机制的主基调；实施这种形成机制的结果，就是人民币对一篮子货币汇率的稳定性将增强，而人民币对美元的双向波动将会加大；建立一个比较透明的、有市场公信力的一篮子汇率机制，有助于稳定市场预期，让更多的市场参与者顺应一篮子货币的目标进行交易，从而有效地减少央行干预的频率和规模。时隔一年，经过实践检验，市场已经充分理解了参考一篮子货币的汇率形成机制，在美元指数走弱的有些交易日，人民币对美元市场汇率会主动回升，引导次日中间价回稳，与中间价形成良性互动。在经过"8·11"汇率大幅波动后，人民币汇率预期重新趋于稳定，做空人民币的压力有所下降。

3. 2017年货币篮子扩大将进一步促使人民币与美元脱钩

2016年12月29日，中国外汇交易中心公布了CFETS人民币汇率指数货币篮子的调整规则，自2017年1月1日起，CFETS货币篮子新增南非兰特、韩元、阿联酋迪拉姆、沙特里亚尔、匈牙利福林、波兰兹罗提、丹麦克朗、瑞典克朗、挪威克朗、土耳其里拉、墨西哥比索11种于2016年挂牌实现与人民币进行直接交易的币种，篮子货币达到24种，新增11个货币权重合计21.1%，原13种货币权重被稀释到78.9%，美元在CFETS篮子的权重由原有的26.4%缩小为22.4%。在参考一篮子货币的人民币汇率形成机制下，市场化程度进一步提高，人民币兑美元的双边汇率既受一篮子货币汇率的影响，也受美元汇率本身变动的影响。CFETS人民币汇率指数货币篮子的扩大，美元权重的调低，将进一步促使人民币与美元脱钩。

2015年下半年以来，人民币汇率较大幅度的贬值，已经释放了部分由于过去过度升值带来的贬值压力。2016年第四季度以来国内经济增长逐步回稳，同时房地产、债市高杠杆带来的潜在风险加大；国际上主要经济体走势更趋分化，国际金融市场风险隐患增多。这些变化可能促使2017年中国宏观经济政策的重点从偏重稳增长转向侧重控风险、调结构，稳健偏宽松的货币政策将更趋稳健中性，甚至在一定程度上会收紧，这将进一步减轻人民币贬值的压力。在人民币更加参考一篮子货币调节而有效汇率保持稳定的情况下，人民币兑美元汇率走势将主要取决于主要贸易伙伴货币对美元汇率的走势。在美国加息、美元震荡升值的背景下，要保持人民币对一篮子货币汇率的相对稳定，人民币兑美元也将震荡趋贬，但贬值幅度会明显小于2016年。如果特朗普新政府上台刺激经济措施力度小于预期，美元触顶回落，人民币兑美元汇率也可能跟随其他主要贸易伙伴货币一起出现阶段性回升。

本章小结

1. 金融市场的四类主要指数：股票市场指数、债券市场指数、商品及原油指数、外汇市场指数。

2. 沪深300指数是由沪深A股中规模大、流动性好的最具代表性的300支股票组成，于2005年4月8日正式发布，以综合反映沪深A股市场整体表现。

3. 沪深300指数的计算公式：报告期指数 = 报告期成分股的调整市值/基日成分股的调整市值×1000，其中调整市值 = $\sum$（市价×调整股本数）。

4. 标普500指数，英文简写为S&P 500 Index，是记录美国500家上市公司的股票指数。由标准普尔公司创建并维护。与道·琼斯指数相比，标普 500 指数包含的公司更多，因此风险更为分散，能够反映更广泛的市场变化。

5. 标普 500 指数的编写规则：标准普尔公司股票价格指数以 1941—1943 年抽样股票的平均市价为基期，以上市股票数为权数，按基期进行加权计算，其基点数为 10。以目前的股票市场价格乘以股票市场上发行的股票数量为分子，用基期的股票市场价格乘以基期股票数为分母，相除之数再乘以 10 就是股票价格指数。

6. 中债总指数族的编制目的是反映债券全市场或某一类债券的整体价格走势情况，一般是以债券的待偿期、发行人类型、流通场所类型、债券付息方式及信用评级等单一或多个要素下的债券为样本空间。

7. 上海期货交易所商品期货价格指数系列（以下简称上期商品指数系列）由综合指数、板块指数、单商品指数三大类共同组成，每个大类包括期货价格指数和超额收益指数，共 30 条指数组成。

8. 国际原油指数根据世界原油交易产生。世界原油交易形成北美、欧洲、亚洲三大市场，各个市场有价格指标原油，分别是 WTI 原油、北海布伦特原油、中东产迪拜原油。其中品质最好的是 WTI 原油的期货价格，WTI 指美国西得克萨斯轻质原油，是北美地区较为通用的一类原油期货价格。

9. 美国西德克萨斯轻质原油（West Texas Intermediate Crude Oil，WTI），是北美地区较为通用的一类原油。由于美国在全球的军事以及经济能力，WTI 原油已经成为全球原油定价的基准。

10. 国际市场上，影响世界原油波动的因素有多种。石油是一种战略资源，近年来受供需、经济状况、石油储备、美元，以及地缘政治等因素的影响。

11. 1970 年以来，国际原油价格波动，大体上经历了五个不同的历史阶段：一是 20 世纪 70 年代，两次石油危机驱动油价持续暴涨；二是 1983—2003 年年初，油价低位徘徊；三是 2003—2008 年，第三次石油危机时期；四是 2009—2014 年，全球经济复苏带动原油走高；五是 2014 年至今，全球经济减速、原油价格回跳。

12. 美元指数与 CRB 指数、道·琼斯指数，被合称为反映美国乃至全球市场风向标的三大指数。其中，美元指数是反映美元在外汇市场上整体强弱的指标。

13. 美元指数是综合反映美元在国际外汇市场汇率情况的指标，用来衡量美元对一揽子货币的汇率变化程度。它通过计算美元和对选定的一揽子货币的综合变化率来衡量美元的强弱程度，从而间接反映美国的出口竞争能力和进口成本的变动情况。如果美元指数下跌，说明美元对其他的主要货币贬值。

14. 影响美元指数的 6 个主要因素：美国联邦基金利率、经济增长状况、财政赤字、通货膨胀、欧元汇率及避险需求。

15. CFETS 人民币汇率指数参考 CFETS 货币篮子，具体包括中国外汇交易中心挂牌的各人民币对外汇交易币种，主要包括美元、日元、欧元等 13 种样本货币，样本货币权重采用考虑转口贸易因素的贸易权重法计算而得。

■ 本章重要术语

沪深 300 指数　标普 500 指数　中央结算公司　中债指数　被动型基金　上期所商品指数　WTI 原油指数　布伦特指数　居民消费价格指数　工业品出厂价格指数　大宗商品　石油输出国组织　布雷

顿森林体系　第一次石油危机　第二次石油危机　美元指数　固定汇率制　芝加哥期货交易所　美国联邦基金利率　中国外汇交易中心　人民币汇率指数　双边汇率　有效汇率

思考练习题

1. 简要介绍沪深 300 指数的编写规则。
2. 简要分析标准普尔 500 指数的影响因素。
3. 试析中债指数的基本应用。
4. 简要介绍国际原油指数的历史走势及影响因素。
5. 谈谈你对国际原油重要性的看法。
6. 简要划分美元指数的历史走势。
7. 试析 2017 年人民币兑美元汇率走势。

参考文献及进一步阅读建议

［1］郭福春、姚星垣：《经济金融指标解读》，科学出版社，2008。

［2］刘健："美元指数与人民币汇率走势"，《清华金融评论》，2017 年第 3 期。

［3］伍楠林："基于 CVaR 的标普 500 指数期货风险预警研究"，《国际贸易问题》，2013 年第 9 期。

［4］肖大强、杨荣华、郭倩："美元指数影响因素研究"，《时代金融》，2016 年第 3 期。

［5］Bodnar, G. M., R. C. Marston, and G. Hayt, 1998 Survey of Financial Risk Management by U. S. Non-Financial Firms, Survey Reportod by Weiss Center for International Financial Research of the Wharton School and CIBC World Markets, 1999.

［6］Huang, Y., and F. Guo, "The Robe of Oil Price Shocks on China's Real Exchange Rate", *China Economic Review*, 2007, 18(4).

［7］Rautava, J., "The Role of Oil Prices and the Real Exchange Ratein Russia's Economy—A Cointegration Approach", *Journal of Comparative Economics*, 2004, 32(2).

相关网络链接

中国外汇交易中心：http://www.chinamoney.com.cn/
上海交易所：http://www.sse.com.cn/
深圳交易所：http://www.szse.cn/
中国金融期货交易所：http://www.cffex.com.cn/
中证指数有限公司：http://www.csindex.com.cn/
上海期货交易所：http://www.shfe.com.cn/
大连商品交易所：http://www.dce.com.cn
郑州商品交易所：http://www.czce.com.cn
标普 500 指数：http://ww w.standardandpoors.com

金融市场从业人员
能力建设丛书

现代金融市场
理论与实务
（下册）

MODERN FINANCIAL MARKETS
Theory and Practice

中国银行间市场交易商协会
教材编写组 / 编

北京大学出版社
PEKING UNIVERSITY PRESS

目录 contents

>>>>>> 下 册 <<<<<<

第 11 章　中央银行和货币政策 ·········· 357

开篇导读 ·········· 358
11.1　中央银行的发展和基本职能 ·········· 358
11.2　中央银行的资产业务和负债业务 ·········· 364
11.3　货币政策目标 ·········· 375
11.4　货币政策工具 ·········· 382
11.5　全球金融危机后货币政策发展的新趋势 ·········· 394

第 12 章　金融市场基础设施 ·········· 402

开篇导读 ·········· 402
12.1　金融市场基础设施概述 ·········· 403
12.2　银行间市场基础设施 ·········· 413
12.3　自律管理组织 ·········· 430

第 13 章　金融中介机构 ·········· 440

开篇导读 ·········· 440
13.1　商业银行 ·········· 441
13.2　证券公司 ·········· 459
13.3　保险类机构 ·········· 470
13.4　证券投资基金 ·········· 492
13.5　信托公司 ·········· 501
13.6　其他金融机构 ·········· 513

第 14 章　金融市场中介服务机构 ·········· 529

开篇导读 ·········· 529
14.1　评级公司 ·········· 530

14.2 担保公司 ... 543
14.3 会计师事务所 ... 555
14.4 律师事务所 ... 562

第15章 金融监管 ... **569**

开篇导读 ... 569
15.1 国际金融监管治理框架 ... 571
15.2 我国金融监管现状与发展 ... 591
15.3 国内金融监管发展趋势 ... 611

第16章 风险管理 ... **625**

开篇导读 ... 625
16.1 金融风险管理概述 ... 626
16.2 市场风险管理 ... 639
16.3 信用风险管理 ... 650
16.4 操作风险管理 ... 665
16.5 我国金融风险及其管理现状 ... 672
附录16-1 流动性风险管理 ... 684
附录16-2 金融风险计量模型 ... 690

部分思考练习题答案 ... **698**

第 11 章
中央银行和货币政策*

李萌（京东金融研究院）

> **学习目标**
>
> 通过本章学习，读者应做到：
> ◎ 了解中央银行产生的历史必然性
> ◎ 了解中央银行发展的不同阶段及特征
> ◎ 掌握现代中央银行的作用和职能
> ◎ 掌握简化的中央银行资产负债表
> ◎ 熟悉中央银行各项主要资产/负债业务
> ◎ 理解中央银行资产业务和负债业务间的关系
> ◎ 掌握中国人民银行资产负债表的主要项目
> ◎ 分析中国人民银行资产/负债结构变化的原因
> ◎ 理解由最终目标和中介目标构成的货币政策目标体系
> ◎ 掌握一般性货币政策工具定义、作用及在中国的发展现状
> ◎ 了解一般性货币政工具作用的原理，掌握相关案例
> ◎ 了解选择性货币政策工具和补充性货币政策工具
> ◎ 了解金融危机后货币政策发展的新趋势

---

* 本章由孟宪康、杨金舟（中国工商银行）审校。

开篇导读

2011年在美国上映的电影《大而不倒》，讲述了2008年全球金融危机不断升级之际，美国政府救市的紧张决策过程及采取的系列行动。其中，对美国国际集团（American International Group，AIG）的救助过程令人印象深刻。

爆发于2007年的美国次贷危机，引发了一系列连锁反应，全球金融资产价格应声大跌，进而引发了全球性的金融危机。AIG作为一家国际性的金融服务机构，其经营也受到金融危机的严重牵连。AIG在全球2000大跨国企业名单中排名前20位。然而，自美国次贷危机爆发以来，AIG连续三个季度出现净亏损，股价在2008年大幅缩水，美国三大信用评级机构一致下调了其信用评级。在AIG无法取得其他金融机构资金支持、命悬一线之时，美国联邦储备系统（The Federal Reserve System，以下简称"美联储"）对其伸出援手。2008年9月16日，美联储向AIG提供了850亿美元的两年期贷款，成功助其度过危机。

在美国，美联储负责履行中央银行的职责。上述的救助过程中，美联储发挥了中央银行"最后贷款人（银行的银行）"的职能。除此之外，中央银行还具有"发行的银行"和"国家的银行"两个重要职能，这些都将作为本章重点讲述的内容在后文呈现。

中央银行是由政府组建的特殊金融机构，在一国的金融体系中处于核心、主导位置，具有最高货币金融管理权，在实现总体经济目标、制定与执行货币政策和维护金融体系稳定运行的各方面中发挥着重要的宏观调控作用。本章对中央银行和货币政策进行了系统性介绍。通过本章学习，我们可以了解和掌握中央银行的起源、发展过程，中央银行的三大基本职能，中央银行的资产负债表构成，不同国家和地区中央银行资产负债表间的差异，货币政策目标体系，货币政策工具的选择，以及金融危机后货币政策发展的新趋势。

11.1 中央银行的发展和基本职能

中央银行是由政府组建的特殊金融机构，在一国的金融体系中处于核心、主导位置，具有最高货币金融管理权，在实现总体经济目标、制定与执行货币政策和维护金融体系稳定运行的各方面中发挥着重要的宏观调控作用。

了解中央银行，需要从其产生和发展的历史背景与过程、地位、职能、发挥作用的方式等方面入手。

11.1.1 中央银行的产生

总体来看，商品经济高度发达为中央银行的产生提供了经济基础，资本主义银行制度的演进则对中央银行的产生提出了客观要求。

11.1.1.1 中央银行产生的历史、经济背景

17世纪，西欧国家生产力的快速发展促使商品经济达到前所未有的高度，也为资本主义的确立和西方工业革命奠定了坚实的基础。伴随着商品经济的不断成熟，西欧国家的银行业也逐渐地发展、壮大。17—18世纪，资本主义在欧洲得到了确立。特别是18世纪初，资本主义工业革命的爆发促进了西方国家社会生产力和商品经济的迅速发展。与此同时，商业银行的设立出现了一个高潮，其业务也实现了质的飞跃，即从简单的货币兑换和融资发展成为具有银行券发行、股票发行代理/股息支付/股票转让、商业票据的办理、转账办理等现代银行性质功能的金融机构。

一方面，生产力的提升、商品经济的发展及资产阶级政府开辟市场的需求，促进了信用关系的扩张，客观上需要建立相应的信用制度，将商业信用转化为银行信用，促进了银行业的发展；另一方面，商业银行的普遍设立和功能的不断演进又极大地促进了商品经济的发展、巩固了资本主义的确立。两者之间相互促进、相互强化的正反馈关系，扩大了信用的广度和深度，促进了信用与经济的融合，构成了中央银行产生的历史和经济背景。

11.1.1.2 中央银行产生的客观要求和必然性

银行业的快速发展在促进商品经济走向繁荣的同时，新的矛盾也不断显现。这些矛盾的根本在于信用制度的不完善和银行体系的脆弱性。为了避免系统性风险的发生，使银行业更好地服务于商品经济，建立稳定有效的信用制度和银行体系尤为迫切，中央银行制度呼之欲出。

17世纪中后期后，银行机构不断涌现，并呈现出联合和垄断的趋势，普遍化和集中化的银行信用和经济关系促使中央银行从商业银行中独立出来。具体来看，建立中央银行的必要性体现在以下几个方面：统一发行银行券的需要，统一票据交换和清算的需要，充当最后贷款人的需要，满足政府融资需求的需要及对金融业实际监督与管理的需要。

1. 统一发行银行券的需要

在银行业发展的初期，银行券的发行呈分散状态，几乎所有的银行都有发行银行券的权利。由于薄弱的信用和局限的活动领域，随着商品和货币信用的扩大及银行数量的激增，分散发行银行券的弊端暴露无遗，主要体现在：第一，发行银行券的众多银行良莠不齐，大量的小银行实力薄弱，常常导致银行券无法兑现，从而削弱了货币流通的稳定性；第二，银行与银行、银行与企业间的债权债务关系错综复杂，一旦一家银行出现兑现困难，极易形成系统性的风险，造成金融秩序的混乱；第三，由于发行银行地域的限制，一行发行的银行券流通范围有限，从而给社会生产和流通带来阻碍。

只有稳定的"一般等价物"才能适应商品经济的快速发展，因此客观上需要有良好资质和信誉、全国范围内分支机构众多的大型银行来垄断发行银行券。

2. 统一票据交换和清算的需要

银行数目众多、业务不断扩展、银行券分散发行和各银行分散扎差清算，使得银行

间业务关系日益复杂，也阻碍了票据交换和清算的及时性和有效性，从而间接影响了实体经济的运行。因此，为了保证银行间清算的效率，迫切需要建立一个全国范围的、统一的、权威公正的票据交换与清算平台，以此作为一国金融支付体系的核心。

3. 充当最后贷款人的需要

银行资金调度不灵时有发生，这种情况会削弱银行的稳固性，甚至会因支付能力不足引发银行破产与退出。从 1814 年到 1842 年，英国的银行从 900 多家减少到 300 家左右，其中相当一部分是被迫清盘倒闭的。虽然通过同业拆借或与大企业签订回购协议等方式可以在短期和小范围内解决问题，但是当此类风险系统性发生时，则将无计可施，进而对社会稳定和经济运行造成冲击。因此，客观上需要一个权威金融机构统一充当"最后贷款人"，该机构集中其他银行的一部分存款准备，必要时为它们提供流动性支持，以保证它们的支付能力。

4. 满足政府融资需求的需要

伴随着政府职能的强化，政府的开支不断增加，财政赤字时有发生，加之短期资本的短缺，政府有强烈的资金融通需求。但由于政府资金需求巨大，融资情况特殊，简单与银行建立融资关系难以满足其需求。因此，客观上就需要有一个专门机构对政府收支、资金往来和融资进行专业化的管理。

5. 对金融业实施监督与管理的需要

由上文可知，由于缺乏统一的金融秩序和有效的制度保障，银行体系容易陷入混乱无序的状态。由于银行业涉及范围广、体量巨大，它的动荡所造成的冲击要大于其他行业。为了保证银行业稳定、高效率运行，客观上需要有一个代表政府的专门机构对银行业实行监督、管理与协调，主要体现在对银行业的进入、退出、清盘、合并与破产倒闭实施监管，对银行业的经营业务进行必要的规范和调节。中央银行由于承担了银行间的结算、充当了"最后贷款人"，在业务上高于普通银行又与普通银行有着密切联系，因而成为理想的监管机构。

11.1.1.3 中央银行建立的途径

中央银行的建立有两个途径：一是由实力雄厚的商业银行逐渐演变而来；二是由政府直接组建。当国家通过法律对某家银行或新组建的银行赋予垄断发行、统一清算、对其他银行提取存款准备、协助政府融资、对金融业实施监管等一系列特权时，中央银行制度便形成了，享有特定授权并承担特定责任的银行便成为中央银行。

11.1.2 中央银行制度的发展

总体来看，中央银行的发展大概经历了三个阶段。从 17 世纪中后期到 20 世纪初第一次世界大战结束后的这一时期，为中央银行制度的初步形成期；第一次世界大战后至第二次世界大战前，是中央银行制度的普及期；第二次世界大战以后，是中央银行制度发展的强化期。

11.1.2.1 中央银行制度的初步形成期

17世纪中后期到20世纪初期为中央银行的初步形成期。中央银行萌芽于17世纪中后期,当时资本主义在欧洲得到了确立,商业银行也具备了现代银行性质的功能。在这一时期设立的瑞典银行和英格兰银行(见拓展阅读11-1),是最早发展成中央银行的银行。此外,比较有代表意义的还有成立于1800年的法兰西银行、成立于1882年的日本银行、于1875年确立中央银行地位的德意志银行和1914年正式建立的美国联邦储备体系。

【拓展阅读 11-1】

中央银行的鼻祖

谈及中央银行起源时,通常会首先提到瑞典银行和英格兰银行这两家银行。瑞典银行成立于1656年,1668年政府出面将其改为国有,并赋予其中央银行的部分特征。有学者将1668年作为中央银行的元年。但值得注意的是,当时在瑞典仍有多家银行拥有货币发行权。直到1897年,瑞典政府才通过法案使瑞典银行拥有垄断的货币发行权,从而使瑞典银行成为真正意义上的中央银行。

英格兰银行成立于1694年。虽然是私营银行,但英格兰银行成立之初,就与政府保持着密切的关系。1844年,英国议会通过《英格兰银行条例》,使英格兰银行独占货币发行权,同时要求其他银行在英格兰银行存入存款准备,这些都使英格兰银行早于瑞典银行成为最早真正履行中央银行职能的银行。所以,更多的学者将英格兰银行看作中央银行的开端。1854年,英格兰银行基本取得英国银行业票据交换中心的地位;在19世纪的多次金融危机中,英格兰银行都承担了"最后贷款人"的责任,对处于困境的银行提供了有力支持;此外,它也有效地执行了金融监管机构的职能。

在中央银行制度初步形成期,约有30家中央银行成立。由于经济和金融发展程度的原因,初期的中央银行集中在欧洲。从建立的形式看,基本上都是政府推动、逐步掌握垄断货币发行权、由普通商业银行逐步演化形成的。

11.1.2.2 中央银行制度的普及期

第一次世界大战后,出现了全球范围的严重通货膨胀和经济混乱。为了应对这一局面,1920年,第一次国际金融会议在布鲁塞尔召开。会议提议所有国家应尽快建立中央银行,以便控制货币发行,共同维持金融、经济稳定,由此带动了中央银行制度的普及,推动了成立中央银行的一波高潮。根据不完全统计,布鲁塞尔会议到第二次世界大战前夕,有43家新的中央银行成立。

该时期的中央银行大多由政府直接组建。20世纪30年代经济危机后,多数中央银行建立了存款准备金制度,并完善了金融监管职能。

11.1.2.3 中央银行制度的强化期

第二次世界大战后,为了重建战后经济,中央银行制度得到了强化,主要体现在两个方面:一是在凯恩斯主义的影响下,宏观经济学应运而生,欧美国家对中央银行实行了国有化改组和职能的强化,使其在经济生活中的作用日益增强;二是绝大多数亚非国家在政府的干预下成了具备完善现代职能的中央银行。在这个阶段,中央银行制度完成了世界范围的扩展,成为各国一项基本的经济制度,中央银行也成为调节一国宏观经济的重要部门,货币政策的运用不断成熟,且各国中央银行间的沟通合作也不断加强。

11.1.2.4 中央银行在中国的发展

中国的现代中央银行制度始于20世纪初,最初是由清末官商合办,仿效西方制度而成立的户部银行,之后经历了发展和不断完善的过程。1948年12月1日,在石家庄成立的中国人民银行是中华人民共和国中央银行制度发展的起点;1949年2月,中国人民银行总行迁入北京;1983年9月起,中国人民银行开始专门监管中国的金融事业,行使中央银行的职能;1998年10月,在全国设立9个一级分行,重点加强对辖区内金融业的监督管理;2003年后,中国银行业监督管理委员会成立,将对银行业的日常监管职能从中国人民银行分离出来,使其成为维护金融稳定、提供金融服务的宏观调控部门。

11.1.3 中央银行的基本职能

中央银行经营的特点是:运作不以营利为目的,而是服务于国家宏观经济目标的实现;不经营针对企业与个人的普通银行业务;在政策制定方面,有相对的独立性。中央银行的职能是由其性质决定,也是其性质的具体体现,一般将中央银行的基本职能归纳为三个方面,即发行的银行、银行的银行和国家的银行。

11.1.3.1 中央银行是发行的银行

所谓"发行的银行",就是指国家赋予中央银行垄断发行货币的权利,成为一国或某一货币联盟唯一的货币发行机构。由前文对中央银行产生的客观要求的描述可知,"发行的银行"是中央银行产生的最初动因,也是中央银行最基本、最重要的职能。

具体来看,中央银行成为"发行的银行"的必要性体现在两个方面:第一,它是币值稳定和货币稳定流通的保证。在实行金本位的条件下,中央银行的集中黄金储备成为支持庞大货币流通的基础和稳定币值的关键。进入20世纪之后,由于金本位的取消,不兑现的纸币成为各国的国家信用货币。在这种情况下,中央银行凭借国家信用集中发行货币,成为"发行的银行",有助于调节货币供应量,使之更能体现经济发展的客观需要,保证币值的稳定和货币的有序流通。可以说中央银行在履行货币发行的职责时,同样要保证币值的稳定。第二,它是实施货币政策的基础。货币的统一发行为中央银行调节金融活动提供了资金实力,中央银行能够通过控制货币发行来调控流通的基础货币量,并以此调控商业银行的信用创造,为经济稳定和发展提供适宜的货币环境。

11.1.3.2 中央银行是银行的银行

"银行的银行"是中央银行作为特殊金融机构的体现,也保证了其在金融体系的核心地位,主要有以下几层含义:从业务的对象来看,中央银行主要与商业银行和其他金融机构发生业务往来;从业务的类型来看,中央银行与商业银行类似,都具有"存、放、汇"的特征;从职能发挥的形式来看,中央银行既是商业银行的管理者,又对其提供支持和服务。

中央银行作为银行的银行,职能具体表现在三个方面:

1. 集中存款准备金

按照法律规定,商业银行必须向中央银行存缴一定的资金余额,即存款准备金。集中存款准备金的必要性主要有两个方面:一方面是为了保障存款人的资金安全,当商业银行出现支付和清偿困难时,允许动用存款准备金,以保证其具备最低限度的支付能力;另一方面是有助于控制货币供应量、调节信用规模,根据宏观调节的需要,中央银行通过调整存款准备金率(商业银行存入中央银行的准备金与商业银行所吸收存款总额的比例)来控制商业银行的信用创造能力,从而实现对货币供应量的调节。

2. 充当最后贷款人

充当最后贷款人指当商业银行发生资金困难,无法进行即期支付时,中央银行为其提供贷款支持以增强商业银行的流动性,避免其倒闭。最后贷款人的职能阻止了挤兑风潮的扩散,防止了系统性金融风险的发生。

中央银行充当最后贷款人的主要方式有:商业银行通过票据再贴现和票据再抵押从中央银行获取资金和贷款;商业银行通过回购协议获取资金融通;商业银行从中央银行直接取得贷款。

【拓展阅读 11-2】

2007 年金融危机期间美联储的最后贷款人措施

2007 年金融危机爆发期间,在遏制危机和纾缓恐慌中,美联储启动了大量措施积极救市,充当了"最后贷款人"的角色。

调整贴现率和贴现期限。2007 年 8 月至 2008 年美联储逐步下调贴现率至仅高于联邦基金利率目标 25 个基点。2007 年 9 月和 2008 年 3 月,美联储延长贴现贷款的期限,从危机前的隔夜延长至 30 天和 90 天。

设立临时性的创新工具,包括定期标售便利(term auction facility,TAF)、定期证券借贷工具(term securities lending facility,TSLF)、一级交易商信贷工具(primary dealer credit facility,PDCF)、资产支持商业票据货币市场共同基金流动性工具(asset-backed commercial paper money market mutual fund liquidity facility,AMLF)、商业票据融资工具(commercial paper funding facility,CPFF)等,向短期融资市场提供大量流动性,有效防止了国内金融市场、金融机构出现

过分严重的流动性短缺。

直接救助金融机构。2008年9月以来，美联储为AIG提供1 000多亿美元贷款，并从AIG买入风险较高的证券。2007年11月和2008年1月，美联储为弥补联邦政府担保下风险资产的损失，分别向花旗银行和美国银行提供资金2 000多亿美元和800多亿美元。2008年3月，美联储买入贝尔斯登300亿美元抵押类资产。

3. 组织管理票据清算

1854年，英格兰银行采取了对各种银行之间每日清算的差额进行结算的做法，后来其他国家相继效仿。目前，多数国家的中央银行都成为该国的资金清算中心。商业银行按规定在中央银行开立存款账户，存缴存款准备金，利用在中央银行的存款账户每日进行差额清算，并直接增减存款准备金。统一的清算加快了资金流转速度，节约了货币流通成本，也便于中央银行对金融体系的监控。

11.1.3.3 中央银行是国家的银行

国家的银行是指中央银行为政府提供各种金融服务，是政府干预经济、管理金融的专门机构。国家的银行这一职能主要体现在以下方面：代理国库，代理政府债券发行，为政府提供信贷支持，保管黄金储备、持有和经营外汇储备，制定和实施货币政策，代表政府参加国际金融活动，为政府提供经济金融情报和决策建议，制定并监督执行有关金融管理法规等。

11.2 中央银行的资产业务和负债业务

中央银行在履行职能时，所开展的业务形成的债权债务存量报表为中央银行的资产负债表。中央银行的资产负债表综合反映了中央银行资产业务和负债业务的种类和规模，通过对其总量及结构的分析，可以了解中央银行的业务开展情况。

11.2.1 中央银行的资产负债表

中央银行的资产负债表和普通企业的资产负债表结构相似，在具体的项目上具有一定的差别。

11.2.1.1 简化的中央银行资产负债表

现代各国中央银行都具备发行的银行、银行的银行和国家的银行三大职能，因此资产负债表中的主要项目大体一致。为了统一金融数据统计的标准，国际货币基金组织对中央银行资产负债表进行了规范，并编制了《货币与金融统计手册》。各国按照这一统计手册中的统计规则，以相对统一的口径定期编制中央银行的资产负债表（通常称作"货币当局资产负债表"），从而使各国中央银行资产负债表具有很强的可比性。根据《货币与金融统计手册（2000）》中的统计规则，一国中央银行的资产负债表可以简化为表11-1的形式。

表11-1　简化的中央银行资产负债表

资　产	负　债
国内资产 　　对其他存款性公司债权 　　对中央政府债权 　　对其他部门债权 国外资产 其他资产	基础货币 　　流通中的货币 　　对其他存款性公司负债 　　纳入广义货币的负债 　　其他存款 其他负债 　　发行中央银行债券 　　对外负债 自有资本
合计	合计

11.2.1.2　资产负债表项目简介

通过观察表11-1可知，中央银行的资产负债表的资产项目主要包括国外资产和国内资产；负债项目主要包括基础货币负债、其他负债和自有资本[①]。简化的资产负债表中列明的项目，多是中央银行具体业务的合并项。

1. 资产项目的主要内容

中央银行的资产项目包括国内资产和国外资产两大类：

国内资产主要由中央银行对其他存款性公司[②]（后文中多以"商业银行等存款性金融机构"替代）、对中央政府和对其他部门的债权构成。进一步的细分项目见如表11-2所示。

表11-2　中央银行资产负债表中资产方国内资产项目

国内资产项目	细分项目
对其他存款性公司的债权	主要是指中央银行对商业银行等存款性公司的债权，包括再贴现、再贷款和回购协议等
对中央政府的债权	包括中央银行持有的国库券、政府债权、财政短期贷款、对国库的贷款和垫款或法律允许的透支额、地方政府债权和其他证券、贷款和垫款等
对其他部门的债权	主要是指中央银行对其他金融公司的债权，项目与对其他存款性公司的债权的细分项目基本相同

---

① 自有资本不属于负债，但由于它是各国中央银行资金运用的来源之一，因此被列入中央银行资产负债表中的负债方。
② 其他存款性公司包括除中央银行以外的所有存款性公司和准公司，主要从事金融中介活动，其负债包括在广义货币中。最主要的其他存款性公司是商业银行。中国其他存款性公司包括国有商业银行、股份制商业银行、政策性银行、邮政储蓄银行、农村（城市）商业银行、农村合作银行、农村（城市）信用合作社、外资商业银行、财务公司等。

国外资产主要包括中央银行持有的黄金储备、外汇储备、国库中的国外资产、对外国政府和国外金融机构贷款、在国际货币基金组织中的储蓄头寸、特别提款权持有额等。

2. 负债项目的主要内容

基础货币是中央银行负债中的主要项目，主要包括流通中的现金、其他存款性公司在中央银行的存款（法定存款准备金和超额准备金等）、纳入广义货币的存款和其他存款（不包括在广义货币之内的存款，主要是其他金融性公司在中央银行的存款、特定机构和私人部门在中央银行的存款等）。

其他负债，主要是中央银行发行的债券，包括自有债务，向其他存款性公司和其他金融性公司发行的债券、票据以及向公众销售的货币市场证券等。其他负债也包括对外负债，即对非居民的所有本币和外币的负债，如从国外银行的借款、对外国货币当局的负债、使用国际货币基金组织的信贷额和国外发行的债券等。

中央银行的自有资本，包括中央银行的实收资本、留存收益、准备金等。

11.2.1.3　中央银行资产负债表与其主要职能间的关系

中央银行的资产负债表能够反映其三大职能：中央银行作为"发行的银行"体现为，其"基础货币"项目中的"流通中的货币"是中央银行负债的主要项目；作为"银行的银行"体现为，中央银行与商业银行等金融机构间的业务关系，主要列于资产方的"对其他存款性公司债权"（包括贴现和放款等细分项目）及列于负债方的"对其他存款性公司负债"（包括准备金存款等细分项目）等；作为"国家的银行"体现为，中央银行与政府的业务关系，主要列于资产方的"对政府债权"（包括政府债券和财政借款等细分项目）及列于负债方"基础货币"下国库及公共机构存款等细分项目中。

11.2.2　中央银行的资产业务

从业务类型看，中央银行的资产业务主要包括再贴现业务、贷款业务、证券买卖业务、黄金/外汇储备业务及其他一些资产业务。其中，作为银行的银行，再贴现和贷款是中央银行为商业银行等其他金融机构融通资金的主要方式；其他资产业务主要包括待收款项和固定资产。下面主要对再贴现、贷款、证券买卖和黄金/外汇储备四种业务做出介绍。

11.2.2.1　再贴现业务

再贴现业务是指中央银行以贴现的方式向商业银行提供短期资金融通，贴现的凭据为商业银行所持有的未到期商业票据。再贴现业务属于货币市场的范畴，一般而言，期限最长不超过 4 个月。[①]

---

① 《商业汇票承兑、贴现与再贴现管理暂行办法》。

【拓展阅读 11-3】

再贴现业务

假设商业银行A将3个月后到期、面额100万元人民币的商业票据向中国人民银行进行再贴现。中国人民银行按照6%的年率计算，贴息为1.5（=100×6%/4）万元；中国人民银行支付给商业银行A金额为98.5（=100-1.5）万元。

再贴现率是一种官定利率，不同于由市场决定的利率。它在一定程度上反映了国家的发展战略和中央银行的政策意向。中央银行通过规定再贴现票据的类型、再贴现方式融出的基础货币投向等，来支持特定的产业发展。在货币政策运用较为成熟的国家，中央银行还会根据不同的产业、票据类型等因素，对再贴现率做进一步的细化分类。

11.2.2.2 贷款业务

贷款业务是中央银行的一项主要资产业务，也是中央银行实现基础货币供给的重要渠道。根据贷款对象分类，中央银行的贷款业务分为对金融机构的贷款、对政府的贷款和其他贷款三类。

1. 对金融机构的贷款

为商业银行等金融机构融通资金，并保证其支付能力，是中央银行作为"银行的银行"这一职能的最重要且直接的体现。随着金融市场的发展，金融机构的融资渠道和融资手段不断增多，但从中央银行获得贷款仍是金融机构信用能力扩张的重要来源。

2. 对政府的贷款

中央银行有义务为出现收支失衡的政府提供信贷支持。一般而言，中央银行对政府的贷款为短期的信用贷款，贷款的方式主要有三种：一是与向金融机构贷款方式类似的正常贷款；二是通过在公开市场上购买政府发行的国库券和公债，间接地实现向政府贷款；三是以国库券或公债为抵押向政府贷款。

【拓展阅读 11-4】

中央银行购买国库券

国库券的流动性高，有政府信誉作支持，因而在货币市场中可以当作无风险的投资工具。中央银行公开参与国库券交易，以实现货币政策的调控目标。

国库券是一种贴现式证券，发行时按照一定的利率贴现发行，实行利息先付。假设，美联储以970美元的价格购买还有180天到期、面值为1 000美元的国库券10 000张。300 000＝（1 000-970）×10 000）美元就是政府支付给美联储的利息，贴现率是6%（=30/1 000×360/180）。

3. 其他贷款

按照贷款对象，主要分为三类：一是对非金融部门的带有特定目的的政策性贷款，如中国人民银行发放的支持老少边穷地区发展的特殊贷款；二是对非存款金融机构的贷款；三是统计时列入"国外资产"项下的对外国政府和国外金融机构的贷款。

11.2.2.3 证券买卖业务

中央银行的证券买卖业务是指中央银行以市场交易主体的身份在公开市场上参与证券的买卖。中央银行交易的证券一般为信用等级高的政府公债、国库券以及其他流动性很高的有价证券。中央银行买卖证券的目的不是盈利，而是通过证券买卖调节货币供应量、商业银行的流动性水平和引导利率走势。其买入证券相当于向市场直接投放了基础货币，而卖出证券则是回笼基础货币。

11.2.2.4 黄金和外汇储备业务

黄金和外汇是调节国际收支、稳定币值和国与国之间进行清算的重要手段，一般由中央银行承担保管经营黄金和外汇储备的责任。出于安全性和收益性的考虑，中央银行致力于保持黄金和外汇储备的合理构成，此外，由于存在汇率波动，各国中央银行通常采用外汇资产多元化组合来分散风险。

11.2.3 中央银行的负债业务

金融机构、政府、个人和其他部门持有的中央银行的债权，统称为中央银行的负债，其业务形式包括货币发行、存款和其他负债业务。

11.2.3.1 货币发行业务

货币发行是中央银行的基本职能，是"发行的银行"这一职能的根本体现。货币发行业务是中央银行负债业务的一个主要项目，是流通中货币的唯一来源。通过中央银行的再贴现、贷款、购买证券和收购黄金/外汇，货币得以投放市场，成为流通中的货币，并成为中央银行对公众的负债。中央银行通过上述业务活动投放货币，并通过同样的渠道组织货币的回笼。通过货币发行业务，一方面满足社会商品流通扩大和商品经济发展的需要，另一方面筹集资金，满足履行中央银行各项职能的需要。

11.2.3.2 存款业务

中央银行作为特殊的金融机构，其存款业务的性质与一般商业银行有着显著不同：第一，从存款对象来看，中央银行不直接吸收个人和企业的存款，而是主要接收商业银行、非银行金融机构、政府部门等的机构存款。第二，中央银行吸收机构的存款具有强制性，遵循一国的相关法规制度。第三，存款业务动机具有非营利性，商业银行与存款当事人之间并非简单的经济关系，而是存在管理者和被管理者的行政性关系。中央银行吸收存款，主要是出于调控社会信贷规模和货币供应量，监督管理金融机构的运作，维护金融安全、方便活期结算等目的。

中央银行的存款业务包括存款准备金业务、政府存款、非银行金融机构存款、外国存款、特定机构/私人部门存款和特种存款。

1. 存款准备金业务

存款准备金由两部分组成：一是法律规定的、强制商业银行等存款性金融机构向中央银行存缴的法定准备金，指商业银行等存款性金融机构对吸收存款按规定的比例提取准备金，并向中央银行存缴；二是包括库存现金和超额准备金的自存准备。

2. 政府存款

政府存款中最主要的是中央政府在中央银行的存款，一般包括国库持有的货币、活期存款、定期存款及外币存款等。

3. 非银行金融机构存款

不同于准备金存款，非银行金融机构的存款不具法律强制性，没有法定的存款缴存比率。通常，它们将存款存入中央银行通常是为了便于清算。

4. 外国存款

外国存款的债权人是外国中央银行或外国政府，它们持有这些债权构成本国的外汇。外国存款不具有法律强制性，主要用途是便于国家间贸易结算和债务清算。

5. 特定机构和私人部门存款

特定机构是指非金融机构，中央银行收存这些机构的存款，或是为了特定目的。中国人民银行收存的特定机构存款主要是机关团体部门的财政性存款。

对私人部门存款而言，多数国家法律规定不允许中央银行收存。有些国家虽然法律允许收存私人部门的存款，也限定于特定对象，且数量很少。

6. 特种存款

特种存款是中央银行直接控制方式之一，具有一定的强制性。它是指中央银行为了达到特殊目的，向特定的商业银行和其他金融机构集中一定数量的资金而形成的短期存款，是调整信贷资金结构和规模的重要手段。

11.2.3.3 其他负债业务

除了货币发行和存款业务外，还有一些负债业务也能成为中央银行的资金来源，包括发行中央银行债券及对外负债。

1. 发行中央银行债券

中央银行债券是中央银行向金融机构发行的债务凭证。它是中央银行的一项主动负债业务，可以在不改变自身资产负债表总量的情况下，通过负债结构的变化调节金融机构多余的流动性，同时，商业银行的资产总额未变，中央银行债券取代了基础货币，可贷资金量变少。

中央银行发行债券的目的在于：一是调节过剩的流动性，中央银行通过发行债券回收商业银行和其他金融机构的超额储备，从而有效地调控流动性；二是通过中央银行债券的买卖，灵活调节货币供应量。一般而言，中央银行债券发行可以实现基础货币的回笼，到期则体现为基础货币的投放。与提高法定存款准备金率相比，发行中央银行债券是更具市场化、更灵活的调控方式，已成为各国中央银行货币政策操作的重要工具。

2. 对外负债

中央银行的对外负债主要包括从国外银行的借款、对外国中央银行的负债、国际金融机构的贷款、在国外发行的中央银行债券等。一般而言，各国中央银行对外负债的目的主要是出于平衡国际收支、维持币值稳定、应对货币危机或金融危机等方面的考虑。

11.2.3.4 资本业务

中央银行的资本业务是中央银行筹集、维持和补充自有资本的业务。一般而言，来自中央政府、地方政府、国有机构、私人银行或部门的出资是中央银行的资本来源。但由于中央银行特殊的经济和法律地位，资本金并不是中央银行运营的基础，其作用比一般金融机构要小得多。

11.2.4 中央银行资产业务和负债业务的关系

中央银行的业务可以按照资产业务和负债业务来划分，两个类别的业务之间存在着对应关系。

11.2.4.1 资产和负债的基本关系

根据资产等于负债的会计原理，并把自有资本从负债中分列出来，可以用以下公式表示中央银行资产总额、未清偿的负债总额与自有资本之间的基本关系：

$$资产 = 负债 + 自有资本 \quad (11.1)$$

$$负债 = 资产 - 自有资本 \quad (11.2)$$

$$自有资本 = 资产 - 负债 \quad (11.3)$$

当自有资本不变时，式（11.1）表示，中央银行资产的增减，将导致其负债的相应增减；式（11.2）则表示，中央银行负债的增减，意味着其资产的相应增减；当中央银行负债不变时，式（11.3）表明，自有资本增减，可以使其资产相应增减。

从货币供给的角度看，以上 3 个等式体现出两点政策含义：一是中央银行的资产业务对负债业务以及由此引致的货币供应有决定性作用；二是中央银行通过增加自有资本或者调整负债业务（如债券冲销）而相应扩大的资产业务，不会导致货币发行的增加。

11.2.4.2 资产和负债主要项目间的对应关系

从对货币供给的影响角度分析，中央银行资产和负债主要项目间的关系可以总结为以下三个方面。这三个关系便于我们理解中央银行资产/负债业务和中央银行可通过调整资产负债结构进行宏观调控的逻辑。但需要注意的是，三个对应关系是相对的，现实中的对应关系要复杂得多。

1. 对金融机构债权和对金融机构负债的关系

当中央银行对金融机构的债权大于负债时，保持其他项目总额不变，可以通过发行货币来弥补之间的差额；反之，则要减少货币发行。

2. 对政府的债权和对政府的负债的关系

中央银行对政府的债权包括对政府的贷款和持有债券的总额，对政府的负债主要为政府的存款。通常在赤字增加时，中央银行对政府的债权会大于负债，一般会采取财政性货币发行来弥补差额。

3. 国外资产和债券发行、自有资本的关系

当中央银行资产中的国外资产增加时，其他项目保持不变，若采取增加债券发行的方式，一般不会对货币供应量产生影响。否则，将会影响货币供给。

11.2.5　中国人民银行资产负债项目

中央银行的资产负债表基本都是根据国际货币基金组织规定的基本格式编制的，中国人民银行的资产负债表根据中国央行的具体情况在资产和负债相关项目的占比和规模上具有自身的特色。

11.2.5.1　中国人民银行资产负债表

从1994年起，中国人民银行根据国际货币基金组织规定的基本格式，编制中国货币当局资产负债表。表11-3是2016年中国人民银行的资产负债表。

表11-3　2016年中国人民银行资产负债表

单位：亿元

报表项目	
国外资产	2903494
外汇（中央银行外汇占款）	2796139
黄金	29729.05
其他国外资产	77626.52
对政府债权	183482.3
中央政府	183482.3
对其他存款性公司债权	711605.2
对其他金融性公司债权①	79555.81
对非金融公司债权	879.57
其他资产	147300.1
总资产	**4026313**
储备货币	3463253

---

① 截至2010年年底，中国的其他金融性公司包括保险公司和养老基金（企业年金）、信托投资公司、金融租赁公司、资产管理公司、汽车金融服务公司、金融担保公司、证券公司、投资基金、证券交易所、其他金融辅助机构等。此项目是中国人民银行对其他金融性公司发放的贷款、办理的再贴现以及持有的其他金融性公司发行的债券等。

(续表)

报表项目	
货币发行[2]	865385.1
其他存款性公司存款	2597872
不计入储备货币的金融性公司存款	58995.25
债券发行	47129
国外负债	42337.07
政府存款	385516.6
自有资金	2637
其他负债	26445.66
总负债	4026313

资料来源：中国人民银行。

11.2.5.2 中国人民银行资产/负债结构

虽然各国中央银行资产负债表的基本格式和主要项目与国际货币基金组织的规定基本相同，但由于面临宏观经济环境、金融体制、信贷方式的不同及具体业务存在差异，各项目所占的比重不尽相同，即不同国家间中央银行资产负债表的结构存在差异。同时，就同一个国家而言，中央银行资产负债表的结构在不同时期也是变化的。

表11-4和表11-5分别为2007—2015[2]年中国人民银行资产和负债各主要项目总额及所占比重的变化情况。下面分别从资产端和负债端对其进行分析。

1. 中国人民银行主要资产业务的变化趋势

中国人民银行资产端的主要资产为"国外资产"项下的"外汇资产"。2007年起，外汇资产占总资产的比例在68%—83%波动，而在1993年，该项的比例仅为10.47%。这是由中国对外贸易的特点所决定的。外汇资产的增长趋势在2001年中国加入世贸组织后愈发明显，当时中国奉行的"出口导向型"战略加之人民币持续的升值预期，经常账户和资本账户持续出现"双顺差"。在当时缺乏弹性的汇率制度和强制结售汇制度下，中国人民银行被动地购入大量外汇，致使国外资产在资产中所占比例不断升高，并不断推高资产负债表的规模。金融危机后，外部需求的收缩导致了国际收支顺差规模的减小，从而外汇在中国人民银行资产负债表中的比例和资产负债表的规模的增长都有放缓的趋势。

2007年，中国人民银行买入财政部发行的巨额特别国债，使资产负债表汇总对政府债权的占比大幅跃升至第二位。此后，中国人民银行对政府的债权总额保持在5.5万亿—5.6万亿元的水平，这也为公开市场操作提供了载体。

中国人民银行对存款货币银行的债权占比曾接近30%的高位。之后由于外汇占款迅

---

① 在中国的统计口径中，货币当局的"货币发行"是指离开中央银行发行库的现金，包括其他存款性公司业务库的现金。
② 由于中国人民银行于2007年对负债项目做出调整，为了保持数据的连续性，本部分将数据选取的起点设为2007年。

速增长的原因，占比大幅回落。近年来（特别是金融危机后），该比例再度明显上升，表明危机后中国人民银行通过再贷款、再贴现等货币政策工具对其他金融公司补充了资金，向市场提供了流动性。

2. 中国人民银行主要负债业务的变化趋势

在负债端，"储备货币"是中国人民银行最主要的负债，"储备货币发行"和"存款货币银行存款"是其重要的组成部分。其中储备货币发行的变动较为稳定，其在总负债中所占比例在18%—22%波动。相对于储备货币发行，存款货币银行存款的增长更加明显，其占总负债的比例从2007年的40%上涨到2015年的65%。由此可以看出，近年来中国人民银行主要是通过存款货币银行存款这一负债业务来获取资金的，即资金的来源主要是金融体系自身运行中所获取的资金。

自2002年起，中国人民银行开始发行央行票据。2008年，"发行债券"这一一级项目占中国人民银行总负债的比例超过22%，成了获取资金的一个重要来源。而在1998年，这一比重仅为0.38%。2008—2011年，中国的商业银行等金融机构出现流动性过剩的局面，物价也经历了几次明显的上涨，通货膨胀压力增大。在此期间，中国人民银行多次发行央行票据以对冲过剩的流动性。这削弱了储备货币在中央银行负债中的重要性，使发行债券成为货币政策操作的重要基础，促使央票发行与回购成为近年来中国重要的货币政策工具。2010年后，由于中国人民银行多次提高法定存款准备金率对冲流动性，发行债券的余额与占比出现了下降（见图11-1）。

图11-1 中国人民银行月度债券发行量和消费者物价指数增速

资料来源：中国人民银行。

3. 与美国、日本中央银行资产负债结构的比较

美国与日本的中央银行资产负债表机构相似，但都与中国有较大差异。从资产项目看，在美国和日本列第一的资产项目都是有价证券业务。2007年金融危机后，美联储新增了一些救援和贷款便利措施的资产项目，扩大了资产规模。在负债业务中，2007年金融危机前后，日本中央银行排名第一的负债业务都是货币发行；美国在危机前排第一位的负债项目是货币发行，危机后转变为存款货币银行存款。与中国人民银行资产负债表的另一个明显不同是，外币资产在美联储的资产负债表中的所占比例极小，这是由于美国货币本身就是世界货币的重要组成部分。

表11-4 中国人民银行资产负债表主要项目规模

单位：亿元

年份\指标	2007	2008	2009	2010	2011	2012	2013	2014	2015
国外资产	124825.20	162543.50	185333.00	215419.60	237898.10	241416.90	272233.50	278622.90	253830.70
外汇	115168.70	149624.30	175154.60	206766.70	232388.70	236669.90	264270.00	270685.30	248537.60
货币黄金	337.24	337.24	669.84	669.84	669.84	669.84	669.84	669.84	2329.54
其他国外资产	9319.23	12582.02	9508.57	7983.06	4839.49	4077.13	7293.66	7275.68	2963.55
对政府债权	16317.71	16195.99	15665.97	15425.11	15399.73	15313.69	15312.73	15312.73	15312.73
对存款货币银行债权	7862.80	8432.50	7165.92	9485.70	10247.54	16705.08	13147.90	24985.27	26626.36
对其他金融性公司债权	12972.34	11852.66	11530.15	11325.81	10643.97	10038.62	8907.36	7848.81	6656.59
对非金融性公司债权	63.59	44.12	43.96	24.99	24.99	24.99	24.99	15.62	75.74
其他资产	7098.18	8027.20	7804.03	7597.67	6763.31	11045.91	7652.04	11467.50	15338.87
总资产	169139.80	207096.00	227535.00	259274.90	280977.60	294537.20	317278.60	338248.80	317837.00
储备货币	101545.40	129222.30	143985.00	185315.10	224645.80	252345.20	271023.10	294093.00	276377.50
储备货币发行	32975.58	37115.76	41555.80	48646.02	55850.07	60645.97	64980.93	67155.28	69885.95
金融性公司存款	68415.86	92106.57	102429.20	136665.10					
存款货币银行存款	68094.84	91894.72	102280.70	136480.90	168795.70	191699.20	206042.20	226945.70	206495.60
其他金融性公司存款	325.02	215.85	148.52	184.20					
不计入储备货币的金融性公司存款		595.20	624.77	657.20	908.37	1348.85	1330.27	1558.35	2826.42
发行债券	34469.13	45779.83	42064.21	40497.23	23336.66	13880.00	7762.00	6522.00	6572.00
国外负债	947.28	732.59	765.72	720.08	2699.44	1464.24	2088.27	1833.83	1807.28
政府存款	17125.10	16963.84	21226.36	24277.32	22733.66	20753.27	28610.60	31275.33	27179.03
自有资金	219.75	219.75	219.75	219.75	219.75	219.75	219.75	219.75	219.75
其他负债	14837.14	13586.45	18653.20	7592.23	6437.97	4525.91	6244.57	2746.51	2855.00
总负债	169139.80	207096.00	227535.00	259274.90	280977.60	294537.20	317278.60	338248.80	317837.00

资料来源：中国人民银行。

表 11-5 中国人民银行资产负债表主要项目占比

单位：%

指标\年份	2007	2008	2009	2010	2011	2012	2013	2014	2015
国外资产	73.80	78.49	85.45	83.09	84.67	85.96	85.80	82.37	79.86
外汇	68.09	72.25	76.98	79.75	82.71	80.35	83.29	80.02	78.20
货币黄金	0.20	0.16	0.29	0.26	0.24	0.23	0.21	0.20	0.73
其他国外资产	5.51	6.08	4.18	3.08	5.72	5.38	2.30	2.15	0.93
对政府债权	9.65	7.82	6.88	5.95	5.48	5.20	4.83	4.53	4.82
对存款货币银行债权	4.65	4.07	3.15	3.66	3.65	5.67	4.14	7.39	8.38
对其他金融性公司债权	7.67	5.72	5.07	4.37	3.79	3.41	2.81	2.32	2.09
对非金融性公司债权	0.04	0.02	0.02	0.01	0.01	0.01	0.01	0.00	0.02
其他资产	4.20	3.88	3.43	2.93	2.41	3.75	2.41	3.39	4.83
总资产	100.00	100.00	100.00	100.00	100.00	100.00	100.00	100.00	100.00
储备货币	60.04	62.40	63.28	75.47	79.95	85.68	85.42	86.95	86.96
储备货币发行	19.49	17.92	18.26	18.76	19.88	20.59	20.48	19.85	25.99
金融性公司存款	40.45	44.48	45.02	52.71	0.00	0.00	0.00	0.00	0.00
存款货币银行存款	40.26	44.37	44.95	52.64	60.07	65.08	64.94	67.09	64.97
其他金融性公司存款	0.19	0.10	0.07	0.07	0.00	0.00	0.00	0.00	0.00
不计入储备货币的金融性公司存款	0.00	0.29	0.27	0.25	0.32	0.46	0.42	0.46	0.89
发行债券	20.38	22.11	18.49	15.62	8.31	4.71	2.45	5.93	2.07
国外负债	0.56	0.35	0.33	0.28	0.96	0.50	0.66	0.54	0.57
政府存款	10.12	8.19	9.33	9.36	8.09	7.05	9.02	9.25	8.55
自有资金	0.13	0.11	0.10	0.08	0.08	0.07	0.07	0.06	0.07
其他负债	8.77	6.56	8.20	2.93	2.29	5.54	5.97	0.81	0.90
总负债	100.00	100.00	100.00	100.00	100.00	100.00	100.00	100.00	100.00

资料来源：根据中国人民银行数据计算。

11.3 货币政策目标

货币政策是调控宏观经济的重要手段，在一国宏观经济政策中居于重要地位。制定、实施货币政策，是中央银行的一项基本职责。正确选择货币政策目标则是货币政策有效发挥作用的重要前提。

11.3.1 货币政策与货币政策目标体系

中央银行通过货币政策工具的运用，来达到货币政策的目标。货币政策目标是由最终目标、中间目标和操作目标三个渐进层次有机组成的目标体系，后两种目标合称中介目标。货币工具作用也是通过这三个目标传导来发挥作用的（见图 11-2）。

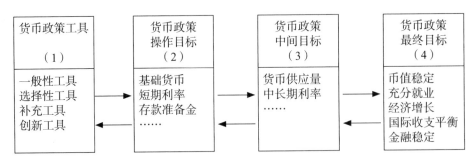

图 11-2　中央银行货币政策体系

注：由（4）到（1）可以简单概括为制定货币政策的步骤；由（1）到（4）可以理解为执行货币政策的步骤。

最终目标、中间目标和操作目标的宏观性从强到弱，可控性从弱到强。中央银行通过对该目标体系的跟踪，可以及时有效地检测和控制货币政策的政策效果。

11.3.2　货币政策的最终目标与选择

货币政策的制定和实施是基于一定的政策目标的，不同国家的货币政策最终目标不同，导致所制定的货币政策也有所不同，货币政策的选择具有目标导向的特点。

11.3.2.1　货币政策的最终目标

货币政策的最终目标与一国的宏观调控目标基本一致，包括币值稳定、充分就业、经济增长、国际收支平衡和金融稳定。它是中央银行组织和操作一系列货币政策工具，通过一定的传导过程，影响到一国的宏观经济指标，从而达到的最终目标。

1. 币值稳定

保持本国币值稳定是货币政策的首要目标。在现代货币制度下，物价指数与币值波动成反比，两者的内涵是一致的，因此币值稳定也可以理解为物价稳定。稳定物价既要求抑制通货膨胀，又要求避免通货紧缩，是指短时间内物价水平不发生剧烈波动，将其变动幅度控制在一个比较小的区间内。通常，衡量物价是否稳定的指标有三个，即 GDP 平减指数，消费物价指数（CPI）和批发物价指数（PPI）。

2. 充分就业

所谓充分就业是指将失业率降到社会可承受水平，即在合理的工作条件下，任何有能力工作且自愿参加工作的人都可以找到适当的工作。但是，在经济运行正常的情况下，失业也不可避免，即存在"自愿失业"，相对应的是"摩擦性失业"构成的"自愿失业"。与"自愿失业"对应的是"非自愿失业"，凯恩斯认为这是由于总需求不足而导致的，这种失业是应该尽量避免的。因此，更具体的看，充分就业的目标就是要把失业率降低到自然失业率的水平。世界各国对失业率的衡量没有统一的标准，一般为 3%—5%。

3. 经济增长

经济增长通常用国内生产总值（GDP）来衡量，是指一国经济在一定时期内处于稳定增长的状态。影响经济增长的因素有社会劳动力的增加、资本深化程度的提高、生产率的提高、社会积累的增加和科技技术的进步及广泛运用等，这其中，中央银行能影响的因素和程度有限。因此，中央银行对经济增长的影响也是有限的，其可以通过对货币政策工具的操作，创造一个适宜于经济增长的货币环境。

4. 国际收支平衡

国际收支平衡是指一国对外的全部货币收入和支出相抵，略有顺差或逆差。无论是逆差还是顺差，都会给该国经济带来不利的影响。以国际收支顺差为例，长期的国际收支顺差会导致巨额外汇储备，为收购外汇而大量投放的基础货币必然会导致国内通货膨胀。此外，巨额的经常项目顺差还可能加剧贸易摩擦。

汇率、利率、物价、国民收入、贸易政策、地缘政治、国际金融形势等因素都会影响到国际收支。中央银行可以通过货币政策对其中部分因素施加影响，从而调节国际收支。以出现逆差为例，当一国出现国际收支逆差时，中央银行可以采取相应货币政策工具推动市场利率上升，从而压抑投资和消费需求，进而促进出口和减少进口，促使国际收支平衡。

5. 金融稳定

金融稳定是指一国的金融机构运行平稳，金融系统的资源配置功能发挥良好，整个金融体系没有出现明显波动的状态。与之对应的是金融危机，指金融市场系统性的动荡，具体表现为货币严重贬值、股市债市暴跌，大量金融机构倒闭或经营困难。

金融危机的导火索有多种，如1997年的亚洲金融危机就是由东南亚国家货币严重贬值，造成企业偿债成本上升、无力偿债的货币信用危机而导致的。

由于金融资产的高流动性及对实体经济的渗透，金融危机往往演变为经济危机。而随着全球化的步伐不断加快，一国的金融危机常常产生外溢的影响，从而引发全球性的危机。如图11-3所示，1997年的亚洲金融危机造成了亚洲国家经济的明显下滑，而

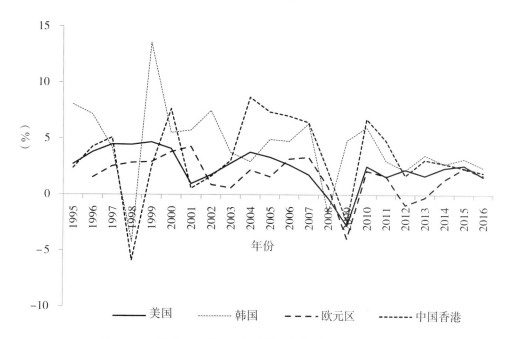

图11-3 美国、韩国、欧元区、中国香港的GDP增速

资料来源：Wind数据库。

2007年由美国次贷危机导致的金融危机则引发了全球范围的金融危机和经济危机。因此，保持金融稳定是避免货币危机、金融危机和经济危机的一个重要前提。

11.3.2.2 货币政策最终目标间的关系

以上货币政策最终目标之间存在着既统一又矛盾的关系。从长期来看，这些最终目标之间是统一的、相辅相成的关系。但从短期来看，这些目标之间却存在着矛盾和冲突。除了充分就业与经济增长之间存在正相关关系之外，目标间存在着矛盾性和冲突性，体现在：

第一，根据菲利普斯曲线（见图11-4），币值稳定与充分就业之间存在着此高彼低的交替关系。当失业率过高时，需要通过扩张的货币政策扩张信用，从而刺激投资和消费需求，扩大生产规模，进而增加就业人数，但是扩张的货币政策和需求的大幅增加，又会促使物价上升。反之，稳定物价的紧缩货币政策会带来就业人数的减少。因此，中央银行需要根据具体经济情况来制定物价上涨率和失业率的恰当组合。

第二，币值稳定与经济增长存在矛盾。当国内经济衰退时，通常采用扩张性的货币政策，从而促进国内经济的发展，但这又可能导致国内的通货膨胀。

第三，币值稳定与国际收支平衡存在矛盾。当维持本国物价稳定时，若贸易国发生通货膨胀，则会造成本国出口的增加和进口的减少，进而导致顺差的出现；反之，若贸易国发生通货紧缩，则出现逆差，使国际收支恶化。

第四，币值稳定与金融稳定间存在冲突。如在金融危机发生期间，为了救助即将破产的银行而增发货币，往往会导致通货膨胀。

第五，经济增长与国际收支平衡之间存在矛盾。一国的经济增长，往往带来消费需求的上升，从而造成进口的增加和逆差的产生。

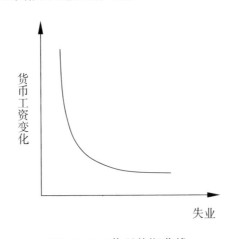

图11-4 菲利普斯曲线

11.3.2.3 货币政策最终目标的选择与实践

1. 货币政策最终目标的选择理论

由于最终目标间的冲突和矛盾，在中央银行制定政策时，目标往往不能同时兼顾所有的目标。各国在货币政策的最终目标选择方面主要有三种观点，分别是单目标论、双目标论和多目标论。从各国中央银行货币政策的实践来看，无论选择何种理论，都不能脱离当时的经济社会环境，而且要保持货币政策目标的稳定性和连续性。

一般而言，中央银行独立实行单目标制相对容易。如果中央银行面对的是多个最终目标，就需要与其他政府部门和机构相配合，协调行动。

单目标论。单目标论指选取单一目标作为货币政策最终目标。在单目标论中又存在两种观点：一种选取币值稳定作为唯一的货币政策最终目标；另一种观点认为经济稳定增长是稳定物价和充分就业的基础，所以选取经济增长作为唯一目标。

双目标论。双目标论指货币政策的最终目标中包含两个目标。多数认为应该兼顾币值稳定和经济增长双重目标，因为币值稳定与经济增长两者相互影响和制约，偏重于其中一个，不利于经济的协调稳定发展，必须同时兼顾。

多目标论。多目标论认为，作为宏观调控的重要手段，货币政策不能仅针对一个或两个最终目标，而应当兼顾多个目标，在一定时期，根据当时的经济状况，选取一个目标作为主要目标，其他目标作为辅助目标。

2007年金融危机前，多数中央银行采用以控制通货膨胀为目标的单目标制。危机发生后，中央银行普遍强化了金融稳定和金融监管职能，同时经济的衰退引发了中央银行对通货膨胀以外的经济指标的关注，许多中央银行的货币政策目标开始兼顾经济增长。对新兴经济体而言，面对危机后外资的撤离，一些国家的中央银行也对国际收支平衡加强了关注。

2. 货币政策最终目标的选择方法

从各国的实践来看，由于各国所处经济周期和经济发展水平不同，其各自的调控目标也各有所侧重。除了对最终目标数量的选择，各国中央银行同样关注货币政策应该针对哪个（些）最终目标来制定。对于货币政策目标的选择，主要有以下几个方法：

相机抉择。受凯恩斯主义经济学家推崇的相机抉择观点认为，中央银行可以根据所处的宏观经济环境，相机选择相适应的货币政策最终目标或是组合。一般而言，在经济下行阶段，选取经济增长和充分就业为货币政策的最终目标；在经济上行阶段，选取币值稳定和国际收支平衡为货币政策的最终目标。

"单一规则"抉择。相机抉择的货币政策最终目标的选择方法受到弗里德曼的反对。作为货币主义的代表人物，弗里德曼坚持货币中性的观点，主张为了防止政策的摇摆性，货币政策应控制货币供给量，使货币供应量的增速等于经济增长率加上通货膨胀率。不管经济环境如何，中央银行应始终保持货币供给量增速稳定。

"临界点"抉择。根据菲利普斯曲线，失业率与通货膨胀率之间存在负相关关系。中央银行可以设定失业率和通货膨胀率的一个安全区间（临界点），并将此临界点作为货币政策的最终目标，当失业率和通货膨胀率超出临界点时，才采取相应的货币政策。图11-5中阴影部分为临界点以内的安全区域。

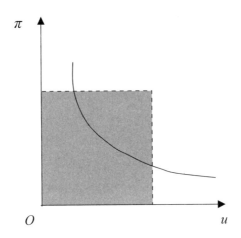

图 11-5 失业率和通货膨胀率的安全区

11.3.3 货币政策的中介目标

可以看出,货币政策的最终目标同时也是国家宏观经济的目标。它是一个长期的、非数量化的目标,可以看作中央银行货币政策的归宿点,可以为中央银行制定货币政策提供指导思想,但并不能为中央银行的日常操作提供现实的数量依据,也不受中央银行直接控制。从中央银行组合和调节货币工具,通过货币工具间接对最终目标施加影响,到最终目标的实现,这一过程具有较长的时滞。因此,为了监控货币政策的方向、力度和效果,中央银行需要一套与货币政策最终目标紧密联系的,且更直接和更便于控制,短期的、数量化、能用于日常管理和操作的指标,这就是货币政策的中介指标。

货币政策的中介目标是货币政策实施的关键一环,作为实现货币政策最终目标的中介或桥梁,它们能够较好地预告货币政策最终目标可能出现的变动。各国的经济及金融环境、金融市场的完善程度不同,选择作为货币政策中介指标的金融变量就不同。但就目前来看,各国中央银行货币政策中介指标的选择,都体现了间接调控、引入和加大市场机制的趋势。货币政策的中介目标又包括操作目标和中间目标两组短期、数量化的金融变量,便于及时操控,以保证货币政策最终目标的实现。从目标体系的递进关系来看,操作目标更接近于货币政策工具,中间目标更接近于最终目标。

11.3.3.1 操作目标

操作目标与货币政策工具联系最为紧密,对货币政策工具的变动最为敏感,它是中央银行通过对货币政策工具的操作能直接影响的变量,也是中央银行货币政策目标体系中最先变动的指标,但是比较不易影响最终目标。通常被采用的操作目标有存款准备金、基础货币、货币市场利率(同业拆借市场利率、回购协议市场利率和票据市场贴现率)等。

11.3.3.2 中间目标

中间目标是接近于最终目标,处于最终目标与操作目标之间的,具有传导性的一组金融变量。虽然中央银行不易对中间目标进行直接控制,但在一定阶段内和特定经济条件下，可以以一定的精度实现它。

成为货币政策中间目标须满足与最终目标具有密切相关性、短期内可以准确且迅速的进行度量、便于中央银行运用货币政策工具进行调控、能够独立发挥作用等条件，并且要与经济金融环境相适应。一般而言，充当中间目标的金融变量主要有货币供给量和利率，此外，银行信贷量和名义汇率等在一定条件下也可列入。各国中央银行的货币政策中间目标体系，往往是由若干变量组成的目标体系，且多数以控制货币供应量为主。

以货币供应量作为中间目标的优势在于：央行政策的信息较透明，货币供应量数字定期公布且时滞较短，提升了中央银行的信息透明度，抑制了政策制定者的时间不连续行为，且有助于固定通胀预期。货币供应量的构成如表 11-6 所示，其中常用的代表货币供应量的统计口径为 M2。

表 11-6 货币供应量的构成

名称	构 成 内 容
M0	通货（现金）
M1	M0+ 商业银行活期存款
M2	M1+ 商业银行定期存款
M3	M2+ 非银行金融机构的股金及存款
M4	M3+ 大额可转让定期存单
M5	M4+ 政府短期债券与储蓄券
M6	M5+ 短期商业票据

11.3.4 中国的货币政策目标

在中国不同发展阶段中，货币政策的最终目标是不同的，在制定货币政策时要根据当前阶段的最终目标来选择。

11.3.4.1 中国货币政策最终目标的选择

2007 年 11 月 5 日，中国人民银行指出，中国货币政策要坚持多目标，强调促进经济发展，同样要兼顾多个重要经济参考变量。2016 年 6 月 24 日，中国人民银行行长周小川在华盛顿参加国际货币基金组织中央银行政策研讨上的发言，从转型经济的视角和中国国情出发，对中国货币政策的多目标与功能选择进行了详细的阐述，进一步强调了中国人民银行的货币政策多目标制包含了币值稳定、充分就业、经济增长、国际收支大体平衡和发展金融市场五个方面。

除了币值稳定、充分就业和经济增长这些多数国家中央银行都采纳的货币政策目标外，中国人民银行还将国际收支平衡和发展金融市场纳入了货币政策的最终目标，这两点都是由中国经济处于转型阶段的特点所决定的。

将国际收支平衡作为货币政策的最终目标，主要是由于中国在发展初期借鉴了"亚洲四小龙"外需驱动的发展模式而造成的经济发展失衡。这种发展模式在拉动经济增长的同时，也提高了中国对外需依赖度，巨额的贸易顺差很大程度上影响了货币供应量和价格稳定目标。因此，中国人民银行必须要关注国际收支平衡问题，相应也需要承担管理汇率、外汇、外汇储备、黄金储备、国际收支统计等职能。

将发展金融市场作为货币政策的最终目标主要有两个原因：第一，转轨经济体缺乏成熟完善的金融市场和金融产品，从中长期动态角度来看，只有改革和发展金融市场，才能建立起现代化的宏观调控框架，使货币政策得以有效传导。第二，中国的银行体系在转型中面临着资本充足率、不良贷款率等指标恶化的情况，必须通过改革创造健康、稳定的金融机构体系以保证货币政策的有效性，实现币值稳定、促进经济增长。

11.3.4.2 中国货币政策中介目标的选择

从1998年起，中国人民银行用货币供应量取代贷款规模，将其作为唯一的货币政策中间目标，并不断修改完善统计口径。同时，中国人民银行一直努力将货币政策从数量型调控转向价格型调控，推动利率市场化，不断提高利率在货币政策中的作用。中国货币政策的操作指标主要监控基础货币、银行的超额准备金和银行间同业拆借市场利率、银行间债券市场的回购利率等短期利率。

11.4 货币政策工具

货币政策工具是中央银行为实现货币政策目标而采用的各种业务活动和策略手段，中央银行可以直接控制。通过运用货币政策工具，中央银行可以直接或间接地对货币供给、利率和信贷活动产生影响。根据职能和效果来划分，货币政策工具可以分为一般性货币政策工具、选择性货币政策工具和其他货币政策工具。

11.4.1 一般性货币政策工具

一般性货币政策工具，又称常规工具，是中央银行对货币供给总量或信用总量进行调节和控制的政策工具，能对宏观经济产生重要影响。与第二节介绍的部分负债业务相对应，一般性货币政策工具包括法定存款准备金政策、再贴现政策和公开市场业务，俗称中央银行的"三大法宝"，是最主要的货币政策工具。

11.4.1.1 法定存款准备金政策

1. 法定存款准备金率政策的含义

法定存款准备金政策是指中央银行在法律所赋予的权力范围内，通过制定或调整商业银行等存款性金融机构缴存中央银行的存款准备金的比率，调控其信用创造能力，从而间接调控社会货币供应量的政策。

将存款准备金集中于中央银行，最初始于英国。以法律形式规定商业银行必须向中央银行上缴存款准备金并规定法定准备金率,则始于1913年美国的《联邦储备法》。但是,存款准备金建立之初并不是作为中央银行货币政策调节工具而设立,而是为了保持商业银行的清偿力。1935年,美联储首次获得了改变法定存款准备金率的权力,存款准备金制度才真正成为中央银行货币政策的重要工具。

存款准备金政策的内容主要包括三个方面:规定存款准备金的比率、规定可以充当存款准备金资产的内容及规定存款准备金的计提时间与金额。其中,存款准备金率的确定取决于存款的类别、金融机构的规模和经营环境等因素。一般而言,银行的存款期限越短,规模越大,所处地区的经营环境越好,它的存款准备金率就越高。

2. 法定存款准备金政策的作用

存款准备金政策的作用主要体现在三个方面:

第一,调节货币供给量与信贷规模。存款准备金率的高低直接制约着商业银行等存款性金融机构的流动性和贷款、投资的业务规模以及创造派生存款的能力。首先,通过对法定存款准备金比率的规定,中央银行可以直接限制商业银行等存款性金融机构信用创造的能力,从而影响货币乘数。其次,法定准备金率的调整,会间接影响商业银行等存款性金融机构的准备金结构,即超额准备金的数量,继而对商业银行的信贷规模起到调控作用。最后,中央银行通过集中存款准备金,可以主动开展再贴现业务和公开市场操作,从而对货币供给量起到调控作用。

第二,有利于发挥"最后贷款人"的作用,维护金融业的安全。通过强制集中对银行等存款机构的准备金,当商业银行出现清偿能力不足的时候,中央银行可以在不影响货币供给的情况下,予以贷款支持,保证其资金的流动性,发挥最后贷款人的作用。另外,中央银行通过准备金账户分析商业银行等存款性金融机构的资金运转情况,起到加强监督管理的作用。

第三,宣示效应和对社会预期的影响。调整法定存款准备金率是中央银行宣布政策意图的一个重要窗口。由于调整会影响到货币供应量和信贷规模,因此具有强烈的宣示效应,对社会预期产生较强影响。

3. 中国法定存款准备金政策的实施

中国的存款准备金制度始于1983年。中国人民银行从2004年起实行差别存款准备金率制度,规定金融机构使用的存款准备金率与其资本充足率、资产质量状况等指标挂钩。2011年年初,中国人民银行又引入了差别准备金动态调整机制。与差别存款准备金率制度不同的是,差别准备金动态调整机制是从宏观审慎角度、逆周期调节信贷的投放。

加入世界贸易组织后,中国的经常性顺差大幅增长,从而导致过多基础货币的被动投放。为了回收流动性,中国在金融危机前多次上调存款准备金率。金融危机期间,为了应对信贷紧缩的局面、配合刺激政策,存款准备金率又经历了一轮下调周期。之后中国人民银行又根据市场流动性状况,进行了多次调整(见图11-6)。作为一种效果较为"猛烈"的货币政策工具,中国的使用频率偏高。当前中国的货币政策正从数量型向价格型转变,因此对存款准备金率的调整也愈加谨慎。2014年后,为了使准备金工具的操作更精准化,中国人民银行还多次以定向降准的方式,加强了对"三农"、小微金融和棚户区改造等重点领域和薄弱环节的支持。

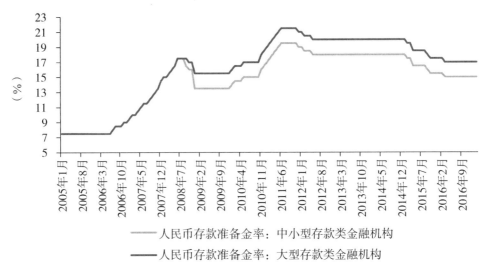

图 11-6 人民币存款准备金率的调整

资料来源：中国人民银行。

11.4.1.2 再贴现政策

1. 再贴现政策的含义

再贴现政策指中央银行通过制定或调整再贴现利率，干预市场利率，影响商业银行等存款性金融机构从中央银行获得的再贴现额和超额储备，达到增加或减少货币供给量、实现货币政策目标的一种政策措施。

中央银行的再贴现政策是由早期纯粹的再贴现业务发展而来的，即商业银行将持有的未到期票据在中央银行再行贴现，从而取得一定数量的准备金，解决暂时性的资金短缺。随着中央银行职能的完善以及调节宏观经济作用的增强，再贴现业务逐渐演变发展成为中央银行的一种货币政策工具。再贴现一般包括两个方面的内容：

一是利率的调整，这种调整着眼于短期，即中央银行根据市场资金的供求状况，调节有关利率，以影响商业银行借入资金的成本，从而调节货币供应量。中央银行的再贴现率有短期和官定的特点，申请再贴现的票据的期限最长不超过一年，一般不超过3个月；利率的高低是国家根据宏观经济形势确定的，有引导市场利率的作用。各国中央银行规定的再贴现利率，可以等于、高于或低于中央银行的贷款利率。有些国家还对不同期限、不同种类的票据，规定了不同的再贴现利率。表11-7为美国三种贴现贷款的利率基本情况。二是向中央银行申请再贴现的资格规定。这种规定着眼于长期，是一种歧视性的货币政策工具，通过对再贴现的票据、贷款融资的种类和申请机构加以差异化的规定。

表 11-7 美国三种贴现贷款利率基本情况

贷款种类	贴现率情况	与市场利率的关系
调节性贷款	基础贴现率	低于联邦基金利率
季节性贷款	与市场利率挂钩	高于基础贴现率

(续表)

贷款种类	贴现率情况	与市场利率的关系
延伸性贷款	30天后与市场利率挂钩	高于基础贴现率

资料来源：王广谦，《中央银行学》（第三版），高等教育出版社，2016。

2. 再贴现政策的作用

再贴现政策既能影响货币供给量和信贷规模的增减，又能调节资金的流向，使之与产业政策相适应。它的主要功能体现在以下几个方面：

第一，中央银行通过调整再贴现率，改变商业银行等存款性金融机构的筹资成本，进而影响它们的筹资意愿和能力，从而对商业银行等存款性金融机构的准备金和全社会的货币供给量及贷款规模起到调节作用。当中央银行制定的再贴现率高于市场利率时，相当于提高再贴现成本、抑制资金需求，从而减少市场的货币供应量；当中央银行制定的再贴现率低于市场利率或放宽贴现条件时，相当于降低再贴现成本、刺激资金需求，从而增加市场的货币供应量。

第二，调节资金流向、信贷结构。中央银行通过再贴现政策不仅能够影响货币供给量的增减，而且还可以调整信贷结构，使之与产业政策相适应。通过规定再贴现票据的种类或对不同再贴现票据制定差异化的贴现率，可对银行等金融机构的资金流向起到抑制或扶持的作用，从而调整了资金流向的结构，使货币供给结构符合中央银行的政策意图。

第三，再贴现率的变动在一定程度上反映了中央银行的政策意向，对短期市场利率起到导向作用，从而影响市场的预期。当再贴现率提高时，一定程度上表示货币政策的收紧；反之，当再贴现率降低时，表示货币政策放松。

第四，防止金融恐慌，稳定市场情绪。再贴现是中央银行作为最后贷款人发挥作用的主要形式，在商业银行出现经营困难时，中央银行可通过再贴现业务这一渠道为其提供资金。

【拓展阅读11-5】

中央银行通过再贴现向商业银行提供资金

假设中央银行向商业银行A发放再贴现贷款100万元，这对中央银行和商业银行的资产负债表的影响如下：

中央银行	
资　产	负　债
贴现贷款 +100万元	准备金 +100万元

商业银行A	
资　产	负　债
准备金 +100万元	贴现贷款（向中央银行借款）+100万元

3. 中国再贴现政策的实践

中国的再贴现业务始于 1986 年。再贴现和再贷款曾经是中国人民银行投放货币的重要渠道，后来由于大量外汇占款对货币投放渠道的占用，再贴现和再贷款在货币供给方面的作用有所下降。当前，新增的再贴现和再贷款主要用于促进信贷结构调整。全球金融危机后，中国人民银行扩大了对小微企业票据和涉农票据再贴现的比例，通过市场化方式扩大了对小微企业和"三农"的信贷支持。2013 年中国人民银行将再贷款分类调整为四类，分别为流动性、信贷政策支持、金融稳定和专项政策性再贷款。

11.4.1.3 公开市场业务

1. 公开市场业务的含义

公开市场业务是指中央银行在金融市场上与政府债券的一级交易商进行的有价证券的买进和卖出，以改变商业银行等存款性金融机构的准备金，进而影响货币供应量和利率，从而实现其货币政策目标的一整套政策措施。当中央银行购入债券时，会造成基础货币的增加；反之则会造成对基础货币的回笼。

中央银行的公开市场业务最早起源于 19 世纪初的英格兰银行。1935 年，以美国颁布银行条例、正式建立公开市场委员会为标志，公开市场业务开始被当作货币政策工具加以使用。现在公开市场业务已经成为各国中央银行执行货币政策、调节货币供给量和信用规模、干预本国经济活动的一种主要货币政策工具。

按照中央银行在公开市场上买卖何种有价证券，可将公开市场分为广义和狭义的公开市场业务：狭义公开市场业务的操作方多为发达国家的中央银行，指中央银行在公开市场上只买卖政府公债、国库券、外汇；广义公开市场业务的操作方多为发展中国家的中央银行，指中央银行在公开市场上除了买卖以上政府公债、国库券、外汇外，还买卖政府担保证券、地方政府债券、银行承兑汇票等。

根据中央银行实施公开市场业务的目的，可将公开市场业务分为被动的和主动的公开市场业务：被动的公开市场业务又称为保卫性公开市场业务，是指公开市场业务的任务是通过及时、准确的短期操作，避免公众持有通货数量的变动这类央行无法直接控制的因素对商业银行等存款性金融机构准备金水平和货币供给总量造成影响，即通过公开市场业务的操作来对冲不可控因素的影响以保证货币政策目标的实现。主动的公开市场业务旨在改变商业银行等存款性金融机构的准备金头寸，以影响信贷规模和货币供应量。在这种模式下，中央银行通过连续、同向操作，买入或卖出有价证券，增加或减少商业银行的准备金总量和货币供应量，达到实施扩张或紧缩的货币政策目标。

2. 公开市场业务的操作

公开市场业务的操作方式有两种（见表 11-8）：一是长期性储备调节：为改变商业银行等存款性金融机构的储备水平而使用；二是临时性储备调节：为抵消其他因素的影响，维持商业银行等存款性金融机构的储备水平而使用。

表 11-8 公开市场业务操作方式和交易方式的比较

公开市场操作		对储备的影响	特 点
长期性操作	购入债券	长期性增加	长期内的储备调节 单向性的储备调节 用于货币政策重大变化
	售出债券	长期性减少	
临时操作	正回购	临时性减少	短期内的储备调节 双向性的储备调节 用于维持既定货币政策
	逆回购	临时性增加	

资料来源：王广谦，《中央银行学》（第三版），高等教育出版社，2016。

公开市场操作的交易方式通常有有价证券的买卖、回购和发行等方式。回购是指交易的卖方，在卖出有价证券时，约定在将来某个时期以双方约定的价格，由卖方向买方买回相同数量的同品种债券的交易。根据政府债券一级交易商在回购交易中所处买、卖位置不同，回购分为"正回购"和"逆回购"。正回购为一级交易商作为有价证券买方的回购；逆回购为一级交易商作为有价证券卖方的回购。回购采用"低价利率招标"的方式进行。中央银行通过正逆回购和买卖现券，调控金融机构的超额准备金和基础货币，引导市场利率。其中正回购是对流动性的回收，而逆回购是向市场投放流动性的方式。

公开市场业务操作过程是按一定标准化程序进行的。以美联储为例，其公开市场操作室每天的操作流程可用表 11-9 来表示。

表 11-9 美联邦公开市场操作室每天的操作过程

时 间	活 动 清 单
08:30	收集经济金融信息，观察市场反应
09:00	与公开市场交易商讨论市场发展情况
10:30	与财政部电话联系，取得政策的协调一致
10:45	制定一天操作方案
11:15	与公开市场委员会代表举行例行电话会议
11:40	与交易商联系，宣布公开市场操作
17:00	操作情况交流与检查

资料来源：杜朝运，《中央银行学》，厦门大学出版社，2014。

3. 公开市场业务的作用

调控存款性金融机构准备金和货币供给量。中央银行在金融市场上买卖有价证券，能相应增加和减少商业银行等存款性金融机构的准备金和货币供给量。当中央银行买入有价证券时，相当于释放流动性，增加存款性金融机构的准备金，提高其信用创造的能力；当中央银行卖出有价证券时，相当于回收流动性，经济体系中的基础货币和存款货币机构的准备金相应减少，信用创造能力减弱。

【拓展阅读 11-6】

中央银行买卖有价证券对流动性的影响

假设美联储从一家商业银行 A 购入 200 万美元证券，并付给它 200 万美元支票。这家银行或是将支票兑现，以增加库存现金量；或是将款项存入在美联储体系开立的储备账户。美联储和商业银行 A 的资产负债表变化为

商业银行 A			
资产		负债	
证券	−$200 万		
通货库存	+$200 万		

美联储体系			
资产		负债	
证券	+$200 万	通货发行	+$200 万

在此过程中，流通中的现金没有变动，因此美联储公开市场购买的结果是，基础货币增加了 200 万美元。

如果美联储向商业银行 B 出售 200 万美元的证券，则美联储和商业银行 B 的资产负债表的变化为：

商业银行 B			
资产		负债	
证券	+$200 万		
现金	−$200 万		

美联储			
资产		负债	
证券	−$200 万	发行货币	−$200 万

美联储出售证券，减少了通货发行，或减少了商业银行在美联储体系内的储备存款。

影响利率水平和利率结构。中央银行通过在金融市场买卖有价证券，可直接改变市场对不同期限证券的供求平衡状况，从而使利率结构发生变化。

与再贴现政策配合使用，可以提高货币政策效果。当存款货币机构持有超额准备金较多时，中央银行提高再贴现率，将无法实现提高存款货币机构信贷成本的目标，紧缩性货币政策难以实施。在这种情况下，中央银行在金融市场卖出有价证券相配合，有助于紧缩性货币政策的实施。

减少货币流通量的波动幅度。有时货币供应量的决定是被动的,例如政府财政收入和支出的季节性差异或外汇的异常流动都会造成市场上货币流通量的波动。通过在公开市场买入和卖出债券来增加和回笼资金,可以起到平滑货币流通量的作用。

4. 中国公开市场业务的实践

中国的公开市场业务始于1996年,操作的工具主要有国债、中央银行票据、政策性金融债券和外汇等。就外汇而言,中国统一的外汇市场为中国外汇交易中心,承担大量的外汇与人民币买卖,中国人民银行在银行间外汇市场同样可以买卖外汇。从期限品种看,目前有7天、14天、28天、90天、182天和365天六个期限品种。操作中,根据商业银行流动性变化对各档次期限品种予以相机选择,实际操作以7天、14天居多。

公开市场操作已成为中国货币政策中一项重要的工具,公开市场的交易工具不断丰富、交易频次和交易量不断扩大(见图11-7),对于调节货币供应量、金融市场流动性水平、引导短期利率走势发挥了积极的作用。以2016年为例,在不动用存款准备金率的情况下,中国人民银行运用公开市场操作投入了大量的流动性。

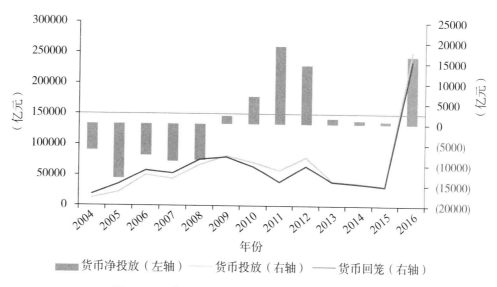

图 11-7 中国公开市场业务货币投放/回笼情况

11.4.1.4 一般性货币政策工具的比较

1. 法定存款准备金政策的优缺点

法定存款准备金政策的优点包括两点:第一,存款准备金政策是主动性最强、最容易实施的货币政策,中央银行对其具有完全的自主权。第二,存款准备金作用的范围广、速度快、效果显著。区别于"三大货币政策工具"中的再贴现和公开市场业务,存款准备金的变化对所有存款货币银行都发生作用。另外,法定存款准备金率的调整可以直接影响货币乘数,从而对收缩和放松货币供给的作用最为明显和直接。

同时,法定存款准备金政策的局限性也非常明显:第一,由于调整存款准备金率的政策效果过于强烈且缺乏弹性,所带来的不利影响主要有两方面,一是法定准备金的调整会冲击短期利率这一货币政策中介目标，增加货币政策实施的困难程度；二是存款准备金率的调整容易对社会经济和社会预期造成强烈的冲击。第二，由于各类银行等存款性机构的情况各异，统一的存款准备金率的调整会带来异质性的影响。比如，存款准备金率的大幅调整可能会对小型银行产生不利影响。对此，央行难以判断复杂情况，并精确确定调整幅度、把握调控力度以实现政策影响在不同种类机构间的平衡。因此，存款准备金有固化的倾向，对其的调整不宜作为中央银行的日常调控操作。由于上述存款准备金政策弊端，20世纪90年代后，在一些发达国家，存款准备金政策工具的运用被逐渐弱化。

2. 再贴现政策的优缺点

再贴现政策工具的优点表现在：第一，它是中央银行"最后贷款人"职责的重要体现，可以传达中央银行的政策意图。第二，由于再贴现政策只对有贴现需求的机构产生作用，因此不像存款准备金政策那样"一刀切"，其实施不仅可以调节货币总量，还可以对信贷结构产生影响。第三，相对于存款准备金政策，再贴现政策相对容易实施和调整。

再贴现货币政策工具的局限性主要体现在其实施的主动权和政策效果相对较弱。从贴现机构的角度看，当商业银行等存款性金融机构的超额准备金较充裕或筹资的渠道较多时，中央银行提高再贴现率也难以有效控制货币供应量；从经济周期的角度看，当经济处于上行通道时，中央银行提高再贴现率，也难以对银行机构的借款需求产生抑制性作用。

3. 公开市场业务的优缺点

在三大货币政策工具中，对比其他两项工具，公开市场业务具有明显的优势。第一，相较于其他货币政策工具，公开市场业务具有很强的灵活性。从规模来看，公开市场业务可以对货币供应量进行微调，避免了存款准备金变动造成震动性影响的后果；从操作方向来看，公开市场业务的操作具有逆转性，一旦市场情况有变，可以通过反向操作来进行对冲。第二，在同样具备影响商业银行准备金和货币供应量的功能的情况下，公开市场业务可作为中央银行的经常性、连续性操作工具。第三，中央银行可根据金融市场的情况随时操作公开市场业务，因此与其他货币政策工具相比，中央银行运用公开市场业务的主动性较高。

公开市场业务工具的局限性体现在：第一，对金融市场的发达程度要求较高，全国性和独立性的金融市场、规模相当种类齐全的库存证券是公开市场业务有效发挥作用的必要条件。第二，由于灵活性较高，操作较为细微、技术性较强，因此货币政策的告示作用较弱。第三，受到外界因素干扰较为明显，国际收支差额变化、社会公众大规模提款等都能对公开市场业务操作的效果产生影响。

4. 三大一般性货币政策工具比较

根据上述对三大一般性货币政策工具的优势和局限性的分析，可以对其在中央银行操作的主动性、直接的影响对象、对货币供给的影响、操作的灵活性和抗干扰能力等方面进行综合的比较，见表如11-10所示。

表 11-10 三大一般性货币政策工具的比较

影响的领域 \ 货币政策工具	存款准备金政策	再贴现政策	公开市场业务
中央银行的主动性	主动	被动	较主动
直接影响对象	法定准备金或超额准备金	筹资成本	资产结构
对货币供给的影响	最强	最弱 但具有结构性影响	较强
操作的灵活性	不灵活	比较灵活	最灵活
对其他因素的抗干扰的能力	最强	较弱	较强

11.4.2 选择性货币政策工具

上述三种一般性、常规性货币政策工具，都是通过对调节货币供给的总量来实现对宏观经济的调控的。除这三种传统的、常规的货币政策工具之外，还有调节某些特殊领域信用的可选择的工具作为必要补充，即选择性货币政策工具。

区别于对总量的调节，选择性货币政策工具以商业银行整体或个别商业银行的资产运用与负债经营活动为对象，侧重于质的控制。常见的选择性货币政策工具包括消费者信用控制、证券市场信用控制、不动产信用控制、优惠利率、预缴进口保证金等。

11.4.2.1 消费者信用控制

消费者信用控制是指中央银行对耐用消费品的分期购买或贷款的销售融资的管理措施。中央银行对消费者信用加以控制的最终目的是调控社会总需求。由于消费信用数额庞大，且具有周期性，在特定情况下，有可能影响宏观经济的稳定性。

在经济过热、消费膨胀时，可以收紧消费者信用。例如规定耐用消费品分期购买的首付款比例、信贷的最长期限、耐用消费品的种类等。在经济衰退、消费紧缩时，则应放宽或取消上述限制，以刺激消费需求的回升。

11.4.2.2 证券市场信用控制

证券市场信用控制是指中央银行为了限制借款购买证券、抑制过度投机，对证券市场贷款量实施控制。具体来看，中央银行规定有价证券交易的保证金率，并随时根据金融市场状况随时加以调整。

自改革开放以来，中国证券市场从无到有，发展迅速，但也出现了大量信贷资金流入股市、债市和期货市场，导致证券市场过热，资金脱实向虚等状况。为此，中国实行了证券业和银行业分业经营的管理体制，采取一系列证券市场信用控制措施限制信贷资金流入证券业，对稳定金融市场、抑制金融泡沫发挥了重要作用。

11.4.2.3 不动产信用控制

不动产信用业务是指银行等专业信用机构办理以土地和其他不动产为抵押的长期信贷业务，主要对象是土地所有者、房屋所有者、房地产开发商等。由于不动产需求具有投资额大、期限长等特点，其对货币政策相当敏感，也与宏观经济走势紧密相关。不动产信用控制是指中央银行为了抑制对不动产的过度投机、缓和通货膨胀、避免经济波动，对金融机构针对不动产的信用业务加以严格控制。

不动产信用控制的主要内容包括：第一，规定购买不动产首付款的比例；第二，规定购买不动产贷款的最长期限；第三，规定银行对一笔不动产贷款的最高限额；第四，规定分摊还款的最低金额。

【拓展阅读 11-7】

金融危机后，中国的不动产信用控制

金融危机后，中国的房地产市场出现了大幅波动情况，针对房地产市场变动周期的不同阶段，中国人民银行制定了相应的信用控制政策：

金融危机后中国不动产信用控制一览

时间段	基本内容	主要影响范围	配套货币政策
2010 年第一、二季度	确定一、二套房最低首付比例，三套基本受限	全国，北京更严格	提高存款准备金率，加息
2011 年第一季度	提高二套房首付比例	全国	
2014 年第三、四季度	放松二套房房贷：拥有一套住房并已结清房贷的家庭，为改善居住再次申请贷款买房，执行首套房贷款政策	全国	降低存款准备金率，降息
2015 年第三季度	降低首套住房首付比例	9 座非限购城市	
2016 年第一季度	降低改善型住房首付	9 座非限购城市	
2016 年第四季度	限制贷款、交易所停发房地产公司债、限制杠杆资金参与拿地	11 座重点城市	
2017 年第一季度	提高首套房和二套房的首付比例；减少房贷利率优惠；缩短还款年限	北京、上海等一线城市	

11.4.2.4 优惠利率

优惠利率多为发展中国家所采用，是指中央银行为了促进国家拟重点发展的部门和行业的生产，配合产业政策，对该行业制定较低贷款利率，以调动生产的积极性，进而实现国家产业机构的调整和优化。

中央银行实施优惠利率有两种方式：一是对拟重点发展的行业和产品制定较低的贷款利率；二是对这些行业中的企业票据规定较低的再贴现率，从而引导商业银行的资金投向和规模。

11.4.3 其他货币政策工具

除上述一般性和选择性的货币政策工具外，中央银行有时还运用补充性货币政策工具，作为货币政策工具的重要补充。补充性货币政策工具包括具有行政性和强制性的信用直接控制工具和具有指导性和间接性的信用间接控制工具。前者效果较为直接；后者的使用效果则与中央银行的独立性和权威性水平有关。

11.4.3.1 信用直接控制工具

信用直接控制工具是中央银行依照有关法规以行政命令方式直接干预商业银行等存款性金融机构的信用活动。信用直接控制工具主要包括利率控制、信用分配、直接干预、贷款限额、流动性比率管理和特种存款。

1. 利率控制

利率控制是指中央银行对商业银行等存款性金融机构的存贷款利率水平实行直接控制，体现为规定吸收存款利率的上限和发放贷款利率的下限。

利率控制作用直接、迅速，是防止商业银行等存款性金融机构操纵利率恶性竞争、扰乱金融秩序的有效手段。但是利率控制的经常性操作会干预利率的市场化调节，从而降低金融系统的效率。因此，利率控制不能作为中央银行日常的货币政策工具，只能在特定情况下采用。

2. 信用分配

信用分配是一种行政控制手段，指中央银行直接调控商业银行等存款性金融机构的信贷，从而引导资金的分配。信用分配常见于发展中国家，通过信用分配来满足最需要资金的产业的发展。随着金融的市场化不断完善，信用分配的作用逐渐弱化。

3. 直接干预

直接干预又称直接行动，是中央银行为了使商业银行遵循国家的信用政策，直接干预其授信业务。直接干预的方式主要有：直接规定各商业银行业务经营的方针、放款与投资范围，限制其放款额度；直接干预商业银行对活期存款的吸收；拒绝业务经营不当的商业银行的再贴现要求，或采取高于一般利率的惩罚性利率予以融资。

4. 贷款限额

贷款限额是指中央银行为了控制信用规模、优化信贷结构，而直接控制商业银行等存款性金融机构贷款的最高限额，具体的方式包括：一是规定商业银行贷款的最高限额；二是规定商业银行某一贷款的最高限额；三是控制贷款增长的最高比率。

5. 流动性比率管理

流动性比率管理是指中央银行规定在商业银行的全部资产中流动性资产所占的比重。较高的保持流动性比率促使商业银行缩减长期性贷款所占的比重及持有一部分随时应付提现的资产，从而限制了信用的扩张、降低了商业银行经营风险。但是，过高的流动性比率不利于商业银行的经营和盈利。

6. 特种存款

特种存款是指中央银行在银行体系中出现过剩超额储备时，要求其按一定比例把这种超额储备缴存中央银行冻结起来的一种存款方式。其目的在于限制商业银行信用扩张能力，紧缩货币供应量。当发生较为剧烈的通货膨胀时，中央银行可以运用这种方式压缩银行体系的放款规模，从而减少货币供应量。特种存款不支付利息且一般发生在高通胀时期。

11.4.3.2 信用间接控制工具

信用间接控制指中央银行凭借其特殊地位和影响力，通过磋商、宣传等方式，指导金融机构的信用活动，主要方式有道义劝告、窗口指导和公开宣传。信用间接控制工具的使用没有法律强制力，不具有强制性，其影响的力度取决于中央银行的声望和各金融机构的合作态度。

1. 道义劝告

道义劝告是指中央银行经常性地对金融机构发出通告、指示或与各金融机构的负责人面谈、交流信息，解释政策意图，使金融机构自动采取相应措施来贯彻中央银行的政策。如中国人民银行的各种工作会议，"吹风会议"等，都对金融机构正确理解中央银行货币政策意图、正确贯彻和实施货币政策起到积极作用。

2. 窗口指导

窗口指导是中央银行根据产业行情、物价走势和金融市场动向，规定商业银行的贷款重点投向和贷款变动数量。

3. 公开宣传

公开宣传是指中央银行通过各种媒介，公布经济金融信息，宣传货币政策意图，以引导商业银行等金融机构和社会公众的预期。中央银行发布各种公告，如年报、金融机构与金融市场的状况及宏观经济的统计资料，用于取得各界对中央银行政策的理解和支持，并自动适应货币政策的变化，消除货币政策带来的预期偏差和较大冲击。中央银行还利用记者招待会、学术讨论会及其他场合向公众解说金融政策的内容和动向。

11.5 全球金融危机后货币政策发展的新趋势

次贷危机爆发以来，各国监管层对金融监管框架进行了反思，并相继启动了宏观审慎监管，发达国家中央银行纷纷采取非常规货币政策。以逆周期调节和防范系统性风险为主要目标的宏观审慎监管，成为后危机时代金融监管改革的核心，非常规货币政策的发展也进入新的阶段。在经历数次金融危机之后，中国开始了积极的货币政策实践，研究、推动宏观审慎政策框架，并创新出一些适应市场现状的政策工具。

11.5.1 宏观审慎监管框架的形成

宏观审慎监管是为了防止系统性金融风险发生，抑制金融对实体经济产生负溢出效应而采取的逆周期调节、自上而下的监管模式。"宏观审慎"的概念最早于1979年，由国际清算银行提出，但一直未受到足够的重视。1997年亚洲金融危机后，"宏观审慎"的描述开始广泛出现，1998年国际货币基金组织（IMF）最先声明将宏观审慎的理念用于金融监管。直到21世纪次贷危机爆发后，宏观审慎监管框架才得到较为清晰的界定。

次贷危机的产生，引起对系统性金融风险的重视和对金融监管框架的反思，各国监管当局都认识到，为弥补原有的货币政策框架和微观审慎监管的空白，抑制金融体系中风险的积累和传导，需要建立并且加强宏观审慎监管。

2009年4月，二十国集团峰会宣布成立金融稳定委员会作为宏观审慎监管国际组织，在全球层面加强监管的合作与协调。随后，美国、欧盟相继宣布建立宏观审慎监管体系，其他经济体紧跟其后。中国的中央银行也在2010年宣布启动宏观审慎监管。以逆周期调节和防范系统性风险为主要目标的宏观审慎监管，成为后危机时代金融监管改革的核心。

根据适用目标，宏观审慎工具可以划分为四大类。第一，应对信用过度扩张和高杠杆的宏观审慎工具，包括逆周期资本缓冲、杠杆率、动态贷款损失准备和信贷增速上限。第二，应对期限错配和流动性风险的宏观审慎工具，包括流动性覆盖率、净稳定资金比率、存贷比上限、贷款与稳定资金比率和准备金要求及流动性费用。第三，应对系统重要性金融机构和金融体系内风险传染的宏观审慎工具，包括系统重要性金融机构附加资本要求、系统重要性金融机构附加杠杆率要求、系统重要性金融机构流动性要求、金融机构间敞口限制、差异化的风险权重、净稳定资金比率、中央对手方清算机制和保障金要求。第四，应对部门性金融风险的宏观审慎工具，包括部门性资本要求、贷款与价值比率、债务与收入比率、贷款与收入比率、外币贷款风险权重和外汇风险敞口限制。

11.5.2 非常规货币政策的启用

11.5.2.1 非常规货币政策的理论基础

相对于上述一般性、选择性和补充性等常规货币政策而言，当零利率情况下常规货币政策基本失效时，为了缓解市场的资金压力、稳定金融体系，中央银行通过调整资产负债表的规模和结构，向市场注入流动性的举措，可以称为非常规货币政策。

非常规货币政策最早源于对20世纪30年代经济危机中货币政策有效性的理论之争。侧重于利率研究的凯恩斯学派认为当利率降到零利率时，货币的需求弹性趋于无穷，人们对持有货币的偏好高于证券，增加货币供应量的扩张性货币政策无法促进投资和消费，从而陷入"流动性陷阱"。

而货币主义学派侧重于货币数量的研究，认为可以增加货币供应量达到有效扩张总需求的目的。克鲁格曼引入预期因素，对"流动性陷阱"进行修正，提出了"广义的流动性陷阱"，即当经济危机出现消费者信心受挫，未来收入下降的预期会导致当期消费下降和储蓄增加。通过引入预期因素，可以打破未来通货膨胀不能小于零的预期，使长期实际利率下降。因此，货币主义学派认为，即使短期名义利率到达零水平，货币政策仍应该积极应对，继续增加货币供应量。

非常规货币政策最主要的方式是量化宽松。21世纪日本量化宽松政策的实施，推动了非常规货币政策进入实质性的实践阶段。面对零利率下通缩和经济下滑的困境，日本中央银行于 2001 年实施了五年的量化宽松货币政策以促进经济复苏。2007 年全球性金融危机爆发后，发达国家中央银行纷纷采取非常规货币政策，使非常规货币政策的发展进入新的阶段。

前美联储主席本·伯南克（Ben Bernanke）是量化宽松货币政策的忠实拥趸，他认为危机时，替代传统货币政策增加货币供应量主要有三个方法：一是中央银行保证低于投资者预期的长期利率，改变投资者的悲观预期，促进消费和投资；二是增加中央银行资产负债表的规模；三是通过购买长期债券等方式改变中央银行资产负债表的资产结构，如果短期债券和长期债券等各种资产之间不是完全替代的话，这样做将可以降低长期利率。这三项政策往往是相互补充的。

11.5.2.2 非常规货币政策及工具创新

通过调整资产负债表政策来释放流动性，是 2007 年次贷危机后创新最多的方面。它是指通过增加流动性供给、放松抵押品要求和直接购买资产等调整央行资产负债表的方式，压低债券等市场的收益率水平，达到调节中长期利率的效果。其中，通过扩大央行资产负债表规模的量化宽松政策和调整资产负债表结构的扭转操作、质化宽松等都属于这一类政策。具体而言，资产负债表工具又可进一步分为三类（温信祥和张双长，2017）：一是直接购买工具，如美联储购买抵押贷款支持债券、欧央行实行的资产担保购买计划；二是流动性注入工具，如欧央行的长期再融资操作，美联储新货币政策中的固定期限贴现窗口计划；三是抵押置换操作，例如英格兰银行的证券借贷便利，美联储新货币政策中的短期证券借贷工具等。

具体来看，美联储的创新货币政策包括固定期限贴现窗口计划（term discount window program，TDWP）、定期标售便利、定期证券借贷工具、一级交易商信贷工具、资产支持商业票据货币市场共同基金流动性工具、货币市场投资者融资工具（money market investor funding facility，MMIFF）、商业票据融资工具和定期资产支持证券贷款工具（term asset-backed securities loan facility，TALF）等。欧洲的创新货币政策工具包括长期再融资计划（long-term refinancing operation，LTRO）、资产担保购买计划（covered bond purchase program，CBPP）、证券市场计划（stock market plan，SMP）和货币直接交易（outright monetary transactions，OMTs）等。日本央行发明的货币政策工具包括签署货币互换协议、放宽回购条件、实施直接救助计划、为银行提供次级贷款、金融资产购买计划、互补性存款便利（complementary deposit facility，CDF）等。

11.5.2.3 国际金融危机后，发达国家非常规货币政策的实践

为缓解金融危机带来的经济衰退和就业问题，发达国家相继在量化宽松货币政策上开展了实践。美国自 2008 年起先后推行了四次量化宽松政策。量化宽松政策始于利率大幅下降，因为当利率工具失效时，央行才会考虑通过量化宽松政策来调节经济。从 2007 年 8 月开始，美联储连续 10 次降息，隔夜拆借利率由 5.25% 降至 0—0.25%。2008 年 11 月 25 日，联储首次公布将购买机构债和 MBS，标志着量化宽松政策的正式开始，之后

美联储的资产负债表迅速扩张（见图11-8）。

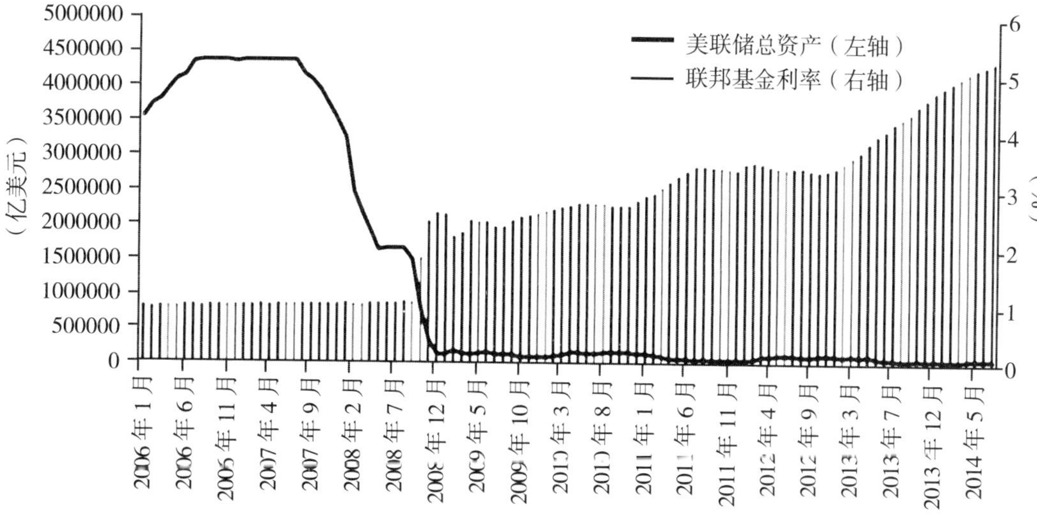

图 11-8 量化宽松政策实施以来美联储总资产及联邦基金利率变化趋势

资料来源：美联储。

2008年11月美联储启动第一轮量化宽松，通过购买政府支持企业债券、机构抵押贷款支持证券、长期国债等形式，到2010年4月美联储共购买了约1.7万亿美元资产，来提供美元流动性；2010年11月美联储宣布第二轮量化宽松，决定在2011年6月之前购买6 000亿美元长期国债，并将到期债券本金再投资长期国债，规模为2500亿—3000亿美元；2012年9月开始的第三次量化宽松中，美联储决定每月购买400亿美元抵押贷款支持证券，但未规定购买总规模和政策持续时间，并进行了"扭转操作"（OT），即购入4 000亿美元剩余期限6—30年的长期债券，出售等值剩余期限3年以内短期国债；第四次量化宽松在2012年12月开始实行，此时第三轮量化尚未结束，美联储以每月公开市场购买450亿美元美国长期国债替代到期的"扭转操作"计划，此外设定了失业率6.5%以上、通胀率2.5%以下时，量化宽松和超低利率保持不变承诺。

在政策实施的过程中，美联储采取直接干预方式，向市场注入流动性，引导长期利率保持低位。直到量化宽松政策达到了预期目的——经济企稳复苏、失业率大幅下降，美国才于2014年年底正式退出政策。在2014年美联储年内最后一次利率决议会议上，"相当长一段时间内维持低利率"的描述已被正式抛弃，加之2014年美国的通胀水平稳中有升，全年核心PCE物价指数温和增长，美联储正逐步向货币政策正常化迈进。

2009年12月欧债危机爆发后，欧洲央行推出了长期再融资操作（TLTRO）和私人部门资产购买计划，向欧元区商业银行释放1.02万亿欧元低息流动性。欧洲央行在2014年6月将存款利率调降至负值，成为第一个实行负利率的主要央行，此外还实施了直接购买资产支持证券计划稳定金融体系。为了实现欧洲央行维系物价稳定目标，提振通胀率和通胀预期，2015年1月22日，欧洲央行实施新一轮量化宽松货币政策，实施期限至少到2016年9月，购债总规模至少1.14万亿欧元，并确保欧元区通胀率可持续迈向接近2%的目标。但由于通胀目标未能实现，2015年12月欧洲央行将其量化宽松期限延长至

2017年3月，2016年3月又将月度资产购买量由600亿欧元上调至800亿欧元。

日本银行2008年12月将银行间隔夜拆借利率目标下调至0.1%之后，于2010年10月宣布重启资产购置计划，实施新一轮量化宽松，到2012年12月资产购置计划规模提高至101万亿日元。安倍晋三上任后实施了包括激进货币政策、灵活财政政策和经济结构性改革政策的一系列经济措施，被称为"安倍经济学"。2013年1月日本银行设定核心消费者价格指数目标值为2%，并宣布从2014年1月起实施每月购置包括国债、商业票据、公司债券、交易所交易基金（ETFs）、不动产信托投资基金（J-REITs）等合计13万亿日元资产购置计划，不设总额和期限限制。2013年4月进一步推出超宽松货币政策，为核心消费价格指数2%的目标设定了两年达成期限，并计划两年内扩大基础货币规模近一倍，每年基础货币增量为60万亿—70万亿日元，并推出新的国债购置计划，提高日本银行持有国债存量和剩余期限。由于通胀目标迟迟未能达到，2016年1月日本央行对商业银行新增准备金账户征收负利率。

11.5.3 金融危机后中国货币政策的实践

在经历数次金融危机之后，中国开始了积极的货币政策实践。

11.5.3.1 研究并推动宏观审慎政策框架

在国际金融危机爆发之后，2009年7月中国开始着手研究并推动宏观审慎政策框架。2010年年末，中央经济工作会议正式引入了宏观审慎政策框架的用词。"十二五"规划明确提出，构建逆周期的金融宏观审慎管理制度框架。2011年国务院政府工作报告指出，健全宏观审慎政策框架，综合运用价格和数量工具，提高货币政策的有效性。近期公布的"十三五"规划对此进一步做出部署。2016年起，中国人民银行将差别准备金动态调整机制"升级"为宏观审慎评估体系。作为金融监管的新框架，我国的宏观审慎评估体系也在不断地发展完善之中。《2016年第四季度中国货币政策执行报告》多次强调了"货币政策+宏观审慎政策"双支柱的金融调控框架，货币政策和宏观审慎政策相互配合、互为补充。2017年第一季度宏观审慎评估体系正式把表外理财纳入广义信贷范围。

宏观审慎评估体系的评估标准有7个方面、14个指标（见表11-11）。评估分为三档：A档，7大方面均为优秀（90分以上）；C档，资本充足率和定价行为任一项不达标，或者流动性、资产质量、外债风险、信贷政策任意两项不达标（60分以下）；除此之外，均为B档。

表 11-11 宏观审慎考核指标及分值

指标	细分指标	分值
资本和杠杆情况	资本充足率	80
	杠杆率	20
资产负债情况	广义信贷	60
	委托贷款	15
	同业负债	25

(续表)

指标	细分指标	分值
流动性	流动性覆盖率	40
	净稳定资金比率	40
	遵守准备金制度情况	20
定价行为	利率定价	100
资产质量	不良贷款率	50
	拨备覆盖率	50
外债风险	外债风险加权余额	100
信贷政策执行	信贷执行情况	70
	央行资金运用情况	30

11.5.3.2 货币政策工具的创新

近年来，中国人民银行不仅对一般货币政策工具进行了诸如再贷款分类调整和定向降准的创新，还创新出一些适应市场现状的政策工具（见表11-12）。

表11-12 中国货币政策创新工具一览

名称	缩写	简介
短期流动性调节工具	SLO（short-term liquidity operations）	2013年年初创设，作为公开市场常规操作的必要补充，以7天期内短期回购为主，操作灵活
常备借贷便利	SLF（standing lending facility）	2013年年初创设的借贷便利类工具，用以满足金融机构短期的临时性流动性需求，以隔夜和7天为主。常备借贷便利试点以来，货币市场利率波动明显减小
中期借贷便利	MLF（medium-term lending facility）	于2014年9月创设，发挥中期政策利率作用
抵押补充贷款	PSL（pledged supplemental lending）	2014年4月创设，为支持棚改、重大水利、人民币"走出去"提供长期稳定、成本适当的资金来源
临时流动性便利	TLF（terminal liquidity operations）	针对短期流动性压力，提供临时流动性支持，不会常态化

自从2001年中国加入世贸组织以来，中国长期面临着经常项目和资本项目双顺差的局面。外汇储备迅速增长致使通过外汇占款被动投放了大量基础货币。为防止流动性过剩，中国人民银行采取了提高法定准备金率等方式回收流动性。金融危机后，随着外需萎缩加之人民币汇率形成机制市场化改革的推进，中国国际收支渐趋平衡，经常项目顺差与GDP之比达到了国际公认的合理区间，中国人民银行通过外汇占款投放的基础货币大幅减少。2015年和2016年，中国人民银行外汇占款出现了负增长，外汇大量流入的格局发生了根本性的改变。为保持中性适度的货币金融环境，需要对外汇占款渠道少增的流动性予以填补。随着传统提供流动性渠道的萎缩和增长的乏力，中国人民银行自2013年起逐步创设SLO、SLF、MLF、PSL等创新工具来投放基础货币，货币供应逐步由外汇占款转向逆回购及创新工具，货币投放实现了从被动到主动的转变。相对于

传统的货币政策工具，这些创新工具更加灵活，及时性、精准性要求很高，同时有益于构建完整的利率收益率曲线。

本章小结

1. 统一发行银行券的需要、统一票据交换和清算的需要、保证银行支付能力的需要、满足政府融资需求的需要及对金融业监督管理的需要，是建立中央银行的必要性的体现。

2. 中央银行的发展大概经历了三个阶段，即从17世纪中后期到第一次世界大战结束后的中央银行制度初步形成期；第一次世界大战以后近十年的中央银行制度普及期；第二次世界大战以后中央银行制度发展的强化期。

3. 中央银行的基本职能可以归纳为三个方面，即发行的银行、银行的银行和国家的银行。

4. 中央银行作为银行的银行，职能具体表现在三个方面，即集中存款准备金、充当最后贷款人、组织管理票据清算。

5. 中央银行的资产负债表综合反映了中央银行资产业务和负债业务的种类和规模。中央银行资产负债表的资产项目主要包括国外资产和国内资产，具体包括再贴现业务、贷款业务、证券买卖业务、黄金外汇储备业务及其他一些资产业务；负债项目主要包括基础货币负债、非基础货币负债和自有资本。

6. 货币政策目标是由最终目标、中间目标和操作目标三个渐进层次有机组成的目标体系，后两种目标合成中介目标。最终目标、中间目标和操作目标的宏观性从强到弱，可控性从弱到强。

7. 货币政策的最终目标与一国的宏观调控目标基本一致，包括币值稳定、经济增长、充分就业、国际收支平衡和金融稳定。

8. 各国在货币政策的最终目标选择方面主要有三种观点，分别是单目标论、双目标论和多目标论。

9. 对于货币政策目标的选择，主要有三种方法，分别是相机抉择法、"单一规则"抉择和"临界点"抉择。

10. 从转型经济视角和中国国情出发，中国货币政策坚持多目标，强调促进经济发展，同时要兼顾多个重要经济参考变量，包括币值稳定、充分就业、经济增长、国际收支大体平衡和发展金融市场。

11. 根据职能和效果来划分，货币政策工具可以分为一般性货币政策工具、选择性货币政策工具和其他货币政策工具。一般性货币政策工具是中央银行对货币供给总量或信用总量进行调节和控制的政策工具，包括法定存款准备金政策、再贴现政策和公开市场业务。选择性工具以商业银行整体或个别商业银行的资产运用与负债经营活动为对象，侧重于质的控制。常见的选择性货币政策工具包括消费者信用控制、证券市场信用控制、不动产信用控制、优惠利率、预缴进口保证金等。补充性货币政策工具包括具有行政性和强制性的信用直接控制工具和具有指导性和间接性的信用间接控制工具。

12. 2007年次贷危机爆发后，以逆周期调节和防范系统性风险为主要目标的宏观审慎监管，成为后危机时代金融监管改革的核心。

13. 非常规货币政策是相对于一般性、选择性和补充性等常规货币政策而言的，指当零利率情况下常规货币政策基本失效时，为了缓解市场的资金压力、稳定金融体系，中央银行通过调整资产负债表的规模和结构，向市场注入流动性。量化宽松是非常规货币政策最主要的方式。为对抗后金融危机时期的经济衰退和失业率上升，发达国家相继实践量化宽松货币政策，并对传统货币政策工具进行创新，引入非常规的新货币政策工具，这些创新的货币政策工具都带有宏观审慎政策的逆周期特征，并且注重向实体经济的引导功能。

本章重要术语

中央银行货币发行权　最后贷款人　统一清算　发行的银行　银行的银行　国家的银行　中央银行资产业务　中央银行负债业务　中央银行资产负债表　再贴现业务　中央银行贷款业务　中央银行证券买卖业务　黄金和外汇储备业务　货币发行业务　中央银行存款业务　中央银行自有资本　货币政策目标体系　最终目标　中介目标　中间目标　操作目标　币值稳定　经济增长　充分就业　国际收支平衡　金融稳定　单目标论　双目标论　多目标论　一般性政策工具　选择性政策工具　法定存款准备金政策　再贴现政策　公开市场业务　回购　正回购　逆回购　对金融机构信用贷款　消费者信用控制　证券市场信用控制　不动产信用控制　优惠利率　信用直接控制工具　信用间接控制工具　基础货币　货币供给量　宏观审慎　非常规货币政策　创新货币政策工具

思考练习题

1. 论述中央银行产生和发展的客观要求。
2. 论述中央银行的基本职能。
3. 概述简化的中央银行资产负债表中主要的资产项目和负债项目。
4. 简述货币政策目标体系的构成及递进关系。
5. 论述货币政策最终目标和最终目标间的关系。
6. 论述中国货币政策最终目标的选择依据。
7. 论述三个一般性货币政策工具，及它们的优缺点。
8. 简述国际金融危机后，发达国家非常规货币政策的实践。

参考文献及进一步阅读建议

[1] 杜朝运：《中央银行学》，厦门大学出版社，2014。
[2] 国际货币基金组织：《国际金融统计》，月刊。
[3] 盛松成、翟春：《中央银行与货币供给》，中国金融出版社，2016。
[4] 王广谦：《中央银行学》（第三版），高等教育出版社，2016。
[5] 温信祥、张双长："非常规货币政策的国际实践及其启示"，《清华金融评论》，2017年第7期。
[6] 中国人民银行：《中国货币政策执行报告》，中国金融出版社，2004—2017。

相关网络链接

国际货币基金组织：http://www.imf.org/
中国人民银行：http://www.pbc.gov.cn/
美联储：https://www.federalreserve.gov/

第 12 章
金融市场基础设施*

陈俊君（中国银行间市场交易商协会）

> **学习目标**
>
> 通过本章学习，读者应做到：
> ◎ 了解金融市场基础设施的概念与作用
> ◎ 了解金融市场基础设施的分类与功能
> ◎ 了解我国银行间市场基础设施的成立背景
> ◎ 熟悉我国银行间市场基础设施的主要业务职责及其市场地位和作用
> ◎ 了解自律管理的概念与功能
> ◎ 掌握自律管理与行政监管的区别与联系
> ◎ 了解金融市场自律管理的国际演变和我国现状
> ◎ 熟悉交易商协会在自律管理实践中发挥的作用

■ 开篇导读

2017年9月25日，英格兰银行示警，英国脱欧之前，必须先就金融衍生品合约的处理问题与欧盟达成共识：规模数以兆计的交易亟待处理，恐怕会带来前所未有的挑战。

---

* 本章由张慧卉（中国银行间市场交易商协会）审校。

英格兰银行表示，每家大银行都与近 4 000 家机构签订了金融衍生品合约，若要逐笔处理，耗费时间相当可观。部分银行家建议，英国或可效仿同不属于欧盟的瑞士，签订金融服务业双边协议，但实际上，瑞士目前仅签订运输与贸易方面的相关协议。若此问题未得及时妥善处理，可能波及数万个未结清合约，占整个金融衍生品市场的近1/4。此外，欧盟副主席瓦尔季斯·东布罗夫斯基斯（Valdis Dombrovskis）曾提出，英国脱欧，必须把欧元清算所搬回欧洲。如此一来，以欧元计价的利率合约也会出现问题，据波士顿咨询研究显示，牵扯其中的流动性规模高达 98 万亿美元。无怪媒体惊呼："英国脱欧踏在危机边缘，衍生品清算成难题！"实际上，清算问题处于金融市场底层，由金融市场基础设施完成，其重要性往往为一般投资者所忽视，但如果金融市场基础设施缺位或存在缺陷，大规模、高效率的市场交易就不能得以发生或顺利进行，甚至会引发危机[1]。如果说衍生品清算距离我们尚显遥远，那么其实日常生活中我们每天都在直接、间接地与金融市场基础设施打交道。随着第三方支付的飞速发展，水电、燃气、有线电视、物业管理、交通违章、挂号就医、学生校园等相关费用多已实现线上支付，商场、超市、便利店、餐馆等的线下支付则由一二线城市向低线城市蔓延[2]，去现金、无钱包的消费时代悄然来临。实际上，第三方支付的不断发展离不开支付体系——金融市场基础设施组分之———的日益完善，金融市场基础设施的重要性由此也可见一斑。

什么是金融市场基础设施？它有哪些分类？每一分类中有哪些机构？各自具有哪些功能、发挥哪些作用？这些问题构成了本章的主要内容。本章从梳理金融市场基础设施相关概念入手，首先对金融市场基础设施的定义、分类与功能进行概述；接着以银行间市场基础设施为例，具体介绍中国外汇交易中心暨全国银行间同业拆借中心、中央国债登记结算有限责任公司、银行间市场清算所股份有限公司、北京金融资产交易所等具有典型性、代表性的市场基础设施；最后对金融市场新型基础设施——自律管理机构的相关理论、历史演变及交易商协会的实践进行介绍。通过本章学习，读者应了解金融市场基础设施的概念、分类和功能，熟悉我国金融市场尤其是银行间市场的主要基础设施，并对自律管理的理论和实践问题有所了解。

12.1 金融市场基础设施概述

12.1.1 金融市场基础设施的定义

关于金融市场基础设施的内涵与外延，通常有狭义与广义两种理解。狭义来讲，金融市场基础设施是指在金融工具之间发挥转换功能并提供相关信息支持服务的技术平台，

---

[1] 2007年美国次贷危机时大量场外衍生品合约无法得到有效清算为各国敲响了警钟。
[2] 据《中国支付清算发展报告（2017）》援引CNNIC的中国互联网络发展状况统计调查结果显示，在线下实体店购物时使用手机结算的比例已达到50.3%，即使在四、五线城市，这一比例也分别达到了43.5%和38%，农村地区的使用率也已达31.7%。

包括支付清算体系等，通过它们可以减轻金融市场参与者之间的关联性，进而降低金融风险传染的概率。例如，伯南克认为，金融市场基础设施是"金融的管道"（financial plumbing），用以支持交易、支付、清算和结算，实现金融机构间的相互联系和相互作用（Bernanke，2009）。国际清算银行支付结算体系委员会（CPSS）和国际证监会组织（IOSCO）联合发布的《金融市场基础设施原则》，将金融市场基础设施限定在交易后环节，将其定义为"参与机构（包括系统运行机构）之间，用于清算、结算或记录支付、证券、衍生品或其他金融交易的多边系统"。不过在其他文献中，不少研究者还是会将交易环节纳入金融市场基础设施的范围之中（如 Leon and Perez，2013；Ferrarini and Saguato，2014）。

广义来讲，金融市场基础设施除包括技术平台（硬件设施）外，还包括相关制度安排。例如，中国人民银行在《中国金融稳定报告（2005）》中将金融市场基础设施定义为"金融运行的硬件设施和制度安排，主要包括支付清算体系、法律法规、公司治理、会计标准、征信体系、反洗钱体系，以及由审慎金融监管、中央银行最后贷款人职能、投资者保护制度构成的金融安全网等"；进一步来讲，也有观点认为，广义金融市场基础设施还包括企业破产和产权债权保护制度、金融机构市场退出与风险补偿制度（存款保险制度、证券投资者保护制度和保险保障制度）、金融消费者权益保护制度、社会信用体系以及金融标准与准则等。①

一般来说，宏观经济与金融市场管理部门倾向于从广义上考虑金融市场基础设施与金融稳定之间的关系，而市场参与者每每谈起"基础设施"，指的往往是狭义层面的技术平台（硬件设施），通常也包含交易平台在内。因此，本章主要从狭义层面考察金融市场基础设施，即"用于交易、清算、结算或记录支付、证券、衍生品或其他金融交易的多边系统"。②

【拓展阅读 12-1】

《金融市场基础设施原则》的形成与发展

各国金融市场因金融全球化紧密相连，金融风险也在各国金融市场基础设施之间逐渐形成。为此，国际清算银行支付结算体系委员会和国际证监会组织技术委员会联合制定了《金融市场基础设施国际标准》。2001年，《重要支付系统核心原则》（CPSIPS）、《证券结算系统建议》（RSSS）出版；2004年，《中央对手建议》（RCCP）发布。

2008年金融危机证明了这些标准的价值。动荡期间，金融市场基础设施的平稳运行给予市场极大信心，场外衍生品市场则由于金融市场基础设施的缺失，暴露出透明度、风险管理等方面的诸多问题。有鉴于此，在2009年匹兹堡峰会上，G20决定在场外衍生品市场中充分发挥金融市场基础设施的作用，特别是推进场外衍生品集中清算。2010年，《关于在场外衍生品中央对手中应用2004年CPSS和IOSCO中央对手建议的指引》和《关于场外衍生品市场交易数据库的考虑要点》

---

① 现有文献并未对"金融基础设施"和"金融市场基础设施"这两个概念加以区分，这里也不对二者进行区分。
② 从组织形式角度考察金融市场基础设施，对应的是自律管理组织，我们将在第12.3节中进行介绍。

作为征求意见稿发布。

虽然危机中金融市场基础设施表现良好，但依然存在各种缺陷，如流动性风险管理、高质量抵押品稀缺等。2010年，CPSS和IOSCO启动对现有金融市场基础设施三套标准（CPSIPS、RSSS和RCCP）的全面评审和统一工作，最终形成《金融市场基础设施原则》（PFMI），并于2012年4月正式发布。PFMI通过提高最低要求、细化指导、扩大标准覆盖范围（如涵盖新的风险管理领域和新的金融市场基础设施类型），对原有三套标准进行了统一协调，并予以适当强化。

2012年12月，《披露框架和评估方法》作为PFMI的补充文件发布，旨在促进形成金融市场基础设施的一致性信息披露以及国际金融机构和各国相关管理部门的一致性评估，并有序提升金融市场基础设施的公共信息披露，使其与PFMI相一致。2014年10月，《金融市场基础设施的恢复》发布，通过提供恢复计划工具箱为金融市场基础设施和管理部门制定恢复发展计划提供指导，对PFMI进行了进一步补充。此外，针对PFMI的附件F《关于关键服务提供者的监督预期》，CPMI和IOSCO于2014年12月发布《关于关键服务提供者的监督预期评估方法》，为关键服务提供者的服务质量提供了有利保证。

资料来源：杨涛、李鑫，"国际金融市场基础设施监管改革及其对我国的启示"，《金融监管研究》，2015年第8期。

12.1.2 金融市场基础设施的作用

国际货币基金组织的调查结果显示，一国金融市场基础设施的发展与经济增长、技术创新、金融制度的变革息息相关。有效的金融市场基础设施建设能够促进居民储蓄转化为生产资本，提升资本配置效率，从而推动经济的可持续增长。金融市场基础设施与一国金融稳定也息息相关，它是维护金融稳定的基本条件和重要保障，具有保障市场高效稳定运行、防范系统性风险、守住底线的作用。一般而言，金融市场基础设施越发达，金融体系的弹性越高，应对外部冲击的能力就越强；反之，金融市场基础设施薄弱不利于识别潜在的金融隐患，不利于及时化解金融风险。纵观世界金融危机史，尽管爆发原因各异，但金融市场基础设施建设滞后是共同特性。1997年东南亚金融危机和2008年国际金融危机，均印证了金融市场基础设施存在缺陷的国家更易受到冲击。

因此，金融市场基础设施得到西方各国的普遍重视。按照西方经济学家切纳德等人的观点，一国金融体系要较好地发挥功能，适宜的宏观经济环境、有效的监督管理体制与健全的金融市场基础设施必不可少。上述三项因素也被西方学界视为构成金融稳定的"三根主要支柱"。在我国，早在党的十八届三中全会就提出要"加强金融基础设施建设，保障金融市场安全高效运行和整体稳定"；十八届五中全会进一步指出要"建立安全高效的金融基础设施，有效运用和发展金融风险管理工具。防止发生系统性区域性金融风险"。习近平总书记在"十三五"规划说明中也专门提到要"统筹监管重要金融基础设施，包括重要的支付系统、清算机构、金融资产登记托管机构等，维护金融基础设施稳健高效运行"，把金融市场基础设施提到相当重要的位置。

12.1.3 金融市场基础设施的分类

根据《金融市场基础设施原则》和上文讨论，我们将金融市场基础设施分为支付系统、中央证券存管和证券结算系统、中央对手方、交易数据库及其他金融市场基础设施等五类。

12.1.3.1 支付系统

支付系统（payment system，PS）是两个或多个参与者之间进行资金转账的工具、程序或规则，通常以参与者和运行者之间的双边或多边协议为基础，使用商定的运营设施完成转账。支付系统一般分为零售支付系统和大额支付系统，前者由私营或公共部门运行，采用延迟净额结算系统（DNS）或实时全额结算系统（RTGS）；后者多由中央银行运行，使用 RTGS 或类似机制，用于处理大额和优先支付业务。

在我国，自 1978 年以来，支付体系不断发展，特别是进入 21 世纪以后，支付体系改革取得突破性进展，形成以中国人民银行现代化支付系统为核心，银行业金融机构行业支付系统为基础，票据支付系统、银行卡支付系统、互联网支付等为重要组成部分的支付网络体系（见图 12-1）。中国人民银行建设并运行的大额实时支付系统和小额批量支付系统已成为我国资金运动的大动脉，功能和效率均已达到国际先进水平（见图 12-

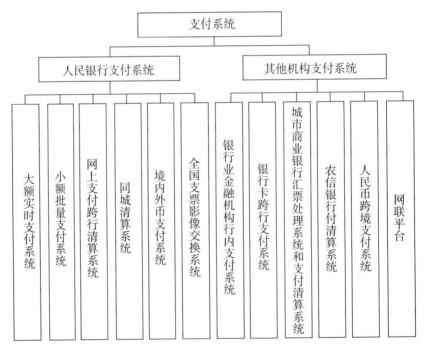

图 12-1 我国支付系统一览

注：①同城清算系统包括同城票据交换系统和同城电子清算系统；②自 2017 年 9 月 4 日起，全国支票影像交换系统并入小额支付系统，银行业金融机构统一通过小额批量支付系统处理全国支票影像交换系统业务；③网联平台处于试运行阶段。截至 2017 年年末，共有 248 家商业银行和 65 家支付机构接入网联平台，各支付机构有序将涉及银行账户的网络支付业务从直连通道切换至网联平台。

资料来源：中国人民银行。

2）。此外，2015年中国人民银行正式启动人民币跨境支付系统，标志着人民币国内支付和国际支付统筹兼顾的现代化支付体系取得重大进展。

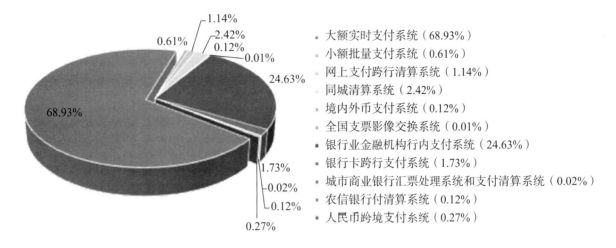

图 12-2　我国支付系统各子系统处理业务金额占比情况（2017 年）

注：①全国支票影像交换系统为 2017 年 1 月 1 日至 9 月 3 日数据；②网联平台处于试运行阶段，未纳入比较范围。

资料来源：中国人民银行《2017 年支付体系运行总体情况》。

12.1.3.2　中央证券存管和证券结算系统

中央证券存管（central securities depository，CSD）提供证券账户服务、集中保管服务和资产服务（包括公司行为管理和赎回管理等），在确保证券发行完整性方面发挥重要作用[①]。CSD 可以实物形式持有证券（但应固定化），也可以无纸化形式持有证券（证券仅以电子记录形式存在）。CSD 可以保留证券法定所有权的明确记录，但有的独立证券注册机构也会履行此类公证职能。证券结算系统（securities settlement system，SSS）通过预先设定的多边规则，支持证券通过簿记系统进行转让和结算。SSS 可以实现纯券过户，或在付款后完成证券转让。当以付款为条件过户时，很多系统可以进行券款对付（DVP），当且仅当付款完成时才进行证券交割。SSS 可以提供额外的证券清算和结算功能，如交易和结算指令确认。尽管《金融市场基础设施原则》将 CSD 和 SSS 视为不同类型基础设施，但在包括我国在内的许多国家，CSD 也运行 SSS 职能，因此我们将其合为一类。

在我国，股票市场方面，最早股票自营、代客、实物股票过户等交易、结算均由证券公司完成。为提高证券托管结算效率，保证市场安全稳定，2001 年上海证券中央结算

---

① 保证证券不会因意外或欺诈而产生、销毁或改变细节。

公司和深圳证券登记有限公司合并成立中国证券登记结算有限责任公司（中证登）[①]，成为对境内证券交易所[②]提供托管结算服务的唯一后台系统。债券市场方面，为改变20世纪90年代以前债券托管的混乱局面，监管机构推动实施债券集中托管。1996年，中央国债登记结算有限责任公司（中央结算公司）成立，在国债等领域发挥中央证券存管功能；1997年，银行间债券市场成立，中央结算公司为其提供债券交易的托管、清算、结算服务；2009年，银行间市场清算所股份有限公司（上海清算所）成立，推进银行间市场集中清算。票据市场方面，2009年，中国人民银行清算中心建成运营电子商业汇票系统（ECDS），负责提供与电子商业汇票数据电文的接收、登记、转发等相关服务；2017年，该系统移交切换至上海票据交易所。目前，我国形成了中证登、中央结算公司、上海清算所、上海票据交易所四家中央证券存管系统，负责股票、债券、票据等证券的集中托管，同时也是证券结算系统。

【拓展阅读12-2】

上海票据交易所

2016年，我国银行业票据市场极不平静。1月22日，农行票据买入返售业务发生重大风险事件，涉案金额高达39亿元。1月28日，中信银行又曝出9.69亿元票据诈骗案。4月8日，天津银行披露7.86亿元票据案。7月7日，宁波银行公告原员工违规办理票据业务32亿元。8月7日，广发银行发现9.3亿元票据资金被中介挪用流入股市。8月12日，银行业"首发"13亿元电票大案，涉及工行、恒丰银行和中旅银行。银行密集爆发票据问题，引起社会高度关注。值得注意的是，银行业频发票据问题并非仅限于2016年上半年，而是由来已久。据不完全统计，近十年来，国内银行业共发生亿元以上票据大案42起，涉案总额227亿元，平均涉案金额5.4亿元，最大的农行票据案件，涉案金额高达39亿元。[③]

为解决票据风险案件频发的问题，中国人民银行牵头组建上海票据交易所股份有限公司（上海票据交易所，以下简称"票交所"），并于2016年12月8日开业运营。票交所的股权结构类似银联，由多家银行参股组成，按照公司化、市场化的方式运营，其核心职能为开发、运作和维护互联网票据平台，并借助该平台以独立的第三方形式实现对票据市场参与标准、交易规则、风险流程、资金清算等的管理、规范和引导，并为后续的票据价格指数分析、信用评级、风险处置等奠定良好的基础。票交所还设计了客户准入、业务授权、业务审核、产品管理、票据托管、信息挖掘等基本业务规则。

上海票据交易所的建设和发展大幅度提高了票据市场的安全性、透明度和交易效率，激发了

---

① 1991年1月24日，深圳证券登记有限公司成立；1995年9月16日并入深圳证券交易所；2001年9月21日改组为中国证券登记结算有限公司深圳分公司。1993年3月8日，上海证券中央结算公司成立；2001年9月20日，改组为中国证券登记结算有限公司上海分公司。
② 含交易所债券交易。
③ "银行业票据大案频发，近十年涉案总额达227亿元"，《中国证券报》，2016年9月21日。

票据市场活力，更好地防范了票据业务风险。2017 年，票交所办理票据承兑业务 14.63 万亿元，其中电子商业汇票 13.02 万亿元，较 2016 年增长 51.75%；办理票据交易 52.18 万亿元，其中电子商业汇票交易 51.4 万亿元，较 2016 年增长 4.51%。[①] 此外，票交所承担中央银行货币政策再贴现操作等政策职能，有利于进一步完善中央银行宏观调控，优化货币政策传导，增强金融服务实体经济的能力。

资料来源：上海票据交易所网站及相关报道。

12.1.3.3 中央对手方

中央对手方（central counter party，CCP）介入一个或多个市场中已成交合约的交易双方，成为每个卖方的买方和每个买方的卖方，以此确保所有敞口合约的履行。CCP 通过合约替代、公开报价系统或具有法律约束力的类似安排，成为市场参与者的交易对手。CCP 可通过交易多边轧差及风险控制手段来降低参与风险，例如，CCP 要求参与者提供抵押品（如初始保证金等）来覆盖当前和未来潜在的风险暴露。CCP 也可通过违约基金等机制与参与者分担风险。由于具备降低参与风险的能力，CCP 可降低所在市场的系统性风险。CCP 风险控制的有效性及其金融资源的充足性对降低风险至关重要。

在我国，以 2008 年金融危机为界，中央对手方机构的发展可分为两个阶段。金融危机前，场内市场已建立中央对手方清算机制，中证登在交易所债券质押式回购中充当中央对手方；上海期货交易所、郑州商品交易所、大连商品交易所和中国金融期货交易所在各自期货交易中充当中央对手方。金融危机后，中国人民银行推动成立上海清算所，先后在债券现券、外汇、航运衍生品和利率互换等产品领域建立集中清算机制，现已初步建成本外币、多产品、跨市场的中央对手清算业务体系。此外，交易所市场的大部分证券交易品种目前均已纳入中证登多边净额担保结算范畴。

表 12-1　我国主要中央对手方机构及其清算品种

名　称	中央对手清算品种
上海清算所	债券：债券净额； 外汇：外汇即期竞价、外汇询价、跨境外汇即期； 衍生品：汇率、利率（人民币利率互换、标准债券远期）、信用（信用违约互换）； 商品衍生品：航运（人民币远期运费协议、沿海煤炭远期运费协议、人民币集装箱掉期）、黑色（人民币铁矿石掉期）、能源（人民币动力煤掉期）、有色（人民币电解铜掉期、自贸区铜溢价掉期）、化工（人民币苯乙烯掉期、人民币乙二醇掉期、自贸区乙二醇进口掉期、人民币甲醇掉期）、碳排放（上海碳配额远期）
中证登	场内集中交易的证券品种
上海期货交易所	期货：铜、铝、锌、铅、镍、锡、黄金、白银、螺纹钢、线材、热轧卷板、燃料油、石油沥青、天然橡胶、原油

[①] 上海票据交易所，《2017年票据市场运行分析报告》，2018。

(续表)

名　称	中央对手清算品种
郑州商品交易所	期货：普通小麦、优质强筋小麦、早籼稻、晚籼稻、粳稻、棉花、油菜籽、菜籽油、菜籽粕、白糖、动力煤、甲醇、精对苯二甲酸（PTA）、玻璃、铁合金、棉纱、苹果； 期权：白糖
大连商品交易所	期货：玉米、玉米淀粉、黄大豆1号、黄大豆2号、豆粕、豆油、棕榈油、鸡蛋、纤维板、胶合板、线型低密度聚乙烯、聚氯乙烯、聚丙烯、焦炭、焦煤、铁矿石； 期权：豆粕
中国金融期货交易所	期货：沪深300股指、中证500股指、上证50股指、5年期国债、10年期国债

资料来源：各中央对手方机构网站。

12.1.3.4　交易数据库

交易数据库（trade repository，TR）是集中保存交易数据电子记录的单位。作为一种新型基础设施，交易数据库在金融市场，尤其是在场外衍生品市场的地位日趋重要。对监督管理机构而言，交易数据库通过数据的集中收集、存储和传递提高了信息透明度，能够为监测和防止市场滥用提供支持，有助于促进金融稳定；对单个机构和整个市场而言，交易数据库提供信息，有助于降低风险、提高效率和节约成本。交易数据库的利益相关方包括交易主体、代理人、CCP以及提供附加服务[①]的其他供应商。正是由于交易数据库涉及的利益相关方众多，数据的持续获得性、可靠性和准确性非常重要。

目前，我国尚未建立交易数据库的法律或监管框架，也未指定或成立专门的机构作为交易数据库。金融稳定理事会发布的《场外衍生品市场改革第九次进展情况报告》中，中国外汇交易中心和中证机构间报价系统股份有限公司被视为类交易数据库（TR-like entity），其中，外汇交易中心记录利率类、外汇类场外衍生品交易数据，中证机构间报价系统记录股权类场外衍生品数据。就目前情况而言，我国各金融子市场的交易数据较为完整，相关单位对数据的收集分工较为明确，已基本具备正式建立交易数据库的条件。

12.1.3.5　其他金融市场基础设施

按照我们对金融市场基础设施定义的考察，除《金融市场基础设施原则》明确的几类基础设施外，证券（如沪深证券交易所、全国中小企业股份转让系统、北京金融资产交易所等）、期货（如上文提到的四家作为中央对手方的期货交易所）、黄金（如上海黄金交易所）等交易场所、保险行业平台等也应被纳入金融市场基础设施范畴。随着金融市场的发展与创新，一些新兴机构开始发挥基础性作用，对市场的稳健运行产生影响，这些机构也有可能逐渐被认定为金融市场基础设施。但受篇幅限制，本章不可能对这些机构面面俱到地进行介绍。

2007年金融危机充分暴露出欧美金融市场基础设施的缺陷和不足，危机后各国普遍提升了对市场基础设施建设的重视程度。与危机肇始国不同的是，我国银行间市场自建

---

① 附加服务包括支付的中央结算、电子化替代和确认、组合压缩和对账以及抵押品管理等。

立之初就有集中的交易平台、统一的中央托管体系、高效的结算清算系统、品类丰富的细分产品市场,这些基础设施保障了市场运行的透明有序和风险可控,为市场深度和广度的不断扩展提供了制度性框架安排,积蓄了发展的后劲。因此,接下来选择"银行间市场"这一具有代表性的市场和外汇交易中心、中央结算公司、上海清算所、北京金融资产交易所等具有典型性的机构进行介绍,对交易所市场及其他基础设施感兴趣的读者,可在此基础上做进一步了解和研究。

【拓展阅读 12-3】

上海黄金交易所

改革开放以来,中国经济体制改革逐步深化,绝大部分产品实现了资源配置的市场化,2001年中国加入世界贸易组织,黄金生产和销售市场化要求迫在眉睫。但黄金又是特殊商品,在较长时间内同时具有商品和货币两种属性,因此国务院对黄金流通体制改革十分重视,专门成立了由中国人民银行等十部委组成的领导小组,先后两次在总理办公会上讨论黄金流通体制改革问题,并于 2001 年 10 月 9 日正式批复,同意建立上海黄金交易所。中国人民银行对此也非常重视,认为"黄金交易所筹建工作直接关系到黄金流通体制改革的成败",时任行长戴相龙在"二十一世纪的中国与世界"论坛讲话中指出,"黄金交易所将与货币市场、证券市场和外汇市场一起组成我国的金融市场体系"。2002 年 10 月 30 日,上海黄金交易所正式运行。它的成立实现了中国黄金生产、消费、流通体制的市场化,是中国黄金市场开放的重要标志。

上海黄金交易所自成立以来逐步发展成为中国黄金市场的核心、枢纽以及全球重要的黄金、白银、铂金等贵金属交易市场。自 2007 年起,上海黄金交易所交易量连续 10 年位居全球场内黄金现货场所之首。截至 2017 年年末,上海黄金交易所有会员 253 家,其中国内金融类、综合类共 165 家,特别会员 19 家,国际会员 69 家,国内会员单位年产金、用金量占全国的 90%,冶炼能力占全国的 95%;国际会员均为国际知名银行、黄金集团及投资机构。截至 2017 年年末,机构客户 12 269 户,个人客户 931.22 万户。

上海黄金交易所建成了由竞价、询价、定价、租赁等市场共同组成、融境内主板市场与国际板市场于一体的多层次黄金市场体系。竞价市场实行集中竞价撮合机制,是目前交易量最大的市场,金融机构、产用金企业等机构和个人均可参与,交易标的包括黄金、白银和铂金三大类品种,有现货实盘合约、现货即期合约和现货延期交收合约等 16 个合约。询价市场是机构之间开展定制化衍生品交易的重要平台,主要提供黄金即期、远期、掉期和期权等交易品种。租借市场主要开展商业银行之间的黄金拆借业务、银行与企业之间的黄金租借业务。

上海黄金交易所实行"集中、净额、分级"的清算原则,"集中"是指交易所对会员统一办理资金清算和划付;"净额"是指会员就其在交易所买卖的成交差额与交易所进行清算;"分级"是指交易所负责对会员实行清算,会员负责对其代理客户实行清算。目前主板业务共有指定保证金存管银行 18 家,国际板业务共有指定保证金存管银行 8 家。上海黄金交易所在全国 35 个城市使用 61 家指定仓库进行实物交割,并在全国范围内对金锭和金条进行统一调运配送。

2016年4月19日，上海黄金交易所发布"上海金"，成为全球首个以人民币计价的黄金基准价格。"上海金"定价机制是中国金融要素市场创新开放、积极融入全球一体化进程的重要尝试，为黄金市场参与者提供了良好的风险管理和创新工具，加快了中国黄金市场的国际化进程。2016年1月26日，上海黄金交易所推出首款移动互联网产品"易金通"，打造真正惠及群众的"百姓金"平台，推动黄金投资实现便利普惠。近年来，上海黄金交易所还配合国家"一带一路"战略，积极落实与相关省份和沿线国家、地区黄金市场的全方位对接以及战略合作，不断提升中国黄金市场的核心竞争力和国际影响力。

资料来源：上海黄金交易所网站。

【拓展阅读12-4】
区块链与金融市场基础设施

2008年，中本聪（Satoshi Nakamoto）发表了一篇白皮书，勾画了"比特币"的基本原理，引起数字货币及其背后区块链技术的迅速发展，引起金融界的广泛关注。区块链技术的三大创新点——通过公钥密码技术对资产等敏感数据进行加密、通过参与者共同维护公共账本建立信任机制、通过智能财产与智能合同实现复杂交易——与传统交易和记账方式截然不同，具有减少中间环节、降低风险、提高效率、节约成本等优势，可能使金融服务方式及相应支付、清算、结算等基础设施发生巨大变化。

2015年起，一些开发者开始探索区块链在金融市场中的应用。例如，Symbiont技术公司开发了一种平台，允许金融企业创建可存储于区块链的智能合同债券，只要符合清算条件可以立即执行，无需任何人工干预，自动进行债券利息支付和到期还本。2015年，纳斯达克宣布探索使用区块链作为"纳斯达克私有市场"交易记录系统，随后推出基于区块链技术的"Linq"系统。美国知名在线零售商Overstock.com在2015年8月也跨界宣布推出基于区块链的股权交易平台"t0"，并提出"交易即结算"的理念。高盛甚至开始为一种叫作"SETLeoin"的新虚拟货币申请专利，用于为资产交易提供"近乎立即执行和结算"的服务。2015年年底，包括CME、Euroclear、HSBC、伦敦证券交易所等机构组成交易后分布式账本集团（PTDL），共同探讨区块链技术在清算、结算等交易后不同层级的应用。

区块链技术为金融市场基础设施描绘了一幅诱人的前景，但仍存在很多不确定性。正如SWIFT组织在一份报告中所说，"尽管区块链具有改变行业的潜力，但是要想全面实现这些潜在的好处，就需要在时间和资源上广泛投入，以及在监管上积极支持业务流程的改革，并做好短期收益较小的准备"。

资料来源：周永林，"区块链与金融市场基础设施"，《金融市场研究》，2016年第6期。

12.2 银行间市场基础设施

12.2.1 中国外汇交易中心暨全国银行间同业拆借中心

中国外汇交易中心暨全国银行间同业拆借中心（以下简称"交易中心"）是中国人民银行直属事业单位，主要职能是为银行间外汇市场、货币市场、债券市场的现货及衍生品交易提供系统并组织市场交易；办理外汇交易的资金清算、交割，负责人民币同业拆借及债券交易的清算监督；提供网上票据报价系统；提供外汇市场、债券市场和货币市场的信息服务；开展经中国人民银行批准的其他业务。交易中心总部设在上海，在北京建有备份中心。

12.2.1.1 成立背景

1. 中国外汇交易中心的设立

1993年12月25日，国务院发布《关于进一步改革外汇管理体制的通知》，决定从1994年1月1日起进一步改革我国的外汇管理体制，首次明确提出建立银行间外汇市场。

1994年2月15日，中国人民银行印发《关于设立中国外汇交易中心的通知》，正式设立中国外汇交易中心这一独立核算的非营利性机构，旨在建立银行间外汇交易制度，健全外汇市场管理，维护外汇交易的公正和交易者的合法权益。中国外汇交易中心作为银行间外汇市场具体组织者和运行者的地位得以明确。

中国外汇交易中心的章程中，明确交易中心实行会员制，并明确了当时的业务范围包括：提供外汇集中交易系统；组织外汇交易品种的上市买卖；办理外汇交易的清算交割；提供外汇市场的信息服务；主管机关许可或委托的其他业务等。

1994年4月4日中国外汇交易中心外汇交易系统正式运行，形成以市场供求为基础的、单一的、有管理的浮动汇率，并由中国人民银行统一对社会公布。1994年4月18日，中国外汇交易中心宣布正式成立开业。

2. 全国银行间同业拆借中心的设立

随着市场发展，交易中心除承担外汇市场业务外，又逐渐承担了人民币同业拆借、债券交易等全国统一系统建设和市场服务职能。

1995年12月4日，"全国银行间同业拆借市场筹备会议"在上海召开，明确从1996年1月1日起，所有金融机构的同业拆借业务，都必须通过全国统一同业拆借市场网络办理。1996年1月3日，全国银行间拆借市场依托交易中心系统运行并生成全国统一的同业拆借市场利率（Chibor）。

1997年1月27日，中国人民银行印发《关于中国外汇交易中心业务工作归口管理及有关问题的通知》，明确中国外汇交易中心与全国银行间同业拆借中心是一套机构、两块牌子，为中国人民银行直属京外正局级事业单位。

1997年6月5日，中国人民银行印发《关于银行间债券回购业务有关问题的通知》，决定在全国统一同业拆借市场开办银行间债券回购业务，并颁布《银行间债券回购业务暂行规定》；6月6日，推出银行间债券交易系统，全国统一的银行间债券市场启动；6月13日，中国人民银行印发《关于开办银行间国债现券交易的通知》，明确从1997年6月16日起，全国银行间同业拆借中心开办国债现券业务。

12.2.1.2 主要业务职责

1. 交易服务

交易中心为银行间外汇市场、货币市场、债券市场和衍生品市场提供交易系统并组织交易，同时履行市场一线监测职能，对包括市场合规、异常交易和风险指标等进行实时监测，确保市场平稳、健康、高效运行。

银行间外汇市场。银行间外汇市场包括人民币外汇市场、外币对市场和外币拆借市场，是机构之间进行外汇交易的市场，实行会员管理和做市商制度，参与者包括银行、非银行金融机构和非金融企业等。

交易中心为银行间外汇市场提供统一、高效的电子交易系统，该系统提供集中竞价与双边询价两种交易模式，并提供单银行平台、交易分析、做市接口和即时通信工具等系统服务。

交易系统支持人民币对25个外币（美元、欧元、日元、港元、英镑、澳大利亚元、新西兰元、新加坡元、瑞士法郎、加拿大元、林吉特、俄罗斯卢布、南非兰特、韩元、阿联酋迪拉姆、沙特里亚尔、匈牙利福林、波兰兹罗提、丹麦克朗、瑞典克朗、挪威克朗、土耳其里拉、墨西哥比索、泰铢（区域交易）和坚戈（区域交易））的即期，人民币对23个外币（美元、欧元、日元、港元、英镑、澳大利亚元、新西兰元、新加坡元、瑞士法郎、加拿大元、林吉特、俄罗斯卢布、兰特、韩元、阿联酋迪拉姆、沙特里亚尔、匈牙利福林、波兰兹罗提、丹麦克朗、瑞典克朗、挪威克朗、土耳其里拉、墨西哥比索）的远期、掉期，人民币对5个外币（美元、欧元、日元、港元、英镑）的货币掉期和期权交易，9组外币对（欧元/美元、澳元/美元、英镑/美元、美元/日元、美元/加元、美元/瑞士法郎、美元/港元、欧元/日元、美元/新加坡元）的即期、远期和掉期交易，5个外币（美元、欧元、港元、日元和澳元）的外币拆借交易以及与上海黄金交易所合作的银行间黄金询价即期、远期和掉期交易。

银行间本币市场。银行间本币市场由货币市场、债券市场、票据市场及相关衍生品市场组成，是金融机构实施流动性管理、资产负债管理、投资交易管理及利率和信用风险管理的重要场所。其中，银行间债券市场已成为我国直接融资的主渠道之一，政府债券、金融债券、资产支持证券和各类非金融企业债务融资工具等债券品种均可在银行间债券市场发行流通。目前，本币市场成员已涵盖商业银行、农联社、证券公司、保险公司、信托公司等各类金融机构投资者，基金、企业年金等非法人投资产品以及部分非金融企业。

交易中心为银行间本币市场的广大机构投资者提供高效、便捷的本币交易系统，系统覆盖信用拆借、质押式回购、买断式回购、同业存单、现券买卖、债券借贷、债券远期、利率互换、远期利率协议、信用风险缓释凭证、标准利率衍生产品等交易品种，支持询价、做市报价、请求报价、双边授信撮合等多种交易方式，市场成员可通过客户端、数据接口等途径运用交易系统开展交易。此外，交易中心还通过中国票据网为金融机构提供票据报价及信息服务。

国际金融资产交易平台。交易中心在上海自贸区建设"国际金融资产交易平台"，以互联网为载体，面向自贸区内金融机构和企业提供人民币相关金融资产的报价、信息和交易等服务，并适时引入境外机构，满足各类机构的头寸平盘、投融资和风险管理等需求。

平台依据试验区政策落地及业务开展情况进行分阶段建设，一期主要提供信息服务；二期主要提供人民币外汇、同业拆借、电子票据、存贷款等品种的报价服务；三期将扩大参与主体范围，完善和丰富报价品种，适时推出交易服务。一期和二期分别于2014年10月和12月上线试运行。

2. 交易后处理服务

交易中心为银行间市场提供交易确认、交易冲销、直通式处理（STP）等交易后处理服务。

交易确认服务。交易中心通过交易后处理服务平台为市场参与者已达成的交易提供交易确认服务，支持人民币利率互换、外汇即期、远期、掉期询价交易和黄金即期、远期、掉期询价交易等产品。交易确认服务提供统一确认书文本和电子化确认方式，帮助市场参与者有效地降低人工成本、操作风险，提高市场运行效率。

交易冲销服务。交易冲销服务为利率互换市场参与者提供多边和双边交易压缩，在不改变参与者市场风险敞口的情况下，最大限度地终止市场成员持有的利率互换合约，减少信用额度和资本占用，有效降低全市场信用风险，提高金融机构资本利用效率。

直通式处理服务。交易中心为银行间本外币市场提供直通式处理服务，直通式处理服务实现了交易系统与市场成员内部管理系统及银行间市场结算、清算系统的无缝连接，交易从达成到结算完全实现电子化处理，有效避免数据落地造成的数据遗失、数据出错等风险，提高银行交易处理效率，降低银行自身操作风险。

3. 基准和信息服务

交易中心以银行间市场交易系统产生的报价成交数据为核心，以交易确认等交易后数据、托管机构清算数据及其他第三方数据为补充，通过中国货币网、数据接口、交易系统、信息服务商及各类媒体分发等方式，为监管机构、市场成员和社会大众提供交易报告等信息服务。同时，通过对数据的深层次挖掘，提供银行间市场的基准价格和各类收益率曲线、指数、估值等增值服务，为市场定价与交易提供基准参考。

交易数据库。依托电子化交易平台、电子化交易后平台、备案系统和从托管结算机构获取数据，交易中心交易数据库完成了银行间现货和衍生品市场各个阶段数据的采集和发布工作。以利率衍生品为例，交易中心交易数据库记载了交易合约生命周期数据，包括交易执行、交易确认、交易冲销和清算状态等信息，各个状态信息清晰完整。与国外较为普遍的场外衍生品交易数据库相比，交易中心交易数据库从建立之初即立足于整个银行间市场，涵盖外汇、货币、债券市场的现货和衍生品业务。交易中心交易数据库一直致力于提高市场透明度,为监管机构提供各种信息便利,为市场成员和社会公众提供不同层次的信息服务,目前已经形成全方位的对外信息服务框架。

主要数据产品。主要数据包括市场数据、基础数据、统计数据和第三方数据等。

市场数据。市场数据源自交易中心交易系统产生的报价成交行情,具有及时、准确、完整的特点。市场数据种类包括实时数据、收盘数据和历史数据,可以满足不同层次用户的需求。

基准数据。根据人民银行总体部署和市场发展需要,交易中心开发了较全面的市场基准体系,发布人民币汇率中间价、Shibor、贷款基础利率、回购定盘利率、7天回购移动平均利率等基准指标,提供利率互换定盘/收盘曲线、债券实时/收盘收益率曲线、债券指数、外汇掉期曲线、货币掉期曲线、美元隐含利率曲线、外汇期权波动率曲线、外汇期权 Delta 头寸计量参数等基准数据,为市场成员进行交易清算、市场分析、定价估值、产品创新、风险管理等提供市场基准参考。

【拓展阅读 12-5】

人民币汇率中间价

2005年7月21日人民币汇率形成机制改革后,根据中国人民银行授权,交易中心每个工作日上午9时15分发布人民币对美元等主要外汇币种汇率中间价。

人民币对美元汇率中间价的形成方式为:交易中心于每日银行间外汇市场开盘前向外汇市场做市商询价。外汇市场做市商参考上日银行间外汇市场收盘汇率,综合考虑外汇供求情况以及国际主要货币汇率变化进行报价。交易中心将全部做市商报价作为人民币对美元汇率中间价的计算样本,去掉最高和最低报价后,将剩余做市商报价加权平均,得到当日人民币对美元汇率中间价,权重由交易中心根据报价方在银行间外汇市场的交易量及报价情况等指标综合确定。

人民币对港元汇率中间价由交易中心分别根据当日人民币对美元汇率中间价与上午9时国际外汇市场港元对美元汇率套算确定。

人民币对欧元、日元、英镑、澳大利亚元、新西兰元、新加坡元、瑞士法郎、加拿大元、林吉特、俄罗斯卢布、兰特、韩元、阿联酋迪拉姆、沙特里亚尔、匈牙利福林、波兰兹罗提、丹麦克朗、瑞典克朗、挪威克朗、土耳其里拉和墨西哥比索汇率中间价形成方式为:交易中心于每日银行间外汇市场开盘前向银行间外汇市场相应币种的做市商询价,将做市商报价平均,得到当日人民币对欧元、日元、英镑、澳大利亚元、新西兰元、新加坡元、瑞士法郎、加拿大元、林吉特、俄罗斯卢布、兰特、韩元、阿联酋迪拉姆、沙特里亚尔、匈牙利福林、波兰兹罗提、丹麦克朗、瑞典克朗、挪威克朗、土耳其里拉和墨西哥比索汇率中间价。

资料来源:中国货币网。

【拓展阅读 12-6】

上海银行间同业拆放利率

2007年年初以来，交易中心根据中国人民银行授权计算、发布中国货币市场基准利率——上海银行间同业拆放利率。Shibor是根据信用等级较高的银行组成的报价团自主报出的人民币同业拆出利率计算确定的算术平均利率，是单利、无担保、批发性利率。目前公布的Shibor品种包括隔夜、1周、2周、1个月、3个月、6个月、9个月及1年。每个交易日，交易中心根据各报价行的报价，剔除最高、最低各4家报价，对其余报价进行算术平均计算，得出每一期限品种的Shibor，并于北京时间上午9:30对外发布。

资料来源：中国货币网。

【拓展阅读 12-7】

贷款基础利率

交易中心自2013年10月25日起计算和发布贷款基础利率（loan prime rate，LPR）。贷款基础利率是商业银行对其最优质客户执行的贷款利率，其他贷款利率可在此基础上加减点生成。贷款基础利率的集中报价和发布机制是在报价行自主报出本行贷款基础利率的基础上，指定发布人对报价进行加权平均计算，形成报价行的贷款基础利率报价平均利率并对外予以公布。运行初期向社会公布1年期贷款基础利率。交易中心作为贷款基础利率的指定发布人，于每个交易日根据各报价行的报价，剔除最高、最低各1家报价，对其余报价进行加权平均计算后，得出贷款基础利率报价平均利率，并于11:30对外发布。

资料来源：中国货币网。

统计数据。依托交易执行服务和交易后服务，交易中心向市场提供按期限品种、投资者属性、交易标的类别等不同纬度统计的市场报告、交易后报告和监管报告，帮助投资者和监管机构分析走势、评估风险，帮助研究机构和公众了解市场。

第三方数据。交易中心积极与其他数据源开展合作，通过购买、互换等方式丰富数据类型。目前交易中心第三方数据产品包括国际货币经纪报价、国债登记公司估值和收益率曲线、交易所债券等，并拟整合交易系统数据和第三方数据，制作综合性、深加工的数据产品，既提高用户数据接收效率又便利用户分析处理。

主要发布渠道。主要发布渠道有以下几种：

中国货币网。交易中心主办的中国货币网（www.chinamoney.com.cn）是中国人民银行指定的银行间市场信息发布平台，提供公告通知、政策法规、行情信息、市场统计与信息披露，发布各类市场基准指标，为监管机构统计监测、交易员查阅市场行情和参与市场活动、社会公众了解银行间市场提供便利。

数据接口。CMDS（CFETS Market Data Service）是交易中心向银行间市场成员提供的数据接口服务，交易中心主要的数据产品均通过 CMDS 发布。用户通过内部数据系统和 CMDS 的对接，可对数据进行再加工，满足头寸管理、盯市、估值等风险管理需求和建立数据模型、进行算法交易的市场分析需求，有利于实现前中后台数据直通式处理。

交易终端。交易中心通过交易终端为银行间市场成员和会员提供实时、准确和完整的市场报价和成交行情数据，为市场定价与交易提供参考。

信息商终端。交易中心已授权 10 家合格信息商通过终端，将银行间各类数据传递给市场成员、海内外投资者和社会公众。

4. 技术服务

交易中心目前已建成涵盖交易、交易后处理、信息、增值、监管等服务领域的 60 个系统，为市场提供技术支持和服务保障。

联网服务。交易中心为客户提供适合要求的数据专线和拨号方式（包括 3G VPDN）联网接入服务。交易中心在成都、重庆、大连、济南、广州、青岛、汕头、深圳、天津、厦门和香港 11 个城市设有网络中继站。市场成员除了可以通过交易中心上海总部和北京异地灾备中心接入交易中心网络外，还可以按照就近原则申请通过中继站接入以节约成本。

安全认证服务。交易中心为市场成员提供数字证书服务，包括受理数字证书申请、变更应用范围、更换数字证书和废除数字证书等内容。

场务服务台（Help Desk）。交易中心的场务服务台配备专业服务团队受理各类服务请求，力争在第一时间解决客户使用交易中心系统时所遇到的业务及技术问题；为联网客户提供网络可用性和带宽监控，在发现异常时及时通知；在应用系统重大版本升级时提供下载、升级和验证的技术支持。并可在远程电话支持无法解决问题时提供现场诊断服务。

API 接入服务。交易中心为银行间市场提供 API 接入服务。API 接入服务涵盖本外币交易系统的交易前、交易中和交易后流程，应用于直通式处理服务、信息发布服务、交易服务等各领域。其中，CMDS 接口提供市场行情、基准数据和报表服务；本币上行接口提供自动报价服务，外币 FI/CPI 接口提供自动报价和交易服务；CSTP 接口提供本外币数据直通式处理服务；交易后接口提供交易确认服务。

API 开发支持和测试服务。交易中心向使用 API 接入服务的银行间市场成员提供独立测试环境、规范化的开发支持服务和测试服务。其中开发支持服务包括系统接入开发机构认证管理、银行间市场技术标准制修订、技术问题咨询、协助程序调试和交易终端使用支持等；测试服务包括配合开发测试、执行验收测试及协助接口程序上线准备工作等。

12.2.1.3 市场地位和作用

交易中心成立以来，以"人民币相关产品交易主平台和定价中心"为建设目标，以"多种技术手段，多种交易方式，满足不同层次市场需要"为业务工作方针，利用先进的电子信息技术，依托专线网和互联网，面向银行间外汇市场、债券市场和货币市场，建成了交易、清算、信息、监管四大服务平台，在支持人民币汇率稳定、传导中央银行货币政策、服务金融机构和监管部门等方面发挥了重要的作用。

近年来，交易中心在中国人民银行、国家外汇管理局的领导下，围绕人民币汇率、利率改革和金融市场发展，致力于银行间本外币市场基础设施建设、产品和机制创新。银行间本外币市场交易量不断增长，交易机制不断创新，基础、衍生产品序列逐渐丰富，交易平台成功上线，人民币基准汇率和利率受到广泛关注，市场主体数量和类型不断增加，清算、信息、监管服务功能日益完善。银行间市场已经成为我国金融市场中交易量最大的一个市场，涵盖外汇市场、货币、债券、衍生品市场。以银行间本币市场为例，2017年累计发行成交836万亿元，其中，同业存单发行20万亿元，二级市场各交易品种成交816万亿元（占比如图12-3所示）。

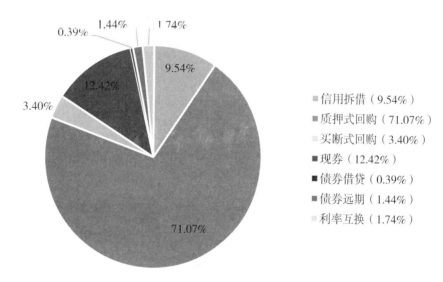

图12-3　银行间本币市场二级市场成交量构成（2017年）

资料来源：中国货币网。

12.2.2　中央国债登记结算有限责任公司

中央国债登记结算有限责任公司（以下简称"中央结算公司"）为国有独资非银行金融机构，是财政部授权主持建立、运营全国国债托管系统的机构，中国人民银行指定的银行间债券市场债券登记托管结算机构和商业银行柜台记账式国债交易一级托管人。中央结算公司的主要职能包括：为国债、地方政府债、中央银行票据、政策性金融债、企业债、商业银行金融债和其他固定收益证券提供登记、托管、结算、代理还款付息服务；为中国人民银行公开市场业务系统和债券发行系统提供技术支持；根据管理部门授权对债券次级托管进行监管；办理外币固定收益证券的托管、跨境结算并组织办理相关资金结算与国际业务；提供债券市场和货币市场中介服务以及信息研究、咨询、培训与宣传服务；开展经中国人民银行、财政部批准的其他业务。

12.2.2.2.1 成立背景

中央结算公司作为债券中央托管机构，是在借鉴国际经验，防范金融风险的背景下成立的。20世纪70年代，为有效控制托管结算风险，支持证券市场安全高效运行，中央托管机构作为一项创新的组织和制度安排应运而生。1989年国际30人小组（G30）在《关于证券清算结算体系的报告》中明确提出建立中央托管机构的建议，并就其治理、监管和业务等方面确立了标准，构建了中央托管机构的基本框架。到90年代中期，不仅发达国家已确立了中央托管体系，大部分新兴经济体也建立了中央托管机构。而同时期中国债券市场，由于缺乏集中统一的债券登记托管机构，债券分散保管，市场秩序一度相当混乱，形成了较大的金融风险。此时，为适应社会主义市场经济体制的需要，宏观调控和银行商业化改革都迫切需要一个稳定发展的债券市场。

为了解决债券分散托管的风险，支持市场安全平稳运行，维护国家信用，中国人民银行和财政部等主管部门借鉴国际经验，提出建立债券中央托管机构的建议。1996年12月，经国务院同意，中央结算公司正式挂牌成立，标志着中国债券中央托管体制的开始。中央结算公司建立起实物券集中保管库体系，接收保管分散在全国42处保管的债券，结束了中国债券市场分散托管的历史，扭转了市场混乱局面，为市场健康发展提供了必要的基础。

12.2.2.2.2 主要业务职责

1. 登记托管与结算服务

构建集中统一的债券登记托管体系。按照国际公认的债券托管原则对银行间债券市场提供统一、规范的登记托管，设计了一级托管为主的账户体系。从国债集中托管起步，中央结算公司逐步发展成为支持债券市场运行的金融核心基础设施。

完善担保品管理服务。在托管服务基础上，创新完善了担保品管理系统，提供质押资产池管理、自动选券、质押券置换、逐日盯市等服务，为市场提供集中、高效、专业化的选择，该项创新还可进一步支持三方回购、中央债券借贷、衍生品履约保障等其他创新需求，是重要的风险管理工具。

满足高效、安全的交易结算需求。中央结算公司的债券结算业务与国际多项先进标准接轨，通过与国家现代化支付系统（大额支付系统）联网，实现了多渠道的券款对付结算机制，使中国结算机制进入了世界先进行列。其提供的实时全额DVP结算模式最为适合场外市场，结算确定性最强。中央结算公司还与前台交易系统联网，实现了国际标准普遍推荐的交易结算直通式处理架构，进一步提高了银行间债券市场的交易结算效率。

2. 政策支持与监管服务

为中国人民银行公开市场业务系统和债券发行系统提供技术支持。有效满足了各类发行体高频率、大规模、低成本的市场化发行债券的要求，配合了积极财政政策的顺利实施；为国库现金管理等操作提供支持，配合了债务管理战略的实施；适应各种公开市场操作工具的需要，保障了货币政策的实施。

参与和推进市场规范化建设。协助主管部门制定市场管理规章，建立健全相关业务规则和操作流程，形成较为完整的制度框架，并根据主管部门要求，履行市场一线监测职能。

根据主管部门授权，对商业银行柜台债券市场的二级托管人进行监督。此外，通过语音查询系统，为银行间债券市场丙类成员提供直接余额查询，成为保护中小投资者利益的重要保障。

3. 跨境服务

完善面向境外投资者的服务。根据银行间债市的开放进程，多家境外机构投资者入市，在中央结算公司开立债券账户。

开辟内地与中国香港两地债市的通道。与香港金融管理局的联网运作，将为内地投资者参与中国香港债市和国际债市提供低成本的便捷渠道，也为支持中国债券市场对外开放做了准备。此外，还与国际托管结算机构（明讯）联网，为境内投资欧元债券提供跨境结算服务。

4. 信息与研究服务

开展债券信息服务。中央结算公司最早为银行间债市创建信息网站，成为债市信息披露重要平台；创新开发中债收益率曲线、中债估值、中债指数、中债统计等信息产品，使债市管理的透明性和精细化水平大大提高了一步，并为风险释缓工具、国债期货等衍生品提供合理定价的依据。

开展债券市场相关研究、咨询、培训与宣传工作。多年来，中央结算公司积极稳妥地配合主管部门，从技术环节把握好创新的节奏和力度，使产品创新稳健开展，配合支持了许多创新产品（如资产支持证券、集合票据、含权债等新品种，买断式回购、债券借贷以及债券远期等工具）的推出。推出《债券》杂志，成为国内权威债券专业刊物。

12.2.2.3 市场地位和作用

中央结算公司成立以来，以"为中国金融市场提供安全、高效、专业的基础服务"为使命，以"创建国际领先的中央托管结算机构"为目标，利用信息技术和后发优势，自主开发并不断完善中央债券综合业务系统，为市场提供发行、登记、托管、结算、兑付等一体化服务，成为支持债券市场安全高效运转的核心基础设施，成为支持宏观调控和市场监管的重要平台，成为服务跨境结算、支持债市开放的重要渠道，成为债券市场创新的重要基地。截至2017年年末，中央结算公司全集团登记托管各类金融资产超过100万亿元，其中债券类资产突破50万亿元；管理的担保品余额近15万亿元，居全球中央证券托管机构首位；全年支持债券发行近14万亿元，是中国最大的直接融资服务平台；全年资金结算量超过1000万亿元，占银行间债券市场的八成；服务机构投资者超过1.8万户，覆盖国内几乎所有金融机构；连接跨境人民币支付系统、国际支付SWIFT系统和境外托管机构，在中国债券市场对外开放的进程中发挥重要作用（见图12-4）。

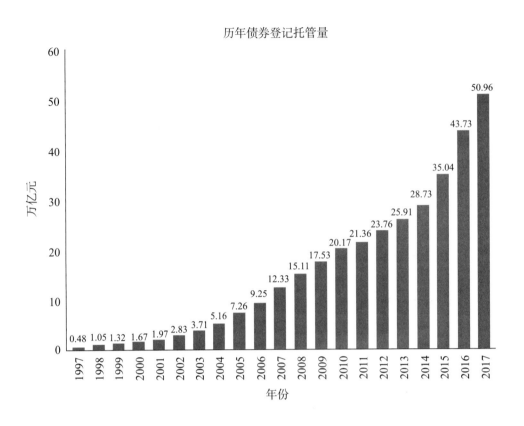

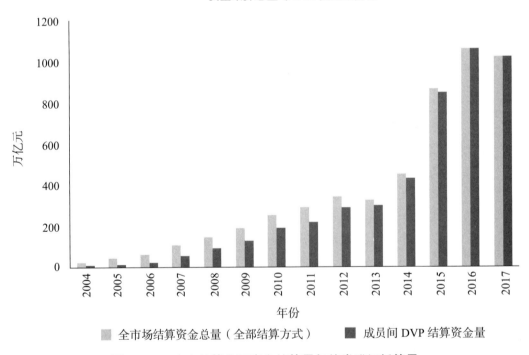

图 12-4 中央结算公司资金结算量与债券登记托管量

资料来源：中央结算公司 2017 年年报。

12.2.3 银行间市场清算所股份有限公司

银行间市场清算所股份有限公司(以下简称"上海清算所")于 2009 年 11 月 28 日正式挂牌成立。根据中国人民银行要求,上海清算所主要业务是以"建设成为一个规范化、市场化和国际化的清算服务机构"为目标,通过有效的风险管理和高效的清算模式,为金融市场现货和衍生品交易、为经中国人民银行批准的人民币跨境交易等提供统一规范的本外币清算服务,包括登记、托管、清算、结算、交割、保证金管理、抵押品管理、信息服务、咨询业务,中国人民银行批准的其他业务。

12.2.3.1 成立背景

建立上海清算所,是主动应对国际金融危机、加快金融市场改革和创新发展的重要举措。国际金融市场体系中,场外市场是场内市场的基础,市场规模也远远大于场内市场,是多层次金融市场体系的主体。近些年来,世界各国对场外金融市场集中清算问题非常重视,美国、欧洲等发达地区以及巴西、印度等新兴市场国家,先后建立了服务于场外市场的集中清算制度。2008 年国际金融危机发生后,国际社会对建立集中清算制度安排,降低交易对手方风险并实施有效监管达成了普遍共识。目前,信用违约互换交易的集中清算已在美国及欧盟逐步推行。上海清算所的成立,适应国际金融市场发展的最新趋势,进一步提高场外金融市场的透明度,降低场外交易风险,是以改革和创新的态度应对国际金融危机的积极举措。

建立上海清算所,客观上适应了我国银行间市场参与者日益扩大的清算需求。我国银行间市场是典型的场外市场,发展非常迅速。2008 年银行间同业拆借市场和银行间债券市场交易量较 2003 年增长 5.6 倍;利率和汇率衍生品名义成交额分别是 2006 年的 6.56 倍和 7.07 倍。银行间外汇市场交易量也成倍增长。规模的迅速扩大,需要更好的、专业的清算服务,以提高金融市场交易效率,降低交易成本,防范交易对手方风险。上海清算所的成立,填补了我国金融市场基础设施建设的一项空白,标志着我国金融市场基础设施建设的进一步深化。这是提高金融市场运行效率、促进金融市场积极创新、推动我国金融市场加快发展的一项重要举措。

12.2.3.2 主要业务职责

上海清算所现有业务分为两个部分:一是登记托管结算业务,二是清算业务。

1. 登记托管结算业务

目前,我国金融市场共有三家债券登记托管结算机构,即中央结算公司、中证登和上海清算所。中央结算公司主要托管国债、政策性金融债等利率类债券和企业债;中证登主要托管股票、基金和公司债;上海清算所主要托管公司信用债券、货币市场工具,以及金融机构债券和结构性产品等创新金融产品。截至 2017 年年末,上海清算所登记托管的产品种类包括超短期融资券、短期融资券、中期票据、非公开定向债务融资工具、中小企业集合票据、区域集优中小企业集合票据、项目收益票据、证券公司短期融资券、资产支持票据、资产支持证券、资产管理公司金融债、同业存单、信用风险缓释凭证、大额存单（总量登记）、绿色债务融资工具、特别提款权计价债券、信用联结票据、"债券通"债券、政策性金融债和熊猫债。

2017年，上海清算所新增登记托管产品3.1万支、24.4万亿元；兑付本金22.5万亿元；期末托管余额2.0万支、16.3万亿元；新增登记托管、兑付本金与托管余额同比分别增长32%、54%和14%。其中，全国公司信用债券新发债券的67%托管在上海清算所，可以说，上海清算所已成为全国公司信用债券登记托管结算中心。

2. 清算业务

债券净额清算[①]。债券净额清算始于现券交易净额清算。现券交易净额清算业务是指上海清算所对通过全国银行间债券市场达成的、选择净额清算的相同结算日的现券交易，按多边净额方式轧差计算并执行日终收付，保证资金结算和证券结算顺利完成的过程。2011年12月19日，该业务正式上线，成为上海清算所在中国人民银行领导下自主开发的第一项标准的中央对手方清算业务，标志着我国银行间债券市场中央对手清算机制正式建立，是银行间市场基础设施建设和市场机制创新的重要里程碑。

在现券交易净额清算业务基础上，上海清算所制订《银行间债券市场债券交易净额清算业务规则（试行）》，形成涵盖现券交易、买断式回购交易、质押式回购交易的债券交易净额清算业务机制。具有债券净额清算资格的市场机构（包括综合清算会员、普通清算会员、非清算会员）之间、在全国银行间同业拆借中心达成的债券交易，均可选用净额清算。上海清算所在承继交易双方成交合同的权利和义务后，按多边净额方式轧差计算各债券净额清算会员在相同结算日的应收或应付资金、应收或应付债券、应质押或应释放债券。

对于现券和买断式回购交易，托管在上海清算所的所有固定收益产品均可纳入净额清算，主要包括短期融资券、超短期融资券、中期票据、中小企业集合票据、非公开定向债务融资工具等。对于质押式回购交易，上海清算所制定并公布可纳入债券净额清算业务质押式回购的合资格债券和折扣率，清算会员、非清算会员以及不具备净额参与资格但已开立上海清算所客户端的市场参与者，均可通过上海清算所的客户端查询导出。

债券净额业务的轧差分为资金和债券轧差。资金轧差方面，按债券净额清算会员、结算日期、自营及代理属性进行资金轧差。普通清算会员同一结算日生成自营资金轧差净额，综合清算会员同一结算日同时存在自营、代理应收付资金的，分别生成自营与代理资金轧差净额。债券轧差方面，按债券账户、结算日期、券种、同科目（质押式回购的债券轧差按收付和质押科目分别计算）进行债券轧差。综合清算会员、清算会员、非清算会员根据同一结算日、同一券种、同科目分别生成各自的债券轧差净额。

相同结算日的回购和现券交易相互轧差计算。例如，某清算会员当日买入面额100万元A券，再将这笔债券进行质押回购融资。当日生成的债券结算指令中，现券买入生成应收指令100万元A券，质押式回购正回购方生成收付和质押指令——应付债券100万元和应质押债券100万元，债券收付指令轧差相抵为0，质押指令为应质押100万元

[①] 上海清算所，《债券净额清算业务问答》，2015年7月31日更新。

A 券。日终,市场机构在账户层面上实际的债券交付,按照债券轧差结果:收付轧差为零即代表不需要备券,应质押 100 万元 A 券为内部科目间的划转,不需要实际交付。因此实际操作中,市场机构仅需要为收付指令进行备券,收付指令已包括了质押时应付的债券。资金结算指令按现券支出减去回购收入相抵轧差计算。

外汇即期竞价清算。外汇即期竞价清算是指对通过中国外汇交易中心交易平台达成的外汇即期竞价交易,上海清算所作为清算对手方介入并承继交易双方成交合同的权利和义务,并按相同会员、相同币种、相同结算日的原则进行净额轧差,在资金结算日与会员完成资金交割的过程。外汇即期竞价清算包括人民币外汇即期竞价清算和外币对即期竞价清算。其中,人民币外汇即期竞价清算品种包括美元/人民币、港币/人民币、日元/人民币、欧元/人民币、英镑/人民币、澳元/人民币、加元/人民币、林吉特/人民币、卢布/人民币;外币对即期竞价清算品种包括欧元/美元、澳元/美元、英镑/美元、美元/瑞士法郎、美元/港币、美元/加元、美元/日元、欧元/日元、美元/新加坡元。

经国家外汇管理局批准,2011 年 8 月 16 日,中国外汇交易中心、上海清算所联合发布了关于外汇即期竞价清算业务转移事项的公告,明确了自 2011 年 8 月 22 日起,上海清算所正式承接外汇即期竞价清算业务。同时,上海清算所发布了经国家外汇管理局批复的《银行间外汇市场人民币外汇即期竞价交易清算规则》《银行间外汇市场外币对即期竞价交易清算规则》,明确了清算原则、清算方式等。

外汇询价交易清算。2013 年 4 月 12 日,上海清算所平稳承接外汇询价净额清算业务,对银行间外汇市场达成的、符合条件的人民币外汇即期询价交易提供净额清算服务,包括美元/人民币、欧元/人民币、英镑/人民币、港币/人民币、日元/人民币。2014 年 10 月 8 日,上海清算所发布《关于扩大银行间外汇市场净额清算产品类型及开展外汇中央对手清算业务的公告》,推出外汇中央对手清算业务,包括的货币对为美元/人民币、欧元/人民币、英镑/人民币、港币/人民币、日元/人民币,以及澳元/人民币。

跨境外汇即期交易中央对手清算。跨境外汇即期中央对手清算是指由上海清算所为境内外机构之间达成的外币对即期交易提供的中央对手清算服务。可清算的外币对包括欧元/美元、英镑/美元、美元/港币。2018 年 2 月 2 日,上海清算所推出跨境外汇即期交易中央对手清算业务。

金融衍生品清算。金融衍生品清算包括汇率衍生品清算、利率衍生品清算和信用衍生品清算。

汇率衍生品清算。目前,上海清算所提供清算服务的汇率衍生品交易包括一年以内的远掉期询价交易(货币对为美元/人民币),如表 12-2 所示(其中,T 日表示交易日)。

表 12-2 上海清算所汇率衍生品清算品种

产品种类			货币对	近端结算日	远端结算日
掉期询价交易	即期对远期	Spot-Forward	美元/人民币	$T+2$ 日	$T+F$ 日($F1Y+2$)
	远期对远期	Fordard1-Fordard2		$T+F1$ 日	$T+F2$ 日($F21Y+2$)
远期询价交易		Forward		无	$T+F$ 日($F21Y+2$)

资料来源:上海清算所,《外汇清算业务问答》,2015 年 7 月 31 日更新。

利率衍生品清算。一是人民币利率互换集中清算，即上海清算所对市场参与者达成的利率互换交易进行合约替代，承继交易双方的权利及义务，成为中央对手方，并按多边净额方式计算各清算会员在相同结算日的利息净额，建立相应风险控制机制，保证合约履行、完成利息净额结算。2014年1月和7月，上海清算所分别推出人民币利率互换集中清算和代理清算业务，使利率互换成为我国第一个集中清算的场外衍生品，有力地支持我国成为全球第三个实施场外金融衍生品强制集中清算机制的国家。纳入强制集中清算的品种包括浮动端参考利率为Shibor隔夜、Shibor 3个月和7天回购定盘利率等3个品种、期限在5年以下的利率互换交易。2017年，累计清算13.8万笔、计14.3万亿元，占同期市场交易量的99%。二是标准债券远期集中清算，即市场参与者将达成的标准债券远期交易，提交上海清算所进行集中清算，对符合规定的交易由上海清算所作为中央对手方承继交易双方资金清算结算的权利与义务，提供风险管理服务。自2015年4月7日起，上海清算所开展标准债券远期集中清算业务，合约包括票面利率为3%的3年期、5年期和10年期虚拟国开债合约等。①

信用衍生品清算。上海清算所从2010年11月8日开始向市场提供信用风险缓释凭证（CRMW）的登记托管和清算结算服务，2010年11月23日至12月31日，CRMW在上海清算所登记托管共8支、名义本金为6.9亿元，清算结算共6笔、名义本金为2.4亿元。2018年1月26日，上海清算所发布《关于开展信用违约互换集中清算业务的通知》，自2018年1月30日起为市场成员办理信用违约互换集中清算业务。

商品衍生品清算。2012年12月10日，上海清算所自主创新、独立研发的人民币远期运费协议中央对手清算业务顺利上线。人民币远期运费协议清算业务，是指以上海清算所为中央对手方，对市场参与者达成的远期运费协议交易进行集中的风险管理，保证交易双方履行交易达成时约定的权利和义务，并最终以人民币进行资金结算。该业务是我国首个以人民币计价清算的全球化场外衍生产品，标志着我国在主要的全球化衍生产品上实现了以人民币计价清算零的突破。人民币远期运费协议中央对手清算业务的清算产品，包括海岬型船平均期租远期运费协议（CTC）、巴拿马型船平均期租远期运费协议（PTC）与超灵便型船平均期租远期运费协议（STC）等3个品种。

2014年8月4日，上海清算所推出人民币铁矿石、动力煤掉期中央对手清算业务。人民币铁矿石、动力煤掉期是指交易双方通过上海清算所指定的经纪公司达成交易，以人民币计价、清算、结算的，以指定的铁矿石、动力煤现货价格指数为最终结算标的，通过上海清算所进行中央对手清算的场外大宗商品金融衍生品。截至2014年年底，人民币铁矿石掉期中央对手清算约为2 740万湿吨，人民币动力煤掉期中央对手清算量约为5 160万吨。

2015年，上海清算所推出自贸区铜溢价掉期、自贸区乙二醇进口掉期、人民币苯乙烯掉期、人民币集装箱掉期和中国沿海煤炭远期运费协议中央对手清算；2016年，推出人民币电解铜掉期中央对手清算业务，进一步强化了场外金融市场统一的中央对手清算服务体系；2017年，正式推出上海碳配额远期中央对手清算业务，弥补了我国绿色金融

---

① 上海清算所，《标准债券远期集中清算业务指南》，2015年6月修订版。

衍生品的市场空白。2017 年，大宗商品衍生品中央对手清算业务共清算 46.7 万笔、清算金额为 476.6 亿元。

大宗商品现货多层次集中清算。2015 年 7 月 31 日，上海清算所正式推出自贸区大宗商品现货清算业务，为自贸区大宗商品现货市场提供资金清算结算服务，包括全额清算、净额清算两种清算模式。首批与上海清算所完成对接的机构有第三方仓单公示平台以及上海有色网金属交易中心有限公司、上海钢联金属矿产国际交易中心有限责任公司等 2 家自贸区大宗商品现货交易平台。中国银行、中国建设银行、浦发银行、光大银行等 4 家商业银行作为首批现货清算成员参与业务。①

自贸区大宗商品现货清算业务的推出，是上海清算所在中国人民银行的正确领导、上海市政府的大力支持下，服务自贸区大宗商品现货市场规范发展的创新举措，通过专业清算机构的规范化清算服务，改变了我国大宗商品现货市场无序发展的现状，满足了自贸区大宗商品现货市场"交易、托管、清算、仓储"相分离的要求，有利于进一步规范现货市场前、中、后台运作架构，巩固自贸区在金融改革创新中的先行先试优势，助力上海建设多层次大宗商品市场，加速上海国际经济、金融、航运、贸易中心建设进程。

12.2.3.3 市场地位和作用

上海清算所的成立，是我国深化金融市场改革开放的一项重要举措，也是我国对 2009 年匹兹堡 G20 首脑峰会上所要求的所有标准化场外衍生品最迟在 2012 年年底之前实现中央对手清算的积极响应。作为金融市场的重要基础设施，上海清算所的业务开展，对于支持市场创新、提高市场效率、有效防范系统性风险都具有显著作用：

第一，通过创新交易后处理方式，促进金融市场创新。上海清算所为金融市场提供集中清算服务，可以为金融市场交易产品和交易机制创新提供强有力支持，并通过中央对手清算机制的安排，促进市场分层的形成和发展，促进市场流动性的提高，为新的交易工具和风险管理工具的创新奠定基础。

第二，降低市场交易成本，推动交易与投资活跃，促进金融市场价格发现功能。上海清算所的中央对手集中清算服务可以显著降低市场机构的资金成本和操作风险，实现了对手方信用风险的转移，降低了交易对手选择所需成本和难度，提高了交易达成的机会，进而促进交易活跃，有助于资金价格的发现和提升债券、外汇、衍生品等价格发现功能。

第三，有效防范和监测市场系统性风险，保证金融市场安全稳定运行。上海清算所集中、科学管理对手方风险，一方面，可以切实防范在某一主要市场参与者发生违约事件时，市场产生过度恐慌以及由此引发系统性风险；另一方面，可以完整统计和监测市场总体风险信息、重点业务或机构风险信息等，为监管机构科学制订并及时采取应对措施提供支持。

第四，上海清算所开展创新金融产品的登记托管业务，本身是对登记托管基础设施体系的丰富和完善，更为重要的，是为了改革和探索，通过建立一体化运作架构，充分发挥集中清算、登记托管两项业务在风险管理、市场操作等方面的协调联动优势，尽快

---

① 唐玮婕，"上海自贸区启动大宗商品现货市场"，《文汇报》，2015年8月1日。

在中央对手清算机制建设上取得突破,形成示范效应。

作为全球金融危机后防范系统性风险的重要金融市场基础设施,上海清算所严格按照国际清算银行与国际证监会组织联合发布的《金融市场基础设施原则》国际标准,建立了完整、高效、先进的风险管理体系,在2016年《金融市场基础设施原则》评估报告中获得最高评级(第四级),已与全球主要经济体处于同一水平;风险防控作用和地位不断凸显,2015年成为全球中央对手方协会(CCP12)执委会委员,随后成功推动协会2016年落户上海、2017年1月实体运营,参与并促成协会2017年11月发布了首个清算行业国际标准——CCP12量化披露实务标准("外滩标准")。CCP12是第一个注册在我国的国际性行业协会,也是继金砖银行、亚投行后第三个落户我国的国际金融组织,有利于提升我国金融软实力,助力上海国际金融中心建设。

12.2.4 北京金融资产交易所

北京金融资产交易所有限公司(以下简称"北金所")是在一行三会、财政部及北京市人民政府指导下成立的专业化金融资产交易机构,于2010年5月30日正式揭牌运营。北金所是中国人民银行批准的债券发行、交易平台,是中国人民银行批准的中国银行间市场交易商协会指定交易平台,是财政部指定的金融类国有资产交易平台。在交易商协会的领导下,北金所为市场提供债券发行与交易、金融企业股权、债权、抵债资产交易、委托债权投资交易、信托产品交易、保险资产交易、应收账款资产交易等服务,为各类金融资产提供从信息披露、登记、交易到结算的一站直通式服务。

12.2.4.1 成立背景

金融市场是现代市场经济体系的核心。坚实的市场基础设施,是维护国家金融体系稳定和促进金融市场创新的重要保障。中国作为一个正在崛起中的市场经济大国,要发挥市场在资源配置中的决定性作用,就必须建立起高效、可靠的交易、登记、清算系统以及完善的制度体系。

北金所作为中国多层次金融市场基础设施体系的组成部分,成立以来一直秉承中立、专业、公正的精神,为市场提供安全、高效、透明的交易服务。通过与金融监管机构的积极互动,不断完善自身的社会公共职能,使市场参与各方能够在北金所交易平台实现自身利益与市场规范要求的和谐统一。

随着金融全球化和中国金融市场化进程的加速,北金所将进一步推动金融产品和交易模式的创新,实现参与主体多元化、交易产品丰富化,拓宽金融市场的广度和深度,继续发挥交易所作为独立公允的市场基础设施机构作用,自觉地肩负起维护金融市场公平、效率的社会职能,为促进中国金融资本的高效流动和金融资源的合理配置做出积极的贡献。

12.2.4.2 主要业务职责

北金所是中国银行间市场交易商协会的指定交易平台以及财政部指定的金融类国有资产交易平台。其业务范围涵盖债务融资工具产品发行与交易、金融企业国有资产交易、债权资产交易、信托产品交易、保险资产交易、私募股权交易、黄金交易等，为各类金融资产提供从登记、交易到结算的全程式服务。

1. 债券发行与交易业务

北金所通过搭建透明、高效的系统平台，为银行间市场的非金融企业债务融资工具提供集中簿记建档发行服务，为非金融机构合格投资人提供债券交易服务。

非金融企业债务融资工具发行服务。北金所是经中国人民银行同意，银行间市场交易商协会授权的非金融企业债务融资工具集中簿记建档系统的技术支持部门，为通过非金融企业债务融资工具集中簿记建档系统发行的债券提供技术支持、信息披露、服务及信息安全管理。

非金融机构合格投资人债券交易服务。经中国人民银行授权，北金所为非金融机构合格投资人通过非金融机构合格投资人交易平台进行债券投资交易活动提供技术支持，并在中国银行间市场交易商协会的指导下，为非金融机构合格投资人提供交易、信息等服务。

2. 债权资产交易服务

北金所致力于打造固定收益类债权资产流动性服务平台，为各类流动性偏低的金融资产创设流动机制并搭建交易平台，不断创新交易产品和服务，满足实体经济的融资需求，提高市场流动性，促进多层次金融市场健康发展。

委托债权投资交易服务。委托债权投资是指有投资意愿且有投资能力的投资者作为委托人，通过银行、信托公司、企业集团财务公司等专业金融机构（即受托人）进行的对特定项目的固定收益类债权投资。自产品推出，已累计解决社会融资超过1.4万亿元。

信贷资产流转服务。北金所致力于信贷资产流转平台建设，满足金融机构盘活存量资产，提高交易效率、降低交易成本等需求，形成市场化的定价机制，促进金融资源的有效配置。目前已建立了一套较为健全的交易制度体系，并根据相关监管要求逐步完善。

融资租赁收益权转让交易服务。融资租赁公司将已形成的租赁收益权在北金所挂牌，并由资金方摘牌的交易形式，分为回购型转让交易和卖断型转让交易。

票据交易业务创新服务。为票据交易提供中介、顾问等各类服务。同时对纸票电子化等创新方向进行研究，探索为市场提供集中交易平台的可能性及实现路径。

私募证券化服务。依托数量众多的金融机构会员资源，北金所将逐步推出信贷资产、租赁资产、小贷资产、企业应收账款等各类资产的私募证券化业务，并提供顾问咨询、发行路演等多样化服务。

3. 金融权益资产交易服务

北金所是国内交易规模最大、挂牌项目最多、资产种类最丰富、交投最活跃的权益类金融资产交易平台。为各大商业银行、资产管理公司、保险公司、证券公司、基金公司、信托公司等金融机构提供股权、债权及抵债资产等类别的资产交易服务。

金融类国有资产交易服务。作为财政部指定的金融类国有资产交易平台，北金所秉持公开、公平、公正的市场理念，通过标准化的交易流程，严谨的风控手段，实现金融资产的市场化定价，保证国有资产保值增值，以及市场各方利益最大化。北金所构建网上"中国金融资产超市"，通过线上、线下渠道海量吸纳、汇集和匹配全国各类金融资产供给和需求资源，实现金融资产的高效流动。

全国地方商业银行股权交易服务。为更好地服务地方商业银行发展，北金所于 2011 年 3 月推出"全国地方商业银行股权交易平台"，为地方商业银行股权转让、不良资产处置打造全国性的专业化交易服务平台，帮助地方商业银行完善股权结构、增强资本实力。

担保类资产前置委托交易服务。担保类资产前置委托交易，即财产所有人、金融机构与北金所事先共同约定，在发生约定情形时，由财产所有权人委托北金所作为交易服务受托人，委托该金融机构作为交易代理人将财产通过北金所进行公开转让。该业务能够极大地缓解金融机构因不良资产形成所带来的压力和处置难题。

项目融资推介及交易服务。2014 年 7 月，商务部投资促进事务局下发通知，联合北金所，为全国各地投资促进机构、经济技术开发区、投融资企业，提供融资项目、股权资产交易项目信息发布、交易服务，绿地投资项目宣传推介服务。

12.2.4.3 市场地位和作用

1. 中国银行间市场交易商协会指定交易平台

北金所是中国银行间市场交易商协会指定交易平台。根据双方合作协议，交易商协会支持北金所参与金融市场产品创新研发，并利用北金所平台进行创新产品与融资工具的发行交易；同时积极引导、鼓励协会相关会员进入北金所开展相关金融资产交易业务。

2. 财政部指定金融国有资产交易平台

北金所是中华人民共和国财政部指定的金融类国有资产交易平台，《金融企业国有资产转让管理办法》规定，非上市金融企业国有产权的转让应当在依法设立的省级以上产权交易机构公开进行，不受地区、行业、出资或者隶属关系的限制。北金所是目前国内最大的金融国有资产交易平台。

2017 年，北金所共实现成交项目 4 977 项、成交金额 4.43 万亿元，在积极服务银行间债券市场发展、推动多层次资本市场建设方面取得了出色成绩。

12.3 自律管理组织

12.3.1 自律管理的概念与边界

12.3.1.1 自律管理的概念

1. 自律管理的定义

"自律管理"[①]是指一个行业或者专业领域的市场成员基于自我管理的共识或者法律授权，通过建立具有一定管理职能的团体或组织，授权由其制定并实施具有约束力的

---

① 自律管理，又常被称为"自律监管"，两者内涵相近，英文均为"self-regulation"。由于"监管"比"管理"多一重监督、监视的含义，因而通常监管主体在地位上高于被监管者，监管行为是一种从上向下的调整，多用于行政机关的管理活动。为强调自律组织在产生和运作上的市场化和独立性，这里使用"自律管理"。

规则，对成员自身及自愿接受该规则的其他个体进行管理，从而协调这些个体之间的利益、维护它们之间的秩序。

"自律"区别于"他律"，主要体现为以下几个方面：首先，自律管理源于市场参与者的共同利益，其法律基础是成员的合意与契约；其次，自律管理的经费通常来自成员缴纳会费或他人提供资助，而非公共资金或政府拨款支持；再次，自律管理规则由组织成员共同制定，可根据成员意愿适时做出调整；最后，自律管理规则的制定者同时也是规则的实施者。

2. 自律管理的理论基础与功能定位

一个市场的兴起与发展，通常伴随着一些管理机构或组织的出现。这些机构或组织的目标和手段不尽相同，但都对市场标准的形成和市场秩序的维护做出贡献，在不同程度上对市场进行管理。按照这些组织对市场管理的深度和强度，可以将这些机构或组织分为6个层次，分别是市场成员自发形成的俱乐部、制定自愿性规则的协会、制定强制性规则的协会、由法律赋予强制力的协会、政府作为监督者、政府作为监管者。如图12-5所示，从市场成员个体到政府，这些机构或组织的监管强制性逐步提升，同时体现了从自治向公共管理的过渡，对市场形成完整、连续的监管。这种连续的监管既能发挥市场成员的活力，又能维持公众的信任和信心，使市场监管实现动态中的松紧平衡、更具弹性。在上述连续监管的体系中，自律组织作为监管的中间层，连接了"市场机构自我管理"和"政府监管"，是实现动态平衡的关键。

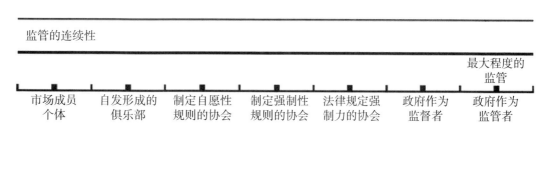

图 12-5　连续监管体系

12.3.1.2　自律管理的边界

自律管理是金融市场管理的最初形式，也是最基本的形式，其相较于行政监管，在功能上存在着区别，在工作范畴上也存在着相应边界。

1. 自律管理与行政监管的区别

一般来说，自律管理与行政监管在属性上的区别在于：一是动因不同。行政监管代表公权力对市场参与者的行为进行规制，是体现公众利益、实施国家法律的行为；自律管理源于自律组织会员的公约，只是依据会员集体决议维护会员整体利益。二是实施范围不同。行政监管实施于公众，对市场所有参与者都有强制性；自律管理只对会员具有约束力。三是维护的社会关系不同。行政监管要维护公众秩序，保护公众利益；自律管理在不损害公众利益、不违背社会公序良俗的前提下，重点在于维护自律组织会员的权益。四是灵活性不同。行政监管具有普适性、强制力，其调整震动大，因此不宜频繁调整；自律管理规则可以依据不同的条件、在不同的范围内拟订公约，具有灵活性。五是社会影响不同。行政监管的规则具有法律的强制性，在起草、修改方面都有刚性，对于社会公众的行为有很强的规制作用；自律组织的规则由于只在会员范围内具有约束力，因此更加具有弹性，修改和调整相对容易，对于社会公众有一定的引导、示范作用，但不具有强制作用。

2. 自律管理的不足

属性的差异，既构成了自律管理的功能优势，也相应形成功能上的"短板"。可以发现，自律管理的不足至少包括：一是自律管理的强制约束力不足，往往需要依托更具效力的上位法律、规章的支撑。二是自律管理的手段有限，除了声誉损失、行为约束、经济罚款外没有更有效的规制手段，最高层次约束也仅为取消会员资格。三是自律管理范围有限，规制范围仅限会员，无法对整体市场的所有成员（包括非会员）构成约束，从而可能存在一定的道德风险和逆向选择问题。

上述缺陷均可能造成自律管理的权威性不足，无法从根本上解决市场"不完备性"所带来的"交易成本"问题，需要在更大范围内寻求更有效力解决的方式。当个体权利让渡所形成的实体向更高层次迈进时，自律管理就向前演化，产生了金融立法形式的行政监管。

3. 自律管理与行政监管的边界

自律管理和行政监管的边界总结起来就是：为了克服"市场失灵"，需要采取一定的规制；为了消除"政府失灵"，需要坚持市场化方式；居于"市场—政府"光谱中间的就是自律管理组织；而决定市场行为、自律组织、行政监管三者相互边界的就是交易成本。实践中，在"政府—自律管理—市场"互动良好的成熟市场管理模式中，行政监管一般专职于市场的长远规划、框架设计、制度建设及对造成市场重大损失的行为的强制纠正；自律管理组织则往往在市场日常的监督、管理和规范中担负着更多具体的职责，就是在充分考虑了自律管理和行政管理的功能优势和不足的基础上，基于对交易成本的考量所做出的平衡性选择。

12.3.2 自律管理实践的国际演变与我国现状

12.3.2.1 金融市场自律管理的国际演变

回顾历史可以发现，在金融市场管理模式的探索中，自律管理的作用始终得到充分的重视，即使是在政府干预思潮占主流的特殊时期，自律管理也一直是金融市场管理模式的重要组成部分。

在亚当·斯密的古典自由主义时期，倡导政府对经济采取自由放任态度，被动担当"守夜人"，这种思想在早期金融市场建设中得到了充分实践。《国富论》的出版时间（1776年）恰与美国建国同年，其为包括美国在内的许多国家奉行政府不干预经济的理念提供了哲学依据，从而使得早期资本主义发展受益于政府最低程度的干预。但是，依靠自发、无序竞争的"街面、店头、柜面交易系统"（over the counter exchange system）很快崩溃，如"梧桐树协议"等自律性公约应运而生，并在该协议诞生25年以后即1817年，19位经纪人与8家经纪公司签署章程，成立了"纽约证券和交易委员会"（New York Stock and Exchange Board），真正意义上的金融市场自律管理组织由此诞生。这一时期，无论是伦敦联合证券交易所，还是纽约证券和交易委员会，都是在有限会员内部按照公约进行自律管理，政府甚少进行干预。恰在这一时期，出现了自由主义时期的金融繁荣，伦敦、纽约的交易所成为当时世界最大的金融交易平台，伦敦、纽约也先后成为全球金融中心。

危机孕育思潮。1929—1933年的资本主义经济大危机不仅给经济带来前所未有的打击，也动摇了人们对自由市场的信心。这次大危机孕育出了凯恩斯主义，其基本观点就是将经济学从"自由放任"转向强调"政府干预"，"罗斯福新政"以此为治国哲学，开始大幅度调整美国的经济政策，并着手对华尔街进行改革，以纽约证券交易所为代表的自律管理，成为改革和管理的重要对象。但是，即使在这一背景下，以市场化运作机制为主要精神的自律管理，仍然没有完全被行政监管所取代，自律管理机制得到了充分尊重，并经调整后得以大部分保留。在以"政府干预"为主要思潮的凯恩斯主义时期，自律管理仍然能在金融市场管理体制中坚持下来并占据重要一席，这段历史具有重要的启示意义。

其后，在20世纪70年代西方世界长久无法走出"滞涨"泥淖的情况下，主流经济思想又发生了转向。无论是公共选择学派还是供给学派，都从各个角度推动经济思想向自由竞争方向复归，强调自由市场的"里根—撒切尔革命"成为一时主流。此时，自律管理的作用得到更加充分的彰显和充实。突出的表现就是，国际证监会组织IOSCO在其1998年颁布的《证券监管目标与原则》中将自律管理原则作为重要基石。

12.3.2.2　我国金融市场自律管理的现状

与西方金融市场发展不同，我国金融市场是在经济转轨过程中产生和发展起来的新兴市场。在这样的历史背景和市场土壤中，自律管理与行政监管模式的探索具有相对独特的阶段性特征，但总体并不超越金融市场监管体制的一般趋势和发展规律。

在我国金融市场的初创阶段，政府在创建和启动市场中发挥主导作用，推动基础产品创设、规则制定以及基础设施建设等。步入发展阶段后，依靠市场自身动力实现发展的条件已经具备，自律管理逐渐成为市场管理体系的重要方面。目前，我国金融市场已经形成以行业协会（如银行、证券、保险等行业协会）为主，包含交易所（如沪深证券交易所等）和其他中介机构（如登记结算机构等）在内的多层次自律管理体系，在建立推广自律公约、组织制定行业标准、业务规范以及从业人员道德和行为准则等方面进行了有益探索。

2013年国务院出台《国务院机构改革和职能转变方案》，明确提出要"改革社会组织管理制度，加快形成政社分开、权责明确、依法自治的现代社会组织体制，逐步推进行业协会与行政机关脱钩，强化行业自律，使其真正成为提供服务、反映诉求、规范行为的主体"。在此背景下，行业自律组织在金融行业的自律管理中发挥日益突出的作用。接下来，我们以银行间市场为例，对交易商协会这一新型自律组织开展自律管理的相关实践进行介绍。

12.3.3 银行间市场自律管理实践

国内外的理论研究和实践经验均表明了一个朴素的道理，行业自律管理作为金融市场管理体系的重要组成部分，能够在推动市场创新、规范市场行为等方面发挥更加积极的作用。中国银行间市场交易商协会（以下简称"交易商协会"）作为我国场外金融市场的新型自律组织，自成立以来一直致力于成为中国场外金融市场创新的引领者和组织者、相关标准的制定者和推广者、管理方式改革的探索者和实践者、市场道德理念的倡导者和传播者、国际化的推动者和参与者。① 交易商协会通过开展自律管理工作，发挥贴近市场、密切联系市场主体的优势，及时了解市场变化，不断推动市场机制创新，提升市场规范发展水平。②

12.3.3.1 注册发行

注册制是目前国际成熟金融市场普遍采用的一种发行体制。2008年4月，在中国人民银行的指导下，交易商协会在中国金融市场开启了债券发行注册管理的先河。实施注册制，对债务融资工具发行进行注册管理，是交易商协会开展自律管理的重要方式。

1. 我国注册制发展背景

我国债券市场真正发展始于1981年国债的恢复发行，债券发行实行严格的审批制或核准制，具有浓厚的行政管制色彩，市场发展较为缓慢。2002年，党的十六大指出，"进一步转变政府职能、改进管理方式"。2003年，党的十六届三中全会指出，"继续完善国家宏观调控体系，加快转变政府职能，深化行政审批制度改革，切实把政府经济管理职能转到主要为市场主体服务和创造良好发展环境上来"。2007年5月30日，国务院办公厅发布的《关于加快推进行业协会商会改革和发展的若干意见》明确指出，"各级人民政府及其部门要进一步转变职能，把适宜于行业协会行使的职能委托或转移给行业协会"。

在政府转变经济管理职能和加快金融领域市场化改革的背景下，中国人民银行于2008年4月发布《银行间债券市场非金融企业债务融资工具管理办法》，规定由交易商协会对债务融资工具实行注册管理。此后，交易商协会在不断完善注册发行管理流程、提高注册发行效率的同时，大力推动产品创新，逐步建立起以短期和超短期融资券、中期票据、中小企业集合票据为基础，以含权化品种、外币品种、特殊发行主体品种为补充的多层次债务融资工具产品线。债务融资工具发行注册制的实施，充分顺应了转变政

---

① 中国银行间市场交易商协会（National Association of Financial Market Institutional Investors，NAFMII）是由市场参与者自愿组成的，包括银行间债券市场、同业拆借市场、外汇市场、票据市场和黄金市场在内的银行间市场自律组织。协会经国务院同意、民政部批准于2007年9月3日成立，为全国性的非营利性社会团体法人，其业务主管部门为中国人民银行。协会会员涵盖政策性银行、商业银行、信用社、保险公司、证券公司、信托公司、投资基金、财务公司、信用评级公司、大中型工商企业等各类金融机构和非金融机构，以及相关领域的从业人员和专家学者。
② 这里我们以交易商协会对银行间债券市场的自律管理为例进行介绍。

府经济管理职能的要求，符合面向合格机构投资者的场外市场特征，激发了市场主体的潜力，代表着债券发行体制的发展方向。

2. 注册制的基本理念

注册制有别于审批制和备案制，充分体现了发行市场化管理理念，主要包括以下要点：第一，强调非实质性判断。交易商协会只作形式评议，只对发行企业及中介机构注册文件拟披露信息的完备性进行初评和复评，不对债务融资工具的投资价值及投资风险进行实质性判断。第二，强调企业充分披露信息和中介机构尽职履责。企业和相关中介机构信息披露必须遵循诚实信用原则，不得有虚假记载、误导性陈述或重大遗漏，并对其信息的真实性、准确性、完整性、及时性负责。第三，强调投资者风险自负。对于市场机构投资者而言，只要企业和相关中介机构充分披露信息，投资者即可依据公开信息做出投资判断。投资者的收益，完全取决于投资机构对债务融资工具投资价值及投资风险的专业判断，投资者的风险完全由其自负。第四，强调市场自律管理。注册制对企业和中介机构的自律性及业务操作规范性要求较高，交易商协会作为市场成员代表，通过对企业和中介机构实施自律管理，督促企业和相关中介机构规范操作，完善信息披露。

3. 注册管理的机制安排

市场化评议制度。市场化评议制度是通过交易商协会注册办公室初评和注册会议复评的制度安排来具体实现的，债务融资工具初评到复评的整个过程都向市场公开。其中，注册办公室工作人员由交易商协会秘书处专职人员和会员选派人员组成，并持续保持以会员选派人员为主的人员结构，负责接收注册文件、对注册文件拟披露信息的完备性、合规性进行初步评议及安排注册会议；注册会议由5名经济金融理论知识丰富、熟知相关法律法规、从业经验丰富、职业声誉较高的金融市场专家（注册专家）组成，依照相关自律规则，对发行企业及中介机构注册文件拟披露信息的完备性、合规性进行评议，以此决定是否接受债务融资工具的发行注册。

余额管理制度。注册会议结论为接受发行注册的，交易商协会向企业出具《接受注册通知书》，赋予企业一定注册额度。有效注册额度，是银行间债券市场成员共同认可的、企业据以发行债务融资工具的一种凭证。《发行注册规则》第十七条规定："交易商协会接受发行注册的，向企业出具《接受注册通知书》，注册有效期2年。"第十八条规定："企业在注册有效期内可一次发行或分期发行债务融资工具。企业应在注册后2个月内完成首期发行[①]。企业如分期发行，后续发行应提前2个工作日向交易商协会备案。"据此，企业可在银行间债券市场发行注册额度以内的债务融资工具。同时，在注册额度有效期内的任一时点，企业发行债务融资工具的余额不得超过注册额度。

主承销商负责制。一般而言，在注册制度的整体框架下，主承销商应承担的职责主要包括：协助发行企业制定发行计划；负责组织制作和汇总注册文件；负责在注册过程中与协会进行沟通；负责对债务融资工具进行后续管理和应急管理；督促发行人配合主承销商及中介机构做好注册发行工作，从而一定程度上促进企业风险管理体系建设的不断完善。

---

① 私募产品在注册后6个月内完成首期发行。

主承销商负责制对主承销商的工作提出了更高的标准和要求。对于主承销商而言，做好发行相关工作，履行主承销商职责不仅可以避免或减少在突发事件下因发行人无法偿付本息而导致的声誉风险，而且也切实保护了投资者的利益。此外，明确主承销商及其他中介机构的权利与义务，也可以有效推动以注册制为核心的债券市场发行制度的平稳健康发展。

12.3.3.2 后续管理

1. 后续管理范畴及意义

债务融资工具后续管理，是指在债务融资工具存续期内，企业在主承销商、信用评级机构、律师事务所等中介机构的支持下，通过各种方法对其风险状况和偿债能力进行跟踪、监测，按照相关规则指引要求及对投资者的承诺持续履行信息披露、还本付息等义务，以保护投资者权益的行为。

目前，非金融企业债务融资工具市场化运作水平不断提升，逐步成为企业直接融资的重要渠道之一。一方面，随着债务融资工具发行规模的扩大、发行主体范围的拓宽和产品类型的丰富，市场成员对深化银行间债券市场风险管理、完善风险控制长效机制的要求日益迫切，"以规范促发展"逐步成为当前市场发展中的重要课题；另一方面，在当前我国错综复杂的宏观经济形势之下，加之发债主体信用评级重心下移，信用风险发生概率抬升，防控信用风险的难度加大。由此，加强债务融资工具市场后续管理的重要意义就显得更为突出。

【拓展阅读 12-8】

后续管理小贴士

后续管理的两个"后"：
- 发行后：从非金融企业债务融资工具发行结束，到兑付完毕；
- 事后：违规行为的事后纠正、惩戒。

后续管理的主体对象：
- 发行人；
- 中介机构（主承销商、评级机构、会计师事务所、律师事务所等机构及其从业人员）。

后续管理工作主线：
- 合规性；
- 信用风险。

后续管理工作目标：
- 以落实市场运行规则、维护市场运行秩序、保护投资人权益为目标，事前充分督导提示、提升市场成员合规意识；事后严格监督核查、促进有关要求切实落实。

2. 后续管理机构设置

目前，交易商协会已形成注册制下规则制定、注册发行和后续管理相结合的自律管理框架。其中，规则制定环节重在组织债务融资工具产品和有关制度规则的研发、设计，注册发行环节重在实施债务融资工具的注册发行工作，后续管理环节重在开展后续自律管理体系建设并监督执行情况，同时对注册工作进行全流程监督。后续管理以维护市场运行秩序、保护投资者合法权益、夯实市场发展基础为目标，通过"事前充分督导提示、事后严格督查纠正"的工作机制，构筑债务融资工具市场合规性管理与信用风险管理的基础防线。

在交易商协会内部，债务融资工具后续管理由后督中心和自律处分办公室分头负责。后督中心对内监督注册全流程，确保注册发行工作依法合规；对外监督发行人和中介机构对自律规定的执行情况，通过督导主承销商开展动态监测、风险排查和压力测试，派员对发行人及中介机构进行业务调查，推动建立企业自我约束与以主承销商为主的中介机构对其持续监督相结合、内外联动的后续管理体系架构。自律处分办公室是协会对非金融企业债务融资工具注册发行工作进行后续自律处分的常设机构，根据"市场事，市场议、市场决"的理念，按照《自律处分规则》等相关自律规范文件组织开展自律处分工作，监督自律处分决定的执行。

本章重要术语

金融市场基础设施　金融市场基础设施原则　支付系统　中央证券存管　证券结算系统　中央对手方　交易数据库　中国外汇交易中心暨全国银行间同业拆借中心　中央国债登记结算有限责任公司　银行间市场清算所股份有限公司　北京金融资产交易所　自律管理　行政监管　中国银行间市场交易商协会　注册发行　后续管理　上海票据交易所　上海黄金交易所

思考练习题

1. 查阅相关文献，思考广义金融市场基础设施的外延边界及其划定理由。
2. 查阅相关资料，熟悉沪深证券交易所的历史沿革、主要职责和市场地位。
3. 查阅相关资料，试阐述全国中小企业股份转让系统和沪深交易所的分工差异。
4. 登录相关网站，简述中证登提供的主要服务以及作为金融市场基础设施发挥的作用。
5. 登录相关网站，了解中证机构间报价系统股份有限公司的主要业务，思考我国交易数据库建设中存在的问题并尝试提出解决方案。
6. 了解网联平台的成立背景，思考网联平台未来在支付体系中发挥的作用。
7. 进一步了解我国自律管理实践所取得的成绩与存在的不足，思考金融监管体制改革背景下自律管理应如何适应调整，更好防范金融风险，服务实体经济。
8. 简述金融市场基础设施的概念及其主要作用。

9. 按《金融市场基础设施原则》，简述我国金融市场基础设施分类，每一分类中各有哪些主要系统或机构。
10. 简述我国支付体系由哪些系统构成。
11. 什么是中央对手方和交易数据库，其基本功能分别是什么？
12. 简述中国外汇交易中心在外汇交易方面提供的主要服务。
13. 简述中央结算公司在债券登记托管和结算方面提供的主要服务。
14. 简述上海清算所作为中央对手方提供的主要清算品种。
15. 阐述自律管理与行政监管的区别与联系。
16. 论述银行间市场债券发行注册制的基本理念和机制安排。
17. 解释后续管理中"后"的含义，简述后续管理的主体对象、工作主线和工作目标。

参考文献及进一步阅读建议

[1] 陈莹莹："智库报告：加强一带一路金融市场基础设施建设"，《中国证券报》，2017年5月10日。

[2] 董屹："G20开启全球金融市场基础设施发展新起点"，《21世纪经济报道》，2016年9月12日。

[3] 焦瑾璞、于洋慧："金融市场基础设施建设及监管亟须加强"，《金融时报》，2017年1月11日。

[4] 李丹丹："潘功胜：稳步推动金融市场基础设施互联互通"，《上海证券报》，2017年3月25日。

[5] 李国辉："揭秘网联：最年轻的金融基础设施"，《金融时报》，2017年10月31日。

[6] 欧阳岚："关于新兴市场经济国家金融基础设施的思考"，《江汉大学学报》（社会科学版），2005年第1期。

[7] 宋焱："周小川：共同推进金融基础设施建设"，《金融时报》，2006年6月7日。

[8] 唐玮婕："上海自贸区启动大宗商品现货市场"，《文汇报》，2015年8月1日。

[9] 王冠男："谈谈银行间债券市场金融基础设施问题"，《中国工会财会》，2018年第3期。

[10] 谢多、曹子娟：《银行间市场综合知识读本》，中国金融出版社，2014。

[11] 薛晶："突破与不足：解读多德-弗兰克法案场外衍生品的强制清算改革"，《法治与社会》，2011年第4期。

[12] 杨涛、李鑫："国际金融市场基础设施监管改革及其对我国的启示"，《金融监管研究》，2015年第8期。

[13] 杨涛等：《中国支付清算发展报告（2015）》，社会科学文献出版社，2015。

[14] 杨涛等：《中国支付清算发展报告（2017）》，社会科学文献出版社，2017。

[15] 张承惠："金融改革须重视金融基础设施建设"，《重庆理工大学学报》（社会科学），2013年第10期。

[16] 中国人民银行金融稳定分析小组：《中国金融稳定报告（2005）》，中国金融出版社，2006。

[17] 中国人民银行支付结算司：《中国支付体系发展报告（2016）》，中国金融出版社，2017。

[18] 周永林："区块链与金融市场基础设施"，《金融市场研究》，2016年第6期。

[19] 朱小川："美欧场外衍生品市场集中清算制度的变化与比较"，《南方金融》，2014年第12期。

[20] Bernanke, B., Financial Reform to Address Systemic Risk, Speech at the council on Foreign Relations, March 10, 2009.

[21] CPSS、IOSCO, "Principles for Financial Market Infrastructures", Bank for International Settlements, April 2012.

[22] Ferrarini, G., and P. Saguato, Regulating Financial Market Infrastructures, ECGI Working Paper series in Law, No. 259, 2014.

[23] Leon, C., and J. Perez, Authority Centrarty and Hub Centrality as Metrics of Systemic Importance of Financial Market Infrastrutures, Borradores de Eonomia Papers, No.754, 2013.

相关网络链接

国际清算银行支付和市场基础设施委员会（CPMI）：https://www.bis.org/cpmi/
中国人民银行清算总中心：http://www.cncc.cn/
中国银联：http://cn.unionpay.com/
农信银资金清算中心有限责任公司：http://www.nongxinyin.com/
跨境银行间支付清算（上海）有限责任公司：http://www.cips.com.cn/
网联清算有限公司：https://www.nucc.com/
中国证券登记结算有限责任公司：http://www.chinaclear.cn/
中央国债登记结算有限责任公司：http://www.chinabond.com.cn/
银行间市场清算所股份有限公司：http://www.shclearing.com/
上海票据交易所：http://www.shcpe.com.cn/
上海期货交易所：http://www.shfe.com.cn/
郑州商品交易所：http://www.czce.com.cn/
大连商品交易所：http://www.dce.com.cn/
中国金融期货交易所：http://www.cffex.com.cn/
中国外汇交易中心：http://www.chinamoney.com.cn/
中证机构间报价系统股份有限公司：http://www.interotc.com/
上海证券交易所：http://www.sse.com.cn/
深圳证券交易所：http://www.szse.cn/
全国中小企业股份转让系统：http://www.neeq.com.cn/
北京金融资产交易所：https://www.cfae.cn/
上海黄金交易所：http://www.sge.com.cn/
中国证券业协会：http://www.sac.net.cn/
中国银行业协会：http://www.china-cba.net/
中国保险行业协会：http://www.iachina.cn/
中国银行间市场交易商协会：http://www.nafmii.org.cn/

第 13 章
金融中介机构*

卢超群（中国银行间市场交易商协会）

> **学习目标**
>
> 通过本章学习，读者应做到：
> ◎ 了解商业银行、证券公司、保险公司等金融中介机构的定义、职能、发展历程与现状、组织形式及基本特点
> ◎ 了解商业银行资产、负债及资产负债管理理论
> ◎ 了解商业银行、证券公司、保险公司、基金公司、信托等机构的主营业务及业务特点
> ◎ 了解金融中介机构近期热点

开篇导读

金融系统最基本的功能是对资金进行时间和空间上的配置。联结投资者与储蓄者的金融系统由金融市场和金融中介机构组成。通过金融市场进行的融资属于直接融资，通过金融中介机构进行的融资属于间接融资。严格意义上的金融中介机构是指在间接融资过程中为借款人和贷款人提供中介服务的金融机构，它们向最终贷款人发行间接证券，

---

* 本章由史进峰（瑞信方正证券有限责任公司）审校。

然后购买最终借款人发行的原始证券。按这一定义，大多数金融机构都是金融中介机构，但直接融资中的金融机构（如证券公司）则不在金融中介机构之列。然而，由于层出不穷的金融创新和金融机构的混业经营，实际上，间接融资与直接融资、间接融资中的金融中介机构与直接融资中的金融机构之间的界限已越来越模糊。

20 世纪下半叶特别是 80 年代以来，金融领域正发生影响深远的变革。一方面，越来越多的公司通过直接在金融市场上发行证券来融资，传统的存款类金融中介机构（包括商业银行、信用社等）在融资中的比重不断下降；另一方面，随着信息技术变革和持续的金融创新，金融中介机构出现了显著分化，以商业银行为代表的存款类机构日渐式微，以各种共同基金为代表的投资类机构则大行其道，并且各类金融中介机构出于市场的压力和竞争的需要，不断突破分业经营的藩篱，混业经营成为全球性的潮流。在这些纷繁复杂的变革背后，更为本质的问题是，金融中介机构为何存在？金融中介机构有哪些？它们的发展历程是怎样的？都有哪些业务？这些问题构成了金融中介理论的核心，本章将对此进行系统阐述。

13.1 商业银行

13.1.1 商业银行概述

区别于中央银行和投资银行，商业银行（commercial bank）是以盈利为目的，以多种金融负债筹集资金，多种金融资产为经营对象，具有信用创造功能的金融机构。一般来说，商业银行没有货币发行权，其传统业务主要集中在经营存款和贷款（放款）业务，即以较低的利率借入存款，以较高的利率放出贷款，存贷款之间的利差就是商业银行的主要利润。商业银行的主要业务范围包括吸收公众、企业及机构的存款、发放贷款、票据贴现及中间业务等。它是储蓄机构而不是投资机构。

从商业银行的发展来看，商业银行的经营模式有两种。一种是英国模式，商业银行主要融通短期商业资金，具有放贷期限短，流动性高的特点。此种经营模式对银行来说比较安全可靠。另一种是德国模式，其业务是综合式。商业银行不仅融通短期商业资金，而且还融通长期固定资本，即从事投资银行业务。

中国实行的是分业经营模式。为了适应中国分业经营的现时特点和混业经营的发展趋势，2003 年以来对《商业银行法》进行了两次修订。第一次修订是 2003 年，其中，值得关注的一条是对商业银行法不得混业经营的有关规定进行了修改：1995 年版第四十三条规定，"商业银行在中华人民共和国境内不得从事信托投资和股票业务，不得投资于非自用不动产"，而 2003 年修改的商业银行法则将其修改为"商业银行在中华人民共和国境内不得从事信托投资和证券经营业务，不得向非自用不动产投资或者向非银行金融机构和企业投资，但国家另有规定的除外"。这便给商业银行混业经营留下了发展空间。第二次修订是 2015 年，2015 年修正案对原《商业银行法》做了两处修改：

一是删去第三十九条第一款第二项[①]；二是删去第七十五条第三项中的"存贷比例"。此番删除了贷款余额与存款余额比例不得超过75%的规定，将存贷比由法定监管指标转为流动性监测指标。

13.1.1.1.1 中国商业银行向现代银行体系转变的历程

1978年12月召开党的十一届三中全会，开始全面纠正"文化大革命"及之前的"左"倾错误，我国进入了改革开放的新时期，我国的银行体系也开始恢复和重建。中国银行业随之走上了改革开放的道路。从1977年至今，中国商业银行的发展大体上可以分为以下几个阶段。

1. 体系重建阶段（1977—1986）

1978年3月，中国人民银行从财政部分离，恢复了其部级单位的独立地位。1979年，邓小平提出"要把银行真正办成银行"，中国农业银行、中国银行相继恢复，中国人民建设银行（建行的前身）从财政部分离，1981年年底又成立了负责接受国际金融机构贷款及其他资金转贷给国内企业的中国投资银行[②]。1983年9月17日，国务院发文明确规定中国人民银行专门行使中央银行的职能，同时决定成立中国工商银行，接办中国人民银行原有的信贷和储蓄等商业银行业务。至此，中国基本形成了以中央银行为领导、以四大国家专业银行为骨干的银行体系。

1984年10月，中国共产党十二届三中全会做出了《中共中央关于经济体制改革的决定》。为了发展"有计划的商品经济"，中国银行体系迅速扩张。1985年中国人民银行出台了专业银行业务可以适当交叉和"银行可以选择企业、企业可以选择银行"的政策措施，鼓励四家专业银行之间开展适度竞争，从而打破了银行资金"统收统支"的"供给制"，四家专业银行还开始将其触角伸向农村，为当时正在蓬勃发展的乡镇企业提供贷款。

2. 扩大发展阶段（1987—1996）

1986年12月，邓小平要求"金融改革的步子要迈大一些。要把银行真正办成银行"。1987年中国人民银行提出要建立以中央银行为领导，各类银行为主体、多种金融机构并存和分工协作的社会主义金融体系。

从1987年到1988年，第一批股份制商业银行破茧而出，除了交通银行和招商银行之外，还有由中信集团创建的中信实业银行，由深圳地方金融力量创建的深圳发展银行，由福建地方金融力量创建的兴业银行，由广东地方金融力量创建的广东发展银行。

1992年"又是一个春天"的推动下金融业继续向前推进，第二批股份制银行也乘势而出，从1992年到1996年，先后增添了这些新生力量：由光大集团创办的光大银行，

[①] 删除的内容是"贷款余额与存款余额的比例不得超过百分之七十五"。

[②] 1994年，根据中国人民银行《关于中国投资银行管理体制改革的批复》，中国人民银行原则上同意中国投资银行并入建设银行；1998年12月11日，经中国人民银行批准，中国投资银行并入国家开发银行，其全部债权债务由国家开发银行承担；1999年3月8日，经中国人民银行批准，国家开发银行与中国光大银行达成协议。由中国光大银行整体接收原中国投资银行的资产、负债和所有者权益以及设在北京、深圳等29个地区的137家营业机构。

由上海地方金融力量创办的上海浦东发展银行，由首钢等北京企业力量创办的华夏银行，由全国工商联牵头组建的民生银行。其中民生银行是第一家主要由民营企业投资的全国性股份制商业银行。

3. 深化改革阶段（1997—2002）

经过近二十年的改革和发展，到1996年年底，中国已形成了一个以四大国有商业银行为骨干的庞大的商业银行体系，在支持中国经济和社会发展方面起到了重要的作用。但是由于计划经济时期遗留下来的陈旧观念和历史包袱一时难以化解，再加上社会主义市场经济建设初期的制度缺陷，改革的任务十分繁重。1997年年中发生的东亚金融危机，对我国的金融业敲响了警钟，商业银行的风险防范问题受到关注。中国决定对坏账沉重的国有银行体系进行大刀阔斧的改革，参照20世纪80年代美国处理储贷机构经验，成立四大金融资产管理公司（assets management companies，AMC），进行坏账剥离。1998—1999年中国对国有独资商业银行进行2 700亿元的注资和1.3万亿元不良资产剥离，一举使得国有银行不良贷款比率下降10个百分点。但仅在注资五年后，中国国有银行再次陷入技术性破产边缘。

4. 改革攻坚阶段（2003年至今）

2003年，中国准备对国有银行改革进行"背水一战"，成立国有独资商业银行股份制改革试点工作领导小组，随后2003—2010年中国银行业掀起了一轮波澜壮阔的"剥离坏账、注资、引进战投、股改上市"的改革。

2003—2006年，又有由山东地方金融力量创办的恒丰银行改制成立，由浙江民营资本创办的浙商银行改制成立，由天津地方金融力量创办的渤海银行成立。至此，全国性的股份制商业银行增加到13家。除了四大国有商业银行和13家全国性股份制商业银行之外，数量更庞大的是遍布全国各地的城市商业银行。经过30年的渐进式改革，中国基本形成了由中国人民银行、开发性金融机构[①]、政策性银行、四大国有商业银行、10多家全国性股份制银行、100多家城市商业银行、更多的农村商业银行和农村信用社所构成的现代银行业体系。

13.1.1.2 中国银行业现状

银行业的发展与宏观经济环境密切相关，稳定的宏观经济环境为银行业提供发展的基础，银行业的持续健康发展为宏观经济环境提供动力。目前中国仍是以银行间接融资为主的融资格局，银行业的经营行为已经渗透到社会经济发展的各个细微领域，并形成了银行业同社会经济运行的高度正向关联性。

1. 资产负债总量

截至2017年年底，中国银行业金融机构本外币资产为252万亿元，同比增长8.7%，增速较上年末下降7.1个百分点。其中，各项贷款129万亿元，同比增长12.4%。总负

[①] 2015年4月，国务院印发《关于同意国家开发银行深化改革方案的批复》，强调国家开发银行要坚持开发性金融机构定位。这是从国家层面首次正式明确开发性金融机构的定位，并对开发性金融机构的业务范围、组织架构和治理结构、资金来源支持政策、资本补充和约束机制做出了全面安排。

债233万亿元，同比增长8.4%。其中，各项存款157万亿元，同比增长7.8%。

经过多年的改革发展，中国形成了多层次的银行业体系，根据中国银监会统计口径，中国银行业各类机构主要分为大型商业银行、股份制商业银行、城市商业银行以及其他类金融机构等。从机构类型看，资产规模较大的依次为大型商业银行、股份制商业银行、城市商业银行、农村金融机构[1]以及其他类金融机构[2]，分别占银行业金融机构资产的份额分别为36.77%、17.81%、12.57%、13.00%和19.84%。

表13-1 中国各类银行业金融机构的资产、负债及所有者权益的占比（截至2017年年底）

项目	资产总额（亿元）	占比（%）	负债总额（亿元）	占比（%）	股东权益总额（亿元）	占比（%）
大型商业银行	928 145	36.77	855 636	36.74	72 509	37.12
股份制商业银行	449 620	17.81	419 047	17.99	30 573	15.65
城市商业银行	317 217	12.57	295 345	12.68	21 875	11.20
农村金融机构1	328 208	13.00	303 953	13.05	24 255	12.42
其他类金融机构2	500 851	19.84	454 726	19.53	46 125	23.61
合计	2 524 040	100.00	2 328 704	100.00	195 336	100.00

注：①农村金融机构包括农村商业银行、农村合作银行、农村信用社和新型农村金融机构；②其他类金融机构包括政策性银行及国家开发银行、外资金融机构、非银行金融机构和邮政储蓄银行。

资料来源：中国银监会。

2. 资本充足率水平与资产质量

为加强商业银行风险管理能力，中国银保监会发布了一系列风险管理指导意见与措施，包括要求银行改善信贷审批程序、新的贷款损失准备指引和五级贷款分类制度等。同时中国银监会正逐步加强商业银行各项业务经营指标的监管，包括资本充足率、资产质量、流动性、运营效率以及盈利能力的监管。中国银监会颁布实施了更严格的资本充足率管理指引。

自2013年起，中国商业银行开始正式执行《商业银行资本管理办法（试行）》。截至2017年年底，商业银行核心一级资本充足率为10.75%，与上年末基本持平；一级资本充足率为11.35%，较年初上升0.1个百分点；资本充足率为13.65%，较年上年末升0.37个百分点。资产利润率为0.92%，资本利润率为12.56%。

截至2017年年底，银行业金融机构不良贷款余额1.71万亿元，不良贷款率1.74%；关注类贷款余额3.41万亿元，关注类贷款率3.49%。商业银行贷款损失准备余额为3.09万亿元，较上年末增加4 268亿元；拨备覆盖率为181.42%，较上年末上升5.02个百分点；贷款拨备率为3.16%，较上年末上升0.09个百分点。

---

① 农村金融机构包括农村商业银行、农村合作银行、农村信用社和新型农村金融机构。
② 其他类金融机构包括政策性银行及国家开发银行、民营银行、外资银行、非银行金融机构、资产管理公司和邮政储蓄银行。

银行业流动性充足，流动性比例为 50.03%，人民币超额备付金率为 2.02%，存贷款比例为 70.55%，流动性覆盖率为 123.26%。

表 13-2　商业银行主要指标分机构类情况表（法人）（2017 年第四季度）

时间/指标		大型商业银行	股份制商业银行	城市商业银行	民营银行	农村商业银行	外资银行
第四季度	不良贷款余额（亿元）	7725	3851	1823	8	3566	85
	不良贷款率（%）	1.53	1.71	1.52	0.53	3.16	0.70
	资产利润率（%）	1.02	0.83	0.83	0.76	0.90	0.48
	拨备覆盖率（%）	180.45	179.78	214.48	697.58	164.31	296.88
	资本充足率（%）	14.65	12.26	12.75	24.25	13.30	17.83
	流动性比例（%）	48.10	50.78	51.48	98.17	53.14	66.80
	净息差（%）	2.07	1.83	1.95	4.52	2.95	1.71

注：①外资银行资本充足率不含外国银行分行；②2014 年第二季度起，中国工商银行、中国农业银行、中国银行、中国建设银行、交通银行和招商银行等六家银行经核准开始实施资本管理高级方法，其余银行仍没用原方法。

13.1.1.3　商业银行的相关功能

商业银行的功能是由它的性质所决定的，主要有五项基本功能。

1. 调节经济

调节经济是指商业银行通过其信用中介活动，调剂社会各部门的资金短缺，同时在央行货币政策和其他国家宏观政策的指引下，实现经济结构、消费比例投资、产业结构等方面的调整。此外，商业银行通过其在国际市场上的融资活动还可以调节本国的国际收支状况。

商业银行因其广泛的职能，使得它对整个社会经济活动的影响十分显著，在整个金融体系乃至国民经济中位居特殊而重要的地位。随着市场经济的发展和全球经济的一体化发展，近年来商业银行已经凸现了职能多元化的发展趋势。

2. 信用创造

商业银行在信用中介职能和支付中介职能的基础上，产生了信用创造职能。商业银行是能够吸收各种存款的银行，用其所吸收的各种存款发放贷款，在支票流通和转账结算的基础上，贷款又派生为存款，在这种存款不提取现金或不完全提现的基础上，就增加了商业银行的资金来源，最后在整个银行体系，形成数倍于原始存款的派生存款。

长期以来，商业银行是各种金融机构中唯一能吸收活期存款，开设支票存款账户的机构，在此基础上产生了转账和支票流通。商业银行通过自己的信贷活动创造和收缩活期存款，有了足够的贷款需求，才形成派生存款；相反，如果归还贷款，就会相应地收缩派生存款。收缩程度与派生程度相一致。对商业银行来说，吸收存款在其经营中占有十分重要的地位。

3. 信用中介

信用中介是商业银行最基本、最能反映其经营活动特征的职能。这一职能的实质，是通过银行的负债业务，把社会上各种闲散货币集中到银行里来，再通过资产业务，把它投向经济各部门；商业银行是作为货币资本的贷出者与借入者的中介人或代表，来实现资本的融通，并从吸收资金的成本与发放贷款利息收入、投资收益的差额中获取利益收入，形成银行利润。

商业银行通过信用中介的职能实现资本盈余和短缺之间的融通，并不改变货币资本的所有权，改变的只是货币资本的使用权。

4. 支付中介

商业银行除了作为信用中介，融通货币资本以外，还执行着货币经营业的职能。通过存款在账户上的转移，代理客户支付，在存款的基础上，为客户兑付现款等，成为工商企业、团体和个人的货币保管者、出纳者和支付代理人。

以商业银行为中心，形成经济过程中无始无终的支付链条和债权债务关系。

5. 金融服务

随着经济的发展，工商企业的业务经营环境日益复杂化，银行间的业务竞争也日益剧烈化，银行由于联系面广，特别是电子计算机在银行业务中的广泛应用，使其具备了为客户提供信息服务的条件。咨询服务，对企业"决策支援"等服务应运而生，工商企业生产和流通专业化的发展，又要求把许多原来属于企业自身的货币业务转交给银行代为办理，如发放工资，代理支付等。个人消费也由原来的单纯钱物交易发展为转账结算。

在强烈的业务竞争压力下，各商业银行也不断开拓服务领域，通过金融服务业务的发展，进一步促进资产负债业务的扩大，并把资产负债业务与金融服务结合起来，开拓新的业务领域。在现代经济生活中，金融服务已成为商业银行的重要职能。

13.1.1.4 商业银行组织形式

受国内外政治、经济、法律等多方面因素的影响，世界各国商业银行的组织形式可以分为单一银行制、分支银行制和集团银行制以及连锁银行制。

单一银行制是指不设立分行，全部业务由各个相对独立的商业银行独自进行的一种银行组织形式，这一体制主要集中在美国。

优点：首先，可以限制银行业的兼并和垄断，有利于自由竞争；其次，有利于协调银行与地方政府的关系，使银行更好地为地区经济发展服务；最后，由于单一银行制富于独立性和自主性，内部层次较少，因而其业务经营的灵活性较大。

缺点：首先，单一制银行规模较小，经营成本较高，难以取得规模效益；其次，单一银行制与经济的外向发展存在矛盾，人为地造成资本的迂回流动，削弱了银行的竞争力；最后，单一制银行的业务相对集中，风险较大。随着电子计算机推广应用的普及，单一制限制银行业务发展和金融创新的弊端也愈加明显。

分支银行制又称总分行制。实行这一制度的商业银行可以在总行以外，普遍设立分支机构，分支银行的各项业务统一遵照总行的指示办理。分支行制按管理方式不同又可进一步划分为总行制和总管理处制。总行制即总行除了领导和管理分支行处以外，本身也对外营业；而在总管理处制下，总行只负责管理和控制分支行除，本身不对外营业。

优点：实行这一制度的商业银行规模巨大，分支机构众多，便于银行拓展业务范围，降低经营风险；在总行与分行之间，可以实行专业化分工，大幅度地提高银行工作效率，分支行之间的资金调拨也十分方便；易于采用先进的计算机设备，广泛开展金融服务，取得规模效益。

缺点：容易加速垄断的形成，实行这一制度的银行规模大，内部层次多，从而增加了银行管理的难度。但就总体而言，分支行制更能适应现代化经济发展的需要，因而受到各国银行界的普遍认可，已成为当代商业银行的主要组织形式。

集团制银行又称为持股公司制银行，是指由少数大企业或大财团设立控股公司，再由控股公司控制或收购若干家商业银行。银行控股公司分为两种类型：

非银行性控股公司，它是通过企业集团控制某一银行的主要股份组织起来的，该种类型的控股公司在持有一家银行股票的同时，还可以持有多家非银行企业的股票。

银行性控股公司，是指大银行直接控制一个控股公司，并持有若干小银行的股份。

连锁银行制又称为联合银行制。它是指某一集团或某一人购买若干独立银行的多数股票，从而控制这些银行的体制。在这种体制下，各银行在法律地位上是独立的，但实质上也是受某一集团或某一人所控制。

13.1.2 商业银行主要业务及特点简介

尽管各国商业银行的组织形式、名称、经营内容和重点各异，但就其经营的主要业务来说，一般均分为资产业务、负债业务以及表外业务。随着银行业国际化的进程，国内这些业务还可以延伸为国际业务。

根据《中华人民共和国商业银行法》的规定，中国商业银行可以经营下列业务：吸收公众存款，发放贷款；办理国内外结算、票据贴现、发行金融债券；代理发行、兑付、承销政府债券，买卖政府债券；从事同业拆借；买卖、代理买卖外汇；提供信用证服务及担保；代理收付款及代理保险业务等。

13.1.2.1 资产业务

资产业务是指银行用其经营资金从事各种信用活动的业务。商业银行的资产业务包括储备资产、信贷资产、投资资产等内容。资产业务是商业银行的主要收入来源。

1. 贷款（放款）业务

信用贷款是指单凭借款人的信誉，而不需提供任何抵押品的贷款，是一种资本贷款。主要有以下类型：

普通借款限额：企业与银行订立一种非正式协议，以确定一个贷款，在限额内，企业可随时得到银行的贷款支持。

备用贷款承诺：备用贷款承诺，是一种比较正式和具有法律约束的协议。银行与企业签订正式合同，在合同中银行承诺在指定期限和限额内向企业提供相应贷款，企业要为银行的承诺提供费用。

票据贴现贷款是顾客将未到期的票据提交银行,由银行扣除自贴现日起至到期日止的利息而取得现款。

抵押贷款有以下几种类型:

存货贷款,存货贷款也称商品贷款,是一种以企业的存贷或商品作为抵押品的短期贷款。客帐贷款,银行发放的以应收账款作为抵押的短期贷款,称为"客帐贷款"。这种贷款一般都为一种持续性的信贷协定。不动产抵押贷款,通常是指以房地产等为抵押品的贷款。

保证书担保贷款是指由经第三者出具保证书担保的贷款。保证书是保证为借款人作贷款担保,与银行的契约性文件,其中规定了银行和保证人的权利和义务。银行只要取得经保证人签字的银行拟定的标准格式保证书,即可向借款人发放贷款。所以,保证书是银行可以接受的最简单的担保形式。

2. 投资业务

商业银行的投资业务一般指银行购买固定收益证券的活动。投资固定收益证券是商业银行一项重要的资产业务,是银行收入的主要来源之一。

商业银行的投资业务,按照对象的不同,可分为国内证券投资和国际证券投资。商业银行国内固定收益投资大体可分为三种类型,即政府债券、地方政府债券和公司债券。

13.1.2.2 负债业务

负债是银行由于授信而承担的将以资产或资本偿付的能以货币计量的债务。存款、派生存款是银行的主要负债,约占资金来源的80%以上。另外,联行存款、同业存款、借入或拆入款项或发行债券等,也构成银行的负债。

活期存款是相对于定期存款而言的,是不需预先通知可随时提取或支付的存款。活期存款构成了商业银行的重要资金来源,也是商业银行创造信用的重要条件,但成本较高。商业银行只向客户免费或低费提供服务,一般不支付或较少支付利息。

定期存款是相对于活期存款而言的,是一种由存户预先约定期限的存款。定期存款占银行存款比重较高。因为定期存款期限固定而且比较长,从而为商业银行提供了稳定的资金来源,对商业银行长期贷款与投资具有重要意义。

储蓄存款是个人为积蓄货币和取得利息收入而开立的存款账户,储蓄存款又可分为活期和定期。

储蓄存款的活期存款,或者称为活期储蓄存款,存取无一定期限,只凭存折便可提现。存折一般不能转让流通,存户不能透支款项。

可转让定期存单,是定期存款的一种主要形式,但与前述定期存款又有所区别。可转让存单存款的明显特点是:存单面额固定,不记姓名,利率有固定也有浮动,存期为3个月、6个月、9个月和12个月不等。存单能够流通转让,以满足流动性和盈利性的双重要求。

13.1.2.3 中间业务

商业银行中间业务广义上讲"是指不构成商业银行表内资产、表内负债,形成银行非利息收入的业务"。商业银行在资产业务和负债业务的基础上，利用技术、信息、机构网络、资金和信誉等方面的优势，不运用或较少运用银行的资财，以中间人和代理人的身份替客户办理收付、咨询、代理、担保、租赁及其他委托事项，提供各类金融服务并收取一定费用的经营活动。中间业务又称表外业务，商业银行的中间业务主要有本外币结算、银行卡、信用证、备用信用证、票据担保、贷款承诺、衍生金融工具、代理业务、咨询顾问业务等。

1. 结算业务

结算业务是由商业银行的存款业务衍生出来的一种业务。

结算工具就是商业银行用于结算的各种票据。目前可选择使用的票据结算工具主要包括银行汇票、商业汇票、银行本票和支票等。

主要的票据结算工具包括：银行汇票，由企业单位或个人将款项交存开户银行，由银行签发给其持往异地采购商品时办理结算或支配现金的票据；商业汇票，由企业签发的一种票据，适用于企业单位先发货后收款或双方约定延期付款的商品交易；银行本票，申请人将款项交存银行，由银行签发给其凭以办理转账或支取现金的票据。可分为不定额本票和定额本票；支票，由企业单位或个人签发的，委托其开户银行付款的票据，是我国传统的票据结算工具，可用于支取现金和转账。

结算方式区分为同城结算和异地结算。

同城结算方式包含支票结算、账单支票与划拨制度、票据交换所自动转账系统等方式。商业银行最主要或大量的同城结算方式是支票结算。（1）支票结算就是银行顾客根据其在银行的存款和透支限额开出支票，命令银行从其账户中支付一定款项给收款人，从而实现资金调拨，了结债权债务关系的一种过程。（2）账单支票与划拨制度，是不用开支票，通过直接记账而实现资金结算的方式。（3）票据交换所自动转账系统是一种进行同城同业资金调拨的系统，参加这种系统的银行之间，所有同业拆借、外汇买卖、汇划款项等将有关数据输入到自动转账系统的终端机，这样收款银行立即可以收到有关信息，交换所同时借记付款银行账户，贷记收款银行账户。

异地结算方式包括汇款结算、托收结算、信用证结算、电子资金划拨系统。（1）汇款结算是指付款人委托银行将款项汇给外地某收款人的一种结算方式。汇款结算又分为电汇、信汇和票汇三种形式。（2）托收结算是指债权人或售货人为向外地债务人或购货人收取款项而向其开出汇票，并委托银行代为收取款项的一种结算方式。托收业务主要有光票托收和跟单托收两类。（3）信用证结算，信用证是一种有条件的银行付款承诺，即开证银行根据进口商的指示，向出口商开立的，授权其签发以进口商或银行为付款人的汇票，保证在条款规定条件下必定付款或承兑的文件。（4）电子资金划拨系统，随着电子计算机等新技术投入银行运用，电子计算机的大型化和网络化改变了商业银行异地资金结算的传统处理方式。

2. 信用证业务

作为商业贸易的手段之一，银行信用证是进口商的代理银行为进口商提供自身的信用，保证在一定的条件下承付出口商开给进口商的票据，即将所开票据当作开给本行的票据。所谓信用证即是保证承付这些票据的证书。

具体而言，信用证的种类可分为：

银行信用证，汇票的接受人是银行，开证行或受其委托的保兑银行承兑开给自己的汇票，这种信用证是银行信用证。

不可撤销信用证与可撤销信用证。不可撤销信用证是指开证行一旦开立了信用证并将之通知了受益人，在其有效期间，如若没有开证委托人、受益人或已依据此信用证贴现汇票的银行的同意，不可单方面地撤销此信用证，也不可变更其条件，若可当方面撤销，则称之为可撤销信证。

一般信用证和特定信用证，信用证的开证行特别指定某一银行贴现根据此信用证开出的汇票，这种信用证称为特定信用证，若不限定贴现银行者称为一般信用证。

3. 代理业务

代理融通又叫代收账款或收买应收账款，是由商业银行或专业代理融通公司代顾客收取应收款项，并向顾客提供资金融通的一种业务方式。

代理融通业务一般涉及三方面当事人，一是商业银行或经营代理融通业务的公司，二是出售应收账款、取得资金融通的工商企业，三是取得商业信用及赊欠工商企业贷款的顾客。三者的关系是，工商企业对顾客赊销货物或劳务，然后把应收的赊销账款转让给银行或代理融通公司，由后者向企业提供资金并到期向顾客收账。

4. 银行卡业务

记账卡。自动出纳机卡是一种印有磁带、专供在自动出纳机上使用的塑料卡。卡上除标明发行银行、卡片号码外，磁带上还记录有客户的存款户账号、密码和余额。

信用卡。信用卡是消费信贷的一种工具和形式，具有"先消费"、方便消费者的特点。信用卡的种类很多，除银行发行的信用卡外，还有商业和其他服务业发行的零售信用卡、旅游娱乐卡等。

支票卡。支票卡又叫保证卡，供客户开发支票时证明其身份的发卡。卡片载明客户的账户、签名和有效期限。

5. 咨询业务

在现代社会，信息已成为社会发展的主要支柱之一。商业银行通过资金运动的记录，以及与资金运动相关资料的收集整理，可以为企业提供丰富实用的经济信息。其主要内容有：企业财务资料资信评价；商品市场供需结构变化趋势介绍；金融市场动态分析。

13.1.2.4 商业银行的国际业务

1. 国际结算业务

国际进行贸易和非贸易往来而发生的债权债务，要用货币收付，在一定的形式和条件下结清，这样就产生了国际结算业务。

国际结算方式是从简单的现金结算方式，发展到比较完善的银行信用证方式，货币的收付形成资金流动，而资金的流动又须通过各种结算工具的传送来实现。

汇款结算。汇款是付款人把应付款项交给自己的往来银行，请求银行代替自己通过邮寄的方法，把款项支付给收款人的一种结算方式。银行接到付款人的请求后，收下款项，然后以某种方式通知收款人所在地的代理行，请它向收款人支付相同金额的款项。最后，两家银行通过事先的同业惯例和安排，结清两者之间的债权债务。汇款结算方式一般涉及四个当事人，即汇款人、收款人、汇出行和汇入行。

托收结算。托收是债权人为向国外债务人收取款项而向其开发汇票，委托银行代收的一种结算方式。一笔托收结算业务通常有四个当事人，即委托人、托收银行、代收银行和付款人。西方商业银行办理的国际托收结算业务为两大类，一类为光票托收，另一类为跟单托收。

信用证结算。信用证结算方式是指进出口双方签订买卖合同后，进口商主动请示进口地银行向出口商开立信用证，对自己的付款责任做出保证。当出口商按照信用证的条款履行了自己的责任后，进口商将货款通过银行交付给出口商。一笔信用证结算业务所涉及的基本当事人有三个，即开证申请人、受益人和开证银行。

担保业务。在国际结算过程中，银行还经常以本身的信誉为进出口商提供担保，以促进结算过程的顺利进行。目前为进出口结算提供的担保主要有两种形式，即银行保证书和备用信用证。

银行保证书又称保函，是银行应委托人的请求，向受益人开出的担保被保证人履行职责的一种文件。备用信用证是一种银行保证书性质的凭证。它是开证行对受益人开出的担保文件。保证开证申请人履行自己的职责，否则银行负责清偿所欠受益的款项。

2. 国际信贷与投资

国际信贷与投资是商业银行国际业务中的资产业务。国际信贷与投资与国内资产业务有所不同。这种业务的对象绝大部分是国外借款者。

进出口融资。商业银行国际信贷活动的一个重要方面，是为国际贸易提供资金融通。这种资金融通的对象，包括本国和外国的进出口商人。商业银行为进出口贸易提供资金融通的形式很多，主要有以下几种：进口押汇，是指进出口双方签订买卖合同后，进口方请求进口地的某个银行（一般为自己的往来银行），向出口方开立保证付款文件，大多为信用证。然后，开证行将此文件寄送给出口商，出口商见证后，将货物发运给进口商。银行为进口商开立信用保证文件的这一过程。

出口押汇，出口商根据买卖合同的规定向进口商发出货物后，取得了各种单据，同时，根据有关条款，向进口商开发汇票。另外，提供资金融通的方式还有打包贷款，票据承兑，出口贷款等。

国际贷款。国际贷款由于超越了国界，在贷款的对象、贷款的风险、贷款的方式等方面，都与国内贷款具有不同之处。商业银行国际贷款的类型，可以从不同的角度进行划分。

根据贷款对象的不同，可以划分为个人贷款、企业贷款、银行间贷款以及对外国政府和中央银行的贷款。

根据贷款银行的不同，可以划分为单一银行贷款和多银行贷款。单一银行贷款是指贷款资金仅由一个银行提供。一般来说，单一银行贷款一般数额较小，期限较短。多银行贷款是指一笔贷款由几家银行共同提供，这种贷款主要有两种类型：一是参与制贷款[①]；二是辛迪加贷款。

[①] 指一家银行对某一外国客户提供了一笔贷款后，邀请其他银行参加进来，向借款人提供资金。

国际投资。根据证券投资对象的不同。商业银行国际投资可以分为外国债券投资和欧洲债券投资两种。

外国债券投资。外国债券是指由外国债务人在投资人所在国发行的，以投资国货币标价的借款凭证。外国债券的发行人包括外国公司、外国政府和国际组织。外国债券的购买人为债权国的工商企业、金融机构以及个人等，其中，商业银行是重要的投资者。欧洲债券投资。欧洲债券是指债务人在欧洲金融市场上发行的，以销售国以外的货币标价的借款凭证。欧洲债券是目前国际债券的最主要形式。

商业银行的国际业务中，外汇交易业务也是很重要的一部分，它包括外汇头寸、即期外汇买卖、远期外汇买卖、期权交易、套汇与套利等。

13.1.2.5 商业银行联行往来（银行之间的交易）

1. 联行往来的基本概念

社会资金往来运动最终要体现在银行间的划拨上，当资金结算业务发生时，必然要通过两个或两个以上的银行机构往来才能完成，如果往来双方同属一个银行系统，即同属一个总行的各个分支机构间的资金账务往来，则称其为联行往来。

全国联行往来。全国联行往来适用于总行与所属各级分支之间以及不同省、自治区、直辖市各机构之间的资金账务往来。全国联行往来账务由总行负责监督管理。

分行辖内往来。分行辖内往来适用于省、自治区、直辖市分行与所辖各分支机构之间以及同一省、自治区、直辖市辖内各银行机构之间的资金账务往来。分行辖内联行往来账务由分行负责监督管理。

支行辖内往来。支行辖内往来适用于县（市）支行与所属各机构之间以及同一县（市）支行内各机构之间的资金账务往来，其所涉及的账务由县（市）支行管理监督。

2. 联行往来账务核算

发报行核算。发报行是联行往来账务的发生行，是保证联行账务正确进行的基础，对整个联行工作质量，起着重要作用。包括：报单的编制；报单的审查与寄发；联行往账报告表的编制。

收报行核算。收报行是联行往账的受理者，它对发报行寄来的联行报单及所附凭证，必须进行认真审核和再复核，并应准确、迅速办理转账和对账，以保证全国联行往来核算工作的正确进行。

总行电子计算中心。总行电子计算中心是对全国联行往来账务进行逐笔集中监督的部门，它根据联行往账报告表监督联行往账；按收报行行号编制对账表，寄收报行对账，监督联行来账，以保证全国联行往账与来账双方一致。

13.1.3 商业银行的资产/负债管理

现代商业银行资产与负债管理，就其理论和实践的发展来看，经历了从单独的资产管理和负债管理到资产负债一体化管理的过程，后者适应了现代商业银行新的外部环境和内在变动，成为当前各大商业银行普遍采用、行之有效的一种管理机制。

13.1.3.1 商业银行资产管理理论

20世纪60年代以前，由于资金来源渠道比较固定和狭窄（大多是吸收的活期存款），工商企业资金需求比较单一，加之金融市场发达程度的限制，银行经营管理的重点主要放在资产方面，即通过对资产结构的恰当安排来满足银行安全性、流动性和盈利性的需要。它产生于银行经营管理目标即利润最大化和资产流动性的内在矛盾。

在资产管理理论的发展过程中，先后出现了三种不同的主要理论思想——商业贷款理论、资产转移理论和预期收入理论以及三种主要的资产管理方法——资金总库法、资金分配法和线性规划法。

资产管理理论是以商业银行资产的流动性为重点的传统管理方法。在20世纪60年代前，资产管理理论认为商业银行的负债主要取决于客户的存款意愿，只能被动地接受负债；银行的利润主要来源于资产业务，而资产的主动权却掌握在银行手中，因此，商业银行经营管理的重点应是资产业务，以保持资产的流动性，达到盈利性、安全性、流动性的统一。资产管理理论产生于商业银行经营的初级阶段，是在经历了商业贷款理论、资产转移理论、预期收入理论和超货币供给理论几个不同发展阶段逐渐形成的。

1. 商业贷款理论

商业贷款理论也称真实票据理论。这一理论是在18世纪英国银行管理经验的基础上发展起来的。其主要内容为：银行资金来源主要是吸收流动性很强的活期存款，为满足客户兑现的要求，商业银行必须保持资产的高流动性才能避免因流动性不足而给银行带来的经营风险。银行的贷款应以真实的、有商品买卖内容的票据为担保发放，在借款人出售商品取得贷款后就能按期收回贷款。一般认为这一做法最符合银行资产流动性原则的要求，具有自偿性特征。

所谓自偿性就是借款人在购买货物或生产产品时所取得的贷款可以用生产出来的商品或商品销售收入来偿还。根据这一理论要求，商业银行只能发放与生产、商品联系的短期流动贷款，一般不能发放购买证券、不动产、消费品或长期农业贷款。对于确有稳妥的长期资产来源才能发放有针对性的长期贷款。

这一理论与当时经济尚不发达、商品交易限于现款交易、银行存款以短期为主、对贷款的需要仅限于短期的现实相适应，但是当借款人的商品卖不出去，或应收账款收不回来，或其他意外事故发生，贷款到期不能偿还的情况还是会出现的，此时自偿性就不能实现。随着经济发展，银行吸收存款不但数额庞大，其中定期存款所占比重也不断升高，如果银行贷款还仅限于自偿性的短期贷款，会导致资金周转不畅，不能满足经济对中、长期贷款的需要。

2. 资产转移理论

资产转移理论是20世纪初在美国银行界流行的理论：银行保持流动性的关键在于资产的变现能力，因而不必将资产业务局限于短期贷款上，还可将资金的一部分投资于具有转让条件的债券上，在需要时将证券兑换成现金，保持银行资产的流动性。

随着金融市场的发展，银行为了应付提存所持现金的一部分，投资于具备转让条件的证券，作为第二准备金。这种证券只要信誉高、期限短、易于出售，银行就可以达到保持其资产流动性的目的。如目前美国财政部发行的短期国库券就符合这种要求。根据这一理论，银行除继续发放短期贷款外，还可投资于短期证券。另外，银行也可以用活期存款和短期存款的沉淀额进行长期放款。资产与负债的期限没必要严格对称。

当各家银行竞相抛售证券的时候，有价证券将供大于求，持有证券的银行转让时将会受到损失，因而很难达到保持资产流动性的预期目标。资产与负债期限的不对称性也必须有一定的界限，在实际工作中这一界限往往很难准确界定。

3. 预期收入理论

预期收入理论是由美国学者赫伯特·普鲁克诺（Herbert Prochnow）于1949年在《定期放款与银行流动性理论》（*Term Loans and Theories of Banking*）一书中提出的，它是在商业贷款理论和资产转移理论的基础上发展起来的，但又与这两种理论不同。

该理论认为，贷款的偿还或证券的变现能力取决于将来的预期收入，只要预期收入以保证，商业银行不仅可以发放短期商业性贷款，还可以发放中长期贷款和非生产性消费贷款。

只要资金需要者经营活动正常，其未来经营收入和现金流量可以预先估算出来，并以此为基础制定出分期还款计划，银行就可以筹措资金发放中长期贷款。无论贷款期限长短，只要借款人具有可靠的预期收入，资产的流动性就可得到保证。这种理论强调的是借款人是否确有用于还款的预期收入，而不是贷款能否自偿，担保品能否及时变现。

基于这一理论，银行可以发放中长期设备贷款、个人消费贷款、房屋抵押贷款、设备租赁贷款等，使银行贷款结构发生了变化，成为支持经济增长的重要因素。

这种理论的主要缺陷在于银行把资产经营建立在对借款人未来收入的预测上，而这种预测不可能完全准确。而且借款人的经营情况可能发生变化，到时不一定具备清偿能力，这就增加了银行的风险，从而损害银行资产的流动性。

4. 超货币供给理论

这一新理论产生于20世纪60年代末。随着货币形式的多样化，不仅商业银行能够利用贷款方式提供货币，而且其他许多的非银行金融机构也可以提供货币，金融竞争加剧。这要求银行管理应该改变观念，不仅单纯提供货币，而且还应该提供各方面的服务。根据这一理论，银行在发放贷款和购买证券提供货币的同时，还应积极开展投资咨询、项目评估、市场调查、委托代理等多种服务，使银行资产管理更加深化。

其缺陷是银行在广泛扩展业务之后，增加了经营的风险，如果处理不当容易遭受损失。

以上理论的产生是适应当时各阶段经济发展情况的，但是这些理论又随着经济的发展，其缺陷越来越突出而难以满足社会经济发展对银行的要求。

13.1.3.2 商业银行负债管理理论

商业银行的负债管理出现于20世纪60年代初期，是以负债为经营重点来保证流动性和盈利性的经营管理理论。它指商业银行以借入资金的方式来保持银行流动性，从而增加资产，增加银行的收益。在负债管理出现之前，只要银行的借款市场扩大，它的流动性就有一定的保证。这就没有必要保持大量高流动性资产，而应将它们投入高盈利的贷款或投资中。在必要时，银行甚至可以通过借款来支持贷款规模的扩大。

负债管理理论的基本观点是：银行资金流动性不仅可以通过强化资产管理获得，还可以通过灵活地调剂负债实现，通过发展主动型负债的形式，扩大筹集资金的渠道和途径，也能够满足多样化的资金需求，以向外借款的方式也能够保持银行资金的流动性。

负债管理理论的缺陷是：提高了银行的融资成本，加大了经营风险；不利于银行稳健经营。

负债管理方法核心内容是：银行通过从市场借入资金，调整负债流动性来满足资产的需要，以此扩大负债与资产的规模。主要有以下两类：

储备头寸负债管理方法。银行借入资金补足一级储备，以满足存款提取和贷款需求，通过运作头寸调度来保持高收益、低流动性的资产。例如，在美国，储备头寸负债管理的主要工具是购买期限为一天的联储资金，或使用回购协议。这样，当一家银行的储备由于存款人提款或增加了对有收益的资产投放而暂时不足时，购买联储资金来补充；而当储备有暂时盈余时，就售出联储资金。从这一点来说，这种负债管理方法提高了资金的运用效率，也减缓了银行体系由于储备的突然减少带来的震动性影响。

储备头寸负债管理方法是用增加短期负债向银行有计划地提供流动性资金的管理方式，它购入资金以补充银行的流动性资金需要。

全面负债管理方法。全面负债管理方法是指银行通过借入资金持续扩大资产负债规模，优点是提高资金使用效率，缓解流动性不足。缺点是存在借入风险，切不可把这种短期借入作为长期资金来源，因为一旦这些银行管理上出现问题并被公众知道时，它们就不可能在联储资金市场上再借到资金，结果面临破产。

13.1.3.3 商业银行资产负债管理理论

20世纪70年代中期起，由于市场利率大幅上升，负债管理在负债成本及经营风险上的压力越来越大，商业银行迫切需要一种新的更为有效的经营管理指导理论。银行经营管理的观念逐渐改变，由负债管理转向资产负债综合管理。

资产负债管理理论认为单靠资产管理或单靠负债管理都难以形成商业银行安全性、流动性和盈利性的均衡，通过资产和负债的共同调整，协调资产和负债项目在期限、利率、风险和流动性方面的搭配，尽可能使资产、负债达到均衡，以实现安全性、流动性和盈利性的完美统一。由于资产负债管理理论是从资产和负债之间相互联系、相互制约的整体出发来研究管理方法，因而被认为是现代商业银行最为科学、合理的经营管理理论。

资产负债管理理论主要内容包括：流动性问题，从资产负债两个方面预测；风险控制问题，通过有效的资产和负债管理防范各种风险，保证安全经营；资产与负债对称，调整各类资产负债搭配。

商业银行的资产负债管理是银行经营方式上的一次重大变革，它对商业银行、金融界和经济运行都产生了深远影响。对商业银行本身来讲，它增加了银行抵御外界经济动荡的能力。资产负债管理运用现代化的管理方法及技术手段，从资产负债的总体上协调资产与负债的矛盾，使银行在调整资产负债结构方面具有极大的灵活性和应变力，从而增加了银行对抗风险的能力。资产负债管理有助于减轻银行"借短放长"的矛盾。利率自由化引起筹资成本的提高，迫使商业银行减少冒险性、放弃进攻性的放款和投资策略，采取更为谨慎的态度对待放款和投资。对国民经济而言，为顾客提供日益多样化的金融工具、服务与融资方式，通过提高放款利率保持存贷款合理的利差，这在一定程度上能缓和通货膨胀的压力。

资产负债管理也存在一些缺陷，主要表现在：资产负债管理促使竞争更加剧烈，银行倒闭数量增加。不利于货币监督机构对银行的监控。金融放松管制、技术进步促成新金融工具的涌现，使得银行业务日益多样化、复杂化。尤其是表外业务的迅速发展，使得监管机构在风险测定方面面临更多的困难，提高了社会管理成本。商业银行资产负债管理的方法主要有资产负债利差管理法、资产负债差额管理法和资产负债期限管理法。

1. 资产负债利差管理法

利差是指盈利资产和负债的利息之间的差额。利差又称净利息收入，是银行利息收入与利息支出的差额。利差有两种表示方法，一种是绝对数利差，帮助银行估价净利息收入能否抵销其他开支，估计银行的盈利状况。另一种是相对数利差（即利差率），用于银行估计利差的变化与发展趋势，也用于银行间经营的比较。

利差是银行利润的主要来源，而利差的敏感性或波动性，则构成了银行的风险，利差的大小及其变化决定了银行的风险——收益状况。银行资产负债的结构影响利差的因素包括内部因素和外部因素。其中内部因素包括贷款的质量及偿还期，吸收存款及借款的成本和偿还期。外部因素包括总的经济情况，市场利率水平，以及区域和全国范围内金融机构的竞争状况。

利差管理主要从理论上分析商业银行的利差及影响利差的因素，从追求最大利润这一目标出发，利用利差和资产负债之间的内在关系来管理资产负债业务的一种方法，从而为银行实施资产负债管理、降低风险、提高收益创造条件。

西方银行运用利差的"差异分析法"（即分别分析利率、资产负债总量及其组合对利差的影响程度的方法）分析利率、资产负债总量及其组合对银行利差的影响。具体分析时，首先要假设其中两个因素不变，改变第三个因素，然后观察第三个因素对利差的影响，依此类推。除此之外，利率周期也对利差产生周期性的影响。银行的利率管理就是要根据利率的周期性变化，不断地调整资产负债结构，从而使利差最大化并保持相对稳定。

2. 资产负债差额管理法

差额管理法诞生于 20 世纪 70 年代，是目前商业银行资产负债管理中广泛使用的利率风险管理法之一。

资产负债差额管理法指银行管理者根据利率变化预测，积极调整资产负债结构，扩大或缩小利率敏感性差额，从而保证银行收益的稳定或增长。银行调整资产负债结构所运用的工具主要是银行在短期内在主动控制权的资产和负债，如联储资金、回购协议、大额定期存单、可变利率放款等。有：

$$GAP = ISA - ISL \tag{13-1}$$

其中，GAP 为利率敏感性缺口，ISA 为利率敏感性资产，ISL 为利率敏感性负债。当

GAP > 0 时，称为正缺口，意味着利率浮动的资产中有一部分来自固定利率负债；当 GAP < 0 时，称为负缺口，意味着部分固定利率资产来自利率浮动的负值；当 GAP = 0 时，称为零缺口，意味着部分固定利率资产等于利率浮动的负债。

敏感性比率（sensitive ratio，SR）是缺口的另一种表达方式，它用利率敏感性资产和利率敏感性负债的比率表示，即：

$$SR = ISA/ISL \tag{13-2}$$

当银行存在正缺口时，SR > 1；当银行存在负缺口时，SR < 1；当银行存在零缺口时，SR = 1。

因此，西方商业银行能够利用敏感性缺口谋求利益或者套期保值。银行净利息收入变化量（ΔII）与敏感性缺口及利率变化量（Δi）三者的关系可表示为：

$$\Delta II - \Delta i \times GAP = \Delta i \times (ISA - ISL) \tag{13-3}$$

敏感性缺口管理的重点是银行的短期净利息收入。

根据式（13-3）可知，缺口为正，利率上升时，由于资产收入增加多于借入资金成本的上升，净利息收入增加；缺口为负，利率下降时，净利息收入也会增加；只有缺口的符号与利率变化量的符号相反时，银行净利息收入变化量为负。这就为商业银行在预测利率变化的基础上，通过协调、控制资产负债表中的各个项目，利用敏感性缺口来增加利润提供了机会，同时银行也必须承担相应的利率风险。

差额管理法可以分为稳健型管理和进取型管理：稳健型管理指努力使银行的利率敏感性资产和利率敏感性负债的差额接近于 0，从而把利率风险降至最低限，保持银行收益的稳定；进取型管理指银行根据利率预测，在利率的周期性变化中积极调整资产负债结构，扩大或缩小利率敏感性差额，从而获得更高的收益。进取型管理的结果不仅取决于利率变化的方向，同时也取决于未来利率的不确定程度。

差额管理法不同于其他的管理方法，它认为决定资产负债内在联系的关键因素是利率，主张把管理的重点放在根据不同利率特点确定的差额上，并根据利率周期的变化及时地调整各种利率类型的资产和负债的规模组合，从而使差额管理具有更大的灵活性和应变力。从这个角度讲，差额管理可谓是银行经营管理领域内的一场变革。

它的难点和缺陷表现在以下几个方面：银行能否预测利率变化的方向、大小及时间，值得怀疑；银行能否灵活地调整资产负债结构，这受许多因素（如市场、制度因素等）的限制[①]；银行的利率风险与信用风险很难权衡，利率风险的降低可能招致更大的信用风险；差额管理法忽略了利率变化对固定利率资产和负债价值的影响，差额管理法只集中分析资金流量的变化，强调了再投资风险，而未注意到利率变化对银行长期固定利率资产和负债价值的影响，忽略了利率变化对银行净值的影响，因而具有极大的片面性。

---

① 比如资源的限制，如小的区域性银行，其资金来源有限，因而不具备灵活调节的条件；差额管理与顾客心理的矛盾，因为银行和顾客对利率预期的心理是完全相反的；调节差额必须有足够的时间，如果利率周期短，那么银行就无法改变差额。

3. 资产负债期限管理法

资产负债的期限差额管理。 "期限"是近年来金融市场上对债券保值时常用的一个概念。它是指一种有价证券的寿命或距到期日（重新定价日）的实际时间，是衡量利率风险的指标，即金融资产的现值对利率变化的敏感性反映。

"期限"的概念可用于商业银行的资产负债管理中，因为银行是信用中介机构，包含了一系列的现金流入和流出，构成了银行的负债和资产。

$$银行的净值 = 某资产现值 - 负债现值 \qquad (13-4)$$

由于期限能直接反映市场利率变化对银行资产和负债价值的影响程度，同时包括了价格风险和再投资风险。因此，在进行差额管理时，不应以资产负债的到期日作尺度，而应以资产减负债的期限作为标准，有：

$$期限差额 = 资产的加权平均期限减去负债的加权平均期限 \qquad (13-5)$$

各银行就是根据预测利率的变化，不断调整银行的资产和负债的期限，以期达到理想目标。如当资产期限比负债期限长时，利率上升将导致银行净值下降，此时应缩短银行资产的期限，扩大负债的期限。期限差额随市场利率的变化而不断变化，因而难以掌握，可用期限搭配法来消除一部分利率风险。

资产负债的期限搭配法。 期限搭配法又称风险免除法，是金融市场上消除利率风险常用的一种方法。它是指持有这样一组有价证券，使投资者在持有这组有价证券的时期内，在再投资率和证券价格变化的情况下，投资期满时实际获得的年收益率不低于设计时的预期收益率。即如果这组证券的期限等于持有期，则此组证券就消除了利率风险。

商业银行的资产负债管理同样可用期限搭配法部分地消除资产负债表中的风险。即令部分存款及资产的期限相等，则此部分资产负债表消除了利率风险，从而可以固定住某一特定的资产负债的利差。期限管理法的真正价值在于它把投资负债管理的重点集中在更加广泛的利率风险上，使银行管理者同时注重利率风险的两个方面：再投资风险和价格风险，并能准确估计利率变化对银行资产负债价值及银行净值的影响程度。因此，它比利率敏感性差额管理法在管理利率方面更具有精确性。此外，期限管理法能使不同利率特点的各种金融工具进行比较，从而提供计算上的便利，降低成本。因此，以期限为基础的期限差额管理法确定了资产负债管理的发展趋势。

尽管期限管理法更具优越性，但它也明显地存在许多缺欠，主要表现在：需要银行信息系统提供大量的有关现金流量的数据，预测银行未来所有的现金流量。然而，现金流量信息对大多数银行是有限的，期限差额管理法目前仍不是银行的常规决策。期限概念上的错误同样不容忽视。因为期限的假设前提是：当利率变化时，收益曲线平行移动，在信用风险一定的条件下，不同期限的利率发生同种程度的变化。而研究表明，收益曲线的平行移动是罕见的。收益率及期限的变化，同样影响资产的价格。但是，期限管理法的优越性随着银行信息系统的完善而不断显现出来，使银行的资产负债管理建立在更加科学、准确的基础上。此外，资产负债管理方法还包括期权交易法、金融期货交易法和利率调换法等。

13.2 证券公司

13.2.1 证券公司概述

证券公司是指依照《公司法》和《证券法》的规定设立的并经国务院证券监督管理机构审查批准而成立的专门经营证券业务，具有独立法人地位的有限责任公司或者股份有限公司。

证券公司是专门从事有价证券买卖的法人企业，分为证券经营公司和证券登记公司。狭义的证券公司是指证券经营公司，是经主管机关批准并到有关工商行政管理局领取营业执照后专门经营证券业务的机构。它具有证券交易所的会员资格，可以承销发行、自营买卖或自营兼代理买卖证券。普通投资人的证券投资都要通过证券商来进行。

在不同的国家，证券公司有着不同的称谓。在美国，证券公司被称作投资银行（investment bank）或者证券经纪商（broker-dealer）；在英国，证券公司被称作商人银行（merchant bank）；在欧洲大陆（以德国为代表），由于一直沿用混业经营制度，投资银行仅是全能银行（universal bank）的一个部门；在东亚（以日本为代表），则被称为证券公司（securities company）。

13.2.1.1 我国证券行业发展历程

我国证券行业近二十年的发展历史，可以大致分为五个阶段。

1. 20 世纪 80 年代末和 20 世纪 90 年代初证券业的起步和摸索阶段

1992 年 10 月，国务院证券委员会（简称国务院证券委）和中国证券监督管理委员会（简称中国证监会）宣告成立，标志着我国证券市场统一监管体制开始形成。

这一时期的证券市场法律、规则相对模糊，存在大量的"飞地"，单个的证券公司甚至整个市场的抗风险能力都相当薄弱，处于不断试错和纠正的时期，证券 T+0 交易、无涨跌停限制、权证、国债期货都做过尝试，用邓小平同志的话说，"不行就关掉"。这个阶段，出现了国债"327 事件"[①]，行业经历了最初一轮洗牌，由于市场规模不大，参与主体有限，很快恢复了生机。但是，最初的摸索和试错过程为今后的发展埋下了很多系统性的风险隐患。

证券公司治理层面，最初实行混业经营，大多是银行办证券，证券公司内部治理普遍存在严重缺陷，所有权主体缺位，内部人控制现象严重，缺乏有效的内部约束和外部监督机制；在投资者的保护层面，缺乏最起码的资产隔离机制和客户资产保护意识，自营账户与客户账户混淆不清，客户虚假账户比比皆是，硬件、软件都缺。

2. 20 世纪 90 年代中后期，第一次清理整顿阶段

伴随着 1998 年《证券法》的出台，中国证监会被赋予法定的行业集中监管职能，

---

① 指由上海证券交易所发行的代号为327的国债期货合约在1995年2月23日发生的集中、大规模的违规交易事件。

1998年9月，国务院批准了《中国证券监督管理委员会职能配置、内设机构和人员编制规定》，进一步明确中国证监会为国务院直属事业单位，是全国证券期货市场的主管部门，进一步强化和明确了中国证监会的职能。这一时期在集中监管、分业经营的总体思路下，证券行业大范围实施了由政府主导的并购重组和清理整顿。这一阶段的典型事件有：证券公司从中国人民银行分离，信托公司强制清理，信托业整体退出。在初步清理整顿后，证券公司的资产规模普遍得到了壮大，随着1999年年中之后市场行情走强，证券公司开始了第一次全行业大规模的扩张运动。然而，伴随着高速扩张，证券业初始阶段埋下的隐患并没有得到根治，行业的系统性风险被表面的繁荣所掩盖，非法的债券回购交易、账外自营、非法融资和对外担保等时有发生。

3. 2001年年中到2004年，行业系统性风险充分释放、集中爆发阶段

2001年6月，股票市场开始步入熊市，证券行业对外开放逐步展开，全行业系统性风险充分暴露、大规模集中释放和爆发。这一阶段中国资本市场经历了一系列改革，典型事件有：2002年开始实施浮动佣金制；大力发展机构投资者，推出开放式基金；对外开放正式起步，QFII、中外合资证券公司、基金公司开始设立。这一过程对于国内券商来说，很有点强制并轨的味道，全行业普遍不适应，出现了大面积的亏损。随着市场持续低迷，历史遗留问题开始集中爆发，行业发展初期埋下的隐患开始发作，违规委托理财、账外自营、挪用客户资产、非法融资和对外担保、操纵市场等，成为行业内近1/4的券商最终清盘的直接原因，而追究其根本原因则不外乎三个方面的历史遗留问题：券商的内部约束不到位；对投资者保护措施不到位；信息不透明、不对称，外部监管难以到位。

4. 2004年8月开始到2007年8月底，券商三年综合治理阶段

2004年年初，国务院发布了《关于推进资本市场改革开放和稳定发展的若干意见》（又称"国九条"），从战略和全局的高度对我国资本市场的改革与发展做出了全面的部署，并对加强证券公司监管，推动证券公司规范经营提出了明确要求。在国务院国九条的指引下，全行业从当年8月进入综合治理阶段，开始实施分类监管。中国证监会按照防治结合、以防为主，标本兼治、重在治本的原则，对证券公司实施综合治理。一方面，在摸清全行业风险底数的基础上，优胜劣汰，处置和关闭了30多家高风险券商，鼓励和扶持行业内规范稳健的优质券商做强做大、积极创新；另一方面，在保持行业整体稳定的基础上，大刀阔斧地开创和实施了全行业基础性制度的大变革，在初步试点之后全面推行了客户资金的第三方存管和客户的全面清理规范，在证券公司治理层面，实施高管人员的资格管理和问责机制，证券公司信息披露制度得到全面推行。2005年10月，经全国人大常委会修订的《证券法》，对证券公司监管的基本制度做了规定，对综合治理阶段的改革成果和经验积累进行了充分肯定。

为期三年的综合治理成为改变中国未来证券行业发展的划时代历史事件，使我国证券行业多年积累的大规模系统性风险隐患得到根治，行业的基础性制度建设明显加强，证券公司的整体状况显著好转，投资者结构明显改善。

5. 2007年7月开始的常规监管时期

2007年7月，中国证监会下发了《证券公司分类监管工作指引（试行）》和相关通知，标志着以证券公司风险管理能力为主要指标的全新的分类监管思路进入落实阶段。

近年来，加强监管成为证券市场的主旋律。2016年以来，从《证券公司风险控制指标管理办法》《上市公司重大资产重组办法》等法规的修订颁布、资产管理业务新"八条底线"的出台，到"无死角"的监管检查、历史新高的监管罚没款，无不彰显监管机构稳定市场、防范风险的决心。

证券公司在加强风险管理的同时，也积极探索业务创新与战略转型。传统经纪业务正由单纯提供交易通道逐步向财富管理转型；资产管理业务加强主动管理使产品结构逐步优化；自营FICC业务[1]的加快布局为证券公司带来了新的利润增长点。国际化业务网络的持续扩张开启了证券公司全球化经营的无限可能；信息科技大浪潮持续，有效助力业务跨越式发展。[2]

6. 证券业现状

根据中国证券业协会对各家证券公司2017年经营数据的统计，证券公司未经审计财务报表显示，131家证券公司当期实现营业收入3 113.28亿元，各主营业务收入分别为代理买卖证券业务净收入（含席位租赁）820.92亿元、证券承销与保荐业务净收入384.24亿元、财务顾问业务净收入125.37亿元、投资咨询业务净收入33.96亿元、资产管理业务净收入310.21亿元、证券投资收益（含公允价值变动）860.98亿元、利息净收入348.09亿元，当期实现净利润1 129.95亿元，120家公司实现盈利。[3]

据统计，截至2017年12月31日，131家证券公司总资产为6.14万亿元，净资产为1.85万亿元，净资本为1.58万亿元，客户交易结算资金余额（含信用交易资金）1.06万亿元，托管证券市值40.33万亿元，受托管理资金本金总额17.26万亿元。

13.2.1.2 证券市场运行中的证券公司的职能定位

证券公司作为证券市场功能良好运行的守护者，目的就是以最低的成本来实现资本所有权和使用权的分离，由此来开展各项业务并实现资金融通、资本定价、资源配置，并完成转换机制、宏观调控、分散风险等功能。

资金融通。证券公司通过发行证券并提供证券交易来实现资金融通功能。与商业银行不同的是，证券公司为资金需求者提供直接融资渠道，资金需求者通过发行有价证券等所有权或债权凭证来进行融资，资金供应者通过购买有价证券来提供资金，证券公司作为有价证券的交易平台，由此把资金供需双方紧密结合，充当了金融市场上的重要中介机构。在此过程中，证券公司发挥了其重要功能：一是帮助资金需求者获得资金支持，帮助资金供应者寻求投资回报；二是设计标准化或非标产品，制定交易准则，促使资金供需双方达成一致交易。

---

[1] FICC代表的是固定收益、外汇及大宗商品（fixed-income, currency and commodities），其所涉及的产品线包括利率产品（interest rate products）、信用产品（credit products）、抵押贷款（mortgages）、外汇业务（currencies）、大宗商品（commodities）等。作为固定收益的全产业链业务，涵盖范围相当广泛。从国外经验来看，FICC业务是主要国际投行业务中的重要组成部分。
[2] KMPG，"二零一七年中国证券业调查报告"，详见KPMG官网。
[3] 中国证券业协会："证券公司经营数据"，2008年2月5日。

资本定价。证券公司在提供证券发行与交易场所的同时，还促进了资本定价。证券是资本的表现形式，证券的价格就代表资本的价格。证券价格是资本市场上资金供需双方共同作用的结果。证券市场中存在证券需求者竞争与证券供给者竞争，当有价证券可以产生高的投资回报时，市场需求往往就越大，其价格往往也就越低，反之，则有价证券价格偏高。因此，证券市场促进了资本的有效定价。

资源配置。证券公司可以优化资源配置主要是指，证券公司可以通过交易证券来引导资本流动，从而实现资源的有效配置。证券公司在发行有价证券时，一般需要对所发行证券所在企业进行尽职调查，由此对企业做出评估。这样一来，社会资本就会多流向这些资质较好，有预期收益的企业，提高了资金的流转效率。同时，企业的资质越好，盈利水平越高，其发行的有价证券交易越活跃，所拥有的投资者越多，获得的资源越丰厚，反之，经济效益不好的企业会越来越不活跃。这样，证券市场就自发地引导资本流向流动性较好的企业，实现资源的优化配置。此外，在现代社会中，生产的社会化和专业化要求产业结构不断调整，激烈的市场竞争使企业兼并、收购成为时常发生的现象，且有愈演愈烈的趋势。并购是现代证券公司的核心业务之一，证券公司活跃于并购的各个环节。证券公司在并购中对资金运作的惊人能力，造就了一批批企业的整合重组。

分散风险。证券市场不仅为投资者和融资者提供了丰富的投融资渠道，而且还具有分散风险的功能。对于上市公司来说，通过证券市场融资可以将经营风险部分地转移和分散给投资者，公司的股东越多，单个股东承担的风险就越小。另外企业还可以通过购买一定的证券，保持资产的流动性和提高盈利水平，减少对银行信贷资金的依赖，提高企业对宏观经济波动的抗风险能力。

对于投资者来说，可以通过买卖证券和建立证券投资组合来转移和分散资产风险。投资者往往把资产分散投资于不同的对象，证券作为流动性、收益性都相对较好的资产形式，可以有效地满足投资者的需要，而且投资者还可以选择不同性质、不同期限、不同风险和收益的证券构建证券组合，分散证券投资的风险。

13.2.1.3 证券公司业务范围

依据证券法的有关规定，证券公司业务范围包括证券经纪、证券投资咨询、与证券交易投资活动有关的财务顾问、证券承销与保荐、证券自营、证券资产管理以及其他证券业务。

证券公司分类监管实施以来，监管部门鼓励创新类证券公司在风险可测、可控和可承受的前提下，进行业务创新、经营方式创新和组织创新。但由于创新类业务受限于市场成熟度以及政策环境，各证券公司的创新类业务开展比较有限，业务种类相对单一，不同证券公司之间的盈利模式差异化程度较低，主要收入来源依旧为经纪、自营、投行三大传统业务，同质化竞争现象比较突出。

经纪业务方面，证券公司佣金率竞争加剧，经纪业务的竞争正从单纯的通道服务竞争转向专项理财和服务能力的竞争；自营业务方面，其规模受到资本金的限制，业绩与市场走势息息相关，自营业务的波动性较高；投资银行业务方面，大型证券公司业务优势明显,随着中小板和创业板融资总量的不断扩大,各证券公司加大对中小型项目的储备和争夺力度,竞争更加激烈。

随着融资融券、国债期货、股指期货等创新业务推出,以及私募投资基金等业务的进一步发展,证券公司盈利模式逐渐多元化,创新业务在盈利增长中的重要性不断显现。

13.2.2 证券公司的融资渠道

证券公司主要的融资渠道包括增资扩股、发行股票、发行中长期债券、银行间同业拆借、国债回购、股票质押贷款、发行金融债券等。

1. 权益融资

国内证券公司壮大资本实力的最有效途径是权益融资,包括发行股票或增资扩股等。当前,证券公司权益类融资工具品种较多,包括直接上市融资、配股、增发和可转债等。此外,国内权益类融资工具程序相对复杂,发行周期较长,也影响到了权益类工具的使用频率和融资总量。

2. 银行间同业拆借

同业拆借市场融资是目前较具有可行性的融资渠道。符合条件的证券公司可进入全国银行间同业拆借市场进行信用拆借融资,其拆借期限为1—7天,到期后不能展期。未成为拆借中心成员的证券公司只能与银行办理隔夜拆借,拆借资金余额上限为证券公司实收资本的100%。

3. 国债回购

国债回购是当前证券公司融资的主要手段之一,未成为银行间拆借成员的证券公司只能在深圳、上海两家证券交易所内进行,期限也被限制在3天、7天、14天、28天、91天、182天等较短的期限内。经批准进入银行间拆借市场的证券公司还可选择在银行间同业拆借中心办理国债回购,但在拆借中心办理的期限不超过一年。

4. 股票质押贷款

《证券公司股票质押贷款管理办法》允许满足条件的综合类券商用手中所持绩优股票作质押,向商业银行进行为期6个月的贷款,规定的质押比率最高为60%。

5. 发行金融债券

根据《公司法》规定,国内证券公司可通过审批后发行金融债券来筹资。证券公司在交易所市场发行的证券公司公司债,其发行与交易,遵照《公司债券发行与交易管理办法》执行。证券公司短期融资券则是以短期融资为目的,在银行间债券市场发行的,约定在一定期限内还本付息的金融债券。其发行和交易接受中国人民银行的监管,只在银行间债券市场发行和交易。

13.2.3 证券公司业务运营

证券公司的业务运营包括发行承销业务、经纪业务、自营业务、证券投资咨询业务、收购兼并业务、资产管理业务、融资融券业务、证券公司中间介绍(IB)业务等。

13.2.3.1　证券发行、承销与保荐业务

证券公开发行是指商业组织或政府组织为筹集资金，依据法律规定的条件和程序，向社会投资人出售代表一定权利的有价证券的行为。证券承销是传统的证券业务，承担证券发行与销售工作的证券机构被称为承销商。证券发行人包括国家政府机构、地方政府、公司、跨国机构、外国政府和外国机构。

证券机构在证券发行过程中主要行使以下三个功能中的一个或多个：设计发行证券的条款、对发行时间提出建议；从发行人处购买证券并向公众分销证券。

作为顾问，证券机构应当设计出比传统工具更符合投资者口味的证券组合。证券机构在设计证券的过程中要兼顾发行人低融资成本同时对广大投资人又具有很大吸引力两个原则。

承销涉及很大的资本损失风险。证券销售失败也许与证券条款设计、发行时间的选择有一定关系，证券销售的失败，不仅会影响到证券机构的手续费收入，更为关键的是会影响承销商的社会形象。

证券承销的方式不同，证券公司承担的风险也不同。证券机构从发行人处购买证券的行为称为承销。当证券机构从发行人处购买了证券并承担折价出售证券的风险时，它就被称为包销。证券机构接受包销的风险在于，他支付给发行人购买证券的价格会高于其向公众出售证券时的价格。相反，在代销的方式下，证券机构只同意尽力销售证券，不从发行人处全额购买证券。

在包销的情况下，证券机构还要承担很大的资本损失风险。对单一证券公司而言，单独承担这一风险将使其面临失去大部分资本的危险。为了分担风险，证券公司将组织一组公司承销发行，这一组公司称为承销辛迪加。在我国一般有一个主承销商，主承销商管理交易；在其他国家，牵头承销商可能有多个或联合管理一笔交易。

承销证券的费用收入是支付给发行人的价格与证券公司向公众提供证券的价格差额，这一差额被称为毛利差或承销折扣，影响毛利差的因素很多，如公司信誉、发行价格、发行规模等。一般情况下，发行的规模越大，承销费用总额越高。

13.2.3.2　证券经纪业务

证券经纪业务又称"代理买卖证券业务"，是指证券公司接受客户委托代客户买卖有价证券的业务。在证券经纪业务中，证券公司只收取一定比例的佣金作为业务收入。证券经纪业务分为柜台代理买卖证券业务和通过证券交易所代理买卖证券业务。目前，我国证券公司从事的经纪业务以通过证券交易所代理买卖证券业务为主。

在证券经纪业务中，经纪委托关系的建立表现为开户和委托两个环节。

经纪关系的建立只是确立了投资者和证券公司直接的代理关系，还没有形成实质上的委托关系。经纪业务中的委托单，性质上相当于委托合同，不仅具有委托合同应具备的主要内容，而且明确了证券公司作为受托人的代理业务。

在证券经纪业务中，证券公司不向客户垫付资金，不分享客户买卖证券的差价，不承担客户的价格风险，只收取一定比例的佣金作为业务收入。由于目前我国的证券经纪

业务主要表现为在证券交易所代理买卖证券，因此，以下对证券经纪业务的介绍也主要是指的证券交易所代理买卖。

1. 证券经纪业务构成要素

委托人。在国内的证券经纪业务中，委托人是指依国家法律法规的规定，可以进行证券买卖的自然人或法人。国家法律法规不准参与证券交易的自然人或法人不得成为证券交易的委托人；同时还规定了一些不得参与特定证券交易或不得在一定期间内从事特定交易的人员，如与该证券发行、交易有关的内幕人士。

证券经纪商。证券经纪商是指接受客户委托、代客买卖证券并以此收取佣金的中间人。证券经纪商必须遵照客户发出的委托指令进行证券买卖，并尽可能以最有利的价格使委托指令得以执行，但证券经纪商不承担交易中的价格风险。证券经纪商向客户提供服务以收取佣金作为报酬。

证券交易所。在我国，证券交易所是依据国家有关法律，经国务院批准设立的提供证券集中竞价交易场所的不以盈利为目的的法人。证券交易所本身不持有证券，也不进行证券的买卖，更不能决定证券交易的价格，它只是为交易双方的成交创造、提供条件，并对双方进行监督。

证券交易对象。证券交易对象是委托合同中的标的物，即委托的事项或交易的对象。证券经纪商的经纪业务是为客户寻找他所指定的证券，即证券经纪业务的对象是特定价格的证券。

2. 证券经纪业务发展趋势

机构客户将成为未来的主流服务客户。但是随着国内市场机构化进程的提速，各类基金、阳光私募、投资公司及资管计划的发展，未来机构服务的想象空间更为广阔。证券经纪服务提供给投资者的不只是一个交易系统，更多的是资本增值服务，可以实现对冲、套利、资产证券化和机构客户的全面财富管理，如私募股权（private equity，PE）投资机会、阳光私募产品的发行，以此来帮助机构客户实现资产的合理配置。证券营业网点协助机构客户参与上市公司调研，提供兼并及收购的方案，设计可行的金融投融资方案等各类财务顾问服务。实质上证券公司会把每个机构客户都看作自己的长期合作伙伴。

创新金融产品的设计。证券服务的理念是财富管理。财富管理是以客户为中心，设计出一套全面的财务规划，通过向客户提供现金、信用、保险、投资组合等一系列的金融服务，将客户的资产、负债、流动性进行管理，以满足客户不同阶段的财务需求，帮助客户达到降低风险、实现财富增值的目的。产品创新则是实现财富管理的最大动力，财富管理范围包括现金储蓄及管理、债务管理、个人风险管理、保险计划、投资组合管理、退休计划及遗产安排等。

多元化营销，引领投资需求。许多人都认为客户需求是营销的出发点，所以大家都紧跟客户现有需求，这也就造成了证券营销服务的同质化。证券创新才是持续发展的源泉，未来证券公司将超越客户需求，引领客户，创新投资服务需求。

证券经纪业务整合营销时代的到来，使券商必须纵向做好各专业线的产品研发、制度设计，横向做好基于市场营销的业务交叉协作，产品与营销资源整合，更有效地开展营销与服务。整合营销，建立起证券经纪人制度，证券经纪人团队独立负责客户的开发和客户服务。借助于公司强大的信息平台和研发力量为客户提供财务计划书、金融信息、投资组合等服务。证券公司不仅需要与银行、基金、保险、信托、投资公司建立合作关系，更需要跨界合作，让更多人认识到投资理财或者说是资本运作的重要性。

13.2.3.3 证券自营业务

证券自营业务，是证券公司使用自有资金或者合法筹集的资金以自己的名义买卖证券获取利润的证券业务。从国际上看，证券公司的自营业务按交易场所分为场外（如柜台）自营买卖和场内（交易所）自营买卖。场外自营买卖是指证券公司通过柜台交易等方式，与客户直接洽谈成交的证券交易。场内自营买卖是证券公司自己通过集中交易场所（证券交易所）买卖证券的行为。我国的证券自营业务，一般是指场内自营买卖业务。

国际上对场内自营买卖业务的规定较为复杂。如在美国纽约证券交易所，经营证券自营业务的机构或者个人，分为交易厅自营商和自营经纪人。交易厅自营商只进行证券的自营买卖业务，不办理委托业务。自营经纪人在自营证券买卖业务的同时，兼营代理买卖证券业务，其代理的客户仅限于交易厅里的经纪人与自营商。自营经纪人自营证券的目的不像自营商那样追逐利润，而是对其专业经营的证券维持连续市场交易，防止证券价格的暴跌与暴涨。

在我国，证券自营业务专指证券公司为自己买卖证券产品的行为。买卖的证券产品包括在证券交易所挂牌交易的A股、基金、认股权证、国债、企业债券等。

自营业务是证券机构的一项主要收入来源，也是证券机构二级市场业务中的又一项重要内容。它是指证券公司以自主支配的资金或证券直接参与证券交易活动，并承担证券交易风险的一项业务，自营业务包括做市业务和自营交易业务两种。证券自营业务可以给证券公司带来价差和股利收入，也可以带动证券公司其他业务的发展。

1. 做市业务

做市业务是指证券公司通过为证券交易报价增强证券市场流动性的一项业务。做市商买入报价和卖出报价之间的差额构成了做市商利润，一般认为是做市商提供做市服务的报偿。报价差额的大小首先与做市商从事做市业务年花费的成本有关，年花费成本包括营业必需的设备成本、管理人员和操作人员的费用等。其次与做市商所承担的风险有关。

做市商在某一股票上维持多头或空头头寸，会承担三类风险：一是未来证券价格变动的不确定性，持有多头头寸的做市商会有价格下跌的风险，持有空头头寸的做市商则有价格上升带来的风险；二是做市商头寸预计需要的时间长短极其不确定；三是在某些交易中，一些消息更为灵通的投资者会获得一个更好的成交价格，从而使做市商受损，虽然一般情况下往往是做市商拥有信息优势，这些风险都应在收益上得到补偿。

除获取价差收入外，证券公司开展做市业务的另一个重要目的是带动本公司一级市场业务的发展。一家证券公司常常同时兼任发行公司的承销商和做市商。因为大部分的发行公司都希望自己发行股票在上市后有较好的表现，因此希望与有做市能力的机构合作。而证券机构一方面为了拓展一级市场的承销业务，往往也愿意介入做市；另一方面，证券机构在做市过程中也可积累定价经验和技巧，有利于一级市场业务的发展。因此，做市业务能力的高低不仅影响到证券公司的承销业务，也关系到证券公司在业内的地位。

2. 自营交易业务

自营交易业务是指证券公司通过自己的账户，以自有或自筹资金在二级市场上进行证券交易，并期望通过价格水平的变动来获取利益。自营交易中的证券公司被称为交易商，它不同于经纪商和做市商。交易商通过对某种证券头寸的持仓行为来获利，经纪商通过代理客户买卖证券来获取佣金收入，做市商则通过提供做市服务来获取价差收入。

就证券公司自营交易行为来说，它与一般投资者的投资行为并没有显著区别。如果证券公司的持仓证券价格上涨，那么其收益就增加；反之，则收益减少。卖空证券的情形与以上刚好相反。这就要求证券公司不断提高自身的业务水平。由于资源具有共享性，自营交易业务做得好，也可带动其他业务如经纪业务的发展。

13.2.3.4　证券投资咨询业务

证券投资咨询业务是指从事证券投资咨询业务的机构及其咨询人员为证券投资人或者客户提供证券投资分析、预测或者建议等直接或者间接有偿咨询服务的活动。

证券投资顾问业务是指证券公司、证券投资咨询机构接受客户委托，按照约定，向客户提供涉及证券及证券相关产品的投资建议服务，辅助客户做出投资决策，并直接或者间接获取经济利益的经营活动。投资建议服务内容包括投资的品种选择、投资组合及理财规划建议等。

发布证券研究报告是指证券公司、证券投资咨询机构对证券及证券相关产品的价值、市场走势或者相关影响因素进行分析，形成证券估值、投资评级等投资分析意见，制作证券研究报告，并向客户发布的行为。证券研究报告主要包括涉及证券及证券相关产品的价值分析报告、行业研究报告、投资策略报告等。证券研究报告可以采用书面或者电子文件形式。

13.2.3.5　收购兼并业务

企业并购是经济发展中产业重组以促进效率和竞争的需要。并购涉及资本结构的改变和大量融资，必然要求证券机构的参与。并购与反并购已成为现代证券机构业务领域中最激烈复杂和引人入胜的部分，并且成为核心部分。证券机构参与并购业务，其范围不仅包括狭义的企业兼并与收购，而且包括广义的除企业兼并、收购和接管以外的公司杠杆收购、公司结构调整、资本充实和重新核定、破产与困境公司的重组等筹划与操作。

证券公司的作用，一是提供信息，二是筹集资金。在并购中，证券公司的行为包括：寻求并购机会，即寻找并购对象；定价，即为兼并公司和目标公司分别提供关于交易价格和非价格条件的咨询，或者帮助目标公司抵御非友善的吞并企图；筹资，即帮助兼并公司筹集必要的资金以实现购买计划。

13.2.3.6 资产管理业务

证券资产管理业务是指证券公司作为资产管理人，根据有关法律、法规和与投资者签订的资产管理合同，按照资产管理合同约定的方式、条件、要求和限制，为投资者提供证券及其他金融产品的投资管理服务，以实现资产收益最大化的行为。

证券公司资产管理业务的种类包括：为单一客户办理定向资产管理业务；为多个客户办理集合资产管理业务，要区分限定性集合资产管理计划和非限定性集合资产管理计划；为客户办理特定目的的专项资产管理业务。

证券公司为单一客户办理定向资产管理业务，应当与客户签订定向资产管理合同，通过该客户的账户为客户提供资产管理服务。定向资产管理业务的特点是：证券公司与客户必须是一对一的投资管理服务；具体投资的方向在资产管理合同中约定；必须在单一客户的专用证券账户中封闭运行。

证券公司为多个客户办理集合资产管理业务，应当设立集合资产管理计划并担任集合资产管理计划管理人，与客户签订集合资产管理合同，将客户资产交由具有客户交易结算资金法人存管业务资格的商业银行或者中国证监会认可的其他机构进行托管，通过专门账户为客户提供资产管理服务。集合资产管理业务的特点是：集合性，即证券公司与客户是一对多；投资范围有限定性和非限定性的区分；客户资产必须托管；专门账户投资运作；比较严格的信息披露。

证券公司办理集合资产管理业务，可以设立限定性集合资产管理计划和非限定性集合资产管理计划。

13.2.3.7 融资融券业务

融资融券业务是指向客户出借资金供其买入上市证券或者出借上市证券供其卖出，并收取担保物的经营活动。

证券公司经营融资融券业务，应当具备以下条件：公司治理结构健全，内部控制有效；风险控制指标符合规定，财务状况、合规状况良好；有开展业务相应的专业人员、技术条件、资金和证券；完善的业务管理制度和实施方案等。

13.2.3.8 证券公司中间介绍业务

介绍经纪商（introducing broker），是指机构或者个人接受期货经纪商的委托，介绍客户给期货经纪商并收取一定佣金的业务模式。证券公司中间介绍业务是指证券公司接受期货经纪商的委托，为期货经纪商介绍客户参与期货交易并提供其他相关服务的业务活动。根据我国现行相关制度，证券公司不能直接代理客户进行期货买卖，但可以从事期货交易的中间介绍业务。

证券公司不得代理客户进行期货交易、结算或者交割，不得代期货公司、客户收付期货保证金，不得利用证券资金账户为客户存取、划转期货保证金。

证券公司只能接受其全资拥有或者控股的，或者被同一机构控制的期货公司的委托从事 IB 业务，不能接受其他期货公司的委托从事 IB 业务。证券公司应当按照合规、审慎经营的原则，制定并有效执行IB业务规则、内部控制、合规检查等制度，确保有效防范和隔离IB业务与其他业务的风险。期货公司与证券公司应当建立IB业务的对接规则，明确办理开户、行情和交易系统的安装维护、客户投诉的接待处理等业务的协作程序和规则。证券公司与期货公司应当独立经营，保持财务、人员、经营场所等分开隔离。

【拓展阅读13-1】

融资融券业务简介

一、融资融券交易与普通证券交易有何不同？

融资融券交易与普通证券交易相比，主要有以下几点区别：

（1）投资者从事普通证券交易，买入证券时，必须事先有足额资金，卖出证券时，必须有足额证券；从事融资融券交易，投资者预测证券价格将要上涨而手头没有足够的资金时，可以向证券公司借入资金买入证券，预测证券价格将要下跌而手头没有证券时，可以向证券公司借入证券卖出。

（2）与普通证券交易相比，投资者可以通过向证券公司融资融券，扩大交易筹码，具有一定的财务杠杆效应。

（3）投资者从事普通证券交易，与证券公司只存在委托买卖关系；从事融资融券交易，与证券公司不仅存在委托买卖关系，还存在资金或证券的借贷关系，因此还要事先以现金或证券的形式向证券公司交付一定比例的保证金，并将融资买入的证券和融券卖出所有资金交付证券公司，作为担保物。

（4）投资者从事普通证券交易时，风险完全由其自行承担，可以买卖所有在证券交易所上市交易的证券；从事融资融券交易时，如不能按时、足额偿还资金或证券，还会给证券公司带来风险，所以投资者只能在与证券公司约定的范围内买卖证券。

二、融资融券业务操作的操作流程是怎样的？

融资融券业务的流程包括以下八个基本环节：

（1）征信：投资者到证券公司申请融资融券，证券公司对投资者的开户资格进行审核，对投资者提交的担保资产进行评估。

（2）授信：证券公司根据投资者征信情况，结合投资者金融资产、总资产等资产状况，授予投资者可向证券公司融资或融券的最大额度。

（3）签订合同：经过资格审查合格的投资者与证券公司签订融资融券合同、融资融券交易风险揭示书，合同对投资者、证券公司的权利义务关系做出详细而明确的规定。

（4）开立账户：投资者持开户所需要的资料到证券公司开立信用证券账户，到证券公司指定的商业银行开立信用资金账户。

（5）转入担保物：投资者通过银行将担保资金划入信用资金账户，将可冲抵保证金的证券从普通证券账户划转至信用证券账户。

（6）融资融券交易：融资时，投资者在融资额度范围内用融资款买入标的证券，证券公司以自有资金为其融资，资金不划入投资者信用资金账户，而是代投资者完成和证券登记结算机构的资金交收；融券时，证券公司以融券专用证券账户中的自有证券代投资者完成和证券登记结算机构的证券交收。

（7）偿还资金和证券：在融资交易中，投资者进行卖出交易时，所得的资金首先归还投资者欠证券公司的款项，余款留存在投资者信用账户中；在融券交易中，投资者买入证券返还给证券公司并支付融券费用。此外，投资者还可以按照合同约定直接用现有资金、证券偿还对证券公司的融资融券债务。

（8）结束信用交易：当投资者全部偿还证券公司的融资融券债务后，投资者可向证券公司申请将其信用账户中的剩余资产转入其普通账户以结束信用交易。

13.3 保险类机构

13.3.1 保险类机构基本特征

保险公司是以风险为经营对象，通过向投保人收取保险费、建立保险基金，当发生保险合同约定的保险事故时承担赔偿或给付保险金责任的金融中介机构。保险关系中的保险人，享有收取保险费、建立保险费基金的权利。同时，当保险事故发生时，有义务赔偿被保险人的经济损失。

在我国，保险公司是指根据《保险法》的相关规定设立的，我国保险公司的设立必须首先经过国务院保险监督管理机构的批准，而国务院保险监督管理机构审查保险公司的设立申请时，应当考虑保险业的发展和公平竞争的需要。未经监管机构批准同意的，工商管理机关不得核准设立登记和颁发营业执照。

13.3.1.1 保险公司类型

根据保险公司风险转移的层次进行分类，其分为原保险公司和再保险公司。原保险公司强调为普通公众提供保险服务，其接受投保人转移的风险，属于风险的初次转移；再保险公司则承保原保险公司处于法律或经营需要转移的那些直接业务。换而言之，再保险（也称分保）是保险人在原保险合同的基础上，通过签订分保合同，将其所承保的部分风险和责任向其他保险人进行保险的行为。再保险是保险人的保险。再保险按国际惯例可分为两大类：财产险再保险和人身险再保险。

根据保险公司提供的保险类型，可分为人寿保险公司和非人寿保险公司。寿险公司一般经营人寿保险、健康保险以及意外伤害保险，这些保险保障的是人的寿命和身体，一旦被保险人遭受到伤害或者死亡，或者生存到保险期满之后，寿险公司须承担给付保险金的责任。相比之下，财险公司一般经营财产保险和意外伤害保险。其中财产保险保障的对象是被保险人的财产，它以自然灾害以及意外事件造成的财产损失为保险责任，最常见的是机动车辆保险和家庭财产保险。

13.3.1.2 保险公司的组织形式与组织机构

由于保险公司所经营的业务涉及面广、技术复杂，对人们的生活及国民经济的影响重大，许多国家对保险业的监督都非常严格，对保险机构的形式、经营活动、财务活动以及公司的解散等都有具体、详细的规定，通常包括以下三种类型：就经营主体而言，有国有保险公司，也有私营保险公司；就经营目的而言，有赢利性保险公司如个人保险组织、保险股份公司，也有非营利性保险公司如相互保险社、交互保险社、相互保险公司、保险合作社；此外还有随着近代保险业的发展派生的特殊保险公司组织形式如自己保险、专属公司。

1. 国有保险组织

国有保险组织是由国家或政府投资设立的保险经营组织。国有保险组织既可以由政府机构直接经营，也可以通过国家法规或法令要求规定由某个团体来经营，后者称为间接国有保险组织。依据各国社会经济制度的不同，国有保险组织可以分为完全垄断型、商业竞争型和政策型。完全垄断型国有保险组织完全垄断了一个国家所有保险业务，同时承担保险监管机构和保险经营实体的双重角色。如中国人民保险公司在1988年以前就属于完全垄断型的国有保险组织，还有美国国有保险公司经营的银行存款保险。

商业竞争型国有保险组织指以营利为目标，同其他保险组织一样在市场上公平竞争，经营各项保险业务的保险组织。中国人寿保险公司、中国人民财产保险公司就属于这一性质的国有保险组织。

另外，在有些国家，为了保证国家某种社会政策的实施，由一些国有保险组织专门经营特定或强制性的某些保险业务。比如，美国的联邦存款保险公司和我国的出口信用保险公司都属于这一类型的国有保险组织。

无论在中国还是有些西方国家，国有独资保险公司在一些关系到国计民生的行业发挥着重要的作用，成为社会经济的"稳定器"。如对于政治风险保险、犯罪保险、灾害保险等非营利性或巨灾性的风险，私营保险公司不愿承保，往往由国有独资保险公司来经营。

2. 私营保险组织

私营保险组织是指由私人参与投资设立的保险经营组织。在保险业发达的国家，90%的保险经营组织是私营保险组织。我们在这里介绍保险股份有限公司和相互保险公司这两种典型的私营保险组织，而其中保险股份有限公司是最典型的组织形式之一。

保险股份有限公司最早出现于荷兰，而后由于其组织较为严密健全，适合保险经营而逐渐为各国保险业普遍采用。作为一种典型的现代保险公司制度，保险股份有限公司和其他产业的股份公司类似，由一定数目的股东发起组织，通过发行股票或股权证筹集资本，股东按其认购的股份来承担有限责任。

保险股份有限公司的特点包括：保险股份有限公司通过发行股票或股权证筹集资本，容易筹集到大额资本，使经营资本充足，资金雄厚，更易于扩展业务。保险股份公司所有权和经营权分离，能使公司致力于提高经营管理效率和保险服务质量，增加公司的利润和偿付能力，开发适应市场需求的新险种。保险股份有限公司采用确定的保险费制，使投保人保费负担确定，符合投保人的需要和现代保险的特征，有利于保险业务的扩张。另外，保险股份公司的组织规模较大，方便吸引优秀人才。

保险股份有限公司是我国保险公司主要的组织形式，我国新成立的中资保险公司基本上采取这种组织形式。近年来由于世界股票市场不断壮大，使股份公司资本易于筹集的优势更加明显。

相互保险公司是由所有参加保险的人投入资金设立的保险法人组织，其经营方式是社员缴纳相当资金形成基金，用以支付创立费用、业务费用及担保资金，它是公司的负债，当公司填补承保业务损失后开始支付债务利息，同时在全部创立费用、业务费用摊销并扣除准备金之后偿还基金。

相互保险公司具有以下两个特点：相互保险公司没有股东，公司为投保人持有。因此，投保人具有双重身份，既是公司所有人，又是公司的客户；既是投保人，又是保险人。通过成员缴纳保险费形成公司的责任准备金，用以承担将来的全部保险责任。保险费的收取采用不定额保费，如果死亡率、营业和投资收入理想，投保人能取得红利形式的经营成果。如果公司发生亏损，就要减少红利或向成员增收保险费、减少公积金来弥补。随着保险业的发展，市场的激烈竞争，相互保险公司最初的相互性正在逐渐消失，股份保险公司也开办分红保险，有些相互保险公司不办理分红保险，相互保险公司与股份保险公司的区分界限已变得模糊。

合作保险组织是指社会上具有共同风险的个人或经济单位，共同筹资设立的保险组织，以获得保险保障。合作保险组织可以分为消费者合作保险组织和生产者合作保险组织。消费者保险组织是由保险消费者组织的为其组织成员提供保险的组织，如相互保险公司和非公司形式的相互保险社及保险合作社。在西方国家，生产者合作保险组织大多是由医疗机构或人员为大众提供医疗与健康服务组织起来的，如美国的蓝盾和蓝十字会医疗保险组织。

个人保险组织就是由个人充当保险人、承保风险业务的组织。目前世界上只有英国的劳合社属于这种组织形式。劳合社被称为世界保险航母，并不是一家保险公司，而是一个由124家保险联合体组成的、世界最大的保险交易市场。劳合社的会员不是以法人身份而是以自然人身份进行承保，并以个人的全部财力对其承保的风险承担全部责任。劳合社的承保方式也与众不同，不是由会员与投保人直接签订保险合同，而是由劳合社经纪人作为中间人联系的。劳合社经纪人受投保人的委托向会员提出订立合同申请，每一个会员都可以自由决定接受或拒绝承保每项业务，如接受则签字承保，再由劳合社签发保单。

13.3.1.3 中华人民共和国保险公司发展历程

中华人民共和国的保险业开始于 1949 年，以中国人民保险公司于 1949 年 10 月成立为标志，但在 1958 年后，中国保险业逐渐进入停办阶段，直到 1979 年才全面恢复。本节以《保险法》实施和中国加入 WTO 为界，将中国保险业划分为恢复阶段、发展阶段和高速发展阶段。

1. 中国保险业的恢复阶段（1979—1995）

中国人民保险公司是中华人民共和国第一家全国性商业综合保险公司，1979 年开始恢复营业，从此中国保险业进入到强劲复苏下的混业经营阶段。这一阶段主要有三大特征：一是国资保险公司不断出现，随着中国人民保险公司的业务恢复，交通银行 1987 年成立保险部，并于 1991 年 4 月组建中国太平洋保险公司。1988 年 4 月平安保险公司在深圳蛇口区开业，是中国第一家股份制保险公司。二是外国保险公司开始重新进入我国，1992 年市场经济改革之后，外国保险公司开始重新进入中国。当年 9 月，美国友邦成立上海分公司，是保险市场恢复后进入中国保险市场的第一家外国公司。三是保险公司投资主体丰富化，企业资本开始进入保险市场。1994 年 10 月天安保险股份有限公司在上海成立，是中国首家由企业出资组建的股份制商业保险公司。

1992 年之前，保险产品的营销模式以公司直销为主，而友邦公司将个人代理制引入中国，并且这种营销模式发展势头异常迅猛，随后保险代理机构也开始出现。恢复阶段的保险公司仍是混业经营，但在 1995 年 10 月 1 日实施的《中华人民共和国保险法》要求财产保险和人身保险分业经营，从而中国保险市场混业经营的局面告一段落，中国保险业进入到了分业经营的发展阶段。

2. 中国保险业的规范发展阶段（1996—2000）

为配合《保险法》的实施及其分业经营的要求，1999 年 7 月中国人民保险（集团）公司撤销中保集团，分拆成立中国人民保险公司、中国人寿保险公司、中国再保险公司和中国保险股份有限公司，这标志着中国保险业进入到了分业经营阶段。这一阶段的发展特点有三：一是分业保险公司不断涌现；二是外国保险公司大量进入中国，来源区域和投资方式日益丰富，中外合资经营方式开始出现；三是保险行业进入国家监管下的行业自律发展阶段。在分经营发展阶段，1998 年 11 月中国保监会的成立，标志着中国保险进入到规范化发展阶段。

在此阶段，兼业代理的营销模式开始发展。从最初 1996 年银行兼业代理，到 2000 年已发展成行业代理、企业代理、团体代理等各种兼业代理形式。同时，保险营销的经纪人模式开始发展，保险经纪公司也开始出现。

3. 中国保险业高速发展阶段（2001 年至今）

2001 年 12 月 11 日，中国正式加入世贸组织，对保险业做出"高水平、宽领域、分阶段开放"的承诺，中国保险业进入高速发展阶段。此阶段的发展特点：一是中国保险公司加快走出去的步伐，中国保险公司海外成功上市。加入 WTO 后，中国保险业对外开放将从试点阶段进入全面开放的新时期，同时中国保险公司也开始了海外上市的步伐。如 2003 年 7 月，中国人保控股公司在纽约、中国香港成功上市；2003 年年底中国人寿保险（集团）公司和中国人寿保险股份有限公司也在纽约、中国香港成功上市。中国保险公司的成功海外上市，为中国保险行业引入大量境外资本。

二是保险领域对外开放程度加大，2003年年底开始，对外国非寿险公司在华设立公司取消限制。同时，除有关法定保险业务外，向外资非寿险公司放开所有业务限制。至2004年5月底，中国保险业总资产已突破1万亿元大关。2004年12月11日中国保险业入世过渡期完成，保险业进入全面对外开放的新时期，呈现出"以我为主、优势互补、合作共赢、和谐发展"的对外开放新局面。

三是国家不断完善监管制度建设。如2005年12月中华人民共和国外资保险公司管理条例；2006年4月发布《保险营销员管理规定》；同年6月《国务院关于保险业改革发展的若干意见》（又称"国十条"）正式发布；2009年3月《中华人民共和国保险法（修订）》发布等。

在此阶段，保险营销模式除了上述形式外，网络营销、电话营销、门店营销等新兴模式开始不断产生和发展，但由于发展时间和软硬环境等限制，目前此类业务规模还有待挖掘。

13.3.1.4 中国保险业近年特点及发展现状

1. 中国保险业近年特点

2010—2017年保险业的监管环境发生了重大变化：连续完成了产品利率市场化（2013—2015）、投资端限到全面放开（2010—2016）、车险费率改革（2015—2016）。

产品利率市场化（2013—2015）：2013年8月《关于普通型人身保险费率政策改革有关事项的通知》允许保险公司自行决定普通型人身保险预定利率。2015年2月《关于万能型人身保险费率政策改革有关事项的通知》允许保险公司自行决定万能型人身保险的最低保证利率，以及9月的《保监会关于推进分红型人身保险费率政策改革有关事项的通知》，允许保险公司自行决定分红型人身保险的预定利率，保险业完成了产品利率市场化。

投资端限制全面放开（2010—2016）：2010年9月《保险资金投资股权暂行办法》允许保险公司直接或间接投资未上市企业股权；2012年7月《关于保险资金投资股权和不动产有关问题的通知》增加股权投资范围，扩大股权投资及不动产投资比例；2014年1月《关于保险资金投资创业板上市公司股票等有关问题的通知》允许投资创业板；2014年2月《关于加强和改进保险资金运用比例监管的通知》权益类资产由25%提高至30%；2015年3月《关于调整保险资金境外投资有关政策的通知》允许投资香港创业板并扩大境外投资市场范围；2015年7月《关于提高保险资金投资蓝筹股票监管比例有关事项的通知》，投资单一蓝筹股票的余额占上季度末总资产的监管比例上限由5%调整为10%；投资权益类资产的余额占上季度末总资产比例达到30%的，可进一步增持蓝筹股票，增持后权益类资产余额不高于上季度末总资产的40%。连续的投资端放宽，为保险公司带来了更富有弹性的投资收益。

车险费率改革（2015—2016）：2015年3月，中国保监会印发《深化商业车险条款费率管理制度改革试点工作方案》，2015年5月，中国保监会发布《关于商业车险改革试点地区条款费率适用有关问题的通知》,于黑龙江等六省份实施试点工作;2016年7月,2016年《关于商业车险条款费率管理制度改革试点全国推广有关问题的通知》,车险费改试点工作正式向全国范围推广,深化了保险业市场化进程。

负债端和投资端的全面市场化驱动行业规模爆发。负债端和投资端的全面市场化使得保险行业可以深度受益于中产消费升级、政府社会保障缺口带来的保障需求爆发,更可通过储蓄型保险、保险资管产品、企业年金以及未来的个税递延型养老险等方式参加金融体系蛋糕的重新划分。

2. 中国保险业发展现状

近年来,中国保险业紧紧围绕服务实体经济、防控金融风险和深化金融改革三大任务,强化"保险业姓保""监管姓监"的原则,保持着较高的行业景气度。2017年保险业原保险保费金额创历史新高,行业增速虽然下台阶,但发展质量和效益明显提升。行业在回归保障、专注本源的转型过程中取得标志性进展,但仍不可忽视局部风险与潜在风险。

根据统计数据,2017年保险全行业共实现原保险保费收入36 581.01亿元,同比增长18.16%;共实现净利润2 567亿元,同比增长约三成。

中国保监会数据显示,2017年保险行业共实现原保险保费收入3 6581.01亿元,同比增长18.16%。保险业保持较快发展,但增速有所放缓,同比下降9.34个百分点。分险种来看,财产险业务实现原保险保费收入9 834.66亿元,同比增长12.72%,增速上升3.06个百分点;人身险业务增长放缓,实现原保险保费收入26 746.35亿元,同比增长20.29%,增速下降16.22个百分点。其中,寿险21 455.57亿元,增长23.01%;健康险4 389.46亿元,增长8.58%;意外险901.32亿元,增长20.19%。

值得一提的是,在保费收入增速放缓的同时,保险业业务结构调整却十分明显。具体而言,人身险公司方面,普通寿险业务规模保费占比为47.2%,较上年年底上升11.1个百分点;以万能险为主的保户储金及投资款保费收入为6363亿元,同比下降50.29%,占规模保费比例为19.95%,占比下降16.9个百分点。

从新单缴费结构看,寿险业新单原保险保费收入15 355.12亿元,同比增长10.66%。其中,新单期交业务5 772.17亿元,同比增长35.71%,占新单业务的37.59%,提升6.94个百分点。财产险公司方面,宏观经济改善与积极的财政政策利好非车险业务。

从财产险公司看,车险业务实现原保险保费收入7 521.07亿元,同比增长10.04%;非车险业务为3 020.31亿元,同比增长24.21%,高于车险增速14.08个百分点,占比28.65%,同比上升2.41个百分点。

13.3.2 保险公司基本经济功能

保险公司是金融市场的三大金融支柱之一(金融市场的三大支柱分别为银行、证券公司和保险公司)。与金融市场上其他金融机构一样,保险公司在经济发展中有着非常重要的作用。国内外有很多学者对保险公司的功能观点如表13-3所示。

表 13-3 保险公司功能概述

学术观点	描述	揭示路径	逻辑方式	简评
损失补偿说	认为人们参加保险活动是为了规避不确定风险,约定双方权利义务。当被保险人的不确定风险发生后,可以获得约定经济损失的援助方式	从部分投保人的动机与结果上揭示	必要条件	此观点只对发生保险事故者有作用,而对未发生保险事故者没有说法,因此,它为部分本质现象的概括
损失分担说	人们参加保险活动是为了将自己不确定的经济损失风险,通过约定由同类风险的参加者互助互利的方式	从投保人分担风险的过程揭示	充分条件	它是从公平互利角度讲保险的科学性,重在讲损失分担,是从保险大数法则应用过程中的现象概括的
危险转嫁说	人们参加保险活动是为了将自己不确定的危险转嫁给同类风险者,从而获得约定的经济损失利益的方式	从投保人自身经济利益揭示	充分条件	它是从投保人的动机上结合保险科学原理讲的,是对未发生保险事故者的安抚,是一部分现象的概括
风险减轻说	人们参加保险活动是为了减少自己不确定风险的经济损失,通过约定由同类风险的参加者分担一部分经济损失的方式	从投保人的动机与保险原理过程揭示	充分必要条件	它只对投保人的动机和保险的原理进行了概括,并揭示了保险是补偿直接经济损失的,对间接损失不补偿的原理,但对未发生保险事故者就不是减轻,而是奉献,它适用性有局限
人格保险说	在人身保险活动中,只能以人格的价值为标的,约定保险双方权利义务的方式	限于人身保险标的研究	充分条件	它只是对人身保险标的部分进行概括,认为人身是无价的,不可以作为保险的,只有人格才有价值,它是点的研究
否认人身保险说	它认为人身不能作为保险标的,人身是无价的,不可保的,所有人的人身是等价的	限于对人身保险标的的研究	必要条件	这种学术观点是对人身保险的标的进行研究,是对一个点的研究,应视为一类保险某点的现象
不能统一说	它认为参加保险活动不能以一个标准定论,而应该是多层次、多方面的说法	从保险过程中各个现象去揭示	充分条件与必要条件并用	由于它是从千变万化的现象来研究,当然得出多种结论,应该认为这观点既不是某点的研究,也不是某个过程的研究,是多角度研究现象的结果
需要说	它认为保险活动是社会发展到一定阶段,人们为了规避风险的需要相互约定自己的权利义务	从社会发展与保险需求的过程揭示	充分条件与必要条件并用	这是从保险发展的过程概括的,范围较宽,但忽视了本质的提示
欲望满足说	它认为人们参加保险活动是一种追求理想的方式,以满足精神为主,物质补偿为辅的方式	从投保人的动机揭示	充分条件	这种学术观点注意到保险的大数法则,考虑到保险风险发生的忽然性、偶然性是对众多投保人不发生保险事故的安抚,但它忽视了保险的补偿功能
经济需要说	它认为人们参加保险活动是社会经济发展到一定水平,为保障经济而对不确定风险损失约定权利义务的方式	从保险发挥出的效用揭示	充分条件	此观点是从投保人的动机与保障过程的忽然性上进行归纳的,说明保险是商品经济的产物

（续表）

学术观点	描述	揭示路径	逻辑方式	简评
经济确保说	它认为人们参加保险活动是为了保证经济生活不受不确定风险损害，使人们已有的经济条件得到保障	从投保人的动机与结果上揭示	必要条件	此观点类似损失补偿说，只是说法不同而已，它对未发生保险事故者无说法
储蓄说	它认为人们参加保险活动就像到银行存款一样，当发生不测风险后，可以从保险公司得到一笔可观的存款的方式	从保险的过程与结果上揭示	充分条件与必要条件并用	这种观点既适用于保障性险种，也适用于以储蓄方式进行投保的险种，表明保险具有理财功能。它局限在保险发挥出来的效用上，不适用未发生保险事故者
经济生活平均说	它认为人们参加保险活动是在经济生活富有时，会拿出一小部分交纳保险费而获得发生保险事故后的保障，使经济生活如同没有发生灾害一样的方式	从参加保险的过程揭示	充分条件与必要条件并用	此种观点主要揭示人寿保险中的养老保险，是"均衡险费"的又一种说法。从字面含意也可以包括保障性险种，是保险具有理财功能的又一种说法
相互金融说	它认为人们参加保险活动为了对付不确定风险，同类风险者互相融资帮助的方式	从保险运作的过程揭示	充分条件	这种观点定位于每个人都要发生风险，只不过是迟与早的差别，因而保险活动是一种相互帮助，忽视了永久不发生保险事故者的行为
经济后备说	它认为人们参加保险活动是为了解除后顾之忧，在经济富有时取出一部分作为积累，在经济利益遭受不确定风险损失后，作为备用的方式	从保险活动的过程来揭示	必要条件	这种学术观点强调的是后果，应视为研究重点放在养老保险、年金保险之类险种上更恰当一些。是对一类或一个方面的概括
共同财产准备说	它认为参加财产保险活动者是为了规避风险，一起聚集资金或财产为发生保险事故者提供财产重置所需要的资金	从投保财产的过程与结果上揭示	充分条件	这种观点是从财产保险的过程与结果上讲的，忽视了未发生保险事故者的动机，局限于财产险的功能上
收入确保说	它认为参加人身保险活动人们是为了规避不确定风险，通过约定权利义务，保证得到的经济利益不受损失的方式	从结果上揭示	必要条件	这种观点主要适用于人寿保险中投资理财类险种和养老保险等险种，是某一方面的概括
所得转移说	它认为人们参加保险活动是将一部分所得留作后用，将即期消费转换为延期消费的方式	从投保的过程与目的上揭示	必要条件	这种观点主要是为了说服政府减轻保险险种经营的税赋而从消费的方式上概括，是对一个过程现象的归纳
预备货币说	它认为保险是为了规避不确定风险，聚集同类风险者集资，为发生风险时准备货币的方式	从过程上揭示	必要条件	此观点是针对保障性险种而言的，是对一个过程现象的概括，具有一定的局限性

结合以上学说观点，保险应该具有以下几项独特的经济功能。

13.3.2.1 经济补偿，风险保障的功能

现代经济和社会生活中，各种各样风险的存在，并随着人类的经济社会活动不断丰富，新型风险不断出现。经济集中度和关联度的提高，增加了经济发达地区和整个国民经济遭受巨大财产损失和金融危机的风险。由此风险的存在领域迅速扩展，风险事故及其损失的规模和影响日渐增大，一些传统不可保风险正在成为可保风险。

保险是经营风险的特殊行业。保险公司加强风险管理，就是要通过风险分析、风险预测、风险控制等方法预防、规避、排除或者转移风险，以尽量减少或避免经济损失。保险公司通过为社会各方面提供的风险管理服务，建立了较为完备的风险数据库，这就为全社会风险管理提供了有力的数据支持。

对投保单位和个人来说，灾害事故的发生是偶然和不确定的。但对所有投保单位和个人来说，灾害事故的发生却是必然和确定的。所以保险公司通过向众多的投保个人和单位收取保险费，建立保险基金，以有效的方式运作基金，来为不幸遭受损失的被保险人提供经济保障，分摊损失。这样保险公司把风险承担下来，同时投保人花少量的钱，就把风险转移出去了，解除了生活、生产等活动中的后顾之忧。

13.3.2.2 储蓄投资（资金融通）的功能

保险的融资职能是保险的派生职能，保险人利用保费收取与赔款和给付保险金之间的时差性，将集中起来的保险基金中的暂时闲置部分用于融资或投资，使资金保值或增值，以弥补保险经营的亏损。资金运用业务与承保业务并称为保险企业的两大支柱，其体现在两方面：一方面具有筹资职能；另一方面通过购买有价证券、购买不动产等投资方式体现投资职能。

保险市场是金融市场的有机组成部分和重要内容。在经济补偿基础上发展起来的资金融通功能是保险金融属性的具体体现。投保人通过购买保险单可以进行个人的储蓄和资产投资。而保险公司可以组织社会闲散资金，积聚起巨额的损失保障基金，这些基金在赔偿支付之前，可用于各种实业投资和金融证券投资。现在各类保险公司已成为资本市场上最重要的机构投资者和交易主体。而保险投资对于增强保险公司资金实力，提高保险公司在市场上的竞争能力有非常重要的作用。近年来，我国开始拓宽保险资金投资渠道，允许保险公司进入全国银行同业拆借市场，从事债券买卖业务；可参加沪、深两家证券交易所债券交易；可以通过购买证券投资基金间接进入证券市场。

另外，我国保险业的发展离不开金融市场尤其是资本市场，保险公司必须具备多样化的保险资金运用手段，以保障保险资金的安全和收益；资本市场的发展也需要保险资金的积极参与。保险公司是资本市场重要的机构投资者。保险市场和资本市场具有关联性、互动性、共赢性。

13.3.2.3 防灾预防职能

防灾防损职能是风险管理的重要内容。保险防灾防损工作的最大特点就在于积极主动地参与、配合其他防灾防损主管部门扩展防灾防损工作。保险过程的防灾防损体现在

三个环节：险前预防、险中抢救、险后赔偿。

保险人为了稳定自己的经营，通过事先预防以减少损失发生，从而降低赔付率，增加保险经营的收益以及保障社会财富安全；促进投保人的风险管理意识，从而促使其加强防灾防损工作。

保险企业为了稳定经营，要对风险进行分析、预测和评估，看哪些风险可作为承保风险，哪些风险可进行时空上的分散等。因为保险公司在承保、理赔等日常业务当中，掌握各种灾害事故的统计资料，对灾害事故的原因也有一定的分析，积累了丰富的防灾防损经验，保险公司可以通过提供业务经营或费率减免等手段来促使和鼓励投保单位和个人来加强防灾防损工作。

在保险发达的国家里，一些大保险公司除了经营传统的承保、投资业务外，还向投保的企业提供损失管理服务。主要的过程是分析潜在的损失风险、评价保险标的的风险管理机会，提出费用合理的替代方案和损失管理措施。

13.3.3 保险公司主要业务及对应产品

根据《中华人民共和国保险法》（2009年修订）的第九十五条规定，我国保险公司的业务范围为：人身保险业务包括人寿保险、健康保险、意外伤害保险等保险业务；财产保险业务包括财产损失保险、责任保险、信用保险、保证保险等保险业务；国务院保险监督管理机构批准的与保险有关的其他业务。

同时规定，保险人不得兼营人身保险业务和财产保险业务；但经营财产保险业务的保险公司经国务院保险监督管理机构批准，可以经营短期健康保险业务和意外伤害保险业务。

从目前的实际情况来看，我国财产保险公司的经营范围包括财产保险业务、短期意外险和短期健康险业务（统称为传统保险业务），及与之相关的再保险业务、投资业务。

13.3.3.1 人身险产品类型与特点

人身保险产品按形态与渠道可以分为多种不同的类别，每种类别都有着相对独立的产品特点与经营风险。

人身保险公司产品按产品形态可以分为普通（传统）型、分红型、万能型、投资连结型四类产品。这种形态分类标准适用于所有人身保险产品。普通型与分红型两类形态可以覆盖更多的保险责任。这类产品的定价利率一般比较保守，可以承受较大的保险风险。而万能型产品与投连型产品所保障的保险责任则没有那么全面，主要提供生死保障、意外伤残保障等。

传统人身险通常是指纯保障型、消费型、储蓄型的人身保险，传统险的缴费期间、现金价值、保险金额在保险合同有效期内不会有变化，同时，保险产品所提供的保险利益也不随公司的经营状况与资本市场的波动产生波动。传统险主要有如下的特点：第一，传统险已经诞生很长时间，其责任形态齐全，且受保群体风险特征稳定，保险公司的经验数据丰富，定价风险较小；第二，与分红险相比，传统险的内含价值通常比较高一些，而价格通常相对便宜；第三，与新型保险产品相比，传统险往往由于缺少噱头而面临销路不佳的风险，使公司资源的投入得不到应有的回报。

分红险是指保险公司将产品盈余按一定比例分配给保单持有人的行为。保单持有人是指按照合同约定，享有保险合同利益及红利请求权的个人。分红险起源于相互制保险公司。在相互制保险公司的架构下，保单持有人不仅是保险利益受益者，同时具备公司的股东身份，因此，相互制保险公司要将公司盈利在保单持有人之间进行分配。股份制保险公司为了与相互制保险公司竞争，推出了形态类似的分红险来增加产品的卖点。从责任形态上来看，分红险与传统型保险产品基本保持一致。保险合同具有长期保障的特点，保障期间往往长于缴费期间。

万能险是一种缴费灵活，保额可以调整，非约束性的，单设账户核算的人身保险。其主要特点是：第一，保障方式灵活，多样。传统险在保单生效日，所保责任就已经确定不能再更改。万能险则不同，可以依据投保规则，增加新的附约，或者变更原有保额，十分灵活。第二，抵御通胀。与普通险不同，万能险的结算利率会随着经济的起伏而有相应的调整。第三，经营透明，客户可以从保单说明书中详细了解到保单的结算利息、扣除费用、保险保障给付等详细的经营情况。第四，在高利率、同时资本市场又不景气的环境下，万能产品考验保险公司的资金配置能力。客户在购买万能产品时，看重的不仅是保障功能，还有理财特性。对于投资能力欠佳的保险公司来说，可能形成利差倒挂的局面，造成保单亏损。第五，万能险随资本市场的波动而波动，有其自身不可抵御的系统性风险。在多元化的产品策略下，通过投连险的销售可以对冲这种风险。第六，定价风险，万能险在走产品开发阶段的利润测试流程时，需要依赖退保率、保费继续率等假设，这些假设本身不如传统产品的假设稳定，所以存在定价不足的风险。

投资连结险的操作模式与万能险类似，也是分账户单独核算，不同的是投连险必须绑定一个或多个投资账户。保险公司在收取客户保险费后，依规定将可投资净保费分配到特定的几个投资账户中，并转换为投资单位，来获取资本市场的投资回报。其主要特点是：第一，与万能险不同，投连险不保证账户价值，没有最低收益，但一般有最低身故给付条款；第二，投连险一般投有几个投资账户，客户可以自己选择投资账户，保单生效后还可以再次更改投资账户；第三，投资风险，由于投连险主要投资于股市等高收益资本市场，非常考验保险公司的投资能力；第四，流动性风险，投连险资主要配置于期间为10—30年的长期资产，如果出现大面积退保，保险公司只能提前赎回资产承担违约成本。

13.3.3.2 财产保险产品类型与特点

1. 我国传统财产保险业务的特点

从传统财产保险的业务范围及保险公司的经营实践可以看出，我国传统财产保险业务具有较为独特的特点。

传统财产保险业务的主体功能是风险保障。无论是以物资财产为标的的财产保险，还是以相关责任为标的的责任保险、信用保险，其赔偿都是以风险是否发生为前提，以损失大小为依据，即传统财产保险的主体功能为风险保障。

保险费率低，保险责任大。财产保险业务的费率最高为1%—2%，大部分为千分之几。对投保人来说，财产保险支出杠杆效应明显，较低的保险费支出可能带来较大金额的保险补偿；对保险人来说，收取的保费收入较少，承担的保险责任大。但由于保险遵循大数法则，在承保数量足够大的情况下，保险责任的大小是可以确定和计量的，费率与保险责任是匹配的。

资金来源的负债性。财产保险公司是经营风险的公司，突出特点是成本的滞后性，即保费收取在前，责任承担在后。一般来说，财产保险公司在合同生效后，会及时收取保费资金，但是否赔付及赔付多少由未来保险事故发生与否来决定。由此可以看出，保费资金具有明显的负债性特点。同时，从财产保险公司的资金来源来看，除股东投入的资本金和公司的盈余积累外，其他均为负债资金。

赔付支出的不确定性。赔款支出的不确定性主要包括赔案发生时间、结案时间及赔付金额的不确定性。在保险事故确定发生的情况下，赔付金额和赔款支付时间都具有不确定性；不同类型的保险事故，赔案处理时间长短不同，赔款金额大小也不一样。当然，这种不确定性也是相对的，公司可以通过运用精算技术，根据大数法则的原理降低负债金额和支付时间的不确定性；但整体而言，财产保险公司负债的不确定性客观存在。

负债的短期性。从经营范围可以看出，财产保险公司经营的传统财产保险业务中，除工程险等少数险种的保险期限可能超过一年外，其他险种的保险期限一般都不超过一年。与保险期限相匹配，除部分长尾的责任险外，大部分传统财产保险业务的保险责任在保险期限内已经明确，且赔款能在保险期限内完成支付。传统财产保险的险种构成和保险期限决定了财产保险公司负债期的短期性，且负债期限大多在一年以内。

2. 财产保险投资型保险产品的构成

中国保监会于2012年对财产保险公司的投资型保险产品做了专门的定义：财产保险投资型保险产品（以下简称"投资型保险产品"），是将保险功能与资金运用功能相结合的保险产品，是财产保险公司将投保人缴纳的投资型保险产品的投资金用于资金运作，按照合同约定的方式，计提保险费、承担保险责任，并将投资金及其合同约定的收益支付给投保人或被保险人的财产保险产品。

投资型保险产品分为预定收益型投资保险产品（以下简称"预定型产品"）和非预定收益型投资保险产品（以下简称"非预定型产品"）。预定型产品是指在保险合同中事先约定固定的或浮动的收益率，保险公司在保险合同履行完毕时，将投资金及其约定的资金运用收益支付给投保人或被保险人，或者在保险合同解除或终止时，将依照合同约定计算得出的返还金额支付给投保人或被保险人的保险产品。非预定型产品是指在保险合同中不事先约定投资金收益率，保险公司在保险合同履行完毕、解除或终止时，依照保险合同约定的计算方法，将投资金及其实际的资金运用收益（亏损）支付给投保人或被保险人的保险产品。

3. 我国投资型保险产品的特点

从我国财产保险公司经营的投资型保险产品，以及结合监管部门的规范性文件可以看出，我国财产保险公司经营的投资型保险产品具有明显的储蓄特征，投保人（被保险人）的主要目的是资产保值增值，保险保障功能相对弱化；投资型保险产品的负债特征明显。

主要特点如下：

投资型保险产品的主体功能是保值增值。投资型保险产品是将保险功能与资金运用功能相结合的保险产品，但从各保险公司的经营实际来看，投资型保险产品的主体功能是投资金的保值增值，保险功能相对弱化；且其投资收益率一般高于同期银行定期存款的一定百分比。

能快速聚集资金。投资型保险产品向客户收取的是投资金，相比于按千分之几收取保费的传统财产保险来说，投资型保险产品收取的资金是传统财产保险的几百倍，资金聚集速度快，为保险公司迅速扩大资产规模奠定了基础。

负债期限及现金流出时间较为明确。从监管部门的规定及投资型保险产品的实际来看，我国财产保险公司推出的投资型保险产品均为固定期限产品（一般短于5年），产品期限决定了负债期限，负债期限决定了负债现金的流出时间。当然，投资型保险产品还有可能出现中途退保，增加负债现金流出的不确定性；但从我国投资型保险产品的实际来看，中途退保的可能很小，主要是由于合同条款的内容不利于中途退保，如中途退保，客户存续期间的投资收益损失较大。

满期给付的金额事前可知。固定利率型投资产品的收益率在保险合同中有明确规定，保单生效后就能知道满期给付的金额，即投资金加按合同计算的投资收益。浮动利率型投资产品大多按年支付保单利息，满期给付的金额为保险合同本金及当年投资收益。因此，投资型保险产品满期给付金额在保单生效后就能确定。

4. 传统财产保险与投资型保险产品的异同

从以上产品构成和特点可以看出，我国财产保险公司经营的传统财产保险和投资型保险产品既有共同点，又有明显的差异性。

传统财产保险与投资型保险产品的共同点：传统财产保险与投资型保险产品均以物质财产或其相关利益作为标的。虽然投资型保险产品的主要目的是获取资金运用收益，但由于其关联了传统财产保险险种，也具有保险保障和损失补偿的功能。

传统财产保险与投资型保险产品都具有明显的负债性。从保险的定义可知，保险是收取保费在前，支付在后的一种风险管理方式，具有典型负债经营的特性。传统财产保险的负债性主要表现为未来需要承担的保险责任，即可能支付的是赔款；这是保险作为一种特殊的金融产品存在的重要前提。投资型保险产品除了支付关联的传统财产保险需要支付的保险赔款外，更重要的是需要根据合同义务，返还投保人（被保险人）的投资金和支付客户收益。

传统财产保险与投资型保险产品的不同点：

主体功能不同。传统财产保险主体功能是风险保障及损失补偿，在投保人（被保险人）财产发生损失的情况下，保险人对损失进行赔偿或补偿。投资型保险产品尽管也具有风险保障和补偿功能，但主体功能是投资回报。

负债金额的确定性程度不同。传统财产保险保障的是财产风险及相关责任，风险的特性决定了负债发生的时间和金额均具有不确定性。投资型保险产品的主体是投资金，且满期给付的时间和金额基本确定，投资型保险产品一般可以视为确定性负债。

负债时间长短不同，投资配置差异较大。传统财产保险事故发生的时间不确定，事故发生后结案时间长短也明确,决定了赔款支付时点具有很大的不确定性;同时,赔款发生后,大部分保险赔款在保险期限内及时支付,业务资金滞留公司时间较短,投资配置难度较大。投资型保险产品有明确的到期日,投资金及收益支付的时间明确(一般在保险期限结束后),投资资产的配置管理和期限管理相对容易。

对投资收益的要求不同。从定价的角度来说,传统财产保险的定价主要考虑纯风险损失、费用附加和预定利润水平等,一般不将投资收益作为定价的主要考虑因素,对投资收益率没有特别的要求,不亏或微利就能满足定价的要求。投资型保险产品则不同,它主要依靠较高的收益率吸引投保人。从目前财产保险公司的投资型保险产品来看,预定型保险产品基本采取与同期银行存款利率挂钩的模式,且高于同期银行定期存款利率一定百分点;非预定型产品需要跟基金、银行理财产品等去竞争,也需要较高的收益率做支撑。

资金聚集的速度不同。从我国目前的实际及产品定价原则来看,传统财产保险产品的费率较低,资金集聚速度相对较慢。投资型保险产品直接收取投资金,投资金可以看作传统保险产品的保险金额,这决定了投资型保险产品的资金聚集速度较快,是传统财产保险的几百或上千倍。

资金成本不同。传统财产保险业务收取保费后,保费资金归保险公司所有,不存在后续的直接资金成本。投资型保险产品在收取投资金后,需要保险公司到期返本付息,且利息率一般高于同期定期银行存款利息率,财产保险公司通过投资型保险产品获取投保人(被保险人)的资金需要支付较高的资金成本。

表 13-4 相关产品的异同点

项目		传统财产保险	投资型保险产品
不同点	主体功能	风险保障和损失补偿	赚取投资收益
	负债金额的确定性	负债发生时间和金额均不确定	负债金额较为确定,主要为投资金和承诺的收益
	负债支付时间	负债支付时间不确定,取决于保险事故发生及案件处理时间	时间确定,为保单到期日
	对投资收益的要求	收益率要求低,高于定价时的投资收益率附加即可	收益要求高,一般高于同期银行存款利率;且与基金、银行理财产品直接竞争
	资金聚集速度	重视保障,费率低,资金聚集速度慢	收取投资金,被保险人按合同提供资金给保险人,资金聚集速度快。
	资金成本	无直接资金成本	资金成本较高,一般高于同期定期存款
相同点	保险标的	以物质财产或其相关利益为保险标的	
	负债性	保费收取在前、支付在后	
	经营主体	保险监管部门批准同意的财产保险	

13.3.4 保险公司资产/负债管理

资产负债管理脱胎于企业风险管理体系,是保险公司的核心内容之一;其主要作用是协调资产和负债的相互关系,有效降低风险,提高企业价值。近年来,我国保险行业快速发展,资产和负债规模不断扩大;受国际国内经济形势、投资环境变化及保险产品费率市场化等因素的影响,保险公司保险业务和投资业务经营的不确定性和风险增加,客观要求重视资产负债管理,有效防范和化解经营风险。

13.3.4.1 寿险公司负债与资产的特点

寿险公司的负债反映了寿险公司承担的以货币计量的、需以资产或劳务偿付的债务,即寿险公司在某一特定日期所承担的债务总额。一般而言,寿险公司的负债按性质可分为寿险业务负债、受托资产的负债和其他负债。寿险业务的负债主要为寿险公司的责任准备金,是寿险公司销售保单所产生的负债。受托资产的负债是资产管理类保单对应于投资部分的负债。

理论上讲,寿险公司受保户的委托运用该类资产,除非合同上另有约定,否则寿险公司对受托资产的本金和增值没有法律上的责任。其他负债包括预收、应付款项、各类借款、保户储金等。寿险公司负债的主要部分为各种责任准备金,本书涉及的寿险公司负债主要为责任准备金。

寿险公司负债主要有以下方面的特点。

长期性。寿险公司的业务大多数是长期合同,尤其是传统寿险业务,其期限一般在15年以上,部分产品甚至达到30年以上,而传统寿险业务在寿险公司业务中又占了相当大的比重。寿险公司的其他万能险、投资连接险等投资型产品,投资期限虽然通常短于传统寿险,但为弥补展业费用等经营成本的先期支出,寿险公司收取的初始费用通常较高,只有投保期限达到5年甚至10年以上,退保或提取账户价值的损失才很小。总之,寿险公司的负债具有长期性的特征,同时,它还存在一个相当长的积累期。

流动性。由于寿险产品的特殊性,寿险公司提取的责任准备金是用来给付未来各种不确定的现金支出,如进行保险事故的赔付、按合同约定的条件给付或合同满期保单红利的支付等。另外,由于嵌入选择权的存在,寿险公司必须具有充足现金流以支付退保金、保单抵押贷款等现金支出。因此,寿险公司的负债也具有了流动性这一特征,用来满足保单持有人未来各种权益的实现。

利率敏感性。寿险公司的负债受利率风险的影响较大。由于寿险公司的负债具有长期性,寿险合同大多也为长期合同,当保单的预定利率与市场利率出现较大相背离时,寿险公司也将面临较大的风险。另外,由于嵌入选择权的存在,投保人保单贷款也会显著增加。对于万能险等具有很强灵活性的新型保险产品,由于其缴费灵活,账户价值提取十分方便,其现金流对利率变动也更为敏感。

寿险公司的资产是寿险公司所拥有的或控制的能以货币计量的经济资源。寿险公司资产的特点：

具有信托资产的特点。一些新型寿险产品如投资连接保险、万能寿险等，这类寿险产品集保障功能和投资功能于一身，寿险公司既要向被保险人提供保险保障又要替被保险人理财。

寿险公司资产的结构组合受到保险法和其他相关制度的严厉约束。我国《保险法》规定"保险公司的资金运用必须稳健，遵循安全性原则，并保证资产的保值增值。保险公司的资金运用，限于银行存款、买卖政府债券、金融债券和国务院规定的其他资金运用形式"。

资金安全性。寿险公司的大部分资产，如银行存款、股票、债券等利率敏感性很强，其价值会受到经济波动的影响，从而产生偿付能力风险，严重时会导致公司破产。因此寿险公司的投资与其他金融机构有显著的不同，寿险公司的投资不追求短期收益的最大化，而是追求资产和负债的匹配，这使得寿险公司成为资本市场上长期稳定的机构投资者。

13.3.4.2 寿险资金运用的原则

寿险公司的资金主要来自自有资本金、责任准备金以及投资收入等。由寿险公司资金的主要来源以及寿险公司负债的性质决定了寿险资金运用必须遵循一定的原则。

安全性原则。由于寿险资金的主要部分为责任准备金，从其运作上来看，最终是要实现对被保险人利益的返还，对于寿险公司而言是一种负债，因此在资金的运作上要遵循安全性原则，以保证寿险公司具有足够的偿付能力充分保障被保险人的合法利益以及保证公司的持续稳健经营。

收益性原则。寿险公司运作资金的目的即是获得收益，从而弥补费用上的不足以及获得公司经营的利润。由于收益性与安全性的相互矛盾，寿险公司需要在保证安全性的前提下尽可能的实现更大的收益。

流动性原则。流动性原则要求寿险公司的资金具有随时变现的能力，以应付公司未来不确定的现金支出。流动性与安全性正相关，流动性越强安全性也越高而流动性与收益性是负相关的，流动性越高则收益性越低。

上述原则是互相联系、互相制约的，寿险公司在追求收益的过程中，同时要受到安全性和流动性的制约。因此寿险公司在资金运用过程中，需要以安全性为前提，在保证流动性的情况下，追求收益的最大化。

13.3.4.3 寿险资产负债管理模式介绍

在发达国家，寿险公司的资产负债管理一般都采用负债主导模式，该模式能同时实现企业利润和社会效益的最大化，即寿险公司的产品开发部门先根据市场需求设计出新的寿险产品，产品的定价能够实现企业的预期利润目标，然后投资管理部门按负债的不同特点和现金流状况进行分类，再到金融市场上选择适当的投资工具组成投资组合，使其对于对应的负债组合相匹配，以实现资产负债管理的目标。

负债主导型的资产负债管理过程需要有发育健全的金融市场，需要市场上有众多可供选择的金融工具,特别是衍生工具,同时也要求寿险公司具有较强的投资分析能力和管理能力。而我国金融衍生工具匮乏,寿险公司缺乏规避风险的有效途径,这限制了寿险的资产负债管理的运用,因此我国现阶段完全采用负债主导的资产负债管理模式还不具备条件。

13.3.4.4 我国财产保险公司资产负债管理模式及技术选择

1. 资产负债管理模式

资产负债管理的影响因素众多,包括管理模式、投资模式、管理技术、业务特点等。其中关键影响因素为管理模式和适合业务特点的管理技术。资产负债管理模式及特点资产负债管理根据主导因素的不同,有不同的管理模式,分别是负债导向型资产负债管理模式、资产导向型资产负债管理模式和资产负债并行的资产负债管理模式。

负债导向型资产负债管理模式。该模式强调从负债的角度看待资产与负债之间的关系,即根据负债的特点安排资产的期限、结构、比例及流动性等。其主要目的为:一是资产配置要满足负债偿还的要求,即保证在确定的时间范围内,能及时、足额偿还负债;二是资产配置要为公司日常经营准备足够的流动性,以维持企业经营的正常运转;三是在满足前述要求的基础上,尽可能提高所配置资产的盈利能力。

资产导向型资产负债管理模式。该种资产负债管理模式强调从资产的角度看待资产和负债之间的关系,即根据资产的特点安排负债的期限、结构及负债成本等。这是一种主动出击的资产负债管理模式,其主要目的是让负债去满足资产期限、金额及收益的要求。

资产负债并行的资产负债管理模式。该模式融合了以上两种模式的思想,认为应当从资产和负债两个方面同时入手考虑资产负债管理问题,是在匹配管理框架下建立的一种更全面化的管理模式。这种模式更加强调负债和资产之间的沟通和协作,希望通过对资产负债结构的双向协调来完成匹配管理的要求,实现各类业务的均衡与互补。

资产负债并行管理模式下,资产和负债不是孤立存在的,与资产相关的投资业务及与负债相关的保险业务是相互联动、彼此影响的。投资决策不是孤立的,需要将负债方的需要引入到投资决策的制定过程中;承保业务的发展也不是没有节制的,必须参照当期的投资环境约束,兼顾资产方的盈利能力创造出来的可行空间,两者相辅相成。

2. 资产负债管理技术及适用范围

资产负债管理的技术方法是资产负债管理理论在实践中的具体体现,在资产负债管理理论的演进和实践过程中占据着非常重要的位置。

从目前来看,保险公司资产负债管理的主要技术有免疫技术、现金流匹配技术、现金流测试、VaR、随机规划模型、动态财务分析等。不同模型技术具有不同的特点,在资产负债管理中的应用范围、规避风险的类型存在较大差异。表13-5从模型特点、主要使用目的、复杂程度、业务类型、业务范围等对目前比较流行的七种资产负债管理技术进行了比较和总结。

表 13-5 资产负债管理技术及应用范围比较

匹配技术	模型特点	主要使用目的	复杂程度	业务类型	业务范围
免疫技术	单阶段、决定性	利率风险控制	简单	寿险	产品线
缺口分析	单阶段、决定性	利率/流动性控制	简单	寿险/非寿险	产品线
现金流匹配	单阶段、决定性	流动性风险控制	中等	寿险/非寿险	产品线
现金流测试	多阶段、决定性	利率风险控制	较复杂	寿险/非寿险	产品线/整体
VaR	单阶段、决定性	财务决策优化	复杂	寿险/非寿险	产品线/整体
随机规划	多阶段、决定性	财务决策优化	很复杂	寿险/非寿险	产品线/整体
动态财务分析	多阶段、决定性	财务决策优化	很复杂	寿险/非寿险	产品线/整体

3. 我国财产保险公司资产负债管理模式与技术选择

我国财产保险公司的主要业务类型有传统财产保险业务和投资型保险产品两大类，且两类业务的业务特点和负债特性均存在明显差异，决定了财产保险公司需要根据业务类型及公司整体选择不同的管理模式、管理技术及核心管理原则，以提高资产负债管理的适应性和针对性，降低资产负债的错配风险，并在风险可控的基础上提高公司的盈利能力。

财产保险公司不同业务类型资产负债管理模式、管理原则、管理技术等多比较结果如表 13-6 所示。

表 13-6 财产保险公司不同业务类型资产负债管理模式、管理原则与技术比较

项目	公司整体	传统财产保险	投资型保险产品
资产负债管理模式	并行多资产负债管理模式	负债导向型负债管理模式	资产导向型资产负债管理模式
核心管理原则	长期价值提升原则	流动性优先原则	收益率优先原则
核心管理技术	动态财务分析	动态财务分析	动态财务分析
核心管理技术	现金流匹配、缺口技术等	现金流匹配、缺口技术等	免疫技术、现金流检测、缺口技术等

13.3.4.5 保险资金投资业务介绍

长期以来，保险资金运用一直是市场和监管关注的重点，随着 2018 年《保险资金运用管理办法》出台，保险资金运用将进入新的规范发展阶段。新规延续原有的规则架构，调整保险资金运用的形式、决策运行机制、风险管控和监督管理等。旨在防范保险业资金运用风险，维护广大投保人和被保险人权益具有重要意义。

2018 年新规在延续原有规则框架的基础上，更进一步强调资金运用监管，完善具体

的监管要求，要点主要有以下几个方面：

强调保险资金的独立运作。避免保险公司激进运作保险资金造成市场风险。

投资类型实施差别化监管。一般股票投资是指保险机构或保险机构与非保险一致行动人投资上市公司股票比例低于上市公司总股本20%，且未拥有上市公司控制权的股票投资行为。重大股票投资是指保险机构或保险机构与非保险一致行动人持有上市公司股票比例达到或超过上市公司总股本20%，且未拥有上市公司控制权的股票投资行为。未达到举牌线的投资行为不会受到强制性监管。开展一般股票投资涉及举牌的，则需要在信息披露的基础上进行事后报告；达到重大股票投资标准的，应向监管部门事后备案。

收购资金来源需受到监管。保险集团或保险公司与非保险一致行动人开展上市公司收购或者从事对其他企业实现控股的股权投资，应当使用自有资金。违反保险资金运用管理规定的，由保监会依法予以行政处罚。

保险资金管理机构应履行信息披露义务。保险资产管理机构开展保险资产管理产品业务，应当在保监会认可的资产登记交易平台进行发行登记和信息披露等业务。

受托管理机构不得转委托或提供通道业务。加强委受托管理，要求投资管理人受托管理保险资金，不得将受托资金转委托或为委托机构提供通道服务，加强去嵌套、去杠杆和去通道。

进一步落实服务实体经济要求。明确保险资金可以投资创业投资基金等私募基金和设立不动产、基础设施、养老等专业保险资产管理机构，进一步支持小微企业发展，提高保险资金支持基础设施、养老等重点领域产业的广度和深度。

表13-7　2016年之后保险资金运用制度进一步完善、投资规范性提升

时间	名称	概况
2016年	《关于修改保险资金运用管理暂行办法的决定（征求意见稿）》	对2014年修订的《保险资金运用管理暂行办法》进行全面修订，旨在进一步完善保险资金运用管理制度，防范保险资金运用风险
2017年	《关于进一步加强保险资金股票投资监管有关事项的通知》	（1）明确保险机构及一致行动人投资上市公司股票分为一般股票的投资、重大股票投资和上市公司收购三种情形并实施差别监管；（2）收购上市公司，应当使用自有资金；（3）不得以投资的股票资产抵押融资用于上市公司股票投资；（4）投资权益类资产的账面余额，合计不高于本公司上季末总资产的30%；除另有规定，投资单一股票的账面余额，不得高于本公司上季末总资产的5%
2018年	《保险资金设立股权投资计划有关事项的通知》	规范保险资产管理机构股权投资计划设立业务，切实防范保险资金以通道、名股实债等方式变相抬高实体企业融资成本，避免保险机构通过股权投资计划直接或间接违规增加地方政府债务规模
	《保险资金运用管理办法》	在征求意见稿的基础上进行了调整，进一步明确了保险资金运用的投资范围；保险资产管理机构发起设立保险资产管理产品，施行标准、备案和注册管理等

1. 保险资金投资业务

保险资金运用是保险的三大功能（经济补偿、资金融通、社会管理）之一，是指保险公司将积聚的保险基金的暂时闲置部门用于投资，使资金增值的活动。资金运用和业务承保是保险公司经营的"两个轮子"。

根据《保险资金运用管理办法》，保险资金运用限于银行存款；买卖债券、股票、证券投资基金份额等有价证券；投资不动产；投资股权；国务院规定的其他资金运用形式。保险资金从事境外投资的，应当符合中国保监会、中国人民银行和国家外汇管理局的相关规定。

2. 保险资金比较优势

资金成本稳定，在满足信用评级要求的条件下，资金成本相对稳定，有利于融资企业控制财务费用。投资期限灵活，期限无限制，长短期均可，有利于融资企业稳定债务结构。单笔融资规模大，与项目投资额度挂钩，不受偿债主体本身净资产限制，有利于融资企业提高融资效率。还款方式灵活，根据需求量身设计还款结构，有利于融资企业平滑财务支出现金流。受信贷政策影响小，保险资金归中国保监会监管，受银行信贷政策影响较小。

【拓展阅读 13-2】

浅析"偿二代"对保险公司的影响

改革开放以来，我国的保险业在经历了之前的低迷期后得到了迅速发展，保险监管体系在各方面的努力下也逐渐趋于完善。之前保险监管体系监管的主要内容一直是市场行为监管，而现在保险监管体系的核心是偿付能力监管。2003年3月，中国保监会颁布了《保险公司偿付能力额度及监管指标管理规定》，保险偿付能力监管正式成为保险监管体系的核心。2008年7月，中国保监会又发布了新的《保险公司偿付能力管理规定》，使得保险偿付能力监管得到进一步的完善。2012年3月，第二代偿付能力监管制度体系（即"中国风险导向偿付能力体系"，简称"偿二代"）的建设工作在中国保监会的带领下正式启动，2015年2月13日，偿二代17项监管规则以及过渡期内试运行的方案在经过中国保监会三年的努力后正式出台，保险业自2015年起进入"偿二代"实施过渡期，并于2016年1月完成"偿一代"与"偿二代"的切换。毫无疑问，"偿二代"的实施将对我国保险公司的经营管理产生重大影响。本文根据"偿二代"的具体监管规则对我国保险公司将会产生的影响进行分析。

一、"偿二代"的突出特点

"偿二代"是相对于"偿一代"而言的，中国保险业第一代偿付能力监管标准（简称"偿一代"）始建于2003年，"偿一代"提出，保险公司的资本应当主要取决于公司的业务规模，很明显，"偿一代"是以规模为导向的。但是随着我国保险业近些年的不断发展，"偿一代"的衡量标准显得过于简单，不能清晰反映保险公司的风险。在这种情况下，"偿二代"应运而生，"偿二代"与"偿一代"相比，其特点突出表现在以下几个方面：

（一）以风险为导向

"偿二代"是以风险为导向的,这也是与以规模为导向的"偿一代"的最主要的区别。"偿二代"在监管要素方面建立了以定量资本要求、定性监管要求和市场约束机制为基础的"三支柱"框架,分别用来防范能够量化的风险(保险风险、信用风险和市场风险),难以量化的风险(操作风险、声誉风险、战略风险和流动性风险)和借助市场的力量,通过对外的信息披露等手段,加强保险公司对风险的防范。

（二）定性监管

"偿二代"与"偿一代"相比,突出了定性监管的重要性。"偿二代"对保险公司共四类量化比较困难的固有风险(操作风险、声誉风险、战略风险和流动性风险)进行评价,并将评价结果与保险公司的偿付能力充足率相结合,得出保险公司的综合偿付能力风险,然后按照综合偿付能力风险大小将保险公司分为A、B、C、D四个监管类别,并采取相应监管政策和监管措施。而"偿一代"在定性监管方面并没有做出详细的规定,很明显,"偿二代"这种对定性监管的要求能够更加全面地评估保险公司的偿付能力风险状况。

（三）资本分级

在"偿二代"下,保险公司的资本会根据资本吸收损失的性质和能力被分为核心资本和附属资本。"偿二代"的监管规则将在破产清算状态下以及持续经营状态下均可以吸收损失的资本定义为核心资本,将在破产清算状态下可以吸收损失的资本叫作附属资本。在此分类下,"偿二代"又根据资本的存在性、永续性、次级性和非强制性将核心资本分为核心一级资本和核心二级资本;附属资本也根据这四个条件被分为附属一级资本和附属二级资本。与"偿一代"相比,"偿二代"对各类资本标准和性质的划分更加详细。

（四）最低资本的计量

"偿二代"对保险公司的最低资本提出了更加明确的要求。在"偿一代"下,保险公司的最低资本只与自留保费、综合赔款金额和业务规模有关,仅包含保险风险因子。而"偿二代"对最低资本的计量以风险为基础,涵盖保险公司面临的所有可量化为资本要求的固有风险、控制风险和系统风险。规定最低资本的构成包括:量化风险(即保险风险、市场风险、信用风险)最低资本;控制风险最低资本,即控制风险对应的最低资本;附加资本,包括国内系统重要性保险机构的附加资本、逆周期附加资本、全球系统重要性保险机构的附加资本以及其他附加资本。并且"偿二代"对于保险风险的最低资本(分为非寿险业务和寿险业务)、市场风险的最低资本和信用风险的最低资本的计量都做出了更加详细的规定。

（五）市场监管

"偿二代"还充分发挥了市场的监管力量,这在三支柱体系中第三支柱的市场约束体制中得到了充分体现,它要求保险公司建立健全偿付能力信息公开披露制度,借助来自市场的力量,进一步防范保险公司可能出现的风险。与"偿一代"完全依靠政府监管机构的监管相比,"偿二代"注意到了市场约束机制是我国新兴保险市场发展的客观要求,这种监管机制不仅解决了我国现阶段监管资源有限的问题,而且可以防范一些常规的监管工具难以防范的风险。

二、"偿二代"对保险公司经营管理的影响

（一）对风险管理的影响

首先，"偿二代"明确提出了保险公司应当结合自身业务和风险特征，建立健全偿付能力风险管理体系，对固有风险加强管理，提高偿付能力风险管理能力，同时还要将控制风险降低。还应当建立良好的偿付能力风险管理基础和环境，包括偿付能力风险管理的组织架构、管理制度、考核机制等。

其次，"偿二代"将四类量化较困难的固有风险（操作风险、声誉风险、战略风险和流动性风险）的评价结果与偿付能力充足率综合，评价保险公司的综合偿付能力风险，将保险公司分为 A、B、C、D 四个监管类别，对这四类保险公司以及它们的分支机构在不同方面（如产品管理、市场准入、现场检查、资金运用等方面）实行不同的监管政策，这意味着如果保险公司的操作风险、战略风险、声誉风险和流动性风险较大，即使它的偿付能力充足率达标，也依然要受到监管部门的针对性监管。

最后，在"偿二代"监管体系之下，保监会会定期对保险公司偿付能力风险管理能力进行评估，并根据评估结果确定保险公司控制风险水平及相应的最低资本。这种将公司的风险管理水平同最低资本要求直接挂钩的规定无疑会促使保险公司进一步提高自己的风险管理能力。

（二）对资本使用效率的影响

第一，与"偿一代"相比，"偿二代"对于风险更加科学和细致的计量使得保险公司在"偿一代"体系下的冗余资本得以释放。第二，"偿二代"体系下将公司的风险管理水平同最低资本要求直接挂钩，如果保险公司的风险管理水平较高，其最低资本要求可以因此最多减少10%，保险公司可以将这些减少下来的资本加以更加灵活的运用，这使得保险公司的资本成本得到了进一步的减少，提高了资本使用效益。

（三）对业务发展的影响

"偿二代"的监管规则对各业务类型的保险风险做出了明确规定。由于各业务类型的风险因子不同，所计算出的最低资本要求也不同。这就要求保险公司对各个业务的发展做出合理安排，以在满足最低资本要求的条件下做到利润最大化。

（四）对经营战略的影响

"放开前端，管住后端"是中国保监会在经济新常态下提出的保险监管改革的总体思路，其中，"放开前端"就是指将事前的行政许可尽量减少，依靠核准、审批等事前的管制手段来防范风险的监管方式也要做出改变，市场主体得到经营权的同时，也要承担起管控风险的责任；"管住后端"就是在"放开前端"的条件下，切实加强事中和事后的监管，坚决守住风险底线。"偿二代"在"放开前端"的情况下制定出的监管规则为"管住后端"提供了充足的保障，这意味着只要保险公司能够满足偿付能力充足率和风险管理的要求，就可以在经营策略上获得更大的自主权，从而制定出更加符合本公司特色的发展战略。

（五）对公司信息管理的影响

"偿二代"规定，保险公司不仅要定期向中国保监会报送偿付能力季度报告（每季度结束后25日内报送）、偿付能力季度快报（每季度结束后12日内报送）和偿付能力临时报告，还要根据

第三支柱市场约束机制的要求，建立健全偿付能力信息公开披露的内部控制制度，覆盖信息的生成、采集、审核和披露等各个环节，定期向社会公众或利益相关方披露其偿付能力的相关信息，并且要保证披露信息的充分性、及时性、真实性和公平性。不仅如此，"偿二代"还要求保险公司建立舆情监测机制，在信息披露之后，搜集和评估社会公众对公开披露的偿付能力信息的反映，建立应急预案，用以防范声誉风险。由于报告的编制时间较短，编制的质量要求较高，这对保险公司内部的工作流程、基础数据和信息系统方面都是一个挑战。这就要求保险公司加强各部门的协作，提高对信息的搜集、处理和分析能力，以在完成监管部门要求的前提下，充分利用这些信息为公司谋求更大的收益。

（六）财务管理指标的转变

在"偿一代"下，保险公司衡量各项业务经营成果和做出经营决策的财务指标往往是综合成本率。这是由于不同保险产品的风险资本在"偿一代"下的要求是相同的。但是在"偿二代"体系下，保险公司还应当将资本占用率和风险水平考虑进去，此时，综合成本率这一财务指标就必然会被风险调整的资本回报率（RAROC）所替代。

三、结语

与"偿一代"相比，监管体系更为完善的"偿二代"的复杂性和系统性都有了显著提高，这对我国保险公司的经营管理提出了新的挑战，但同时这对保险公司来说也是一个新的机遇，保险公司应当把它当作影响其长期竞争力的重大事项，完善公司内部的管理制度，尽快适应新的监管规则的变化，以求在新一代的监管体系下更加平稳健康地发展。

资料来源：李子耀、黄洪瑾，"浅析'偿二代'对保险公司的影响"，《上海金融学院学报》，2016年第6期。

13.4 证券投资基金

13.4.1 基本特征

证券投资基金，是指通过发售基金份额募集资金，由基金托管人托管，由基金管理人管理和运作资金，为基金份额持有人的利益，以资产组合方式进行证券投资的一种利益共享、风险共担的集合投资方式。

在不同的国家和地区，投资基金的称谓有所区别。在英国和中国香港称之为"单位信托投资基金"；在美国称之为"共同基金"，日本和中国台湾则称之为"证券投资信托基金"。这些不同的称谓在内涵和运作上无太大区别。投资基金在西方国家早已成为一种重要的融资、投资手段，并在当代得到了进一步发展。

13.4.1.1 证券投资基金的性质

根据证券投资基金的含义,我们可以看出其性质体现在以下几个方面:

证券投资基金是一种集合投资制度。证券投资基金是一种积少成多的整体组合投资方式,它从广大的投资者那里聚集巨额资金,组建投资管理公司进行专业化管理和经营。在这种制度下,资金的运作受到多重监督。

证券投资基金是一种信托投资方式。它与一般金融信托关系一样,主要有委托人、受托人、受益人。其中,受托人与委托人之间订有信托契约。但证券基金作为金融信托业务的一种形式,又有自己的特点。如从事有价证券投资主要当事人中还有一个不可缺少的托管机构,它不能与受托人(基金管理公司)由同一机构担任,而且基金托管人一般是法人;基金管理人并不对每个投资者的资金都分别加以运用,而是将其集合起来,形成一笔巨额资金再加以运作。

证券投资基金是一种金融中介机构。它存在于投资者与投资对象之间,起着把投资者的资金转换成金融资产,通过专门机构在金融市场上再投资,从而使货币资产得到增值的作用。证券投资基金的管理者对投资者所投入的资金负有经营、管理的职责,而且必须按照合同(或契约)的要求确定资金投向,保证投资者的资金安全和收益最大化。

证券投资基金是一种证券投资工具。它发行的凭证即基金券(或受益凭证、基金单位、基金股份)与股票、债券一起构成有价证券的三大品种。投资者通过购买基金券完成投资行为,并凭之分享证券投资基金的投资收益,承担证券投资基金的投资风险。

13.4.1.2 证券投资基金参与主体

1. 基金管理人

基金管理人在基金运作中具有核心作用。在我国,基金管理人只能由依法设立的基金管理公司担任。这些基金管理公司全部都是有限责任公司,除应满足《公司法》对于一般有限责任公司所列示的公司治理的有关规定外,还应按照《中华人民共和国证券投资基金法》《基金管理公司管理办法》等具体法规管理运作该公司及公司管理的基金资产。

基金管理公司日常的主要活动除基金的募集与管理等主要业务之外,还包括基金注册登记、清算和信息披露等反映基金管理公司对投资者服务质量的行政事务。

2. 基金托管人

基金托管人是根据法律法规要求,在证券投资基金运作中承担资产保管、交易监督、信息披露、资金清算与会计核算等相应职责的当事人,也是证券投资基金的主要当事人之一。《中华人民共和国证券投资基金法》规定,基金托管人由依法设立并取得基金托管资格的商业银行担任。

保证基金财产的安全是基金托管人的首要职责,安全除涉及硬件方面技术系统(如数据备份、网络安全等)的较高要求之外,软件方面则需要基金托管人有完善的管理体系,如为基金设立独立的账户、对有关托管基金的业务给予一定的保密等;另外还需要托管人认真履行对于基金管理人有关投资运作的监督职责,对基金的投资范围、投资组合比例、投资限制等有明确要求的监督内容通过多种形式予以监督。

基金管理人和托管人作为基金的当事人都具有"受人之托，代人理财"的特点，这样的委托代理关系一方面强化了社会分工，提高了投资效率，但同时也可能产生严重的道德风险。基金管理人作为基金的发起人，同时也是契约条款的制定者，当出现合约条款没有规定或说明的情况时，基金管理人显然具有实际解释权，而基金持有人又较为分散，所以基金管理人很可能做出有利于自己而不利于基金持有人的决策；另外，基金托管人本应作为基金持有人的受托人由基金持有人自行选择，但我国的实际情况是基金托管人由基金管理人指定，这样二者在一定程度上的利益一致性可能使基金管理人与基金托管人站在同一立场上侵害基金持有人的利益。

3. 市场服务机构

基金市场的各类服务机构都以提供其特有的服务参与着市场的运行，注册登记机构主要负责基金登记、存管、清算和交收业务，目前我国承担此项工作的主要是基金管理公司和中国证券登记结算有限责任公司；律师事务所和会计师事务所为基金市场提供法律、会计支持。而另外两类服务机构则更可能直接与投资者打交道：一类是基金销售机构；另一类是基金评级机构。

基金销售机构受基金管理公司委托从事基金份额的代理销售工作，通常情况下大的投资者才能够直接从基金管理公司买卖基金份额，而中小投资者更多的是通过基金代销机构完成基金的买卖。我国《证券投资基金销售管理办法》第二章第八条规定"商业银行、证券公司、证券投资咨询机构、专业基金销售机构，以及中国证监会规定的其他机构可以向中国证监会申请基金代销业务资格"。

投资者可能不会与基金评级机构直接发生业务往来，但基金评级机构所提供的基金资料及相关数据在某种程度上却可能直接影响到投资者的投资决策，因此基金评级机构所提供的服务实际上与基金市场的运作密不可分。

基金评级机构在推动基金业健康、快速的发展过程中发挥了重要的作用。好的基金评级机构应该在普及基金知识、帮助投资者理性投资、促进基金信息的有效传播与利用、提高投资者对基金投资的信心、侧面发挥对基金管理公司的监督等方面均起到其应有的作用。而我国目前尚需进一步完善对于基金评级机构的规范化管理，同时，对于评级机构为基金及基金管理公司评级时所使用的评价指标体系受人为因素影响较大这类的现实问题，也应提出切实有效的解决对策。

13.4.2　中国基金业概述

13.4.2.1　中国基金业发展历程

1. 早期发展阶段

中国基金业务起源于20世纪80年代末。1987年，中国新技术创业投资公司与汇丰集团、渣打集团在中国香港联合发起了"中国置业基金"，直接投资于珠江三角洲周边的乡镇高科技企业。其后，中银集团、中信公司也分别在90年代初在境外募集设立了基金。

中国基金的真正起步是1991年。1991年8月,"珠信投资基金"和"南山风险投资基金"经中国人民银行珠海分行批准设立。1992年,中国人民银行批准设立的"淄博投资基金"是中国第一家规范化的公司型封闭式基金。1993年下半年起,随着国内宏观调控力度的加大,国内基金的审批也处于停顿状态,基金的发展进入了一个调整期。

中国基金业早期的发展带有很大的探索性与自发性。由于当时中国证券市场尚处于初创阶段,规模较小,早期的投资基金并不以证券投资为主,而是大量投资到了实业领域,使得这类基金与1998年以后发展起来的仅进行证券投资的证券投资基金具有很大的差别。特别是由于当时缺乏基本的法律规范,早期的投资基金大多存在法律关系不清、投资者利益得不到有效保护的问题。在这种情况下,此类基金的发展自1994年后开始受到政府的严格限制,在发展上基本处于停滞状态。

2. 稳步发展阶段

在对原有投资基金发展加以反思的基础上,1997年11月,中国制定了第一个全面规范证券投资运作的法律规范《证券投资基金管理暂行办法》。1998年是中国公募基金业的元年,这一年国泰、南方、华夏等6家基金公司相继成立。中国首批两支封闭式基金成立,也是真正意义上的证券投资基金——基金金泰、基金开元问世。到了1999年年末,在富国等另4家基金公司成立后,中国基金业扩容至"老十家"。

1998年以后发展起来的证券投资基金可以被看作一种由政府主导的金融创新。通过在证券市场导入证券投资基金,政府一方面希望能够达到改善以散户投资者为主的不合理的股票市场结构、增强证券市场的稳定性,另一方面希望证券投资基金能够起到分流过高的银行储蓄资金,支持资本市场发展的作用。[①]

2003年10月28日由全国人大常委会通过的《证券投资基金法》的颁布与实施,以法律形式确认了基金业在资本市场以及社会主义市场经济中的地位和作用,构建了基金业的发展的制度框架,是中国基金业和资本市场发展历史上的又一个重要的里程碑,标志着我国基金业进入了一个崭新的发展阶段。

3. 2013年《基金法》修订和基金业的大发展

2013年6月1日,在基金业发展史上具有里程碑意义的新《基金法》正式实施,基金业进入全新发展阶段。新《基金法》在许多方面实现了重大突破,如将私募基金纳入监管,允许券商、保险、私募等资产管理机构公开发行基金,允许从业人员买卖股票,降低基金公司股东门槛,放宽基金投资范围等,奠定了基金行业进一步发展的基础(见表13-8)。

券商和保险等资管机构进军公募也于2013年正式开闸。当年8月26日,中国证监会正式批准上海东方证券资产管理有限公司公募基金资格,东方资管成首家获准发行公募基金的资管机构。保险机构开展公募业务也在当年起航,11月6日,中国人寿资产管理有限公司发起设立的国寿安保基金公司正式挂牌成立,这是保险投资新政和《保险机构投资设立基金管理公司试点办法》实施后成立的首家保险系基金公司。目前,已经有多家券商和保险机构获批公募管理资格。

据中国证券投资基金业协会统计,截至2017年12月底,中国境内共有基金管理公

[①] 杜书明:"中国证券投资基金业发展:回顾与分析",《中国证券》,2006年第3期。

司113家，其中中外合资公司45家，内资公司68家；取得公募基金管理资格的证券公司或证券公司资管子公司共12家，保险资管公司2家。以上机构管理的公募基金资产合计11.6万亿元。

表13-8 公募基金行业的规模构成

类别	基金数量（支）(2017/12/31)	份额（亿份）(2017/12/31)	净值（亿元）(2017/12/31)	基金数量（支）(2017/11/31)	份额（亿份）(2017/11/31)	净值（亿元）(2017/11/31)
封闭式基金	480	5863.27	6097.99	454	5801.63	6019.27
开放式基金	4361	104326.82	109898.87	4288	102954.10	108060.96
股票基金	791	5847.66	7602.40	771	5746.23	7462.69
混合基金	2096	16315.05	19378.46	2052	15423.53	17972.29
货币基金	348	67253.81	67357.02	347	67902.13	68045.26
债券基金	989	14091.62	14647.40	982	13030.83	13635.02
QDII基金	137	818.68	913.59	136	851.38	945.70
合计	4841	110190.09	115996.86	4742	108755.73	114080.23

13.4.2.2 基金公司的主要业务

1. 发起设立基金

发起设立基金是指基金管理公司为基金批准成立前所做的一切准备工作，包括基金品种的设计、签署基金成立的有关法律文件、提交申请设立基金的主要文件及申请的审核与批准。

基金管理公司根据市场投资者群体不同的投资需求结合本身管理基金特长，有重点、有步骤、有选择地推出新的基金品种。

当基金管理公司确定要发起设立的基金品种和发行的总体方案之后，就可以起草并与有关当事人共同签订基金设立的有关法律文件，如基金发起设立协议书、基金契约、基金托管协议书、基金承销或代销协议书等，完成申请前的准备工作。

做好准备工作后，基金管理公司作为基金发起人就应向监管部门提出基金设立申请，监管部门根据国家的法律、法规对基金设立申请进行审核，对符合投资基金设立要求的给予批准。

2. 基金管理业务

基金管理业务是指基金管理公司根据专业的投资知识与经验投资运作基金资产的行为，是基金管理公司最基本的一项业务。作为基金管理人，基金管理公司最主要的职责就是组织投资专业人士，按照基金契约或基金章程的规定制定基金资产投资组合策略，选择投资对象、决定投资时机、数量和价格，运用基金资产进行有价证券的投资，向基金投资者及时披露基金管理运作的有关信息和定期分配投资收益。

3. 受托资产管理业务

受托资产管理业务是指基金管理公司作为受托投资管理人根据有关法律、法规和投资委托人的投资意愿，与委托人签订受托投资管理合同，把委托人委托的资产在证券市场上从事股票、债券等有价证券的组合投资，以实现委托资产收益最大化的行为。

随着机构投资者的不断增加，法律、监管的市场环境逐渐完善，受托资产管理业务将逐渐成为基金管理公司的核心业务之一。

4. 基金销售业务

基金销售业务是指基金管理公司通过自行设立的网点或电子交易网站把基金单位直接销售给基金投资人的行为。基金管理公司可以直接销售基金单位，也可以委托其他机构代理销售基金单位。

从长远来看，基金管理公司应该选择直销与代销相结合的方式，建立自己的直接销售体系，设立销售分支机构，树立自己的品牌形象，与机构投资者建立良好的业务关系，逐步完善客户服务功能，努力扩大基金销售规模。

13.4.3 产品种类

13.4.3.1 按基金组织方式分类

1. 契约型基金

契约型基金又称为单位信托基金，是指把投资者、管理人、托管人三者作为基金的当事人，通过签订基金契约的形式，发行受益凭证而设立的一种基金。

契约型基金是基于契约原理而组织起来的代理投资行为，没有基金章程，也没有董事会，而是通过基金契约来规范三方当事人的行为。基金管理人负责基金的管理操作。基金托管人作为基金资产的名义持有人，负责基金资产的保管和处置，对基金管理人的运作实行监督。

2. 公司型基金

公司型基金是按照公司法以公司形态组成的，该基金公司以发行股份的方式募集资金，一般投资者则为认购基金而购买该公司的股份，也就成为该公司的股东，凭其持有的股份依法享有投资收益。这种基金要设立董事会，重大事项由董事会讨论决定。

公司型基金的特点是：基金公司的设立程序类似于一般股份公司，基金公司本身依法注册为法人，但不同于一般股份公司的是，它是委托专业的财务顾问或管理公司来经营与管理；基金公司的组织结构也与一般股份公司类似，设有董事会和持有人大会，基金资产由公司所有，投资者则是这家公司的股东，承担风险并通过股东大会行使权利。

3. 契约型基金与公司型基金的区别

法律依据不同。契约型基金是依照基金契约组建，信托法是其设立的依据，基金本身不具有法律资格。公司型基金是按照公司法组建的，具有法人资格。

资金性质不同。契约型基金的资金是通过发行基金份额筹集起来的信托财产；公司型基金的资金是通过发行普通股票筹集的公司法人的资本。

投资者地位不同。契约型基金的投资者购买基金份额后成为基金契约的当事人之一，投资者既是基金的委托人，即基于对基金管理人的信任，将自己的资金委托给基金管理人管理和营运，又是基金的受益人，即享有基金的受益权；公司型基金的投资者购买基金的股票后成为该公司的股东。因此，契约型基金的投资者没有管理基金资产的权力，而公司型基金的股东通过股东大会享有管理基金公司的权力。

基金营运依据不同。契约型基金依据基金契约营运基金；公司型基金依据基金公司章程营运基金。

由此可见，契约型基金和公司型基金在法律依据、组织形态以及有关当事人扮演角色上是不同的。但对投资者来说，投资于公司型基金和契约型基金并无多大区别，它们的投资方式都是把投资者的资金集中起来，按照基金设立时所规定的投资目标和策略，将基金资产分散投资于众多的金融产品上，获取收益后再分配给投资者。

13.4.3.2 按基金运作方式分类

1. 封闭式基金

封闭式基金，是指基金的发起人在设立基金时，限定了基金单位的发行总额，筹集到这个总额后，基金即宣告成立，并进行封闭，在一定时期内不再接受新的投资。基金单位的流通采取在证券交易所上市的办法，投资者日后买卖基金单位都必须通过证券经纪商在二级市场上进行竞价交易。

封闭式基金的期限是指基金的存续期，即基金从成立起到终止之间的时间。决定基金期限长短的因素主要是基金本身投资期限的长短，一般如果基金目的是进行中长期投资（如创业基金）的，其存续期就可长一些，反之，如果基金目的是进行短期投资（如货币市场基金），其存续期可短一些。在现实中，存续期还应考虑基金发起人和众多投资者的要求来确定。基金期限届满即为基金终止，管理人应组织清算小组对基金资金进行清产核资，并将清产核资后的基金净资产按照投资者的出资比例进行分配。

2. 开放式基金

开放式基金是指基金管理公司在设立基金时，发行基金单位的总份额不固定，可视投资者的需求追加发行。投资者也可根据市场状况和各自的投资决策，或者要求发行机构按现期净资产值扣除手续费后赎回股份或受益凭证，或者再买入股份或受益凭证，增持基金单位份额。为了应付投资者中途抽回资金，实现变现的要求，开放式基金一般都从所筹资金中拨出一定比例，以现金形式保持这部分资产。这虽然会影响基金的盈利水平，但作为开放式基金来说，这是必需的。

3. 封闭式基金与开放式基金的区别

期限不同。封闭式基金通常有固定的封闭期，通常在5年以上，一般为10年或15年，经受益人大会通过并经主管机关同意可以适当延长期限。而开放式基金没有固定期限，投资者可随时向基金管理人赎回基金单位。

发行规模限制不同。封闭式基金在招募说明书中列明其基金规模，在封闭期限内未经法定程序认可不能再增加发行。开放式基金没有发行规模限制，投资者可随时提出认购或赎回申请，基金规模就随之增加或减少。

基金单位交易方式不同。封闭式基金的基金单位在封闭期限内不能赎回，持有人只能寻求在证券交易场所出售给第三者。开放式基金的投资者则可以在首次发行结束一段时间（多为3个月）后，随时向基金管理人或中介机构提出购买或赎回申请，买卖方式灵活，除极少数开放式基金在交易所作名义上市外，通常不上市交易。

基金单位的交易价格计算标准不同。封闭式基金与开放式基金的基金单位除了首次发行价都是按面值加一定百分比的购买费计算外，以后的交易计价方式不同。封闭式基金的买卖价格受市场供求关系的影响，常出现溢价或折价现象，并不必然反映基金的净资产值。开放式基金的交易价格则取决于基金每单位净资产值的大小，不直接受基金份额的供求影响。

从发达国家金融市场来看，开放式基金已成为世界投资基金的主流。世界基金发展史从某种意义上说就是从封闭式基金走向开放式基金的历史。

13.4.3.3 按投资标的分类

1. 债券基金

债券基金以债券为主要投资对象。

由于债券的年利率固定，因而这类基金的风险较低，适合于稳健型投资者。

通常债券基金收益会受货币市场利率的影响，当市场利率下调时，其收益就会上升；反之，若市场利率上调，则基金收益率下降。除此以外，汇率也会影响基金的收益，管理人在购买非本国货币的债券时，往往还在外汇市场上做套期保值。

2. 股票基金

股票基金以股票为主要投资对象。

股票基金的投资目标侧重于追求资本利得和长期资本增值。基金管理人拟定投资组合，将资金投放到一个或几个国家，甚至是全球的股票市场，以达到分散投资、降低风险的目的。

投资者之所以钟爱股票基金，原因在于可以有不同的风险类型供选择，而且可以克服股票市场普遍存在的区域性投资限制的弱点。此外，还具有变现性强、流动性强等优点。由于聚集了巨额资金，几支甚至一支基金就可以引发股市动荡，所以各国政府对股票基金的监管都十分严格，不同程度地规定了基金购买某一家上市公司的股票总额不得超过基金资产净值的一定比例，防止基金过度投机和操纵股市。

3. 货币市场基金

货币市场基金是以货币市场工具为投资对象的一种基金。货币市场基金通常被认为是无风险或低风险的投资。其投资对象一般期限在一年内，包括银行短期存款、国库券、公司债券、银行承兑票据及商业票据等。通常，货币基金的收益会随着市场利率的下跌而降低，与债券基金正好相反。

4. 混合型基金

混合型基金主要从资产配置的角度看，股票、债券和货币的投资比例没有固定的范围。

13.4.3.4 按投资理念分类

主动型基金。一般主动型基金以寻求取得超越市场的业绩表现为目标。其基金管理者一般认为证券市场是无效的，存在着错误定价的股票。

被动型基金（指数型基金）。一般选取特定的指数成分股作为投资的对象，不主动寻求超越市场的表现，而是试图复制指数的表现。其投资管理者认为，市场是有效的，投资者不可能超越市场。

13.4.3.5 按资本来源和流向分类

国内基金。它是基金资本来自国内并投资于国内金融市场的投资基金。一般而言，国内基金在一国基金市场上应占主导地位。

国际基金。它是基金资本来自国内但投资于境外金融市场的投资基金。由于各国经济和金融市场发展的不平衡性，因而在不同国家会有不同的投资回报，通过国际基金的跨国投资，可以为本国资本带来更多的投资机会以及在更大范围内分散投资风险，但国际基金的投资成本和费用一般也较高。国际基金有国际股票基金、国际债券基金和全球商品基金等种类。

离岸基金。它是基金资本从国外筹集并投资于国外金融市场的基金。离岸基金的特点是两头在外。离岸基金的资产注册登记不在母国，为了吸引全球投资者的资金，离岸基金一般都在素有"避税天堂"之称的地方注册，如卢森堡、开曼群岛、百慕大等，因为这些国家和地区对个人投资的资本利得、利息和股息收入都不收税。

海外基金。它是基金资本从国外筹集并投资于国内金融市场的基金。利用海外基金通过发行受益凭证，把筹集到的资金交由指定的投资机构集中投资于特定国家的股票和债券，把所得收益作为再投资或作为红利分配给投资者，它所发行的受益凭证则在国际著名的证券市场挂牌上市。海外基金已成为发展中国家利用外资的一种较为理想的形式，一些资本市场没有对外开放或实行严格外汇管制的国家可以利用海外基金。

除了上述几种类型的基金，证券投资基金还可以按募集对象不同分为公募基金和私募基金；按投资货币种类不同分为美元基金、英镑基金、日元基金等；按收费与否分为收费基金和不收费基金；按投资计划可变更性分为固定型基金、半固定型基金、融通型基金；还有专门支持高科技企业、中小企业的风险基金；以交易技巧而著称的对冲基金、套利基金以及投资于其他基金的基金中基金，等等。

13.4.3.6 其他特殊类型

1. 交易型开放式指数基金

交易型开放式指数基金（ETF）属于开放式基金的一种特殊类型，它综合了封闭式基金和开放式基金的优点，投资者既可以向基金管理公司申购或赎回基金份额，同时，又可以像封闭式基金一样在证券市场上按市场价格买卖 ETF 份额，不过，申购赎回必须以一揽子股票换取基金份额或者以基金份额换回一揽子股票。由于同时存在证券市场交易和申购赎回机制，投资者可以在 ETF 市场价格与基金单位净值之间存在差价时进行套利交易。套利机制的存在，使得 ETF 避免了封闭式基金普遍存在的折价问题。

2. 上市型开放式基金

上市型开放式基金（listed open-ended fund，LOF），当其发行结束后，投资者既可以在指定网点申购与赎回基金份额，也可以在交易所买卖该基金。不过投资者如果是在指定网点申购的基金份额，想要上网抛出，须办理一定的转托管手续；同样，如果是在交易所网上买进的基金份额，想要在指定网点赎回，也要办理一定的转托管手续。根据深圳证券交易所已经开通的基金场内申购赎回业务，在场内认购的 LOF 不需办理转托管手续，可直接抛出。

3. QDII 基金

国内机构投资者赴海外投资资格认定制度（qualified domestic institutional investors，QDII）制度由中国香港政府部门最早提出，与预托证券（CDR）、国外机构投资者到内地投资资格认定制度（qualified foreign institutional investors，QFII）一样，将是在外汇管制下内地资本市场对外开放的权宜之计，以容许在资本账项目未完全开放的情况下，国内投资者往海外资本市场进行投资。

4. 衍生证券基金

衍生证券基金是指以衍生证券为投资对象的证券投资基金，主要包括期货基金、期权基金和认购权证基金。由于衍生证券一般是高风险的投资品种，因此，投资这种基金的风险较大，但预期的收益水平比较高。

13.5 信托公司

13.5.1 我国信托业现状

信托是指委托人基于对受托人的信任，将其财产权委托给受托人，由受托人按委托人的意愿以自己的名义，为受益人的利益或者特定目的，进行管理或者处分的行为。简单理解，信托的本源就是"受人之托，代人理财"。信托公司以信任委托为基础、以货币资金和实物财产的经营管理为形式，融资和融物相结合的多边信用行为。

国内信托公司是指依照《中华人民共和国公司法》《中华人民共和国银行业监督管理法》和《信托公司管理办法》设立的主要经营信托业务的金融机构。

13.5.1.1 基本特征

信托行业的本质在于信托关系——以信任委托关系为纽带的资产管理制度，在制度方面其具有一些独特的优势，例如分离和避险制度，有效的破产隔离财产保护等。主要体现在：

信托财产所有权和受益权相分离。信托财产的所有权在受托人即信托公司手里，而实际上获得信托财产收益的是受益人。

信托财产的独立性。信托关系一旦确立后，信托财产独立于受托人的其他财产。受托人其他财产的运营状况不影响信托财产。

信托制度的灵活性。如信托财产形式的多元化、信托财产运用范围的广泛性、信托设立目的的多样性等。在各大资产管理机构中，信托公司依旧具备最全面的资金运用范围。信托资金的投资范围横跨货币市场、资本市场和实业领域，信托平台可以集成所有的金融工具，包括股权、债权、股债混合、可转换股权、可转换债权等。这使得信托公司成为我国金融产品的创新基地。[①]

13.5.1.2 我国信托公司发展现状

信托公司已经逐步成为我国"实业投行"，是能够整合运用几乎所有金融工具，满足企业一揽子金融需求的投资银行。信托公司提供直接债务融资工具，总量达到上万亿元；信托公司是我国最大的非标准资产证券化服务提供商；信托公司能够整合运用几乎所有的金融工具。

2001年4月颁布的《中华人民共和国信托法》以及2007年1月颁布的《信托公司管理办法》和《信托公司集合资金信托计划管理办法》共同构成了信托行业的"一法两规"制度。"一法两规"制度的建立，使信托行业在经历数次清理整顿之后真正步入发展正轨，信托业呈现良性发展趋势。一方面，信托管理资产规模持续增长，行业地位和影响力显著提高；另一方面，信托行业整体收入水平稳步提升，各信托公司主业日渐明晰，经营利润持续增长，主动管理能力得到显著提升。

1. 受托管理信托资产

截至2017年年末，全国68家信托公司管理的信托资产规模突破26万亿元，达26.25万亿元（平均每家信托公司3 859.60亿元），同比增长29.81%，较2016年年末的24.01%上升了5.8个百分点；环比增长7.54%，较2017年第三季度的5.47%上升了2.07个百分点。信托资产同比增速自2016年第二季度触及历史低点后开始回升（见图13-1）。

从信托资金的来源看，单一类资金信托占比整体呈下降趋势，而集合类资金信托和管理财产类信托占比上行趋势愈加明显。截至2017年年末，单一类信托占比由2016年年末的50.07%降至45.73%，下降幅度为4.34个百分点；集合类信托占比由36.28%增至37.74%，上升幅度为1.46个百分点；管理财产类信托占比由13.65%增至16.53%，上升幅度为2.88个百分点。信托资金来源持续向多样化和均衡化发展（见图13-2）。

---

① 孙婷："从'量变'到'质变'，信托业再次迎来发展机遇"，海通证券研究报告，2017年2月8日。

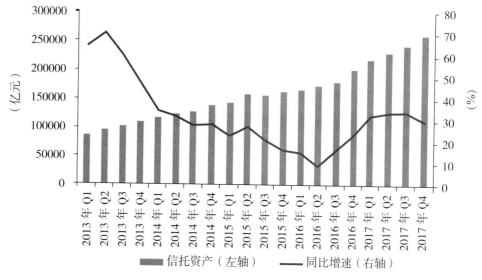

图 13-1　信托资产及其同比增速

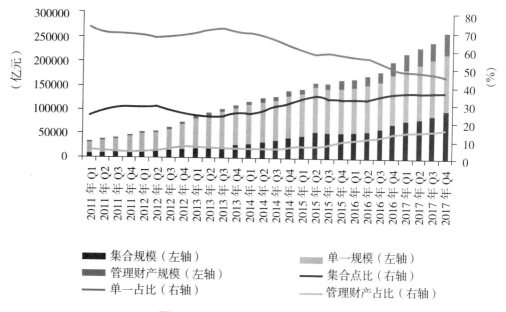

图 13-2　信托资金来源及其占比

2. 固有资产规模

截至 2017 年年末，信托行业固有资产规模达到 6 578.99 亿元（平均每家信托公司 96.75 亿元），同比增长 18.12%，环比增长 3.69%，同比增速较 2017 年第三季度的 25.88% 有所回落，但固有资产规模依旧持续增长。从固有资产的结构来看，投资类资产依然是主要形式，规模为 4 961.07 亿元，占固有资产的比例为 75.41%；货币类资产规模为 656.81 亿元，占比 9.98%；贷款类资产规模为 380.71 亿元，占比仅为 5.79%（见图 13-3）。

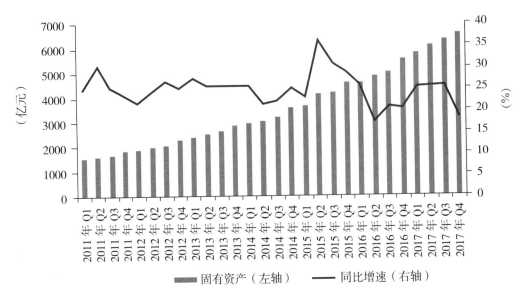

图 13-3　固有资产规模及其同比增速

从所有者权益来看，2017 年年末信托全行业规模为 5 250.67 亿元（平均每家信托公司 77.22 亿元），同比增长 16.63%，环比增长 5.10%。从所有者权益的构成来看，2017 年年末实收资本占所有者权益的比例为 46.05%，与 2016 年年末相比，所占比例提高了 0.78 个百分点；未分配利润占比 29.52%，所占比例下降了 0.03 个百分点；信托赔偿准备占比 4.21%，所占比例上升了 0.06 个百分点。

所有者权益规模与构成的变化一定程度上反映了信托公司主动防控风险的意图和成效。2017 年年末，信托全行业实收资本由 2016 年年末的 2 038.16 亿元上升至 2 417.70 亿元，同比增长 18.62%，环比增长 8.22%；未分配利润由 1 330.50 亿元上升至 1 550.09 亿元，同比增长 16.50%，环比降低 0.62%；信托赔偿准备上升至 221.12 亿元，同比增长 18.23%，环比增长 12.78%。实收资本增加是近两年来信托公司持续增资扩股效应的直接体现，未分配利润和信托赔偿准备的增加能直接提升信托公司抵御风险的能力。

3. 信托公司的营业收入与利润

整体来看，截至 2017 年年末，信托行业经营业绩进一步提升。从同比指标来看，信托全行业实现经营收入为 1 190.69 亿元，相较 2016 年年末的 1116.24 亿元，同比增加 6.67%。2017 年年末信托全行业实现利润总额 824.11 亿元，较 2016 年年末同比上升 6.78%。从环比指标来看，信托行业经营收入环比上升 57.43%，利润总额环比上升 48.81%，上升幅度较大，其中有一部分原因可归属为季节效应。从历年各季度经营收入和利润总额的变化看，同第一季度和第二季度相比，第三季度和第四季度信托行业的经营收入和利润总额通常都较高，导致季度环比指标易出现一定程度波动（见图 13-4）。

从经营收入的构成来看，信托业务收入仍是经营收入增长的主要驱动力。截至 2017 年年末，信托业务收入为 805.16 亿元，占比为 67.62%，同比增长 7.41%，环比增长 51.96%；投资收益为 284.93 亿元，占比为 23.93%，同比增长 5.24%，环比增长 74.01%；利息收入为 62.38 亿元，占比仅为 5.24%，同比下降 0.60%，环比增长

55.28%。信托业务是信托公司的主业，随着整个金融行业回归本源和信托行业转型升级的推进，信托业务收入占比仍有继续提升的空间。

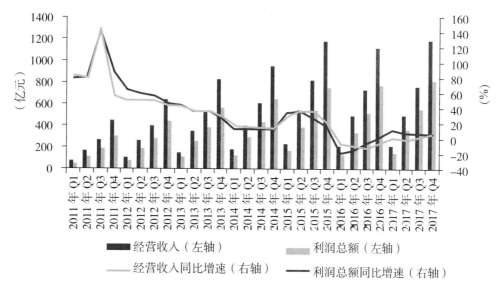

图 13-4　经营收入、利润总额及其同比增速

2017年，《信托登记管理办法》出台，信托业正式建立了统一登记制度，市场规范化和透明度大大提升。与此同时，各项监管政策对房地产信托、政信合作业务、通道业务产生较大影响，相应的业务得到进一步规范。为此，多数信托公司进一步实施增资扩股，增强公司抗风险能力，并以此谋求业务转型和创新发展。

2017年，各信托公司在信托业务回归本源的方针指引下，积极开展转型性业务。伴随中国产业结构的转变和消费模式的变化，各信托公司推陈出新，推出多种与实体经济需求和本源要求相适应的信托业务，如投贷联动、资产证券化、产业基金、消费信托、慈善信托、绿色信托等，主动管理能力得到进一步提升。

信托业只有积极推进信托公司业务转型，坚持服务实体经济，严守合规经营底线，提升主动管理能力，回归信托本源，才能实现行业的可持续健康发展。

13.5.1.3　信托公司基本职能

信托公司的基本职能包括财务管理职能、资财融通功能、为社会公益事业服务的职能、社会投资职能等方面。

1. 财务管理职能

财产管理职能是指信托受委托人之托，为之经营管理或处理财产的职能，即"受人之托、为人管业、代人理财"，这是信托业的基本职能。其主要体现在：

管理内容上的广泛性：管理对象为一切财产，包括无形资产和有形资产；委托人包括自然人、法人和其他依法成立的组织、国家。

管理目的的特定性：为受益人的利益。

管理行为的责任性：发生损失，只要符合信托合同规定，受托人不承担责任；如违反规定,出现重大过失并导致损失,受托人应负赔偿责任。

管理方法的限制性:受托人管理处分信托财产,只能按信托目的来进行,不能按自己需要随意利用信托财产。

2. 融通资金职能

在商品货币经济条件下,财产有相当一部分以货币资金形态存在,因此对信托财产的管理和运用就必然伴随着货币资金的融通。在融资对象上,信托既融资又融物;在信用关系上,信托体现了委托人、受托人和受益人多边关系;在融资形式上,信托实现了直接融资与间接融资相结合;而在信用形式上,信托成为银行信用与商业信用的结合点。因此,信托融资比信贷融资有显著优势。

13.5.2 信托公司业务介绍

信托业务是指信托公司以营业和收取报酬为目的,以受托人身份承诺信托和处理信托事务的经营行为。

信托业务主要包括委托和代理两个方面的内容。前者是指财产所有者为自己或其指定人的利益,将财产委托给他人,要求按照一定的目的,代为妥善的管理和有利的经营;后者是指一方授权另一方,代为办理经济事项。

在2016年中国信托业年会上,监管部门首次提出建立信托公司八大信托业务体系,分别为债权信托、股权信托、标品信托、同业信托、财产信托、资产证券化、公益(慈善)信托以及事务信托。其中,债权信托、股权信托、财产信托、同业信托和标品信托都属于资金信托,资产证券化信托和财产权信托属于非资金信托。

13.5.2.1 债权信托

债权信托是以金融企业及其他具有大金额债权的企业作为委托人,以委托人难以或无暇收回的大金额债权作为信托标的的一种信托业务。它通过受托人的专业管理和运作,实现信托资产的盘活和变现,力争信托资产最大限度地保值增值。

1. 债权信托的特征

到期收取固定收益。债权信托的信托资金出借给需求方使用,有明确的期限和资金占用收益的约定。债权信托的利息支付频率固定,利息收取方式一般为某一固定利率。在资金端设有预期收益率,在资产端到期收取固定收益,应是债权信托与股权信托的最大区别。

受托人负责尽职调查。债权信托是信托公司的主动管理型业务,信托公司作为受托人开展债权信托业务,对每一个项目及借款人都要进行严格的尽职调查、项目评审、风险评估,落实贷后管理工作,保护委托人的利益。由受托人负责尽职调查,承担主动管理责任,应是债权信托与同业信托、事务信托的最大区别。

主要面临信用风险。债权信托面临的主要风险是信用风险,即债务人没有按照合同约定的时间和方式偿还利息和本金,从而给债权信托带来损失的可能。债权信托持有期间的该笔债权几乎没有流动性,一般只能持有至到期,因此几乎不受利率风险影响。这应是债权信托与股权信托、标品信托的重要区别。

重视抵押和担保。债权信托关注借款人在约定期限内有足够现金流偿还本金及收益，一般要求借款人以资产抵押，或者同时要求信用能力更高的借款人的关联方为其提供保证担保。债权信托的抵押物一般具有产权清晰，变现能力强的特点，土地使用权、不动产、上市公司股权是债权信托常见的抵押物。

占用较大的资本金。债权信托业务的主要风险是信用风险，因此除了信托公司本身计提损失准备外，还有可能出现超过计提损失准备的风险，对资本实力提出更高要求。信托公司开展债权信托业务需要有较大的资本做支撑，有多大资本就可以做多大规模的业务。

2. 债权信托主要业务领域

基础产业具有一定的公共物品特征，基础产业债权信托一般以政府财政陆续到位的后续资金、所投项目公司阶段性还款作为信托资产收益的来源。信托财产的保障措施十分丰富，基础产业债权信托安全性较高。

房地产是典型的资金密集型行业，房地产开发项目的资金占用量大、投资回收期长，在项目建设过程中需要多渠道资金支持，而且房地产公司融资具有土地和房产等理想的抵押品，房地产信托成为信托公司债权信托业务的主要领域之一。

工商企业。在较长一段时间，由于难以承受较高融资成本，缺乏理想抵押物的限制，工商企业信托不是债权信托的重要业务领域。但是近年来，工商企业债权信托稳步发展，业务重要性逐步提升。

13.5.2.2 股权信托

股权信托是指投资于非上市的各类企业法人和经济主体的股权类产品。股权信托不同于二级市场的股权交易，投资股权也享有相应权利，可以是战略投资者或是财务投资者，也可以是控股投资者。信托公司的投资盈利来源可以是股权增值分红，也可以是管理费收入。股权信托的风险在于公司成长性风险。

1. 股权信托的特征

最终以股权作为信托财产。初始信托财产可能是公司股权、资金或其他财产，如果信托财产是后两者，经过受托人的管理和处分，信托财产将（逐渐）转换成为股权形态。

委托人可以是单一主体或是集合主体，可以是具有完全民事行为能力的自然人、法人或者依法成立的其他组织。

根据信托合同的约定，股权管理和处分权可以部分或全部由受托人行使。在股权信托关系中，受托人可能拥有部分股权管理和处分权，此时受托人行使股权的投票权和处分权时要按照委托人的意愿进行；受托人如果拥有全部股权管理和处分权，此时受托人可以根据自己的价值判断对股权进行独立的管理和处分。

股权投资信托是信托机构"受人之托，代人理财"，其核心目标是投资回报，而不主要是对目标公司进行控制。股权投资信托的实质是资金信托。股权管理信托是信托机构"受人之托，代人管理"股权，其核心内容是股权表决权和处分权的委托管理。股权管理信托的实质是财产信托。

2. 股权信托的典型形式

股权投资信托。相对于其他运作方式的信托计划，股权投资信托可能会实现较高收益，但同时要求信托公司本身具有较高的投资管理水平，能够有效控制风险。股权投资信托区分为单一和集合信托，还可以分为指定股权投资对象和非指定股权投资对象两类。根据委托人（受益人）的风险收益偏好，信托公司可以设计不同风险收益组合的股权投资信托产品，为小额资金投资者投资创业企业组合提供渠道。目前委托人资金退出渠道主要是目标公司上市，海外基金收购，或者是其他公司收购股权，凸显出此类产品的高风险、高收益特性。

股权融资信托。股权融资信托可以区分为三种情况。一是委托人先将持有的公司股权委托信托机构设立股权信托，然后再将股权信托受益权向社会投资者进行转让，从而实现融资的职能。二是为了避免股权过户，委托人将股权收益权设立信托，然后再将股权收益权信托受益权向社会投资者进行转让，以股权质押实现风险控制。三是信托公司设立股权投资信托，由第三方（往往是股权投资对象的关联方）到期回购股权来实现受益人的收益。这种情况虽然形式上是股权投资信托，但本质上是实现融资的目标，因此也可以理解为是股权融资信托的一类。

股权融资信托的实质是股权资产信托（证券）化，是一种基于资产信用的融资方式。可以认为，只要具有优质或能够产生稳定现金流的股权资产，即使委托人本身的整体信用欠佳，理论上也具有通过股权信托的方式来实现融资的可能。总之，股权融资信托既可以满足股权持有者的融资需求，也为投资者开辟了一种新的投资渠道。

3. 股权管理信托

在股权管理信托中，委托人设立信托的目的往往是实现委托人对于股权的一种特殊管理目的，委托人通过信托合同，在表决权和处分权方面对受托人进行不同程度的控制。受托人的股权管理职能有：以股东身份行使认股权、配股权、收益分配权、表决权、监督权等项权力；向受益人支付取得的股权收益；根据受益人的意志转让其股权信托受益权等。除此之外，受托人根据委托人的要求提供一些衍生的股权管理和服务职能，如帮助协调委托人之间或者委托人与其他股东之间的关系；代理委托人出任公司董事、参与公司管理等。在股权管理信托关系中，股权信托的管理职能体现得最为充分。

13.5.2.3 其他信托品类

标品信托是指标准化产品，一般是可分割、公开市场流通的有价证券，包括国债、期货、股票、金融衍生品等。标准信托业务的主要风险是市场风险，盈利点则是价差、投资收益。

同业信托是资金来源和运用都在同业里。随着银行业务的发展变化，信托公司的同业业务类型在通道贷款、信贷资产证券化等传统通道业务的基础上，还可以与银行开展信贷资产转让、不良资产证券化、企业债转股、产业基金等同业合作。此类业务主要面临流动性风险。

财产信托是指将非资金信托的财产委托给信托公司，信托公司帮助委托人进行管理运用、处分，实现保值增值。目前财产信托面临的主要风险是签署信托协议时的法律风险。

资产证券化信托。依照《信贷资产证券化试点管理办法》第三条，资产支持证券由特定目的信托受托机构发行，代表特定目的信托的信托受益权份额。因此，在中国银监会主导的信贷资产证券化中，信托公司可作为受托人和发行人参与，但需先申请特定目的信托受托人资格。信托公司在开展资产证券化业务时，应首先注意可证券化基础资产的质量风险，加强对基础资产的甄别和管理。

公益信托是指为了公共利益的目的，使整个社会或社会公众的一个显著重要的部分受益而设立的信托。公益信托的特点是信托资金使用定向，此类业务面临的风险是资金的挪用和占用。慈善信托属于公益信托，是指委托人基于慈善目的，依法将其财产委托给受托人，由受托人按照委托人意愿以受托人名义进行管理和处分，开展慈善活动的行为。慈善信托和普通信托最大的区别是设立目的是基于慈善。

事务信托。所有事务性代理业务，包括融资解决方案、财务顾问、代理应收应付款项、代理存款等，都属于事务信托。

【拓展阅读 13-3】

慈善信托简介

一、慈善信托简介

从国内公益信托的发展历程来看，2001年《中华人民共和国信托法》对建立公益信托起到了基础性作用。《信托法》第六章全章为公益信托，并对公益信托应当遵守的规则进行了规定，但遗憾的是，在此后实践中，由于种种原因，公益信托没有得到实行。《慈善法》单设一章慈善信托，以《信托法》为一般法，对慈善信托的运行管理做出特别规定，建立了慈善信托的基本法律框架，为慈善信托发展提供了制度保障，开创了慈善信托事业发展新纪元。

慈善信托具有设立简单、运作成本低，信托财产支出及投资灵活，能够更好地体现委托人的意愿，可以有效实现财产独立和破产隔离，管理规范透明等优势。发展慈善信托为社会公众提供一种新的选择项，可调动更多的社会资源参与到慈善事业的发展中来。慈善组织的资金募集能力尤其是向公司捐赠人的慈善募资能力较强，同时也具有丰富的项目实施经验。而信托公司则在受托管理、信托运营以及慈善财产投资管理方面更有经验。

二、慈善信托的特点

安全性：慈善信托的安全性主要体现在双层破产隔离。一方面，从委托人角度出发，慈善信托财产与委托人的其他财产相互隔离。慈善财产交付信托后，不再是委托人自己的财产，即使委托人破产清算，信托财产也不受影响；另一方面，从受托人角度出发，慈善信托财产与受托人的固有财产相互隔离，也与受托人管理的其他信托财产互相独立，可以最大限度地保障信托财产的安全性。

高效性：慈善信托的高效主要体现在两个方面。一是设立简便。慈善信托是一种契约关系，慈善信托设立不受资金门槛限制，也无需运营场地及专职人员等配套设施，委托人与受托人签订合同并在民政部门备案完毕后,慈善信托即宣告成立。二是管理高效。慈善信托在"确保资金安全"前提下可以自主选择投资管理人,对慈善资金进行保值增值的专业化管理,有助于提高慈善财产的运作效率。

透明性:慈善信托的透明主要体现在三个方面。一是慈善信托利用信托架构,通过受托人、监察人、信息披露等制度规定,为慈善财产使用介入多重外部监管,消除传统慈善捐赠中捐赠人与慈善组织、受益人之间的信息不对称问题。二是慈善信托的财产采用专户管理,受托人就每一个慈善信托的资金运用状况进行单独披露,其信息披露的详细程度远高于慈善捐赠中基金会披露的详细程度。三是慈善信托的受托人按照委托人意愿管理和使用慈善财产,当受托人违反约定损害委托人和受益人利益时,委托人有更多的救济措施,包括撤销信托、更换受托人等,能够更好地保护委托人的利益。

持久性:慈善信托可与家族信托结合,共同实现物质财富和精神财富的延续。先富人群不仅注重传承自己家族的创业精神,同时更注重对后代人生观、价值观的延续。在家族信托中嵌入慈善信托,能在财富传承过程中传承整个家族的慈善精神,跨越委托人的生命周期,将其慈善精神以更有生命力的模式实现传承。

三、慈善信托的模式

《慈善法》规定,慈善信托的受托人可由慈善组织或信托公司担任。目前,我国已开展的慈善信托主要包括四种模式,一是慈善组织为委托人,信托公司为受托人;二是信托公司为受托人,慈善组织为项目执行人或公益顾问;三是慈善组织与信托公司共同担任受托人,即双受托人模式;四是慈善组织担任受托人,独立开展慈善信托。

1. 慈善组织为委托人,信托公司为受托人

这种合作方式的交易结构为:慈善组织募集资金,并以慈善组织的名义以募捐资金委托信托公司设立慈善信托,信托公司作为受托人管理信托财产,并向慈善组织确定的受益人分配慈善财产。这种合作模式的好处是:(1)由慈善组织募集资金,可以最大程度发挥慈善组织的募集能力,尤其是慈善组织面向企业捐赠者的募集能力;(2)捐赠给慈善组织的资金将通过设立慈善信托的方式用于慈善事业,增加了资金运用的监管环节,增强了资金使用透明度,可以最大限度提高捐赠者对慈善组织的信任程度;(3)信托公司对闲置资金的管理更加专业,可以促进慈善财产的保值增值;(4)捐赠者直接捐赠给慈善组织,能够享受慈善捐赠相关的税收优惠。

2. 信托公司为受托人,慈善组织为项目执行人或公益顾问

这种合作方式的交易结构为:信托公司作为受托人,募集资金成立慈善信托。信托公司委托慈善组织作为项目执行人,由其向受托人推荐并实施慈善项目。信托公司根据慈善项目的进展、资金使用计划向受助对象或受助活动支付资金。

这种合作模式的好处是:(1)可以充分发挥慈善组织的慈善项目运营经验(如建设希望小学时与地方政府、主管部门的沟通协调,对贫困地区教师培训组织等工作),弥补信托公司作为受托人在项目实施能力和精力方面的不足,使慈善活动得到更好的执行;(2)信托公司作为受托人,根据慈善组织确定的用款进程给付资金,对闲置资金可以进行合理投资,使慈善活动分工精细化,业务专业化;(3)有助于拓宽信托公司开展的慈善活动类型,包括有一定建设期限、运营过程的

慈善项目，或者是长期的、持续的、系统的慈善项目。

3. 慈善组织与信托公司共同担任双受托人

这种合作模式的交易结构为：由信托公司与慈善组织共同担任受托人，与委托人签订慈善信托合同，约定各自的职责、权利、义务及需要承担的风险。其中信托公司负责受托管理，慈善组织负责财产分配和运用。

这种合作模式的好处是：（1）实现专业分工。信托公司长期经营营业信托业务，在信托财产的受托管理、风险控制、保值增值和分配清算等方面具有很强的专业能力。慈善组织是专业从事慈善事业的机构，在慈善项目管理、慈善活动执行、慈善资源组织等方面具有突出优势。两者作为共同受托人，充分体现了"专业机构做专业的事"的理念。（2）建立长期合作关系。双受托人模式中，慈善组织与信托公司均处于受托人的核心地位，共同对慈善项目的开展情况负责，有助于二者建立长期合作伙伴关系，持续开展慈善信托业务。

4. 慈善组织担任受托人，独立开展慈善活动

尽管慈善组织与信托公司合作开展慈善信托是主流，但也有慈善组织担任受托人的慈善信托实践。慈善组织在商业银行开立资金监督保管账户，接受委托人交付的慈善财产成立慈善信托，独立处理受托管理事务及开展慈善活动。

慈善组织作为慈善信托受托人，独立开展慈善活动，实现了慈善信托业务创新，主动提高了对慈善资金运作的信息披露要求，并使自身慈善活动受到更好的监督，有利于树立慈善组织透明、专业的形象。

四、慈善信托发展亟须解决的问题

在《慈善法》的推动及相关政策的指导下，信托公司和慈善组织先行先试，成功备案了 20 余单慈善信托。在解决慈善信托可操作性问题后，为推动慈善信托的持续发展，落实慈善信托税收优惠政策、建立信托财产登记制度已成为慈善信托参与者最迫切的需求。

1. 落实税收优惠政策

税收优惠是委托人设立慈善信托最为关注的问题之一，但是慈善信托仍未有具体的税收优惠政策支持。《慈善法》虽在一定程度上明确了慈善信托的税收优惠问题，但也仅局限于做出了"未按照前款规定将相关文件报民政部门备案的，不享受税收优惠"的条文规定。至于慈善信托可以享受哪些税收优惠，在哪些环节享受税收优惠，除备案以外享受税收优惠还需满足哪些条件，以及具体业务中应当如何操作，财税部门尚未出台具体的政策。当前，受托人不论是信托公司还是慈善组织，都不能直接为慈善信托的委托人开具可以抵税的捐赠票据。

为了促进慈善信托持续健康发展，制定具体的税收优惠政策迫在眉睫。

首先，在慈善信托设立环节解决委托人的纳税抵扣问题。我国现行税收法规对慈善捐赠有明确的税收优惠规定。建议财税部门出台相关通知，明确委托人设立慈善信托可比照慈善捐赠享受税收优惠。具体操作中，可赋予信托公司和慈善组织作为慈善信托受托人的捐赠票据开票资格，在慈善信托备案后由受托人为委托人开具可抵税的捐赠票据；或者由委托人凭备案的信托文件，在进行年度纳税申报时进行税前抵扣。

其次，明确以股权设立慈善信托的税收优惠政策。由于没有明确税收优惠政策，以股权设

立慈善信托往往被视同转让股权,并以公允价值作为转让收入缴纳所得税,使委托人产生沉重的纳税负担,打击了社会公众的慈善热情。因此,建议财税部门明确以股权设立慈善信托可比照《关于公益股权捐赠企业所得税政策问题的通知》规定,以所捐股权的历史成本为依据确定转让收入,使以股权设立慈善信托不产生额外纳税负担,同时还可以历史成本确定捐赠额进行纳税抵扣。

此外,研究制定慈善信托其他税收优惠政策,包括以动产、不动产、无形资产、商品货物等财产设立慈善信托涉及的增值税、土地增值税、印花税、契税、车辆使用税、房产税、土地使用税等税收优惠问题。

2. 建立非货币财产的信托登记制度

随着公众拥有的财富规模和财产类型的不断增加,以非货币性财产设立慈善信托的需求也不断提升。以非货币性股权设立慈善信托能更好地发挥信托制度的优势。比如,委托人以上市公司股权设立慈善信托,在委托人在世时实现股权财产的隔离保全,在委托人身后也不作为遗产分割而得以保持完整,此外,加上慈善信托每年可获得稳定的分红收入用于慈善支出,充分保障了慈善信托的持续运营,实现委托人的慈善意愿。

以非货币财产设立慈善信托的前提是进行信托财产登记。《信托法》第十条明确规定,"设立信托,对于信托财产,有关法律、行政法规规定应当办理登记手续的,应当依法办理信托登记。"也即,信托财产登记是慈善信托的生效要件。而信托财产登记,核心的是信托财产的非交易过户。

作为一种新型的慈善方式,慈善信托与公益基金会相似,都受到民政部门的严格监管。受托人接受慈善财产,处理信托事物,要接受民政部门、监察人、社会公众的监督,保证慈善信托财产透明、高效、完全地运用于慈善目的。因此,建议慈善信托主管部门与相应的财产登记主管部门协商,将以非货币财产设立信托比照慈善捐赠,实现慈善信托财产的非交易过户。

比如对于以上市公司股权设立慈善信托,比照"向基金会捐赠",可以规定:委托人以上市公司股权,委托信托公司或省级以上民政部门登记的慈善组织,由其作为受托人管理慈善财产的慈善信托,可以办理非交易过户。申请人凭信托合同、受托人所在地省级以上民政部门对设立慈善信托出具的确认文件以及其他常规申请材料,在中国证券登记公司办理非交易过户。

3. 建立慈善信托受托人行业规范

慈善信托的长期可持续发展,要建立一支长期可信赖的受托人队伍,则必须建立受托人尽职管理慈善信托的行业规范。

在行业层面,要制定受托人开展慈善信托的具体行业规范。民政部门及慈善信托的行业自律组织要对《信托法》《慈善法》以及《关于做好慈善信托备案有关工作的通知》等法律法规中规定的受托人"恪尽职守、履行诚信、谨慎管理"等义务做出具体说明,发挥行业自律作用,指导受托人开展慈善信托业务实践。

对于信托公司来说,要为慈善信托建立单独的业务操作指引。尽管信托公司内部建立了比较完善的内部控制体系和信托业务尽职管理的操作规则,但都是针对传统营业信托做出的规定。尽职管理防范的风险是信用风险、流动性风险、市场风险、操作风险、合规风险等与营业信托行为相关的风险。而慈善信托属于公益信托，其风险特征与营业信托有较大差异，包括信托设立时慈善目的的判断、信托设立后慈善资金的运用，以及全程的声誉风险管理都是非常重要的，需要信托公司建立独立的业务操作指引进行规范和约束。

对于慈善组织来说，用信托制度来开展慈善活动是全新的事物。慈善组织作为慈善信托受托人，面临着开展事务管理工作的挑战，需要建立慈善信托业务相关制度。第一，依照信托法的规定，建设慈善捐赠和慈善信托两类慈善活动的防火墙，保障慈善信托的人员、账户及运营系统与慈善捐赠互相独立，真正实现慈善信托的破产隔离等制度优势。第二是根据慈善信托特点，对慈善信托的发起、备案、后续管理、项目清算等环节建立相应的尽职操作规范。

资料来源：中国慈善联合会："2016年中国慈善信托发展报告"，2017年2月14日。

13.6 其他金融机构[①]

13.6.1 金融资产管理公司

资产管理（asset management），通常是指一种"受人之托，代人理财"的信托业务。从这个意义上看，凡是主要从事此类业务的机构或组织都可以称为资产管理公司。

资产管理公司主要分为两类，一类是进行正常资产管理业务的资产管理公司，没有金融机构许可证；另一类是专门处理金融机构不良资产的金融资产管理公司，持有银行业监督委员会颁发的金融机构许可证。

一般情况下，商业银行、投资银行、证券公司等金融机构都通过设立资产管理业务部或成立资产管理附属公司来进行正常的资产管理业务。它们属于第一种类型的资产管理业务。这种正常的资产管理业务分散在商业银行、投资银行、保险和证券经纪公司等金融机构的业务之中。

表13-9 我国资产管理行业的外延

机构类型	资产管理业务
基金管理公司及子公司	公募基金和各类非公募资产管理计划
私募机构	私募证券投资基金、私募股权投资基金、创业投资基金等
信托公司	单一资金信托、集合资金信托
证券资产管理公司	集合资产管理计划、定向资产管理计划、专项资产管理计划

---

① 本章节提到的"其他金融机构"，主要适用于我国金融市场。

(续表)

机构类型	资产管理业务
期货资产管理公司	期货资产管理业务
保险公司、保险资产管理公司	万能险、投连险、管理企业年金、养老保障及其他委托管理资产
商业银行	银行理财产品、私人银行业务

资料来源：中国证券投资基金业协会整理。

金融资产管理公司，在我国是指经国务院决定设立的收购国有独资商业银行不良贷款，管理和处置因收购国有独资商业银行不良贷款形成的资产的国有独资非银行金融机构。金融资产管理公司以最大限度保全资产、减少损失为主要经营目标，依法独立承担民事责任。本节主要介绍的是金融资产管理公司。

13.6.1.1 金融资产管理公司设立背景

1. 产生的国际背景

1997年亚洲金融危机爆发后，经济学界对金融危机进行了多角度研究。这些研究发现，爆发金融危机的国家在危机爆发前有一些共同点：银行不良资产金额巨大。发生危机的国家宏观和微观经济层面均比较脆弱，这些基本面的脆弱性使得危机国家经济从两方面承受压力，第一是外部压力，巨额短期外债，尤其是用于弥补经常项目赤字时，将使得经济靠持续的短期资本流入难以维系。不管由于何种原因使得资本流入减缓或逆转，经济和本币都会异常脆弱。第二是内部压力，银行监管的薄弱，导致银行尤其是资本不充足的银行过度发放风险贷款。当风险损失发生时，银行缺乏资本以发放新贷款，有时甚至破产。借款方不能偿还贷款时，银行部门的不良贷款（non-performing loan，NPL）就引发了银行危机。

为了化解银行危机，各国政府、银行和国际金融组织采取了各种措施，以解决银行体系的巨额不良资产，避免新的不良资产的产生。20世纪80年代末，美国储蓄贷款机构破产，为维护金融体系稳定，美国政府成立了重组信托公司（RTC）以解决储蓄贷款机构的不良资产，从此专门处理银行不良资产的金融资产管理公司开始出现。[1]

进入90年代以来，全球银行业不良资产呈现加速增加趋势，继美国之后，北欧四国瑞典、挪威、芬兰和丹麦也先后设立资产管理公司对其银行不良资产进行大规模重组。随后中、东欧经济转轨国家（如波兰成立的工业发展局）和拉美国家（如墨西哥成立的FOBAPROA资产管理公司）以及法国等也相继采取银行不良资产重组的策略以稳定其金融体系。资产管理公司的实质是由国家出面专门设立的以处理银行不良资产为使命的暂时性金融机构，具有特定使命的特征，以及较为宽泛业务范围的功能特征。

2. 我国AMC的产生背景

1997年亚洲金融危机使我国国有独资商业银行风险受到各方关注。当时的国有银行面临着资本金严重不足、不良贷款比例过高、机构臃肿、盈利能力低下等严重问题。中

---

[1] 张炜："国外商业银行清收不良贷款的经验与启示"，《中国城市金融》，2002年第2期。

国人民银行的一项统计表明，国有商业银行不良资产总额大约为 22 898 亿元，约占整个贷款的 25.37%。巨额的不良资产，对银行自身的稳健与安全将产生直接损害。为了化解由此可能导致的金融风险，国家于 1999 年相继设立了 4 家金融资产管理公司，即中国华融资产管理公司（CHAMC）、中国长城资产管理公司（GWAMC）、中国信达资产管理公司（CINDAMC）和中国东方资产管理公司（COAMC）。

13.6.1.2 金融资产管理公司职能

金融资产管理公司是专门用于清理银行不良资产的金融中介机构。由于银行自行清理不良资产会遇到法规限制、专业技术知识不足、管理能力不够和信息来源不充分等困难，需要成立由有关方面人员组成的、拥有一定行政权力的金融资产管理公司来专门清理不良资产。

金融资产管理公司通常是在银行出现危机时由政府设立的，并且不以营利为目的。通过审慎地收购资产，有效地管理资产和处置不良资产，向银行系统注入资金等以挽救金融行业，重建公众对银行体系的信心；通过运用有效的资产管理及资产变现战略，尽可能从破产倒闭银行的不良资产中多收回价值；在尽量减少动用政府资金的前提下，使金融行业能够实现资本重整，减轻银行重组对社会整体的震荡以及负面影响。

13.6.1.3 我国金融资产管理公司的运作模式

根据国家有关法律和国务院的授权，中国银行保险业监督管理委员会依法监督管理四大 AMC 集团母公司和实施集团并表监管，并负责集团层面监管。AMC 集团附属法人机构根据法律规定接受相关监管机构或部门的监管。中国银保监会与财政部、中国人民银行、中国证监会等监管机构和主管部门加强监管合作和信息共享，协调实现集团范围的全面、有效监管。

政策性保障是金融资产管理公司运营的前提。由于四大国有商业银行的不良贷款主要来源于国有企业，设立初衷是收购国有银行不良贷款，管理和处置因收购国有银行不良贷款形成的资产，收购范围和额度均由国务院批准，资本金由财政部统一划拨，其运营目标则是最大限度保全资产、减少损失。由于金融资产管理公司成立于计划经济向市场经济的转轨时期，因此，不良资产的收购采取了政策性方式，在处置中，国家赋予金融资产管理公司在业务活动中享有减免税等一系列优惠政策。这种强有力的政策性保障措施，成为金融资产管理公司发挥运营功能与资源配置机制的一种有效前提。

市场化运营是金融资产管理公司运营的手段。金融资产管理公司具体处置不良资产的方式包括：收购并经营银行剥离的不良资产；债务追偿，资产置换、转让与销售；债务重组及企业重组；债权转股权及阶段性持股，资产证券化；资产管理范围内的上市推荐及债券、股票承销；资产管理范围内的担保；直接投资；发行债券，商业借款；向金融机构借款和向中国人民银行申请再贷款；投资、财务及法律咨询与顾问；资产及项目评估；企业审计与破产清算；经金融监管部门批准的其他业务。

政策性保障与市场化运营的悖论。政策性保障是金融资产管理公司运营的前提，作为一种特殊的金融企业，尤其面临处置不良贷款过程中牵涉的利益相关者的利害关系时，在化解金融风险、关注社会稳定及国有资产尽可能保值增值的多重目标中，金融资产管理公司需要协调多方的利益共同点。因此，一定程度上享有政策性保障只是金融资产管理公司在运作时处理多元利益体均衡的需要，但不能也不应该以此束缚金融资产管理公司在实际运营中自身市场化机制的展开。金融资产管理公司应该充分发挥在综合协调社会资源方面起主导的独立中介机构作用，并以自身市场化的运营方式尽可能平衡利益相关者的利益。

但是，国家对这一创新机构的组织形式与经营权限给予了相当宽松的发展空间。从这一角度看，金融资产管理公司自身在实际运营中必须积极把握如何将业务创新与制度创新相结合，将企业的发展模式与持续经营能力共同考虑。金融资产管理公司只有在实际工作中探索、形成符合自身发展的运营模式与经营风格，才能真正在市场化的竞争中赢得一席之地。目前金融资产管理公司面临的最大挑战主要来自实际运作中法律制度环境的不完善，诸如相关事项的法人独立处置权力的规定、股权转让与资本合作方式、资产处置中的评估、税收优惠等方面都亟待进一步加强实施细则的制订，有关对外资开放合作的具体举措也应该有明确的细则可循。

从根本上说，政策性保障的目的在于为金融资产管理公司的市场化运营创造一种相对宽松的环境，并以完善的制度措施，确保企业真正置身于有效的市场竞争氛围中。显然，这两者存有一定悖论。

13.6.2 金融租赁公司

在我国金融租赁公司（financial leasing companies）是指经中国银保监会批准，以经营融资租赁业务为主的非银行金融机构。由于租赁业具有投资大、周期长的特点，在负债方面我国允许金融租赁公司发行金融债券、向金融机构借款、外汇借款等，作为长期资金来源渠道；在资金运用方面，限定主要从事金融租赁及相关业务。

金融租赁公司成为兼有融资、投资和促销多种功能，以金融租赁业务为主的非银行金融机构。金融租赁在发达国家已经成为设备投资中仅次于银行信贷的第二大融资方式，从长远来看，金融租赁公司在我国同样有着广阔前景，金融租赁公司的主营业务有以下几个方面：

1. 融资租赁业务

公司自担风险的融资租赁业务包括典型的融资租赁业务（简称"直租"）、转租式融资租赁业务（简称"转租赁"）和售后回租式融资租赁业务（简称"回租"）三个类别。

直租是指金融租赁公司以收取租金为条件按照用户企业确认的具体要求、向该用户企业指定的出卖人购买固定资产并出租给该用户企业使用的业务。直租分直接购买式和委托购买式两类。

在直接购买式直租中，金融租赁公司以买受人的身份按照用户企业确认的条件同出卖人订立以用户企业指定的货物为标的物的买卖合同，同时，金融租赁公司以出租人的身份同作为承租人的用户企业订立以相关买卖合同的货物为租赁物的融资租赁合同。同融资租赁合同关联的买卖合同可以是一个，也可以是多个。

在委托购买式直租中，用户企业所指定的标的物不是由金融租赁公司自行购买，而是由金融租赁公司委托别的法人企业购买。这时，金融租赁公司以委托人的身份同作为其代理人的该法人机构订立委托代理合同。该法人机构则以买受人的身份按照用户企业确认的条件同出卖人订立以用户企业指定的货物为标的物的买卖合同。该法人机构可以由金融租赁公司指定，也可以由用户企业指定。融资租赁合同的订立同直接购买式直租相同。

转租赁是指以同一固定资产为租赁物的多层次的融资租赁业务。在转租赁中，上一层次的融资租赁合同的承租人同时是下一层次的融资租赁合同的出租人，在整个交易中称转租人。第一层次的融资租赁合同的出租人称第一出租人，末一层次的融资租赁合同的承租人称最终承租人。各个层次的融资租赁合同的租赁物和租赁期限必须完全一致。

在转租赁中，租赁物由第一出租人按照最终承租人的具体要求、向最终承租人指定的出卖人购买。购买方式同直租一样，既可以是直接购买，也可以是委托购买。金融租赁公司可以是转租赁中的第一出租人。这时，作为转租人的法人机构无须具备经营融资租赁的资质。金融租赁公司也可以是转租赁中的转租人。这时，如果第一出租人是境内法人机构，则后者必须具备经营融资租赁的资质。在上一层次的融资租赁合同中必须约定，承租人有以出租人的身份向下一层次的融资租赁合同的承租人转让自己对租赁物的占有、使用和收益权的权利。

回租是指出卖人和承租人是同一人的融资租赁。在回租中，金融租赁公司以买受人的身份同作为出卖人的用户企业订立以用户企业的自有固定资产为标的物的买卖合同或所有权转让协议。同时，金融租赁公司又以出租人的身份同作为承租人的该用户企业订立融资租赁合同。

回转租是回租和转租赁的结合，即，金融租赁公司购买了用户企业自有的固定资产后不是直接出租给该用户企业，而是通过融资租赁合同出租给另一企业法人，由后者通过同该用户企业之间的融资租赁合同将该固定资产作为租赁物出租给该用户企业使用。

2. 联合租赁和杠杆租赁

公司同其他机构分担风险的融资租赁业务有联合租赁和杠杆租赁两类。

联合租赁是指多家有融资租赁资质的租赁公司对同一个融资租赁项目提供租赁融资，由其中一家租赁公司作为牵头人。无论是相关的买卖合同还是融资租赁合同都由牵头人出面订立。各家租赁公司按照所提供的租赁融资额的比例承担该融资租赁项目的风险和享有该融资租赁项目的收益。各家租赁公司同作为牵头人的租赁公司订立体现资金信托关系的联合租赁协议。牵头人同出卖人之间的买卖合同以及同用户企业之间的融资租赁合同同自担风险的融资租赁业务中的同类合同毫无差别。

杠杆租赁是指某融资租赁项目中的大部分租赁融资是由其他金融机构以银团贷款的形式提供的，但是，这些金融机构对承办该融资租赁项目的租赁公司无追索权，同时，这些金融机构按所提供的资金在该项目的租赁融资额中的比例直接享有回收租金中所含的租赁收益。租赁公司同这些金融机构订立无追索权的银团贷款协议。租赁公司同出卖人之间的买卖合同以及同用户企业之间的融资租赁合同同自担风险的融资租赁业务中的同类合同毫无差别。

3. 委托租赁

公司不担风险的融资租赁业务是委托租赁。委托租赁是指融资租赁项目中的租赁物或用于购买租赁物的资金是一个或多个法人机构提供的信托财产。租赁公司以受托人的身份同作为委托人的这些法人机构订立由后者将自己的财产作为信托财产委托给租赁公司以融资租赁方式运用和处分的信托合同。

该融资租赁项目的风险和收益全部归委托人,租赁公司则依据该信托合同的约定收取由委托人支付的报酬。该信托合同受《中华人民共和国信托法》管辖。租赁公司同出卖人之间的买卖合同以及同用户企业之间的融资租赁合同同自担风险的融资租赁业务中的同类合同毫无差别。

13.6.3 财务公司

财务公司又称金融公司,是为企业技术改造、新产品开发及产品销售提供金融服务,以中长期金融业务为主的非银行机构,各国的名称不同,业务内容也有差异。但多数是商业银行的附属机构,主要吸收存款。我国的财务公司不是商业银行的附属机构,是隶属于大型集团的非银行金融机构。

13.6.3.1 财务公司背景来源

我国财务公司的产生既是我国企业集团发展到一定程度的客观要求,又是我国经济体制改革和金融体制改革的必然产物。自1987年5月我国第一家企业集团财务公司成立以来,截至2017年年末,全国能源电力、航天航空、石油化工、钢铁冶金、机械制造等关系国计民生的基础产业和各个重要领域的大型企业集团几乎都拥有了自己的财务公司。

我国的财务公司都是由企业集团内部集资组建的,其宗旨和任务是为本企业集团内部各企业筹资和融通资金,促进其技术改造和技术进步。

13.6.3.2 财务公司的特点

业务范围广泛,但以企业集团为限。财务公司是企业集团内部的金融机构,其经营范围只限于企业集团内部,主要是为企业集团内的成员企业提供金融服务。财务公司的业务包括存款、贷款、结算、担保和代理等一般银行业务,还可以经人民银行批准,开展证券、信托投资等业务。

资金来自集团公司,用于集团公司,对集团公司的依附性强。财务公司的资金来源主要有两个方面:一是由集团公司和集团公司成员投入的资本金,二是集团公司成员企业在财务公司的存款。财务公司的资金主要用于为本集团公司成员企业提供资金支持,少量用于与本集团公司主导产业无关的证券投资方面。由于财务公司的资金来源和运用都限于集团公司内部,因而财务公司对集团公司的依附性强,其发展状况与其所在集团公司的发展状况相关。

接受企业集团和人民银行的双重监管。财务公司是企业集团内部的金融机构,其股东大都是集团公司成员企业,因而其经营活动必然受到集团公司的监督。同时,财务公司所从事的是金融业务，其经营活动必须接受银监局监管。

坚持服务与效益相结合、服务优先的经营原则。财务公司作为独立的企业法人，有其自身的经济利益，但由于财务公司是企业集团内部的机构，且集团公司成员企业大都是财务公司的股东，因此，财务公司在经营中一般都应较好地处理服务与效益的关系，在坚持为集团公司成员企业提供良好金融服务的前提下，努力实现财务公司利润的最大化。

13.6.3.3 财务公司的基本职能

财务公司的基本职能主要包括金融服务职能、资源配置职能和资本控制职能三个方面。

金融服务职能。财务公司为本企业集团提供的是金融方面的服务，这种服务以满足集团的金融需求为目的。财务公司的金融服务围绕本企业的发展战略进行，以本企业集团规模经济的实现为最高目标。财务公司的金融服务要兼顾集团的产业特性和集团企业、客户特点进行，体现专业优势。

资源配置职能。财务公司通过自身网络或通过银行体系创造支付手段，为本企业运行和经济发展提供便利顺畅的交换媒介和支付系统。财务公司在企业内外部大量筹资，可以拥有一定比例的长期稳定资金来源用于长期贷款，从而有效地解决借贷双方在期限要求上的矛盾和不对称。财务公司的经营过程是对竞争性的客户进行选择的过程。财务公司根据资金价格，即利率的变动来融通资金。这种基于价格机制的金融行为有助于将资金从低效企业转移到高效企业，从而使有效资本得以扩张，促进经济效率提高。

资本控制职能。企业集团一般是企业联合体，规模比较大，由众多企业构成，除了以行政手段管理控制内部企业外，通过金融资本手段管理和控制企业更是一种现实需要，更能掌握下属企业的动态信息。财务公司从为少数内部企业或外部资本市场那里筹集资金形成自己的负债，企业或个人按时偿还贷款本息是财务公司保持资产负债比例平衡、实现稳健运行的前提。财务公司实施资本控制的主要内容之一就是防止贷款和投资风险，控制非财务公司经济部门的经营活动。

13.6.3.4 财务公司的业务范围

财务公司可以经营下列部分或者全部业务：对成员单位办理财务和融资顾问、信用鉴证及相关的咨询、代理业务；协助成员单位实现交易款项的收付；经批准的保险代理业务；对成员单位提供担保；办理成员单位之间的委托贷款及委托投资；对成员单位办理票据承兑与贴现；办理成员单位之间的内部转账结算及相应的结算、清算方案设计；吸收成员单位的存款；对成员单位办理贷款及融资租赁；从事同业拆借；银保监会批准的其他业务。

符合条件的财务公司，可以向中国银保监会申请从事下列业务：经批准发行财务公司债券；承销成员单位的企业债券；对金融机构的股权投资；有价证券投资；成员单位产品的消费信贷、买方信贷及融资租赁。

13.6.3.5 财务公司的主要作用

在资金管理和使用上,促使企业从粗放型向集约型转变。财务公司成立前,集团公司成员企业之间不直接发生信贷关系,经常会出现一些企业资金十分紧张,而另一些企业资金闲置的状况。财务公司成立后,成员企业成了财务公司的股东,在一定程度上集中了各成员企业的资本来进行一体化经营,同时财务公司可以运用金融手段将集团公司内部企业的闲散资金集中起来,统筹安排使用,这样能加快集团公司成员企业之间资金结算的速度,从整体上降低集团公司的财务费用,提高集团公司资金的使用效率,加速集团公司资产一体化经营的进程。

财务公司以资金为纽带,以服务为手段,增强了集团公司的凝聚力。一方面,财务公司将集团公司一些成员企业吸收为自己的股东,用股本金的纽带将大家联结在一起;另一方面,财务公司吸纳的资金又成了集团公司成员企业信贷资金的一个重要来源,从而将集团公司成员企业进一步紧密地联结起来,形成一种相互支持、相互促进、共同发展的局面。

及时解决企业集团急需的资金,保证企业生产经营的正常进行。由于各种原因,企业经常出现因资金紧缺而影响生产经营正常进行的情况,财务公司成立后,它比银行更了解企业的生产特点,能及时为企业提供救急资金,保证生产经营活动的正常进行。

增强了企业集团的融资功能,促进了集团公司的发展壮大。财务公司不仅办理一般的存款、贷款、结算业务,而且根据企业集团的发展战略和生产经营特点,积极开展票据、买方信贷等新业务,为企业扩大销售、减少库存等发挥了很好的作用。

有利于打破现有银行体制资金规模按行政区域分割的局面,促进大集团公司跨地区、跨行业发展。我国的金融机构存在纵向设置、条块分割等问题,资金管理体制是以行政区域为单位进行分级管理的,资金的跨地区流动比较困难。中央企业在地方往往得不到应有的支持,而财务公司可以突破地区的限制,向不与集团公司总部在同一地区的成员企业筹集、融通资金,向资金不能及时到位的项目提供资金支持,以保证生产的正常进行和建设项目的按期开工。

促进了金融业的竞争,有利于金融机构提高服务质量和效益,有利于金融体制改革的深化。在所有金融机构中,财务公司还是相当弱小的,远不能与其他金融机构特别是银行竞争,但为了生存,财务公司必须通过提高服务质量来争取客户,这在客观上起到了促进其他金融机构深化改革、提高服务质量的作用。

13.6.4 风险投资和私募股权投资

13.6.4.1 风险投资

风险投资(venture capital,VC),在我国是一个约定俗成的具有特定内涵的概念。广义的风险投资泛指一切具有高风险、高潜在收益的投资;狭义的风险投资是指以高新技术为基础,生产与经营技术密集型产品的投资。根据美国全美风险投资协会的定义,风险投资是由职业金融家投入到新兴的、迅速发展的、具有巨大竞争潜力的企业中的一种权益资本。

从投资行为的角度来讲，风险投资是把资本投向蕴藏着失败风险的高新技术及其产品的研究开发领域，旨在促使高新技术成果尽快商品化、产业化，以取得高资本收益的一种投资过程。从运作方式来看，是指由专业化人才管理下的投资中介向特别具有潜能的高新技术企业投入风险资本的过程，也是协调风险投资家、技术专家、投资者的关系，利益共享，风险共担的一种投资方式。

1. 风险投资的运作过程

风险投资的运作包括融资、投资、管理、退出四个阶段。

融资阶段解决"钱从哪儿来"的问题。通常，提供风险资本来源的包括养老基金、保险公司、商业银行、投资银行、大公司、大学捐赠基金、富有的个人及家族等，在融资阶段，最重要的问题是如何解决投资者和管理人的权利义务及利益分配关系安排。

投资阶段解决"钱往哪儿去"的问题。专业的风险投资机构通过项目初步筛选、尽职调查、估值、谈判、条款设计、投资结构安排等一系列程序，把风险资本投向那些具有巨大增长潜力的创业企业。

管理阶段解决"价值增值"的问题。风险投资机构主要通过监管和服务实现价值增值，"监管"主要包括参与被投资企业董事会、在被投资企业业绩达不到预期目标时更换管理团队成员等手段，"服务"主要包括帮助被投资企业完善商业计划、公司治理结构以及帮助被投资企业获得后续融资等手段。价值增值型的管理是风险投资区别于其他投资的重要方面。

退出阶段解决"收益如何实现"的问题。风险投资机构主要通过 IPO、股权转让和破产清算三种方式退出所投资的创业企业，实现投资收益。退出完成后，风险投资机构还需要将投资收益分配给提供风险资本的投资者。

2. 风险投资的特点

风险投资是由资金、技术、管理、专业人才和市场机会等要素所共同组成的投资活动，它具有以下六个特点：以投资换股权方式，积极参与对新兴企业的投资；协助企业进行经营管理，参与企业的重大决策活动；追求投资的早日回收，而不以控制被投资公司所有权为目的；风险投资公司与创业者的关系是建立在相互信任与合作的基础之上的；投资对象一般是高科技、高成长潜力的企业。

3. 风险投资步骤

风险投资大体可以分为以下几个步骤：

搜寻投资机会：投资机会可以来自风险投资企业自行寻找、企业家自荐或第三人推荐。

初步筛选：风险投资企业根据企业家交来的投资建议书，对项目进行初次审查，并挑选出少数感兴趣者作进一步考察。

调查评估：风险资本家会花 6—8 周的时间对投资建议进行十分广泛、深入和细致的调查，以检验企业家所提交材料的准确性，并发掘可能遗漏的重要信息；在从各个方面了解投资项目的同时，根据所掌握的各种情报对投资项目的管理、产品与技术、市场、财务等方面进行分析，以做出投资决定。

寻求共同出资者：风险资本家一般都会寻求其他投资者共同投资。这样，既可以增大投资总额，又能够分散风险。此外，通过辛迪加还能分享其他风险资本家在相关领域的经验，互惠互利。

协商谈判投资条件：一旦投、融资双方对项目的关键投资条件达成共识，作为牵头投资者的风险资本家就会起草一份"投资条款清单"，向企业家做出初步投资承诺。最终交易：只要事实清楚，一致同意交易条件与细节，双方就可以签署最终交易文件，投资生效。

13.6.4.2 私募股权投资

私募股权投资，是指通过私募形式对非上市企业进行的权益性投资，在交易实施过程中附带考虑了将来的退出机制，即通过上市、并购或管理层回购等方式，出售持股获利。

在结构设计上，PE一般涉及两层实体，一层是作为管理人的基金管理公司，一层则是基金本身。有限合伙制是国际最为常见的PE组织形式。一般情况下，基金投资者作为有限合伙人（limited partner，LP）不参与管理、承担有限责任；基金管理公司作为普通合伙人（general partner，GP）投入少量资金，掌握管理和投资等各项决策，承担无限责任。

私募股权有广义和狭义之分。广义的PE为涵盖企业首次公开发行前各阶段的权益投资，即对处于种子期、初创期、发展期、扩展期、成熟期和Pre-IPO各个时期企业所进行的投资，相关资本按照投资阶段可划分为创业投资、发展资本、并购基金、夹层资本、Pre-IPO资本，以及其他如上市后私募投资、不良债权和不动产投资等。狭义的PE主要指对已经形成一定规模的，并产生稳定现金流的成熟企业的私募股权投资部分，主要是指创业投资后期的私募股权投资部分，而这其中并购基金和夹层资本在资金规模上占最大的一部分。在中国PE主要是指这一类投资。

1. 私募股权的运作模式

项目选择和可行性核查。由于私募股权投资期限长、流动性低，投资者为了控制风险通常对投资对象提出以下要求：优质的管理，对不参与企业管理的金融投资者来说尤其重要；至少有2—3年的经营记录、有巨大的潜在市场和潜在的成长性，并有令人信服的发展战略计划；投资者关心盈利的"增长"。

投资者对行业和规模的侧重各有不同。金融投资者会从投资组合分散风险的角度来考察一项投资对其投资组合的意义。多数私募股权投资者不会投资房地产等高风险的行业和他们不了解的行业。

估值和预期投资回报的要求。由于不像在公开市场那么容易退出，私募股权投资者对预期投资回报的要求比较高，至少高于投资于其同行业上市公司的回报率，而且期望对中国等新兴市场的投资有"中国风险溢价"。

法律调查。投资者还要进行法律方面的调查，了解企业是否涉及纠纷或诉讼、土地和房产的产权是否完整、商标专利权的期限等问题。很多引资企业是新兴企业，经常存在一些法律问题，双方在项目考查过程中会逐步清理并解决这些问题。

投资方案设计。投资方案设计包括估值定价、董事会席位、否决权和其他公司治理问题、退出策略、确定合同条款清单并提交投资委员会审批等步骤。由于投资方和引资方的出发点和利益不同、税收考虑不同，双方经常在估值和合同条款清单的谈判中产生分歧，解决这些分歧的技术要求高，所以不仅需要谈判技巧，还需要会计师和律师的协助。

退出策略。退出策略是投资者在开始筛选企业时就十分注意的因素，包括上市、出让、股票回购、卖出期权等方式，其中上市是投资回报最高的退出方式，上市的收益来源是企业的盈利和资本利得。由于国内股票市场规模较小、上市周期长、难度大，很多外资基金都会在海外注册一家公司来控股合资公司，以便将来以海外注册的公司作为主体在海外上市。

后续监管。实施积极有效的监管是降低投资风险的必要手段，但需要人力和财力的投入，会增加投资者的成本，因此不同的基金会决定恰当的监管程度，包括采取有效的报告制度和监控制度、参与重大决策、进行战略指导等。投资者还会利用其网络和渠道帮助合资公司进入新市场、寻找战略伙伴以发挥协同效应、降低成本等方式来提高收益。另外，为满足引资企业未来公开发行或国际并购的要求，投资者会帮其建立合适的管理体系和法律构架。

2. PE 的主要设立模式

公司型私募股权投资基金是各投资者根据公司法的规定，共同出资入股成立公司，以公司形式设立私募股权投资基金。投资人成为公司的股东，私募股权投资基金的重大事项和投资决策由公司股东会、董事会决定。由于公司型私募股权投资基金无法解决双重征税的问题，所以并不多见。

合伙型私募股权投资基金。这是目前中国及国际上较为流行的模式。根据合伙企业法的规定，合伙企业分成普通合伙企业与有限合伙企业。其中，有限合伙企业由普通合伙人与有限合伙人组成，普通合伙人对合伙企业债务承担无限连带责任，有限合伙人以其认缴的出资额为限对合伙企业承担责任，而合伙企业的合伙人包括自然人、法人和其他组织。这样投资者能够以有限合伙人身份投入资金并承担有限责任；而基金管理人则以少量资金介入成为普通合伙人并承担无限责任，基金管理人具体负责投入资金的运作，并按照合伙协议的约定收取管理费。

契约型私募股权投资基金。按照法律规定，信托公司可以开展发行"集合资金信托计划"的业务，设立集合资金信托计划，由信托公司担任受托人，按照委托人意愿，为受益人的利益，将两个以上（含两个）委托人交付的资金进行集中管理、运用或处分的资金信托业务。

从目前信托公司开展私募股权投资信托的方式来看，基本采用两种方式，一是信托公司自己直接担当起私募股权投资基金的投资管理人角色，进入股权市场；二是与私募股权投资基金的投资管理人合作，作为融资平台，并承担资金募集人的职责。

13.6.5 保理公司

保理（factoring）全称保付代理，又称托收保付，卖方将其现在或将来的基于其与买方订立的货物销售/服务合同所产生的应收账款转让给保理商（提供保理服务的金融机构），由保理商向其提供资金融通、买方资信评估、销售账户管理、信用风险担保、账款催收等一系列服务的综合金融服务方式。它是商业贸易中以托收、赊账方式结算货款时，卖方为了强化应收账款管理、增强流动性而采用的一种委托第三者（保理商）管理应收账款的做法。保理公司就是专门从事保理业务的公司。

13.6.5.1 保理公司服务项目

保理业务是一项集贸易融资、商业资信调查、应收账款管理及信用风险承担于一体的综合性金融服务。与传统结算方式相比，保理的优势主要在于融资功能。

贸易融资：保理商可以根据卖方的资金需求，收到转让的应收账款后，立刻对卖方提供融资，协助卖方解决流动资金短缺问题。

销售分户账管理：保理商可以根据卖方的要求，定期向卖方提供应收账款的回收情况、逾期账款情况、账龄分析等，发送各类对账单，协助卖方进行销售管理。

应收账款的催收：保理商有专业人士从事追收，他们会根据应收账款逾期的时间采取有理、有力、有节的手段，协助卖方安全回收账款。

信用风险控制与坏账担保：保理商可以根据卖方的需求为买方核定信用额度，对于卖方在信用额度内发货所产生的应收账款，保理商提供100%的坏账担保。

13.6.5.2 保理公司业务分类

保理业务分为国际保理和国内保理，其中的国内保理是根据国际保理发展而来。国际保理又叫国际付款保理或保付代理。它是指保理商通过收购债权而向出口商提供信用保险或坏账担保、应收账款的代收或管理、贸易融资中至少两种业务的综合性金融服务业务，其核心内容是通过收购债权方式提供出口融资。与国际保理不同的是，国内保理的保理商、保理申请人、商务合同买方均为国内机构。

国际保理业务的运作有单保理和双保理两种方式。仅涉及进出口商一方保理商的叫作单保理方式；涉及双方保理商的则叫作双保理方式。单保理是只有出口银行与出口商签订保理协议，并对出口商的应收账款承作保理业务。双保理是进出口银行都与进出口商签订保理协议。

国内保理主要包括应收账款买断和应收账款收购及代理。

13.6.5.3 保理业务的操作流程

1. 保理公司基本业务流程及操作规范

现阶段，商业保理公司业务模式主要有以下两种。

模式一：以买卖双方的真实贸易背景为依托，通过三方之间的合作协议确定应收账款的转让，保理业务模式如图13-5所示。

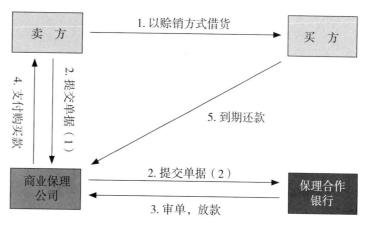

图 13-5　商业保理公司业务模式一

模式二：商业保理公司与卖方签订两方的暗保理协议，转让卖方对买方的应收账款，到期卖方再将应收账款回购，偿还保理公司的应收账款，保理业务模式如图 13-6 所示。

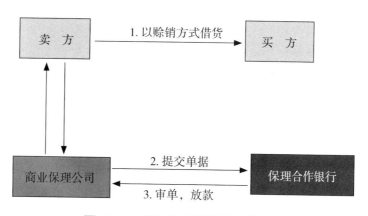

图 13-6　商业保理公司业务模式二

目前市场主流的保理模式分为以上这两类，除此之外，有一部分保理公司在传统的明保理模式基础上还强调保理的坏账担保功能，在应收账款的处理中更加着重担保职能，因此这些保理公司与再担保公司之间形成了合作，将应收账款的风险转移到外部。在这种模式下，保理公司借助再担保公司实现了对应收账款以及保理业务的增信，使得业务的风险管理更加完善，也为这种业务模式的参与方提供了新的合作思路。

13.6.5.4　保理公司盈利模式

商业保理的盈利模式为资金利息＋管理费＋监管质押费＋服务费（以上费用视具体情况决定）。商业保理商由于有效地为商品供应商提供了销售融资、账务管理、应收账款收取和坏账担保、风险控制等，将在以上四个方面获得盈利。

保理融资金额应综合考虑购销双方资信状况、应收账款质量、结构、期限、付款进度安排及前提条件、预期坏账比率、购销合同约定义务的履行情况、违约事项及违约金等因素合理确定。

出卖方无法提供购买方财务状况和经营状况，出卖方保理公司又无法通过合理途径获取的，必须开展有追索权的保理业务。保理融资到期后不得办理展期和再融资。保理业务手续费在融资发放前一次性收取。

保理融资期限应根据应收账款还款期限、合理在途时间等因素确定，融资到期日自购销双方约定的应收账款还款日起，且不得晚于应收账款还款日后3个月。如融资提前收回或销货方以自有资金提前偿还融资的，出卖方保理商应将多收的利息及时退还销货方。

13.6.5.5 保理公司的风险控制

保理公司项目的核心风险是贸易的真实性、付款记录和买卖双方的企业信用、偿债能力、经营状况和市场占有率、资产营运状况、合同履约风险及其他风险。

保理业务原则上是与供应链链条上的核心企业发生关系，同时，应收账款已经实际交易完成，不存在资金挪用和携款外逃等不良社会道德影响事件发生。商业保理公司基于核心企业的信用、真实长期合作的贸易背景、以事实形成的有效应收账款，加上完善的风控体系来控制和规避风险。

本章小结

1. 商业银行的业务包括资产业务、负债业务、中间业务和国际业务。贷款（放款）业务是商业银行最主要的资产业务，存款、派生存款业务是银行的主要负债业务。中间业务又称表外业务，其收入不列入银行资产负债表。随着银行业国际化的发展，国内这些业务还可以延伸为国际业务。

2. 商业银行是主要利用公众存款来获取利润的机构，其经营面临着各种各样的风险，除营利性外，还要兼顾安全性和流动性。为了妥善处理好三者之间的关系，就必须要求银行的资产和负债按照一定原则，保持恰当的比例。所以资产负债管理的思想在银行业的发展过程中起着相当重要的作用。

3. 证券公司主要的融资渠道包括增资扩股、发行股票、发行中长期债券、银行间同业拆借、国债回购、股票质押贷款、发行金融债券等。

4. 证券公司的业务运营包括发行、承销与保荐业务、经纪业务、自营业务、证券投资咨询业务、与证券交易、证券投资活动有关的财务顾问业务、收购兼并业务、资产管理业务、资产证券化业务、融资融券业务、证券公司中间介绍业务等。

5. 我国保险公司的业务范围为：①人身保险业务：包括人寿保险、健康保险、意外伤害保险等保险业务；②财产保险业务：包括财产损失保险、责任保险、信用保险、保证保险等保险业务；③国务院保险监督管理机构批准的与保险有关的其他业务。同时，保险人不得兼营人身保险业务和财产保险业务；但经营财产保险业务的保险公司经国务院保险监督管理机构批准，可以经营短期健康保险业务和意外伤害保险业务。

6. 证券投资基金主要具有以下三个特征：集合投资、分散风险和专业理财。

7. 信托是"受人之托、代人理财"，作为一种严格受法律保障的财产管理制度，通过基本的三方关系，即委托人、受托人和受益人，更安全、更高效地转移或管理财产，从而满足人们管理和处置财产方面的不同需求。

8. 我国四大资产管理公司包括中国华融资产管理公司、中国长城资产管理公司、中国信达资产管理公司和中国东方资产管理公司。

本章重要术语

商业银行　信用中介　支付中介　票据贴现　兑付　同业拆借　资产业务　负债业务　中间业务　资产负债管理　预期收入理论　利率敏感性缺口　承销　包销　做市商　并购　资产管理　资产证券化　融资融券　人寿保险公司　财产与灾害保险公司　再保险　风险转移　保险单　保费　承保　契约型基金　公司型基金　封闭式基金　开放式基金　成长型基金　收入型基金　指数基金　ETF　LOF　信托　债券信托　股权信托　慈善信托　资产管理公司　不良资产　政策性保障　金融租赁　融资租赁　杠杆租赁　风险投资　尽职调查　私募股权投资　有限合伙人　普通合伙人　保理

思考练习题

1. 商业银行可以经营哪些业务？哪些是不得经营的业务？
2. 商业银行资产负债管理理论的主要内容是什么？
3. 证券公司的融资渠道有哪些？
4. 证券经纪业务的特点是什么？
5. 保险公司有哪些类型？
6. 基金公司的主要业务有哪些？
7. 信托公司八大业务体系是什么？
8. 金融资产管理公司承担了哪些职能？

参考文献及进一步阅读建议

[1] 步国旬："中国证券业发展新的里程碑"，《中国证券报》，2008 年 5 月 27 日。
[2] 程翼、魏春燕："公募基金、私募基金与风险投资"，《中国投资》，2008 年第 2 期。
[3] 杜晓颖、梅光仪、徐德菲：《金融市场与金融机构教程》，经济科学出版社，2014。
[4] 冯娟娟："互联网金融背景下商业银行竞争策略研究"，《现代金融》，2013 年第 4 期。
[5] 郭金龙、胡宏兵："我国保险资金运用现状、问题及策略研究"，《保险研究》，2009 年第 9 期。
[6] 黄诺楠："我国 VC/PE 企业投资及退出影响因素研究"，清华大学博士学位论文，2012。
[7] 金融资产管理公司改革和发展课题组："我国金融资产管理公司的改革和发展"，《金融研究》，2006 年第 4 期。
[8] 李心丹：《金融市场与金融机构》，中国人民大学出版社，2013。

［9］廖强："制度错位与重建：对我国信托业问题的思考"，《金融研究》，2009年第2期。

［10］刘平：《保险学原理与应用》，清华大学出版社，2013。

［11］吕振艳、杜国臣："中国融资租赁行业现状与问题分析"，《技术经济与管理研究》2013年第9期。

［12］民生证券："规范化与市场化并重，制度完备引导险资有序运用"，民生证券研究报告，2018年2月3日。

［13］闵绥艳：《信托与租赁》，科学出版社，2012。

［14］帅青红、李忠俊、彭岚、陈彩霞：《互联网金融》，东北财经大学出版社，2016。

［15］唐双宁："中国银行业改革的历史回顾与展望"，《金融时报》，2005年2月5日。

［16］汪龙海："我国金融资产管理公司现状及发展方向"，《中国市场》，2013年第45期。

［17］王聪、宋慧英："中国证券公司股权结构、市场结构与成本效率的实证研究"，《金融研究》，2012年第5期。

［18］王玉国："资管新规下的信托业发展"，《中国金融》，2018年第1期。

［19］西南财经大学信托与理财研究所："2017年度中国信托业发展评析"，中国信托业协会研究报告，2018年4月4日。

［20］徐明东、陈学彬："货币环境、资本充足率与商业银行风险承担"，《金融研究》，2012年第7期。

［21］徐燕："我国保理业务发展研究"，《金融研究》，2003年第2期。

［22］张维：《金融机构与金融市场》，科学出版社，2008。

相关网络链接

中国人民银行网站：http://www.pbc.gov.cn/

中国银行业监督管理委员会网站：http://www.cbrc.gov.cn/index.html

中国证券监督管理委员会网站：http://www.csrc.gov.cn/pub/newsite/

中国证券业协会网站：http://www.sac.net.cn/

中国保监会网站：http://www.circ.gov.cn/web/site0/

中国证券投资基金业协会网站：http://www.amac.org.cn/

第 14 章
金融市场中介服务机构*

许余洁（北京鼎诺投资管理有限公司）

学习目标

通过本章学习，读者应做到：
◎ 了解评级公司的业务范围、评级方法和作业流程
◎ 了解担保公司的业务种类和基本的业务流程
◎ 了解会计师事务所的职能和业务范围
◎ 了解律师事务所的业务特征和设立条件

■ 开篇导读

2016 年 8 月 24 日，一款名为"高和招商—金茂凯晨"的专项资产管理计划成功发行，该款产品被誉为国内市场发行的首单符合国际标准的商业物业按揭支持证券（CMBS）产品，发行规模高达 40 亿元。这款 CMBS 以凯晨世贸中心租金收入产生的现金流作为第一还款来源，实行优先/次级分层机制，金茂投资管理有限公司及中国金茂对基础资产中信托贷款提供综合信用增级保障；并以凯晨世贸中心部分物业为信托贷款提供抵押担保，由北京方正富邦创融资产管理有限公司作为计划管理人发行，与此同时，由联合信用评级作为此专项计划证券的评级机构，北京中伦律师事务所出具法律意见书，安永

---

* 本章由史进峰（瑞信方正证券有限责任公司）审校。

会计师事务所出具审计报告。

在上述的例子中，我们发现除了证券公司、信托公司、商业银行和资管公司等金融机构之外，一个金融产品的发行与交易还少不了评级机构、会计师事务所、律师事务所的支持和服务。此外，在一些资产证券化产品发行中，担保公司也起到了一定的担保和信用增进的作用。我们将评级机构、会计师事务所、律师事务所和担保公司等称为金融市场服务机构。现代金融市场活跃的金融市场服务机构都有哪些？它们的业务范围和金融服务功能包括哪些方面？这些机构在中国金融市场的发展概况如何……这些问题成为本章论述的核心。

14.1 评级公司

14.1.1 信用评级与评级公司

信用评级又称资信评级，是指信用评级机构根据规范的指标体系和标准，秉承客观和公正的原则，运用科学的评级方法，履行严格的评级程序，综合评估债务人将来一段时间内偿债意愿及偿债能力，并用简洁的符号予以表示。信用评级机构是依法设立的从事信用评级业务的社会中介机构，即金融市场上一个重要的服务性中介机构，它是由专门的经济、法律、财务专家组成的对证券发行人和证券信用进行等级评定的组织。

现代信用评级的前身是商业信用评级，最早发源于美国19世纪，当时银行对借款人的信用情况不了解，需要中介机构提供借款人的信用分析。20世纪初，信用评级进一步发展，穆迪（Moody）于1902年开始为美国铁路债券进行评级，首次进入了证券市场。我国评级机构的产生和发展，受国外评级机构、技术和理念影响较多，我们首先介绍国外评级公司和评级理念的简要情况，然后介绍我国信用评级机构的产生与发展历程。

14.1.1.1 国外评级公司简介

截至目前，国外主要评级公司有三家，标普（S&P）、穆迪和惠誉（Fitch）（以下简称"三大机构"）。这三家信用评级机构信用评级历史悠久、评级产品全面，是评级市场份额占比前三大的机构，合计约占90%以上。

1. 标普

标普由亨利·V. 普尔先生（Henry V. Poor）于1860年创立，后来在1941年根据普尔出版公司和标准统计公司合并形成今天的标普。1860年，普尔先生正式开始对外金融信息服务和对债券评级。1974年，标普首先向发行人收取评级费，这也是评级询价（ratings shopping）的起源。截至2017年年末，标普在28个国家开展评级工作，拥有将近1 400名信用分析师，已对超过100万支金融产品进行过评级，仅2015年，标普就实现对超过3.6万亿美元的新发债券评级。

2. 穆迪

穆迪公司的创始人是约翰·穆迪,于1900年成立,至今也有110多年的历史。1909年,穆迪的创始人约翰·穆迪在《铁路投资分析》(*Analysis of Railroad Investment*)中发表了自己对于债券评级的观点,首次使得资信评级进入证券市场;他第一次使用简单的资信评级符号(即A、B、C、D等)来分辨不同公司发行各种债券,正是这种做法将资信评级机构与普通的统计机构区分开来,因此后人普遍认为资信评级最早始于穆迪的铁道债券资信评级。截至2016年,穆迪在全球36个国家有10 900名雇员,仅2015年,穆迪实现利润35亿美元,其股票在纽约证交所上市交易(代码MCO)。

3. 惠誉

1913年,约翰·惠誉(John K. Fitch)创办了惠誉。惠誉最初仅是一家出版公司,后来在1924年开始使用AAA到D级的评级系统对工业债券进行评级。历史上的惠誉进行了多次的重组和并购,使自身规模扩大至全球第三。截至目前,法国FIMALAC公司控制惠誉公司的97%股权。迄今为止,惠誉在全球有40多个分支机构,1 100多名分析师,累积对1 600家金融机构、1 000多家企业、70个国家、1 400个地方政府和78%的全球机构融资进行了评级。

表14-1 三大机构评级表

	标普	穆迪	惠誉
最优	AAA	Aaa	AAA
高级别	AA+	Aa1	AA+
	AA	Aa2	AA
	AA−	Aa3	AA−
中上级别	A+	A1	A+
	A	A2	A
	A−	A3	A−
中下级别	BBB+	Baa1	BBB+
	BBB	Baa2	BBB
	BBB−	Baa3	BBB−
非投资级别	BB+	Ba1	BB+
	BB	Ba2	BB
	BB−	Ba3	BB−
高度投机级别	B+	B1	B+
	B	B2	B
	B−	B3	B−
有违约可能的高风险级别	CCC+	Caa1	CCC+
	CCC	Caa2	CCC
	CCC−	Caa3	CCC−
	CC	Ca	CC
	C		C
违约级别	D	C	D

14.1.1.2 国外评级公司的信用评级理念

1. 信用评级理念概况

对"信用评级"的定义,三大机构给出了基本一致的论述,即对债务人偿债意愿和偿债能力的全方位评价。信用评级过程中会考量对评级对象信用质量产生影响的各种评级因素,而信用评级的目的则是将复杂多变的模型简化成一个简单的评级符号,即通过一个指标来表示评级机构对评级对象信用质量的意见。信用评级不仅仅是依据历史数据及当前表现的判断,更应该具有前瞻性,要涵盖对未来趋势的判断和预期。

三大机构同时认为,信用评级是关于"相对信用质量"的评估,即信用评级的结果不是预测评级对象具体违约的概率,而是将评级对象违约可能性的大小进行排序。例如,AAA级别评级对象的违约可能性小于AA级别,而不是用具体数值来描述该评级对象的违约概率;同样,信用评级是对评级对象信用风险的评价,而不是对其资产价值的度量,不能单独用作投资操作的依据。

2. 三大机构评级理论

标普认为,信用评级应当是在对评级对象的信用风险要素进行定量分析基础上的定性判定,而最终的定性判定才是信用风险分析的艺术特征,但是这一艺术特征应当是采取了科学的定量分析工具或方法,并对影响信用风险的有关要素进行统计和分析后得出的。

穆迪认为,信用评级的目的是试图为资本市场参与者(发行人与投资人)提供一个方便比较的信用质量框架,即拥有相同信用评级的评级对象,可以在整体信用质量上比较,但在某个特殊信用质量特征上很有可能相差较大,并且所比较的信用质量也只是大体相似,信用评级无法直接反映评级对象具体的各种风险状况。

惠誉认为,信用评级的根本目的在于揭示评级对象违约风险的大小,因此除了信用风险外,信用评级不应直接评估其他任何风险,包括由于市场原因(利率变化、流动性变化等)导致的证券市场价值损失的风险,即便市场风险很可能是影响债务人偿债能力的重要因素之一。

14.1.1.3 国内评级公司发展历程

从国际上看,信用评级已有逾百年的发展历史,并随着债券市场的发展而日益完善;从国内看,我国评级行业处于发展期,行业成熟度和公信力有限。

我国信用评级行业的发展与规范离不开债券市场的推动,信用评级行业的起步可以追溯到1987年,中国人民银行为了规范企业债市场的运行,提出了组建信用评级机构的想法。2005年以后,债券市场规模迅速扩大,品种日益丰富,监管更趋规范,为信用评级行业快速发展创造了良好的外部环境。但总体看,我国的信用评级行业还处在发展期,未来仍具有广阔的发展空间。回顾我国信用评级行业30多年的发展历程,大致可分为以下四个发展阶段。

1. 我国信用评级行业的起步阶段

我国的信用评级业务最早始于对债券的评级。国内企业自1986年起开始发行债券。

国务院于 1987 年 2 月颁布《企业债券管理暂行条例》，统一监督和管理债券市场，发债公司的还本付息方式及其风险承担责任须公示，这标志着我国企业债券发行和管理开始步入正轨。为规范发展债券市场，中国人民银行和国家经济体制改革委员会提出组建信用评级机构的设想和要求。1987 年，我国第一家信用评级机构——吉林省资信评估公司成立。之后各地纷纷开始组建资信评级机构，其中大部分机构为中国人民银行系统内相关部门牵头组建成立，多为中国人民银行各地分行的下属公司。这时期评级机构的生存完全取决于地区企业债券发行市场规模及地方政府对评级收费的认可，最多时曾达 96 家。

1988 年 9 月，面对严峻的通胀形势，国务院着手对金融性公司进行清理整顿。1989 年 9 月，中国人民银行公布了《关于撤销人民银行设立的证券公司、信誉评级公司的通知》，撤销过去由各专业性银行及中国人民银行总行建立的评级公司，这些公司的业务办理改为由信誉评级委员会代办。因此，除了沈阳、武汉等设有评级委员会的地区，其他地区的评级业务都暂时停滞下来。1990 年 8 月，中国人民银行下发了《关于设立信誉评级委员有关问题的通知》，明确了银行内部资信评级的组织体系问题。

我国第一家独立于银行体系之外的信用评级机构，是 1988 年成立的上海远东资信评估有限公司。公司的第一笔业务是对上海氯碱总厂的企业债进行信用评级。当时上海氯碱总厂准备发行企业债，按照规定需要到中国人民银行进行报批，报批文件中需要发债企业提供信用评级报告。在中国人民银行上海分行的推荐下，促成了上海远东资信评估有限公司的第一笔业务，最后的评级结果为最高评级 AAA。此后公司业务的大部分也是由监管机构行政推动的。

2. 我国信用评级行业的探索阶段

在此阶段，由于信用评级机构在债券市场中的地位得到明确，成为信用评级行业发展的巨大推动力。此时信用评级行业的评级业务种类比较有限，主要集中在两个方面，一个是对企业的评级，另一个是对债券的评级。信用评级机构在评级经验和评级技术等方面仍处于探索阶段，信用评级业务范围相对狭窄，对企业评级包括工商企业的信用评级和金融企业的信用评级。在工商企业资信评估中，只有发生借贷关系的工商企业才被列入评估范围，因而其他企业的资信、负债状况没有得到全面的评估；那些拥有生产能力并与生产经营相关的工、农、商企业才被列为评估对象，鲜有对个体工商企业、股份制公司和企业的测评，这使得企业评级蒙上了极其浓郁的行政色彩。

1996 年 3 月，中国人民银行总行颁布的《贷款证管理办法》开始实施，其中指出资信机构对企业做出的资信评价可以成为企业获得融资贷款的依据。1996 年 6 月，中国人民银行总行颁布的《贷款通则》开始实施，其中指出贷款人可以依据借款人的财务状况、资金实力、从业人员素质、信用记录、企业运营绩效及未来发展前景等多个因素对于借款人进行独立的评估，由内部掌握。同时《贷款通则》也承认由中国人民银行认可的信用评级机构给出的评级结果。至此，贷款企业信用风险评估业务的开展有了相应的法规依据。

1997 年 3 月，中国人民银行上海市分行设立了贷款企业资信等级评估的试点。1999 年 4 月，《上海市"贷款证"企业资信等级评估暂行办法》公布，中国人民银行上海市分行正式推行贷款企业评级，认可的信用评级机构有三家：上海新世纪投资服务公司、中国诚信证券评估有限公司和上海远东资信评估公司。上海的商业银行和认可的三家信用评级机构共同开展这方面的业务，为银行贷款风险评级建立了一套完整的体系。而对于金融企业的信用评级，在当时只对一小部分的城市券商及城市信用社评估了资信状况，对于国家和地方的保险公司、商业性银行及专业性银行依旧没有进行资信状况的测评。

由于债券市场产品仍相对单一且债券发行规模存在一定波动，债券信用评级业务的发展举步维艰。这一阶段对债券的评级主要集中在对企业债券的信用评级。我国企业债券的发行从一开始就带有强烈的计划色彩，均是由国家确定当年发行规模，经历了切块下达到各省发行到统一集中于中央审批的过程。1987年全国发行企业债券75亿元，1992年达到684亿元，创下历年规模之最。1992年，《国务院关于进一步加强证券市场宏观管理的通知》中明确指出债券评级工作应作为债券发行审批的一个程序。国务院在1993年颁布的《国务院关于坚决制止乱集资和加强债券发行管理的通知》中明确规定那些拥有足够偿债能力的公司和企业才能被允许发行债券，同时要大力加强对于债券的信用风险评估工作。对于申请发债的公司和企业，必须要经有关部门认可的信用评级机构进行信用评级。那些发债规模大于1个亿的公司和企业必须拥有全国性大型信用评级机构的评级结果。国务院发布的这两个通知明确了信用评级机构在债券发行审批中的地位，指出信用评级是债券发行程序中一个必不可少的环节，开启了对信用评级的需求。但是这种需求并不是由市场自发形成的，而是作为审批过程的一个必要环节，属于官方需求。这也决定了我国信用评级行业的发展格局属于政府推动型，而不是市场驱动型，完全有别于西方信用评级行业的起源。1996年5月发布的《上海证券交易所企业债券上市管理规则》和《深圳证券交易所企业债券上市管理规则》明文规定：申请债券上市的公司和企业，债券信用评级等级不得在A级之下，并且必须通过交易所认可的信用评级机构进行信用评级。

3. 信用评级市场格局初步确立

为了解决信用评级机构过多和过滥的问题，1997年12月，中国人民银行发布了《关于中国诚信证券评估有限公司等机构从事企业债券信用评级业务资格的通知》（以下简称《通知》），初步确定了中国诚信证券评估有限公司、大公国际资信评估有限责任公司、深圳市资信评估公司、云南资信评估事务所、长城资信评估有限公司等九家信用评级机构企业债券的信用评级资格，《通知》规定企业债券发行的必要条件之一，是获得由中国人民银行审批认可的债券信用评级机构给出的评级结果。

另外，通知还明确指出，中国人民银行只承认这九家信用评级机构对企业债券做出的资信评估等级结果。由于消除了对中央债券和地方债券评级资格的划分，因此这九家信用评级机构的资格并没有区别。现存的50多家的信用评级机构中，由中诚信、大公、联合、上海远东瓜分每年有限的企业债、可转债信用评级业务，剩余的信用评级机构评级业务收入相当有限，大多已"名存实亡"。有些不得不跟会计师事务所合作来维持生存，有的不得不把主营业务由信用评级转向资产评估、企业财务顾问、咨询服务等。因此，资信评级市场格局随着认可制的产生逐步稳定和形成，中国人民银行系统组建的资信评级机构退出了资信评级行业，我国资信评级行业发展也开始走上了独立化、正规化的发展道路。

4. 我国信用评级行业的成长阶段

2000年以来，我国信用体系建设的方向、目标、方法已基本明确，信用评级业的培育和发展也已提到了政府的议事日程。中央经济工作会议和《国民经济和社会发展十五规划》于2000年第一次提出要尽快建立健全社会信用评级机制，全国各地此后也相继推出建设信用区域的方针政策。2002年党中央、国务院在全国金融工作会议上，强调必须大力加强社会信用制度建设；2003年国务院提出5年内基本建立我国社会信用体系的奋斗目标；当年10月，中共中央十六届三中全会提出的《关于完善社会主义市场经济体制若干问题的决定》中指出要建设社会信用制度，因为其不仅是现代市场体系建设的必要条件，也是规范市场经济秩序的根本。因此有必要加快个人和企业信用服务体系建设的步伐。在2004年2月10日召开的全国银行、证券、保险工作会议上，国务院总理温家宝再次强调了加快建设信用体系的必要性。一定要从我国实际出发，实事求是地看待信用评级业的发展。由此可见，信用评级行业肩负的使命不仅在于深化金融体制改革和促进资本市场的有序发展，还在于促进我国信用制度及信用体系的建设和完善。对信用评级行业重要性的认识促使政府加大了对信用评级行业的培育和大力发展。此外，随着债券市场新品种的陆续推出，监管部门将信用评级结果的援引范围进一步扩大。监管部门对信用评级作用的认知和相应法规政策的制订，进一步创造和提升了对信用评级的市场需求，使我国信用评级行业迎来发展的新机遇。

5. 我国信用评级行业的快速发展阶段

2005年以后，债券市场尤其是银行间债券市场的迅速发展，为信用评级行业的发展提供了优良的市场基础，我国信用评级行业进入了快速发展的阶段。随着市场规模的扩大，市场创新品种的日益丰富，债券融资的主体结构、期限结构还有资产证券化等创新品种的逐步完善与丰富，使得资信评级行业在队伍、技术和市场的影响力方面都取得了很大的提升。无论是在自身的发展程度还是从与世界合作接轨的程度方面，都获得了长足的进步。

由于历史原因，我国债券市场被分割为银行间债券市场和交易所债市两大场所，与债券市场"九龙治水"相对应的是，不同的监管部门也设定了不同的债券评级市场准入标准（见表14-2）。

表14-2 我国债券市场的监管部门

债券类别		监管部门	是否评级
政府债券	国债	中国人民银行、财政部、中国证监会	否
	地方政府债	中国人民银行、财政部、中国证监会	是
中央银行债		中国人民银行	否
金融债券	政策性银行债、特种金融债券	中国人民银行	否
	商业银行债券、非银行金融机构债券	银监会、中国人民银行	是
	证券公司债、证券公司短期融资券	中国人民银行、中国证监会	是

(续表)

债券类别	监管部门	是否评级
短期融资券、中期票据	中国人民银行（交易商协会自律管理）	是
资产支持证券	中国证监会、中国银监会、中国人民银行、中国保监会	是
企业债	国家发改委	是
国际机构债券	中国人民银行、财政部、国家发改委、中国证监会	是
可转换债券	中国证监会	是
公司债券	中国证监会	是
中小企业私募债	中国证监会（交易所自律管理）	不强制

资料来源：联合评级整理。

中国人民银行、国家发改委、中国证监会、中国保监会均设定了债券评级市场的准入标准。

1. 中国人民银行

2006年3月，中国人民银行颁布了《中国人民银行信用评级管理指导意见》，规定了信用评级机构应具备的条件：拥有相当的有一定经验的金融、会计、证券、投资、评估等专业知识的专业评估人员；具有中国法人资格；具备健全的信用评级制度和内部管理制度。

按照上述标准，中国人民银行认可了6家银行间债券市场评级机构：联合资信、中诚信国际、大公国际、上海新世纪、东方金诚、中债资信。

2. 国家发改委

作为企业债市场的主导者，2003年9月，国家发改委发布了《关于国家电网公司等企业债券发行规模及发行审批有关问题的通知》文件，明确了具有企业债券信用评级资格的评级机构是"指自2000年以后承担过国务院特批企业债券信用评级业务的信用评级机构"，包括联合资信、中诚信国际、大公国际、上海远东、上海新世纪。

2008年9月，国家发改委批准鹏元资信从事企业债券评级业务；2011年7月，国家发改委批准东方金诚开展企业债券评级业务。目前，国家发改委认可的企业债券评级机构共有7家。

3. 中国证监会

2007年8月，中国证监会颁布了《证券市场资信评级业务管理暂行办法》，规定了交易所债券市场评级机构所需要具备的条件：

具有中国法人资格，实收资本与净资产均不少于人民币2 000万元。

具有符合本办法规定的高级管理人员不少于3人；具有证券从业资格的评级从业人员不少于20人，其中包括具有3年以上资信评级业务经验的评级从业人员不少于10人，具有中国注册会计师资格的评级从业人员不少于3人。

具有健全且运行良好的内部控制机制和管理制度。

具有完善的业务制度，包括信用等级划分及定义、评级标准、评级程序、评级委员会制度、评级结果公布制度、跟踪评级制度、信息保密制度、证券评级业务档案管理制度等。

最近5年未受到刑事处罚，最近3年未因违法经营受到行政处罚，不存在因涉嫌违法经营、犯罪正在被调查的情形。

最近3年在税务、工商、金融等行政管理机关以及自律组织、商业银行等机构无不良诚信记录。

中国证监会基于保护投资者、维护社会公共利益规定的其他条件。

按照上述标准，中国证监会认可了7家证券市场资信评级机构：联合评级、中诚信证评、大公国际、上海新世纪、鹏元资信、东方金诚、远东资信。

4. 中国保监会

2003年10月，中国保监会发布了《中国保监会关于加强保险资金投资债券使用外部信用评级监管的通知》，规定了保险资金投资债券的外部信用评级机构应当具备的条件：

已经获得国家相关部门许可的债券市场信用评级业务资质，具有持续经营能力和成熟稳定充足的专业队伍；

具有完善的组织结构、内部控制和业务制度，公开披露评级方法和评级程序等信息，已经建立完善的评级基础数据体系、违约统计体系和评级质量管控体系；

评级体系运作良好，评级结果具备稳健的风险区分和排序能力，评级报告能够充分发挥风险揭示作用，跟踪评级报告发布及时。

按照上述标准，中国保监会先后认可了10家信用评级机构：联合评级、联合资信、大公国际、东方金诚、中诚信国际、中诚信证评、上海新世纪、中债资信、上海远东和鹏元资信。

可以看到，目前国内债券市场处于分割状态，导致评级业务在银行间市场和证券交易所对应的不同产品，需要得到不同的监管机构的资质认可。上述内容可以整理成如表14-3 所示：

表 14-3 国内评级机构及对应被认可的监管机构（截至 2017 年年底）

评级公司名称	认可的监管机构			
	中国人民银行	国家发改委	证监会	保监会
联合评级			√	√
联合资信	√	√		√
大公国际	√	√	√	√
东方金诚	√	√	√	√
中诚信国际	√	√		√
中诚信证评			√	√
上海新世纪	√	√	√	√
中债资信	√			√
上海远东资信			√	√
鹏元资信		√	√	

目前，我国债券市场发展还处于起步阶段，信用评级机构是债券市场重要的中介机构，宜秉持先规范后发展的理念，设计严格的债券市场评级准入制度，严格控制债券市场评级机构的数量和质量。具体来说，监管部门可要求评级机构：实收资本不少于1亿元；具有3年以上资信评级业务经验的评级从业人员不少于30人；最近10年未因违法经营受到行政处罚；最近5年在税务、工商、金融等行政管理机关以及自律组织、商业银行等机构无不良诚信记录等。

14.1.2 评级公司业务范围和业务种类

为了更好地理解信用评级的内涵及评级公司的功能，需要理解如下三个方面：第一，信用评级机构提供服务的目的在于揭示被评级对象信用风险的高低，而不是其他类型的风险，比如外汇风险，价格风险、操作风险等；第二，信用评级机构评估的是债务人如期履行偿债义务的意愿和能力，而不是债务人本身的价值或经营业绩；第三，信用评级是独立的第三方基于自身的技术优势和知识经验，对各经济主体和金融工具的信用风险公布的一种专业评估和看法，并不是购买意见，投资者还需自己做出最终的购买或放弃的投资决策。

14.1.2.1 评级公司业务范围

我国评级公司的业务范围主要包括主体评级、债项评级以及机构投资者服务、企业社会责任评价、公司治理评价、私募股权基金风险评价、基金评价、信用风险管理咨询等评价和咨询业务等。主体评级指对多边机构、国家主权、地方政府、金融企业、非金融企业等各类经济主体的评级。债项评级指对上述各类经济主体发行的固定收益类证券以及资产支持证券等结构化融资工具的评级，主要包括政府债券、非金融企业债务融资工具、金融机构债务融资工具、资产支持证券等结构化融资工具等。

其中，政府债券包括国债、地方政府一般债券、地方政府专项债券等；非金融企业债务融资工具包括公司债、企业债券、短期融资券、中期票据、中小企业集合票据与集合债、项目收益票据或项目收益债、公司债、可转换公司债券、分离交易的可转换公司债券、可交换债券、永续债、优先股等；金融机构债务融资工具包括多边金融机构、商业银行、证券公司、保险公司、财务公司、租赁公司、信托公司、消费金融公司等各类金融机构发行的金融债券、次级债券、混合资本债券、优先股，以及上述金融机构发起设立的货币债券型基金、基础设施债权投资计划、固定收益类信托产品、理财产品等；资产支持证券等结构化融资工具包括金融及非金融企业发起设立的资产证券化类结构融资产品，如个人住房抵押贷款支持证券、企业贷款支持证券、汽车消费贷款支持证券、商用住房抵押贷款支持证券、不良资产支持证券、企业资产支持证券、企业未来收益支持证券（票据）等。

14.1.2.2 信用评级的业务种类

根据不同的标准，信用评级业务有不同的分类方法，以下主要介绍三种信用评级业务的分类。

1. 按时间长短划分

按照时间的长短，信用评级可以划分为长期信用评级和短期信用评级。长期信用评级是指一年以上期限的信用评级，如对公司债、企业债、各类主体的信用评级，其有效期在一年以上。短期信用评级则指一年以内（含一年）的信用评级，如对短期融资券、超短期融资券的信用评级，其有效期在一年以内。

2. 按有偿与否划分

按照有偿与否划分，可以分为两类，分别是非请求信用评级和请求信用评级。

非请求信用评级（unsolicited rating）。非请求信用评级又称主动信用评级或者无偿信用评级，是指未经发行人（被评级主体）要求由信用评级机构自身发起，与发行人不存在委托合同关系的评级活动，一般不向发行人收取费用。在这种情况下，被评级主体没有义务向信用评级机构提供任何有关公司的信息，因此信用评级机构的信息来源多为被评级主体的公开财务报表和资料，不能到被评级公司进行现场调查。因此信用评级依据的信息较为单一和有限，采取的方法和程序也较为简单。

请求信用评级（solicited rating）。请求信用评级又称被动评级或者有偿评级，请求评级是指第三方信用评级机构接受客户的委托提供信用评级服务，并相应收取一定比例的费用。由于信用评级机构基于被评级主体提供的信息进行评级，信息来源比较全面和可靠。因此请求评级要特别注意避免以级定价、评级购买的现象，必须实事求是，保证信用评级结果的客观和公正，以保障投资者的利益和市场的有效性。

3. 按评级内容划分

按照评级的内容，信用评级可以划分为国家主权信用评级、企业信用评级和证券信用评级。

国家主权信用评级是指信用评级机构对中央政府作为债务人履行偿债责任意愿和能力的评估。国家主权评级相当重要，不仅因为它的变化会给国际市场带来冲击，还因为它会对某个国家的债务人的评级产生影响。决定主权信用评级级别的因素主要包括政治环境、经济实力、财政状况和外债及外部流动性四类。

企业信用评级的对象包含两种：一是各类公司、企业及集团，具体行业涉及商业、外贸、交通、建筑、房地产、旅游等；二是各类金融机构，具体涉及商业银行、券商、保险公司、担保机构、信托投资公司等。企业的综合素质是企业信用评级决定中最重要的因素，对企业进行信用评级时会综合企业的各项素质，包括对企业经营管理能力的评估，对企业领导管理层素质的评估，对企业核心竞争能力的评估等。金融机构信用评级的决定因素有别于一般企业。通常来说，非金融企业的信用风险相对单一，比较容易识别，其盈利能力和资金偿还能力也容易测评。但是金融机构作为社会经济的重要融资中介，其面临的信用风险更为复杂，影响因素和范围更加广泛。因此金融机构的信用风险评估工作需要更加负责和周全。

证券信用评级的对象较为广泛和多样化，包括企业债券、公司债券、短期融资券、可转换债券、可交换债、基金、商业票据、资产支持证券、政府债券、市政公司债、私募债、金融债、债权投资计划、信托产品、资管计划、信用衍生产品等各种金融产品和工具。

14.1.3 信用评级方法

信用评级的方法是指对受评客体信用状况进行分析并判断优劣的技巧，贯穿于分析、综合和评价的全过程。按照不同的标志，信用评级方法有不同的分类，如定性分析法与定量分析法、主观评级方法与客观评级法、模糊数学评级法与财务比率分析法、要素分析法与综合分析法、静态评级法与动态评级法、预测分析法与违约率模型法等，上述的分类只是简单的列举，同时还有各行业的评级方法。这些方法相互交叉，各有特点，并不断演变。如主观评级方法与客观评级方法中，主观评级更多地依赖评级人员对受评机构的定性分析和综合判断，客观评级则更多地以客观因素为依据。总的说来，有以下几种评级方法。

14.1.3.1 要素分析法

根据对要素的不同理解，又分为几种不同方法，具体包括：

5C 要素分析法。这种方法主要分析五个方面信用要素，即借款人品德（character）、经营能力（capacity）、资本（capital）、资产抵押（collateral）、经济环境（condition）。

5P 要素分析法。具体包括个人因素（personal factor）、资金用途因素（purpose factor）、还款财源因素（payment factor）、债权保障因素（protection factor）、企业前景因素（perspective factor）。

5W 要素分析法。具体为借款人（who）、借款用途（why）、还款期限（when）、担保物（what）及如何还款（how）。

4F 法要素分析法。主要着重分析四个方面要素，即组织要素（organization factor）、经济要素（economic factor）、财务要素（financial factor）和管理要素（management factor）。

CAMPARI 法。对七个方面进行分析分析，即偿债记录（character）、借款人偿债能力（ability）、企业从借款投资中获得的利润（margin）、借款的目的（purpose）、借款金额（amount）、偿还方式（repayment）、贷款抵押（insurance）。

LAPP 法。分析要素包括流动性（liquidity）、活动性（activity）、盈利性（profitability）和潜力（potentialities）。

要素分析法在内容上都大同小异，是根据信用的形成要素进行定性分析，必要时配合定量计算。他们的共同之处都是将道德品质、还款能力、资本实力、担保和经营环境条件或者借款人、借款用途、还款期限、担保物及如何还款等要素逐一进行评分，但必须把企业信用影响因素的各个方面都包括进去，不能遗漏，否则信用分析就不能达到全面反映的要求。

14.1.3.2 综合分析方法

综合分析评级方法就是依据受评客体的实际统计数据计算综合评级得分（或称指数）的数学模型。企业信用综合评级方法很多，但实际计算中普遍采用的方法主要有三种，具体如下。

1. 加权评分法

加权评分法是目前信用评级中应用最多的一种方法。一般做法是根据各具体指标在评级总目标中的不同地位，给出或设定其标准权数，同时确定各具体指标的标准值，然后比较指标的实际数值与标准值得到级别指标分值，最后汇总指标分值求得加权评估总分。加权评分法的最大优点是简便易算，但也存在三个明显的缺点。第一，未能区分指标的不同性质，会导致计算出的综合指数不尽科学。信用评级中往往会有一些指标属于状态指标，如资产负债率并不是越大越好，也不是越小越好，而是越接近标准水平越好。对于状态指标，加权评分法很容易得出错误的结果。第二，不能动态地反映企业发展的变动状况。企业信用是连续不断的，加权评分法只考察一年，反映企业的时点状态，很难判断信用风险状况和趋势。第三，忽视了权数作用的区间规定性。严格意义上讲，权数作用的完整区间，应该是指标最高值与最低值之间，不是平均值，也不是最高值。加权评分法计算综合指数时，是用指标数值实际值与标准值进行对比后，再乘上权数。这就忽视了权数的作用区间，会造成评估结果的误差。如此，加权评分法难以满足信用评级的基本要求。

2. 隶属函数评估法

隶属函数评估法是根据模糊数学的原理，利用隶属函数进行综合评估。一般步骤为：首先利用隶属函数给定各项指标在闭区间[0,1]内相应的数值，称为"单因素隶属度"，对各指标做出单项评估。然后对各单因素隶属度进行加权算术平均，计算综合隶属度，得出综合评估的向指标值。其结果越接近0越差，越接近1越好。

隶属函数评级方法较之加权评分法具有更大的合理性，但该方法对状态指标缺乏有效的处理办法，会直接影响评级结果的准确性。同时，该方法未能充分考虑企业近几年各项指标的动态变化，评级结果很难全面反映企业生产经营发展的真实情况。因此，隶属函数评估方法仍不适用于科学的信用评级。

3. 功效系数法

功效系数法是根据多目标规划原理，对每一个评估指标分别确定满意值和不允许值。然后以不允许值为下限，计算其指标实现满意值的程度，并转化为相应的评估分数，最后加权计算综合指数。由于各项指标的满意值与不允许值一般均取自行业的最优值与最差值，因此，功效系数法的优点是能反映企业在同行业中的地位。但是，功效系数法同样既没能区别对待不同性质的指标，也没有充分反映企业自身的经济发展动态，使得评级结论不尽合理，不能完全实现信用评级所要实现的评级目的。

14.1.3.3 多变量信用风险二维判断分析评级法

对信用状况的分析、关注、集成和判断是一个不可分割的有机整体，这也是多变量信用风险二维判断分析法的评级过程。多变量特征是以财务比率为解释变量，运用数量统计方法推导而建立起的标准模型。运用此模型预测某种性质事件发生的可能性，使评级人员能及早发现信用危机信号。经长期实践，这类模型的应用是最有效的。多变量分析就是要从若干表明观测对象特征的变量值（财务比率）中筛选出能提供较多信息的变量并建立判别函数，使推导出的判别函数对观测样本分类时的错判率最小。根据判别分值，确定的临界值对研究对象进行信用风险的定位。二维判断就是从两方面同时考察信用风险的变动状况：一是空间，即正确反映受评客体在本行业（或全产业）时点状态所处的地位；二是时间，尽可能考察一段时期内受评客体发生信用风险的可能性。

14.1.4 信用评级的作业流程

信用评级作业整体包括七个阶段，具体如下：

1. 前期准备阶段

评估客户向评估公司提出信用评级申请，双方签订《信用评级协议书》，协议书内容主要包括签约双方名称、评估对象、评估目的、双方权利和义务。出具评估报告时间、评估收费、签约时间等。评级公司指派项目评级小组，并制定项目评级方案。评级小组一般由3—6人组成，其成员应是熟悉评估客户所属行业情况及评级对象业务的专家组成。项目评级方案应对评级工作内容、工作进度安排和评估人员分工等做出规定。评级小组应向评级客户发出《评级调查资料清单》，要求评级客户在较短时间内把评级调查所需资料准备齐全。评级调查资料主要包括评级客户章程、协议、营业执照、近三年财务报表及审计报告、近三年工作总结、远景规划、近三年统计报表、董事会记录、其他评估有关资料等。同时，评级小组要做好客户情况的前期研究。

2. 信息收集阶段

评级小组去现场调查研究，先要对评级客户提供的资料进行阅读分析，围绕信用评级指标体系的要求，哪些已经齐备，还缺哪些资料等情况，需要进一步调查了解。就主要问题同评级客户有关职能部门领导进行交谈，或者召开座谈会，倾听意见，把评级内容有关情况搞清楚。根据需要，评级小组还要向主管部门、工商行政部门、银行、税务部门及有关单位进行调查了解与核实。

3. 信息处理阶段

对收集的资料按照保密与非保密进行分类，并编号建档保管，保密资料由专人管理，不得任意传阅。根据信用评级标准，对评估资料进行分析、归纳和整理，并按规定格式填写信用评级工作底稿。对定量分析资料要关注是否经过注册会计师事务所审计，然后上机进行数据处理。

4. 初步评级阶段

评级小组根据信用评级标准的要求，将定性分析资料和定量分析资料结合起来，加以综合评价和判断，形成小组统一意见，提出评级初步结果。小组写出《信用评级分析报告》，并向有关专家咨询。

5. 确定等级阶段

评级小组向公司评级委员会提交《信用评级分析报告》，评级委员会开会审定。评级委员会在审查时，要听取评级小组详细汇报情况并审阅评估分析依据，最后以投票方式进行表决，确定资信等级，并形成《信用评级报告》。公司向评级客户发出《信用评级报告》和《信用评级分析报告》，征求意见，评级客户在接到报告应于5日内提出意见。如无意见，评级结果以此为准。评级客户如有意见，提出复评要求，提供复评理由，并附必要资料。公司评级委员会审核后给予复评,复评以一次为限,复评结果即为最终结果。

6. 公布等级阶段

评级客户要求在报刊上公布资信等级,可与评级公司签订《委托协议》,由评级公司以《资信等级公告》形式在报刊上刊登。评级客户如不要求在报刊上公布资信等级,评级公司不予公布。但如评级公司自己办有信用评级报刊,则不论评估客户同意与否,均应如实报道。

7. 跟踪评级阶段

在资信等级有限期内,评级公司要负责对其资信状况跟踪监测,评级客户应按要求提供有关资料。如果评级客户资信状况超出一定范围(资信等级提高或降级),评级公司将按跟踪评级程序更改评级客户的资信等级,并在有关报刊上披露,原资信等级自动失效。

14.2 担保公司

14.2.1 担保公司概述

14.2.1.1 担保公司定义

个人或企业在向银行借款的时候,银行为了降低风险,不直接放款给个人,而是要求借款人找到第三方(担保公司或资质好的个人)为其做担保。担保公司会根据银行的要求,让借款人出具相关的资质证明进行审核,之后将审核好的资料交到银行,银行复核后放款,担保公司收取相应的服务费用。

在我国,担保分为融资担保和非融资担保,前者包括银行(间接)融资担保和非银行(直接)融资担保,后者主要包括工程履约担保和诉讼保全担保等。相应地,担保公司分为融资性担保公司和非融资性担保公司。前者需要在地方监管部门注册登记并可以获得融资许可证,而后者未实行准入管理,也不持有经营许可证。在担保业务中,融资担保中的银行贷款担保占主导地位,2010—2013年担保贷款余额/融资担保余额比例一直保持在75%以上。

担保行业本质上是经营风险的行业,担保的主要作用就是增信、提高被担保人的信用可得性,担保公司对提高金融市场的融资效率发挥着重要功能。

首先,由于银行小额贷款的营销成本较高,小企业向银行直接申请贷款受理较难,这就造成小企业有融资需求时往往会向担保机构等融资机构求救。担保机构通过自身风险经营能力,提供增信服务,对接银行融资门槛,为银行扩大业务覆盖,分担风险,提升小微企业等信用弱势群体的融资可获得性。另外,在贷款的风险控制方面,银行之所以在小额贷款投放上相对谨慎,有一个重要的原因是银行此类贷款的管理成本较高,而收益并不明显,对于这类贷款,担保机构可以通过优化贷中管理流程,形成对于小额贷后管理的个性化服务,分担银行的管理成本,免去银行后顾之忧。

其次，在事后风险释放方面，担保机构的优势更是无可替代的。银行直贷的项目出现风险，处置抵押物往往周期长，诉讼成本高，变现性不佳。担保机构的现金代偿，大大解决了银行处置难的问题，有些担保机构做到 1 个月（投资担保甚至 3 天）贷款逾期即代偿，银行的不良贷款及时得到消除，之后再由担保机构通过其相比银行更加灵活的处理手段进行风险化解。

再次，担保公司时效性快。作为银行，其固有的贷款模式流程，造成中小企业主大量时间浪费；而担保公司恰恰表现出灵活多变的为不同企业设计专用的融资方案模式，大大节省了企业主的时间与精力，能迎合企业主急用资金的需求。

最后，担保公司在抵押基础上的授信，额度大大超过抵押资产值。为中小企业提供更多的需求资金。尽管融资担保具有放大器的功能，但是出于防范风险要求，监管部门对融资担保公司设定了上限要求，比如规定了融资担保公司的担保责任余额不得超过其净资产的 10 倍。另外，对主要为小微企业和农业、农村、农民服务的融资担保公司，担保责任余额比净资产的倍数上限可以提高至 15 倍。

如今，许多投资担保公司，在贷后管理和贷款风险化解方面的规范和高效运营，获得了银行充分信任，一些合作银行把贷后催收、贷款资产处置外包给担保公司，双方都取得了比较好的合作效果。

担保公司的优势就是门槛低，办事效率高，放款速度快，接受各种形式的抵质押物作为反担保措施，比如房产、车辆、商标、股权等等抵质押物。担保公司以前归类为准金融类机构，如今属于非金融机构，而银行是属于纯金融行业，两者形式上类似，功能上都能够为企业融资，但还是有本质的区别。担保公司不是以自有资金放贷，而是为企业信用做担保，由银行放贷。也就是说企业在银行资信度不够贷款标准，可以找担保公司担保，那么担保公司做的就是银行不愿意做的那部分业务，风险由担保公司来承担。

14.2.1.2 我国担保行业发展历程

1. 探索起步阶段（1992—1997）

与发达国家担保业的发展历史及水平相比，担保行业在我国还处于发展的初始阶段。从 1992 年开始，我国确立实行社会主义市场经济体制，资源配置由计划转向市场，企业成为社会经济活动主体，国家信用逐步从一般经济活动领域退出。为适应市场经济需要，建立新的社会信用中介，扶持中小企业发展，担保体系的建设纳入了国家发展计划，有关政策纷纷出台。

1993 年，国家经贸委和财政部共同发起并经过国务院批准，创办了我国首家全国性专业担保公司。1999 年 6 月，国家经贸委在广泛调研的基础上，发布了《关于建立中小企业信用担保体系试点的指导意见》，就试点的指导原则、模式体系、担保机构的资金来源、职责与程序、协作银行、风险控制及责任分担、内外部监管及组织实施等内容做了明确规定，全国中小企业信用担保体系试点工作初步步入规范阶段，各项相关的扶持政策也陆续出台。

2. 积极推动阶段（1998）

自 1998 年起，浙江、福建、云南和贵州等省和自治区的一些市县开始探索组建以私营企业为服务对象的中小企业贷款担保基金或中心。上海、北京等地开始进行政府财政部门与商业担保公司合作的试点工作，即财政部门对银行做出承诺并负责推荐中小企业，商业担保公司负责办理具体担保手续。

3. 规范试点阶段（1999）

1999年11月17日，中国人民银行下发了《关于加强和改善对中小企业金融服务的指导意见》，对商业银行配合建立中小企业信用担保体系做出要求，并明确提出："对有市场发展前景、信誉良好、有还本付息能力的小企业，可试办非全额担保贷款。"

4. 逐步建立体系阶段（2000—2014）

2000年8月24日，国务院办公厅印发《关于鼓励和促进中小企业发展的若干政策意见》，决定加快建立信用担保体系，要求各级政府有关部门要加快建立以中小企业特别是科技型中小企业为主要服务对象的中央、省、地（市）信用担保体系，为中小企业融资创造条件。建立和完善担保机构的准入制度、资金资助制度、信用评估和风险控制制度、行业协调与自律制度。

2001年国家税务总局下发通知，对纳入全国中小企业信用担保体系试点范围的担保机构，其担保收入免征三年营业税。2001年3月26日，财政部发布《中小企业融资担保机构风险管理暂行办法》，对担保机构的内部组织结构、自主经营管理、项目评估、决策与监管、财务管理办法、担保准备金的提取等做了规定。

2002年6月9日，九届全国人大常委会通过《中华人民共和国中小企业促进法》，并于2003年1月1日开始实施。该法对中小企业发展的资金支持、信用担保、创业扶持、技术创新、市场拓展和社会服务等方面做出了具体的规定，该法通过法律的形式对信用担保的大政方针和重要举措进行了确定，不但明确了国家中小企业发展基金支持建立中小企业信用担保体系，而且鼓励各种类型的担保机构为中小企业提供信用担保。

2003年7月，财政部发布《关于加强地方财政部门对中小企业信用担保机构财务管理和政策支持若干问题的通知》，目的在于规范中小企业信用担保机构财务行为，加强各级财政部门对中小企业信用担保机构的财务监管，防范和控制担保风险，进一步加大对中小企业信用担保机构的政策支持，更好的发挥信用担保促进中小企业发展的作用。

2010年和2011年前后，宏观经济处于高速发展阶段，企业融资需求较大，所以担保行业在2010年和2011年经历了快速成长，自2013年开始，宏观经济环境有所下滑，担保市场增长速度也明显放缓，但在保余额依然不断攀升。宏观经济环境不仅从需求端上挤压着担保行业的发展，而且从风险端考验着担保公司信用增级以及风险代偿能力。

5. 规范发展新阶段（2015年至今）

2015年8月7日，国务院颁布《关于促进融资担保行业加快发展的意见》，成为融资担保行业纲领性文件，同时，为融资担保行业发展翻开新的篇章。文件明确了融资担保是破解小微企业和"三农"融资难融资贵问题的重要手段和关键环节，对于稳增长、调结构、惠民生具有重要作用。文件提出了六项内容：一是融资担保行业发展的总体要求，明确了指导思想、基本原则及发展目标；二是发挥政府支持作用，提高融资担保机构服务能力；三是发挥政府主导作用，推进再担保体系建设；四是政银担三方共同参与，构建可持续银担商业合作模式；五是有效履行监管职责，守住风险底线；六是加强协作，共同支持融资担保行业发展。

2017年6月21日，国务院第177次常务会议通过《融资担保公司监督管理条例》（以下简称《条例》），自2017年10月1日起施行。《条例》的颁布是与《关于促进融资担保行业加快发展的意见》一脉相承的落地文件。

2018年4月，中国银行保险监督管理委员会印发《条例》四项配套制度。包括《融资担保业务经营许可证管理办法》《融资担保责任余额计量办法》《融资担保公司资产比例管理办法》和《银行业金融机构与融资担保公司业务合作指引》。

在国家及各级政府的关心支持下，经过众多担保机构的共同努力，我国专业担保机构从无到有，经过20年来的发展，我国信用担保业务的基本制度和运行规则，以及中小企业信用担保业务运行模式和业务操作规范已基本建立和趋于成熟，信用担保已成为法律所规定的经济政策的制度化措施，已经初步形成了一个特定的行业，探索出一条专业信用担保机构建立、生存和发展的道路。在这一过程中，政府在改善中小企业融资环境和推进贷款担保机构建设方面起了积极的作用，尤其是近几年来，在国家有关部门的推动下，以财政资金来源为支持、主要为中小企业服务的担保机构在全国各地普遍设立，中外合资、民营股份担保机构也纷纷涌现。随着市场经济的不断发展，担保业务品种也从初期的贷款担保扩展到履约担保和其他担保，服务领域及工业、商业、流通、个人消费等社会经济的诸多方面。

14.2.1.3 我国担保业现状

担保业与宏观经济周期和企业融资需求变化高度正相关。如前文所述，担保行业在2010年和2011年的企业高扩张周期经历了快速的成长，随后又在紧信用周期遭遇了巨大调整压力。

来自中国产业调研网的《中国担保市场现状调研与发展趋势分析报告》（2015年版）充分展示了这一趋势。

2013年是一个重要分水岭。截至2013年年末，担保行业法人机构总计8 185家，行业实收资本8 793亿元，较2012年年末增长6.2%，业务规模增长较快，担保放大倍数明显提升。2013年新增担保2.39万亿元，同比增长14.5%；其中新增融资性担保2.05万亿元，同比增长13.6%。

从在保余额看，2013年年末在保余额2.57万亿元，较2012年末增加4 833亿元，增长23.1%。其中融资性担保在保余额2.22万亿元，较2012年年末增加4 024亿元，增长22.2%。与此同时，行业经营状况改善，总体效益显著提高。截至2013年年末，行业资产1.12万亿元，同比增长7.6%；资产负债率15.6%，同比增加0.7个百分点。2013年度担保业务收入474亿元，同比增长20.9%；实现净利润154亿元，同比增长35.6%。

从合作机构看，截至2013年年末，与融资性担保机构开展业务合作的银行业金融机构（含分支机构）总计15 807家，较2012年年末增长4.7%。融资性担保贷款余额1.69万亿元（含银行业金融机构融资性担保贷款，但不含小额贷款公司融资性担保贷款），较2012年年末增长16.6%。中小微企业融资性担保贷款余额1.28万亿元，较2012年年末增长 13.9%；中小微企业融资性担保贷款占融资性担保贷款余额的 75.8%，较 2012 年年末减少 1.8%；融资性担保机构为 23 万户中小微企业提供贷款担保服务，占融资性担保贷款企业数的 93.6%，较 2012 年年末增加 1.1 个百分点。

2014 年开始，随着我国宏观经济下行压力日渐明显，担保行业发展速度明显放缓。2014 年年末我国担保行业在保余额 2.74 万亿元，同比增长 6.39%，增速下降 12.28 个百分点。而 2015 年与 2014 年年报的情况相比，上报的担保机构总数减少了 491 家，为 3 389 家。在上报的 3 389 家担保机构中，2015 年，新增担保额 15 842 亿元，与 2014 年相比减少 1 826 亿元；新增担保户数 488 558 户，同比减少 108 400 户；新增担保笔数 561 277 笔，同比减少 128 132 笔；期末担保责任余额 17 500 亿元，同比减少 868 亿元；期初担保责任余额 17 156 亿元，本期解除担保额 15 480 亿元；期末在保户数 785 358 户，同比减少 104 303 户。本期新增担保代偿额 473 亿元，同比增长 150 亿元；担保机构总收入 431 亿元，同比减少 72 亿元；担保业务收入 305 亿元，同比减少 58 亿元；其中，融资性担保费收入 264 亿元，同比减少 46 亿元。

综上所述，2015 年年报的担保机构数量、新增担保额、新增担保户数、新增担保笔数、期末担保责任余额与 2014 年相比，均有明显下滑，而本期新增担保代偿额同上期相比，增加约 46%，在全国 36 个省、自治区、直辖市中，有 28 个省份的代偿额呈上升趋势。融资担保行业无序发展的情况逐步改善；业务规模平稳且小幅增长，但结构有所变化。

据中经未来产业研究院发布的《2017—2021 中国担保行业发展前景与投资预测分析报告》，截至 2016 年年末，全国融资性担保行业在保余额总计 19120 亿元，较年初增加 5374 亿元，增长 39.1%。全国融资性担保行业共有法人机构 8402 家，较上年末增加 2372 家，增长 39.3%，其中，国有控股占 18.7%，民营及外资控股占 81.3%，民营及外资控股机构占比同比增加 5 个百分点。

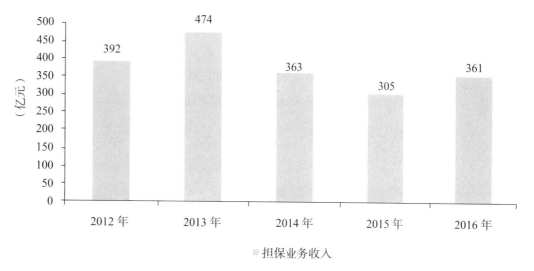

图 14-1　2012—2016 年中国担保行业收入情况

资料来源：中国产业发展研究网。

从行业监管情况来看，2016年融资性担保行业完成全面规范整顿，监管制度体系不断完善，风险防范化解力度不断加强。2016年通过融资性担保机构规范整顿，提升规范了融资性担保行业的准入门槛，一批相对规范的融资性担保机构取得经营许可证，一定程度上净化了行业环境、规范了经营行为、明确了监管对象、锻炼了监管队伍，行业地位和形象有所提升。2016年，联席会议进一步完善以《融资性担保公司管理暂行方法》为核心的融资性担保行业规章制度体系，就融资性担保机构跨省建立分支机构、再担保机构管理、保证金监管、资本金运用等问题进行深化调研和论证，已下发了《关于规范融资性担保机构客户担保保证金管理的通知》，从制度上消退客户保证金被挪用的风险隐患。

14.2.1.4 担保公司评价体系

担保是经营风险的行业，承担多大的风险、具有多厚的安全垫来抵御风险决定了担保公司的资质。市场主要从债券增信的角度来考察担保公司，此外评级公司对担保公司的评级和债市的评级增进作用也是需要考虑的因素。因此，担保公司的资质主要从三个方面来判断：担保公司风险、担保公司的安全垫和担保公司的市场评价。

担保公司风险可以从六个方面来看：在保余额、在保余额增长率、担保放大倍数、担保营收占比、风险集中度和风控能力。

担保公司在保余额是指担保公司在某一时点依然承担、尚未解除担保责任的合同金额，该指标是对风险的粗糙度量。

在保余额增长率是担保公司经营战略的反映，过快的增长率或增长率连续为负往往能反映担保公司经营上的问题。

担保放大倍数是担保公司担保余额和公司净资产的除数，分子项是风险，分母项是安全垫。

担保放大倍数是担保公司风险预警指标，连续几年过高的担保放大倍数往往会触发大规模的代偿。

担保营收占比是指担保业务收入占总收入的比例，风险准备金主要从担保费中提取，过低的担保营收占比意味着公司过低的风险准备金。

担保公司风险集中度分为担保债券到期时间集中度、担保债券行业集中度和客户集中度，过高的集中度意味着风险集聚，将增大代偿的概率。

风控能力是指担保公司高风险领域介入程度、风险识别和控制能力三个方面。

担保公司的安全垫是指担保公司在发生代偿时可以用来支付的资本金，分为静态的注册资本、股东外部支持、动态的净资产和动态的现金保障。注册资本是公司实力的象征，雄厚的注册资本是公司抵御风险的第一层保障。雄厚的资本往往反映着控股股东的实力。股东的外部支持也是一个重要因素，这是担保公司的潜在保障。担保公司注册资本是静态的，净资产比注册资本更为可信，因为注册资本的信号作用远大于其实际作用，而净资产不仅蕴含了注册资本的信号作用，而且还可以转化为用于支付的现金流，具备实际作用。现金保障等于公司的总营收和风险准备金之和，这是公司可以直接用来进行代偿支付的现金保障。现金保障高，则公司抗风险能力就强，反之则反是。

担保公司的市场评价反映了外部市场对于担保公司的认可度。担保公司的市场评价可以从两个方面来看：一是担保公司的评级；二是担保公司的担保对于债券评级的提振作用。两者成为担保公司增信实力的加项或减项。

一般风险准备金、担保赔偿准备金（不超过当年年末担保责任余额的1%）和未到期责任准备金（当年担保费收入的50%）三项指标的计提，都会按照担保业务规模的一定比例进行提取，都是担保公司风险代偿能力的体现。另外，纳入再担保体系、具有政府的风险补偿资金，也是担保公司风险缓释的常用手段和渠道。

14.2.1.5 担保公司的监管

担保公司的监管主体频繁变化，历经中国人民银行、国家经贸委、国家发改委，融资性担保业务监管部际联席会议制度。联席会议制度在2009年建立，由国家发改委、工业和信息化部、财政部、商务部、中国人民银行、工商总局、法制办、中国银监会[①]组成，中国银监会为牵头单位，主要职责是，实施融资性担保业务的监督管理，防范化解融资担保风险，促进融资性担保业务健康发展。联席会议制度主要是对融资性担保公司进行监管，而非融资性担保公司监管一直处于真空地带。

对担保进行规范的法律法规包括《民法通则》《物权法》《合同法》《担保法》《融资担保公司监督管理条例》等。《民法通则》规定了债的担保，是我国担保制度的授权性法律；《物权法》主要涉及物的担保；《合同法》规定了担保合同的签订与效力原则；《担保法》具体规定各类担保和被担保人违约时担保公司代偿和追偿。《融资担保公司监督管理条例》主要是加强对融资性担保公司的监督管理，规范融资性担保行为。

《担保法》规定，担保分为一般责任和连带责任。当事人在保证合同中约定，债务人不能履行债务时，由保证人承担保证责任的，为一般保证。一般保证的保证人在主合同纠纷未经审判或者仲裁，并就债务人财产依法强制执行仍不能履行债务前，对债权人可以拒绝承担保证责任。当事人在保证合同中约定保证人与债务人对债务承担连带责任的，为连带责任保证。连带责任保证的债务人在主合同规定的债务履行期届满没有履行债务的，债权人可以要求债务人履行债务，也可以要求保证人在其保证范围内承担保证责任。当事人对保证方式没有约定或者约定不明确的，按照连带责任保证承担保证责任。连带责任担保比一般责任担保增信能力更强。现在为债券偿付做担保的基本都是连带责任担保。

在债券发行人到期不能偿付本金和利息时，按照我国《担保法》，担保公司有义务进行代偿。担保公司在担保时一般会要求被担保人提供相应的反担保。反担保是指为债务人担保的第三人，为了保证其追偿权的实现，要求债务人提供的担保。担保公司代偿后就拥有了对反担保质押、抵押物的相应权利，这是对担保公司代偿的一种有力保障。此外，担保公司在代偿后有权向被担保人追偿所代偿的相应金额。担保公司也可以进行再担保，当担保人不能独立承担担保责任时，再担保人将按合同约定比例向债权人继续剩余的清偿，以保障债权的实现。当债务违约而担保人不进行代偿时，债权人有权向法

[①] 2018年3月国务院机构改革后，原中国银监会与中国保监会合并为中国银保监会。

院起诉要求担保人代偿。2015 年 3 月底中海信达在其承担连带责任担保的债券"12 致富债"发生违约时没有按照《担保法》要求进行完全的本金和利息的代偿，因此被北京金融工作局撤销了融资性担保公司经营许可证，中海信达并被国家列入失信被执行人名单。对于拒绝代偿的失信的担保公司，债权人有权力就相应债权到人民法院去起诉强制要求其代偿。

《融资担保公司监督管理条例》明确了完善的经营规则是规范融资担保公司行为、有效防范风险的核心，也是条例的主要着力点。这方面的主要规定包括：融资担保公司应当按照审慎经营原则，建立健全各项业务规范以及风险管理等内部控制制度，并按照国家规定的风险权重计量担保责任余额；担保责任余额不得超过其净资产的 10 倍，对同一被担保人、同一被担保人及其关联方的担保责任余额不得超过相应的比例；不得为其控股股东、实际控制人提供融资担保，为其他关联方提供融资担保的条件不得优于为非关联方提供同类担保的条件，并须依法报告和披露；应当按照国家有关规定提取相应的准备金；自有资金运用应当符合国家有关融资担保公司资产安全性、流动性的规定；禁止融资担保公司从事吸收存款或者变相吸收存款、自营贷款或者受托贷款以及受托投资等活动。

14.2.2 我国担保公司业务简介

14.2.2.1 担保公司业务内容

担保公司的业务包括借款类担保业务、发行债券担保业务和其他融资担保业务。

1. 借款类担保

借款类担保指担保人为被担保人贷款、互联网借贷、融资租赁、商业保理、票据承兑、信用证等债务融资提供担保的行为。

传统的借款类担保主要包括银行流动资金贷款担保、银行固定资产投资贷款担保、银行票据担保。

银行流动资金贷款担保是为企业申请银行流动资金贷款以满足其生产经营活动中临时性、季节性资金需要而提供的担保。根据企业的实际需要，流动资金贷款担保可分为：临时性流动资金贷款担保，期限一般不超过三个月，主要是为企业一次性进货的临时资金需要或弥补其他支付性资金不足而提供的短期贷款担保支持；短期流动资金贷款担保，期限一般在三个月到一年，主要为企业正常生产经营周转资金贷款提供担保；中期流动资金贷款担保，期限一般在一年以上、三年以内，主要为企业正常生产经营中经常占用资金贷款提供担保；最高综合授信项下流动资金贷款担保，企业与银行一次性签订借款合同、与担保公司一次性签订最高额保证合同。在合同规定的有效期内，企业可以多次提款、逐笔归还贷款、循环使用贷款资金。

银行固定资产投资贷款担保为企业申请银行固定资产投资贷款以用于新建、扩建、改造、开发与购置设备等目的担保。贷款担保期限可根据企业实际情况分为三年以内或三年以上。

银行票据担保是指为流动资金项下的银行票据（银行承兑汇票和信用证）贴现业务提供的保证。票据贴现业务是指持票人在票据到期前为获得资金而将票据权转让给银行的行为。提供保证的期限一般为三个月至半年。

2. 发行债券担保

发行债券担保是指担保人为被担保人发行债券、资产证券化等债务融资提供担保的行为，以保证购买该债券的投资人的合法权益。

3. 其他融资担保

其他融资担保是指担保人为被担保人发行基金产品、信托产品、资产管理计划、资产支持证券等提供担保的行为。

14.2.2.2 国内担保公司业务流程

担保公司业务流程大致包括以下十项：申请、考察、沟通、担保、放贷、跟踪、提示、解除、记录和归档。

申请是指企业提出贷款担保申请。

考察是指考察企业的经营情况、财务情况、抵押资产情况、纳税情况、信用情况、企业主情况，初步确定担保与否。

沟通是指与贷款银行沟通，进一步掌握银行提供的企业信息，明确银行拟贷款的金额和期限。

担保是指与企业签订担保及反担保协议，资产抵押及登记等法律手续，并与贷款银行签订保证合同，正式与银行、企业确立担保关系。

放贷是指银行在审查担保的基础上向企业发放贷款，同时向企业收取担保费用。

跟踪是指跟踪企业的贷款使用情况和企业的运营情况，通过企业季度纳税、用电量、现金流的增长或减少最直接跟踪考察企业的经营状况。

提示是指企业还贷前一个月，预先提示，以便企业提早做好还贷准备，保证企业资金流的正常运转。

解除是指凭企业的银行还款单，解除抵押登记，解除与银行、企业的担保关系。

记录是指记录本次担保的信用情况，分为正常、不正常、逾期、坏账四个档次，为后续担保提供信用记录。

归档是指将与银行、企业签订的各种协议以及还贷后的凭证、解除担保的凭证等整理归档、封存、以备今后查档。

14.2.2.3 国内担保公司业务管理制度

担保"三查"指保前调查、保时审查、保后检查，"三查"是信贷与担保业务管理制度的核心内容之一，是信贷与担保工作程序的重要组成部分，是做好信贷与担保工作行之有效的方法。

保前调查是对借款申请人进行调查、评估，对借款保证人进行调查、评估，对借款抵押物、质物进行调查评估。撰写调查，审批报告，填写企业基本情况、管理、经营情况及相关财务状况，总结项目情况，反担保方案，评估风险与效益，最终给出调查意见。

保时审查是确保贷款正确、合理发放的关键环节。主要对借款人申请材料的真实性、合法性、完整性和调查报告的内容进行详细的审核。主要内容有借款的用途、企业的发展前景、经营状况、负债能力、反担保合同要素是否齐全等。

保后检查是确保贷款按政策、按规定用途合理使用，减少和防止贷款风险的重要保障措施。它要求项目人员在贷款发放后，对贷款的使用进行跟踪检查，定期分析检查和分析的主要内容：主要检查贷款是否按用途使用，有无挪用、套用贷款情况；检查存货有无积压、应收款回笼情况等。落实企业还款资金来源；纠正企业经营中的突出问题及所有影响贷款安全性的不利因素，督促企业改进。

14.2.3 我国融资担保业的现状、问题与发展[①]

14.2.3.1 2015年行业发展概况

2015年8月《国务院关于促进融资担保行业加快发展的意见》（以下简称《意见》）印发后，行业发展面临前所未有的政策机遇，总体实现平稳运行，融资担保在保余额保持较高水平，在经济下行期为广大小微企业、"三农"提供了融资担保服务。行业发展表现为七个方面的特点：

1. 机构体系"减量增质"调整继续

截至2015年年末，全行业共有法人机构7 340家，同比减少558家，数量连续三年下降，机构数量过多问题进一步缓解。行业资本实力继续增强，实收资本总计9 440亿元，同比增长2%。基本形成了不同所有制、不同功能、不同规模机构相互补充、适度竞争的机构体系。

2. 行业结构进一步优化

截至2015年年末，国有控股机构占比从2011年最低时的19%上升到30%；民营及外资控股机构占比从2011年最高时的81%下降至70%。注册资本在1亿元（含）以上的机构占比从最低时的31%提高至目前的62%，同时淘汰了一批注册资本较小的机构。

3. 债券发行担保及非融资担保业务发展迅速

截至2015年年末，债券发行担保在保余额较上年增长三成；非融资担保在保余额较上年增长近四成。

4. 融资担保机构"增信"功能明显

融资担保行业克服担保代偿率急剧上升压力，仍为大量中小微企业、"三农"融资提供担保服务。截至2015年年末，融资担保业务在保余额2.73万亿元，比上年2.74万亿元略有减少，仍维持较高水平。在银行担保贷款余额中，中小微企业担保贷款余额占比接近八成。

5. 融资担保机构"分险"作用明显

受企业经营困难影响，2015年新增担保代偿继续大幅上升。2012—2015年四年间，

[①] 本专栏节选自中国担保业协会秘书长殷有祥于2016年11月30日在2016信用北京暨（第二届）信用中关村高峰论坛上的讲话整理。

融资担保机构累计为担保的中小微企业代偿金额，与同期担保业务收入基本接近，为维护中小微企业经营生产、分担银行风险和促进金融稳定做出了重大贡献。

6. 总体风险可控，风险防控压力加大

随着经济转型与下行压力加大，近两年担保代偿大幅增加，2015年融资担保代偿率为统计以来最高水平。尽管大多数担保机构目前尚能如约履行代偿责任，信用风险总体可控，但部分担保机构代偿意愿和代偿能力下降，导致代偿责任履行不到位，风险事件不断增加，信用风险发展态势不容乐观。

7. 银担合作范围逐步扩大，合作规模保持稳定

银担合作总体趋势向好。截至2015年年底，与融资担保机构合作的银行业金融机构数量、银行业金融机构融资担保贷款余额保持稳定。各地通过探索建立风险补偿机制推动银担合作，取得较好效果。

14.2.3.2 行业存在的主要问题

行业发展也出现了融资担保业务新增规模、收入和利润下降明显，代偿余额和新增代偿金额再创新高等新情况，行业发展面临前所未有的经营困难。重点是6个方面的问题：

1. 机构数量较多，资本规模较小

庞大的机构数量与有限的融资担保需求不匹配，担保市场"僧多粥少"，导致机构生存困难；大多数机构资本规模较小，抗风险能力不足且难以形成规模经营效应。

2. 融资担保主业缺乏盈利能力，行业经营面临前所未有的压力

担保业务在保余额在连续四年增长后首次出现下降，担保收入也首次出现大幅下降，担保代偿连续增长，全行业融资担保放大倍数较低，平均净资产收益率远远低于商业银行水平。

3. 再担保机构和体系尚未建立

目前全国大部分省份要么没有设立再担保机构，要么没有真正发挥再担保的增信、分险作用，无法为融资担保机构支持小微企业融资发挥应有作用。

4. 经济下行期银担合作不畅，并有进一步恶化趋势

当前，银行与融资担保机构都有降低风险偏好、收缩业务规模的趋向。融资担保机构代偿高发引发银行对其担保能力的担忧，导致银担业务进一步萎缩。

银行机构难以及时掌握融资担保机构的相关信息，无法有效把握其实际担保能力和风险动态，在银担合作方面管理还比较粗放，导致银担合作发展有所放缓。

5. 行业扶持政策有待完善

目前，中央和地方政府对融资担保均给予了一定的扶持，但仍存在扶持政策难以形成合力、扶持方式有待向风险补偿方式转变等问题。还有出台专门针对担保行业的税收优惠政策，尽快明确适合担保行业的会计制度以及完善抵质押登记制度等问题，有待相关部门予以重视解决。

6. 政府性融资担保机构的考核亟待调整完善

部分地区仍将政府性融资担保机构作为一般国有企业考核其收入、利润等营利性指标，尤其是国资部门管理的融资担保机构，普遍有国有资产保值增值要求，没有从"算大账"的角度看待担保对当地经济民生的拉动作用，也没有把扩大小微企业、"三农"担保规模和降低融资成本作为考核目标和重点。

14.2.3.3 加强行业监管和促进行业发展工作情况

1. 融资性担保业务监管体制逐步完善

2009年，国务院办公厅印发了《关于进一步明确融资性担保业务监管职责的通知》，决定建立融资性担保业务监管部际联席会议（以下简称联席会议），负责研究制订促进融资性担保业务发展的政策措施，拟订融资性担保业务监管制度，协调相关部门共同解决融资性担保业务监管中的重大问题，指导地方人民政府对融资性担保业务进行监管和风险处置；省级人民政府按照"谁审批设立、谁负责监管"的要求，确定相应的部门，负责本地区融资性担保机构的监管，融资性担保行业正式建立了中央负责制定规则、地方负责监管的监管体制。

2. 国务院印发《国务院关于促进融资担保行业加快发展的意见》

《意见》的印发在行业发展历史上具有里程碑意义，是新形势下国务院对融资担保行业做出的系统设计与重要规划，明确了行业属性、发展目标和工作措施，是指导行业未来发展的纲领性文件。配合《意见》印发，联席会议于2015年12月在安徽召开了工作推进会，推广安徽担保模式，推动各地学习借鉴相关经验。

3. 国家有关部委加大政策扶持

一是国家发改委设立融资担保风险补偿金。二是财政部、农业部、中国银监会创新财政支农方式，推动建立财政支持的农业信贷担保体系。中央层面的国家农业信贷担保联盟公司已经成立，多个省份已经组建了省级农业信贷担保机构并开始运营，大部分的省级农业信贷担保机构将于2016年完成组建。三是中国银监会会同五部门联合制定了《关于融资担保机构支持重大工程建设的指导意见》。

4. 各地发挥政府主导作用，出台相关政策措施

一是系统规划辖内担保行业发展和体系建设；二是加快省级再担保机构建设；三是壮大政府性融资担保机构资本实力；四是优化出台扶持政策。宁夏推动3家融资担保机构享受所得税按照15%征收的西部大开发优惠政策；北京、福建财政各安排2亿元设立省级代偿补偿资金，建立政银担多方风险分担机制；五是打造良好发展环境。安徽、河北等地为融资担保机构办理抵质押手续提供便利；湖南、浙江等地积极推动辖内融资担保机构分批次接入央行征信系统。

5. 行业监管工作得到加强

《融资担保公司管理条例》（以下简称《条例》）已向社会公开征求意见。为配合《条例》出台实施，监管部门正在研究起草相关配套制度。同时，指导地方监管部门加强监管，促进融资担保机构规范经营。

14.3 会计师事务所

14.3.1 会计师事务所概述

14.3.1.1 会计师事务所界定

会计师事务所（accounting firms）是指依法独立承担注册会计师[①]业务的中介服务机构，是由有一定会计专业水平、经考核取得证书的会计师组成的、受当事人委托承办有关审计、会计、咨询、税务等方面业务的组织。

我国对从事证券相关业务的会计师事务所和注册会计师实行许可证管理制度。会计师事务所根据行业资质会衍生出非会计、审计、税务的服务。比如资深会计师事务所可为上市公司进行IPO融资。通过对某些行业的常年服务，还可进行行业性质的资产评估。典型的有房地产资产评估、无形资产评估等。

会计师事务所通常被划分为三类：国际会计师事务所、大型会计师事务所、中小型会计师事务所。国际会计师事务所是指四大国际会计师事务所，分别是普华永道、毕马威、德勤和安永，总部分别位于英国伦敦、荷兰阿姆斯特丹、美国纽约、英国伦敦。四大国际会计师事务所在我国的北京、上海、天津、浙江等地都设有分所。四大国际会计师事务所的主要客户为来自世界各地的龙头企业。中小型会计师事务所的注册资金通常在50万元以下，主要提供相关专项服务，以代账服务为主要业务，没有被纳入某省级机关或国企的审计咨询单位备选库的或常年为大型政府部门提供服务的事务所为中小型事务所，而不属于中小型会计师事务所和国际会计师事务所条件的事务所界定为大型会计师事务所。

14.3.1.2 会计师事务所组织形式

会计师事务所是指依法设立并承办注册会计师业务的社会中介机构。事务所必须加入注册会计师协会，接受后者的指导、监督和管理。事务所的组织形式主要有两种：合伙事务所和由注册会计师或单位发起设立的有限责任事务所。合伙事务所是由符合规定条件的注册会计师，为共同执业签订书面合伙协议，共同出资设立。注册会计师或单位发起设立的有限责任事务所是由具备条件的注册会计师或单位发起、经过有关部门批准而成立的事务所。发起注册会计师或单位以其出资额对事务所的债务承担民事责任，事务所以其全部资产对其债务承担民事责任。

[①] 注册会计师，在国际上，指的是从事社会审计、中介审计、独立审计的专业人士；国内专指通过注册会计师执业资格考试并取得注册会计师证书在会计师事务所执业的人员，英文全称Certified Public Accountant，简称为CPA。

14.3.1.3 会计师事务所经营范围

会计师事务所的经营范围主要包括：审查企业会计报表，出具审计报告，验证企业资本，出具验资报告，办理企业合并、分立、清算事宜中的审计业务，出具有关报告，基本建设年度财务决算审计，代理记账、会计咨询、税务咨询、管理咨询、会计培训、法律和法规规定的其他业务（企业经营涉及行政许可的，凭许可证经营）。

会计师事务所还会根据行业资质衍生出非会计、审计、税务的服务。比如资深会计师事务所可为上市公司进行 IPO 融资。通过对某些行业的常年服务，还可进行行业性质的资产评估，典型的有房地产资产评估、无形资产评估等。

14.3.1.4 会计师事务所职能

在我国现阶段的经济体制下，会计师事务所是连接政府和企业的桥梁，所有者和经营者之间的纽带，独立于政府和企业之外、不以盈利为首要目标、具有法定社会职能的第三人。它一方面担负着塑造市场经济微观主体，规范企业经营活动的重任；另一方面又是国家对社会经济进行宏观调控的具体执行者。由于社会经济资源的稀缺性和微观主体经营活动的逐利性，国家总是通过立法和政府制定的财政政策、货币政策、收入政策、人力政策及一系列行政法规实施对经济的调控，而会计师事务所的基本职能就是依据这些法律、法规和政策，对市场微观主体的行为和经营结果进行规范调整，从而使国家的意志在社会经济活动中得到实现，使"法制"过渡到"法治"，"以法治国"转变为"依法治国"，把企业的经营活动纳入法治轨道，最终达到社会资源充分利用和优化配置的目标。因此，会计中介机构在国家经济政治生活中起着重要作用，担当着不可替代的角色。

1. 社会经济活动的监督者

在发达国家，会计中介机构被形象地比喻为"经济警察"。1997 年，自国有企业的年终财务决算全部交由注册会计师审计后，在微观经济领域，会计师事务所的活动空间得以扩大，监督作用得到加强。三资企业、股份公司、有限责任公司、国有独资公司、上市公司的经营成果，必须经注册会计师核准后，才能在法律上生效，政府有关部门和投资人也才能据此对企业实施管理和做出决策；所有法人企业和非法人经济实体的资本金，必须经注册会计师验证核实后，工商部门才能批准其成立。在宏观经济领域，会计师事务所可按照政府的特定需要进行专项监督，如对财政收入是否按规定级次划分，是否依法征税进行检查，对近年来出现的非法集资案、经济诈骗案进行清理追索，对有关部门的预算外资金以及国家拨付的生产建设资金的使用情况进行查证核实等。把国家对经济的宏观调控政策和措施落到实处，使注册会计师成为活跃在我国经济舞台上的一支重要的社会监督力量。

2. 企业经营管理行为的评价者

注册会计师对企业进行独立审计，首先要对企业遵守制度情况进行符合性测试，并对企业的内部控制制度进行评价。一方面对企业的内控制度是否遵守一贯性原则发表意见；另一方面判断企业的财务报告是否在所有重大方面公允地反映了企业的财务状况、经营成果和资金变动情况。从而确定抽样审计的范围、样本数量和审计重点。注册会计师在这个审计阶段，实质上是对企业依据内控制度所进行的经营活动和实施管理行为的合法性进行评价裁定，从而使企业行为得到规范，并步入良性发展的道路。因此，在国际上也把注册会计师称作"经济裁判"。

3. 企业财务状况和经济成果的鉴证者

注册会计师对企业进行符合性测试之后，要对反映企业财务状况和经营成果的有关资料进行实质性测试和鉴定。一方面对企业资产负债的质和量进行检查核实，从而确定企业的真正规模、实力和资信状况；另一方面，对企业收入费用的合法性、真实性进行确认，从而核准企业利润，确定其应纳税额。尤其是上市公司在发行股票时，证券管理部门依据注册会计师审核鉴证的企业资产、利润、每股收益、每股净资产等财务指标，确定是否批准其发行上市。在上市运作以后，投资人依据注册会计师审核鉴证的企业经营成果，决定投资额的增减和利润的分配。由于注册会计师审核鉴证的企业财务状况和经营成果具有法律效力，因此，在国外也会把会计师事务所称作"经济警察和经济法庭"。

4. 投资人权益的维护者

随着我国现代企业制度的建立，资产的所有权与经营权分离，在投资人与经营者之间形成受托的经济责任关系，资产的占有、使用和支配权转移到经营者手中，这就要求独立于二者之外的会计师事务所客观公正地评价、确认和反映经营者业绩，维护投资人的合法权益。在实践中，注册会计师对企业依法审计做出的审计结论直接影响着股东的信心，决定着股票的价格、公司的兴衰和经营者的命运。虽然会计师事务所的收入来自被审企业，由经营者决定，但它的生存与发展主要受制于能否依法执业。面对投资人与经营者、法与利的矛盾冲突，会计中介机构往往选择客观公正地反映企业的真实情况，并根据情况出具不同意见的审计报告，做到对国家、企业和投资人负责。因此，注册会计师常常被人们称为"经济卫士"。

5. 资本流动的引导者

在资本市场上，会计师事务所通过向社会披露募股公司的资产重组计划、募集资金的用途、预期收益等信息，引导股民的资本投向。在股票上市流通后，则通过公布上市公司经营业绩，引导资本的流动。在直接投资领域，会计师事务所对企业间的合资、参股、控股、购买等投资活动，通过资产评估、价值认定、财务审计加以规范和引导。在间接投资领域，银行及其他债权人则通过会计师事务所对借款人资信的评估和抵押资产价值的评定做出决策。当今会计师事务所对资本流动已从间接引导过渡到直接引导，融资代理业务发展迅速，已显示出其他中介组织不可比拟的优势。这表明会计师事务所已经突破了传统的业务，职能作用在不断扩大。我国会计师事务所也要在资本供应者和资本需要者之间充当信息中介，把资本引向优势产业，使资本的所有者最大限度地避免风险，实现资本盈利性和安全性的统一。

14.3.2 国内会计师事务所现状

我国注册会计师行业在 20 多年时间内取得了巨大的发展，会计师事务所的规模和总体竞争力有了很大提高。

为鼓励中国会计师事务所做强做大,我国政府先后发布实施了《关于推动会计师事务所做大做强的意见》《会计师事务所内部治理指南》《关于支持会计师事务所扩大服务出口的若干意见》等若干政策,为会计师事务所发展创造了良好的外部环境。尤其是《中国注册会计师行业发展规划（2011—2015年）》的发布实施,以及相关配套措施的落实,进一步引领推进我国会计师事务所规模化、多元化、国际化、品牌化的发展。

我国会计师事务所的监管体系正日益完善,执业准则国际趋同,国家对会计师事务所发展扶持力度明显加大,以及国内外经济合作加深产生的对会计、审计、咨询等业务需求的快速增长,使我国会计师事务所迎来转型发展与跨越的关键时期。

我国《注册会计师法》规定：会计师事务所普遍采用合伙和有限责任两种形式,在实践中已出现多种形式。

国有所,即所谓的"挂靠所"。我国在开创注册会计师事业之初,会计师事务所是通过挂靠于某一国家机关而建立起来。

合伙所。合伙所是《注册会计师法》规定的一种形式。该法允许个人合伙发起设立会计师事务所,并将其作为会计师事务所组建的首选形式。

合作所。合作所是由从业人员发起组织的、承担有限责任的、集体性质的会计师事务所。如上海的浦东事务所就是上海公信中南会计师事务所投资12%,上海市南市区审计局工会投资12%,事务所员工投资76%成立的。

有限责任事务所。有限责任会计师事务所是由注册会计师发起设立,股东以其出资额为限承担责任,事务所以其全部资产对债务承担有限责任。

个人所。深圳注册会计师条例中规定：有10年以上的专职从事审计业务的专业人员可申请设立个人事务所。

商务部发布的《2017年中国会计服务贸易发展报告》数据显示,2017年,我国注册会计师行业报备业务收入超过700亿元（统一品牌下的其他执业机构的收入报备存在一定差异）。从业人员超过30万人,为全国3 480多家上市公司、11 600多家新三板企业和420多万家企事业单位的境外投资、融资和参与"一带一路"建设的相关业务提供审计鉴证、管理咨询等专业服务。截至2017年12月31日,全国共有会计师事务所8 605家（含分所）,其中,证券期货资格会计师事务所40家,获准从事H股企业审计业务的内地大型会计师事务所11家;全国注册会计师10.8万余人,在政府、企业、高等院校等工作并取得注册会计师资格的有13.1万余人。2017年注册会计师全国统一考试专业阶段考试报名人数达到115.9万人、310多万科次,创历史新高,较上年分别增长25.6%和26%。

财政部会计司2017年3月底发布的《"十二五"时期中国会计服务市场发展报告——注册会计师行业分析及展望》数据显示,2011—2015年的"十二五"期间,我国注册会计师行业所服务的企业、行政事业单位超过420万家,行业总收入从440亿元增加到656亿元,年均增长率约10.50%,超过同期国内生产总值增长均速。11家获财政部、证监会推荐从事H股审计业务的大型事务所（以下简称11家H股所）的总收入约为281亿元,除此之外的其他 29 家证券所①（以下简称其他证券所）收入合计约为 121 亿元。非证券所业务收入约为 254 亿元。

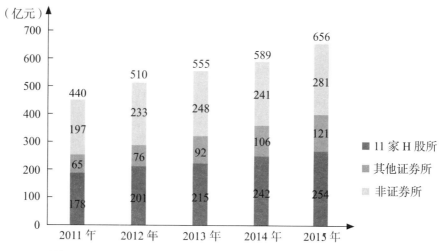

图 14-2　2011—2015 年行业总收入和各类事务所收入分布

但需引起注意的是，2015 年度注册会计师行业收入同比增长约 11.37%，自 2013 年度之后首次恢复两位数增长。虽然行政审批制度改革和商事制度改革取消企业年检和清理前置中介服务对中小事务所传统审计业务收入产生一定冲击，但资本市场改革以及全国中小企业股份转让系统（即"新三板"）相关审计业务的活跃对行业收入大幅提升有显著的促进作用。

从审计业务收入与非审计业务收入来看，一方面，审计业务依然是我国会计师事务所的主要收入来源，占比约 73%；另一方面，非审计业务（包含税务、咨询和其他会计业务等）收入增长提速，从 2011 年的 321 亿元增长到 2015 年的 478 亿元，年均增长率约 10.47%，这与会计师事务所拓展业务范围、加快多元化发展取得良好成效有很大的关系。

图 14-3　2011—2015 年审计业务与非审计业务收入对比

① 证券所，全称证券资格会计师事务所，是指引以从事IPO审计、上市公司年度审计、上市公司增发、发债等各项证券期货类业务的事务所。证券资格会计师事务所的证券资格需按照《关于会计师事务所从事证券期货相关业务有关问题的通知》和《财政部、证监会关于调整证券资格会计师事务所申请条件的通知》，经由财政部、证监会等相关部委审批，审批通过后需要进行年度资料报备。

证券资格会计师事务所是资本市场的重要中介机构，发挥着会计信息"看门人"作用，其执业质量的高低直接影响资本市场会计信息披露质量，关系投资者利益保护和市场稳定发展。

近年来，证券资格会计师事务所取得的长足进步，有效地提升了其作为资本市场会计信息看门人的作用，上市公司年度财务报表涉及重大会计处理违规、会计信息披露不充分、会计差错更正等呈现逐年下降趋势，资本市场会计信息披露质量得到明显提高。

中国证监会披露的数据显示，截至2017年年末，我国证券资格会计师事务所共40家，集中了全国规模最大、服务能力最强的会计师事务所，服务3 480多家上市公司，1.6万多家新三板公司等客户。十八大期间，在监管机构、行业协会、会计师事务所共同努力下，证券资格会计师事务所取得了长足发展和进步：

一是业务、人员、机构规模持续扩大。中国证监会的公开数据显示，2016年度证券资格会计师事务所业务收入达到440亿元，业务取得了长足进步和发展，其中，证券业务收入年均增长率达27.58%；业务收入超过10亿元的会计师事务所达到13家；注册会计师人数达到2.6万人，年均增长率达5.3%；在全国30个省、自治区、直辖市设立了665家分所。

二是质量控制体系逐步完善并贯穿审计业务的各个环节，重大质量控制缺陷明显下降，执业风险得到有效控制，以质量为核心的发展意识逐步确立。

三是内部管理水平有效提升，会计师事务所和合伙人的风险责任意识增强，一体化管理水平逐步提升，信息化系统成为会计师事务所推行一体化管理的重要载体。

四是服务资本市场能力不断增强，专业服务领域和服务对象有所扩展，专业胜任能力和职业道德水准有所提高，在执业过程中能坚持原则，保持独立、客观的职业操守，敢于对客户不合法、不合规的要求说"不"。

五是国际化发展稳步推进。会计师事务所通过在境外设立分所和加盟国际知名会计网络等方式，为境内企业提供境外投融资、跨境税务筹划、海外工程造价、跨国整合咨询等全方位、多领域的服务，推进国家"一带一路"战略的实施。

14.3.3 会计师事务所业务介绍

会计师事务所的业务范围，也即是注册会计师的业务范围。根据《注册会计师法》第十四条、第十五条及其他法律、行政法规的规定，我国注册会计师可以办理以下三方面的业务。

审计业务：审查企业会计报表，出具审计报告；验证企业资本，出具验资报告；办理企业合并、分立、清算事宜中的审计业务，出具有关报告；办理法律、行政法规规定的其他审计业务。

会计咨询、会计服务业务：设计财务会计制度；担任会计顾问，提供会计、财务、税务和其他经济管理咨询；代理记账；代理纳税申报；代办申请注册登记，协助拟定合同、协议、章程及其他经济文件；培训会计人员；审核企业前景财务资料；资产评估；参与进行可行性研究；其他会计咨询和会计服务业务。

其他法定审计业务：根据《中外合资经营企业法》《中外合作经营企业法》《外商投资企业法》及其实施条例或细则，以及有关三资企业税法的规定，三资企业的验资业务、会计报表的审计业务，必须由中国注册会计师办理。验资业务包括设立时验资和资本变更时验资；审计业务包括年度会计报表审计、中期会计报表审计和合并、分立及清算会计报表审计。根据公司法《关于从事证券业务的会计师事务所、注册会计师资格确认的规定》及证券管理方面的法律、行政法规的规定，股份制企业的改组审计业务，年度会计报表审计业务，中期会计报表审计业务，合并、分立及清算会计报表审计业务，以及这些企业的验资业务，必须由会计师事务所和注册会计师办理。除三资企业和股份制企业外，根据《企业会计准则》《企业财务通则》等有关会计法规、制度的规定，企业对外报送的会计报表，也应由企业委托注册会计师进行审计。

14.3.4 当前我国证券资格会计师所的监管方向[①]

目前我国证券资格会计师事务所已经具备一定业务规模，具备从做大向做强转变的基本条件。但部分证券资格会计师事务所的治理机制仍然以收入为核心，在业务、人事、财务等方面未做到统一，执业质量参差不齐，加大了审计失败的风险，亟须建立以执业质量为核心的治理机制。

注册会计师制度是国家治理体系中的重要组成部分，作为注册会计师行业的主要代表，近年来证券资格会计师事务所规模持续扩大，2016年度业务收入达到440多亿元，证券业务收入近两年的年均增长率超过30%。

中国证监会一贯高度重视对证券资格会计师事务所的监管，特别是近几年，通过资格管理、审计监管、现场检查等方式，全面加强对证券资格会计师事务所监管。2016年，中国证监会对涉及38家事务所的279个审计项目实施现场检查，累计采取行政监管措施40家次、82人次；加大对重大违法违规审计案件的稽查执法力度，2016年以来，中国证监会累计行政处罚12家次、28人次。

中国证监会对证券资格会计师事务所监管目的是通过监管督促会计师事务所提高执业质量、降低执业风险。当前证券资格会计师事务所面临挑战，执业风险在不断扩大。首先，新技术、新经济、新业态在资本市场不断涌现，市场主体经济行为和交易的复杂程度不断提高，对传统审计技术和方法形成了巨大的挑战。其次，受IPO、并购重组等巨额利益的影响，市场主体存在着较强的舞弊动机，对审计人员识别和防范风险的能力也提出了较高的要求。最后，随着股价与会计信息联动性的增强，投资者和社会各界对审计机构保障会计信息质量的要求也越来越高。

与之相应，加强监管、加大对违法违规行为的查处力度，已经成为市场的共识，证券资格会计师事务所面临监管压力和违规成本也在显著提高，证券资格会计师事务所应对此高度重视，完善机制以提高执业能力。

[①] 本章节截取自为中国证监会首席会计师兼会计部主任贾文勤于2017年11月6日在德勤中国主办的"新时代中国会计行业发展研讨会"上的讲话。

第一，要建立以执业质量为核心的治理机制。目前我国证券资格会计师事务所已经具备了一定的业务规模，具备了从做大向做强转变的基本条件，但部分证券资格会计师事务所的治理机制仍然以收入为核心，在业务、人事、财务等方面，未做到统一，执业质量参差不齐，加大了审计失败的风险，亟须建立以执业质量为核心的治理机制。

第二，切实提升识别和防范风险的能力。从近年来中国证监会行政处罚案件来说，事务所主要存在风险评估、关联方审计等不到位的问题，导致注册会计师未能有效防范会计审计问题出具不恰当的审计意见，证券资格会计师事务所应加强重点审计控制，从根本上防范降低风险。

第三，加强对新科技、新技术的研究运用。新科技浪潮正在改变原有的商业逻辑，全新商业规则正在形成，审计环境的变革需要审计行业做出及时的应对。同时，大数据分析技术、云审计平台等也推动着审计技术和方法的重大变革。证券资格会计师事务所需加大对新技术的运用研究，以完善审计技术的方法。

14.4 律师事务所

14.4.1 律师事务所概述

14.4.1.1 国内律师事务所界定

在中国，律师事务所是律师的执业机构。律师事务所在组织上受司法行政机关和律师协会的监督和管理。它在规定的专业活动范围内，接受中外当事人的委托，提供各种法律服务；负责具体分配和指导所属律师的业务工作；根据需要，经司法部批准，可设立专业性的律师事务所，有条件的律师事务所可按专业分工的原则在内部设置若干业务组。律师事务所原则上设在县、市、市辖区，各律师事务所之间没有隶属关系。

有合伙制律师事务所，也有律师个人开办的个人所。前者与法律顾问处的性质相同，只是名称不同而已。后者是在改革开放中新出现的，自负盈亏，独立核算。它们从事的法律服务内容没有什么区别。

合伙律师事务所可以采用普通合伙或者特殊的普通合伙形式设立。合伙律师事务所的合伙人按照合伙形式对该律师事务所的债务依法承担责任。

14.4.1.2 律师事务所职能

（1）接受公民、法人其他组织的聘请，担任法律顾问。

（2）接受民事案件、行政案件当事人的委托，担任代理人参加诉讼。

（3）接受刑事案件犯罪嫌疑人的聘请，为其提供法律咨询、代理申诉、控告，申请取保候审，接受犯罪嫌疑人、被告人的委托，或者人民法院的指定，担任辩护人，接受自诉案件自诉人、公诉案件被害人或者其近亲属的委托，担任代理人，参加诉讼。

（4）代理各类诉讼案件的申诉。

(5) 接受当事人的委托, 参加调解和仲裁活动。
(6) 接受非诉讼法律事务当事人的委托, 提供法律服务。
(7) 对符合法律援助条件的对象提供法律援助或接受指派提供法律援助。
(8) 解答有关法律的咨询、代写诉讼文书和有关法律事务的其他文书。

14.4.2 我国律师事务所发展现状

随着全球经济扑朔迷离的发展态势,我国律师事务所面临外部与内部环境变化带来的前所未有的机遇和挑战。法律服务市场正逐步开放,伴随着外国资本、技术和服务的进入,法律服务业面临着"国内市场国际化,国际竞争国内化"的严峻挑战。与此同时,我国律师行业的属性和定位随着政治、经济、文化的时代需求亦有所变化。在这种形势下,律师事务所要可持续、科学地发展,创新将起到决定性的作用。

自 1979 年律师业恢复以来,行业规模一直成指数增长。全国律师人数从 1979 年年底的 212 人发展至 2008 年 15.67 万人,再到 2017 年年底的近 2.8 万家律师事务所、执业律师 36.5 万人,比 2016 年增长 11.5%。律师人数超过 1 万人的省份有 9 个 (河北、辽宁、浙江、福建、河南、湖北、湖南、四川和云南),超过 2 万人的省份有 4 个 (北京、上海、江苏、山东),超过 3 万人的省有 1 个 (广东)。7 500 多家党政机关、人民团体和 800 多家企业开展了公职律师、公司律师工作。

从律师事务所刑事、民事、行政、非诉、顾问、咨询六大类业务数量 2005 年以来增长发展情况来看,刑事诉讼业务数量变化急剧,这主要与近几年的政治社会环境有关;民事和行政业务增速相对稳定,其中民事是我国大多数律师事务所的主要案源;不正常的是,咨询和非诉业务增速极低,直到 2008 年非诉业务增速才上升。

在所有业务领域中法律顾问是增长最稳定的,应该作为律师事务所服务的基石。其他如非诉业务增长迅猛,激进型的事务所可以选择这类业务重点开拓;而民事业务增长则相对稳定,稳健型的事务所可以选择这类业务重点开拓。刑事业务的需求波动过于巨大,且赢者通吃效应过于明显,不适合一般中小事务所涉足。这样,我国律师事务所与国外事务所的差距会加速扩大,因为非诉业务的利润远远高于诉讼业务,国际著名律师事务所承接非诉业务较多。

14.4.3 律师事务所业务介绍

律师事务所涉及八大类业务:诉讼和仲裁、银行及金融业务、外商投资咨询代理业务、公司业务、房地产业务、知识产权业务、生命健康业务、财税服务。

1. 诉讼和仲裁

诉讼和仲裁业务主要包括:金融领域所发生的各类纠纷;房地产开发、交易、经营过程中和后期管理中的各类纠纷;公司设立、经营、变更过程中产生的各类纠纷;知识产权权属及侵权纠纷;各类因合同而引发的债权和债务纠纷;国际贸易纠纷及海商、海事案件;行政复议及行政诉讼;各类刑事案件;医疗医药和环境保护纠纷;税法纠纷。

2. 银行及金融业务

银行及金融业务包括：为金融机构及融资人提供法律意见和操作方案；为商业贷款、银团贷款及相应的担保活动提供法律服务；为贸易融资、出口信贷和保险提供法律服务；为外汇结算、对外担保等提供法律服务；人民币股票（A股）发行上市；境内上市外资股（B股）发行上市；境外上市外资股（H股、N股）发行上市；境内外优先股发行上市；集合资金贷款信托和股权信托凭证发行的策划。

3. 外商投资咨询代理业务

外商投资咨询代理业务包括：参与设计投资方案，进行可行性研究，出具法律意见；参与谈判，起草相关合同文本、章程等法律文件；代理申请审批及相关部门的手续。

4. 公司业务

公司业务包括：参与公司的设立、变更、终止等事务；参与企业的收购、兼并、资产重组、改制等事务；参与企业的内部制度及规章建设；为企业的经营、管理提供法律上的咨询意见。

5. 房地产业务

房地产业务包括：为房地产项目立项、融资、规划提供咨询及相关的法律服务；为土地批租、出让、拆迁安置等前期工作提供法律服务；参与土建工程、市政配套工程、设备采购及安装的招标、投标；代理商品房销售、预售、按揭、抵押及权属登记；为房屋的经营、物业管理提供法律服务；建筑和安装企业的合同制定和项目的全过程监管。

6. 知识产权业务

知识产权业务包括：代理商标权、专利权、版权的权属申请、登记及海关保护登记；为知识产权的许可使用、转让、权利保护和特许权及赞助提供咨询及代理；代理进行反不正当竞争调查，为商业秘密的保护提供咨询及方案设计；代理侵权监管及反假冒调查和取证；参与技术转让、知识产权的使用许可的谈判和起草合同及策略咨询；代理计算机软件权属登记和数据及远距离通信权利的保护及因特网打假；代理平行进口的调查和取证。

7. 生命健康业务

生命健康业务包括：为外资医疗机构和制药企业提供企业审批及代理市场准入审批；调解医患纠纷和为医疗医药事故鉴定提供法律意见；为政府和企业的环境保护及个人环境污染损害赔偿提供法律意见；为医疗医药机构的履行告知义务提供和设计法律文件；为美容服务和保健品效用的争议提供解决方案；为医学临床、病理、药理、医疗程序纠纷提供法律责任分析。

8. 财税服务

财税服务包括：为企业、个人筹划税收方案及选择最合适的纳税经济模式；提供税法咨询和财务会计制度的咨询及最新法规的咨询；解答税收政策的适用范围及提供具体执行的法律意见；为合理避税提供对弈模式的法律意见，参与税收纠纷的听证和责任论证；代理税收申报、减免税和退税；为企业的国际双重税收避免提供策划和咨询；为企业兼并、收购提供审慎调查；为工程建筑预决算的审查提供法律意见。

14.4.4 国内律师事务所设立条件

14.4.4.1 国内律师事务所设立条件

律师事务所可以由律师合伙设立、律师个人设立或者由国家出资设立。合伙律师事务所可以采用普通合伙或者特殊的普通合伙形式设立。

1. 设立律师事务所的基本条件

设立律师事务所应当具备下列基本条件:有自己的名称、住所和章程;有符合《律师法》及《律师事务所管理办法》规定的律师;设立人应当是具有一定的执业经历并能够专职执业的律师,且在申请设立前三年内未受过停止执业处罚;有符合《律师事务所管理办法》规定数额的资产。

2. 设立普通合伙律师事务所的条件

设立普通合伙律师事务所,除应当符合设立律师事务所具备的基本条件外,还应当具备下列条件:有书面合伙协议;有三名以上合伙人作为设立人;设立人应当是具有三年以上执业经历并能够专职执业的律师;有人民币30万元以上的资产。

设立特殊的普通合伙律师事务所,除应当符合设立律师事务所具备的基本条件外,还应当具备下列条件:有书面合伙协议;有20名以上合伙人作为设立人;设立人应当是具有三年以上执业经历并能够专职执业的律师;有人民币1 000万元以上的资产。

3. 设立个人律师事务所的条件

设立个人律师事务所,除应当符合设立律师事务所具备的基本条件外,还应当具备下列条件:设立人应当是具有五年以上执业经历并能够专职执业的律师;有人民币10万元以上的资产。

4. 国家出资设立律师事务所的条件

国家出资设立的律师事务所,除符合《律师法》规定的一般条件外,应当至少有二名符合《律师法》规定并能够专职执业的律师。需要国家出资设立律师事务所的,由当地县级司法行政机关筹建,申请设立许可前须经所在地县级人民政府有关部门核拨编制、提供经费保障。

省、自治区、直辖市司法行政机关可以根据本地经济社会发展状况和律师业发展需要,适当调整本办法规定的普通合伙律师事务所、特殊的普通合伙律师事务所和个人律师事务所的设立资产数额,报司法部批准后实施。

设立律师事务所,其申请的名称应当符合司法部有关律师事务所名称管理的规定,并应当在申请设立许可前按规定办理名称检索。

14.4.4.2 律师事务所负责人人选

律师事务所负责人人选,应当在申请设立许可时一并报审核机关核准。合伙律师事务所的负责人,应当从本所合伙人中经全体合伙人选举产生;国家出资设立的律师事务所的负责人,由本所律师推选,经所在地县级司法行政机关同意。个人律师事务所设立人是该所的负责人。

14.4.4.3 律师事务所章程

律师事务所章程应当包括下列内容：（1）律师事务所的名称和住所；（2）律师事务所的宗旨；（3）律师事务所的组织形式；（4）设立资产的数额和来源；（5）律师事务所负责人的职责以及产生、变更程序；（6）律师事务所决策、管理机构的设置、职责；（7）本所律师的权利与义务；（8）律师事务所有关执业、收费、财务、分配等主要管理制度；（9）律师事务所解散的事由、程序以及清算办法；（10）律师事务所章程的解释、修改程序；（11）其他需要载明的事项。

设立合伙律师事务所的，其章程还应当载明合伙人的姓名、出资额及出资方式。律师事务所章程的内容不得与有关法律、法规、规章相抵触。律师事务所章程自省、自治区、直辖市司法行政机关做出准予设立律师事务所决定之日起生效。

合伙协议应当载明下列内容：（1）合伙人，包括姓名、居住地、身份证号、律师执业经历等；（2）合伙人的出资额及出资方式；（3）合伙人的权利、义务；（4）合伙律师事务所负责人的职责以及产生、变更程序；（5）合伙人会议的职责、议事规则等；（6）合伙人收益分配及债务承担方式；（7）合伙人入伙、退伙及除名的条件和程序；（8）合伙人之间争议的解决方法和程序，违反合伙协议承担的责任；（9）合伙协议的解释、修改程序；（10）其他需要载明的事项。

合伙协议的内容不得与有关法律、法规、规章相抵触。合伙协议由全体合伙人协商一致并签名，自省、自治区、直辖市司法行政机关做出准予设立律师事务所决定之日起生效。

14.4.5 国内律师事务所金融市场功能与作用

国内存在不少专注于金融与资本市场业务的律师事务所，以金融市场上的机构和工具为核心服务内容，能够广泛、深入地提供有关各类金融机构和各类金融工具的法律服务。

从金融机构角度看，国内律师事务所可以为商业银行、信托公司、证券公司、基金公司及基金子公司、保险公司及保险资管公司、集团财务公司、金融租赁公司、期货公司、汽车金融公司等金融机构提供设立、中外合资、并购、改组、重组及破产清算等法律服务。

从金融产品和工具角度看，国内律师事务所的服务覆盖各类金融产品，具体大致可以分为两大类——贷款间接融资市场和证券资本市场法律服务。

一是间接融资市场相关的贷款和债务，包括并购贷款及杠杆融资、资产融资、企业银行贷款、信托贷款、项目融资、破产重组、政府与社会资本合作（PPP）项目、不良资产处置等业务。

该类金融产品的客户，包括国内外银行、国有企业、民营企业及外商投资公司。律师事务所会代表借款人、贷款人和代理人等机构或主体参与交易，提供具有商业价值的法律意见。

二是资本市场上的证券发行、交易相关的法律服务。律师事务所可以为公司、金融机构等发行人和承销商客户提供包括股票、债券以及资产证券化等产品发行时所需的法律服务，包括首次公开发行（IPO）和再融资、发行企业债券、上市公司的并购、私募股权融资、私募股权基金的设立和投资、衍生工具及资产证券化等结构性融资、跨境证券交易、其他相关证券交易。

本章小结

1. 评级公司的业务范围主要包括主体评级、债项评级以及机构投资者服务、企业社会责任评价、公司治理评价、私募股权基金风险评价、基金评级、信用风险管理咨询等评价和咨询业务等。

2. 信用评级的方法是指对受评客体信用状况进行分析并判断优劣的技巧，贯穿于分析、综合和评价的全过程。按照不同的标志，信用评级方法有不同的分类，如定性分析法与定量分析法、主观评级方法与客观评级法、模糊数学评级法与财务比率分析法、要素分析法与综合分析法、静态评级法与动态评级法、预测分析法与违约率模型法等，上述分类只是简单的列举，同时还有各行业的评级方法。这些方法相互交叉，各有特点，并不断演变。

3. 担保公司的资质主要从三个方面来判断：担保公司承担的风险、担保公司具备的安全垫和担保公司的市场评价。

4. 会计师事务所经营范围包括审查企业会计报表，出具审计报告，验证企业资本，出具验资报告，办理企业合并、分立、清算事宜中的审计业务，出具有关报告，基本建设年度财务决算审计，代理记账、会计咨询、税务咨询、管理咨询、会计培训、法律和法规规定的其他业务（企业经营涉及行政许可的，凭许可证经营）

5. 律师事务所的主要职能包括：接受公民、法人其他组织的聘请，担任法律顾问；接受民事案件、行政案件当事人的委托，担任代理人参加诉讼；接受刑事案件犯罪嫌疑人的聘请，为其提供法律咨询、代理申诉、控告，申请取保候审，接受犯罪嫌疑人、被告人的委托，或者人民法院的指定，担任辩护人，接受自诉案件自诉人、公诉案件被害人或者其近亲属的委托，担任代理人，参加诉讼；代理各类诉讼案件的申诉；接受当事人的委托，参加调解和仲裁活动；接受非诉讼法律事务当事人的委托，提供法律服务；对符合法律援助条件的对象提供法律援助或接受指派提供法律援助；解答有关法律的咨询、代写诉讼文书和有关法律事务的其他文书。

本章重要术语

信用评级　主体评级　债项评级　非请求信用评级　请求信用评级　国家主权信用评级　企业信用评级　要素分析法　担保　在保余额　在保余额增长率　担保放大倍数　担保营收占比　风险集中度　间接融资担保　直接融资担保　会计师事务所　审计业务　律师事务所　诉讼　仲裁

思考练习题

1. 信用评级公司的作业流程是什么?
2. 担保公司的风险考量角度有哪些?
3. 会计师事务所的职能是什么?
4. 律师事务所所涉及的业务有哪些?

参考文献及进一步阅读建议

[1] 黄洁莉:"英、美、中三国会计师事务所组织形式演变研究",《会计研究》,2010年第7期。

[2] 李振宇:《信用评级理论与实践》,中国金融出版社,2015。

[3] 王隽:《律师事务所管理前沿》,社会科学文献出版社,2007。

[4] 张维:《金融机构与金融市场》,科学出版社,2008。

相关网络链接

标普网站:http://www.standardandpoors.com/en_US/web/guest/home

惠誉网站:https://www.fitchratings.com/site/home

穆迪网站:https://www.moodys.com/

会计网资讯:http://news.kuaiji.com/

中国担保产业信息网:http://www.cncga.org/

中华人民共和国中央人民政府:http://www.gov.cn/

第 15 章
金融监管*

洪　鲨、王焕舟（国泰君安证券）

学习目标

通过本章学习，读者应做到：
◎ 了解国际金融监管发展、现状与治理框架
◎ 熟悉巴塞尔协议演进历程及主要影响
◎ 理解巴塞尔协议Ⅲ的主要内容
◎ 了解中国金融监管体系发展沿革、发展趋势和金融监管新格局
◎ 熟悉中国人民银行、中国证监会、中国银保监会、金融委等主要监管机构职责
◎ 理解 MPA 宏观审慎监管体系和资管新规具体要求

开篇导读

实践证明，经济决定金融，金融会反作用于经济；金融与经济，共生共荣。可以说，金融是现代经济的核心，金融市场是配置经济资源的重要枢纽。与此同时，金融业又是存在诸多风险并具有公共性和全局性的特殊行业，一旦引发危机将影响千家万户和国民经济的方方面面。因此，金融安全直接关系到社会与政治的稳定，而良好的金融秩序又是保障

---
* 本章由陈锐（成都银行）审校。

金融安全的重要前提。但在现实的金融运行过程中，难免有各类扰乱金融市场秩序、损害金融消费者利益的违法行为和风险事件发生，这就需要通过金融监管来加以防范和处置。

所谓"监管"，是制定规则并监督执行之意。金融监管有狭义和广义之分：狭义的金融监管是指一国中央银行及其他金融监管机构根据法律、法规对金融体系（包括金融机构、金融市场和金融活动）实施的监督管理工作，以保障金融市场公平竞争、金融体系持续、健康、稳定发展；广义的金融监管则在上述含义之外，还包括了国际性金融监管组织、同业自律性组织及相关社会中介组织进行的金融监管工作。实施金融监管是为了维护社会公共利益，防止金融市场失灵，而在政府主导下对金融体系的运作开展的适当的干预，为金融资源优化配置建立起一系列的金融政策体系与调节机制，从而为实体经济发展创造良好的金融环境。

2008年的全球金融危机给全球各国的金融业和实体经济带来了严重影响，这场始于华尔街的金融危机暴露了美国金融体系与实体经济严重脱节的缺陷，再次警示各国金融创新的边界，以及国民经济发展必须立足于实体经济的客观现实。每一次危机也意味着金融监管的失败和随之而来的重大变革。在金融危机平息后的数年里，国内外各界剖析、反思这场金融危机产生的原因，各国政府相关部门也基于学习的经验、吸取的教训，不断加强金融监管力度、升级金融监管措施。然而，金融监管的核心，并不仅体现在调整金融监管组织架构、出台更严格的监管规则、加大监管执行力度上，更表现在提升风险防范能力的基础上，让金融能更有效地服务实体经济。

站在全面深化改革的十字路口，金融新业务、新产品不断涌现，这既是我国金融行业发展的机遇期，也是金融风险的多发期，对金融监管工作带来了挑战。风险防范是金融机构日常开展业务的关键，防止发生系统性金融风险也是维护整个金融体系稳定，需要长久应对的主题。因而，无论从"一委一行两会"（国务院金融稳定发展委员会，中国人民银行、中国银行保险监督管理委员会、中国证券监督管理委员会）的监管架构建立，还是在规范机构行为和市场风险管理等实际规则的设定，核心目标都是为推动金融监管的协调和统一，促进金融监管能力与现代金融市场发展水平与对外开放程度相匹配，建设符合中国国情和国际标准的金融监管体系。

通过本章的学习，我们可以掌握国际金融监管治理框架、危机后国际金融监管的改革情况、《巴塞尔协议》体系内容、国内金融监管现状与趋势，以及对金融监管的目标、内涵、模式、方式等有基本的了解，并可把握当前国际与国内金融监管最主要的发展动态，为理解金融运行中的监管逻辑奠定基础。

15.1 国际金融监管治理框架

15.1.1 国际金融监管体制

15.1.1.1 国际金融监管发展与现状

1. 金融监管的必要性

金融是现代经济的核心,其稳定的运行能够有效地促进经济发展。但金融市场又是脆弱的,由于信息不对称、投机过度和金融寡头垄断等原因,金融市场的无序和低效时常发生。随着金融危机的频度和剧烈程度不断提升,尤其是20世纪30年代"大萧条"之后,人们意识到金融危机所产生的巨大外部性和经济社会成本,仅仅依靠市场自律或市场化的约束机制无法弥补市场失灵、防范系统性金融风险。为维护公共利益,政府仍需进行适当的干预,通过"监管"这双有形之手构建金融监管制度。

随着当代经济全球化、金融自由化的不断发展,各国金融相关度进一步提高,金融监管也在不断走向全球化、国际化。如今国际金融监管已成为国内金融监管的延伸和扩展。各国政府之间通过国际组织及一系列的国际公约协调和合作来降低金融风险,减少金融风险的国际传播。

2. 国际监管组织机构发展

自1945年世界银行、国际货币基金组织成立后,国际社会陆续建立了若干国际金融监管机构,如银行领域的巴塞尔银行监管委员会(Basel Committee on Banking Supervision,BCBS)、证券领域的国际证监会组织(International Organization of Securities Commissions,IOSCO)、保险领域的国际保险监督官协会(International Association of Insurance Supervisors,IAIS)等。这些机构并没有相应的国际条约作为成立依据和组织法,不同于传统意义上的政府间国际组织和一般所说的非政府组织。作为各国和地区金融主管机关的联合体,它们的主要职责是制定和协调相应领域的金融监管标准,供成员方金融监管机构采纳和遵循。

2008年全球金融危机爆发以后,G20等国际高端峰会已就国际金融监管合作达成一致看法,要求建立起全球范围内的监管系统,利用统一的监管机构推动金融危机后金融秩序的重建,强化制度基础,树立高标准监管框架。2009年4月,既有的金融稳定论坛(Financial Stability Forum,FSF)升级为金融稳定理事会,以更好地促进金融稳定。另外,国际货币基金组织等国际组织发挥着一定的组织与协调作用,巴塞尔各项协议、国际证监会、国际保险监督官协会在分行业金融领域为国际金融监管合作提供了协调框架和法律支持。

目前,国际金融监管合作的法律文件主要有以下两方面:一方面是分业国际组织制定的相关协议,其中知名度最高的是巴塞尔委员会制定的主要针对银行的巴塞尔系列协议,还有国际证监会组织和国际保险监督官协会发布的对证券、保险业监管的法律文件;另一方面是WTO、国际货币基金组织等国际组织发布的法律文件中有关国际金融监管合作方面的内容，还有G20、达沃斯论坛等国际性论坛所达成的共识和在其领导下建立的相关制度。总的来说，国际金融监管合作规则是以巴塞尔协议为代表的"软法"为主，以正式国际组织发布的"硬法"为辅。

15.1.1.2 国际金融监管体制与组织

1. 国际主要金融监管体制

从全球范围来看，各国和地区监管体制大体可以分为三类：

第一类是分业监管体制，即银行、证券、保险等分别由不同的监管机构监管。如美国的银行、保险、证券机构是由不同行业的监管当局分别进行监管。第二类是统一综合监管体制，即一家金融监管当局负责全面的金融监管。日本就是典型的统一综合监管体制，从组织架构来看，由金融厅进行统一监管。第三类被称为"双峰"监管体制，即由两个金融监管当局分别负责对系统性风险进行审慎监管和对金融机构行为进行合规监管。澳大利亚率先实行了"双峰"监管体制，其于1998年成立金融审慎监管局（Australian Prudential Regulation Authority，RPRA），负责对吸收存款机构和保险机构等的审慎监管职责，并将金融行为监管的职责交给证券与投资委员会（Australian Securities & Investments Commission，ASIC）。在金融危机后，英国也由统一监管转变为"双峰"监管。

三种不同的监管体制有各自的特点：

分业监管体制的优势在于专业化程度高，各监管机构分工明确，但可能导致监管不一致、监管协调成本过高，对交叉业务监管不足或过度监管等问题。

统一综合监管体制的优势在于信息与决策效率较高，监管协调成本较低，确保监管的统一性和全面性，但不同监管对象的治理机制可能存在冲突，同时监管权力过于集中、缺乏竞争也可能造成监管效率下降。

"双峰"监管体制的主要优势是监管标准相对统一，套利空间较小，同时给予消费者充分保护，但两个监管机构监管内容存在重叠，两个监管目标有时无法兼顾，监管协调成本较高。

因此，三种监管体制没有好坏优劣的区别。不同国家需要根据本国和地区的金融体系发展、面对的主要问题、监管体制沿革和体制变革成本等各方面综合考虑选择并完善最适应其国情的金融监管体制。

2. 国际金融监管合作框架

现有的国际金融监管合作治理框架主要由金融稳定理事会（2009年成立）、国际会计准则理事会（2001年成立）、世界贸易组织（1995年成立）、国际保险监督官协会（1994年成立）、国际证监会组织（1983年成立）、巴塞尔银行监管委员会（1974年成立）、国际货币基金组织（1945年成立）、世界银行（1945年成立）、国际清算银行（1930年成立）等众多国际金融监管机构组成。

国际货币基金组织、世界银行和世界贸易组织（前身为"关贸总协定"）是在布雷顿森林会议上设想建立的，覆盖世界经济的货币、金融、贸易三大方面。金融稳定理事会作为加强金融市场监督和开展国际合作与协调的平台，通过召开会议对金融体系中可能存在的不稳定因素交换意见，目前已经成为各个国家和地区、国际金融监管机构的重要协调者。国际清算银行作为国际货币基金组织和世界银行的附属机构，其宗旨是促进各国中央银行在国际清算方面的合作。巴塞尔银行监管委员会、国际证监会组织和国际保险监督官协会分别对国际银行业、证券业和保险业进行监督协调。国际会计准则理事会主要通过制定统一会计准则进行协调。

目前，国际金融监管框架如图 15-1 所示。

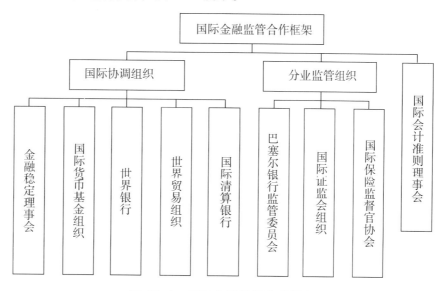

图 15-1　国际金融监管合作框架

15.1.1.3　危机后国际金融监管的改革

1. 改革背景

2008 年的全球金融危机给全球各国的金融业和实体经济带来严重影响，暴露了当时全球宏观审慎监管薄弱、对银行以外的金融机构监管重视程度不强、信息不对称导致跨境金融机构风险增大等多方面的问题。各国政府和学者共同研究此次金融危机，出台金融监管改革方案，并通过 G20 集团金融峰会等各种途径，加强国际金融监管协调与合作。与此同时，美国、英国、欧盟等也分别出台金融监管改革方案，以应对金融危机的影响，以保证全球金融稳定与经济增长，防止类似金融危机重演。

2. 改革内容

加强监管力度，扩大金融监管范围。危机前，各国监管机构都尽可能减少对市场主体的干预，相信市场主体会完善对风险的管控，如美国提出的"最少的监管就是最好的监管"、英国的"轻触式监管"、荷兰的谨慎干预等。金融危机爆发后，美国金融危机调查委员会展开了对危机后"经验教训"的分析，认为正是尊重市场的自我纠正特质妨碍了监管者对银行的行为加以规范。2012 年 4 月，时任美联储主席的伯南克在一次讲座中提到了自己从金融危机中得到的一个重要教训，即美联储需要将金融监管放在与货币政策同等重要的位置。随后各国在金融监管方面发生了近乎颠覆的转变，极大地加强了监管力度。最具代表的是国际货币基金组织提出的"良好监管五要素"：第一，具有侵入性，即监管者要具有前瞻性，通过现场监管和非现场分析深入了解被监管对象，摆脱传统监管指标的限制，将重要要素纳入监管框架；第二，具有主动性，要意识到规则清单不足以描绘金融世界的复杂性，更主动地运用监管规则和权限，展开主动监管；第三，具有全面性，监管者要分别从金融市场发展与市场风险前沿两个视角，对金融机构行为进行评价；第四，具有适应性，也就是必须努力具备识别行业内新风险的能力；第五，要形成决定性的结论，要敢于针对问题展开行动，向市场传递明确信号。

金融危机后，各国都制定了进一步扩大监管范围的监管方案，不仅局限于银行，还关注业务规模大且复杂程度高的非银行金融机构。金融稳定理事会经过评分程序，在2013年公布了全球9家全球系统重要性保险集团（G-SII），并考虑对其适用更高的监管要求。美国财政部加强了对金融衍生产品的监管，特别是场外衍生产品和资产支持证券，对任何可能会给金融体系带来实质性风险的金融机构都要进行强有力的监管。欧盟2010年11月11日通过的《对冲基金监管法案》也将对冲基金和私募股权基金纳入到监管体系中。英国财政部在其金融监管体系改革方案中，明确说明需要加强对对冲基金等影子银行的监管，并要求金融服务局加强对非监管领域的关注，提高其在这方面的信息搜集权，有权力随时决定把危及金融稳定的领域纳入到监管中来。

加强宏观审慎监管，维护国际金融环境稳定。全球金融危机的主要原因就是宏观审慎监管[①]的缺失使得一系列的金融监管出现真空。因此金融危机之后，人们更加重视金融体系的顺周期性和系统重要性金融机构的监管问题。宏观审慎监管的重要性得到了前所未有的关注。各国协同金融稳定理事会、巴塞尔委员会建立了宏观审慎监管框架，具体表现在：

一是对金融体系的顺周期性实施有效的宏观审慎监管，推动银行监管标准实施，以抵御信贷过快增长而导致的系统性风险积累情况下的损失。美国金融监管改革方案建议巴塞尔银行监管委员会继续修改和完善巴塞尔新资本协议，制定更加准确的适用于交易账户和证券化产品的风险权重，实行补充性杠杆比率。同时建议对巴塞尔新资本协议进行深度评估，以减少其顺周期影响。英国金融监管改革方案着重强调核心资本的作用，通过提高核心资本充足率，来解决危机中银行资本金不足问题。在资本数量上，银行应

---

① 宏观审慎最早是在1979年6月召开的库克委员会（巴塞尔委员会前身）会议中提出的。之后，英格兰银行在1979年10月发表的文件中，将宏观审慎与微观审慎进行了对比分析，并指出宏观审慎监管应当被作为微观审慎监管的补充。1997年亚洲金融危机爆发，国际金融机构开始关注金融体系的宏观审慎监管。2000年10月，在国际银行监管会议上国际清算银行通过对微观审慎监管和宏观审慎监管进行比较，对宏观审慎监管进行了明确的定义。国际清算银行指出宏观审慎监管具有两个显著特征：一是宏观审慎监管的目的是限制发生危机时金融体系整体的损失，一方面是为了加强对宏观经济走势的预警，另一方面是为了减少金融危机对经济活动的影响；二是金融系统的总风险取决于金融机构的集体行为，即认识到金融机构的集体行为可能会对金融体系带来整体风险，而且这种风险是内生的。国际清算银行将宏观审慎监管分为两个维度，分别是针对风险随时间变化的时间维度，及由于金融机构之间存在关联性和相似风险暴露而产生风险的空间维度。时间维度监管着眼于整个系统中金融风险的跨时间分布，即关注金融体系内的顺周期问题，并探讨如何抑制这种顺周期。空间维度监管则关注一定的时点上，由于金融机构业务上的同质性，金融风险同时在所有开展同类业务的金融机构之间分布。至此，宏观审慎监管的定义经过不断地被讨论和修正，得到了较此前更为清晰准确的界定。

增加足以应对金融风险的高质量资本，特别是提高交易账户的资本要求，并增加逆周期资本监管措施。

二是建立系统重要性金融机构的识别框架。金融机构"大而不倒"是指金融机构规模太大，如果倒闭，会对实体经济和金融系统产生毁灭影响，因此不能破产。这使得金融机构有动机持有过高的风险暴露，产生较大的道德风险。"大而不倒"一直都是金融监管需要解决的一个难题。强化对系统重要性金融机构的监管主要有以下三方面：第一是提出系统重要性金融机构的判断标准，用规模、关联度、可替代性、复杂性、全球活跃程度等指标筛选出全球系统重要性银行（G-SIB）。第二是强化对全球系统重要性银行的监管，对其风险治理架构、审慎监管指标、数据汇总分析，提出比一般银行更高的要求。其中一个最重要的方面是提高资本充足率要求，与此同时系统重要性金融机构需设立附加资本、自救债务工具，或有资本等来降低自身面临的系统性风险，并从2016年起开始执行。第三是为系统重要性金融机构制定综合性处置措施，在发生危机时，促其恢复正常经营或者平稳地退出。

加强银行业监管，建立监管新标准和新指标。《巴塞尔协议Ⅰ》于1988年推出，经过2004年《巴塞尔Ⅱ》，在2010年9月12日，巴塞尔委员会的27个成员方的中央银行代表就加强银行业监管达成新的《巴塞尔协议Ⅲ》，在资本充足率、杠杆率监管、流动性监管等方面大幅提高了监管力度。

提高资本充足率监管水平。《巴塞尔协议Ⅲ》对一级资本工具和二级资本工具分别建立了严格的合格标准。在新的资本定义下，《巴塞尔协议Ⅲ》大幅提高了资本充足率水平，规定从2015年1月1日起，一级资本充足率的下限从4%提高至6%，核心一级资本充足率水平由2%提高至4.5%，而总资本充足率仍维持8%的水平不变。《巴塞尔协议Ⅲ》还建议各国根据具体情况建立资本留存缓冲（capital conservation buffer）、建立与信贷过快增长挂钩的反周期超额资本（counter-cyclical buffer），用于经济下行时期吸收损失，保持信贷跨周期供给平稳。

提出了杠杆率监管指标。在本次金融危机中，许多银行虽然达到了资本充足率的标准，但由于金融创新积累了过高的杠杆率，显著放大了金融体系脆弱性的负面影响。因此《巴塞尔协议Ⅲ》提出了杠杆率监管指标，防止银行由于过高的杠杆率带来的系统性风险，《巴塞尔协议Ⅲ》规定自2013年年初起按照3%的杠杆率标准对金融机构进行监控。

建立流动性风险量化监管标准。《巴塞尔协议Ⅲ》提出了两个流动性监管指标，分别是流动性覆盖比率（liquidity coverage ratio，LCR）和净稳定资金比率（net stable funding ratio，NSFR）。流动性覆盖比率衡量银行持有的无变现障碍的优质资产储备应对短期流动性压力的能力；净稳定资金比率衡量的是银行抵抗长期流动性风险的能力。

重视行为监管，保护投资者的合法权益。行为监管是1995年迈克尔·泰勒（Michael Taylor）在"双峰监管"理论中提出的。他认为，金融监管存在两个目标：一是审慎性目标。分为微观审慎，旨在维护金融机构的稳健运行；宏观审慎，维护整个金融系统的稳定，防止发生系统性金融危机。二是致力于提高金融效率的行为监管目标，包括保护投资者权益、促进公平的竞争、提高市场透明度、建设市场诚信，减少金融犯罪五方面。危机发生前监管当局以审慎监管为主，但是伴随着金融市场的发展，各类金融机构相互渗透，提供越来越复杂的金融产品。金融交易中的信息不对称、消费者的信息偏差以及金融机构的不规范行为对金融稳定构成严重威胁，导致市场机制无法有效发挥。因此危机后，行为监管得到重视，许多国家都设立了专业化的金融消费者保护机构。如美国国会通过的《多德·弗兰克法案》提出设立金融消费者保护局（Consumer Financial Protection Bureau，CFPB）；英国也由统一监管转变为审慎和行为监管并重的"双峰"监管；欧盟则在欧洲金融监管体系（European System of Financial Supervisors，ESFS）中，将金融消费者保护列为核心工作任务。这些措施有利于维护市场秩序，规范市场的行为，提高信息透明度，减轻风险传递和扩散的危害，有助于增强公众对金融系统的信心，从而增强整个金融系统的稳定性。

3. 改革影响

金融监管理念转变，微观与宏观审慎监管并重。金融危机后各国监管更加强调审慎监管和行为监管，并将这些理念通过调整监管组织架构、发布新的监管法案贯彻落实。微观审慎监管强调对单个金融机构的风险监管，而宏观审慎监管着眼于整个金融系统的稳定。由于金融体系以及整个经济系统是一个极其复杂的非线性系统，对它的分析和预测十分困难。而且随着金融创新的不断发展，经济金融的全球化，各国金融机构的关联性大大加强，风险的传播更加迅速并难以监控，只是单一对独立金融主体安全和稳健进行监管的微观审慎监管不能充分保证整个金融系统的稳定。在监管实践中，各国都通过将宏观审慎监管提到了相当重要的位置，并与微观审慎监管相结合以达到更好的监管效果。除了审慎监管，行为监管等监管也被广泛接受和重视。

扩大国际监管合作，建立统一监管标准。金融全球化的背景下，各国的大型跨国金融机构业务不断开展跨国金融活动和拓展非传统金融业务，而各国的金融监管机构却常常受限于国别，再加上国际金融监管体系并不完善，合作成本较高，这使得跨国金融机构系统性金融风险和跨境资本流动性风险较大。任何一个国家都无力单独防范和处置全球性的金融危机，扩大国际监管合作是抗击下一次全球金融危机的必然选择。因此，各国都在致力于加强跨境金融信息共享，实现联合监管。

金融监管的国际合作势必要形成统一的监管标准，如果各国在监管措施上松紧不一，不但会削弱各国监管措施的效应，而且还会导致国际资金进行大规模的投机性转移，从而影响国际金融的稳定。如巴塞尔银行监管委员会通过的巴塞尔协议统一了国际银行的资本定义与资本率标准。G20领导人也呼吁建立全球统一的、高质量的全球会计标准，要求国际会计准则理事会（International Accounting Standards Board，IASB）和美国财务会计标准委员会（US Financial Accounting Standard Board，US FASB）在2011年年底前完成会计标准的趋同。各种国际性监管组织也通过合作与交流统一和规范监管标准。

国际金融监管机构升级，新兴经济体获更大话语权。此次金融危机对国际金融监管治理架构造成了重大影响，由于新兴国家和地区的长期快速发展，相对西方经济长期向上的趋势并没有发生变化，新兴和发展中经济体GDP占全球GDP的比重近一半。经济是金融的基础，因此在国际金融监管合作中新兴市场经济体的话语权将显著上升。G20取代G8成为国际金融监管合作的重要平台。而原来的金融稳定论坛也将成员扩充至G20全部成员，升级成为金融稳定理事会负责评估全球金融系统性风险以及协调国际监管。2009年6月，巴塞尔委员会的成员也同样扩充至G20的全部成员，并且把新加坡和中国香港也纳入其中。虽然这次金融危机并没有动摇西方发达国家在国际经济、金融格局中的主导地位，但发展中国家和地区的金融实力不断增强，在国际金融秩序中逐渐获得更大的话语权。

15.1.2 国际金融监管主要框架——《巴塞尔协议》体系

15.1.2.1 《巴塞尔协议》的演进历程

1. 巴塞尔委员会的起源

20世纪70年代以来，伴随着全球经济一体化掀起的金融创新浪潮，国际金融市场如日中天。然而各国的金融监管水平良莠不齐，导致了国际监管的"真空地带"。这给外资银行提供了逃避东道国监管的机会，并且造成了外资银行监管的不充分和低效率。1974年，美国的富兰克林国民银行（Franklin National Bank）在外汇交易中亏损严重，出现大量不良资产，最终被7家欧洲银行联合接管。同年6月，德国的赫斯塔特银行（Herstatt Bank）和英国的以色列银行（Bank of Israel）也因为无法偿付外汇交易中导致的巨额亏损而倒闭。上述事件对各国经济带来了巨大影响，并在全球范围内引起了连锁反应。同时，受到此次危机的影响，各国逐渐提高了建立统一国际银行监管体系的意识，这促使了巴塞尔委员会的产生。

国际金融市场在遭受剧烈的冲击之后，为统一并加强银行体系整体风险管控水平，十国集团的中央银行行长们商议在1975年2月成立巴塞尔银行监管委员会（以下简称"巴塞尔委员会"）。成立初期，巴塞尔委员会成员方包含美国、英国、瑞士、瑞典、荷兰、卢森堡、意大利、德国、法国、日本、加拿大和比利时的银行监管当局和各国中央银行的高级代表。巴塞尔委员会秘书处设立在国际清算银行，主席由各成员方轮流担任。巴塞尔委员会的主要职责是加强各国银行监管当局之间的沟通协作，建立各国一致认可的最低监管标准以及维护国际银行体系的稳定运行。

全球经济一体化加速了部分地区发展中国家和地区的崛起，伴随着这些国家和地区实力的增长，全球经济架构也在不断地变化。为适应新兴经济体的快速发展和其对于国际金融形势逐渐增强的影响，巴塞尔委员会成员逐步扩充。2009年3月，巴塞尔委员会将俄罗斯、墨西哥、韩国、印度、中国、巴西和澳大利亚纳为成员方。2009年6月，土耳其、沙特阿拉伯、南非、印度尼西亚、阿根廷、新加坡以及中国香港也加入了巴塞尔委员会。至此，巴塞尔委员会的成员扩展到了世界上27个主要国家和地区。[1]

2. 巴塞尔协议出台的背景

巴塞尔协议的出台可以追溯到20世纪70年代。当时，国际大型商业银行业务日益广泛，金融操作与工具创新层出不穷。1974年，三家大型国际商业银行接连倒闭，重创国际金融市场，造成了全球性的通货膨胀，世界各国利率波动剧烈。这段时间，国际商

---

[1] 包括阿根廷、澳大利亚、比利时、巴西、加拿大、中国、中国香港、法国、德国、印度、印度尼西亚、意大利、日本、韩国、卢森堡、墨西哥、荷兰、俄罗斯、沙特阿拉伯、新加坡、南非、西班牙、瑞典、瑞士、英国、美国和土耳其。

业银行表现出以下特点：

第一，越来越脱离国内的银行管制，同时全球范围内对国际银行的监管又十分薄弱，使国际商业银行的监管出现很大的漏洞；

第二，金融操作与金融工具的创新，使银行经营的资产超过银行资本几十倍，杠杆率过高，风险增大；

第三，国际金融投资活动使一些银行从中获得暴利，也使一些银行受到巨大损失，严重损害各国存款人的利益。

1975年，巴塞尔委员会发布《银行海外分支机构监管原则》，对海外银行监管责任进行了明确的分工，规定监管的重点是现金流量与偿付能力，这是国际银行业监管机构第一次对国际商业银行发布相关监管规定。

1983年，由于各国逐步意识到不同国家的监管标准存在较大差异，同时跨国银行业务在国际市场上的监管责任划分异议颇多，巴塞尔委员会逐步认识到了《银行海外分支机构监管原则》的不足。为此，巴塞尔委员会于1983年5月针对1975年的协议发布了一则补充文件《金融市场监管者的信息交换》（Exchanges of Information between Supervisors of Participants in the Financial Markets）。

1988年7月，巴塞尔委员会就统一国际银行的资本计量和标准达成协议，协议主要针对信贷风险的评估和控制以及资本充足率确定了统一的标准和计算方法，旨在通过消除各国规定的资本数量差异，减少银行间不公平竞争。此方法源于巴塞尔委员会在1987年12月发表的资产风险监管标准建议，经过半年多的咨询磋商，在原协议的基础上修订并达成一致。

15.1.2.2 《巴塞尔协议Ⅱ》

1.《巴塞尔协议Ⅱ》的出台背景

银行业在金融产品创新层出不穷的背景下面临着风险计量和管理的变化，《巴塞尔协议Ⅰ》不再能够满足银行和监管者对于银行风险的计量和管理。银行从业人员越来越倾向于通过修改数据来达到提高资本比率的目的，实际上银行并没有真正提高自身经营的稳健性。为了更好地应对当时各项金融创新带来的风险，更新版的银行监管标准亟待推出，以保障银行资本充足状况足以覆盖实际的风险。

1999年6月，巴塞尔委员会发布新资本充足性框架草案，即《新资本协议（第一征求意见稿）》。在此草案中提出"最低资本要求"（minimum capital requirements），"外部监管"（supervisory review process）及"市场约束"（market discipline）三大银行监管支柱。本次征求意见稿中确立的三大支柱为银行监管提供了重要的参考标准，此草案可以称为巴塞尔协议改革历程中的里程碑。2001年及2003年，巴塞尔委员会先后发布《新资本协议（第二征求意见稿）》和《新资本协议（第三征求意见稿）》，对第一稿进行了十分详尽的补充和完善。2004年6月26日，经过多次征询意见和修改，巴塞尔委员会发布了《巴塞尔协议Ⅱ》。《巴塞尔协议Ⅱ》的发布为全球银行业的监管确立了全新的标准。为能够与国际接轨并加强自身监管规范，澳大利亚、新加坡、中国香港及25个欧盟成员方宣布将基于《巴塞尔协议Ⅱ》对商业银行进行监管。2006年年底，各国和地区开始正式实施《巴塞尔协议Ⅱ》。

2.《巴塞尔协议Ⅱ》主要内容

《巴塞尔协议Ⅱ》主要由三大支柱构成,分别为最低资本要求、外部监管和市场约束。《巴塞尔协议Ⅱ》风险管理体系的第一支柱是最低资本要求,该部分扩大了1988年的规则并且允许风险权重体系基于外部或者内部信用评级法;第二支柱是外部监管,目的是确保银行的头寸与其整体风险情况和策略相一致;第三支柱是市场约束,鼓励高质量的信息披露、通过鼓励利益相关者(包括银行股东、存款人、债权人等)在自身利益驱动下关心其利益所在银行的经营状况、风险状况。相比之下,《巴塞尔协议Ⅰ》只处理了三大支柱中的部分风险,比如仅用简单的方式处理了信用风险,而市场风险的管理是事后追加上去的,对操作风险则基本没有涉及。

《巴塞尔协议Ⅱ》搭建的全面风险管理体系框架如图15-2。

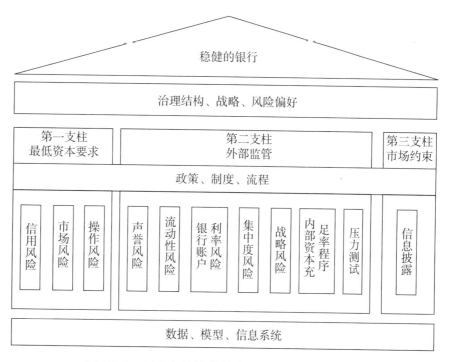

图15-2 巴塞尔协议Ⅱ的全面风险管理体系框架

资料来源:杨军,《风险管理与巴塞尔协议十八讲》,中国金融出版社,2013。

最低资本要求。最低资本要求在整个监管框架里具有举足轻重的地位,资本充足率为银行持有的资本数量除以银行的风险加权资产,在1988年的《巴塞尔协议Ⅰ》中规定为8%。在《巴塞尔协议Ⅱ》中,依旧保留最低资本充足率为8%,同时明确表示将操作风险纳入风险加权资产范围。由此可以看出,资本充足率的计算分子保持不变,但其分母风险加权资产的内容发生了改变。《巴塞尔协议Ⅰ》规定风险加权资产包括信用风险和市场风险,《巴塞尔协议Ⅱ》中明确将操作风险纳入风险加权资产范围之内。新协议实施后,面对分母端风险种类的增加,银行需要进一步扩充其资本储备,即分子端的资本总额。通过增加资本总额,银行抵御风险的能力将有较大幅度的提高。

除扩大资本充足率计算中对风险加权资产的覆盖内容外,《巴塞尔协议Ⅱ》中对于信用风险的处理办法也做出了改动。巴塞尔委员会在《巴塞尔协议Ⅱ》中提出了两种信用风险衡量办法,分别是标准法(standardized approach)和内部评级法(the internal rating based approach, IRB)。内部评级法又分为内部评级初级法和内部评级高级法。运用以上方法衡量信用风险是巴塞尔委员会对于全球银行业信贷风险计量方法的一项重大贡献。

外部监管。在新资本协议中,面对新资本协议中提及的五大目标,巴塞尔委员会认为仅仅依靠最低资本要求不足以达到预期,于是外部监管成为巴塞尔委员会在新资本协议中提出的第二支柱。《巴塞尔协议Ⅱ》第二支柱主要包括两个部分,一个是基于监管机构视角的监管复核与评估机制(supervisory review and evaluation process, SREP),一个是基于银行自身视角的内部资本充足评估程序(internal capital adequacy assessment process, ICAAP)。

监管复核与评估机制对监管机构的监督检查评估程序提出了要求,同时提出了最低资本追加和及时的监管干预。银行根据第二支柱的框架可以自行评测资本充足水平,及时调整业务规划方案,使自身资本充足水平与业务开展的深度和广度相匹配。内部资本充足评估程序从治理结构、风险评估、资本规划、监测与报告、一般性规定等几个方面完整地阐述了关于监管机构监督检查的相关内容。内部资本充足评估程序在模拟情景的方式下,使用压力测试工具对各类风险的不利变动造成的影响进行评估与管理。

第二支柱本身的建立不仅丰富了监管当局对银行的监管内容,也加速了银行管理水平和管理效率的提升。不同于第一支柱,《巴塞尔协议Ⅱ》的第二支柱价值体现在传递了全面风险管理理念,完善了治理架构和流程,突出了综合性压力测试的重要性,强化了风险端和资本端的匹配,强调了资本充足的持续性,建立了银行和监管机构的对话与反馈机制。第二支柱作为《巴塞尔协议Ⅱ》中十分重要的一环,将更多的风险种类纳入银行风险的考虑范围,进一步强化了银行资本的自我约束能力,要求银行在风险偏好限额范围内,在有限的风险约束条件下,满足监管资本要求的基础上开展业务经营,寻求使得自身利润最大化的最优解。

市场约束。《巴塞尔协议Ⅱ》的第三支柱"市场约束"是对第一支柱"最低资本要求"和第二支柱"外部监管"的补充。第三支柱设立的目的在于通过完善披露规则和安排相应制度,让市场参与者易于获取与银行适用性、资本、风险、风险评估程序和资本充足率等因素相关的重要信息,以强化市场约束效应。除此以外,市场约束还能配合监管当局强化监督工作,提高银行相关信息的透明度。

市场约束部分要求银行在一年内至少披露一次财务状况、重大业务活动以及风险管理状况。需要公布的指标主要包括资本充足比率、风险敞口、资本结构、风险管理战略以及对资本的内部评价机制等。根据新资本协议的具体要求,银行需根据信息的重要程度在资本协议的适用范围、资本构成、风险暴露及资本充足率四个方面进行披露,披露的频率为一年两次。第三支柱的内容不仅要求银行对市场进行信息披露,并且提出了在不披露的情况下能采取的明确补救措施。

第三支柱对银行有更高的要求和挑战,这些要求和挑战主要体现在银行需要不断地完善自身数据库的建设，解决数据不完全、质量不高的问题；银行需要升级自身信息系统，提高信息资源开发效率，改变信息资源利用方式，提升信息资源本身的有效性；银行还需要建立与《巴塞尔协议Ⅱ》相符的信息披露机制，并根据市场反馈机制不断完善披露内容，改进自身运营不足的现状。

从巴塞尔协议的发展历程看，其核心理念从初期单纯以资本抵御风险转变为以风险管理体系管理风险。同时，《巴塞尔协议Ⅱ》对于损失界定和资本覆盖也有了新的思路：资产的风险在于其损失的不可预测性，银行的潜在风险可以分为预期损失（expected loss）、非预期损失（unexpected loss）与极端损失（extreme loss），如图15-3所示。预期损失是商业银行在经营过程中主动吸收的部分，通过提取资产减值准备来覆盖；非预期损失由银行资本来抵御，其大小取决于两个因素：损失的分布和风险容忍水平；极端损失是资产减值准备和资本金不能覆盖的部分，需要靠金融体系的系统性应对措施解决。

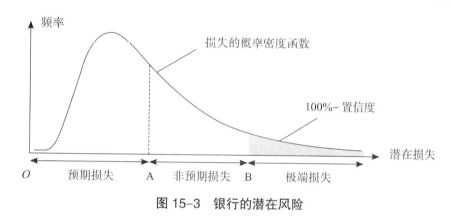

图15-3 银行的潜在风险

资料来源：杨军，《风险管理与巴塞尔协议十八讲》，中国金融出版社，2013。

《巴塞尔协议Ⅱ》的标准法承袭了《巴塞尔协议Ⅰ》中的权重法，有所不同的是在有关具体风险暴露的分类以及权重处理方式上，《巴塞尔协议Ⅱ》做出了更细致的区分。而新发展出的内部评级法允许银行通过构建自己的内部评级体系，依监管要求收集相关数据，建立模型评估各类风险的违约概率（probability of default，PD）、违约损失率（loss given default，LGD）、违约风险暴露（exposure at default，EAD）和有效期限（maturity，M）四个因子，并按照给定的规则计量风险加权资产。之所以做出这样的改进安排，是由于随着金融创新和风险量化技术的不断发展，市场参与机构越来越多地进行监管资本套利，其中最常见的方式是资产证券化。在《巴塞尔协议Ⅰ》下，对各类不同的资产给予不同的风险权重，为了节约资本，市场参与机构有动力将低质量的表内资产通过证券化转移到表外，从而降低其风险权重。在权重法下，银行将更倾向于低质量的资产组合，导致风险加剧，这远远背离了《巴塞尔协议Ⅰ》的监管初衷。

3.《巴塞尔协议Ⅱ》的影响

对商业银行风险抵御能力的挑战。《巴塞尔协议Ⅱ》中将操作风险纳入风险加权资产计量范围，这意味着银行的资本充足率水平会进一步降低，银行处理风险及损失的能力也会下降，进一步导致银行的信用等级下降。由此导致的后果是银行在国际金融市场上融资成本的上升，影响自身的未来发展。

对中央银行监管的挑战。中央银行在执行《巴塞尔协议Ⅱ》中起到至关重要的作用。中央银行等监管当局需要担当起督促监管的作用，确保《巴塞尔协议Ⅱ》在商业银行内部按计划实施。对于这些监管的新内容，中央银行需要率先理解相关材料，为执行相关细则做好准备。

对信息披露的挑战。新协议认为提高透明度对银行、投资者、存款者及金融体系都有好处，要求银行具有经董事会批准的正式披露政策。目前银行透明度未尽如人意，大部分银行的资本结构、管理与经营状况的真实性未能做到向社会公开披露，市场约束在银行风险控制方面基本未能发挥作用。在新协议正式实施后，各银行的会计、统计、报告等制度在与国际惯例靠拢并履行有关信息披露义务时，各种矛盾问题就会暴露出来，当透明度提高后，引起的冲击和震动是可想而知的。

对风险管理基本分析工具的挑战。不同于发达地区的金融机构采用的波动性、相关性、线性和非线性拟合等技术来估测风险资本，世界上部分地区的银行并未采用较多量化的分析工具及分析方法来计量资本要求。数学模型和有效数据的欠缺对此类银行挑战巨大，为适应《巴塞尔协议Ⅱ》的要求，更先进的风险管理分析工具和方法亟须引进。

15.1.2.3 《巴塞尔协议Ⅲ》

1. 《巴塞尔协议Ⅲ》出台背景

2008年的全球金融危机让整个国际金融市场猝不及防，在一定程度上引起了对颁布不久的《巴塞尔协议Ⅱ》的质疑。《巴塞尔协议Ⅲ》作为《巴塞尔协议Ⅱ》的补充和扩展，也可以被认为是对2008年全球金融危机的事后总结和补救。在将《巴塞尔协议Ⅱ》作为银行监管体系使用的过程中，一些漏洞逐渐暴露出来。第一，《巴塞尔协议Ⅱ》中将资本充足率作为监管的唯一标准，然而在2008年的金融危机中，破产的金融机构大多能够满足当时设定的资本充足要求，真正导致企业陷入严重倒闭危机的是企业自身流动性的不足。第二，在本次金融危机中，资本充足的银行大多采用以高杠杆为特征的经营策略，过度使用资产证券化产品和金融衍生工具。国际金融机构利用各种金融衍生品放大交易杠杆，使得潜在危机不断累积蔓延。

综合来看，以下三个问题亟须监管机构考虑：是否将资本充足率作为唯一监管标准，是否引入流动性监管指标，是否引入杠杆率作为监管指标。为有效地解决在银行资本监管中遇到的这三个问题，巴塞尔委员会开始修改原有协议并逐步发布征求意见稿以完善现有的银行监管标准。

2. 《巴塞尔协议Ⅲ》主要内容

《巴塞尔协议Ⅲ》进一步深化了对于银行的监管体系，针对每一家银行在资本充足率和流动性方面进行了监管，同时对系统重要性银行施行特殊监管，以防止金融风险的蔓延和金融危机的爆发。《巴塞尔协议Ⅲ》的主要特征体现在以下几个方面：持续保持以三大支柱为核心监管体系，主要针对第一支柱进行改革，同时对第二和第三支柱有所侧重；监管主要围绕资本标准展开，同时引入流动性监管；微观监管与宏观审慎相结合；通过对宏观经济影响分析来校准资本和流动性监管的关键参数。

一级资本金比率。根据《巴塞尔协议Ⅲ》的要求,资本结构中吸收损失的最高要素——普通股最低要求将从原定的 2% 上调到 4.5%,一级资本金(包括普通股和其他符合要求的资本)比率也将从 4% 上调至 6%。这一规定从 2013 年 1 月 1 日起至 2015 年 1 月 1 日分阶段实施。

资本留存缓冲。《巴塞尔协议Ⅲ》中引入资本留存缓冲以确保银行持有缓冲资金用于在金融经济危机中吸收损失。此项资金由扣除递延税项及其他项目后的普通股权益组成。

反周期缓冲。《巴塞尔协议Ⅲ》中引入反周期缓冲以要求银行在信贷过分充足的情况下未雨绸缪。作为基于宏观审慎目标框架下留存缓冲范围的延伸,反周期缓冲资本为普通股或其他能完全吸收亏损的资本的 0—2.5%。此项指标仅在信贷增速过快并导致系统范围内风险积累的情况下才生效。

杠杆率要求。除了上述这些基于风险的资本要求,还有一项并不基于风险的"杠杆率"要求作为辅助。中央银行行长和监管机构主管集团同意对 3% 的一级杠杆率在同一时期进行平行测试。从 2018 年 1 月 1 日起,杠杆率被加入巴塞尔协议的第一支柱中。

系统重要性银行的特殊要求。对于系统重要性银行而言,巴塞尔委员会提出了 1% 的附加资本要求以确保此类银行在金融风险发生时能有效吸收损失。

引入流动性监管指标。《巴塞尔协议Ⅲ》引入流动性管理指标:流动性覆盖比率和净稳定资金比率。其中流动性覆盖比率用以衡量在监管部门设定的短期严重压力情境下,银行所持有的无变现障碍的、优质的流动性资产的数量。净稳定资金比率用于衡量各项资产和业务融资水平至少具有与其流动性风险状况相匹配的满足最低限额的稳定资金来源。

3.《巴塞尔协议Ⅲ》推进安排

《巴塞尔协议Ⅲ》中的资本充足率改革框架已于 2011 年发布,并于 2013 年 1 月 1 日开始实施。全球系统性重要银行和国内系统性重要银行资本框架分别发布于 2011 年和 2012 年,并已于 2016 年 1 月开始实施;巴塞尔委员会于 2013 年 1 月 6 日通过并发布了最终的流动性覆盖比率标准,并已于 2015 年 1 月开始实施;杠杆率标准于 2018 年纳入第一支柱开始实施;净稳定资金比例标准于 2018 年正式发布。

表 15-1 《巴塞尔协议Ⅲ》实施进度

		2013 年	2014 年	2015 年	2016 年	2017 年	2018 年	2019 年
资本监管	杠杆率	并行期为 2013 年 1 月 1 日至 2017 年 1 月 1 日,从 2015 年 1 月 1 日开始披露杠杆率及其要素					纳入第一支柱	
	核心一级资本(%)	3.50	4.00	4.50				4.50
	储备资本缓冲(%)	0			0.63	1.25	1.88	2.50
	核心一级资本+储备资本缓冲(%)	3.50	4.00	4.50	5.13	5.75	6.38	7.00
	核心一级资本的逐渐扣减(%)		20	40	60	80	100	100
	一级资本(%)	4.50	5.50	6.00				6.00

(续表)

		2013年	2014年	2015年	2016年	2017年	2018年	2019年
资本监管	总资本（%）				8.00			8.00
	总资本+储备资本缓冲（%）			8.00	8.63	9.25	9.88	10.50
	不再认定为非核心一级资本或附属资本的资本工具	2013年起分10年逐步淘汰使用						
流动性监管	流动性覆盖比率（%）			60	70	80	90	100
	净稳定资金比率						引入最低标准	

资料来源：巴曙松、高英、朱元倩，"巴塞尔协议Ⅲ的实施进展及其挑战"，《武汉金融》，2013年第7期。

从《巴塞尔协议Ⅲ》的实施进展来看，11个成员国家和地区（澳大利亚、加拿大、中国、中国香港、印度、日本、墨西哥、沙特阿拉伯、新加坡、南非和瑞士）已经颁布了最终实施方案并进入实施阶段（赋予了其法律上的强制性）；3个成员方（阿根廷、巴西和俄罗斯）公布了最终实施方案并计划在2013年年底开始实施；其他13个成员方（比利时、法国、德国、印度尼西亚、意大利、韩国、卢森堡、荷兰、西班牙、瑞典、土耳其、英国和美国）在规定期限即2013年1月1日前并未颁布《巴塞尔协议Ⅲ》实施方案，但都公布了实施草案。其中欧洲各国是同时推进的。

对于非巴塞尔委员会成员方，国际清算银行于2012年7月发布的两年一次的关于巴塞尔协议实施的调查结果表明，在调查的70个非巴塞尔委员会成员国家或地区中，有超过一半的国家或地区正在实施《巴塞尔协议Ⅲ》。

整体上来看，虽然各国和地区仍在稳步推进《巴塞尔协议Ⅲ》的实施，但是由于危机对于经济金融体系造成的冲击尚未消除，欧洲和美国等国家或地区《巴塞尔协议Ⅲ》的实施比预期有所延迟。

4.《巴塞尔协议Ⅲ》的影响

《巴塞尔协议Ⅲ》对金融监管的积极影响。《巴塞尔协议Ⅲ》对于整体银行监管的框架更加严格，修改后的条款提升了银行监管的标准和水平，强有力地促进了银行业整体监管水平。首先，在《巴塞尔协议Ⅲ》的框架下，银行能够有效地预防金融风险，提升银行监管的水平。其次，新的框架更加全面，能够从多个角度衡量银行面对的风险，在更多的领域完善金融监管。再次，流动性指标的确定使得流动性的监管变得更加便捷。另外，《巴塞尔协议Ⅲ》中将系统性风险以及宏观审慎框架纳入考核使得中央银行、中国银监会、商业银行对于风险的理解向外进行了拓延。最后，《巴塞尔协议Ⅲ》中对于不同周期下的风险储备使得银行更加适应长期的生存。较长时期的资本充足管理的顺周期缺陷被逆周期的资本、评级设计和杠杆率所弥补。尤其是压力测试的提出为检测监管模型的有效性提供了强有力的补充。

《巴塞尔协议Ⅲ》对金融监管的负面影响。《巴塞尔协议Ⅲ》更加完善的银行监管框架为各国银行的未来发展及业务拓展都设下了藩篱。愈趋严格的监管条例使得银行的经营环境变得更加复杂，同时对本已稳健的经营模式造成了一定程度的冲击。更值得注意的是，《巴塞尔协议Ⅲ》对新兴市场经济国家及其中小银行的不公平问题仍然没有得到解决，并且《巴塞尔协议Ⅲ》中的条款在具体实施时极有可能碰到不可预知的情况从而影响到银行监管的实际效果。最后，跨境银行监管的协调问题仍存较多难以协调的地方。尽管《巴塞尔协议Ⅲ》试图从提高资本质量、扩大风险资产覆盖面和解决"顺周期性"等多个角度解决问题，但是这些因素对于跨境银行的监管仍缺乏支持。

15.1.2.4 《巴塞尔协议Ⅲ》近年发展动态（2016—2017）

2016年1月，巴塞尔委员会发布了《市场风险最低资本要求》（Minimum Capital Requirements for Market Risk），正式确定了交易账户市场风险资本计量框架。根据《巴塞尔协议Ⅲ》中的规定，银行资产被划分为交易账户和银行账户，因为上述两个账户包含资产项目存在的目的不尽相同，计量市场风险时不能使用统一的计量框架。因此，根据两个账户市场风险属性的不一致，也应改采用不同的计量框架。针对交易账户存在的资本计量问题，巴塞尔委员会多次征求专家意见并进行定量定性分析，在2016年年初发布了《市场风险最低资本要求》。此文件针对交易账户的市场风险度量，主要更新了以下几部分：交易账户和银行账户区别的改进、标准法的改进、内部模型法的改进。

1. 交易账户和银行账户区别的改进

进一步明确了交易账户与银行账户之间的界线。巴塞尔委员会在此稿中明确地列出了哪些项目应该列入交易账户，哪些应该列入银行账户。这些分类基本上覆盖了现行市场上存在的所有金融工具，如果银行对某一特定工具的分类与巴塞尔委员会规定的不同，那么银行应该向监管当局提出申请以避免监管套利。

加强了交易账户与银行账户之间工具转移的限制。根据巴塞尔委员会的规定，若银行内部希望将某特定工具在两个账户之间划转，必须提供相关的证据证明转移的合理性。如果该工具在转移的过程中导致计提资本的减少，因转移减少的资本计提差异需要在第一支柱下进行补充。

进一步完善了内部风险转移的相关规定。内部风险转移指的是银行内部银行账户与交易账户之间的风险转移，交易账户内不同交易台之间的风险转移以及银行账户内部的风险转移。《市场风险最低资本要求》在进一步明确内部风险转移定义的前提下，阐述了有关银行内部风险转移资本计提的相关规定，其中通过内部由银行账户向交易账户转移的股票风险、利率风险需要计提资本。

2. 标准法的改进

基于敏感性方法计算的资本要求。巴塞尔协议规定在这种方法下，需要先确定风险因子的类别及其敏感性。风险因子的类别包括一般利率风险、信用利差风险（非证券化、证券化且无相关性、证券化且有相关性）、股票风险、商品风险及汇率风险五个类别。根据监管当局确定的相关性将风险加权的敏感性汇总纳入不同风险权重的类别，再根据相关性对不同风险权重类别进行加总得到各类风险的资本要求，最后对不同风险种类的资本要求简单加总得出总的资本要求。

进一步明确了违约风险资本相关要求。根据巴塞尔委员会，违约风险针对突发的违约计提风险。巴塞尔委员会将交易组合划分为以下几种类型，其中针对非证券化和证券化无相关性的交易组合，违约风险计提等于不同风险权重档次对应的违约风险的简单加总；对于证券化并有相关性的交易组合，违约风险计提需要对正向风险和负向风险有所区分；对于非证券化的交易组合，将其分为公司、主权、市政府三个类别，允许在相同类别内部存在一些有限制的对冲，但是不允许不同类别之间相互对冲。

进一步确定了使用剩余风险附加来补充未被前两个部分明确的风险类型。从表面上来看，剩余风险即交易账户所有剩余风险的加总。对于较为复杂的交易工具来说，剩余风险附加提供了一个简单且审慎的资本处理方法；对于承担其他剩余风险的工具，其剩余风险等于名义本金乘以 0.1% 的风险权重；对于存在特殊潜在风险暴露的工具，其剩余风险等于名义本金乘以 1% 的风险权重。

3. 内部法的改进

进一步细化了内部模型的审批对象到交易台。在现行规则中，监管者在银行层面决定内部模型法是否使用，而在《市场风险最低资本要求》下，监管者可以决定每个交易台是否能够使用内部模型法。

引入违约风险资本要求，替代新增风险资本要求（incremental risk capital，IRC）模型。巴塞尔委员会认为，较为复杂的新 IRC 模型是导致市场风险加权资产不可比的重要原因之一。因此，修订后的框架采用违约风险资本要求（default risk charge，DRC）替代了 IRC 模型。

《市场风险最低资本要求》的使用进一步促进了银行在各个层面加强监管，特别是本规定中对于交易账户、银行账户细致的划分使银行对自身使用的各类工具在不同使用目的下的资本计量有了更详细的参考标准。新发布的规定能够进一步防止银行进行监管套利。新规定中的一系列条款对于较为复杂的工具提供了较高的资本要求，上升的业务开展成本进一步限制此类工具的大量使用。新规进一步加强了金融系统的稳定性，为日异创新的国际金融体系提供了切实的安全保障。同时，新规的发布也使得监管者面临更大挑战。《市场风险最低资本要求》中对于原有框架进行了许多重要修改，适应原有框架的监管者应当迅速对国际标准的变化做出反应，找到适应本国银行监管体系的新规并施行，以确保银行业务的顺利开展。

2017 年 12 月 7 日，巴塞尔委员会发布了《巴塞尔协议Ⅲ：危机后改革的完结》（Basel Ⅲ: Finalizing Post-Crisis Reforms）标准文件，并完成了对《巴塞尔协议Ⅲ》的最终修订。协议中最终修订的内容主要针对信用风险框架、信用估值调整风险框架、操作风险框架以及杠杆率框架，旨在修复风险加权资产（risk-weighted assets，RWA）计算的可信度以及银行资本比例计算的可比性。最终的修订条款将在 2022 年 1 月 1 日起正式实施，这将给予银行充分的时间进行准备。

此次修订的两大着重方向如前一段所述，为框架的可信度以及银行内部模型，以此应对国际金融危机所展现出的薄弱点。

一系列的研究发现，不同银行间的风险加权资产有着过度显著的差异，并不能完全通过各银行间投资组合的风险来解释。这些无法获得保障的差异使得银行之间的资本比率无法进行合理的比较,也因此降低了资本比例的可信度。2017年《巴塞尔协议 III》的变革缓解了这个问题,并重塑了风险基础资本框架的可信度。

内部模型应当比监管机构制定的标准化方法更能准确地计量风险。然而,银行仍存在着在使用内部模型设定资本需求时去最小化风险比重的动机。另外,特定种类的资产,例如低违约敞口,无法通过模型来有效并稳健地衡量。此次变革对银行的资本估量引入了新的限制,以针对银行使用其内部模型来满足监管的资本要求,并且巴塞尔委员会在特定情况下,有否决内部模型使用的权力。

1. 信用风险框架的修订

2010年出台的第一阶段的《巴塞尔协议 III》的重点在于风险基础资本比率计算公式中的资本部分(公式分母),而2017年的变革则集中针对风险加权资产(公式分子)。此次修订为计算信用风险的风险加权资产的两种方式(标准法和内部评级法)做出了以下改动:

计算信用风险的标准法在修订后既确保了其简易性也同时增强了其风险敏感性。修订提供了一个更详细的风险比重分配方法来取代原本的扁平化比重,尤其是针对商业住房和居民住房。另外,此次修订也减少了银行对外部评级的依赖性,要求银行在使用外部评级时必须进行严密及全面的尽职调查。

内部评级法(IRB)的改动主要在以下两点:第一点是对金融机构和大型企业移除了使用内部评级高级法(A-IRB)的选择权,并全面禁止了对股权敞口使用IRB。第二点是当IRB被保留并允许使用时,需要对违约概率和其他输入信息采用最低级别。

在内部模型的使用上,新版《巴塞尔协议 III》对风险加权资产最低测算值的要求进行了调整,提升了其稳健性和风险敏感性,并降低了银行在选择内部模型来替代标准法时得到的利益。此次修订使内部模型的测算结果关联了标准法的测算结果,要求内部模型的测算结果不得低于标准法的72.5%。

2. 信用估值调整框架的修订

巴塞尔委员会对信用估值调整的框架进行了三个方面的修订,分别是增强风险敏感性,强化稳健性以及提升一致性。在风险敏感性方面,此次修订补上了之此前的信用估值调整框架中并未覆盖到的一个极为重要的风险驱动因素,即信用估值调整的敞口,以及其相关的对冲。

在稳健性方面,巴塞尔委员会一致认为信用估值调整的风险复杂到银行难以构建出谨慎而又稳健的模型。此次修订后的框架移除了内部模型方法,同时又加入了一个标准化方法和一个基本方法。另外,如果一个银行未被集中清算的衍生品的名义本金小于等于1000亿欧元,则该银行的信用估值调整资本费可将其计算方式简化为其对手方信用风险费乘以一个系数。

在一致性方面,巴塞尔委员会对前段中提到的标准法和基本法进行了严密的调整,与修订后的市场风险框架保持一致。具体表现在信用估值调整的标准化方法和修订后的市场风险框架,均是基于对市场风险因素的市场价值敏感性,而基本法也以标准法为基准。

3. 操作风险框架的修订

2017年的修订与变革主要通过三种方式对操作风险做出了简化和调整。首先是简化了整体框架，以一个标准化的方法替换了原本的四个方法。其次是通过一个精细的方式结合了银行的总收入和过去十年的内部损失，以此来增强框架的风险敏感性。最后是移除了多种计算方式和内部模型，使得各银行间的风险加权资产更加容易比较。

4. 杠杆率框架的修订

对于杠杆率框架，巴塞尔委员会在2017年最终修订中提出了更高的杠杆率要求，对全球系统重要性银行引入了一个额外的杠杆比率费用，在一般银行杠杆率最低要求的3%的基础上额外增加50%的信用基础资本要求。简单地举例来说，假设一个银行的信用基础资本要求为2%，其杠杆率要求则为1%，那么该银行需要保持至少4%的杠杆率。

截至2018年7月24日，巴塞尔协议系列主要文件如15-2所示。

表15-2 巴塞尔协议系列主要文件列表

发布日期	施行日期	文件名称 英文名称	文件名称 中文名称
2006年6月30日	2007年12月31日（已施行，部分置换）	Basel II: International Convergence of Capital Measurement and Capital Standards: A Revised Framework—Comprehensive Version	巴塞尔 II：资本测算和标准的国际整合：修改框架——综合版
2009年7月13日	已施行	Guidelines for Computing Capital for Incremental Risk in the Trading Book—Final Version	对于计算交易账户中增量风险的资本的指导——最终版
2009年7月13日	2010年12月31日（已施行，部分置换）	Enhancements to the Basel II framework	对巴塞尔 II 框架的强化
2009年12月23日	已施行	LGD Floors	违约损失率下限
2011年1月13日	已施行	Final Elements of the Reforms to Raise the Quality of Regulatory Capital Issued by the Basel Committee	巴塞尔委员会发布的关于提高监管资本质量的最终改革要素
2011年2月11日	2011年12月31日（已施行，部分置换）	Revisions to the Basel II Market Risk Framework—Updated as of 31 December 2010	巴塞尔 II：市场风险框架修订版——更新至2010年12月31日
2011年6月1日	2019年1月（已施行，部分置换）	Basel III: A Global Regulatory Framework for More Resilient Banks and Banking Systems—Revised Version June 2011	巴塞尔 III：一个更稳健的银行及银行体系的全球监管框架——2011年6月修订版
2011年10月25日	已施行	Treatment of Trade Finance under the Basel Capital Framework	巴塞尔资本框架下对贸易金融的处理
2011年11月16日	已施行	Interpretive Issues with Respect to the Revisions to the Market Risk Framework—Updates from 16 November 2011	对市场风险框架修订版的解释性文件-2011年11月16日起更新
2012年9月14日	已施行	Core Principles for Effective Banking Supervision	高效银行监管的核心原则

(续表)

发布日期	施行日期	文件名称 英文名称	文件名称 中文名称
2013年1月7日	2015年起逐步施行（已施行，部分置换）2019年1月1日	Basel III: The Liquidity Coverage Ratio and Liquidity Risk Monitoring Tools	巴塞尔III：流动性覆盖率以及流动性风险监控工具
2013年12月13日	已施行	Capital Requirements for Banks' Equity Investments in Funds	银行对基金的股权投资的资本要求
2014年1月12	2015年1月1日（已施行，部分置换）	Basel III Leverage Ratio Framework and Disclosure Requirements	巴塞尔III：杠杆率框架和披露要求
2014年3月31日	2017年1月1日（已施行）	The Standardised Approach for Measuring Counterparty Credit Risk Exposures	标准法下交易对手违约风险暴露计量
2014年10月31日	2018年1月1日（已施行，部分置换）	Basel III: the Net Stable Funding Ratio	巴塞尔III：净稳定资金比率
2015年1月28日	已施行	Revised Pillar 3 Disclosure Requirements	第三支柱披露要求修订版
2016年1月14日	2019年1月	Minimum Capital Requirements for Market Risk	市场风险最低资本要求
2017年3月29日	已施行	Pillar 3 Disclosure Requirements—Consolidated and Enhanced Framework	第三支柱披露要求—经整合及强化的框架
2017年6月29日	—	Simplified Alternative to the Standardised Approach to Market Risk Capital Requirements—Consultative Document	市场风险资本要求标准法的简化版替代方法—征求意见稿
2017年12月7日	2022年1月1日	Basel III: Finalising Post-Crisis Reforms	巴塞尔III：危机后改革的完结
2018年7月5日	2021年12月31日	Global Systemically Important Banks: Revised Assessment Methodology and the Higher Loss Absorbency Requirement	全球系统重要性银行：修订版评价方法以及更高的亏损吸收能力要求

资料来源：国际清算银行。

【拓展阅读 15-1】

巴塞尔协议对固收类衍生品的监管——以 CDS 为例

2016年1月由巴塞尔委员会出台的《市场风险最低资本要求》中针对不同账户下的金融工具提出了具体的市场风险资本计量要求。衍生品的使用从20世纪70年代开始愈趋普遍，伴随着各大金融机构不断推出衍生品以适应市场上套利以及对冲的需求。巴塞尔委员会对于衍生品的出现提出了一系列资本要求条例，以防止过度使用金融衍生工具导致的金融风险。

作为一种成熟的场外信用衍生品合约，信用违约互换能够使得合约买方在面对违约风险时获得卖方的风险补偿。在一笔CDS交易中，信用保护买方向信用保护卖方支付保护费用（premium leg），以换取针对参考实体（reference entity）的信用保护。当参考实体发生双方约定的信用事件时，卖方向买方支付一定金额的补偿（protection leg）。故 CDS 可以被视为针对参考实体的信用保险。在风险承担上，CDS 卖方是信用风险交易市场的多头，CDS 买方是信用风险交易市场的空头。CDS 的交易双方无须持有参考实体的债务。标准 CDS 的信用事件通常包括破产、支付违约和重组，与巴塞尔协议和《资本办法》的要求基本相符。其中，重组事件是不同 CDS 的主要区别。依据 ISDA 对重组的划分，重组包括重组（old restructuring，Old R）、修订重组（modified restructuring，Mod R）和再修订重组（modified modified restructuring，Mod Mod R）。其中，重组主要应用在日本和其他新兴国家的 CDS 合约中；修订重组主要应用在 2009 年 4 月之前北美的 CDS 合约中，之后的 CDS 合约信用事件不包括重组事件；再修订重组主要应用于欧洲市场。

信用违约互换作为国际银行业普遍采用的信贷风险对冲工具，在进行资本计量时有着特殊的要求。根据《巴塞尔协议 II》及《市场风险最低资本要求》中的条例，当信用违约按照不同的目的构建合约时，应当被归为不同的账户，不同账户对应不同的资本要求。

第一，具有交易目的性质的 CDS，应归入交易账户，需要计量的风险种类为市场风险和交易对手信用风险。当银行持有信用违约互换的目的为交易性的目的时，可以根据以下条款判断其资本计量要求。根据《市场风险最低资本要求》A 部分第二条中的规定，交易账户定义为"当银行持有金融工具为以下一种或多种目的时，该工具应当被归为交易账户：（a）短期回售；（b）短期价格波动中获利；（c）锁定套利利润；（d）对冲使用以上（a）、（b）或（c）为目的的工具所产生的风险"。由此可见，当银行持有 CDS 的目的为以上一种或多种时，应当将 CDS 归入交易账户。同时根据《市场风险最低资本要求》A 部分第七条中的规定，交易账户中交易对手信用风险的处理办法为"银行需在场外衍生品交易、回购交易和其他交易账户中的交易中计算交易对手信用风险，此风险的资本计量独立于一般市场风险"。

第二，被认作合格信用风险缓释工具的 CDS，应归入银行账户，其资本要求在替代法时已计量，无须计量市场风险以及交易对手信用风险。当银行持有的信用违约互换被认定为信用风险缓释工具时，可以根据以下条款判断其资本计量要求。根据《巴塞尔协议 III——市场风险最低资本要求附件》A 部分第二条中的规定，银行账户的定义为"以下种类的金融工具必须归为银行账户，除非本文件另有规定：（a）未上市股票；（b）为固定资产证券化设计的工具；（c）持有的房地产；（d）零售商及中小企业贷款；（e）基金中的股票投资，包括但不限于对冲基金，对于这种基金，银行不能查看其每日价格或银行不能获得该股票投资对冲基金的每日真实价格；（f）以上述工具作为标的的衍生品；（g）或以对冲上述工具头寸所产生的特定风险为目的而持有的工具"。由以上信息可以看出，作为信用风险缓释工具的 CDS 应当被归入银行账户。当被归入银行账户，根据《巴塞尔协议 II——附录四交易对手信用风险及跨产品轧差处理办法》第二部分中的表述："当银行通过购买信用衍生品来保护一个银行账户风险暴露或一个交易对手信用风险暴露时，它应该根据有关认可信用衍生品的资本减免标准和一般规则（即恰当的替代法或双重违约规则），对这些已对冲的信用风险暴露确定资本要求。当这些规则适用时，此类工具的交易对手信用风险的风险暴露总额或违约风险暴露为零。"可以得出被认作合格信用风险缓释工具的 CDS，应归入银行账户，其资本要求在替代法时已计量，无须计量市场风险以及交易对手信用风险。

第三，当卖出的 CDS 被归入银行账户时，被视为银行卖出的担保，其信用风险资本要求为

CDS 合约名义本金。根据《巴塞尔协议 II——附录四交易对手信用风险及跨产品轧差处理办法》第二部分中的表述:"对于银行账户中已售出的信用违约互换,如果在本框架中被视为由银行提供了保证担保,且全部名义金额都计提了信用风险资本要求,则交易对手信用风险的风险暴露总额或违约风险暴露可以为零。"可以看出当卖出的 CDS 被归入银行账户时,被视为银行卖出的担保,其信用风险资本要求为 CDS 合约名义本金。

以上三点为巴塞尔委员会对于信用违约互换的资本计量要求,从以上三条规定来看,巴塞尔委员会对于衍生品的资本计量规则并不只是制定大框架,而是针对不同情境下根据使用衍生品的不同目的建立起不同的资本计量规则。尽管如此,巴塞尔协议仍然有无法完全覆盖的情况,仅能在可预见的范围内对衍生品的资本计量进行规定,后续仍然有较多的工作需要完善。

15.2 我国金融监管现状与发展

15.2.1 我国金融监管现状

15.2.1.1 我国金融监管体系发展沿革

1. 我国分业监管体制确立历程

金融行业结构的变迁影响着金融机构体系的发展以及金融监管体系的变化。我国金融业自 20 世纪 80 年代至今先后经历了初级混业经营、分业经营以及综合经营等不同阶段,具体而言:

1984—1993 年为初级混业经营阶段,是我国金融监管的起步阶段。在此阶段,主要由中国人民银行承担金融监管的职能,中国人民银行的主要工作是通过分配贷款规模来进行货币政策调控。为进一步搞活经济,发挥经济主体的积极性,国务院提出银行可试办信托业务,后在中国人民银行的倡导下,商业银行大量涉足非银行金融业务。银行设立信托投资公司进行变相的银行信贷,且无须受信贷业务限制,并逐渐经营证券和投资业务。同时,非银行金融机构和非金融机构也开始违法涉足商业银行业务。在当时社会通胀高企、投资严重过热的情形下,我国金融业乱象丛生,风险不断积聚。

为大力整顿金融秩序,推动金融体制改革,1993 年 12 月 25 日,国务院做出《关于金融体制改革的决定》。根据该文件精神,金融体制改革的目标是:建立在国务院的领导下,独立执行货币政策的中央银行宏观调控体系;建立政策性金融与商业性金融分离,以国有商业银行为主体、多种金融机构并存的金融组织体系;建立统一开放、有序竞争、严格管理的金融市场体系。该文件初步确立了我国金融业走分业经营的发展道路。

1994—1998 年为分业经营的确立时期,也是中国人民银行职能转换的关键阶段,国务院通过着手银行业、保险业和证券业的分业监管来加强对整个金融体系的监管。1995

年《中国人民银行法》《商业银行法》相继出台,明确规定商业银行在中华人民共和国境内不得从事信托投资和股票业务,不得投资于非自用不动产,也不得向非银行金融机构和企业投资,并要求中国人民银行和所有商业银行在1998年年底前,与所属的信托、证券、保险公司和其他经济实体在人、财、物等方面彻底脱钩。1997年第一次全国金融工作会议提出,对金融业实行分业监管。自此,我国分业监管的格局基本确立。1998年,国务院将证券委和中国证监会合并,成立了新的证券监督管理委员会(简称"证监会"),专司全国证券、期货市场以及对证券业金融机构的监管职能。同年11月,国务院成立保险监督管理委员会(简称"保监会"),作为商业保险的主管部门统一监管全国商业保险市场。

2003年,通过修法与立法实现了从混业监管向分业监管的转变。第十届全国人大常委会修订的《中国人民银行法》,强调了中国人民银行防范和化解金融风险,维护金融稳定的职能;同时,将原本较为笼统的金融市场监管职能具体为监督管理同业拆借市场、银行间债券市场和银行间外汇市场等。同年,《商业银行法》修订通过。原先中国人民银行对商业银行的设立审批、业务审批和高管人员任免的职权转移由国务院银行监督管理部门行使。紧接着是《银行业监督管理法》的出台以及银监会的成立,明确了由中国银监会来承接中国人民银行对证券业和保险业以外各类金融机构(包括商业银行、城市信用社、农村信用社、金融资产管理公司、信托投资公司、财务公司、金融租赁等)的监管职责。自此,"一行三会"[①]的金融监管体制正式形成。其中,中国人民银行负责制定和执行货币政策、实施金融宏观调控、防范和化解金融风险,维护金融稳定,中国银监会、中国证监会和中国保监会则分别承担中国银行业、保险业和证券业的监督管理。在"一行三会"的分业监管体制下,不同的专业监管机构负责不同金融领域的监管,各监管机构职责分工明确,在我国金融业分业经营时期,为维护整个金融体系的安全与稳定发挥了重要作用。

2. 现阶段,我国分业监管体制的变革

自21世纪以来,国内金融市场的产品、工具、组织结构伴随信息技术的发展、利率市场化的推进,创新步伐不断加快,综合化经营渐成趋势。与此同时,居民和企业日益增长的多元化和综合性的金融服务需求催生了金融机构混业经营的市场需求,包括多样化的融资渠道、个性化的风险管理工具、便利化的支付交易手段等,这些需求只有通过金融机构综合经营才能实现"一站式"服务。[②] 为适应国内外金融业激烈的市场竞争,国内金融机构也着力朝着提供全方位金融服务的方向发展。

然而,金融机构的混业经营使得金融业各细分领域之间的业务关联度日益加深,从而模糊了各金融经营机构分业经营的界限。在金融业综合经营趋势下,金融机构往往利

---

① "一行"指央行,"三会"分别指中国银监会、中国证监会、中国保监会。
② 2002年,国务院批准中信集团、光大集团和平安集团成为综合金融控股集团试点,成为我国金融机构尝试走向综合经营的一项标志性事件。目前,我国金融业混业经营现象已经十分普遍,主要体现在:一是金融业务综合化程度不断提高,跨越了银行、证券、保险的交叉性、混业性的新产品不断地涌现;二是金融机构联系日益紧密,银证合作、银保合作、证保合作不断加深,银行代理基金、保险、信托等产品的销售行为已经十分普遍;三是金融控股公司日益壮大,通过收购、设立子公司等方式,我国已经逐步出现了保险控股模式、证券控股模式、银行控股模式、实业企业控股模式等集团化的金融控股公司。

用不同监管部门不统一的监管规则进行套利,从而降低了金融市场监管的整体有效性。前美联储主席本·伯南克在其回忆录《行动的勇气:金融风暴及其余波回忆录》(*The Courage to Act: A Memoir of Crisis and its Aftermath*)一书中指出,混业经营不是问题,美国碎片化的分业监管才是真正的问题。反观我国,金融风险近年来高发频发,从2013年的"钱荒"到2015年的股灾再到2016年的互联网金融风暴,局部金融风险频繁爆发,不断暴露我国金融监管的深层次缺陷,其根本原因在于金融业综合经营的发展趋势和金融分业监管体制机制之间矛盾的突出。但在混业经营不断深化的环境下,我国金融业综合经营趋势已不可逆转,这就对金融监管提出了更高的要求。因此,进一步加强金融监管协调机制已成为我国当前金融体制改革中的当务之急。

2015年11月3日,习近平主席在《关于〈中共中央关于制定国民经济和社会发展第十三个五年规划的建议〉的说明》中指出:"我国金融业发展明显加快,特别是综合经营趋势明显,这对现行的分业监管体制带来重大挑战,现行监管框架存在着不适应我国金融业发展的体制性矛盾。"

为加强金融监管协调、补齐监管短板,2017年11月8日,党中央、国务院决定设立国务院金融稳定发展委员会(简称"金融委"),作为国务院统筹协调金融稳定和改革发展重大问题的议事协调机构,其成员来自国务院、中国人民银行、中国银保监会、中国证监会、中共中央财经工作领导小组办公室(简称"中财办")、国家发改委和财政部,并设置了七个协作单位,分别是中央纪律检查委员会、中央组织部、中央宣传部、中央网信办、公安部、司法部和最高人民法院。

金融委的主要职责是:第一,落实党中央、国务院关于金融工作的决策部署;第二,审议金融业改革发展重大规划;第三,统筹金融改革发展与监管,协调货币政策与金融监管相关事项,统筹协调金融监管重大事项,协调金融政策与相关财政政策、产业政策等;第四,分析研判国际国内金融形势,做好国际金融风险应对,研究系统性金融风险防范处置和维护金融稳定重大政策;第五,指导地方金融改革发展与监管,对金融管理部门和地方政府进行业务监督和履职问责等。

金融委的成立,将2013年10月开始运行的金融监管协调部际联席会[①]的"部际水平式协调"升级为"上下级垂直式协调",标志着现行"一行三会"的分业监管体制开始按照"十三五"规划提出的"符合现代金融特点,统筹协调监管,有力有效"的要求进行方向性调整。"一行三会"在金融委的协调和指导下,其监管政策有望更加全面、有效、统一,混业经营与分业监管的矛盾也将逐步消减。

15.2.1.2 中国人民银行监管体系

中国人民银行(The People's Bank of China,PBC),简称央行,是我国的中央银行和国务院组成部门。中国人民银行在国务院领导下,制定和执行货币政策,防范和化解金融风险,维护金融稳定。

[①] 部际联席会的主要工作职责是加强成员间监管协调、政策实施合作以及信息交流。但国内外的相关经验教训表明,单纯的顶层协调机制仍无法解决现行体制下分业监管不适应综合经营的根本矛盾,这将有碍金融风险防控的有效性和及时性。

1948年12月1日，以华北银行为基础，合并北海银行、西北农民银行，在河北省石家庄市组建了中国人民银行，成为中华人民共和国成立后的中央银行。该行还负责发行人民币，作为法定本位币。1983年9月17日，国务院做出决定，由中国人民银行专门行使中央银行的职能，并具体规定了中国人民银行的十项职责。从1984年1月1日起，中国人民银行开始专门行使中央银行的职能，集中力量研究和实施全国金融的宏观决策，加强信贷总量的控制和金融机构的资金调节，以保持货币稳定；中国人民银行分支行的业务实行垂直领导；设立中国人民银行理事会，作为协调决策机构；建立存款准备金制度和中央银行对专业银行的贷款制度，初步确定了中央银行制度的基本框架。1995年3月18日，全国人民代表大会通过了《中国人民银行法》（于2003年修正），首次以国家立法形式确立了中国人民银行作为中央银行的地位，标志着中央银行体制走向了法制化、规范化的轨道，是中央银行制度建设的重要里程碑。

1. 法律地位

中国人民银行的法律地位通常体现在中国人民银行与国家权力机关的关系、中国人民银行与政府及其部门的关系、中国人民银行与普通银行的关系三个方面。《中国人民银行法》对中国中央银行的性质及法律地位做了明确规定：

中国人民银行是中华人民共和国的中央银行。中国人民银行在国务院的领导下，制定和实施货币政策，防范和化解金融风险，维护金融稳定。中国人民银行就年度货币供应量、利率、汇率和国务院规定的其他重要事项做出的决定，报国务院批准后执行。中国人民银行就其他有关货币政策事项做出决定后，即予执行，并报国务院备案。中国人民银行应当向全国人民代表大会常务委员会提出有关货币政策情况和金融监管情况的工作报告。中国人民银行在国务院的领导下依法独立执行货币政策，履行职责，开展业务，不受地方政府、各级政府部门、社会团体和个人的干涉。中国人民银行实行行长负责制。行长的人选，根据国务院总理的提名，由全国人民代表大会决定；全国人民代表大会闭会期间，由全国人民代表大会常务委员会决定，由中华人民共和国主席任免；副行长由国务院总理任免。行长领导中国人民银行的工作，副行长协助行长工作。中国人民银行实行独立的财务预算管理制度。但应当执行法律、行政法规和国家统一的财务会计制度，并接受国务院审计机关和财政部门依法分别进行的审计和监督。

2. 法定职责

根据《中国人民银行法》及其他政策与法律法规的规定，中国人民银行的主要职责为：依照相关法律、法规，拟订金融业改革和发展战略规划，承担综合研究并协调解决金融运行中的重大问题、促进金融业协调健康发展的责任，参与评估重大金融并购活动对国家金融安全的影响并提出政策建议，促进金融业有序开放。起草有关法律和行政法规草案，完善有关金融机构运行规则，发布与履行职责有关的命令和规章。依法制定和执行货币政策；制定和实施宏观信贷指导政策。完善金融宏观调控体系，负责防范、化解系统性金融风险，维护国家金融稳定与安全。负责制定和实施人民币汇率政策，不断完善汇率形成机制，维护国际收支平衡，实施外汇管理，负责对国际金融市场的跟踪监测和风险预警，监测和管理跨境资本流动，持有、管理和经营国家外汇储备和黄金储备。监督管理银行间同业拆借市场、银行间债券市场、银行间票据市场、银行间外汇市场和黄金市场及上述市场的有关衍生产品交易。负责会同金融监管部门制定金融控股公司的监管规则和交叉性金融业务的标准、规范，负责金融控股公司和交叉性金融工具的监测。承担最后贷款人的责任，负责对因化解金融风险而使用中央银行资金机构的行为进行检查监督。制定和组织实施金融业综合统计制度，负责数据汇总和宏观经济分析与预测，统一编制全国金融统计数据、报表，并按国家有关规定予以公布。组织制定金融业信息化发展规划，负责金融标准化的组织管理协调工作，指导金融业信息安全工作。发行人民币，管理人民币流通。制定全国支付体系发展规划，统筹协调全国支付体系建设，会同有关部门制定支付结算规则，负责全国支付、清算系统的正常运行。经理国库。承担全国反洗钱工作的组织协调和监督管理的责任，负责涉嫌洗钱及恐怖活动的资金监测。管理征信业，推动建立社会信用体系。从事与中国人民银行业务有关的国际金融活动。按照有关规定从事金融业务活动。承办国务院交办的其他事项。

3. 宏观审慎管理与统筹监管

根据《中国人民银行法》，中国人民银行有制定和实施货币政策，对金融市场进行宏观调控、承担最后贷款人责任等法定职能，这些职能决定了中国人民银行在防范金融市场系统性风险、维护国家金融安全和稳定的过程中扮演着核心角色。宏观审慎管理是保持经济金融稳定、有效防控系统性风险的重要举措，党的十九大报告中明确，要健全货币政策与宏观审慎政策双支柱调控框架，这意味着在中国金融市场的宏观审慎监管体系构建过程中，中国人民银行作为主导机构将处于宏观审慎管理的核心地位。

此外，尽管金融委发挥着统筹和监管"一行三会"的作用，但由于金融委的办公室设在中国人民银行，这就意味着金融委的一些职责将由中国人民银行执行，中国人民银行在加强货币政策、宏观审慎监管和金融监管的协调性方面将发挥比以往更重要的作用，尤其在系统性重要金融机构和金融控股公司监管、完善金融基础设施、金融业综合统计三方面将发挥统筹监管的作用。

【拓展阅读 15-2】

宏观审慎评估体系——中国人民银行的全面风险管理框架

宏观审慎评估体系（MPA）——宏观审慎监管政策与货币政策融合的产物

一般而言，宏观审慎监管政策的目标为管理系统性风险，其出发点为对风险的抑制，而对价格稳定、经济产出、社会效率等货币政策关注的对象影响有限。可见，货币政策和宏观审慎监管政策各有独立的运作空间。2008年全球金融危机带给全球主要经济体的一大共识是，应当加强宏观审慎监管政策与货币政策之间的协调与配合——宏观审慎监管政策为货币政策调控的重要支持，适宜的货币条件也有利于宏观审慎政策防范系统性风险。

因此，有必要构建"货币政策+宏观审慎政策"的金融调控政策框架，以更好地维护币值稳定和金融稳定。宏观审慎监管的结构性调节优势须以适当的货币总量调节为基础，只有在运用货币政策来防止整体金融失衡的基础上，宏观审慎监管工具才能从容地发挥结构性调控功能；而货币政策可能对金融稳定产生一定的负面影响,需要宏观审慎监管予以调节。两者的融合效应的程度,则取决于一国的宏观经济环境和金融市场情况。

MPA 框架与内容

金融危机以后,欧美等国家都有强化中央银行监管职能的趋势。中央银行同时负责货币政策和金融稳定等职能,可以从宏观审慎监管和微观审慎监管角度全面地控制系统性风险。2009年,中国人民银行开始研究宏观审慎政策工具,并在2011年开始对信贷投放实施宏观审慎管理。2015年年底,中国人民银行宣布将原先的差别准备金动态调整和合意贷款[①]管理机制"升级"为宏观审慎评估体系。MPA继承了以宏观审慎资本充足率为核心,保持逆周期调控的宏观审慎政策理念,并在此基础上,为适应经济金融形势变化,通过借鉴国际经验,把单一指标拓展为7个方面的14项指标,将对狭义贷款的关注拓展为对广义信贷[②]的关注。中国人民银行通过MPA旨在建立更为全面的宏观审慎政策框架,以引导金融机构[③]加强自我约束和自律管理。

目前,MPA 实施一季度一评。MPA 各项指标组成、比重及评估标准如表15-3所示。

表15-3 MPA 指标体系

MPA 指标体系	
7大方面	14个指标
资本和杠杆情况	资本充足率(80分)、杠杆率(20分)、总损失吸收能力(暂不纳入)
资产负债情况	广义信贷(60分)、委托贷款(15分)、同业负债(25分)
流动性	流动性覆盖率(40分)、净稳定资金比例(40分)、遵守准备金制度情况(20分)
定价行为	利率定价(100分)
资产质量	不良贷款率(50分)、拨备覆盖率(50分)
外债风险	外债风险加权余额(100分)
信贷政策执行	信贷执行情况(70分)、中国人民银行资金运用情况(30分)
评估标准	上述7大类指标分值均为100分,优秀线为90分,达标线为60分。 A档机构:七大方面指标均为优秀;C档机构:资本和杠杆情况、定价行为中任意一项不达标,或资产负债情况、流动性、资产质量、外债风险、信贷政策执行中任意两项及以上不达标; B档机构:除A档、C档以外的机构。

---

① 根据央行《2014年第三季度中国货币政策执行报告》中对"合意贷款"的解释:其实质就是差别准备金动态调整机制,核心内容为金融机构适当的信贷投放应与其自身的资本水平以及经济增长的合理需要相匹配。其中,资本约束不仅包含8%的最低资本要求,还包含逆周期资本、系统重要性附加资本、储备资本等基于宏观审慎的资本要求;"经济增长的合理需要"意味着整体信贷增速不应过多偏离经济预期增长目标。

② 银行广义信贷的资产扩张活动有发放贷款、债券投资、股权及其他投资、买入返售资产以及存放非存款类金融机构款项等资金运用(不含存款类金融机构之间的买入返售)、表外理财资金运用。

③ MPA将评估对象分为三类:全国性系统重要性机构(N-SIFIs)、区域性系统重要性机构(R-SIFIs)、普通机构(CFIs),MPA针对不同的监管对象设置了差异化的指标要求。其中,评估对象的类型包括银行业存款类金融机构以及金融租赁公司、汽车金融服务公司、信托投资公司等银行业非存款类金融机构,其他类的金融机构暂时还未被纳入MPA监管体系中。值得注意的是,由于新设机构缺乏评估所需历史数据,初期发展较快,因此开业三年内的机构暂未被纳入MPA,由其参照宏观审慎评估体系加强自我约束,并辅之以必要的指导。而其他监管机构近年出台的多项监管政策,也贯彻了央行这一宏观审慎管理的思路。

MPA 出台的背景与目的

近几年,中国金融市场的发展及金融创新明显加快,金融产品和融资渠道更加复杂多样,出现了不少实质上与传统信贷融资相似的表外理财业务——自营投资、资金交易、资产管理、投资银行、跨境结算等经营行为已将信贷市场、货币市场、资本市场和外汇市场打通。根据中国人民银行统计,2016年年末中国银行业表外理财资产超过26万亿元,同比增长超过30%,比同期贷款增速高约20个百分点。但囿于目前中国还未建立"混业监管"的框架,表外理财业务的风险尚缺乏有效的识别与控制;对于因混业经营的发展而可能引发宏观系统性风险的重大事件,中国建立在分业监管基础之上的金融体制尚难实现监管上的协调与统一。

随着金融自由化的推进,传统的存贷款业务开始"脱媒"。鉴于信用市场和影子银行渠道的快速发展,中国人民银行此前主要监控人民币贷款,近几年也转为监控更广义的"社会融资规模"①,中国人民银行的货币政策工具体系也发生着变化——由原来依赖的存贷款基准利率,逐步让渡给金融市场,即更多地采用准备金利率和公开市场利率等市场化工具,并构建了"利率走廊"机制。因此,就需要相应地对货币政策工具体系进行进一步的完善,例如建立包含多重操作目标的广义货币政策体系。

自2008年金融危机后,多国明确将中央银行的宏观审慎政策职能作为改革的重点,赋予中央银行更多的监管职能,同时把一些具有整体性、系统性风险的金融机构纳入中央银行的监管。2016年3月,中国正式将"加强金融宏观审慎管理制度建设,加强统筹协调,改革并完善适应现代金融市场发展的金融监管框架,明确监管职责和风险防范处置责任,构建货币政策与审慎管理相协调的金融管理体制"纳入"十三五"规划纲要。为限制商业银行将表内资产表外化、压缩监管套利空间,更全面地监测全社会的实际融资状况,更精准地调控货币闸门,中国人民银行通过建立MPA框架,旨在发挥"宏观审慎管理+广义货币政策"的全面风险管理职能,以更有效地疏通货币政策传导渠道,防范金融市场日益复杂的系统性风险。

总体而言,MPA兼具货币政策工具和宏观审慎政策工具的属性,在适应资产多元化趋势的基础上,通过发挥逆周期调节作用,来防范金融行业系统性风险。

MPA 措施的核心点

中国人民银行"升级版"宏观审慎框架下的全面风险管理措施主要体现在以下几个方面:

一是综合评估。MPA通过将原先单一的"存贷比"②指标拓展为7个方面的14项指标,把过去"差别准备金+合意贷款"的局部管理机制,升级为兼顾量和价、间接融资和直接融资的综合评估框架,以更加全面地对风险进行综合评估,引导金融机构减少各类腾挪资产、规避信贷调控的做法。从单一指标控制升级到综合评估打分,也意味着中国人民银行对银行的评价更加全面和客观,更加注重过程和连续性管理的转变。

---

① 社会融资规模衡量的是非政府机构从金融机构获得的融资总规模,涵盖银行的本外币贷款、企业债、未贴现银行承兑汇票、信托贷款、委托贷款(企业间贷款)、股票融资、保险公司赔偿及其他。剔除股票融资后的社会融资规模尽管仍然有所缺失,但仍为衡量广义信贷规模的较好指标。

② 2015年6月24日,国务院通过《中华人民共和国商业银行法修正案(草案)》。草案借鉴国际经验,删除了贷款余额与存款余额比例不得超过75%的规定,将存贷比由法定监管指标转为流动性监测指标。

具体来看MPA指标体系：一是资本和杠杆，主要通过资本约束金融机构广义信贷的扩张；二是资产负债，主要考察广义信贷增速是否超过某些特定的阈值，并纳入了对金融机构负债结构的稳健性要求；三是流动性，鼓励金融机构加强流动性管理，使用稳定的资金来源发展业务，提高准备金管理水平；四是定价行为，评估金融机构利率定价行为是否符合市场竞争秩序等要求，特别是对非理性利率定价行为做出甄别；五是资产质量，主要关注金融机构资产质量是否有异常的下降；六是跨境融资风险，适应资金跨境流动频繁和跨境借贷增长的趋势，加强风险监测和防范；七是信贷政策执行情况，鼓励金融机构支持国民经济的重点领域和薄弱环节，不断优化信贷结构。

二是资本约束。MPA主要通过资本约束金融机构的资产扩张行为，重点指标是"宏观审慎资本充足率"①。金融机构作为高杠杆经营的信用机构，极易过度扩张，也更容易招致风险，而资本水平是金融机构增强损失吸收能力的重要途径，资产扩张须受到资本约束，因此，引导金融机构建立并强化以资本约束为核心的稳健经营理念是MPA的重要目标，这是对原有合意贷款管理模式的继承。"宏观审慎资本充足率"体现了巴塞尔III资本框架中的逆周期资本缓冲、系统重要性附加资本等宏观审慎要素。其中，逆周期资本缓冲与宏观经济形势和经济增长情况密切相关，即一家金融机构广义信贷增速超过趋势水平（与目标GDP、CPI增幅相关）越多，就需要持有越多的逆周期资本；宏观经济热度越高，也需要持有越多的逆周期资本。系统重要性附加资本则取决于金融机构自身的系统重要性程度。如果金融机构的实际资本水平低于宏观审慎资本要求，往往意味着广义信贷增长过快，资本水平不足以覆盖其风险。这时，需要适当控制广义信贷增长，或者补充更多资本金。

三是逆周期调节。资本充足率属于内生调节方式。在经济过热期，信贷规模往往会飞速扩张，但是相对于信贷资产，资本增加速度往往是平稳的，这就会对资产规模的扩张形成牵制作用，形成逆周期效果；而另外一些指标，比如包含债券投资、买入返售等在内的广义信贷，中国人民银行则根据宏观形势状况对其进行外生调节。相对于合意贷款"急刹车"式的逆周期调节方式，MPA框架下的逆周期调节将更加平滑和精准。

四是自律管理。一方面，MPA坚持以资本约束为核心，更多是需要金融机构自身建立起严格的资本约束机制；另一方面，由原先的事前引导转为事中监测和事后评估，金融机构将在很多指标的把握和监测方面增强及时性和可控性，对一些潜在的不审慎情况主要由金融机构自我发现并及时改进，并及时结合最新数据进行预评估与业务安排，加强自律管理。

五是评估激励。根据MPA考核的激励机制，评分高、指标稳健的金融机构可以被认为对宏观稳定做出了贡献，具有正的外部性，中国人民银行将对其进行正向激励（7大方面指标均为优秀则将执行最优档激励，如实施奖励性的差别准备金率）；而那些评分较低且达不到某个标准的银行，则被评估为引起宏观不稳定隐患的金融机构，具有负的外部性，须对其进行负向激励（如实施约束性的差别准备金率、惩罚性的常备借贷便利利率等）。

---

① 宏观审慎资本充足率（C^*）=结构性参数×（最低资本充足率要求+系统重要性附加资本+储备资本+资本缓冲要求）。其中，结构性参数α_i，主要参考机构稳健性状态和信贷政策执行情况；最低资本充足率、储备资本，参照相关监管要求；系统重要性附加资本，主要从规模性、替代性、关联性等方面评估机构的系统重要性程度；逆周期资本缓冲=max$\{\beta_i×[$机构i广义信贷增速—（目标GDP增速+目标CPI）$],0\}$，β_i为机构i对整体信贷顺周期贡献参数，β_i=宏观经济热度参数（β_{i1}）×系统重要性参数（β_{i2}）。

15.2.1.3 中国证监会监管体系

1. 中国证监会概述

中国证券监督管理委员会（China Securities Regulatory Commission，CSRC），简称中国证监会，于1992年10月成立。中国证监会为国务院直属正部级事业单位，依照法律、法规和国务院授权，统一监督管理全国证券期货市场，维护证券期货市场秩序，保障其合法运行。

1990年、1991年中国人民银行先后批准成立上海证券交易所和深圳证券交易所，标志着中国证券市场发展格局的拉开。1992年国务院设立国务院证券委员会（简称"证券委"）和中国证券监督管理委员会（简称"中国证监会"），对证券业进行专门监管。在此之前中国人民银行履行监管证券市场的职能，此次监管职能的分离有利于中国人民银行专注于宏观货币政策调控，从而更好地发挥其维护国家金融安全和金融稳定的职责。在此期间，证券委负责全国证券市场的统一监管，中国证监会是证券委的执行机构，根据证券委所制定的规则对证券市场进行具体的运行管理。1993年，国务院进一步明确授权，由中国证监会对证券市场进行全面监管。1998年，国务院做出机构改革的决定，将证券委与中国证监会合并组成如今的中国证监会，证券市场的监管工作改由证监会承担，同时中国人民银行的相关证券监管职能也全部移交中国证监会行使。新组建的中国证监会对地方证券监管部门实行垂直领导，从而形成了集中统一的监管体系。1999年，《证券法》颁布实施，中国证监会证券监管的行政职能、监管方式、监管内容得以以法律的方式确立和规范。

2. 中国证监会的职责

依据有关法律法规，中国证监会在对证券市场实施监督管理中履行下列职责：

研究和拟订证券期货市场的方针政策、发展规划；起草证券期货市场的有关法律、法规，提出制定和修改的建议；制定有关证券期货市场监管的规章、规则和办法。垂直领导全国证券期货监管机构，对证券期货市场实行集中统一监管；管理有关证券公司的领导班子和领导成员。监管股票、可转换债券、证券公司债券和国务院确定由中国证监会负责的债券及其他证券的发行、上市、交易、托管和结算；监管证券投资基金活动；批准公司债券的上市；监管上市国债和企业债券的交易活动。监管上市公司及其按法律法规必须履行有关义务的股东的证券市场行为。监管境内期货合约的上市、交易和结算；按规定监管境内机构从事境外期货业务。管理证券期货交易所；按规定管理证券期货交易所的高级管理人员；归口管理证券业、期货业协会。监管证券期货经营机构、证券投资基金管理公司、证券登记结算公司、期货结算机构、证券期货投资咨询机构、证券资信评级机构；审批基金托管机构的资格并监管其基金托管业务；制定有关机构高级管理人员任职资格的管理办法并组织实施；指导中国证券业、期货业协会开展证券期货从业人员资格管理工作。监管境内企业直接或间接到境外发行股票、上市以及在境外上市的公司到境外发行可转换债券；监管境内证券、期货经营机构到境外设立证券、期货机构；监管境外机构到境内设立证券、期货机构、从事证券、期货业务。监管证券期货信息传播活动，负责证券期货市场的统计与信息资源管理。会同有关部门审批会计师事务所、资产评估机构及其成员从事证券期货中介业务的资格,并监管律师事务所、律师及有资格的会计师事务所、资产评估机构及其成员从事证券期货相关业务的活动。依法对证券期货违法违规行为进行调查、处罚。归口管理证券期货行业的对外交往和国际合作事务。承办国务院交办的其他事项。

3. 证券公司风险控制指标管理办法

2012年中国证监会发布《完善证券公司风控指标体系总体思路(征求意见稿)》(简称《总体思路》),标志着中国证券业监管开始借鉴新巴塞尔协议的风险监管指标。《总体思路》从建立"逆周期"调节机制和完善净资本的结构与层次两大方面完善风控指标体系;提出净资本由核心净资本和附属净资本构成,并规定了相应的净资本构成、调整和扣减项;并初步考虑将证券公司的杠杆率从5倍提高至10倍,流动性覆盖率最低为120%,高于银行业100%的比例要求,引入净稳定资金比例,拟要求该指标不得低于200%,高于银行业100%的比例要求。

2016年6月,中国证监会通过了《关于修改〈证券公司风险控制指标管理办法〉的决定》。新《证券公司风险控制指标管理办法》(简称《风控管理办法》)于2016年11月1日起施行,旨在加强对证券公司的风险监管,督促证券公司加强内部控制、提升风险管理水平、防范风险。《风控管理办法》对原办法进行了近30处的修订,主要修改包括将流动性监管连同净资本监管纳入风险监控指标体系的核心;构建以风险覆盖率、资本杠杆率、流动性覆盖率和净稳定资金比率四方面构成的风险控制指标体系;对不同类别公司以及某项业务的风险资本准备计算比例进行动态调整;要求证券公司根据自身战略发展需要建立将各分支机构、子公司、孙公司纳入的全面风险管理体系;根据市场变化情况和监管部门要求以及在发生重大业务事项时建立健全压力测试机制并进行压力测试;净资本由核心净资本和附属净资本构成;将市场风险、信用风险、操作风险纳入风险资本准备;证券公司可以采取内部模型法等风险计量高级方法计算风险准备资本等。

新《风控管理办法》的出台标志着对证券公司核心监管理念的转变,中国证监会正在构建巴塞尔资本监管体系。如同银行业监管,中国证监会也充分借鉴巴塞尔协议中各类风险资本计量的方式,既规定了统一的计量标准,也明确提出证券公司可以采取内部模型法等风险计量高级方法计算风险资本准备。修改后的管理办法继续借鉴巴塞尔协议以净资本监管为核心的监管理念,借鉴巴塞尔协议Ⅱ,将净资本区分为核心净资本和附属净资本,要求附属净资本不得高于核心净资本,并改进了净资本计量方式。新办法将金融资产的风险调整统一纳入风险资本准备的计算中,不再重复扣减净资本。新管理办法采纳了巴塞尔协议中的资本杠杆率监管指标,要求该指标不得低于8%。资本杠杆率指标中的资产总额首次将表外项目纳入其中,如证券衍生品、资产管理业务、承销承诺、担保承诺等,涵盖证券公司表内外资产总额的资本杠杆率要求将更为有效、全面地控制证券公司的杠杆水平和抵御风险的能力。表15-4是新《风控管理办法》与巴塞尔协议Ⅲ主要监管指标的对比。

表 15-4 新《风控管理办法》与巴塞尔协议Ⅲ主要监管指标对比

监管指标	《证券公司风险控制指标管理办法》	巴塞尔协议Ⅲ
净资本	净资本＝核心净资本＋附属净资本 核心净资本＝净资产－资产项目的风险调整－或有负债的风险调整－/＋证监会认定或核准的其他调整项目 附属净资本＝长期次级债×规定比例－/＋证监会认定或核准的其他调整项目	监管资本＝核心一级资本＋其他一级资本＋二级资本 核心一级资本＝一级普通股＋股本溢价＋留存收益＋累计其他收益和公开储备＋其他调整项目
风险资本准备	计算市场风险、信用风险、操作风险和特定风险资本准备	计算市场风险、信用风险、操作风险和声誉风险资本准备
风险覆盖率	风险覆盖率＝净资本/各项风险资本准备之和≧100%	—
资本杠杆率	资本杠杆率＝核心净资本/表内外资产总额≧8% 表内外资产总额＝表内资产总额＋证券衍生品×100%＋资产管理业务×0.2%＋其他表外项目	资本杠杆率＝核心一级资本/未加权表内外资产
流动性指标率	流动性覆盖率＝优质流动资产/未来30天内现金净流出量≧100%	流动性覆盖率＝优质流动资产/未来30天内现金净流出量＞100%
净稳定资金率	净稳定资金率＝可用稳定资金/所需稳定资金≧100%	净稳定资金率＝可用稳定资金/所需稳定资金＞100%

15.2.1.4 中国银保监会监管体系

1. 中国银监会监管体系

银监会概述。中国银行业监督管理委员会（China Banking Regulatory Commission，CBRC），简称中国银监会，于 2003 年 4 月 25 日成立，是国务院直属正部级事业单位。根据国务院授权，统一监督管理银行、金融资产管理公司、信托公司及其他存款类金融机构，维护银行业的合法、稳健运行。

2003 年 3 月，第十届全国人民代表大会审议通过了《关于国务院机构改革方案的决定》，决定成立中国银监会。由此标志着中国人民银行制定实施货币政策与进行金融监管的职能分离，中国银监会成为商业银行的主管部门，统一行使银行监管职能。同年 4 月 25 日，中国银监会正式挂牌成立。同年 12 月 28 日，《中华人民共和国银行业监督管理办法》（简称《银行业监督管理法》）、关于修订《中华人民共和国人民银行法》（简称《人民银行法》）、《中华人民银行商业银行法》（简称《商业银行法》）的决定在第十届全国人民代表大会常务委员会第六次会议上通过，中国银监会的法律地位和法定职责得以以法律的形式确立。《银行业监督管理法》明确规定，国务院银行业监督管理机构负责对全国银行业金融机构及其业务活动监督管理的工作，同时也列明了中国银监会的监管目标、监管职责、监管措施和法律责任。《银行业监督管理法》的出台对于中国银监会监管体系的构建具有里程碑意义。

银监会职责。根据《中华人民共和国银行业监督管理法》及其他政策与法律法规的规定，中国银监会的主要职责为：依照法律、行政法规制定并发布对银行业金融机构及其业务活动监督管理的规章、规则；依照法律、行政法规规定的条件和程序，审查批准银行业金融机构的设立、变更、终止以及业务范围；对银行业金融机构的董事和高级管理人员实行任职资格管理；依照法律、行政法规制定银行业金融机构的审慎经营规则；对银行业金融机构的业务活动及其风险状况进行非现场监管，建立银行业金融机构监督管理信息系统，分析、评价银行业金融机构的风险状况；对银行业金融机构的业务活动及其风险状况进行现场检查，制定现场检查程序，规范现场检查行为；对银行业金融机构实行并表监督管理；会同有关部门建立银行业突发事件处置制度，制定银行业突发事件处置预案，明确处置机构和人员及其职责、处置措施和处置程序，及时、有效地处置银行业突发事件；负责统一编制全国银行业金融机构的统计数据、报表，并按照国家有关规定予以公布；对银行业自律组织的活动进行指导和监督；开展与银行业监督管理有关的国际交流、合作活动；对已经或者可能发生信用危机，严重影响存款人和其他客户合法权益的银行业金融机构实行接管或者促成机构重组；对有违法经营、经营管理不善等情形银行业金融机构予以撤销；对涉嫌金融违法的银行业金融机构及其工作人员以及关联行为人的账户予以查询；对涉嫌转移或者隐匿违法资金的申请司法机关予以冻结；对擅自设立银行业金融机构或非法从事银行业金融机构业务活动予以取缔；负责国有重点银行业金融机构监事会的日常管理工作；承办国务院交办的其他事项。

监管内容。根据《银行业监督管理法》，中国银监会的监管目标是促进银行业的合法、稳健运行，维护公众对银行业的信心。中国银监会应当保护银行业公平竞争，提高银行业竞争能力。中国银监会对商业银行的监管内容大体可以分为三个方面，即商业银行市场准入监管、商业银行业务运营监管和商业银行市场退出监管。

商业银行准入监管指对新设立的商业银行，包括合并和增设分支机构的登记、审批等监管。准入监管的主要方式是向申请主体颁发执业许可证并对金融机构的业务范围做出明确规定。市场准入监管制度的确立一方面可以抑制逆向选择，防止投机冒险者进入银行市场；另一方面可以防止过度竞争，维护银行特许权价值，同时可以促使银行审慎经营，防止银行过度冒险。一个合理的市场准入制度不仅可以保证银行市场的整体质量，也会维持较为适度的银行数量。因此，对商业银行市场的准入环节的监管至关重要，这是维持商业银行市场安全有序运营的第一步。巴塞尔委员会作为制定国际银行业监管规则的重要组织，也同样注重银行市场准入环节的控制，巴塞尔协议Ⅲ对商业银行设立的审批也做出了较为详尽的审查要求，其中主要包括银行的股权结构、董事会成员和高管人员的任职资格、银行的经营方针以及公司治理结构、风险管理模式、预期财务状况等。

对商业银行业务运营监管的主要目标是提高银行机构对风险的防范和处置能力。银行市场有着复杂的风险构成，主要包括信用风险、市场风险、操作风险、利率风险、流动性风险和法律风险等。银行市场的这些风险也有着内生性、周期性和关联性的特点，仅仅依靠银行市场自身的调节是远远不够的，中国银监会在银行市场运营过程中及时制定并执行合理的行业标准和政策对加强风险防范、化解行业危机、维持市场安全起着至关重要的作用。根据《银行业监督管理法》以及相关政策法规的要求，中国银监会根据审慎经营的原则，主要对银行业务的运营进行风险管理、内部控制、资本充足率、资产质量、损失准备金、风险集中、关联交易、资产流动性等方面的监管。

商业银行市场退出监管是指停止办理金融业务，吊销金融许可证，取消其作为金融机构的资格，使其有序退出银行市场，从而维护相关主体的利益和金融市场的稳定。有市场进入就必然有市场退出，"优胜劣汰"是市场经济的基本要求。当商业银行由于自身经营、市场变动等原因不能持续经营而面临倒闭时，如果没有一个有效的退出机制，银行本身的损失将会不断扩大，其债权人的利益也将严重受损，其他金融机构不免也会有被波及的风险，这样一场单个金融机构的危机也很可能会引起颠覆整个金融市场乃至全球经济的危机。因此，通过确定市场退出标准，构建有序、通顺的市场退出程序，制定合理的清算分配方案来形成一套行之有效的市场退出机制是极为必要的，这样可以尽可能地降低个别银行机构的危机给整个金融市场带来的不良影响。

中国银监会对巴塞尔协议Ⅲ的推行。自巴塞尔委员会成立以来先后出台了巴塞尔协议Ⅰ（即《统一国际银行资本衡量和资本标准的协议》），巴塞尔协议Ⅱ（即《资本计量和资本标准的国际协议：修订框架》）以及由系统文件构成的巴塞尔协议Ⅲ，确立和阐述了银行监管的原则、规则、标准和建议。随着国际金融业的迅猛发展以及各种风险与危机的凸显，巴塞尔委员会所制定的监管标准越来越受到重视，并逐渐成为国际银行监管的风向标。如今巴塞尔协议体系的监管理念已经发生重大转变，从单纯以资本抵御风险，变为通过构建全面的风险管理架构来管理风险。中国银行业监管起步相对较晚，但也一直致力于加强对银行市场的监管，维护安全稳定的金融秩序。在发展银行业过程中，中国也持续关注着国际银行业监管形势的变化，力求通过不断地完善和升级来达到国际行业标准。巴塞尔协议的实施也正在成为中国推进银行业监管升级的核心，尤其是在2009年中国成为巴塞尔委员会成员之后，中国全面参与国际银行业监管标准的制定，为维护国际金融稳定做出贡献，并继续统筹推进巴塞尔协议Ⅱ和巴塞尔协议Ⅲ在中国的实施。

中国银监会在中国版"巴塞尔协议Ⅲ"银行监管体系的构建过程中发挥着主导作用，其于2011年4月出台的《中国银行业实施新监管标准的指导意见》（简称《指导意见》）标志着中国银行业新监管体系建设的正式实施。《指导意见》中提出了由资本充足率、杠杆率、贷款拨备率和流动性比率四大监管工具构成的指标体系。在此基础上，近年来关于各项监管工具的细化规定相继落地。考虑到现实状况，中国银监会在管理办法中对多项监管指标的达标设置了过渡期安排和期间各年度的最低监管要求。2012年6月，中国银监会颁布《商业银行资本管理办法（试行）》（简称《资本管理办法》），借鉴巴塞尔协议中最核心的最低资本要求（第一支柱）、外部监管（第二支柱）和市场约束（第三支柱）三大支柱监管框架，对商业银行建立了一套多指标、分层级的资本监管体系，其标志着中国银行业正式跨入了巴塞尔协议Ⅲ的实质性实施阶段，《资本管理办法》也被称为"中国版的巴塞尔协议Ⅲ"。其后，中国银监会分别于2015年1月和9月出台了修订后的《商业银行杠杆率管理办法（修订）》（简称《杠杆率管理办法》）和《商业银行流动性风险管理办法（试行）》（简称《流动性管理办法》），对商业银行杠杆率和流动性进行细化。随着配套监管政策和监管指标的逐步出台和实施，中国银行业监管指标体系得到了进一步充实和完善，基本形成了新的四大监管工具体系。

表 15-5 为中国银监会和巴塞尔协议Ⅲ所要求的指标和实施进度对比：

表 15-5 中国银监会和巴塞尔协议Ⅲ所要求的指标和实施进度对比

指标体系	具体指标	银监会要求						巴塞尔协议Ⅲ要求						
		2013年年底	2014年年底	2015年年底	2016年年底	2017年年底	2018年年底	2013年年初	2014年年初	2015年年初	2016年年初	2017年年初	2018年年初	2019年年起
资本充足率	核心一级资本充足率(%)	5.5	5.9	6.3	6.7	7.1	7.5	3.5	4.0	4.5	4.5	4.5	4.5	4.5
	一级资本充足率(%)	6.5	6.9	7.3	7.7	8.1	8.5	4.5	5.5	6.0	6.0	6.0	6.0	6.0
	资本充足率(%)	8.5	8.9	9.3	9.7	10.1	10.5	8.0	8.0	8.0	8.0	8.0	8.0	8.0
	储备资本要求(%)	2.5%（未达标银行需达到分年度要求，2013年年底0.5%，此后每年增长0.4%）						–	–	–	0.63	1.3	1.9	2.5
	逆周期资本要求(%)	0—2.5						0—2.5						
	系统重要性银行附加资本要求(%)	1						1						
杠杆率	(一级资本-扣减项)/调整后的表内资产余额	4%（系统重要性银行2015年4月达标，其他银行2016年年底达标）						3%（2013—2017年过渡，2015年1月1日开始披露）						
流动性	流动性覆盖率(%)	–	60	70	80	90	100	–	–	60	70	80	90	100
拨备率	拨贷比(%)	2.5						–						
	拨备覆盖率(%)	150						–						

资本充足率监管。资本充足率是指商业银行持有的符合《资本管理办法》规定的资本与风险加权资产之间的比率。计算公式为：

$$资本充足率 = \frac{资本 - 对应资本扣减项}{风险加权资产} \times 100\% \quad (15-1)$$

对资本充足率方面的监管是银行业监管的最重要组成部分，这也是巴塞尔协议体系和中国银监会不断改进和关注的重点。中国银监会于2012年6月出台《资本管理办法》，该办法由1个主办法和17个附件构成，这个规定体系是整个巴塞尔协议Ⅲ实施工程的核心。《资本管理办法》的主要监管措施包括建立多层次资本充足率监管要求、调整监管资本的构成、扩大风险覆盖范围、设置资本充足率达标过渡期、调整分类监管标准、强化商业银行风险治理和风险评估的要求、提高资本监管有效性等。与巴塞尔协议Ⅲ相对比,《资本管理办法》根据中国银行业的实际能力和现实状况,在部分监管指标上提出了更细化、更严格、更具前瞻性的要求。从具体内容来看,《资本管理办法》要求商业银行的核心一级资本充足率、一级资本充足率和资本充足率分别不得低于5%、6%和8%,同时要求设定2.5%的储备资本缓冲、0—2.5%的逆周期资本要求超额资本和1%的系统重要性银行附加资本。《资本管理办法》结合附件一《资本工具合格标准》对三类资本进行了详细界定,其中核心一级资本由普通股及其他所有者权益占主导,其他一级资本和二级资本也要求由原始期限不低于五年且受偿顺序至少位于一般债权人之后的债务工具和其他资本构成,这样就保证了最低资本的质量,也就确保了资本的损失吸收能力。另外,《资本管理办法》着重规定了第一支柱下信用风险加权资产、市场风险加权资产和操作风险加权资产的计量。信用风险加权资产的计量包含权重法和内部评级法(简称"内评法")。根据附件二、三和六,与权重法相比,内评法下合格的信用衍生工具、净额结算具有信用风险缓释的作用。其中,合格的信用衍生工具通过降低违约概率或违约损失率来起到资本缓释作用,净额结算则通过降低违约风险暴露来进行资本缓释。市场风险加权资产的计量方式为标准法和内部模型法。附件十一《市场风险内部模型法监管要求》中规定,商业银行采用内部模型法,其一般市场风险资本要求为一般风险价值和压力风险价值(sVaR)之和。操作风险加权资产的计量包含基本指标法、标准法和高级计量法三种方式。《资本管理办法》也对第二支柱的内容——商业银行内部资本充足率评估程序从治理结构、风险评估、资本规划、监测与报告等方面提出了监管要求。结合附件十五,管理办法也对第三支柱——信息披露的内容与要求进行了详细规定。从实施时间来看,巴塞尔协议Ⅲ要求在2019年全面达标,而《资本管理办法》则要求所有商业银行在2018年年底前全部达标,并且鼓励有条件的机构提前达标。

杠杆率监管。2011年中国银监会第一次出台了《商业银行杠杆率管理办法》,提出商业银行并表和未并表的杠杆率均不得低于4%。在2015年1月中国银监会再次出台《商业银行杠杆率管理办法(修订)》,同时废止2011年的《商业银行杠杆率管理办法》,杠杆率监管指标依旧为4%,高于巴塞尔协议Ⅲ所设定的3%。《杠杆率管理办法》要求系统重要性银行应当自办法实施之日起达到办法规定的最低监管要求,其他商业银行应当于2016年年底前达到本办法规定的最低监管要求,早于巴塞尔协议Ⅲ所要求的2018年。杠杆率监管是巴塞尔协议框架的重要补充内容,杠杆率是资本充足率的有力补充,其可以当作微观审慎监管的工具,能够有效地约束银行业务规模过度扩张,也可以作为宏观审慎监管的逆周期工具,提高系统风险监管的有效性。中国在此次金融监管体系的升级过程中充分采纳了该监管指标,并加以细化和升格,使中国金融监管体系更加全面化、科学化、合理化。

流动性监管。2008年金融危机后,巴塞尔协议Ⅲ首次提出通过建立全球统一的流动性监管指标加强流动性监管,引入了独立且可计量的定量监管指标,主要包括流动性覆盖率和净稳定资金比率,流动性监管首次被提升到与资本监管一致的高度。

2014年,中国银监会为进一步加强商业银行流动性风险管理,发布了中国首个《商业银行流动性管理办法（试行）》（以下简称《办法》）。根据《办法》对于流动性风险的定义，"流动性风险"是指商业银行无法以合理成本及时获得充足资金，用于偿付到期债务、履行其他支付义务和满足正常业务开展的其他资金需求的风险。该《办法》参考了《巴塞尔协议Ⅲ》中的流动性风险监测主要框架，结合中国实际情况，确立了存贷比、流动性比例和流动性覆盖率三大监管指标。2015年，中国银监会对该《办法》进行了修订，将存贷比由监管指标变为监测指标，自此正式确立了对中国商业银行流动性监管的"2+N"的指标监管体系。

贷款损失准备监管。 贷款损失准备是指商业银行在成本中列支、用以抵御贷款风险的准备金，不包括在利润分配中计提的一般风险准备。2011年7月，中国银监会颁布《商业银行贷款损失准备管理办法》。贷款损失准备监管具有动态性和前瞻性，可以促进商业银行审慎经营，增强商业银行风险防范能力，维持商业银行的稳健运行。《商业银行贷款损失准备管理办法》设置了贷款拨备率和拨备覆盖率的监管指标。贷款拨备率指贷款损失准备与各项贷款余额之比；拨备覆盖率为贷款损失准备与不良贷款余额之比。管理办法要求贷款拨备率基本标准为2.5%，拨备覆盖率基本标准为150%。该两项标准中的较高者为商业银行贷款损失准备的监管标准。监管比率并不是固定不变的，将会根据具体的机构风险和宏观审慎监管要求对贷款拨备比率进行调整。在实施进度方面，银行业监管机构确定的系统重要性银行应当于2013年年底前达标。非系统重要性银行应当于2016年年底前达标，2016年年底前未达标的，应当制定达标规划，并向银行业监管机构报告，最晚于2018年年底达标。

2. 保监会监管体系

保监会概述。 中国保险监督管理委员会（China Insurance Regulatory Commission，CIRC），简称中国保监会，成立于1998年11月18日，是国务院直属事业单位。根据国务院授权履行行政管理职能，依照法律、法规统一监督管理全国保险市场，维护保险业的合法、稳健运行。

保险监管自中华人民共和国成立后60多年内经历了四个发展阶段，分别为国家成立初期的调整摸索、改革开放后的初始创立、成立专业监管机构以及十八大后保险市场改革深化等。

第一阶段为中华人民共和国成立到改革开放，保险监管调整摸索时期。1949年10月20日，经中国人民银行报国务院财经委员会批准，成立了中国人民保险公司。根据当时国务院批准的《中国人民银行试行组织条例》，保险业归中国人民银行领导和主管，更多作为行政管理手段，并非真正意义上的保险监管。后受苏联模式影响，自1959年5月起，国内业务几乎全面叫停，只保留涉外保险业务。

第二阶段为1978年改革开放到1998年保监会成立，保险监管从无到有的初始创立时期。在改革开放的政策背景下，保险业务逐步恢复。1983年中国人民保险公司从中国人民银行分设出来，成为国务院直属局级经济实体。1995年在金融体制改革要求下，保险司设立，具体负责保险监督管理工作。同年，《中华人民共和国保险法》颁布实施，标志着中国保险业进入到有法可依、依法管理阶段。

第三阶段，从1998年中国保监会成立到党的十八大召开，是中国专业保险监管框架初步形成时期。中国保监会的成立，标志着中国保险监管走向了专业化、规范化的新阶段。其后十年间，中国保监会立足中国国情，建立了监管框架、法律法规、制度规则等符合中国实际又与国际接轨的监管体系，以及市场行为、偿付能力、公司治理的"三支柱"保险监管框架，还推动了《保险法》的两次修改。这一时期，交强险作为首个法定险诞生，农业险、责任险、养老险和健康险等重点业务领域也取得了实质性进展。

第四阶段为十八大至今。在国际形势动荡、国内经济下行情况下，中国保监会全面推动保险业务现代化进程。2014年，国务院发布《关于加快发展现代保险服务业的若干意见》，对新时期保险业改革、发展和监管进行了全面部署，标志着保险业迈入全新的发展时期。全面深化保险改革，加强保费市场化，保险产品注册制改革，保险资金运用改革，以保险业务服务实体经济，"偿二代"监管体系基本建成，高效专业的保险监管框架逐步完善。

保监会的职责。依据有关法律法规，中国保监会在对保险市场实施监督管理中履行下列职责：拟定保险业发展的方针政策，制定行业发展战略和规划；起草保险业监管的法律、法规；制定业内规章。审批保险公司及其分支机构、保险集团公司、保险控股公司的设立；会同有关部门审批保险资产管理公司的设立；审批境外保险机构代表处的设立；审批保险代理公司、保险经纪公司、保险公估公司等保险中介机构及其分支机构的设立；审批境内保险机构和非保险机构在境外设立保险机构；审批保险机构的合并、分立、变更、解散，决定接管和指定接受；参与、组织保险公司的破产、清算；审查、认定各类保险机构高级管理人员的任职资格；制定保险从业人员的基本资格标准。审批关系社会公众利益的保险险种、依法实行强制保险的险种和新开发的人寿保险险种等的保险条款和保险费率，对其他保险险种的保险条款和保险费率实施备案管理。依法监管保险公司的偿付能力和市场行为；负责保险保障基金的管理，监管保险保证金；根据法律和国家对保险资金的运用政策，制定有关规章制度，依法对保险公司的资金运用进行监管。对政策性保险和强制保险进行业务监管；对专属自保、相互保险等组织形式和业务活动进行监管。归口管理保险行业协会、保险学会等行业社团组织。依法对保险机构和保险从业人员的不正当竞争等违法、违规行为以及对非保险机构经营或变相经营保险业务进行调查、处罚。依法对境内保险及非保险机构在境外设立的保险机构进行监管。制定保险行业信息化标准；建立保险风险评价、预警和监控体系，跟踪分析、监测、预测保险市场运行状况，负责统一编制全国保险业的数据、报表，并按照国家有关规定予以发布。承办国务院交办的其他事项。

"偿二代"监管制度体系。金融监管包括审慎监管（资本监管或偿付能力监管）和行为监管（消费者利益保护）两大主线，其中审慎监管的核心内容是资本监管，即通过设定最低资本要求，确保金融机构有抵御各类风险以及经营中不确定损失的自有资本。对保险公司而言，资本监管通常又称为偿付能力监管。

根据日内瓦协会（Geneva Association）2010年3月发表的研究成果《保险业的系统性风险——关于保险和金融稳定性的分析》，保险行业自身不会产生系统性风险，反而具有吸收和分散风险的天然属性，但保险业又易被系统性风险和其他金融行业风险所传染。由于保险公司的主要资产都是各类金融产品，其他金融行业的风险和金融市场的系统性风险容易传导到保险行业。各国根据保险行业特有的风险特征和规律，分别制定保险行业监管的体系和框架，且逐渐形成以偿付能力监管为核心的监管模式。成立于1994年的国际保险监督官协会也一直致力于通过国际合作推进成员共同完善保险监管体系，但国际保险业尚未建立全球统一的偿付能力监管规则，具有较大影响和代表性的是欧盟偿付能力体系和美国风险资本制度（RBC）模式。目前国际公认的较成熟的金融监管模式为"三支柱"的整体框架，IAIS、欧盟偿付能力Ⅱ、巴塞尔资本协议Ⅱ和巴塞尔资本协议Ⅲ均采用了"三支柱"的整体框架，充分地体现了以风险为基础的定量监管与定性监管相结合的监管思路。

中国保险业第一代偿付能力监管体系从2003年正式开始实施。2008年，中国保监会下发了《保险公司偿付能力监督管理规定》，标志着第一代偿付能力制度的完善。2012年3月，中国保监会印发《中国第二代偿付能力监管制度体系建设规划》，正式启动了第二代偿付能力监管制度（下称"偿二代"）的建设工作。经过保险行业近三年的努力，于2015年年初完成了"偿二代"监管规则的研制工作，搭建起一套以风险为导向、从中国国情出发、具有国际可比性的新的偿付能力监管体系。中国保监会于2015年2月正式发布新体系的全部主干技术标准共17项监管规则，同时保险行业进入"双轨并行"过渡期。根据过渡期试运行情况，中国保监会自2016年1月1日起施行《中国保监会关于正式实施中国风险导向的偿付能力体系有关事项的通知》和《保险公司偿付能力监管规则》（第1号—第17号）。第二代偿付能力监管制度正式实施。"偿二代"的出台适应了行业在新形势下的发展趋势和监管诉求，标志着保险行业监管转为全面风险导向。

中国"偿二代"的整体框架由制度特征（包括统一监管、新兴市场、风险导向兼顾价值）、监管基础（内部偿付能力管理是外部偿付能力监管的前提、基础和落脚点）和监管要素组成（见表15-6）。其中监管要素就是偿付能力监管的"三支柱"，即定量监管、定性监管要求以及市场约束相结合，主要规范偿付能力监管的内容、原则、方法和标准。第一支柱主要任务是量化可以量化的保险风险、市场风险以及信用风险三大类风险。通过科学的计量手段，识别和预测保险公司未来经营面对的风险，并要求保险公司要保持足够能应对风险的资本。具体包括最低资本要求、实际资本评估、资本分级、动态偿付能力测试以及监管措施等；第二支柱为风险管理要求，主要是定性监管要求，通过现场检查和非现场分析等手段，在第一支柱基础上进一步防范难于量化的风险，如操作风险、战略风险、声誉风险、流动性风险等；第三支柱为市场约束要求。通过建立偿付能力信息季度公开披露制度、与相关方之间的交流机制和信用评级制度，促进和发挥市场相关利益人的力量，借助保险市场、资本市场的监督约束机制，促使保险公司加强偿付能力管理，保证经营安全，满足赔付需求。

表15-6 中国"偿二代"监管框架图

制度特征	统一监管、新兴市场、风险导向兼顾价值		
监管要素	第一支柱 定量资本要求	第二支柱 定性资本要求	第三支柱 市场约束机制
	第1号：实际资本 第2号：最低资本 第3号：寿险合同负债评估 第4号：保险风险最低资本（非寿险业务） 第5号：保险风险最低资本（寿险业务） 第6号：保险风险最低资本（再保险公司） 第7号：市场风险最低资本 第8号：信用风险最低资本 第9号：压力测试	第10号：风险综合评级（分类监管） 第11号：偿付能力风险管理要求与评估 第12号：流动性风险	第13号：偿付能力信息公开披露 第14号：偿付能力信息交流 第15号：保险公司信用评级
	第16号：偿付能力报告；第17号：保险集团		
监管基础	公司偿付能力管理（战略、资产、负债、资产负债匹配、资本管理）		

以风险为导向的"偿二代"，目的是在最低资本和保险公司各类风险之间建立关联，资本约束成为保险业面临的突出问题，配置到不同的资产，需要的资本金不同，这就要求保险公司在进行投资决策时，必须考虑资本占用和偿付能力充足率，选择与负债更匹配的资产配置结构。其中，偿付能力充足率是公司的整体指标，受保险风险、信用风险、市场风险、综合评级等情况的影响，计算公式为：

$$偿付能力充足率 = \frac{实际资本}{最低资本} = \frac{认可资产 - 认可负债}{风险资本要求} \quad (15-2)$$

从分子的角度看，认可资产是指处置不受限制，并可用于履行对保单持有人赔付义务的资产，认可负债是指保险公司无论在持续经营状况还是破产清算状况下均需要偿还的债务。"偿二代"对认可资产进行了分级，采用市场公允价值为认可价值，而不再通过打折体现风险。

从分母的角度来看，保险公司偿付能力风险由固有风险和控制风险组成。固有风险由可量化为最低资本的风险（简称"量化风险"）和难以量化为最低资本的风险（简称"难以量化风险"）组成。量化风险包括保险风险、市场风险和信用风险，难以量化风险包括操作风险、战略风险、声誉风险和流动性风险。可量化的固有风险和控制风险通过最低资本进行计量，难以量化的固有风险纳入风险综合评级予以评估。保险公司应当根据偿付能力风险管理评估结果和量化风险最低资本计算控制风险最低资本，计算公式为：

$$MC\ 控制风险 = Q \times MC\ 量化风险 \quad (15-3)$$

其中，MC 控制风险为控制风险最低资本；MC 量化风险为量化风险最低资本总和；Q 为风险因子，$Q = -0.005S + 0.4$；S 为中国保监会对保险公司偿付能力风险管理能力给出的评估分数。

各业务类型的保费风险最低资本、准备金风险最低资本采用综合因子法计算，计算公式为：

$$MC = EX \times RF = EX \times RF0 \times (1 + K) \quad (15-4)$$

其中，MC 为各业务类型的保费风险或准备金风险的最低资本；EX 为风险暴露；RF 为风险因子，$RF = RF0 \times (1 + K)$，RF0 为基础因子。

在计算保险风险最低资本时，针对不同险种设定了不同的风险因子，具体如表 15-7 和表 15-8 所示。

表 15-7　保费风险因子

序号	险种	风险因子
1	车险	0.08—0.09
2	财产险	0.29—0.40
3	船舶特险	0.25—0.28
4	责任险	0.09—0.15
5	农业险	0.19—0.34
6	信用保证险	0.37—0.47
7	短意险	0.04—0.09
8	其他险	0.10

表 15-8　准备金风险因子

序号	险种	风险因子
1	车险	0.10—0.11
2	财产险	0.57—0.64
3	船舶特险	0.51—0.63
4	责任险	0.35—0.42
5	农业险	0.28—0.40
6	信用保证险	0.40—0.51
7	短意险	0.13—0.19
8	其他险	0.17

中国"偿一代"是以规模为导向的偿付能力监管体系，为静态监管；"偿二代"是在分析预测行业未来风险的基础上建立起来的动态偿付能力监管体系，"偿二代"的实施将中国保险行业监管水平提升到新高度。"偿二代"的三大支柱中，特别的监管创新之处在于第二支柱，一方面将定性的风险管理评估与定量的资本要求挂钩。根据"偿二代"第十一号文的规定，将以偿付能力风险管理评估结果和量化风险最低资本计算控制风险最低资本，以 80 分为基准，超过 80 分，每增加 1 分减少 0.5% 的最低资本；低于 80 分，每减少 1 分增加 0.5% 的最低资本。直接将风险管理能力体现为资本的"优惠"和"惩罚"，加强保险公司对风险的管理和控制。另一方面，实行定量资本水平与定性风险评估共同决定公司的综合评级及分类监管。"偿二代"综合了第一支柱的定量资本充足率的评估结果与第二支柱定性风险水平评估的结果；既是对公司的风险综合评级，也是分类监管，评估结果还决定公司的监管分类，从而将第一支柱和第二支柱结合起来。

3. 中国银保监会——中国银监会与中国保监会的整合

鉴于银行业与保险业在监管理念、规则、工具等方面具有相似性，对监管资源和监管专业能力也有相近的要求，2018 年 3 月 13 日，国务院机构改革提出将中国银行业监督管理委员会和中国保险监督管理委员会的职责整合，组建中国银行保险监督管理委员会（简称"中国银保监会"），作为国务院直属事业单位，不再保留中国银行业监督管理委员会、中国保险监督管理委员会。方案还将中国银行业监督管理委员会和中国保险监督管理委员会拟订银行业、保险业重要法律法规草案和审慎监管基本制度的职责划入中国人民银行。根据此次改革方案，中国人民银行的职能新增了拟订银行业、保险业重要法律法规草案和审慎监管基本制度。而整合后的银保监会主要职责则为，依照法律法规统一监督管理银行业和保险业，维护银行业和保险业合法、稳健运行，防范和化解金融风险，保护金融消费者合法权益，维护金融稳定。

对银行业和保险业的监管整合为一个监督机构，体现出当前监管体制改革由点及面的"渐进式"特征，旨在解决原先"监管竞争"和"监管空白"等问题，强化综合监管，优化监管资源配置，充分发挥银行业和保险业监管合力，更好统筹系统重要性金融机构监管，以提升银行业和保险业体系运行的合规性和稳健性，为金融监管体制的中长期改革打好基础。

2018年4月8日，中国银行保险监督管理委员会挂牌。至此，由国务院金融稳定发展委员会、中国人民银行、中国银行保险监督管理委员会、中国证券监督管理委员会组成的"一委一行两会"的金融监管新格局正式形成。

目前，中国金融监管框架如图15-4所示。

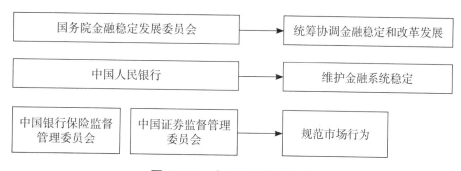

图15-4　中国金融监管框架

15.3 国内金融监管发展趋势

15.3.1 全球金融危机给中国的启示

2008年全球金融危机几乎中断了世界经济持续三十多年的黄金增长期，金融体系的去杠杆和实体经济的下行导致世界经济陷入长时期的深度衰退。金融危机爆发已过数年，全球金融体系尽管有所恢复，但金融危机给美国和世界经济带来的冲击，削弱了人们对金融体系的信心和经济增长的预期，这使人们再次体会到"金融是现代经济的核心"。

全球金融危机发生后的数年里，国内外对于2008年这场金融危机产生的原因和应吸取的教训从各个层面做了很多研究和分析，比如从社会制度层面，认为这是资本主义制度所固有的基本矛盾造成的；从人性层面，认为这是由于人的贪婪本性和道德缺失所造成的；从经济运行和行政管理层面，认为这是由于政府推行经济自由主义、疏于金融监管所造成的等。而最核心的原因可概括为金融体系的脆弱性超过了微观层面的风险管理能力和宏观层面的监管能力。因而，每一次危机似乎都意味着金融监管的失败和随之而来的重大变革。

在2008年的全球金融危机中，中国因当时的高储蓄率以及有限的金融开放程度，所遭受的冲击与损失更多体现在实体经济层面而非金融体系层面上。但是，随着中国经济的进一步发展，金融市场的日益活跃与对外开放水平的提高，对金融监管提出了更高的要求。因而，借鉴本次全球金融危机的经验和教训，对于建立和完善社会主义市场经济体制、加强和改进宏观调控、警惕市场失灵和防止政府失灵，有着重要的现实意义和长远意义。结合本国实际情况，全球金融危机给中国的启示可以总结为以下三个方面。

15.3.1.1 监管应加强执行力和前瞻性

"监管"的英文实则由两个单词组成——"Regulation"和"Supervision"，其字面含义是制定规则并监督执行。美国金融危机调查委员会（the Financial Crisis Inquiry Commission，FCIC）的报告指出，美国的监管机构不缺乏立法和授权，缺乏的是坚决而有效的监管行动。事实上，危机后的措施也主要集中于设立更高的监管标准（如资本、流动性、会计准则、薪酬等要求）上。尽管这些规则的修订是必要的，但是规则的生命力在于执行。因此，监管规则的执行远胜于监管规则本身，应对危机需要更强有力的监管行动，即有效的监管，不仅要注重合规，还应当要重视执行，必要时还须"长牙齿"。具体而言，金融监管不应过于依赖事前的准入审批，而应注重持续性监管，密切关注市场主体的经营活动是否符合各项监管标准的要求，以及各类风险的积累情况，并据此做出是否需要进行监管干预的判断；通过对金融机构的违规和不审慎行为的严厉处罚，形成金融机构自觉依法合规经营的监管威慑。

近些年，中国金融市场发展迅速，对国民经济影响日益显著，但目前仍存在诸多不完善的地方，违法违规现象层出不穷，不仅严重影响到市场的稳定，更打击了投资者的信心。对于中国而言，治理金融市场乱象的难题也不在于缺乏规范的制度，一定程度上也在于"重规则制定，轻监管执行"。所以，只有加大对市场违法违规行为的打击力度，提高法律法规的震慑力、违法和失信成本，才能有效地实现"制定规则"和"监督执行"之间的协调，阻塞金融领域"破窗效应"的发生，让金融市场环境得到进一步净化。相应地，也需要强化对监管执行情况的监督检查和监管不作为的惩戒措施，让"监管"真正回归"制定规则并监督执行"的应有之义。

兵无常势，水无常形。金融市场总是在变迁中迎来新常态，这就容易使"监管之手"滞后于市场的脚步，监管真空地带往往成为乱象丛生之处。当前，中国经济发展进入新常态，发展的速度、方式、结构、动力都在发生转化，这既是金融发展的重要机遇期，也是金融风险的易发多发期，对金融监管工作提出了更高要求——亟须增强风险防范意识，未雨绸缪，密切监测，准确预判，有效防范。"把防风险做在前面"这一监管要求来自美国国会对2008年金融危机的调查结论给世人的启示，这场金融危机本可以避免，危机既非天灾也非计算机模型的失效，而是源于人类对风险的无动于衷和错误判断。因此，具有前瞻性的、及时的监管成了与金融市场发展与时俱进的需求。甚至即使市场表现得"风平浪静"时，监管机构也要能够做出不同于市场的独立判断、形成风险隐患应对预案，而不能只在出现问题后才采取行动。正如监管人士指出的，"从某种意义上说，监管必须是内生反周期性的，特别是在繁荣时期，金融监管在不受重视时最有价值"（刘鹤，2016）。前瞻性是金融监管的生命所在。如何在提高监管前瞻性的同时，不损伤市场创新的有效供给，平衡好金融体系的活力与金融市场的稳定，考验着监管人士的智慧。

15.3.1.2 坚持金融服务实体经济原则

现代金融的核心功能是实现资金配置效率的优化。纵观金融体系的演进，其发展历程就是改进和提升服务实体经济能力的过程。从信贷市场到证券市场，从原生品到金融衍生品，金融每一步创新的背后都有实体经济需求的支持。实践证明，百业兴则金融强；金融与实体经济，共生共荣。金融一旦偏离了服务实体经济的轨道，过度自我循环和自我膨胀，不仅会导致资源配置扭曲、影响实体经济发展，还可能引发金融危机。始于华尔街的次贷危机暴露了美国金融与实体经济严重脱节的缺陷，再次警示金融创新的边界以及国民经济发展必须立足于实体经济的客观现实。服务实体经济，既是金融市场存在的根本价值所在，也是金融发展的坚实基础。相应地，防范金融风险、加强金融监管的最终目标，都是为实体经济发展创造良好金融环境，疏通金融进入实体经济的渠道。

当前中国经济发展阶段，既存在资金"脱实向虚"的苗头，又存在金融发展深度不足，难以满足中国经济创新驱动发展需要的问题。2011年年底，中央经济工作会议明确了"金融服务实体经济"的原则，而要引导资金真正做到"脱虚向实"，需要从金融市场和金融监管两侧共同发力。对于金融市场主体而言，金融回归本质，就是以服务实体经济为宗旨，在遵守相关监管规则，合法经营的基础上，积极在金融产品及服务上寻求创新与突破，为去产能、去库存、补短板等供给侧结构性改革提供强有力的支持，提高金融资源与实体经济的匹配度。对于金融监管机构而言，需要加大监管执行力度，坚决抵制为追逐短期回报而脱离实体经济需求的自我金融创新、自我循环和自我膨胀行为；同时，通过金融监管措施的完善，营造有利于实体经济发展的监管环境，逐步放开不必要的管制，增强金融服务实体经济的功能与活力，以实现"金融活，经济活；金融稳，经济稳"的最终目标。

15.3.1.3 加强监管的同时鼓励创新

金融创新是金融监管的前提条件，金融监管是金融创新的必要条件。金融发展一方面需要金融创新作为动力，另一方面又需要加强金融监管以维护金融安全，保障金融业的持续、健康、稳定发展。在各个历史阶段，金融监管变革往往来自市场主体利益诉求的博弈和权衡。2008年后，欧美国家在救市过程中纷纷加大金融监管，出台限制金融创新的政策。在中国，金融工作由此也变得更加谨慎稳重。然而，随着危机后国际金融市场的恢复，以美国对《多德·弗兰克法》修改为代表的"去监管"呼声日起，似乎在重现"金融危机—加强监管—市场恢复—放松监管"的循环。可见，市场本身也是推动监管发展和变革的连续自变量，金融创新永远创造对监管创新的内在需求。

同时应当看到，不同国家金融市场发展进程不一，"在发展中所面临的问题也不会完全相同，这就不能用同一药方来治不同疾病"（李兴山，2010）。面对金融创新，一国的监管经验未必能直接适用于另一国，同样不能因风险防范而一味禁锢金融市场的发展。相对于欧美发达经济体，中国还处于金融市场建设阶段，金融市场仍然处于起步期，当前工作重点主要是股票市场、债券市场、私募市场的治理。相对发达国家，中国国内还没有形成有活力的金融衍生品市场，创新不足可以说是中国金融业现阶段发展的主要问题之一。如果对尚处于培育、成长期的金融领域加以严格管制，虽能避免类似于美国金融市场的高风险，但也严重约束了国内金融市场的创新能力，由此导致的结果可能是金融产品和服务供给不足，难以满足实体经济和金融消费者的需求。

就金融衍生产品而言，成熟的金融衍生品体系可以为国际资本流动提供避险工具，控制风险，所以目前也是各大国之间进行金融竞争的战略制高点。危机后，以衍生品为主要载体的金融创新并未因金融监管的加强而有所停步。根据国际清算银行对11国的调查统计，场外衍生品未平仓合约名义价值从1998年的80万亿美元增长到2012年年底的633万亿美元，增长了约8倍。而2009年信用衍生品的标准化制度的出台又使一些地区的信用衍生品的流动性得以增加。这些现象绝非"好了伤疤忘了疼"，而是表明金融支持实体经济还有赖于在规范市场环境的基础上继续探索和创新。特别是在金融全球化的背景下，若对金融衍生品予以过度管制，可能容易削弱本国金融体系的竞争力和吸引力，导致金融资源的外流。

因此，"鼓励金融创新"与"强化金融监管"之间一种比较良性的状态可能是监管机构在加强监管的同时，鼓励和引导金融机构立足社会发展需要，在坚持风险防范、维护金融稳定的前提下，以创新促发展——创新金融产品、创新服务方式、优化服务体系，在提高金融服务实体经济效率的同时，保持金融系统的稳定性，从而推动中国的金融市场实现较高的国际竞争力。

15.3.2 中国金融监管的挑战与发展趋势

15.3.2.1 当前金融监管面临的挑战

金融是现代经济的核心和实体经济的血脉。2015年以来，为鼓励金融部门为实体经济的发展提供更多金融资源，金融市场的流动性基本保持相对宽裕水平。然而，在低利率环境下，金融市场中各类打着"创新"之名的乱象层出不穷，不少非银行金融机构与非金融机构以"资管"之名行"借贷"之实，让风险在不同产品、不同机构、不同市场间传导，削弱了宏观调控、审慎监管的有效性，增加了系统性风险的积聚。当前，中国实体经济正处于"三期叠加"（即经济增长换挡期、结构调整阵痛期、前期刺激政策消化期）阶段，因此，中国金融监管也相应地面临着更多复杂的挑战，集中体现在以下几个方面：

一是当前的分业监管安排对金融机构控股公司的监管存在缺位。中国现行的监管框架是以机构审批设立为原则，划分监管范围。随着金融混业经营的深化，金融控股集团的出现，逐渐打破了金融分业经营、分业监管的限制[①]。无论是银行投资非银行金融机构，还是非银行金融机构的互相持股或投资银行，在分散风险，实现业务收入多元化的同时，也不可避免地带来风险的跨业甚至跨国传染。但是，中国金融控股机构的公司治理还不够健全，自我约束机制尚未完全建立，在日益激烈的竞争环境下甚至存在一定"贪大求全"的扩张冲动。诚然，在当前的分业监管框架下，金融机构及其下属子公司和分支机构均得到了较好的监管覆盖，但是行业监管当局"向上"的监管受到诸多限制，虽然监管当局可以通过股东资格审核等方式对控股股东做出一些实质性约束，但目前没有任何监管机构拥有对金融机构控股股东（公司）的监管权力，当一个控股公司实际控制多家金融机构时，这种监管真空就有可能演化为系统性的风险。因而，对金融机构进行分业监管，容易"只见树木不见森林"。随着金融综合经营的推进，这类控制多家金融机构的控股公司会越来越多，亟须完善相关监管的机制。

【拓展阅读 15-3】

中国 21 世纪初"德隆系事件"

2000 年年初，德隆在上海注册了德隆国际投资有限公司。德隆集团通过下属公司组建了庞大的金融资产平台，通过新疆屯河公司控制了金信信托、新疆金融租赁公司、伊斯兰信托、德恒证券中富证券等，德隆集团利用这些金融企业大量开展委托理财、挪用信托资金、抽取资本等，从而获得资金。之后德隆集团借助增资扩股的机会，进入了昆明、南昌、株洲等地的城市商业银行。经过十多年的发展，德隆集团涉足的领域涵盖制造业、流通业、服务业、金融业和旅游业等十几个行业，形成了"德隆系"企业。

由于不断的产业整合和投资，德隆系需要通过各种手段进行融资，而德隆集团盘根错节的持股方式、分散的股权、各级公司之间交叉持股的特点为其融资提供了便利。德隆集团将旗下上市公司作为融资机器，为其不断扩大的产业板块提供资金支持。此时的德隆系像是一场庞氏骗局，不断夸大公司的价值和潜力来维持高股价，为自己新的贷款或股票融资提供噱头。一旦其中一个环节出错，便可造成资金链的断裂、"金融帝国"的坍塌。

2004 年，德隆系资金断裂。2004 年 4 月 13 日，德隆系的三支老股"湘火炬""新疆屯河""合金投资"连续跌停，近 200 亿元市值在十余个交易日中灰飞烟灭。盛极一时的德隆系开始土崩瓦解。接下来，德隆系"帝国"中的子系统或关联系统与德隆集团之间裂痕的出现、矛盾的接连暴露，使德隆集团着力打造的产业链彻底瓦解。

---

① 这些金融控股集团或母子公司可以在集团内部统筹资源，为客户提供综合金融解决方案；也可以针对金融监管政策的差异，选择合适的业务主体为客户提供服务。有些集团已成为多类金融机构及上市公司的实际控制人，机构数量逾百家，股权层级多达四五级。目前，平安、中信、光大等金融集团公司都是拥有保险、银行、证券或信托等全牌照的金融控股集团，部分保险公司已经控股商业银行，商业银行也可以设立基金管理公司。

> 2006年1月19日,德隆主案在武汉中院拉开庭审帷幕,三家被告的德隆系公司和7个自然人,牵涉了全国2 500多家机构和3.2万多人。检方对时任德隆国际投资有限责任公司总裁唐万新涉案指控高达500多亿,主要涉及两项指控:一是涉嫌非法吸纳公众存款罪,二是非法操纵股价罪。2006年4月29日,武汉市中级人民法院做出一审判决,唐万新被判有期徒刑8年并罚款40万元;德隆系三家核心企业合计被罚103亿元。
>
> 德隆集团的问题并非仅德隆一家面临的问题。这一21世纪初发生的特大金融案,也为许多企业通过类金融控股公司运作而产生过度膨胀的现象,敲响了警钟。
>
> 资料来源:赵刚,"资金的运营与企业战略——德隆集团崩塌的案例分析",《财会学习》,2007年第8期。

二是不同市场机构交叉开展资产管理业务适用的监管规则不一致,导致不同监管机构难以实现全面的监管覆盖。自2013年以来,随着中国经济增速的下降和有效贷款需求的减少,商业银行正常贷款业务增速放缓,非标类债权融资通道逐渐壮大。自身竞争与发展压力促使商业银行以银行理财作为核心的资金,通过层层融资通道的"加码"将比银行贷款成本高很多的价格输送给融资平台和房地产企业。[①] 这些"类贷款"模式往往交易结构复杂、交易链条较长、信息不透明,特别是近几年互联网技术在金融领域的广泛应用,包括第三方理财销售、互联网众筹、P2P交易平台等新型金融媒介快速发展,更是模糊了传统金融机构的边界,由此也容易引发交叉性风险传递。尽管作为债权融资通道的券商、基金、保险等金融机构的资产管理计划和信托公司的信托计划本质上办理的都是"受人之托,代人理财"的业务,但是因为不同行业对同类业务监管标准不一致,易引发"木桶原理"的短板效应——受监管限制较多的金融机构往往借助其他行业的产品通道,实现"监管套利"。例如,在券商资管、私募基金产品中,不少是银行理财资金的"通道"和嵌套业务,而每一层规避监管的嵌套都有可能加杠杆[②]。虽然从分行业分机构的角度看,似乎无明显违规之处且风险可控,但从其资金来源和最终投向来看,则明显突破了市场准入、投资范围、资本约束、杠杆限制、投资者适当性等监管要求,极易引发跨行业、跨市场风险传递。

---

① 在2011年国家严厉控制房地产以及地方平台信贷融资的情况下,各种资金通过信托和资管产品形式直接或间接进入房地产市场或地方融资平台,造成中国影子银行快速发展,金融体系蕴含新的风险。
② 在2015年中国股市异常波动中,杠杆资金特别是场外配资直接助推了股市的暴涨暴跌。场外配资来源复杂,既来自银行、证券、保险和信托的结构化产品,也有来自P2P等互联网金融渠道,且经过多个通道和多层嵌套,各管一行的监管机构无一能"穿透"场外配资的全过程。从整个金融体系看,由于杠杆成倍放大风险,一旦市场整体纠偏,必然发生强制平仓,陷入流动性恐慌。

【拓展阅读 15-4】

保险资金与银行理财通过多层通道业务参与"宝万之争"

2015 年下半年，在以深圳市宝能投资集团有限公司为核心的资本集团（简称"宝能系"）收购万科股票而出现的万科领导权之争（简称"宝万之争"）中，保险资金和银行理财资金是宝能系买入万科股票的主要资金来源。

首先，宝能系用银行理财资金认购五矿国际信托有限公司（简称"五矿信托"）之信托计划的信托受益权，借助信托计划这层通道以股权投资的形式将资金投入浙银资本管理有限公司（简称"浙银资本"）。其中，浙银资本为浙商银行子公司，在该笔理财资金运用上，其投资行为可归结至浙商银行。此后，浙银资本继续将理财资金投入华福证券资产管理计划，该计划也是一层通道，利用这层通道，理财资金顺利入股宝能产业合伙。宝能产业合伙是深圳市钜盛华股份有限公司（简称"钜盛华公司"）的股东之一，两者同为"宝能系"的关联公司，宝能产业合伙在对钜盛华公司进行一系列的增资和股东贷款后，资金最终进入钜盛华公司并成为钜盛华公司收购前海人寿股权以及参与 9 个资产管理计划的主要资金来源。

2016 年 7 月 19 日，万科发布《关于提请查处钜盛华及其控制的相关资管计划违法违规行为的报告》，正式向监管机构举报宝能资管计划违规行为。

资管计划在"万宝之争"这个案例中被应用得淋漓尽致。资管计划的本质应是财富管理工具，但是出于对分业监管各项规定的规避使它成为监管套利的通道，通过层层嵌套，延长了信用链，并产生了功能异化。

资料来源：柳叶，"资产管理行业通道类业务的法律关系与监管新探——以'宝万之争'为例"，《重庆科技学院学报》（社会科学版），2018 年第 1 期。

三是当金融市场业务开始形成跨市场关联、跨行业联动的特征时，对监管信息的共享和监管政策的协调提出了严峻挑战。在综合经营格局下，金融风险的跨业、跨区、跨市场传染已变得日益复杂和突出。若监管机构无法"穿透"资金流向的全过程，就无法掌握被监管金融机构实际承担的风险和风险的传染路径，也就无法动态监测系统性风险的积累程度，更难以有效防控金融风险并及时采取有力措施予以处置。要得到其全面及时的风险概貌，需要通过高效的各监管当局之间的信息共享与互换，以充分掌握和整合不同行业、不同市场的基础数据。然而，目前的实际状况是，金融基础设施根据当前分散式的金融监管体制而建，由各个监管机构独立管理，而且场内与场外、不同金融基础设施之间互联互通不畅，信息登记系统也处于分割状态。例如，资产管理业务统计分散在各行业监管机构，数据收集、信息统计、风险监测等方面没有统一的标准，对最终投资者和底层资产的穿透核查存在较大困难。此外，现在各监管机构所制定和实施的针对本行业的监管措施所产生的溢出效应也越来越大，需要更为充分的监管政策协调。因而，建立各金融监管机构的执行流程和监管信息共享机制成为必要，这有望改变重规则制定、轻监管执行，重本行业风险、轻跨部门风险，重监管指标、轻数据建设，重组织架构、轻监管流程的弊端。

15.3.2.2 中国金融监管发展趋势

金融市场是配置经济资源的重要枢纽，金融安全直接关系到经济、社会安全乃至政治稳定。站在全面深化改革的十字路口，防范系统性风险、维护整个金融体系的稳定，不仅是为了中国金融行业本身的稳健可持续发展，而且是服务于实体经济转型改革大局的重要基石。2008年金融危机后，全球主流监管改革建议和聚焦的多为监管组织架构的调整，监管范围的扩大和更严格规则的制定。然而，随着金融监管的不断加强，金融领域的风险却并未明显减弱，金融创新与监管新规的博弈似乎永不止息。而要跳出"猫鼠游戏"的循环，完善监管体制和监管规则固然重要，但更重要的是树立起明确的金融监管改革方向和金融监管目标，为监管对象带来一个稳定的预期，同时健全与金融监管目标相适应的监管实施机制，从而真正建立"适应现代金融市场发展的金融监管框架"。

根据《中华人民共和国国民经济和社会发展第十三个五年规划纲要》，当前阶段，中国金融监管总体目标是：加强金融宏观审慎管理制度建设，加强统筹协调，明确监管职责和风险防范处置责任，构建货币政策与审慎管理相协调的金融管理体制。中央财经领导小组第十五次会议再次强调了防控金融风险，需要加快建立监管协调机制，加强宏观审慎监管，强化统筹协调能力，防范和化解系统性风险；及时弥补监管短板，做好制度监管漏洞排查工作，参照国际标准，提出明确要求；坚决治理市场乱象，打击违法行为，通过体制机制改革创新，提高金融服务实体经济的能力和水平。

十九大以来，健全宏观审慎调控框架和统筹协调金融监管的改革思路也在"一委一行两会"监管机制调整工作中体现。金融稳定发展委员会的成立，成为统筹金融改革发展与监管、统筹协调金融政策与相关财政政策、产业政策、研究防范系统性风险的议事协调机构；银行与保险监管职能合并在一定程度上也体现了行为监管趋势下"准双峰"的监管思路。

金融监管组织架构只是金融监管体系的一个方面，主要在于解决金融监管的决策主体、实施主体和权责划分的顶层问题。无论从"一委一行两会"的监管架构建立，还是在规范机构行为和市场风险管理等实际规则的设定，核心目标都是强化金融监管的协调和统一，在不断扩大金融对外开放的同时，使金融监管能力与开放程度相匹配，建立起符合中国国情和国际标准的金融监管环境。具体而言，就是加强对系统重要性金融机构、金融控股公司和重要金融基础设施的统筹监管；建立针对各类投融资行为的穿透式监管[①]和切实保护金融消费者合法权益的行为监管框架；建设覆盖全面、标准统一、信息共享的综合统计体系；健全监测预警、压力测试、评估处置和市场稳定机制，防止发生

---

① 穿透式监管的实质是功能监管理念和行为监管理念的延伸。功能监管概念最早由哈佛商学院罗伯特·默顿（Robert Merton）教授提出，是指金融监管依据金融体系的基本功能和金融产品的性质进行监管。行为监管与关注金融体系安全的审慎监管相比，更具功能性，主要从金融产品或服务能否满足消费者需求的角度来制定规则，具有跨产品、跨机构特征。在本质上，穿透式监管是帮助监管机构识别金融业务或金融行为属性，从而更好地进行功能监管和行为监管。换言之，穿透式监管的最终目标是实现功能监管和行为监管，只是需要采取"穿透式"的监管手段而已。

区域性、系统性金融风险,实现金融风险监管的全覆盖,促进国内金融业在提升风险防范能力的基础上更好地服务实体经济,提升中国金融业的国际竞争力。

【拓展阅读 15-5】

《关于规范金融机构资产管理业务的指导意见》——大资管时代的核心监管要求

中国资产管理行业经过近十年的蓬勃发展,以银行、信托、保险、基金公司、证券公司、期货公司、私募管理机构为主的格局基本已经形成,对金融市场和社会民生产生了重要影响,在满足企业和居民的投融资需求、改善社会融资结构等方面发挥了积极作用。据统计,截至 2017 年年末,不考虑交叉持有因素,中国资产管理产品总规模已达百万亿元。其中,银行表外理财产品资金余额就达到 22.2 万亿元,信托公司受托管理的资金信托余额 21.9 万亿元,公募基金 11.6 万亿元,私募基金 11.1 万亿元,证券公司资管计划 16.8 万亿元,资产管理行业已成国内金融服务业中规模最大、发展最快的行业之一。

2017 年 11 月 27 日,中国人民银行发布《关于规范金融机构资产管理业务的指导意见(征求意见稿)》征求意见和建议。2018 年 4 月 27 日,中国人民银行、中国银行保险监督管理委员会、中国证券监督管理委员会、国家外汇管理局联合发布《关于规范金融机构资产管理业务的指导意见》(简称《指导意见》),意味着中国资产管理行业正式迈入统一监管期,一个大资管时代已拉开帷幕。

新规目标

《指导意见》旨在解决国内资管业务的多层嵌套、杠杆不清、套利严重等问题,坚持宏观审慎管理与微观审慎监管相结合的监管理念,增强金融监管的专业性和穿透性,推动公平的市场准入和金融监管,按照资产管理产品的类型统一监管标准,最大限度地消除监管套利空间,打破刚性兑付,切实保护金融消费者合法权益,维护金融市场秩序,促进国内资产管理业务的规范发展。

适用范围

《指导意见》主要适用于金融机构的资管业务,即银行、信托、证券、基金、期货、保险资管机构、金融资产投资公司等金融机构接受投资者委托,对受托的投资者财产进行投资和管理的金融服务。值得注意的是,依据金融管理部门颁布规则开展的资产证券化业务、依据人力资源社会保障部门颁布规则发行的养老金产品不适用本《指导意见》;创业投资基金、政府出资产业投资基金的相关规定另行制定。

产品分类

《指导意见》按照产品类型统一监管标准,从募集方式和投资性质两个维度对资产管理产品进行分类,分别统一投资范围、杠杆约束、信息披露等要求。按照募集方式的不同,资产管理产品分为公募产品和私募产品。公募产品面向不特定社会公众公开发行;私募产品面向合格投资者通过非公开方式发行。按照投资性质的不同,资产管理产品分为固定收益类产品、权益类产品、商品及金融衍生品类产品和混合类产品。

《指导意见》重点在以下几个方面对资管产品做出了明确规定:

(一)在非标准化债权类资产投资方面,《指导意见》明确标准化债权类资产的核心要素(即等分化、可交易、信息披露充分、集中登记、独立托管、公允定价、流动性机制完善、在银行间市场、证券交易所市场等经国务院同意设立的交易市场交易等，具体认定规则由中国人民银行会同金融监督管理部门另行制定；标准化债权类资产之外的债权类资产均为非标），提出期限匹配、限额管理等监管措施，引导商业银行有序压缩非标存量规模。

（二）在消除"刚兑"、产品净值化管理方面，《指导意见》明确资产管理业务是金融机构的表外业务，金融机构开展资产管理业务时不得承诺保本保收益。出现兑付困难时，金融机构不得以任何形式垫资兑付；并设定了刚性兑付的认定标准（即违反净值原则、保本保收益；滚动发行、后者为前者买单；自筹资金偿付或委托他人代偿付）及相应的处罚措施，鼓励以市值计量所投金融资产，同时考虑到部分资产尚不具备以市值计量的条件，兼顾市场诉求，允许对符合一定条件的金融资产以摊余成本计量。

（三）在消除多层嵌套方面，《指导意见》统一同类资管产品的监管标准，要求监管部门对资管业务实行平等准入，促进资管产品获得平等主体地位，从根源上消除多层嵌套的动机。同时，将嵌套层级限制为一层，禁止开展多层嵌套和通道业务。

（四）在统一杠杆水平方面，《指导意见》考虑了市场需求和承受力，根据不同产品的风险等级设置了不同的负债杠杆，参照行业监管标准，对允许分级的产品设定了不同的分级比例。

（五）在非金融机构开展资管业务方面，《指导意见》按照"未经批准不得从事金融业务，金融业务必须接受金融监管"的理念，强调了除国家另有规定外，非金融机构不得发行、销售资管产品。

（六）在合理设置过渡期方面，《指导意见》将过渡期延长至2020年年底，对过渡期结束后仍未到期的非标等存量资产也做出妥善安排，引导金融机构转回资产负债表内，确保市场稳定。

此外，《指导意见》提出由中国人民银行牵头建立资管产品统一报告制度和信息系统，对产品的发售、投资、兑付等各个环节进行实时、全面、动态监测，为穿透监管奠定坚实基础。并且，金融监督管理部门将在《指导意见》框架内，研究制定配套细则，以避免产生新的监管套利和不公平竞争。

资产管理业务是"受人之托、代人理财"的金融服务。大资管行业统一监管标准的明确，将为国内资产管理业务健康发展创设更加公平的制度环境，有助于引导各行业资管业务将从过去的规则竞争、监管套利中走向加强投资研究、受托管理服务等资管机构核心能力的竞争。

本章小结

1. 金融安全直接关系到社会与政治的稳定，而良好的金融秩序又是保障金融安全的重要前提。但在现实的金融运行过程中，难免有各类扰乱金融市场秩序、损害金融消费者利益的违法行为和风险事件发生，这就需要通过金融监管来加以防范和处置。

2. 金融监管有狭义和广义之分：狭义的金融监管是指一国中央银行及其他金融监管机构根据法律、法规对金融体系(包括金融机构、金融市场和金融活动)实施的监督管理工作，以保障金融市场公平竞争、金融体系持续、健康、稳定发展；广义的金融监管则在上述含义之外，还包括了国际性金融监管组织、同业自律性组织及相关社会中介组织进行的金融监管工作。

3. 从全球范围来看，各国监管体制大体可以分为三类：第一类是分业监管体制，即银行、证券、保险等分别由不同的监管机构监管。第二类是统一综合监管体制，即一家金融监管当局负责全面的金融监管。第三类被称为"双峰"监管体制，即由两个金融监管当局分别负责对系统性风险进行审慎监管和对金融机构行为进行合规监管。

4. 微观审慎监管强调对单个金融机构的风险监管，而宏观审慎监管着眼于整个金融系统的稳定。只是单一对独立金融主体安全和稳健的进行监管的微观审慎监管，不能充分保证整个金融系统的稳定。因此，在金融危机后，各国在金融监管实践中都将宏观审慎监管提到相当重要的位置，并与微观审慎监管相结合，以达到更好的监管效果。

5. 自2008年金融危机后，多国明确将中央银行的宏观审慎政策职能作为改革的重点，赋予中央银行更多的监管职能，同时把一些具有整体性、系统性风险的金融机构纳入中央银行的监管。2016年3月，中国正式将"加强金融宏观审慎管理制度建设，加强统筹协调，改革并完善适应现代金融市场发展的金融监管框架，明确监管职责和风险防范处置责任，构建货币政策与审慎管理相协调的金融管理体制"纳入"十三五"规划纲要。

6. "金融服务实体经济"需要从金融市场和金融监管两侧共同发力。对于金融市场主体而言，金融回归本质，就是以服务实体经济为宗旨，在遵守相关监管规则，合法经营的基础上，积极在金融产品及服务上寻求创新与突破，为去产能、去库存、补短板等供给侧结构性改革提供强有力支持，提高金融资源与实体经济的匹配度。对于金融监管机构而言，需要加大监管执行力度，坚决抵制为追逐短期回报而脱离实体经济需求的自我金融创新、自我循环和自我膨胀行为；同时，通过金融监管措施的完善，营造有利于实体经济发展的监管环境，逐步放开不必要的管制，增强金融服务实体经济的功能与活力，以实现"金融活，经济活；金融稳，经济稳"的最终目标。

7. 《关于规范金融机构资产管理业务的指导意见》旨在解决国内资管业务的多层嵌套、杠杆不清、套利严重等问题，坚持宏观审慎管理与微观审慎监管相结合的监管理念，增强金融监管的专业性和穿透性，推动公平的市场准入和金融监管，按照资产管理产品的类型统一监管标准，最大程度消除监管套利空间，打破刚性兑付，切实保护金融消费者合法权益，维护金融市场秩序，促进国内资产管理业务的规范发展。

8. 《巴塞尔协议Ⅱ》由三大支柱构成：第一支柱是最低资本要求，允许风险权重体系基于外部或者内部信用评级法；第二支柱是外部监管，目的是确保银行的头寸与其整体风险情况和策略相一致；第三支柱是市场约束，鼓励高质量的信息披露、鼓励利益相关者在关心其利益所在银行的经营状况、风险状况、外部监管和市场约束。

9. 《巴塞尔协议Ⅲ》主要有以下特征：①持续保持以三大支柱为核心监管体系，主要针对第一支柱进行改革，同时对第二和第三支柱有所侧重；②监管主要围绕资本标准展开，同时引入流动性监管；③微观监管与宏观审慎相结合；④通过对宏观经济影响分析来校准资本和流动性监管的关键参数。

10. 内部评级法是一种信用风险衡量办法，分为内部评级初级法和内部评级高级法。内部评级法允许银行通过构建自己的内部评级体系，建立模型评估各类风险的违约概率、违约损失率、违约风险暴露和有效期限四个因子，计量风险加权资产。

本章重要术语

金融稳定　系统性风险　金融监管　宏观审慎监管　行为监管　分业监管　穿透式监管　偿付能力监管　一行三会　一委一行两会　中国人民银行　国务院金融稳定发展委员会　中国银行保险监督管理委员会　中国证券监督管理委员会　宏观审慎评估体系　逆周期调节　巴塞尔委员会　巴塞尔协议　资本充足率　杠杆率　流动性覆盖比率　净稳定资金比率　风险加权资产　标准法　内部评级法　信用违约互换　系统重要性金融机构　资产管理业务　非标准化债权类资产　产品净值化

思考练习题

1. 简述危机后国际金融监管的改革内容。
2. 简述巴塞尔协议Ⅱ、巴塞尔协议Ⅲ的主要内容。
3. 试述巴塞尔协议Ⅱ存在哪些监管缺陷或漏洞，巴塞尔协议Ⅲ是否完全弥补上述缺陷或漏洞？
4. 简述中国人民银行的主要职责。
5. 简述银保监会和证监会主要职责。
6. 试述国务院金融稳定发展委员会的主要职责及其成立的意义。
7. 试述金融服务与实体经济之间的关系。
8. 试述当前阶段中国金融监管总体目标。

参考文献及进一步阅读建议

[1] 巴曙松、高英、朱元倩：“《巴塞尔协议Ⅲ》的实施进展及其挑战"，《武汉金融》，2013年第7期。

[2] 曹凤岐："金融国际化、金融危机与金融监管"，《金融论坛》，2012年第2期。

[3] 陈文辉："迈向现代化的保险监管"，《中国金融》，2015年第10期。

[4] 冯科：《金融监管学》，北京大学出版社，2015。

[5] 郭梅亮："流动性覆盖率和净稳定资金比例与商业银行流动性风险管理"，《中国银行业》，2016年第10期。

[6] 〔美〕赫什·舍夫林著：《金融的冒险：危机背后的心理陷阱与行为管控》，张田、刘杜芳、廖海勇译，中信出版集团，2018。

[7] 胡再勇："国际金融监管体系改革的成就及最新进展"，《银行家》，2014年第11期。

[8] 贾丽博、吴昊："《新巴塞尔资本协议》的创新内容及影响"，《广西金融研究》，2005年第7期。

[9] 李文泓、徐洁勤："完善流动性风险治理——《商业银行流动性风险管理办法（试行）》解读"，http://news.xinhuanet.com/fortune/2014-03/04/c_126217953.htm，2017年3月访问。

[10] 李兴山："正确吸取美国金融危机的教训　坚定不移地走科学发展的道路"，《中国浦东干部学院学报》，2010年第4卷第1期。

[11] 廖凡："国际金融监管的新发展：以G20和FSB为视角"，《武大国际法评论》2012年第15卷第1期。

[12] 廖岷、孙涛、丛阳：《宏观审慎监管研究与实践》，中国经济出版社，2014。

[13] 刘春航、刘丽娜："金融体系过度依赖批

发融资的风险和反思",《上海金融》,2009年第1期。

[14] "刘鹤:金融危机为金融监管带来的三条启示",载新浪财经 http://finance.sina.com.cn/stock/t/2016-01-11/doc-ifxnkkuy7872882.shtml,2018年7月20日访问。

[15] 柳叶:"资产管理行业通道类业务的法律关系与监管新探——以'宝万之争'为例",《重庆科技学院学报》(社会科学版),2018年第1期。

[16] 路妍:"金融危机后的国际金融监管合作及中国的政策选择",《管理世界》,2011年第4期。

[17] 梅良勇、刘勇:"巴塞尔协议Ⅲ的资本监管改革及其影响分析",《金融理论与实践》,2010年第12期。

[18] 孟咸美:《金融监管法律制度研究》,经济日报出版社,2014。

[19] 聂尚君、曹际涛、寇建轶:"偿二代与财险公司发展",《中国金融》,2017年第3期。

[20] 綦相:"国际金融监管改革启示",《金融研究》,2015年第2期。

[21] 〔荷〕乔安妮·凯勒曼,雅各布·德汗,费穆克·德弗里斯:《21世纪金融监管》,中信出版集团,2016。

[22] 邱兆祥、王修华:"试论后危机时代国际金融监管协调与合作",《教学与研究》,2010年第11期。

[23] 史建平、高宇:"宏观审慎监管理论研究综述",《国际金融研究》,2011年第8期。

[24] 宋晓燕:"国际金融危机后十年监管变革考",《东方法学》,2018年第1期。

[25] 王刚、颜苏、王洋:"完善金稳会治理机制以有效防控系统性金融风险研究",《经济纵横》,2018年第1期。

[26] 王灵芝:"'偿二代'体系下保险资产配置策略及效率评估",《保险研究》,2016年第10期。

[27] 王若宇:"渐行渐近的金融混业监管",http://sh.qihoo.com/pc/2s21tq9exmd?sign=360_e39369d1,2018年7月20日访问。

[28] 王胜邦、俞靓:"后危机时期的全球金融监管新变化",《人民论坛·学术前沿》,2015年第16期。

[29] 王兆星:《后危机时代 中国金融监管改革探索》,中国金融出版社,2015。

[30] 习近平:"金融活经济活金融稳经济稳 做好金融工作维护金融安全",《人民日报》,2017年4月27日。

[31] 徐建业、赵晋:《《实施新资本监管对中国银行业的影响》》,中国海洋大学出版社,2013。

[32] 徐忠:"金融业综合经营趋势不可逆转",http://finance.sina.com.cn/zl/bank/2018-02-09/zl-ifyrmfmc0783882.shtml,2018年7月20日访问。

[33] 徐忠:"探寻有效金融监管体系",http://finance.sina.com.cn/zl/bank/2017-06-21/zl-ifyhfnrf9437663.shtml,2018年7月20日访问。

[34] 徐忠:"徐忠谈金融监管体制改革之二:当前金融乱象与改革的紧迫性",http://finance.sina.com.cn/zl/bank/2018-02-11/zl-ifyrmfmc1510643.shtml,2018年7月20日访问。

[35] 徐忠:"中国稳健货币政策的实践经验与货币政策理论的国际前沿",《金融研究》,2017年第1期。

[36] 薛昊旸:《金融创新与监管及其宏观效应研究》,经济管理出版社,2014。

[37] 杨忠君:"巴塞尔协议框架下的中国银行业监管",西南财经大学博士论文,2011。

[38] 叶婷:"强化市场纪律第三支柱改革渐行渐近",《金融会计》,2014年第9期。

[39] 银监会:"危机以来国际金融监管改革综

述",http://www.cbrc.gov.cn/chinese/home/docView/20110212C7259072B5D8DE70FF32002EE4851000.html,2017年4月访问。

[40] 于忠义:"解读巴塞尔协议第二支柱",《金融电子化》,2016年第6期。

[41] 袁圆:"中国金融市场体制有效性研究",厦门大学硕士论文,2009。

[42] 张晓慧:"货币政策回顾与展望",《中国金融杂志》,2017年第3期。

[43] 张晓慧:"如何理解宏观审慎评估体系",《中国货币市场》,2016年第8期。

[44] 张晓朴、卢钊:"金融监管体制选择,国际比较、良好原则与借鉴",《国际金融研究》,2012年第9期。

[45] 赵建:"央行的'全面风险管理'——简评央行的宏观审慎评估体系(MPA)",http://www.laohucaijing.com/news/113170,2017年2月访问。

[46] 赵静思:"'一行三会'的金融监管体制是否会导致监管真空——从美国金融危机经验看中国监管体制",《中国经贸导刊》,2010年第2期。

[47] "中国人民银行有关负责人就《关于规范金融机构资产管理业务的指导意见》答记者问",http://www.pbc.gov.cn/goutongjiaoliu/113456/113469/3529603/index.html,2018年4月访问。

[48] 中国经济网:"危机后的金融监管改革",http://book.ce.cn/news/201512/11/t20151211_7492750_2.shtml,2017年4月访问。

[49] 中国人民银行:"人民银行召开会议部署完善宏观审慎政策框架",http://www.pbc.gov.cn/goutongjiaoliu/113456/113469/2997072/index.html,2017年2月访问。

[50] 中国人民银行:《2016年第四季度中国货币政策执行报告》,http://www.tjjr.gov.cn/jrfz/jrcz/20170222052848985qWF.shtml,2017年3月访问。

[51] 周瑾:"偿二代风险监管创新",《中国金融》,2017年第3期。

相关网络链接

巴塞尔委员会:https://www.bis.org
巴塞尔银行监管委员会:https://www.bis.org/bcbs
国际证监会组织:http://www.iosco.org
国际保险监督官协会:https://www.iaisweb.org
金融稳定理事会:http://www.fsb.org
国际货币基金组织:http://www.imf.org
中国人民银行:http://www.pbc.gov.cn
中国银行保险监督管理委员会:http://www.cbrc.gov.cn
原中国银行业监督管理委员会网站:http://www.cbrc.gov.cn/index.html
原中国保险监督管理委员会网站:http://bxjg.circ.gov.cn/web/site0
中国证券监督管理委员会:http://www.csrc.gov.cn

第 16 章
风险管理*

邓海清（蚂蚁金服研究院）

学习目标

通过本章学习，读者应做到：
◎ 了解并掌握金融风险的定义与分类
◎ 熟悉金融风险管理的组织机构、工作流程与报告体系
◎ 理解市场风险的度量与管理方法
◎ 理解信用风险的度量与管理方法
◎ 理解操作风险的度量与管理方法
◎ 熟悉我国金融风险及其管理现状
◎ 理解流动性风险的度量、监测与管理
◎ 了解金融风险计量模型

■ 开篇导读

作为一名投资经理，牛先生每天面临成百上千的投资机会，比如传统消费行业市盈率较低的上市公司股票、互联网行业上市公司发行的可转债、票面利率5%期限三年的

---

* 本章由陈锐（成都银行）审校。

AA级债券、浮动利率期限三年的有抵押贷款、一年期的美元计价结构性存款等，牛先生该怎样决策呢？除了可能的投资收益，牛先生买入的到底是什么呢？

投资收益总是伴随着金融风险，金融机构利润的一个重要来源是承担风险，投资决策的主要依据是所面临的金融风险及其投资收益。没有无风险的投资行为，金融机构正是经营和管理风险的机构。大多数情况下，风险并不只会带来负面影响，金融机构一方面将风险控制在目标范围内，另一方面通过承担风险而获取利润。为了达到上述目标，风险需要得以计量。

风险总是伴随不确定性，现代风险管理理论通过量化不确定性以比较不同的风险暴露及其收益。借助现代风险管理和计量工具，金融机构得以更加准确地计量风险，在此基础上，通过设置风险管理限额等方式，金融机构可以将整体风险控制在目标范围内。此外，基于组合管理理论，组合的总体风险往往低于组合中单个资产风险的总和，这是因为风险得以分散而降低。以信用风险为例，信用评级等其他条件相同情况下，基于多个信用债券构成的组合风险低于投资于单个信用债券的风险。通过本章的学习，我们可以掌握金融风险的主要分类，市场风险、信用风险、操作风险以及流动性风险的度量与管理，可以了解我国银行、证券、保险行业的金融风险管理现状和主要的金融风险计量模型等。

16.1 金融风险管理概述

"风险"一词由来已久，在远古时期，渔民们每次出海打鱼前都会祈求神灵保佑出海时风平浪静、平安归来，长期打鱼经验告诉他们"风"会带来无法预知的危险，使他们认识到"风"就是"险"，从而就有了"风险"一词。现代意义上的"风险"已经不仅仅是指"危险"，而是指"未来结果的不确定性"，包括"损失"和"收益"双重概念。"风险"一词在哲学、经济学、社会学、统计学中得到了广泛应用，也成为生活中出现频率很高的词汇。从风险的角度来审视金融业，可以得出，金融业的本质是"以风险换取收益"的行业，金融机构通过承担、经营和管理风险而获得利润。例如，商业银行通过发放个人住房贷款而承担了借款人违约风险、贷款利率变动风险、流动性风险等，并由此获得收益；证券公司在进行自营业务时会通过自身经验和投资技巧来管理证券价格的波动带来的市场风险，从而获得利润；保险公司的业务更为直接，通过经营保险资产的风险而获得保费收入。

金融机构面临的风险来自多个层面，包括外部的政治、经济、法律环境，也包括金融机构的具体业务和内部管理等。金融机构经营风险的本质决定了金融机构的核心竞争力是其风险管理的水平。金融机构风险管理水平的高低决定了其经营业绩的好坏，以及在同行业中市场份额的大小。历史教训一再提醒我们，风险管理的失败会导致金融机构的破产倒闭，整个行业的衰败，一国经济金融的崩溃乃至全球经济金融危机。

管理好金融风险，首先要了解金融风险的定义和特征，其次要分析金融风险的来源，最后要明确金融风险管理的基本框架，包括基本策略、工作步骤、组织架构、流程设置和报告体系等。

16.1.1 金融风险定义

我们首先介绍一下风险的含义。无论是学界还是业界，对风险的确切定义没有达成一致意见。从现有的解释来看，基本上是将风险与危险、损失、波动性、不确定性等词汇相关联。首先，将风险定义为危险是不恰当的，这是因为危险一般是指使损失事件更易于发生或损失事件一旦发生会使得损失更加严重的环境；其次，风险与损失有本质区别，风险是指损失发生的可能性，而不是指损失本身；再次，风险与波动性并不属于一个范畴，波动性所代表的变化是用方差来表示的，属于预期变化，而风险并不应该是预期变化；最后，风险与不确定性有密切的联系，如果知道事件发生的概率分布则为风险，反之则是不确定性。

基于对风险的认知，所谓金融风险，是指在资金融通和货币经营过程中，由于不可预知的不确定因素带来的影响，资金经营者获取额外收益和遭受损失的可能性。可以看出，金融风险的内涵与风险的定义一致，均是指事件结果的不确定性，但从概念范围上讲，"金融风险"仅限于资金融通和货币经营过程中发生的风险，而"风险"则是指发生和存在的一切风险，前者范围要小于后者。

16.1.2 金融风险类别

金融风险的分类标准有很多，但随着现代风险管理理念的确立，以及近年来巴塞尔银行监管委员会、国际证监会组织和国际保险监督官协会等监管机构对风险资本要求和监管原则的推广，以风险来源作为金融风险的分类标准逐渐达成共识。按照风险来源的不同，金融风险主要分为市场风险（market risk）、信用风险（credit risk）、操作风险（operational risk）三大风险。

16.1.2.1 市场风险的概念和分类

市场风险有广义和狭义之分。广义的市场风险是指在金融市场中因利率、汇率、股票价格、商品价格等因素的波动而导致的收益和损失的可能性。而狭义的市场风险是指在金融市场中因利率、汇率、股票价格、商品价格等因素的不利波动而遭受损失的可能性。在实务当中，金融机构更加关注市场风险带来的损失，因此狭义的市场风险概念更具有现实意义。在监管文件中，2012年中国银监会颁布的《商业银行资本管理办法（试行）》将市场风险定义为"因市场价格（利率、汇率、股票价格和商品价格）的不利变动而使商业银行表内和表外业务发生损失的风险"。而2010年中国保监会颁布的《人身保险公司全面风险管理实施指引》则把市场风险定义为"由于利率、汇率、权益价格和商品价格等的不利变动而使公司遭受非预期损失的风险"。后者认为只有非预期损失才是风险，而前者认为预期损失和非预期损失都是风险，因此更接近公认的狭义的市场风险定义。

根据引发市场风险的因子不同，市场风险可分为利率风险、汇率风险、股价风险和商品价格风险等。利率风险是指市场利率变化引起的资金或资产交易价格波动而造成的价值损益；汇率风险是指以外币计价的金融资产或负债因汇率的变动而造成的价值损益；股价风险是指股票等有价证券的价格变动导致投资主体盈亏的可能性；商品价格风险是指大宗商品的价格波动（包括农产品、金属和能源等）导致以此为基础资产的金融衍生品的价值损益。

【拓展阅读 16-1】

中信泰富炒汇巨亏事件

中信泰富有限公司于1990年在中国香港注册成立，是一家在香港交易所上市的综合性企业，并为恒生指数成分股之一。公司业务集中在中国香港及广大的内地市场，业务重点以基建为主，包括投资物业、基础设施、能源项目、环保项目、航空以及电信业务。

为了降低公司在澳大利亚铁矿石项目中面对的汇率风险，从2007年起，中信泰富开始购买澳元的累计外汇期权合约进行对冲。2008年10月20日，中信泰富发布公告称，该澳元累计目标可赎回远期合约，因澳元大幅贬值，已经确认155亿港元亏损。到10月29日，由于澳元的进一步贬值，该合约亏损已接近200亿港元。2008年12月5日，中信泰富股价收于5.80港元，在一个多月内市值缩水超过210亿港元。

具体而言，由于特种钢生产业务的需要，中信泰富两年前动用4.15亿美元收购了西澳大利亚两个分别拥有10亿吨磁铁矿资源开采权公司的全部股权。这个项目使得中信泰富对澳元有着巨大的需求。而为了防范汇率变动带来的风险，中信泰富在市场上购买了数十份外汇合约，即中信泰富把宝完全押在了澳元多头上。在中信泰富看来，澳元在最近几年的持续升值趋势还将保持，做多澳元肯定会赢利。然而，一场全球金融海啸让澳元飞流直下。对澳元价值前景的误判导致了决策的失误，并最终让中信泰富付出了惨痛的代价。从此，中信泰富炒汇事件成了汇率风险典型案例。

资料来源：根据相关报道改编。

16.1.2.2 信用风险的概念和分类

信用风险也有广义和狭义之分。狭义的信用风险是指债务人或者交易对手未能履行约定契约中的义务而造成经济损失的风险，是一个单侧概念；广义的信用风险是指债务人或者交易对手不能履行合约的责任而使金融机构的预期收益与实际收益发生偏离的可能性，是一个双侧概念。实务中主要采用狭义的信用风险概念。《人身保险公司全面风险管理实施指引》把信用风险定义为"由于债务人或者交易对手不能履行或不能按时履行其合同义务，或者信用状况的不利变动而导致的风险"。这与公认的信用风险定义一致。

按照成因可以将信用风险分为违约风险、交易对手风险、信用转移风险、可归因于信用风险的结算风险等。违约风险是指债务人（或有价证券发行人）在合约到期时无法还本付息而使债权人（或证券投资人）遭受损失的风险；交易对手风险是指交易对手未能履行合约中的义务而造成经济损失的风险，银行实务中产生交易对手风险的业务包括持有头寸的结算交易、证券融资业务、场外衍生品交易等；信用转移风险是指债务人的信用等级发生改变的可能性；可归因于信用风险的结算风险是指由于交易对手的信用原因导致转账系统中的结算不能按预期发生的风险。

【拓展阅读16-2】

中国上市银行深陷雷曼兄弟破产门

雷曼兄弟公司（Lehman Brothers）是为全球公司、机构、政府和投资者的金融需求提供服务的一家全方位、多元化投资银行。雷曼兄弟公司通过其设于全球48座城市的各个办事处组成了一个紧密连接的网络，积极地参与全球资本市场。在2008年金融危机之前，雷曼兄弟是美国第四大投行，有150多年的历史，是金融领域名副其实的百年老店。但在2008年9月14日，雷曼兄弟公司申请破产，其债权人和交易对手将面临巨额损失。

国内的银行业受到了很大的波及，招商银行、中国银行、兴业银行、中国建设银行等多家中资银行证实，与申请破产保护的雷曼兄弟公司存在投资和交易关系。受此拖累，中国银行股闻声大面积跌停，老牌基金重仓股招商银行也在跌停之列。随后各大银行陆续公布了雷曼兄弟破产对其债务和经营的影响，各上市银行的风险敞口[①]如表16-1所示。由于国内的这几家银行持有雷曼兄弟的债券，因此面临着信用风险，随着雷曼兄弟的破产，信用风险最终演化为损失。

表16-1 中国上市银行对雷曼兄弟的风险敞口

银行	风险敞口（美元）	是否计提减值	备注
中国银行	贷款5320万，债券7562万	尚未	最大的外汇银行
招商银行	7000万债券	尚未	基金重仓
工商银行	1.518亿债券	尚未	占资产万分之一
交通银行	7000万债券	尚未	无
兴业银行	3360万债券	尚未	无
建设银行	1.914亿债券	无	损失可能最大
中信银行	7000万风险敞口	尚未	无债券

资料来源：金融界，"中国上市银行深陷雷曼破产门"，http://stock.jrj.com.cn/focus/yhysxlm/，2018年7月20日访问。

---

① 风险敞口是指因债务人的违约行为所导致的可能承受风险的信贷业务余额。

16.1.2.3 操作风险的概念和分类

巴塞尔协议Ⅲ将操作风险定义为:"由于有缺陷的或者失效的内部程序、人员及系统或外部事件所造成损失的风险"[①]。我国的监管文件沿用了这一概念,中国银监会认为"操作风险是指由不完善或有问题的内部程序、员工和信息科技系统,以及外部事件所造成损失的风险"[②]。《人身保险公司全面风险管理实施指引》同样把操作风险定义为"由于不完善的内部操作流程、人员、系统或外部事件而导致直接或间接损失的风险,包括法律及监管合规风险"。从以上定义可以看出,目前业界对操作风险的定义已达成共识。

根据其定义,操作风险可以分为由人员、系统、流程和外部事件所引发的四类风险。2003年巴塞尔委员会发布的《操作风险管理和监管的稳健实践》进一步明确了这四类风险的七种形式:内部欺诈,外部欺诈,雇员活动和工作场所安全性,客户、产品及业务活动,实物资产损坏,营业中断和信息技术系统瘫痪,执行、交割及流程管理中出现的操作性问题。这七种形式还可以再细化成具体的业务内容,便于风控人员管理和监管者监督。具体分类情况如表16-2所示。

表16-2 操作风险的分类

事件类型 (一级目录)	定义	分类 (二级目录)	具体行为 (三级目录)
内部欺诈	故意骗取、盗用财产或违反监管规章、法律或公司政策导致的损失,此类事件至少涉及内部一方,但不包括性别/种族歧视事件	未经授权的活动	交易不报告(故意) 交易品种未经授权(存在资金损失) 头寸计价错误(故意)
内部欺诈		盗窃和欺诈	欺诈/信贷欺诈/假存款 盗窃/勒索/挪用公款/抢劫/走私 盗用资产 恶意损毁资产 伪造多户头支票欺诈 窃取账户资金/假冒开户人/违规纳税/逃税(故意) 贿赂/回扣 内幕交易(不用企业的账户)
外部欺诈	第三方故意骗取、盗用财产或逃避法律导致的损失	盗窃和欺诈	盗窃/抢劫 伪造多户头支票欺诈
外部欺诈		系统安全性	黑客攻击损失 盗窃信息(存在资金损失)
聘用员工做法和工作场所安全性	违反聘用、健康或安全方面的法律或协议,个人工伤赔付或者因性别/种族歧视事件导致的损失	劳资关系	薪酬,福利,雇佣合同终止后的安排有组织的劳工行动
聘用员工做法和工作场所安全性		安全性环境	一般责任(滑倒和坠落,等等) 违反员工健康及安全规定事件工人的劳保开支
聘用员工做法和工作场所安全性		性别、种族歧视事件	所有涉及歧视的事件

---

① 本定义包括法律风险,法律风险包括但不限于因监管措施和私下和解等而导致银行面临罚款、处罚或惩罚性损害的风险。
② 中国银监会,《商业银行操作风险管理指引》,2007,第一章第三条。

(续表)

事件类型 (一级目录)	定义	分类 (二级目录)	具体行为 (三级目录)
客户、产品和业务做法	因疏忽未对特定客户履行分内义务(如信托责任和适当性要求)或产品性质或设计缺陷导致的损失	适当性,披露和信托责任	违背信托责任/违反规章制度 适当性/披露问题(了解你的客户等) 违规披露零售客户信息 泄露私密 冒险销售 为多收手续费反复操作客户账户 保密信息使用不当 贷款人责任(lender liability)
		不良的业务或市场行为	反垄断 不良交易/市场行为 操纵市场 内幕交易(不用企业的账户) 未经当局批准的业务活动洗钱
		产品缺陷	产品缺陷(未经授权等) 模型误差
		客户选择、业务发起和风险暴露	未按规定审查客户 超过客户的风险限额
		咨询业务	咨询业务产生的纠纷
实物资产损坏	实物资产因自然灾害或其他事件丢失或毁坏导致的损失	灾害和其他事件	自然灾害损失 外部原因(恐怖袭击、故意破坏)造成的人员伤亡
业务中断和系统失灵	业务中断或系统失灵导致的损失	系统	硬件 软件 电信 动力输送损耗/中断
执行、交割和流程管理	交易处理或流程管理失败和因交易对手方及外部销售商关系导致的损失	交易认定、执行和维持	错误传达信息 数据录入、维护或登载错误 超过最后期限或未履行义务 模型/系统误操作 会计错误/交易方认定记录错误 其他任务履行失误 交割失败 担保品管理失败 交易相关数据维护
		监控和报告	未履行强制报告职责 外部报告失准(导致损失)
		招揽客户和文件记录	客户许可/免责声明缺失 法律文件缺失/不完备
		个人/企业客户账户管理	未经批准登录账户 客户记录错误(导致损失) (客户资产因疏忽导致的损失或毁坏)
		交易对手方	非客户对手方的失误 与非客户对手方的纠纷
		外部销售商和供应商	外包 与外部销售商的纠纷

资料来源:陈忠阳,《金融机构现代风险管理基本框架》,中国金融出版社,2006。

【拓展阅读 16-3】

巴林银行倒闭事件

巴林银行（Baring Bank）主要从事投资银行业务和证券交易业务。里森于1989年7月10日正式到巴林银行工作。之后，由于其在处理期权与期货方面的特殊能力和出色的表现，1992年总部决定派他到新加坡分行成立期货与期权交易部门出任总经理。

作为总经理的他，既担任前台交易员，又同时负责管理后台清算。作为交易员，他的本职工作是代巴林银行的客户买卖金融衍生产品，因为是代客操作，风险由客户承担，交易员只赚取佣金，故风险不大；而作为清算员，在清算自己的业务时会使他很容易隐瞒其交易风险或亏掉的金钱。这种管理机制就为以后的风险埋下了罪恶的种子。

1992年7月，一名刚加入巴林银行的下属犯了一个错误，导致了2万英镑的亏损。本来此事应报告给伦敦总公司，但为了掩盖这个失误，经过种种考虑，里森决定利用自己设定的专门用于处理错误的账户"88888"，由于总部的清算表不会出现这个账户，这笔损失就被掩盖起来了。数天之后，由于市场价格的波动，损失增为6万英镑，此时里森更不敢将此失误向上呈报。1993年的下半年，因为系统无法正常工作，交易记录都靠人力。等到发现各种错误时，里森在一天之内的损失便已高达将近170万英镑。在侥幸心理的作祟下，里森决定继续隐瞒这些事实。1994年，"88888"账户的损失继续增大，由2 000万、3 000万到7月时已达到5 000万英镑。1995年1月18日，日本神户大地震，其后数日，东京日经指数大幅度下跌，里森一方面遭受更大的损失，另一方面又以每天1 000万英镑的速度调集资金购买日经指数期货，并卖空日本政府债券。所有这些交易，均进入"88888"账户，以其兼任清算之职予以隐瞒。2月中旬，巴林银行全部的股份资金只有47 000万英镑。1995年2月23日，是巴林银行的最后一天，日经指数和政府债券的走势和他的预想完全相反，里森带来的损失达到816亿英镑，是巴林银行全部资本和储备金的112倍，最终这家百年老店以一英镑的象征性价格被荷兰国际集团收购。

里森作为一个分行经理，却断送了整个银行的前程，个中原因令人深思。该事件直接导致了后来的新巴塞尔协议中操作风险管理内容的产生。

资料来源：李军伟、柏满迎，"由巴林银行倒闭谈商业银行操作风险管理"，《金融经济》，2007年第12期。

【拓展阅读 16-4】

光大证券"乌龙指"事件

事件过程

2013年8月16日11时5分左右，我国股票市场发生了历史罕见的异常事件——上证综合指数突涨5.96%，且中石油、中石化、中国工商银行和中国银行等71支权重股也在短短2分钟内触及涨停。该日 11 点 29 分，有新闻媒体发布了一个令人震惊的消息："今天上午的 A 股暴涨，源于光大证券自营盘 70 亿的乌龙指。"

该乌龙指是光大证券策略投资部开展 ETF 套利交易时出现的严重失误。光大证券策略投资部开展 ETF 套利交易，先后下单 234 亿元，成交 72.7 亿元，涉及 150 多支股票。上述交易的当日盯市损失大约为 1.94 亿元（以当日收盘价计算），并且致使当日上午整个 A 股市场瞬间增加了 3 400 亿元的市值，但是在两分钟后，指数又直线跌落，一落千丈，收盘时以下跌收场。

原因分析

1. 光大证券策略投资部使用的套利策略系统存在严重缺陷

套利策略系统存在的严重缺陷是触发光大"乌龙指"事件最直接的原因。策略投资部使用的套利策略系统的缺陷主要包括可用资金额度校验控制缺陷、订单生成系统缺陷、订单执行系统缺陷、监控系统缺陷四个方面。可用资金额度校验缺陷："乌龙指"事件发生当天，预设的现货交易额度——8 000 万元并没有起到应起的控制作用，因此导致了 26 082 笔预期外的市价委托订单的生成。具体缺陷包括：

（1）订单生成系统缺陷：这主要是该系统中的订单重下功能存在问题，具体错误表现是 8 月 16 日 11 点 2 分，第三次 180ETF 套利下单时，交易员发现有 24 个个股申报不成功，于是在程序员的指导下使用了未经实盘验证过的"重下"的新功能，没想到该功能设计好的程序把买入 24 个成分股，写成了买入 24 组 180ETF 成分股，结果生成巨量市价委托订单。

（2）订单执行系统缺陷：上述产生的预期外巨量市价委托订单没有经过检验，被直接发送至交易所，导致了严重的交易错误。

（3）监控系统缺陷：交易员没办法通过系统监控这一模块查看具体的交易情况，交易员在发生预期外的巨量市价委托订单两分钟后才发现成交金额的异常，这说明光大证券的监控系统缺乏必要的预警功能，导致了此次"乌龙指"事件的发生。

2. 企业内部风险控制不够完善，未发挥其应有作用

光大证券的策略投资部门系统基本上独立于公司的其他系统，甚至没有把它放在公司风险控制系统监控下，因此，光大证券的多级风险控制体系没有发挥作用。首先是交易员级，其开盘限额与止损限额两种风险的控制都没有发挥作用；其次是部门级，其风险控制措施中部门实盘限额为 2 亿元，而当日的操作限额为 8 000 万元，同样没有发挥作用；最后是交易所，上海证券交易所声称只对卖出的证券进行前端控制，而实际上其对股票市场的异常波动并没有自动的反应机制，对券商资金的超权限使用也没有相应的风险控制，对个股的瞬间波动更没有熔断的机制。

3. 证券交易所对券商自营账户监管和股票交割结算的制度漏洞

证券交易所对券商自营账户监管和股票交割结算的制度存在的漏洞，在客观上也成为光大"乌龙指"事件的推动剂。8 月 16 日即交易当日，光大证券的自营账户上只有 8 000 万元保证金，但是由于交易所对券商自营账户并不需要验证保证金的具体数额，只要在清算时券商将保证金凑齐即可。就因为无须验证保证金，最后光大证券股票的成交额为 7.72 亿元，是其所需保证金的 90 多倍。

资料来源：朱丹，"从光大'乌龙指'事件浅谈企业风险管理"，《财经界》（学术版），2014 年第 18 期。

16.1.2.4 其他金融风险简介

除了以上三大金融风险，金融机构面临的风险还包括银行账户利率风险、流动性风险、战略风险、声誉风险、集中度风险和法律风险等。

银行账户利率风险是指利率水平、结构等要素变动所引起的银行账户资产价值遭受损失的可能性。流动性风险是指商业银行虽然有清偿能力，但无法及时获得充足资金或无法以合理成本及时获得充足资金以应对资产增长或支付到期债务的风险。它可以分为市场流动性风险和现金流风险。前者是指由于市场深度不足而无法按照当前的市场价值出售资产以获得资金的风险，后者是指在不影响商业银行正常经营和财务状况的情况下，无法满足债务支出需求的风险。战略风险是指金融机构在追求发展目标的过程中，不恰当的发展规划和战略决策或经营环境的改变带来的潜在风险。声誉风险是指意外事件、政策调整、市场表现带来的负面结果或者是公众的负面评价对金融机构的声誉造成损失的风险。集中度风险作为信用风险的一部分，是指商业银行授信过度集中在一个客户或者具有共同风险因素的一组客户时导致的损失发生的可能性。法律风险是一种特殊的操作风险，是指金融机构在日常经营过程中由于无法履行合同而引发争议甚至是法律纠纷，给金融机构带来损失的可能性。

【拓展阅读 16-5】

美国国际集团的流动性风险

美国国际集团（AIG）是一家全球性的保险公司，曾经是全球较大的上市公司之一。由于其强大的收入与资本基础，AIG 长期被各个国际评级机构评为最高的信用等级 AAA。而在这样一片喜气洋洋的氛围中，AIG 允许其金融产品部门不断增大其风险敞口。它向其交易对手出售 CDO 高级层次的信用违约互换（CDS），因其信用评级为最高级，故而交易对手并没有要求它对风险敞口提供抵质押品。

在 2005 年 3 月 14 日，AIG 的 CEO 被要求辞职并接受商业质询。翌日，AIG 的信用评级被降为 AA+。而信用评级的下降作为合约触发条件，要求其对互换产品追加 12 亿美元的抵质押品。此时，这些也不是问题，因为 AIG 拥有 800 亿美元的股权资本。然而此后，它的 CDS 投资组合仍然不断增长，达到了 5 000 亿美元。当金融危机爆发时，CDO 层次的价值集聚损失，而作为 CDO 的保险方，AIG 宣布它在 2008 年上半年亏损 130 亿美元。

2008 年 9 月 25 日，标准普尔再次下调了 AIG 的信用评级，从 AA- 降为 A-。结果，AIG 被要求追加 200 亿美元的抵质押品，由于 AIG 缺少资产，已经无力完成该义务，因而陷入了流动性危机。

因为 AIG 的崩溃会产生系统性风险，故而美国政府介入 AIG 并提供了 850 亿美元的贷款。10 月，又增加了 380 亿美元的贷款。11 月，美国财政部在紧急资产援助计划（TARP）下又追加投资了 400 亿美元的新发行的 AIG 高级优先股，而这是有史以来美国政府对私有化公司提供的最大援助。

资料来源：王勇、隋鹏达、关晶奇，《金融风险管理》，机械工业出版社，2014。

【拓展阅读 16-6】

海南发展银行倒闭案

海南发展银行是一家地方性股份制商业银行，经中国人民银行总行批准同意，于1995年8月18日正式成立。海南发展银行是在海南省富南国际信托投资公司、海南蜀兴信托投资公司、海口市浙琼信托投资公司、海口市华夏金融公司和三亚市吉亚信托投资公司五家信托投资公司的基础上，向全国募集股份组建而成的。

由于五家信托投资公司经营状况差、不良资产高，严重资不抵债，海南发展银行组建之时就背负巨额债务，面临严重的支付压力。海南发展银行不得不依靠违章拆借、证券回购以及向人民银行再贷款等形式大量筹集资金保证支付，高成本吸收来的资金在应付日常支付以后，由于自我约束和内部管理制度流于形式又被投入到高风险行业和部门，难以收回。在自身经营和流动性危机没有得到缓解的情况下，1997年12月海南发展银行在中国人民银行再贷款的支持下接收已经出现支付危机的海南33家城市信用社。城市信用社巨大的债务压力等严重问题加速了海南发展银行存在已久的流动性不足等问题的暴露。

中国人民银行针对海南发展银行成立以后存在的资金紧张和支付困难多次进行流动性救助。1996年12月海南发展银行作为证券市场上的净回购银行存在严重的还款能力不足，被中国人民银行批准发行5亿元特种金融债券，1997年年底到1998年3月间，中国人民银行除了批准同意海南发展银行可以全额动用存款准备金外，还向海南发展银行提供了31.51亿元的再贷款支持，1998年2、4月中国人民银行两次批准同意海南发展银行分别发行了9亿元和5亿元的金融债券，以支付到期的债务和储蓄存款。与此同时，还批准海南发展银行在岛外设立分支机构吸纳资金，以便在岛内机构出现支付危机时能提供一定的流动性支持。

然而，因新旧股东之间的利益纠葛与冲突、风险意识淡薄、违规经营和内部管理与控制制度的混乱，经营状况每况愈下，财务状况恶化，亏损严重，流动性严重不足，终因支付危机而被关闭。

资料来源：刘华，"海南发展银行倒闭警示今犹在"，《银行家》，2004年第2期。

16.1.2.5 金融风险的综合性和复杂性

随着金融市场的发展和金融工具的创新，金融机构面临的风险越来越具有综合性和复杂性，金融风险事件的发生也不再是单一风险的积聚爆发，而是多种风险类型的连锁反应。2008年的金融危机就是金融风险综合性和复杂性的体现。此次金融危机是信用风险、市场风险和流动性风险相互作用、相互叠加的结果。次级贷款的违约是金融危机的根源，因此信用风险是此次金融危机的第一个风险类型。由于资产证券化、信用衍生品等信用风险转移工具的出现，导致信用风险的变化很快反映在资产价格的波动上，从而演化为市场风险，这是金融危机蕴含的第二个风险类型。市场的恐慌和次级贷款资产负债期限的不匹配导致了流动性风险，最终，多种风险的叠加和交织导致了系统性风险集聚，引发金融危机。

16.1.3　金融风险管理基本框架

风险管理的实施离不开完整、有效的框架。国际上不断摸索最佳的风险管理框架，如美国反虚假财务报告委员会下属的发起人委员会（The Committee of Sponsoring Organizations of the Treadway Commission，COSO）提出的全面风险管理 ERM 框架、国际风险管理标准 ISO31000 提出的风险管理框架、巴塞尔委员会推出的 Basel Ⅲ 框架等。这些框架取长补短、相互融合，使风险管理的框架逐渐完善。就金融风险管理框架而言，巴塞尔委员会从 1988 年推出的 Basel Ⅰ 到 2010 年通过的 Basel Ⅲ，逐渐成为国际社会普遍认可的监管标准和基本框架。

16.1.3.1　组织架构

金融风险来自金融机构的全部经营活动，因此，上至董事会、管理层，下到各分支机构和业务部门，都要对风险管理负责。一个完整、有效的金融风险管理组织架构必须实行分层管理，即决策层、执行层和操作层，每一层次的部门或者组织都要各司其职，明确自身在金融风险管理中扮演的角色，履行风险管理的责任。

1. 决策层：董事会和风险管理委员会

董事会是整个金融风险管理组织架构的最高机构，对风险管理的结果负有最终责任。董事会的主要职责在于全面认识整个金融机构面临的风险，确定自身的风险偏好（risk appetite），批准风险管理战略，建立风险管理文化、制度和方法体系，从而保证整个金融机构的风险得到有效管理。

风险管理委员会是董事会下设的部门。其职责在于行使董事会的风险管理决策权，拟订风险管理战略，并向董事会报批，确定机构在特定时期所要准备承担的风险资本，批准各个风险管理部门和业务部门的风险限额，定期评价金融机构总体的风险管理水平及风险管理基础设施情况，并定期向董事会报告风险管理情况。

2. 执行层：风险管理部和风险管理职能部门

风险管理部是风险管理委员会下设的负责风险管理的高层管理机构。风险管理部负责实施风险管理委员会制定的风险管理战略，拟订金融机构的风险管理政策，颁布各类风险管理的标准和程序，设定和分配风险限额。风险管理部是整个风险管理组织架构的核心部门。

风险管理部下设风险管理职能部门，根据风险类别分为市场风险管理、信用风险管理、操作风险管理等部门，各部门负责贯彻风险管理政策，并根据各业务部门上报的信息制定各自负责的风险类型的战术性策略。具体包括：对业务部门上报的数据进行风险识别、计量、监测和控制；监督各业务部门对风险管理策略的实施情况；定期向风险管理委员会汇报风险敞口情况。除了以上部门，还包括风险管理信息系统部门，它负责各个风险管理部门的信息系统的建立、维护和信息处理。

3. 操作层：风险经理和业务部门

业务部门是实施风险管理策略的最基层单位，风险管理战略的有效性以及风险管理策略的实施效果与业务部门密切相关。每个业务部门通常会设一名风险经理负责该部门的风险管理工作并与风险管理职能部门联系，是风险管理的第一线。风险经理的职责在于督促业务部门实施风险管理策略并向风险管理职能部门及时提供准确的风险信息。

金融机构的风险管理组织框架图如图 16-1 所示。

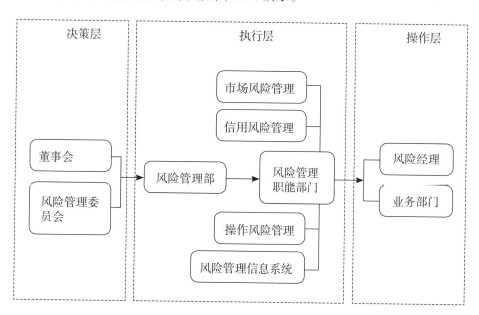

图 16-1　金融机构的风险管理组织架构

16.1.3.2　工作流程

金融风险管理的工作流程包括风险识别、风险度量、风险处理、风险监测和报告等一系列环节。整个工作流程必须要贯彻好既定的风险管理战略，并符合金融机构的风险偏好和风险管理文化。

风险识别是指对金融机构面临的风险类型进行辨别，并对风险程度做出初步评估。具体而言，金融机构要在经营过程中识别出风险的来源是什么（是市场风险、信用风险，还是操作风险？），风险的结构性质如何，风险的影响程度怎样。风险识别是整个金融风险管理流程的首要环节。

风险度量是指在风险识别的基础上，运用定性或者定量的方法对具体的风险类型进行度量的过程。定性的方法适用于历史数据少、预期损失难以通过数学模型得出的风险类型，主要采用打分法来度量；定量的方法适用于历史数据多、预期损失可以通过数学模型得出结果的风险类型。风险度量是整个金融风险管理流程的核心环节。

风险处理是指综合考虑金融机构自身的经营目标、风险偏好、风险管理能力等因素，选择适当的风险管理策略和工具来处理风险，是整个风险管理流程的关键。风险处理的主要策略包括规避风险、转移风险、承担风险等。规避风险是指金融机构采取一定的措施避免某种风险暴露的出现，比如不涉足具有此项风险的业务。这一策略适用于涵盖此类风险的业务不是金融机构主营业务、超出金融机构风险忍耐度和风险管理能力的情形。转移风险是当某种风险是金融机构无法规避的，但自身风险管理又不足时采取的策略。转移风险的方法包括分散化（diversification）、对冲（hedging）和保险（insurance）。承担风险是当金融机构既无法规避又无法转移某种风险时采取的策略。承担风险的核心在于使用合理数额的资本金抵御和吸收风险。确定资本金有两种方法：一种是使用监管资本，即根据监管部门的要求保留一定比例的资本金，例如巴塞尔委员会规定最低资本金比率为 8%；另一种是经济资本，即根据金融机构的风险度计算出的实际应持有资本金水平。

风险监测是指监测风险因子的变化趋势和风险管理策略的实施效果的过程。风险报告则是在风险监测的基础上，编制不同层级和种类的风险报告，内容应包括风险度量的评估结果和风险管理策略的实施效果。

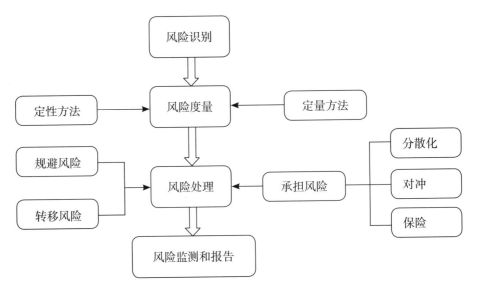

图 16-2　金融风险管理工作流程

16.1.3.3　报告体系

风险报告分为内部报告和外部报告两类。内部报告主要是满足内部制定风险管理战略的需要，外部报告主要是满足外部监管部门（包括巴塞尔委员会、一行两会等）的合规要求，以及对外部投资者信息披露的要求。以商业银行为例，商业银行的内部报告主要包括《重大风险管理报告》《内部控制自评价报告》《日常业务审查报告》《风险监控报告》《风险预警通知》《风险管理报告》（月度、季度、中期、年度）。

商业银行的外部报告主要包括：原银监会 1104 报表系列、半年度报告、案件报告；中国人民银行营管部反洗钱报告、关键营业数据报告；银行年报的"风险管理"部分。

> **【拓展阅读 16-7】**
>
> 《中国工商银行风险报告制度》
>
> 《中国工商银行风险报告制度》于2007年4月下发执行，规定了风险报告的形式、内容和报告频率，总行及分行层面的报告路径以及风险报告的落实责任和监督反馈机制等，规范和推动了中国工商银行风险报告工作。
>
> 中国工商银行风险报告机制的定位是为经营决策服务、为风险管理服务、为创造价值服务。
>
> 报告频率分为季度报告、中期报告、年度报告。
>
> 风险报告体系包括全面风险管理报告、专业风险管理报告、专题风险管理报告、全行风险状况报告、风险统计分析报告、压力测试报告、重大风险事件报告等。中国工商银行的第一份全面风险管理报告为《中国工商银行2005年度风险管理报告》。
>
> 风险报告路径为：
>
> 全面风险管理报告（风险管理部编写，提交风险委员会审议）；
>
> 专业风险管理报告（专业风险管理部门编写，抄送风险管理部）；
>
> 信用风险管理报告（提交信用风险委员会审议）；
>
> 市场风险管理报告（提交市场风险委员会审议）；
>
> 操作风险管理报告（提交操作风险委员会审议）；
>
> 流动性风险管理报告（提交资产负债委员会审议）；
>
> 专题风险管理报告（相关部门按风险委员会/专业风险委员会要求编写并提交审议）；
>
> 风险状况报告（拟由计算机自动生成，报送高级管理层）；
>
> 风险统计分析报告（拟由计算机自动生成，报送高级管理层）；
>
> 压力测试报告（相关风险管理部门编写，提交风险委员会/专业委员会、资产负债委员会审议）；
>
> 重大风险事件报告（相关业务主管部门编写，提交专业风险委员会、资产负债委员会审议）；
>
> 高管层及其风险管理委员会/专业风险委员会、资产负债委员会将审议后并汇总的全面风险管理报告、全行风险状况报告、压力测试报告、重大风险事件报告报送董事会及监事会。
>
> *资料来源：王勇、隋鹏达、关晶奇，《金融风险管理》，机械工业出版社，2014。*

16.2 市场风险管理

市场风险管理越来越受到银行、证券公司和保险机构的重视。对银行而言，信用风险是传统业务（主要是贷款业务）面临的最主要风险，但随着银行中间业务和表外业务的不断拓展，交易账户乃至银行账户下的市场风险越来越凸显；对证券公司而言，股价的变动和衍生品价格的变动需要每天关注，市场风险显然是其面临的主要风险；对保险机构而言，随着监管部门对保险资金投资渠道的放宽，大量保险资金进入到了银行存款、证券投资基金和股票市场，业务的多元和混业经营的趋势使得市场风险成为保险机构不可回避的风险类型。因此，如何对市场风险进行识别、计量、监测和管理变得尤为重要。

16.2.1 市场风险的度量

相对于其他风险类型，市场风险的数据较为丰富，度量工具的发展也较快，从敏感性指标、波动性指标等传统的市场风险度量工具到目前以风险价值为核心的现代市场风险度量工具，理论界和实务界进行了不断探索和完善。

16.2.1.1 传统市场风险度量工具简介

1. 敏感性方法

敏感性方法就是衡量金融产品价值关于某一特定风险因子的变化，数学上表示就是金融产品价值函数对某一风险因子的一阶导数。例如，一个贷款产品的利率风险可以表达为：当贷款利率上升50个基准点，该贷款产品的价值将损失70 000元。假设该贷款产品的价值函数为 $V(r)$，则利率风险可以表示为 $\frac{\partial V}{\partial r}$。

在市场风险中，有三种应用较为广泛的敏感性方法：

缺口管理（gap management）。它是一种针对利率变化引起的资产和负债价值变化的衡量方法。银行通常将资产或负债分别加总求和或采用平均期限的办法得出缺口规模，然后算出缺口对利率的敏感度。

久期与凸度（duration and convexity）。缺口管理方法没有考虑到债券价格对利率的敏感度以及期限不同的资金对利率敏感度的不同，而久期和凸度管理方法的出现解决了这一点。久期这一概念最早由弗雷德里克·麦考利（Frederick Macaulay）于1938年提出，因而又被称为麦考利久期。它是债券在未来产生现金流的时间的加权平均数，其权数是当期现金流的现值在债券当前价格中所占的比重。但由于久期只是债券价格对利率变化的一阶导数，而现实中债券价格和利率并非是线性关系，因此应该考虑债券价格对利率的二阶导数，即凸度。久期与凸度结合的管理方法更能准确地反映利率风险状况。

希腊字母（Greek letters）。希腊字母是对期权等金融衍生品的风险进行度量的指标。从期权的定价公式来看，期权的风险在很大程度上取决于四个因素：基础资产的价格、离期权到期日的时间、基础资产价格波动性以及无风险利率。因此分别用 Delta（Δ）、Gamma（Γ）、Theta（θ）、Vega（Λ）和 Rho（ρ）等希腊字母表示。其中，Delta 表示期权价格对基础资产价格变化的一阶导数，Gamma 表示期权价格对基础资产价格变化的二阶导数，Theta 表示期权价格对合约到期时间的一阶导数，Vega 表示期权价格对基础资产价格波动性的一阶导数，Rho 表示期权价格对无风险利率变动的一阶导数。

敏感性方法在风险管理中得到了广泛应用：一是可以通过计算同类金融产品对同一风险因子的敏感度比较它们的风险大小，从而为风险决策提供参考；二是可以利用资产和负债在风险因子变化时具有同向变动、自动对冲的特点，进行缺口管理；三是由于敏感性是股票、债券和各类金融衍生品定价的重要参数，因此敏感性分析可以用于金融产品风险溢价分析。但同时也应该看到，敏感性方法是一个静态的分析方法，这是因为它将风险因子的变化视为外生，不考虑风险因子自身变化的概率分布，只关注金融产品价值随给定的风险因子变化而变化的程度，因此敏感性方法具有局限性。

2. 波动率方法

波动率与隐含波动率。从统计上看，波动率是指一个变量在单位时间内以连续复利计的收益率的标准差。我们知道，一个变量在时间 T 内以连续复利计的收益率表达式为 $\ln(S_T/S_0)$，其中 S_T 表示变量在时间 T 时的价格，S_0 表示变量的当前价格，其标准差 $\sigma\sqrt{T}$ 即为变量在时间 T 内的波动率。当 σ 对应于每年的波动率，则 T 应该以年来计量；当 σ 对应于每天的波动率，则 T 应该以天来计量。假设 σ_{year}[①] 表示某一变量的年波动率，σ_{day} 表示某一变量每天的波动率，则二者存在以下换算关系：

$$\sigma_{day}=\frac{\sigma_{year}}{\sqrt{252}} \tag{16-1}$$

期权定价公式中唯一不能观测到的参数就是股票价格的波动率即隐含波动率，隐含波动率（lmplied volatility）就是将市场上的期权价格代入期权定价模型（Black-Scholes 模型），反推计算出来的波动率。通常采用试错法（trial and error）进行求解。隐含波动率被广泛应用在交易中，但因为不同期权对应于不同的隐含波动率，所以交易员利用 Black-Scholes 模型时实际上采用了不同假设。

指数加权移动平均模型和广义自回归条件异方差模型。绝大部分的风险管理者认为，在衡量未来波动率的影响时，近期的历史数据应该比远期的历史数据更具有参考价值，因此赋予近期数据更大的权重更加准确。指数加权移动平均模型（EWMA 模型）就是以指数式递减加权的移动平均模型，各数值的加权随时间呈指数式递减，越近期的数据权重越大。EWMA 模型无法对未来收益方差的期限结构进行建模，而在实践当中永远是按照时间的开方的比例来估计当前的波动率。广义自回归条件异方差模型（GARCH 模型）解决了这一问题，它可以对波动率采用更加精确的期限结构，因此在更长期限上的期望波动率部分由当前的波动率决定，部分由长期的波动率决定。实际上，EWMA 模型是 GARCH 模型的一个特例。

16.2.1.2　风险价值（VaR）

随着金融产品创新越来越快，资产结构越来越复杂，传统的市场风险度量工具的局限性逐渐凸显。由于不能汇总不同的金融资产、风险因子的风险敞口，传统度量工具无法准确测算出含有不同类型资产的资产组合的风险，也不能满足金融机构进行整体风险管理的需求。因此，随着计量工具的发展，风险价值的出现解决了这一问题。

1. VaR 的定义和分类

VaR 是一种能够全面量化复杂资产组合风险的方法。VaR 概念最早由 JP 摩根公司提出，并由 G30 委员会全球衍生品研究组于 1993 年 7 月在公开文献里首次使用。它是

---

① 计算波动率时，通常采用交易天数，而非日历天数。每年通常有 252 个交易日。

指在市场正常波动情况下，某一金融资产或者投资组合在未来特定的时间段和置信度下可能发生的最大损失。也就是说，我们有 $X\%$ 的把握，在 T 时间里，我们的损失不会大于 V，这里 $X\%$ 表示置信度，T 表示时间段，V 表示最大损失，即 VaR 值。其表达式为：

$$\text{Prob}(\Delta P > \text{VaR}) = 1 - \alpha \tag{16-2}$$

其中，ΔP 表示金融资产或者投资组合在时间段 T 内的损失，VaR 为计算出的最大损失，α 为置信度。

VaR 的图形表达如图 16-3 所示，在某一金融资产或投资组合的收益概率分布上，VaR 等于收益概率分布的第 $(100-X)$ 个分位数的负值（因为 VaR 为正值）。比如，当 T 为 10 天，X 为 95 时，VaR 对应于金融资产或者投资组合在 10 天后收益概率分布中的第 5 个分位数的负数。

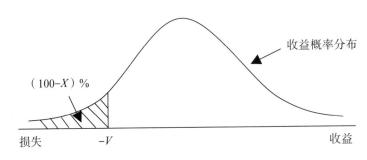

图 16-3 VaR 示意图

举例来说明 VaR 值的含义：假设某个投资组合在 97% 的置信水平下，每日的 VaR 值为 200 万元，则意味着在正常的市场波动情况下，我们有 97% 的把握在未来一天中该投资组合的损失不会超过 200 万元。

为了满足分析人员对 VaR 的不同使用需求，实践中对 VaR 进行了分类。主要包括以下三种：（1）边际 VaR（marginal VaR），是指某一金融资产或者投资组合增加一单位或者 1% 时，该组合 VaR 值的变化，该指标有利于反映新增资产对整个资产或资产组合的风险贡献；（2）成分 VaR（component VaR），是指从某一金融资产或者投资组合中减少某项资产对整个资产组合的风险影响；（3）条件 VaR（conditional VaR），是指某一金融资产或者资产组合在超限区间内损失的期望值①。

下面介绍实践中 VaR 值的不同计算方法。

2. 方差—协方差法

方差—协方差法又称 Delta 正态法，是一种参数方法。它假设资产组合服从正态分布，利用正态分布与分位数的对应关系来计算组合的 VaR。组合的 VaR 等于组合收益率的标准差与对应置信度下分位数的乘积。公式表达为：

$$\text{VaR} = Z_\alpha \sigma_p \sqrt{\Delta t} \tag{16-3}$$

其中，Z_α 表示正态分布下置信度 α 对应的分位数，σ_p 表示资产组合收益率的标准差，Δt

---
① 假如置信区间是 95%，则尾部的 5% 就是超限区间。

表示持有期。

由于资产组合的标准差 σ_p 由各个风险因子的标准差及其相关系数计算而得,使用方差—协方差法计算 VaR 值的关键在于对风险因子的标准差的估计,估计方法就是前文提到的波动率方法。

方差—协方差法的优点在于它只涉及一个简单的矩阵乘数,易于计算。由于它采用线性风险敞口来代替每一个头寸,就算是资产组合里的资产种类繁多,该方法的计算也较快。因此,方差—协方差法适合实时运算。但方差—协方差法也存在一些缺点:一是由于绝大多数金融资产的收益分布并不是正态分布,呈现尖峰厚尾的特征,这种情况下,基于正态分布假设的模型会低估极端值的比例,从而低估真实的 VaR 值;二是该方法不适用于测量非线性金融产品的风险,比如方差—协方差法无法计算出期权分布的不对称性,对于更复杂的组合来说,方差—协方差法通常是失效的。

3. 历史模拟法

与方差—协方差法不同,历史模拟法(history simulation)是一种非参数方法,它对风险因子的分布并没有事先假定,而是以历史数据为依据预测未来,采用市场变量变化的历史数据来直接估计资产组合未来价值变化的概率分布。

使用这一方法的步骤是:首先,我们要选定影响资产组合价值的市场变量(利率、汇率、股价等),构建一段期限内市场变量每天变化的数据库(实践中通常采用 501 天的历史数据),并将数据库的第 1 天记为 0- 天,第 2 天记为 1- 天,以此类推,第 501 天记为 500- 天;其次,模拟计算的情景 1 假定市场变量的百分比变化等于数据库所覆盖的 0- 天和 1- 天的百分比变化,模拟计算的情景 2 假定市场变量的百分比变化等于数据库所覆盖的 1- 天和 2- 天的百分比变化,并以此类推;再次,对于所有的情景,我们可以计算出资产组合的变化,并得到资产组合变化值的概率分布;最后,根据资产组合变化值的概率分布的分位数,求得资产组合的 VaR。下面举例来说明:

假设一个投资人在 2013 年 1 月 4 日持有价值为 10 000 元的股票投资组合,组合中有 4 支股票,对每支股票的投资资金分别为股票 1 为 4 000 元、股票 2 为 3 000 元、股票 3 为 1 000 元、股票 4 为 2 000 元。

表 16-3 显示了 4 支股票从 2013 年 1 月 4 日至 2015 年 1 月 28 日每日收盘价数据的一部分。

表 16-3　股票投资组合的每日收盘价

单位:元

天数	日期	股票 1	股票 2	股票 3	股票 4
0	2013 年 1 月 4 日	2.96	2.89	4.22	4.70
1	2013 年 1 月 7 日	2.95	2.87	4.23	4.73
2	2013 年 1 月 8 日	2.94	2.84	4.14	4.65
3	2013 年 1 月 9 日	2.93	2.82	4.15	4.60
⋮	⋮	⋮	⋮	⋮	⋮

(续表)

天数	日期	股票1	股票2	股票3	股票4
499	2015年1月27日	4.63	3.62	4.78	6.02
500	2015年1月28日	4.55	3.58	4.69	5.97

表16-4显示了4支股票的股价在2015年1月29日对应于选定情景的取值。情景1（表16-4中的第1行）假定1月28—29日的股价百分比变化等于2013年1月4日至7日之间股价的百分比变化；情景2（表16-4中的第2行）假定1月28—29日的股价百分比变化等于2013年1月7—8日股价的百分比变化；以此类推，情景i（表16-2中的第i行）假定1月28—29日的股价百分比变化等于$(i-1)$-天与i-天之间股价的百分比变化。

表16-4　2015年1月29日股价的不同情景

单位：元

情景	股票1	股票2	股票3	股票4	组合价值	损失
1	4.53	3.56	4.70	6.01	9980.861	19.139
2	4.53	3.54	4.59	5.87	9899.979	100.021
3	4.53	3.55	4.70	5.91	9946.178	53.822
⋮	⋮	⋮	⋮	⋮	⋮	⋮
499	4.41	3.49	4.55	5.84	9728.998	271.002
500	4.47	3.54	4.60	5.92	9862.297	137.703

在2015年1月29日，股票1的收盘价为每股4.55元，在2013年1月4日的取值为每股2.96元，在2013年1月7日的取值为每股2.95元，因此股票1在情景1的取值为：

$$4.55 \times \frac{2.95}{2.96} = 4.53$$

同理，在情景1下，股票2、股票3和股票4的取值分别为3.56，4.70和6.01。因此，在情景1下，股票投资组合的价值为：

$$4000 \times \frac{4.53}{4.55} + 3000 \times \frac{3.56}{3.58} + 1000 \times \frac{4.70}{4.69} + 2000 \times \frac{6.01}{5.97} = 9980.861$$

因此，在情景1下，组合损失19.139元。对于其他的情景，可以进行类似的计算。部分计算结果如表16-4所示。

接下来，将500个不同情境下的损失结果按从大到小进行排序，最终结果的一部分如表16-5所示，损失最大的情景是493，损失为996.385元。在一天展望期和99%置信度下，VaR对应于损失排序中第5个情景（即情景486）的损失值，为434.547元。

表 16-5　500 个情景的损失排序

单位：元

情景编号	损失	情景编号	损失
493	996.385	54	313.023
466	923.440	230	312.637
476	492.331	36	285.620
477	437.327	462	279.501
486	434.547	499	271.002
355	343.988	107	265.458
108	315.870	⋮	⋮

历史模拟法的优点是只要根据历史数据就可以决定市场变量的联合分布，不需要事先对分布的形态进行设定，提高了准确性。但历史模拟法的主要缺陷就是计算速度要比方差—协方差法慢。在实际应用中，一些金融机构的资产组合往往包括成千上万的头寸，使用历史模拟法进行计算时要比上面的例子复杂得多。况且，资产组合本身也会随着时间的推移不断变化，这使得计算更加复杂。

4. VaR 方法的优缺点

VaR 方法在金融机构和金融监管部门中得到了广泛应用，这与 VaR 方法的优点密切相关。首先，VaR 方法将不同类别的市场风险用确切的数值表示出来，将隐性风险显性化、量化，便于比较和汇总不同类型的市场风险，有利于风险监测和管控；其次，VaR 方法简单易懂，而且将风险计量标准统一化，有利于管理者、投资者和监管者理解掌握，也有利于金融机构不同部门之间的风险信息交流；再次，VaR 方法以概率论和数理统计为基础，将计算市场风险的方法从事后提到了事前，这有利于市场主体提早做出风险决策，降低市场风险；最后，通过计算不同置信水平上的 VaR 值，满足管理者不同的风险偏好和风险管理需要。

但是，VaR 方法还存在着一些缺陷：一是对资产组合结构分析不足，不能反映资产组合结构对价格波动的敏感度；二是对极端事件的考虑不足，无法分析价格异常波动时对资产价值造成的重大损失；三是存在模型风险，由于在估计时需要选取合适的参数，如果参数选取不当，则会增大估计误差。因此，在日常实践中，运用 VaR 方法的同时，还应该辅以敏感度分析、压力测试和情景分析等方法。

16.2.2　市场风险管理

16.2.2.1　市场风险限额管理

市场风险限额是指金融机构为了把市场风险控制在可接受的合理范围内而对一些衡量市场风险状况的指标所设定的限额。以下以商业银行为例，系统介绍商业银行的市场风险限额体系、分类和报告体系。

1. 商业银行市场风险限额体系

总体来看，当前西方主要商业银行在构建市场风险限额体系时主要有两种思路：

一种是按照市场风险类别（利率风险、汇率风险、股价风险和商品价格风险）来设置风险限额，然后再结合各风险类别的特点对限额体系进行进一步分解。比如，将银行账户利率风险限额按照币种细分，或者按照重定价风险、收益率曲线风险、基差风险和期权性风险细分。按照风险类别来设置限额体系的好处是能够分离出不同的风险因素对商业银行的影响，从而可以方便管理者对风险状况进行分析与采取相应的对冲措施。

另一种是按照交易账户和银行账户来设置市场风险限额。交易账户又称交易组合（trading portfolio），是指能够在金融市场上被迅速买卖且持有时间较短的资产、负债和衍生产品头寸，包括债券、股票、外汇、某些商品以及与这些头寸相关联的衍生产品，其目的是获得短期收益。与交易账户相对应的是银行账户，又称投资组合（investment portfolio），是指那些流动性较差或者持有时间较长的资产和负债所构成的头寸，最典型的是银行的存贷款业务。由于交易账户和银行账户具有不同的特性，银行通常对它们的风险分别采取不同的计量方式。比如，一般对交易账户的市场风险采取 VaR 方法来计量，而对银行账户的风险则采取 EaR（earnings-at-risk，风险收益）或 EVE（economic value of equity，股权的经济价值）来度量。由于交易账户和银行账户采用不同的风险度量方式，市场风险限额也就相应地用不同的指标来表示。用这种方法设置市场风险限额的好处是，市场风险限额与银行的风险计量方式相对应，无论是市场风险限额的总额设定还是进一步分解都比较方便。

2. 市场风险限额分类

常用的市场风险限额有直接限额、间接限额和止损限额三种。

直接限额也叫做交易头寸限额，一般包括总交易头寸限额和净交易头寸限额。前者是指对特定交易工具的多头头寸和空头头寸都给予限制；后者是指只对多头头寸和空头头寸压差后的净额给予限制。

间接限额是指根据一些市场风险的计量指标设定限额。例如，内部模型法得到的风险价值设定的 VaR 限额、对期权性头寸设定的期权性头寸限额（limits on options positions）。期权性头寸限额主要包括 Delta 限额、Gamma 限额、Vega 限额、Theta 限额和 Rho 限额等。

止损限额是指对某项交易头寸所允许的最大损失额度。当某项头寸在一定时期内的累计损失达到或者接近止损限额时，就必须对该头寸进行对冲交易或者平仓。止损限额的作用在于当前台某交易员已经形成了一定损失的时候阻止他们通过"双倍下注"的行为弥补损失。

对于银行账户市场风险限额管理，通常采取直接限额，而交易账户市场风险限额一般采用间接限额，尤其是 VaR 限额。一般金融机构会将以上三种限额方法结合使用。

3. 市场风险限额的报告体系

一个完整的风险报告体系有利于金融机构管理者及时了解本单位的风险状况，也有利于风险的及时报告和处置。就市场风险报告而言，其中有关市场风险限额的报告主要

包括两类:

一类是定期报告,即定期向董事会、高级管理层、风险管理部和业务部门的相关负责人报送有关市场风险管理的报告。该报告中包括本期内市场风险超限额情况的子报告,具体内容包括超限额的风险类型、超限额的时间、超限额的处理等方面。

另一类是非定期报告,即一旦发生超出市场风险限额的情况就应该及时向相关部门汇报,从而使管理者迅速做出反应采取行动。

表16-6 某国有银行在各限额突破情况下的报告路径样例

超限额比例	超限额时间跨度	汇报程序
金额限额超过5%以内;缺口比例限额绝对值超2%以内	次日解决	向市场风险管理团队汇报
	2—3日以内	经市场风险总监向风险管理部总经理汇报
	3日或以上	向银行风险总监汇报
金额限额超过5%—15%以内;缺口比例限额绝对值超2%—5%以内	次日解决	向市场风险总监汇报
	2—3日以内	由风险管理部向银行风险总监汇报
	3日或以上	由银行风险总监向行长及资产负债管理委员会汇报
金额限额超过15%以上;缺口比例限额绝对值超5%以上	任何时间	由银行风险总监向行长及资产负债管理委员会汇报

资料来源:刘晓曙,《商业银行市场风险限额设置与管理》,清华大学出版社,2012。

【拓展阅读16-8】

关于××银行的市场风险限额设置和管理方案

2007年××银行启动实施新资本协议项目,并成立了专门的实施新资本协议项目组。在××咨询公司的帮助下,实施新资本协议项目组对××银行风险管理的现状及与新资本协议的差距做了详细分析。

按照××银行实施新资本协议项目小组对××银行市场风险管理现状及与新巴塞尔协议的差距分析来看,市场风险限额管理体系达标度为2[①]。因此,××银行在该工作领域还有一段相当长的路要走。与新巴塞尔协议相比,××银行的限额管理尚未形成体系,缺乏政策指引和实施细则;在限额监控、预警机制和超限额处理程序方面,××银行缺乏明确的政策和程序;××银行的限额管理属于事后管理,超额情况发生后再进行分析和责任追究;限额的结构不完整。

鉴于目前××银行在市场风险尤其是限额管理方面处于刚刚萌芽的状态,针对交易账户建议××银行的市场风险限额体系和报告程序如下:

1. ××银行的市场风险限额体系

---

① 5级达标度划分法:5表示完全达标,4表示基本达标,3表示有一定的基础,2表示初步具有概念或框架性准备,1表示完全不达标。

我们建议××银行的市场风险限额采用自上而下的体系，分为四个层次：

Level A：××银行总体市场风险额度。

Level B：在总行总体额度下按照银行账户、投资账户和交易账户分别设定市场风险限额。

Level C：在Level B下按照风险因素或币别或子账户设定限额。其中，银行账户风险限额按照币别和风险因素设定；投资和交易账户按新会计准则四分类下的子账户和币别设定。

Level D：将Level C的限额根据需要进一步分解到业务单位。其中，银行账户可分解到各分行或产品线；交易账户可分解到业务线、产品组或交易台。

Level A和Level B的风险限额由总行资产负债管理委员会（ALCO）向董事会风险管理委员会提出建议，并由其审批通过；Level C的风险限额由总行计划财务部提出并报总行ALCO审批通过；Level D的风险限额由总行相关部门或分行制定，并报总行计划财务部备案。

限额体系如图16-4所示：

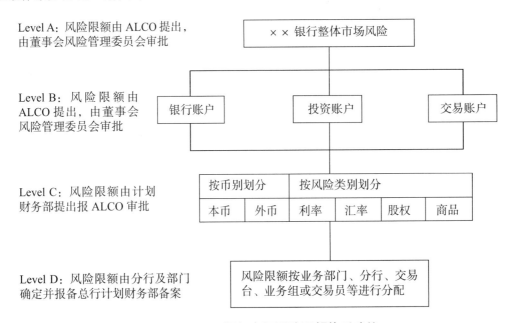

图16-4　××银行市场风险限额体系建议

2. 市场风险限额报告程序

我们建议××银行市场风险限额的授权管理及其报告程序如下：

（1）××银行风险限额采用的管理原则为：A、B级限额不允许突破，C、D级限额采取弹性管理方式。即若业务量大幅增加或市场出现较大变化，交易员可提出限额调整申请，经交易部门总经理审批同意后报经中台审核，并由中台依据审批权限逐级向上呈报，最高不得超过B级限额。限额的审批程序及相应的审批权限必须在限额管理办法中予以明确。

（2）银行账户的市场风险限额执行情况由总行计划财务部市场风险管理室按月监控并报告；交易账户的市场风险限额执行情况由总行计划财务部中台负责监控并报告，中台主要运用风险控制系统对设定的风险限额进行自动监控并定期产生限额执行情况报告，交易账户每日监控，重要的异常指标出现需要立刻报告和处理。

（3）任何限额突破的情况都必须得到及时的报告和处理。为确保全行风险限额总量和各类别风险控制在 Level A 和 Level B 设定的水平内，需要对于这两级限额设定调整行动的触发点，触发点根据产品流动性状况、平仓难易程度等设定为限额水平的 80%—90%。一旦触及，总行计划财务部需立刻向 ALCO 汇报情况，分析未来变化趋势并提出业务调整以确保限额不被突破的具体措施。

（4）总行计划财务部、资金交易部及境外分支机构有责任使本部门或本部门管理的分支机构的市场风险限额控制在 Level C 设定的限额水平内。

（5）技术性突破限额的处理。技术性限额突破指某部门或某产品限额在某个静态时点上被突破，但造成突破限额的原因是系统、数据或模型参数等方面的问题，而非实际头寸或市场因子变动引起。对技术性限额突破的处理需由计划财务部相关市场风险管理团队根据实际情况进行个案分析，提出处理意见，对不超过 Level B 的情况，总行计划财务部有权自行审批，报备分管行长和超限额业务分管行长；对于超出 Level B 的情形，需报分管行长审定。

资料来源：刘晓曙，《商业银行市场风险限额设置与管理》，清华大学出版社，2012。

16.2.2.2 市场风险的对冲

除了市场风险限额管理，随着金融工具的不断创新，尤其是金融衍生工具的发展为消除和转移市场风险提供了手段。金融衍生工具是指建立在基础产品或指数之上，价格随基础金融产品或指数的价格变动的金融合约。与其他风险管理手段相比，利用金融衍生工具进行市场管理风险具有以下特点：

（1）风险对冲是金融衍生工具惯用的风险管理方式，多用于利率、汇率和权益资产等市场风险的管理。金融衍生工具最近三十年来的发展使得金融工程成了现代金融风险管理的核心内容。

（2）通过交易金融衍生工具可以灵活地调节风险管理策略，便于风险的动态管理。通过交易金融衍生工具进行风险对冲，投资者可以根据资产组合的风险状况的变化，随时买卖期货、期权等衍生金融工具，实现风险的动态管理。

（3）通过对冲比率的调节和金融工程方面的设计安排，可以将风险完全对冲或根据投资者风险偏好和承受能力将风险水平调节到投资者满意的程度。这种风险管理的灵活性可以使投资者根据自己的风险偏好管理投资组合，找到最适合自己的风险和收益的平衡点。

（4）远期和期权类的金融衍生工具可以提供一种可能，即完全锁定风险或只消除不利波动而保留有利波动的风险管理策略。例如，如果投资者希望在管理某种货币汇率下降的风险的同时还想获得该货币汇率上升的潜在收益，则可以购买该种货币的卖出期权。因此，金融衍生工具增强了市场风险管理的灵活性和适用性。

16.3 信用风险管理

传统上认为,信用风险管理只是体现在商业银行对信贷业务风险的管理上。但是现代商业银行的业务越来越多元,包括贸易融资、承兑业务、同业交易、金融衍生品交易等在内的交易账户业务也会产生信用风险,业界称之为"交易对手风险"(counterparty risk),因此从业务发展来看,信用风险管理越来越重要。就交易对手风险角度而言,除了商业银行,证券公司和保险公司的信用风险管理也十分重要,因此从机构范围来看,信用风险管理越来越广泛。

16.3.1 信用风险的度量

与市场风险的度量相同,信用风险的度量也经历了从传统度量方法到现代度量方法的演变。这不仅与金融机构业务发展的多样性有关,也与计量方法的改进密切相关。

16.3.1.1 传统信用风险分析方法

1. 专家系统

专家系统(expert system)方法是商业银行在长期经营信贷业务的基础上逐渐发展和完善的信用风险分析方法。该方法主要是依靠高级信贷员或信贷专家的工作经验和专业技能,运用专业性分析工具对信贷产品的信用风险进行的主观评价。

以企业贷款为例,专家系统在分析信用风险时主要考虑两类因素:一类是借款企业的特征,包括借款企业的抵押品质量、资本结构、信誉、未来收益的波动性等;另一类是宏观经济条件,包括经济周期、宏观经济政策、利率水平等。在被采用的专家系统中,对企业信用分析的 5Cs 系统的应用最为广泛。5Cs 系统包括企业的品德(character)、资本(capital)、还款能力(capacity)、抵押(collateral)和经营环境(condition)。除此之外,对企业信用进行分析的 5Ps 系统和 5Ws 系统也较为流行。5Ps 系统包括个人因素(personal Factor)、资金用途因素(purpose factor)、还款来源因素(payment factor)、保障因素(protection factor)和企业前景因素(perspective factor)。5Ws 系统包括借款人(who)、借款用途(why)、还款期限(when)、担保物(what)及如何还款(how)。

由于专家系统的主观性较强,很难保证对信用风险度量的一致性,造成信贷政策失去意义。在实践中,银行通常通过发布统一的信贷评估指引和操作流程,并成立专家委员会出具综合意见等措施弥补专家系统的缺陷。

2. 信用评分模型

信用评分模型是对债务人的可观察到的特征变量进行打分,计算出其违约概率或者归属的违约风险类别。对个人客户而言,可观察到的特征变量主要包括收入、资产、年龄、职业以及居住地等;对企业客户而言,则包括现金流量、财务比率等。信用评分模型的基本步骤是：第一，根据业务经验或相关性分析确定与贷款申请人信用相关的特征变量和基本函数形式；第二，根据历史数据进行回归分析，得出各相关因素的权重；第三，将贷款申请人的特征变量和各自的权重代入函数式，根据计算出的数值衡量贷款申请人的信用风险，从而判断是否贷款。信用评分模型的关键在于特征变量的选择和各自权重的确定。

信用评分模型包括线性模型和非线性模型，由于线性模型的缺陷在于该模型可能会出现超出边界的特征值，强制对应到边界上会导致结果的不准确，因此非线性模型的应用较为广泛。在非线性模型中，Logit 模型的使用较为广泛，又被称为逻辑回归模型，是离散选择模型的一种，它与线性模型的最大的不同是因变量为离散变量，比如因变量为"是"和"否"二元选择变量。

信用评分模型的主要问题是对历史数据的依赖较高，由于历史数据建立的时间较长且更新的速度较慢，会降低对成立时间较短、信用状况变化较快的企业信用评分的准确性。此外，信用评分模型忽略了一些难以量化但对企业信用评价至关重要的因素，也会影响其准确性。

3. 信用评级

信用评级（credit rating）分为外部信用评级和内部信用评级。外部信用评级是指独立的中介机构通过对企业的信用记录、经营水平、财务状况、外部环境等方面进行分析后对其信用风险做出的综合评价。标准普尔、穆迪和惠誉等评级公司是国际上著名的外部信用评级机构，我国影响力较大的评级机构有中债资信、大公国际、中诚信、联合资信、上海新世纪等。外部评级指标体系通常包括定量指标和定性指标。定量指标主要是对企业财务报表的分析和对相关财务比率的分析；定性指标主要包括企业的经营环境、经营实力、管理素质、财务状况和其他保障等指标。在信用等级方面，通常将客户分为 AAA 级、AA 级、A 级、BBB 级、BB 级、B 级，等级依次降低。通常，信用等级基本分的计算采用"比率分析、功效记分"的方法。比率分析是指每一个指标都采用比率性指标计算；功效记分是指在选定的指标体系基础上，对每一个指标确定一个满意值和不允许值，然后以不允许值为下限，计算各指标实际值实现满意值的程度，并转化为相应的功效分数。功效分数的计算公式为：

$$指标的功效分数 = \frac{指标的实际值 - 指标的不允许值}{指标的满意值 - 指标的不允许值} \tag{16-4}$$

将指标的功效分数乘以该指标的权数，得到该指标的评价得分 S。不同的得分 S 与不同的等级相对应：

AAA 级客户的得分 S 满足：$90 \leq S < 100$；

AA 级客户的得分 S 满足：$80 \leq S < 90$；

A 级客户的得分 S 满足：$70 \leq S < 80$；

BBB 级客户的得分 S 满足：$60 \leq S < 70$；

BB 级客户的得分 S 满足：$50 \leq S < 60$；

B级客户的得分 S 满足：$S < 50$。

除了满足以上条件外，还需要根据一定时期内商业银行的经营战略取向和信用评定过程中的特殊因素对初步计算出评分等级进行调整。

举例说明：从表16-7某企业信用等级的评分表计算的结果来看，该企业的基本分 S 为76分，初步定为A级。但了解到该企业欠息情况严重，并且外部环境不利于公司发展，因此最终将等级调整为BBB。

表16-7 某企业信用评级基本分计算

评价指标		权重	指标满意值	指标不允许值	评分标准	比率	得分	说明
市场竞争能力 20分	市场占有率	5	——	——	合同市场占有率超过10%，得5分，降1%扣0.5分，扣完为止	10%	5	市场占有率=企业销售额（量）/全社会销售额（量）
	能力销售率	5	——	——	80%以上得5分，降1%扣0.0625分，扣完为止	75%	4.7	能力销售率=产销售×生产能力利用率
	销售收入增长率	4	——	——	8%以上得5分，降1%扣0.5分，扣完为止	5%	2.5	销售收入增长率=（本年销售收入－去年销售收入）/去年销售收入
	净资产	3	——	——	超过1000万元得3分，降100万元扣0.3分，扣完为止	10927万元	3	
	企业规模	3	——	——	国家大型企业或资质等级为一级得3分，降一级扣1分	大型	3	
财务分析 60分	资产报酬率	4	20%	2%	权重×（比率－不允许值）/（满意值－不允许值）	12%	2.22	资产报酬率=（净利润+利息费用+所得税）/平均资产总额
	净值报酬率	4	40%	6%	权重×（比率－不允许值）/（满意值－不允许值）	20%	1.65	净值报酬率=净利润/股东权益
	销售毛利率	4	30%	10%	权重×（比率－不允许值）/（满意值－不允许值）	43.4%	4	销售毛利率=销售毛利/销售收入（结算收入）
	贷款按期偿还率	8	100%	50%	权重×（比率－不允许值）/（满意值－不允许值）	100%	8	贷款按期偿还率=累计未偿还贷款本金/借债余额
	利息按期偿还率	8	100%	50%	权重×（比率－不允许值）/（满意值－不允许值）	100%	8	利息按期偿还率=当年已偿还利息/应偿还利息
	资产负债率	5	30%	80%	权重×（比率－不允许值）/（满意值－不允许值）	40%	4	资产负债率=负债/总资产
	流动比率	2	2	1	权重×（比率－不允许值）/（满意值－不允许值）	1.72	1.44	流动比率=流动资产/流动负债
	速动比率	2	1.5	0.5	权重×（比率－不允许值）/（满意值－不允许值）	1.33	1.66	速动比率=（流动资产－存货）/流动负债

（续表）

评价指标		权重	指标满意值	指标不允许值	评分标准	比率	得分	说明
财务分析 60分	现金流动负债比率	4	1	0.4	权重×（比率−不允许值）/（满意值−不允许值）	0.5	0.66	现金流动负债比率＝经营活动现金流量净额/流动负债
	现金利息保障倍数	3	1.5	0.7	权重×（比率−不允许值）/（满意值−不允许值）	1	1.125	现金利息保障倍数＝经营活动现金净额/当年利息支出（财务费用）
	销售经营活动现金流量比率	4	0.9	0.4	权重×（比率−不允许值）/（满意值−不允许值）	0.6	1.6	销售经营活动现金流量比率＝经营活动现金流量净额/销售收入
	经营活动现金流量增长率	3	10%	1%	权重×（比率−不允许值）/（满意值−不允许值）	5%	1.5	经营活动现金流量增长率（当期经营活动流量净额−上期经营活动流量净额）/上期经营活动流量净额
	资产周转率	3	1.5	0.2	权重×（比率−不允许值）/（满意值−不允许值）	0.55	0.81	资产周转率＝销售收入/总资产
	存货周转率	3	3	0.5	权重×（比率−不允许值）/（满意值−不允许值）	1.87	1.64	存货周转率＝销售成本/存货
	应收账款周转率	3	3	0.5	权重×（比率−不允许值）/（满意值−不允许值）	2.79	2.75	应收账款周转率＝销售收入（赊销收入）/应收账款
发展潜力 10分	政策环境	3	——	——	国家产业政策支持、地方扶持重点得3分，国家产业政策不限制得1分，其他不得分			
	发展阶段	3	——	——	初创阶段得2分，发展阶段得3分，稳定阶段得2分，衰退阶段不得分			
	人员能力	4	——	——	企业管理能力强，有创新性得4分，管理水平比较高，素质一般得2分，其余不得分			
行业分析 10分		10	——	——	制造业企业技术水平高得10分，比较高得7分，一般得2分，落后不得分；服务业企业有垄断得10分，有一定垄断得5分，其余不得分；房地产企业资金实力雄厚，开发前景好得10分，一般得5分，其余不得分			
合计							76.24	

资料来源：朱顺泉，《信用评级理论方法、模型与应用研究》，科学出版社，2012。

2011年《中国银监会关于规范商业银行使用外部信用评级的通知》规定"商业银行应当审慎使用外部信用评级，外部信用评级结果不应直接作为商业银行的授信依据"，"商业银行的重大投资行为原则上应以内部评级为依据"。因此，除借鉴外部评级外，银行需要对其客户设定内部的评级系统，即内部评级。内部评级所反映的指标主要是借款者的违约概率和交易工具的违约损失率。根据评估的违约概率和违约损失率，对于给定的违约风险暴露，内部评级系统可以进一步推算出债务项目的预期损失和非预期损失。在《新巴塞尔协议》中，内部评级法允许银行采用自身的模型计算违约概率，在高级内部评级法中，银行可以采用自身的模型来估测违约损失率、违约头寸及贷款期限。

16.3.1.2 现代信用风险量化模型

1. 模型发展历程

随着信用衍生产品的发展和现代风险计量方法的突破性进展，传统信用风险度量方法已难以满足金融机构对信用风险准确计量的需求。以1997年J.P.摩根开发的CreditMetrics信用量化模型为标志，现代信用风险度量技术和管理理念快速发展。此外，著名的信用风险量化模型还有KMV公司的KMV模型、CSFP公司的Credit Risk+和麦肯锡公司的Credit Portfolio View等。这些模型在业界引起了巨大反响。此外，监管当局也开始重视信用风险量化模型的发展。1999年4月，巴塞尔委员会发表了题为"信用风险模型化：当前的实践和应用"的研究报告，开始研究这些信用风险量化模型的应用对国际金融领域风险管理的影响，以及这些模型在金融监管，尤其是在风险资本监管方面应用的可能性。

2. 基本模型介绍

CreditMetrics模型首先由J.P.摩根开发，核心思想是运用VaR框架对贷款、私募债券等非交易资产进行估价和风险度量。该模型认为信用风险取决于债务人的信用状况，信用工具（包括债券和贷款及信用证等）的市场价值取决于债务发行企业的信用等级。通过债务人的信用评级、评级转移矩阵、违约贷款的回收率、债券市场上的信用风险价差计算出金融工具的市场价值及波动性，得出金融工具的VaR值。

KMV模型是由著名的风险管理公司KMV公司开发出的一种估计借款企业违约概率的模型。KMV模型将股权视为企业资产的看涨期权，首先以股票的市场数据为基础，利用布莱克·默顿（Black Merton）的期权定价理论估计企业资产的当前市值和波动率，其次根据企业的负债计算出违约点（企业一年以下短期债务的价值加上未清偿长期债务账面价值的一半）和借款人的违约距离（企业距离违约点的标准差），最后根据企业的违约距离与预期违约率之间的对应关系求出企业的预期违约率。

Credit Risk+模型由瑞士信贷银行金融产品部（CSFP）于1996年开发，它运用了保险精算原理计算债券或者贷款组合的损失分布。在该模型中，违约概率被模型化为具有一定概率分布的连续变量，具有相近违约损失率的贷款被划分为一组，每组贷款同时违约的概率很小且相互独立，这样贷款组合违约概率的分布接近于泊松分布。模型首先计算出每组的贷款损失分布，得到其预期损失、一定置信水平下的非预期损失以及资本要求，然后将各组数据汇总，以同样的方法得到整个贷款组合的损失分布及其损失状况。

Credit Portfolio View 模型是对 CreditMetrics 模型的补充，由麦肯锡公司开发。该模型在 CreditMetrics 模型的基础上将失业率、经济增长率等宏观及周期性因素加入到等级转移矩阵中，并通过蒙特卡洛模拟法（Monte Carlo Method）模拟出周期性因素的"冲击"来测定等级转移矩阵的变化。

3. 量化模型应用

考虑到我国的金融现状，在以上介绍的四种模型中，Credit Risk+ 模型对数据的要求少，简单实用，降低了模型实施的难度，应用前景较好；CreditMetrics 模型依赖于信用评级结果，因为我国信用评价制度不健全，缺少企业评级数据库，所以 CreditMetrics 模型在我国的直接应用具有局限性；KMV 模型需要有效的股票市场数据，但我国股市投机性较强，股价往往背离上市公司实际价值，因此 KMV 模型的适用性有限；Credit Portfolio View 模型将宏观经济和周期性因素纳入到等级信用矩阵，但宏观经济和周期性因素的数量、经济含义、函数关系均难以确定，因此 Credit Portfolio View 模型短期内在我国的应用可能性较小。

16.3.2 信用风险缓释与信用风险转移

16.3.2.1 信用风险缓释

根据 2012 年中国银监会发布的《商业银行资本管理办法（试行）》中的附件六《信用风险内部评级法风险缓释监管要求》，信用风险缓释（credit risk mitigation, CRM）是指商业银行运用合格的抵质押品、净额结算、保证和信用衍生工具等方式转移或降低信用风险。商业银行采用内部评级法计量信用风险监管资本，信用风险缓释功能体现为违约概率、违约损失率或违约风险暴露的下降。信用风险缓释应遵循合法性、有效性、审慎性、一致性和独立性原则。商业银行初级内部评级法下合格信用风险缓释工具如表 16-8 所示。

表 16-8 初级内部评级法下合格信用风险缓释工具

信用风险缓释工具		种类
抵质押品	金融质押品	（一）以特户、封金或保证金等形式特定化后的现金； （二）黄金； （三）银行存单； （四）我国财政部发行的国债； （五）中国人民银行发行的票据； （六）我国政策性银行、公共部门实体和商业银行发行的债券、票据和承兑的汇票； （七）金融资产管理公司为收购国有银行而定向发行的债券；

（续表）

信用风险缓释工具		种类
抵质押品	金融质押品	（八）其他国家或地区政府及其中央银行、国际清算银行和国际货币基金组织，多边开发银行所发行的BB-（含BB-）以上级别的债券；其他实体发行的BBB-（含BBB-）以上级别的债券；评级在A-3/P-3（含A-3/P-3）以上的短期债务工具； （九）虽无外部评级，但同时满足以下条件的债券： 1．银行发行； 2．交易所交易； 3．具有优先债务的性质； 4．具有充分的流动性； 5．虽没有外部评级，但发行人发行的同一级别债券外部评级为BBB-（含BBB-）或A-3/P-3（含A-3/P-3）以上。 （十）公开上市交易的股票及可转换债券； （十一）依法可以质押的具有现金价值的人寿保险单或类似理财产品； （十二）投资于以上金融工具的可转让基金份额，且基金应每天公开报价。
	应收账款	原始期限不超过一年的财务应收账款： （一）销售产生的债权； （二）出租产生的债权； （三）提供服务产生的债权； 合格的应收账款不包括与证券化、从属参与或信用衍生工具相关的应收账款。
	商用房地产和居住用房地产	（一）依法有权处置的国有土地使用权及地上商用房、居民用房，不含工业用房； （二）以出让方式取得的用于建设商用房或居民用房的土地使用权。
	其他抵质押品	金融质押品、应收账款、商用房地产、居住用房地产之外，经银监会认可的符合信用风险缓释工具认定和管理要求的抵质押品。
净额结算		（一）表内净额结算； （二）回购交易净额结算； （三）场外衍生工具及交易账户信用衍生工具净额结算。
保证		（一）风险权重低于交易对手的主权、金融机构、一般公司等实体； （二）如果信用保护专门提供给资产证券化风险暴露，该实体当前外部信用评级在BBB-以上（含）、且在提供信用保护时外部信用评级在A-以上（含）。
信用衍生工具		（一）信用违约互换； （二）总收益互换。

资料来源：中国银监会，《信用风险内部评级法风险缓释监管要求》，2012。

【拓展阅读 16-9】

我国信用风险缓释工具发展现状

中国银行间市场交易商协会在 2010 年 10 月 29 日发布了《信用风险缓释工具试点业务指引》（以下简称《指引》），对我国今后开展信用衍生品业务试点做了具体规定，同时指明了我国发展信用衍生品市场的各个阶段。《指引》中明确提出信用风险缓释合约（credit risk mitigation agreement，CRMA）和信用风险缓释凭证（credit risk mitigation warrant，CRMW）为核心产品，当然也允许参与的市场成员进行简单的自主创新产品。CRM 被称为中国版的 CDS。

根据交易商协会网站的数据，截至 2017 年年底，21 家 CRM 一般交易商、34 家 CRM 核心交易商和 25 家 CRMW 创设机构、24 家金融机构签署《中国银行间市场金融衍生产品交易主协议（凭证特别版）》完成备案（见表 16-9）。在已签署《中国银行间市场金融衍生产品交易主协议（凭证特别版）》的 24 家金融机构中，银行占 18 家，主要是股份制商业银行以及部分外资银行、城商行，券商只有华泰证券、国泰君安、平安证券和中信证券、中金公司 5 家；1 家其他机构为中债信用增进投资股份有限公司。四大国有银行均未签署主协议，保险公司和基金公司仍未获批参与 CRM 交易；在国外成熟的信用衍生品市场，银行、对冲基金、保险公司以及养老基金和共同基金是主要参与者。

表 16-9 CRM 的参与机构

机构\统计	机构类别				内外资		总计
	银行系	券商	其他机构	保险、基金	内资	外资	
已签署主协机构	18	5	1	0	16	6	24
凭证创设机构	15	9	1	0	24	1	25
核心交易商	22	11	1	0	32	2	34

根据中国银行间市场交易商协会网站的数据，首批 CRMA 在 2010 年 11 月 5 日上线交易，20 笔合约交易，有 9 家交易商达成，名义本金合计 18.4 亿元人民币，中外资商业银行和信用增进机构参与了此次 CRMA 交易的机构。各 CRMA 的标的债务类型主要是银行贷款、中期票据和短期融资券，期限长度从 36 天到 2.21 年不等，但主要以 1 年期为主。

截至 2017 年 12 月 31 日，CRMW 业务推出后市场流通 CRMW 一共有 9 支，这 9 支 CRMW 分别由 6 家创设机构于 2010 年 11 月 22 日、12 月 24 日、12 月 28 日、12 月 30 日和 2011 年 3 月 23 日创设，名义本金合计 7.4 亿元（见表 16-10）。6 家创设机构中，有 4 家内资股份制商业银行，他们各自创设了 1 支 CRMW；有 1 家外资商业银行，创设了 1 支 CRMW；另有 1 家信用增级机构——中债增进公司，已创设了 4 支 CRMW 产品。在 9 支凭证中，期限最短的为 242 天，最长的有 1032 天（合 2.83 年），9 支 CRMW 的名义本金从 1 000 万到 2 亿元不等。从标的债务的类型来看，有 3 个标的债务为中期票据，最短剩余期限为 1.66 年，最长剩余期限为 4.4 年。这 3 个凭证中有两个标的债务及标的实体评级均为 AAA 级，另外一个标的债务及标的实体评级均为 AA+ 级。剩下 5 个凭证的标的债务为短期融资券，期限在机构 242 天到 335 天之间。这些短期融资券的信用评级均为 A-1 级，这是短期融资券的最高信用等级（见表 16-11 的短期信用评级体系），这些凭证的标的主体信用评级有 1 个为 AAA 级，2 个为 AA+ 级，另外 3 个为 AA 级。虽然短期融资券凭证的标的主体信用评级低于中期票据凭证的标的主体，但是短期融资券的信用评级均为最高等级。综上所述，目前创设的所有凭证标的主体和标的债务评级都在 AA 级以上，安全性极高，这也是试点业务期间的保守做法。也正因如此，CRMW 创设时报价都相对较低，仅在 23bp—87bp。令人遗憾的是，随着这 9 支 CRMW 凭证的推出，市场迅速转为平淡，到目前，这 9 支凭证已经全部到期，而市面上并没有新的凭证创设。

表 16-10　CRMW 凭证信息统计

序号	凭证简称	期限（天）	剩余期限（天）	名义本金（亿元）	占流通债比（%）	创设报价（元/百无名义本金）	实体评级	债务评级	标的债务	结算方式
1	10 交行 CRMW001	268	268	0.50	10.0	0.35	AA	A-1	10TCLCP01	实物
2	10 兴业银 CRMW001	286	286	0.50	5.00	0.30	AA	A-1	10 攀钢 CP02	实物/现金 I
3	10 中债增 CRMW002	301	301	1.00	1.25	0.30	AAA	A-1	10 联通 CP02	实物
4	10 民生银 CRMW001	331	331	2.00	10.0	0.23	AA+	A-1	10 云铜 CP01	实物
5	10 浦发银 CRMW001	335	335	0.50	5.00	0.51	AA	A-1	10 郑煤 CP01	实物/现金 I
6	10 汇丰中 CRMW001	365	365	0.10	0.05	0.30	AAA	AAA	10 中油 MTN3	现金 II
7	10 中债增 CRMW003	605	605	1.00	10.00	0.46	AA+	AA+	09 清控 MTN1	实物/现金 I
8	10 中债增 CRMW001	1032	1032	1.30	1.08	0.87	AAA	AAA	10 联通 MTN2	实物
9	11 中债增 CRMW001	242	242	0.50	1.00	0.30	A-1	AA+	10 赣粤 CP03	实物/现金 I

注："现金 I"表示在某些条件下进行现金结算，其余条件为实物结算"现金 II"表示只进行现金结算。此外，CRMW 的收费方式均为前端一次性付费，信用事件均为破产、支付违约。

资料来源：所有数据来自中国银行间市场交易商协会网站。

表 16-11 短期融资券信用评级体系

等级	含义
A-1⁺	受评对象短期还本付息能力最强，安全性最高
A-1	受评对象短期还本付息能力很强，安全性很高
A-2	还本付息能力较强，安全性较高，但没有 A-1 高
A-3	还本付息能力一般，安全性易受不利环境变化的影响
B	还本付息能力较低，有一定的违约风险
C	还本付息能力很低，违约风险较高
D	不能按期还本付息

资料来源：郑玉仙，"信用风险缓释凭证在我国的发展现状及问题分析"，《生产力研究》，2014年第12期。

16.3.2.2 信用风险转移

信用风险转移（credit risk transfer, CRT）是指金融机构出于战略或经营目的将自身不愿意承担的信用风险以某种形式和代价转移给其他金融机构或投资者承担的风险交易行为。

信用风险转移工具主要包括三种：（1）贷款出售（loan sale），是指在贷款发放之后通过二级市场将贷款资产出售出去以实现转移信用风险的方法。（2）资产证券化（asset securitization），是指金融机构将其未来能够产生稳定现金收益的资产加以组合并据此发行证券筹措资金的过程和技术。资产证券化产品主要分为住宅抵押贷款证券（MBS）和资产支持证券（ABS）两大类。（3）信用衍生品（credit derivatives），是指一种场外的双边合约，其价值是从基础信用工具衍生而来，在这一合约下，双方同意互换商定的或者是根据公式计算确定的现金流，现金流的确定依赖于预先设定的未来一段时间信用事件的发生。由于信用衍生品是一种非融资型的、场外的信用风险转移工具，它能使信用风险更具流动性和交易性。

信用风险转移对信用风险管理的意义重大。首先，信用风险转移实质上为信用交易创造了一个二级交易市场，大大增强了信用风险的可交易性和流动性；其次，信用风险的直接交易将银行提供融资和承担信用风险相分离，使流动性风险管理和信用风险管理相互独立；再次，信用风险转移产品使金融机构突破了融资约束和资本约束，扩充了金融资源；最后，信用衍生产品使银行的纯粹信用风险可以上市交易，大大增加了信用风险定价的透明度和准确性。

【拓展阅读 16-10】

我国资产证券化发展历程与现状

2005 年 4 月,中国人民银行、中国银监会联合发布《信贷资产证券化试点管理办法》,标志着我国信贷资产证券化试点正式拉开帷幕。4 个月之后,中国证监会也紧随其后,推出企业资产证券化试点。12 月中旬,"2005 年第一期开元信贷资产支持证券""建元 2005-1 个人住房抵押贷款资产支持证券"相继发行。在随后的三年时间里,中国银监会主管的信贷资产证券化共发行 17 单产品,规模合计 667.83 亿元;中国证监会主管的资产证券化项目共发行 9 单,规模合计 294.45 亿元。

表 16-12 2005—2008 年第一轮试点期间信贷资产支持证券列表

项目名称	发行机构名称	发行金额(亿元)	发行时间	存续状态
信元 2008 年第一期重整资产支持证券	中国信达	48.00	2008 年 12 月	已结清
浙元 2008 年第一期信贷资产支持证券	浙商银行	6.96	2008 年 11 月	已结清
招元 2008 年第一期信贷资产支持证券	招商银行	40.92	2008 年 10 月	已结清
信银 2008 年第一期信贷资产支持证券	中信银行	40.77	2008 年 10 月	已结清
开元 2008 年第一期信贷资产支持证券	国家开发银行	37.66	2008 年 4 月	已结清
工元 2008 年第一期信贷资产支持证券	中国工商银行	80.11	2008 年 3 月	已结清
建元 2008 年第一期重整资产支持证券	中国建设银行	27.65	2008 年 1 月	已结清
通元 2008 年第一期个人汽车抵押贷款资产支持证券	上汽通用汽车金融	19.93	2008 年 1 月	已结清
兴元 2007 年第一期信贷资产支持证券	兴业银行	52.43	2007 年 12 月	已结清
建元 2007 年第一期个人住房抵押贷款资产支持证券	中国建设银行	41.61	2007 年 12 月	仍在兑付
工元 2007 年第一期信贷资产支持证券	中国工商银行	40.21	2007 年 10 月	已结清
浦发 2007 年第一期信贷资产支持证券	浦东发展银行	43.83	2007 年 9 月	已结清
东元 2006 年第一期重整资产支持证券	东方资产管理	10.50	2006 年 12 月	已结清
信元 2006 年第一期重整资产支持证券	中国信达	48.00	2006 年 12 月	已结清
开元 2006 年第一期信贷资产支持证券	国家开发银行	57.30	2006 年 4 月	已结清
开元 2005 年第一期信贷资产支持证券	国家开发银行	41.77	2005 年 12 月	已结清
建元 2005 年第一期个人住房抵押贷款资产支持证券	中国建设银行	30.17	2005 年 12 月	仍在兑付
合计	—	667.83	—	—

2007年美国次贷危机爆发，并于2008年演变成席卷全球的金融危机，而过度衍生的资产证券化被认为是此次危机的罪魁祸首。2009年，国内资产证券化试点暂停，资产证券化发展陷入停滞。

2011年9月，中国证监会重启对企业资产证券化项目的审批。2012年5月，中国人民银行、中国银监会、财政部联合下发《关于进一步扩大信贷资产证券化试点有关事项的通知》，资产证券化重启，进入第二轮试点阶段。本轮试点批复了500亿元试点额度。2012年8月，银行间交易商协会发布《银行间债券市场非金融企业资产支持票据指引》，资产支持票据（ABN）业务正式开闸。2013年8月，信贷资产证券化第三轮试点启动，本次试点总额度达到了破纪录的4 000亿元，国内资产证券化开启了大发展时期。2014年11月底，中国银监会提出将信贷资产证券化业务从审批制改为备案制。此次27家银行资格的确认，基本标志着信贷资产证券化业务审批制的实质推进。2015年4月3日，央行发布公告，宣布对信贷资产支持证券发行实行"注册制"管理。

2012年重启至2014年年末，以成功招标为统计口径，共发行77单信贷资产证券化产品，发行总额合计3 170.16亿元，实现了爆发式增长。

表16-13 2012年8月至2014年年底信贷资产支持证券发行情况

项目类型	项目数量	发行金额（亿元）
公司信贷资产支持证券	63	2870.10
个人汽车抵押贷款资产支持证券	10	189.05
个人住房抵押贷款资产支持证券	1	68.14
融资租赁资产支持证券	2	16.56
个人消费贷款资产支持证券	1	26.31
合计	77	3170.16

资料来源：刘毅荣、陶健，"资产证券化回顾总结与展望：发展迅速，前景向好"，中债资信研究报告，2015。

16.3.3 信用风险管理

16.3.3.1 信用风险限额管理

信用限额管理是信用风险管理的一种重要方法，是对信用风险进行事前管理、事中控制的一种有效手段。

1. 信用风险限额概念和对象

信用风险限额是指针对一定客户，在一定时期内金融机构能接受且愿意承担的最大风险暴露。信用风险限额的核定对象有两种分类方法：按客户可分为单一客户限额和集团客户限额；按组合可分为区域限额、产品限额和行业限额。其中，按客户层面的限额基于信用风险敞口核定，组合层面的限额基于信用风险加权资产核定。风险限额核定时有两种方法：一是自上而下，即先核定组合层面的限额，再根据一定的方法在各层面和客户之间进行分配；二是自下而上，即先核定单一客户限额，再汇总成组合层面的限额。

2. 信用风险限额的影响因素和主要步骤

以商业银行为例,在对客户进行风险限额管理时,主要考虑以下五种因素:资本净额,用于衡量客户经济实力和抗风险能力,客户的资本净额越高,抗风险能力越强,可以给予的风险限额越高;销售收入,客户的销售收入越高,说明还款的越有保障,风险限额可以设定的越高;利润总额,用于考量客户持续发展的动力,利润总额越高,盈利能力越强,风险限额越高;信用等级,客户的信用等级越高,风险限额的设定也越高;在其他银行已获得的授信额度。除了以上五大因素以外,商业银行在决定客户的风险限额时还要考虑商业银行的政策,例如银行的存款政策和收益情况、客户的中间业务情况等。

对单一客户进行限额管理时,首先要计算出客户的最高债务承受额,即客户根据自身信用与实力承受对外债务的最大额度,一般取决于客户的信用等级和所有者权益。然后根据以上介绍的五大因素和商业银行政策影响确定最终的授信额度。

对集团客户进行限额管理的步骤分为三步:第一步,根据总行关于行业的总体指导方针和集团客户与授信行的业务合作关系,初步确定对该集团整体的授信限额;第二步,根据单一客户的授信限额,初步测算关联企业各成员单位(含集团公司本部)最高授信限额的参考值;第三步,分析各授信单位的具体情况,调整各成员单位的授信限额,同时,使每个成员单位的授信限额之和控制在集团公司整体的授信限额以内,并最终核定各成员单位的授信额度。

16.3.3.2 信用风险组合管理

1. 信用风险组合管理概述

组合管理充分反映了分散化投资的思想,正所谓"不要把所有鸡蛋放在同一个篮子里"。在实践中,组合管理的思想广泛应用在股票、债券、金融衍生品等金融产品的投资组合中,但是在银行贷款等信用投资领域,由于信用风险难以量化,导致组合管理的应用发展较为缓慢。20世纪90年代以后,信用风险组合管理逐渐兴起,成为现代金融机构风险治理必不可少的组成部分。

信用风险组合管理的目的在于通过组合不同的信用产品,实现风险分散,并通过调整和优化信用产品组合的结构,达到在既定的风险偏好下实现信用组合风险回报率的最优化。信用风险组合管理的量化工具包括两部分:一是单个产品的信用风险的计量,包括违约率和违约损失率;二是信用产品之间的违约相关性,常用的模型包括 KMV Portfolio Manager 和 Credit Portfolio View 模型。

信用风险组合管理对银行的影响体现在以下三个方面:(1)将银行的经营理念从基于会计范畴的资产和资本转为基于风险范畴的有效经济资本配置;(2)银行业务模式从基于"购买并持有"投资策略的业务模式转向包含信用资产负债委员会、组合投资部门、信用评级和估价部门、贷后服务部门的业务模式(图16-5);(3)对银行创新、银行竞争力和银行信息系统建设均具有积极的影响。

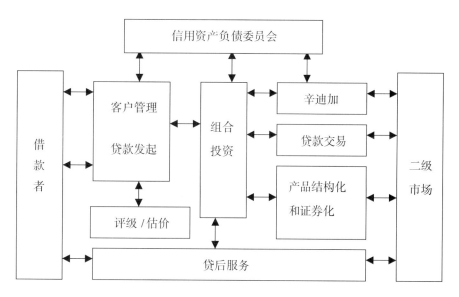

图 16-5　信用组合管理下银行的新兴业务模式

2. 信用风险组合管理的有效实践

针对业界在信用风险组合管理中存在的一些类似的亟待解决的问题，国际信贷组合经理人协会（International Association of Credit Portfolio Managers，IACPM）提出了以下基本原则，以帮助金融机构提高信用风险组合管理的效用。

实践基础，信用风险组合管理由组合管理、市场风险管理和金融工程三大金融理论交互产生。

信用风险组合管理定位，内容包括整合信用组合风险、统一风险归纳标准、覆盖债务人全部信贷风险。

信用组合管理治理结构，金融机构应明确信用组合管理部门职能，并确立信用组合管理部门分工。

风险计量和模型标准化，内容包括制定风险为基础的经济估值框架、计算能融入经济价值偏差的信用组合价值分布、保证风险指标的细微度、模型验证程序等。

数据处理与应用。捕取及储存全面头寸数据的频率应符合管理头寸的能力，并能捕取及储存内部的信贷亏损数据。机构当坚决确保数据的完整性，建立一套主控的数据定义及数据配置，并且信贷组合管理数据应当与其账目保持一致。

辨别经济价值及会计价值。信用资产应该按市场（或模型）作价来估计其经济价值，在评估客户关系的利润潜力时，应计量并考虑信贷资产发行价值及市场价值的差别。

设置限额，管理集中度。设置限额应顾及组合集中度和相关性，并制定传统的、以名义额为基础的限额制，限额制度须有适当的管理办法。

对组合进行压力测试。对信用风险组合的压力测试应建立由上而下的压力测试流程，并发挥自下而上的压力测试流程的辅助作用。

为战略目标再平衡信用组合。主动型组合管理所运用的盯市账簿应受适当的市场风险限额约束，其损益也应每天维系并监察。组合再平衡工作应由专责部门集中执行，信用组合管理部门的执行职能应独立于机构自身的交易单位并具备独立执行能力。

确立目标，衡量业绩。 组合管理部门应树立明确的业绩指标，高管层应确保业绩指标与其他的机构目标保持一致，并且业绩指标必须与组合管理部门的任务一致。

透明披露。 金融机构应披露的信息有组合管理部门的任务、信贷组合数据的总结、管理信贷组合所使用的产品和结构，以及组合管理活动的成果。

【拓展阅读 16-11】

渣打银行的组合管理模型

由于渣打银行大部分的风险暴露是非流动性的，它倾向于使用一种"从发行到库藏管理"（originate to warehouse）的模式，而不是"从发行到分销"（originate to distribute）的模式。"从发行到库藏管理"模式非常强调发行准则（origination discipline），尽可能地从前端掌控组合的形态。在这样的框架下，第一道防线由精确的风险测量构成的，主要反映在风险定价上，这一防线能够保证组合不会向不受控制的、失衡的方向发展。然而，客户特权和市场环境经常会限制组合管理在发行环节的影响范围。因此，最理想的解决办法是由分销策略进行补充，这当然是建立在能够完全理解风险和收益是什么以及如何促进风险和收益发展的基础上的。

渣打银行通过后端贷款销售和证券化来分散风险，2005年开始了公司贷款组合的合成证券化平台，并在2007年为贸易融资开始应用第二套程序。从那时起，渣打银行已经进行了超过10万次的交易，具备了在任何时点，在全部贷款的10%—15%和贸易融资组合之间进行证券化的能力。在建立倾向"从发行到库藏管理"的组合管理模式后，由于高度强调发行准则，就需要具有测量和监控集中度和相关性的能力，运用这些数据来激励发行的风险暴露至少在方向上朝着最佳组合形态发展。

在批发银行业务上，由于渣打银行在很多国家有分支机构，且每一地区都有自己的发行和信贷审批职能，最有效的引导发放贷款的工具是国家组合标准（country portfolio standards）工具。根据渣打银行董事会的风险偏好声明，渣打银行为开展业务的每一个国家设置了一系列组合参数，包括行业风险暴露分布、基于部门和信用质量的担保水平、期限分布和信用质量状况等。这些组合参数由每个国家的发行和风险部门联合提出。因此，可以在风险偏好和商业机会之间取得平衡。对于非常大的国家，组合标准的设置是由首席风险官批准的，这就确保每个国家的策略都能与整体策略相一致，并且所有国家组合合并在一起后，都能与银行的整体风险偏好保持一致。

资料来源：Crippa, D.，"信用组合管理工具——新兴市场视角"，《风险管理》，2012年第1期。

16.4 操作风险管理

作为和业务操作息息相关的风险，操作风险的内涵非常宽泛，涵盖了金融机构经营活动中所有与业务操作相关的风险，甚至也包括与信用风险和市场风险相关的操作风险。比如，如果一个客户不能偿还贷款，是否就一定是由于"正常的"信用风险引致的呢？事实上，虽然通常所有与信用相关的不确定性都被划分为信用风险的一部分，但如果信贷人员违背银行的有关政策方针发放贷款，甚至可能接受贿赂，这就应该归入操作风险。

虽然操作风险的覆盖范围极广，但大部分操作风险具有内生性、可控性和可降性。这是因为：（1）从操作风险的引发因素来看，操作风险主要由内部因素引发，如内部程序、人员和系统的不完备或失效，因此，操作风险具有很强的内生性；（2）既然操作风险的风险因子很大比例上来自金融机构的内部操作，在金融机构的可控范围之内，因而大部分的操作风险具有可控性；（3）金融机构若采取相应的管理措施，则可以有效地降低这些内生性的操作风险水平，因此说操作风险具有可降性。

操作风险可控性和可降性的特征，使我们可以通过构建操作风险的管理结构、程序、方法、工具和模型，建立有效的操作风险管理体系来降低该类风险。本节将主要介绍操作风险管理的基本框架，立足整个金融机构的角度，进行自上而下的制度安排。

16.4.1 操作风险管理的基本框架

16.4.1.1 构成要素

根据业务的性质、规模和复杂程度的不同，金融机构面临的操作风险也千差万别，这也就使得不同的金融机构在构建操作风险管理框架时存在差异和不同的侧重点。但是有一些要素是建立有效的操作风险管理框架的关键。因此，巴塞尔银行监管委员会2003年为配合新巴塞尔资本协议出台而发布了《操作风险管理和监管的稳健做法》，列出了涉及有效管理与监管操作风险总体框架的十项原则。

这十项准则可以概括为：（1）前三项原则主要强调的是管理层有责任营造这样一种公司文化，即将有效的操作风险管理与坚持稳健的营运控制确立为重中之重；（2）原则四到原则七细化了风险管理的各个方面，包括识别、评估、监测和缓释/控制；（3）原则八和原则九指出监管者应该要求所有的金融机构具备有效的风险管理策略，并对银行有关操作风险的政策、程序和做法进行定期的独立评估；（4）最后一项原则重点指出了披露的作用，指出银行应该进行足够的信息披露，允许市场参与者评估银行的操作风险管理方法。

这十项原则的实施构成了操作风险管理的基本框架，操作风险管理框架的基本要素可以概括为以下四个组成部分：战略、流程、基础设施和环境（见图16-6）。战略设定风险管理的总基调和基本方法，流程是在既定战略框架下规定风险管理的日常活动和决策，包括业务目标、风险偏好、风险管理方法以及与操作风险管理相关政策的阐释；

基础设施是指用于风险管理中的系统和其他工具；环境则包括文化和相关的外部因素，这里的文化是指高层管理者的参与和支持度，以及他们决策的风格，特别是指风险管理文化。

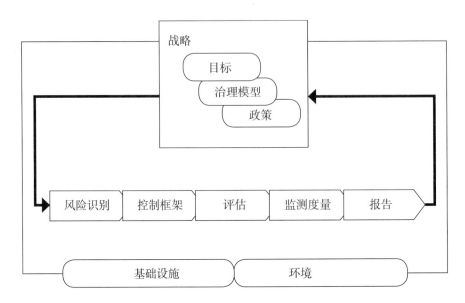

图 16-6　操作风险管理框架

资料来源：〔英〕卡罗尔·亚历山大编著，《商业银行操作风险》，陈林龙等译，中国金融出版社，2005。

16.4.1.2　战略和政策

1. 管理战略

战略是管理者在实施有效的操作风险管理框架之前就要考虑的问题。要确定管理战略过程，金融机构首先需要识别它的业务目标，因为业务目标表达了金融机构的风险偏好：哪些是可接受的风险，哪些是不可接受的风险。业务目标具体包括业务发展战略，如占有一定的市场份额或推出新产品或新技术等，当然，金融机构也可以依据其业务部门来确定业务目标，如财务部门需要在年末结账或者人力资源部门需要在季末完成职工的入职培训等。一旦了解了发展动力和经营目标，机构就应该考虑实现目标过程中所面临的战略挑战和放弃这些目标所带来的后果，从而在此基础上制定操作风险管理战略。基于这个战略，金融机构才能设计开发出一个满足其要求的操作风险管理框架来识别、计量和管理操作风险。董事会应担负起制定操作风险管理战略的职责，并保证制定的管理战略与整体经营目标一致。

2. 管理政策

一个金融机构在为操作风险管理制定总的战略之后，需要配之以一套具体的操作风险管理的手段和方法，即操作风险管理政策。制定操作风险管理政策时应注意以下几个方面：

操作风险管理政策通常应该是以实现操作风险管理的标准和目标开始的，可供选择的标准和目标包括风险意识的提高、操作损失的降低、高质量服务的提供和操作风险管理流程的制定标准等。

由于政策可能涉及公司治理模型及其相应的作用和责任，因此需要明确管理操作风险的各种委员会、主要部门的职责和作用、各个业务线的职责以及各个职能部门的作用等。

操作风险管理政策的一般性陈述应该有助于界定管理流程的文化内涵，设定业务部门和职能人员的行为准则。而操作风险的具体性描述则应有助于在机构内部创造一种机制，在这种机制下，所有重大的操作风险都可以被有效的识别、量化和监控。

政策应该描绘出工具和报告运用的预期效果，这样有助于员工和管理层根据环境的变化，评估更新其操作风险管理政策。

16.4.1.3 组织架构

为保证操作风险管理政策能够有效执行，高级管理层应该搭建一个合理的组织架构，在这个组织架构中，各个部分都设置了一名操作风险经理，其职责是向首席风险官进行统一汇报，这样有助于建立统一的政策，加快风险管理工具的开发和调试进度，便于和同行进行比较并有助于将操作风险和其他风险进行整合和集聚。

常见的操作风险管理组织模式有三种，即集权式、分权式和内部稽核功能引导式。集权式组织架构下，金融机构的高层管理人员设有专职单位和人员，专职单位和人员拥有最终决策权力，这种模式易于协调各业务部门间的操作风险决策，因此能与整个金融机构的操作风险目标达成一致；分权式组织架构下，金融机构的高层管理人员不单独设置操作风险管理部门，而由一个或多个部门负责执行操作风险管理，这种组织架构有助于提高下属部门管理者的责任心，促进权责的结合，达到成本效益最优配比。内部稽核功能引导模式则是指由稽核部门执行操作风险管理职能，此种模式可能隐含潜在利益冲突及内部稽核独立性与客观性不易维持的问题。

不管是哪种组织架构，与信用风险管理和市场风险管理不同，操作风险管理更多依靠的是操作风险管理职能部门与业务部门的合作努力，以确保业务部门意识到自身正在面临的操作风险，并积极采取措施降低风险；而风险管理职能部门则应确信操作风险管理能给金融机构带来价值，增进运行质量，降低波动性，减少资本金要求；同时操作风险管理的成功应由所有部门共享，在不同部门之间建立公用的数据资源，共同分享最好的实践经验。

16.4.1.4 基本流程

操作风险管理流程是金融机构在给定的风险管理战略和政策下，通过对其所处的风险管理环境进行风险识别，设计控制框架，然后进行定性评估、定量测量并采取相应活动进行监测，最后汇总结果提交风险报告的一系列循环往复的日常活动。

1. 风险识别

一个好的操作风险识别程序应当明确：就业务环境而言，什么会阻碍目标的实现从而导致操作风险的发生？操作风险的识别不但着眼于当前存在的操作风险，也应为未来潜在的操作风险提供一个开阔的空间。因此在识别风险时，历史事件、公开信息和风险指标都应引起注意，具体而言，操作风险识别程序应包括分析机构运行所处的内外部环境、本机构的经营战略目标、本机构提供的产品和服务、本机构经营的特殊性等容易引发操作风险的因素。简而言之，风险识别需要详细说明每项业务部门、职能机构的风险状况和以频率和强度来加以描述的风险程度。

2. 设计控制框架

一旦识别了所面临的操作风险，金融机构就应考虑如何控制或分散操作风险。这就涉及了控制框架的设计，控制框架规定了控制风险或分散风险的相应方法，前者包括信息处理、行为监控、流程控制、职责分离以及绩效考核等，后者则包括人员培训、保险、分散化和外包等。当然在选择相应的方法时，控制成本应考虑在内，若是控制成本较高，则应考虑是决定承受风险还是执行次优化控制。若控制成本较低，那么多数风险管理方案都能针对每一业务流程制定最优的控制方法。

3. 风险评估

金融机构对操作风险进行评估的过程，是决定哪些操作风险是机构所不能接受的，必须转移出去，而哪些操作风险可以接受，能够自留或管理，以及金融机构如何监测和控制风险，潜在缺陷是什么，金融机构能在什么地方改善，每项操作风险控制行动的负责人是谁等。评估是一个定性的过程，它是对下面将要讲到的测量过程的补充，因为并非所有风险都能量化。常见的操作风险评估方法包括检查表法、叙述法和工作间交流法等。检查表法是将设计好的问卷分发到各个业务部门，帮助其确认风险水平和相应的控制措施。叙述法则要求各业务部门对采取的控制措施进行答辩，工作间交流法作为检查表法和叙述法的辅助方法，是让员工在一起讨论操作风险程序的改进之处。

4. 风险测量与监测

如果金融机构希望更精确地对操作风险进行量化，就必须进行风险测量，收集有关操作风险损失事件和损失潜在原因的准确完整的数据，然后选择各类风险适用的风险量化模型。通过分析操作风险评估和量化的结果，管理者可以将实际存在的风险与事先制定的操作风险战略和政策进行比较，找出那些超出机构风险承受力的风险暴露，并选择最优策略将其转移出去。同时，高级管理层应该建立起一套风险监测程序，采用定性和定量评估的方法来监测本机构面临的所有操作风险暴露，监控风险指标和分析风险趋势，评价所采取的风险转移措施的质量和效果，评价参与人员是否合适，风险控制过程是否及时进行，并确保有效的控制措施和管理系统可以将问题在进一步恶化之前识别出来。

5. 风险报告

管理层必须确保操作风险主管人员能够定期评估、分析和计算资本金，并将收集到的数据以规范格式向上报告，以满足各个层次的业务部门经理人对经营风险进行监测和控制的需要。风险报告的基本信息应该包括金融机构当前面临或可能面临的操作风险、风险事件和问题及拟采取的管理措施、已采取措施的效果、管理合理风险暴露的详细计划、哪些部门面临较大的操作风险压力和为管理操作风险而采取的措施情况等，并结合风险图、图形化结果、事件和诱因一起揭示。另外，风险报告虽然是以对企业的整体风险组合进行分析为导向，但对于业务线的报告也要翔实，对各领域应提供专用信息，比如特定业务领域的关键性指标等。

16.4.2 操作风险的管理工具

如前所述，对风险进行准确地识别和测量是有效管理风险的重要前提条件。金融机构在对影响自身经营目标实现的因素进行准确识别和评估时，应明确使用者类型和信息使用方法。通常来说，对于操作风险，金融机构内存在两类使用者：一是业务部门的操作风险管理者，他虽然是对特定的事件和风险负责，但也应接受和负责风险环境的总体情况，因此需要与业务经理一道工作，共同确定操作风险的管理工具，其管理工具偏向于提高透明度和降低沟通难度；另一种是整个金融机构的风险经理，他的职责在于设定风险偏好并将其转化为业务风险的基准条件，同时，他们还需要对各种风险信息和风险品种进行汇总，此时其管理工具应偏向于连续一致性和预见性。但目前，相对于市场和信用风险而言，操作风险量化更加困难，金融机构传统上在操作风险管理中采用较多的是包括风险和控制自我评估法（risk and control self-assessment，RCSA）、业务流程分解法（business and process mapping，BPM）和关键风险指标法（key risk indicator，KRI）等主观性较强的风险评估方法。

16.4.2.1 风险和控制自我评估

风险和控制自我评估法是指金融机构各个部门依据相关的内部控制制度、操作规程和政策，通过风险识别，确定操作风险点之所在，评估风险的大小及可控程度，并提出风险控制的方案。自我评估是操作风险的第一道防线，包括流程梳理与评估、关键风险指标确定、评估报告等内容。操作风险的自我评估不仅可以实现操作风险的主动识别与内部控制的持续优化，为建立操作风险管理的业务流程分解和关键风险指标奠定基础，同时也为操作风险事件的防范与检查提供方法和技术支持。

自我评估法的应用需注意以下几点：（1）自我评估法的一个关键性目标就是设定各级部门的责任，各级部门都是所谓的"风险承担者"，应对风险的损益负责。因此自我评估法应确保评估公平有效，并采取相关措施促进各级部门在评估标准上形成共识；必要时，让负责全面操作风险管理的部门进行再评估；让内部审计部门对评估的一致性进行审核。（2）自我评估法的实施应有助于金融机构形成公开和透明的文化氛围，必要时进行公开讨论以提高风险意识和合理配置资源。不管风险来源如何，自我评估应做到整合各方面信息，以便自我评估能够随着时间不断演化和改进，确保对进程的持续关注。（3）自我评估需要对很多项目进行评估，必将消耗大量的人力、物力和财力，所以金融机构在考虑自我评估项目的范围和细节时一定要以现实可行和节约成本为原则。

自我评估法的局限性主要表现在：（1）可能难以保持进程和目标的客观性。因为它作为定性分析方法，势必会出现因为评估标准不统一而导致评估结果的不一致的现象，特别是各个业务部门和职能部门在将操作风险进行汇总和整合时，这一局限性更加明显；（2）由于涉及利益冲突，部门内部进行自我评估时将会出现刻意掩盖问题和低估风险的现象，这也是独立的操作风险管理部门或审计部门的意义所在，但这势必增加了管理成本;(3)由于这种方法本身涉及各部门的协调沟通,这无意间增加了额外的操作风险,因此可能出现既耗时又耗力、操作成本很高但操作风险反而增加的现象。

16.4.2.2 业务流程分解法

业务流程分解法是指将金融机构不同的业务单位和职能部门的操作流程按照风险类型进行分解,分析各部门在每一个流程环节上面临的风险类型以及风险管理存在的缺陷和不足,进而确定应该采取的管理措施及其先后顺序。对业务流程进行分解需要建立在自我评估和调查的基础上,是一种对风险及其管理措施以及管理责任进行识别、分类、分析和分配的定性分析技术,通过将复杂的业务流程及其风险状况条理清晰地呈现在管理者的面前,有利于管理者详细地了解金融机构的经营和操作风险状况,及时采取相应管理措施并明确相应的管理责任。

业务流程分解法的具体步骤如下:首先,设定一套标准模板,从而能够很方便地划分风险的类型;其次,风险识别后,明确应该采取的控制手段和其他策略;再次,对剩余风险进行评估,并确定其适当风险水平;最后,需明确已经识别出的风险和剩余风险的管理责任。

业务流程分解法的局限性则主要表现在以下几个方面:(1)由于需要在考虑风险类型的基础上对业务流程以及各个业务流程下具体环节进行详细分析,工作量十分巨大,并且部分业务流程由于其专业性等原因往往不易被高级管理层所熟知,因而只适用于较低级别管理者的需要;(2)这种内容繁多复杂的风险衡量方法在业务发展迅速的情况下也很难保持经常更新,甚至会出现整个业务流程因为技术的发展而更新淘汰的情形;(3)这种基于自我评估和调查的方法,也是主观性较强的定性分析技术的一种,很难在整个金融机构范围内保持风险衡量标准的一致。

16.4.2.3 关键风险指标法

操作风险管理中的关键风险指标法是指金融机构在一定的风险管理框架中,对业务活动和控制环境进行监控的指标体系,由于其可以进行日常监控,因此有助于进行动态化的操作风险管理,对风险进行早期预警。

从操作方式上看,风险指标法首先要根据各部门的具体经营情况,选择适合预示风险状况的关键指标,然后持续监测单个指标的数量变化,并向管理层报告相应的风险状况。同时,金融机构还要对单个指标的变化设置参考体系,通常是指放大机制或触发水平,表示指标的最低限度或忍耐限度,一旦触碰设置的参考标准,就需要管理层采取相应行动。

具体指标内容的选取是成功的风险指标法的关键。选择的基本原则是关键指标具有风险敏感性,能够敏感地反映相关业务的风险水平,这意味着指标须在方向上与损失的变动保持一致,能深入洞察损失组合的变动情况,而且指标要易于观察和跟踪,因而有助于采取预防性措施来降低相应的风险。

风险指标法具有客观和数量化的特征,能够定量判断金融机构的操作风险管理水平,并能够比较容易地通过每天数值的变化来了解金融机构的风险状况。但风险指标法本身也有局限性：一是很多指标都是针对特定风险和专门业务领域或特定流程，难以像自我评估那样设计出一套与所有业务和所有风险类型相一致的指标；二是有些操作风险难以量化，因而很难找到合适的指标来反映，即使能够找出一个指标，该指标与其所要反映的风险之间的相关性也难以得到有效的证明；三是采取措施的效果难以通过指标的变化反映出来，因而难以判断是否采取了正确的管理措施。

【拓展阅读 16-12】

中国工商银行操作风险评价——关键风险指标法

第一，将根据《商业银行风险监管核心指标（试行）》构建的操作风险衡量指标体系得出的各风险指标值加总，可计算出关键风险指标法下的综合评分值。综合评分值所蕴涵的意义如表 16-14 所示。

表 16-14 风险程度评估分类

综合评分值	预警信号	措施
90—100 分	良好	A
80—89 分	正常	A
70—79 分	关注	B
60—69 分	警戒	C
＜60 分	危险	D

A：设定科学、有效的风险预警信号，在更短时间内采取最合适、最有效的风险化解措施。
B：提高银行内部风险控制能力，通过先进的风险防范系统对银行内部进行严格检查。
C：从源头开始进行风险甄别工作；严格执行检查全套流程；完善风险预警机制。
D：从政策制度改善，依托相关政策，规避风险；规范检查的频率和内容，前瞻性地发现客户潜在风险并通过风险预警快速反应机制。

第二，根据银行风险预警系统的财务指标的选取原则，从中国工商银行 2011 年年鉴中选取相关数据进行测算，得到如表 16-15 所示之结果。

表 16-15 中国工商银行操作风险指标计算

风险类型	监控指标	2009 年		2010 年	
		风险指标值(%)	分值	风险指标值(%)	分值
流动充足率	资产流动性比率	26.80	5.360	33.30	6.060
	中长期贷款比率	173.00	4.620	165.00	4.750

（续表）

风险类型	监控指标	2009 年		2010 年	
		风险指标值 (%)	分值	风险指标值 (%)	分值
资产安全性	存贷款比率	56.30	6.555	56.40	6.540
	可疑贷款率	1.52	6.188	1.22	6.388
	次级贷款率	0.94	4.024	0.83	4.224
	损失贷款率	0.28	8.380	0.24	8.580
	资产安全率	94.40	7.320	95.56	7.668
资本充足率	核心资本充足率	10.99	10.000	10.75	10.000
	资本充足率	13.09	10.000	13.06	10.000
收益合理性	资产收益率	0.99	2.961	1.21	3.210
	净资产收益率	17.56	10.000	19.39	10.000
	利息回收率	94.56	9.456	95.00	9.500
	营业成本率	34.84	3.258	29.54	3.523
合计			88.022		90.443

由表 16-15 可知，2010 年中国工商银行总评分值为 90.44，比 2009 年高出约 2 分，为 90—100。由表 16-14 可知，中国工商银行银行操作风险程度属于良好类，完善相关措施即可。

资料来源：孙涛，"中国工商银行操作风险管理案例研究"，西南财经大学学位论文，2009。

16.5 我国金融风险及其管理现状

相比西方成熟市场，我国金融体制尚不完善，现代风险管理理念相对欠缺。随着我国金融体制改革的深入推进，金融风险管理的重要性与日俱增。由于金融风险及其管理与金融机构的特征密切相关，不同的金融机构由于其经营业务不同，与其相关的金融风险类型和管理技术不尽相同。因此，本部分将按照金融机构类型介绍我国目前银行业、证券业、保险业和其他行业的金融风险管理现状。

16.5.1 我国银行业的金融风险管理现状

目前,我国金融业的主要特征是以银行业为代表的间接金融为主,直接金融及其衍生品发展相对滞后。因此,我国银行业的金融风险管理构成了我国金融风险管理的主要内容。

16.5.1.1 我国银行业的金融风险分析

与国外商业银行面临的信用风险略有不同,我国商业银行信用风险有其本土特征,主要体现在两方面:一方面,随着我国政治体制改革的推进,我国政府的职能发生了转换,商业银行将从国家信用保护向商业信用支撑过渡;另一方面,随着现代企业制度的建立,现代市场经济中的银企关系将代替传统体制下的银企关系,对企业信贷风险的管理日趋强化。

对于我国银行业而言,贷款仍然是最主要的经营业务。因此,信贷风险是我国银行业目前面临的最重要的信用风险。但随着商业银行竞争的激烈化以及经营业务的多元化的加剧,除贷款之外的其他金融工具中所包含的信用风险逐渐凸显,包括承兑、贸易融资、同业交易、外汇交易、债券、期货、期权、担保、交易结算等。虽然我国市场化进程尚未完成,商业银行的风险管理仍然集中在信用风险管理领域,但随着利率市场化改革的深入推进,市场风险也将成为我国银行业面临的重要风险。其中,最重要的市场风险类型是利率风险与汇率风险。

利率风险主要是指市场利率的变动使银行的资产组合产生收益或损失的可能性。我国银行业利率风险主要包括以下几种类型:(1)重新定价风险,由商业银行的资产和负债到期日的不匹配和重新定价时间的差异引起,存款期限结构的短期化和贷款期限结构的长期化导致利率敏感性负债大于利率敏感性资产,这种期限错配在升息周期中给商业银行带来风险损失;(2)基准风险,是指重新定价风险与原贷款所依据的基准利率不同或者利率变化幅度不同产生的风险;(3)期权性风险,是指当利率变动有利于存款人或借款人时,存款人或借款人重新安排存款或贷款给银行带来损失的可能性,我国《储蓄管理条例》《个人住房贷款管理办法》等对提前支取存款或提前偿付贷款进行了规定,但都没有惩罚性措施,因此使银行承担了利率变动带来的风险;(4)收益率曲线风险,是由收益率曲线的非平行移动引发的银行业绩或内在价值产生损失的可能性;(5)政策性风险,主要体现在我国现行的计结息办法、利率调整的规定和制度建设等方面。

另外,汇率风险也是我国银行业面临的主要风险类型。主要包括:(1)资产负债汇率风险,指银行账户外汇资产和负债不匹配产生的汇率风险,2011年3月,我国外汇储备规模首次达到了3万亿美元,规模已经相当庞大;(2)交易性汇率风险,随着我国人民币汇率形成机制的改革,人民币汇率的弹性大大增强,因此外汇指定银行在结售汇业务中形成的暂时尚未平仓的头寸将面临汇率风险。

在操作风险方面,我国操作风险事件主要分为内部欺诈、外部欺诈、内外勾结欺诈、金融腐败、违规操作、营业中断和外部冲击七类。与国外商业银行相比,我国商业银行操作风险中盗窃、挪用、贪污等内外部欺诈的比例相当高。据北京大学金融犯罪学研究专家白建军博士对近年来 100 个银行被骗案件的分析，有 60% 的银行被骗案件属于内外牵连型诈骗案件，其中内外勾结诈骗造成的损失最大，占总损失金额的 79.6%，得逞率也高达 91.7%。[1]

16.5.1.2 我国银行业的金融风险管理

我国银行业的金融风险管理经历了从传统控制到现代管理的转变。改革开放前，我国对利率和汇率实行管制措施，通过设置固定利率和固定汇率来防范利率风险和汇率风险的发生。但随着利率市场化和汇率市场化的推进，使用现代风险管理理念和工具进行利率风险管理和汇率风险管理十分必要。近些年，我国银行业主要从以下几个方面进行金融风险管理：

1. 建立全面风险管理体系

商业银行风险管理体系建设是一个系统工程。2009 年 3 月，我国正式成为巴塞尔委员会的会员，在巴塞尔委员会颁布的《巴塞尔新资本协议》和中国银监会发布的《实施新资本协议指导意见》的要求下，中国工商银行、中国银行、中国建设银行、中国农业银行、交通银行和招商银行成为我国首批申请实施新资本协议并建立现代风险管理体系的银行。巴塞尔委员会于 2010 年 9 月正式公布了巴塞尔协议 III，中国银监会也在 2012 年发布了《商业银行资本管理办法（试行）》，在近年我国商业银行对风险管理工作的努力下，我国银行业基本建立了全面风险管理体系，巴塞尔委员会开展的监管一致性评估项目（RCAP）的结果显示，我国严格遵守巴塞尔协议 III 的资本监管标准，整体资本监管框架被评为"符合"。

2. 完善风险管理组织结构

2013 年中国银监会发布了《商业银行公司治理指引》，其中明确规定了商业银行公司治理结构包括股东大会、董事会、监事会、高级管理层、股东及其他利益相关者之间的关系，主要指组织结构、相关职责、治理间的权衡机制以及决策、执行、监督、激励约束等治理运行的机制。最终从三个方面对商业银行风险管理组织架构进行了规定：一是风险管理职能委员会及风险管理相关部门的设立与职能规划；二是风险管理组织模式，大致实行风险管理的条线集中、垂直管理；三是风险报告制度，该制度的建立有助于管理层了解风险管理政策和技术运用的效果，并且通过畅通的报告制度进行及时调整。

就我国商业银行的风险管理组织架构而言，大型国有银行相对健全，股份制银行和中小银行的组织架构集中于信用风险管理，市场风险管理架构不健全。具体而言，2004 年以来，中国工商银行、中国农业银行、中国银行、中国建设银行、交通银行五大国有银行基本建立了相对完整、类似的风险管理组织架构，包括董事会及其下设风险管理委员会，高级管理层及其下设风险管理委员会，以及资产负债管理委员会（见图 16-7）。中国银行和中国建设银行还针对投资类业务设立了投资决策委员会，从而独立于传统信贷业务。此外，在总行部门的设置中，中国工商银行将声誉风险纳入到风险管理体系中；中国农业银行设立了信贷管理部和信用审批部；中国银行采用垂直管理，完善了分行风

---

[1] 白建军："金融骗局的被害现象和要因分析"，《华东政法学院学报》，2001年第3期。

险管理模式,并针对业务部门采用窗口管理模式;中国建设银行也采用垂直管理模式,强化了集团层面的风险控制。

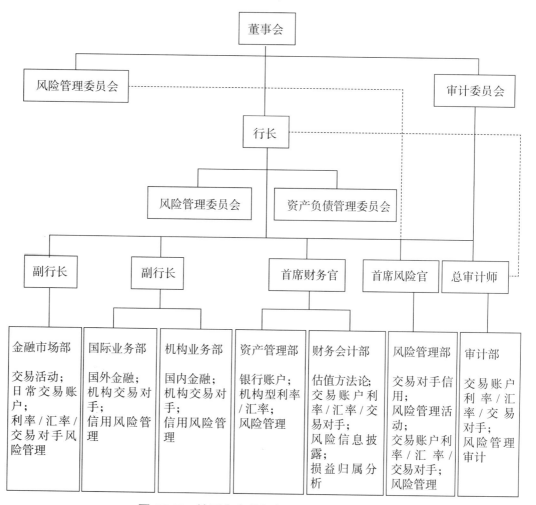

图 16-7 某国有商业银行风险管理组织架构

3. 使用现代风险管理技术

近年来,我国商业银行经营数据质量不断提高,IT 系统逐渐完备,这为我国商业银行使用现代风险管理技术奠定了基础。

根据巴塞尔协议Ⅲ和《商业银行资本管理办法(试行)》的要求,我国商业银行在风险管理技术方面逐渐与国际接轨,走向成熟。市场风险管理方面,我国大型商业银行展开了市场风险计量工具的开发与使用,一是将金融产品估值作为市场风险管理能力的核心,二是将敏感性指标作为风险对冲的有效工具,三是将风险价值应用于风险管理实践,四是通过使用"标准法+内部模型法"进行市场风险资本计量,五是将限额管理作为最常用的市场风险管理手段。信用风险管理方面,商业银行采用权重法和内部评级法,但目前我国大多数商业银行的内部评级还只是信息收集,借款人评级和贷款分类严重脱节。操作风险管理方面,我国商业银行正积极研发风险控制与评估、关键风险指标、重大事件报告制度、损失数据收集和业务持续经营计划等工具。

【拓展阅读 16-13】

巴塞尔委员会发布《中国执行"巴塞尔协议Ⅲ"情况报告》

自 2010 年年末巴塞尔协议Ⅲ正式出台后，巴塞尔银行监管委员会的工作重心由政策制定转为政策执行。为促进各成员经济体及时、全面、一致地落实巴塞尔协议的既定要求，巴塞尔银行监管委员会对各成员经济体实施巴塞尔协议的情况开展了全面评估。评估分为三个层次，其中第二层次评估各成员经济体监管立法与巴塞尔协议的一致性。巴塞尔银行监管委员会于 2012 年 4 月发布《巴塞尔协议Ⅲ监管一致性评估项目（RCAP）》，明确了第二层次评估的内容、范畴和评估体系，评估结论包括整体评级和 14 项单项评级，评估结果分为四个等级：符合、大体符合、大体不符合和不符合。巴塞尔银行监管委员会计划于 2015 年年底前完成对所有成员经济体的首轮评估。

2013 年 1 月，巴塞尔银行监管委员会开始对中国开展 RCAP 评估。中国是继欧盟、日本、美国、瑞士和新加坡之后第六个接受评估的成员经济体。2013 年 9 月，巴塞尔银行监管委员会正式发布了《中国执行巴塞尔协议Ⅲ情况报告》及其附件《中国执行巴塞尔协议Ⅲ的监管一致性评估项目》。中国的总体评估结论较好，监管整体框架被评为"符合"。14 项评估单项中，有 12 项被评为"符合"，包括监管实施范围、过渡期规定、资本定义、资本缓冲、信用风险内部评估法、证券化框架、交易对手信用风险规则、市场风险标准法、市场风险内部模型法、操作风险基本指标法和标准法、操作风险高级法、监督检查程序。

信用风险标准法和市场纪律两个单项被评为"大体符合"，原因在于：一是中国的资本监管规定对国内主权、银行、公共部门债权等设定了固定风险权重，而巴塞尔协议Ⅲ则建议参考外部信用评级，动态反映主权信用评级的变化；二是信贷质量和证券化等的信息披露要求不够完善，如中国没有要求银行按行业、交易对手类型等披露已损失贷款和贷款损失准备的相关信息。RCAP 评估比较客观地反映了国际银行业监管标准在中国的实施情况，并提出了诸多有价值的参考建议，有助于推动中国金融监管和国际标准趋于一致，促进中国商业银行与国际最新风险管理理念和技术接轨，全面提升风险计量和风险精细化管理水平，不断提高银行业监管的有效性。

资料来源：中国人民银行，《中国金融稳定报告（2014）》，2014。

16.5.2 我国证券业的金融风险管理现状

我国证券业开始于 20 世纪 90 年代初，相比发达国家证券市场，我国证券业处于初级阶段，相关的制度、法律法规、监督机制均不健全。我国证券业的风险管理经历了两个阶段：一是 1997 年之前，我国证券公司整体的风险管理水平较低，体现在资本规模较小，管理方法落后，内控体制欠缺，违规操作严重等；二是 1998 年中国证监会成立之后，中国证监会通过先后发布《证券公司内部控制指引》《证券公司管理方法》建立了集中监督管理的机制，完善了风险管理体系。

16.5.2.1 我国证券业的金融风险分析

目前，我国证券业面临的主要风险是市场风险、流动性风险和操作风险。

1. 市场风险

证券公司面临的市场风险主要是指股票、债券、金融衍生品等证券价格波动引起的收益或亏损的可能性。由于我国证券市场发展时间较短，法制不健全，投机氛围浓厚，股票价格的波动幅度要远大于成熟的资本市场，导致我国证券公司面临较大的市场风险。我国证券公司的市场风险主要来自于承销业务和自营业务，尤其是承销时采用的全额包销方式使证券公司面临的市场风险更大。

2. 流动性风险

高负债经营是证券公司业务经营的基本特征。合理的杠杆效应能给证券公司带来较高的利润，但是过高的杠杆率会造成流动性风险较高。我国证券公司的流动性风险要大于国外证券公司，因为我国证券公司的资产中自营资金比例过高，同时缺乏融资手段和融资工具，筹资能力不强，在市场暴跌、证券资产难以变现的情况下，流动性风险就会特别突出。此外，金融衍生品的不断发展也会增加流动性风险。

3. 操作风险

操作风险是我国证券公司面临的主要风险，体现在经纪业务、自营业务和承销业务中。其中，经纪业务是操作风险最为频发的业务。

结合以往我国证券公司出现的经纪业务操作风险案例，我国证券公司经纪业务操作风险点主要体现在制度流程、决策、人员道德和财务核算等方面。在制度流程方面，操作风险往往是由于流程缺乏效果和效率而出现；在决策方面，操作风险产生于公司管理层对经纪业务的定位、布局和经营策略等决策产生的偏差；在人员道德方面，分支机构的总经理、财务部、交易部等各个业务环节的关键岗位人员均存在违规的可能性，存在操作风险；在财务核算方面，核算系统的不一致和会计核算方法的变化产生操作风险。

自营业务的操作风险点存在于自营业务实施的三个阶段，即投资项目的开发、方案的确定和资金划入，以及项目的实施。在投资项目的开发阶段，操作风险点是初步的投资方案存在重大错误，以及自营业务规模超过公司的承受能力；在投资方案的确定和资金划入阶段，操作风险点是在划入资金时挪用客户交易结算资金，以及从其他金融机构或企业中违规拆借资金；在项目的实施阶段，操作风险点包括违规操纵市场价格和规模、内部交易、超限额持仓等。其中，最为典型的操作风险是挪用客户交易结算资金，例如海通证券西安营业部某员工挪用客户资金 8 600 万元用于炒股和炒期货，导致大幅亏损。

根据《证券发行与承销管理办法》和《证券公司内部控制指引》，并结合我国证券业实践，承销业务的操作风险点包括不正当招揽承销股票、虚假承销、对发行人过度包装、内核过程流于形式、提供虚假信息、遗漏信息、发行过程中不按照程序操作等。

表 16-16　因违规经营而受到处分的证券公司统计

序号	违规行为	证券公司统计
1	非法吸收存款（出售高息债券、高息揽储、违规委托理财）	鞍山证券、佳木斯证券、南方证券、亚洲证券、北方证券、五洲证券、民安证券、闽发证券、德恒证券、中富证券、武汉证券
2	挪用客户保证金	大连证券、富友证券、新华证券、大鹏证券、南方证券、亚洲证券、民安证券、闽发证券、武汉证券、甘肃证券、昆仑证券、天勤证券、西北证券、兴安证券
3	挪用客户国债、回购融资	广东证券、闽发证券、中富证券、南方证券
4	操纵二级市场价格	富友证券、新华证券、南方证券、北方证券、汉唐证券、中富证券
5	注册资本不实	亚洲证券、五洲证券、西北证券
6	为"庄家"担保	新华证券
7	违规投资（炒作期货、房地产）	五洲证券、民安证券、闽发证券
8	股东或实际控制人利用公司融资	广东证券、闽发证券、德恒证券、中富证券、昆仑证券、天勤证券、西北证券
9	工作人员职务犯罪	大连证券、佳木斯证券、云南证券
10	客户透支造成资金缺口巨大	甘肃证券、昆仑证券

资料来源：张超，"我国证券公司风险管理控制研究"，武汉理工大学硕士学位论文，2010。

16.5.2.2　我国证券业的金融风险管理

2006 年，中国证监会颁布了《证券公司风险控制指标管理办法》和《证券公司净资本计算规则》，并于 2016 年、2012 年分别对上述办法和规则进行了修订，标志着我国证券业的风险管理体系已初步建立。目前，我国证券公司的风险管理总体状况如下：

1. 建立健全风险管理组织结构

目前，我国证券公司基本建立了专门的委员会进行风险管理，包括风险控制委员会、专家评审委员会、证券投资决策委员会、审计部门等组织结构。图 16-8 为中金公司的风险管理组织结构。其中，董事会负责理解风险，制定风险管理策略；管理委员会负责监督风险管理政策的制定和执行情况，向董事会汇报；风险管理委员会负责风险管理政策的制定、修订和监督工作；还设置了独立的风险管理组、法律及合规部、公司稽核部等职能部门负责各方面风险管理情况的监督和检查。

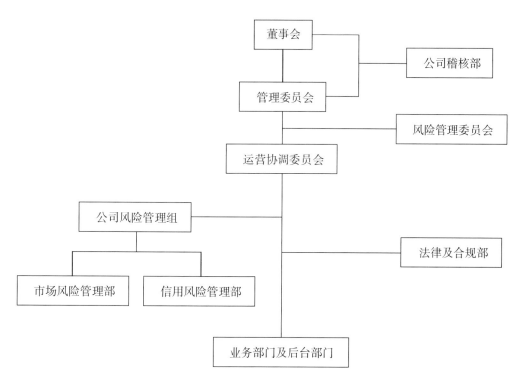

图 16-8 中金公司的风险管理组织结构

资料来源：吴强，"我国证券公司风险管理研究"，山东大学硕士学位论文，2007。

2. 加强信息技术风险管理

安全的信息系统能保障各项业务顺利进行，是管理风险的有效工具，证券业电子化程度的高低决定数据传输的效率和系统信息的严密。我国的证券公司多从管理体系、硬件设施、软件环境、数据管理、事故处理五个方面加强信息技术建设。较为突出的变化是许多证券公司建立了集中交易系统，实现了证券交易和清算系统的大集中。

3. 完善操作风险管理体制

我国证券公司对操作风险的管理方法主要反映在以下几个方面：建立会议制度，包括股东大会、董事会、监事会和总经理办公会议等会议制度；建立分支机构管理制度，通过IT系统获取分支机构的资金管理、交易清算、人员安排等数据或资料，及时发现问题采取措施；在经纪业务方面，严格执行"不从事自营、不向客户透支、不做融资业务"的"三不"规定，有的证券公司已尝试建立公司、经纪业务总部和营业部三级风险控制机构，并对营业部的风险程度进行分类监控；在自营业务方面，建立集中领导、统一决策、分级管理、及时反馈的自营决策机制，组织专门的投资决策委员会和风险控制委员会，发挥资金、财务、稽核部门对自营业务的监督作用；在承销业务方面，我国证券公司尝试建立"统一领导、专业分工、集中管理"的体制，以防止"过度包装"带来的违规风险。

【拓展阅读 16-14】

南方证券事件

作为我国最早成立的一批证券公司,南方证券资产规模和经营业绩都一度在国内领先,直到 2003 年其经纪业务还以成交总额超过 3 400 亿元,市场份额为 4.4%,排行行业第四。但是自 2004 年 1 月 2 日起,中国证监会和深圳市政府联合对南方证券实施行政接管,理由是违法违规经营,管理混乱,为保护投资者和债权人的合法权益实施行政接管。根据《第一财经日报》记者获得的一份接管小组的资料显示,当时南方证券的账面资产约 208.4 亿元,扣除虚计资产及预计减值后,预计可用于偿债的资产约 128.1 亿元,账面负债(保证金缺口 + 融资性债务 + 非融资债务)为 236.3 亿,净资产 –108.2 亿元,预计总亏损 142.8 亿元,事实上已经破产。在此之后到 2006 年 3 月 1 日南方证券的三任总裁也分别被捕,罪名是涉嫌操纵证券市场价格。其实在我国近些年券商被关闭也并不是新鲜事,自 2002 年以来,已先后有中国经济开发信托投资公司、鞍山证券、大连证券、富有证券、佳木斯证券等多家证券公司被关闭或撤销,南方证券的倒闭却倍受关注,主要是因为其规模较大,影响范围较广,涉及资金巨大。南方证券案综合了我国券商违规经营,内部管理混乱,风控系统不健全,以及公司治理机制不完善等诸多问题,具有典型性。导致南方证券案的主要因素是公司治理结构的失衡和内部控制制度和机制不健全。

资料来源:刘阳,"证券公司风险管理研究",首都经济贸易大学硕士学位论文,2009。

16.5.3 我国保险业的金融风险管理现状

目前,我国保险公司的经营理念已从过去的业务粗放型经营转向审慎经营和细化管理。随着保险业的发展,我国保险公司将面临越来越多的风险,风险管理将成为公司经营的主要内容。

16.5.3.1 我国保险业的金融风险分析

由于我国保险公司的资金运用渠道限制较为严格,我国保险公司目前面临的主要风险为操作风险和声誉风险。

我国保险业的操作风险来源于五个方面:一是资金运用,操作风险点是未授权交易和交易人员利用制度流程漏洞,隐瞒相关信息和交易损失;二是核保核赔,常见的操作风险是欺诈风险和制度、流程不当风险;三是人员流动,高级管理人员流动是目前我国保险业面临的重要操作风险点;四是代理人管理,代理人越权代理是我国保险业多发的操作风险事件;五是保险欺诈,在我国人身保险中,容易发生欺诈的险种是重大疾病险、人身意外险等大保额险种。

保险业作为特殊的金融企业,信誉和公众信心对其至关重要,因此声誉风险是保险公司面临的主要风险类型。2014 年 2 月 19 日,中国保监会发布了《保险公司声誉风险管理指引》，其中规定，声誉风险是指由保险公司的经营管理或外部事件等原因导致利益相关方对保险公司负面评价，从而造成损失的风险。我国保险产品公允性和透明性的欠缺，保险公司经营行为的不规范，保险市场机制的不完善均会加大我国保险业的声誉风险。

16.5.3.2 我国保险业的金融风险管理

1. 风险管理架构较为完善

目前我国的保险公司已经形成了较为完善的风险管理架构，图16-9是我国保险公司典型的管理架构，突出特点是建立了风险管理委员会制度，并根据风险类型设置相应的部门。

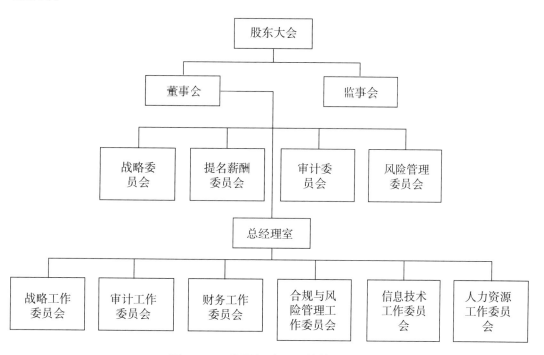

图16-9　我国保险公司的管理架构

资料来源：中国社会科学院金融研究所、中国博士后特华科研工作站编，《中国金融风险管理实践》。中国财政经济出版社，2009。

2. 操作风险管理进步较快

针对欺诈、流程不当等操作风险，我国保险公司在核保制度上取得了巨大进步，依照不同险种明确需要核查的风险因素和风险类别、保险利益和保险金额，以及核保的程序和方法，并在承保策略上采取共同保险和规定免赔额的做法。

国内保险公司通过不断调整管理架构对投资业务的风险管理流程进行了一些尝试。比如，中国人寿在2009年2月决定取消首席投资官，将投资的重大决策交由投资决策委员会负责，保险投资的具体运作则由中国人寿资产管理公司具体负责。

对于财务方面的操作风险管理，目前我国保险公司对寿险普遍采用"见费出单"制度，并针对利用批单退费套取资金的现象对批单退费进行严格限制。比如，2008年9月，山东省保监局发布了《关于规范财产保险公司批单退费有关问题的通知》。此外，我国保险公司逐渐加强了内审稽查工作力度，细化内审稽查工作措施，明确内审稽查责任，提高内审稽查工作效率。

3. 声誉风险管理相对不足

目前，我国保险公司对声誉风险还未给予足够的重视，声誉风险管理处于起步阶段，很难对声誉风险进行量化评估，声誉风险管理亟待提高。从风险管理架构上看，我国保险公司尚未设立专门的声誉风险管理部门，也没有明确风险管理工作在岗位和运营条线上的责任和权限；从风险管理技术方法上看，我国保险公司的声誉风险管理方法主要是定性分析方法，在声誉风险管理的定量分析、声誉风险事件的分类分级管理上处于空白状态。

【拓展阅读 16-15】

中国平安保险公司风险管理组织体系

中国平安保险公司的风险管理组织体系如图 16-10 所示。

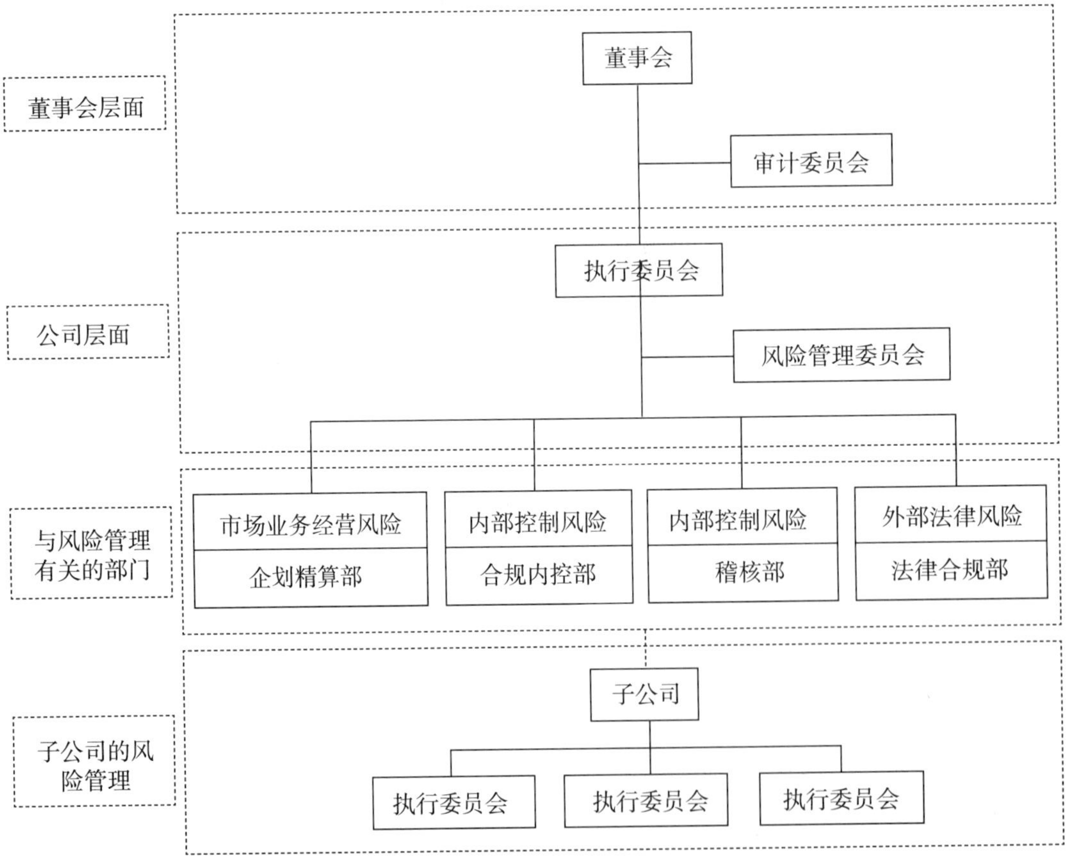

图 16-10　中国平安保险公司的管理架构

资料来源：中国社会科学院金融研究所、中国博士后特华科研工作站编，《中国金融风险管理实践》，中国财政经济出版社，2009。

一、审计委员会

公司董事会下设审计委员会，审计委员会由董事会授权，并直接向董事会汇报及负责，具有充分的自主权与决定权来审查与监管公司的财务报告程序、内部审计及控制程序，并监督公司采纳与实施根据国际惯例建立的内控制度。

审计委员会审查公司内部控制的有效性，其中涉及定期审查公司不同管治结构及业务流程下的内部控制，并考虑各自的潜在风险及迫切程度，以确保公司业务运作的效率及实现公司的目标及策略，审查的范围包括财务、经营、合规情况及风险管理。此外，审计委员会审阅公司的内部审计方案，并定期向董事会提交相关报告及推荐意见。

目前，公司审计委员会由四位独立非执行董事及一位非执行董事组成，该等董事均不参与公司的日常管理。

二、风险管理委员会

风险管理委员会是公司最高的风险管理决策机构，是公司执行委员会下设的管理委员会之一。风险管理委员会负责公司所有的风险管理决策，代表公司行使对偿付能力、保险资金投资、后台作业流程、监管法律风险等进行宏观管理的决策权，负责识别及审阅公司整体及全部营运资金的主要风险，以及批核及确保主要财务、保险、银行、投资及经营风险管理政策获得遵守和执行。

公司的风险管理委员会通过每季度召开会议来检讨风险管理进度，会议从宏观角度讨论风险管理结构及主要风险管理事宜，评估潜在的新企业战略目标的风险情况和上季度主要风险事件，提出开发风险衡量的新技术及风险控制措施并通过实施。此外，风险管理委员会评估新业务的风险情况，审查在公司内部审核中发现的风险薄弱环节，评估因法规与会计准则等外部因素变化可能带来的经营风险，同时制定适当的应对方法，并就之前会议上提出的应对风险方案的适应性进行检讨。

目前，公司风险管理委员的成员主要包括公司的总经理、总精算师、首席投资执行官、首席保险执行官、首席稽核执行官、首席信息执行官、首席律师和财务总监。风险管理委员会委员涵盖了公司所有风险关注点的主要负责人。

三、与风险管理有关的主要部门

（1）企划精算部：负责拟定风险管理标准与风险控制策略，特别是管理公司的市场及业务经营风险；

（2）合规内控部：负责事前风险管理策略和制度规划实施；

（3）稽核部：负责风险管理的事后监督改进；

（4）法律合规部：负责管理外部法律风险和合规风险。

四、子公司的风险管理

为提高公司风险管理水平，加强对各专业子公司的风险管理和内部控制，公司对各专业子公司采取下列风险管理措施：

（1）各专业子公司执行公司统一的风险管理战略与政策；

（2）根据公司战略，结合各专业子公司的实际，公司深入细化各专业子公司的经营风险管理政策，协助、配合、支持专业子公司经营策略与目标的达成和实现公司设置专业系列合规负责人，并且各专业子公司内设风险管理部、稽核监察部或合规负责人，进行专业的风险管理和内部控制；

（3）公司的风险管理委员会定期审议和检查各专业子公司的风险管理过程和风险报告。

资料来源：中国社会科学院金融研究所、中国博士后特华科研工作站编，《中国金融风险管理实践》，中国财政经济出版社，2009。

附录 16-1　流动性风险管理

一、流动性风险的度量和监测

总体来说，金融机构的流动性风险表现在两个方面：一是资产变现压力，二是融资压力；这两方面的压力表现在金融机构的财务报表上即为现金流入与现金流出之间的流动性缺口。而对流动性风险进行有效度量和监测便是要求金融机构能够建立度量、分析、监测和控制流动性风险的完善程序，预测可能的流动性缺口，考虑可以用来满足流动性需求的工具和融资变现渠道。与市场风险、信用风险或者操作风险相比，流动性风险通常是一种结果风险，是金融机构所有风险的最终表现形式，因此，随着流动性风险管理的重要性越来越为高级管理人员所认同，其度量和监测方法也处在不断发展和变化之中。传统的流动性风险度量方法多是静态的，反映的是金融机构在某一时点的流动性风险水平，然而，金融机构面临的经营环境是不断变化的，而且流动性本身作为一个动态的风险，对其进行动态度量和监测也十分必要。下面将详细介绍对流动性风险进行度量和监测时用到的方法和工具。

（一）流动性风险度量方法

如前所述，流动性风险的度量还处于发展的过程之中，因此缺少一些统一的工具和方法，目前主流的流动性风险度量方法主要包括流动性缺口分析、线性规划、期限阶梯法和流动性调整 VaR 等。

1. 流动性缺口法

流动性缺口是指在一定时期内，金融机构的潜在资金需求与资金供给的差额，即流动性缺口＝资金需求－资金供给。根据对"一定时期内"这一概念的不同界定，可以将流动性缺口分为静态缺口、动态缺口、期间性缺口和累计性缺口等。静态缺口是指如使用当前的资产负债状况来计算，反映的是金融机构当前的流动性；动态缺口则是根据不断变动的资产负债计算出的未来预测值，反映未来一段时间内的流动性。此外，期间性缺口为某一时期内银行的净资金流，而累计性缺口，顾名思义，是指当期的流动性缺口加上前期流动性缺口的累计。

流动性缺口分析简单直观，但对资产负债项目进行期限划分时常常需要依靠主观判断。以股本为例,股本可能是金融机构最稳定的资金供给来源之一,但如果金融机构未来一段时期内需要支付现金股利,则越多的股本也就往往意味着会产生越多的资金需求,带来流动性压力。另外,流动性缺口也没能够完全反映金融机构在面临流动性风险时可能的资金筹措能力,金融机构能够采取的表外资金筹措手段越多,其面临流动性风险时防御风险的能力也就越高,但这无疑没有反映在流动性缺口的计算中。

2. 线性规划法

线性规划法是指在一定的流动性约束条件下,通过构建数学最优化模型来进行资金配置和流动性管理的一种方法。线性规划法的一般步骤如下:(1)建立目标函数,一般与金融机构的目标息息相关,一般是利润最大化或者是风险最小化;(2)选择模型中的变量,如果是利润最大化目标,则模型中的变量应包含各个资产的收益率指标,如果是风险最小化目标,则模型中的变量应包含各个负债的损失率指标;(3)施加约束条件,一般而言,考虑四类约束条件:一是金融法规约束如法定准备金率等,二是流动性需求约束,三是安全性约束,四是贷款需求量约束。

在西方金融行业中,基于线性规划法的流动性管理模型在一些大金融机构中获得很大成功,极大地提高了金融机构资金管理的精确性。但这种方法的缺陷在于:第一,可能无法使用数学语言来描述所有变量和限制条件,这样一旦出现了较大的参数选择偏差,可能会得出错误的结论;第二,该方法对金融机构的管理水平提出了较高要求,一些小的金融机构使用该方法可能因为过高的建模成本而得不偿失。

3. 期限阶梯法

期限阶梯法是巴塞尔委员会推荐的一种流动性风险管理方法,和流动性缺口法类似,期限阶梯法也是对特定时间段的现金流入和流出进行比较的一种有用工具,但与流动性缺口法不同的是,该方法的总体思路是:确定好计算期限后分别计算该期限内所有的现金流入和流出,对现金流入按资产到期日或保守估计的贷款授信可使用日来排列,现金流出则按照负债到期日、债权人可能使用提前偿还权的最早日期或者或有负债被要求偿还的最早日期来排列,计算该期限下每段阶梯的现金余额,如果余额偏小,则需要注意流动性风险。

因此,流动性缺口法相当于对资产负债项目进行划分,而期限阶梯法则直接针对的是现金流入和流出项目的具体到期日。这也揭示出期限阶梯法的优点,即可以根据"正常""机构出现危机""市场出现危机"等不同的场景预测现金头寸大小,以便及时做出补救,但期限阶梯法的缺点在于:第一,该方法对其前提假设十分敏感,需要使用者做出期限内多种情况下合约执行情况的基本判断;第二,该方法只是给出了一个具体的头寸,是个绝对值,没有给出符合风险计量习惯的表示方式。

4. L-VaR 法

VaR 是 20 世纪 90 年代迅速发展的一种风险计量和管理方法,最初是用于市场风险度量领域,后来逐步扩展到对其他风险形式包括流动性风险的计量和管理,即 L-VaR 方法。

L-VaR 是指,在市场正常波动下和给定的时间范围,一定置信水平下抛售一定数量的证券或证券组合后由于市场流动性风险的存在所导致最大可能的损失。用公式表示为:

$$\text{Prob}(\Delta P < \text{L-VaR}) = c$$

其中，Prob 表示资产价值损失小于可能损失上限的概率；ΔP 表示变现一定数量的金融资产所导致的流动性损失；L-VaR 表示置信水平 c 下的流动性风险价值（可能的损失上限）。

这样，利用 L-VaR 值就可以明确给出在一定置信水平下，给定的时间范围内，由于特定的交易事件而导致的流动性成本。一般来说，L-VaR 越小，表明金融机构面临的流动性风险越小。L-VaR 方法的缺陷在于，要求金融机构具有大量的基础数据积累和很高的风险管理水平，从而限制了该方法的应用范围。

（二）流动性风险监测的参考指标

为有效监测流动性风险，国内外提出过许多监管的定量指标和定性方法，其中，常用的流动性风险监管的定量指标如表 16-17 所示。

表 16-17 流动性风险的监管指标

监管指标	计算口径	目标值
流动性比率	流动性资产余额/流动性负债余额×100%	≥25%
存贷比	各项贷款余额/各项存款余额×100%	≤75%
流动性缺口率	流动性缺口/90天内到期表内外资产×100% 流动性缺口=90天内到期表内外资产-90天内到期表内外负债	≥-10%
核心负债依存度	核心负债依存度=核心负债/总负债 核心负债=距到期日三个月以上（含）定期存款和发行债券以及一年以上活期存款总额 一年以上活期存款总额=过去12个月最低的金额	≥60%
最大十家存贷款客户资金集中度	分币种、业务条线、产品类型列举前十大资金来源的客户的存贷款资金头寸，并计算其累计占比	
流动性覆盖率	合格优质流动性资产与未来30日现金净流出量之比 优质流动性资产：现金、央行储备、风险权重为零的市场化证券	≥100%
净稳定资金比例	可用的稳定资金与业务所需的稳定资金之比	≤100%

除了上述定量指标以外，巴塞尔银行监管委员会在 2008 年出台了《稳健的流动性风险管理与监管准则》，提出了以下一些可以用于提前预警的定性指标：（1）快速的资产增长，尤其是以不稳定负债进行的融资；（2）资产或负债的过度集中；（3）货币不匹配程度的增加；（4）负债加权平均期限的缩短；（5）头寸超出内部监管限制的频度；（6）与特定产品线相关的负面趋势或风险加剧，如违约的增加；（7）银行收益、资产质量和整体财务状况的急剧恶化；（8）负面宣传；（9）信用评级下降；（10）股票价格下跌或债务成本增加；（11）债务或信用违约互换利差扩大；（12）批发融资或零售融资成本增加；（13）交易对手要求额外的信用抵押或不愿意进行新的交易；（14）代理银行取消或减少信用额度；（15）零售存款流出增加；（16）未到期的企业债券提前赎回的增加；（17）获得长期资金的困难；（18）处置短期债务（如商业票据）的

困难。

当然，上述流动性风险的定量指标和提前预警的定性方法大多数也只是反映了流动性风险的某个方面，只有将其综合起来成为一个指标体系，相互补充，才能全面衡量金融机构的流动性风险。而且，根据不同金融机构的资产规模、经营环境、经营理念的不同，相应的指标目标值并非一成不变的，可以在合理的范围内，根据流动性风险承受强度小幅调整。

（三）流动性风险压力测试

《商业银行流动性风险管理办法（试行）》2015年版详细规定了商业银行建立流动性风险压力测试制度时应注意的事项，其中的许多规定也适用于其他金融机构，当然，其他类型的金融机构在应用时，需要根据自身业务特点设定适合自己的压力测试。

首先需要明确的是，压力测试是指通过合理审慎设定并定期审核压力情景，设定在压力情境下金融机构满足流动性需求并持续经营的最短期限（在影响整个市场的系统性冲击情境下该期限应当不少于30天），充分考虑影响金融机构自身的特定冲击、影响整个市场的系统性冲击和两者相结合的情境，以及轻度、中度、严重等不同压力程度，分析各类风险与流动性风险的内在关联性和市场流动性对金融机构流动性风险的影响，然后测试该金融机构或资产组合在这些关键市场变量突变的压力下的表现状况。

压力测试频率应当与金融机构的规模、风险水平及市场影响力相适应；常规压力测试应当至少每季度进行一次，出现市场剧烈波动等情况时，应当增加压力测试频率。在可能情况下，应当参考以往出现的影响银行或市场的流动性冲击，对压力测试结果实施事后检验；压力测试结果和事后检验应当有书面记录。在确定流动性风险偏好、流动性风险管理策略、政策和程序，以及制定业务发展和财务计划时，应当充分考虑压力测试结果，必要时应当根据压力测试结果对上述内容进行调整。

金融机构应当根据其业务规模、性质、复杂程度、风险水平、组织架构及市场影响力，充分考虑压力测试结果，制定有效的流动性风险应急计划，确保其可以应对紧急情况下的流动性需求。一般而言，应当至少每年对应急计划进行一次测试和评估，必要时进行修订。流动性风险应急计划应当符合以下要求：（1）设定触发应急计划的各种情境；（2）列明应急资金来源，合理估计可能的筹资规模和所需时间，充分考虑跨境、跨机构的流动性转移限制，确保应急资金来源的可靠性和充分性；（3）规定应急程序和措施，至少包括资产方应急措施、负债方应急措施、加强内外部沟通和其他减少因信息不对称而给金融机构带来不利影响的措施；（4）明确董事会、高级管理层及各部门实施应急程序和措施的权限与职责；（5）区分法人和集团层面应急计划，并视需要针对重要币种和境外主要业务区域制定专门的应急计划。对于存在流动性转移限制的分支机构或附属机构，应当制定专门的应急计划。

为确保金融机构在压力情景下能够及时满足流动性需求，其应当持有充足的优质流动性资产，所谓的优质流动性资产应当为无变现障碍资产，可以包括在压力情境下能够通过出售或抵（质）押方式获取资金的流动性资产。金融机构在确定优质流动性资产的规模和构成时，应当按照审慎原则，根据其流动性风险偏好，考虑压力情景的严重程度和持续时间、现金流缺口、优质流动性资产变现能力等因素。

二、流动性风险的管理与控制

2008年的全球金融危机深刻警示商业银行随时面临着流动性风险，特别是个别金融机构的流动性风险迅速恶化，如出现挤兑、股价暴跌、破产倒闭等情形，可能引发存款人及社会公众普遍担忧同类金融机构的经营状况及风险管理能力。如果出现流动性危机的金融机构在整体经济环境中举足轻重，将不可避免地引发系统性风险，危及本国乃至全球的经济利益与金融安全。因此，流动性风险管理也就成为了金融机构一项重要而基本的日常性工作。尽管流动性风险管理是以流动性风险的准确度量为前提的，但相比于度量，银行流动性风险管理要复杂的多，涉及的内容也更为广泛。

（一）流动性风险管理的重要性及挑战

具体来看，有效的流动性风险管理具有以下一些重要的意义：

第一，有效的流动性风险管理是维护和提高金融机构信誉的保证，向市场证明金融机构是安全的，增强公众对金融机构的信任程度。

第二，有效的流动性风险管理是金融机构扩大业务，增强实力的基本手段，流动性管理出色的金融机构显然能够给客户提供更多的信用支持，有利于留住和吸引优质客户。

第三，有效的流动性风险管理是金融机构管理和减少经营风险的重要手段，可以防止银行低价变卖自身资产，降低银行在货币市场筹集资金的成本，降低对于央行的过度依赖，因而也对提高金融机构经营业绩起到重要作用。

流动性风险管理的重要性要求金融机构必须对流动性风险进行有效管理，这就要求金融机构必须充分掌握其业务性质变化以及外部环境变迁对其流动性风险管理带来的影响。具体来说，银行流动性风险管理中面临的挑战主要表现为以下几个方面：

第一，资金来源的批发化倾向。协议存款、同业存款、回购协议以及其他货币市场工具的特点就是对价格敏感，因而缺乏稳定性，给金融机构的流动性的稳定性带来了隐患。

第二，资本市场资金依赖性加大。过去十多年中，金融市场的发展使得银行更多地依靠资本市场融资，对金融债券、资产证券化等资本市场工具依赖性加大，这就使得金融机构对信用更为敏感，受市场状况影响巨大。

第三，资产证券化的繁荣。住房抵押贷款支持证券（RMBS）、商业房地产抵押贷款支持证券（CMBS）、资产抵押商业票据（ABCP）等部分证券化形式给金融机构带来或有流动性风险，因为这些产品流动性差、易引致流动性逆转。

第四，复杂金融产品的使用。信用违约互换、结构化信用工具等结构性衍生产品往往定价困难、流动性差，因此也给银行流动性风险管理带来了新的挑战。

第五，担保品的广泛使用。回购协议、衍生品交易等担保品的应用，使得金融机构保证金计算频率上升，极易受市场状况影响，虽然降低了交易对手风险但增大了流动性风险。

（二）流动性风险管理的计划与策略

金融机构的流动性风险计划是其财务计划的重要组成部分之一。一份合理的流动性计划不仅能够保证客户的需要，也能使金融机构保持良好的资产负债规模，有助于提高金融机构的总体效益，合理的流动性风险计划有助于金融机构总体发展目标的实现。

金融机构流动性风险计划的主要内容包括：

（1）根据各方面的信息预测金融机构未来的流动性缺口；

（2）对成本收益进行系统分析比较，评选出最优的获取流动性的方式；

（3）在对未来的流动性进行预测和流动性来源进行分析的基础之上，制定出与金融机构整体计划相符合的长期流动性计划；

（4）将长期的流动性计划分解成较短的流动性计划以便于实施；

（5）在执行的过程中，根据经济、政策以及市场的不断变化，依据实际情况对流动性计划不断加以修正。

在对金融机构流动性计划进行制定时，首先要对金融机构以往的资料进行系统分析，对过去的差距与不足进行详细论证，以总结经验教训；其次要对当前的市场需求状况、金融机构自身的经营状况及市场上资金的供求状况进行周密的考察，以预测在不同市场环境下金融机构的流动性需求；最后，根据预测结果制定切实可行的流动性需求计划。在制定流动性计划时，要充分考虑到突发事件的流动性需求，对此做好充分准备。

【拓展阅读 16-16】

《稳健的流动性管理与监管原则》

2008年，巴塞尔委员会出台了《稳健的流动性管理与监管原则》，其中对流动性风险管理的计划与策略做了原则性规定。本规定围绕流动性风险管理和监管的十七条准则，其中准则七到准则十二规定了如何进行流动性风险计划和大致的策略：

准则七：银行制定的融资战略应能实现资金来源和期限的有效多元化。银行应持续现身于其选定的融资市场，并与资金融出方保持良好的关系，从而促进资金来源的有效多元化。银行应定期评估其从各个渠道快速融资的能力，找出影响其融资能力的主要因素，并密切监测这些因素，以保证银行对自身融资能力的评估维持有效。

准则八：银行应积极管理其日间流动性头寸和风险，以及时满足正常和困难状况下支付和清算的需要，这也有助于支付和清算系统的平稳运行。

准则九：银行应积极管理其担保头寸，区分抵押和未抵押资产。银行应监控持有担保资产的法人单位和具体场所，关注如何能及时解冻担保资产。

准则十：银行应定期进行多种机构及整个市场的压力情境测试（或独立的或组合的），找出潜在的流动性干涸源头，确保银行当前的敞口与银行设定的流动性风险承受度吻合。银行应运用压力测试结果来调整其流动性风险管理的战略、政策和头寸，制定有效的应急预案。

> 准则十一：银行应有正式的应急融资计划，明确紧急状况下解决流动性短缺的战略。应急融资计划应列出管理各种压力环境的政策要点，划分明确的责任范围，包括清晰的启动和升级程序。该计划应定期测试并更新，以确保其在操作层面上的有效性。
>
> 准则十二：银行应保持一个未抵押、高质量的流动资产构成的缓冲带，作为在各种流动性紧缺状况下的保险装置，包括那些由于无担保的资金来源以及有担保的、通常都可用的资金来源的丧失或缺失而产生的流动性紧缺。对于使用这些资产获得资金，应确保没有任何法律、监管或操作上的障碍。
>
> 资料来源：周叶菁，"流动性风险的稳健管理与监管准则"，《中国货币市场》，2008年第6期。

附录 16-2 金融风险计量模型

一、市场风险计量模型

（一）久期

久期是指债券在未来产生现金流的时间的加权平均数，其权数是当期现金流的现值在债券当前价格中所占的比重。

久期最基本的计算公式为：

$$D = \sum_{t=1}^{T} t \times W_t \tag{16-5}$$

$$W_t = \frac{CF_t/(1+y)^t}{P_0} \tag{16-6}$$

其中，D 表示债券的久期；t 表示债券产生现金流的各个时期；W_t 表示 t 期现金流量的时间权重；T 表示债券的到期日（maturity），即最后一次现金流的时期；CF_t 表示 t 期现金流量；y 表示该债券的到期收益率（yield to maturity）；P_0 表示该债券当前价格。

（二）希腊字母

希腊字母是对期权等金融衍生品的市场风险进行度量的指标。

Δ 表示期权价格对基础资产价格变化的一阶导数，如果以 C 表示期权价格，S 表示基础资产价格，则 Δ 用公式表示为：

$$\Delta = \frac{\partial C}{\partial S} \tag{16-7}$$

Γ 衡量的是期权价格对基础资产价格的二阶导数，是 Δ 变化的速率，也是衍生金融工具的凸度。如果以 C 表示期权价格，S 表示基础资产价格，则 Γ 用公式表示为：

$$\Gamma = \frac{\partial C}{\partial \Delta} = \frac{\partial^2 C}{\partial S^2} \qquad (16-8)$$

θ 表示期权价格对合约到期时间的一阶导数，如果以 C 表示期权价格，t 表示合约到期时间，则 θ 用公式表示为：

$$\theta = \frac{\partial C}{\partial t} \qquad (16-9)$$

Λ 表示期权价格对基础资产价格波动性的一阶导数，如果以 C 表示期权价格，σ 表示基础资产价格的波动率，则 Λ 用公式表示为：

$$\Lambda = \frac{\partial C}{\partial \sigma} \qquad (16-10)$$

ρ 表示期权价格对无风险利率变动的一阶导数，如果以 C 表示期权价格，r_f 表示无风险利率，则 ρ 用公式表示为：

$$\rho = \frac{\partial C}{\partial r_f} \qquad (16-11)$$

（三）指数加权移动平均模型

指数加权移动平均模型（EWMA 模型）引入了一个参数 λ 决定权重的分配，λ 被称为衰减因子（decay factor），是指距离当前时间越近的数据权重越大，距离当前时间越远的数据权重越小。EWMA 模型的估计公式是下式的特殊形式：

$$E(\sigma_T^2) = \sum_{i=1}^{\infty} \alpha_i r_{T-i}^2 \qquad (16-12)$$

其权重随着时间窗口的加长而呈指数式递减。EWMA 模型令 $\alpha_{i+1} = \lambda \alpha_i$，其中 λ 是介于 0—1 的常数，因此式（16-12）变为：

$$E(\sigma_T^2) = \lambda E(\sigma_{T-1}^2) + (1-\lambda) r_{T-1}^2 \qquad (16-13)$$

式（16-13）的含义是：第 T 天波动率的期望值由第 $T-1$ 天波动率的期望值和最近一天的变化率决定。通过对式（16-13）迭代，可得 EWMA 模型的表达式为：

$$E(\sigma_T^2) = (1-\lambda) \sum_{i=1}^{\infty} \lambda^{i-1} r_{T-i}^2 \qquad (16-14)$$

在 EWMA 模型中，只有衰减因子一个参数。对衰减因子的预测一般都采用均方根误差原则（RMSE），就是选取使预测的均方根误差达到最小的衰减因子。

（四）广义自回归条件异方差模型

广义自回归条件异方差模型（GARCH 模型）是更常用的一种波动性估计模型。

GARCH(1, 1) 模型是 GARCH 模型中最简单也是最常用的一种形式，它的表达式为：

$$\sigma_n^2 = \omega + \alpha\sigma_{n-1}^2 + \beta u_{n-2}^2 \tag{16-15}$$

其中，ω 是长期波动性的权重，且 $\omega = \gamma V_L$，而 $V_L = \dfrac{\omega}{1-\alpha-\beta}$，而且 $\alpha+\beta+\gamma=1$，所以只有当 $\alpha+\beta<1$ 时是稳定的，因为此时 γ 是为非负的。EWMA 模型是 GARCH(1, 1) 模型对应于 $\gamma=0$，$\alpha=1-\lambda$ 和 $\beta=\lambda$ 的特例。

（五）VaR 的方差–协方差法

方差—协方差法又称 Delta 正态法，是一种参数方法。该方法假设金融资产或者资产组合服从正态分布，且仅考虑一阶导数。例如，一个金融资产的风险取决于单一的风险因子 S，则该金融资产的初始价值可表示为：

$$V_0 = V_0(S) \tag{16-16}$$

然后求 V_0 的一阶导数 V'，可得资产价值的潜在损失 dV 为：

$$dV = V' dS \tag{16-17}$$

其中，dS 表示风险因子的潜在变化。

假设这里的风险因子为股票价格，且价格服从正态分布，则金融资产的 VaR 可以表示为：

$$VaR = S_0 \times |V'| \times \sigma \tag{16-18}$$

其中，σ 表示价格变动率的标准差。

上述计算过程也可以应用到服从联合正态分布的资产组合的 VaR 值计算。

假设资产组合的收益率为：

$$r_{p,t+1} = \sum_{i=1}^{N} \omega_{i,t} r_{i,t+1} \tag{16-19}$$

其中，$\omega_{i,t}$ 表示权重。资产组合的方差可以表示为：

$$\sigma^2(r_{p,t+1}) = \omega_t \sum\nolimits_{t+1} \omega_t \tag{16-20}$$

其中，ω_t 为权重矢量，$\sum\nolimits_{t+1}$ 为整个 VaR 期间内协方差矩阵的预测值。

但是，根据 VaR 的定义，如果 N 很大，则衡量随时间变化的投资组合的风险的工作较为复杂。因此方差—协方差法可以通过以下步骤来简化此类风险的衡量过程：（1）详细列出各种风险；（2）对投资组合中所有金融工具的线性风险进行映射；（3）估计风险因子的协方差矩阵；（4）计算投资组合的风险。通过计算估计未来协方差矩阵和每种投资工具对风险因子变动的敏感系数 $X_{i,t}$，因此可得资产组合的 VaR 为：

$$VaR = \alpha\sqrt{x_t'\sum\nolimits_{t+1}X_t} \qquad (16\text{-}21)$$

其中，X_t 为敏感系数矢量。

二、信用风险计量模型

（一）CreditMetrics 模型

CreditMetrics 模型的优势在于对贷款或债券组合的信用风险评估，其核心问题是对贷款或债券组合的评级变化的相关系数的分析。CreditMetrics 模型通过用上市公司的股票价格替代公司的资产价值来推导公司之间的违约相关系数，从而推出转移概率和违约概率。以下对违约相关系数进行公式推导。

根据默顿模型，企业未来的资产价值服从标准的几何布朗运动：

$$V_t = V_0 \exp\left[\left(\mu - \frac{\sigma^2}{2}\right)t + \sigma\sqrt{t}N_t\right] \qquad (16\text{-}22)$$

其中，V_0 表示企业的期初资产价值，V_t 表示企业的期末资产价值，μ 和 σ 分别表示企业资产瞬时的回报均值和标准差，N_t 表示标准正态分布。资产收益率对数的正态化形式为：

$$r = \frac{\ln\dfrac{V_t}{V_0} - \left(\mu - \dfrac{\sigma^2}{2}\right)t + \sigma\sqrt{t}Z_t}{\sigma\sqrt{t}} \qquad (16\text{-}23)$$

假设债务到期时公司的资产小于承付的款额，则违约概率可表示为：

$$P_{def} = \Pr(V_t \leqslant V_{def}) = \frac{\ln(V_0/V_{def}) - (\mu - \sigma^2/2)}{\sigma\sqrt{t}} \qquad (16\text{-}24)$$

假设资产收益率的相关系数已经估计出，则正态化的对数收益率服从以下联合正态分布：

$$f(r_1, r_2; \rho) = \frac{1}{2\pi\sqrt{1-\rho^2}} \exp\left[-\frac{1}{2(1-\rho^2)}(r_1^2 - 2\rho r_1 r_2 + r_2^2)\right] \qquad (16\text{-}25)$$

二者违约的联合概率为：

$$p(def_1, def_2) = \Pr(V_1 \leqslant V_{def1}, V_2 \leqslant V_{def2}) = N(-d_2^1, -d_2^2, \rho) \qquad (16\text{-}26)$$

则违约的相关系数为：

$$\text{Corr}(def_1, def_2) = \frac{p(def_1, def_2) - p_{def_1}p_{def_2}}{\sqrt{p_{def_1}(1-p_{def_1})p_{def_2}(1-p_{def_2})}} \qquad (16\text{-}27)$$

其中，r_1，r_2 为正态化的资产收益率；d_2^1，d_2^2 为违约距离；$N(-d_2^1, -d_2^2, \rho)$ 为二维正态累积分布。

（二）KMV 模型

KMV 模型将企业负债看作是买入一份看涨期权。由于企业股权市场价值可以用 Black-Scholes-Merton 期权定价模型定价，因此 KMV 模型中的未知变量 V 和 σ_V 可从以下联立方程组中求解：

$$\begin{cases} E = VN(d_1) - De^{-r\tau}N(d_2) \\ \sigma_E = \dfrac{VN(d_1)}{E}\sigma_V \end{cases} \quad (16\text{-}28)$$

其中，

$$d_1 = \frac{\ln\dfrac{V}{D} + \left(r + \dfrac{1}{2}\sigma_V^2\right)\tau}{\sigma_V\sqrt{\tau}} \quad (16\text{-}29)$$

$$d_2 = d_1 - \sigma_V\sqrt{\tau} \quad (16\text{-}30)$$

其中，E 为企业股权市场价值，V 为企业资产市场价值，D 为企业债务面值，r 为无风险收益率，τ 为债务偿还期限，$N(d)$ 为标准累积正态分布函数，σ_V 为企业资产价值波动率，σ_E 为企业股权市场价值波动率。

假设企业资产的未来市场价值围绕企业资产市场价值的均值呈正态分布，则企业的违约距离 DD（distance to default）为：

$$DD = \frac{V - DP}{V\sigma_V}$$

因此，企业发生违约的概率为 $1 - N(DD)$，基于违约数据库，依据违约距离可以映射出企业实际的期望违约频率 EDF，即企业未来的违约概率。

本章小结

1. 金融风险，是指在资金融通和货币经营过程中，由于不可预知的不确定因素带来的影响，资金经营者获取额外收益和遭受损失的可能性。

2. 市场风险有广义和狭义之分。广义的市场风险是指在金融市场中因利率、汇率、股票价格、商品价格等因素的波动而导致的收益和损失的可能性。而狭义的市场风险是指在金融市场中因利率、汇率、股票价格、商品价格等因素的不利波动而遭受损失的可能性。

3. 风险价值（VaR）是一种能够全面量化复杂资产组合风险的方法。

4. 市场风险限额指金融机构为了把市场风险控制在可接受的合理范围内而对一些衡量市场风险状况的指标所设定的限额。

5. 金融衍生工具是指建立在基础产品或指数之上,价格随基础金融产品或指数的价格变动的金融合约。

6. 现代信用风险量化模型：以1997年J.P.摩根开发的CreditMetrics信用量化模型为标志,现代信用风险度量技术和管理理念快速发展。

7. 信用风险缓释：信用风险缓释（credit risk mitigation, CRM）是指商业银行运用合格的抵质押品、净额结算、保证和信用衍生工具等方式转移或降低信用风险。

8. 风险和控制自我评估法是指金融机构各个部门依据相关的内部控制制度、操作规程和政策,通过风险识别,确定操作风险点之所在,评估风险的大小及可控程度,并提出风险控制的方案。

9. 与国外商业银行面临的信用风险略有不同,我国商业银行信用风险有其本土特征,主要体现在两方面：一方面,随着我国政治体制改革的推进,我国政府的职能发生了转换,商业银行将从国家信用保护向商业信用支撑过渡；另一方面,随着现代企业制度的建立,现代市场经济中的银企关系将代替传统体制下的银企关系,对企业信贷风险的管理日趋强化。

10. 利率风险主要是指市场利率的变动使银行的资产组合产生收益或损失的可能性。

11. 目前,我国证券业面临的主要风险是市场风险、流动性风险和操作风险。

12. 金融机构的流动性风险表现在两个方面：一是资产变现压力,二是融资压力；这两方面的压力表现在金融机构的财务报表上即为现金流入与现金流出之间的流动性缺口。

13. 流动性缺口是指在一定时期内,金融机构的潜在资金需求与资金供给的差额,即：流动性缺口＝资金需求－资金供给。

14. 线性规划法从定义上来说,是指在一定的流动性约束条件下,通过构建数学最优化模型来进行资金配置和流动性管理的一种方法。

15. 期限阶梯法是巴塞尔委员会推荐的一种流动性风险管理方法,和流动性缺口法类似,期限阶梯法也是对特定时间段的现金流入和流出进行比较的一种有用工具。

16. L-VaR是指,在市场正常波动下,给定的时间范围,一定置信水平下抛售一定数量的证券或证券组合后由于市场流动性风险的存在所导致的最大可能损失。

17. 流动性风险压力测试,压力测试是指通过合理审慎设定并定期审核压力情景,设定在压力情景下金融机构满足流动性需求并持续经营的最短期限（在影响整个市场的系统性冲击情景下该期限应当不少于30天）,充分考虑影响金融机构自身的特定冲击、影响整个市场的系统性冲击和两者相结合的情景,以及轻度、中度、严重等不同压力程度,分析各类风险与流动性风险的内在关联性和市场流动性对金融机构流动性风险的影响,然后测试该金融机构或资产组合在这些关键市场变量突变的压力下的表现状况。

18. 久期是指债券在未来产生现金流的时间的加权平均数,其权数是当期现金流的现值在债券当前价格中所占的比重。

本章重要术语

金融风险　风险管理　风险价值（VaR）　市场风险限额　金融衍生工具　信用风险缓释　风险和控制自我评估法　关键风险指标法（KRI）　L-VaR　流动性风险压力测试　久期

思考练习题

1. 什么是金融风险？按照风险的来源不同，可以分为哪几种类别？
2. 除了三大金融风险，金融机构还面临哪些风险类型？各自的含义是什么？
3. 一个典型的金融风险管理组织架构是怎样的？请用图来表示。
4. 简述金融风险管理报告体系的构成。
5. VaR 的含义是什么？一般包括哪些类别？
6. 市场风险管理的方法包括哪两类？各自的内涵是什么？
7. 请简述信用评分模型的基本步骤和主要问题。
8. 信用风险限额的影响因素有哪些？集团客户的信用风险限额管理的主要步骤是什么？
9. 请回答操作风险的内涵和特征，并举例说明操作风险的定义。
10. 请简要概述操作风险管理的基本流程。
11. 常用的流动性风险度量方法有哪些？
12. 试回答金融机构流动性风险计划的主要内容。

参考文献及进一步阅读建议

[1] 巴塞尔银行监管委员会编：《外部信用评级与内部信用评级体系》，罗平编审，中国金融出版社，2004。

[2] 巴曙松："巴塞尔新资本协议框架下的操作风险衡量与资本金约束"，《经济理论与经济管理》，2003年第2期。

[3] 曹志成："我国保险集团的风险管理与控制研究"，西南财经大学硕士学位论文，2011。

[4] 陈忠阳："信用风险量化管理模型发展探析"，国际金融研究，2000。

[5] 陈忠阳：《金融机构现代风险管理基本框架》，中国金融出版社，2006。

[6] 樊欣、杨晓光："操作风险管理的方法与现状"，《证券市场导报》，2003年第6期。

[7] 〔美〕菲利普·乔瑞著：《风险价值 VaR：金融风险管理新标准》（第3版），刀锋、杨瑞琪译，中信出版社，2010。

[8] 〔美〕菲利普·乔瑞著：《金融风险管理师手册》（第2版），张陶伟译，中国人民大学出版社，2012。

[9] 〔美〕弗朗西斯科·萨伊塔著：《VaR 和银行资本管理：风险调整绩效、资本配置方法论》，周行健等译，机械工业出版社，2012。

[10] 郭德维："银行流动性风险度量与管理研究"，天津大学学位论文，2009。

[11] 韩冬："中国证券市场流动性风险研究"，天津大学学位论文，2006。

[12] 黄志凌：《商业银行压力测试》，中国金融出版社，2010。

[13] 金融界："中国上市银行深陷雷曼破产门"，http://stock.jrj.com.cn/focus/yhysxlm/，2018年7月20日访问。

[14] 金煜："中国商业银行流动性风险：计量与管理框架"，复旦大学学位论文，2007。

[15] 〔英〕卡罗尔·亚历山大编著：《商业银行操作风险》，陈林龙等译，中国金融出版社，2005。

[16] 李军伟、柏满迎："由巴林银行倒闭谈商业银行操作风险管理"，《金融经济》，2007年第12期。

[17] 李兴法、王庆石："基于 CreditMetrics 模型的商业银行信用风险应用研究"，《财经问题研究》，2006年第12期。

[18] 刘华："海南发展银行倒闭警示今犹在"，

《银行家》，2004年第2期。

[19] 刘晓曙：《商业银行市场风险限额设置与管理》，清华大学出版社，2012。

[20] 刘阳："证券公司风险管理研究"，首都经济贸易大学硕士学位论文，2009。

[21] 漆腊应：《中国商业银行信用风险管理体系研究》，湖北人民出版社，2009。

[22] 戎生灵：《金融风险与金融监管》，中国金融出版社，2007。

[23] 孙涛："中国工商银行操作风险管理案例研究"，西南财经大学硕士学位论文，2009。

[24] 田玲、蔡秋杰："中国商业银行操作风险度量模型的选择与应用"，《中国软科学》，2003年第8期。

[25] 王春峰：《金融市场风险管理》，天津大学出版社，2001。

[26] 王旭东："新巴塞尔资本协议与商业银行操作风险量化管理"，《金融论坛》，2004年第2期。

[27] 王勇、隋鹏达、关晶奇：《金融风险管理》，机械工业出版社，2014。

[28] 王孜文："我国保险集团的特殊风险管理研究"，西南财经大学硕士学位论文，2014。

[29] 魏国雄：《信贷风险管理》，中国金融出版社，2008。

[30] 温波："浅析我国保险公司声誉风险管理"，《上海保险》，2014年第10期。

[31] 杨军：《风险管理与巴塞尔协议十八讲》，中国金融出版社，2013。

[32] 虞红霞："中国开放式基金流动性风险研究"，厦门大学学位论文，2009。

[33] 〔加〕约翰·赫尔著：《风险管理与金融机构》，〔加〕王勇、金燕敏译，机械工业出版社，2013。

[34] 张超："我国证券公司风险管理控制研究"，武汉理工大学硕士学位论文，2010。

[35] 张玲、杨贞柿、陈收："KMV模型在上市公司信用风险评价中的应用研究"，《系统工程》，2004年第11期。

[36] 中国人民银行：《中国金融稳定报告》。中国金融出版社，2014。

[37] 中国社会科学院金融研究所、中国博士后特华科研工作站：《中国金融风险管理实践》，中国财政经济出版社，2009。

[38] 中国银监会：《商业银行流动性风险管理办法（试行）》，2015。

[39] 钟伟、王元："略论新巴塞尔协议的操作风险管理框架"，《国际金融研究》，2004年第4期。

[40] 周叶菁："流动性风险的稳健管理与监管准则"，《中国货币市场》，2008年第6期。

[41] 朱丹："从光大'乌龙指'事件浅谈企业风险管理"，《财经界》（学术版），2014年第18期。

[42] Matz, L., and P. Neu 编著：《流动性风险计量与管理》，孙国申等译，中国金融出版社，2010。

[43] BCBS, Credit Risk Modelling: Current Practices and Applications, BIS, 1999.

[44] Basel Committee on Banking Supervision, Principles for Sound Liquidity Risk Management and Supervision, 2008.

[45] Basel Committee on Banking Supervision, Liquidity Risk, Management and Supervisory Challenges, BIS Working Paper, 2008.

[46] Basel Committee on Banking Supervision, Basel III: International Framework for Liquidity Risk Measurement, Standards and Monitoring", BIS Working Paper, 2010.

部分思考练习题答案

第 2 章

5. 答案：110/15% = 733.33（元）。

6. 答案：$PV = 750000$，$PMT = -4258.4$，$N = 360$，则 $I/Y = 0.4583$，$i = (12 \times I/Y)/100 = 5.5\%$。

7. 答案：参见 2.3.1。

8. 答案：当政府支出减少时，IS 曲线向左下方移动；与此同时，货币供应量增加，LM 曲线向右下方移动。利率下降。（图略）

第 3 章

5. 答案：$[987.65 \times (1 + 1.8\% \times 91/365) \times 6.73 - 987.65 \times 6.25]/(987.65 \times 6.25) = 8.16\%$。

6. 答案：$[0.56 \times (1 + 18\%)/(1 - 6\%) - 0.56]/0.56 = 25.53\%$。

7. 答案：假设存在这样一种可贸易品，它在不同国家是同质的，能够自由移动、自由交易，其价格按市场供求灵活调整，没有黏性。在不考虑运输成本的情况下，如果该商品在两国之间的价格存在差异，套利者就可以低价买入、高价卖出以获得差价收益。若持续买入以拉高价格，持续卖出以压低价格，则最终套利空间消失，该商品在两国之间的价格（用同种货币衡量）达到一致水平。这种一致称为"一价定律"，用公式可以表示为 $P_d^i = eP_f^i$，其中，e 是直接标价法下的汇率，P_d^i、P_f^i 分别为本国和外国可贸易品 i 的价格。

8. 答案：假定资金可在国际自由流动，无成本、无限制。有一笔自由支配的资金要进行 1 年期投资，可以选择投资于本国金融市场或外国金融市场。假设本国和外国金融市场 1 年期投资收益率分别为 i_d、i_f，d、f 分别为直接标价法下即期汇率和 1 年后的远期汇率。如果投资本国金融市场，1 单位本币到期收益为 $1 + i_d$；如果投资外国金融市场，需要先将本币兑换成外币 $\left(\dfrac{1}{e}\right)$，再将所获外币进行为期 1 年的投资 $\left[\dfrac{1}{e}(1 + i_f)\right]$，最后将外币兑换回本币 $\left[\dfrac{f}{e}(1 + i_f)\right]$。当投资本国和外国的收益不等时，会自发产生套利行为，直到二者相等，市场达到均衡，此时有 $(1 + i_d) = \dfrac{f}{e}(1 + i_f)$。记外币即期汇率与远期汇率之间的升（贴）水率为 ρ，则有 $\rho = \dfrac{f-e}{e} = \dfrac{f}{e} - 1 = \dfrac{1+i_d}{1+i_f} - 1 = \dfrac{i_d - i_f}{1 + i_f}$，即：$\rho + \rho \times i_f = i_d - i_f$。由于 $\rho \times i_f$

较小可忽略不计，因此有 $\rho = i_d - i_f$。这是套补利率平价的一般形式，其经济含义为：外币汇率的远期升（贴）水率等于两国利率之差。

9. **答案**：在国际收支说下，本国收入增加，进口增加，经常账户恶化，外汇需求上升，本币贬值。

在弹性价格货币分析法下，假定货币供给是货币当局控制的外生变量，货币需求是收入和利率的稳定函数，购买力平价成立。假设货币供给变动只会带来价格的同比例变动，不会影响利率和产出；货币需求函数为半对数形式 $M = PY^\alpha e^{-\beta i}$，其中，$e$ 为自然对数，M 为货币需求，P 为物价，Y 为产出，i 为利率，则本国和外国货币市场的均衡条件分别为 $M_d = P_d Y_d^\alpha e^{-\beta i_d}$，$M_f = P_f Y_f^\alpha e^{-\beta i_f}$，$E = \dfrac{P_d}{P_f}$，其中下标 d、f 分别表示本国和外国，M_d、M_f 分别为本国和外国的货币数量，E 为购买力平价成立时的汇率。对上述三式取自然对数，并用小写字母表示（利率除外），则有：

$$\begin{cases} p_d = m_d - \alpha y_d + \beta i_d \\ p_f = m_f - \alpha y_f + \beta i_f \\ e = p_d - p_f \end{cases}$$

整理得：$e = (m_d - m_f) - \alpha(y_d - y_f) + \beta(i_d - i_f)$。当本国实际国民收入相对外国增加时，本币升值。

两者结论相反的主要原因是：国际收支说考虑的是商品市场的均衡，本国国民收入的增加会导致总需求的增加，进口上升，在浮动汇率制下，本币贬值；而弹性价格货币分析法分析的是货币市场的均衡，当货币供给量和利率外生时，本国国民收入的增加会导致货币需求增加，为满足增加的货币需求，居民将减少支出。实际产出的增加和货币支出的减少会造成本国价格水平的下降，本国价格水平的下降会通过购买力平价的关系造成本国货币的相应升值。

在一定的假设前提下两者得出的结论都是正确的，是本国国民收入变动分别通过商品市场和货币市场对汇率造成的两种不同的效用。但是在实际生活中，由于绝对购买力平价本身就存在着一定的局限性，因此，在此基础上的弹性价格货币分析法的使用存在一定的误差。

第 4 章

9. **答案**：（1）拆出、拆入方填反了；（2）计息基础是 360 天，不是 365 天。

10. **答案**：拆出/拆入金额 × 10000 × 商定利率/100 × 拆借期限/360。

拆入/拆出金额（万元）	商定利率（%）	拆借期限（天）	到期收款金额（元）
5000	3.60	1	5000.00
4800	4.90	7	45733.33
6400	5.30	14	131911.11
3500	5.10	21	104125.00
8800	5.25	30	385000.00
7210	5.50	60	660916.67
2700	5.10	90	344250.00

11. **答案**：就券种而言，全国银行间同业拆借中心的证券回购券种主要是国债、融资券和特种金

融债券；上海、深圳证券交易所的回购券种主要是国债和企业债。就期限品种而言，在银行间债券回购市场上，质押式回购的期限为1—365天，交易系统按1天、7天、14天、21天、1个月、2个月、3个月、4个月、6个月、9个月、1年共11个品种统计公布成交量和成交价；买断式回购的期限为1—91天，交易系统按1天、7天、14天、21天、1个月、2个月、3个月共7个品种统计公布成交量和成交价。在交易所市场上，上海证券交易所国债回购交易设1天、2天、3天、4天、7天、14天、28天、91天和182天等回购期限，企业债券回购交易设1天、3天和7天等回购期限；深圳证券交易所债券回购品种按期限可分为1天、2天、3天、4天、7天、14天、28天、91天和182天。需要指出的是，银行间债券市场采用询价交易，债券回购期限由交易双方协商确定1天到1年间的任意天数；交易所债券市场采用撮合交易，债券回购期限是标准化的。

12. 答案：利息 = $5000 \times 6\% \times 7/365 = 5.75$（元）。

13. 答案：货币市场是一个大宗买卖的批发市场。货币市场的大多数交易在机构间进行，资金数额较大，动辄成百上千万元的规模。这种巨额交易有效地降低了交易费用，但也使个人投资者难以直接参与货币市场交易。货币市场基金聚集广大个体投资者的小额资金来投资于货币市场证券，并将投资收益分享给个体投资者。

14. 答案：我国货币市场基金可投资于现金、期限在1年以内（含1年）的银行存款、债券回购、中央银行票据、同业存单、剩余期限在397天以内（含397天）的债券、非金融企业债务融资工具、资产支持证券，以及中国证监会、中国人民银行认可的其他具有良好流动性的货币市场工具；不得投资于股票、可转换债券、可交换债券、以定期存款利率为基准利率的浮动利率债券（已进入最后1个利率调整期的除外）、信用等级在AA+以下的债券与非金融企业债务融资工具，以及中国证监会、中国人民银行禁止投资的其他金融工具。此外，货币市场基金投资组合的平均剩余期限不得超过120天，平均剩余存续期不得超过240天。

教辅申请说明

北京大学出版社本着"教材优先、学术为本"的出版宗旨，竭诚为广大高等院校师生服务。为更有针对性地提供服务，请您按照以下步骤通过微信提交教辅申请，我们会在 1～2 个工作日内将配套教辅资料发送到您的邮箱。

◎扫描下方二维码，或直接微信搜索公众号"北京大学经管书苑"，进行关注；

◎点击菜单栏"在线申请"—"教辅申请"，出现如右下界面：

◎将表格上的信息填写准确、完整后，点击提交；

◎信息核对无误后，教辅资源会及时发送给您；如果填写有问题，工作人员会同您联系。

温馨提示：如果您不使用微信，则可以通过以下联系方式（任选其一），将您的姓名、院校、邮箱及教材使用信息反馈给我们，工作人员会同您进一步联系。

联系方式：

北京大学出版社经济与管理图书事业部

通信地址：北京市海淀区成府路 205 号，100871

电子邮箱：em@pup.cn

电　　话：010-62767312 / 62757146

微　　信：北京大学经管书苑（pupembook）

网　　址：www.pup.cn